KB188778

# 제국과 계시

약자를 위한 요한계시록의 담론

이 책을
나의 아버지 이도상(李道相)님과 어머니 김순행(金順杏) 권사님에게
그리고 나의 스승 클라우스 벵스트(Klaus Wengst) 교수님에게
존경과 감사의 마음으로
헌정합니다.

# 제국과 계시

약자를 위한 요한계시록의 담론

지 은 이 · 이병학
펴 낸 이 · 성상건
편집디자인 · 자연DPS

펴 낸 날 · 2023년 8월 25일
펴 낸 곳 · 도서출판 나눔사
주　　소 · (우) 10270 경기도 고양시 덕양구 푸른마을로 15
　　　　　301동 1505호
전　　화 · 02)359-3429　팩스 02)355-3429
등록번호 · 2-489호(1988년 2월 16일)
이 메 일 · nanumsa@hanmail.net

ⓒ 이병학, 2023

ISBN　978-89-7027-952-7　03230

값 42,000원
잘못된 책은 바꾸어 드립니다.

# 제국과 계시

## 약자를 위한 요한계시록의 담론

이병학 지음

나눔사

1세기 말엽에 소아시아에서 예언자 요한은 정치적 제재를 당하여 밧모 섬에 유배되었다. 그는 주의 날에 하나님의 계시를 통해서 제국의 현실(reality)과 대조되는 천상의 대항현실(countert-reality)을 경험하였다. 그는 지리적으로 그리고 공간적으로 본토로부터 단절되었고 또한 직접적인 활동이 금지되었기 때문에 그의 계시의 책을 서신의 형태로 작성했다. 그는 로마의 검열을 통과하기 위해서 검열관들은 알 수 없고 소아시아의 그리스도인들만이 이해할 수 있는 비밀스러운 암호와 같은 상징들과 숫자를 사용해서 그의 계시의 책을 썼다. 그래서 요한계시록은 지하문서(underground literature)라고 불리며 또한 로마의 제국주의를 가장 치열하게 비판하는 저항문학이라고도 불린다.

요한계시록의 근본적인 지평은 반제국주의이다. 로마 제국은 로마의 평화(Pax Romana)라는 담론을 통해서 제국주의 지배를 합법화하고 국가폭력의 희생자들을 은폐하고 역사에서 삭제하였다. 또한 로마 제국은 "누가 이 짐승과 같으냐 누가 능히 이와 더불어 싸우리요"(계 13:4)라는 제국의 절대성을 주장하는 담론을 통해서 식민지를 확장하고 충성을 강요하였다. 그러나 요한계시록의 저자는 계시를 통해서 은폐된 로마 제국의 살인적인 현실을 폭로하고, 바빌론을 심판하는 숨겨진 하나님의 권력을 드러낸다.

요한계시록에서 "계시"는 폭로와 드러냄을 의미한다. 계시는 황제의 권력을 하나님의 권세를 찬탈한 것으로 폭로하고, 이 세계의 통치자는 로마 황제가 아니라, 창조주 하나님과 예수 그리스도라는 것을 드러낸다. 계시는 역사의 초월의 차원을 상징하는 보이지 않는 하늘의 현실을 드러낸다. 계시를 나타내는 주체는 하나님이다. 계시의 반대는 불의를 은폐하는 지배를 정당화하는 제국의 이데올로기라고 할 수 있다.

요한계시록의 핵심 주장은 하나님이 이 폭력의 역사를 지금처럼 이대로 계속해서 진행되도록 허용하지 않고 반드시 단절시킬 것이라는 것이며, 무고한 피학살자들의 시체를 밟고 지나간 권력자들이 영원한 승리자들이 될 수 없도록 그들을 심판하고 약자들과 희생자들에게 권리와 정의를 회복시켜줄 것이라는 것이다. 그러므로 폭력의 역사의 단절 이후의 미래는 희생자들과 고난당한 자들에게 속한다는 것이다.

요한계시록의 환상들에는 죽임을 당한 남녀 순교자들이 하늘에서 모두 부활하여 살아 있으며, 그들은 하나님과 십자가 처형을 당한 예수, 즉 도살당한 어린 양을 예배한다. 또한 그들은 바빌론에 대한 하나님의 심판과 새로운 세계의 시작을 축하하고 탄성을 지르면서 기뻐한다. 요한계시록의 천상의 환상들은 로마 제국의 현실을 재규정하고 로마의 제국주의 지배를 합법화하는 제국의 담론(imperial discourse)을 비판하는 대항담론(counter-discourse)의 매개(medium)로서 기능한다. 요한계시록의 저자는 이러한 천상의 현실을 전달함으로써 고난당하는 소아시아의 성도들과 약자들을 위로하고, 희망을 재건하도록 격려하기 위해서 요한계시록을 집필하였다.

요한계시록에는 천상의 예배에 대한 환상들이 나타난다. 이러한 천상의 예배에서 불리는 찬송의 성격은 정치적이다. 그것은 로마 황제의 지배를 비판하고 하나님과 십자가 처형을 당한 예수, 즉 도살당한 어린 양에게 충성을 표현한다. 노래와 기도는 제국의 불의를 항의하는 표현인 것이다.

요한계시록에 서술된 아름다운 환상들은 고난당하는 그리스도인들의 도피처로 작용하는 것이 아니라, 아직 이루어지 않은 현실을 이 땅 위에서 실현하기 위한 대항 실천을 요구하는 반제국적 대항담론의 매개로 작용한다. 마르크스(Karl Marx)는 불의한 현실을 비판하거나 저항하지 못하고 천상의 세계를 교인들에게 위안을 주는 도피처로 삼는 그의 시대의 종교를 비판했다.

> "종교적 비참은 한편으로는 현실의 비참의 표현이지만, 다른 한편으로는 현실의 비참에 대한 항의이다. 종교는 억압당하는 피조물의 한숨이고, 무정한 세계의 감정이고, 또한 정신없는 상태의 정신이다. 종교는 인민의 아편이다."

요한계시록은 오늘의 한국교회가 인민의 아편이 아니라, 사회변혁의 누룩이 될 것을 요구하고 있다. 나는 이 책에서 로마의 제국주의 지배를 정당화하는 제국의 담론을 비판하는 요한계시록의 저자의 대항담론과 그의 반제국주의 신학을 규명하고자 한다. 요한계시록의 대항담론은 그 당시뿐만 아니라, 오늘날의 제국의 담론을 역시 비판한다. 오늘날의 제국주의는 강대국이 주도하는 지구적 자본의 제국과 시장의 제국이라는 새로운 얼굴이며, 신자유주의적 세계화의 경제구조이며, 우리의 사고와 문화와 정치를 지배하는 체제이기도 하다.

요한계시록을 읽고 해석하는 나의 자리는 분단된 한반도이다. 그러므로 나에게 있어서 성서 해석의 목적은 성서 본문을 분석하고 그 당시의 의미를 찾는데만 있는 것이 아니라, 성서에서 오늘의 우리의 삶과 현실과 역사를 재발견하고 해석하는데 있다.

요한계시록의 저자는 여러 환상들을 통해서 그리스도인들로 하여금 로마의 제국주의의 희생자들을 망각하지 않도록 기억투쟁을 촉구하고, 죽은 자들이 이루지 못한 꿈을 되찾아서 그것을 이루기 위해서 그들과 함께 제국의 우상숭배와 불의에 비폭력적으로 저항하고 하나님의 말씀을 증언하도록 권고하고 있다. 그는 산 자들에게 하늘에 살아 있는 죽은 자들을 기억하고, 그들과 기억연대의 공동체를 건설할 것을 권고한다. 그러한 목적으로 그는 아래와 같은 유대 묵시문학의 주장을 받아들였다.

> "의인들이여, 죄인들이 강성해지고 번창해지는 것을 볼 때 이제 두려워 말아라. 그들과 동반자들이 되지 말고, 그들의 불의에 기대는 자들로부터 멀리 떨어져 있어라. 왜냐하면 너희들은 하늘에 있는 선한 사람들의 동반자들이 되어야 할 것이기 때문이다"(에녹1서 104:6).

요한계시록의 저자는 현실을 약자와 희생자들의 관점으로부터, 그리고 아래와 주변부로부터 인식하였다. 나는 역시 요한계시록을 이러한 관점으로부터 해석한다. 이 책은 요한계시록의 저자의 반제국주의 투쟁과 죽은 자들을 위한 기억투쟁을 해석한 새로운 신학적 목소리이다. 나는 요한계시록에서 로마의 제국주의와 국가폭력에 의해서 학살된 수많은 희생자들의 절규를 들었을 뿐만 아니라, 한국 근현대사에서 봉인된 국가폭력에 의해서 학살된 수많은 민간인 희생자들의 절규를 역시 들었다. 한국전쟁 전후에 남한에서 수많은 무고한 민간인들이 "빨갱이"와 "좌익"으로 몰려서 국가폭력에 의해서 산과 들과 바다에서 집단 학살되었다. 그것은 제노사이드(genocide)이다. 이러한 피학살자들을 기억하고 그들의 억울한 죽음의 진상을 규명하고, 그들의 한(恨)을 풀어주고 권리와 정의를 회복시켜주는 것은 역사학의 과제일 뿐만 아니라, 진정한 신학의 과제이다.

그러므로 나는 요한계시록에 서술된 죽은 자들의 절규를 한국전쟁 전후에 발생한 국가폭력에 의한 민간인 집단학살의 희생자들과 민주화운동 과정에서 그리고 신자유주의의 세계화의 과정에서 고난당하고 억울한 죽음을 당한 약자와 희생자들의 절규와 서러움으로 해석한다.

요한계시록의 저자는 카이로스인 지금 현재의 시간에 하나님을 예배하고, 참된 증인이신 예수를 따르고, 하늘에 살아 있는 죽은 자들을 기억하고 정신적으로 그들과 연대하여 그들과 함께 불의에 저항하고, 지배로부터 자유로운 형제자매적인 평등한 공동체를 상징하는 새 예루살렘을 선취하기 위해서 대항실천을 하면서 사는 것이 성서적이고, 윤리적이고, 인간적이라는 것을 가르쳐준다.

이 책은 요한계시록의 중요한 주제들을 20장으로 나누어서 한국근현대사와 접목하여 해석한 것이다. 이 책은 미발표 논문들과 이미 학회와 학술 저널에 발표되었던 논문들을 수정하고 보완한 형태로 구성한 것이다. 이 책의 논문들의 일부는 여러 해 전에 인도 뉴델리의 달릿 및 서발턴 연구소(Centre for Dalit and Subaltern Studies), 독일 함부르크대학교, 브라질 상파울로감리교대학교에서 열린 국제학술대회에서, 그리고 한국신약학회, 한국기독교학회, 한국민중신학회, 한국기독자교수회의 연차 대회에서 강연했던 원고들로부터 유래한다. 이 책의 제1부의 제1장 "유대 묵시문학과 신약성서: 에녹과 예수"는 2012년도 한국신약학회 정기학술대회에서 발표한 나의 학회장 취임기념연설 원고로부터 유래한다. 제2장 "요한계시록의 반제국적 저항의 그리스도론"은 2023년 한국신약학회 춘계학술대회에서 발표한 원고이다. 제2부의 제8장 "죽은 자들과의 기억연대를 통한 폭력극복: 에티오피아어 에녹서와 요한계시록의 죽은 자들의 절규"는 2009년에 발생한 용산 철거민참사 희생자들을 애도하기 위해서 작성한 것이며 한국기독교신학논총 외국어판에 발표한 독일어 논문으로부터 유래한다. 제5부의 제18장 "출옥여성도 최덕지의 재건교회 설립과 여성주의 성서해석"은 한국여신학자협의회의 여성신학 저널 2023년 여름호에 발표한 연구논문이다.

이 책의 각 장을 쓰는 작업은 나에게 있어서 실로 오늘의 제국의 담론에 저항하고 새 예루살렘의 대항현실을 이 땅 위에서 선취하는 것을 소망하는 가운데 정의, 평등, 평화, 인권, 여성, 노동, 환경, 그리고 민족통일을 위한 투쟁의 장이었음을 고백한다.

이 책은 "진리의 말씀"(딤후 2:15)을 추구하기 위한 나의 긴 학문적 여정과 밀접한 연관이 있다. 나는 국내외에서 스승을 찾아다니면서 신학공부를 했다. 나는 상록회 정신이 깃든 춘천고등학교를 졸업했으며, 한신대학교 신학과에서 박봉랑 교수의 지도로 "위르겐 몰트만(Jürgen Moltmann)의 십자가 신학"이라는 논문을 제출하고 신학사 학위를 받았으며, 1981년 봄에 한국기독교장로회 서울노회에서 목사 안수를 받았다. 연세대학교 대학원 신학과에서 문상희 교수의 지도로 작성한 "바울의 묵시문학적 종말론: 고전 15장을 중심으로"라는 논문을 제출하고 1983년에 석사학위를 받았다. 대학원학점 교류제도를 통해서 두 학기 동안 이화여자대학교 대학원 기독교학과에서 여성주의 성서해석을 연구하였다.

1984년에 세계교회협의회(WCC)의 에큐메니칼 학자(ecumenical scholar) 신분으로 미국 프린스턴신학교(Princeton Theological Seminary)에 유학하여 제임스 찰스워스(James H. Charlesworth) 교수의 세미나에 참석하면서 요한계시록과 유대 묵시문학을 연구하고 1985년에 신학석사 학위를 받았다. 나는 1988년에 국내에서 외래 교수직을 사임하고 성서연구 목적으로 독일로 유학을 떠나서 그곳에서 가족과 함께 10년간 체류하였다. 나는 괴팅엔대학(Georg-August Universität Göttingen) 개신교 신학과에서 시리아어와 라틴어를 공부하고, 라틴어 국가공인시험을 합격했다. 몇 학기 동안 방문 연구자로 카셀대학교(Universität Kassel)에서 여성주의 성서신학자로 명성이 있는 루이제 쇼트로프(Luise Schottroff) 교수의 세미나에 참석했으며, 여성신학적 신약성서 해석을 연구하였다. 그 후 보훔 루어대학교(Ruhr-Universität Bochum)로 전학하여 사회사적 신약성서 해석으로 명성이 있는 클라우스 벵스트(Klaus Wengst) 교수의 지도로 유대 묵시문학의 대표적 작품의 하나인 에티오피아어 에녹서를 사회사적, 해방신학적, 그리고 여성주의적 관점에서부터 해석한 논문 "Befreiungserfahrungen von der Schreckensherrschaft des Todes im äthiopischen Henochbuch: Der Vordergrund des Neuen Testaments(에티오피아어 에녹서에 나타난 죽음의 공포지배로부터의 해방경험: 신약성서의 전경)"을 개신교 신학과에 제출하고 1998년 5월에 신학박사 학위를 받았다. 나의 학위논문의 부심은 홀스트 발즈(Horst Balz) 교수였으며, 구두시험의 구약 담당은 위르겐 에바흐(Jürgen Ebach) 교수였다.

나는 2000년부터 한신대학교 신약학 교수로 일해 왔다. 1984년 봄 학기부터 협성신학대학교, 성공회대학교, 강남대학교, 서울장신대학교, 목원대학교, 그리고 한국침례신학대학교에서 학부와 대학원 학생들을 가르쳤다. 나는 항상 자신을 제3세계 신학자라는 의식을 가지고 신약성서를 약자와 여성과 희생자들의 관점으로부터 해석하고 가르쳐왔다. 요한계시록은 나의 중점 연구 분야 중의 하나이다.

나는 이 책이 독자들로 하여금 요한계시록을 정확하게 이해하게 하고, 교회생활과 목회를 활성화시키고, 그리고 소종파 집단들의 요한계시록 왜곡으로 인한 막대한 개인적 및 사회적 피해를 방지시킬 수 있기를 소망한다.

이 책을 쓰는 작업을 지지해준 나의 가족에게 감사한다. 그리고 나는 이 책을 출판하여주신 나눔사 성상건 대표님께 진심으로 감사한다.

나는 나의 긴 학문적 여정을 지원해주신 나의 아버지 이도상(李道相)님과 어머니 김순행(金順杏) 권사님에게 그리고 나의 박사학위 논문을 친절하게 지도해주신 독일 보훔 루어대학교(Ruhr-Universität Bochum)의 개신교 신학과(Evangelisch-Theologische Fakultät)의 나의 은사 클라우스 벵스트(Klaus Wengst) 교수님에게 이 책을 존경과 감사의 마음으로 헌정한다.

2023년 8월
서울에서
이병학

# 차례

## 제1부
## 유대 메시아론과 요한계시록의 그리스도론

제2부
## 요한계시록의 교회론과 정치적 예배

제**3**부
# 로마의 제국주의에 대한 저항과 죽은 자들과의 기억연대

| 제6장 | 제국주의에 대한 저항과 기억의 문화

제4부
# 죽은 자들과 산 자들의 공동의 희망과 미래

제5부
## 요한계시록의 종말론과 저항윤리

| 제17장 | 신사참배 반대운동의 원동력으로서 요한계시록

# 프롤로그:
# 요한계시록은 어떤 책인가?

## 1. 요한계시록에 관한 인터뷰

1980년대에 종말에 대한 예언이 미국과 유럽의 근본주의적 그리스도인들 사이에 풍미했다. 그 당시 강대국들 사이의 정치적 갈등과 군비증강으로 인해서 핵전쟁으로 인한 세계의 멸망에 대한 두려움이 그리스도인들 사이에 널리 퍼져있었다. 요한계시록 16:16에서 아마겟돈은 마지막 전쟁이 일어날 장소로 언급되어 있는데, 근본주의 신앙을 가졌던 미국 대통령 로널드 레이건(Ronald Reagan)은 어떤 인터뷰에서 "아마겟돈"이 눈앞에 서 있는 느낌이 든다고 말했다.[1] 그는 소련을 악의 제국으로 규정했으며, 자신이 선과 악 사이의 최후의 전투에서 악마의 군대를 박멸하는 하늘의 군대의 편에 서 있다고 생각했다.

그 당시 세계의 멸망과 휴거에 대한 예언이 미국의 근본주의적 그리스도인들 사이에서뿐만 아니라, 한국의 근본주의적 그리스도인들 사이에도 역시 확산되었다. 핵전쟁의 위험, 환경오염, 자원의 한계성, 경제적 위기, 생태학적 위기, 그리고 미래에 대한 불확실성 앞에서 많은 사람들은 인간과 자연이 함께 살아남기보다는 멸망할 가능성이 더 많다고 생각했다. 그들은 종말이 임박하고, 멸망의 그림자가 이미 드리워져 있는 것으로 느꼈다. 이러한 상황에서 소종파 집단들은 두려움을 피하고자 하는 인간의 본능에 호소했다. 한국에서도 시한부 종말론을 주장하는 목사들이 있다. 다미선교회는 1992년 10월 28일에 지구의 종말과 신실한 성도들의 휴거가 일어날 것을 예언했지만, 막상 약속된 그날 자정까지 아무런 일이 일어나지 않았다.

요한계시록은 소종파 집단들에 의해서 습관적으로 왜곡되어왔다. 그들은 왜

---

1) *The New York Times* (1984. 10. 21)에 기고된 John Hervers의 "종교지도자들이 레이건의 아마겟돈 관점에 대해서 우려하다"를 참조하라.

곡된 요한계시록 해석을 통해서 수천명, 수만명의 사람들을 잘못된 길로 미혹하고 있다. 그럼에도 불구하고 오늘날 대다수의 한국 주류교회의 목사들은 요한계시록을 외면하고 있다. 그들은 요한계시록은 해석하는 것이 어렵고, 요한계시록은 목회에 적용하는 것이 불가능해 보이고, 그리고 요한계시록은 잘못해석하면 이단으로 몰릴 위험이 있다고 생각한다. 이러한 이유로 주류교회가 요한계시록을 피하는 사이에 요한계시록은 소종파 집단들의 전유물이 되어 왜곡되고 있는 실정이다. 그러나 요한계시록은 우리가 알아야 할 중요한 책이다. 목사들이 요한계시록을 올바로 이해해서 설교하려고 노력하지 않고 기피하는 것은 직무유기이다.

2012년 10월에 나는 한 신문사 기자의 요청을 받고 요한계시록이 어떤 책인지에 관해서 인터뷰를 했다. 인터뷰는 기자가 요한계시록에 관해서 묻고 내가 대답하는 방식으로 진행되었다.[2] 나는 그 신문에 실린 인터뷰 내용을 이 책의 프롤로그를 위해서 소개하고자 한다.

## (1) 요한계시록은 어떤 책이며, 핵심 메시지는 무엇인가?

요한계시록은 기독교의 경전인 성서의 맨 마지막에 있는 책이다. 요한계시록은 로마의 도미티아누스 황제가 통치하던 시기인 AD 95년경에 저작되었다. 요한계시록은 로마의 제국주의를 가장 치열하게 비판한 기독교적 저항문학이며 또한 지하문서(underground literature)라고 불린다. 로마 제국은 "로마의 평화"(Pax Romana)를 선전하였지만, 그것은 피로 물든 거짓 평화였다. 로마는 실제적으로는 빈번하게 제국주의 전쟁을 일으키고, 식민지의 자원을 착취하고, 약자들을 억압하였다. 또한 로마는 황제를 신으로 예배하도록 사람들에게 강요했으며, 황제 예배에 참석하는 것을 곧 로마 제국에 대한 충성 증명으로 간주했다. 이러한 상황에서 반제국적 복음을 외쳤던 순회 예언자 요한이 로마 제국의 반란자로 체포되어 지중해의 외딴 섬인 밧모에 갇히게 되었으며, 거기서 그가 주일에 계시를 통해서 천상의 환상들을 보고 기록하여 소아시아의 교회에 보낸 문서가 바로 요한계시록이다. 요한계시록에는 많은 상징들과 숫자들이 있다. 왜냐하면 그가 로

---

2) 2012년 10월 26일 수유리 한신대학교 신학대학원 교수 휴게실에서 요한계시록에 관해서 「베리타스」신문 기자와 인터뷰한 내용이 그 신문에 두 차례로 나누어서 게재되었다(2012.10. 29일자 그리고 2012.11.5일자).

마의 검열을 통과하기 위해서 검열관들은 알 수 없고 소아시아의 그리스도인들만이 이해할 수 있는 비밀스러운 암호와 같은 상징들과 숫자를 사용해서 그의 계시의 책을 썼기 때문이다.

요한계시록의 핵심 메시지는 하나님의 심판으로 폭력의 역사의 진행이 단절되고 새로운 대안적 세계가 시작된다는 것이며, 그것을 위해서 천상의 예수가 지금 오신다는 것이다. 로마의 폭력의 희생자인 예수는 역사 안에, 세계 안에, 교회 안에, 그리고 인간의 차원과 우주적 차원에 살아 있다. "두려워하지 말라 나는 처음이요 마지막이니 곧 살아 있는 자라 내가 전에 죽었었노라 볼지어다 이제 세세토록 살아있다"(계 1:17-18). 그는 땅 위에 대안적 세계를 건설할 프로젝트를 가지고 있다. 교회의 생활과 교회의 본질을 구성하는 네 가지 요소는 사랑, 믿음, 섬김, 그리고 인내(=저항)이다(계 2:19). 그는 이 기준에 따라서 일곱 교회들을 칭찬하기도 하고 책망하기도 한다.

요한계시록의 중요한 메시지는 하나님의 심판이다. 하나님의 심판에는 약자들을 억압한 권력자들에 대한 심판(계 6:12-17)과 바빌론에 대한 하나님의 심판(계 18:2-3; 19:1-2)과 모든 죽은 자들에 대한 마지막 심판(계 20:11-15)이 있다. 역사 안에서의 심판은 피해자에게 저지른 불의가 가해자에게 그대로 돌아가는 보복적 심판이다. "그들이 성도들과 선지자들의 피를 흘렸으므로 그들에게 피를 마시게 하신 것이 합당하니이다"(계 16:6). 그러므로 심판의 시간이 다가온다는 소식은 약자들에게 기쁜 소식, 즉 복음이다(계 14:6-7).

요한계시록은 지상의 황제숭배와 대조되는 천상의 예배에 대한 환상들로 가득하다. 로마 제국은 "로마의 평화"(Pax Romana)라는 제국의 담론을 통해서 로마의 폭력을 은폐하고 피학살자들에 대한 기억을 역사에서 삭제했다. 그러나 요한계시록의 저자는 계시를 통해서 제국의 살인적 현실을 폭로하고 죽은 자들이 하늘에 살아 있으며 하나님에 악인들에 대한 심판을 요구하고 권리와 정의를 위해서 큰 부르짖고 있다고 한다. 또한 그는 하늘에 살아 있는 수많은 죽은 자들의 무리(오클로스)가 천상의 예배에 참석하여 하나님과 어린 양을 찬양하고 예배하고 있다고 말한다.

요한계시록의 동심원적 구조에서 중심 단락은 12:1-15:4이며, 이 중심 단락의 중심은 14:1-5이다. 그리스도가 어린 양의 모습으로 시온 산 위에 서 있고, 144,000이 그와 함께 있다. 시온 산은 마지막 때의 교회를 상징한다. 144,000은 세례를 받은 그리스도인들 전체를 상징한다. 144,000은 로마 제국의 우상숭배 요구를 거부하고, 오직 어린 양이 가는 곳이면 어디든지 따라가고, 심문실에서 예수를 모른다고 거짓말을 하지 않는 자들이다. 어린 양 예수는 지금 현재의 시간에 용과 바다에서부터 올라온 짐승과 땅에서부터 올라온 짐승(=거짓 선지자), 즉 악마의 삼위일체와 대결하고 있는 144,000의 공동체를 인도하신다.

순교자들과 죽은 성도들은 하늘에서 살아서 천년왕국에서 살고 있다. 천년왕국이 끝난 후 마지막 심판이 있으며, 사망과 음부도 심판을 당한다(계 20:11-15). 그 후 하늘로부터 새 예루살렘이 땅으로 내려온다. 새 예루살렘은 하나님의 새 창조이다. 새 예루살렘은 로마의 제국주의 지배로부터 자유로운 형제자매적인 평등공동체이다. 죽은 자들은 새 예루살렘에서 산 자들과 재회하여 영원히 산다. 그러므로 새 예루살렘은 죽은 자들과 산 자들의 공동의 희망이며 공동의 미래이다. 그러나 악인들에게는 이러한 미래가 없다. 새 예루살렘은 미래의 현실이다. 그러나 새 예루살렘에 대한 환상은 우리로 하여금 미래의 현실을 통해서 모순으로 가득한 현재의 현실에 저항하고 새로운 세상을 만들어 가도록 고무한다.

요한계시록은 일제강점기에 3·1운동에 큰 영향을 주었고, 신사참배 반대운동을 위한 원동력으로 작용했다. 오늘날 그리스도인의 삶과 신앙실천을 위해서 요한계시록에 대한 연구가 매우 필요하고 중요하다. 한마디로 말하면, 요한계시록은 현재의 시간을 카이로스로 사는 그리스도인 공동체를 위한 희망과 저항의 책이다.

## (2) 요한계시록을 연구하게 된 동기는 무엇인가?

유대 묵시문학과 요한계시록에는 공통적으로 환상들이 나타난다. 나는 요한계시록의 환상들을 유대 묵시문학의 관점에서 해석함으로써 요한계시록의 환상들의 정치적 의미를 더욱 명료하게 해석하는 것을 시도해왔다. 요한계시록에는 로마 제국의 폭력에 항의하면서 권리와 정의를 위한 남녀 순교자들의 외침이 있다(계 6:9-11). 요한계시록의 저자는 로마의 국가폭력에 의해 죽임을 당한 그리스도인 순교자들뿐만 아니라, 교회 울타리 밖에 있는 로마의 국가폭력에 의해 죽임을 당한 모든 비그리스도인들에게도 연대감을 품고 있다. "선지자들과 성도들과 및 땅 위에서 죽임을 당한 모든 자의 피가 그 성 중에서 발견되었느니라"(계 18:24). 또한 그는 지상에서 겨우 목숨을 부지하면서 로마 제국의 폭력과 억압과 불의에 항의하는 성도들의 기도가 금 대접에 담겨서 향의 연기와 함께 하나님에게 상달되고 있다고 서술한다(계 5:8; 8:3-5).

나는 요한계시록에서 한국과 오늘의 세계의 죽음의 현실을 재발견하였다. 나는 요한계시록 연구는 한국의 분단 시대가 요구하는 가치들인 생명, 정의, 평화, 인권, 평등, 환경, 그리고 통일을 위한 투쟁의 장이 되어야만 한다고 생각한다. 한국의 근현대사를 되돌아보면 불행하게도 수많은 사람들이 정치적 그리고 경제적 억압과 폭력에 의해서 너무 일찍 생을 마감하였다. 한 예를 들면 한국전쟁 전후에 수많은 무고한 민간인들이 정당한 재판도 없이 공산주의자, 혹은 좌익으로 몰려서 국가폭력에 의해서 남한 각지에서 산과 들과 바다에서 참혹하게 집단 학살되었다. 나는 천수를 누리지 못하고 너무 일찍 생을 마감한 이런 희생자들의 억울한 죽음과 그들의 운명에 대해서 한 신학자로서 깊은 책임의식을 느끼면서 요한계시록을 연구하게 되었다. 나는 요한계시록의 저자가 자기 시대의 폭력적인 죽음의 현실을 어떻게 인식했는지를 연구함으로써 요한계시록을 희생자들과 약자들과 억눌린 여성들의 관점에서부터 신학적으로 분석하고 해석하는 것이 나의 주된 연구영역 중의 하나가 되었다.

(3) 요한계시록이 교회에서 외면되는 경향이 강한데 그 이유는 무엇인가?

요한계시록에는 해석하기 어려운 여러 가지 상징들과 숫자들이 많이 있다. 주류교회의 목회자들뿐만 아니라 신학자들 역시 요한계시록은 해석하기 어렵고 목회에 적용하기도 어려울 뿐만 아니라, 혹시 잘못해석하면 이단으로 몰릴 수 있는 위험이 있다고 생각하기 때문에 요한계시록에 대해서 말하기를 주저하거나 침묵한다. 주류교회의 강단에서 요한계시록은 설교 본문으로 거의 사용되지 않고 있으며, 또한 신학자들의 요한계시록 연구도 현저히 부족한 형편이다. 이러한 사이에 요한계시록은 소종파의 전유물이 되어버린 실정이다. 그러나 기독교의 경전인 성서의 마지막에 위치한 요한계시록은 우리가 반드시 들어야 할 하나님의 말씀이다.

(4) 요한계시록에서 산 자와 죽은 자의 역학관계는 어떻게 형성되어 있는가?

요한계시록에서 순교자들과 죽은 성도들은 모두 하늘에서 살아 있다. 순교자들은 "어느 때까지?"라고 물으면서 악인들에 대한 심판을 하나님에게 탄원하고 권리와 정의의 회복을 위해서 부르짖는다(계 6:9-11). 그런데 하나님은 그들에게 "아직 잠시 동안 쉬되 그들의 동무 종들과 형제들도 자기처럼 죽임을 당하여 그 수가 차기까지 하라"고 했다. 하나님이 정하신 순교자들의 숫자는 산 자들이 채워야 할 몫이다. 만일 산 자들이 하나님의 말씀을 증언하는 가운데 죽임을 당한다면, 그것은 헛된 죽음이 아니라, 하나님이 정한 순교자들의 숫자를 채우는 것이 된다. 또한 요한계시록에는 하늘에 살아 있는 셀 수 없이 많은 죽은 자들의 무리(오클로스)가 천상의 예배에 참석하여 하나님과 어린 양 예수를 찬양한다(계 7:9; 19:1, 6). 시온 산에 서 있는 어린 양 예수와 함께 서 있는 144,000은 천상의 예배에서 하늘에 살아 있는 죽은 자들이 거문고를 반주로 새 노래를 부르고 있는 것을 듣고 배워서 부른다(계 14:1-3).

이러한 환상들의 기능은 지상에 있는 산 자들로 하여금 하늘에 살아 있는 죽은 자들을 기억하고 그들과 기억 연대의 공동체를 건설하여 그들이 이루지 못한 꿈을 되찾아서 그것을 이루기 위해 그들과 함께 황제숭배를 요구하는 로마의 제국주의에 맞서서 싸우도록 고무하는 것이다. 복음서에는 죽은 자들의 무리에 대한 언급이 없지만, 요한계시록에 죽은 자들의 무리(오클로스)가 언급된 것은 매우 인상적이다. 로마 제국은 수많은 사람들을 학살하고 그들을 역사에서 삭제했다. 그러나 요한계시록의 저자는 그들이 망각되지 않도록 기억투쟁을 한다. 한국전쟁 전후에 수많은 무고한 민간인들이 국가폭력에 의해서 집단 학살되었다. 죽은 자들을 위한 기억투쟁은 성서적이고, 윤리적이고, 인간적이다.

## (5) 소종파(컬트) 집단들이 유독 요한계시록에 집착하고 있는 이유가 무엇인가?

그 이유는 그들이 요한계시록의 상징적 표현들을 자의적으로 해석해서 자기들의 집단의 교리를 성서적으로 정당화시키기를 원하기 때문이다. 그들은 습관적으로 요한계시록을 왜곡해왔다. 그들은 성서적 심각성을 가장하고 종말과 심판을 두려워하는 인간의 본능에 호소한다. 심지어 그들은 요한계시록이 2천 년 전에 오늘의 시대의 사건들과 자신들의 지도자를 미리 예언했다고 주장한다. 그리고 그들은 자기들의 단체에 소속된 사람들만이 구원받은 사람들의 수인 144,000에 속하는 사람들이라고 그들에게 영적 엘리트 의식을 심어준다. 즉, 그들은 자기들의 단체에 소속된 사람들만이 구원받은 사람들이기 때문에 곧 발생할 지구의 파멸 직전에 공중으로 휴거할 것이라고 주장한다. 성서 해석에는 논리적으로 가능한 해석과 불가능한 해석이 있다. 그런데 이단들의 해석에는 불가능한 해석들이 많이 있다.

(6) 근본주의적 그리스도인들과 소종파 집단들은 대개 예수의 재림이 임박하다고 주장한다. "내가 속히 오리니"라는 예수의 약속을 어떻게 이해해야 하는가?

지금이 바로 예수가 재림할 때라고 강조하는 사람들이 있다. 그들은 예수의 재림의 날짜를 구체적으로 말하지만, 그날 아무런 일이 일어나지 않으면 하나님이 그날을 다시 연기했다고 변명한다. 물론 요한계시록에는 "내가 속히 오리니"(계 3:11; 22:7, 12)라는 예수의 현재적 오심이 여러 번 언급되어 있다. 그러나 소종파 집단들은 이것을 재림으로 해석하고 지금이 재림의 때이고 종말의 때라고 주장한다. 그러나 "내가 속히 오리니"라는 말은 종말을 수반하는 예수의 재림을 의미하는 것이 아니라, 마지막 심판과 종말 이전에 먼저 고난과 박해에도 불구하고 황제숭배를 거부하면서 싸우고 있는 소아시아의 그리스도인들을 위로하고 그들 편에 서서 함께 연대하여 싸우기 위해서 천상의 예수가 지금 현재의 시간에 온다는 것을 의미한다. 또한 그것은 그가 로마 제국의 우상 숭배적 체제에 저항하지 못하는 무력한 교회들을 쇄신시키기 위해서 지금 온다는 의미이다.

이 현재의 시간에 방문하는 천상의 예수의 오심은 결코 재림을 의미하지 않는다. 그는 지금 현재의 시간에 교회 안에 그리고 이 세계 안에 임재하고 있다. 그런데 소종파 집단들은 마지막 종말에 나타날 예수의 미래적 오심과 종말의 날 이전에 찾아오는 예수의 현재적 오심을 구별하지 못하고 있다. 요한계시록의 맨 마지막 장인 22장에는 "내가 진실로 속히 오리라"(계 22:20a)라는 약속이 있다. 이것은 천상의 예수가 이천년 후인 오늘의 우리시대에 오겠다는 예언이 아니라, 로마의 폭력과 착취 아래 고난당하고 있는 그리스도인들의 그 당시의 역사적 현재에 온다는 것을 의미한다. "아멘 주 예수여 오시옵소서"(22:20b)는 예수가 그 당시의 그리스도인들에게 와서 그들의 반제국주의 투쟁에 함께 연대해서 싸워주기를 바라는 그들의 간절한 간구이고 희망이다.

(7) 십사만사천(144,000)은 무엇이며, 왜 그들만이 새 노래를 배워서 부를 수 있는가?

요한계시록에서 십사만사천(144,000)은 세례를 받은 모든 사람들을 가리키는 상징이다. 십사만사천의 이마에 있는 인침(계 7:4)은 세례를 상징하고, 그리고 십사만사천의 이마에 적혀있는 "어린 양의 이름과 그 아버지의 이름"(계 14:1)은 역시 하나님 아버지와 예수의 이름으로 받은 세례를 의미한다. 그것은 짐승의 숭배자의 오른손이나 이마에 새겨진 짐승의 표(카라그마)와 대조된다(계 13:16).

144,000이 문자적으로 세상에서 구원받은 사람들의 수를 가리키는 것으로 이해되어서 안 된다. 오늘날 작은 시 단위의 인구수는 144,000 정도이고, 큰 도시의 인구수는 144,000을 훨씬 초과한다. 그러므로 전인류 중에서 구원받은 사람들이 오직 144,000이라고 주장하는 것은 옳지 않다.

요한계시록의 저자는 세례를 받은 그리스도인들의 공동체를 이스라엘 12지파 민족과 연결시켜서 이해했다. 144,000은 이스라엘 12지파로부터 각각 12000명을 뽑은 수를 합한 수이고(12x12,000=144,000), 12,000은 이스라엘 12지파의 수에 1,000을 곱한 수다(12x1,000=12,000). 그러므로 144,000은 셀 수 없이 많은 수를 상징한다.

144,000이 그리스도와 함께 시온 산 위에 서 있다. 여기서 시온 산은 종말 직전의 시간을 의미하는 카이로스에 예수와 그리스도인들이 만나는 장소, 즉 교회를 상징한다. 하늘에 살아 있는 순교자들과 죽은 성도들이 천상의 예배에서 거문고를 들고 반주하면서 새 노래를 부르고 있다(계 14:2). 그런데 땅에서 구원을 받은 십사만사천 외에는 아무도 하늘에 살아 있는 죽은 자들이 부르는 새 노래를 배울 수 없다고 한다(계 14:3). 그 이유는 144,000만이 하늘에 살아 있는 죽은 자들의 증언과 투쟁을 기억하고 그들과 정신적으로 연대하고 있기 때문이다. 144,000은 우상숭배를 하지 않고, 어린 양 예수가 가는 곳마다 따라가고, 그리고 심지어 로마 당국의 심문실에서 고문의 위협에도 불구하고 예수를 부정하는 거짓말을 하지 않는 사람들이다.

새 노래는 옛 노래와 다르다. 옛 노래는 로마 황제의 권력과 자본의 힘과 무력의 힘을 찬양하는 노래이다. 반면에 새 노래는 십자가에 처형당한 무력한 예수의 힘과 죽은 자들을 부활시킨 정의의 하나님을 찬양하는 노래다. 짐승의 숭배자들은 아직도 속절없이 옛 노래만 부르고 있다.

(8) 근본주의 그리스도인들과 소종파 집단들이 시한부 종말론에 집착하는 이유는 무엇인가?

그들은 핵전쟁의 가능성, 세계적인 경제 위기, 생태계의 파괴, 기후 변화, 그리고 천체들의 충돌 가능성 등 여러 가지 이유로 세계의 종말이 실제로 지금 발생할 수 있다고 생각한다. 시한부 종말론은 임박한 세계의 멸망에 대한 이론이다. 시한부 종말론을 주장하는 자들은 세계의 멸망과 신실한 신도들의 휴거에 대한 구체적인 날짜를 헛되이 제시하기도 한다. 그러나 요한계시록은 결코 지구의 파괴나 세계의 멸망에 대해서 말하지 않고, 오히려 무고한 약자들을 희생시키는 폭력의 역사의 종말과 이 세계 안에 있는 모든 불의와 억압의 종식과 전쟁체제의 소멸에 대해서 말한다. 하나님은 폭력의 역사가 지금처럼 이대로 계속해서 진행되도록 내버려 두지 않고 언젠가는 반드시 심판하고 끝내실 것이며, 정의와 평화와 평등과 생명이 지배하는 새로운 대안적 세계를 시작하실 것이다. 이것이 요한계시록의 저자가 말하는 종말이다.

(9) 소종파 집단들의 요한계시록 왜곡에서 무엇이 가장 문제인가?

그들은 세계의 종말이라는 종착역을 향해서 달리는 열차 시간표와 정거장을 찾기 위해서 요한계시록을 읽었고 또 그렇게 읽고 있다. 그들은 지금이 바로 마지막 종착역에 거의 도착한 때라고 주장한다. 그들은 언제 그리고 어느 시각에 예수가 재림하거나 성도들이 휴거할 것이라는 시한부 종말론을 주장한다(참조, 마 24:36). 또한 그들은 요한계시록의 본문을 왜곡해서 그들의 집단의 지도자가 예언되어 있다고 주장한다. 이것은 그들의 지독한 교만이다. 왜냐하면 그러한 주장은 그들만이 요한계시록을 올바로 이해할 수 있고, 이전 세대의 사람들은 모두 요한계시록을 전혀 이해하지 못하였다는 것이고, 기독교 역사상 요한계시록에 대한 모든 해석들이 틀렸다는 것을 의미하기 때문이다. 그러한 주장은 심지어 요한계시록의 첫 독자들인 소아시아의 일곱 교회의 성도들마저도 그 책을 이해하지 못했다는 것을 의미한다. 소종파 집단들의 이러한 어처구니없는 해석이 사람들을 현혹하고 큰 피해를 주고 있다. 그들의 요한계시록 해석에서 가장 큰 문제는 십자가 신학의 결여이다. 그들은 오직 자신들만이 예수의 재림을 맞이하거나 혹은 환희 속에서 공중으로 휴거하여 멸망하는 지상을 내려다 볼 것이라고 생각한다. 그리스도교의 희망의 중심은 십자가에 달린 예수의 부활인데, 그들의 희망의 중심은 십자가가 없는 환희이다.

## (10) 시한부 종말론에 영향을 준 세대주의 종말론은 무엇인가?

세대주의(dispensationalism)는 19세기 말엽에 아일랜드(Ireland) 성공회의 성직자이며, 영국성공회에 대한 반발로 시작된 배타적인 교회운동인 영국 플리머스에 본부를 둔 플리머스 형제단(Plymouth Brethren)의 지도자인 존 넬슨 다비(John Nelson Darby, 1800-1882)에 의해서 창안되었다. 다비는 세대(dispensation)라는 개념을 창안했으며, 이 세상의 모든 사건들은 하나님의 시간표에 따라서 일어난다고 주장하였다. 세대주의(dispensationalism)는 세계의 역사가 7 세대(dispensation)로 나누어진다는 신념이며, 또한 인간을 위한 하나님의 특별한 구원 행위가 창조부터 종말까지 상이한 "세대"(dispensation)에서 명시되었다는 것과 하나님이 구원의 의도를 가지고 각 세대(dispensation) 마다 인간과 새로운 계약을 맺고 그것을 지킬 책임을 맡겼다는 것이다. 그러나 인간이 죄에 빠져서 구원의 계약을 깨트림으로써 세대가 배교하고 신앙을 저버린다는 것이며, 그러므로 각 세대는 하나님의 심판을 받는 것으로 끝난다는 것이며, 그리고 다시 하나님의 구원 행위를 통해서 망해버린 세대 다음에 하나의 새로운 세대가 열린다는 것이다. 그는 아래와 같이 역사를 7 세대로 나누었다.[3]

① 무죄(innocence) 시대: 아담과 맺은 하나님의 계약부터 타락까지
② 양심(conscience) 시대: 추방 후 맺은 하나님의 계약부터 노아홍수까지
③ 인류 통치(human government) 시대: 노아와 맺은 하나님의 계약부터 바벨탑까지
④ 약속(promise) 시대: 아브라함 및 이스라엘 백성과 맺은 하나님의 계약부터 이집트의 예속까지
⑤ 율법(law) 시대: 모세와 맺은 하나님의 계약부터 그리스도의 죽음까지
⑥ 은혜(grace) 시대: 그리스도의 속죄 행위부터 그의 재림까지
⑦ 왕국(kingdom) 시대: 지상의 천년왕국

---

3) 존 넬슨 다비/ 이종수 옮김, 『요한계시록』 (서울: 형제들의 집, 2009), 39-40; Eleonore Pieh, *"Fight like David, run like Lincoln": Die politischen Einwirkungen des protestantischen Fundamentalismus in den USA* (Münster: Lit Verlag, 1998). 28; ; 길선주, 『영계길선주목사 유고선집』 (서울: 대한기독교서회, 1968), 29.

이러한 세대주의 도식에서 지금 현재의 세대(dispensation)는 은혜의 세대, 즉 그리스도의 속죄 행위부터 그의 재림까지의 세대이고, 마지막 세대는 지상의 천년왕국의 세대다. 처음 교회는 유대인과 이방인들로 구성되었으며, 이방인들도 이스라엘에 대한 약속에 참여할 수 있었다. 그러나 세대주의 종말론은 교회와 이스라엘의 개념을 엄격하게 구별하고, 예수의 재림 전에 이스라엘이 회복되어야 한다고 주장한다.

세대주의적 전천년설(dispensational premillennialism)은 전천년설과 동일하게 요한계시록을 문자적으로 해석한다. 세대주의 종말론은 천상의 예수가 교회를 휴거시키기 위해서 현재의 "세대"(dispensation)의 끝에 공중 재림하실 것이며, 휴거하지 못하고 땅 위에 남아 있는 사람들은 질병과 전쟁과 기근이 엄습하는 7년간의 대환난을 당할 것이며, 그리고 이러한 대환난이 끝난 후에 예수가 지상에 재림하여 천년왕국을 세우실 것이라고 주장한다. 세대주의 전천년설은 공중 재림과 지상 재림이라는 두 단계의 그리스도의 재림을 주장한다.

(11) 천년왕국설은 무엇이며, 휴거와 대환난은 무엇인가?

세 가지 천년왕국설이 있다. 전천년설(premillennialism)은 미래에 그리스도가 재림한 후에 천년왕국이 지상에서 일어날 것이라는 신념이다. 전천년주의자들은 사회적 활동과 인간의 모든 노력은 실패할 수밖에 없는 것으로 보며, 천년왕국 직전에 발생하는 대환난에서 "참된 성도"인 자신들은 환난을 당하지 않도록 재림하는 그리스도에 의해서 휴거할 것이라고 믿는다.

후천년설(postmillennialism)은 미래에 그리스도가 재림하기 전에 천년왕국이 지상에서 일어날 것이라는 신념이다. 후천년주의자들은 그리스도가 재림할 수 있도록 이 세상을 정의로운 세상으로 준비시켜야만 한다고 믿는다. 그러므로 그들은 사회문제를 해결하기 위한 사회적 활동을 신앙실천의 중요한 요소로 본다. 그들은 자신들은 천년왕국 후에 그리스도에 의해서 휴거할 것이라고 믿는다.

무천년설(amillennialism)은 미래적인 천년왕국을 부인하고, 천년이라는 숫자는 문자적 의미가 아니라, 긴 시간을 상징하는 기호적 의미를 가진 것이라는 신념이다. 무천년주의자들은 천년왕국을 영적인 것으로서 그리스도의 승천부터 재림까지의 교회의 시대라고 믿는다. 그러나 그들은 휴거를 믿지 않는다.

천년왕국주의자들은 저마다 자신들을 "참된 신도"로 생각하며, 지구의 종말이 올 마지막 때의 7년 대환난(tribulation)에 대해서 말한다. 그들은 7년 대환난 기간 동안에 다른 사람들이 모두 뒤에 남아서 적그리스도의 지배를 당하지만, 오직 "참된 신도"만이 공중으로 휴거하여 환난을 겪지 않고 또한 그리스도와 함께 지상으로 내려와서 문자 그대로 천 년간 평화스럽게 살 것이라고 믿는다.

이러한 천년왕국주의자들은 성서에 대한 자의적 해석을 통해서 7년간의 대환난(참조, 단 12:1)에 대해서 말한다. 7이라는 숫자는 다니엘서 9:27의 "그가 장차 많은 사람들과 더불어 한 이레 동안의 언약을 굳게 맺고 그가 그 이레의 절반에 제사와 예물을 금지할 것이며 또 포악하여 가증한 것이 날개를 의지하여 설 것이며 또 이미 정한 종말까지 진노가 황폐하게 하는 자에게 쏟아지리라 하였느니라"에서 따온 것이다. 그들은 다니엘서 12:1의 "또 환난이 있으리니 이는 개국 이래로 그 때까지 없던 환난일 것이며 그 때에 네 백성 중 책에 기록된 모든 자가 구원을 받을 것이라"를 요한계시록 7:14의 "이는 큰 환난에서 나오는 자들인데 어린 양의 피에 그 옷을 씻어 희게 하였느니라"에 적용시켜서 장차 대환난이 있을 것이라고 주장한다.[4]

또한 그들은 다니엘서 7:25의 "성도들은 그의 손에 붙인 바 되어 한 때와 두 때와 반 때를 지내리라"를 요한계시록 13:5의 "또 짐승이 과장되고 신성모독을 말하는 입을 받고 또 마흔두 달(=3년 반, 혹은 1260일) 동안 일할 권세를 받으니라"에 적용시켜서 적그리스도가 지배하는 7년간의 대환난을 전 3년반과 후 3년반으로 구분한다. 또한 그들은 다니엘서 11:35의 "또 그들 중에 지혜로운 자 몇 사람이 몰락하여 무리 중에서 연단을 받아 정결하게 되며 희게 되어 마지막 때까지 이르게 하리니 이는 아직 정한 기한이 남았음이라"를 통해서 성도들이 7년간의 대환난을 겪어야 한다고 주장한다.

휴거와 관련된 7년 대환난에 대한 이론은 세 가지로 나누어진다.

전환난주의자(pretribulationist)는 "참된 신도"의 휴거가 7년간의 대환난이 시작되기 전에 일어날 것이며, 환난이 끝난 후 그리스도와 함께 지상으로 내려와서 천년왕국에 참여할 것이라고 믿는다.

중간환난주의자(midtribulationist)는 휴거가 대환난 기간의 중간에. 즉 환난이

---

4) 계 7:14에서 언급된 큰 환난은 로마의 우상숭배적인 체제에 동화되기를 거부하는 자들에 대한 로마 제국의 일상화된 억압과 폭력을 가리킨다. 큰 환난은 종말의 때에 닥칠 먼 미래의 일이 아니라, 이미 흰옷을 입은 자들이 과거에 겪었던 것이고, 요한과 그의 동시대인들이 지금 현재 겪고 있는 것이며, 또한 앞으로도 그들에게 닥칠 것으로 충분히 예상되는 일이다. 이병학, 『요한계시록: 약자를 위한 예배와 저항의 책』 (서울: 새물결플러스, 2016), 224.

시작되었으나 아직 지옥 같은 참혹한 기간이 끝나기 전에 일어날 것이라고 믿는다.

후환난주의자(posttribulationist)는 휴거 전에 7년간의 전체 환난을 견뎌야만 할 것이라고 믿기 때문에 그들은 환난 동안에 살아남기 위해서 먼 장소의 산 속에 대재앙을 대비한 피난처를 짓고 지하 창고에 비축 양식과 농사 도구와 무기를 모아서 은닉해둔다.

그들이 신봉하는 휴거(Rapture) 이론은 데살로니가전서 4:17의 문자적 해석에서 유래한다: "그 후에 우리 살아남은 자들도 그들과 함께 구름 속으로 끌어 올려 공중에서 주를 영접하게 하시리니 그리하여 우리가 항상 주와 함께 있으리라." 그러나 사실 이 본문은 휴거에 관한 것이 아니라, 고대 사회에서 왕이 어떤 도시를 방문하면 시민들이 멀리 마중을 나가서 그를 영접하여 모셔오는 관례를 재림하는 예수에게 적용한 것이다.

천년왕국주의자들은 휴거와 7년 대환난에 대해서 말하지만, 그러나 요한계시록에는 휴거와 7년 대환난에 대한 언급이 없다. 오히려 요한계시록은 정반대 방향이다. 즉, 마지막 때에 새 예수살렘이 하늘에서부터 땅으로 내려온다.

## (12) 요한계시록이 세계의 멸망을 예언하는 책으로 읽혀진 까닭은 무엇인가?

그것은 근본적으로 요한계시록에 대한 오해에서 비롯되었다. 요한계시록은 오늘의 시대에 일어날 구체적인 사건들에 대한 예언으로 보아서는 안 된다. 요한계시록에는 바빌론의 멸망에 대한 환상이 있다. 그러나 요한계시록의 저자는 그것을 관람석에 앉아서 구경하는 리포터의 입장에서 객관적으로 묘사한 것이 아니라, 그의 시대의 불의한 현실 속에서 실제로 고난을 당하는 약자와 희생자들의 입장에서 그러한 폭력과 억압과 착취가 지배하는 바빌론의 현실이 빨리 끝나기를 바라는 소망가운데서 쓴 것이다. 그에게 있어서 현재의 역사는 정의가 유린되고 생명이 파괴되고 약자가 희생되는 폭력의 역사이다. 그가 계시를 통해서 본 환상들은 이러한 폭력의 역사의 진행의 끝남과 동시에 새로운 세계의 개벽에 관한 것이다. 요한계시록은 세계의 멸망에 대해서가 아니라, 폭력의 역사의 끝남에 대해서 말한다. 하나님은 지구를 멸망시키는 것이 아니라 오히려 "땅을 망하게 하는 자들을 멸망시키실" 것이다(계 11:18).

(13) 로마 제국의 당대의 현실에 대한 요한계시록의 저자의 인식은 무엇인가?

현실 인식에 대한 요한계시록의 저자의 시각은 아래로부터의 시각이고 변두리로부터의 시각이다. 그는 로마 제국이 선전하는 "로마의 평화"(Pax Romana) 담론에 동의하지 않았다. 지금까지 세계는 로마의 황제의 손아귀에서 통제되었다. 그러나 그는 계시를 통해서 하늘의 대항현실을 경험했으며, 따라서 그는 세계를 바라보는 다른 관점을 얻었다. 그는 이 세계를 통치하는 권력은 로마 황제에게가 아니라, 하나님과 어린 양 예수에게 속한다는 것을 주장했다. 그는 로마 제국의 식민지의 변두리에서 처형된 예수가 지금 하늘의 중앙에 위치한 천상의 궁전의 보좌에 메시아로 앉아 있다는 것을 선포했다. 그는 로마 제국의 제국주의 특징들을 폭로하고, 견고한 큰 성 바빌론에 대한 하나님의 심판을 선언했다. 그는 로마 제국이 영원히 계속될 것이라는 제국의 담론에 반대했다. 그에게 있어서 폭력의 역사가 지금처럼 이대로 진행된다는 것은 끔찍한 재앙과 같다. 그는 종말이 오기 전에 먼저 대참사가 일어나야만 한다고 생각하지 않았다. 왜냐하면 로마 제국의 시대에 대참사는 이미 오래전부터 있어왔고, 그것이 마치 "정상적인 상태"인 것처럼 느껴졌기 때문이다. 그는 하나님이 반드시 폭력의 역사의 진행을 끝장낼 것이라고 주장했다. 또한 그는 천상의 예수가 로마의 제국주의 지배아래서 고난당하는 소아시아의 그리스도인들을 위로하고 그들과 함께 싸우기 위해서 지금 현재의 시간에 오고 있다고 말했다. 그는 요한계시록을 읽는 소아시아의 그리스도인 공동체로 하여금 로마의 제국주의 지배를 정당화하는 제국의 담론을 거부하고 아래로부터 그리고 변두리로부터의 시각으로 제국의 현실을 인식하는 것을 연습하도록 권고했다.

(14) 요한계시록에 따르면 오늘날 교회는 어떻게 갱신되어야 하는가?

요한계시록 2-3장에 기술된 일곱 교회들에게 보는 개별 편지의 주 내용은 그 당시의 교회의 개혁을 위한 것이었다. 로마 제국의 유혹과 압제의 상황에서 소아시아의 교회들이 제국의 요구에 타협하고 순응함으로써 그리스도교의 정체성을 상실하고 있었기 때문에 요한계시록의 저자는 교회의 본질과 정체성을 되찾도록 교회의 갱신을 요구하였다. 요한계시록에서 교회의 삶과 본질을 구성하는 네 가지 요소들은 사랑, 믿음, 섬김, 그리고 저항(=인내)이다(계 2:19). 이러한 네 가지 요소들을 모두 가진 교회는 천상의 예수로부터 칭찬을 받았고, 반면에 이러한 요소들 중에 한 가지라도 결여된 교회는 비판을 받았다. 오늘날 아무리 큰 교회라고 할지라도 불의한 세상에 대한 저항이 없다면, 그러한 교회는 교회의 중요한 본질을 상실한 무력한 교회이다. 그러므로 오늘의 교회는 요한계시록이 요구하는 이러한 네 가지 요소를 갖춘 교회로 갱신되어야만 한다.

## (15) 요한계시록은 유대 묵시문학과 어떤 연관이 있는가?

유대 묵시문학은 신약성서의 모체라고 할 수 있다. 역사적 예수는 구약성서뿐만 아니라 유대 묵시문학을 알고 있었다. 유대 묵시문학은 기원전 250년부터 기원후 100년 사이의 격변의 시대에 산출된 억눌린 유대인들의 문학이다. 유대 묵시문학은 거듭된 외세 침략의 현실과 유대인들의 오랜 신앙 전통 사이의 갈등 속에서 피와 잉크를 섞어서 기록된 유대인들의 희망과 저항의 문학이다. 이러한 유대 묵시문학이 신약성서에 영향을 주었고, 특히 요한계시록에 큰 영향을 주었다. 그러므로 요한계시록은 그리스도교적 묵시문학이라고 불린다. 요한계시록의 저자는 유대 묵시문학의 신학적 전통 가운데 서 있었다. 요한계시록의 환상과 종말론과 그리스도론은 유대 묵시문학으로부터 직접적인 영향을 받았다. 그러므로 요한계시록 해석을 위해서 유대 묵시문학에 대한 연구가 필수적이다.

## (16) 마지막으로 오늘의 시대를 위한 요한계시록의 함의는 무엇인가?

근본주의적 그리스도인들과 소종파 집단들에 의한 왜곡된 요한계시록 해석이 우리 사회에 깊숙하게 침투하여 영향을 주고 있다. 그러나 역사적 그리고 해방적 해석은 우리로 하여금 왜곡된 해석을 극복하게 하고 미래를 긍정적으로 성찰하게 한다. 요한계시록은 우리로 하여금 현재의 시간을 카이로스로 살도록 가르친다. 요한계시록은 그리스도인들이 카이로스인 지금 현재의 시간에 참된 증인이신 예수를 따르고 하늘에 살아 있는 죽은 자들을 기억하면서 사는 것이 성서적이고, 윤리적이고, 인간적이라는 것을 가르쳐준다. 요한계시록은 우리로 하여금 세계의 현실에서 작용하고 있는 감추어진 악마의 세력들을 드러내고, 오늘의 짐승과 거짓 예언자가 무엇인지를 신학적으로 분석하고 호명하게 한다. 요한계시록은 과거에 하나님이 억눌린 백성의 구원과 해방을 위해서 이집트에서 일으켰던 출애굽이 어떻게 요한의 시대의 로마 제국 안에서 재현되고 있는지를 보여준다. 일곱 나팔 환상과 일곱 대접 환상에서 나타나는 재앙들은 로마 제국 안에서 일어나는 새로운 출애굽을 위한 하나님의 해방하는 행동이다. 요한계시록은 세계의 변화를 위해서 한국과 세계 도처에서 하나님이 일으키고 있는 새로운 출애굽 운동에 우리를 초청한다. 불의에 맞서서 함께 노래하고, 기도하고, 항의하는 사람들이 세상을 변화시키는 새로운 출애굽 운동의 주역들이다. 요한계시록은 폭력의 역사가 지금처럼 이대로 계속해서 진행하지 않고 하나님의 심판으로 끝날 것을 가르쳐준다. 그리고 요한계시록은 우리로 하여금 제국의 담론에 저항하고 새 예루살렘을 역사 안에서 선취하면서 살도록 한다.

## 2. 요한계시록 해석의 키 워드(key word)

요한계시록 해석의 키 워드는 로마 제국의 담론(discourse)과 대립하는 요한계시록의 대항담론(counter-discourse)이다. 이 책의 제목은 제국과 계시이다. 이 책에서 나는 로마의 제국주의 지배를 정당화하는 제국의 담론을 비판하는 요한계시록의 저자의 대항담론을 규명함으로써 그가 소아시아의 그리스도인 공동체에게 전하는 메시지를 찾고자 한다.

요한계시록을 읽고 해석하는 나의 자리는 분단된 한반도이다. 나에게 있어서 성서 해석의 목적은 성서 본문을 분석하고 그 당시의 의미를 찾는데 만 있는 것이 아니라, 성서에서 오늘의 우리의 삶과 현실과 역사를 재발견하고 해석하는데 있다. 이 책에서 나는 제국의 담론과 요한계시록의 대항담론이라는 점에서 요한계시록을 분석하고 제국의 담론을 전복시키는 요한계시록의 저자의 대항담론과 그의 반제국주의 신학을 규명하고자 한다.

로마 제국은 황제숭배를 반대하거나 짐승의 표를 받는 것을 거부하는 사람들을 제국의 발전에 저해가 되는 무신론자들로 간주하여 억압하고 학살하였다. 요한계시록의 저자는 아래로부터 그리고 주변부로부터의 시각으로부터 그리고 약자와 희생자들의 관점으로부터 로마 제국의 현실(reality)을 인식한다. 그는 수도 로마의 화려한 전경의 이면에 있는 약자들과 제국의 주변부에 사는 가난한 자들과 억눌린 자들의 고난과 죽음의 현실을 인식하고 큰소리로 우는 눈물의 예언자이다(계 5:4). 또한 그는 고난당하는 자들을 격려하고, 그들을 위해 희망을 재건하고, 그리고 그들과 함께 로마의 제국주의와 황제숭배에 대항해서 싸우는 저항의 예언자이다(계 1:9). 그는 로마의 억압의 구조를 분석하고 로마의 제국주의를 비판할 뿐만 아니라(계 13장), 독점무역을 통해서 식민지의 자원들을 로마로 유출시킨 로마의 "사치의 세력"(계 18:3)을 호명하고 비판한다.

압제와 순응의 시대에 그는 계시를 통해서 로마 제국의 현실(reality)과 대조되는 하늘의 대항현실(counter-reality)을 경험한다. 계시는 "폭로," 또는 "드러냄"을 의미한다. 그는 계시를 통해서 숨겨진 하나님의 권력을 드러내고, 은폐된 로마 제국의 살인적인 현실을 폭로한다. 그는 자신이 직접 계시를 경험했다는 사실을 강조하기 위해서 "내가 보니"라는 말을 자주 한다(계 4:1; 6:2, 5, 9, 12; 9:1; 13:1; 14:1, 14; 15:2, 5; 17:3, 6; 19:17; 20:4, 12).

그는 계시를 통해서 여러 가지 환상들을 본다. 지상에는 로마 황제의 보좌와 황제숭배가 있고, 하늘에는 하나님의 보좌와 하나님과 어린 양 예수의 권력과 통치를 찬양하는 천상의 예배가 있다. 로마의 식민지의 변두리인 이스라엘 땅에서 무력하게 십자가 처형을 당한 예수가 하늘의 중앙에 위치한 천상의 궁전의 보좌에 하나님의 대리자인 그리스도로 앉아 있다. 천상의 예수는 약자들의 통곡과 눈물을 자아내는 폭력의 역사의 진행을 끝내기 위해서 지금 현재의 시간에 다시 오겠다고 거듭해서 확약한다. 갈보리에서 흘린 피 묻은 옷을 입고 있는 천상의 예수는 아마겟돈 전쟁터에 나타나서 로마가 일으킨 제국국주의 전쟁의 확산을 막고 전쟁 주모자들을 불 못에 던지고 전쟁 체제를 영원히 소멸시킨다. 견고한 성 바빌론은 하나님의 심판으로 멸망한다. 하늘에 살아 있는 수많은 죽은 자들의 무리(오클로스)가 바빌론(=로마)에 대한 하나님의 심판을 정의로운 심판이라고 노래하고, 하나님의 통치를 축하하는 예배를 드린다. 로마의 폭력에 의해서 죽임을 당한 순교자들과 죽은 증인들은 하늘에서 살아서 모두 천년왕국의 보좌에 앉아 있다. 그들은 천상의 재심 재판을 통해서 한(恨)이 풀리고 권리와 정의를 회복한 자들이다. 오직 하나님이 마지막 결정권을 가진 심판자이다. 천년왕국이 끝난 후 마지막 심판이 일어난다. 무고한 피학살자들의 시신을 밟고 지나간 학살자들과 그들의 협력자들은 하나님의 심판을 받고 불 못에 던져진다. 하늘에서부터 새 예루살렘이 아래로 내려온다. 새 예루살렘은 죽은 자들과 산 자들이 서로 재회하여 영원히 함께 사는 장소이다. 새 예루살렘에는 맑은 생명수의 강이 흐르고 강좌우 도로에는 매달 다른 열매를 맺는 생명나무가 있어 모두 배불리 먹을 수 있으며, 생명나무의 잎사귀는 바빌론에서 얻은 질병을 치료하는 약제로 쓰인다.

이러한 환상들은 마르크스(Karl Marx)가 말한 "인민의 아편"이 아니라, 천상의 관점으로부터 로마 제국의 현실을 재규정함으로써 로마의 제국주의 지배를 정당화하는 로마의 공론장과 대립하는 대항공론장의 매개(medium)로서 기능한다. 요한계시록의 저자는 하늘의 관점으로부터 로마의 제국주의 지배를 정당화하는 제국의 담론(discourse)을 비판하는 대항담론(counter-discourse)을 주장한다.

제국의 공론장은 권력층들로만 구성되었기 때문에 약자들의 현실을 외면한 왜곡된 공론장이었다. 그러나 로마 제국은 이러한 공론장을 통해서 로마의 제국주의 지배를 정당화하는 제국의 담론을 생산하고 전파한다. 제국의 담론은 "누가 이 짐승과 같으냐? 누가 능히 이와 더불어 싸우리요?"(계 13:4)라고 말하고, "큰 성, 견고한 성 바빌론"(계 18:10)이라고 찬양하면서 로마 제국의 절대성과 영원성을 선전한다. "로마의 평화"(Pax Romana)는 대표적인 제국의 담론이다. 그것은 로마의 제국주의 지배를 합법화하고 로마의 폭력의 희생자들을 기억에서 지우고 역사에서 삭제한다.

요한계시록의 저자는 계시를 통해서 인식된 환상들의 내용을 통해서 제국의 담론을 전복시키는 대항담론을 주장한다. 그는 상징적 표현을 통해서 로마 제국의 정치적 군사적 측면과 경제적 측면을 비판한다. 열 뿔과 일곱 머리가 달린 무시무시한 짐승은 로마의 정치적 군사적 측면을 상징하는 메타포(metaphor)이고, 금잔을 들고 있는 음녀는 식민지의 약자들의 고혈을 빨아먹는 로마의 경제적 측면을 상징하는 메타포이다.

그는 로마의 폭력으로 피 흘린 그리스도인 순교자들뿐만 아니라 로마의 제국주의에 의해서 죽임을 당한 비그리스도인 희생자들에게도 연대감을 품고 있다. "선지자들과 성도들과 및 땅 위에서 죽임을 당한 모든 자의 피가 그 성 중에서 발견되었느니라"(계 18:24). 이것은 하나님이 바빌론을 심판한 이유가 그리스도인 희생자들 때문만이 아니라, 교회 울타리 밖에 있는 모든 일반인 희생자들 때문이기도 하다는 것을 증명한다. 그러므로 그리스도인들은 넌크리스천들의 억울한 죽음에도 깊은 관심을 가져야만 한다.

하나님은 바빌론의 죄와 바빌론의 불의한 일을 기억하신다. "그의 죄는 하늘에 사무쳤으며 하나님은 그의 불의한 일을 기억하신지라"(계 18:5). 바빌론의 죄는 구조적인 죄를 의미한다. 요한계시록의 저자는 그리스도인들에게 바빌론의 죄에 가담하지 말라고 한다(계 18:4). 요한계시록은 로마의 폭력으로 수많은 그리스도인들과 무고한 약자들이 흘린 피로 점철된 고난의 역사와 폭력의 역사를 조명한다. 복음서의 저자들은 예수 주변에 있는 고난당하는 무리(오클로스)에게 관심을 가지만, 요한계시록의 저자는 하늘에서 살아서 흰옷을 입고 천상의 예배에 참석하고 있는 수많은 죽은 자들의 무리(오클로스)에 관심을 가진다(계 7:9; 19:1, 6; 참조, 17:15). 유대 묵시문학의 대표적 작품 중의 하나인 에티오피아어 에녹서(=에녹1서)는 산 자들에게 하늘에 살아 있는 죽은 자들을 기억하고, 그들과 기억연대의 공동체를 건설할 것을 권고한다. 요한계시록의 저자는 아래와 같은 유대 묵시문학의 주장을 받아들였다.

> "의인들이여, 죄인들이 강성해지고 번창해지는 것을 볼 때 이제 두려워 말아라. 그들과 동반자들이 되지 말고, 그들의 불의에 기대는 자들로부터 멀리 떨어져 있어라. 왜냐하면 너희들은 하늘에 있는 선한 사람들의 동반자들이 되어야 할 것이기 때문이다"(에녹1서 104:6).

요한계시록의 저자는 은폐된 로마의 폭력과 대량학살(genocide)을 폭로한다. 그는 그리스도인들로 하여금 로마의 제국주의의 희생자들을 망각하지 않도록 기억투쟁을 촉구하고, 죽은 자들이 이루지 못한 꿈을 되찾아서 그것을 이루기 위해서 그들과 함께 제국의 우상숭배와 불의에 비폭력적으로 저항하고 하나님의 말씀을 증언하도록 권고한다.

지상에 있는 십사만사천(144,000)만이 하늘에 살아있는 죽은 자들이 천상의 예배에서 거문고를 켜면서 부르는 새 노래를 듣고 배워서 부를 수 있다. 그것은 그들이 죽은 자들을 기억하고 그들의 증언과 저항과 투쟁을 망각하지 않고 있기 때문이다(계 14:1-3).

요한계시록의 근본적인 지평은 반제국주의와 죽은 자들을 위한 기억투쟁이다. 요한계시록의 대항담론은 그 당시의 로마 제국의 담론을 비판할 뿐만 아니라, 오늘날의 제국의 담론을 역시 비판한다. 오늘날의 제국주의는 지구적 자본의 제국과 시장의 제국이라는 새로운 얼굴이며, 신자유주의적 세계화의 경제 구조이며, 우리의 사고와 문화와 정치를 지배하는 체제이다.

요한계시록의 목적은 세계를 지배하는 창조주 하나님의 권세를 드러내고 고난당하는 그리스도인들과 약자들의 구원과 해방을 위해서 폭력의 역사의 진행을 끝내고자 하는 하나님의 계획을 분명하게 드러내는 데 있다. 요한계시록의 저자는 로마 제국이 영원히 계속될 것이라는 제국의 담론을 반대한다. 그에게 있어서 폭력의 역사가 지금처럼 이대로 계속되는 것은 지옥과 같은 끔찍한 참을 수 없는 재앙이다. 그는 종말이 오기 전에 먼저 대참사가 일어나야만 한다고 생각하지 않는다. 왜냐하면 로마 제국의 시대에 대참사는 이미 오래전부터 있어왔고, 그것이 마치 "정상적인 상태"인 것처럼 느껴졌기 때문이다.

요한계시록은 결코 미래에 일어나 사건들을 미리 예언하거나, 또한 지구의 멸망을 향한 시간표를 알려주는 책이 아니다. 요한계시록에서 종말은 폭력의 역사의 진행을 단절시키고 고난의 역사를 끝내고 이 세계 안에 있는 모든 불의를 소멸시키는 것을 의미하고, 동시에 종말은 정의, 평화, 평등, 그리고 생명이 지배하는 대안적 세계를 상징하는 새 예루살렘을 개벽시키는 것을 의미한다.

나는 한국인 성서 신학자로서 분단된 한반도의 상황에서 요한계시록을 읽고 약자와 희생자의 관점에서 해석한다. 이 책에서 나는 요한계시록의 저자가 1세기 말엽의 소아시아의 그리스도인 공동체를 억압하는 로마의 제국주의의 현실을 구약성서와 유대 묵시문학을 통해서 어떻게 인식하고 해석했는지를 규명하고자 한다. 나는 요한계시록에서 그 당시의 로마의 식민지인 소아시아의 현실뿐만 아니라, 오늘날 강대국의 영향을 받고 있는 우리의 삶과 현실과 역사를 재발견한다. 나는 이 책에서 요한계시록의 중요한 주제들을 20장으로 나누어서 한국의 근현대사와 접목시켜서 해석한다.

제1부

유대 메시아론과
요한계시록의 그리스도론

제1장
# 유대묵시문학과 신약성서
에녹과 예수


## I. 서론적 성찰

초기 유대교(Early Judaism)는 에티오피아어 에녹서(=에녹1서) 중에서 가장 오래된 부분이 저작된 때인 기원전 250년부터 랍비 유다 왕자(Judah the Prince)가 미쉬나(Mishna)를 편찬한 때인 기원후 200년까지의 기간을 포괄한다. 이 기간에 여러 침략 전쟁, 마카비의 항거, 하스몬의 통치, 구약 위경(the Pseudepigrapha)과 외경(the Apocrypha)의 산출, 구약의 정경화, 신약성서의 산출, 그리고 유대교 예전의 편찬이 발생하였다. 구약 위경은 이 기간에 팔레스타인 유대인들과 디아스포아 유대인들에 의해서 저작되었고 그리고 일부는 그리스도인들에 의해서 확장된 65개의 문서들이다.[1] 1947년에 거룩한 문서들과 유대인들이 히브리어로 저술한 유대 묵시문학 작품들의 일부가 2천년 동안 사해문서(the Dead Sea Scrolls)를 보존한 열한 개의 쿰란 동굴에서 발굴되었다. 쿰란 공동체는 기원전 2세기 중엽부터 기원후 68년까지 존재했다. 초기 유대교의 역사는 유대인들은 물론이고 기독교인들에게도 매우 중요한 기간이다.

그런데 이 기간에 규범적인 유대교는 없었으며, 유대교는 여러 상이한 집단들(groups)의 형태로 나타났다. 그러므로 이단과 정통이 없었으며, 단지 여러 집단들만이 있었다. 그러한 집단들은 바리새파, 사두개파, 엣세네파, 그리고 열심당 외에도, 사마리아인 집단, 세례자 요한이 이끄는 세례자 집단, 에녹서의 전승을

---

1) James H. Charlesworth, "The Historical Jesus: Sources and a Sketch," in: James H. Charlesworth and Walter P. Weaver (ed.), *Jesus Two Thousand Years Later* (Harrisburg, Pa.: The Trinity Press International, 2000), 90.

따르는 집단. 그리고 여러 작은 하위 집단들로 분류될 수 있다. 찰스워스 (Charlesworth)는 초기 유대교의 성격은 20개가 넘는 집단들과 하위 집단들에 의해서 정의된다고 주장한다.[2] 최근에 학자들은 역사적 예수가 여러 면에서 엣세네파와 상당한 유사성이 있다는 것을 규명했다.[3] 초기 기독교는 본질적으로 초기 유대교 내부의 한 집단이었다. 예수를 따르는 집단은 팔레스타인 예수 운동 (Palestine Jesus Movement)으로 분류된다. 그러므로 초기 유대교에 대한 연구는 역사적 예수 연구(Historical Jesus Research)와 요한계시록과 신약성서 전체에 대한 이해를 위해서 매우 중요하다.

초기 유대교는 유대 묵시문학을 산출하였다. 유대 묵시문학은 한 작은 주변적인 종파(sect)의 사적인 산물이 아니라, 폭력의 역사의 돌파와 대안적 세계의 시작을 갈망하는 다수의 억눌린 자들, 정복당한 자들, 그리고 희생자들의 보편적이고 창조적인 산물이다. 유대 묵시문학은 격변하는 역사적 현실과 신앙 전승 사이의 갈등에 대한 신학적 성찰을 피와 잉크를 섞어서 쓴 저항문학이다.

유대 묵시 문학가들은 자신들의 본명을 숨기고 모세, 에녹, 에스라, 바룩 등 과거의 위대한 성서적 인물들의 이름을 빌려서 시간적으로 과거로 소급해서 마치 그들이 미래를 내다보면서 예언한 것처럼 자신들의 글을 썼다. 이러한 문학적 구성은 유대 묵시 문학가들의 동시대인들에게 예언의 확실성을 주기 위한 목적에서 비롯되었다.

이러한 유대 묵시문학에 속하는 가장 대표적인 중요한 작품들 중의 하나가 에티오피아어 에녹서(=에녹1서)이다. 구약성서에서 에녹은 죽음을 맛보지 않고 하늘로 승천한 인물이다. "에녹이 하나님과 동행하더니 하나님이 그를 데려가시므로 세상에 있지 아니하더라(창 5:24).[4] 그러므로 경건한 유대인들은 산채로 하늘로 승천한 에녹이 천상의 세계의 현실과 하나님의 계획을 가장 잘 알 수 있을 뿐만 아니라, 그것을 지상에 있는 사람들에게 정확하게 전달할 수 있는 권위 있는 인물이라고 믿었다. 유대 묵시 문학가들이 에녹의 이름으로 하늘의 현실과 하나

---

2) James H. Charlesworth, "Why are the Dead Sea Scrolls sensationally important for the Understanding Second Temple judaism?," *Journal of the Institute of Biblical Studies of Presbyterian College and Theological Seminary* 1 (2010), 7-18.

3) James H. Charlesworth, "The Dead Sea Scrolls and the Historical Jesus," James H. Charlesworth (ed.), *Jesus and Dead Sea Scrolls* (New York, London, Toronto, Sydney, Auckland: Dubleday, 1993), 1-74.

4) 에녹은 지상에서 365년을 살았다. 그는 65세에 므두셀라를 낳은 후 300년 동안 하나님과 동행하며 자녀들을 낳았다(참조. 창 5:21-23).

님의 종말론적 계획을 서술한 작품이 바로 에티오피아어 에녹서이다.

에티오피아어 에녹서는 기원전 250년부터 기원후 70년까지의 기간에 여러 고대의 저자들이 본명을 감추고 에녹의 이름으로 쓴 작품집이며, 히브리어로 저작되었다. 그러나 히브리어 에녹서는 파편적으로만 남아 있을 뿐이다. 에티오피아 유대인들이 히브리어로부터 에티오피아어로 직접 번역한 에티오피아어 에녹서가 현재 완벽한 형태로 존재하고 있다. 에티오피아어 에녹서는 팔라샤 정경(Falasha Canon)에 채택되었으며, 그리고 그 정경을 사용하는 에티오피아 교회에 의해서 오늘날까지 전승되어왔다.

에티오피아어 에녹서는 모세의 오경처럼 다섯 권의 책들로 구성되어 있다:[5] 파수꾼들의 책(1-36장), 비유들의 책(37-71장), 천체들의 책(72-82장), 꿈들의 환상(83-90장), 그리고 에녹의 서신(91-108장). 이 다섯 권의 책들 중에서 가장 나중에 집필된 것이 비유들의 책(37-71장)이다. 1947년에 쿰란 동굴에서 사해문서들과 함께 에녹서의 일부가 파편적으로 발견되었지만, 그러나 비유들의 책(The Book of Parables)은 파편적으로도 전혀 발견되지 않았다.[6] 전문가들은 「비유들의 책」의 산출 연대를 B.C.E. 40년부터 C.E. 70년 사이로 본다.[7] 그러나 예수가 비유들의 책을 알고 있었을 것으로 보는 나의 추측이 옳다면, 비유들의 책의 연대는 B,C,E. 40년부터 C,E. 1세기 초엽까지로 제한된다.[8]

에티오피아어 에녹서는 개신교와 가톨릭교회로부터 정경의 일부로 인정받지 못하는 위경에 속한다. 그런데 놀랍게도 이러한 에녹서의 한 구절이 유다서 14-15절에서 문자 그대로 예언의 말씀으로 인용되었다.[9] 이것은 신약성서의 저자들 중의 한 사람인 유다서의 저자가 기독교의 정경의 경계를 넘어섰다는 것을 의미하며, 이 점에서 우리는 장경에 대한 새로운 이해가 필요하다. 또한 이것은

---

5) 에티오피아어 에녹서 해석에 대해서는 Byung Hak Lee, *Befreiungserfahrungen von der Schreckensherrschaft des Todes im äthiopishen Henochbuch. Der Vordergrund des Neuen Testaments* (Waltrop: Hartmunt Spener, 2005); George W. E. Nickelsburg, *A Commentary on the Book of 1 Enoch, Chapters 1-30* (Minneapolis: Fortress Press, 2001), 81-108; David R. Jackson, *Enochic Judaism* (London/New York: T&T Clark International, 2004)를 참조하라.

6) 존 J. 콜린스/ 박요한 옮김, 『묵시문학적 상상력: 유다 묵시문학 입문』 (서울: 가톨릭 출판사, 2005), 94.

7) James H. Charlesworth, *Jesus within Judaism* (London: SPCK, 1989), 40.

8) C.E.F. Moule, *The Origin of Christology* (Cambridge, New York: Cambridge University Press, 1977), 11-221; I. 하워드 마샬/ 배용덕 옮김, 『신약 기독론의 기원』 (서울: 기독교문서선교회, 1999), 85-111.

9) 김재준, 『요한계시록』 (서울: 대한기독교서회, 1969), 45.

신약성서 연구자들에게 에티오피아어 에녹서를 비롯한 유대 묵시문학 연구의 필요성을 입증한다. 유대 묵시문학에는 구약과 신약을 연결시켜주는 중요한 신학적 개념들로서 죄, 심판, 부활, 영생, 메시아, 종말, 하나님 나라, 천사 등이 있다. 여기서 종말은 이 역사와 세계의 비극적 끝을 말하는 것이 아니라, 이 세계 안에 있는 모든 불의와 억압을 소멸시키고 폭력의 역사를 끝내는 것을 의미한다. 에티오피아어 에녹서의 「비유들의 책」에서 이러한 종말의 때까지 감추어져 있다가 나타나는 하나님의 메시아적 대리자는 오만한 지배자와는 정반대로 약자 편에 서 있는 해방자, 구원자, 심판자, 그리고 함께 싸우는 투사로 묘사된다. 이러한 유대 묵시문학의 메시아론 대한 이해는 복음서의 그리스도론뿐만 아니라, 요한계시록의 그리스도론과 신약성서 전체의 그리스도론을 이해하는데 중요하다.

에티오피아어 에녹서에 속하는 비유들의 책(37-71장)은 서론(37장), 본론(38-69장), 그리고 결론(71-72장)으로 구성되어 있다. 본론은 세 개의 비유 단락들인 38-44, 45-57, 그리고 58-69장으로 분류된다. 비유들의 책에서 하나님은 "영혼들의 주님"으로 일컬어진다. 이 호칭에서 우리는 하나님이 산 자들의 하나님일 뿐만 아니라, 그것을 넘어서 죽은 자들의 영혼들의 하나님이라는 것을 간파할 수 있다. 이 "영혼들의 주님"은 죽은 자들과 고난당하는 자들과 함께 하는 해방과 연대와 정의의 하나님이다. 하나님의 메시아적 대리자는 역시 죽은 자들과 고난당하는 산 자들의 메시아로 묘사되고 있다. 또한 비유들의 책에는 하나님의 메시아적 대리자를 가리키는 의인, 택한 자, 인자, 그리고 메시아가 나타난다. 그런데 놀랍게도 산채로 하늘로 이끌려 오라 간 에녹은 인자와 동일화된다.

비유들의 책은 예수의 메시아적 자기 이해를 파악하는데 결정적으로 중요하다. 그러나 대다수의 서구 신학자들은 예수의 자기 이해의 자료가 오직 예수 자신에게만 있지, 초기 유대교에는 없다고 주장한다. 이러한 입장을 견지하는 대표적인 학자들 중의 하나인 고펠트(Leonhard Goppelt)는 이렇게 말한다.

> "비록 마가가 이미 상응하는 그리스도론에 친숙했다고 할지라도, 공관복음서에서 인자는 에티오피아어 에녹서에 나타나는 선재의 표상과 연결되지 않으며, 그러므로 공관복음서의 진술은 에티오피아어 에녹서와 제4에스라로 대표되는 묵시문학적 전승들과 결부되지 않는다."[10]

---

10) Leonhard Goppelt, *Theologie des Neuen Testaments*, 3. *Auflage* (Göttingen: Vandenhoeck & Ruprecht, 1980), 232.

이와 반대로 찰스워즈(James H. Charlesworth)는 메시아로서의 예수의 자기 이해와 비유들의 책의 메시아론의 관계를 다음과 같이 말한다.

"예수의 인자 어록의 세 가지 형태인 인자의 권위, 미래적 오심, 그리고 현재적 수난은 모두 교회에 의해서(필하우어와 콘첼만의 입장) 창안된 것이 아니라고 나는 확신한다. 그러한 확실성을 넘어서 더 진전하는 것은 어렵지만, 그러나 에녹 전승들(에녹1서 62-63, 69)의 영향 아래서, 아마도 구전을 통해서 간접적으로, 예수가 그의 동시대인들을 놀라게 하였던(참조. 막 1:22; 7:37; 11:18; 마 7:28; 눅 4:32; 19:48; 요 7:46) 그의 카리스마적 권위를 강조하기 위해서 인자 용어를 사용했다는 것을 추측할 수 있다.

아마도 그의 메시지의 묵시문학적이고 심판적인 형태가 그로 하여금 인자에게 속한 도래하는 심판의 권세들에 대해서 말하게 했을 것이다. 이 인자는 아마도 또 다른 미래적 인물을 가리키지 않았을 것이며, 또한 예수는 묵시문학적 에녹 전승들(에녹1서 62, 69)에 의해서 영향을 받았을 것이다. 예언자들의 순교와 그의 친구 세례자 요한의 순교의 빛에서 그리고 그가 겪었고 또 예상했던 고난에 대한 설명으로서 예수는 고난당하는 인자를 창조했을 수도 있다.

이러한 모든 가능성은 결코 학자적 성찰의 영역을 넘어설 수 없지만, 그러나 오로지 종말론적 인자 어록들은 예수 자신으로부터 유래하고 또 그 어록들은 어떤 미래적 구원자를 가리킨다는 불트만의 주장을 넘어설 수 있는 이유들이 지금 있다는 것은 확실해 보인다."[11]

또한 찰스워스는 다음과 같이 말한다.

"예수가 지기 자신을 메시아라고 생각하지 않았을 수도 있지만, 그가 메시아적 자기 이해를 가지지 않았다는 것을 따를 필요는 없다. 예를 들면, 예수는 자기가 인자라고 또는 하나님에 의해서 인자로 선포될 것이라고 생각했을 수도 있다. 만일 그렇다면, 에녹1서 37-71에서 발견된 실례처럼 이 칭호의 메시아적 음향이 그의 사명에 대한 그의 점증하는 자각을 끌어냈을 것이다. 하지만 전승들은 예수가 자신을 메시아라고 선포했다는 결론을 확실하게 지지하지 않는다."[12]

---

11) James H. Charlesworth, *Jesus within Judaism* (Lomdon SPCK, 1989), 42.
12) James H. Charlesworth, *Jesus within Judaism*, 139.

찰스워즈는 예수가 어떻게 자신을 인자로 인식하는 자기이해를 가질 수 있었는지에 대해서는 자세히 말하지 않는다. 그러므로 역사적 예수의 자기 이해를 규명하기 위해서 이 문제는 더 깊이 연구될 필요가 있다. 이러한 문제의식을 가지고 나는 에티오피아어 에녹서를 약자들의 시각으로부터 읽고 해석할 뿐만 아니라, 특히 비유들의 책에 나타난 하나님의 대리자를 지칭하는 호칭들인 의인, 택한 자, 인자 그리고 메시아의 상호 관계와 기능을 자세히 분석하고, 신학적 의미를 찾고자 한다. 「비유들의 책」에서 하나님의 메시아적 대리자는 해방자, 구원자, 심판자, 그리고 함께 싸우는 투사로 기능한다. 어린 양 그리스도론[13]은 요한계시록에서 현저하게 나타나만, 에티오피아어 에녹서에서 어린 양 모티브는 나타나지 않으며, 단지 꿈들의 환상(83-90장)에 목자들과 양들에 대한 이야기(참조, 에녹1서 90:1-42)가 있다.

이 논문의 목적은 유대 묵시문학의 메시아론의 빛에서 역사적 예수의 메시아적 자기 이해를 규명하는데 있다. 나는 이 논문이 요한계시록의 그리스도론을 비롯하여 신약성서의 그리스도론을 새롭게 이해하는데 기여할 수 있기를 바라며, 또한 오늘날 그리스도가 고난당하는 약자들 가운데 임재하고 있다고 주장하는 제3세계 신학의 그리스도론을 신학적으로 강화시키는데 기여할 수 있기를 희망한다.

## II. 에티오피아어 에녹서의 메시아론

### 1. 하나님의 대리자의 도래에 대한 억눌린 약자들의 희망

폭력의 역사를 심판하고 끝장낼 하나님의 메시아적 대리자에 대한 억눌린 약자들의 희망이 비유들의 책에 표출되어 있다. 여기서 하나님의 메시아적 대리자는 의인(에녹1서 38:2, 3; 53:6) , 택한 자(에녹1서 39:6; 40:5; 45:3, 4 ; 49:2, 4; 51:3, 5;

---

13) James H. Charlesworth, "Jesus Research Expands with Chaotic Creativity," in: James H. Charlesworth and Walter P. Weaver (ed.), *Images of Jesus Today* (Valley Forge, Pa.: Trinity Press International, 1994), 27-29; Loren L. Johns, *The Lamb Christology of the Apocalypse of John: An Invitation into Its Origins and Rhetorical Force* (Tübingen: Mohr Siebeck, 2003; M. R. Hoffmann, *The Destroyer and the Lamb: The Relationship between Angelomorphic and Lamb Christology in the Book of Revelation* (Tübingen: Mohr Siebeck, 2005)를 참조하라.

52:6, 9; 55:4; 61:5, 8, 10; 62:1), 인자(에녹1서 46:2, 3, 4; 48, 2; 62, 5, 7, 9, 14; 63:11; 69:26, 27, 29; 70:1;71:14, 17), 그리고 메시아에(에녹1서 48:10; 52:4)라는 상이한 호칭들을 가진 네 가지 형태의 메시아적 인물들로 묘사되고 있다.[14] 이러한 네 메시아적 인물들 사이에는 연대기적 발전이 없으며, 기능적인 측면에서 모두 동일한 하나님의 메시아적 대리자를 가리킨다.

하나님의 메시아적 대리자로서 이러한 네 인물들은 각기 억울하게 죽임을 당한 희생자들과 고난당하는 약자들과 연대하고 자신을 그들과 동일시한다. 그러므로 이러한 메시아적 인물들은 각기 독립적으로 존재하는 자로가 아니라, 항상 하늘에 있는 의인들과 성인들과 택한 자들의 공동체와 더불어 존재하는 자로 묘사되고 있다. 즉 하나님의 메시아적 대리자는 희생자들과 약자들의 해방과 구원을 위해서 하나님이 창세전에 택한 자이고, 현재 감추어져 있고(에녹1서 48:6; 62: 7), 그리고 마침내 종말의 날에 심판의 권세를 가진 왕으로 세워질 것이다(에녹1서 61:8). 이러한 맥락에서 메시아적 인물의 선재적, 현재적, 그리고 종말론적 차원이 인식될 수 있다.

왜 비유들의 책의 저자는 이처럼 상이한 네 인물들을 통해서 하나님의 메시아적 대리자를 나타내는가? 하나님의 메시아적 대리자로서 이러한 네 인물들은 하나님의 적으로서 네 부류의 사회적 계층들과 대립관계에 있다. 그들은 땅의 왕들, 권력자들, 고급관리들, 그리고 대지주들이다(참조. 에녹1서 62:3, 12: 63:1). 이러한 네 사회적 계층들은 하나님의 자녀들을 억압하고 학대하기 때문에 하나님의 적들로 간주된다. 그러므로 비유들의 책에서 하나님의 대리자로서 네 메시아적 인물들이 이러한 네 부류의 사회적 계층들과 도식적으로 대칭 관계에 있는 것으로 보인다.

상이한 네 가지 유형의 메시아적 인물들의 상호 관계는 무엇인가? 그들은 서로 다른 인물인가, 아니면 동일한 인물인가? 약자들과 희생자들의 해방을 위한 하나님의 메시아적 대리자로서 그러한 인물들의 공통적인 특징과 기능은 무엇인가? 이러한 질문들에 대답하기 위해서 네 가지 유형의 메시아적 인물들이 등장하는 에티오피아어 에녹서의 문맥을 폭력의 역사의 끝장과 새로운 대안적 세

---

14) Byung Hak Lee, *Befreiungserfahrungen von der Schreckensherrschaft des Todes im äthiopischen Henchbuch*, 243-77; J. C. VanderKam, "Righteous One, Messiah, Chosen One, and Son of Man in Enoch 37-71," James H. Charlesworth (ed.), *The Messiah: Developments in Earliest Judaism and Christianity* (Minnepolis: Fortress Press, 1992), 169-191을 참조하라.

계의 시작을 희망하는 약자들과 희생자들의 관점에서 읽고 해석하는 것이 필요하다.

## 2. 비유들의 책의 메시아적 인물들의 네 가지 유형과 기능

### 1) 의인
의인은 마지막 심판의 날에 하나님의 메시아적 대리자를 지칭한다. 의인은 에티오피아어 에녹서 38:1-6에서 "성인들, 의인들 그리고 택한 자들"을 위한 하나님의 마지막 때의 대리자로 묘사되고 있다:

> "1 만약 의인들의 공동체가 나타난다면, 죄인들이 그들의 죄 때문에 심판을 받게 될 것이며, 그들은 땅의 표면 위에서 추방될 것이다. 2 그리고 그 **의인**이 의인들, 즉 택한 자들의 면전에 나타날 때, 그들의 행동은 영혼들의 주님(=하나님)에 의해서 무게를 달게 된다. 그는 의인들과 택한 자들에게 빛을 비출 것이다. 그러면 어디가 죄인들의 처소가 될 것이며, 그리고 어디가 영혼들의 주님의 이름을 부인한 자들의 처소가 될 것인가? 그들은 태어나지 않는 것이 더 나았을 것이다. 3 그 **의인**의 비밀들이 계시될 때 그는 죄인들을 심판할 것이다. 악인들은 의인들과 택한 자들의 면전으로부터 추방될 것이며, 4 그리고 그 시간부터 땅을 장악한 사람들이 지배자들이나 왕자들이 되지 못할 것이다. 그들은 성인들의 얼굴을 바라볼 수 없을 것이다. 왜냐하면 영혼들의 주님의 빛이 성인들, 의인들, 그리고 택한 자들의 얼굴을 비추었기 때문이다. 5 그 순간에 왕들과 지배자들은 파멸할 것이며, 그들은 의인들과 성인들의 손에 넘겨질 것이며, 6 그리고 거기서부터 아무도 영혼들의 주님에게 그들에게 자비를 베풀어주도록 간청하지 못할 것이다. 왜냐하면 그들의 생명이 멸절되었기 때문이다"(에녹1서 38:1-6).[15]

죄인들의 희생자들인 의인들은 선택된 자들과 성인들과 대등하다. "의인들의 공동체"가 나타났을 때 그 의인이 "의인들 즉 택한 자들의 면전에" 나타나는 것

---

15) 이 본문에 대해서는 E. Isaac, 1(*Ethiopic Apocalypse of*) *Enoch*, James H. Charlesworth (ed.), *The Old Testament Pseudepigrapha, Vol. 1* (Garden City, New York: Doubleday & Company, Inc., 1980), 30을 보라. 이 논문에서 사용된 에티오피아어 에녹서의 모든 본문은 E. Isaac의 *1 Enoch*을 이병학이 우리말로 번역한 것이다.

과 그 의인의 비밀들이 "의인들"에게 계시되는 것이 돋보인다(에녹1서 38:3). 여기서 하나님의 마지막 때의 메시아적 대리자로서의 의인과 믿음이 깊은 의인들 사이의 동일화가 관찰될 수 있다. 그러한 동일화를 통해서 의인의 중요한 기능이 억눌린 자들과 고난당하는 자들의 해방이라는 것이 강조된다.

하나님이 그들의 얼굴에 비춘 빛은 하나님의 가까이 계심과 해방의 상태를 상징하는 것으로 이해될 수 있다(에녹1서 38:2, 4). 생명을 주고 생명을 보존하는 하나님의 가까이 계심이 의인들의 얼굴을 비춘 빛을 통해서 상징화된다. 빛의 표상은 이스라엘 역사에서 해방자로서의 하나님 경험에 근거한 것이다. 이제 억눌린 민족에게 정의가 임하고, 그 민족은 억압의 상황에서부터 해방된다.

이와 반대로 죄인들, 즉 억압자들은 그들 자신이 전에 억압하고 착취하고 배제하였던 "성인들, 의인들, 그리고 택한 자들"의 얼굴을 쳐다 볼 수가 없다. 왜냐하면 하나님이 빛을 그 희생자들에게 비추었기 때문이다. 그 의인은 심판자로서 죄인들을 심판한다. 왜냐하면 그들이 영혼들의 주님을 부인하였기 때문이다(에녹 1서 38:2). 하나님을 부인한다는 것은 가난한 자들과 눌린 자들의 생명, 곧 생명 자체를 멸시하는 것을 의미하며, 그것은 곧 악인들이 생명의 하나님을 인정하지 않는 것을 의미한다. 종말의 날에 그러한 악인들은 피억압자들의 면전에서 사라지게 된다. 그들이 땅에서 추방되기 때문에, 이제부터는 어떤 죄인들, 즉 억압자들이 땅을 소유할 수 없다(에녹1서 38:4). 이러한 방식으로 생명의 하나님은 불의한 권력자들과 살인자들로 하여금 더 이상 무력한 자들과 희생자들 위에 군림하지 못하게 한다. 어디서 죄인들이 거할 곳을 찾을 수 있는가 하는 에녹의 질문은 풍자적 의미에서 수사학적 질문이다. 왜냐하면 그들은 땅이나 하늘에서 거처를 전혀 찾을 수 없기 때문이다. 에녹은 그들이 태어나지 않는 것이 더 좋았을 것이라고 그들을 비판한다(에녹1서 38:2). 억눌린 자들이 자신들을 학대한 권력자들에게 하나님이 벌을 내리기를 바라고 또 그들에게 보복하고자 하는 감정이 에녹1서 38:5-6에서 표현되어 있다. 그러나 여기서 복수하고자 하는 억눌린 자들의 감정은 복수하는 하나님에 대한 희망으로 그리고 억압자들에 대한 무력한 자들의 마지막 가능한 형태의 저항으로 이해되어야만 한다.

비유들의 책에 나타나는 의인은 하나님의 메시아적 대리자이다. 메시아적 인물인 의인은 어디서 전승된 것인가? 의인은 비유들의 책 보다 더 오래된 문서인 에녹의 서신(91-108장)에서 전승된 것으로 보인다. "의인은 그의 잠으로부터 일어날 것이며, 현명한 자는 일어날 것이며, 그리고 그는 사람들에게 주어질 것이다"(에녹1서 91:10). 의인은 감추어진 상태로부터 마지막 때의 하나님의 메시아적 대리자로 나타난다. 의인은 고난당하는 의인들을 대표한다(참조. 에녹1서 95:3). 의인들은 시편 37:28-29에서 정의의 하나님으로부터 보호를 받는 성도들로, 즉 가난한 자들과 억눌린 자들로 묘사되어 있다.

또한 비유들의 책에 나타나는 의인은 제2이사야서를 통해서 전승되었다고 볼 수 있다. 의인에 대한 언급이 이사야서 53:11에서 발견되며,[16] 그리고 택한 자에 대한 언급이 역시 이사야서의 여러 본문에서 발견된다(사 42:6, 21; 48:8, 13, 21, 23, 24; 48:18; 51:7; 53:11; 54:14). 여기서 의인과 택한 자는 동일하게 이스라엘 백성을 위한 대표로 이해될 수 있다. 「비유들의 책」의 저자는 의인과 택한 자의 인물을 제2이사야서로부터 전승하였으며, 그 인물을 고난당하는 이스라엘 백성의 해방을 위한 하나님의 종말론적 대리자로 창조적으로 변형시켰다.

## 2) 택한 자

비유의 책에 나타나는 택한 자[17]는 주로 폭력의 역사의 희생자들인 죽은 자들의 영혼들의 공동체의 맥락에서 그리고 죄인들에 대한 심판의 맥락에서 등장한다. 그의 환상 속에서 에녹은 하늘에 있는 천사들 곁에 있는 성인들과 의인들의 영혼들의 체류 장소를 본다. 그곳에는 정의가 물처럼 흐르고 자비가 땅 위에 이슬처럼 내린다.

"3 그 날들에 돌풍이 나를 땅으로부터 휘감아갔으며, 그리고 하늘들의 맨 위에 나(=에녹)를 앉혀놓았다. 4 거기서 나는 성인들의 다른 체류 장소와 휴식처를 역시 보았다. 5 그래서 나의 눈은 거룩한 천사들과 함께 있는 그들의 처소들과 성인들과 함께하는 그들의 휴식처들을 보았다. 그리고 그들은 사람들의 자녀들을 위해서 중보하고 간구하고 그리고 기도하였다. 정의가 그들 앞에서 물처럼 흘렀다. 그리고 자비가 이슬처럼 땅 위에 그리고 영원히 내렸다. 6 그리고 그 날들에 나의 눈은 정의와 신앙의 **택한 자**를 보았다. 정의가 그의 날들을 지배할 것이고 의인들과 택한 자들은 그 이 앞에 영원하도록 수없이 많아질 것이다. 7 그리고 나는 영혼들의 주님의 날개 아래에 있는 한 처소를 보았다. 그리고 그이 앞에 있는 모든 의인들과 택한 자들이 불

---

16) "나의 의로운 종"이 사 53:11에 언급되어 있고, 사 42:1에서는 동일한 자가 하나님이 "택한 사람"으로 불린다.

17) "택한 자"는 구약의 시편에서도 발견된다. "나는 내가 택한 자와 언약을 맺으며"(시 89:3).

빛처럼 강렬해질 것이다. 그들의 입은 축복으로 충만할 것이다. 그리고 그들의 입술은 영혼들의 주님의 이름을 찬양할 것이다. 그리고 정의는 영혼들의 주님 앞에서 끝이 없을 것이다. 의로움이 그이 앞에 멈추지 않을 것이다. 8 나는 그의 날개 아래서 살고 싶었다. 그리고 나의 영은 저 처소를 갈망하였다. 이미 나의 몫이 거기에 있다 왜냐하면 그것이 영혼들의 주님의 팔에서 나를 위하여 예비 되어 있기 때문이다" (에녹1서 39:3-8).

하늘로 올라간 에녹은 죽은 의인들의 처소를 방문하고 그들이 중보 기도를 하고 있다는 사실을 알게 된다. 죽은 자들이 하늘에 살아 있다는 것과 그들이 아직 땅 위에서 살고 있는 형제자매들을 위해서 기도하고 있다는 것은 산 자들에게 큰 위로와 희망이 된다. 죽은 자들의 영혼들이 천상의 처소에서 하는 주요한 일은 하나님에 대한 찬양과 산 자들을 위한 기도이다(에녹1서 39:5). 산 자들을 위한 죽은 자들의 기도는 무엇을 의미하는가? 에녹은 내용적으로 무엇을 들었는지에 대해서 분명하게 말하지 않는다. 죽은 의인들의 기도는 해방을 위한 산 자들의 투쟁을 위한 연대일 뿐만 아니라, 적들에 대한 항거이다. 그러므로 그들의 기도는 고난당하는 자들에게는 격려이지만, 죄인들에게는 위협이다. 에녹이 하늘에 살아 있는 죽은 의인들의 음성을 듣고 그들의 고난을 기억하는 것은 새로운 세계를 갈망하는 공동의 희망 속에서 죽은 자들과 정신적으로 연대하는 것을 의미한다.

택한 자의 기능은 여기서 해방자로 볼 수 있다. 왜냐하면 그가 죽은 의인들의 영혼들과 함께 살고 있기 때문이다. 죽은 의인들이 천상의 주택에 즐기고 있는 것은 종말에 모든 의인들이 나누게 될 것이다.

에녹 역시 그러한 곳에서 살고 싶을 정도로 이 장소에 대해서 큰 인상을 받았다(에녹1서 39:8). 에녹은 태초에 그런 곳에 살도록 미리 하나님에 의해서 정해진 것이 아니라, 오히려 가난한 자들과 억눌린 자들의 생명을 위한 그의 선택과 결단 때문에 그의 몫이 하나님에 의해서 정해졌다. 그러므로 정의와 평화를 위해서 싸웠던 선배 투사들이 하늘에서 삶의 처소를 누리고 있는 것처럼 정의를 갈망하면서 싸우는 비유들의 책의 저자와 그의 독자들은 역시 이러한 보상을 받게 될 것이다. 학살당한 순교자들과 의인들이 모두 하늘에서 살아있다는 것을 아는 것은 고난당하는 사람들에게는 큰 기쁨이다. 그러므로 에녹의 환상은 그들에게 힘과 용기를 준다. 에녹1서 45:3-6에서 의인들은 하나님의 메시아적 대리자인 택한 자와 함께 사는 특권을 누린다.

"3 그 날에 나의 **택한** 자가 영광의 보좌에 앉을 것이며 그들의 행위들을 선택할 것이다. 그들의 처소들은 수없이 많을 것이며, 그들이 나의 **택한** 자를 볼 때 그들의 영혼들은 그들 안에서 굳건해질 것이다. 그들은 나의 영광스러운 이름을 찾은 자들이다. 4 그 날에 나는 나의 택한 자로 하여금 그들 가운데 살게 할 것이며, 나는 하늘을 변화시키고 그것을 영원한 빛의 축복으로 만들 것이며, 5 또한 나는 땅을 변화시켜서 그것을 축복으로 만들 것이고, 나의 택한 자로 하여금 거기서 살게 할 것이다. 그러나 죄와 범죄를 저지른 자들은 거기에 발을 들여놓을 수 없을 것이다. 6 왜냐하면 평화 속에서 나는 나의 의인들을 돌보았고, 그들에게 자비를 베풀었으며, 그리고 그들로 하여금 내 앞에서 살게 하였기 때문이다. 그러나 죄인들은 내가 심판으로 땅의 표면으로부터 그들을 파괴시킬 수 있도록 내 앞으로 왔다"(에녹1서 45:3-6).

택한 자는 하나님의 자녀들과 공동의 처소에 함께 살도록 하나님에 의해서 위임되었다. 택한 자와 택한 자들, 즉 의인들 사이에 동일화가 있다는 것이 분명하다. 즉 택한 자는 택한 자들, 즉 의인들의 대표이다. 택한 자가 그들과 함께 새 하늘과 새 땅에서 함께 사는 것이 하나님의 계획이다. 그런데 택한 자가 억눌린 자들의 해방과 인간적인 삶을 위해서 어떤 도움을 줄 수 있는가? 죽은 자들과 산 자들을 위한 택한 자의 해방 영성이 에녹1서 49:1-4에 표현되어 있다.

"1 그러므로 지혜는 물처럼 흐르고 영광은 **택한 자** 앞에서 영원토록 무한할 것이다. 2 왜냐하면 그의 권세는 의로움의 모든 신비에 있고 억압은 근거가 없는 그림자처럼 사라질 것이기 때문이다. **택한** 자는 영혼들의 주님 앞에 서있다. 그의 영광은 영원하고 그의 힘은 모든 세대에 미친다. 3 **택한 자** 속에 지혜의 영, 통찰의 영, 지식과 힘의 영, 그리고 정의 속에서 죽어서 잠든 자들의 영이 거한다. 4 그는 은밀한 일들을 판결할 것이다. 아무도 그의 면전에서 헛된 말을 하지 못할 것이다. 왜냐하면 그는 영혼들의 주님의 선한 즐거움에 따라서 그이 앞에 있는 **택한** 자이기 때문이다"(에녹1서 49:1-4).

여기서 "정의 속에서 죽어서 잠든 자들"은 누구인가? 그들은 폭력의 역사의 희생자들이다. 에녹의 서신에도 정의실천 때문에 폭력적으로 죽임을 당한 의인들에 대한 언급이 있다. 거기서 그들은 "정의 속에서 죽었다"라고 표현되었다(에녹1서 102:4; 103:4). 왜 택한 자는 죽은 자들을 기억하는가? 하나님의 메시아적 대리자는 불의의 희생자들을 기억한다. 왜냐하면 그는 하나님의 정의를 대변하기 때문이며, 그리고 하나님의 살해당한 자녀들을 망각하지 않기 때문이다. 다시 말하면 , 택한 자는 자신 속에 "정의 속에서 잠든 자들의 영"이 거하고 있기 때문에 한편으로는 폭력적으로 죽임을 당한 무죄한 사람들을 기억하고, 다른 한편으로는 억압자들의 폭력과 불의에 항의한다. 택한 자 , 즉 하나님의 메시아적 대리자는 죽은 자들과 산 자들의 고난을 항상 기억하기 때문에 죽임을 당한 자들과 연대하고 그들의 편에 서 있다.

에녹1서 61:4-6는 희생자들을 신원하는 정의의 하나님과 그의 메시아적 대리자인 택한 자에 대해서 서술한다.

> "4. 이러한 것들은 신앙에게 주어지고 정의를 강화시킬 측정들이다. 5 이러한 측정들은 땅의 심연, 사막에서 파괴당한 자들, 들짐승의 먹이가 된 자들, 그리고 바다의 물고기의 먹이가 된 자들의 모든 비밀을 파헤치고 진상을 규명할 것이다. 그러므로 그들은(=죽은 자들) 모두 돌아오고 **택한 자**의 날에 희망을 찾는다. 왜냐하면 영혼들의 주님 앞에서 사라지는 자, 혹은 사라져야 할 사람은 단 한 사람도 없기 때문이다. 6 그리고 하늘 위에 있는 자들과 모든 권세들은 한 음성과 불같은 한 빛으로 나타난 명령을 받았다. 7 그를, 즉 첫째 말씀(=영혼들의 주님)을 그들이 축복하고, 찬미하고, 그리고 지혜를 가지고 영광스럽게 할 것이다. 그들은 생명의 영 안에서 그리고 영혼들의 주님 안에서 지혜로운 말을 할 것이다. 8 그는(= 영혼들의 주님) **택한 자**를 영광의 보좌에 앉혔다. 그리고 그는 하늘 위에 있는 성인들의 행위들을 저울로 달면서 그들의 일들을 심판할 것이다"(에녹1서 61:4-8).

영혼들의 주님은 모든 형태의 희생자들의 억울한 죽음들의 진상을 규명한다. 그것은 정의실천의 중요한 차원이다. 죽은 자들에게도 희망이 있다. 왜냐하면 그들은 마지막 날 "택한 자의 날"에, 즉 종말의 날에 모두 돌아오게 되고 부활에 참여하게 될 것이기 때문이다. 하나님이 그의 메시아적 대리자인 택한 자를 영광의 보좌에 앉혔다. 에티오피아어 에녹서 62:1-5에서 영광의 보좌에 앉아 있는 택한 자는 인자와 동일시된다.

> "1 그러므로 주님은 왕들과 통치자들과 고관들과 지주들에게 이렇게 말하면서 명령하였다: "혹시 그 **택한 자**를 알아볼 수 있는지 너희의 눈을 뜨고 눈썹을 올려라!"

2 영혼들의 주님은 그의 영광의 보좌에 앉았고, 정의의 영이 그에게 부어졌다. 그의 입의 말씀이 죄인들에게 훈계하고 모든 억압자들은 그의 면전에서 소멸될 것이다. 3 심판의 날에 모든 왕들과 통치자들과 고관들과 지주들이 그를 보고 알게 될 것이다. 어떻게 그가 그의 영광의 보좌에 앉아있는지, 그리고 정의가 그 앞에서 무게를 달게 되고 어떤 임기응변적인 말들도 그의 임재 앞에서 흘러나오지 않을 것이다. 4 그 때에 해산의 진통을 겪는 여자에게서처럼, 즉 여자가 자궁의입에서 아이를 낳을 때 그리고 그녀가 산고로부터 진통을 겪을 때처럼 고통이 그들에게 올 것이다. 5 그들 중에 절반의 사람들이 다른 절반의 사람들을 보게 될 것이다. 그들은 무서워하고 낙담하게 될 것이다. 그들이 저 인자가 그의 영광의 보좌에 앉아 있는 것을 볼 때 고통이 그들에게 엄습할 것이다."(에녹1서 62:1-5).[18]

심판대 앞에 선 "왕들과 통치자들과 고관들과 지주들"은 약자의 적들이다. 영혼들의 주님은 그들에게 혹시 재판장 자리에 앉아 있는 택한 자를 개인적으로 아는지 쳐다보라고 명령한다(에녹1서 62:1). 왜 그들은 그를 쳐다 본 순간에 매우 당황하였고, 얼굴은 수치심으로 가득하게 되었는가? 그 이유는 심판장의 자리에 앉아있는 택한 자가 바로 그들이 무시하고 억압하였던 작은 자이기 때문이다. 「비유들의 책」의 저자가 하나님의 메시아적 대리자로서 택한 자를 강자들에 의해서 짓밟힌 약자들과 동일시한 것이 명백하다. 이것으로부터 그 당시의 독자들은 물론이고 오늘의 우리들이 역시 인식할 수 있는 것은 바로 강자들에 의해서 경멸당하고 억압당하는 무력한 자들 중에서 장차 심판자가 될 현재적인 메시아를 만날 수 있다는 것이다. 왜냐하면 마지막 때에 해방하고 심판할 하나님의 메시아적 대리자는 무력한 자들과 약자들 가운데 숨겨져 있기 때문이다. 그러나 악인들은 그를 만날 수 없다. 왜냐하면 그들은 이러한 작은 자들을 무시하고 억압하기 때문이다. 그렇지만 악인들은 마지막 심판의 날에 심문 과정에서 비로소 자신들의 잘못을 인식하고 놀라게 될 것이다. 왜냐하면 그들이 재판관 자리에 앉아 있는 택한 자한테서 그들이 하찮은 존재로 여기면서 경멸하고 무시하였던 사람의 얼굴을 알아볼 것이기 때문이다. "심판의 날에 모든 왕들과 통치자들과 고급 관리들과 지주들이 그를 보고 알게 될 것이다"(에녹1서 62:3).

마태복음 25:31-46에서 인자는 에티오피아어 에녹서의 비유들의 책의

---

18) 이 본문의 심판 장면은 지혜서 2:4-5과 유사하다. G. W. Nickelsburg, *Jewish Literature between the Bible and Mishnah* (London: SCM Press, 1981), 222.

62:1-5에서처럼 자신을 가난하고 억눌린 작은 자들과 동일화한다. 예수가 자신을 세상으로부터 경멸을 당하는 자들과 동일시하는 것은 요한복음 17:14-23에 분명히 나타난다.

### 3) 인자

인자는 하나님이 택한 자이다. 인자와 택한 자의 동일화의 결정적인 증거는 "영혼들의 주님이 그를 택하였다"(에녹1서 46:3)라는 언급에서 발견된다. 하나님의 대리자인 인자와 심판자로서 그의 기능이 에티오피아어 에녹서 46:1-8에 묘사되어 있다.

"1 그곳에서 나는 태초의 시간 전부터 있었던 자(=하나님)를 보았다. 그의 머리는 양털처럼 희었고, 그리고 거기에 또 한 개인이 있었는데, 그의 얼굴은 인간의 얼굴과 같았다. 그의 모습은 거룩한 천사들 중에 있는 자의 그것처럼 은혜로 충만하였다. 2 나는 나와 동행하면서, 나에게 인간으로 태어난 그분에 관한 모든 비밀들을 나에게 계시하여준 그 천사에게 물었다. '이분은 누구이며, 태초의 시간 전부터 있었던 자로서 가고 있는 그는 어디서 왔는가?' 3. 그리고 그는 나에게 대답했고 다음과 같이 말했다. '이 사람은 인자이다. 그에게 정의가 속하고 정의가 그에게 머물러 있다. 그리고 그가 모든 감추어진 보물 창고들을 열 것이다 왜냐하면 영혼들의 주님이 그를 택하였기 때문이며, 그리고 그가 영원한 정직 가운데서 영혼들의 주님 앞에서 승리하도록 운명적으로 정해져 있기 때문이다.' 4 네가 본 이 인자는 왕들과 권력자들을 그들의 안락한 자리에서 끌어내리고 그 강한 자들의 왕위를 빼앗을 자이다 그는 강한 자들의 고삐를 파괴하고 죄인들의 이를 부서뜨릴 것이다. 5 그는 왕들을 그들의 보좌와 제국들부터 폐위시킬 것이다 왜냐하면 그들이 그를 높이지도 않고 영화롭게 하지도 않기 때문이며, 그들의 왕권의 근원인 그에게 복종도 하지 않기 때문이다. 6 강한 자들은 뺨을 맞게 될 것이고 그들의 얼굴은 수치와 침울함으로 가득할 것이다. 그들의 처소와 침상은 벌레들로 채워질 것이다. 그들은 침상에서 일어날 희망을 도무지 갖지 못할 것이다. 왜냐하면 그들이 영혼들의 주님의 이름을 찬양하지 않기 때문이다. 7 그리고 그들은 하늘의 별들의 심판자들이 되었다. 그들은 땅 위에서 걷고 또 거기서 사는 동안에 가장 높은 분(=하나님)을 거역하였다. 그들은 그들의 행위들을 모두 억압으로 드러낸다. 즉, 그들의 모든 행위들은 억압이다. 그들의 힘은 그들의 재물에 의지한다. 그러나 그들은 영혼들의 주님의 이름을 부인한다. 8 그런데도 그들은 그의 집들에서 그리고 영혼의 주님에게 매달리는 신실한 사람들과 함께 모이고 싶어 한다."(에녹1서 46:1-8).

여기서 인자에 대한 묘사는 다니엘서 7:9-14의 본문과 아주 유사하다. 거기서 보좌에 앉아 있는 하나님은 제국들의 희생자들인 수천수만의 면전에서 짐승들, 즉 야수 같은 억압자들을 심판한다. 그때 짐승들과 대조되는 "인자 같은 이"가 구름을 타고 나타난다(단 7:13). 하나님은 그에게 "권세와 영광과 나라"를 주었고 모든 사람들로 하여금 그를 섬기게 하였다(단 7:14). 이 환상에는 미래적 종말론적 관점이 있다. 그러므로 다니엘서의 인자는 고난당하는 유대 민족을 위한 마지막 때의 해방자로 생각될 수 있다. 다시 말하면, 비유들의 책의 인자가 다니엘서 7:13으로부터 영감을 받았다는 것은 의심의 여지가 없다.[19] 그러나 비유들의 책의 저자가 다니엘 7:13의 인자의 성격과 기능을 그대로 빌린 것이 아니라, 창조적으로 새롭게 변형시켰다.[20]

비유들의 책에서 인자는 하나님의 대리자로서 하나님의 정의를 적극적으로 행사하고 또한 감추어진 모든 비밀들을 계시한다. 그뿐만 아니라 위에서 인용된 46:4-6에서 인자는 억압자들의 폭압에 맞서는 투사와 심판자로 아주 인상적인 방식으로 묘사되어 있다: "네가 본 이 인자는 왕들과 권력자들을 그들의 안락한 자리에서 끌어내리고 그 강한 자들의 왕위를 빼앗을 자이다. 그는 강한 자들의 고삐를 파괴하고 죄인들의 이를 부서뜨릴 것이다. 그는 왕들을 그들의 보좌와 제국들부터 폐위시킬 것이다."

이런 점에서 비유들의 책의 인자는 다니엘서의 인자와 상당히 다르게 채색되었다. 비유들의 책 46:3에서 인자의 한 중요한 속성으로 표현된 정의는 에녹의 서신에서 전승된 것으로 보인다: "그 의인이 정의의 길들 위를 거닐 것이다"(에녹1서 92:3).

억압자들의 오만, 억압, 탐욕, 그리고 우상숭배가 에녹1서 46:7-8에서 비판되고 있다. 여기서 그들이 심판한 "하늘의 별들"은 억압자들에 의해서 처형된 성인

---

19) M. Black, "The Messianism of the Parables of Enoch: Their Date and Contribution to Chrisatological Origins," in: James H. Charlesworth (ed.), *The Messiah: Developments in Earliest Judaism and Christianity* (Minneapolis: Fortress Press, 1992), 146.

20) J. C. VanderKam, "Righteous One, Messiah, Chosen One, and Sonof Man in 1 Enoch 37-71," in: James H. Charlesworth (ed.), *The Messiah: Developments in Earliest Judaism and Christianity*, 188.

들과 순교자들을 상징한다. 생명의 하나님을 부인하고 우상들을 숭배한 억압자들은 신앙적인 해방 투사들을 처형과 학살로 다스렸다.

인자는 왕들과 권력자들과 맞서는 그의 해방 투쟁과 승리를 통해서 피억압자들과 고난당하는 자들의 편에 서 있다. 이와 반대로 약자들을 무시하고 착취하였던 억압자들은 비참해진다. 악인들이 침상에서 일어날 희망이 없다는 것은 그들에게는 생명이 없다는 것을 의미한다. 그들의 수치와 절망적인 운명은 권력자들이 더 이상 무력한 자들 위에 군림하는 승리자들이 될 수 없다는 것을 가리킨다.

에녹1서 48:1-10에서 인자는 택한 자와 명백하게 동일화되며, 또한 메시아와 동일화된다. 인자는 무력한 자들과 연대한다.

"1 그곳에서 나는 정의의 샘을 보았다. 그것은 고갈되지 않고 여러 개의 지혜의 샘들에 의해서 둘러싸여 있다. 모든 목마른 사람들이 그 물을 마시고 지혜로 충만하게 되었다. 그들의 처소들은 성인들과 의인들과 택한 자들과 함께 하는 자리가 된다. 2 그 시간에 저 인자가 영혼들의 주님, 즉 태초 전부터 존재하는 자 앞에서 이름을 받았다. 3 그는 태양과 달의 창조 전에 그리고 별들의 창조 전에 영혼들의 주님 앞에서 이름을 받았다. 4 그는 의인들이 그에게 기대고 넘어지지 않도록 그들을 위한 한 지팡이가 될 것이다. 그는 이방인들의 빛이며, 또 그는 마음이 아픈 자들의 희망이 될 것이다. 5 땅 위에 거하는 자들은 모두 그이 앞에 엎드려서 예배할 것이다. 그들은 영혼들의 주님의 이름을 영화롭게 하고 축복하고 노래할 것이다. 6 이 목적으로 그가(=인자) 택한 자가 되었다. 창세전에 그리고 영원히 영혼들의 주님의 임재 속에 감추어져 있었다. 7 그리고 그가 영혼들의 주님의 지혜를 의인들과 성인들에게 계시할 것이다. 왜냐하면 그가 그들의 몫을 예비해두었기 때문이다. 그 이유는 의인들이 영혼들의 주님의 이름 안에서 이 억압의 세계와 그 모든 생활방식과 관례들을 증오하고 경멸했기 때문이고 또 그들이 그의 이름으로 구원될 것이고, 그들이 생명을 얻는 것을 그가 좋아하기 때문이다. 8 그 날에 땅의 왕들과 힘 있는 지주들은 그들의 손으로 저지른 행위들 때문에 굴욕을 당하게 될 것이다. 그러므로 그들은 그들의 곤고하고 피곤한 날에 자신들을 구하지 못할 것이다. 9 나는 그들을 불속의 풀처럼 그리고 물속의 납처럼 나의 택한 자들의 손에 넘겨줄 것이며, 그래서 그들이 성인들의 면전에서 불타고 그리고 성인들의 시야에서 가라앉아서 그들을 위한 장소가 없도록 흔적도 없이 사라지게 할 것이다. 10 그들(=악한 지배자들)의 피곤의 날에 땅위에는 장애물이 있을 것이고 그들은 그들(=의인들과 성인들)의 면전에서 넘어질 것이다. 그리고 그들은 다시 일어나지 못할 것이고, 또한 그들을 손으로 붙들고 일으켜줄 사람이 아무도 없을 것이다. 왜냐하면 그들이 영혼들의 주님과 그의 메시아를 부인하였기 때문이다. 영혼들의 주님이여 찬미 받으소서"(에녹1서 48:1-10).

여기서 비유들의 책의 저자는 인자가 모든 죽은 의인들과 살아있는 의인들과 교제하고 있음을 표현하기 위해서 하나님의 메시아적 대리자로서의 인자의 선재적인 그리고 종말론적인 차원을 묘사하고 있다. 샘물은 생명을 상징한다. 지혜는 정의와 밀접한 관계가 있는데, 세상에서 정의를 행하는 자만이 하나님의 계획을 깨닫는 지혜를 얻을 수 있다. 태초 전부터 숨겨져 있던 인자가 목마른 자들의 면전에 나타났다. 그의 이름이 호명되어서 그는 나타났다. 인자는 영혼들의 주님의 현존 안에서 그리고 시간의 지배자 앞에서 그를 보낸 자의 정의로 호명된다. 인자의 이름은 하나님의 정의와 동일화된다. 왜냐하면 인자가 정의를 나타내기 때문이다.

인자에게 창조 전에 이름이 주어졌고 지금 그의 이름이 의인들, 성인들, 그리고 택한 자들에게 계시되었다는 것은 무엇을 의미하는가? 그것은 인자의 선재와 함께 정의의 선재를 가리킨다. 하나님은 정의이다. 하나님의 정의는 창조 전에 있었다. 창조는 정의의 법칙성과 지혜의 힘에 예속된다. 인자의 이름은 하나님의 정의이다.

또한 인자는 "지팡이"로서의 그의 기능과 함께 약자들을 위한 삶에 버팀목이 되는 역할을 한다. 그는 또한 "이방인들의 빛"이고, "마음이 아픈 자들의 희망," 이다. 자신을 약자들과 연대하고 동일시하는 해방자로서의 인자의 역할이 이러한 표상들에서 분명하게 나타난다. 무력한 자들을 위한 해방자로서의 인자의 기능은 에티어피아어 에녹서 48:5-7에서 표현된다. 에티오피아어 에녹서 48:6에서 인자는 택한 자와 동일시된다. 인자, 메시아, 그리고 택한 자는 하나님의 대리자로서의 그들의 기능에서 동일하다.

의인들과 성인들의 저항은 그들이 "이 억압의 세계와 그 모든 생활양식들과 관례들을 증오하고 경멸하였다"(에녹1서 48:7)는 점에서 잘 나타난다. 죄인들은 지상의 세력가들, 즉 땅의 왕들과 대지주들이다. 현세에서 그들이 가진 힘은 심판의 날에는 아무런 가치가 없을 것이다. 하나님은 억압의 구조와 이 세계의 불의를 받아들이지 않고, 억압자들에게 맞서고 그들에게 저항하는 사람들 편에 서있다. 하나님은 마지막 심판에서 의인들을 그의 심판 행위의 도구로 세운다(에녹1서 48:9). 그러므로 억눌린 자들은 이 불의의 세계에 대한 적극적인 저항과 더 나은 새로운 세계를 위한 투쟁을 끊임없이 계속해야만 한다.

하나님에 의해서 숨겨진 택한 자와 인자의 동일화는 에티오피아어 에녹서 62:1-14에서 다시 발견된다.

"1 그러므로 주님이 왕들과 통치자들과 고급 관리들과 지주들에게 명령했다. '혹시 너희가 **택한** 자를 알아볼 수 있는지 눈을 뜨고 눈썹을 올려라! 2 영혼들의 주님은 그의 영광의 보좌에 앉았으며, 그리고 의의 영이 그에게 부어졌다. 그의 입술의 말씀이 죄인들을 심판하실 것이며 모든 압제자들은 그의 면전에서 소멸될 것이다. 3 심판의 날에 모든 왕들, 통치자들, 고위 관리들, 그리고 지주들은 그를(=**택한** 자) 보고 알 것이다. 그들은 어떻게 그가 그의 영광의 보좌에 앉아 있는지, 그리고 의가 그 앞에서 판단되며, 그리고 그 앞에서 어떤 헛된 말도 할 수 없을 것이라는 것을 안다. 4 그 때 아이를 낳는 여자의 진통과 같은 고통이, 즉 여자가 아이를 낳으면서 아이가 자궁의 입에서 나오고 여자는 해산하면서 아파하는 고통이 그들에게 닥칠 것이다. 5 그들의 절반이 다른 절반을 볼 것이다. 그들은 무서워지고 낙담하게 될 것이다. 그리고 그들이 저 인자가 그의 영광의 보좌에 앉아 있는 것을 볼 때 고통이 그들에게 엄습할 것이다. 6 이러한 왕들, 통치자들, 그리고 모든 지주들이 모든 것을 다스리는 그를(=인자), 즉 감추어져 있던 그를 축복하과 영화롭게 하고, 그리고 찬미하려고 할 것이다. 7 왜냐하면 인자가 태초부터 감추어져 있었고, 그리고 가장 높은 분(=하나님)이 그를(=인자) 그의 권세의 현존 안에 예비해두었기 때문이다. 그 때 그가(=하나님) 그를(=인자) 성인들과 택한 자들에게 계시하였다. 8 성인들의 회중이 세워질 것이고 모든 택한 자들이 그(=인자) 앞에 설 것이다. 9 그 날에 모든 왕들, 통치자들, 고급 관리들, 그리고 땅을 지배하는 자들이 그 앞에 얼굴을 대고 엎드릴 것이고 그리고 예배할 것이고, 그리고 저 인자에게 그들의 희망들을 호소할 것이다. 그들은 그의 발 앞에서 자비를 구걸하고 간청할 것이다. 10 그러나 영혼들의 주님 자신이 그들로 하여금 미치게 해서 그의 면전에서 밀고 떠나가도록 할 것이다. 그들의 얼굴은 창피로 가득하고 그들의 표정은 어둠으로 덮칠 것이다. 11 그러므로 그가 그들에게, 즉 그의 자녀들과 그의 택한 자들의 억압자들에게 복수가 실행되도록 형벌을 위해서 그들을 천사들에게 넘겨줄 것이다. 12 그것은 나의 의인들과 택한 자들에게는 한 구경거리가 될 것이다. 그들은 영혼들의 주님의 진노가 왕들과 통치자들과 고관들과 지주들에게 내릴 것이기 때문에, 또 그의 칼이 그들로부터 제물을 얻게 될 것이기 때문에 즐거워 할 것이다. 13 의인들과 택한 자들은 저 날에 구원될 것이다. 그리고 그 이후부터 그들은 죄인들과 억압자들의 얼굴을 결코 다시 보지 못할 것이다. 14 영혼들의 주님이 그들과 함께 할 것이고, 그들은 저 인자와 함께 영원토록 먹고 쉬고 그리고 일어날 것이다 15 의인들과 택한 자들은 땅에서 일어날 것이며 얼굴을 숙이는 것을 멈출 것이다. 그들은 영광의 옷을 입을 것이다. 16 너희들의 이러한 옷은 영혼들의 주님으로부터 생명의 옷이 될 것이다. 너희의 옷은 헤지지 않으며, 너희의 영광은 영혼들의 주님 앞에서 끝이 없을 것이다"
(에녹1서 62:1-16).

여기서 택한 자와 인자는 각기 하나님의 메시아적 대리자를 나타내는 인물들이다. 하나님은 인자를 태초 전에 택한 자로 선택하였고, 지금까지 그를 감추어 두었으며, 그리고 이제 그를 성인들과 택한 자들에게 계시한다. 택한 자와 인자는 동일하게 하나님의 메시아적 대리자로서 약자들을 억압하는 네 권력층들, 즉 모든 왕들, 통치자들, 고급 관리들, 그리고 지주들을 재판하는 심판자의 기능을 담당한다.

또한 에티오피아어 에녹서 63:1-12에서 이러한 네 계층들은 하나님의 진노의 심판을 당한다.

"1 저 날들에, 토지를 소유하고 있는 통치자들과 왕들은 영혼의 주님 앞에 엎드려 예배하고 그들의 죄를 고백할 수 있도록 영혼들의 주님(=하나님)이 그들이 벌을 받도록 넘겨진 형벌의 천사들로부터 아주 짧은 시간을 주실 것을 간청할 것이다. 2 그들은 영혼들의 주님을 찬양하고 영광을 돌리면서 말할 것이다: '영혼들의 주님, 즉 왕들의 주님, 통치자들의 주님, 그리고 부자들의 주인, 영광의 주님, 그리고 지혜의 주님을 찬양하나이다. 3 당신의 권세는 세대에서부터 세대로 오는 은밀한 것을 폭로하시며, 당신의 영광은 영원하나이다. 당신의 모든 신비는 심오하고, 셀 수 없으며, 당신의 의로움은 무한하나이다. 4 이제 우리는 우리가 모든 왕들을 다스리시는, 왕들의 주님을 영화롭게 하고 찬양해야한다는 것을 알게 되었나이다. 5 더욱이, 그들은 말할 것이다: 어떤 사람이 우리가 영혼들의 주님의 영광 앞에서 그를 영화롭게 하고 찬양하고 신앙을 가지도록 우리에게 기회를 준다면 얼마나 좋겠나! 6 지금 우리는 잠깐의 휴식을 간청하고 있지만 그것을 찾지 못한다. 우리는 그것을 찾지만, 우리는 그것을 얻지 못한다. 빛이 우리에게서 사라졌고, 어둠이 우리의 영원한 거주자가 되었다. 7 왜냐하면 전에 우리가 신앙도 없었고 영혼들과 왕들의 주님의 이름을 영화롭게 하지 않았고 또한 모든 것을 창조하신 주님을 영화롭게 하지 않았기 때문이다. 우리는 우리의 희망을 제국들의 권세에 두고 있었다. 8 지금 우리의 곤경과 환난의 날에 주님은 우리를 구원하지 않으신다. 그리고 우리는 신자들이 될 수 있는 기회가 없다. 왜냐하면 우리의 주님은 그가 하시는 모든 그의 일과 그의 심판과 그의 의로움에 충실하시기 때문이다. 그의 판단은 사람들을 고려하지 않는다. 9 그래서 우리는 우리의 행위 때문에 그의 면전에서 사라질 것이다. 그리고 우리의 모든 죄들이 그의 의로움에 의해서 소모된다. 10 더욱이, 그 때에 너희들은 말할 것이다. '우리 영혼은 억압적인 세올(=지옥)에 던져지는 우리를 구원할 수 없는, 착취를 통해서 얻은 돈으로 만족하고 있다.' 11 그 후 그들의 얼굴은 인자 앞에서 수치로 가득할 것이고, 그의 면전에서부터 그들은 쫓겨날 것이다. 그리고 그의 면전에서 칼이 그들 가운데 있을 것이다. 12 그러므로 영혼들의 주님은 말하신다: '이것이 통치자들, 왕들, 고관들, 그리고 지주들을 위해서 준비된 영혼들의 주님 앞에서의 규정이고 심판이다"(에녹1서 63:1-12).

여기서 네 부류의 권력층들인 "통치자들, 왕들, 고관들, 그리고 지주들"은 태도를 바꾸어 하나님을 예배할 기회를 얻고자 애원하고, 또한 돈에 의지했던 자신들의 행위를 후회하고 절규한다. 그러나 모든 것이 너무 늦었다. 그들은 인자 앞에서 수치를 당하고, 하나님의 준엄한 심판을 당한다.

이와 반대로 약자들은 인자의 이름이 그들에게 계시되었기 때문에 즐거워하고 하나님을 찬양한다.

"27 그 때 그들에게 큰 기쁨이 왔다. 그들은 저 인자의 이름이 그들에게 계시되었다는 사실 때문에 주님을 높이고, 영화롭게 하고, 그리고 찬양하였다. 그는(=인자) 땅의 표면에서부터 결코 사라지거나 멸망하지 않을 것이다. 28 그러나 세상을 미혹하는 자들은 쇠사슬에 묶일 것이고, 그들의 황폐한 회중은 감옥에 갇힐 것이다. 모든 그들의 행위들은 땅의 표면으로부터 사라질 것이다. 29 그러므로 썩을 것은 아무것도 발견되지 않을 것이다. 왜냐하면 저 인자가 나타나서 그의 영광의 보좌에 앉았기 때문이다. 모든 악은 그의 면전으로부터 사라질 것이다. 그는 저 인자에게 가서 말한다. 그리고 그는 영혼들의 주님 앞에서 강해질 것이다. 이것이 에녹의 셋째 비유이다"(에녹1서 69:27-29).

인자의 이름이 그들에게 계시되었기 때문에 눌린 자들은 기뻐한다. "인자가 태초부터 감추어져 있었다"는 에티오피아어 에녹서 62:7의 진술과 "저 인자의 이름이 그들에게 계시되었다"라는 에녹서 69:27의 진술을 비교하면 우리는 인자의 이름이 인자의 인격과 동일하다는 사실을 알 수 있다. 그런데 인자의 이름은 도대체 무엇을 의미하는가? 이미 위에서 언급하였듯이, 인자의 이름은 하나님의 정의를 뜻한다. 인자의 이름은 정의이며, 인자는 그것의 의인화이다. 왜냐하면 인자가 정의를 나타내기 때문이다(참조. 에녹1서 46:3): "이 사람은 인자이다. 그에게 정의가 속하고, 정의가 그에게 머물러있다." 만일 눌린 자들이 하나님에게 도움을 요청하려고 한다면, 그들은 그것을 인자의 이름으로 할 수 있다. 인자의 이름이 "정의"로 계시된 것은 역사 안에서 고난당하는 사람들 가운데 현존하는 하나님의 임재와 행동을 위한 보증이다.

하나님은 그의 자녀들이 겪고 있는 불의의 현실에 중립적으로 존재할 수 없다. 일반적으로 죄인들은 영혼들의 주님의 이름을 부인했기 때문에 심판을 받는다. 에티오피아어 에녹서 48:7에서 성인들과 의인들은 영혼들의 주님의 이름 안에서 구원받는다고 서술되어 있다. 인자의 이름이 계시되었기 때문에 믿는 자들이 기뻐하고 찬미한다(에녹1서 69:27).

그런데 인자의 이름과 영혼들의 주님(=하나님)의 이름 사이의 관계는 어떠한가? 인자의 이름과 영혼들의 주님의 이름 사이에는 확실한 동일화의 관계가 있다. 하나님은 정의이고, 그리고 그의 메시아적 대리자는 역시 정의이다. 예수가 하나님의 이름을 하나님 자신으로부터 받아서 그의 제자들에게 계시하였고 이 것을 근거로 그가 하나님과 하나가 되었다고 하는 요한복음의 고별설교에서 하나님의 메시아적 대리자 기능이 분명히 나타난다.[21] 「비유들의 책」의 저자는 인자의 선재적 그리고 종말론적 차원을 통해서 정의를 갈망하는 모든 죽은 의인들과 아직 숨 쉬고 있는 산 의인들의 해방과 정의에 대한 희망을 분명하게 나타낸다.

### 4) 메시아

위에서 이미 보았듯이 하나님의 메시아적 대리자 인물들인 의인, 택한 자, 그리고 인자가 서로 대등한 그리고 동일한 밀접한 관계를 맺고 있다. 이제 하나님의 메시아적 대리자로서 이러한 세 인물들이 또 다른 인물인 "메시아"와 직접적

---

21) "내가 아버지의 이름을 그들에게 알게 하였고 또 알게 하리니 이는 나를 사랑하신 사랑이 그들 안에 있고 나도 그들 안에 있게 하려 함이니이다"(요 17:26).

으로 동일화된다는 것을 입증하고자 한다. 에티오피아어 에녹서의 비유들의 책에서 "메시아"는 단지 두 곳 , 즉 48:10과 52:1-9에서 언급되어 있다.[22] 이미 위에서 인자와 택한 자가 하나님의 메시아적 대리자로 나타나는 48:1-10을 인용하였기 때문에 중복을 피하기 위해서 처음으로 메시아가 언급되는 48:10만을 다시 인용하고자 한다.

> "그들(=악한 지배자들)의 피곤의 날에 땅위에는 장애물이 있을 것이고 그들은 그들(=의인들과 성인들)의 면전에서 넘어질 것이다. 그리고 그들은 다시 일어나지 못할 것이고, 또한 그들을 손으로 붙들고 일으켜줄 사람이 아무도 없을 것이다. 왜냐하면 그들이 영혼들의 주님과 그의 메시아를 부인하였기 때문이다. 영혼들의 주님이여 찬미 받으소서"(에녹1서 48:10).

에티오피아어 에녹서 48:1-10에서 인자, 택한 자, 그리고 메시아는 하나님의 동일한 대리자를 가리키는 호칭들이다. 한 메시아적 인물이 여기서 세 가지 방식으로 호칭된다. 48:4에서 인자는 이미 의인과 동일시된다. 만일 우리가 메시아의 기능과 특징을 연구한다면, 48:10에서 처음으로 나타나는 메시아는 사실 위에서 언급한 세 인물들과 동일화된다는 것이 분명하다. 여기서 메시아의 정체성과 기능에 대한 자세한 설명은 없다. 단지 땅의 왕들, 곧 죄인들이 영혼들의 주님과 그의 메시아를 부인하였기 때문에 벌을 받아야만 한다는 것이 언급되었다. 말하자면, 여기서 영혼들의 주님과 그의 메시아 사이에 동일한 비중이 있다는 것이다. "그의 메시아"는 단지 하나님의 대리자로 해석될 수 있다.

두 번째로 메시아는 에티오피아어 에녹서 52:1-9에서 언급된다. 여기서 우리는 고난당하는 사람들을 해방하기 위해서 억압의 구조를 철폐하는 맥락에서 메시아의 기능과 정체성을 발견할 수 있다.[23]

> "1 그 날들 후에 내가 바람에 휩쓸려서 서쪽으로 옮겨져서 모든 비밀스러운 환상들을 보았던 같은 장소에서 나는 하늘의 모든 비밀스러운 것들과 미래의 일들을 보았

---

22) "메시아"는 솔로몬의 시편 18:5-9, 제4에스라 7:26-44와 12: 31-34, 그리고 제2바룩 30:1-2에서도 발견된다.

23) 메시아의 정체성과 기능을 자세히 규명하기 위해서 여러 다양한 번역들을 참조할 필요가 있다. 철산의 파괴의 맥락에서 메시아의 강력한 해방적 행동의 측면이 52:4의 Isaac의 번역에서 더 잘 나타난다.

다. 2 거기에는 철산, 동산, 은산, 금산, 색채가 있는 금속산 그리고 납산이 있었다. 3 나는 나와 동행하는 천사에게 물었다: '내가 비밀로 본 이것들은 무엇인가? 4 그는 나에게 대답하였다: '당신이본 이 모든 것들은 명령을 내리고 땅에서 찬미를 받을 수 있도록 하기 위해서 그의 메시아의 권위에 의해서 일어난다. 5 그 때 이 평화의 천사는 이렇게 말하면서 나에게 대답했다. '잠시 기다려라. 영혼들의 주님을 둘러싸고 있는 모든 비밀스러운 것들이 너에게 계시될 것이다. 6 너는 네 자신의 눈으로 본 이 산들이 -철산, 동산, 은산, 금산, 색깔이 있는 금속산, 그리고 납산- 모두 택한 자의 임재 안에서 불 앞에 있는 벌집처럼 될 것이고, 그 산들이 산들의 정상으로부터 떨어지는 물처럼 될 것이고, 그리고 그의 발에 짓밟히게 될 것이다. 7 그것이 이 날들에 일어날 것이며, 아무도 금이나 은에 의해서 구원되지 못할 것이며, 또한 아무도 피하지 못할 것이다. 8 전쟁을 위한 철이 전혀 없을 것이고, 아무도 갑옷을 입지 않을 것이다. 동이나 주석은 구할 수 없을 것이고, 아무런 가치도 없을 것이다. 그리고 납도 무엇을 만들기 위해 필요하지 않을 것이다. 9 택한 자가 영혼들의 주님의 면전에 나타날 때, 이 모든 물질들이 제거되고 땅의 표면으로부터 파괴될 것이다" (에녹1서 52:1-9).

철산은 로마의 억압구조를 상징한다. 철로 된 산은 군수 산업을 나타내며, 금과 은으로 된 산은 돈의 축적을 상징한다. 금속으로 된 산들은 로마제국 안에 있는 죽음의 우상들의 힘에 대한 상징으로 이해될 수 있다. 메시아의 대항 세력은 어디에 있는가? 그의 기능은 무엇인가? 메시아는 무력과 재력의 우상들과 대립한다. 즉 그는 그의 힘을 통해서 이러한 금속 산들을 파괴시킴으로써(에녹1서 52:6) 고난당하는 백성들을 죽음의 우상들의 권력으로부터 해방할 것이다. 에녹은 메시아의 강력한 활동을 보임으로써 고난당하는 약자들에게 희망을 주고자 시도한다. 메시아는 고난당하는 자들을 해방하기 위해서 이러한 금속 산들을 파괴시킴으로써 해방하는 활동을 한다. 그러므로 에녹은 메시아가 모든 인간의 힘보다 더 강하다는 것을 말하고자 한다. 즉 메시아는 로마제국의 멸망을 통해서 폭력의 역사를 끝장낼 것이다. 메시아의 힘은 더 이상 전쟁과 억압과 학살이 없도록 금속 산들을 파괴시킬 위치에 있다는 것이다. 여기서 심판자, 함께 싸우는 투사, 그리고 해방자로서의 메시아의 기능이 분명하게 나타난다.

철산의 파괴의 본질은 억눌린 자들의 해방에 있다. 메시아의 힘은 로마 제국의 억압구조에 대립한다. 비유들의 책의 저자는 로마 제국의 폭력적이고 가부장적 세력에 저항하고, 약자들을 해방시키고 생명을 주는 메시아의 힘을 표현한다. 그는 메시아가 그들의 편에 서 있다는 것과 메시아가 금속 산들이 파괴될 때까지 그들의 투쟁을 지지한다는 것을 그의 독자들에게 알려준다. 이로써 그는 그의 독자들에게 제국의 불의한 권력구조에 맞서서 투쟁하도록 고무한다. 메시아는 금속 산들을 파괴시키면서 죽음의 세력을 허물어버린다. 메시아의 권위는 하나님의 정의에 근거한다.

에티오피아어 에녹서 52:9에서 "택한 자가 영혼들의 주님 앞에 나타날 때" 금속 산들이 파괴되고 사라진다고 서술되기 때문에 메시아는 택한 자와 동일화된다. 하나님의 대리자가 억눌린 자들과 가난한 자들 중에 현재 감추어져 있지만 마지막 때에 계시된다는 점에서 그리고 메시아가 고난당하는 자들의 해방을 위해서 금속 산들을 파괴한다는 점에서(에녹1서 52:4) 영혼들의 주님에 의해서 감추어진 인자(에녹1서 48:6)가 그의 메시아와 동일화된다(에녹1서 48:10)는 것은 아주 논리적이다.

철산의 파괴는 눌린 자들을 위한 해방에 대한 환상일 수 있다. 이러한 이해는 에티오피아어 에녹서 53:6-7에서 분명하게 증명된다.

> "4 나는 나와 함께 가고 있는 평화의 천사에게 물었다. "누구를 위해서 그들은 쇠사슬을 준비하고 있는가?" 5 그가 나에게 대답했다. "그들은 이 땅의 왕들과 군주들이 쇠사슬로 파괴될 수 있도록 하려고 이 쇠사슬을 준비하고 있다. 6 이 후에 의인과 택한 자가 그의 회중의 집을 계시할 것이다. 그 시간 후부터 그들은 영혼들의 주님의 이름 안에서 방해받지 않을 것이다. 7 그리고 이러한 산들은 그의 정의 앞에서 땅처럼 평탄해질 것이며, 언덕들은 샘처럼 될 것이다. 그리고 의인들은 죄인들의 억압으로부터 쉼을 누릴 것이다"(에녹1서 53;4-7).

여기서 "의인과 택한 자"는 하나님의 메시아적 대리자를 가리키는 동일한 인물이다.[24] 그러므로 "의인과 택한 자"는 "의로운 택한 자"로 번역될 수 있다. 의인, 택한 자, 인자, 그리고 메시아는 폭력의 역사를 끝내고 새로운 대안적 세계를 시작할 하나님의 종말론적 메시아적 대리자라는 동일한 인물을 가리키는 메시아적 칭호들이다. 또한 의인, 택한 자, 인자, 그리고 메시아는 구원자, 심판자, 해

---

24) James H. Charlesworth, *Jesus within Judaism*, 41.

방자, 그리고 함께 싸우는 투사라는 동일한 기능을 한다. 이러한 네 메시아적 인물들은 고립적으로 존재하지 않고 항상 의인들과 성인들과 택한 자들과 함께 존재하며, 또한 그들과 연대하고 그들을 대표한다.

## 3. 에녹과 인자의 동일화

에티오피아어 에녹서 70-71장은 「비유들의 책」의 결론 부분이며, 동시에 그책의 절정을 나타내고 있다.[25] 왜냐하면 이 두 장에서 「비유들의 책」의 저자의메시아론적 구조가 나타나기 때문이다. 70-71장의 단락은 에녹의 비유들의 전체의 문맥에서 해방적 관점을 가진 에녹의 신학으로부터 해석되어야만 한다. 그런데 여러 학자들은 70-71장을 단순하게 후대의 첨가로 생각한다. 그들은 인자를 단지 선재적으로 파악하기 때문에 에녹과 인자의 동일화를 생각할 수 없는 오류라고 간주한다. 또 다른 학자들은 단지 71장만을 후에 첨가된 부록이라고 주장한다. 또 어떤 학자들은 이 두 장들이 에녹의 비유의 나머지 부분과 서로 연결되어 있다는 것을 인정하지만, 그러나 에녹과 인자의 동일화는 반대하면서, 에녹이 그의 정의의 보상으로 하늘로 이끌려가서 거기에 있는 의인들과 합류하였다고 주장한다. 나는 「비유들의 책」의 저자가 70-71장을 그의 작품의 결론으로 작성했으며 또한 에녹과 인자를 동일시했다(에녹1서 71:14)고 본다.

> "1 그리고 이 일후에 그의(=에녹) 살아있는 이름이 땅 위에 사는 사람들 가운데서저 인자와 영혼들의 주님 앞으로 올라갔다. 2 그리고 그것이 바람의 마차를 타고 올라갔으며 그리고 그것이 그들 가운데서 사라져버렸다. 3 저 날부터 나는 그들 중에서 헤아려지지 않았다. 그러나 그가 나를 두 바람 사이에, 북쪽과 서쪽 사이에 데려다 놓았다. 천사들이 나를 위해서 거기서 택한 자들과 의인들의 처소를 측정하기 위해서 줄자를 가지고 있었다. 4. 거기서 나는 그곳에서 살고 있는 처음 조상들과 옛날의 의인들을 보았다"(에녹1서 70:1-4).

70:1-2에서 에녹은 3인칭으로 묘사되었고, 70:3에서는 1인칭으로 묘사되었다. 지상에 하나님과 동행하는 삶을 살고 있는 에녹은 산채로 하늘로 이끌려

---

25) G. W. Nickelsburg, *Jewish Literature between the Bible and Mishnah*, 221.

올라갔다(참조, 창 5:24; 왕하 2:11). 에녹은 먼저 모든 죽은 조상들과 억울하게 죽임을 당한 의인들의 처소를 방문한다. 71:1-17은 영혼들의 하나님이 임재하시는 하늘의 신비한 현실에 대한 에녹의 경험에 대해서 서술한다. 에녹은 너무도 놀라서 얼굴을 숙이고 쓰러졌다. 천사장 미가엘이 에녹의 오른 손을 잡고 일으켜 세우면서 하늘의 심층부에 있는 모든 비밀들을 그에게 보여주었다. 에녹은 하늘에서 수정으로 지어진 건축물을 보았는데, 수천수만의 천사들이 그 집을 에워싸고 있었다. 에녹은 그 순간의 경험을 다음과 같이 말한다.

> "10 시간의 창시자(=영혼들의 주님)가 그들과 함께 있다. 그의 머리는 희고 양털처럼 깨끗하고, 그의 옷은 형언할 수 없다. 11 나는 얼굴을 숙였고, 나의 전신은 진정되었고, 그리고 나의 영은 변화되었다. 그래서 나는 힘의 영에 의해서 큰 소리로 축복하과 영화롭게 하과 그리고 찬양하였다. 12 이러한 것들이 저 시간의 창시자의 현존 안에 있음을 기뻐하면서 나의 입으로부터 나온 축복들이다. 13 그 때 시간의 창시자가 미가엘 , 가브리엘 , 라파엘 , 파누엘 , 그리고 셀 수 없을 정도로 많은 수천만 수백만의 천사들과 함께 왔다. 14 그때 그가[26] 나(=에녹)에게 와서 인사를 하고 말을 하였다: '너는 정의를 위해서 태어난 인자이다. 그리고 정의가 너 위에 머물고 시간의 창시자(=하나님)의 정의가 너를 떠나지 않을 것이다'"
>
> (에녹1서 71:10-14).

비유들의 책의 저자는 하나님을 대면하는 에녹의 경험을 묘사하면서 에녹의 육체성을 강조한다. 하나님 자신이 에녹을 인자라고 부른다. 왜 저자는 하나님의 입을 통해서 에녹과 인자를 동일시했는가? 이 동일화는 무엇을 의미하는가? 에녹이 정의를 위해서 태어났다는 것(에녹1서 7:14)은 무엇을 의미하는가? 그것은 에녹의 정의실천의 현재적 그리고 지상적 상태를 가리키는가, 혹은 단지 미래적인 것을 가리키는가? 어떤 관점으로부터 에녹과 인자의 동일화에 대한 진술을 이해해야만 하는가? 이러한 질문들은 비유들의 책의 저자의 메시아론적 구조를 이해하기 위해서 중요하다.[27]

---

26) Siegbert Uhlig, *Das Äthiopische Henochbuch*는 에녹1서 71:14에서 "그"라고 번역했는데, E. Issac, 1*(Ethiopic Apocalypse of)* Enoch은 그것을 "한 천사"라고 번역했다. 여기서 나는 Uhlig의 번역을 따른다.

27) 존 콜린스는 에녹과 인자의 동일시의 의미를 추구하면서도 내가 제기한 이러한 질문들을 전혀 묻지 않는다. 콜린스, 『묵시문학적 상상력: 유다 묵시문학 입문』, 349-355.

에녹과 인자의 동일화는 비유들의 책의 저자가 창조한 가장 중요한 신학적 구조이다. 이것은 억눌린 유대 민족의 메시아 실천을 위한 패러다임이다. 이런 의미에서 에녹과 인자의 동일화는 에티오피아어 에녹서의 해방적 메시아론의 핵심이다.[28] 지상에서 하나님과 동행한 에녹의 삶은 그의 정의실천을 의미한다. 그러한 근거로 에녹은 인자로서 자격이 있고 또한 그와 동일화된다.

에녹과 인자를 동일화하는 메시아론적 구조의 목적은 하나님의 메시아적 대리자에 대한 에녹의 환상들이 지상에서 정의를 위해서 고난당하면서 싸우는 사람들의 삶의 맥락에서 타당성과 실천성을 분명하게 담보하는 데 있다. 정의실천은 메시아 실천과 같다. 이런 점에서, 만약 누구든지 정의실천을 통해서 자신을 에녹과 동일화할 수 있다면, 그는 범례적으로 에녹처럼 인자가 될 수 있다. 비유들의 책의 저자는 당시의 독자들에게 하나님의 대리자로서 인자가 천상의 일뿐만 아니라, 지상적이라는 것을 보이고자 시도했다. 그는 에녹과 인자의 동일화를 통해서 억눌린 백성에게 새로운 자기 이해를 하도록 하고 고무하고 또한 불의에 저항하고 정의를 실천하도록 영적인 힘을 주고자 한다.

에녹이 "정의를 위해서 태어난" 인자라는 것은 무엇을 의미하는가? 그것은 미래에 정의를 실천하기 위해서 에녹이 하늘에서 다시 태어났음을 의미하지 않는다. 오히려 이것은 에녹이 땅 위에서 살던 동안에 행하였던 그의 지상적 정의실천과 참여를 가리킨다. 에녹의 서신에서 정의실천의 결과로서 억울하게 죽임을 당한 자들은 "정의 안에서 죽은 자들"로 불린다. 그러므로 "정의 안에서 태어난 자"라는 어구는 지상에서 새로운 대안적 세계를 위한 에녹의 정의실천과 참여를 가리키는 것으로 이해될 수 있다. 그러나 정의실천은 구체적으로 무엇을 의미하는가? 그것은 사람의 여러 국면에서 약자들을 위한 우선적 선택이다.

에녹의 행동은 그의 독자들에 의해서 전수되어야 할 메시아 실천이다. 그들은 자신을 일차적으로 에녹과 동일화할 수 있으며, 그리고 그것을 통해서 간접적으로 인자와 동일화할 수 있다. 비유들의 책의 저자는 70:4에서 에녹이 태초부터 하늘에 살고 있는 죽은 조상들과 학대당하였던 의인들을 만난 것에 대해서 언급한다. 에녹은 그들의 영혼들과의 만남을 통해서 말하자면 정의를 위해서 그리고 더 좋은 미래를 위한 그들의 고난과 투쟁과 죽음을 알고 있으며 또한 자신이 그들과 함께 연대하고 있다는 것을 암시한다. 죽은 자들의 고난에 대한 기억과 그

---

28) Byung Hak Lee, *Befreiungserfahrungen von der Schreckensherrschaft des Todes im äthiopisischen Henchbuch*, 290-307을 참조하라.

들과의 정신적 연대를 통해서 에녹은 의인, 인자 그리고 메시아와 동일시되었다. 왜냐하면 하나님의 메시아적 대리자로서 이러한 네 유형의 인물들이 항상 하늘에 있는 수많은 의인들, 성인들, 그리고 택한 자들 가운데 함께 살고 있기 때문이다.

에티오피아어 에녹서 71:14에서 에녹과 인자의 동일화는 비유들의 책의 저자가 범례적 의미에서 창조한 메시아론적 구조를 의미한다. 에녹은 정의실천을 통해서 인자와 범례적으로 동일화된다. 이런 의미에서 에녹은 인자이다.

## III. 결론: 에녹과 예수의 관계

에티오피아어 에녹서는 1세기의 유대인들과 나사렛 예수의 신학적 그리고 지적 시야를 파악하는 데 결정적으로 중요하다. 비유들의 책(에녹1서 37-71장)은 역사적 예수의 자기 이해와 신약성서 이해와 특히 오한계시록의 그리스도론 이해를 위한 보물이다. 그러나 이 보물은 유감스럽게도 지금까지도 음지에 묻혀있다. 왜냐하면 대다수의 신약성서 학자들이 비정경적 문헌에 대한 편견과 초기 유대교에 대한 관심 부족으로 인해서 초기 유대교 문헌의 신학적 증언에 시선을 돌리지 않았기 때문이다.

에티오피아어 에녹서에는 창 6:1-4의 내용을 확장시킨 타락한 천사들의 이야기(참조. 에녹1서 6-11 장)가 중요한 역할을 한다. 그런데 비유들의 책에서 약자들을 억압하는 땅의 임금들, 장군들, 권세 있는 자들, 높은 관리들, 그리고 대지주들의 운명은 종말의 날에 무서운 심판을 받게 될 타락한 천사들의 운명과 동일시된다. 또한 비유들의 책에는 이러한 억압자들을 심판하고 약자들과 희생자들을 해방시킬 하나님의 메시아적 대리자의 활동이 묘사되어 있다. 비유들의 책에서 의인, 택한 자, 인자, 그리고 메시아는 각기 동일한 하나님의 메시아적 대리자이다. 그들의 공통적 기능은 심판자, 해방자, 구원자, 그리고 함께 싸우는 투사이며, 그들은 결국 마지막 때에 나타날 하나님의 메시아적 대리자를 가리킨다. 이러한 메시아적 인물들은 혼자 있지 아니하고, 항상 의인들과 성인들과 택한 자들의 공동체와 더불어 있다.[29] 이러한 네 메시아적 인물들은 약자들과 가난한 자들을 억압하

---

29) 존 J. 콜린스 , 『묵시문학적 상상력: 유다 묵시문학 입문』, 343-44.

고 착취하는 사회적 계층들인 땅의 임금들, 권세 있는 자들, 높은 관리들, 그리고 대지주들과 대조된다. 네 메시아적 인물들을 통해서 표현되는 하나님의 메시아적 대리자는 짓밟힌 약자들의 대표로서 마지막 날 심판자로서 억압자들을 준엄하게 심판한다. 하나님의 메시아적 대리자는 희생자들과 약자들의 해방과 구원을 위해서 하나님이 창세전에 택한 자이고, 현재 감추어져 있고, 그리고 마침내 종말의 날에 심판의 권세를 가진 왕으로 세워질 것이다. 이러한 맥락에서 하나님의 메시아적 대리자의 선재적, 현재적, 그리고 종말론적 차원이 인식될 수 있다.

산 채로 하늘로 이끌려 올라간 에녹이 바로 지금까지 환상을 통해서 묘사된 하나님의 메시아적 대리자인 인자와 동일화된다. 에녹이 인자와 동일화된 것은 바로 그가 땅 위에서 정의를 실천했기 때문이다. 정의실천은 메시아 실천의 핵심이다. 이것이 땅 위에서 메시아 실천을 강조하는 에티오피아어 에녹서의 메시아론의 구조이다.

나는 예수가 자신을 에녹과 동일시하고 메시아 실천을 함으로써 인자로서의 자기 이해를 가지게 되었다고 본다. 그런데 어떻게 우리는 에녹과의 동일화를 통한 인자로서의 예수의 메시아적 자기 이해를 성서본문에서 찾을 수 있는가? 나는 마가복음 8:27-38의 본문이 좋은 예가 될 수 있다고 본다. 물론 마가는 거기서 에녹을 언급하지 않는다. 그렇지만 예수가 제자들에게 한 질문을 주의해볼 필요가 있다: "너희는 나를 누구라고 하느냐?"(막 8:29). 이것은 예수의 자기 이해를 위한 가능한 근거를 나타낸다. 그런데 이 물음에 앞서서 예수는 제자들에게 "사람들이 나를 누구라고 하느냐"고 물었다(막 8:27). 예수는 사람들이 그를 세례자 요한, 엘리야 혹은 예언자들 중의 하나로 간주한다는 말을 들었다. 이 맥락에서 예수는 이미 위에서 언급한 질문을 제자들에게 했다. 베드로가 예수를 메시아로 인식한 것은 분명하다(막 8:29). 그러나 그는 나중에 예수로부터 책망을 받는다. 왜냐하면 그가 예수의 수난 선언, 즉 인자의 수난을 받아들이지 않았기 때문이다.

이제 우리는 예수가 자신을 어떻게 인자로 이해했는지, 그리고 왜 그의 행동에 고난이 불가피한지를 물을 수 있다. 대다수의 학자들은 이러한 질문을 초기 유대교의 신학 사상과 연관을 짓지 않는다. 어떤 학자들은 마가복음 8:27-30의 단락에서 예수가 제자들의 의견을 묻는 질문의 역할을 단지 베드로의 메시아 고백이 일반 사람들의 의견과 강하게 대조된다는 점에서 찾는다.[30] 그러나 나는 예수가 자신을 하나님의 정의를 위한 예언자들 중의 한사람과 동일시했다고 생각한다. 나는 그 예언자가 바로 에녹이라고 생각한다. 왜냐하면 에녹은 노아홍수 이전에 한 예언자로서 정의를 실천한 자이고(창 5:24), 또 비유들의 책에서 에녹이 인자와 동일화되기 때문이다. 나는 하나님의 메시아적 대리자로서의 예수의 자기 이해와 그의 행태는 인자와 에녹을 동일시한 비유들의 책의 메시아론적 구조의 빛에서 인식될 수 있다고 본다. 비유들의 책에서 에녹은 지상에서 정의를 실천함으로써 인자와 동일시되었다. 예수는 자신을 범례적으로 이러한 에녹과 동일시했기 때문에 자신을 인자로 이해한 것으로 볼 수 있다.[31]

비유들의 책에 서술되어 있듯이 예수가 오기 전에 이미 초기 유대교에는 약자들의 해방과 그들의 인간적인 삶을 위해서 정의를 위해서 함께 싸우고 악의 세력에 저항하는 메시아 실천을 요구하는 메시아론이 있었다. 이러한 에녹 전승에서 인자로서의 예수의 자기 이해가 싹튼 것이다. 그런데 인자가 왜 수난을 당해야만 하는가? 인자의 행태의 급진성은 특히 수난의 측면에서 나타난다, 수난의 정의와 평화가 지배하는 대안적 세계를 만들기 위해서 불의에 맞서면서 메시아 실천을 하는 자에게서 불가피한 전제 조건이다. 나는 에녹이 하늘로 이끌려 올라가서 인자와 동일시되기 전에 지상에서 사는 동안에 불의를 자행하는 권력자들과 직접적인 대립 없이 정의를 실천할 수 있었다고 생각하지 않는다. 고난은 정의 실천과 해방투쟁을 통해서 메시아 실천을 행동화는 과정에서 초래되는 불가피한 조건이고 결과이다. 유감스럽게도 예수의 수제자인 베드로는 메시아 실천이라는 맥락에서 요구되는 고난의 필연성을 이해하지 못하였다. 비록 마가복음의 저자가 에녹을 분명하게 언급하지는 않았지만, 그러나 그는 비유들의 책의 메시아론적 구조의 빛에서 나사렛 예수를 인자로 이해하였을 것이다.

하나님의 메시아적 대리자로서 예수의 자기 이해는 요한복음의 고별설교에서도 역시 발견된다. 여기서 예수는 자신을 하나님의 대리자로 인식한다. 예수는 하나님의 자녀들에게 계시하기 위해서 하나님의 이름을 받았다고 말한다(요 17:6). 예수는 하나님의 메시아적 대리자의 역할을 한다(요 17:14; 15:18-20; 16:1-2). 하나님의 대리자로서 예수의 자기 이해를 분명하게 표현한 점에서 요한복음의 저자는 역시 비유들의 책으로부터 영향을 받은 것이 분명하다.

---

30) 예를 들면 Joachim Gnilka, *Das Evangelium nach Markus* EKK II/2 (Zurich, Köln, Neukirchen: Neukirchener Verlag, 1979), 14를 참조하라.
31) Byung Hak Lee, *Befreiungserfahrungen von der Schreckensherrschaft des Todes im äthiopisischen Henochbuch,* 320.

메시아 실천은 에녹과 예수 사이, 초기 유대교와 초기 기독교의 상수이다. 그러므로 초기 유대교는 초기 기독교의 모체로 생각될 수 있다. 유대교와 기독교의 결합이 예수의 인격 안에서 구체화되었다. 왜냐하면 유대인으로서 예수가 그리스도이기 때문이다. 예수는 자신을 에녹과 동일화함으로써 메시아 실천을 하였다. 예수를 따른다는 그리스도인들은 제자도를 통해서 그리스도 실천을 한다. 신약성서는 예수를 믿고 따르는 성도들의 그리스도 실천에 대한 증언이다.

비유들의 책의 메아시론적 구조, 즉 에녹과 인자의 동일화는 한걸음 더 나가서 그리스도론의 새로운 차원을 제공한다. 그것은 십자가 이전 그리스도론(pre-cross christology)이다. 십자가 이전의 그리스도론은 하나님의 대리자로서의 예수의 자기 이해에 기초한다. 이러한 그리스도론은 예수가 십자가 처형 전에 이미 에녹의 범례적 모형에 따라서 불의에 비폭력적으로 저항하고 정의를 실천함으로써 메시아 실천을 하였다는 것을 의미한다.

제2장

# 요한계시록의 반제국적 저항의 그리스도론

## I. 서론적 성찰

요한계시록의 그리스도론에 대한 물음은 요한계시록 전체를 이해하기 위한 하나의 필수적인 조건이다. 요한계시록의 그리스도론은 유대 묵시문학의 메시아론으로부터 큰 영향을 받았다. 유대 묵시문학의 대표적 작품의 하나인 에티오피아어 에녹서의 메시론은 하나님의 종말론적 대리자를 의인, 택한 자, 인자, 그리고 메시아(=그리스도)로 나타내고 그들의 역할을 공통적으로 심판자, 구원자, 해방자, 그리고 투사로 묘사한다. 이러한 유대 메시아론의 특성을 지닌 요한계시록의 그리스도론은 요한계시록 전체의 신학과 불가분의 관계에 있다. 예수는 로마제국의 식민지의 변방에서 십자가 처형을 당했지만, 그러나 그는 부활하고 승천하여 지금 하늘의 중앙에 위치한 천상의 궁전에서 메시아로 보좌에 앉아 있다.

요한계시록의 저자는 "십자가"라는 단어를 사용하지 않지만, 그의 그리스도론적 진술은 모두 예수의 십자가 처형을 전제하고 있다. 요한계시록의 그리스도론은 철저하게 역사적 예수(Historical Jesus)의 죽음과 부활에 기초하고 있으며, 또한 약자들에 대한 사랑과 구원을 위한 예수의 대속의 죽음에 기초하고 있다. 예수는 갈릴리 출신의 한 유대인이었으며, 이스라엘 12지파 민족을 회복할 목적으로 12 제자들을 선택했으며,[1] 가버나움에서 대중적 사역을 시작했고, 갈릴리에서 사람들에게 하나님 나라의 도래의 임박성을 선포했고, 병자들을 치유하고 귀신을 추방했고, 하나님을 자애로운 아버지를 의미하는 "아바(Abba)"라고 불렀

---

1) James H. Charlesworth, "Jesus as 'Son' and the Righteous Teacher as 'Gardener,'" James H. Charlesworth (ed.), *Jesus and the Dead Sea Scrolls* (New York, London, Toronto, Sydney, Auckland: Doubleday, 1993), 151-52.

고, 가난한 자들을 돌보았고, 부패한 종교적 권력자들에게 항의했으며, 예루살렘 성전에서 장사꾼들을 쫓아냈고, 가까운 제자들에게 배신을 당했고, 빌라도의 법정에서 재판을 받았고, 그리고 마침내 기원후 30년 봄에 예루살렘 서쪽 성벽 밖에서 로마인들에 의해서 십자가처형을 당하고 죽었다. 그러나 로마의 식민지의 변두리에서 처형당한 예수는 정의의 하나님에 의해서 부활하고 승천하였으며, 지금 하늘의 보좌에 메시아로서 앉아 있으며 장차 다시 오실 것이다.

요한계시록의 저자 요한에게 나타난 천상의 예수는 자기 자신을 로마의 폭력에 의해서 무력하게 죽임을 당했지만 하나님에 의해서 부활하여 영원히 살아 있는 자라고 소개한다: "나는 처음이요 마지막이니 곧 살아 있는 자라 내가 전에 죽었었노라 볼지어다 이제 세세토록 살아 있어 사망과 음부의 열쇠를 가졌노니"(계 1:17-18). 천상의 예수는 "내가 속히 오리니"(계 3:11; 22:7, 12)라고 지금 현재의 시간에 곧 오실 것을 약속한다. 소아시아의 고난당하는 그리스도인들은 천상의 예수가 하나님의 메시아적 대리자로서 지금 속히 오셔서 악인들을 심판하고 정의와 권리를 회복시켜주실 것을 갈망한다. 일곱 나팔 환상에서 일곱째 나팔이 울리고 "세상 나라가 우리 주와 그의 그리스도의 나라가 되어 그가 세세토록 왕 노릇하시리로다"라고 노래하는 찬양 소리가 하늘로부터 들린다. 이러한 노래는 로마 황제가 세계를 지배하고 있고 수많은 사람들이 그의 손에 의해서 죽임을 당하고 있는 현실에서는 어처구니없는 모순처럼 보인다. 그러나 이것은 오직 전능하신 하나님에게만 충성하면서 십자가 처형을 당한 예수의 무력함의 힘을 믿는 고난당하는 소아시아의 그리스도인들에게 희망과 저항을 강화시켜주는 대항담론을 매개한다.

요한은 로마의 폭력에 의해서 희생된 예수를 여러 가지 명칭들을 통해서 그리스도(계 2:1, 2, 5; 11:15; 12:10; 20:4, 6)로 묘사한다. 그는 예수를 충성된 증인(계 1:5; 3:14), 인자(계 1:7, 13; 14:14), 어린 양(계 5:6; 6:16; 7:10; 14:1; 17:14; 21:22, 23), 그리고 만국을 위한 목자(계 12:5; 19:15)로 묘사한다. 그는 이러한 다양한 그리스도론적 표현들을 통해서 십자가 처형을 당한 예수의 무력함의 힘을 증명한다. 그러므로 그는 예수를 "만주의 주, 만왕의 왕"(계 17:14), 또는 "만왕의 왕, 만주의 주"(계 19:16)라고 부른다. 하늘의 보좌에 메시아로 앉아 있는 예수는 장차 이 세상을 심판하고, 약자들을 구원하고, 그리고 만국을 목양하기 위해 다시 오실 것이다. 요한계시록에서 예수를 가리키는 메시아적 명칭으로 사용된 "그리스도"와 "인자"는 유대 묵시문학의 대표적인 메시아적 명칭들이다.[2)]

이 논문의 목적은 요한계시록의 저자가 어떤 양식으로 예수를 메시아로 표현하였는지를 추구함으로써 요한계시록에서 나타나는 다양한 그리스도론적 양식들의 신학적 의미를 규명하는데 있다. 요한계시록의 그리스도론은 소아시아의 그리스도인들로 하여금 고난에도 불구하고 로마의 황제숭배 요구에 불복종하게 하고, 무력하게 십자가에 처형당했지만 하나님에 의해서 부활한 예수의 무력함의 힘을 믿고 그에게만 충성하도록 고무한다. 소아시아의 그리스도인들은 모든 권력이 오직 하나님과 그의 메시아 예수에게 속한다는 것을 인정했을 때 황제숭배를 거부할 수 있었다. 이와 마찬가지로 오늘의 그리스도인들도 하나님과 그의 메시아 예수가 세계의 통치자이고 역사의 주체라는 것을 인정할 때 자본의 제국과 시장의 제국의 물신숭배를 거부할 수 있을 것이다. 나는 오늘의 그리스도인들이 요한계시록의 반제국적 비폭력 저항의 그리스도론을 통해서 예수를 그리스도로 고백한 초기 교회의 성도들의 신앙을 계승할 수 있기를 소망한다.

## II. 요한계시록의 그리스도론적 양식들

### 1. 증인 그리스도론

1) 십자가처형을 당한 충성된 증인 그리스도(계 1:5)
요한계시록이 저작된 시대에 로마는 군사적으로 막강했고, 정치적으로 세계를 지배했고, 경제적으로 번영을 누렸다. 로마 황제를 신으로 숭배하는 것이 세계적인 추세였다. 소아시아의 대도시 마다 로마 황제를 숭배하기 위한 신전이 있었다. 그러나 요한계시록의 저자는 이 세계와 역사의 주권자는 로마의 황제가 아니라, 하나님이라는 것과 모든 권력은 로마 황제에게 있는 것이 아니라, 하나님과 그의 메시아 예수에게 속한다는 것을 강조한다. 그는 로마 제국의 폭력으로 죽임을 당했지만 부활하여 영원히 살아 있는 예수를 하나님의 대리자를 지칭하는 그리스도라고 부른다. 그리스도는 하나님의 대리자로서 "기름부음을 받은 자"를 의미한다. 요한계시록에서 예수는 하나님의 메시아로서 하나님에게 종속된다.

---

2) 이병학, "유대 묵시문학과 신약성서: 에녹과 예수," 「신약논단」 제19권 제2호 (2012 여름), 365-94.

요한계시록의 저자 요한은 "십자가"라는 단어를 사용하지 않는다. 그러나 그는 역사적 예수의 십자가 처형과 부활을 전제한다. 그는 1:1-2에서 예수를 그리스도(=기름부음 받은 자)라고 부른다. 그런데 그는 1:5에서 예수를 다시 그리스도라고 부른다. 증인 그리스도론은 예수의 죽음과 부활과 현재적 통치라는 세 가지 측면에서 설명된다.

"충성된 증인으로 죽은 자들 가운데에서 먼저 나시고 땅의 임금들의 머리가 되신 예수 그리스도로 말미암아 은혜와 평강이 너희에게 있기를 원하노라(계 1:5).

첫째로 예수는 로마 제국의 폭력에 의해서 죽임을 당한 "충성된 증인"(ὁ μάρτυς, ὁ πιστός/호 마르튀스 호 피스토스)이다. 여기서 "충성된 증인"은 빌라도의 법정에서 심문을 당하고 갈보리 십자가 처형장에서 폭력적인 죽음을 당하는 순간까지 로마 황제의 권세를 인정하지 않고 하나님의 권세를 증언한 지상의 예수, 즉 역사적 예수를 가리킨다. 이것은 요한계시록의 그리스도론이 역사적 예수에 뿌리박고 있다는 것을 증명한다. 예수의 증언은 로마의 제국주의에 대한 항거이지만, 하나님에 대한 충성이다. 그는 로마의 제국주의에 의해서 죽임을 당한 버가모 교회의 안디바를 "내 충성된 증인"이라고 부른다: "내 충성된 증인 안디바가 너희 가운데 곧 사탄이 사는 곳에서 죽임을 당할 때에도 나를 믿는 믿음을 저버리지 아니하였도다"(계 2:13). 안디바는 로마 황제에 대한 충성을 거부하고 하나님과 그의 메시아인 예수의 권세를 증언했기 때문에 죽임을 당했다. 그러므로 그의 죽음은 하나님과 그리스도의 권세를 옹호하기 위한 마지막 증언이 되었다. 역사적 예수는 로마 제국의 폭력에 의해서 무력하게 죽임을 당하는 순간까지 하나님의 권세를 증언한 원조 증인이며, 모든 증인들의 모범이다.[3] "참된 증인"이라는 표현은 구약에서도 나타난다. 시편 89:37에서 다윗은 하늘에서 "참된 증인"으로 빛을 비추는 달과 비교된다: "또 궁창의 확실한 증인인 달 같이 영원히 견고하게 되리라."

둘째로 예수는 "죽은 자들 가운데에서 먼저 나신 이"(πρωτότοκος τῶν νεκρῶν/프로토코스 톤 네크론)다. 여기서 죽은 자들은 일차적으로 폭력적으로 죽임을 당한 자들을 가리킨다. 골로새서 1:18에도 동일한 표현이 있다: "그는 몸인

---

3) Klaus Wengst, *"Wie lange noch?": Schreien nach Recht und Gerechtigkeit - eine Deutung der Apokalypse des Johannes* (Stuttgart: Verlag W. Kohlhammer, 2009), 105.

교회의 머리시라 그가 근본이시요 죽은 자들 가운데서 먼저 나신 이시니 이는 친히 만물의 으뜸이 되려 하심이요." 하나님은 예수를 죽인 로마 제국의 폭력에 대한 항의의 표현으로 그리고 자신의 정의와 신실하심의 증명으로 예수를 죽은 자들 가운데서 부활시켰다. 예수의 부활은 제국의 폭력에 의해서 죽임을 당한 수많은 무고한 희생자들이 역시 장차 마지막 날 부활하게 될 것을 보증한다. 희생자들의 시체를 밟고 넘어간 권력자들은 영원한 승리자들이 될 수 없다. 왜냐하면 마지막 날 하나님이 그들을 심판하실 것이기 때문이다.

셋째로 예수는 "땅의 임금들의 머리"(ἄρχων τῶν βασιλέων/아르콘 톤 바실레온)이다. 여기서 사용된 용어들은 정치적인 용어들이다. "땅의 임금들"은 로마 제국이 지배하는 식민지의 왕들이고, 그들의 "머리"는 로마 황제이다. 그런데 요한계시록의 저자는 예수를 "땅의 임금들의 머리"라고 부른다. 이것은 예수가 "하나님의 창조의 근본이신 이"(계 3:14)이기 때문에 정당하다. 로마의 황제가 식민지의 왕들의 머리로서 세계를 지배하고 있는 현실에서 예수가 그들의 머리라고 하는 주장은 모순처럼 보인다. 그러나 이것은 모든 권력이 로마 황제에게 속한다는 제국의 담론에 맞서서 세상의 지배권이 창조주 하나님과 그의 메시아 예수에게 있다고 주장하는 대항담론으로 이해될 수 있다. 그러므로 요한계시록 1:5에서 강조된 증인 그리스도론은 매우 정치적이다.

## 2) 아멘이고 충성되고 참된 증인 그리스도(계 3:14)

요한계시록 1:5a에서 제국의 폭력의 희생자인 지상의 예수는 "충성된 증인"(ὁ μάρτυς, ὁ πιστός/호 마르튀스 호 피스토스)이라고 불리지만, 3:14에서는 그는 "아멘이시요 충성되고 참된 증인"(ὁ ἀμήν, ὁ μάρτυς ὁ πιστὸς καὶ ἀληθινός/호 아멘, 호 마르튀스 호피스토스 카이 알레티노스)이라고 불린다: "라오디게아 교회의 사자에게 편지하라 아멘이시요 충성되고 참된 증인이시요 하나님의 창조의 근본이신 이가 이르시되." 예수가 "아멘"이신 것은 이사야 65:16에서 두 번 사용된 히브리어 "아멘의 하나님"(אמן אלהי)에서 유래한다. 이것이 70인역에서는 "진리의 하나님"(τὸν θεὸν τὸν ἀληθινόν/톤 테온 톤 알레티논)으로 번역되었다: "이러므로 땅에서 자기를 위하여 복을 구하는 자는 진리의 하나님을 향하여 복을 구할 것이요 땅에서 맹세하는 자는 진리의 하나님으로 맹세하리니 이는 이전 환난이 잊어졌고 내 눈 앞에 숨겨졌음이라"(사 65:16). 아멘의 하나님은 그가 약속한 것을 확실히 지키시는 하나님이다. 아멘은 명사로는 "진리"를 뜻하고 형용사로는 "진실한"이라는 의미를 가진다. 예수는 진리의 하나님을 증언했기 때문에 죽임을 당한 "충성되고 참된 증인"이다. 예수는 이미 태초에 선재했으며(참조, 요 1:1-3), 하나님은 예수 안에 임재하시고 예수를 통해서 활동하신다. 그러므로 예수는 하나님의 창조의 근본(계 3:14)이며 또한 새 창조(계 21:5)의 근본이다. 그러나 요한계시록의 저자는 예수를 하나님과 동일시하지 않는다. 그것은 그가 3:12에서 예수가 "내 하나님의 성전," "내 하나님의 이름," "내 하나님의 성," 그리고 "내 하나님의 하늘로부터"라고 말하도록 쓴 것에서 명백하게 증명된다.

예수를 믿는 그리스도인들은 로마의 폭력의 잠재적인 희생자들이다. 예수에 대한 믿음은 세계의 통치자는 로마 황제가 아니라 예수를 부활시킨 하나님이라는 것을 확신한다. 그러므로 1:5와 3:14에서 표현된 증인 그리스도론은 그리스도인들로 하여금 고난과 억압과 박해에도 불구하고 예수의 증인으로 살 수 있도록 그리고 제국의 폭력에 끈질기게 저항할 수 있도록 용기와 힘을 준다. 요한계시록 1:5b는 "우리를 사랑하사 그의 피로 우리 죄에서 우리를 해방하시고 그의 아버지 하나님을 위하여 우리를 나라와 제사장으로 삼으셨다."라고 한다. 이것은 십자가에 달린 예수의 과거적 행위를 통한 구원의 현재적 경험을 나타낸다. 이러한 구원의 현재적 경험은 고난당하는 그리스도인들로 하여금 예수의 미래적 다시 오심을 확신하게 한다.

## 2. 인자 그리스도론

### 1) 구름 타고 오시는 인자 같은 이(계 1:7)

로마의 폭력에 의해서 죽임을 당했지만 하나님에 의해서 부활하여 하늘로 승천한 예수는 하늘의 은둔처로 사라진 것이 아니라, 하늘의 중앙에 위치한 천상의 궁전에서 하나님 곁에 있는 보좌에 메시아로 앉아 있다. 과거에 십자가에서 피흘리신 예수의 구원행위 때문에 현재 구원을 경험하고 있는 그리스도인들은 천상의 예수가 다시 오실 것을 확신한다. 천상의 예수가 다시 오신다는 것은 지금 현재의 시간에 고난당하면서도 하나님의 말씀을 증언하고 저항하는 그리스도인들을 위한 위로이고 희망이다. 그러므로 천상의 예수의 다시 오심은 요한계시록의 모토이다. 요한계시록의 저자 요한은 구름을 타고 오는 "인자 같은 이"가 서술된 다니엘 7:13을 수용해서 천상의 예수의 오심을 자신의 방식으로 다음과 같이 묘사한다.

"볼지어다 그가 구름을 타고 오시리라. 각 사람의 눈이 그를 보겠고 그를 찌른 자들도 볼 것이요 땅에 있는 모든 족속이 그로 말미암아 애곡하리니 그러하리라. 아멘" (계 1:7).

여기서 "오시리라"(ἔρχεται/에르케타이)의 시제는 현재형인 반면에,[4] "보겠고"(ὄψεται/옵세타이)와 "애곡하리니"(κόψονται/콥손타이)의 시제는 둘 다 미래형이다. 요한은 "볼지어다"라는 명령형으로 예배에 참석한 성도들을 주목시킨다. 현재의 시제가 사용된 "보라 그가 구름을 타고 오시리라"는 고난당하면서도 로마 제국의 우상숭배 체제에 저항하고 있는 현재의 시간에 함께 연대투쟁하기 위해서 오시는 천상의 예수의 현재적 오심을 의미하며, 그리고 미래 시제가 사용된 "보겠고"와 "애곡하리니"는 이 폭력의 역사를 끝장내고 새로운 대안적 세계(계 19:11-22:5)를 시작하기 위해서 종말의 날에 자신을 나타내는 예수의 미래적 오심을 의미한다.[5] 그런데 여러 학자들은 이러한 상이한 시제를 무시하고 1:7을 그리스도의 재림을 가리키는 것으로 해석한다.[6] 그러나 1:7의 전반부는 천상의 예수의 현재적 오심을 나타내고, 후반부는 미래적 오심, 즉 재림을 나타낸다.[7]

요한계시록 1:7은 다니엘서 7:13과 스가랴서 12:10을 결합시킨 것이다. 요한계시록 1:7에서"그가 구름을 타고 오시리라"는 다니엘서 7:13의 내용과 일치한다: "내가 또 밤 환상 중에 보니 인자 같은 이(ὡς υἱὸς ἀνθρώπου/호스 휘오스 안트로푸)가 하늘 구름을 타고 와서 옛적부터 항상 계신 이에게 나아가 그 앞으로 인

---

4) 김재준, 『요한계시록』(서울: 대한기독교서회, 1969), 90은 이 동사의 시제가 현재형이라는 것을 강조한다.

5) Pablo Richard/aus dem Spanischen von Michael Laubble, *Apokalypse: Das Buch von Hoffnung und Widerstand. Ein Kommentar* (Luzern: Edition Exodus, 1996). 69.

6) Massyngberde Ford, Revelation (Garden City, N. Y.: Doubleday & Company, 1975), 380; H. Franzmann, The Revelation to John: A Commentary (St. Louis, Missouri: Concordia Publishing House, 1968), 34; Robert H. Mounce, *The Book of Revelation* (Grand Rapids: William B. Eerdmans Publishing Company), 1977, 51; Elisabeth Schuessler Fiorenza, *Revelation: Vision of a Just World* (Minneapolis: Fortress Press, 1991), 43-44; 리처드 보컴/ 이필찬 역. 『요한계시록 신학』 (서울: 한들출판사, 2000). 91 그리고 100; 하인리히 크라프트/ 안병무 역, 『요한묵시록』 (서울: 한국신학연구소, 1983), 59; 에두아르트 로제/박두환 · 이영선 옮김, 『요한계시록』 (서울: 한국신학연구소, 1997), 41; 이달, 『요한계시록』 (서울: 장로교출판사, 2008). 59-60.

7) G. K. Beale, *The Book of Revelation,* 198은 요한계시록 2-3장에서의 예수의 오심을 교회를 심판하기 위한 조건적 방문으로 보고, 22:7, 12, 20에서의 예수의 오심을 그의 최종적 오심, 즉 재림이라고 본다. 이런 관점에서 그는 "그러므로, 1:7에서의 그리스도의 '오심'은 역사 전체를 통해서 일어나는 한 과정으로 더 잘 이해될 수 있다. 소위 '재림'은 실제로 여러 번에 걸친 오심의 전체적 과정을 마무리 짓는 최종적인 오심이다."라고 주장한다.

도되매." 히브리 성서에 "인자 같은 이"를 의미하는 다니엘서 7:13의 אֱנָשׁ כְּבַר(케 바르 에나쉬)가 70인역(Septuaginta)과 데오도시온(Theodotion)역에서 모두 "ὡς υἱὸς ἀνθρώπου/호스 휘오스 안트로푸"로 번역되었다. 그리고 다니엘서 7:14은 "그에게 권세와 영광과 나라를 주고 모든 백성과 나라들과 다른 언어를 말하는 모든 자들이 그를 섬기게 하였으니 그의 권세는 소멸되지 아니하는 영원한 권세요 그의 나라는 멸망하지 아니할 것이니라."라고 한다. 다니엘서 7:13의 "인자 같은 이"(ὡς υἱὸς ἀνθρώπου)는 종말의 때에 야수 같은 제국 아래서 고난당하는 "지극히 높으신 이의 성도들을 위한," 즉 이스라엘 백성을 위한 해방자로 기능하는 상징적인 인물이다(단 7:22-27).

"각 사람의 눈이 그를 보겠고 그를 찌른 자들도 볼 것이요 땅에 있는 모든 족속이 그로 말미암아 애곡하리니"(계 1:7)는 스가랴 12:10의 진술과 일치한다: "내가 다윗의 집과 예루살렘 거민에게 은총과 간구하는 심령을 부어 주리니 그들이 그 찌른 바 그를 바라보고 그를 위하여 애통하기를 독자를 위하여 애통하듯 하며 그를 위하여 통곡하기를 장자를 위하여 통곡하듯 하리로다." 요한계시록 1:7에서 "찌른 자들"은 창으로 예수의 옆구리를 찔렀던 로마의 병사들을 가리키는데, 요한복음 19:34는 "한 군인이 창으로 옆구리를 찌르니 곧 피와 물이 나오더라"라고 한다. 요한계시록의 저자는 슥 12:10의 애곡하는 자들을 "땅에 있는 모든 족속"으로 확장한다. 즉, "땅에 있는 모든 족속"은 요한계시록의 저자의 시대에 황제를 신으로 숭배하고 로마의 제국주의 체제에 협력한 로마인들과 모든 식민지의 사람들을 가리킨다. 장차 로마의 폭력의 희생자인 예수가 살아서 심판자와 해방자와 구원자로 다시 오실 때 그들은 그를 보고 경악하고 두려워서 애곡할 것이다.

다니엘서 7:13과 스가랴서 12:10의 결합은 마태복음 24:30에서도 나타난다.[8] "그 때에 인자의 징조가 하늘에서 보이겠고 그 때에 땅의 모든 족속들이 통곡하며 그들이 인자(υἱός τοῦ ἀνθρώπου/휘오스 투 아트로푸)가 구름을 타고 능력과 큰 영광으로 오는 것을 보리라"(마 24:30). 인자가 구름을 타고 오신다는 것은 이미 공관복음서에 전승으로 나타난다(마 24:30; 막 13:26; 눅 21:27).

---

8) Adela Yarbro Collins, "The 'Son of Man' Tradition and the Book of Revelation," in: James H. Charlesworth (ed.), *The Messiah: Developments in Earliest Judaism and Christianity* (Minneapolis: Fortress Press, 1992), 536.

## 2) 촛대 사이에 서 있는 인자 같은 이(계 1:13)

밧모 섬에 유배된 요한은 환상 가운데서 자신에게 말한 음성을 듣고(계 1:12) 일곱 금 촛대 사이에 서 있는 "인자 같은 이"(ὅμοιον υἱὸν ἀνθρώπου/호모이온 휘온 안트로푸)"를 보았다고 말한다(계 1:13). "호모이온(ὅμοιον)"은 "같은"을 의미한다. 요한계시록 1:13에서 "인자 같은 이"는 복음서에 나타나는 "인자"(ὁ υἱὸς τοῦ ἀνθρώπου/호 휘오스 투 안트로푸)와 동의어로서 예수를 가리키는 메시아적 명칭이다 (참조, 막 13:26; 14:62).[9] 구약에는 일곱 등잔을 가진 하나의 금 촛대가 성전에 있었지만(슥 4:2; 출 25:31-40), 여기서는 일곱 금 촛대가 있다. 제사장은 촛대가 빛을 잘 내도록 촛대의 등잔의 심지를 손질하고 기름을 다시 채우는 일을 한다. 요한계시록 1:20에서 일곱 촛대는 일곱 교회들을 상징한다. 또한 2:1에서 인자 같은 이는 "오른손에 일곱별을 붙잡고 일곱 금 촛대 사이를 거니는 이"로 소개된다. 그러므로 "인자 같은 이"가 일곱 촛대 사이에 서 있다는 것은 그가 세상에 빛을 밝게 비추기 위해서 교회 안에 임재하고 있다는 것을 의미한다.[10]

인자 같은 이를 보고 요한이 두려워서 죽은 자같이 엎드렸을 때, "인자 같은 이"는 그에게 오른손을 얹고 말한다: "두려워하지 말라 나는 처음이요 마지막이니 곧 살아 있는 자라 내가 전에 죽었었노라 볼지어다 이제 세세토록 살아 있어 사망과 음부의 열쇠를 가졌노니"(계 1:17-18). 이것은 에녹이 하나님을 본 이야기와 같다. 에녹이 하늘의 궁전의 문 앞에 도착하여 무서워서 고개를 숙이고 엎드렸을 때, 하나님이 그를 일으켜 세우면서 "에녹아, 내 가까이 와서 내 말을 들으라!"고 했으며(에녹1서 14:24-25), 또한 "두려워 말라! 에녹아, 의로운 자, 의의 서기관이여, 내 가까이 와서 내 음성을 들으라"고 말했다(에녹1서 15:1).

요한계시록에서 "인자 같은 이"라는 명칭은 다니엘서 7:13과 에녹1서로부터 유래한다. 다니엘서 7장에서 바다에서 올라온 네 짐승들은 이스라엘을 차례대로 지배했던 네 제국들을 상징한다.[11] 이러한 제국들의 통치자들은 야수 같이 이스라엘 민족을 억압했으나, "인자 같은 이"는 하나님으로부터 위임된 권력을 가지고 이스라엘 민족을 인간적으로 다스리는 메시아적 인물을 상징한다. 요한계

---

9) Klaus Wengst, *"Wie lange noch?",* 113; Morna D. Hooker, *The Son of Man in Mark* (Montreal: McGill University Press, 1967), 27.

10) Peter J. Leithart, *Revelation 1-11, International Theological Commentary* (London, Oxford, New York, New Delhi, Sydney: Bloomsbury, 2018), 111.

11) Daniel Berrigen, *Daniel. Under Siege of the Divine* (Eugene, Oregon: Wipf & Stock, 2009), 119.

시록의 "인자 같은 이"는 다니엘서 7:13을 발전시킨 에녹1서로부터 유래한다. 에녹1서 37-71장(=비유들의 책)의 저자는 인자의 기능을 심판자, 구원자, 해방자, 그리고 함께 싸우는 투사로 표현한다.

요한계시록 1:13 이하에서 "인자 같은 이"의 모습이 자세히 묘사된다. 일곱 금 촛대 사이에 "인자 같은 이"가 "발에 끌리는 옷을 입고 가슴에 금띠를 띠고" 있다. 여기서 긴 옷은 왕과 대제사장 같은 고위층 인물들이 입는 옷이다(출 28:4; 레 16:4; 겔 9:2; 단 10:5). 이러한 옷을 통해서 "인자 같은 이"는 높은 지위를 가진 천상의 인물로 묘사된다. "그의 머리와 머리카락이 양털 같고 눈처럼 희었다"(계 1:14). 이것은 다니엘서 7:9에서 서술된 하나님의 모습과 동일하다(참조, 에녹1서 14:21). 또한 "인자 같은 이"의 "눈은 불꽃같았다"(계 1:14)라는 것은 다니엘서 10:6의 "그의 눈은 횃불 같고"에서부터 인용되었다. 또한 다른 곳에서 예수는 "그 눈이 불꽃같고 그 발이 빛난 주석과 같은 하나님의 아들"로 소개된다(계 2:18). 하나님이 모든 것을 보고 있는 것과 마찬가지로 천상의 예수는 불꽃같은 두 눈으로 모든 것을 볼 수 있는 투시력이 있다. 그러므로 이 세상에 그의 눈을 피해서 숨겨질 수 있는 것은 아무 것도 없다. 천상의 예수는 권력자들의 불의를 보고 있고, 그들이 저지른 악행으로 인해서 고난당하는 약자들의 비참한 현실을 보고 있다.

요한은 "인자 같은 이"의 발과 음성을 설명한다: "그의 발은 풀무불에 단련한 빛난 주석 같고 그의 음성은 많은 물소리와 같으며"(계 1:15). 그의 발에 대한 설명에서 놋쇠를 의미하는 "주석"으로 번역된 그리스어 칼코리바노스(χαλκολίβανος)는 아주 귀중한 금속에 속한다. "칼코"(χαλκο)는 동(銅)을 의미하고, "리바노스"(λίβανος)는 레바논을 의미한다, 즉, 그것은 "레바논의 동"이다. 이것은 예수를 가리키는 "인자 같은 이"의 발이 아주 견고하다는 것을 나타낸다. 이러한 표현은 다니엘서 10:6에서 언급된 "그의 팔과 발은 빛난 놋과 같고"와 동일하다. 이와 반대로 네 제국을 상징하는 신상의 발은 진흙과 철을 섞어 만들어졌기 때문에 허약하고 부서지기 쉽다(단 2장).

인자 같은 이의 목소리는 "많은 물소리 같다"(계 1:15). 이것은 에스겔서 43;2 에서 동쪽에서 오는 영광의 하나님의 음성이 많은 물소리 같았다는 것에서부터 유래한다: "이스라엘 하나님의 영광이 동쪽에서부터 오는데 하나님의 음성이 많은 물소리 같고 땅은 그 영광으로 말미암아 빛나니." 또한 이것은 시편 29:3과 연관이 있다: "여호와의 소리가 물 위에 있도다. 영광의 하나님이 우렛소리를 내시니 여호와는 많은 물 위에 계시도다."

"그의 오른손에 일곱 별이 있고 그의 입에서 좌우에 날선 검이 나오고 그 얼굴은 해가 힘있게 비치는 것 같더라"(계 1:16). 이 절은 세 부분으로 나누어 설명할 수 있다. 첫째로 그의 오른 손에 일곱별이 쥐어져 있다. 오른 손은 힘과 권력의 자리를 상징한다. 고대 사회에서 일곱 별은 태양과 달과 다른 다섯 개의 유성을 의미했다. 일곱 별은 세계 지배의 상징으로서 로마의 황제의 화폐에도 새겨져 있다.[12] 요한계시록에서 일곱 촛대는 일곱 교회를 상징하고, 일곱 별은 일곱 교회의 천사들을 상징한다(계 1:20). 소아시아의 일곱 교회들이 천상의 예수의 오른 손 안에 있다는 것은 예수가 교회들을 지켜준다는 것을 의미한다. 에베소 교회를 향한 편지에서 천상의 예수는 "오른손에 일곱 별을 붙잡고 일곱 금 촛대 사이를 거니는 이"로 소개된다(계 2:1). 또한 사데 교회를 향한 편지에서 천상의 예수는 "하나님의 일곱 영과 일곱 별을 가지신 이"로 소개된다(계 3:1). 세계의 운명은 누구에게 달려있는가? 그것은 인자, 즉 천상의 예수의 손 안에 쥐어져 있다. 이것은 세계의 지배권이 예수에게 속한 것이지, 로마의 황제에게 속한 것이 아니라는 것을 의미한다.

둘째로 그의 입에서 날카로운 쌍날칼이 나온다. 버가모 교회를 향한 편지에서 예수는 "좌우에 날선 검을 가지신 이"로 소개된다(계 2:12; 참조, 계 2:16; 19:15). 이러한 칼은 메시아의 무기이다(사 11:4; 솔로몬의 지혜서 18:15-16; 에녹1서 62:2; 제4에스라 13:10).[13] 예언자 이사야는 "주께서 내 입을 날카로운 칼처럼 만들었다"고 고백한다(사 49:2). 그런데 그러한 칼이 입과 연결된 것은 그러한 작용이 말씀을 통해서 일어난다는 것을 의미한다. 즉, "날카로운 쌍날칼"은 말씀의 예리한 힘을 상징한다. 천상의 예수는 마지막 말을 하는, 즉 최종적인 선고를 내리는 마지막 때의 메시아적 심판자다.

셋째로 그의 얼굴은 해처럼 빛난다. 이것은 하늘의 광체이다(에녹1서 14:21; 51:4; 71:1; 89:22, 30). 다니엘서 12:2-3에서도 이것과 비슷한 표현이 있다: "땅의 티끌 가운데에서 자는 자 중에서 많은 사람이 깨어나 영생을 받는 자도 있겠고 수치를 당하여서 영원히 부끄러움을 당할 자도 있을 것이며, 지혜 있는 자는 궁

---

12) Klaus Wengst, *"Wie lange noch?"*, 115; E. P. Janzen, "The Jesus of the Apocalypse Wears the Emperor's Clothes," in; *SBL Seminar Paper* (Attlanta, Georgia: Scholars Press, 1994), 651.

13) Charles H. Talbert, *The Apocalypse: A Reading of Revelation of John* (Louisville, Kenturky, 1994), 16.

창의 빛과 같이 빛날 것이요 많은 사람을 옳은 데로 돌아오게 한 자는 별과 같이 영원토록 빛나리라." 천상의 예수의 얼굴이 태양처럼 빛난 것은 그가 이미 부활의 현실에 참여하고 있는 자라는 것을 의미한다.

### 3) 추수하는 인자 같은 이(계 14:14-20)

"14 또 내가 보니 흰 구름이 있고 구름 위에 인자와 같은 이가 앉으셨는데 그 머리에는 금 면류관이 있고 그 손에는 예리한 낫을 가졌더라 15 또 다른 천사가 성전으로부터 나와 구름 위에 앉은 이를 향하여 큰 음성으로 외쳐 이르되 당신의 낫을 휘둘러 거두소서 땅의 곡식이 다 익어 거둘 때가 이르렀음이니이다 하니 16 구름 위에 앉으신 이가 낫을 땅에 휘두르매 땅의 곡식이 거두어지니라. 17 또 다른 천사가 하늘에 있는 성전에서 나오는데 역시 예리한 낫을 가졌더라 18 또 불을 다스리는 다른 천사가 제단으로부터 나와 예리한 낫 가진 자를 향하여 큰 음성으로 불러 이르되 네 예리한 낫을 휘둘러 땅의 포도송이를 거두라 그 포도가 익었느니라 하더라 19 천사가 낫을 땅에 휘둘러 땅의 포도를 거두어 하나님의 진노의 큰 포도주 틀에 던지매 20 성 밖에서 그 틀이 밟히니 틀에서 피가 나서 말 굴레에까지 닿았고 천육백 스다디온에 퍼졌더라"(계 14:14-20).

추수는 성서에서 일반적으로 심판을 나타내는 이미지이다. 농사를 짓는 시간의 순환이 인간의 시간의 순환을 나타낸다. 씨앗을 심고, 물을 주고, 돌보고, 잡초를 뽑는 때가 있고, 농작물이 성장하는 때가 있고, 그리고 마지막으로 추수하는 때가 있다. 농부는 쭉정이는 버리고 알곡은 거두어들인다. 사람도 마지막에는 심판을 받는다. 요한계시록의 추수 환상에서 곡식 추수(계 14:14-16)와 포도 추수(계 14:17-20)가 서로 결합되어 있는데, 전자는 신자들의 구원에 관한 것이고, 후자는 짐승을 숭배하는 불신자들의 심판에 관한 것이다.[14] 이러한 심판은 요엘서 3:13에서부터 유래한다: "너희는 낫을 쓰라 곡식이 익었도다 와서 밟을지어다 포도주 틀이 가득히 차고 포도주 독이 넘치니 그들의 악이 큼이로다."

요한계시록의 추수 환상에서 하나님의 마지막 때의 메시아적 대리자로서 "인

---

14) Traugott Holtz, *Die Christologie der Apokalypse des Johannes* (Berlin: Akademie Verlag, 1962), 133-134; Elisabeth Schüssler Fiorenza, *The Book of Revelation: Justice and Judgment*, 113-114; Ernst Lohmeyer, *Die Offenbarung Des Johannes* (Tübingen: Mohr Siebeck, 1926, reprinted, 1970), 125-126; 리처드 보쿰/ 이필찬 역, 『요한계시록 신학』 (서울: 한들출판사, 2000), 142-48.

자 같은 이"(ὅμοιον υἱὸν ἀνθρώπου/호모이온 휘온 안트로푸)가 등장한다. 구름 위에 앉아 있는 인자 같은 이는 금관을 쓰고 있고 낫을 들고 있다(계 14:14). 금 면류관은 왕의 신분을 나타낸다.[15] 낫은 곡식을 추수하는 농기구이다. 낫으로 곡식과 포도를 추수하는 것은 전통적으로 심판을 상징한다. 성전(ναός/나오스)[16]에서 나온 다른 천사는 하나님의 뜻을 전하는 전령사인데, "인자 같은 이"에게 땅의 곡식이 다 익었으므로 낫으로 추수하라고 큰 소리로 알린다. 이것은 14:7의 "그의 심판의 시간이 이르렀음이니"에 상응한다.[17] 인자 같은 이가 낫을 땅에 휘둘러 땅의 곡식을 거두어들였다. 요한계시록에서 천사가 자주 언급되기 때문에 "인자 같은 이"를 천사의 무리에 속하는 것이라고 주장하는 천사 그리스도론적 해석이 있다.[18]

그런데 또 다른 천사가 낫을 들고 하늘에 있는 성전에서부터 나온다. 하늘의 성전에는 하나님의 보좌가 있다(계 7:15). 불을 다스리는 다른 천사가 제단으로부터 나와서 낫을 가진 천사에게 예리한 낫을 휘둘러 땅의 포도송이를 거두라고 큰 소리로 외치는데, 그 천사는 역시 하나님의 결정을 전하는 전령사이다. 심판의 때를 결정하는 분은 오직 하나님이다.

그런데 포도 추수 심판의 주체는 누구인가? 낫을 가진 천사가 추수 심판의 주체라고 주장하는 학자도 있다.[19] 14:14-20 단락의 구조에서 낫을 가지고 포도 추수를 하는 천사는 낫을 가지고 곡식 추수를 하는 "인자 같은 이"에게 상응하는 것으로 보인다. 하지만 이것은 결코 이 천사가 "인자와 같은 이"와 대등한 자격을 가지고 포도 추수를 한다는 것을 의미하지 않는다. 왜냐하면 이 천사는 구름 위에 앉아 있지도 않고 금관을 쓰고 있지도 않기 때문이다. 그러므로 곡식 추수를 위해서 행동한 "인자 같은 이"가 역시 포도 추수를 위해서 행동할 것이라고 이해하는 것이 논리적으로 타당하다.[20] 19절에서 "천사가 낫을 땅에 휘둘러 땅의 포도를 거두어 하나님의 진노의 큰 포도주 틀에 던진" 행위는 심판 자체가 아

---

15) Klaus Wengst, *"Wie lange noch?,"* 196.
16) 하늘의 성전은 요한계시록 11:19에서 이미 언급되었다.
17) Matthias Reinhard Hoffmann, *The Destroyer and the Lamb*, 100.
18) 계 14:14-20을 천사 그리스도론의 관점에서 해석하는 것에 대해서는 Matthias Reinhard Hoffmann, *The Destroyer and the Lamb: The Relationship between Angelomorphic and Lamb Christology in the Book of Revelation* (Tübingen: Mohr Siebeck, 2005), 30-104를 참조하라.
19) Mathias Rissi, *Die Hure Baylon und die Verführung der Heiligen: Eine Studie zur Apokalypse des Johannes* (Stuttgart, Berlin, Köln: Verlag W. Kohlhammer, 1995), 36.
20) Klaus Wengst, *"Wie lange noch?,"* 197.

니라, 하나님의 메시아적 대리자인 "인자 같은 이"가 심판하도록 천사가 준비하는 행위로 이해해야 한다.[21] 20절에서 "성 밖에서"는 하나님이 여러 민족들을 모아놓고 심판하는 예루살렘 밖에 있는 요사밧 골짜기를 가리킨다(참조, 욜 3:2, 12, 14). "그 틀이 밟히니(ἐπατήθη/에파테세)"는 신적 수동태(passivum divinum)이며 생략된 주어는 천사가 아니라, "인자 같은 이"다. 포도주 틀을 밟는 자는 "인자 같은 이"이다. 그러므로 포도 추수 심판의 주체는 "인자 같은 이," 즉 천상의 그리스도이다.[22] 요한계시록 19:15에서도 그리스도가 맹렬한 진노의 포도주 틀을 밟는다.

구약에서 포도주 틀을 밟는 자는 하나님이지만, 요한계시록의 저자는 포도주 틀을 밟는 자를 하나님의 메시아적 대리자인 천상의 예수로 바꾸었다. 이사야 63:3에서는 만민을 심판하는 하나님 자신이 포도주 틀을 밟는 것으로 서술되었다: "만민 가운데 나와 함께 한 자가 없이 내가 홀로 포도즙틀을 밟았는데 내가 노함으로 말미암아 무리를 밟았고 분함으로 말미암아 짓밟았으므로 그들의 선혈이 내 옷에 튀어 내 의복을 다 더럽혔음이니." 예레미야애가 1:15에도 술틀이 나온다: "처녀 딸 유다를 내 주께서 술틀에 밟으셨도다." 포도주 틀은 하나님의 진노를 상징하는 메타포(은유)이다.

포도주 틀에서 엄청난 양의 피가 나와서 "말 굴레에까지 닿았고, 천육백 스다디온에 퍼졌다"(계14:20). 이것은 "포도주 틀이 가득히 차고 포도주 독이 넘치니 그들의 악이 큼이로다."라고 하는 요엘서 3:13을 암시한다. 포도주 틀에서 나온 피의 강의 길이는 1600 스타디온이다.[23] 그런데 1600은 상징적인 숫자다. 1600은 4x4x100이다. 4라는 숫자는 땅의 네 모퉁이를 가리키며(계7:1), 그것은 곧 온 세계를 상징한다. 그리고 100은 많은 수를 상징하는 숫자다. 그러므로 피의 강이 1600 스타디온이라는 것은 심판이 매우 포괄적이라는 것을 의미한다.

음녀 바빌론이 "성도들의 피와 예수의 증인들의 피에 취했다"(계 17:6)는 것은 수많은 성도들과 증인들이 로마의 폭력에 의해서 처형당하고 피를 흘렸다는 것을 의미한다. 요한계시록 6:9에서 하늘의 제단 아래 모여 있는 남녀 순교자들이 폭력의 역사를 속히 끝내주시기를 하나님에게 탄원하는 기도를 하고, 8:3-5에

---

21) 신동욱, 『요한계시록 주석』 (서울: KMC, 2010), 158.
22) 크레이크 R. 쾨스터/최홍진 옮김, 『앵커바이블: 요한계시록 II』 (서울: 기독교문서선교회, 2019), 1174.
23) 1 스타디온은 약 192미터이다.

서 지상에서 고난당하는 성도들이 불의에 항의하는 기도를 한다. 지금이 바로 폭력의 역사의 끝남을 위한 이러한 기도가 응답된 순간이다. 그러므로 요한계시록 14:20에서 언급된 피의 강은 하나님이 바빌론에게 보복 심판을 해주기를 바라는 약자와 희생자들의 복수 기원을 표현한 것으로 이해될 수 있다. 복수 기원은 폭력을 경험한 무력한 약자들의 마지막 형태의 저항이다. 그러므로 포도주 틀에서 흘러나온 피의 강에 대한 언급은 로마의 잔혹한 폭력을 경험한 약자들이 하나님의 보복 심판을 기원하고 있다는 점에서 요한계시록의 저자가 그들의 복수 기원을 대변하여 표현한 것으로 이해될 수 있다.

### 4) 에티오피아어 에녹서로부터 유래한 인자 같은 이

요한계시록의 "인자 같은 이"는 다니엘서 7:13로부터 직접 전승된 것이 아니라, 다니엘 7장의 "인자 같은 이"를 하나님의 마지막 때의 메시아적 대리자인 인자로 창조적으로 발전시킨 에티오피아어 에녹서(=에녹1서)의 비유들의 책(에녹1서 37-71장)에 서술된 인자 사상으로부터 온 것이다. 아래의 두 인용문들을 비교해 보면, 에티오피아어 에녹서(=에녹1서)의 인자가 다니엘서 7:13로부터 영감을 받은 것은 분명해 보인다.

"내가 또 밤 환상 중에 보니 인자 같은 이가 하늘 구름을 타고 와서 옛적부터 항상 계신 이에게 나아가 그 앞으로 인도되매"(단 7:13).

"그곳에서 나는 태초의 시간 전부터 있었던 자를 보았다. 그의 머리는 양털처럼 희었다. 그리고 거기에 그와 함께 또 한 사람이 있었는데, 그의 얼굴은 사람의 얼굴과 같았다. 그의 모습은 거룩한 천사들 중에 있는 자의 그것처럼 은혜로 충만하였다"(에녹1서 46:1).

에티오피아어 에녹서의 비유들의 책의 저자는 다니엘서 7:13의 "인자 같은 이"를 하나님의 종말론적 메시아적 인물로 창조적으로 채색하였다. 비유들의 책의 "인자"는 마지막 때에 하나님의 메시아적 대리자로 위임을 받은 개인적 인물이며, 기능에 있어서 다른 메시아적 인물들인 "의인," "택한 자," 그리고 "그리스도"와 동일시된다. 에티오피아어 에녹서에 나오는 이러한 네 메시아적 인물들의 기능은 동일하게 심판자, 해방자, 구원자 그리고 투사이다.[24]

다시 말하면, 다니엘서의 "인자 같은 이"가 에티오피아어 에녹서의 비유들의 책에서 하나님의 마지막 때의 메시아적 대리자를 가리키는 인자로 발전하였고, 이러한 에녹서의 인자가 복음서에 수용되었고, 그리고 복음서에서 인자는 예수와 동일시되었다. 복음서에서뿐만 아니라, 요한계시록에서도 인자는 이러한 비유들의 책의 인자 개념으로부터 유래한다. 요한계시록의 저자는 인자 개념의 전승사적 과정을 전제하고 있다. 그러므로 그는 이러한 전승을 소급하여 천상의 그리스도를 다니엘서 7:13의 "인자 같은 이"로 표현하였다.

"인자"가 "택한 자"와 "메시아"와 동일시되는 에티오피아어 에녹서의 비유들의 책의 한 단락은 아래와 같다.

"1 그곳에서 나는 정의의 샘을 보았다. 그것은 고갈되지 않고 여러 개의 지혜의 샘들에 의해서 둘러싸여 있다. 모든 목마른 사람들이 그 물을 마시고 지혜로 충만하게 되었다. 그들의 처소들은 성인들과 의인들과 택한 자들과 함께 하는 자리가 된다. 2 그 시간에 저 인자가 영혼들의 주님, 즉 태초 전부터 존재하는 자 앞에서 이름을 받았다. 3 그는 태양과 달의 창조 전에 그리고 별들의 창조 전에 영혼들의 주님 앞에서 이름을 받았다. 4 그는 의인들이 그에게 기대고 넘어지지 않도록 그들을 위한 한 지팡이가 될 것이다. 그는 이방인들의 빛이며, 또 그는 마음이 아픈 자들의 희망이 될 것이다. 5 땅 위에 거하는 자들은 모두 그이 앞에 엎드려서 예배할 것이다. 그들은 영혼들의 주님의 이름을 영화롭게 하고 축복하고 노래할 것이다. 6 이 목적으로 그가(=인자) 택한 자가 되었다. 창세전에 그리고 영원히 영혼들의 주님의 임재 속에 감추어져 있었다. 7 그리고 그가 영혼들의 주님의 지혜를 의인들과 성인들에게 계시할 것이다. 왜냐하면 그가 그들의 몫을 예비해두었기 때문이다. 그 이유는 의인들이 영혼들의 주님의 이름 안에서 이 억압의 세계와 그 모든 생활방식과 관례들을 증오하고 경멸했기 때문이고 또 그들이 그의 이름으로 구원될 것이고, 그들이 생명을 얻는 것을 그가 좋아하기 때문이다. 8 그 날에 땅의 왕들과 힘 있는 지주들은 그들의 손으로 저지른 행위들 때문에 굴욕을 당하게 될 것이다. 그러므로 그들은 그들의 곤고하고 피곤한 날에 자신들을 구하지 못할 것이다. 9 나는 그들을 나의 택한 자들

---

24) Klaus Wengst, *"Wie lange noch?"*, 113는 이러한 인자의 기능에 대해서 Byung Hak Lee, *Befreiungserfahrungen von der Schreckensherrschaft des Todes in der äthiopischen Henochbuch: Der Vordergrund des Neuen Testaments* (Waltrop: Hartmunt Spener, 2005), 241-77을 참조하라고 언급한다. 그런데 Wengst의 책의 참고도서 목록에 이병학의 학위논문은 빠졌다.

의 손에 넘겨줄 것이며, 그래서 그들이 불 속에 던져진 풀처럼 성인들의 면전에서 불타버리도록 하고, 물속에 던져진 납처럼 성인들 앞에서 가라앉도록 해서, 그들을 위한 장소가 없도록 흔적도 없이 사라지게 할 것이다. 10 그들(=악한 지배자들)의 피곤의 날에 땅위에는 장애물이 있을 것이고 그들은 그들(=의인들과 성인들)의 면전에서 넘어질 것이다. 그리고 그들은 다시 일어나지 못할 것이고, 또한 그들을 손으로 붙들고 일으켜줄 사람이 아무도 없을 것이다. 왜냐하면 그들이 영혼들의 주님과 그의 메시아를 부인하였기 때문이다. 영혼들의 주님이여 찬미 받으소서"
(에녹1서 48:1-10).

여기서 인자는 의인들이 몸을 의탁할 수 있는 "지팡이"이며, "이방인들의 빛"이고, 그리고 "마음이 아픈 자들의 희망"이다. 즉, 인자는 약자들의 편에 서고 그들과 연대한다. 의인들은 하나님을 믿으면서 "이 억압의 세계와 그 모든 생활방식과 관례들을 증오하고 경멸했기 때문에" 구원을 받는다. 마지막 심판의 날에 악인들은 의인들의 면전에서 불속에 던져진 풀처럼 또는 물속에 던져진 납처럼 흔적도 없이 살라질 것이다.

## 3. 어린 양 그리스도론

### 1) 사자와 어린 양으로서의 그리스도(계 5:1-14)

요한계시록의 저자 요한은 하늘의 열린 문을 통해서 천상의 세계의 현실을 경험한다. 네 생물과 이십사 장로들이 하나님을 찬양한다. "우리 주 하나님이여 영광과 존귀와 권능을 받으시는 것이 합당하오니 주께서 만물을 지으신지라 만물이 주의 뜻대로 있었고 또 지으심을 받았나이다 하더라"(계 4:11) 이러한 찬양은 구약에서도 발견된다. "여호와여 위대하심과 권능과 영광과 승리와 위엄이 다 주께 속하였사오니 천지에 있는 것이 다 주의 것이로소이다 여호와여 주권도 주께 속하였사오니 주는 높으사 만물의 머리이심이니이다"(대상 29:11).

요한은 하나님의 손에 일곱 겹으로 봉인된 두루마리 책이 들려 있는 것을 보았다. "내가 보매 보좌에 앉으신 이의 오른손에 두루마리가 있으니 안팎으로 썼고 일곱 인으로 봉하였더라"(계 5:1). 힘있는 천사가 "누가 그 두루마리를 펴며 그 인을 떼기에 합당하냐?"고 외친다(계 5:2). 그 봉인된 책을 열고 읽어야만 역사의 진실과 하나님의 계획을 알 수 있다. 그런데 그 두루마리 책을 열고 읽을 자격이 있는 사람을 어디에서도 찾을 수 없기 때문에 요한은 몹시 슬퍼하면서 큰 소리로 울었다(계 5:4). 만일 이 책이 개봉되지 않는다면, 역사의 진실은 규명되지 않고, 폭력의 역사는 지금처럼 이대로 계속될 것이다. 그런데 어떤 장로가 요한에게 와서 울음을 그치라고 위로한다: "울지 말라 유다 지파의 사자 다윗의 뿌리가 이겼으니, 그 두루마리와 일곱 인을 떼시리라"(계 5:5).

"유다 지파의 사자, 다윗의 뿌리"는 창세기 49:9-10와 이사야서 11:10의 내용을 결합한 것이며, 어린 양 예수를 가리킨다.[25] 요한계시록 22:16에서 천상의 예수는 "나는 다윗의 뿌리요 자손이니"라고 말한다. 역사적으로 다윗 왕이 유다 지파에서 출생하였으며, 또한 메시아가 다윗의 후손에서 나타날 것을 기대하는 전통이 있었다. "유다 지파의 사자"는 야곱이 넷째 아들 유다를 축복하면서 그를 "새끼 사자"라고 부른 데서부터 유래한다. "유다는 새끼 사자로다. 내 아들 아 너는 움킨 것을 찢고 올라갔도다. 그가 엎드리고 웅크림이 수사자 같고 암사자 같으나 누가 그를 범할 수 있으랴. 규가 유다를 떠나지 아니하며 통치자의 지팡이가 그 발 사이에서 떠나지 아니 하기를 실로가 오시기까지 이르리니 그에게 모든 백성이 복종하리로다"(창 49: 9-10). 또한 기원후 100년경에 산출된 제4에스라 11:36-12:32에서 사자는 로마를 상징하는 독수리를 파멸시키는 메시아를 상징한다.

구약에는 "다윗의 뿌리"라는 표현은 없지만, "이새의 뿌리"라는 표현이 있다 (사 11:10; 참조, 사 11:1). "그 날에 이새의 뿌리에서 한 싹이 나서 만민의 기치로 설 것이요 열방이 그에게로 돌아오리니 그가 거한 곳이 영화로우리라"(사 11:10). 실제로 예수는 이새의 뿌리, 즉 다윗의 자손이다(마 1:1, 6; 막 10:47; 눅 2:4; 3:31; 롬 1:5; 딤후 2:8). 이스라엘 백성의 메시아 기대가 사무엘서하 7:11-14에서 마지막 날 시온에 나타날 "다윗의 씨(=싹)"로 표현되었고, 쿰란문서 4Q에서 "의의 메시아, 다윗의 자손"으로 표현되었고, 그리고 18기도문(The Eighteen Benedictions)의 15번째 기도에서 "다윗의 자손"으로 표현되었다.[26]

"우리가 종일 주의 구원을 기다리므로 주의 종 다윗의 자손이 속히 번성하게 하시

---

25) Klaus Wengst, "*Wie lange noch?*", 118.
26) Herman Lichtenberger, "Messianische Erwartungen und messianische Gestalten in der Zeit des Zweiten Tempels," Ekkehart Stegemann (hg.), *Messias-Vorstellungen bei Juden und Christen* (Stuttgart: Kohlhammer, 1993), 11(9-20).

고, 주의 신성한 도우심으로 그의 영광을 높이시옵소서. 구원의 능력을 풍성하게 하시는 주여, 복되소서."(18기도문 15번 째 기도)

그 천사의 권고를 듣고 울음을 멈춘 요한은 주위를 둘러보았을 때 보좌와 네 생물과 장로들 사이에 어린 양(ἀρνίον/아르니온)이 서 있는 것을 보았다.[27]

"내가 또 보니 보좌와 네 생물과 장로들 사이에 한 어린 양이 서 있는데 일찍이 죽임을 당한 것 같더라 그에게 일곱 뿔과 일곱 눈이 있으니 이 눈들은 온 땅에 보내심을 받은 하나님의 일곱 영이더라"(계 5:6).

요한계시록의 저자의 현실인식은 그리스도론과 밀접한 연관이 있다. 그는 예수를 무력하게 도살당한 어린 양으로 묘사하지만, 그러나 죽임을 당한 흉터를 지닌 그 어린 양이 바로 "유다 지파의 사자," 즉 힘 있는 승리의 메시아라고 한다.

그리스도를 상징하는 어린 양은 유월절 양과 이사야 53장의 고난 받는 종으로부터 유래한다.[28] "일찍이 죽임을 당한 것 같이(ὡς ἐσφαγμένον/호스 에스파그메논)"에서 사용된 그리스어 동사 "스파조"(σφάζω)는 "짐승을 도살하다"는 의미이다. 요한계시록의 저자는 로마가 예수를 처형한 것을 인간 도살로 인식한다. 도살당한 어린 양의 흉터는 부활한 자가 바로 십자가에 처형된 자라는 동일성을 나타낸다(참조, 요 20:24-29).[29] 또한 그 흉터는 로마의 잔혹한 폭력에 대한 기억을 환기시킨다. "어린 양은 그를 따르는 사람들의 상처를 지니고 있다."[30] 즉, 어린 양의 몸에 남아 있는 상처는 그를 따르는 사람들의 상처와 같다. 어린 양은 자신의 피로 고난당하는 약자들을 죄의 세력으로부터 해방하고(계 1:5-6). 그들의 주체성을 회복하여 "나라와 제사장"이라는 의식을 가진 주체로 살게 하였다(계 5:10).

일곱 뿔은 힘과 권력의 완전성을 상징한다. 죽임을 당한 흉터를 지닌 어린 양에게 "일곱 뿔"이 있다는 것은 무력하게 죽임을 당한 예수에게 완전한 힘이 있다는 것을 의미한다. 또한 어린 양이 가진 "일곱 눈"은 땅에서 일어나는 모든 사건들을 보는 완전한 투시력을 의미한다. 요한은 "이 눈들은 온 땅에 보내심을 받은

---

27) 요한복음 1:9, 36에 언급된 어린 양은 아르니온이 아니라, 암노스이다.
28) 프레더릭 머피/유선명 옮김, 『초기 유대교와 예수 운동』(서울: 새물결플러스, 2020), 750.
29) Klaus Wengst, "Wie lange noch?", 120.
30) Allan A. Boesak, Comfort and Protest: Reflections on the Apocalypse of John of Patmos (Philadelphia: The Westminster Press, 1987), 58.

하나님의 일곱 영이다"라고 해석한다(계 5:6). 이것은 스가랴 4:10의 후반부로부터 유래한다: "이 일곱은 온 세상에 두루 다니는 여호와의 눈이라." 하나님은 만물을 감찰하시는 분이기에 그의 눈에서 피할 자는 아무도 없으며(대하 16:9; 잠 15:3), 어린 양도 이러한 눈을 가지고 있다(참조, 계 2:23).[31]

어린 양이 보좌에 앉으신 이로부터 봉인된 두루마리 책을 받을 때, 네 생물과 이십사 장로들이 부복하여 예배하면서 새 노래를 부른다. 이십사 장로들은 반주용 악기인 거문고를 들고 있으며 또한 성도들의 기도를 상징하는 향이 가득 담긴 그릇을 들고 있다.

"7 그 어린 양이 나아와서 보좌에 앉으신 이의 오른손에서 두루마리를 취하시니라 8 그 두루마리를 취하시매 네 생물과 이십사 장로들이 그 어린 양 앞에 엎드려 각각 거문고와 향이 가득한 금 대접을 가졌으니 이 향은 성도의 기도들이라"(계 5:7-8).

여기서 이십사 장로들을 통해서 하나님에게 상달되는 성도들의 기도는 지상에서 고난당하는 성도들이 하나님에게 탄원하면서 불의에 항의하는 기도이다.

"9 그들이 새 노래를 불러 이르되 그 두루마리를 가지시고 그 인봉을 떼기에 합당하시도다 일찍이 죽임을 당하사 각 족속과 방언과 백성과 나라 가운데에서 사람들을 피로 사서 하나님께 드리시고 10 그들로 우리 하나님 앞에서 나라와 제사장들을 삼으셨으니 그들이 땅에서 왕 노릇 하리로다"(계 5:9-10).

이십사 장로들이 새 노래를 부른다. 옛 노래는 로마 황제의 권력을 찬양하는 노래이지만, 새 노래는 로마에 의해서 무력하게 죽임을 당하신 어린 양 예수의 힘을 찬양하는 노래이다. 그들은 어린 양이 봉인된 두루마리 책을 열기에 합당하다고 찬양한다. "합당하다"로 번역되는 그리스어 형용사 악시오스(ἄξιος)는 저울에 눈금이 정확하게 맞는 것처럼 "정확한, 꼭 맞는"을 뜻한다. 그가 그 두루마리 책을 열 적임자라는 이유는 세 가지다. 첫째로 그가 반제국적 증언으로 인해서 일찍이 로마의 폭력에 의해서 죽임을 당한 참된 증인이라는 것이다. 둘째로 그는 그의 피로 사람들을 사서 하나님에게 드렸다는 것이다. 이것은 그들이 더

---

31) 크레이크 R. 쾨스터/최흥진 옮김, 『앵커바이블 요한계시록 1』 (서울: 기독교문서선교회, 2019), 637.

이상 로마 황제에게 예속된 자들이 아니라, 거룩한 하나님의 자녀가 되었다는 것을 의미한다. 셋째로 그가 그들을 "나라와 제사장"으로 삼고 주체적으로 살게 했다는 것이다. 이것은 그들이 누리는 구원의 현재적 경험을 의미한다.

어린 양을 예배하는 자들의 범위는 네 생물들과 이십사 장로들과 수많은 천사들과 모든 피조물로 확대된다.

> "11 내가 또 보고 들으매 보좌와 생물들과 장로들을 둘러 선 많은 천사의 음성이 있으니 그 수가 만만이요 천천이라 12 큰 음성으로 이르되 죽임을 당하신 어린 양은 능력과 부와 지혜와 힘과 존귀와 영광과 찬송을 받으시기에 합당하도다 하더라 13 내가 또 들으니 하늘 위에와 땅 위에와 땅 아래와 바다 위에와 또 그 가운데 모든 피조물이 이르되 보좌에 앉으신 이와 어린 양에게 찬송과 존귀와 영광과 권능을 세세토록 돌릴지어다 하니 14 네 생물이 이르되 아멘 하고 장로들은 엎드려 경배하더라"(계 5:11-14).

로마의 폭력의 희생자인 어린 양에게 돌리는 "능력과 부와 지혜와 힘과 존귀와 영광과 찬송"은 모두 지상에서 실행되는 황제 예배에서 로마 황제를 찬양하는 데 사용되는 용어들이었다. 로마 제국의 식민지의 변두리에서 무력하게 처형되었던 어린 양 그리스도는 지금 하늘의 중앙에 위치한 궁전에서 메시아로 앉아 있으며 경배와 찬양을 받는다. 이것은 수많은 사람들이 불의하게 죽임을 당하고 있는 제국의 현실에서 하나님과 어린 양 그리스도가 원하는 "다른 현실, 즉 정의와 평화가 지배하는 대항현실"[32]을 나타낸다. 이러한 천상의 예배 환상은 권력 관계의 전복을 갈망하는 대항담론을 매개하고, 로마의 제국주의와 황제숭배에 비폭력적으로 저항하는 시민 불복종의 윤리를 요구한다.

### 2) 한(恨)을 분출하는 진노하는 어린 양(계 6:12-17)

어린 양이 일곱 겹으로 봉인된 두루마리 책의 봉인들을 차례대로 뜯어낸다(계 6:1-17). 여섯째 봉인을 뗄 때, 우주적 파국이 일어난다.

> "12 내가 보니 여섯째 인을 떼실 때에 큰 지진이 나며 해가 검은 털로 짠 상복 같이

---

32) Klaus Wengst, *"Wie lange noch?"*, 122.

검어지고 달은 온통 피 같이 되며 13 하늘의 별들이 무화과나무가 대풍에 흔들려 설익은 열매가 떨어지는 것 같이 땅에 떨어지며 14 하늘은 두루마리가 말리는 것 같이 떠나가고 각 산과 섬이 제 자리에서 옮겨지매"(계 6:12-14).

이러한 우주적 파국의 목적은 악자들을 억압하는 사회적 지배층을 심판하는 데 있다(계 6:15-17). 이사야는 하나님의 심판 앞에서 숨을 곳을 찾으며 허둥대는 권력자들의 초라한 모습을 묘사한다: "사람이 자기를 위하여 경배하려고 만들었던 은 우상과 금 우상을 그 날에 두더지와 박쥐에게 던지고 암혈과 험악한 바위틈에 들어가서 여호와께서 땅을 진동시키려고 일어나실 때에 그의 위엄과 그 광대하심의 영광을 피하리라"(사 2:20-21). 요한은 이 이사야서 본문을 인용하여 우주적 파국이 임했을 때 굴과 산들의 바위틈에 숨은 다섯 부류의 사회적 지배계층을 서열대로 호명한다.

"15 땅의 임금들과 왕족들과 장군들과 부자들과 강한 자들과 모든 종과 자유인이 굴과 산들의 바위 틈에 숨어 16 산들과 바위에게 말하되 우리 위에 떨어져 보좌에 앉으신 이의 얼굴에서와 그 어린 양의 진노(ὀργῆς/오르게)에서 우리를 가리라. 17 그들의 진노의 큰 날이 이르렀으니 누가 능히 서리요 하더라"(계 6:15-17).

요한계시록의 저자가 분석한 약자들을 억압하는 다섯 사회적 계층들은 땅의 임금들, 왕족들, 장군들, 부자들, 강한 자들이다. 첫째로 "땅의 임금들"은 자신을 위해서 그리고 로마를 위해서 일하는 제국의 식민지에 있는 분봉왕들이다. 둘째로 "왕족들"은 궁중의 고관들과 귀족들이다. 셋째로 "장군들"은 천부장들을 가리키는 군사 지휘관들이다. 넷째로 "부자들"은 정치적 군사적 지원과 협조로 독점 무역업을 하는 자들이다. 그리고 다섯째로 "강한 자들"은 사회적으로 또는 경제적으로 영향력을 행사하는 자들이다.

이러한 다섯 사회적 부류들은 1970년 5월에 한국의 시인 김지하가 『사상계』에 발표한 그의 담시 "오적"(五賊)에 나타나는 다섯 도둑의 범주에 해당한다.[33] 이러한 다섯 권력층들은 "가난한 자를 삼키며 땅의 힘없는 자를 망하게 하는" 자들과 같다(암 8:4). 그러므로 그들에게 쏟아진 어린 양 그리스도의 진노(ὀργή/오

---

33) 김지하의 담시 "오적"에서 언급된 다섯 도적은 "재벌, 국회의원, 고급 공무원, 장성, 장차관"이다.

르게)는 그의 가슴에 쌓여있는 한(恨)의 폭발로 이해될 수 있다.[34] 한은 억눌리고 고난당하는 사람들의 가슴 속에 오래 동안 쌓이고 억눌려 있는 분노의 기본 감정을 의미한다. 어린 양 그리스도는 힘없는 약자들의 가슴 속에 맺힌 쌓이고 쌓인 한을 자신의 한으로 동일시한다. 그러므로 약자들을 억압한 다섯 권력층들을 향한 "어린 양의 진노"는 이러한 쌓이고 쌓인 한이 분출된 폭발과 같다. 이러한 한의 폭발은 큰 위력을 발휘하여 과격한 저항행동을 일으킨다, "그들의 진노의 큰 날"은 그들에게 어린 양 그리스도의 한이 분출되어 폭발하는 날이다. 그들의 파멸은 곧 로마 제국의 파멸과 같다. 로마 제국이 선전하는 "힘과 무적(無敵)의 신화들은 산산이 깨어졌다."[35] 그런데 "모든 종과 자유인"은 권력층들과 동일한 벌을 받는다. 왜냐하면 그들은 자신의 안전과 작은 익을 위해서 억압자들에게 순응하고 협력했기 때문이다. 어린 양의 진노는 한의 분출과 폭발로 이해될 수 있다. 즉, 진노하는 어린 양은 투사 그리스도이다. 이것은 약자를 위해서 억압자들과 싸워서 승리하는 투사로서의 반제국적 저항의 그리스도론의 특징을 나타낸다.

### 3) 천상의 목자로서의 어린 양(계 7:9-17)

지상에서는 로마 황제를 숭배하는 황제 예배가 여러 도시의 신전에서 실행되고 있다. 이와 반대로 하늘에서 열리는 천상의 예배에서 로마의 폭력의 희생자인 어린 양이 하나님과 함께 예배와 찬양의 대상이 된다. 로마 제국의 폭력으로 희생당한 수많은 사람들이 모두 하늘에서 부활하여 살아서 천상의 예배에 참석한다. 그들은 종려나무 가지를 들고 흰옷을 입고서 "구원하심이 우리 하나님과 어린 양"에게 있다고 찬양한다.

> "9 이 일 후에 내가 보니 각 나라와 족속과 백성과 방언에서 아무도 능히 셀 수 없는 큰 무리가 나와 흰 옷을 입고 손에 종려 가지를 들고 보좌 앞과 어린 양 앞에 서서 10 큰 소리로 외쳐 이르되 구원하심이 보좌에 앉으신 우리 하나님과 어린 양에게 있도다 하니"(계 7:9-10)

여기서 "각 나라와 족속과 백성과 방언에서 아무도 능히 셀 수 없는 큰 무리"

---

34) 이병학, 『요한계시록: 약자를 위한 예배와 저항의 책』 (서울: 새물결플러스, 2016), 216; Klaus Wengst, *Wie lange noch?"*, 189.
35) Allan A. Boesak, *Comfort and Protest*, 75.

(오클로스, ὄχλος)는 로마가 지배하는 세계의 여러 지역에서 나온 순교자들과 증인들의 무리이다. 그들은 모두 세상에서 큰 환난을 겪은 자들이며, "어린 양의 피에 그 옷을 씻어 희게" 된 사람들이다(계 7:14). 즉, 그들은 하나님의 말씀과 예수에 대한 증언 때문에 고난을 당하고 죽임을 당한 자들이지만, 모두 하늘에서 부활하여 살아있다. 이 환상에서 하나님은 "보좌에 앉으신" 분으로 묘사된다(참조, 계 4:2; 5:1,7,13; 6:16; 7:15; 19:4; 20:11). 천상의 보좌는 로마 제국의 힘을 능가하는 하나님의 지배권을 나타낸다. 이러한 보좌는 시편 47:7에서부터 유래한다: "하나님이 뭇 백성을 다스리시며 하나님이 그의 거룩한 보좌에 앉으셨도다."

이 환상은 요한계시록이 집필된 연대와 비슷한 시기에 저술된 제4에스라서에 서술된 내용과 아주 유사하다.

"42 나 에스라는 시온 산 위에서 내가 셀 수 없는 큰 무리를 보았다. 그들은 모두 노래로 주님을 찬양하고 있었다. 43 그들 가운데 다른 사람들 보다 키가 더 크고 체구가 큰 한 청년이 있었다. 그는 그들 각자의 머리에 면류관을 씌어 주었다. 그러나 그의 신분은 그들 보다 더 높았다. 44 나(=에스라)는 천사에게 '이 사람들은 누구인가?'라고 물었다. 45 그는 나에게 대답했다. '이 사람들은 필멸의 옷을 벗고 불멸의 옷을 입은 자들이다. 그들은 하나님의 이름을 고백했으며, 이제 그들은 면류관이 씌워지고 종려나무 가지를 받는다.' 46 그때 나는 천사에게 '그들에게 면류관을 씌워주고 손에 종려나무 가지를 쥐어주는 저 청년은 누구인가?' 하고 물었다. 47 그 천사는 나에게 '그는 그들이 세상에서 고백하는 하나님의 아들이다.'라도 대답했다. 그래서 나는 주님의 이름을 위해서 당당하게 서 있었던 자들을 찬양하기 시작했다. 48 그 때 천사는 나에게 말했다: '가서 내 백성에게 네가 본 하나님의 경이가 얼마나 위대하고 많은지를 말하라.'"(제4에스라 2:42-48).

에스라가 본 이 환상에서 시온산은 지상이 아니라, 하늘에 있다. 큰 무리는 모두 하늘에 살아 있는 죽은 자들이다. 왜냐하면 그가 "이 사람들은 필멸의 옷을 벗고 불멸의 옷을 입은 자들이다"라는 말하기 때문이다. 여기서 청년은 메시아를 상징한다.

요한계시록의 저자 요한은 천상의 세계에서 폭력의 희생자인 어린 양을 무리를 돌보시는 목자로 묘사한다.

"16 그들이 다시는 주리지도 아니하며 목마르지도 아니하고 해나 아무 뜨거운 기운에 상하지도 아니하리니 17 이는 보좌 가운데에 계신 어린 양이 그들의 목자가 되사 생명수 샘으로 인도하시고(ποιμανεῖ/포이마네이) 하나님께서 그들의 눈에서 모든 눈물을 씻어 주실 것임이라"(계 7:16-17).

그리스어 "ποιμαίνω/포이마이노"는 "다스리다, 인도하다, 보호하다, 돌보다, 양육하다, 목양하다"를 의미한다(참조, 눅 17:7; 고전 9:7; 마 2:6; 벧전 5:2; 계 7:17; 요 21:16; 행 20: 27). 그런데 여기서 "포이마이노"는 양떼를 "인도한다"라는 의미로 사용되었다.[36] 목자가 양떼를 생명수 샘으로 인도하는 것은 목양하는 일이다.

하나님이 슬픈 사람들의 눈물을 씻어주신다는 주제는 이사야 25:8에서부터 인용되었다: "사망을 영원히 멸하실 것이라 주 여호와께서 모든 얼굴에서 눈물을 씻기시며 자기 백성의 수치를 온 천하에서 제하시리라 여호와께서 이같이 말씀하셨느니라."

예수 자신이 로마의 폭력의 희생자이다. 그러므로 그는 로마의 폭력의 희생자들의 한을 풀어주는 목자로서 그들을 돌보고 생명수 샘으로 인도한다. 이것은 어린 양이 하늘에서 살아 있는 수많은 죽은 자들을 목양하는 목자 그리스도론을 나타낸다.

4) 시온산 위의 목자 어린 양(계 14:1-5)

요한계시록에서 어린 양은 항상 하늘에 있다. 그런데 이 단락에서 어린 양은 지상에 있다. 요한계시록의 저자는 어린 양을 지상에서 144,000의 양떼들을 목양하는 목자로 묘사한다.

"또 내가 보니 보라 어린 양이 시온 산에 섰고 그와 함께 십사만 사천이 서 있는데 그들의 이마에는 어린 양의 이름과 그 아버지의 이름을 쓴 것이 있더라"(계 14:1).

시온 산 위에 어린 양과 함께 서있는 144,000은 세례를 받은 그리스도인들 전체를 상징한다. 144,000의 이마에는 어린 양의 이름과 그의 아버지의 이름이 쓰여 있다는 것은 그들이 모두 하나님의 이름과 예수의 이름으로 세례를 받고 구원

---

36) 크레이크 R. 쾨스터, 『앵커바이블: 요한계시록 Ⅰ』, 725.

을 받은 사람들이라는 것을 의미한다. 요한계시록 7:1-8에서 144,000이 이마에 인침을 받은 것은 역시 세례를 의미한다.

요한계시록의 저자는 시온 산 위에 있는 144,000을 유대인들과 이방인들로 구성된 세례 받은 모든 그리스도인들의 공동체로 나타낸다. 그는 시온 산에 대한 구약성서의 전통을 기억하고 있다. 구약성서에서 예루살렘에 있는 시온 산은 이스라엘의 구원을 위한 하나님의 산이고, 마지막 때에 만민이 시온 산으로 모여들고, 거기서 그들이 하나님의 율법을 배운다. "누구든지 여호와의 이름을 부르는 자는 구원을 얻으리니 이는 나 여호와의 말대로 시온 산과 예루살렘에서 피할 자가 있을 것임이요 남은 자 중에 나 여호와의 부름을 받을 자가 있을 것임이니라"(요엘 2:32); "말일에 여호와의 전의 산이 모든 산꼭대기에 굳게 설 것이요 모든 작은 산 위에 뛰어나리니 만방이 그리로 모여들 것이라"(사 2:2); "끝날에 이르러는 여호와의 전의 산이 산들의 꼭대기에 굳게 서며 작은 산들 위에 뛰어나고 민족들이 그리로 몰려갈 것이라. 곧 많은 이방 사람들이 가며 이르기를 오라 우리가 여호와의 산에 올라가서 야곱의 하나님의 전에 이르자 그가 그의 도를 가지고 우리에게 가르치실 것이니라. 우리가 그의 길로 행하리라 하리니 이는 율법이 시온에서부터 나올 것이요 여호와의 말씀이 예루살렘에서부터 나올 것이라"(미 4:1-2).

지상에 있는 144,000은 하늘에 살아있는 죽은 자들이 부르는 새 노래를 듣고 배워서 부르는 남녀 그리스도인들이다.

"2 내가 하늘에서 나는 소리를 들으니 많은 물 소리와도 같고 큰 우렛소리와도 같은데 내가 들은 소리는 거문고 타는 자들이 그 거문고를 타는 것 같더라. 3 그들이 보좌 앞과 네 생물과 장로들 앞에서 새 노래를 부르니 땅에서 속량함을 받은 십사만 사천 밖에는 능히 이 노래를 배울 자가 없더라"(계 14:2-3).

요한이 먼저 들은 "많은 물소리와도 같고 큰 우렛소리와도 같은" 소리는 하나님의 현현(theophany)을 나타내는 장엄한 소리이다. 그러한 큰 소리 가운데서 그는 보좌 앞과 네 생물과 장로들 앞에서 거문고를 타면서 낮은 톤으로 새 노래를 부르는 음악 소리를 들었다. 그것은 하늘에 살아 있는 남녀 순교자들과 죽은 성도들이 예배를 드리면서 하나님과 어린 양을 찬양하는 노래이다. 요한계시록 5:9-9에서 네 생물과 24 장로들이 거문고를 들고서 새 노래를 부르고, 그리고 15:2-3에서 "짐승과 그의 우상과 그의 이름의 수를 이기고 벗어난 자들이 유리 바다 가에 서서 하나님의 거문고를 가지고" 모세의 노래와 어린 양의 노래를 부른다. 그들은 모두 하늘에 살아 있는 죽은 자들이다.

14:2-3에서 하늘에서 새 노래를 부르는 자들은 역시 하늘에 살아 있는 죽은 자들이다. 그런데 요한은 "땅에서 속량함을 받은 십사만사천(144,000) 밖에는 능히 이 노래를 배울 자가 없더라."고 한다. 하늘에 살아 있는 죽은 자들이 부르는 새 노래는 로마의 폭력에 의해서 무력하게 죽임을 당했지만, 부활하여 영원히 살아 있는 어린 양 예수의 무력함의 힘을 신뢰하면서 정의, 평등, 자유, 그리고 평화를 찬양하는 노래이다. 이와 반대로 옛 노래는 로마 황제의 권력과 군사적 무력의 힘을 찬양하는 노래이다. 짐승의 숭배자들은 새 노래의 방식대로 살기를 원하지 않기 때문에 아직도 로마 황제의 권력과 군사적 무력의 힘을 찬양하는 "역겨운 옛 노래"만 부르고 있다.[37]

그런데 어떻게 144,000만이 하늘에 살아있는 죽은 자들이 부르고 있는 새 노래를 듣고 배워서 부를 수 있는가? 그 이유는 144,000이 로마의 폭력에 의해서 희생된 죽은 자들의 증언과 고난과 투쟁과 희망을 기억하는 투철한 역사의식을 가지고 있기 때문이며, 또한 기억을 통해서 그들과 정신적으로 연대하고 있기 때문이다.[38] 144,000은 죽은 자들이 이루지 못한 정의, 평등, 자유, 그리고 평화를 위한 꿈과 희망을 되찾아서 그것을 이루기 위해서 그들과 함께 하나님과 예수의 말씀을 증언하고, 로마의 제국주의와 황제숭배 요구에 저항하면서 투쟁하는 사람들이다. 로마의 폭력의 희생자인 예수를 기억하는 자들은 하늘에 살아 있는 죽은 자들이 부르는 새 노래를 배워서 부를 수 있다. 또한 정의, 평화, 평등, 그리고 자유가 지배하는 하나님의 나라가 이 땅 위에 이루어지기를 소망하는 자들은 그들이 부르는 새 노래를 배울 수 있으며 또 배워야만 한다.

요한은 새 노래를 듣고 배워서 부를 수 있는 144,000의 정체성을 다음과 같이 서술한다.

" 4 이 사람들은 여자와 더불어 더럽히지 아니하고 순결한 자라 어린 양이 어디로 인도하든지 따라가는 자며 사람 가운데에서 속량함을 받아 처음 익은 열매로 하나님과 어린 양에게 속한 자들이니 5 그 입에 거짓말이 없고 흠이 없는 자들이더라" (계 14:4-5).

---

37) Klaus Wengst, "Wie lange noch?", 261.
38) 이병학, 『요한계시록: 약자를 위한 예배와 저항의 책』, 325-26.

첫째로 "이 사람들은 여자와 더불어 더럽히지 아니하고 순결한 자다." 이것은 144,000이 성적 금욕을 하는 미혼 남자들이라는 것을 의미하지 않으며, 여성이 불결의 원천이라는 것을 의미하지 않는다. 여기서 "여자"는 로마의 여신, 또는 음녀 바빌론을 가리키는 은유이다. 여성주의 신학자들은 이 본문을 요한계시록 저자의 남성중심주의 사상으로 인한 여성혐오와 여성배제를 나타내는 것이라고 비판한다.[39] 하지만 144,000을 가리키는 "이 사람들"은 오로지 남자들만을 가리키는 것이 아니라, 여자들도 포함한다.[40] 그들은 짐승의 숭배자들과 대조되는 마지막 때의 하나님의 백성들을 가리킨다. 그들은 로마의 제국주의에 동화되지 않을 뿐더러 우상숭배적 문화에 물들지 않은 점에서 "순결한 자"이다. 그들은 바빌론의 제국주의와 우상숭배에 저항하는 남자들과 여자들이다(참조, 계 18:4).

둘째로 44,000은 "어린 양이 어디로 인도하든지 따라가는 자다." 이것은 그들이 십자가에 처형된 예수의 발자취를 따라가는 제자도의 공동체라는 것을 의미한다. 그들은 로마의 권력과 무력의 힘 대신에 어린 양의 무력함의 힘을 믿는 자들이며, 불의에 저항하고 약자들과 연대하는 자들이며, 그리고 폭력과 차별에 맞서서 평등한 형제자매적인 공동체를 건설하기 위해서 애쓰는 사람들이다.

셋째로 그들은 "사람 가운데서 속량함을 받아 처음 익은 열매로 하나님과 어린 양에게 속한 자들이다." 그들은 사람들 가운데서 예수의 피로 죄 사함을 받고 구원받은 첫 열매이며, 하나님과 어린 양의 소유로서 보호를 받는다. "이스라엘은 여호와를 위한 성물 곧 그의 소산 중 첫 열매이다"(렘 2:3). 예수는 죽은 자들 가운데서 살아나서 잠든 자들의 첫 열매가 되었다(고전 15:20).

넷째로 그들은 "그 입에 거짓말이 없고 흠이 없는 자들이다." 그들은 로마 당국 앞에서 신문을 당할 때 고문과 죽음의 위협에도 불구하고 끝까지 예수를 모른다고 부인하지 않고, 예수를 자신들의 주님이라고 증언한 신실한 성도들이다. 그들의 신앙실천은 이스라엘의 남은 자의 행태와 같다. "이스라엘의 남은 자는 악을 행하지 아니하며 거짓을 말하지 아니하며 입에 거짓된 혀가 없으며 먹고 누울지라도 그들을 두렵게 할 자가 없으리라"(스바냐 3:13).

---

39) Adela Yarbo Collins, *Crisis and Catharsis: The Power of Apocalypse* (Philadelphia: Westminster Press, 1984), 127-131; Adela Yarbo Collins, "Women's History and the Book of Revelation," *SBL Seminar Paper* (1987), 80-91; Tina Pipin, *Death and Desire* (Louisville, Westminster: John Knox Press, 1992), 60-71을 보라.

40) Thomas B. Slater, *Christ and Community: A Socio-Historical Study of the Christology of Revelation, JSNTS 178* (Sheffield: Sheffield Academic Press, 1999), 192는 144,000을 숫총각들이라고 해석한다.

## 5) 투사로서의 어린 양(계 17:14)

어린 양은 식민지의 왕들인 "열 왕"을 다스리는 로마 황제의 우상숭배 요구에 저항하는 성도들과 함께 싸우는 투사로 묘사된다. 결국 어린 양이 승리하고 그와 함께 싸우는 성도들도 승리한다.

> "그들이 어린 양과 더불어 싸우려니와 어린 양은 만주의 주시요 만왕의 왕이시므로 그들을 이기실 터이요 또 그와 함께 있는 자들 곧 부르심을 받고 택하심을 받은 진실한 자들도 이기리로다"(계 17:14).

투사로서의 그리스도론은 에티오피아어 에녹서의 메시아론으로부터 유래한다. 유대 묵시문학의 메시아론에서 메시아는 구원자, 심판자, 해방자, 그리고 함께 싸우는 투사로서의 기능을 가진다. 투사로서의 어린 양의 기능은 한(恨)을 분출하는 어린 양의 진노에서도 나타난다(참조, 계 6:12-17).

## 6) 새 예루살렘의 등불로서의 어린 양(계 21:22-23)

새 예루살렘은 아름다운 에덴동산과 같은 전원도시로 설계되어 있고, 공해와 환경오염과 물 부족이 없고 누구나 신선한 공기와 생명수를 마음껏 마시면서 살 수 있다.

> "1 또 그가 수정 같이 맑은 생명수의 강을 내게 보이니 하나님과 및 어린 양의 보좌로부터 나와서 2 길 가운데로 흐르더라 강 좌우에 생명나무가 있어 열두 가지 열매를 맺되 달마다 그 열매를 맺고 그 나무 잎사귀들은 만국을 치료하기 위하여 있더라 3 다시 저주가 없으며 하나님과 그 어린 양의 보좌가 그 가운데에 있으리니 그의 종들이 그를 섬기며 4 그의 얼굴을 볼 터이요 그의 이름도 그들의 이마에 있으리라 5 다시 밤이 없겠고 등불과 햇빛이 쓸 데 없으니 이는 주 하나님이 그들에게 비치심이라 그들이 세세토록 왕 노릇 하리로다"(계 22:1-5).

새 예루살렘에 흐르는 맑은 생명수 강의 근원은 "하나님과 어린 양의 보좌"이다. 생명수의 강 양편의 도로에 가로수처럼 무성하게 서 있는 생명나무가 꽃피우고 달마다 다른 열매를 많이 맺기 때문에 굶주림이 없다. 생명나무는 단수로 한 그루의 나무를 뜻하는 것이 아니라, 복수로 많은 나무를 뜻한다. 달마다 다른 열매를 풍성하게 맺는 생명나무의 과실은 새 예루살렘에 거주하는 자들을 위한 양식이다. 그리고 생명나무의 잎사귀들은 만국을 치료하는 약재로 쓰이기 때문에 만국은 바빌론에서 얻은 정신적 육체적 질병을 치료받고 모두 건강하게 산다.

새 예루살렘은 인간에 의한 인간의 지배로부터 자유로운 평등한 형제자매적인 공동체이다. 새 예루살렘에는 하나님의 영광으로 빛난다.

> "22 성 안에서 내가 성전을 보지 못하였으니 이는 주 하나님 곧 전능하신 이와 및 어린 양이 그 성전이심이라. 23 그 성은 해나 달의 비침이 쓸 데 없으니 이는 하나님의 영광이 비치고 어린 양이 그 등불이 되심이라"(계 21:23).

새 예루살렘에는 성전이 없다. 새 예루살렘에 임재하시는 하나님과 어린 양 자신이 성전이기 때문이다. 하나님의 영광이 그 도시를 투명하게 만든다. 바빌론에서는 희생자들이 어둠속에 방치되었다. 그런데 어린 양은 그 도시를 비추는 등불이다. 어린 양은 약자들의 생명을 구하고 안전하게 살 수 있도록 빛으로 인도하고 등불이다. 그러므로 새 예루살렘에서는 약자들이 어둠 속에 보이지 않게 더 이상 방치되지 않고 그들에게 권리와 정의가 회복된다.[41]

## 4. 만국을 위한 목자 그리스도론

### 1) 만국을 위한 사내아이 목자 그리스도(계 12:1-5)

요한계시록 12:1-5에서 요한계시록의 저자는 놀라운 "이적"(σημεῖον/세메이온)에 대한 환상을 묘사한다. 이 환상 속에서 머리에는 열두 별의 관을 썼고, 발 아래에는 달이 있는 아름다운 만삭의 여자가 해산 직전에 진통으로 너무 아파서 부르짖고 있다. 반면에 무시무시하게 생긴 큰 붉은 용이 그 여자가 아이를 낳으면 그 아이를 삼키려고 기다리고 있다. 그 용은 머리가 일곱이고 뿔이 열개이고 각 머리에 왕관이 하나씩 있다. 이 용은 폭력으로 지배하는 로마를 가리킨다. 그러나 그 아이를 삼키려는 용의 계획은 실패했다. 왜냐하면 그 여자가 사내아이를 낳자마자 그 아이는 하나님에 의해서 구출되어 하늘의 보좌로 이끌려 올라갔기 때문이다.

---

41) Klaus Wengst, *"Wie lange noch?"*, 229.

이 사내아이는 하나님의 아들 예수를 가리킨다(참조, 계 2:18). 사내아이를 낳은 여자는 메시아를 대망한 이스라엘 12지파 민족에서 산출된 기독교 공동체를 상징한다. 그 사내아이를 삼키지 못한 용은 분노하여 그 여자를 잡으려고 추적한다. 하지만, 그는 그 여자를 잡는데 역시 실패하고 만다. 그 여자는 독수리의 날개를 타고 광야로 도피했고, 또한 용이 입으로 강물을 토하여 그 여자를 익사시키려고 했으나 땅이 갈라져서 강물을 흡수하므로 그 여자는 역시 구출되었다(계 12:13-17). 이제 용은 분노하여 "그 여자의 남은 자손 곧 하나님의 계명을 지키며 예수의 증거를 가진 자들과 더불어 싸우려고 바다 모래 위에 서 있었다"(계 12:18).

이 신화적 이야기에서 로마에 의해 십자가 처형을 당한 예수의 죽음과 그의 부활은 생략되었다. 이 이야기의 요지는 용으로부터 살인적인 위협을 받았던 힘 없는 사내아이가 하나님에 의해서 구출되어서 지금 하늘의 보좌에 메시아로서 앉아 있다는 것이다, 요한계시록의 저자 는 하늘의 보좌로 이끌려 올라간 사내아이가 누구인지 그리고 앞으로 그가 무슨 일을 할 것인지를 다음과 같이 설명한다.

"여자가 아들을 낳으니 이는 장차 철장으로 만국(πάντα τὰ ἔθνη/판타 타 에트네)을 다 스릴(ποιμαίνειν/포이마이네인) 남자라 그 아이(τὸ τέκνον/토 테크논)를 하나님 앞과 그 보좌 앞으로 올려가더라"(계 12:5).

그 사내아이는 만국을 위한 목자 그리스도이다. "이는 장차 철장으로 만국을 다스릴 남자라"는 표현은 이방 나라들이 기름부음을 받은 이스라엘 왕을 대적하는 상황에서(시 2:1-2), 하나님이 기름 부음을 받은 자가 "철장으로 그들을 깨뜨림이여 질그릇 같이 부수리라"(시 2:9)고 하신 약속에서부터 유래한다. 이 사내아이는 양떼를 습격하는 짐승을 쇠막대기를 가지고 물리치고 만국을 목양할 목자 그리스도이다.[42]

철장(=쇠막대기)은 목자가 짐승의 습격으로부터 양떼를 지키기 위해서 사용하는 도구이다. 구약에서 하나님은 막대기를 가지고 양떼를 치는 목자로 표현된다

---

42) Jon Morales, *Christ, Shepherd of the Nations: The Nations as Narrative Character and Audience in John's Apocalypse*, (London/New York/New Delhi/Sydney: Bloomsbury, 2018), 89-90.

(시 23:1-4). 목자는 양떼를 지키기 위해서 적의 공격으로부터 물러섬이 없다. 그리스어 "ποιμαίνω/포이마이노"는 "다스리다, 인도하다, 보살피다, 목양하다"라는 의미를 가진다. 본문에서 이 단어는 "다스리다"로 번역되었지만, "목양하다"로 번역될 수 있다.  여기서 만국은 역시 무서운 용, 곧 로마로부터 위협을 받고 있는 처지에 있다. 그리스어 본문에서 "만국"(τὰ ἔθνη/타 에트네)" 앞에 "모든"(πάντα/판타)을 첨부하여 "모든 만국(πάντα τὰ ἔθνη/판타 타 에트네)"이라고 표현된 것은 만국에 대한 보편성을 강조하기 위한 것이다. 지금 현실에서는 로마 황제가 만국을 미혹하고, 만국을 다스린다. 그러나 이 사내아이 그리스도는 만국을 결코 로마의 지배에 넘겨주지 않을 것이다. 그는 장차 세계를 심판하고 모든 만국을 목양할 목자 그리스도이다.

요한계시록의 저자는 약자들을 억압하고 희생시키는 로마의 제국주의를 반대하고, 이 세상이 인간에 의한 인간의 지배가 없는 평등한 형제자매적인 공동체로 변화되기를 소망한다.[43] 그러므로 그는 용으로부터 구출되어 하늘의 보좌로 이끌려 올라간 그 사내아이가 하늘의 은둔처로 사라진 것이 아니라, 지금 하늘의 보좌에 메시아로 앉아있으며, 장차 종말의 날에 땅으로 내려와서 만국을 위한 목자 그리스도로서 목양할 것이라는 것을 나타낸다.

### 2) 만국을 위한 목자로서 심판하고 싸우는 그리스도(계 19:11-16)

요한계시록 19:11에서 흰 말을 타고 있는 예수 그리스도의 메시아적 역할은 정의를 위한 심판자이고, 그리고 악인들과 싸우는 투사이다: "내가 하늘이 열린 것을 보니 보라 백마와 그것을 탄 자가 있으니 그 이름은 충신과 진실이라 그가 공의로 심판하며 싸우더라(καὶ ἐν δικαιοσύνῃ κρίνει καὶ πολεμεῖ/카이 엔 이카이오수네 크리네이 마이 폴레메이)." 여기서 "심판하다"는 것은 약자를 위해서 정의를 실현하는 것을 의미한다. 흰말을 타고 있는 자의 이름은 "충신과 진실"이다. 3:14에서 예수는 자기 자신을 "충성되고 참된 증인"이라고 부른다. 그리고 19:12에서 "이름 쓴 것 하나가 있으니 자기밖에 아는 자가 없다"고 하는데, 이것은 2:17에서 "또 흰 돌을 줄 터인데 그 돌 위에 새 이름을 기록한 것이 있나니 받는 자 밖에는 그 이름을 알 사람이 없느니라"고 기술된 것과 같다.

---

43) Klaus Wengst, *"Wie lange noch?"*, 126.

"그 눈은 불꽃 같고 그 머리에는 많은 관들이 있고 또 이름 쓴 것 하나가 있으니 자기밖에 아는 자가 없고 또 그가 피 뿌린 옷을 입었는데 그 이름은 하나님의 말씀이라 칭하더라"(계 19:12-13).

"그 눈은 불꽃같고"(참조, 사 33:14)라고 표현은 요한계시록 1:14에서 묘사된 "인자 같은 이"의 눈과 동일하다. "관"은 왕의 권력을 상징하는데, "그 머리에는 많은 관들이 있다"는 것은 천상의 예수 그리스도가 지상의 로마 황제 보다 훨씬 더 큰 권세를 가지고 있다는 것을 의미한다. "피 뿌린 옷"은 예수가 갈보리에서 십자가 처형을 당할 때 흘린 자신의 피가 묻은 옷을 가리킨다.[44] 그런데 예수의 옷에 묻은 피를 그리스도의 대적자들의 피라고 주장하는 학자들도 있지만,[45] 그러한 해석은 옳지 않다. 그의 이름은 "하나님의 말씀"이라는 것은 오시는 천상의 예수 안에 하나님이 임재하고 있다는 것을 나타내고, 또한 하나님이 예수 안에서 말하고 행동하신다는 것을 의미한다.

천상의 예수는 로마의 제국주의 전쟁의 확산을 막고 전쟁 체제를 영원히 소멸시키기 위해서 흰옷을 입은 순교자들의 무리를 이끌고 아마겟돈 전쟁터에 나타났다.[46]

"14 하늘에 있는 군대들이 희고 깨끗한 세마포 옷을 입고 백마를 타고 그를 따르더라. 15 그의 입에서 예리한 검(ῥομφαία/롬파이아)이 나오니 그것으로 만국(τὰ ἔθνη/타 에트네)을 치겠고(πατάξῃ/파타크세) 친히 그들을 철장으로 다스리며(ποιμανεῖ/포이마네이) 또 친히 하나님 곧 전능하신 이의 맹렬한 진노의 포도주 틀을 밟겠고 16 그 옷과 그 다리에 이름을 쓴 것이 있으니 만왕의 왕이요 만주의 주라 하였더라"
(계 19:14-16).

천상의 예수는 무력을 사용하지 않고 오직 그의 입에서 나온 검을 가지고 비폭력적으로 싸운다. 그의 입에서 나온 "예리한 검(ῥομφαία/롬파이아)"은 요한계시

---

44) Klaus Wengst, *"Wie lange noch?"*, 210; Christopher Rowland, *Revelation: Eporth Commentaries* (London: Eporth Press, 1993), 145; Pablo Richard, Apokalypse, 216; 크레이크 R. 쾨스터, 『앵커바이블: 요한계시록 II』, 1414.

45) Thomas B. Slater, *Christ and Community*, 224-225; Allan A. Boesak, *Comfort and Protest*, 124; 로버트 마운스/ 장규성 옮김, 『NICNT 요한계시록』 (서울: 부흥과개혁사, 2019), 450.

46) Christopher Rowland, *Revelation. Eporth Commentaries*, 145.

록 1:16에 묘사된 인자의 입에서 나오는 "좌우에 날선 검(롬파이아)과 같다. 롬파이아는 군인들이 사용하는 대검이다. 그의 입에서 나온 예리한 검은 그의 말씀의 예리한 힘(참조, 살후 2:8)을 상징한다. 철장(=쇠막대기)은 양떼를 지키고 인도하는 데 필요한 목양의 도구이다. 만국을 "치겠고"에서 그리스어 동사는 "πατάσσω/파타쏘"는 "산산조각 내다"를 의미하지만, 여기서는 "훈육하다"를 의미한다. 위에서 이미 언급했지만, 그리스어 "ποιμαίνω/포이마이노"는 "다스리다, 인도하다, 보살피다, 목양하다"라는 뜻을 가지는데, 여기서는 "목양하다"를 의미한다.[47] 그러므로 피 묻은 옷을 입고 흰 말을 탄 천상의 예수는 철장(=쇠막대기)으로 만국(ἔθνη/에트네)을 지키고 보호할 뿐만 아니라, 만국을 말씀의 힘으로 훈육하는 목자 그리스도이다. "하나님 곧 전능하신 이의 맹렬한 진노의 포도주 틀을" 밟는 자는 천상의 예수이다. 갈보리의 십자가에서 흘린 자신의 피가 묻은 옷을 입고 있는 천상의 예수가 전능하신 하나님의 진노의 포도주 틀을 밟는다는 것은 무고한 자들을 살육하고 피 흘리게 하는 압제자들을 심판하고 희생자들의 가슴에 맺힌 한(恨)을 풀어주고 권리와 정의를 회복시켜주는 것을 의미한다.

천상의 예수의 옷과 다리에 적힌 그의 이름은 "만왕의 왕이요 만주의 주"이다(계 19:16). 이것은 순서만 다르지 17:14에 "만주의 주시요 만왕의 왕"으로 불리는 어린 양의 이름과 동일하다.[48] 1:5에 "땅의 임금들의 머리가 되신 예수 그리스도"라는 표현이 있다.

그런데 로마가 일으킨 제국주의 전쟁에 참여한 자들은 모두 예수 그리스도의 입에서 나온 검에 의해서 죽임을 당했으며, "왕들의 살과 장군들의 살과 장사들의 살과 말들과 그것을 탄 자들의 살과 자유인들이나 종들이나 작은 자나 큰 자나 모든 자의 살"은 새들의 먹이가 되었다(계 18:19). 천상의 예수 그리스도는 제국주의 전쟁의 확산을 막고 전쟁을 종식시켰다.

"19 또 내가 보매 그 짐승과 땅의 임금들과 그들의 군대들이 모여 그 말 탄 자와 그의 군대와 더불어 전쟁을 일으키다가 20 짐승이 잡히고 그 앞에서 표적을 행하던 거짓 선지자도 함께 잡혔으니 이는 짐승의 표를 받고 그의 우상에게 경배하던 자들을 표적으로 미혹하던 자라 이 둘이 산 채로 유황불 붙는 못에 던져지고 21 그 나머

---

47) Jon Morales, *Christ, Shepherd of the Nations*, 89-90.
48) 그러므로 이것은 어린 양 그리스도론을 나타내는 것으로 이해될 수 있다. Matthias Reinhard Hoffmann, *The Destroyer and the Lamb*, 185을 보라.

지는 말 탄 자의 입으로부터 나오는 검에 죽으매 모든 새가 그들의 살로 배불리더라"(계 19:19-21).

천상의 예수 그리스도의 유일한 무기는 그의 입에서 나온 검이다. 제국주의 전쟁을 일으킨 짐승과 거짓 선지자가 붙잡혀서 산채로 유황불 못에 던져졌다. 이것은 로마의 전쟁체제가 영원히 종식된 것을 의미한다. 그는 로마가 일으킨 제국주의 전쟁을 종식시키고 전쟁체제를 영원히 소멸시키기 위해서 비폭력적으로 싸우는 반제국적 저항의 그리스도이다. 또한 그는 전쟁이 없는 세상에서 사람들이 평화롭게 자유를 무리면서 살 수 있도록 목양하는 만국을 위한 목자 그리스도이다.

## III. 결론: 그리스도론과 윤리

하늘에 살아 있는 수많은 남녀 순교자들과 증인들은 큰 소리로 "구원하심이 보좌에 앉으신 우리 하나님과 어린 양에게 있도다."라고 노래한다. 이것은 모든 권세가 로마의 황제에게 있는 것이 아니라, 하나님과 그의 그리스도 예수에게 속한다는 것을 의미한다.

요한계시록의 저자가 천상의 예수에 대해서 서술할 때, 그는 언제나 예수를 하나님과의 관계 속에서 설명한다. 요한계시록 1:8에서 하나님은 자기 자신을 "나는 알파와 오메가라 이제도 있고 전에도 있었고 장차 올 자요 전능한 자라."라고 소개한다. "알파와 오메가"라는 하나님의 호칭은 21:6에서 다시 나온다: "이루었도다. 나는 알파와 오메가요 처음과 마지막이라." 그런데 구약에서도 "처음과 마지막"은 하나님을 가리키는 호칭으로 나타난다. "이스라엘의 왕인 여호와, 이스라엘의 구원자인 만군의 여호와가 이같이 말하노라. 나는 처음이요 나는 마지막이라 나 외에 다른 신이 없느니라"(사 44:6); "야곱아 내가 부른 이스라엘아 내게 들으라 나는 그니 나는 처음이요 또 나는 마지막이라"(사 48:12).

그런데 놀랍게도 요한계시록의 저자는 "알파와 오메가"와 "처음과 마지막"이라는 하나님의 호칭을 예수의 호칭으로 사용한다. 요한계시록 1:17에서 천상의 예수는 "두려워하지 말라 나는 처음이요 마지막이니"라고 자신을 소개하고, 22:13에서 그는 "나는 알파와 오메가요 처음과 마지막이요 시작과 마침이라"고한다. 이처럼 요한계시록의 저자 요한은 하나님의 호칭인 "알파와 오메가"와 "처음과 마지막"을 예수에게 적용한 것은 하나님과 그의 대리자인 예수 사이에 아주 밀접한 관계가 있다는 것을 명확하게 나타기 위한 것이다. 요한은 하나님의 호칭을 예수에게 적용함으로써 하나님이 예수 안에 임재하고 있고 그리고 예수를 통해서 말하고 행동하신다는 것을 나타낸다.[49] 이것은 예수의 말과 행동이 곧 하나님의 말이고 행동이라는 것을 의미한다. 요한계시록에서 하나님은 이미 예수 안에서 오신 이이고, 또한 장차 예수 안에서 오실 이이다. 그러므로 "아멘 주 예수여 오시옵소서"(계 22:20)라는 간구는 예수의 오심과 예수 안에 임재하시는 하나님의 오심을 간구하는 것과 같다. 그러나 요한계시록에서 천상의 예수는 결코 하나님과 동등하지 않고 하나님 아래 있다. 천상의 예수는 하나님의 메시아적 대리자로서 하나님에게 종속된다. 그러므로 요한계시록의 그리스도론은 근본적으로 하나님에게 종속된 그리스도론(subordinate Christology)이다.

요한계시록의 그리스도론은 증인 그리스도론, 인자 그리스도론, 어린 양 그리스도론, 그리고 만국을 위한 목자 그리스도론으로 나타난다. 그런데 이러한 요한계시록의 그리스도론의 기능은 에티오피아어 에녹서의 비유들의 책에 나오는 유대 메시아론(Jewish Messianology)으로부터 큰 영향을 받았다.[50] 비유들의 책에서 나타나는 메시아적 인물들은 해방자, 구원자, 심판자, 그리고 투사로서 역할을 하는데, 이러한 메시아론적 특성들이 요한계시록의 그리스도론에서 역시 나타난다.

그런데 유대 묵시문학의 메시아론은 장차 오실 메시아적 인물을 묘사하는 반면에, 요한계시록의 그리스도론은 이미 이 땅에 오셨고 십자가에 처형되고 부활하여 승천한 그리스도의 다시 오심을 묘사한다. 로마의 식민지의 변방에서 로마의 폭력의 희생자인 예수가 하늘의 중앙에 위치한 궁전의 보좌에 지금 메시아로 앉아 있으며, 장차 이 폭력의 역사의 진행을 끝내기 위해서 다시 오실 것이다.

요한계시록의 그리스도론은 기본적으로 유대 묵시문학의 메시아론에 뿌리를 두고 있으며, 역사적 예수의 죽음과 부활에 근거한 구원의 현재적 경험에서 고백된 반제국적 저항의 그리스도론을 나타낸다. 갈보리에서 십자가를 지신 역사적 예수의 과거의 행동에 의해서 "우리를 사랑하사 그의 피로 우리 죄에서 우리를

---

49) Klaus Wengst, *"Wie lange noch?"*, 114.
50) 유대 묵시문학의 메시아론에 대해서는 이병학, "유대 묵시문학과 신약성서 – 에녹과 예수," 「신약논단」 제19권 제2호(2012 여름), 365-94을 보라.

해방하시고"(계 1:5), "우리를 나라와 제사장으로 삼으신"(계 1:6) 구원의 현재적 경험이 예수 그리스도의 미래적 재림을 확신하면서 기다릴 수 있도록 하는 원동력이다.

요한의 계시의 책은 제국의 담론인 "로마의 평화"라는 관점으로부터가 아니라, 아래로부터 그리고 고난당하는 약자와 희생자들의 관점으로부터 현실을 인식하고 쓴 전복적 지하문서이다. 그러므로 그의 현실인식은 그리스도론과 밀접한 연관이 있다. 그는 예수를 도살당한 어린 양으로 묘사하지만, 동시에 그 어린 양을 유다 족속에서 나온 사자, 즉 힘 있는 승리의 메시아로 묘사한다. 요한계시록의 그리스도론은 로마의 폭력의 희생자인 예수의 무력함의 힘을 증명하고, 무고한 약자들의 생명을 파괴하고 피학살자들의 시체들을 밟고 넘어간 압제자들이 결코 최종적인 승리자들이 될 수 없다는 것을 주장한다.

요한계시록의 그리스도론적 양식들은 로마의 제국주의에 대한 저항의 맥락에 반제국적 비폭력 저항의 그리스도론으로 수렴된다. 이러한 요한계시록의 그리스도론은 산 자들에게 로마 제국의 폭력의 희생자들을 기억하고 죽은 자들과 연대하여 그들이 이루지 못한 꿈과 희망을 되찾아서 그것을 이루기 위해서 그들과 함께 로마의 제국주의와 불의에 저항하고 싸우는 윤리적 행동을 요구한다.

오늘의 제국주의의 얼굴은 신자유주의적 세계화의 상황에서 약자들을 억압하는 자본과 시장의 제국이다. 이러한 상황에서 그리스도를 뒤따르는 구체적인 윤리적 행동은 "인간이 인간에게 착취당하는 것을 막기 위한 경제적 정의를 세우려는 투쟁에서, 인간이 인간에게 정치적으로 억압받는 것을 막는 인권과 자유를 위한 투쟁에서, 인간이 인간에게 문화적으로 소외당하는 것을 막는 인간의 연대성을 위한 투쟁에서, 그리고 자연이 인간으로 산업적 파괴를 당하는 것을 막는 자연과의 생태학적 평화를 얻으려는 투쟁에서"[51] 확인될 수 있다.

---

51) 위르겐 몰트만/전경연 옮김, 『희망의 실험과 정치』 복음주의총서 13 (서울: 종로서적, 1974), 201.

## 제3장
# 반제국적 연대투쟁을 위한 예수의 현재적 오심

## I. 서론적 성찰

요한계시록은 그리스도교의 경전인 성서의 맨 끝에 있는 음성이다. 그러나 요한계시록은 우리를 위한 매우 중요한 하나님의 말씀이며 그리고 우리가 꼭 듣고 말해야할 마지막 음성이다. 요한계시록은 로마의 도미티아누스 황제가 통치하던 1세기 말엽인 98년경에 저작되었다.

요한계시록의 프롤로그와 에필로그에서 요한계시록의 저자는 자신의 이름을 요한이라고 밝힌다. 그는 로마의 식민지인 소아시아에서 복음을 외쳤던 순회 예언자였다. 그는 로마 제국의 반란자로 체포되어 에게 해의 외딴 섬 밧모에 유배되었다.[1] 거기서 그는 예수의 부활을 축하하는 주일에, 즉 "주의 날"(계 1:10)에 계시를 보았다. 그가 자신이 본 계시를 편지 형태로 작성해서 소아시아의 일곱 교회들을 위한 회람편지로 보낸 것이 바로 요한계시록이다.

그런데 교회의 전승에서 요한계시록의 저자 요한은 공관복음서, 사도행전, 그리고 바울서신의 하나인 갈라디아서 2:9에 나오는 세배대의 아들이며 예수의 제자인 요한과 동일시되거나, 또는 에베소의 장로 요한과 동일시되었다. 또한 교회의 전승에서 요한계시록의 저자 요한이 요한복음의 저자 요한과 동일시되었다. 2세기 중엽에 저스틴(Justin)은 "요한이라는 이름을 가진 그리스도의 사도가 계

---

1) 밧모 섬은 실제적인 행동의 자유를 박탈당한 반란자들이 갇혀있는 유배지이다. E. 케제만/전경연 역, 『예수는 자유를 의미한다』 (서울: 대한기독교출판사, 1982), 199; 클라우스 벵스트/정지련 역, 『로마의 평화: 주장과 현실』 (서울: 한국신학연구소, 1994), 263; 알렌 버히(Allen Verhey)/ 김경진 역, 『신약성경윤리』 (서울: 솔로몬, 1997), 309; 2세기의 로마의 역사가 타키투스(Tacitus)는 *Annals* 3.68; 4·30; 15:71에서 에게 해에 있는 세 개의 작은 섬들(Gyarus, Donusa, Amorgus)이 로마 제국의 정치적 유배지로 사용되었다는 것을 언급한다. Tacitus (trans. by John Jackson), *Annals* (Cambridge, M A: Harvard University Press, 1981)을 참조하라.

시를 받아서 예언적으로 말하였다."라고 기술했지만, 그는 어디서도 이 요한이 바로 제4 복음서의 저자라고는 말하지 않았다. 이레네우스(Irenaeus)가 세배대의 아들이 제4복음서의 저자라고 말함으로써 제4복음서와 요한계시록의 동일한 저자가 세배대의 아들이라는 전승이 생겨났다. 그러나 요한계시록의 저자 요한은 세배대의 아들도 아니고 제4복음서의 저자와 동일시될 수도 없다. 요한계시록의 저자 요한은 자기 자신을 예수의 제자라고 말하지 않는다. 이미 3세기에 알렉산드리아의 감독 디오니시우스(Dionysius)는 요한계시록의 저자와 요한복음의 저자가 동일인일 수 없다고 주장했다. 요한계시록의 저자 요한이 히에라폴리스의 파피아스(Papias of Hierapolis)의 책에서 언급된 에베소의 장로 요한과 동일시될 수 있는지에 대해서는 학자들 사이에 의견이 일치하지 않는다. "요한 학파"의 대표인 에베소의 장로 요한이 제4복음서와 세 편의 요한서신의 저자라는 주장이 있지만, 그러나 그 장로 요한이 요한계시록의 저자일 수는 없다.

요한계시록의 저자 요한은 소아시아에서 방랑하는 순회 예언자이다. 그는 유대전쟁 기간에 이스라엘 땅에서부터 소아시아로 이주한 유대인 그리스도인이며, 로마 제국의 종교적, 정치적, 그리고 경제적 체제를 비판하고 로마의 제국주의에 항거하는 지적인 저항자이다.[2]

로마는 "로마의 평화"(Pax Romana) 담론을 전파하였지만, 실제적으로는 빈번하게 제국주의 전쟁을 일으키고, 식민지의 자원을 착취하고, 약자들을 억압하는 폭력의 체제였다. 그 당시 로마의 황제를 신으로 예배하는 황제제의가 세계적인 대세였다. 소아시아에서 황제예배가 적극적으로 장려되었으며, 황제예배에 참석하는 것이 곧 로마에 대한 충성 증명으로 간주되었다.[3] 진실한 그리스도인들은 로마 제국의 유혹과 압제 아래서 고난을 당하면서도 황제숭배를 거부했지만, 교회의 구성원들의 일부는 점차 로마의 우상 숭배적인 체제와 문화에 적응하고 동화되고 있었다. 이러한 위기의 상황에서 요한은 폭력의 역사가 지금처럼 이대로 계속되는 것이 아니라, 하나님과 그리스도의 오심을 통해서 반드시 속히 끝날 것을 고난당하는 그리스도인들에게 확신시킴으로써 그들을 위로하고 그들의 반

---

2) Klaus Wengst, *"Wie lange noch?": Schreien nach Recht und Gerechtigkeit - eine Deutung der Apokalypse des Johannes* (Stuttgart: Verlag W. Kohlhammer, 2010), 31; Adela Yarbo Collins, *Crisis and Catharsis: The Power of the Apocalypse* (Philadelphia: The Westminster Press, 1984), 136-37.
3) Elisabeth Schüssler Fiorenza, *Invitation to the Book of Revelation* (Garden City, N.Y.: Image Books, 1981), 63; Elisabeth Schüssler Fiorenza, *The Book of Revelation: Justice and Judgment* (Philadelphia: Fortress Press, 1985), 54.

제국적 저항을 지지하고 격려하기 위해서 자신이 경험한 계시를 기록한 책을 회람편지 형식으로 써서 소아시아의 일곱 교회에 보냈다.

그가 쓴 요한계시록은 로마의 제국주의를 가장 치열하게 비판하는 기독교의 저항문학이며 지하문서라고 불린다. 그 이유는 그가 그의 계시의 책이 로마의 검열을 통과할 수 있도록 검열관은 이해하지 못하고 오직 그리스도인들만이 이해할 수 있는 구약성서와 유대 묵시문학에 나오는 여러 가지 상징과 숫자들을 그의 책에서 사용했기 때문이다.[4]

그는 소아시아의 그리스도인들이 황제예배를 거부하면서 반제국주의 투쟁을 하고 있는 현재의 시간을 카이로스(καιρός/카이로스)로 인식한다. 카이로스는 일반적인 시간이 아니라, 하나님에 의해서 결정된 종말 직전의 짧은 시간을 의미한다.[5] 카이로스는 하나님의 목적에 따라서 결정된 수직적인(vertical) 시간이며, 하나님과의 관계 속에서만 인식되는 시간이다. 반면에 크로노스(χρόνος)는 일반적인 시간을 의미하며 연대기적인 시간을 의미한다. 크로노스는 태초부터 시작되어 현재를 거쳐 미래로 끝없이 계속되는 자연적이고 직선적인(linear) 시간이며, 측정 가능한 물리적인 시간이다.

현재의 시간에서 본다면 종말은 미래적인 사건이다. 종말은 세계의 인류를 심판하기 위한 심판자이신 하나님과 그리스도의 오심을 수반한다. 종말에 실행될 하나님과 그리스도의 심판은 악인들에게는 무서운 영원한 형벌이지만, 그러나 의인들에게는 해방과 자유와 구원이다. 종말은 이 세계의 멸망이나, 혹은 역사의 종말을 의미하는 것이 아니라, 이 세계 안에 있는 모든 불의를 소멸시키고 폭력의 역사를 끝내는 것을 의미한다. 장차 하나님과 그리스도의 오심을 통해서 이 세계 안의 모든 불의가 소멸되고, 권력과 자본이 지배하는 폭력의 역사는 안전히 끝장날 것이며, 그리고 새로운 대안적 세계를 상징하는 새 하늘과 새 땅, 그리고 새 예루살렘이 시작될 것이다(참조, 계 19:11-22:5; 14:14-20).

이처럼 심판자이신 하나님과 그의 대리자인 그리스도의 오심에 대한 약속은 그리스도인들에게 가장 중요한 궁극적 희망이다. 그러나 요한계시록의 저자 요한은 부활하여 살아 있는 천상의 예수 그리스도가 지금 이 세계에 부재중이며 오직 종말의 날에 오실 것이라고 말하지 않는다. 또한 그는 그리스도인들이 미래에

---

4) Klaus Wengst, *Dem Text trauen. Predigten* (Stuttgart: Verlag W. Kohlhammer, 2006), 189.
5) 하인리히 크라프트/ 안병무 역, 『요한묵시록』(서울: 한국신학연구소, 1983), 40을 참조하라.

발생할 종말의 날을 수동적으로 기다리기만 하면 된다고 말하지 않는다. 오히려 그는 천상의 예수 그리스도가 로마 제국의 우상 숭배적인 체제에서 고난당하는 남녀 성도들을 위로하고 그들과 함께 살기 위해서, 그리고 그들과 연대하여 싸우기 위해서, 그리고 제국의 황제숭배 요구에 굴복하거나 타협하면서 증인의 사명을 저버린 명목상의 교회들을 심판하기 위해서 미래적인 종말의 날이 오기 전에, 먼저 지금 현재의 시간에 오고 있다는 것을 반복해서 강조한다(참조, 계 2:5; 2:16; 3:3,11). "그러므로 회개하라 그리하지 아니하면 내가 네게 속히 가서 내 입의 검으로 그들과 싸우리라"(계 2:16). 이처럼 일곱 교회들을 향한 개별적인 편지(계 2:1-3:22)에서 언급된 예수의 오심(2:5; 2:16; 3:3,11)은 종말의 날에 나타날 그의 미래적 오심을 뜻하는 것이 아니라, 지금 현재의 시간에 나타나는 그의 현재적 오심을 의미한다.[6] 거기서 언급된 "이기는 자"는 오직 하나님과 어린 양 예수에게 충성하는 자들이며 그리고 로마 제국의 유혹과 위협에 굴복하지 않고 황제숭배를 반대하는 자들을 가리킨다.[7]

요한계시록의 동심원적 구조는 다음과 같다.[8]

A. 프롤로그(1:1-8)

  B. 현재에 서 있는 교회에 대한 묵시문학적 환상(1:9-3:22)

    C. 천상의 예전과 역사에 대한 예언자적 환상(4:1-8:1)

      D. 일곱 나팔 환상과 새로운 출애굽(8:2-11:19)

        중심: 짐승들과 대결하는 그리스도인 공동체(12:1-15:4)

      D. 일곱 대접 환상과 새로운 출애굽(15:5-16:21)

    C. 천상의 예전과 역사에 대한 예언자적 환상(17:1-19:10)

  B. 미래에 대한 묵시문학적 환상(19:11-22:5)

A. 에필로그(22:6-21)

그런데 대다수의 학자들은 요한계시록의 서론인 프롤로그(1:1-8)와 끝맺는 말

---

6) Pablo Richard, *Apokalypse: Das Buch von Hoffnung und Wiederstand. Ein Kommentar* (Luzern: Edition Exodus, 1996), 86-100; 신동욱, "요한계시록은 임박한 종말을 말하고 있는가?," 『신약논단』 17/4(2010), 1126-30.
7) 알렌 버히, 『신약성경윤리』, 310; *J. Nelson Kraybill, Apocalypse and Allegiance: Worship, Politics and Devotion in the Book of Revelation* (Grand Rapids: Brazos Press, 2010), 165.
8) Pablo Richard *Apokalypse*, 59.

인 에필로그(22:6-21)에서 공통적으로 언급된 예수의 오심이 그의 재림을 의미하는 것으로 해석해왔다. 그러나 나는 이 논문에서 요한계시록의 프롤로그와 에필로그의 초점이 미래가 아닌 현재에 있다는 것을 규명하고, 그리고 거기서 반복적으로 언급된 예수의 오심은 재림이 아니라, 로마 제국의 압제 아래서 고난당하는 약자들을 위로하고 그들과 함께 투쟁하기 위한 그의 현재적 오고 있음을 의미한다는 것을 논증하고자 한다. 이러한 논증을 통해서 나는 요한계시록의 전체 메시지의 주안점이 미래적인 종말에 있는 것이 아니라, 로마 제국과 대결하고 있는 그리스도인 공동체의 역사적 현재에 있다는 것을 규명하고자 한다.

요한계시록의 프롤로그와 에필로그에 대한 이 연구에서 나는 구원자, 해방자, 심판자, 그리고 투사로서의 천상의 예수의 현재적 오심의 의미를 재발견하고, 권력과 예배의 관계를 충성이라는 정치적 관점에서 규명하고자 하며, 요한계시록이 현재를 위한 책이라는 것을 강조하고자 한다. 또한 나는 예언의 말씀을 지키라는 천상의 예수의 권고(계 1:3; 22:7, 10, 18, 19)에서 현재의 시간을 카이로스로 인식하고 사는 그리스도인들을 위한 기독교 윤리를 찾고자 한다.

## II. 요한계시록의 프롤로그(계 1:1-8)

### 1. 제국의 은폐와 예수 그리스도의 계시

요한은 밧모 섬에서 "주의 날에 성령에 감동되어"(계 1:10) 환상을 보았고, 그 환상을 기록하여 소아시아의 일곱 교회들에게 보내라는 음성을 들었다(계 1:11). 그가 쓴 요한계시록의 핵심은 하나님의 말씀에 대한 천상의 예수 자신의 증언이다.

> "1 예수 그리스도의 계시라 이는 하나님이 그에게 주사 반드시 속히 일어날 일들을 그 종들에게 보이시려고 그의 천사를 그 종 요한에게 보내어 알게 하신 것이라. 2 요한은 하나님의 말씀과 예수 그리스도의 증거 곧 자기가 본 것을 다 증언하였느니라. 3 이 예언의 말씀을 읽는 자와 듣는 자와 그 가운데에 기록한 것을 지키는 자는 복이 있나니 때(καιρός/카이로스)가 가까움이라"(계 1:1-3).

요한은 자신이 쓴 계시의 책을 "예수 그리스도의 계시"(ἀποκάλυψις Ἰησοῦ Χριστοῦ/아포칼륍시스 예수 그리스투)라고 규정한다. 여기서 표현된 그리스어 문법의 속격은 목적격적 속격이 아니라, 주격적 속격(genetivus subiectivus)으로 해석되어야만 한다.[9] 그러므로 "예수 그리스도의 계시"는 예수 그리스도에 대한 계시라는 의미가 아니라, 예수 그리스도가 증언한 계시라는 의미이다. 계시는 드러남, 벗김, 폭로 등을 의미한다.

요한이 증언한 계시는 "하나님의 말씀과 예수 그리스도의 증거"(계 1:2)와 동일한 것이다.[10] "예수 그리스도의 증거"(μαρτυρία Ἰησοῦ Χριστοῦ)/마르튀리아 예수 크리스투)는 문법적으로 주격적 속격(genetivus subiectivus)이다. 그러므로 이것은 예수에 대한 증언이 아니라, 예수 자신에 의한 증언을 의미한다. 요한이 증언한 계시는 예수 자신에 의한 증언과 동일하다. 천상의 예수가 증언한 하나님의 말씀으로서의 계시는 요한이 쓴 예언으로서의 계시와 같다. 그러므로 요한은 자신이 쓴 계시의 책을 "예언의 말씀"(계 1:3)이라고 부른다. 예언은 미래에 일어날 사건에 대한 예보가 아니라, 위탁된 하나님의 말씀을 의미한다. 다른 곳에서 그는 "예수의 증언은 예언의 영"(계 19:10)라고 말한다.

약자들은 폭력의 역사가 단절되기를 애타게 갈망하고 있다. "반드시 속히 일어날 일들"은 폭력의 역사의 진행을 단절시키고자 하는 천상의 예수가 로마와 대결하고 있는 성도들을 위로하고 그들과 함께 싸우기 위해서 지금 현재의 시간에 오고 있는 것을 의미한다.

요한은 "이 예언의 말씀을 읽는 자와 듣는 자와 그 가운데에 기록한 것을 지키는 자는 복이 있나니"(1:3)라고 말한다.[11] 고대 사회에서 글을 읽을 수 있는 사람은 소수였다. 그러므로 예배에서 대다수의 사람들은 누군가가 요한계시록을 그들을 위해서 읽어주는 것이 필요했을 것이다. 단수로 쓰인 "읽는 자"는 예배 시간에 요한계시록을 낭독하는 자를 가리키고, 복수로 쓰인 "듣는 자"는 회중을 가

---

9) Gregory K. Beale, *The Book of Revelation: A Commentary on the Greek Text* (Grand Rapids, Michigan: William B. Eerdmans Publishing Company, 1999), 183; 이달, 『요한계시록』 (서울: 한국장로교출판사, 2008), 49.

10) Brian K. Blount, "The Witness of Active Resistance: The Ethics of Revelation in African American Perspective," David Rhoads (ed.), *From Every People and Nation: The Book of Revelation in Intercultural Perspective* (Minneapolis: Fortress Press, 2005), 37(28-46).

11) 요한계시록에서 복(μακάριος/마카리오스)은 7번 나온다(1:3; 14:13; 16:15; 19:9; 20:6; 22:7; 22:14).

리킨다. 초기 교회 시대에 예배에서 거룩한 문서인 구약성서와 신약성서에 해당하는 기독교 문서들을 읽는 것이 관습적이었다(골 4:16; 살전 5:27). 요한계시록은 교회의 예배에서 회중 앞에서 낭독될 것을 염두에 두고 저술되었다. 그러므로 요한계시록의 언어와 구조와 내용은 완전히 예전적(liturgical)이다.[12]

예언의 말씀을 읽는 자와 듣는 자와 지키는 자가 모두 복을 받는 이유는 "때(카이로스)가 가까움이라"(계 1:3)에 있다. 여기서 때는 하나님에 의해서 정해진 종말 직전의 시간을 의미한다. 요한의 독자들은 천상의 예수 자신이 증언한 예언의 말씀을 종말 직전인 지금, 현재의 시간에, 카이로스에 읽고, 듣고, 그리고 지켜야만 한다. 요한은 그의 책의 에필로그에서도 천상의 예수가 증언한 이 예언의 말씀을 첨가나 삭제 없이 지금 현재의 시간에 그대로 지킬 것을 권면한다(계 22:18-19).

## 2. 반제국적 비폭력 저항의 그리스도론

요한계시록이 선포되는 장소는 예배이다. 프롤로그에서 소아시아의 기독교 공동체의 예배와 예전이 다음과 같이 반영되어 있다.

> "4 요한은 아시아에 있는 일곱 교회에 편지하노니 이제도 계시고 전에도 계셨고 장차 오실 이와 그의 보좌 앞에 있는 일곱 영과 5 또 충성된 증인으로 죽은 자들 가운데서 먼저 나시고 땅의 임금들의 머리가 되신 예수 그리스도로 말미암아 은혜와 평강이 너희에게 있기를 원하노라"(계 1:4-5a).

"아시아에 있는 일곱 교회들에게 편지하노니"는 요한계시록의 성격이 형식과 내용에 있어서 계시와 예언일 뿐만 아니라 서신이라는 것을 의미한다.[13] 요한계시록이 선포된 자리는 예배이다. 요한은 하나님과 성령과 예수로부터 은혜와 평화를 공동체에게 기원하는 예전적인 인사를 하고(계 1:5), 예배에 참석한 성도들은 "아멘"으로 화답한다(계 1:6).

"이제도 계시고 전에도 계셨고 장차 오실 이"는 하나님을 가리키는 호칭이고,

---

12) John G. Gager, *Kingdom and Community: The Social World of Early Christianity* (Englewood Cliffs, New Jersey: Prentice-Hall, 1975), 56.
13) 아시아에 있는 일곱 교회들은 가장 중요한 도시들인 에베소, 서머나, 버가모, 두아디라, 사데, 빌라델비아, 그리고 라오디게아에 위치하였다.

"그의 보좌 앞에 있는 일곱 영"은 성령을 의미하고, 그리고 예수 그리스도가 언급된다. 이렇게 하나님과 성령과 예수를 의도적인 순서로 배열한 것은 요한계시록의 저자 요한의 탁월한 신학적 성찰에서 기인된 것으로 보인다.[14] 성부, 성자, 성령은 서로 구별되지만 본질은 같다는 삼위일체 신학은 후대에 나타났다.

일반적으로 역사적 연속은 과거, 현재, 그리고 미래의 순서이다. 1세기의 그리스인과 로마인들은 만신전(Patheon)에서 "제우스가 있었고, 제우스가 있고, 그리고 제우스가 있을 것이다. 오 위대한 제우스여."라고 제우스를 신들 중에서 가장 위대한 신으로 찬미했다. 그런데 요한은 현재, 과거, 그리고 미래의 순서로 하나님의 구원사를 이해하였다. 배열하였고 그 우선순위를 현재에 두었다. 그러한 시각으로부터 그는 하나님은 "이제도 계시고 전에도 계셨고 장차 오실 이"(계 1:4, 8)라고 호칭하였다. 이러한 하나님 호칭은 출애굽기 3:14에서 "나는 스스로 있는 자니"라고 하는 하나님의 이름에서부터 유래한다. 요한은 이러한 하나님 호칭을 통해서 억눌린 그리스도인들로 하여금 현재 하나님이 그들을 해방하고 구원하기 위해서 로마 제국 한가운데서 새로운 출애굽을 일으키고 있다는 것을 인식하게 하고, 과거에 하나님이 억눌린 이스라엘 백성을 위해서 이집트에서 출애굽을 일으켰던 해방의 행위를 회상하게 하고, 그리고 미래에 하나님이 심판을 통해 이 폭력의 역사를 끝장내고 새 하늘과 새 땅, 그리고 새 예루살렘이라는 대안적 세계를 시작할 "장차 오실 자"임을 전망하게 하였다.

요한은 그의 저항신학의 관점에서 하나님의 구원사를 현재, 과거, 그리고 미래의 순서로 배열하였으며, 그 우선순위를 현재에 두었다. 이것은 요한계시록 전체를 관통하는 중요한 시각이다. 그런데 마침내 종말의 날이 도래하고 하나님이 오신 것을 찬양하는 천상의 예배에 대한 환상에서 하나님은 "옛적에도 계셨고 지금도 계신 주 하나님 곧 전능하신 이여"(계 11:17), 또는 "전에도 계셨고 지금도 계신 거룩하신 이여"(계 16:5)라고 호칭된다. 이 두 본문에서 "이제도 계시고 전에도 계셨고 장차 오실이"(1:4, 8)라는 하나님 호칭의 셋째 술어 부분인 "장차 오실 이"가 빠졌다. 그 이유는 무엇인가? 그것은 성도들이 기다렸던 "장차 오실 이"로서 하나님이 현재 이미 왔기 때문이다.

"보좌 앞에 있는 일곱 영"(계 1:4)은 "보좌 앞에 있는 일곱 영"은 활동과 능력에서 완전한 성령을 가리킨다(참조. 슥 4:10; 사 11:1-2).[15] 요한계시록에는 "성령이 이

---

14) 리처드 보컴/ 이필찬 역, 『요한계시록 신학』 (서울: 한들출판사, 2000), 47-48.
15) G. K. Beale, *The Book of Revelation*, 189.

르시되"(14:13; 22:17), "성령에 감동되어"(1:10; 4:2; 17:3; 21:10), 그리고 "성령이 교회들에게 하시는 말씀을 들을 지어다"(2:7, 11, 17, 29; 3:6, 13, 22)라고 하는 성령론적(pneumatological) 표현이 자주 나온다.

1:5에서 요한은 예수를 그리스도라고 부른다. 그리스도는 "기름 부음 받은 자"이다(시 89:38).[16] 예수는 로마의 식민지의 변방인 이스라엘 땅에서 십자가 처형을 당하고 죽었지만, 부활하고 승천하여 하늘의 중앙에 위치한 궁전의 보좌에 지금 메시아로 앉아 있다. 요한은 반제국적 비폭력 저항의 그리스도론의 관점에서 예수를 "충성된 증인," "죽은 자들 가운데서 먼저 나신 이," 그리고 "땅의 임금들의 머리"라는 세 가지 호칭으로 소개한다(계 1:5).

첫째로 예수는 "충성된 증인"이다. 그는 로마 당국 앞에 당당하게 서서 하나님의 권세를 증언하였기 때문에 십자가 처형을 당하였다. 증언하는 것은 적극적인 저항이다. 참된 증인은 목숨을 걸고 공개적으로 증언하는 자이다. 역사적 예수는 원조 증인이며, 모든 증인의 모범이다. 그런데 사실상 소아시아의 일곱 교회의 구성원들은 우상 숭배적 논리와 선전을 수용하고 타협할 위험에 처해 있었다. 그러므로 요한은 제국의 유혹과 압제 아래 있는 그의 독자들이 예수의 모범을 따라서 불의에 저항하는 충성된 증인이 되기를 기대하였을 것이다.[17]

둘째로 예수는 "죽은 자들 가운데서 먼저 나신 이"다. 여기서 죽은 자들은 누구인가? 그들은 일차적으로 로마 제국의 폭력의 희생자들이며, 나아가서 억울한 죽음을 당한 세계의 모든 희생자들이다. 그들은 장차 종말의 날에 부활하여 신원과 복권을 얻고 그리스도와 함께 영원한 삶을 살게 될 것이다. 로마 제국은 무죄한 자들을 학살하고, 희생자들을 은폐하고 그들에 대한 기억을 사회에서 배제시켰지만, 그러나 요한은 죽임을 당한 무고한 자들의 피를 보고 그들을 기억한다(참조, 계 18:24). 십자가 처형을 당하고 매장된 예수는 죽은 자들의 첫 열매로 부활하였다. 예수의 부활은 그를 죽인 로마의 폭력에 대한 정의의 하나님의 항의의 행동이다. 그것은 무죄한 자들을 학살하고 희생자들에 대한 기억을 배제하는 죽음의 문화에 대한 정의의 하나님의 항의이다. 죽은 자들의 부활은 인정사정 안보고 잔혹하게 죽인 폭력적인 승리자들에 대한 하나님의 이름과 능력을 통한 항거이다.[18] 예수의 부활로 인해서 산 자들은 죽은 자들과 더불어 부활이라는 공동의

---

16) 기름 부은 자를 의미하는 "그리스도"는 유대 묵시문학에서 하나님의 대리자를 가리키는 메시아 칭호들 중의 하나이다.

17) 계 2:13에서 순교자 안디바는 예수로부터 "내 충성된 증인"이라고 지칭된다.

희망을 가질 수 있다. 그러므로 산 자들은 죽은 자들에 대한 기억을 통해서 죽은 자들과 정신적으로 연대의 공동체를 건설하여 그들과 함께 대안적 세계를 위해서 불의에 저항하고 싸워야만 한다.

셋째로 예수는 "땅의 임금들의 머리"이다. 이것은 세계를 식민화하고 인민들을 억압하는 로마 제국의 황제들의 권력을 부정하고, 진정한 왕은 예수라고 주장하는 정치 신학적 선언이다. 이 호칭은 제국의 황제들이 신적 위상을 주장하고, 황제 예배가 적극적으로 권장되고 있는 상황에서 억눌린 그리스도인들을 위한 희망의 신호이다. 또한 그것은 로마 황제와 예수 중에 누구를 따를 것인지에 대한 물음에 직면한 사람들에게 예수를 따르도록 결단할 수 있는 용기와 힘을 준다. 황제들이 지배하는 세계에서 예수를 "땅의 임금들의 머리"라고 증언하였기 때문에 살해당한 수많은 죽은 자들이 하늘에서 정의와 신원을 부르짖고 있다(계 6:9-11). 불의한 세계를 변화시키는 자들은 죽음의 위험에도 불구하고 예수를 "땅의 임금들의 머리"라고 증언하는 남녀 증인들이다.

## 3. 예수의 사랑을 통한 구원의 현재적 경험

요한은 고난당하고 있는 성도들을 위로하고 그들의 정체성을 재확인시키기 위해서 그들을 위한 예수의 사랑의 행위를 아래와 같이 두 가지로 나누어서 증언한다.

> "5b 우리를 사랑하사 그의 피로 우리 죄(ἁμαρτίαι/하마르티아이)에서 우리를 해방하시고 6 그의 아버지 하나님을 위하여 우리를 나라와 제사장으로 삼으신 그에게 영광과 능력이 세세토록 있기를 원하노라. 아멘"(계 1:5b-6).

이 본문은 "그리스도 찬가(Christ doxology)"라고 불린다. 여기서 "우리"는 요한 자신과 그의 독자들을 가리킨다. 예배를 드리는 성도들이 예수에게 "영광과 능력이 세세토록 있기를 원하노라"라는 예전적인 인사에 "아멘"하고 응답한다. 영광과 능력은 로마 황제에게 적용되는 정치적 용어들이다. 그러나 요한은 이러한 정치적 용어들을 하나님의 메시아인 예수를 찬양하는데 사용한다. 여기서 "능

---

18) Klaus Wengst, *Ostern: Ein wirkliches Gleichnis, eine wahre Geschichte* (München: Chr. Kaiser Verlag, 1991), 29-30.

력"으로 번역된 그리스어 크라토스(κράτος)는 통치권을 의미한다. 이것은 이 세계의 통치권이 로마 황제에게 있는 것이 아니라, 하나님과 예수에게 있다는 것을 의미한다. 이 찬가의 핵심적 진술은 우리에 대한 예수의 사랑이다. 요한은 갈보리에서 십자가 처형을 당하고 피 흘리신 예수의 과거의 구원 행위와 그 결과로 얻게 된 현재의 구원 경험을 독자들에게 환기시킨다. 그들은 현재의 구원의 경험 때문에 천상의 예수가 장차 다시 오실 것을 확신하면서 기다릴 수 있다.

예수의 사랑을 통한 성도들의 구원의 현재적 경험은 두 가지이다. 첫째는 예수가 "우리를 사랑하사 그의 피로 우리 죄에서 우리를 해방하셨다"(계 1:5b)는 것이고, 둘째는 예수가 "그의 아버지 하나님을 위하여 우리를 나라와 제사장으로 삼으셨다"(계 1:6)는 것이다.

### 1) 예수의 피를 통한 죄로부터의 해방

예수의 사랑으로 인한 구원의 현재적 경험의 첫 번째는 우리가 예수의 피로 우리 죄에서 해방되었다는 것이다(1:5). 죄에서 해방된 자들은 이제 더 이상 죄의 세력들에 의해서 결박당하고 조종당하는 객체들이 아니라, 예수로부터 얻은 해방, 자유, 그리고 평등을 누리는 주체들이다. 아마도 소아시아의 성도들은 교회의 예배에서 빵과 포도주를 나누는 성찬식을 통해서 십자가 처형을 당한 예수의 부서진 몸과 "그의 피"에 대한 기억을 계속적으로 재현하였을 것이다.[19]

1:5b에서 "해방하시고"로 번역된 그리스어 동사 "뤼오"(λύω)는 두 가지 의미가 있다. 하나는 "해방하다"를 의미하고, 다른 하나는 "씻어내다, 또는 정결하게 하다"를 의미한다. 그러나 이 단어의 "해방하다"라는 뜻이 "우리의 죄에서 우리를"이라는 문맥에 더 적합하다. 우리의 죄를 위해 십자가에 못 박혀서 피 흘리신 예수의 과거의 행위로 인해서 우리는 지금 죄의 세력들로부터 해방되어 구원을 경험한다. 우리는 예수의 피를 통해서 죄에서 구원되었다. 그런데 요한계시록 7:14는 "이는 큰 환난에서 나오는 자들인데 어린 양의 피에 그 옷을 씻어 희게 하였느니라"라고 한다. 여기서 그들 자신이 어린 양의 피로 옷을 씻는 주체이다. 그러므로 회개 없이는 죄의 용서가 없다는 것이 자명하다. 회개를 통해서 죄의

---

19) Allen A. Boesak, *Comfort and Protest: Reflections on the Apocalypse of John of Patmos* (Philadelphia: The Westminster Press, 1987), 41; 이와 달리 Elisabeth Schüssler Fiorenza, The Book of Revelation, 68-81는 계 1:5-6의 진술을 초대 교회의 세례식의 전승에서부터 온 것이라고 주장한다.

용서를 받은 그리스도인들은 더 이상 죄의 종이 아니라 죄의 세력으로부터 해방되어 죄와 죽음의 세력에 저항하는 주체들이다. 그런데 요한계시록의 저자 요한이 말한 "우리 죄들(ἁμαρτίαι/하마르티아이)"는 무엇이며, 어디서부터 유래하는가?

요한은 죄를 인간을 예속하는 악한 세력으로 인식한다. 그러므로 그는 예수가 "그의 피로 우리 죄에서 우리를 해방하셨다"라고 말한다. 요한계시록에서 "죄"라는 용어가 세 번 나오는데(계 1:5; 18:4, 5), 모두 단수 형태의 죄(ἁμαρτία/하마르티아)가 아니라, 복수 형태의 "죄들"(ἁμαρτίαι/하마르티아이)이다. 요한이 언급한 "우리의 죄"는 복수 형태의 죄로서 개인적인 죄(personal sin)와 구조적인 죄(structural sin)를 모두 포함한다. 그는 구약뿐만 아니라 유대 묵시문학에 익숙한 유대인 출신 그리스도인으로서 개인적인 죄뿐만 아니라, 구조적인 죄를 인식하고 있다. 예를 들면, 바빌론의 죄는 구조적인 죄를 의미한다. 만일 바빌론의 사회적 구조들이 죄라면, 그 사회에 참여하는 것은 필연적으로 죄와의 공모를 의미한다.[20] 그러므로 하나님은 그의 백성에게 바빌론으로부터 탈출하여 바빌론의 구조적인 죄에 참여하지 않도록 권고한다. 바빌론의 구조적인 죄의 희생자들이 부르짖는 절규가 하늘을 찌른다. "또 내가 들으니 하늘로부터 다른 음성이 나서 이르되 내 백성아, 거기서 나와 그의 죄에 참여하지 말고 그가 받을 재앙들을 받지 말라. 그의 죄는 하늘에 사무쳤으며 하나님은 그의 불의한 일을 기억하신지라"(계 18:4-5).

예수는 죄의 세력에서부터 우리를 해방하기 위해서 죽었지만, 또한 그는 인간을 비인간화하는 구조적인 죄의 세력을 소멸시키기 위해서 투쟁하는 가운데 죽임을 당했다. 우리는 개인적인 죄의 세력뿐만 아니라, 구조적인 죄의 세력 아래 있다. 우리는 죄 사함을 받았지만, 아직도 개인적인 죄와 구조적인 죄의 세력으로부터 위협받고 있다. 그러나 예수의 피가 이러한 죄의 세력으로부터 우리를 해방했기 때문에 우리는 개인적인 죄와 구조적인 죄의 세력에 저항하는 주체로서 살 수 있다.

요한계시록이 저작된 시대와 거의 같은 시대에 산출된 대표적인 유대묵시 문학의 하나인 제4에스라서(The Fourth Book of Ezra)의 저자는 아담 이후 모든 사람이 죄를 범하고 타락했다고 말한다. "아담아, 당신은 무엇을 했는가? 죄를 지은 것은 당신이지만, 타락은 당신 혼자가 아니라 당신의 후손인 우리의 것이다"(제4

---

20) Klaus Wengst, *"Wie lange noch?"*, 247.

에스라 7:48).

그런데 에티오피아어 에녹서(=에녹1서) 6-7장의 타락한 천사들의 이야기는 구조적인 죄에 대해서 설명한다. 타락한 천사 세미아즈(Semyaz)에 대한 이야기는 에녹서의 저자가 창세기 6:1-4를 발전시킨 것이다. 이 이야기에서 200명의 천사들은 군대처럼 조직되었는데, 세미아즈가 사령관이고, 그를 포함한 20명의 십부장들과 부하들로 구성되었다. 그들은 하늘에서부터 지상의 여자들을 내려다보고 성적 욕구 때문에 천상의 임무를 저버리고 지상으로 내려오기로 서로 맹세하고 하늘에서부터 아래로 내려왔다.

"1 사람들의 자녀들이 번성했던 그 날들에 그들 가운데 어여쁘고 아름다운 딸들이 태어났다. 2 하늘의 자녀들인 천사들이 그 여자들을 보고 그들과 관계를 맺고 싶은 욕망이 생겼다. 그들은 서로 말했다. '자. 사람들의 딸들 중에서 우리를 위한 아내들을 선택해서 우리의 아이들을 태어나게 하자.' 3 그들의 우두머리 세미아즈(Semyaz)가 그들에게 말했다. '나는 혹시 너희들이 이 행위가 실행되는 것을 동의하지 않을 것이라는 것과 나 혼자서 이 큰 죄에 대해 책임을 져야할 것이라는 것을 걱정한다.' 4 그러나 천사들은 모두 그에게 대답했다. '이제 우리 모두 이 제안을 포기하지 않고 이 행위를 하도록 저주로 맹세하자.' 5 그리고 날 후 천사들은 서로 맹세를 했고 그리고 자주로 서로를 결속시켰다. 6 그들은 모두 200명이었고, 그들은 하늘에서부터 헤르몬(Hermon) 산 정상인 아르도스(Ardos)에 내려왔다. 그들은 그 산을 아르몬(Armon)이라고 불렀다. 왜냐하면 그들이 맹세를 했고 저주로 서로를 결석시켰기 때문이다. 7 그들의 이름은 다음과 같다: 우두머리 세미아즈, 아라케브, 라메엘, 탐엘, 람엘, 단엘, 에제켈, 바라키알, 아셀, 아르마로스, 바타르엘, 아난엘, 자케엘, 사소마스페엘, 케스타르엘, 투르엘, 야마이올, 그리고 아라지알이다. 8 이러한 천사들은 십부장들이고 그들의 부하들은 모두 그들과 함께 있었다"(에녹1서 6:1-8).[21]

하늘에서 내려온 200명의 천사들이 무방비 상태에 있는 200명의 여자들을 각자 마음에 드는 대로 한 사람씩 일방적으로 선택해서 성관계를 맺었다.

---

21) 이 논문에서 인용된 에티오피아어 에녹서(=에녹1서)의 본문들은 이병학이 E. Isaac, 1(Ethiopic Apocalypse of) Enoch, James H. Charlesworth (ed.), *The Old Testament Pseudepigrapha Vol. I*, 5-89에서 우리말로 번역한 것이다.

"1 그들은 자신들을 위해 아내들을 취했다. 모든 천사들이 각자 차례대로 자신을 위해서 한 여자를 선택했으며, 여자들과 잠자리를 갖기 시작했다. 천사들은 여자들에게 신비한 약, 주문 외우기. 나무뿌리 자르는 법을 가르쳤다. 2 여자들은 임신을 했으며, 키가 300 큐빗이나 되는 거인들을 낳았다. 3 이러한 거인들은 사람들이 먹거리를 주는 것을 몹시 싫어할 때까지 모든 사람들의 생산물을 먹어버렸다. 4 그래서 거인들은 사람들을 잡아먹기 위해서 사람들에게 달려들었다. 5 그리고 그들은 새들, 들짐승들, 파충류들, 그리고 물고기에게 죄를 짓기 시작했다. 거인들은 그들의 살점을 하나씩 하나씩 삼켰고, 그리고 그들의 피를 마셨다. 6 그러므로 땅은 억압자들을 고발했다"(에녹1서 7:1-6).

이 이야기에서 여자들은 수동적이고 말이 없다. 모든 서구 학자들은 이러한 천사들과 여자들의 관계를 금지된 아름다운 사랑 이야기로, 또한 금지된 결혼 관계로 낭만적으로 해석한다. 그러나 제3세계 신학자들 중의 한 사람이라는 자의식을 가지고 신학을 하는 나는 그것을 집단 강간으로 해석한다. 아무런 힘이 없는 무방비 상태의 여자들은 우월한 위치에 있는 천사들에 의해서 집단 강간을 당한 피해자들이다.[22]

타락한 천사들과 여자들 사에서 태어난 거인들은 폭력적이고 살인적이다. 거인들은 사람들을 억압하고, 착취하고, 자연을 파괴하고 마지막으로는 사람들의 생명을 해친다. 그래서 무고한 사람들이 흘린 피에 젖은 땅이 하늘을 향해서 호소하면서 억압자들을 고발한다. 이 타락한 천사의 이야기에 반영된 구조적인 죄는 군사주의, 성차별주의, 남성중심주의, 인종차별주의 등이다. 에녹1서는 오늘날 우리들에게도 이러한 구조적인 죄의 세력에 대항해서 끊임없이 저항하고 싸울 것을 요구한다.

타락한 천사들의 죄에 대한 이야기에서 나타나듯이 집단강간은 구조적인 죄의 한 형태이며, 인권을 유린하고 생명을 짓밟는 범죄이다. 한 예 들면 일제강점기에 20만 명의 한국인 젊은 여자들이 일본군의 성노예로 전쟁터로 끌려가서 소위 위안소에 감금되어 여러 해 동안 집단강간을 당했다. 북한의 "일본군 성노예"

---

22) 타락한 천사들을 통한 구조적인 죄에 대한 자세한 해석에 대해서는 Byung Hak Lee, *Befreiungserfahrungen von der Schreckensherrschaft des Todes im Äthiopischen Henochbuch: Der Vordergrund des Neuen Testaments* (Waltrop: Hartmut Spenner, 2005), 42-58을 참조하라.

피해자 김대일(1916년생)은 17세의 나이로 1934년에 끌려가 1945년 해방까지 무려 11년 동안 중국과 싱가포르까지 이동하면서 하루에 수십 명의 일본인 군인들을 상대해야만 했다. 그녀는 오랫동안 아무에게도 말하지 못했던 한 맺힌 쓰라린 경험을 다음과 같이 증언한다.

> "나는 일본 군대와 함께 중국 장춘, 하얼빈과 또 다른 장소로 계속해서 이동해야만 했다. 어느 날에는 하루에 군인 40명과 잠을 자야만 했기에 너무 지쳐서 쓰러져 있었다. 그러나 군인들이 내 콧구멍과 자궁에 불이 붙어 있는 담배를 찔러 넣었고 사냥개를 몰아서 나에게 달려들게 했다."[23]

이러한 "일본군 성노예" 피해자들은 일제의 구조적인 죄의 희생자들이다. 그러나 일본은 아직까지도 공식적으로 자신들의 반인륜적인 범죄를 뉘우치지 않고 피해자들에게 진심으로 용서를 구하지도 않고 있다.

또한 타락한 천사들은 인간에게 해로운 금지된 지식을 여자들에게 가르쳐주는 죄를 저질렀다. 아자젤(Azaz'el) 이야기에서 타락한 천사들이 여자들에게 가르쳐준 금지된 지식이 더 자세히 설명된다.

> "1 그리고 아자젤은 사람들에게 장검과 칼과 방패와 흉패를 만드는 기술을 가르쳐주었다. 그리고 그는 그들의 택한 자들에게 팔찌, 장식물, 안티몬으로 눈 화장하기, 장식법, 눈꺼풀 화장, 모든 종류의 보석, 그리고 모든 색깔의 팅크제와 연금술을 보여주었다. 2 그리고 많은 사악한 자들이 있었는데, 그들은 간통하고, 잘못된 짓을 하고 그리고 그들의 행동은 부패했다. 3 아마스라스는 주문과 나무뿌리 자르는 법을 가르쳤다. 그리고 아르마로스는 주문을 푸는 법을 가르쳤고, 코카레르엘은 이적의 지식을 가르쳤고, 바라퀴알은 점성술을 가르쳤고, 탐엘은 별을 보는 법을 가르쳤고, 아스데르엘은 달의 행로와 인간의 기만을 가르쳤다. 4 그리고 사람들은 부르짖었으며, 그들의 목소리는 하늘에 닿았다"(에녹1서 8:1-4).

타락한 천사들은 전쟁과 살생을 위해 무기를 만드는 법과 사람들을 유혹하는 각종 화장술과 보석 세공법과 나무뿌리를 잘라서 우상을 만드는 법, 주문과 천체

---

23) Byung Hak Lee, *Befreiungserfahrungen von der Schreckensherrschaft des Todes im äthiopischen Henochbuch*, 16.

의 행로를 가르쳤다. 이러한 것들은 모두 사람의 생명을 해치고, 우상을 숭배하게 하고, 사람들을 미혹하고 기만하는 죄이다. 그러므로 이러한 구조적인 죄의 희생자들이 울부짖는 소리는 하늘을 찌른다.

우리를 사랑하시는 예수가 그의 피로 죄에서 우리를 해방시켜주었기 때문에 (계 1:7) 우리는 지금 현재 구원을 경험하면서 살 수 있다. "우리가 아직 죄인 되었을 때에 그리스도께서 우리를 위하여 죽으심으로 하나님께서 우리에 대한 자기의 사랑을 확증하셨느니라"(롬 5:8). 그러나 회개 없이 용서는 없다. 우리는 우리 자신이 저지른 개인적인 죄와 자신이 참여한 구조적인 죄에 대해서 회개해야 한다. 만일 우리가 약자에게 해악을 끼쳤다면 피해자에게 사과하고 용서를 받아야 하며, 이제부터 그들의 편에 서서 그들의 이익과 안전과 행복을 위해서 일하고 그리고 정의로운 평등한 사회 건설을 위해서 그들과 함께 죄의 세력에 저항하고 싸워야만 한다.

## 2) 나라와 제사장으로 변화된 주체

예수의 사랑으로 인한 구원의 현재적 경험의 두 번째는 예수가 "그의 아버지 하나님을 위하여 우리를 나라($\beta\alpha\sigma\iota\lambda\epsilon\iota\alpha$/바실레이아)와 제사장($\iota\epsilon\rho\epsilon\hat{\iota}\varsigma$/히에레이스)[24]으로 삼으셨다"(계 1:6)는 것이다. 이제 성도들은 예수의 십자가를 통해서 자기 자신들이 "나라와 제사장"으로 변화되었다는 주체 의식을 가지고 산다(참조, 계 1:6; 5:10; 20:6). "나라와 제사장"은 하나님의 나라에 속하는 그리스도인들의 정체성을 의미한다. "나라"(바실레이아)는 지상에 있는 교회에 거점을 두고 있는 하나님의 나라를 가리킨다. 교회는 하나님 나라를 위한 전초 기지이다. 다른 곳에서 네 생물과 스물네 장로들은 "일찍이 죽임을 당하사 각 족속과 방언과 백성과 나라 가운데에서 사람들을 피로 사서 하나님께 드리시고 그들로 우리 하나님 앞에서 나라와 제사장으로 삼으셨으니 그들이 땅에서 왕 노릇 하리로다"(계 5:9-10)이라고 하면서 예수를 찬양한다. 이스라엘 백성은 시내 산에서 거룩한 하나님과 맺은 계약의 당사자가 됨으로써 거룩한 백성이 되었고 또한 제사장 나라가 되었다. "너희가 내게 대하여 제사장 나라가 되며 거룩한 백성이 되리라 너는 이 말을 이스라엘 자손에게 전할지니라"(출 19:6). 요한계시록의 저자는 이것을 예수를 믿는 그리스도인 공동체에 적용해서 그리스도인들은 모두 예수의 아버지 하나님을

---

24) 그리스어 히에레이스($\iota\epsilon\rho\epsilon\hat{\iota}\varsigma$)는 단수가 아니라 복수이기 때문에 "제사장들"로 번역하는 것이 바람직하다. 단수로 제사장은 히에류스($\iota\epsilon\rho\epsilon\upsilon\varsigma$)이다.

위하여 나라와 제사장들이 되었다고 말한다. 소아시아의 그리스도인들은 예수를 믿는 믿음을 통해서 하나님의 백성에 통합되었기 때문에 이스라엘에게 약속된 축복의 상속자들이 되었다(참조, 엡 2:12-19). "너희도 산 돌 같이 신령한 집으로 세워지고 예수 그리스도로 말미암아 하나님이 기쁘게 받으실 신령한 제사를 드릴 거룩한 제사장이 될지니라"(벧전 2:5). 나라와 제사장들이 된 그리스도인들은 예수를 증언하고 복음을 선포해야 할 사명이 있다. "그러나 너희는 택하신 족속이요 왕 같은 제사장들이요 거룩한 나라요 그의 소유가 된 백성이니 이는 너희를 어두운 데서 불러내어 그의 기이한 빛에 들어가게 하신 이의 아름다운 덕을 선포하게 하려 하심이라"(벧전 2:9). 나라와 제사장들이 된 그리스도인들은 하나님의 통치 아래 서있으며, 또한 약자들을 위한 섬김을 통해서 사랑의 하나님의 통치에 참여한다.[25] 일제강점기에 신사참배 반대 운동을 했던 출옥여성도 최덕지는 설교에서 "주 예수를 믿는 성도들은 남녀노소 차별 없이 다 제사장이다."라고 말했다.[26]

로마 제국에서 주체는 로마의 황제와 원로원들과 "땅의 임금들과 왕족들과 장군들과 부자들과 강한 자들"(계 6:15)이고, 절대 다수의 인민들은[27] 그들의 불의한 지배에 의해서 억압당하고 착취당하는 객체이다. 이와 정반대로 예수가 선포한 하나님 나라를 상징하는 새 예루살렘은 철저하게 민주화된 평등 사회이며, 거기서 로마 제국에서 소외되었던 힘없는 자들과 가난한 자들은 모두 주체가 되어 사회적으로 정의와 자유와 평화를 누릴 수 있을 뿐만 아니라, 종교적으로 모두 제사장의 위치에서 평등하게 하나님과 어린 양을 예배하면서 산다(참조, 계 22:5). 나라와 제사장들이 된 그리스도인들은 새 예루살렘의 도래를 갈망하는 지상의 교회의 구성원들이다. 현재적 구원을 경험한 소아시아의 그리스도인들은 박해와 죽음의 위협에도 불구하고 황제숭배를 거부하고 오직 하나님과 예수를 예배한다. 만일 그들이 로마의 폭력에 의해서 죽임을 당한다고 할지라도 그들은 천년왕국과 새 예루살렘에서 살 수 있는 미래가 있다. "그들이 하나님과 그리스도의 제사장(히에레이스)이 되어 그리스도와 더불어 천 년 동안 왕노릇 하리라"(계 20:6). 그리고 그들은 천년왕국이 끝난 후 땅 위에 세워질 새 예루살렘에서 하나님과 어린 양 예수를 예배하면서 영원히 살 것이다(계 22:5). 그러나 약자들을 억압한 권

---

25) Klaus Wengst, *"Wie lange noch?"*, 244.
26) 최덕지 저/구은순 편, 『모든 것 다 버리고: 여목사의 옥중 간증 설교집』 (서울: 소망사, 1981), 52.
27) 요한계시록에서 "모든 종과 자유인"(계 6:15)은 주체적으로 살지 못하는 객체이다.

력자들과 우상 숭배자들에게는 이러한 미래가 없다.

예배를 드리는 성도들은 사랑을 통해서 이러한 두 가지 구원의 현재적 경험을 하게 한 천상의 예수에게 "영광과 평강이 세세토록 있기를 원하노라"(계 1:6)고 하는 예전의 축복 기원에 "아멘"하고 응답한다.

## 4. 천상의 예수의 현재적 오심에 대한 성도들의 확신

요한은 예배를 드리는 그리스도인 공동체에게 예수의 현재적 오심과 미래적 오심에 대해서 말한다. 성도들은 과거에 그들을 위해 십자가에서 피 흘리신 예수의 구원 행위로 인해서 지금 죄 사함을 받고 나라와 제사장이 된 현재적 구원을 경험하고 있다. 이러한 현재적 구원의 경험 때문에 그들은 천상의 예수가 이 고난의 역사를 끝내기 위해서 장차 다시 오실 것을 확신한다.

> "7 볼지어다 그가 구름을 타고 오시리라(ἔρχεται/에르케타이). 각 사람의 눈이 그를 보겠고 그를 찌른 자들도 볼 것이요 땅에 있는 모든 족속이 그로 말미암아 애곡하리니 그러하리라. 아멘. 8 주 하나님이 이르시되 나는 알파와 오메가라 이제도 있고 전에도 있었고 장차 올 자요 전능한 자라 하시더라"(계 1:7-8).

7절은 "볼지어다. 그가 구름을 타고 오시리라"(7a), "각 사람의 눈이 그를 보겠고 그를 찌른 자들도 볼 것이요 땅에 있는 모든 족속이 그로 말미암아 애곡하리니"(7b), 그리고 "그러하리라. 아멘"(7c)으로 나눌 수 있다.

7a에서 "오시리라"(ἔρχεται/에르케타이)의 시제는 현재형인 반면에,[28] 7b에서 "볼 것이요"(ὄψεται/옵세타이)와 "애곡하리니"(κόψονται/콥손타이)는 둘 다 미래형 시제이다. 그런데 대다수의 주석가들은 이러한 상이한 시제를 무시하고 이 절을 임박한 그리스도의 재림을 가리키는 것으로 해석해왔다.[29] 단지 소수의 학자들

---

28) 개역개정판에서 미래 시제로 "오시리라"로 번역되었으나, 표준새번역 개정판(2004)에는 현재 시제로 "오신다"로 올바로 번역되었다.

29) Massyngberde Ford, *Revelation* (Garden City, N. Y.: Doubleday & Company, 1975), 380; H. Franzmann, *The Revelation to John: A Commentary* (St. Louis, Missouri: Concordia Publishing House, 1968), 34; Robert H. Mounce, *The Book of Revelation* (Grand Rapids: William B. Eerdmans Publishing Company), 1977, 51; Elisabeth Schüssler Fiorenza, *Revelation: Vision of a Just World* (Minneapolis: Fortress Press, 1991), 43-44; 리처드 보컴, 『요한계시록 신학』, 91, 100; 하인리히 크라프트, 『요한묵시록』, 59;

은 이러한 시제상의 차이를 설명하지는 않지만, 이 절을 예수의 현재적 오심을 나타내는 것이라고 해석한다.[30]

7a와 7b의 상이한 시제는 7절을 새롭게 이해하는 데 있어서 결정적으로 중요한 근거가 될 수 있다. 현재 시제가 사용된 7a의 "보라 그가 구름을 타고 오시리라"는 성도들이 로마 제국에 저항하고 있는 역사적 현재에 개입하는 부활한 예수의 현재적 오심을 의미하고, 미래 시제가 사용된 7b는 종말에 일어날 예수의 미래적인 자기현시를 의미한다.[31]

요한은 7a에서 고난당하고 있는 그의 독자들에게 "볼지어다"라는 명령형으로 예수의 현재적 오심을 강조한다. 천성의 예수가 종말 이전에 미리 이 현재의 시간에 오는 이유는 무엇인가? 천상의 예수는 한편으로는 로마 제국의 유혹과 압제 아래서 고난당하면서도 반제국적 증언을 계속하는 성도들을 위로하고 그들과 함께 연대하고 투쟁하기 위해서, 그리고 다른 한편으로는 로마 제국의 우상숭배적 요구에 타협하고 적응하는 교회들을 먼저 심판하기 위해서 이 현재의 시간에 오신다(참조. 2-3장). 또한 요한은 7b에서 부활한 예수가 미래에 언젠가는 이 시대를 끝내고 역사 안에서 새로운 대안적 세계를 시작하기 위해서 자기를 현시할 것이라는 점에 대해서 말한다. 이러한 예수의 미래적 자기현시는 요한계시록이 가르치는 근본적인 희망이다. "찌른 자들"은 창으로 예수의 옆구리에 치명상을 입혔던 로마의 집행관들이다.[32] "땅에 있는 모든 족속"은 예수의 적대자인 짐승의 추종자들을 가리킨다. 미래에 그들은 모두 십자가에 처형되었던 예수가 심판자로 오시는 것을 보고 경악하고 두려워서 애곡할 것이다. 종말에 예수의 심판을 통해서 억압자들의 오만은 파괴될 것이고, 그들에 의해서 빼앗긴 억눌린 자들의 품위와 권리는 회복될 것이다.

---

에두아르트 로제/ 박두환·이영선 공역, 『요한계시록』 (서울: 한국신학연구소, 1997), 41; 이달, 『요한계시록』, 59-60.

30) G. K. Beale, *The Book of Revelation*, 198은 요한계시록 2-3장에서 언급된 예수의 오심을 종말 이전에 먼저 교회를 심판하기 위한 조건적 방문으로 보고, 22:7, 12, 20에서 언급된 예수의 오심을 그의 최종적 오심, 즉 재림이라고 본다. 이러한 관점에서 그는 "그러므로, 1:7에서의 그리스도의 '오심'은 역사 전체를 통해서 일어나는 한 과정으로 더 잘 이해될 수 있다. 소위 '재림'은 실제로 여러 번에 걸친 오심의 전체적 과정을 마무리 짓는 최종적인 오심이다."라고 주장한다; 송영목, 『요한계시록 어떤 책인가?』 (서울: 쿰란출판사, 2007), 109-10은 1:7의 그리스도의 오심을 "미래에 구름타고 오시는 주님의 재림(the Parousia, second coming)이 아니라, 요한의 독자들이 살아 있을 동안에 구원자와 심판자로 예수의 오심을 상징한다"라고 주장한다.

31) Pablo Richard, *Apokalypse*, 69.

32) 창으로 찔림을 당한 예수의 옆구리의 상처에 대한 언급은 공관복음서에는 없고, 오직 요 19:37에만 있다: "또 다른 성경에 그들이 그 찌른 자를 보리라 하였느니라."

종말의 날에 심판자로 자신을 현시하는 예수의 오심은 요한계시록 14:14-20에 구체적으로 묘사되어 있다: "또 내가 보니 흰 구름이 있고 구름위에 인자와 같은 이가 앉으셨는데 그 머리에는 금 면류관이 있고 그 손에는 예리한 낫을 가졌더라"(계 14:20). 인자가 낫을 들고 한편으로는 의인들을 상징하는 곡식을 추수하여 거두어들이고, 다른 한편으로는 악인들을 상징하는 포도송이를 추수하여 포도주 틀에 던지고 짓밟는데, 거기서 나온 악인들의 피가 강물을 이룰 정도로 악인들에 대한 심판은 참혹하다.[33] 요한계시록 19:11-21에도 역시 그리스도는 마지막 때에 제국의 전쟁 체제를 소멸시키기 위해서 비폭력적으로 싸우는 무사로 그리고 억눌린 약자들의 권리와 정의를 회복시키는 심판자로 오심이 묘사되어 있다. 그리스도는 로마 제국에 협력하였던 만국을 철장으로 훈육하는 목자이며, 또한 악인들을 심판하고 "하나님 곧 전능하신 이의 맹렬한 진노의 포도주 틀"을 밟는 심판자이다. 이처럼 폭력의 역사의 끝장과 새 창조의 시작을 위한 예수 그리스도의 오심에 대한 희망은 요한계시록의 근본적인 가르침이다.

요약해서 말하면, 요한은 7절을 통해서 로마 제국의 유혹과 압제 아래서 고난당하는 성도들에게 부활하여 살아 있는 천상의 예수가 그들을 위로하고 그들과 연대하여 제국의 우상 숭배적 체제에 함께 저항하고 싸우기 위해서 지금 이 현재의 시간에 오고 있다는 반가운 소식을 전하고 있으며, 또한 천상의 예수가 미래에 이 불의한 역사를 완전히 끝장내고 정의와 평화와 생명이 지배하는 대안적 세계를 시작하기 위해서 심판자로 자기를 현시할 것이라는 원초적안 희망의 소식을 전하였다. 7절은 예수의 현재적 오심과 미래적 오심을 다 말하고 있지만, 강조점은 지금 고난당하면서 저항하고 있는 그리스도인들을 위한 예수의 현재적 오심에 있다.

그러므로 7c에서 예배 참여자들은 "그러하리라 아멘(ναί, ἀμήν/나이 아멘)"하고 응답한다. "진실한"이라는 의미를 지닌 그리스어 "나이(ναί)"에 같은 의미를 가진 히브리어를 음역한 "아멘"(ἀμήν)을 붙인 것은 "진실하다"는 의미를 재차 강조하기 위한 것이다. 천상의 예수 그리스도의 미래적 오심은 고난당하는 그리

---

33) 14:14-20을 14:14-16과 14:17-20으로 나누고 종말의 날에 의인들과 악인들을 심판하는 주체를 예수로 보는 해석에 대해서는 Thomas B. Slater, *Christ and Community: A Socio-Historical Study of the Christology of Revelation*, JSTN SS Nr. 178 (Sheffield: Sheffield Academic Press, 1999), 155: 리처드 보컴, 『요한계시록 신학』, 142-147; Mathias Rissi, *Die Hure Babylon und die Verführung der Heiligen: Eine Studie zur Apokalypse des Johannes* (Stuttgart, Berlin, Köln: Verlag W. Kohlhammer, 1995), 36-37을 보라.

스도인들의 원초적인 희망이다. 그러나 그의 현재적 오심은 그들에게 더욱 절실하게 필요하고 반가울 것이다.

8절은 실제적으로 4절에서 이미 언급된 것을 "알파와 오메가"와 "전능한 자"를 앞뒤로 첨가하여 반복한 것이다. "알파와 오메가"는 그리스어 알파벳의 처음과 마지막 글자이기 때문에 의미상으로 그것은 시작과 끝, 혹은 처음과 나중을 상징한다. 하나님은 역사의 시작과 끝이다.[34] "전능한 자"는 절대적 주권을 가지고 모든 만물을 실제적으로 통제하고 구원사를 이끌어 가는 전능한 하나님을 가리킨다(참조. 계 11:17). 로마 제국의 황제의 절대적 권력과 신격화는 억눌린 약자들을 해방하는 하나님의 절대적 주권에 의해서 비합법화 된다.

요한계시록 1:7-8에서 요한은 예수의 오심을 하나님의 구원사의 관계에서 설명한다. 하나님은 과거에는 이집트에서 출애굽을 일으켰고, 현재에는 로마 제국 한가운데서 새 출애굽을 일으키고 있고, 그리고 미래에는 이 세계의 모든 불의를 소멸하고 자유와 정의를 회복하는 새 출애굽 운동의 완성을 통해서 현재의 시대의 끝장과 새 창조의 시작을 위해서 올 것이다. 이와 마찬가지로 예수는 과거에는 인류의 구원을 위하여 십자가를 지셨고, 현재에는 세계와 교회 안에 현존하고 있으며 억눌린 약자들과 연대투쟁하기 위하여 그리고 증언의 사명을 저버린 무기력한 교회를 심판하고 쇄신하기 위하여 지금 이 순간에 오고 있으며, 그리고 미래에는 폭력의 역사의 끝장과 새 예루살렘으로 상징되는 대안적인 세계의 시작을 위해서 심판자와 구원자로 오실 것이다. 이처럼 억눌린 약자들의 해방과 구원이라는 하나님의 안건은 결코 임시 조치가 아니다.[35]

---

34) 하나님의 자기 칭호인 "처음과 마지막"은 사 44:6에서부터 유래한다: "나는 처음이요 나는 마지막이라 나 외에 다른 신이 없느니라." 그런데 계 1:17에서 천상적 예수는 자기를 "나는 처음이요 마지막이니"라고 소개한다. 이것은 요한계시록의 저자가 예수를 한 분 하나님의 신격에 포함시키고 있다는 증거일 것이다. 리처드 보컴, 『요한계시록 신학』, 93을 참조하라.

35) A Maria Arul Raja, *The Revelation to John* (Dalit Bible Commentary New Testament Vol. 10; New Delhi: Center For Dalit/Subaltern Studies, 2009), 42.

## III. 요한계시록의 에필로그(계 22:6-21)

### 1. 예수의 현재적 오심과 윤리적 명령

에필로그는 요한계시록 전체를 마무리 짓는 결론적 진술이다. 에필로그(22:6-21)는 프롤로그(1:1-8)의 진술과 동일한 관점을 가지고 있다. 양쪽 다 요한계시록을 예언이라고 강조하고, 지금 예언의 말씀을 지키는 자는 복이 있다고 말하고, 천상의 예수가 제국의 유혹과 압제 아래서 고난당하면서 저항하고 있는 성도들과 연대하기 위해서 지금 현재의 시간에 오고 있다는 것을 말한다.

> "6 또 그가 내게 말하기를 이 말은 신실하고 참된지라 주 곧 선지자들의 영의 하나님이 그의 종들에게 반드시 속히 되어질 일을 보이시려고 그의 천사를 보내셨도다. 7 보라 내가 속히 오리니(ἔρχομαι/에르코마이) 이 두루마리의 예언의 말씀을 지키는 자는 복이있으리라 하더라"(계 22:6-7).

6절에서 요한에게 말하는 자는 천상의 예수이다. 왜냐하면 이어지는 진술인 7절에서 말하는 자가 예수인 것이 명백하기 때문이다.[36] "이 말은 신실하고 참된지라"(6절)고 하는 예수의 표현은 21:5에서 하나님이 "내가 만물을 새롭게 하노라 하시고 또 이르시되 이 말은 신실하고 참되니 기록하라"고 말한 것을 반복한 표현이다.

"선지자들의 영의 하나님"은 하나님을 가리키는 칭호이다.[37] 하나님은 선지자들의 영의 근원이며, 그들의 마음속에 임재하고 있다. 요한계시록에서 저자인 요한과 두 증인은 모두 증인인 동시에 예언자들로 간주된다(계 11:3, 10). "그의 종들"은 모든 일반적인 남녀 그리스도인들을 가리킨다. 하나님은 "반드시 속히 되어 질 일"을 그들에게 계시하려고 그의 천사를 보내었다. 약자들은 폭력의 역사가 단절되기를 애타게 갈망하고 있다. "반드시 속히 되어 질 일"은 폭력의 역사의 단절을 위한 천상의 예수의 현재적 오심을 의미한다. 그것은 1:1에서 언급된

---

36) G. K. Beale, *The Book of Revelation*, 1123; 이달, 『요한계시록』, 374; Charles H. Talbert, *The Apocalypse: A Reading of the Revelation of John* (Louisville, Kentucky: Westminster John Knox Press, 1994), 104.

37) 대표적인 유대 묵시문학의 하나인 에녹1서 36-71에서 "영들의 주"는 하나님을 가리키는 칭호이다.

내용과 동일하다.

7절에서 "보라 내가 속히 오리니(ἔρχομαι/에르코마이)"[38]에서 동사 에르코마이의 시제는 현재형이며, 이 현재형 동사는 에필로그에서 세 번 발견된다(계 22:7, 12, 20). 그것은 미래적 종말의 날에 임할 예수의 재림을 의미하는 것이 아니라,[39] 지금 현재의 시간에 찾아오는 천상의 예수의 현재적 오심을 의미한다.[40] 그것은 요한계시록의 프롤로그(1:1-8)와 일곱 교회들을 향한 예수의 메시지(2-3장)에서 언급된 예수의 현재적 오심(계 1:7; 2:5, 16; 3:3, 11)과 동일하다. 다시 말하면, 그것은 부활한 천상의 예수가 로마 제국의 압제 아래서 고난당하면서도 황제숭배와 제국주의에 저항하는 성도들을 위로하고 그들과 연대하여 함께 싸우기 위해서 종말의 날 이전에 지금 그들에게 오는 것을 의미한다.

"이 두루마리의 예언의 말씀을 지키는 자는 복이 있으리라"[41]는 것은 1:3의 진술과 같으며, 지금 현재의 시간에 의미를 갖는다. 그것은 지금이 바로 이 두루마리 책의 예언의 말씀을 지킬 때라는 것이다. 즉, 천상의 예수가 현재의 시간에 곧 오고 있기 때문에 예언의 말씀을 지키는 자들은 지금 현재 복을 받는다.

## 2. 교회 내부의 우상숭배에 대한 비판

그런데 그리스도인들의 투쟁은 교회의 외부인 로마 제국의 우상숭배를 향한 것만은 아니다. 요한은 그리스도인 공동체 내부의 우상숭배의 위험에 대해서 아래와 같이 말한다.

"8 이것들을 보고 들은 자는 나 요한이니 내가 듣고 볼 때에 이 일을 내개 보이던 천사의 발 앞에 경배하려고 엎드렸더니 9 그가 내개 말하기를 나는 너와 네 형제 선지자들과 또 이 두루마리의 말을 지키는 자들과 함께 된 종이니 그리하지 말고 하나님께 경배하라 하더라"(계 22:8-9).

---

38) 이 표현은 계 2:16; 3:11; 22:7, 12, 20에 나온다.
39) 대다수의 학자들은 이것을 재림으로 해석한다. 예를 들면, G. K. Beale, *The Book of Revelation*, 198, 1127, 1134-1135; 이달, 『요한계시록』, 374을 보라.
40) Pablo Richard, *Apokalypse*, 72-73; 신동욱, 『요한계시록 주석』(서울: KMC, 2010). 245.
41) "이 두루마리의 예언의 말씀"이라는 표현은 에필로그에 네 번 나타난다(22: 7, 10, 18, 19).

요한계시록의 저자는 자신의 이름을 이미 이 책의 프롤로그에서 요한이라고 밝혔는데(1:1, 2), 에필로그에서 다시 자신의 이름을 요한이라고 밝힌다(계 22:8) 천사를 통해서 중요한 환상들을 경험한 요한은 너무나 감격해서, 천사에게 예배하려고 하였다(참조, 계 19:10). 그러나 그 천사는 요한으로부터 예배받기를 거절하였다. 그 천사는 자기 자신의 위치를 신분을 요한과 그의 동료 예언자들과 일반적인 성도들과 동일한 종이라고 규정하면서, 요한에게 "그러지 말고 하나님께 경배하라"고 권면하였다. 여기서 "이 두루마리의 말을 지키는 자"는 이 두루마리 책의 예언을 지키는 일반적인 그리스도인들을 가리킨다. 그 천사가 예배를 받을 수 없다고 거절한 근본적인 이유는 자기 자신을 계시의 수여자로서가 아니라, 단지 계시의 매개자로 인식하였다는데 있다.[42] 하나님은 계시의 수여자이기 때문에 예배받기에 합당한 분이다.

이처럼 우상숭배는 교회의 외부에만 있는 것이 아니라, 교회의 내부에서, 즉 요한 자신과 예언자들을 포함한 공동체 안에서도 발생할 수 있다. 지금 로마 제국의 악마적 세력에 맞서서 효과적으로 투쟁하기 위해서는 교회 안에 우상숭배자들이 있어서는 안 된다(참조, 계 2:12-17).[43] 오늘날 웅장한 교회 건물이나 혹은 교회에서 인기 있는 목사가 우상숭배의 대상이 될 수도 있다. 그리스도인들은 오직 하나님과 그의 대리자 예수 그리스도에게만 충성하고 예배해야 한다.

> "10 또 내게 말하되 이 두루마리의 예언의 말씀을 인봉하지 말라 때가 가까우니라. 11 불의를 행하는 자는 그대로(ἔτι/에티) 불의를 행하고 더러운 자는 그대로(ἔτι) 더럽고 의로운 자는 그대로(ἔτι) 의를 행하고 거룩한 자는 그대로(ἔτι) 거룩하게 하라"(계 22:10-11).

여기서 말하는 자는 천상의 예수이다. 왜 그는 요한에게 "이 두루마리의 예언의 말씀을 인봉하지 말라"고 말하는가? 그러한 명령에 대한 이유는 "때(καιρός/카이로스)가 가까우니라"에 있다. 여기서 카이로스는 하나님이 결정하신 수직적인 시간으로서 종말 직전의 짧은 시간을 가리킨다. 요한계시록 1:3에서도 "때(카이로스)가 가까움이라"는 말이 나온다: "이 예언의 말씀을 읽는 자와 지키는 자는 복이 있나니 때가 가까움이라."

---

42) 리처드 보컴/ 최흥진 역 『예언의 절정 I』(서울: 한들출판사, 2002), 170.
43) 계 2:12-17에 언급된 발람과 니골라 당은 로마 제국의 요구에 순응한 우상 숭배자들이다.

다니엘은 환상이 미래의 일에 관한 것이므로(단 8:26과 단 10:14), 그것을 봉인해 두라는 명령을 받았다: "그가 이르되 다니엘아 갈지어다. 이 말은 마지막 때까지 간수하고 봉함할 것임이니라."(단 12:9). 그러나 밧모의 요한이 쓴 계시의 책은 미래를 위한 것이 아니라, "지금을 위한, 현재를 위한, 이 순간을 위한, 그리고 카이로스를 위한" 것이다.[44] 만일 계시가 봉인된다면, 그리스도인들은 계시의 내용을 지금 알지 못할 뿐만 아니라, 예배와 충성을 통해서 예언의 말씀에 응답하지 못할 것이다. 그러므로 요한은 계시를 봉인하지 않고 기록해서 소아시아에 있는 일곱 교회에게 서신으로 보낸 것이다.

11절에서 천상의 예수는 카이로스인 이 현재의 시간에 살고 있는 사람들의 행태를 "그대로"(ἔτι/에티)라는 말을 네 번이나 사용해서 설명한다. 그리스도인들이 로마 제국과 대결하고 있는 현재의 시간은 타협과 적응을 통해서 불의와 우상숭배를 아직 "그대로"(ἔτι) 행하거나, 혹은 반제국적 증언과 저항을 통해서 정의를 행하고 예언의 말씀을 실천할 기회가 아직 "그대로"(ἔτι) 있는 카이로스이다.[45] 그러므로 지금 이 현재의 시간에 아직도 행동을 바꿀 수 있는 여지는 충분히 있다.

여러 학자들이 11절이 마지막 때가 시작되었기 때문에 사람들의 성격과 습관을 고칠 시간이 없어서 어떠한 회개도 기대할 수 없다는 것을 의미한다고 주장하지만,[46] 그러한 해석은 옳지 않다. 또한 11절이 "많은 사람이 연단을 받아 스스로 정결하게 하며 희게 할 것이나 악한 사람은 악을 행하리니 악한 자는 아무 것도 깨닫지 못하되 오직 지혜 있는 자는 깨달으리라"(단 12:10)라고 예언된 마지막 때의 의인과 악인의 운명을 요한의 시대에 재현한 것이라고 주장하는 학자들이 있지만,[47] 그러한 해석은 역시 옳지 않다. 인간의 운명은 결코 숙명적으로 미리 예정된 것이 아니다. 카이로스로서 이 현재는 짧은 시간이지만, 그러나 아직도 회개의 기회가 있고, 예언의 말씀을 듣고 지키고 실천할 수 있는 기회가 있는 지속적인 현재이다.

---

44) Pablo Richard, *Apokalypse*, 73.
45) Pablo Richard, *Apokalypse*, 73.
46) Robert H. Mounce, *The Book of Revelation*, 406; Bruce J. Malina and John J. Pilch, *Social-Science Commentary on the Book of Revelation* (Minneapolis: Fortress Press, 2000), 257; 하인리히 크라프트, 『요한묵시록』, 422; 이달, 『요한계시록』, 377-78.
47) G. K Beale, *The Book of Revelation*, 1133. 빌은 계22:11이 단 12:10의 인유라고 주장한다.

## 3. 현재의 시간에 맛보는 미래의 종말론적 보상

요한은 종말에 받을 복을 지금 이 현재의 시간에, 즉 카이로스에 미리 선취할 수 있음을 아래와 같이 표현한다.

"12 보라 내가 속히 오리니(ἔρχομαι/에르코마이) 내가 줄 상이 내 앞에 있어 각 사람에게 그가 행한 대로 갚아 주리라. 13 나는 알파와 오메가요 처음과 마지막이요 시작과 마침이라. 14 자기 두루마리를 빠는 자들은 복이 있으니 이는 그들이 생명나무에 나아가며 문들을 통하여 성에 들어갈 권세를 받으려 함이로다. 15 개들과 점술가들과 음행하는 자들과 살인자들과 우상숭배자들과 및 거짓말을 좋아하며 지어내는 자는 다 성 밖에 있으리라(계 22:12-15).

앞에서 22:7의 해석에서 이미 설명했듯이 "보라 내가 속히 오리니(ἔρχομαι/에르코마이)"(22:12)라는 표현의 시제는 현재형이며, 그것은 천상의 예수의 재림이 아니라, 고난당하면서도 불의에 저항하는 남녀 성도들에게 찾아오는 예수의 현재적 오심을 의미한다(참조, 계 2:16; 3:11). "내가 줄 상이 내 앞에 있어 각 사람에게 그가 행한 대로 갚아 줄이라"는 예수의 선언은 각 사람의 행위에 따른 보상이 현재의 시간에 주어진다는 것을 의미한다. 그러한 상은 물론 미래적 종말론에 속하는 것이다(참조, 사 40:10; 62:11). 그러나 예수는 고난에도 불구하고 예언의 말씀을 실천하는 사람들을 위해서 그러한 종말론적 상을 가지고 지금 이 현재의 시간에 오고 있다. 그것은 현재의 역사, 세계, 그리고 교회 안에서 맛보는 미래적 종말론의 선취를 의미한다. 현재의 시간에서 미래적인 것을 이렇게 선취하는 것을 가능하게 하는 근거는 바로 예수가 역사의 주라는 사실에 있다.[48] 즉, "나는 알파와 오메가요 처음과 마지막이요 시작과 마침이라"는 말은 예수가 역사의 주라는 것을 의미한다. 여기서 사용된 "알파와 오메가"와 "처음과 마지막"은 원래 하나님의 호칭이며(계 1:8), 그리고 "시작과 마침"은 역시 하나님의 호칭이다(계 21:6). 그런데 이러한 하나님의 세 가지 자기 호칭들이 22:13에서 놀랍게도 예수의 자기 호칭과 동일화되었다. 이미 1:17에서 예수는 "처음이요 마지막이니"라고 소개되었다. 이러한 동일화는 요한이 예수를 하나님과 동등한 신적인 위치에서 예배

---

48) Pablo Richard, *Apokalypse*, 73.

의 대상으로 인식하였다는 것을 의미한다. 그것은 왜냐하면 그가 하나님이 항상 예수 안에 임재하고 있고, 그리고 예수를 통해서 말하고 활동하신다는 것을 확신했기 때문이다.

14절에서 "자기 두루마리를 빠는 자들은 복이 있으니"는 지금 현재의 시간에 자기 옷을 빠는 사람들이 복이 있다는 것을 의미한다. 그들은 생명나무가 있는 거룩한 성 새 예루살렘의 문으로 들어갈 권세를 가지고 있다. 옷을 빠는 행위는 예언의 말씀을 실천하고 불의에 저항하는 것을 의미한다. 각자 자기 옷을 빨아야 할 시간은 바로 지금 현재이다. 과거에 옷을 빨았던 순교자들은 지금 모두 하늘에 살아 있다. "이는 큰 환난에서 나오는 자들인데 어린 양의 피에 그 옷을 씻어 희게 하였느니라"(계 7:14).

15절에서 새 예루살렘에 들어가지 못하고 밖에 남아 있는 사람들의 범주는 "개들과 점술가들과 음행하는 자들과 살인자들과 우상 숭배자들과 및 거짓말을 좋아하며 지어내는 자"이다. 이 범주는 21:8과 21:27에서 기술된 새 예루살렘에 들어가지 못할 자들의 목록에서 간추린 것이며, "개들"이 새로 첨가 되었다. 개들은 성서에서 자기 배만 채우는 가장 경멸스러운 사람들을 지칭한다(빌 3:2; 마 7:6). 21:8에 있는 목록의 처음 세 범주의 죄인들인 "두려워하는 자들과 믿지 아니하는 자들과 흉악한자들"이 여기 22:15에서 "개들"로 대체되었다.[49] 15절의 목록에 속하는 사람들은 모두 짐승의 추종자들이다. 그들은 사멸하지 않고 모두 "성 밖에서" 아직 머물고 있다. 그런데 여기서 "성"이 새 예루살렘을 뜻하는 종말론적 미래의 현실을 가리킨다면, 모든 악인들이 유황불에 소멸되어서 영원히 사라지고 성 밖에는 아무것도 있을 수 없을 것이다.[50] 그러므로 15절은 현재적 종말론의 빛에서 이해되어야만 한다.[51] 새 예루살렘은 요한의 시대에 인식될 수 있었지만, 아직 완전한 현실이 되지 못하였다.[52] 소아시아의 일곱 교회들 안에도 역시 로마 제국의 유혹과 압제에 저항하지 못하고 순응하는 명목상의 그리스도

---

49) G. K. Beale, *The Book of Revelation,* 1142.
50) 21:8에서 악인들이 모두 불과 유황으로 타는 못에 던져진 것은 분명히 미래적 종말론에 관한 것이다.
51) Pablo Richard, *Apokalypse,* 74; Wes Howard-Brook and Anthony Gwyther, *Unveiling Empire* (Maryknoll, New York: Orbis Books, 2000), 158.
52) 이러한 관점을 대해서는 George Caird, *A Commentary on the Book of St. John the Divine* (New York: Harper & Row, 1966), 286; William Stringfellow, *An Ethic for Christians and Other Aliens in a Strange Land* (Waco. Tex.: Word Books, 1973), 50을 참조하라.

인들이 틀림없이 있을 것이다. 그들은 카이로스인 현재의 시간에 새 예루살렘을 실현하려고 애쓰는 사람들이 아니다. 로마의 황제숭배 요구를 거부하고 로마의 황제숭배와 제국주의 문화에 저항하는 반제국적 증인들이 바로 현재 속에서 미래의 현실인 새 예루살렘을 실현하기 위해서 애쓰는 사람들이다.

새 예루살렘은 연대기적으로 바빌론이 파괴된 후에 하늘에서 내려오는 것이 아니다. 새 예루살렘은 하늘에 있는 동화 같은 성이 아니다. 새 예루살렘은 현재 속에서 이 세계를 회복시키는 하나님의 프로젝트의 한 상징이다. 그 거룩한 성은 그리스도인들이 로마 제국의 거짓말과 폭력과 착취를 거부하고, 정의, 자유, 평등, 평화 그리고 생명이 지배하는 대안적 세계를 위해서 일하는 곳에서 발견된다. 새 예루살렘은 하나님에게만 예배하고, 그리고 그의 대리자인 어린 양 예수에게 충성하고 따르는 제자직의 실천을 요구한다. 새 예루살렘의 도래는 이미 요한의 시대에 시작되었고, 오늘 우리의 시대에도 계속되고 있으며, 그리고 종말의 날에 완성될 것이다.

## 4. 천상의 예수의 현재적 오심을 간구하는 자들의 예배

요한계시록의 저자 요한은 프롤로그에서 예수를 하나님의 계시를 증언하는 증인으로 언급하였는데, 에필로그에서 그것을 다시 반복한다. 그는 그리스도론적 관점에서 예수의 정체성을 소개하고, 예수의 현재적 오심에 대한 교회의 예전적 찬양을 다음과 같이 서술한다.

"16 나 예수는 교회들을 위하여 내 사자(=천사)를 보내어 이것들을 너희에게 증언하게 하였노라. 나는 다윗의 뿌리요 자손이니 곧 광명한 새벽 별이라 하시더라. 17 성령과 신부가 말씀하시기를 오라 하시는도다. 듣는 자도 오라 할 것이요 목마른 자도 올 것이요 또 원하는 자는 값없이 생수를 받으리라 하시더라"(계 22:16-17).

여기서 "너희"는 요한의 독자들, 즉 소아시아의 교회의 구성원들을 가리킨다.[53] 그들은 예배에 참여하는 자들로 전제되어 있다. 1:1에서 언급되었던 천사가 여기서 다시 언급된다. "이것들"은 천상의 예수가 증언한 예언의 말씀 전체를

---

53) 교회를 의미하는 에클레시아(ἐκκλησία)라는 단어는 요한계시록에서 19회 나오는데, 22:16과 1-3장에만 나타난다.

의미한다. 예수는 자신의 정체성을 "다윗의 뿌리요 자손"이라고 밝힌다(참조. 사 11:1, 10). 그는 이스라엘 민족의 자손이다. 그는 이스라엘의 가지가 아니라, 뿌리다. 다윗의 뿌리는 구약에서 예언된 메시아를 가리킨다. "이새의 줄기에서 한 싹이 나며 그 뿌리에서 한 가지가 나서 결실할 것이요"(사 11:1); "그 날에 이새의 뿌리에서 한 싹이 나서 만민의 기치로 설 것이요 열방이 그에게로 돌아오리니 그가 거한 곳이 영화로우리라"(사 1:10). 요한계시록 5:5에서 스물네 장로들 중의 하나가 도살당한 흉터를 지닌 어린 양 예수를 지칭하면서 "유다 지파의 사자 다윗의 뿌리가 이겼으니"라고 하였다. 이것은 로마의 권력에 의해서 도살당한 힘없는 어린 양이 이제 모든 악의 세력들을 정복할 사자가 되었다는 것을 의미한다. 창세기 49:4에는 "유다는 사자새끼로다"라고 기술되어 있다. 제4에스라서 11:36-12:3에서 묘사된 사자는 메시아를 상징한다.

또한 예수는 자신의 정체성을 "광명한 새벽별"이라고 한다. 광명한 새벽별은 캄캄한 밤이 끝나고 동틈이 가깝다는 것을 알리는 희망과 승리의 표징으로서 메시아를 상징한다. 그것은 이사야서 9:2에 서술된 "큰 빛"에 대한 예언의 성취일 수 있다: "흑암에 행하던 백성이 큰 빛을 보고 사망의 그늘진 땅에 거주하던 자에게 빛이 비추도다"(참조. 마 4:16; 눅 1:78). 또한 그것은 말라기 4:2에 서술된 정의의 태양에 대한 예언의 성취일 수 있다: "내 이름을 경외하는 너희에게는 공의로운 해가 떠올라서 치료하는 광선을 비추리니 너희가 나가서 외양간에서 나온 송아지 같이 뛰리라." 또한 그것은 유대 묵시문학에 속하는 레위의 언약 18:2-4에서 메시아를 상징하는 별일 수 있다.

> "2 주님은 주님의 모든 말씀을 계시할 한 새로운 제사장을 세우실 것이다. 주님은 여러 날 동안 땅에서 진리의 심판을 하실 것이다. 3 그리고 낮이 해에 의해서 환하게 되듯이 진리의 빛을 나타내면서 그의 별이 왕처럼 하늘에서 뜰 것이다. 그가 세상의 전 주민들로부터 찬미를 받을 것이다. 4 이 별이 땅에서 태양처럼 빛날 것이며, 하늘 아래로부터 모든 어둠을 없앨 것이며, 그리고 땅에는 평화가 있을 것이다"(레위의 언약 18:2-4).

요한계시록 22:16에서 언급된 "다윗의 뿌리"와 "광명한 새벽 별"은 악을 정복하고 정의를 수립할 예수를 상징한다.

"성령과 신부가 말씀하시기를 오라 하시는도다"(계 22:17). 이것은 22:12에서 예수가 "보라 내가 속히 오리니"라고 그의 현재적 오심을 확약한 것에 대한 반응이다.[54] 여기서 신부는 예배에 참여한 성도들이 기다리는 새로운 대안적 공동체인 새 예루살렘을 상징한다. 요한계시록의 다른 곳에서 새 예루살렘은 "신부, 곧 어린 양의 아내"로 불린다(참조, 계 21:2, 9). 요한계시록에서 성령은 자주 나온다.[55] 성령과 신부의 병렬은 공동체로서 새 예루살렘이 성령의 지배를 받고 있다는 것을 의미한다.[56] 신부로서 새 예루살렘(계 21:9-10)은 큰 음녀로서 바빌론(계 17:1-3)과 대조된다.

"듣는 자도 오라 할 것이요"(계 22:17)에서 "듣는 자"는 예배에서 낭독자를 통해서 요한계시록의 내용을 듣는 성도들 개개인을 가리킨다. 듣는 자들, 곧 예배 참석자들은 천상의 예수의 도움이 지금 현재 절실히 필요하기 때문에 그를 향해서 "오라"고 간구한다.

"목마른 자도 올 것이요 또 원하는 자는 값없이 생수를 받으리라"에서 "목마른 자"는 정의와 평화를 타는 목마름으로 갈망하면서(참조, 마 5:6) 아직도 불의와 싸우고 있는 자들이며, "원하는 자"는 경제적 불의에 의해서 필요를 채우지 못한 가난한 자들을 가리킨다. 그들이 "생수를 값없이 받으리라"(참조, 사 5:1)는 것은 가난한 자들을 억압하는 돈이 중심이 된 로마의 착취적인 경제구조에 대한 비판이다. 생수는 생명의 유지에 절대적으로 필요하다.[57]

여기서 "듣는 자," "목마른 자," 그리고 "원하는 자"는 모두 예배에 참여하는 성도들이다. 예배는 종말에 임하는 새 예루살렘의 현실을 지금 미리 맛보는 선취이고, 정의와 평화와 평등이 지배하는 새 예루살렘의 삶을 위한 예행연습의 행위이고, 그리고 세상을 향해서 하나님의 말씀과 예수 그리스도의 증언을 선포하는 행위이다. 예배는 로마의 제국주의와 우상숭배에 대한 저항과 정의 실천을 요구한다. 불의에 대한 저항 없이 참여하는 예배는 정의를 요구하지 않는 우상에게 드리는 예배이다.[58] 참된 예배는 권력을 휘두르는 로마 황제 대신에 하나님과 그의 대리자인 예수 그리스도에게 충성을 고백하는 행위이고, 하나님의 말씀을 증언하는 행위이다. 이러한 측면에서 예배는 정치적이다.

---

54) 리처드 보컴, 『요한계시록 신학』, 175.
55) 계 1:10; 2:7, 11, 17, 29; 3:6, 13, 22; 4:2; 14:13; 17:3; 21:10; 22:17.
56) Klaus Wengst, *"Wie lange noch?"*, 216; Pablo Richard, *Apokalypse*, 208.
57) 계 7:17; 21:6; 22:1, 17; 요 4:10-15; 7:38; 솔로몬의 송가 6:18; 11:7.
58) Justo L. González, *For the Healing of the Nation: The Book of Revelation in an Age of Cultural Conflict* (Maryknoll: Orbis Books, 1999), 109.

"18 내가 이 두루마리의 예언의 말씀을 듣는 모든 사람에게 증언하노니 만일 누구든지 이것들 외에 더하면 하나님이 이 두루마리에 기록된 재앙들을 그에게 더하실 것이요 19 만일 누구든지 이 예언의 말씀에서 제하여 버리면 하나님이 이 두루마리에 기록된 생명나무(ξύλον/크쉴론)와 및 거룩한 성에 참여를 제하여 버리시리라" (계 22:18-19).

이 본문은 현재적 시간에서만 의미가 있다. 예언의 말씀에 있어서 추가와 삭제에 대한 금지(참조, 신 4:1-2; 29:19-21)는 예언의 말씀에 대한 잘못된 가르침과 그 결과로 인한 우상숭배를 경고하기 위한 것이다.[59] 그러므로 요한계시록의 예언의 말씀을 추가하거나 삭제하는 사람은 미래적인 종말의 날에서가 아니라, 바로 지금 이 현재의 시간에 재앙들을 당하고 "생명나무와 및 거룩한 성에" 참여할 수 없을 것이다. 새 예루살렘에 있는 생명나무는 달마다 새로운 열매를 맺어 일 년에 열두 가지 열매를 맺고, 그 나무의 잎사귀들은 로마 제국의 압제 아래서 정신적인 그리고 육체적인 질병에 걸린 만국을 치료하는 약재가 된다(계 22:2; 겔 47:12). 새 예루살렘에는 생명나무가 있기 때문에 굶주림이 없고, 질병은 치료된다. 생명나무(ξύλον/크쉴론)는 한 그루의 나무가 아니라 생명수의 강 좌우에 가로수처럼 서 있는 여러 그루의 나무를 의미하는 집합명사이다. 새 예루살렘의 중앙에 생명수의 강이 흐르고 강 좌우에 생명나무와 도로가 있다. 새 예루살렘에 하나님과 어린 양의 보좌로부터 흘러나오는 맑은 생명수의 강물이 있어 누구나 그 깨끗한 물을 마실 수 있으며, 그리고 하나님의 얼굴을 마주보고 하나님과 어린 양 예수를 예배하면서 영원히 살 수 있다(계 22:1-5).
　　교회의 예배의 예전적인 장면의 절정은 천상의 예수의 현재적 오심에 대한 선포이고 성도들의 응답이다. 천사의 예수는 고난당하는 성도들과 연대하기 위해서, 그들과 함께 싸우기 위해, 그리고 그들과 함께 살기 위해서 지금 속히 온다고 약속하고, 그들은 반가워서 "아멘"으로 응답한다.

"20 이것들을 증언하신 이가 이르시되 내가 진실로 속히 오리라(ἔρχομαι/에르코마이)하시거늘 아멘 주 예수여 오시옵소서(ἔρχου/에르쿠) 21 주 예수의 은혜가 모든 자들에게 있을 지어다. 아멘"(계 22:20-21).

---

59)　G. K. Beale, *The Book of Revelation*, 1151.

"내가 진실로 속히 오리라(ἔρχομαι/에르코마이)"는 미래적인 종말에 일어날 예수의 재림에 대한 약속이 아니라,[60] 지금 현재의 시간에 그가 온다는 것을 의미한다, 그는 로마 제국의 유혹과 압제에 순응하지 않고 저항하는 성도들을 위로하기 위해서, 그들과 더불어 연대투쟁하기 위해서 지금 현재의 시간에 그들에게 온다고 약속한다. 예배의 참여자들은 반가워서 "아멘 주 예수여 오시옵소서"라고 응답한다. 그것은 소아시아의 억눌린 약자들의 주님인 예수가 지금 와서 새로운 대안적 세계를 위한 자신들의 투쟁에 함께 연대하고 싸워주기를 갈망하는 성도들의 절박한 간구이며 희망이다.

예배는 요한계시록이 선포되는 자리 이상의 의미를 갖는다. 예배는 로마 제국의 신적 주장과 거짓 선전에 항의하는 성도들이 무기를 통해서가 아니라, 하나님의 말씀을 통해서 비폭력적으로 반제국적 저항과 투쟁을 착수하는 자리이다. 그러므로 오늘날에도 예배는 절대적 권력을 휘두르는 지배자들에게는 항상 위협이다.[61]

요한은 마지막 인사에서 "주 예수의 은혜가 모든 자에게 있을지어다. 아멘."으로 그의 책을 끝맺는다. "주 예수여 오시옵소서"(ἔρχου κύριε Ἰησοῦ/에르쿠 퀴리 예수)는 아람어 אתא מרנא(히브리어와 아람어는 오른쪽에서 왼쪽으로 읽는다)를 그리스어로 음역한 "마라나 타"(μαράνα θα,)와 같은 의미다. "마라나 타"는 "우리 주여 오소서"라는 의미인데, 이것은 고린도전서 16:22와 디다케 10:14에 나타난다.


## IV. 결론

하나님은 예수 안에 항상 임재하시고 예수를 통해서 일하신다. 하나님은 예수 안에서 이미 오신 자이며 또한 장차 예수 안에서 오실 자이다. 천상의 예수는 성령을 통해서 지금 교회와 세계 안에 임재하고 있다. 밧모 섬의 요한은 종말에 자기를 현시할 천상의 예수의 미래적 오심과 지금 현재의 시간에 자기를 현시하는

---

60) 대다수 학자들은 이것을 재림으로 해석한다. 예를 들면, 이달, 『요한계시록』, 385-86를 보라.
61) 예를 들면, 일제강점기에 일본당국은 예배를 방해하기 위해서 신사참배를 거부한 평양 산정현교회를 비롯하여 많은 교회들을 폐쇄시켰다. 아파르트헤이트 반대 운동이 고조되었던 1985년에 남아공에서 상당한 수의 설교자들이 감옥에 갇혔고, 교회의 예배가 금지되었다. 경찰은 예배드리는 사람들을 최루 가스, 경찰견, 그리고 총으로 공격하였다. Allen A. Boesak, *Comfort and Protest*, 37을 보라.

천상의 예수의 현재적 오심을 분명하게 구별해서 표현했다. 하지만 지금까지 대다수의 학자들은 요한계시록에서 서술된 천상의 예수의 오심을 이러한 두 가지 차원에서 구별하지 못하고, 오로지 미래적인 재림으로만 해석해왔다. 요한계시록은 미래적인 종말에 대해서 말지만, 강조점은 미래에 있는 것이 아니라, 현재에 있다. 즉, 밧모 섬의 요한이 요한계시록을 쓴 목적으로 거대한 로마 제국의 우상숭배적인 체제와 문화에 동화될 위험에 처한 소아시아의 교회들에게 저항의 힘을 불어넣고 그들을 위로하고 격려하기 위한 것이다.

종말은 미래적인 사건이다. 하지만 종말은 세계의 멸망이나 역사의 종말을 의미하는 것이 아니라, 하나님이 폭력의 역사의 진행을 단절시키고, 이 세계 안에 있는 모든 불의를 소멸시키고 대안적인 새로운 세계를 개벽시키는 것을 의미한다. 종말의 정확한 시점은 오직 하나님의 결정에 달려 있다(참조. 막 13:32). 요한은 종말의 날 이전에 현재의 시간에 자신을 현시하고 반제국적 연대투쟁을 하고 성도들과 함께 살기 위한 천상의 예수의 현재적 오심을 강조한다.

로마의 폭력을 경험한 소아시아의 약자들은 폭력의 역사의 끝남을 애타게 갈망한다. 요한계시록의 처음과 끝에는 폭력의 역사의 끝남에 대한 희망이 요한계시록 전체의 주제로 나타난다. 1:1에 있는 "반드시 속히 일어날 일들"(ἃ δεῖ γενέσθαι ἐν τάχει/하 데이 게네스타이 엔 탁세이)과 22:6에 있는 "반드시 속히 되어 질 일"(ἃ δεῖ γενέσθαι/하 데이 게네스타이)은 동일하게 폭력의 역사의 진행을 끝내기 위한 천상의 예수의 현재적 오심에 관한 것을 가리킨다. 그리스어 "δεῖ/데이"라는 단어는 "반드시 해야만 한다"를 의미하는 영어의 "must"에 해당한다. 그러므로 여기서 "데이"가 사용된 것은 폭력의 역사의 진행에 대한 항의를 나타내고, "속히"(ἐν τάχει/엔 탁세이)는 폭력의 역사의 끝남을 바라는 절박성을 나타낸다. 약자들에게 있어서 속히 일어나야만 하는 것은 폭력의 역사의 끝남이다. 폭력의 역사를 끝내기 위한 천상의 예수의 현재적 오심을 가리키는 "반드시 속히 일어날 일들"에 대한 계시는 로마의 우상숭배적인 제국주의 체제에 대한 성도들의 저항의 잠재력을 강화시켜준다. 성도들이 현재의 시간에 천상의 예수와 연대하여 불의를 깨트리는 작지만 구체적인 행동에서 폭력의 역사의 단절에 대한 희망은 이미 실현되고 있다.

요한은 폭력의 역사의 단절에 대한 희망을 확고하게 가지고 있다. 천상의 예수가 올 것이라는 것은 요한계시록의 중요한 가르침이며, 또한 그것은 그리스도인들의 원초적인 희망이다. 그들이 천상의 예수가 올 것을 확실히 믿고 기다리는 것은 십자가에서 예수가 피를 흘린 과거의 구원행위와 죄로부터 해방되고 나라와 제사장이 된 구원의 현재적 경험 때문이다(계 1:5-6).

그는 천상의 예수가 지금 이 현재의 시간에 속히 오고 있다는 것을 거듭해서 강조함으로써 로마 제국의 유혹과 압제 아래서 고난을 당하면서 저항하고 있는 남녀 그리스도인들을 위로하고 격려했다. 요한계시록의 프롤로그에서 언급된 "볼지어다 그가 구름을 타고 오시리라"(계 1:7)와 에필로그에서 세 번이나 반복된 "내가 속히 오리니"(계 22:7, 12, 20)는 모두 천상의 예수의 현재적 오고 있음을 뜻하며, 그것은 요한계시록의 전체 메시지의 핵심이다.[62] 천상의 예수는 폭력의 역사를 단절시키기 위해서 종말 이전에 미리 지금 현재의 시간에 온다고 약속한다. 그는 성도들을 위로하고, 그들과 함께 반제국적 연대투쟁을 하고, 그리고 그들과 함께 살기 위해서 지금 현재의 시간에 온다. "내가 진실로 속히 오리라"(계 22:20)는 그의 현재적 오고 있음을 나타내는 표현이다. 그의 이 확약에 성도들은 "아멘 주 예수여 오시옵소서"라고 열렬하게 응답한다.

예수의 현재적 오고 있음에 대한 요한의 강조는 사회적 변혁과 약자들의 해방과 구원을 지향하는 그의 저항 신학에서 발현되었다. 예수의 현재적 오심의 목적은 제국의 우상숭배적인 논리에 순응하거나 타협하는 교회들을 쇄신하여 교회의 본질을 회복시키는 데 있으며, 또한 고난당하는 성도들과 함께 로마 제국이 주도하는 폭력의 역사를 끝내기 위해서 반제국적 연대투쟁을 전개하는 데 있다. "그러므로 회개하라 그리하지 아니하면 내가 네게 속히 가서 내 입의 검으로 그들과 싸우리라"(계 2:16). 그러므로 천상의 예수의 현재적 오고 있음을 강조하는 요한계시록의 그리스도론은 폭력의 역사를 끝내기 위해서 약자들과 함께 싸우는 투사 그리스도론이라고 부를 수 있다.

요한은 천상의 예수의 현재적 오고 있음을 강조할 뿐만 아니라, 예수에 의해서 증언된 예언의 말씀을 이 현재의 시간에 실천할 것을 그의 독자들에게 강력하게 요구한다. 그리스도인들이 "하나님의 말씀과 예수 그리스도의 증거"(1:2)를 증언하는 것은 곧 로마 제국의 우상 숭배적인 체제와 죽음의 문화에 대한 저항의 행위이다.

요한이 기록한 요한계시록의 주제는 폭력의 역사의 끝남에 대한 희망이다. 그는 밧모 섬에 갇혀 있는 한 예언자이다(계 22:9; 참조, 계 10:11). 그는 계시를 통해서

---

62) "내가 속히 오리니($\check{\epsilon}\rho\chi o\mu\alpha\iota$ $\tau\alpha\chi\acute{\upsilon}$/에르코마이 타퀴)"는 22:7, 12, 20 외에도 2:16; 3:11;12:20
에 나온다.

환상을 보았고, 예수에 의해서 증언된 말씀을 기록하였다. 그는 자신이 쓴 계시의 책을 "예언"이라고 부른다. 요한계시록 1:3에 "이 예언의 말씀을 읽는 자와 듣는 자와 그 가운데에 기록한 것을 지키는 자는 복이 있나니"라는 권고가 있고, 22:7에 "보라 내가 속히 오리니 이 두루마리의 예언의 말씀을 지키는 자는 복이 있으리라"라는 권고가 있고, 22:10에 "또 내게 말하되 이 두루마리의 예언의 말씀을 인봉하지 말라 때가 가까우니라다"는 권고가 있으며, 그리고 22:18-19에는 "이 두루마리의 예언의 말씀을 더하거나 제하지 말라"는 권고 있다. 이러한 요한의 권고는 현재의 시간에 필요한 그리스도인들의 신앙실천을 위한 기독교 윤리이다.

요한은 이 세계에 대한 통치권이 하나님과 그의 그리스도에게 있다고 확신한다. 성도들은 예언의 말씀을 지키고, 하나님과 예수 그리스도에게만 충성하고 예배해야 한다. 예배는 요한계시록의 시작과 끝에서 중요한 위치를 차지한다. 예배의 대상은 하나님과 그의 대리자인 예수 그리스도이다. 예수를 예배하는 것은 곧 하나님을 예배하는 것이다. 왜냐하면 하나님은 항상 안에 있고 예수를 통해서 말하고 행동하기 때문이다(참조. 요 20:28). 참된 예배는 하나님과 그의 그리스도 예수에 대한 충성을 고백하는 행위이고, 부활하여 영원히 살아 있는 천상의 예수에 의해서 증언된 말씀을 선포하는 행위이고, 그리고 정의와 평화와 평등이 지배하는 새 예루살렘의 삶을 위한 예행연습의 행위이다.[63] 이와 반대로 로마 제국이 요구하는 황제예배는 정의를 요구하지 않는 신에게, 즉 약자들의 고난의 현실을 보지 못하고 그들의 통곡과 절규를 듣지 못하는 우상에게 충성하는 우상숭배이다.

요한계시록의 문학적 구조에서 프롤로그(1:1-8)와 에필로그(22:6-21)의 메시지의 초점이 지금 현재의 시간에 있다는 것은 요한계시록 전체의 메시지가 천상의 예수가 오고 있는 지금을 위한, 현재의 시간을 위한, 그리고 카이로스를 위한 것이라는 것을 의미한다.

오늘의 제국은 강대국들이 주도하는 시장의 제국이다. 오늘날 수많은 가난한 사람들이 시장의 제국의 공격으로 인해서 차별, 억압, 착취, 빈곤 그리고 때 이른 죽음을 당하고 있다. 자본주의 사회에서 교회는 시장의 제국을 정당화하는 사악한 경제 논리에 굴복하고 적응할 위험이 있다. 오늘의 교회와 그리스도인들은 힘

---

63) 예배와 하나님의 나라의 관계에 대해서는 이병학, "정의 투쟁 문서로서의 신약성서," 『성서마당』 99 (2011), 45-60을 참조하라.

없는 약자들과 가난한 나라들의 고난을 외면하는 식으로 제국의 지배적 문화에 적응하도록 유혹을 받고 있다. 오늘날 그리스도인들은 수많은 희생자들을 생산하는 시장의 제국의 지배적 문화에 적응할 것인가, 혹은 개인적인 손해와 억압의 위험을 감수하고서라도 시장의 제국에 저항할 것인가라는 양자택일의 질문 앞에 서 있으며, 또한 시장의 제국의 신인 맘몬의 권력에 충성할 것인가, 혹은 하나님과 예수 그리스도의 권력에 충성할 것인가라는 양자택일의 질문 앞에 서 있다.

천상의 예수는 이 세계와 교회 사이에 항상 임재하고 있다. 그는 정의와 평화 평등과 생명을 위한 그리스도인들의 투쟁에 연대하여 함께 싸우기 위해서 그리고 그들과 함께 살기 위해서 지금 현재 고난과 억압의 현장에 오고 있다. 그리스도인들의 정의투쟁은 부활하여 영원히 살아 있는 예수와 함께 하는 투쟁이다. 그리스도인들은 사회에서 약자들을 위해서 "정의와 긍휼과 믿음"(마 23:23)을 실천해야만 한다. 우리는 그 당시의 그리스도인들처럼 "아멘 주 예수여 오시옵소서"라고 그의 현재적 오고 있음을 믿고 간구하면서, 현재의 시간에 그와 연대하여 사회 변혁과 대안적 세계의 실현을 위해서 끊임없이 하나님의 말씀과 예수를 증언하고 저항하는 기독교 윤리적인 삶을 살아야 한다.

제2부
요한계시록의 교회론과
정치적 예배

제4장
# 제국의 미디어와 대항 미디어로서의 교회

## I. 서론적 성찰

  미디어는 현실 세계에 대한 사람들의 인식에 중대한 영향을 미친다. 미디어의 힘은 권력층과 기업과 부유층의 지배적인 역할을 뒷받침하는 핵심적인 구실을 한다.[1] 대다수의 사람들은 이러한 미디어가 설득하는 주류의 견해들을 대세로 인정하고 수용한다. 그러나 우리는 진실을 알기 위해서 미디어에서 활동하는 사회 평론가들, 리포터들, 그리고 다양한 전문가들이 누구이고, 그들이 무엇을 위해서, 그리고 누구의 이익을 위해서 일하는가를 물어야 하며, 그들을 고용한 미디어 기업의 동기, 미디어 기업과의 그들의 관계, 그리고 미디어 기업과 정부와의 관계를 파악하여 미디어가 전하는 정보와 선전의 근원을 분석하고 비판해야만 한다. 그러므로 교회는 권력과 자본을 우상으로 숭배하는 미디어 문화에 저항하는 대항 미디어로서의 역할을 감당해야만 한다.
  그렇지만 오늘날 대다수의 교회들은 약자들의 희생을 요구하는 신자유주의적 세계화와 소비사회를 정당화하는 미디어의 마력에 무감각하고, 무비판적이며, 그리고 무기력하다. 가난한 자들, 인권을 박탈당한 사람들, 철거민들,[2] 유흥업소로 내몰린 가난한 여자들,[3] 자살하는 농민들, 해고된 노동자들, 파면당한 교사

---

1) 로버트 W. 맥체스니, 『부자 미디어 가난한 민주주의』(서울: 한국언론재단, 2006), 302.
2) 철거민들의 실상에 대해서는 조혜원 외, 『여기 사람이 있다: 대한민국 개발잔혹사, 철거민의 삶』(서울: 삶이보이는창, 2009)를 보라; 2009년 1월 철거민 5명과 특공 경찰대원 1명이 불타죽은 용산참사에 대한 신학적 성찰에 대해서는 Byung Hak Lee, "Die Gewaltüberwindung durch Erinnerungssolidarität mit den Toten: Schrei der Toten im äthiopischen Henchbuch und in der Apokalypse des Johannes," *Korean Journal of Christian Studies* Vol.63(2009), 77-92을 보라.
3) 유흥업소에 종사하는 여성들의 비참한 현실과 인간적인 삶을 갈구하는 그들의 희망에 대해서는 이

들, 불법체류로 내몰린 이주 노동자들,[4] 그리고 공권력에 의해서 목숨을 빼앗긴 희생자들, 이 모든 약자들의 울부짖음은 천둥과 같다. 그러나 매 주일 마다 교회 예배의 강단을 통해서 돈, 성공, 건강, 그리고 축복에 대한 메시지를 강력하게 쏟아내는 대다수의 주류 교회들은 미국의 위대함과 북한의 도발 위험에 대해서는 자주 언급하지만, 그러나 고난당하는 약자들, 노동자들, 농민들, 이주노동자들의 현실에 대해서는 일체 말하지 않는다. 이러한 교회의 현상은 미디어의 명령들에 의해서 굴복당한 왜곡된 교회의 모습이다.

로마 제국의 중요한 미디어는 소아시아의 대도시들의 사람들에게 영향을 주는 "신전, 기념비, 동상, 축제, 연설, 동전, 그리고 운동경기"였다.[5] 이러한 미디어는 로마 제국의 우상 숭배적인 체제를 합법화하고 황제 예배를 정당화하는 문화였다. 또한 이러한 미디어는 제국을 위한 신화들을 창조해서 전파하였다. 소아시아의 일곱 도시들은 이러한 미디어의 중심지였다. 요한계시록의 저자 요한은 교회를 제국의 미디어에 대립하는 반제국적 대항 미디어로 이해한다. 그러므로 일곱 교회들이 이러한 중요한 도시들에 세워졌다는 사실은 대항 미디어로서의 교회의 역할을 이해하는 데 있어서 결정적으로 중요하다.

그런데 일곱 교회들이 제국의 미디어의 힘에 굴복하여 타협하고 순응함으로써 기독교의 정체성을 상실할 위기에 처해 있었다. 이러한 상황에서 요한은 천상의 예수로부터 "네가 보는 것을 두루마리에 써서 에베소, 서머나, 버가모, 두아디라, 사데, 빌라델비아, 라오디게아 등 일곱 교회에 보내라"(계 1:11)고 명령을 받았다. 요한계시록에 자주 나타나는 일곱이라는 숫자는 충만함과 완전함을 나타내는 숫자이다. 그러므로 이름이 구체적으로 언급된 일곱 교회는 소아시아 지역의 전체 교회들을 대표한다. 일곱 교회에게 주어진 말씀은 소아시아 지역의 전체 교회들을 향한 말씀이다. 요한은 일곱 교회에 편지를 쓰기 전에 천상의 예수가 그에게 하신 말을 소개한다. "네가 본 것은 내 오른손의 일곱 별의 비밀과 또 일곱 금 촛대라. 일곱 별은 일곱 교회의 사자(=천사)요 일곱 촛대는 일곱 교회니라"(계 1:20). 일곱 교회의 천사들은 누구인가? 이 천사들은 지상의 일곱 교회를 대표하

---

병학, "가난한 여자들의 억울한 죽음," 「살림」 3월호(2002), 70-80을 참조하라.

4) 예를 들면, 1992년 2월 관광 비자로 입국하여 한국에서 18년을 이주 노동자로 살면서 노동 가수로 활동해온 네팔인 미노드 목탄(38세)은 정치적 집회에 적극적으로 참여하였다는 이유로 2009년 2월 23일 강제 추방당하였다.

5) Wes Howard-Brook and Anthony Gwyther, *Unveiling Empire: Reading Revelation Then and Now* (Maryknoll, New York: Orbis Books, 2000), 88.

는 자들이다. 초기 교회는 각 교회를 대표하는 천사들이 하늘에 있다고 생각했다 (참조, 마 18:10). 천상의 예수가 오른손에 일곱별을 잡고 있다는 것은 고난당하는 일곱 교회에게 큰 위로로 이해된다. 왜냐하면 일곱 교회는 로마 제국의 손아귀에 있는 것이 아니라, 전능하신 하나님의 오른손 안에 있기 때문이다. 인자가 일곱 금 촛대사이에 있다는 것은 예수가 지금 일곱 교회 안에 있다는 것을 의미한다(계 1:13). 일곱별과 일곱 금 촛대에 대한 이러한 해석은 요한이 일곱 교회에 드러낸 비밀의 의미이다.

일곱 교회가 당면한 현실은 종교적 측면에서 황제 예배를 강요하는 우상숭배 만이 아니라, 정치적, 경제적, 그리고 사회적 측면에서 경험하는 불의, 차별, 억압, 착취, 그리고 폭력이다. 천상의 예수는 일곱 교회들이 이러한 현실에서 로마 제국의 미디어 문화에 어떻게 대처하는가에 따라서 교회들을 개별적으로 책망 하거나 칭찬하면서 교회의 갱신을 요구한다. 각 교회에 보내는 편지의 끝에는 언 제나 "귀 있는 자는 성령이 교회들에게 하시는 말씀을 들을지어다."라는 권고가 있다. 이것은 일곱 교회들을 향한 개별적인 편지가 해당 교회를 넘어서 소아시아 의 모든 교회를 향한 메시지라는 것을 의미한다. 그러므로 일곱 교회들의 환상은 그 당시의 교회 갱신만을 위해서가 아니라, 오늘날의 교회 갱신을 위한 척도로 이해될 수 있다.

복음화와 선교의 이름으로 성취한 교회의 양적인 성장에도 불구하고 한국 교 회의 갱신의 필요성은 매우 절박하다.[6] 그런데 교회는 어떻게 갱신되어야 하는 가? 진정한 교회의 본질은 무엇인가? 세계화 시대의 교회론은 어떻게 정립되어 야 하는가? 나는 이러한 질문들의 해답의 실마리를 1세기 말엽에 로마 제국의 유혹과 압제의 상황에서 산출된 요한계시록에 서술된 일곱 교회 환상(계 2:1-3:22)에서 찾고자 한다.

나는 일곱 교회 환상을 기독교 신앙을 잠식하는 로마의 미디어 문화와 싸우는 요한의 반제국주의 투쟁의 맥락에서 읽고 해석한다. 일곱 교회들이 제국의 미디 어 문화에 각기 다르게 반응했기 때문에 요한은 예수의 입을 통해서 교회들을 칭 찬하거나 비판한다. 나는 요한이 칭찬과 비판을 통해서 일곱 교회들에게 공동으 로 요구하는 행위들이 구체적으로 무엇이었는지를 규명하려고 한다. 왜냐하면 교회의 행위들은 곧 교회의 삶을 의미하며, 그것은 또한 교회의 본질과 정체성을

---

6) 함세웅, 『멍에와 십자가』 (서울: 빛두레, 1993), 144-60; 한완상, 『예수 없는 예수교회』 (서울: 김영 사, 2008), 4-7.

나타내기 때문이다.

　이 논문에서 나는 요한계시록의 저자가 주장하는 대항 미디어로서의 교회의 역할을 밝히고자 하며 그리고 그가 주장하는 교회의 삶과 본질을 규명하고자 한다. 나는 이 연구를 통해서 한국교회의 갱신의 방향을 요한계시록의 관점에서 제시하고자 하며, 약자들의 희생을 제물로 요구하는 신자유주의적 세계화의 시대에 대응하는 성서적 교회론의 정립에 기여하고자 하며, 그리고 오늘날 의식 있는 남녀 그리스도인들의 교회 갱신 운동을 신학적으로 지지하고자 한다.


## II. 로마 제국의 미디어와 대항 미디어로서의 교회

### 1. 제국의 미디어와 신화들

　요한계시록이 저작된 시기는 도미티아누스 황제의 통치의 마지막 시기인 95년으로 추정된다. 도미티아누스는 "주님과 하나님"(dominus et deus)을 자기의 공식 호칭으로 사용했고, 이 호칭이 제국의 공문서에서도 사용되었다. 사람들은 그를 "우리의 주님과 하나님(dominus et deus noster)"이라고 불렀다. 로마의 궁중 시인들은 도미티아누스 황제를 "주님들의 주님, 높은 자들 중의 높은 자, 땅의 주님, 모든 사물의 신"이며, "새벽별보다 더 빛나는 분"이라고 칭송했다.[7] 소아시아의 대도시 에베소에 도미티아누스 황제를 위한 신전이 세워졌다. 황제숭배는 로마 제국에 대한 충성증명으로 간주되었으며, 황제숭배를 거부한 그리스도인들은 박해를 당했다. 로마 제국은 미디어를 통해서 로마의 제국주의 지배와 황제 숭배를 정당화했다.

　로마 제국의 중요한 미디어는 신전, 기념비, 동상, 축제, 연설, 동전, 그리고 운동경기였다. 사람들은 날마다 이러한 미디어를 접하면서 로마 제국의 힘과 위용에 압도되었다. 이러한 폭넓은 미디어는 로마 제국을 절대화하는 제국주의적 관점을 소아시아의 식민지 사람들에게 강력하게 각인시켰다.[8] 이러한 미디어를 통해서 로마 제국의 지배와 황제 숭배를 정당화하는 제국의 신화들이 소아시아 전체에 퍼졌다. 소아시아의 중요한 일곱 도시들은 바로 이러한 미디어의 중심지

---

7) Ethelbert Stauffer, *Christ and Caesar: Historical Sketches* (London: SCM, 1955), 156.
8) 리처드 보컴/ 이필찬 역, 『요한계시록 신학』 (서울: 한들출판사, 2000), 37.

였다.

이러한 제국의 미디어는 신화들을 창조하고 또 제국의 담론을 정당화하는 공론장[9]으로서 중요한 역할을 했다. 그러나 로마의 공론장은 권력으로부터 자유로운 토론과 비판이 가능한 민주적 공론장이 아니라, 오로지 로마의 평화(Pax Romana)라는 이념을 통해서 인민들에게 복종과 충성을 요구하는 제국의 담론을 정당화했다. 그러므로 요한계시록의 저자 요한은 교회가 제국의 미디어의 힘에 저항하는 반제국적 대항 미디어로서의 역할을 하도록 요구하고, 또한 교회가 제국의 공론장을 비판하는 대항공론장의 역할을 하도록 요구한다.

제국의 미디어가 창조한 제국의 신화들은 "제국, 승리, 평화, 신앙, 구원, 그리고 영원"이라는 여섯 가지 신화들이다.[10] 이러한 제국의 신화들의 목적은 사람들로 하여금 로마 제국의 이익에 부합하는 방식으로 현실을 인식하도록 가르치는 데 있었으며, 이로써 로마 제국을 절대화하고 로마의 제국주의 지배를 합법화하는 데 있었다. 이러한 상황에서 소아시아의 약자들의 고난과 빈곤과 비참은 보이지 않게 은폐되었다. 그러나 요한은 천상의 세계에 대한 환상들의 반제국적 대항 현실을 통해서 소아시아 지역의 현실을 덮고 있는 제국의 신화들을 뒤집었으며, 사람들로 하여금 계시의 책을 통해서 천상의 관점으로부터 현실을 직시하도록 한다.

첫째로 "제국"이라는 신화는 로마 제국을 절대화하며, 어떠한 다른 대안의 가능성을 허용하지 않는다. "누가 이 짐승과 같으냐? 누가 능히 이와 더불어 싸우리요?"(계 13:4). 이것은 출애굽기 15:11의 "주와 같은 자가 누구니이까?"에 대한 정면 반대이다. 로마 제국이 세계에서 유일한 절대적인 제국이라는 신화는 로마의 제국주의 체제를 정당화하고 식민지 인민들의 복종을 요구하였다. 그러나 요한은 로마 제국의 권력과 권위는 하늘에서 추방되어 치명적인 상처를 안고 추락한 사탄에 의해서 주어진 것이기 때문에 로마 제국은 곧 멸망할 수밖에 없는 결정적인 취약성이 있는 체제라는 점을 부각시키고(계 12:7-13:4), "만국의 왕"은 하나님이라고 천명하면서(계 15:3) 로마의 멸망과 새 하늘, 새 땅, 새 예루살렘의 도래를 예언한다.

---

9) 공론장의 개념에 대해서는 위르겐 하버마스/한승완 옮김, 『공론장의 구조변동: 부르주아 사회의 한 범주에 관한 연구』 (서울: 도서출판 나남, 2001); 손석춘, 『한국공론장의 구조변동』 (서울: 커뮤니케이션북스, 2005), 1-14를 보라.
10) Wes Howard-brook and Anthony Gwyther, *Unveiling Empire*, 223-35.

둘째로 "승리"라는 신화는 로마 제국의 요체이다. 로마 제국의 건설과 유지는 군사적 정복과 살육을 통한 승리에 의한 것이다.[11] 로마 제국에서 통용되는 동전에 승리의 여신상이 새겨져 있었고, 그리고 황제들의 이름 앞에 승리자라는 호칭이 첨부되었다. 승리의 여신은 식민지의 인민들을 무력과 학살로 정복한 황제들의 승리에 정당성을 부여해주었다. 결국 로마의 승리는 바빌론에 대한 하나님의 심판으로 파괴된다. 그러나 요한은 로마의 제국주의의 희생자인 어린 양 예수의 승리와 그의 추종자들과 순교자들의 승리를 말한다. 참된 승리는 우상숭배적인 체제인 로마 제국의 유혹과 압제에 저항함으로써 그리고 하나님과 어린 양에게 충성함으로써 획득된다. 그러므로 일곱 편지들의 마지막에는 항상 제국의 유혹과 압제에 굴복하지 않는 진정한 승리자를 뜻하는 "이기는 자"에게 하나님의 상이 약속되어 있다.

셋째로 "평화"라는 신화는 로마 제국의 중요한 이데올로기다. 로마의 평화(Pax Romana)는 제국의 중심에 있는 권력자들과 식민지의 협력자들인 상류 계급이 누리는 질서와 안전을 뜻한다. 사실 로마의 평화는 제국의 국경선에 배치된 군사력에 의해서 그리고 제국 내부에 있는 반란자들에 대한 무서운 무력 진압에 의해서 유지되는 피로 물든 거짓 평화이다. 로마 제국은 결코 인자하지 않고 오히려 야수적이다. 예수 운동과 초기 기독교의 예언운동은 이러한 "로마의 평화(Pax Romana)"의 거짓을 폭로하고 비폭력적으로 저항하는 반제국주의적 해방운동이었다. 요한계시록의 저자는 로마 제국이 평화의 옹호자가 아니라, 대량학살을 자행하여 수많은 무죄한 자들의 피를 흘린 살인자이고, 가난한 자들의 재산을 빼앗는 착취자라고 고발한다(참조, 계 18:1-24).

넷째로 "신앙"이라는 신화는 로마 제국의 황제 숭배를 정당화한다. 로마 사회에서 신앙 또는 믿음은 후원자와 피후원자라는 사회적 관계를 지탱하는데 필요한 호혜적 충성을 뜻하는 동의어였다. 정복된 민족들은 황제 예배 의식을 통해서 로마 제국에 대한 충성을 증명해야만 하였다. 로마 제국에 충성하는 자들은 신앙을 가진 자로 간주되는 반면에, 황제를 믿지 않는 자들은 신앙이 없는 무례한 이단으로 간주되었다. 그러므로 순교자들은 모두 불신자로 규정되어 처형되었다. 그러나 이와 정반대로 요한에게 있어서 로마 제국에 협력하는 자는 신앙이 없는 자이며(계 21:8), 로마의 제국주의 체제에 저항하는 자는 신앙이 있는 자다. 믿음

---

11) 리처드 호슬리/김준우 옮김, 『예수와 제국』(서울: 한국기독교연구소, 2004), 53-59.

이 있는 자의 표준은 예수이다. 하나님에 대한 예수의 충성은 그의 증언과 순교에서 나타났으며, 그리고 어린 양의 추종자들에 대한 천상의 예수의 신실함과 사랑은 교회에 대한 그의 관심과 제국에 저항하는 사람들과 함께 싸우는 그의 연대 투쟁에서 나타난다.

다섯째로 "구원"이라는 신화는 로마 황제만이 만국의 왕으로서 구원을 보장한다는 주장이다. 여기서 구원은 황제가 오직 자신에게 복종하는 사람들에게 베풀어주는 식량과 복지와 안전을 의미한다.[12] 이러한 구원은 사람들의 자유와 행복을 위한 것이 아니라, 황제의 권력 유지를 위한 것이다. 진정한 구원의 수여자는 황제가 아니라, 하나님과 어린 양 예수이다(참조, 계 19:1). 천상의 예배에 참석한 큰 무리는 "구원하심이 보좌에 앉으신 우리 하나님과 어린 양에게 있도다"라고 노래한다(계 7:10).

마지막으로 여섯째로 "영원"이라는 신화는 로마 제국의 이데올로기의 또 다른 면이다. 로마의 지배자들은 로마 제국의 존속이 영원할 것이라는 신화를 창안하였다. 이 신화는 영원한 황제, 영원한 로마, 그리고 영원한 로마 제국을 선전하였다. 황제들은 로마 제국의 영원한 존속을 선포하였고, 동전에 영원의 여신상을 새겨 넣었다. 제국의 멸망을 상상한다는 것은 반역 행위로 간주되었다. 그러나 요한은 로마 제국의 멸망을 예언했으며, 그리고 진정으로 영원을 소유한 자는 하나님, 어린 양 예수, 그리고 그의 추종자들이라고 말한다(참조, 계 4:9, 10; 10:6; 15:7). 참된 영원은 로마 제국의 우상숭배 체제에 저항하는 자들에게 속하고, 제국에 의해서 도살된 어린 양에 속하고, 그리고 죽임을 당한 어린 양을 부활시켰으며 마지막 때에 모든 죽은 성도들을 부활시킬 정의의 하나님에게 속한다. 영원한 것은 로마 제국이 아니라, 하나님 나라이다.

많은 사람들은 제국의 미디어 문화에 영합하고 이러한 제국의 신화들을 자명한 진리로 수용함으로써 로마 제국의 우상 숭배적 체제에 깊숙이 동화되었다. 이러한 사회적 맥락에서 일곱 교회들의 대다수는 제국의 미디어 문화에 적극적으로 저항하지 못하고 타협함으로써 그리스도교의 정체성을 상실할 위험에 처해 있었다. 이것이 바로 일곱 교회들에게 보내는 개별적인 편지에서 대항 미디어의 역할을 하지 못한 교회들에게 회개와 교회의 쇄신이 결정적으로 중요하였던 이유이다.

---

12) 식량 제공에 대해서는 리처드 호슬리, 『예수와 제국』, 51-52를 보라.

소아시아의 일곱 교회에 보내는 편지(계 1:4)는 에베소 교회로부터 시작해서 반달형으로 돌아서 라오디게아 교회까지 회람되었다.

## 2. 일곱 교회들의 쇄신을 위한 천상의 예수의 명령

### 1) 에베소 교회(계 2:1-7)

에베소는 소아시아 지역에서 가장 큰 도시였으며, 또한 중요한 항구 도시였다. 이 도시는 소아시아 지역을 관할하는 로마의 총독부가 있는 곳으로 정치와 상업과 종교의 중심지였다. 에베소는 총독이 관저를 버가모로 옮기기 전에는 로마가 지배하는 소아시의 실제적인 수도였다. 이 도시의 인구는 20만 명이었고, 로마 제국에서 세 번째로 큰 도시였다.[13] 이 도시에는 이미 오래전에 아데미 여신[14]을 위한 거대한 신전이 세워졌으며, 또 기원전 29년에 로마 황제 카이사르와 로마의 여신(Roma)을 위한 신전이 세워졌다.[15] 사도 바울이 52년 말부터 55년까지 약 3년간 에베소에서 선교했다(행 20:17-31).

"1 에베소 교회의 사자(ἄγγελος/앙겔로스=천사)에게 편지하라. 오른 손에 있는 일곱별을 붙잡고 일곱 금촛대 사이를 거니시는 이가 이르시되 2 내가 네 행위와 수고와 네 인내(ὑπομονή/휘포모네)를 알고 또 악한 자들을 용납지 아니한 것과 자칭 사도라 하되 아닌 자들을 시험하여 그의 거짓된 것을 네가 드러낸 것과 3 또 네가 참고(καὶ ὑπομονὴν ἔχεις/카이 휘포모네 에케이스) 내 이름을 위하여 견디고 게으르지 아니한 것을 아노라. 4 그러나 너를 책망할 것이 있나니 너의 처음 사랑을 버렸느니라. 5 그러므로 어디서 떨어졌는지를 생각하고 회개하여 처음 행위를 가지라. 만일 그러하지 아니하고 회개하지 아니하면 내가 네게 가서(ἔρχομαι/에르코마이) 네 촛대를 그 자리에서 옮기리라. 6 오직 네게 이것이 있으니 네가 니골라 당의 행위를 미워하는 도다. 나도 이것을 미워하노라. 7 귀 있는 자는 성령이 교회들에게 하시는 말씀을 들을지어다 이기는 그에게는 내가 하나님의 낙원에 있는 생명나무의 열매를 주어 먹게 하

---

13) Rodney Stark, *The Rise of Christianity: A sociologist Reconsiders History* (Princeton: Princeton University, 1996),131-132; Wes Howard-Brook and Anthony Gwyther, *Unveiling Empire*, 98.

14) 에베소에서의 아데미 여신숭배는 사도행전 19:23-41에 언급되어 있다. 에베소는 기원 후 52년에 바울이 선교 활동했던 도시이다(행 18:20ff).

15) Bruce J. Malina and John J. Pilch, *Social Science Commentary on the Book of Revelation* (Minneapolis: Fortress Press, 2000), 31.

리라"(계 2:1-7).

천상의 예수는 에베소 교회를 대표하는 천사(ἄγγελος/앙겔로스)에게 말한다. 그는 "오른 손에 있는 일곱별을 붙잡고 일곱 금촛대 사이를 거니시는 이"로 불린다. 일곱별은 일곱 교회들의 천사들을 상징하고(계 1:20), 일곱 금 촛대는 일곱 교회들을 상징한다. 그는 에베소 교회의 행위들, 즉 수고와 인내(ὑπομονή/휘포모네)를 잘 알고 있다고 말한다.[16] 그리스어 "휘포모네"(ὑπομονή)는 "인내"로 번역되었지만, 로마 제국의 유혹과 압제의 맥락에서 수동적으로 참는 인내를 의미하는 것이 아니라, 불의와 우상숭배에 비폭력적으로 굳세게 맞서는 지속적인 저항을 의미한다.[17] 그런데 에베소 교회에 요구되는 행위들은 구체적으로 무엇인가? 교회의 행위들은 곧 교회의 삶이며 또한 교회의 본질과 정체성을 의미한다. 요한계시록 2:19에 의하면 교회의 행위들은 "사랑과 믿음과 섬김과 인내(=저항)"라는 네 가지의 행위를 가리킨다. 그러므로 교회의 본질을 구성하는 이러한 네 가지 행위들을 실천하지 않는 교회는 온전한 교회가 아니라, 결함이 있는 교회이다. 교회의 정체성과 그리스도인의 정체성의 유지는 이러한 네 가지 요소들의 행위를 충실하게 실천하는데 달려 있다.

저항은 교회의 본질의 네 가지 요소들 중에서 매우 중요한 한 부분이다. 에베소 교회의 행위에 "수고"라는 말과 함께 "인내(=저항)"라는 말이 명시적으로 첨가된 이유는 에베소 교회가 무엇보다도 저항의 차원에 적극적이었음을 강조하기 위한 것이다. 천상의 예수가 "네가 참고(휘포모네) 내 이름을 위하여 견디고 게으르지 아니한 것을 아노니"라고 에베소 교회를 칭찬한다. 이것은 로마의 우상숭배적인 문화와 제국주의의 유혹과 압제에 대한 에베소 교회의 끈질긴 저항의 동기가 공동체의 구성원들의 개인적인 이익을 위한 것이 아니라, 예수를 위한 것이

---

16) 일곱 교회들에게 1인칭으로 말하는 예수의 말은 요한이 환상 가운데 천상의 예수로부터 들은 것이다. 초기 그리스도교의 예언자들은 성도들에 대한 권면, 경고, 책망, 그리고 약속을 예수의 입을 사용해서 1인칭으로 말하였다. 요아킴 예레미아스/ 정충하 역, 『신약신학』 (고양시: 크리스찬 다이제스트, 2009), 22.

17) 그리스어 "휘포모네(ὑπομονή)"의 사전적 의미는 참음, 인내, 확고부동, 불굴, 버팀, 그리고 견인(堅忍)이다. Walter Bauer, *A Greek-English Lexicon of the New Testament* (Chicago and London: The University of Chicago Press, 1957), 1039-40); 그러나 휘포모네는 "저항"으로 번역할 수 있다. Elisabeth Schüssler Fiorenza, *Revelation: Vision of a Just World* (Minneapolis: Fortress Press, 1991), 51; Pablo Richard, *Apokalypse: Das Buch von Hoffnung und Widerstand* (Luzern: Edition Exodus, 1996), 88; Chrstine Schaumberger und Luise Schottroff, *Schuld und Macht* (München: Kaiser, 1989), 108을 보라.

었다는 것을 명백하게 보여준다. 그런데 에베소 교회는 교회의 삶과 본질을 구성하는 "사랑과 믿음과 섬김과 인내(=저항)"이라는 네 가지의 요소들 중에서 저항이라는 차원에서는 매우 충실했지만, 그러나 유감스럽게도 사랑(아가페)이라는 차원에서는 매우 부실하였다.

사랑(ἀγάπη/아가페)은 교회의 삶과 교회의 본질의 중요한 차원이다. 그리스어 아가페는 교회의 구성원들이 서로 나누는 형제자매적인 연대성을 지닌 사랑을 의미한다. 그런데 예수는 에베소 교회가 처음에 가졌던 이러한 연대성을 지닌 "처음 사랑"을 이제는 상실해버렸다고 질책한다(계 2:4). 에베소 교회는 아마도 공동체 내부에서 활동하는 니골라당에 속한 사람들과 자칭 사도들의 영향 때문에 성도들의 연대가 깨어지고 처음 사랑을 상실하게 되었을 것이다. "거짓 선지자가 많이 일어나 많은 사람을 미혹하겠으며 불법이 성하므로 많은 사람의 사랑이 식어지리라"(마 24:12).

천상의 예수는 상실해버린 처음 사랑을 다시 회복할 수 있도록 에베소 교회에게 권면한다. 그것은 어디서 잘못이 발생했는지를 기억하고, 잘못된 행태를 바로잡기 위해서 회개하고, 그리고 서로 연대하는 형제자매적인 사랑을 다시 행하라는 것이다(계 2:5). 기억은 잘못된 관계를 회복할 수 있는 강력한 힘으로 작용할 수 있다.[18] 회개는 자신의 삶의 철저한 방향 전환을 의미한다. 그런데 만일 에베소 교회가 회개하지 않는다면, 예수는 자신이 지금 현재의 시간에 그 교회에 직접 가서 "촛대를 그 자리에서 옮길 것"이라고 경고한다. 이것은 사랑이라는 교회의 본질을 상실해버린 것에 대한 징계를 의미한다. 사랑을 상실한 교회는 비록 외형은 교회이지만 더 이상 참된 교회가 아니다. 만일 그가 와서 촛대를 옮겨버린다면, 그 교회는 겉으로는 교회이지만, 실제로는 예수 그리스도가 없는 빈 교회가 된다.[19]

천상의 예수는 에베소 교회가 "악한 자들"에게 협력하지 않은 것과 "자칭 사도들"의 거짓을 규명한 것과 교회의 일에 "게으르지 아니한 것"과 니골라 당의 미혹적인 행위들을 거부한 것을 칭찬한다. 악한 자들은 누군가? 그들은 약자들을 억압하고 착취하는 제국주의자들이며, 또한 그들과 연대하는 토착 지배 계층들이다. 더 자세히 말하면 그들은 땅의 임금들, 왕족들, 장군들, 자본가들, 그리

---

18) Robert H. Mounce, *The Book of Revelation* (Grand Rapids, Michigan, Cambridge, U. K.: William B. Eerdmans Publishing Company, 1977), 70.
19) 자끄 엘륄/ 유상현 옮김, 『요한계시록 주석: 움직이는 건축물』 (서울: 한들출판사, 2000), 159.

고 권력자들이다(계 6:15). 에베소 교회의 구성원들은 신앙의 힘을 통해서 이러한 지배계층에 속하는 악한 자들과의 연대를 거부할 수 있었다. 자칭 사도들은 누구인가? 거짓 사도로 밝혀진 자칭 선지자들은 소아시아 지역을 유랑하면서 왜곡된 복음을 전파하고, 성도들에게 경제적 피해를 주었다(참조, 디다케 11:4-6). 그들은 우상 숭배적인 제국주의 체제에 저항하지 않고 오히려 순응한 자들이다. 거짓 사도들은 기존의 체제를 지지하고 타협하는 현상유지 신학을 통해서 그리스도의 복음을 왜곡하여 가르친 자들이다.[20]

천상적 예수가 미워하고 에베소 교회 역시 미워한 "니골라 당"(계 2:6)은 어떤 사람들인가? 니골라 당의 행위는 무엇인가? 니골라 당은 버가모 교회에도 있다(계 2:15). 학자들은 니골라 당의 유래를 사도행전 6:5에서 찾는다. 그 이유는 거기서 일곱 집사 중의 한 사람의 이름이 니골라이기 때문이다. 니골라는 본래 그리스 사람이었는데 유대교에 입교했다가 개종하여 그리스도인이 되었으며, 그 이후 집사가 된 남자이다. 이런 사실에 근거하여 2세기의 교부들은 이미 이 니골라를 요한계시록의 니골라 당의 조상으로 보았다. 이레니우스와 알렉산드리아의 클레멘스는 니골라의 행실을 부정적으로 평가했지만, 사실 니골라의 행실에서 도덕적으로 비난할만한 것은 아무 것도 발견되지 않는다.

니골라 당(Νικολαΐτης)은 "승리"를 뜻하는 그리스어 니코스(νικός)와 "사람들"을 뜻하는 그리스어 라오스(λαός)의 합성어로서 "승리의 사람들"을 의미한다.[21] 니골라 당은 로마의 제국주의가 지배하는 우상숭배적인 체제에 순응하고 타협하여 부와 사회적 지위를 얻는 데 성공한 승리의 사람들이다. 그들은 신전에서 개최되는 상인조합의 연례회의와 친목회에서 조합원들과 함께 신전 식당에서 우상의 제물을 먹었을 것이다. 우상의 제물을 먹는 것은 로마의 우상숭배적 문화에 동화되는 첩경이고 시금석이다. 그러므로 요한계시록의 저자는 우상의 제물을 먹는 것을 신앙고백의 상태(status cofessionis)에서 비타협적으로 반대했다(참조, 계 2:20-21). 니골라 당에 속한 그리스도인들의 신학은 사회참여를 명분으로 신전 식당에서 우상의 제물을 먹을 뿐만 아니라, 로마의 제국주의와 황제 제의를 비판하지 않고 묵인하는 현상유지 신학이다. 이러한 현상유지 신학은 로마

---

20) 바울은 그러한 거짓 사도들을 비판하였다(고후 11:13-15).
21) A Maria Arul Raja, *The Revelation to John, Dalit Bible Commentary New Tesasmet Vol. 10* (New Delhi (Centre for Dalit and Subaltern Studies, 2009), 47; 6:5에서 섬김을 위해서 뽑힌 일곱 집사들 중의 한 명의 이름이 "니골라"인데, 이 니골라를 니골라 당의 유래로 보아서는 안 된다.

의 제국주의 지배를 정당화하고 우상 숭배를 조장하는 제국의 미디어 문화에 순응하고 타협함으로써 교회를 무력하게 만든다. 니골라 당에 속한 사람들은 명목상 그리스도인들이지만, 실제로는 그리스도인의 정체성을 완전히 상실한 사람들이다. 니골라 당의 현상유지 신학은 로마의 제국주의 체제와 로마의 우상 숭배적 문화에 적응하고 동화되는 것을 거부하고 황제숭배와 불의에 대항해서 싸우는 요한의 저항 신학과 대립한다.

그런데 언제 그가 회개하지 않는 교회를 심판하러 오시는가? 5절에서 "내가 네게 가서"(ἔρχομαι/에르코마이)의 시제는 문법적으로 현재형이다. 이것은 종말에 발생할 예수의 미래적인 재림을 가리키는 것이 아니라, 지금 현재의 시간에 그가 오는 것을 의미한다.[22] 그는 교회의 본질을 상실하고도 회개하지 않는 교회를 먼저 심판하기 위해서 지금 현재의 시간에 오신다. 로마 제국에 의해서 처형되었지만 부활하여 승천한 천상의 예수는 지금 교회의 주인으로서 교회와 세계 안에 현존하고 있다(계 2:1).

7절에서 "귀 있는 자는 성령이 교회들에게 하시는 말씀을 들을지어다"라는 것은 에베소 교회에 주신 예수의 권고가 모든 교회에 적용된다는 것을 의미한다(참조, 막 4:9). "이기는 자"는 로마의 제국주의와 황제숭배를 정당화하는 제국의 미디어 문화의 유혹을 물리치고 비타협적으로 거부한 사람들을 가리킨다. 천상의 예수는 이기는 자는 "하나님의 낙원에 있는 생명나무의 열매," 즉 새 예루살렘의 생명나무의 열매를 먹을 수 있도록 하겠다고 약속한다.


2) 서머나 교회 (계 2:8-11)

서머나는 에베소와 경쟁할 만큼 아주 번창한 아름다운 항구 도시였다. 기원전 195년에 소아시아에서 최초로 이 도시에 로마의 여신(Roma)을 위한 신전이 세워졌으며, 기원후 26년에 로마의 티베리우스 황제를 위한 신전이 세워졌다.[23] 서머나는 로마 황제에게 충성한 도시였으며, 인구는 대략 75,000이었고 많은 유대인들이 이 도시에서 거주하였다. 서머나는 오늘날 터키의 이즈미르이다.

---

22) Robert H. Mounce, *The Book of Revelation*, 70; George Eldon Ladd, *A Commentary on the Revelation of John* (Grand Rapids: William E. Eerdmans Publishing company, 1972), 39-40; 권성수, 『요한계시록』(서울: 도서출판 횃불, 1999), 53; 반면에 이것을 종말론적 사건으로 보는 학자들이 많이 있다. 예를 들면 Fredrick J. Murphy, *Fallen in Babylon: The Revelation to John* (Harrisburg, Pennsylvania: Trinity Press International, 1998), 116-17을 보라.
23) 데이비드 아우네/김철 옮김, 『요한계시록 1-5』(서울: 솔로몬, 2004), 565.

"8 서머나 교회의 사자(=천사)에게 편지하라 처음이며 마지막이요 죽었다가 살아나신 이가 이르시되 9 내가 네 환난과 궁핍을 알거니와 실상은 네가 부요한 자니라 자칭 유대인이라 하는 자들의 비방도 알거니와 실상은 유대인이 아니요 사탄의 회당이라. 10 너는 장차 받을 고난을 두려워하지 말라. 볼지어다 마귀가 장차 너희 가운데에서 몇 사람을 옥에 던져 시험을 받게 하리니 너희가 십 일 동안 환난을 받으리라 네가 죽도록 충성하라 그리하면 내가 생명의 관을 네게 주리라 11 귀 있는 자는 성령이 교회들에게 하시는 말씀을 들을지어다. 이기는 자는 둘째 사망의 해를 받지 아니하리라"(계 2:8-11).

요한은 천상의 예수를 "처음이며 마지막이요 죽었다가 살아나신 이"로 호칭한다. 이것은 1:17-18에서 묘사된 인자의 호칭과 같으며, "알파와 오메가"(계 1:8)인 하나님의 호칭과 유사하다. 천상의 예수는 서머나 교회가 현재 "환난과 궁핍"을 겪고 있는 것을 알고 있지만, 그러나 그 교회를 진정으로 "부요한 자"라고 위로한다. 서머나 교회의 구성원들이 겪고 있는 "환난과 궁핍"은 주로 약자들을 착취하고 배제시키는 로마의 제국주의 체제에 의해서 기인된 것이다, 그들은 억압과 불의에 저항하였기 때문에 더욱 환난을 당하고 빈곤해졌다. 로마 제국의 정책에 협력하지 않고 짐승의 표를 받기를 거부한 그리스도인들은 물건을 사거나 파는 경제활동이 금지되었기 때문에 더욱 가난해질 수밖에 없었다(참조, 계 13:17).

또 다른 한편으로 서머나 교회의 성도들이 겪고 있는 환난은 서머나에 거주하는 유대인들로부터 당하는 비방(βλασφημία/블라스페미아)이었다. 여기서 비방은 하나님을 모독하는 것을 의미하지만(참조, 계 16:9, 11, 21), 여기서는 유대인들이 그리스도인들을 로마 당국에 고발하고 위증한 것을 의미한다. 아마도 유대인들은 수배중인 그리스도인들을 로마 당국에 밀고하였을 것이다. 로마는 모든 권세를 사탄과 동일시되는 용으로부터 받았다(계 13:4). 그러므로 서머나 교회에게 말하는 천상의 예수는 자칭 유대인들이라고 자랑하면서도 로마의 제국주의 체제에 협력하는 유대인들을 "실상은 유대인이 아니요 사탄의 회당(συναγωγὴ/쉬나고게)"이라고 비난한다. 그러나 이러한 거친 비난의 요점은 모든 유대인들을 인종적으로 비난하는 반셈족주의가 아니라, 반제국주의이다.[24] 그러므로 모든 유대인들이 사탄의 회당에 속하는 것처럼 해석되어서는 안 된다.

---

24) Elisabeth Schüssler Fiorenza, *Revelation*, 55.

그런데 왜 유대인들은 서머나 교회를 비방했을까? 유대인들은 회당에서 분리된 그리스도인들이 로마인들에 의해서 십자가에 달린 예수가 메시아이고 또한 그가 죽은 자들 가운데서 부활했다고 주장하는 것을 믿을 수 없었을 것이다. 또한 유대인들은 로마 당국으로부터 사회 질서를 교란하는 반제국적인 사람들로 의심을 받는 그리스도인들과 가까이 지내는 것이 자신들에게 위험이 될 수 있다고 생각했을 것이다. 그러므로 유대인들은 자신들의 공동체의 보호를 목적으로 로마 제국에 대한 자신들의 충성심을 보이기 위해서 로마 당국의 추적을 받는 그리스도인들을 당국에 밀고하는 경우도 있었을 것이다.[25] 신고당한 그리스도인들은 체포되어 심문을 당하고 심지어 처형을 당했을 것이다. 그러므로 그리스도인들은 자신들을 밀고하고 비방한 유대인들에게 반감이 매우 컸을 것이다. 요한의 눈에는 이러한 유대인들은 더 이상 "여호와의 회중"(민 16:3; 20:4; 27:17; 31:16; 신 23:2; 수 22:17)이라는 거룩한 명칭에 어울리지 않는 것으로 보였을 것이다. 이러한 맥락에서 요한은 자칭 유대인들이라고 자랑하면서도 수배중인 그리스도인들을 당국에 신고하고 로마의 제국주의 체제에 협력하는 유대인들을 예수의 입을 통해서 "실상은 유대인이 아니요 사탄의 회당"이라고 비난하였다.

황제예배를 거부하거나 제국의 체제에 비판적인 사람들은 핍박을 받거나 감옥에 갇히기도 하고 심지어는 처형되었다. "네가 장차 받을 고난을 두려워 말라"고 하는 천상의 예수의 권고(참조, 요 16:33)는 서머나 교회가 현재 당하는 고난이 일시적인 것이 아니라 지속적인 것이 될 수 있다는 것을 암시한다. 천상의 예수는 "마귀(διάβολος/디아볼로스)"가 장차 서머나 교회의 성도들 가운데 몇 사람을 십일 동안 감옥에 감금할 것이라고 예언한다. 이것은 다니엘서 1:12-15에서 유래한 것이다. 예수는 장차 투옥될 서머나 교회의 성도들을 격려하기 위해서 그들의 신앙을 다니엘서의 네 젊은이들의 확고한 신앙과 동일시하였다. 다니엘과 그의 세 친구들은 하나님을 믿는 신앙 때문에 이방의 신인 우상에게 바친 음식을 먹기를 거부하고, 또 느브갓네살 왕의 식탁에서 음식을 같이 먹기를 거부하였으며, 그 대신에 그들은 감옥에서 10일 동안 채소와 물을 먹었다.

서머나 교회의 성도들을 체포하여 감옥에 구금시키는 로마의 관리들이 마귀라고 불리는 이유는 로마 제국의 권력과 권위가 모두 사탄으로부터 주어진 것이기 때문이다.

---

25) Müller, Ulrich B. *Die Offenbarung des Johannes* (Echter Verlag, 1984), 106-07.

서머나 교회는 황제예배를 반대하고 로마 제국의 제국주의에 저항하는 교회이다. 천상의 예수는 반제국주의 예언 운동 때문에 투옥과 심문과 처형이 기다리고 있는 서머나 교회의 성도들에게 "네가 죽도록 충성하라 그리하면 내가 생명의 관을 네게 주리라."라고 죽음의 위협에도 불구하고 우상의 제물을 먹는 것을 거부하고 끝까지 예수의 이름을 부인하지 않고 그리스도를 증언하는 확고한 신앙을 가지도록 권면한다. "생명의 면류관"은 불의한 죽음에 대한 반대와 항의로서의 부활과 영생을 의미한다고 볼 수 있다. 그는 이러한 종말론적 상을 약속함으로써 서머나 교회가 지금 로마 제국의 우상 숭배적 권력과 싸워서 승리하도록 고무한다.

그는 "이기는 자," 즉 로마의 제국주의 체제와 우상숭배적인 문화에 굴복하지 않고 저항하는 자는 둘째 사망의 해를 받지 않을 것이라고 약속한다(참조, 계 20:5-6). 둘째 사망은 하나님으로부터 분리되는 영원한 죽음이다.

### 3) 버가모 교회(계 2:12-17)

버가모는 기원전 282년에 세워진 버가모 왕국의 수도였다. 이 도시는 기원전 133년에 버가모 왕 아탈로스(Atalos III) 3세의 유언으로 로마의 영토에 편입되었다. 버가모는 황제 예배의 중심지였다. 기원전 240년에 제우스 신전이 세워졌고, 29년에 로마 황제 아우구스투스와 여신 로마(Roma)를 예배하는 신전이 세워졌으며, 또한 뱀을 숭배하는 아스클레피오스(Asklepios) 신전을 비롯하여 이방 신들을 위한 신전들이 있었다.[26] 이 도시의 인구는 대략 12만명이었다.

> "12 버가모 교회의 사자(=천사)에게 편지하라 좌우에 날선 검을 가지신 이가 이르시되 13 네가 어디에 사는지를 내가 아노니 거기는 사탄의 권좌가 있는 데라 네가 내 이름을 굳게 잡아서 내 충성된 증인 안디바가 너희 가운데 곧 사탄이 사는 곳에서 죽임을 당할 때에도 나를 믿는 믿음을 저버리지 아니하였도다"(2:12-13).

여기서 검(ῥομφαία/롬파이아)은 말씀의 검이다. 1:16에서 "그의 입에서 좌우에 날선 검이 나오고"라는 표현이 있는데, 여기서 천상의 예수는 "좌우에 날선 검을 가지신 이"로 호칭된다. 천상의 예수는 버가모 교회가 살고 있는 곳이 어떤 곳인

---

26) 브루스 M. 메츠거/ 이정곤 역, 『예수 그리스도의 계시라: 요한계시록의 이해』 (서울: 기독교문화사, 1994), 54.

지를 정확하게 잘 알고 있다. 그곳은 "사탄의 권좌"가 있는 곳이며, 또한 "사탄이 사는 곳"이다. 버가모 교회는 로마 당국으로부터 박해를 당했으며, 정치적 억압의 상황에서 안디바가 죽임을 당하였다.[27] 버가모는 로마 총독의 관저가 있는 곳이었다. 그러므로 요한은 그 도시를 "사탄의 권좌가 있는 곳" 혹은 "사탄이 살고 있는 곳"이라고 묘사한다. 사탄은 짐승의 초자연적인 힘의 상징이다.

천상의 예수는 안디바를 "내 충성된 증인($\mu\acute{\alpha}\rho\tau\upsilon\varsigma$/마르튀스)"이라고 부른다. 이것은 안디바가 "충성된 증인"(계 1:5)인 예수처럼 체포되어 심문을 받고 죽임을 당했다는 것을 의미한다. 그런데 순교자 안디바의 이름만이 언급된 이유는 무엇인가? 그것은 그가 유일한 순교자였기 때문이 아니라, 아마도 죽임을 당한 익명의 충성스러운 남녀 증인들이 많이 있었지만, 그가 그들 중에서 가장 잘 알려진 유명한 인물이었기 때문일 것이다(참조, 계 6:9; 17:6; 18:24). 천상의 예수는 버가모 교회의 성도들이 죽음의 위협 앞에서도 신앙을 저버리지 않았다는 사실을 칭찬한다. 그러나 그는 이 교회의 부정적인 측면을 역시 지적하고 책망한다.

"14 그러나 네게 두어 가지 책망할 것이 있나니 거기 네게 발람의 교훈을 지키는 자들이 있도다. 발람이 발락을 가르쳐 이스라엘 자손 앞에 걸림돌을 놓아 우상의 제물을 먹게 하였고 또 행음하게 하였느니라. 15 이와 같이 네게도 니골라 당의 교훈을 지키는 자들이 있도다. 그러므로 회개하라. 16 그러하지 아니하면 내가 네게 속히 가서 내 입의 검으로 그들과 싸우리라"(계 2:14-16).

버가모 교회의 구성원들의 일부는 발람의 가르침과 니골라 당의 가르침을 받아들인 잘못을 범하였다. 발람과 니골라 당의 가르침은 세상과 타협하는 현상주의 신학이다.[28] 그들은 로마의 제국주의 체제에 저항하지 못하고 오히려 타협을 도모하고 우상숭배적인 문화에 동화된 명목상의 그리스도인들이었다.

요한계시록 2:14의 진술은 민수기 22-24의 발람의 이야기와 관련이 있다. 모압 왕 발락은 예언자 발람에게 사신들을 거듭 보내어 이스라엘을 저주하도록 세 번씩이나 요청했다. 하지만 발람은 매번 발락의 기대와 정반대로 이스라엘을 축복했다.

---

27) Allan A. Boesak, *Comfort and Protest: Reflections on the Apocalypse of John of Patmos* (Philadelphia: The Westminster Press, 1987), 33.
28) 자끄 엘륄, 『요한계시록 주석: 움직이는 건축물』, 163.

그렇다면 왜 요한계시록의 저자 요한은 발람을 부정적으로 평가하는가? 민수기 25:1-3은 이스라엘 남자들이 모압 여자들과 음행하고 우상의 제물을 먹고 우상에게 절하였다고 전한다.

"1 이스라엘이 싯딤에 머물러 있더니 그 백성이 모압 여자들과 음행하기를 시작하니라 2 그 여자들이 자기 신들에게 제사할 때에 이스라엘 백성을 청하매 백성이 먹고 그들의 신들에게 절하므로 3 이스라엘이 바알브올에게 가담한지라 여호와께서 이스라엘에게 진노하시니라"(민 25:1-3).

그런데 민수기 31:14-16은 발람이 미디안 여자들을 부추겨서 이스라엘 남자들과 행음하게 함으로써 그들을 배교하게 하였으며, 그 결과로 이스라엘에 염병이 발생했다고 기술한다.

"14 모세가 군대의 지휘관 곧 싸움에서 돌아온 천부장들과 백부장들에게 노하니라 15 모세가 그들에게 이르되 너희가 여자들을 다 살려두었느냐 16 보라 이들이 발람의 꾀를 따라 이스라엘 자손을 브올의 사건에서 여호와 앞에 범죄하게 하여 여호와의 회중 가운데에 염병이 일어나게 하였느니라."(민 31:14-16).

민수기 31:16의 진술은 발람의 꾀가 민수기 5:1-3의 음행과 우상의 제물을 먹고 절하는 사건을 유발시켰다고 한다. 이러한 두 본문의 연결을 통해서 발람은 유대인 공동체를 헤친 거짓 예언자로 규정되었다. 요한은 발람을 부정적으로 평가하는 유대교의 전통을 수용하였다. 그러므로 그는 "발람이 발락을 가르쳐 이스라엘 자손 앞에 걸림돌을 놓아 우상의 제물을 먹게 하였고 또 행음하게 하였느니라"(계 2:14)라고 말했다.

요한계시록 2:15에서 "이와 같이"라는 표현은 우상의 제물을 먹는 것을 허용하는 지금의 니골라 당의 가르침이 과거의 발람의 가르침과 동일하다는 것을 의미한다.[29] 니골라 당은 버가모 교회에 있지만, 에베소 교회에도 있다(계 2:6). 버가모 교회의 구성원들 중에서 그러한 니골라 당의 행태를 따르는 자들은 로마 제

---

29) Adela Yarbro Collins, *The Apocalypse* (Collogeville, Minnesota: The Litergical Press, 1979), 19.

국의 미디어 문화 속으로 깊이 동화된 명목상의 그리스도인들이다.

천상의 예수는 버가모 교회에게 회개를 요구한다. 예수의 비판은 종교적 측면에만 집중되는 것이 아니라, 우상숭배가 나타나는 경제적 그리고 사회적 측면에도 역시 집중된다. 만일 니골라 당의 추종자들이 회개하지 않으면, "내가 속히 가서 내 입의 검으로 그들과 싸울 것"이라고 예수가 말한다(계 2:16). 예수의 무기는 하나님의 말씀의 검이다. 예수는 그의 입에서 나오는 예리한 양 날을 가진 말씀의 칼로(계 2:12) 교회 내부에 있는 우상 숭배자들과 싸울 것이다. 여기서 예수는 불의에 항의하고 비폭력적으로 싸우는 투사로서의 그리스도의 모습으로 나타나고 있다.

16절에서 "내가 네게 속히 가서"(ἔρχομαι,/에르코마이)라는 문장의 시제는 2:5의 "내가 네게 가서"(ἔρχομαί)라는 문장의 시제와 동일하게 문법적으로 현재형이다. 예수가 회개하지 않는 자들과 싸우기 위해서 버가모 교회에 올 것이라는 것은 미래적인 종말의 때에 나타날 예수의 재림을 의미하는 것이 아니라. 불의가 지배하고 있는 지금 현재의 시간에 그가 온다는 것을 뜻한다.[30]

마지막으로 이제 천상의 예수는 제국의 유혹에 굴복하지 않은 승리자들을 지지하고 그들에게 선물을 약속한다.

"귀 있는 자는 성령이 교회들에게 하시는 말씀을 들을지어다. 이기는 그에게는 내가 감추었던 만나를 주고 또 흰 돌을 줄 터인데 그 돌 위에 새 이름을 기록한 것이 있나니 받는 자 밖에는 그 이름을 알 사람이 없느니라"(계 2:17).

여기서 "감추었던 만나"는 우상의 제물을 먹기를 거부한 승리자들을 위한 종말론적 하늘의양식이다. "감추었던 만나"는 솔로몬 성전이 파괴될 때 예레미야가 미래 세대를 위한 기념으로 언약궤에 보관해 두었던 만나 항아리를 느보산에 묻어두었다고 하는 전설에서부터 유래한다(마카비2서 2:4-7; 참조, 출 16:32-34; 히 9:4). 선물로 주어진 흰 돌 위에 적혀있는 새 이름은 하나님에 의해서 주체로 변화된 자녀임을 증명한다.

---

30) 권성수, 『요한계시록』, 74.

### 4) 두아디라 교회(계 2:18-29)

두아디라는 기원전 190년에 로마의 영토가 되었다. 이 도시는 행정적 또는 군사적 중심지는 아니지만, 상업과 무역으로 유명한 도시였다. 이 도시에는 무역과 관련된 조합 단체인 여러 개의 길드가 조직되어 있었다(참조, 행 16:14). 이 도시에는 로마 황제를 위한 신전이 없었지만, 황제 예배를 위한 제단과 사제들이 있었다.

> "18 두아디라 교회의 사자(=천사)에게 편지하라 그 눈이 불꽃같고 그 발이 빛난 주석과 같은 하나님의 아들이 이르시되 19 내가 네 사업과 사랑과 믿음과 섬김과 인내를 아노니 네 나중 행위가 처음 것 보다 많도다"(계 2:18-19).

여기서 천상의 예수는 불꽃같은 눈을 가졌고 빛난 주석과 같은 발을 가진 "하나님의 아들"로 소된다. 이 호칭은 요한계시록에서 여기서만 나온다. 불꽃같은 그의 눈은 로마의 화려함 뒤에 가려져 있는 약자들의 비참한 현실을 꿰뚫어보는 그의 투시력을 상징하고, 빛나는 주석 같은 그의 발은 어떤 공격에도 흔들리지 않는 그의 강인함을 나타낸다. 이것은 1:14-15에서 소개된 인자의 특징과 같다.

두아디라 교회는 여러 면에서 교회의 본질을 구체적인 행동으로 옮기는 실천적인 교회이다. 19절에서 "네 사업"(ἔργα/에르가)은 두아디라 교회의 행위들을 가리킨다. "네 사업과 사랑과 믿음과 섬김과 인내(σου τὰ ἔργα καὶ τὴν ἀγάπην καὶ τὴν πίστιν καὶ τὴν διακονίαν καὶ τὴν ὑπομονήν σου/수 타 에르가 카이 텐 아가펜 카이 텐 피스틴 카이 텐 디아코니안 카이 텐 휘포모넨 수)"에서 "과"로 번역된 처음의 "카이"(και.)는 그리스어 문법에서 등위 접속사가 아니라 동격을 나타내는 설명하는 접속사이다. 그러므로 이 본문은 "네 사업(=행위들), 즉 사랑과 믿음과 섬김과 인내(=저항)"로 이해되어야 한다.[31] 이미 위에서 설명하였듯이 인내로 번역된 그리스어 휘포모네(ὑπομονή)는 수동적으로 참고 견디는 인내가 아니라, 불의에 타협하지 않고 유혹과 압제에 흔들리지 않는 굳센 저항을 의미한다. 두아디라 교회가 실천한 네 가지 행위들인 "사랑(ἀγάπη/아가페)과 믿음(πίστις/피스티스)과 섬김(διακονία/디아코니아)과 저항(ὑπομονή/휘포모네)"은 요한계시록의 저자 요한이 주장하는 교회의 삶과 교회의 본질의 네 가지 차원들을 가리킨다다. 그런데 두아디라 교회는 이러한 네 가지 행위들을 처음보다도 나중에 훨씬 더 잘 했다. 그러므

---

31) Robert H. Mounce, *The Book of Revelation*, 85; 권성수, 『요한계시록』. 78.

로 천상의 예수는 "네 나중 행위가 처음 것 보다 많도다"라고 평가한다. 이것은 에베소 교회가 처음 사랑을 나중에 잃어버린 것과 정반대이다.

그런데 섬김을 의미하는 그리스어 디아코니아(διακονία)는 구체적으로 무엇을 의미하는가? 디아코니아는 주로 종들이 그들의 주인을 받들거나 또는 예속된 피지배자들이 그들의 지배자를 위해서 행하는 육체적인 노동을 의미하거나, 또는 음식을 준비하고 식탁에서 시중을 드는 일을 의미한다.[32] 그러나 예수의 제자직을 수행한 초기 기독교 공동체에서 섬김은 양성 평등적이고 비위계적이었다. 섬김은 교회 안에서 식사를 준비하고, 약자들을 위해서 구제하는 것과 하나님의 말씀을 가르치고 선포하는 것을 포함한다(참조, 행 6:2, 4).[33] 이러한 두 가지 섬김은 성적으로 여자들의 섬김과 남자들의 섬김으로 분리되지 않았으며,[34] 남녀 모두가 성차별 없이 개개인의 은사에 따라서 평등하게 제자직을 수행하였다. 이것은 곧 남자들도 교회에서 식사 준비를 해야 했으며, 여자들도 교회의 지도력에 참여할 수 있었고 하나님의 말씀을 가르치고 선포하였다는 것을 의미한다.

이제 천상의 예수는 두아디라 교회의 잘못된 점을 지적한다.

"20 그러나 네게 책망할 일이 있노라 자칭 선지자라 하는 여자 이세벨을 네가 용납함이니 그가 내 종들을 가르쳐 꾀어 행음하게 하고 우상의 제물을 먹게 하는도다. 21 또 내가 그에게 회개할 기회를 주었으되 자기의 음행을 회개하고자 아니하는도다. 22 볼지어다 내가 그를 침상에 던질 터이요 또 그로 더불어 간음하는 자들도 만일 그의 행위를 회개치 아니하면 큰 환난 가운데 던지고 23 또 내가 사망으로 그의 자녀를 죽이리니 모든 교회가 나는 사람의 뜻과 마음을 살피는 자인줄 알지라 내가 너희 각 사람의 행위대로 갚아주리라 24 두아디라에 남아 있어 이 교훈을 받지 아

---

32) 디아코니아의 역사와 신학에 대해서는 홍주민, 『디아코니아학 개론』 (오산: 디아커니아연구소, 2009)를 참조하라.

33) 초기 그리스도교의 삶을 보여주는 행 6:1-7에는 히브리어를 말하는 유대인 남자들이 식사준비를 하여 음식을 그리스어를 말하는 유대인 과부들에게 제공하는 것을 싫어했기 때문에 그리스어를 말하는 유대인 남자들이 불평을 하면서 문제를 제기했다는 사실이 서술되어 있다. 그 과부들은 구제의 수혜자들이 아니라, 교회의 여러 권력들을 행사하는 데 참여하는 자들이다. Luise Schottroff, *Lydia's Impatient Sisters: A Feminist Social History of Early Christianity* (Luisville, Kenntercky; Westminster John Knox Press, 1995), 209; 홍주민, 『디아코니아학 개론』, 65-66이 과부들을 구제의 수혜자들로 보는 전통적인 해석을 따른 것은 옳지 않다.

34) Ulrich Wilckens, *Die Brief an die Romer, 3. Teilband Rom 12-16, EKK VI/3* (Zurich: Neukirchen-Vhryn Benziger Verlag und Neukirchener Verlag, 1982), 131이 롬 16:1에서 디아코노스(섬기는 자)로 지칭된 여자인 뵈뵈의 섬김은 구제를 베푸는 일과 여행하는 그리스도인들을 돕는 일이었다고 해석하고, 그녀의 섬김은 비록 같은 용어로 표현되었지만 바울을 비롯한 선교사들의 섬김과는 다르다고 주장한 것은 옳지 않다.

니하고 소위 사탄의 깊은 것을 알지 못하는 너희에게 말하노니 다른 짐으로 너희에게 지울 것은 없노라 25 다만 너희에게 있는 것을 내가 올 때까지 굳게 잡으라"(계 2:20-25).

여기서 "이세벨"이라는 이름은 물론 두아디라 교회에서 사역하는 여선지자의 실명이 아니라, 요한계시록의 저자 요한이 그 여선지자를 거짓 선지자라고 조롱하기 위해서 구약의 이세벨을 붙인 이름이다.[35] "요람이 예후를 보고 이르되 예후야 평안하냐 하니 대답하되 네 어머니 이세벨의 음행과 술수가 이렇게 많으니 어찌 평안이 있으랴 하더라"(왕하 9:22). 비록 요한계시록에서 여예언자 이세벨은 부정적으로 평가되었지만,[36] 그러나 그녀에 대한 언급은 두아디라 교회에 남자 예언자들뿐만 아니라, 여예언자들이 존재했었다는 사실을 명백하게 보여주는 중요한 증거이다.[37] 요한계시록의 저자 요한은 교회에서 가르치는 직분과 지도력을 행사하는 여자로서 이세벨을 비난한 것이 아니라, 그녀의 가르침의 내용을 비판한 것이다.[38]

요한이 여선지자 이세벨이 성도들에게 "행음하게 하고 우상의 제물을 먹도록" 미혹했다고 비난하는 것은 무엇을 의미하는가? "행음"은 결코 문자적으로 이해되어서는 안 된다. "행음"의 성서적 의미는 하나님을 저버리고 바알을 섬기는 우상 숭배와 배교를 의미한다. 그러므로 요한이 그 여선지자 이세벨이 성도들을 꾀어서 행음하게 했다고 비난하는 것은 그녀가 그들을 하나님으로부터 배도하도록 미혹했다는 것을 의미한다. 만일 그녀가 두아디라 교회에서 비윤리적이

---

35) Catherine Keller, *Apocalypse Now and Then: A Feminist Guide to the End of the World* (Minneapolis: Fortress Press, 1996), 45.

36) 요한계시록의 저자는 구약의 이세벨을 두아디라 교회에서 일부 구성원들을 미혹하는 여예언자에게 적용하였다. 구약에서 이세벨은 시돈(=페니키아)의 왕 엣바알(=바알이 함께 함)의 딸이었는데 결혼을 통하여 이스라엘의 왕 아합의 아내가 되었다(왕상 16:31). 그녀는 이방의 문화를 이스라엘에 이식하였으며, 바알과 아세라 우상을 이스라엘 전역에서 숭배하게 하였으며(왕상 16:31-33), 그리고 바알의 예언자들과 싸운 엘리아를 죽이려고 했다(왕상 19:2). 그녀는 결국 예후의 혁명에 의해서 창문에서 밖으로 던져져서 비참한 죽음을 당했고 개들이 그녀의 시체를 먹었다(왕상 21:23; 왕하 9:22-37).

37) 예를 들면 눅 2:36에 여예언자 안나가 언급되었고, 행 21:9에 빌립의 딸들도 여예언자로 언급되었다. 여성신학적 연구에 의해서 롬 16:7의 유니아는 여자사도라는 것이 증명되었다. Luise Schottroff, Sivia Schroer, Mari-Thenes Wacker, *Feministische Exegese* (Damstadt: Wischenschaftliche Buchgeschellschaft, 1995), 223-24.

38) E. W. Stegemann/W. Stegemann, *Urchristliche Sozialgeschichte: Die Anfaenge im Judentum und die Christengemeinden in der mediterranen Welt*, (Stuttgart, Berlin, Köln: Verlag W. Kohlmanner, 1995), 338; 알렌 버허/ 김경진 역, 『신약성경윤리』 (서울: 솔로몬, 1997), 310.

고 비도덕적인 성적 문란 행위를 가르쳤다면,[39] 그 여자는 결코 그 교회에서 여선지자로 인정받고 사역하지 못했을 것이다.

"우상의 제물"은 무엇을 의미하는가? 그 당시 시장에서 파는 고기의 상당량은 동물을 도살해서 희생 제물로 신전의 신들에게 바쳤던 고기이다. 요한은 낮은 계층의 사람들이 영양 섭취를 위해서 집에서 고기를 먹는 것은 문제 삼지 않았을 것이다. 그러나 그는 상류층에 속하는 사람들이 로마의 축제 기간에 신전의 식당에서 그러한 고기로 만든 음식을 먹는 것과 또한 상인 조합에 가입한 성도들이 신전의 식당에서 개최되는 조합의 연례 모임에 참석해서 그러한 고기를 함께 먹는 것을 문제 삼았다(참조, 고전 8:1-13; 10:19-21).

여선지자 이세벨은 사회적 고립을 피하고 사회에 참여하고 소통하기 위해서 축제 기간이나 상인들의 연례 모임에서 성도들이 신전 식당에서 비기독교인들과 함께 "우상의 제물을 먹는 것"은 기독교 신앙에 전혀 해가 되지 않는다고 가르쳤다. 그녀는 자기의 가르침이 신학적으로 깊고, 합리적이고, 또한 영적이라고 주장하였다. 그러나 그녀가 가르치는 신학은 사회 참여를 위해서 로마 제국의 우상숭배적인 제국주의 문화를 반대하지 않고 묵인하는 현상유지 신학이다. 그러나 요한은 신전의 식당에서 우상에게 바쳤던 고기, 즉 "우상의 제물"을 먹는 것이 로마의 우상숭배적인 제국주의 문화에 동화되는 첩경이고 또한 그것이 배교의 길에 접어들 위험이 있는 것으로 인식했다. 그러므로 그는 우상의 제물을 먹은 것을 신앙고백의 상황(status confessionis)에서 비타협적으로 반대했다.

21절에서 예수가 이세벨에게 회개할 기회를 주었음에도 불구하고 그녀가 회개하지 않았다는 것은 아마도 요한이 이전에 순회 예언자로 두아디라 교회에 머물면서 우상의 제물을 먹는 것을 허용한 이세벨을 비판한 적이 있었다는 것을 암시한다. 천상의 예수는 만일 이세벨과 그녀의 가르침을 따르는 자들이 회개하지 않는다면, 그들을 심판할 것이라고 선언한다. 그들에 대한 심판은 먼저 이세벨을 질병으로 다시 일어나지 못하도록 침상에 던지는 것으로 시작된다. 그녀의 추종자들은 큰 환난과 질병에 던져지는 심판을 받는다. 23절에서 "내가 사망으로 그의(=이세벨) 자녀를 죽이리니"에서 "사망"은 흑사병 같은 무서운 급성 전염병을 의미한다. 그들은 "우상의 제물"을 먹는 것을 허용한 이세벨의 가르침을 무비판적으로 수용했기 때문에 때 이른 죽음을 당하는 심판을 받게 된다. 이세벨의 추

---

39) 장빈, 『계시인가, 혁명인가?』 (서울: 생명나무, 2011), 75이 여선지자 이세벨이 교인들에게 십계명의 제7계명을 범하도록 가르쳤다고 주장하는 것은 옳지 않다.

종자들의 행태는 니골라 당과 발람의 행태와 동일하다.

천상의 예수는 "사람의 뜻과 마음을 살피는 자"이다. 그가 불꽃같은 눈을 가진 자(계 2:18)로 묘사된 것은 바로 그의 분별력에 대한 증거이다. "나 여호와는 심장을 살피며 폐부를 시험하고 각각 그의 행위와 그의 행실대로 보응하나니"(렘 17:10).

천상의 예수는 서머나와 빌라델비아에 있는 친로마적인 유대인 회당을 각각 "사탄의 회당"이라고 하였고(계 2:9; 3:9), 버가모에 있는 로마 황제예배를 위한 신전과 신상들의 중심을 "사탄의 권좌"라고 하였다(계 2:13). 24절에서 이제 그는 깊은 영적 진리를 가졌다고 주장하는 이세벨의 그릇된 신학적 주장들을 "사탄의 깊은 것"이라고 비판한다. 그는 로마의 제국주의 체제와 지배자들의 우상숭배적 문화와 타협하는 이세벨의 현상유지 신학과 세계의 변혁과 약자들의 해방을 위해서 부단히 로마의 제국주의와 우상숭배에 맞서서 싸우는 요한의 해방신학 사이를 명백하게 구별한다.

두아디라 교회에는 어려운 짐이 되는 여러 가지 사회적인 압력에도 불구하고 교회의 본질의 네 차원들인 사랑, 믿음, 섬김, 그리고 저항을 실천하는 성도들이 있었다. 그러므로 천상의 예수는 그들에게 더 이상 "다른 짐"을 지울 것은 전혀 없고, 다만 그러한 행위들을 "내가 올 때까지" 계속하라고 권면한다.

> "26 이기는 자와 끝까지 내 일을 지키는 그에게 만국을 다스리는 권세(ἐξουσία/엑수시아)를 주리니 27 그가 철장을 가지고 그들을 다스려(ποιμανεῖ/포이마네이) 질그릇 깨뜨리(συντρίβεται/쉰트리베타이)는 것과 같이 하리라. 내 아버지께 받은 것이 그러하니라. 28 내가 또 그에게 새벽 별을 주리라. 귀 있는 자는 성령이 교회들에게 하시는 말씀을 들을 지어다"(계 2:26-29).

참된 승리자는 로마의 우상숭배 요구에 굴복하지 않고 교회의 본질인 사랑과 믿음과 섬김과 저항을 실천함으로써 기독교의 정체성을 끝까지 지키는 자이다. "이기는 자"는 진정한 교회를 의미한다. 만국은 로마의 지배 아래서 고난당하고 미혹당하고 있다. 천상적 예수는 "이기는 자"인 교회에게 만국에 대한 권위(ἐξουσία/엑수시아)를 준다. 27절에서 사용된 그리스어 ποιμαίνω(포이마이노)는 "다스리다, 목양하다, 인도하다, 보호하다"를 의미한다.[40] 포이마이노의 "목양하다"는 의미는 요한계시록 계 7:17에 역시 나타난다: "이는 보좌 가운데에 계신 어린 양이 그들의 목자가 되사(ποιμανει/포이마네이)."[41] 그러므로 2:27에서 "포이마이노"는 "목양하다"라는 의미로 번역하는 것이 바람직하다. 이기는 자, 즉 로마의 제국주의에 굴복하지 않고 저항하는 교회는 만국을 위한 목양을 사명으로 위탁받으며, 만국은 교회의 목양의 대상이다. 그리스어 συντρίβω(쉰트리보)는 "산산조각 낸다"는 의미 외에도 "사랑의 매를 들어서 훈육한다"는 의미가 있다. "그가 철장을 가지고 그들을 다스려 질그릇 깨뜨리는 것과 같이"라는 표현은 시편 2:9의 "네가 철장으로 그들을 깨뜨림이여 질그릇 같이 부수리라"에서부터 유래한다. 철장은 양떼를 이끄는 막대기로 쓰이고, 또는 양떼를 지키기 위해서 침입자들을 쫓아내는 도구로 사용된다. 그러므로 2:27은 천상의 예수가 이기는 자, 즉 로마의 제국주의에 저항하는 교회에게 만국을 목양하고, 훈육하는 목자의 사명을 위탁할 것이라는 것을 의미한다.

또한 예수는 어둠의 끝장과 새벽의 다가옴을 뜻하는 "새벽 별"을 줄 것이라고 약속한다(참조, 시편 2장과 단 7장). 새벽 별은 예수 자신을 가리킨다(계 22:16).

## 5) 사데 교회(계 3:1-6)

사데는 고대 리디아 왕국의 수도였으며, 기원전 6세기에 이 도시는 세계에서 가장 큰 도시들 중의 하나였다. 이 도시는 기원전 133년에 로마의 영토에 편입되었다. 기원후 17년에 대지진으로 폐허가 되었지만 로마의 티베리우스 황제의 호의로 이 도시는 재건되어 다시 번영하였다.[42] 이 도시는 상업과 모직 산업으로 활발한 도시였고, 인구는 대략 10만 명이었으며, 아우구스투스 황제를 위한 신전이 있었다.

> "1 사데 교회의 사자(=천사)에게 편지하라 하나님의 일곱 영과 일곱 별을 가지신 이가 이르시되 내가 네 행위를 아노니 네가 살아 있다 하는 이름은 가졌으나 죽은 자로다. 2 너는 일깨어 그 남은 바 죽게 된 것을 굳건하게 하라 내 하나님 앞에 네 행위의 온전한 것을 찾지 못하였노니 3 그러므로 네가 어떻게 받았으며 어떻게 들었는지 생각하고 지켜 회개하라 만일 일깨지 아니하면 내가 도둑 같이 이르리니 어느

---

40) W. Bauer, F. W. Danker, W. F. Arndt and F. W Gingrich, *A Greek-English Lexicon of the New Testament and Other Christian Literature* (Chicago: The University of Chicago Press, 1952), 842.

41) "목양하다"를 뜻하는 그리스어 ποιμαίνω(포이마이노)는 계 2:27; 7:17; 12:5; 19:15에 나온다.

42) 부르스 M. 메츠거, 『예수 그리스도의 계시라: 요한계시록의 이해』, 62.

때에 네게 이를는지 네가 알지 못하리라"(계 3:1-3).

천상의 예수는 "하나님의 일곱 영과 일곱 별을 가진 이"로 소개된다. "일곱 영"은 성령을 가리키고, "일곱 별"은 일곱 교회의 사자들(=천사들)을 가리킨다. 하나님의 일곱 눈이 온 세계를 감찰한다(슥 4:10). 그러므로 이러한 호칭은 천상의 예수가 교회를 인도하는 주관자이며, 성령으로 교회 안에 현존하시는 분이고, 그리고 죽은 교회를 다시 살릴 수 있는 분이라는 것을 의미한다.

천상의 예수는 교회가 하는 행위들을 잘 알고 있기 때문에 사데 교회에게 "네가 살아 있다 하는 이름은 가졌으나 죽은 자다"라고 단호하게 질책한다. 그가 사데 교회를 죽은 교회라고 평가한 근거는 사데 교회의 행위가 온전하지 못하다는 데 있다. 즉, 사데 교회는 교회의 삶과 본질을 구성하는 네 가지 요소들인 사랑, 믿음, 섬김, 그리고 저항을 실천하는 데 충실하지 못했다. 이 교회는 겉으로는 활동적으로 보이지만, 실제로는 생명력이 거의 소진된 죽은 교회이다.

그런데 그는 사데 교회에게 상실한 생명력을 회복할 수 있는 방법을 제시한다. 2절에서 그는 사데 교회의 구성원들에게 우선 "일깨어 그 남은 바 죽게 된 것을 굳건하게 하라"고 한다. "일깨라(γίνου γρηγορῶν/기누 그레고론)"는 명령은 자기 자신의 상태를 정확하게 인식하라는 뜻이다. 사데 교회의 상태는 이미 죽었거나 혹은 죽어가고 있지만, 아직 세찬 바람에도 꺼지지 않는 작은 생명의 불씨들이 남아있다. "그 남은 바"(τὰ λοιπά/타 로이파)는 그리스어에서 복수 중성 명사로서 사데 교회의 성도들이 운영하는 교회의 기구들을 가리킨다.[43] 그러므로 그는 그 남아있는 것들을 죽지 않도록 "굳건하게 하라(στήρισον/스테리손)"고 명령한다.

그는 사데 교회의 행위가 하나님 앞에서 온전한 것은 하나도 찾을 수 없다고 말한다(계 3:2). 사데 교회의 구성원들은 지난 날 복음을 통해서 하나님의 은혜로 새 생명을 얻고 뜨거운 감사의 눈물을 흘렸던 순간을 다 잊어버렸다. 그들은 처음에 복음을 어떻게 받았는지를 망각하였기 때문에 하나님 앞에서 온전한 일을 할 수 없었다. 예수는 그들로 하여금 이러한 부정적인 상태를 극복할 수 있도록 도와주기 위해서 "그러므로 네가 어떻게 받았으며 어떻게 들었는지 생각하고 지키어 회개하라"(계 3:3)고 명령한다. 이 절에는 "생각하라(μνημόνευε/므네모뉴에),"

---

43) Harald Ulland, *Die Vision als Radikalisierung der Wirklichkeit in der Apokalypse des Johannes: Das Verhältnis der sieben Sendschreiben zu Apokalypse 12-13* (Tübingen und Basel: A. Fancke Verlag, 1997), 119.

"지키라(τήρει/테레이)," 그리고 "회개하라(μετανόησον/메타노에손)"는 세 가지 명령형 동사들이 포함되어 있다. 이제 사데 교회의 구성원들은 구원의 감격을 안겨준 복음을 어떻게 전해 받았고, 어떻게 들었는지 기억해야만 하고, 예수 그리스도를 따르고 하나님의 말씀을 실천하기로 다짐하였던 거룩한 서약을 지켜야만 하고, 그리고 로마의 제국주의와 우상 숭배를 정당화하는 제국의 미디어 문화에 저항하지 못하고 타협한 것을 회개해야만 한다.

이처럼 천상의 예수는 "일깨라," "굳건하게 하라," "생각하라(=기억하라)," "지키라," "회개하라"라는 다섯 개의 명령형 동사들을 사용해서 이 교회의 쇄신을 요구한다. 그럼에도 불구하고 만일 사데 교회가 예수의 명령에 응답하지 않는다면, 예수가 말하기를 "내가 도적 같이 이르리니 어느 시에 네게 임할는지 네가 알지 못하리라"고 한다. 여기서 예수가 온다는 것은 예수의 재림을 가리키는 것이 아니라, 심판하기 위해서 지금 현재의 시간에 그가 온다는 것을 의미한다(참조, 계 16:15, 2:5, 2:16, 3:11).[44]

사데 교회에 죽지 않고 남아 있는 생명의 불씨들과 같은 소수의 성도들이 있다. 그들은 로마 제국의 유혹과 압제에도 불구하고 황제예배를 거부하고 우상숭배적인 제국주의 체제에 협력하기를 거부한 자들이다.

> "그러나 사데에 그 옷을 더럽히지 아니한 자 몇이 네게 있어 흰 옷을 입고 나와 함께 다니리니 그들은 합당한 자인 연고라"(계 3:4).

옷은 성도들의 신앙적 행태를 상징한다.[45] 때 묻지 않은 흰옷은 로마 제국의 우상숭배에 오염되지 않은 것을 의미한다. 그러므로 배교자들은 흰옷을 입을 수 없다. 예를 들면, 소아시아에서 실행되었던 키벨레(Cybele) 제의에서 사제는 정결례를 위해서 자신의 흰옷을 황소의 피에 적시는 의식을 거행했다. 사데 교회의 대다수 구성원들은 아마도 니골라 당과 발람의 가르침에 의해서 로마 제국의 우상숭배적인 문화에 동화되어 옷을 더럽혔을 것이다. 그런데 사데 교회에는 겨우 몇 사람만이 우상숭배를 하지 않고 흰옷을 입고 있다. 충성스러운 증인이고 순교자인 예수는 흰옷을 입고 있다. 4;4에서 스물네 장로들이 흰옷을 입고 하나님의 보좌 옆에 있다. 짐승을 이기고, 짐승의 상과 짐승의 수를 이기고, 하나님의 말씀

---

44) 권성수, 『요한계시록』, 102.
45) Pablo Richard, *Apokalypse*, 95.

과 예수에 대해서 증언한 순교자들은 역시 흰옷을 입고 있다(계 6:11; 7:9, 13). 순교자들은 목숨을 희생하면서 증언한 증인들이다. 그러므로 지금 사데 교회에서 흰옷을 입고 있는 소수의 성도들은 증인인 동시에 살아있는 잠재적인 순교자들이다. 예수는 그들이 자기와 함께 다니기에 "합당한 자들"이라고 말한다. "합당한"으로 번역된 그리스어 "악시오스"(ἄξιος)는 저울의 눈금이 정확하게 맞는 것을 의미한다. 천상의 예수는 신앙으로 우상숭배의 유혹을 물리친 승리자들에게 구원의 보증을 다음과 같이 약속한다.

> "이기는 자는 이와 같이 흰 옷을 입을 것이요 내가 그 이름을 생명책에서 결코 지우지 아니하고 그 이름을 내 아버지 앞과 그의 천사들 앞에서 시인하리라 귀 있는 자는 성령이 교회들에게 하는 말씀을 들을찌어다"(계 3:5-6).

로마 제국의 유혹과 압제에 굴복하지 않은 승리자들에게 흰옷이 선물로 주어질 것이다. 예수는 그러한 승리자들의 이름을 생명책에서 결코 지우지 않을 것이라고 약속한다. 그들은 이 세상에서는 이름 없이 살고 있지만, 그러나 그들의 이름은 생명책에 기록되어 있다. 다니엘서 12:1에 의하면 생명책에 기록 된 자들은 모두 구원을 얻는다. 생명책은 요한계시록에서 자주 언급된다(계 13:8; 17:8; 20:12, 15; 21:27). 천상의 예수는 마지막 대심판의 날에 그들의 이름을 하나님 앞과 천사들 앞에서 시인할 것이라고 약속한다. 이것은 복음서의 전통에 일치한다. "누구든지 사람 앞에서 나를 시인하면 나도 하늘에 계신 아버지 앞에서 저를 시인 할 것이요 누구든지 사람 앞에서 나를 부인하면 나도 하늘에 계신 내 아버지 앞에서 저를 부인하리라"(마 10:32-33).

### 6) 빌라델비아 교회(계 3:7-13)

빌라델비아는 기원전 159-138년 사이에 버가모의 왕 유메네스 2세 혹은 그의 동생 아탈라우스 2세에 의해서 세워졌다. 아탈라우스 2세는 암살된 줄 알았던 그의 형 유메네스가 그리스에서 돌아오자 형을 위해서 왕위를 사임하였다. 이 도시의 이름은 형제간의 사랑을 기념하기 위해서 지어졌다. 빌라델비아는 "형제 사랑"을 의미한다. 이 도시는 기원후 17년에 대지진으로 완전히 파괴되었지만, 로마의 티베리우스 황제의 도움으로 다시 재건되었으며, 황제를 위한 신전이 있었고, 농업과 공업으로 번창했다.

"7 빌라델비아 교회의 사자(=천사)에게 편지하라 거룩하고 진실하사 다윗의 열쇠를 가지신 이 곧 열면 닫을 사람이 없고 닫으면 열 사람이 없는 그가 이르시되 8 볼지어다 내가 네 앞에 열린 문을 두었으되 능히 닫을 사람이 없으리라 내가 네 행위를 아노니 네가 작은 능력을 가지고서도 내 말을 지키며 내 이름을 배반하지 아니하였도다. 9 보라 사탄의 회당 곧 자칭 유대인이라 하나 그렇지 아니하고 거짓말 하는 자들 중에서 몇을 네게 주어 그들로 와서 네 발 앞에 절하게 하고 내가 너를 사랑하는 줄을 알게 하리라(계 3:7-9).

여기서 예수에게 귀속된 호칭인 "거룩하고 진실하신 이"는 요한계시록 6:10에서 하나님의 호칭으로 사용된다. 또 다른 호칭인 "다윗의 열쇠를 가진 이"는 이사야서 22:22에서 유래한다: "내가 또 다윗 집의 열쇠를 그의 어께에 두리니 그가 열면 닫을 자가 없고 닫으면 열 자가 없으리라." 다윗의 집의 열쇠는 하나님이 왕위에 오르는 엘리아김에게 약속하신 것이지만, 요한계시록의 저자는 그것을 예수에게서 성취된 메시아적 약속으로 이해하였다. 즉, 예수가 다윗의 열쇠를 가지고 있으므로 하나님 나라로 들어가는 문을 열고 닫을 수 있는 권한은 오직 예수에게만 있다는 것이다. 유대인들이 그리스도인들에게 하느님 나라에 들어가는 문을 닫았지만, 하느님 나라의 열쇠를 가진 예수가 그들을 위해서 문을 열어주었다. 예수가 하나님 나라의 입구를 열어 두었기 때문에 아무도 그것을 닫을 수 없다. 이제 어린 양 예수를 따르는 무력한 자들과 가난한 자들은 예수 덕분에 하나님 나라에 들어갈 수 있는 통로를 가진 자들이다.

천상의 예수는 빌라델비아 교회에게 "내가 네 행위를 아노니"라고 하면서 칭찬을 한다. "작은 능력"은 그 교회의 규모와 자원이 크지 않고 작다는 것을 의미한다. 그가 이 작은 교회가 예수의 말씀을 지키고 그의 이름을 배반하지 않았다고 칭찬한 것은 빌라델비아 교회의 행위들이 교회의 본질의 네 가지 요소들인 믿음, 사랑, 섬김 그리고 저항에 충실하였다는 것을 의미한다. 빌라델비아 교회는 작지만, 예수의 말씀에 매달리고 그의 이름을 부인하지 않는다. 이것이 빌라델비아 교회의 힘이다.

9절에서 "사탄의 회당"은 유대인들의 회당을 가리킨다. 서머나 교회에서 유대인들의 회당이 "사탄의 회당"이라고 불리었는데(계 2:9), 빌라델비아 교회에서 유대인들의 회당은 역시 "사탄의 회당"이라고 불린다. 그런데 유대인들이 무슨 일을 했기 때문에 그리스도인들로부터 "사탄의 회당"이라고 비난을 받게 되었는가? 아마도 유대인들은 자신들의 공동체를 지키기 위해서 반제국적 사람들로 의심받는 그리스도인들을 멀리하거나, 또는 수배된 그리스도인들을 로마 당국에 신고하고 비방했을 것이다. 유대인들의 밀고로 체포된 그리스도인들은 고문을 당하고 심지어 처형되었을 것이다. 그러므로 서머나 교회의 경우와 마찬가지로 빌라델비아의 그리스도인들은 자신들을 당국에 신고하고 비방한 유대인들에게 반감을 가졌기 때문에 전통적으로 "여호와의 회중"(민 16:3; 20:4; 27:17; 31:16; 신 23:2; 수 22:17)으로 불리는 유대인들을 "사탄의 회당"이라고 비난하고 조롱했을 것이다.

로마 제국을 따르는 자들은 사탄의 추종자들이다. 왜냐하면 사탄이 로마 제국에게 권력을 주었기 때문이다(계 13:4). 천상의 예수는 빌라델비아에 있는 유대인들이 로마 제국의 뱃속으로 동화된 자들이기 때문에 비록 그들이 스스로 유대인이라고 주장하지만 진정한 의미에서 유대인이 아니고, 오히려 거짓말쟁이라고 비난한다. 유대인들을 이와 같이 공격하는 거친 표현은 모든 유대인들을 겨냥한 것이 아니다. 그러한 표현의 핵심은 반셈족적이 아니라, 반제국적이다.[46]

빌라델비아에 있는 유대인들의 회당은 친로마적인 반면에, 빌라델비아 교회는 반제국주의적이다. 9절에서 천상의 예수는 그러한 유대인들을 빌라델비아 교회의 성도들의 발 앞에 엎드려서 절을 하게 함으로써 예수가 빌라델비아 교인들을 얼마나 사랑하는지를 보여줄 것이라고 한다. 그러나 이것은 마치 천상의 예수가 지금 현재의 시간에 거짓말쟁이들인 유대인들을 강제로 빌라델비아 교회로 끌고 와서 교인들 앞에서 절을 시킬 것으로 이해되어서는 안 된다. 이것은 천상의 예수가 종말의 날에 빌라델비아 교회의 성도들을 자신의 보좌에 함께 앉게 함으로써 그들을 비방했던 유대인들을 부끄럽게 할 것이고, 또한 그가 빌라델비아 성도들을 매우 사랑한다는 사실을 그들로 하여금 깨닫게 할 것이라는 것을 의미한다. 이로써 천상의 예수는 지금 고난당하고 있는 빌라델비아 교인들을 위로하고 격려한다. 요한계시록의 저자의 관심사는 빌라델비아의 유대인들이 그리스도인으로 개종하는 데 있는 것이 아니라, 그들이 로마의 제국주의를 지지하는 협력자들이 되는 것을 중단하는 데 있다.

그런데 유감스럽게도 과거 대다수의 독일 그리스도인들은 유대인들의 회당을

---

46) 브루스 M. 메츠거, 『예수 그리스도의 계시라: 요한계시록의 이해』, 66는 사탄의 회당이라는 표현을 반유대 개념이나 반셈족주의라는 의미로 이해해서는 안 된다고 말한다. 그러나 그는 이것이 반제국적이라는 점을 보지 못했다.

"사탄의 회당"이라고 부르는 요한계시록 2:9와 3:9를 문자 그대로 읽고 그 의미를 오해하였다. 이와 마찬가지로 그들은 "그 피를 우리와 우리 자손에게 돌릴지어다"(마 27:25)라는 구절을 문자적으로 읽었다. 그러므로 그들은 유럽의 유대인들이 운명적으로 멸시당하고 죽임을 당해야 할 것처럼 오해했다. 독일 나치 대원들은 수정의 밤(Kristalnacht), 혹은 포그롬의 밤(Reichspogromnacht)라고 불리는 1938년 11월 9일 저녁부터 10일 새벽까지 베를린을 비롯한 독일 전역에서 유대인들의 가게의 유리창을 깨뜨리고, 유대인들의 주택을 습격하고, 유대인들의 회당 건물을 방화했다. 그들은 유대인들을 폭행하고 심지어 살해하였다. 많은 독일 그리스도인들은 이러한 나치의 만행을 보고도 침묵으로 방관했다.

빌라델비아 교회는 고난을 당하면서도 로마의 제국주의와 황제승배에 비타협적으로 저항한다.

> "10 네가 나의 인내(ὑπομονη,/휘포모네)의 말씀을 지켰은즉 내가 또한 너를 지켜 시험의 때를 면하게 하리니 이는 장차 온 세상(οἰκουμένη/오이쿠메네)에 임하여 땅에 거하는 자들을 시험할 때라. 11 내가 속히 오리니(ἔρχομαι/에르코마이) 네가 가진 것을 굳게 잡아 아무나 네 면류관을 빼앗지못하게 하라"(계 3:10-11).

여기서 인내로 번역된 그리스어 "ὑπομονή/휘포모네"는 저항을 의미한다. 천상의 예수는 빌라델비아 교회가 그의 저항의 말씀을 지키고 실천하였기 때문에 "장차 온 세상에 임하여 땅에 거하는 자들을 시험할 때" 그 교회의 성도들을 지켜줄 것이라고 말한다. 그리스어 "οἰκουμένη/오이쿠메네"는 사람이 사는 온 세상, 즉 지구를 의미한다. 그러나 여기서 그 단어는 로마 제국에 의해서 조직되고 통제되는 세계를 의미한다.[47] "땅에 거하는 자들"은 짐승의 추종자들, 곧 사탄에게 속한 자들을 상징한다.

그런데 그 시험은 언제 일어나는가? 언제 예수가 오는가? 대다수의 학자들은 그러한 시험이 종말의 날에 일어난다고 해석한다.[48] 그러나 그 시험은 역사의 끝에서(참조, 계 19:11-22:5)일어나는 것이 아니라, 역사 안에서 현재의 시간에서 일어난다.

11절에서 "내가 속히 오리니(ἔρχομαι/에르코마이)"의 문법적 시제는 미래가 아

---

47) Pablo Richard, *Apokalypse*, 96.
48) Robert H. Mounce, *The Book of Revelation*, 104.

니라 현재이다. 그러므로 이것은 천상의 예수가 미래적인 종말의 때에 올 것이라는 의미가 아니라, 지금 현재의 시간에 온다는 것을 의미한다. 그리스도인들은 현재 박해를 당하면서도 예수의 저항의 말씀을 실천하고 있다. 그렇기 때문에 그는 성도들의 저항을 지지하고 그들과 함께 싸우기 위해서 지금 속히 빌라델비아 교회에 오겠다는 것이다.

"면류관"은 성도들이 마지막 심판의 날에 받도록 예정된 상이다. 그러나 면류관을 받을 수 있는 특권은 영적 태만과 무실천으로 인해서 상실될 수도 있다. 그러므로 천상의 예수는 그들에게 지금 현재의 시간에 끊임없이 신앙실천을 하라고 권고한다. 그는 그들에게 아름다운 미래를 약속한다.

> "12 이기는 자는 내 하나님 성전에 기둥이 되게 하리니 그가 결코 다시 나가지 아니하리라. 내가 하나님의 이름과 하나님의 성 곧 하늘에서 내 하나님께로부터 내려오는 새 예루살렘의 이름과 나의 새 이름을 그이 위에 기록하리라 13 귀 있는 자는 성령이 교회들에게 하시는 말씀을 들을지어다"(계 3:12-13).

천상의 예수는 이기는 자, 즉 황제숭배를 거부하고 로마의 우상숭배적인 문화에 굴복하지 않는 자는 하나님과 예수에게 속한 자로서 "내 하나님의 성전에 기둥이 되고" 장차 새 예루살렘의 시민이 될 것이라고 약속한다. 여기서 교회는 은유적으로 하나님의 성전으로 표현되었다. 바울은 교회를 역시 하나님의 성전으로 이해한다. "너희는 너희가 하나님의 성전인 것과 하나님의 성령이 너희 안에 계시는 것을 알지 못하느냐?"(고전 3:16; 참조, 엡 2:21). 바울은 "야고보와 게바와 요한"을 예루살렘 교회의 기둥이라고 한다(갈 2:9). 그런데 요한계시록의 저자는 예수의 입을 통해서 이기는 자 개개인이 교회의 "기둥"이라고 한다. "이기는 자"는 황제숭배와 불의에 맞서서 정의를 위해서 싸우는 자이다. 이기는 자 위에 써진 하나님의 이름은 정의이고, "새 예루살렘의 이름"은 정의이고, 그리고 "나의 새 이름"은 역시 정의이다. 이것은 이기는 자가 정의의 하나님과 정의의 예수에게 속한 자이고, 또한 정의가 지배하는 새 예루살렘에 속한 자라는 것을 의미한다.

### 7) 라오디게아 교회(계 3:14-22)

라오디게아는 기원전 253년에 안티오코스 2세가 세운 도시였으며, 그는 그의 아내의 이름인 라오디케(Laodice)을 따서 이 도시 이름을 지었다. 이 도시는 기원전 133년에 로마 제국의 지배하에 들어가게 되었으며, 로마 에 충성하는 도시였다. 이 도시는 소아시아에서 가장 부유한 상업의 중심지 중의 하나였으며,[49] 무역, 은행, 면화, 의학교, 그리고 약품으로 유명하였다. 사도 바울이 라오디게아에서 선교했다(골 2:1; 4:13-17).

> "14 라오디게아 교회의 사자(=천사)에게 편지하라 아멘이시요 충성되고 참된 증인이시요 하나님의 창조의 근본이신 이가 이르시되 15 내가 네 행위를 아노니 네가 차지도 아니하고 뜨겁지도 아니하도다 네가 차든지 뜨겁든지 하기를 원하노라 16 네가 이같이 미지근하여 뜨겁지도 아니하고 차지도 아니하니 내 입에서 너를 토하여 버리리라"(계 3:14-16).

라오다게아 교회에 말하는 천상의 예수는 세 가지 호칭으로 소개된다. 첫째로 예수는 "아멘"이다. 예수가 아멘인 것은 그가 증언한 예언이 진리이고, 그의 약속이 확실하다는 것을 의미한다. 아멘(avmh,n)이라는 용어는 이사야 65:16에서 두 번 사용된 히브리어 אמן אלהי(아멘의 하나님)으로부터 유래한다. 그런데 אמן אלהי (아멘의 하나님)이 70인역 그리스어 성경에서는 τὸν θεὸν τὸν ἀληθινόνς(톤 테온 톤 알레티논스/진리의 하나님)으로 번역되었다. "아멘"은 명사로는 "진리"를 뜻하며, 형용사로는 "진실한" 혹은 "확실한"이라는 의미를 가진다. 둘째로 예수는 우상 숭배의 유혹을 거부하고 십자가의 고난과 처형을 감수한 충성스러운 "참된 증인"이다. 하나님 외에 우상들은 결코 구원자가 될 수 없다. 하나님의 자녀들은 하나님 외에 구원자가 없다는 것을 증언해야 할 하나님의 증인으로 택함을 받았다(사 43:10-12). 예수는 하나님의 진리를 증언한 참된 증인이다. 그리고 셋째로 예수는 "하나님의 창조의 근본이신 이"다.[50] 하나님의 창조는 새 창조를 포함한다(참조, 사 65:16-17; 시 104:29-30). 하나님은 처음과 마지막이며 알파와 오메가이다(계 1:18), 예수도 역시 처음과 마지막이며 알파와 오메가이다(계 22:13). 그러므로 예수는 창조와 새 창조의 근본이다.

서머나 교회와 빌라델비아 교회를 긍정적으로 칭찬하였던 천상의 예수는 이제 라오디게아 교회에게 "내가 네 행위를 아노니 네가 차지도 아니하고 뜨겁지도 아니하도다 네가 차든지 뜨겁든지 하기를 원하노라"(계 3:15)라고 하면서 책망

---

49) 골 4:13에 라오디게아 교회에 대한 언급이 있다.

50) 요 1:1

한다. 라오디게아 교회에 대한 그의 질책은 사데 교회에 대한 질책보다 더 심하다. 그는 라오디게아 교회에게 "네가 이같이 미지근하여 뜨겁지도 아니하고 차지도 아니하니 내 입에서 너를 토하여 버리리라"(계 3:16)고 한다.

그런데 "차다"는 것과 "뜨겁다"는 것은 무엇을 상징하는가? 물은 찬물, 뜨거운 물, 그리고 미지근한 물이 있다. 그런데 천상의 예수의 관심은 결코 물의 온도에 있지 않다. 왜냐하면 일상생활에서 찬 물과 뜨거운 물과 미지근한 물은 모두 각기 용도에 따라서 알맞게 사용되기 때문이다. 목마른 자에게 주는 냉수 한 그릇은 참으로 적절하고 좋은 것이다(마 10:42).

찬 물과 뜨거운 물은 분명하게 구별된다. 그러므로 찬 물과 뜨거운 물은 교회의 분명한 태도를 가리킨다. 반면에 미지근한(χλιαρὸς/클리아로스) 물은 교회의 모호한 태도를 가리킨다. 라오디게아 교회가 미지근한 물과 같다는 것은 그 교회의 태도가 분명하지 않고 모호하다는 것을 의미한다. 라오디게아 교회는 로마의 제국주의와 우상숭배적 문화에 분명하고 결정적인 태도를 보이지 않는다. 라오디게아 교회의 구성원들은 가난한 자들의 희생으로 재물을 축적하여 부유한 삶을 사는 로마인들을 비판하지 못하고, 오히려 그들의 부유한 생활을 선망한다. 그들은 로마인처럼 부자로 살기를 원하고, 또 동시에 그리스도인으로 살기를 원한다. 그러므로 그들의 태도는 이것도 아니고 저것도 아니고 모호하다. 천상의 예수가 토하는 미지근한 물은 바로 이러한 라오디게아 교회 교인들의 모호한 성격을 상징한다.

미지근한 교인들은 관념적이고, 개인주의적이고, 비역사적인 교회를 원한다. 왜냐하면 그들은 로마 제국과 타협하면서 살기에는 그러한 성격의 교회가 적당하다는 것을 잘 알기 때문이다. 그러므로 그들은 로마 제국의 억압적인 체제에 타협하거나 순응하는 교회를 찾는다.[51] 그들은 무관심하고, 냉담하고, 이기적이고, 그리고 기회주의적이다. 그들은 결국 짐승의 참된 추종자도 아니고 예수의 참된 추종자도 아니다. 그들은 단지 명목상 그리스도인들이다. 그런 까닭에 천상의 예수가 미지근한 물을 입에서 토하려고 한다고 말한다. 그는 교회가 분명한 태도를 보이기를 원한다. 오늘날 한국에도 라오디게아 교회와 같은 미지근한 교회들과 미지근한 교인들이 많이 있다.

미지근한 물 같은 라오디게아 교회의 교인들이 즐겨 말하는 것을 천상의 예수

---

51) Pablo Richard, *Apokalypse*, 98.

는 아래와 같이 예리하게 비판한다.

"17 네가 말하기를 나는 부자라 부요하여 부족한 것이 없다 하나 네 곤고한 것과 가
련한 것과 가난한 것과 눈먼 것과 벌거벗은 것을 알지 못하도다. 18 내가 너를 권하
노니 내게서 불로 연단한 금을 사서 부요하게 하고 흰 옷을 사서 입어 벌거벗은 수
치를 보이지 않게 하고 안약을 사서 눈에 발라 보게 하라. 19 무릇 내가 사랑하는 자
를 책망하여 징계하노니 그러므로 네가 열심을 내라 회개하라"(계 3:17-19).

미지근한 그리스도인들은 로마 제국의 우상 숭배적 체제에 협력하여 어느 정
도 재물을 축적하여 부유한 생활을 한다. 그리고 그들은 자기 탐닉과 자만심에
빠졌다. 그러나 그들은 그리스도인의 정체성을 상실했기 때문에 자신이 가련하
고, 가난하고, 눈 멀고, 벌거벗은 사람들이라는 사실을 알지 못한다. "연단한 금"
은 죄 씻음을 통한 정결한 삶을 의미한다. "벌거벗은 수치를 보이는 것"은 우상
숭배에 대한 하나님의 정죄를 의미한다(사 43:3; 겔 16:36; 23:29; 나훔 3:5; 사 20:4; 출
20:26). "흰옷"은 우상 숭배를 거부하고 하나님의 진리를 증언하고 메시아인 예
수를 증언했기 때문에 처형된 순교자들과 참된 증인들이 입는 옷이다(참조, 계
3:4-5; 6:11). 이러한 맥락에서 "흰옷을 사서 벌거벗은 수치를 보이지 않게 하라"
는 권고는 권력과 자본을 우상 숭배하는 로마의 제국주의 체제에 대한 저항을 통
해서 그리스도인의 정체성을 되찾으라는 것을 의미한다. "안약을 사서 눈에 바
르라는 것"은 로마 제국의 미디어가 전파한 제국의 신화들이 덮고 있는 현실을
직시할 수 있는 분별력을 가지라는 것이다.

그런데 어떤 주석가들은 라오디게아 교회의 구성원들이 물질적으로는 부자지
만 영적으로 가난하기 때문에 천상의 예수가 그들에게 영적으로 부요함을 누리
라고 권면하였다고 해석한다. 그러나 그것은 옳은 해석이 아니다. 왜냐하면 그러
한 해석에서 영적 빈곤, 또는 영적 부요함은 중요하지만, 물질적 빈곤과 물질적
부요함은 별 의미가 없기 때문이다.[52] 천상의 예수는 단순히 라오디게아 교회의
구성원들이 영적으로 부요함을 누리도록 권유한 것이 아니다. 그가 정말로 그들
에게 요구하는 것은 미지근한 모호한 태도를 중단하라는 것, 가난한 자들을 착취
해서 부를 축적하는 로마인들에 대한 선망을 중단하라는 것, 그리고 가난한 자들

---

52) Pablo Richard, *Apokalypse*, 99.

과 약자들의 빈곤과 고난에 대한 무관심한 태도와 자기 탐닉을 중단하라는 것이다. 그는 그들이 남을 착취하지 않는 방법으로 정당하게 부를 얻을 것을 원하고, 불의와 타협하는 우상숭배적인 행태를 버리고 깨끗한 양심을 가질 것을 원한다.

천상의 예수는 라오디게아 교회의 구성원들을 사랑하기 때문에 그들을 책망하고 열심을 내라고 권고하고 회개를 요구한다. 교회의 삶과 교회의 본질을 구성하는 요소들 중의 하나인 저항은 권력과 자본을 우상 숭배하는 로마의 제국주의 체제에 대한 반대와 항의를 의미한다. 미지근한 그리스도인들은 회개를 통해서만 새로운 대안적 삶을 살 수 있다. 그들은 사회적 약자들에 대한 무관심과 냉담을 회개하고, 그들을 섬기고 그들과 연대하는 삶을 살아야만 한다.

이제 천상의 예수가 라오디게아 교회를 방문하여 문 앞에 서있다.

"20 볼지어다 내가 문밖에 서서 두드리노니 누구든지 내 음성을 듣고 문을 열면 내가 그에게로 들어가 그와 더불어 먹고 그는 나로 더불어 먹으리라. 21 이기는 그에게는 내가 내 보좌에 함께 앉게 하여 주기를 내가 이기고 아버지 보좌에 함께 앉은 것과 같이 하리라. 22 귀 있는 자는 성령이 교회들에게 하시는 말씀을 들을지어다" (계 3:20-22).

대다수의 학자들은 20절의 문을 개인의 마음의 문으로 해석한다.[53] 그러나 여기서 그 문은 개인의 마음의 문이 아니라, 교회의 문을 의미한다. 깨어 있는 교회만이 문을 두드리는 예수의 음성을 듣고 문을 열고 그를 영접할 수 있다(참조, 눅 12:35-37). 문을 열고 예수와 함께 먹는다는 표상은 종말에 예수가 재림할 때 메시아 잔치에 대한 참여[54]를 의미하는 것이 아니라, 지금 교회의 문을 열고 약자들을 영접하고 그들과 연대하고 그들을 돌보는 섬김의 실천을 의미한다. 지상의 예수는 항상 자기 자신을 가장 작은 자들, 곧 사회적 약자들과 동일시하였다(참조, 마 25:35).

21절에서 천상의 예수는 이기는 자를 자신의 보좌에 함께 앉도록 할 것이라고 약속한다. 이것은 지상의 예수가 열두 제자들에게 약속한 것과 같다. "예수께서 이르시되 내가 진실로 너희에게 이르노니 세상이 새롭게 되어 인자가 자기 영광의 보좌에 앉을 때에 나를 따르는 너희도 열두 보좌에 앉아 이스라엘 열두 지파

---

53) 예를 들면, Robert H. Mounce, *The Book of Revelation*, 113-14를 보라.
54) 이달, 『요한계시록』, 100.

를 심판하리라"(마 19:28; 참조, 눅 22:30).

라오디게아 교회에게 보내는 편지는 모든 교회에 적용된다. 교회는 성령의 음성에 귀를 기울여야만 한다,

## III. 결론: 오늘의 교회갱신

소아시아의 사람들에게 로마의 위용과 제국주의적 관점을 강력하게 각인시키는 제국의 미디어는 신전, 기념비, 동상, 축제, 연설, 동전, 그리고 운동경기였다. 로마는 이러한 미디어를 통해서 만국에 대한 지배를 정당화하고 우상숭배적인 문화를 확산시켰다. 소아시아의 일곱 도시는 바로 이러한 미디어의 중심지였다. 소아시아의 일곱 도시들에 세워진 일곱 교회들은 제국의 미디어를 전복시키는 대항 미디어의 역할을 해야 하며, 또한 제국의 담론을 정당화하는 로마의 공론장과 대립하는 대항공론장의 역할을 해야 한다.

요한계시록의 저자는 일곱 교회 환상(2:1-3:21)을 통해서 소아시의 교회들을 쇄신시키고자 했다. 일곱 교회 환상의 메시지는 그 당시의 교회 쇄신을 위해서만이 아니라, 오늘의 교회의 갱신을 위한 척도이다. 일곱 교회들의 대다수는 로마의 제국주의 체제를 정당화하는 제국의 미디어 문화의 막강한 힘에 순응하고 타협함으로써 기독교 교회의 정체성을 이미 상실했거나 도는 상실할 위기에 처해 있었다. 천상의 예수는 제국의 미디어에 대처하는 일곱 교회들의 행위를 잘 알고 있기 때문에 개별적으로 칭찬하거나 책망하면서 교회들을 쇄신하도록 강력하게 요구한다. 그는 일곱 교회들에게 교회의 정체성을 되찾도록 회개할 것을 강력하게 요구한다. 그는 일곱 교회들이 각각 회개를 통해서 제국의 미디어의 힘에 저항하는 반제국적 대항 미디어가 되도록 그리고 제국의 공론장에 저항하는 대항 공론장이 되도록 자신을 쇄신시킬 것을 권고한다.

일곱 교회들에게 공동으로 요구되는 행위들은 사랑, 믿음, 섬김, 그리고 인내(=저항)이다. 이러한 네 가지 행위들은 교회의 삶과 교회의 본질을 구성하는 기본 요소들이다. 일곱 교회들을 향한 천상의 예수의 책망과 칭찬의 기준은 바로 이러한 네 가지 요소들을 실천하는 행위에 달려있다. 이러한 네 가지 요소들 중에서 한 가지만이라도 결여된 교회는 진정한 교회라고 할 수 없다. 교회의 정체성은 이러한 네 가지 행위들을 통해서 확인되고, 또한 유지된다.

교회를 쇄신하기 위해서는 회개가 절대적으로 필요하다. 그러므로 천상의 예수는 일곱 교회들에게 회개하라고 명령한다(계 2:5, 16, 21, 22; 3:3, 19). 회개를 통한 교회의 쇄신은 교회의 내부와 외부의 적들과 싸워야 할 이 현재의 시간을 위한 것이지, 역사의 종말이나 미래적인 재림의 때를 위한 것이 아니다. 교회는 지금 현재의 시간에 억압과 고난에도 불구하고 약자들을 희생시키는 로마 제국의 억압과 불의에 대항해서 하느님의 말씀을 증언하고 비폭력적으로 싸우는 것이 필요하다. 교회는 쇄신을 통해서 기독교의 정체성을 유지해야 한다. 교회는 제국주의 문화를 주입시키고 피압제자들의 저항과 투쟁을 망각시키는 제국의 미디어 문화에 저항하는 대항 미디어로서의 역할을 감당해야 하고, 또한 만국에 대한 지배를 정당화하는 제국의 공론장에 맞서는 대항공론장의 역할을 감당해야 한다. 교회는 구조적인 죄악이 지배하는 제국의 체제에서 탈출하여 인권, 생명, 정의, 평등, 그리고 평화가 지배하는 대안적인 세계를 상징하는 새 예루살렘의 대항현실을 지향하는 삶을 살아야만 한다.

오늘날 신자유주의적 세계화의 시대에 지구적 자본이 지배하는 미디어 기업의 힘이 증가할수록 참여 민주주의의 존립 가능성은 그만큼 약화된다.[55] 교회는 미디어가 전파하는 물신숭배적인 문화적 가치들과 야합함으로써 기독교적 진리를 배반할 수도 있다. 그러므로 교회는 이러한 미디어 문화에 저항하는 대항 미디어로서의 역할을 감당할 수 있도록 쇄신되어야만 한다.

교회 개혁의 방향과 목표는 기존의 무력한 교회들을 쇄신시켜서 교회의 삶과 교회의 본질의 네 가지 요소인 사랑, 믿음, 섬김, 저항을 온전히 실천하는 진정한 교회가 되도록 하는 것이 되어야 한다. 만국은 제국의 지배 아래서 고난당하고 미혹당하고 있다. 교회는 만국을 목양하도록 부름을 받은 반제국적 공동체이다. 오늘날 수많은 약자들을 빈곤과 죽음으로 몰아넣는 신자유주의적 경제의 세계화의 상황에서 교회의 삶과 교회의 본질의 네 가지 요소 중의 하나인 섬김(디아코니아)은 특히 매우 중요하게 인식되어야 한다. 교회는 섬김의 실천을 통해서 그들의 부서진 하나님의 형상을 회복시켜서 인간적 존엄과 충만한 삶을 누릴 수 있도록 해야 한다. 섬김에는 타자의 필요를 돌보고 봉사하는 일과 하나님의 말씀을 가르치고 선포하는 일이라는 두 가지 차원이 있다. 그런데 이러한 섬김의 두 차원들은 여성의 일과 남성의 일을 성적으로 구별하지 않는다. 그러므로 기존의 교

---

55) 로버트 W. 맥체스니, 『부자 미디어 가난한 민주주의』, 8.

회는 교회의 남성중심적인 가부장제를 철폐하여 남녀 모두가 아무런 성차별 없이 평등 제자직(equal discipleship)을 위해서 안수를 받고 교회의 장로 직분과 목사직을 맡을 수 있는 탈가부장제적인 평등 공동체로 쇄신되어야만 한다.

사회의 현상유지를 통해서 이익을 얻는 기득권자들은 기존의 교회의 소위 근본주의적 정통신학이라고 하는 현상유지 신학을 지지한다. 그러나 현상유지 신학은 교회의 쇄신운동에서 배제되어야 한다. 왜냐하면 현상유지 신학은 성차별과 억압의 구조를 온존시키는 가부장제적인 죽음의 문화와 야합함으로써 불의에 저항하는 대항 미디어로서의 교회의 삶과 행동을 무력화시키기 때문이다. 일곱 교회 환상에서 표출된 요한계시록의 저자 요한의 저항 신학이 오늘의 교회 개혁의 기반이 되어야만 한다.

대항 미디어로서의 교회는 정부의 권력을 감시하고, 공권력의 남용을 방지하고, 그리고 민주주의를 신장하기 위한 정치교육의 장과 대항공론장이 되어야 한다. 교회는 정치, 경제, 여성, 노동, 환경, 교육, 생태, 의료, 그리고 노인 등 여러 가지 사회적 문제들을 의제로 제기하고 그것들을 해결할 수 있는 능력을 배양해야만 한다. 이러한 정치 교육은 교회의 권력을 위해서가 아니라, 사회적 약자들의 권익과 경제적 정의와 민주주의를 실현하기 위한 것이어야 한다. 또한 교회는 패권적 제국주의에 의한 세계화의 경제 질서를 반대하고 정의로운 분배가 가능한 새로운 대안적 경제 질서를 추구하고 지역적으로 실천하는 구심점이 되어야 한다.

특히 한국의 상황에서 교회는 민주화와 노동 운동과 통일 운동을 위해서 투쟁하다가 일찍 생을 마감한 희생자들과 열사들을 회상하고 그들의 해방투쟁을 계승할 수 있는 기억의 공간이 되어야 한다. 교회는 민족애를 육성하고 자주적인 평화적 통일을 위해서 일하는 통일 운동과 평화 운동의 구심점이 되어야 한다. 한반도의 재통일과 분단된 민족의 화해를 위해서 교회는 무엇보다도 먼저 북한을 악마시하는 반공주의에서 벗어나야 하고,[56] 북한 동포에 대한 이해와 신뢰성을 증진시켜야 한다.[57] 교회는 한국전쟁 전후에 좌익과 부역자로 내몰려서 국가폭력에 의해서 집단학살을 당한 수많은 무죄한 민간인 희생자들에 대한 망각을

---

56) Byung Hak Lee, "Versöhnung mit den Getöteten durch Erinnerung: Eine Reflexion über die Massenermölderungen vor und nach dem Korea-Krieg," 「신학연구」, 53 (2009), 263-64.

57) 함세웅, 『멍에와 십자가』, 241.

회개하고, 민간인 피학살자들의 유족들의 통한의 삶을 기억해야만 하며 또한 남북의 이산가족들의 아픔을 잊지 말아야 한다.

패권 제국주의가 주도하는 오늘날의 세계화 시대에 하나님과 예수 그리스도의 길을 따르면서 대안적 세계인 하나님 나라를 추구하는 교회는 인종과 국적과 피부를 초월하여 약자들과 소외계층을 섬기고 그들과 연대하여 약자들의 생명을 파괴하는 악의 세력에 맞서 함께 싸우는 반제국적 공동체가 되어야 한다. 마지막으로 나는 한국교회의 개혁은 교회의 삶과 교회의 본질을 구성하는 네 가지 요소들인 사랑, 믿음, 섬김, 그리고 저항을 실천하고, 인권, 생명, 정의, 평등, 평화가 지배하는 형제자매적인 연대의 공동체를 상징하는 새 예루살렘의 대항현실을 이 땅 위에서 선취하는 것을 목표로 삼아야한다는 것을 거듭해서 강조하고자 한다.

## 제5장
# 요한계시록의 예전과 예배
### 우상숭배에 대한 저항과 정치적 유토피아

## I. 서론적 성찰

오늘날 세계를 지배하고 있는 자본주의 체제는 종교적 성격을 가지고 있을 뿐만 아니라 신학적인 이론을 통해서 정당화되고 있다.[1] 신자유주의적 세계화의 주창자들은 자본주의를 위한 신성화된 교리들을 선포하고 있다. 인류의 복지 향상과 발전에 가장 유익하고 효율성이 있는 유일한 길이라고 선전하는 그들의 교리는 경제성장, 무제한적인 자유시장, 경제적 세계화, 사유화, 그리고 정부의 일차적 역할로서의 재산권 보호와 무역 정 보호이다.[2] 그러나 이러한 교리는 이기심과 물신숭배를 조장하고, 주변부의 국가들을 경제적으로 식민화할 뿐만 아니라 인간관계를 물질 관계로 격하시키고 가난한 자들의 고난과 희생과 죽음을 강요한다. 세계 도처에서 노동자와 농민을 비롯한 가난한 자들은 자본과 억압의 우상들에게 짓눌려서 살고 있다. 우상숭배는 정치적 문제이며 동시에 신앙의 문제이다. 하나님과 예수 그리스도에 대한 신앙은 우상숭배를 근본적으로 반대한다. 오늘날 그리스도교 복음화의 장애는 무신론이 아니라, 거짓 신인 물신을 숭배하는 우상숭배이다. 우상숭배는 인간의 생명을 희생 제물로 요구하는 거짓 신에게 자비를 구하고 희망을 걸고 있다는 점에서 무신론보다 더 비극적이다.[3]

---

1) 자본주의에 대한 신학적 정당화에 관해서는 마이클 노바크/ 김학준 · 김계희 역, 『민주자본주의의 정신』(서울 을유문화사, 1983)을 보라.

2) 이러한 분석과 비판에 대해서는 David C. Korten, *Corperations Rule the World* (West Hartford: Kumarian Press, 1995), 69; 이해영 『낯선 식민주의 한미 FTA 』(서울: 메이데이, 2006)을 참조하라.

3) 파블로 리차드, "우상과 맞서는 성서신학," 파블로 리차드/ 기춘 옮김, 『죽음의 우상과 생명의 하나님』(서울: 가톨릭출판사, 1993), 9-48; 프란츠 힌켈라메르트/ 김항섭 옮김, 『물신: 죽음의 이데올

요한계시록은 우상숭배로 물든 세계에서 우상과 싸우는 가난한 자들의 저항과 투쟁을 재현하고 새로운 대안적 세계에 대한 그들의 정치적 유토피아를 표현한다. 로마 제국의 황제들의 신적인 위상은 황제를 예배하는 로마의 제의를 통해서 절대화되었고, 소아시아 지역을 식민지화한 로마의 제국주의 체제는 로마의 평화(Pax Romana)라는 이데올로기를 통해서 합법화되었다. 교회들이 서 있는 소아시아의 일곱 도시들마다 황제 예배를 위한 신전과 제단과 사제들이 있었다. 이러한 신전은 은행과 시장을 운영함으로써 도시의 경제에 중요한 역할을 하였다. 로마의 제의와 제국주의 체제에 순응하는 자들은 여러 면에서 이익을 얻을 수 있었지만,[4] 반대하는 자들은 시장에서 경제활동을 금지당하거나 심지어 처형되었다. 이러한 상황에서 요한계시록의 저자는 로마 제국의 제의와 제국주이 체제에 복종하고 순응하는 우상숭배자들의 거짓된 예배를 비판하는 반면에 천상의 환상을 통해서 오직 하나님과 어린 양 예수를 찬양하는 천상의 예배를 식민지의 그리스도교 공동체를 위한 예배의 전형으로 보여준다,

요한계시록은 신약성서에서 가장 예전적인 책이다. 천상의 예전과 예배에 대한 묵시적 환상들로 가득한 요한계시록에는 예배를 주도하는 자들, 예배 참여자들, 언약궤, 제단, 촛대, 향, 향연, 악기, 찬송, 그리고 기도가 언급되어 있다. 하나님과 어린 양을 예배한 천상의 예전과 예배는 장엄하고, 또한 감사와 찬송과 기쁨이 넘치는 축제적이다. 로마 황제의 권세를 찬양하고 예배하는데 돌려졌던 정치적 용어들이 창조주 하나님의 권세와 여린 양의 권세를 찬양하고 예배하는데 사용되었다. 예배 참석자들은 바빌론을 심판하고 가난한 자들과 억눌린 자들을 해방하고 구원하는 하나님의 정의에 감격하여 집합적인 목소리로 탄성을 지르면서 감사를 표현하고 찬송을 부른다. 이러한 천상의 예배 환상은 로마 황제가 세계를 지배하고 있는 현실에도 불구하고 세상을 통치하는 하나님의 권세가 무효가 될 수 없다는 사실을 분명하게 보여준다. 이러한 천상의 예배 환상들은 예배를 하나님과 어린 양을 찬양하는 축제의장으로뿐만 아니라, 황제예배와 로마의 제국주의에 저항하기 위한 훈련의 장으로 이해한 초기 기독교 공동체의 대안적 의식을 나타낸다.

요한계시록의 천상의 예전과 예배는 일곱 장면들의 묵시적 환상을 통해서 표

---

로기적 무기』 (서울: 다산글방, 1999).
4) Wes Howord-Brook and Antony Gwyther, *Unveiling Empire: Reading Reeelation Then and Now* (Maryknoll: Orbis Books, 2000), 103.

현되었다.[5] 천상의 예전과 예배의 맥락은 요한이 성령에 감동되어 하늘의 열린 문을 통하여 하늘의 성전에 들어간 직후, 봉인된 책을 열 자격을 가진 어린 양을 본 직후, 마지막 봉인을 남겨두고 여섯 봉인들을 연 직후, 일곱째 나팔이 울린 직후, 용이 추락한 직후, 하나님의 마지막 진노의 재앙을 선포하는 천사들을 목격한 직후, 그리고 로마를 상징하는 큰 음녀 바빌론의 멸망을 목격한 직후이다.

나는 천상의 예전과 예배 환상들에 나타나는 예배의 대상, 예배 참여자, 예배의 형태, 그리고 예배와 찬송의 내용과 성격을 분석하고, 이러한 예배 환상들의 본문을 약자와 희생자들의 관점에서 해석함으로써 요한계시록의 예전과 예배의 진정한 의미를 규명하고자 한다. 이로써 나는 천상의 예배가 한편으로는 구원을 베푸신 하나님과 어린 양 예수를 찬양하고 감사하는 축제로서의 예배이고, 다른 한편으로는 로마의 황제예배와 우상숭배적인 제국주의 체제에 대한 항의로서의 예배라는 것을 밝히고자 한다. 교회의 예배의 갱신을 위한 새로운 관점을 얻기 위해서 요한계시록의 천상의 예배의 내용과 기능을 발견하는 것은 매우 중요하다. 오늘날 패권적 제국주의와 자본주의 사회 한복판에 서있는 교회는 권력과 자본과 물신의 포로가 될 위험에 처해있다. 그러므로 교회는 요한계시록에서 나타나는 항의로서의 예배의 차원을 회복해야 하고, 권력과 물신을 숭배하는 정치체제와 경제 체제와 제국구주의 문화에 끊임없이 저항해야 한다. 예배는 수많은 약자들을 희생시키는 자본의 제국과 시장의 제국을 절대화하는 제국의 공론장을 비판하는 대항공론장의 역할을 해야 한다.

이 연구의 목적은 천상의 예배 환상들의 정치적이고 반제국주의적인 성격을 규명함으로써 1세기 말엽의 소아시아의 교회의 예배의 정치적 성격을 이해하는 데 있으며, 또한 오늘의 교회가 항의로서의 예배의 차원을 회복함으로써 기독교적 정체성을 찾도록 환기시키는 데 있다. 나아가서 이 연구는 남녀 그리스도인들의 교회 개혁운동과 반제국주의적인 평화 운동을 신학적으로 지원하고자 한다.

---

5) Wes Howord-Brook and Antony Gwyther, *Unveiling Empire*, 198-202.

## II. 대항공론장의 매개로서의 천상의 묵시적 환상

### 1. 황제숭배를 정당화하는 제국의 공론장

요한계시록은 소아시아 지역을 식민화하였던 로마 제국의 도미티아누스 황제의 통치(AD 81-96)의 말기에 저작되었다. 요한계시록은 로마의 제국주의를 비판하는 저항문학이며, 로마의 식민지인 소아시아의 일곱 교회들의 반제국적 저항과 투쟁을 고무하는 지하문서인 동시에 탈식민화 문학이다. 로마의 제국주의는 군사적 침략, 정치적 억압, 경제적 착취, 그리고 사회적 배제라는 네 가지 차원들을 가지고 있다(참조, 계 6:1-8). 소아시아 지역을 식민지화한 로마 제국은 폭력과 선전에 의해서 지탱된 조직이었다.[6]

그러나 로마의 권력자들은 로마의 평화(Pax Romana)라는 담론을 통해서 그들의 폭력과 학살의 역사를 보이지 않게 밀봉하였으며, 그들의 공식적 기억에서 희생자들의 기억을 축출하였다. 또한 그들은 학살의 역사를 밀봉함으로써 제국주의의 희생자들의 기억을 축출하였을 뿐만 아니라, 심지어 황제 예배를 통해서 하나님의 기억을 축출하려고 시도하였다. 그들은 이러한 기억을 축출하고 폭력의 역사를 드러나지 않도록 겹겹이 봉인함으로써 수많은 희생자들에 대한 역사적 기억과 역사적 진실을 유폐시키고 영원한 역사의 승리자들이 되기를 원하였다.

로마의 황제 도미티아누스는 "우리 주님과 하나님"(dominus et deus noster)을 자기 자신을 가리키는 공식적인 칭호로 사용하였으며, 또한 자기 자신을 "대주제자"라고 선포하였다[7] 궁중 시인들은 그를 "주님들의 주님이며 높은 자들 중에 가장 높은 자이며 땅의 주님이요 모든 사물들의 신이며 새벽 별보다 더 빛나는 분"이라고 칭송하였다.[8] 그는 직업적인 궁중시인들로부터 그와 같은 칭송을 받기를 즐거워했으며, 그리고 자신이 영원히 기억되기를 원했을 것이다. 예를 들면, 알렉산더 대제가 아킬레우스 무덤의 묘비 앞에서 눈물을 흘렸다는 고대 그리스의 일화는 송덕과 명성을 원하는 지배자와 허구적으로 불멸의 송덕을 지어주는 시인의 관계를 잘 말해준다. 알렉산더는 아킬레우스 때문에 운 것이 아니라,

---

6) Mark Bredin, Bredin, Mark. *Jesus, Revolutionary of Peace: A Nonviolent Christology in the Book in Revelation* (Carlisle: Paternoster Press, 2003), 125-26.
7) Ethebert Stauffer, *Christ and Casaer: Historical Sketches* (London: SCM, 1955), 149과 153.
8) Ethebert Stauffer, *Christ and Casaer*, 156, 191.

그 멋진 비문을 쓴 호메로스 같은 훌륭한 시인이 자신에게 없다는 자기연민에서 눈물을 흘린 것이라고 한다.[9]

궁중 시인들은 로마 제국의 지배가 영원히 계속될 것이라고는 신화를 만들어서 선전하였다. 황제의 신적인 초상이 새겨진 로마 제국의 주화들이 세계 곳곳에서 통용되면서 황제의 영광이 모든 민족들에게 전파되었다. 로마의 평화(Pax Romana) 담론은 로마의 식민정책을 정당화하였으며, 황제 예배는 로마와 황제에 대한 식민지 인민들의 충성을 표현하는 방법으로 실행되었다. 신격화된 황제들과 로마의 권력은 종교적인 예배를 통해서 절대화되었다. 큰 도시 마다 세워진 신전에서 거행되는 황제 제의에 참석하는 것은 로마와 황제에 대한 충성증명으로 간주되었다. 로마 황제가 표면적으로 세계의 주인인 것처럼 보였으며, 황제의 권세는 하나님의 권세를 무효화시킨 것처럼 보였다.

로마의 황제를 신으로 예배하는 황제 예배는 세계적인 추세였다. 로마 제국의 속국의 왕들은 피보호자로서 그들의 보호자인 로마의 황제를 알현하고 그를 신이라고 고백하고 예배함으로써 은혜를 베풀어준 황제와 로마 제국에 대한 그들의 충성을 증명하였다. 한 좋은 실례가 카시우스 디오(Cassius Dio)의 『로마사』 63권 1-7장에 기록되어 있다.

기원후 64년에 로마에 큰 화재가 발생한지 2년 후, 66년에 아르메니아의 왕 티리다테스(Tiridates)가 제국의 수도 로마를 방문하였다. 그는 3,000명의 기마대 수행단과 함께 9개월에 걸친 여행 후에 로마에 도착하여 네로 황제를 알현하였다. 아르메니아는 로마와 파르티아가 서로 지배권을 가지려고 경쟁하였던 영토였다. 티리다테스는 자신이 파르티아의 혈통이었지만, 로마와 동맹을 맺기를 원하였다. 그것은 아르메니아가 로마에 예속되는 것을 의미한다. 그러므로 네로는 그의 방문을 위해서 도시 전체를 등과 화환으로 아름답게 장식하고 성대한 환영식을 개최하였다. 수천 명의 시민들이 흰 옷을 입고 손에는 월계수 가지를 들고 새벽부터 광장에 모여들었다. 태양이 떠올랐을 때, 네로는 원로원들과 수행원들과 함께 광장에 도착하였다. 자주색 옷을 입은 네로는 보좌에 앉았다. 티리다테스와 그의 일행은 두 열로 도열해 있는 무장한 로마 군인들 사이로 걸어가서 네로가 앉아 있는 단상 앞에 무릎을 꿇고 양 손을 가슴에 얹었다. 이 순간에 군중들은 우레와 같은 소리를 지르면서 그의 겸손한 태도에 공감을 나타내었다. 잠시

---

9) 알라이다 아스만/ 백설자 옮김, 『기억의 공간』 (대구: 경북대학교 출판부, 2003), 47-52.

후 군중들은 다시 조용해졌다. 티리다테스가 네로 앞에 서서 다음과 같이 고백하였다.[10]

> "주님, 나는 아르사케스의 후손이고, 왕들인 볼로게세스와 파코루스의 형제이며, 그리고 당신의 종입니다. 나는 내가 미트라(태양신)를 예배하듯이 당신을 예배하면서, 나의 신, 당신에게 왔습니다. 당신이 나를 위해서 짜는 숙명이 나의 것이 될 것입니다. 왜냐하면 당신은 나의 행운이며 나의 운명이기 때문입니다."

네로는 자신에게 충성을 서약하고 자신을 신이라고 부르는 티리다테스에게 아래와 같이 대답하였다.

> "당신이 여기에 직접 온 것은 잘한 일입니다. 나를 알현한 당신은 나의 은혜를 충분히 누릴 수 있습니다. 왜냐하면 당신의 아버지나 당신의 형제들이 당신에게 주지도 않았고 당신을 위해서 남겨두지도 않은 것을 바로 내가 당신에게 부여하기 때문입니다. 아르메니아의 왕이여, 나는 지금 당신에게 당신과 그들이 내가 나라들을 빼앗을 수도 있고 또 하사할 수도 있는 권력을 가지고 있다는 것을 알아들었을 것이라고 선언합니다."

밧모 섬에 유배된 요한계시록의 저자 요한은 로마 제국의 폭력과 학살로부터 살아남은 희생자들 중의 하나였다. 그는 진리의 원천인 천상의 세계에서 진행되고 있는 진정한 예배에 대한 묵시적 환상들의 힘을 통해 그의 독자들로 하여금 우상숭배를 하는 로마의 권력자들에 의해서 겹겹이 밀봉된 역사의 봉인들을 뜯어내도록 하였다. 그는 그의 묵시문학적 글쓰기를 통해서 그들이 억울한 죽음을 당한 무죄한 희생자들의 고난을 다시 기억하고 죽은 자들과 영적으로 연대하여 하나님 나라를 상징하는 새 예루살렘을 선취하기 위한 비폭력적 해방투쟁에 투신하도록 격려했다.

요한계시록에서 하늘과 땅은 하나의 역사의 두 차원을 상징하는 신학적 표현이다.[11] 하나의 역사는 가시적 세계와 불가시적 세계라는 두 차원을 가지고 있다. 땅은 가시적인 세계로서 역사의 가시적이고 경험적인 차원을 의미한다. 땅은

---

10) Cassius, *Roman History 63*. 5:3-4.
11) Pablo Richard, *Apokalypse*, 17-18.

로마 황제의 보좌가 있는 장소이며 황제 예배가 실행되는 장소이다. 땅은 우상들인 용과 짐승이 지배하는 장소이며 약자들의 희생의 대가로 권력을 유지하고 부를 축적하는 억압자들 자본가들 그리고 권력자들이 지배하는 장소인 반면에 가난한 자들과 약자들은 이러한 강자들에 의해서 억압당하고 학대당하고 주변화되고 착취당하고 그리고 빈곤해지는 억압과 눈물의 장소이다. 심지어는 그들의 권력 유지를 위한 정치적 욕망과 자본의 축적을 위한 경제적 탐욕에 의해서 억울하게 죽임을 당해야만 하는 살해와 대량학살의 장소이기도 하다 또한 땅은 로마 제국을 상징하는 짐승을 따르는 우상 숭배자들과 로마 제국에 의해서 처형되었지만 부활한 어린 양을 따르는 성도들 사이의 투쟁이 있는 장소이다.

이와 대조적으로 하늘은 불가시적인 세계로서 역사의 초월적이고 심층적인 차원을 의미한다 하늘은 천상적 성전과 하나님의 보좌가 있는 장소이며 하나님과 부활한 어린 양 예수의 권세가 강력하게 작용하고 있는 장소이다. 무엇보다도 하늘은 천상적 예배가 열리는 장소이며 희망찬 찬송과 감사의 기도 소리가 있는 장소이다. 또한 하늘은 억울한 죽음을 당한 희생자들과 억울하게 처형당한 무죄한 희생자들이 서럽게 통곡하고 절규하면서 폭력의 역사에 항의하며 하나님에게 심판과 신원을 탄원하는 기도의 장소이다. 하늘은 땅 위에서 성도들이 바치는 간절한 기도가 금향로에 담겨서 하나님에게 상달되는 장소이다. 하늘은 땅 위에서 죄 없이 죽임을 당한 자들 순교자들 우상숭배를 하지 않은 성도들 학대당한 자들 소외된 자들 가난한 자들 그리고 억눌린 자들이 구원받는 장소이며 그들이 진정한 승자들로서 하나님을 찬양하고 예배하는 장소이다. 반면에 하늘은 권력 유지와 자본의 축적을 위해서 가난한 자들과 약자들을 억압하고 착취하며 그들의 인권과 생명권을 빼앗는 살인자들 억압자들 권력자들 자본가들 우상 숭배자들 음행하는 자들 그리고 전쟁과 대량학살을 야기하는 제국주의자들은 모두 배제되는 장소이다.

묵시적 환상을 통해서 역사의 초월적이고 심층적 차원인 하늘의 세계에 참여하는 자는 태초부터 종말까지의 초월적 시간을 경험할 수 있다. 죽은 자들은 하늘에 살아 있으며 그들은 땅위에 있는 살아 있는 자들과 더불어 동일한 시간을 살고 있다. 하나의 역사에는 죽은 자들의 시간과 산 자들의 시간이 통합되어 공존하고 있다 죽은 자들은 연대기적으로 과거로 유폐되지 않으며 산하와 들과 바다 밑 심연에서 부르짖고 있는 그들의 흐느끼는 목소리와 그들의 현존은 묵시적 환상을 통해서 나타나며 그들을 기억하는 자들에게만 인식된다. 그러므로 하나의 역사에서 산 자들과 죽은 자들이 동시적으로 함께 머물러 있다고 말할 수 있다. 임철우는 그의 소설 『백년여관』에서 죽은 자들에 대한 기억과 초월적 시간에 대해 성찰하면서 "이 세상은 산 자들만의 몫이 아니야. 이 세상엔 산 자들과 죽은 자들이 함께 머무르고 있어."라고 말한다.[12]

이처럼 하나의 역사는 하늘과 땅이라는 두 차원에서 동시적으로 일어나기 때문에 하늘과 땅 사이에는 상호관계성, 불가분리성, 상응성, 그리고 공명성이 있다. 그러나 궁극적인 진리의 원천은 하늘의 현실이다. 하늘에서 진정한 것은 땅에서도 진정한 것이 된다. 그러므로 이 현실적인 세계는 약자들의 희생의 대가로 자신의 권력과 번영을 유지하고자 하는 로마 제국의 제국주의적 이데올로기의 관점에서가 아니라, 하늘에서 살아서 천상의 예배에 참석하고 있는 희생자들의 입장을 대변하는 천상적 관점에서 조명되어야 한다.[13]

로마는 가시적인 세계의 중심으로서 화려한 도시이다. 그러나 로마는 외적인 번영과 화려함에도 불구하고 가난한 자국민들과 식민지의 사람들에게는 빈곤과 고통을 주는 장소이다. 그러한 정황은 자신의 권력과 자본을 절대화하는 로마 제국의 우상 숭배적인 제국주의 통치의 필연적인 결과이다. 제국주의는 피정복 민족들에게만 예속과 희생을 강요하는 것이 아니라 자국민의 약자들에게도 차별, 세금, 징집, 그리고 살해의 형태로 희생을 강요한다. 요한은 환상 속에서 로마가 파멸당하는 것을 본다. 하나님이 로마를 심판하는 결정적인 이유는 무엇인가? 그것은 로마에 의해 살육당한 그리스도인 순교자들 때문만이 아니라, 교회의 울타리 밖에 있는 일반적인 무죄한 피학살자들 때문이다. 요한계시록 18;24는 로마의 몰락의 이유에 대한 신학적 열쇠이다.[14]

"선지자들과 성도들과 및 땅 위에서 죽임을 당한 모든 자의 피가 이 성중에서 보였느니라 하더라"(18:24).

여기서 성은 로마를 상징한다. 이 절에서 점증법의 클라이맥스는 그리스도인 공동체에 속하지 않는 다른 모든 무죄한 희생자들의 죽음이다. 이것은 요한계시

---

12) 임철우, 『백년여관』 (서울: 한겨레신문사, 2004), 29.
13) 리처드 보컴, 『요한계시록 신학』 (서울: 한들출판사, 2000), 62-64.
14) Elisabeth Schüssler Fiorenza, *Revelation: Vision of a Just World* (Minneapolis: Fortress Press, 1991), 95.

록의 저자가 그리스도인 희생자들뿐만 아니라, 로마의 제국주의에 의해서 학살당한 무고한 비그리스도인 희생자들에게도 연대감을 가지고 있다는 것을 분명하게 보여준다.[15] 그러므로 그리스도인들은 고난당하는 비그리스도인들의 고통과 억울한 죽음에도 관심을 가져야 한다. 그리스도인들의 순교는 로마의 제국주의와 결코 타협할 수 없는 그리스도인의 정체성을 극명하게 보여준다는 점에서 특별한 의미가 있다.

요한은 로마의 공론장이 은폐한 약자들과 희생자들의 현실을 묵시적 환상을 통해서 인식한다. 그는 아래로부터의 시각으로 그리스도교의 경계를 넘어서 로마의 권력과 영광 뒤에 은폐되어 있는 모든 희생자들의 피를 바라보고 있다.[16] 그의 반제국주의적 시각은 지배자들의 공식적 기억으로 봉인된 역사에 의해서 축출되었거나 망각된 희생자들의 고난과 죽음에 대한 재기억을 가능하게 한다. 로마의 제국주의에 의해서 살해된 수많은 순교자들과 무죄한 희생자들이 하늘에서 살아서 참여하는 천상의 예배에 대한 장엄한 묵시적 환상들은 지배를 정당화하는 로마의 공론장을 비판하고, 죽은 자들의 고난에 대한 기억과 윤리적 책무를 산 자들에게 환기한다.

## 2. 대항공론장의 매개로서 천상의 예배 환상

로마 제국의 지배 이데올로기와 담론은 제국의 위용을 선전하는 제국의 공론장에서 확립되었다. 공론장은 여론을 형성하는 공간이며, 그것을 합법적 권력의 원천으로 삼는 공간이다.[17] 그러나 권력자들에 의해서 지배된 로마의 공론장은 약자들을 배제시키고 권력 획득과 유지를 원하는 지배자들과 부자들의 이익만을 대변하는 왜곡된 공론장이다. 로마의 공론장은 로마의 평화와 안전이라는 지배 이데올로기를 선전함으로써 주변부의 지역과 민족들을 식민화하는 로마의 제국주의를 정당화하였다. 로마의 공론장의 공식적 담론은 "누가 이 짐승과 같

---

15) Richard Bauckham, "The Economical Critique of Rome in Revelation 18," Loveday Alexander (ed.), *Image of Empire*, JSOT SS 122, (Sheffield: JSOT Press, 1991), 57; Klaus Wengst, *"Wie lange noch?": Schreien nach Recht und Gerechtigkeit - eine Deutung der Apokalypse des Johannes* (Stuttgart: Verlag W. Kohlhammer, 2009), 62.
16) 리처드 보컴, 『요한계시록 신학』, 57; Klaus Wengst, "Die Macht der Ohnmächtigen: Versuche über Kreuz und Auferstehung," *Einwürfe 5* (1988), 174.
17) 공론장의 개념에 대해서는 위르겐 하버마스/ 한승완 역, 『공론장의 구조변동』 (서울: 나남출판사, 2001); 손석춘, 『한국 공론장의 구조변동』 (서울: 커뮤니케이션북스, 2005), 6-14를 참조하라.

으며 누가 이 짐승을 이기리요?"(계 13:4)라는 수사적인 말에서 잘 나타난다. 이러한 강력한 이미지와 주장은 그 누구도 로마와 싸울 수 없다는 것을 식민지의 인민들에게 각인시킨다. 이러한 담론의 목적은 로마의 절대성을 선전함으로써 주변부의 민족들을 로마에 예속시키는 데 있었다. 그러므로 이러한 공식적인 담론에 의해서 설득된 사람들은 로마의 절대성 앞에 굴복하고 짐승에게 예배하였다. 또한 개인적인 이익 때문에 로마 제국과 유착관계에 있었던 주변부의 왕들과 귀족들과 지배층들은 이러한 로마의 담론을 열광적으로 지지하고 로마의 제국주의 정책에 협력하는 친로마적인 협력자들이 되었다.[18]

천상의 성전과 천상의 예전과 예배에 대한 묵시적 환상은 가시적인 세계에 대한 로마의 제국주의적 환영의 강력한 이미지들에 대응할 수 있는 대항 이미지들을 제공해준다.[19] 요한은 "하늘에 있는 열린 문"(계 4:1; 참조, 19:11)[20]을 통해서 역사의 불가시적이고 초월적인 차원이며 동시에 역사의 심층적인 차원인 하늘의 현실을 경험하게 되었다. 하늘로 옮겨진 요한은 하나님의 보좌와 천상의인 예배의 장소를 보게 되었다. 천상의 성전에서 하나님의 보좌 둘레에 흰옷을 입고 금관을 쓰고 있는 스물네 장로들이 각기 보좌에 앉아 있으며 그리고 네 생물들이 주야로 하나님을 찬양하고 있다. 천상의 보좌는 하나님이 세계를 통치하는 장소이다. 스물네 장로들은 네 생물들의 찬양에 응답하여 금관을 벗어 보좌 앞에 내려놓으면서 하나님께 "영광과 존귀와 권능"(계 4:11)을 돌리며 경배한다. 이것은 로마의 궁전에서 황제가 주재하는 어전회의를 연상시키는 하나의 정치적인 행위처럼 보인다.[21]

하늘의 궁전의 보좌에 앉아 있는 하나님과 그의 메시아 어린 양 예수를 찬양하는 천상의 예배 환상은 이 세계의 참된 주인은 로마 황제가 아니라, 창조주이며 심판자인 하나님이라는 확신을 가지게 한다. 이러한 천상의 예배 환상은 로마의 절대적 권력을 상대화시키고, 신적 위상을 가장한 로마 황제의 허울이 위험한 망상임을 폭로한다. 천상의 예배의 고백과 기도와 찬송은 황제 예배와 로마 제국의 절대성을 주장하는 용과 짐승과 거짓 선지자가 주도하는 로마의 공론장을 비판하는 천상의 공론장의 대항주장이다.[22] 그러므로 소아시아의 그리스도인들에

---

18) 리처드 보쿰, 『요한계시록 신학』, 62-65.
19) 리처드 보쿰, 『요한계시록 신학』, 37.
20) 하늘에 있는 열린 문은 창26:17; 시 78:25; 에녹1서 14:14-15에서도 발견된다.
21) Leonard L. Thompson, *The Book of Revelation. Apocalypse and Empire* (New York, Oxford: Oxford University Press, 1990), 58; 리처드 보쿰, 『요한계시록 신학』, 58-60.

게 있어서 이러한 천상의 예배 환상은 로마의 제국주의 체제를 정당화하는 권력자들이 지배하는 로마의 공론장을 비판하는 대항공론장의 매개로 기능한다.[23]

## III. 요한계시록의 천상의 예전과 예배의 문맥

### 1. "거룩하다 거룩하다 거룩하다 주 하나님 곧 전능하신 이여"(계 4:2-11)

첫 번째 예전은 성령으로 감동된 요한이 하늘의 열린 문을 통해서 하늘의 현실을 경험하고 천상의 궁전에 들어간 직후에 일어났다. 그는 하늘에서 수정 같은 유리 바다 너머로 아름다운 보석으로 지어진 천상의 궁전을 보았다. 그 궁전 안에는 아름다운 색깔의 무지개[24]가 에워싼 보좌 있고, "보좌 위에 앉으신 이"(=하나님)가 있다. 보좌로부터 신적 현현(theophany)을 상징하는 현상인 번개와 뇌성이 나오는 장엄한 광경이 펼쳐진다(참조, 출 19:16; 겔 1:13-14; 단 10:6; 에녹1서 1:3-9). 흰옷을 입은 스물네 장로들이 각각 머리에 금관을 쓰고 보좌에 앉아 있고 보좌 주위에 앞뒤로 눈이 가득한 네 생물이 있다.

> "2 내가 곧 성령에 감동되었더니 보라 하늘에 보좌를 베풀었고 그 보좌 위에 앉으신 이가 있는데 3 앉으신 이의 모양이 벽옥과 홍보석 같고 또 무지개가 있어 보좌에 둘렸는데 그 모양이 녹보석 같더라 4 또 보좌에 둘려 이십사 보좌들이 있고 그 보좌들 위에 이십사 장로들이 흰 옷을 입고 머리에 금관을 쓰고 앉았더라 5 보좌로부터 번개와 음성과 우렛소리가 나고 보좌 앞에 켠 등불 일곱이 있으니 이는 하나님의 일곱 영이라 6 보좌 앞에 수정과 같은 유리 바다가 있고 보좌 가운데와 보좌 주위에 네 생물이 있는데 앞뒤에 눈들이 가득하더라 7 그 첫째 생물은 사자 같고 그 둘째 생물은 송아지 같고 그 셋째 생물은 얼굴이 사람 같고 그 넷째 생물은 날아가는 독수리 같은데"(계 4:2-7).

---

22) Gregory Stevenson, *Power and Place: Temple and Identity in the Book of Revelation* (Berlin/New York: Walter de Gruyter, 2001), 283.

23) Klaus Wengst, *Demut: Solidarität der Gedemütigen* (München: Chr. Kaiser Verlag, 1987), 58; 한 좋은 예를 들면, 한국에서 군사독재 정권이 언론을 탄압하고 공론장을 지배하였던 시대에 종로 5가 기독교회관 강당에서 매주 열렸던 "목요기도회"는 대항공론장의 역할을 하였다.

24) 창 9:13-16에서 무지개는 계약의 증거이다.

하나님이 앉으신 보좌는 세계를 지배하는 하나님의 강력한 권세를 상징한다. 이러한 하늘의 보좌는 요한계시록 전체의 이해를 위한 매우 중요한 개념이다.[25] 하늘에 있는 하나님의 보좌는 지상에 있는 로마 황제의 보좌와 대조된다. 소아시아의 그리스도인들은 고난에 찬 경험을 통해서 황제의 권세의 막강함과 잔혹성을 잘 알고 있다. 그러나 그들은 이 환상으로부터 하나님이 세계를 지배하고 있다는 사실을 확신하게 되었으며, 또한 로마의 우상숭배적인 제국주의 체제에 저항할 수 있는 힘과 용기를 얻었다.[26]

스물네 장로들은 장차 새 예루살렘에 거주할 거룩한 시민들을 대표하는 상징이다. 그들이 흰옷과 금관을 쓰고 있다는 것은 그들의 존귀한 지위를 나타낸다. 그들은 하나님에게 충성하고 하나님을 예배하고(4:10이하) 어린 양 예수를 예배한다(5:8). 스물넷이라는 숫자는 이스라엘 12지파와 예수의 12 사도를 합친 수이다.

그리고 네 생물은 하나님의 피조 세계인 우주를 상징한다. 넷이라는 숫자는 우주의 사방위를 가리킨다. 네 생물들은 하나님을 영화롭게 하고 예배하는 일에 전적으로 위임되었다. 그러므로 그들은 예배하는 자들 가운데 가장 중심에 서 있다. "네 생물의 모양에 대한 묘사는 에스겔서 1:10절에서부터 유래한다: "그 얼굴들의 모양은 넷의 앞은 사람의 얼굴이요 넷의 오른쪽은 사자의 얼굴이요 넷의 왼쪽은 소의 얼굴이요 넷의 뒤는 독수리의 얼굴이니." 네 생물의 모습에 대한 각각의 묘사에서 사자는 용맹함, 송아지는 강함, 사람은 지혜, 그리고 독수리는 위엄을 상징한다.

> "8 네 생물은 각각 여섯 날개를 가졌고 그 안과 주위에는 눈들이 가득하더라 그들이 밤낮 쉬지 않고 이르기를 거룩하다 거룩하다 거룩하다 주 하나님 곧 전능하신 이여 전에도 계셨고 이제도 계시고 장차 오실 이시라 하고 9 그 생물들이 보좌에 앉으사 세세토록 살아 계시는 이에게 영광과 존귀와 감사를 돌릴 때에 10 이십사 장로들이 보좌에 앉으신 이 앞에 엎드려 세세토록 살아 계시는 이에게 경배하고 자기의 관을 보좌 앞에 드리며 이르되 11 우리 주 하나님이여(ὁ κύριος καὶ ὁ θεὸς ἡμῶν/호 퀴리오스 카이 테오스 헤몬) 영광과 존귀와 권능을 받으시는 것이 합당하오니 주

---

25) Gottfried Schimanowski, *Die himmlische Liturgie in der Apokalypse des Johannes: Die frühjüdischen Traditionen in Offenbarung 4-5 unter Einschluss der Hekhallotliteratur*, WUNT 2. Nr. 217 (Tübingen: Mohr Siebeck, 2002), 34.

26) Pablo Richard, *Apocalypse*, 103-04.

께서 만물을 지으신지라 만물이 주의 뜻대로 있었고 또 지으심을 받았나이다 하더라"(계 4:8-11).

네 생물은 각각 여섯 날개를 가졌는데 날개 안과 주위에 눈들이 가득하다. 네 생물은 스랍들(참조, 사 6:2; 겔 1:5-14)처럼 각각 여섯 날개를 가졌고, 날개의 앞뒤로 눈이 가득하다. 이것은 네 생물들이 하나님의 피조물을 모두 지켜 볼 수 있는 지위에 있다는 것을 의미한다. 네 생물들은 날개를 통해서 세상 곳곳을 찾아갈 수 있으며, 그리고 많은 눈을 통해서 세상의 모든 불의와 고난당하는 약자들의 현실을 볼 수 있다. 네 생물들은 모든 피조물들과 자연을 대표해서 예배를 주도하고 주야로 보좌에 앉아 있는 이를 찬양하고 예배한다.

"거룩하다 거룩하다 거룩하다 주 하나님 곧 전능하신 이여 전에도 계셨고 이제도 계시고 장차 올 자라"(계 4:8).

이 찬송에서 강조된 것은 하나님의 거룩함이다. 이것은 이사야서 6:3에서 스랍들이 하나님을 향해서 "서로 불러 이르되 거룩하다 거룩하다 거룩하다 만군의 여호와여 그의 영광이 온 땅에 충만하도다."라고 찬양한 것과 같다. 하나님이 거룩하기 때문에 그를 믿는 자들도 거룩해진다: "너희는 거룩하라. 나 여호와 너희 하나님이 거룩함이니라"(레 19:2); "오직 너희를 부르신 거룩한 이처럼 너희도 모든 행실에 거룩한 자가 되라. 기록되었으되 내가 거룩하니 너희도 거룩할지어다 하셨느니라"(벧전 1:16). 네 생물들이 하나님 호칭으로 사용한 "전능하신 이"(참조, 계 1:8; 4:8; 11:17; 15:3; 16:7, 14; 19:6, 15; 21:22)는 하나님의 절대적인 권세와 주권을 나타내는데, 이것은 예언서에 나오는 하나님 호칭인 "만군의 하나님 여호와"(참조, 사 6:3; 삼하 5:10; 렘 5:14; 호 12:5; 암 3:13)와 같다.

네 생물은 하나님을 "전에도 계셨고 이제도 계시고 장차 올 자"(계 1:4; 1:8; 4:8; 11:17; 16:5)라고 호칭한다. 이 하나님 호칭은 시간과 관련된 삼중적인 술어(predicate)를 가지고 있으며 "나는 스스로 있는 자"(출 3:14)라는 출애굽의 하나님 호칭에서부터 유래한다. 네 생물은 하나님을 세계의 지배자로 그리고 역사의 주인으로 고백한다. 네 생물은 하나님을 과거에 존재하였고 현재도 존재하고 있지만, 그러나 미래에는 존재하실 자로서가 아니라 오실 자로 고백한다, 네 생물이 찬송을 하면서 드린 예배의 내용은 로마의 식민지 인민들이 로마 황제에게 충성을 맹세하면서 돌렸던 "영광과 존귀와 감사"를 하나님에게 돌린 것이다.

이십사 장로들은 자신들의 보좌에서 내려와서 "보좌에 앉으신 이" 앞에서 엎드려서 영원히 살아계신 하나님을 경배하고, 관을 벗어서 보좌 앞에 드린다. 이러한 그들의 행위는 세계의 창조주이며 지배자이신 하나님에게 드리는 영광과 존귀와 감사를 표현하는 것이며 또한 하나님에 대한 절대적인 복종과 충성을 표현하는 것이다(참조, 계 14:7). 짐승의 추종자들은 로마 황제를 "우리의 주님과 하나님"(dominus et deus noster)이라고 불렀지만, 이십사 장로들은 창조주 하나님을 "우리 주 하나님"(ὁ κύριος καὶ ὁ θεὸς ἡμῶν/호 퀴리오스 카이 호 테오스 헤몬)이라고 부른다. 이것은 요한계시록의 반제국적 신학을 극명하게 보여주는 실례이다. 그들은 짐승의 추종자들이 황제 예배에서 로마 황제에게 돌렸던 "영광(δόξα/독사)과 존귀(τιμή/티메)와 권능(δύναμις/엑수시아)"을 하나님에게 돌린다. "합당한"으로 번역된 그리스어 "악시오스"(ἄξιος)는 저울의 눈금이 정확하게 맞는 것을 의미한다.

네 생물과 이십사 장로들은 자신들을 피조물로 인식하고 .만물을 지으신 창조주 하나님을 찬양하고 예배한다. 로마 제국에는 사람들에게 고통을 주는 차별이 있다. 그러나 만물을 지으신 창조주 하나님이 통치하는 곳에는 사람들 사이에 그리고 민족들 사이에 아무런 서열이나 차별이나, 또는 성차별이 없이 모두가 평등하다. 왜냐하면 하나님이 모든 사람들을 평등하게 창조했기 때문이다.

네 생물과 스물네 장로들이 드리는 천상의 예배는 하나님 중심적이며, 그들의 예배 목적은 창조주 하나님을 영화롭게 하는 데 있다. 예배를 받아야 할 참된 통치자는 로마의 황제가 아니라, 창조주 하나님이다. 그리스도인들의 하나님은 유일한 창조주 하나님이며 전능한 하나님이다. 하나님은 의인들의 하나님이며, 또한 약자들의 하나님이다.

## 2. "두루마리를 가지시고 그 인봉을 떼기에 합당하시도다"(계 5:6-14)

두 번째 예전은 하늘의 궁전에서 어린 양이 보좌에 앉으신 이로부터 일곱 겹으로 봉인된 두루마리 책을 받은 후에 일어난다. 요한은 하늘의 궁전에서 일곱 겹으로 봉인된 안팎으로 쓴 두루마리 책이 하나님의 오른 손에 쥐어 있는 것을 보았다. 그 봉인된 두루마리 책은 봉인된 역사를 상징한다. 성서적 전통에서 책은 세계의 창조주이며 통치자이며 심판관인 하나님의 절대적인 기억을 상징한다.[27] 폭력과 착취와 학살에 대한 희생자들의 기억과 심지어 하나님의 기억마저도 로마 제국의 지배자들의 공식적 기억과 지배 이데올로기와 담론에 의해서 겹겹이 밀봉되었다. 폭력의 역사는 진실을 밀봉한 채로 그대로 계속해서 진행하고 있다.

> "1 내가 보매 보좌에 앉으신 이의 오른손에 두루마리(βιβλίον/비블리온)가 있으니 안팎으로 썼고 일곱 인으로 봉하였더라 2 또 보매 힘있는 천사가 큰 음성으로 외치기를 누가 그 두루마리를 펴며 그 인을 떼기에 합당하냐 하나 3 하늘 위에나 땅 위에나 땅 아래에 능히 그 두루마리를 펴거나 보거나 할 자가 없더라. 4 그 두루마리를 펴거나 보거나 하기에 합당한 자가 보이지 아니하기로 내가 크게 울었더니 장로 중의 한 사람이 내게 말하되 울지 말라 유대 지파의 사자 다윗의 뿌리가 이겼으니 그 두루마리와 그 일곱 인을 떼시리라 하더라"(계 5:1-5).

두루마리 책을 열어야 만 역사의 진실과 하나님의 계획을 일 수 있다. 누가 이 폭력의 역사의 봉인들을 뜯어내고 축출된 희생자들의 기억을 회복하고 유폐된 역사적 진실을 말해줄 수 있는가? 하늘과 땅 그리고 땅 아래 그 어디에서도 봉인된 두루마리 책(βιβλίον/비블리온)을 열 수 있는 자격을 가진 자를 찾을 수 없어서 요한은 절망적인 눈물을 흘리면서 큰 소리로 울었다.

왜 한국전쟁 전후에 무죄한 자들이 토벌대에 끌려가고 고문을 당하고 처형당해야만 하는가? 왜 부자들의 밥상은 날마다 진수성찬으로 차려진 음식의 무게로 상다리가 부러지는 소리가 들리는데, 가난한 자들은 날마다 중노동을 해도 먹을 것이 모자라서 굶주려야만 하고, 어린 아이들은 영양실조로 병에 걸려 죽어야만 하는가? 왜 부자들과 권력자들은 화려한 저택에서 안락하게 살고 있는데 가난한 자들과 힘없는 자들은 바늘 같은 자신의 몸을 넣을 작은 집 하나 없는가? 요한의 눈물은 이 세계의 모순과 억압 때문에 가난한 자들과 약자들이 흘리는 눈물의 표상이다.

그런데 스물네 장로들 중의 하나가 요한에게 다가와서 "울지 말라. 유다지파의 사자 다윗의 뿌리가 이기었으니 이 책과 그 일곱 인을 떼시리라."라고 하면서

---

27) 알라이다 아스만, 『기억의 공간』, 192. 아스만은 구약에서 기억은 "마음에 기록하여"(렘 31:33; 신6:6)라는 비유로 표현되었으며 "주님의 책"(시 139:16)이라는 표현에서 하나님의 절대적인 기억이 완전한 책으로 상징되었다고 말한다.

그를 위로하고 그의 울음을 멈추게 하였다. "유다지파의 사자와 다윗의 뿌리"는 무력함의 힘으로 승리한 어린 양 예수 그리스도를 가리키는 은유적 표현이다. 요한계시록 22:16에서 천상의 예수 자신이 "나는 다윗의 뿌리요 자손이니"라고 말한다, "유다 지파의 사자"는 창세기 49:9-10에서부터 유래한다: "유다는 사자 새끼로다. 내 아들아 너는 움킨 것을 찢고 올라갔도다 그가 엎드리고 웅크림이 수사자 같고 암사자 같으니 누가 그를 범할 수 있으랴. 규가 유다를 떠나지 아니하며 통치자의 지팡이가 그 발 사이에서 떠나지 아니하기를 실로가 오시기까지 이르리니 그에게 모든 백성이 복종하리로다."

"다윗의 뿌리"는 이사야서 11장에서부터 유래한다: "이새의 줄기에서 한 싹이 나며 그 뿌리에서 한 가지가 나서 결실할 것이요"(사 11:1); "그 날에 이새의 뿌리에서 한 싹이 나서 만민의 기치로 설 것이요 열방이 그에게로 돌아오리니 그가 거한 곳이 영화로우리라"(사 11:10).[28] 18기도문(The Eighteen Benedictions)의 15번 째 기도에서 "다윗의 싹"은 역시 메시아를 가리킨다.[29]

> "우리가 매일 당신의 도움을 기다리므로 당신의 종 다윗의 싹이 속히 돋아나게 하시고, 당신의 도움을 통해서 그의 뿔을 높이소서. 도움의 뿔을 돋아나게 하시는 주여, 당신을 찬양하나이다."[30]

요한이 눈물을 그치고 궁전 안을 바라보았다.

> "6 내가 또 보니 보좌와 네 생물과 장로들 사이에 한 어린 양(ἀρνίον/아르니온)[31]이 서 있는데 일찍이 죽임을 당한 것 같더라. 그에게 일곱 뿔과 일곱 눈이 있으니 이 눈들은 온 땅에 보내심을 받은 하나님의 일곱 영이더라 7 그 어린 양이 나아와서 보좌에 앉으신 이의 오른손에서 두루마리를 취하시니라"(계 5:6-7)

---

28) 롬 15:10에서 바울은 "이새의 뿌리"를 열방이 희망을 거는 그리스도를 가리키는 것으로 해석한다.
29) 18기도문의 15번째 기도와 쿰란문서 4Q252에서 언급된 "다윗의 싹"은 메시아를 가리킨다. Herman Lichtenberger, "Messianische Erwartungen und messianische Gestalten in der Zeit des Zweiten Tempels," Ekkehart Stegemann (hg.), *Messias-Vorstellungen bei Juden und Christen* (Stuttgart: Kohlhammer, 1993), 11; Gottfried Schimanowski, *Die himmlische Liturgie in der Apokalypse des Johannes*, 198-204.
30) 18기도문의 15번 째 기도 본문은 이병학의 번역이다.
31) 어린 양은 그리스도를 가리키며, 요한계시록에서 28회 나타난다.

요한은 거기서 용맹스러운 사자가 아니라, 살해당한 흉터가 있는 어린 양(ἀρνίον/아르니온)이 하나님의 보좌와 네 생물들과 장로들 사이에 서 있는 것을 보았다. 그 어린 양이 바로 승리한 사자이다. 그 어린 양은 로마의 식민지의 변두리인 이스라엘 땅의 갈보리에서 로마인들에 의해서 처형당한 예수를 가리킨다. 그 어린 양이 보좌와 네 생물과 장로들 사이에 서 있다는 것은 그 양이 죽음을 이기고 부활한 승리자로서 살아 있다는 것을 나타낸다.[32]

이스라엘 전통에서 일곱은 완전성을 의미하는 숫자다. 어린 양이 가진 일곱 뿔은 그의 완전한 힘과 승리를 상징한다. 그리고 어린 양이 가진 그이 일곱 눈은 그의 완전한 인식과 통찰력을 상징한다(참조, 슥 3:8f; 4:10). 어린 양의 일곱 눈은 땅에서 일어나는 모든 일을 본다. 그러므로 어린 양의 일곱 눈은 "온 세상에 보내심을 받은 하나님의 일곱 영"과 동일시된다(참조, 계 4:5). 그 어린 양이 보좌에 앉으신 하나님으로부터 두루마리 책을 받은 직후 예배가 시작되었다.

> "8 그 두루마리(βιβλίον/비블리온)를 취하시매 네 생물과 이십사 장로들이 그 어린 양 앞에 엎드려 각각 거문고와 향이 가득한 금 대접을 가졌으니 이 향은 성도의 기도들(προσευχαὶ/프로슈카이)이라. 9 그들이 새 노래(ᾠδὴν καινὴν/오덴 카이넨)를 불러 이르되 두루마리를 가지시고 그 인봉을 떼기에 합당하시도다. 일찍이 죽임을 당하사 각 족속과 방언과 백성과 나라 가운데에서 사람들을 피로 사서 하나님께 드리시고 10 그들로 우리 하나님 앞에서 나라와 제사장들을 삼으셨으니 그들이 땅에서 왕 노릇 하리로다 하더라"(계 5:8-10).

죽임을 당하고 부활한 어린 양 예수가 보좌 앞에서 하나님의 오른 손에 있는 봉인된 두루마리 책을 받는 것은 어린 양이 세상을 통치하기 위한 그의 부르심과 능력이 확증되었다는 것을 의미한다. 어린 양은 그 두루마리 책을 펼치고 그 안에 기록된 것을 모두 읽고 세계를 다스릴 것이다. 그러므로 네 생물과 이십사 장로들이 부복하여 어린 양을 예배하고 어린 양의 권세를 찬양한다.

이십사 장로들이 가지고 있는 거문고는 예배에서 노래를 반주하는 전통적인 악기다(참조, 시 33:2). 그들이 가지고 있는 금 대접에 가득 담긴 향은 성도의 기도들(προσευχαὶ/프로슈카이)을 상징한다.

---

32) Gottfried Schimanowski, *Die himmlische Liturgie in der Apokalypse des Johannes*, 218.

성도는 거룩하신 하나님에 의해서 거룩해진 자들이다(고전 1:2).[33] 성도의 기도는 불의에 대해 고발하고 항의하는 기도이다. 8절에서 성도는 이미 죽은 성도를 가리키는 것 아니라, 지금 현재의 시간에 지상에서 로마의 압제 아래서 고난당하면서 하나님에게 기도하는 소아시아 교회의 성도를 가리킨다.[34] 반면에 6:10에서 죽은 성도들은 하늘의 제단 아래 모여서 큰 소리로 "거룩하고 참되신 대주재여 땅에 거하는 자들을 심판하여 우리 피를 갚아 주지 아니하시기를 어느 때까지 하시려 하나이까?"라고 하나님에게 심판과 신원을 호소하고 불의에 항의하는 기도를 한다.

로마 제국의 변두리에서 십자가에 처형되었던 어린 양 예수가 부활하여 하늘의 중앙에 위치한 하늘의 궁전에 있다. 하나님의 보좌 앞에 서 있는 죽임을 당한 어린 양 예수와 고난당하는 지상의 그리스도인들 사이의 견고한 연결은 바로 성도의 기도를 통한 것이다.[35]

요한계시록 8:3-5에서도 향은 성도의 기도들을 상징한다.

> "3 또 다른 천사가 와서 제단 곁에 서서 금향로를 가지고 많은 향을 받았으니 이는 모든 성도의 기도와 합하여 보좌 앞 금 제단에 드리고자 함이라. 4 향연이 성도의 기도와 함께 천사의 손으로부터 하나님 앞으로 올라가는지라. 5 천사가 향로를 가지고 제단의 불을 담아다가 땅에 쏟으매 우레와 음성과 번개와 지진이 나더라"(계 8:3-5).

여기서 성도의 기도들은 천사가 번제단에서 태운 향의 연기와 함께 하나님에게로 올라간다.[36] 성도의 기도는 하나님에게 상달되고 응답된다. "우레와 음성과 번개와 지진"(계 8:5)은 로마의 압제 아래서 고난당하는 성도의 기도를 들으신 하나님의 심판을 상징한다.

소아시아의 교회의 구성원들은 이러한 환상들(계 5:8과 8:3-5)로부터 자신들이 하나님에게 부르짖는 기도가 허공 속으로 사라지거나 망각되지 않고, 반드시 하

---

33) "성도"는 요한계시록에 자주 나온다(5:8; 8:3; 11:18; 13:7, 10; 14:12; 16:6; 17:6; 18:20, 24; 19:8; 20:9).

34) Wes Howard-Brook and Antony Gwyther, *Unveiling Empire*, 208.

35) Gottfried Schimanowski, *Die himmlische Liturgie in der Apokalypse des Johannes*, 242.

36) 유대 묵시문학에는 천사가 성도들의 기도를 모아서 하나님에게 전달하는 표현이 있다. "미카엘이 사람들의 기도를 접수하려고 내려가고 있다"(제3바룩서 11:4).

나님에게 상달되고 응답될 것이라는 것을 확신할 수 있었을 것이다.

네 생물과 이십사 장로들이 부르는 새 노래는 하나님에 의해서 죽음을 이기고 부활하신 무력한 어린 양 예수의 권세를 찬양하는 노래이다. 이와 반대로 옛 노래는 로마 황제의 힘과 군사력과 자본의 힘을 찬양하는 노래이다. 어린 양이 봉인을 떼시기에 합당한 이유는 세 가지이다. 첫째, 어린 양이 로마의 폭력으로 일찍 죽임을 당한 희생자라는 것이다. 둘째, 로마의 지배를 받는 만국으로부터 사람들을 그의 피로 사서 하나님의 소유가 되도록 하나님에게 드렸다는 것이다. 셋째, 어린 양이 그들을 나라와 제사장으로 삼았다는 것이다.

천상의 예배에서 네 생물과 이십사 장로들은 새 노래를 부르면서 봉인된 두루마리 책을 열수 있는 자격을 가진 어린 양을 찬양한다. 어떻게 해서 어린 양은 봉인을 열고 역사를 해석할 수 있는 자격을 얻게 되었는가? 첫째, 어린 양은 참된 증인으로 일찍 죽임을 당한 로마의 폭력의 희생자이기 때문이다. 둘째, 어린 양이 자신의 피로 로마에 예속된 억눌린 사람들을 사서 하나님의 소유가 되도록 하나님께 드렸기 때문이다. 셋째, 그들을 나라와 제사장(참조, 출 19:5-6)으로 삼고 땅 위에서 주체적으로 살게 했기 때문이다.

살육당한 어린 양의 죽음은 우상숭배적인 로마의 제국주의에 대한 항의로 이해될 수 있다. 그는 죽음의 순간까지 하나님의 말씀을 증언하고 불의에 저항했다. 죽임을 당한 어린 양은 자신의 무력함의 힘을 통해서 로마의 제국주의 지배에서 절정을 이루고 있는 폭력의 역사의 사악한 세력을 돌파함으로써 생겨난 평화의 공간에 하나님의 제국(=하나님의 나라)의 기초를 세웠다. 어린 양 예수가 세운 하나님의 제국은 로마 제국처럼 황제들, 원로원 의원들, 부유한 귀인들, 그리고 권력자들의 공동체가 아니라, 오히려 고난을 당하면서도 하나님과 어린 양의 음성을 듣고 따르는 무력한 자들의 공동체이다. 그것은 거룩한 공동체이고 다문화적인 공동체이다.

어린 양 예수에게 폭력의 역사의 진행을 중단시킬 돌파력이 있다는 사실은 죽임을 당한 흔적을 지닌 어린 양을 향한 스물네 장로들과 네 생물들의 반복적인 찬양과 탄성에서 확인된다. 어린 양의 부활은 영원한 미래가 피학살자들의 시체를 밟고 지나간 역사의 승자들이 아니라, 로마의 제국주의에 의해서 처형된 역사의 패자들에게 있다는 것을 확증한다. 어린 양의 승리에 대한 이미지는 로마에 의해서 양떼들이 무력하게 살해당하고 있는 경험적인 현실에서는 모순적인 것처럼 보이지만, 그러나 그것은 정의와 평화가 지배하는 대항현실을 위한 저항의

잠재력을 제공한다.[37)]

네 생물들과 스물네 장로들이 먼저 어린 양을 예배하였는데(계 5:8) 이제는 보좌와 그들을 둘러선 수많은 천사들이 한 목소리로 봉인된 두루마리 책을 열 자격을 가진 죽임을 당한 어린 양 예수를 찬양한다.

> "11 내가 또 보고 들으매 보좌와 생물들과 장로들을 둘러 선 많은 천사의 음성이 있으니 그 수가 만만이요 천천이라 12 큰 음성으로 이르되 죽임을 당하신 어린 양은 능력과 부와 지혜와 힘과 존귀와 영광과 찬송을 받으시기에 합당하도다 하더라" (계 5:11-12).

4: 9-11에서 네 생물과 이십사 장로들은 "영광과 존귀와 감사와 권능"을 하나님에게 돌렸다. 그런데 이제 네 생물과 이십사 장로들과 수많은 천사들이 한 목소리 하나님에게 돌렸던 찬양의 요소들을 하나님으로부터 봉인된 두루마리 책을 받은 죽임을 당하신 어린 양에게 돌린다. 그들은 "죽임을 당하신 어린 양은 능력과 부와 지혜와 힘과 존귀와 영광과 찬송을 받으시기에 합당하도다"라고 찬양한다. 이것은 창조주 하나님과 어린 양 예수가 "분리될 수 없는 일체"로 결속되었다는 것을 의미한다.[38)] 이것은 세계의 통치자가 로마 황제가 아니라, 하나님이며 또한 그로부터 위임을 받은 어린 양 예수라는 것을 의미한다. 이제 창조주 하나님과 어린 양을 예배하는 자들의 범위는 만물로까지 확대된다.

> "13 내가 또 들으니 하늘 위에와 땅 위에와 땅 아래와 바다 위에와 또 그 가운데 모든 피조물이 이르되 보좌에 앉으신 이와 어린 양에게 찬송과 존귀와 영광과 권능을 세세토록 돌릴지어다 하니 14 네 생물이 이르되 아멘 하고 장로들은 엎드려 경배하더라"(계 5:13-14).

예전의 마지막에 피조 세계 전체가 하나님과 어린 양에게 "존귀와 영광과 권능"을 영원히 받으시도록 찬양한다. 이에 네 생물들이 "아멘"으로 화답하고 장

---

37) Klaus Wengst, "Die Macht der Ohnmächtigen: Versuche über Kreuz und Auferstehung," 176-177.
38) Gottfried Schimanowski, *Die himmlische Liturgie in der Apokalypse des Johannes,* 263.

로들이 다시 부복하여 경배한다. 구약에서부터 아멘은 찬송과 기도에 대한 회중의 반응을 나타내는 예전적 요소이다. 이러한 한 예가 느헤미야서 8:6에 나타난다: "에스라가 위대하신 하나님 여호와를 송축하매 모든 백성이 손을 들고 아멘 아멘 하고 응답하고 몸을 굽혀 얼굴을 땅에 대고 여호와께 경배하니라."

죽임을 당하였던 어린 양과 창조주 하나님을 똑같이 예배하는 이 환상은 예수를 믿는 무력한 자들의 신앙을 강화하고 그들로 하여금 어린 양의 길을 충실하게 따르고, 로마의 우상숭배적인 권력에 굴복하지 않고 저항하도록 고무하는 정치적 저항의 의도를 가지고 있다.[39] 이러한 천상의 예배의 환상은 황제 예배를 선전하는 로마의 공론장을 비판하는 대항공론장의 매개 역할을 한다. 그러므로 로마 제국의 식민지인 소아시아의 그리스도인 공동체의 예배는 하나님과 어린 양에 대한 충성을 고백하는 동시에 황제 숭배에 대한 거부와 약자들을 희생시키는 로마의 제국주의에 대한 저항과 투쟁을 위한 훈련의 장이었다.

### 3. "구원하심이 보좌에 앉으신 우리 하나님과 어린 양에게 있도다"(계 7:9-12)

셋째 예전은 어린 양이 일곱 겹으로 밀봉된 책의 첫째 봉인부터 여섯째 봉인까지(6:1-15) 연 후에 일어났다. 처음 네 봉인들은 군사적 침략 정치적 억압 경제적 착취 그리고 사회적 배제라는 네 가지 차원을 가진 로마제국의 제국주의의 본질을 상징한다. 다섯째 봉인은 그러한 제국주의에 의해서 희생된 순교자들이 망각되었지만 봉인이 뜯어짐으로 인해서 그들의 억울한 죽음이 다시 기억되고 현재화되었다. 학살당한 순교자들은 "거룩하고 참되신 대주재여 땅에 거하는 자들을 심판하여 우리 피를 갚아 주지 아니하시기를 어느 때까지 하시려 하나이까"(계 6:10)라고 외치면서 자신들을 희생시킨 폭력의 역사에 항의하였다.[40] 하나님은 그들에게 정해진 순교자들의 수가 찰 때까지 잠시 동안 더 기다려야만 한다고 대답하였다. 그리고 그들에게 정의의 궁극적 승리가 이루어질 때까지 입는 예복

---

39) Elisabeth Schüssler Fiorenza, *Revelation: Vision of a Just World*, 103; 이달, "요한계시록에 나타난 복수의 수사학," 「신약논단」 8권 제2호(2001), 150-51을 참조하라.

40) 일곱 겹으로 봉인된 책의 환상의 정치적 차원에 대해서는 이병학, "언제까지 우리의 흘린 피를 신원하지 않으렵니까?(계 6:10): 제국주의에 대한 저항과 기억의 문화," 「신학사상」 135집(2006); Byung Hak Lee, "Gebet der Opfer als Schrei und Erinnerung: Bibelarbeit zu Offenbarung 6:9-11," Erhart Kammenhausen und Gehard Köberlin (hg.), *Gewalt und Gewaltueberwindung. Stimme theologischen Dialogeiner* (Frankfurt am Main: Verlag Otto Lembeck, 2006), 86-94를 참조하라.

인 흰옷을 주었다. 이것은 그들이 더 이상 패배자들이 아니라 진정한 승리자들로서 하늘에 사는 천상의 존재가 되는 서임식이다. 이 서임식은 유가족들과 살아 있는 자들에게 큰 위로와 기쁨이 되었을 것이다.

죽은 자들이 기다려야 할 시간은 장차 발생하게 될 순교자들의 수에 의해서 규정된다. 여섯째 봉인 환상(계 6:12-7;8)은 마침내 하나님이 확정한 순교자들의 수가 채워졌기 때문에 천상의 재단 아래서 죽은 자들이 애타게 탄원하였던 땅에 거하는 자들에게 임하는 심판의 순간이 온 것을 보여준다. 지진과 해일이 일어나서 산과 섬이 옮겨지고 하늘이 휘말리고 해와 달이 빛을 잃고 별들이 거센 바람에 설익은 과실들이 떨어지듯이 땅에 떨어지는 대재난이 일어났다(계 6:12-14). 이러한 우주적 파국은 하나님의 심판으로 로마 제국의 지배자들과 그들의 친로마적인 식민지의 협력자들이 망하게 되는 전복의 사건을 의미한다. "땅의 임금들과 왕족들과 장군들과 부자들과 강한 자들"은 하나님과 어린 양을 피해서 바위틈에 숨었다. 하지만 그들은 "진노의 큰 날"을 피할 수 없었다(계 6:17). 로마 제국을 떠받치고 있는 친로마적인 토착 협력자들인 다섯 사회적 엘리트 계층이 망하는 것은 로마의 제국주의의 패배를 뜻하며 그것은 곧 로마제국의 몰락을 의미한다. 이러한 지배 계층의 불의에 대하여 저항력을 상실한 "종과 자유인"은 그들과 동일한 심판을 받는다.

이러한 지배 계층이 당하는 권력 상실과 수치는 분노하는 하나님과 어린 양의 심판 때문이지만 그것은 또한 죽은 자들과의 기억연대를 형성하여 죽은 자들과 함께 로마제국의 유혹과 압제에 굴복하지 않고 싸우는 무력한 민중들의 끈질긴 비폭력적 저항과 해방실천을 전제하고 있다. 어린 양을 따르는 자들은 그들과 함께 싸우는 어린 양의 동지들이다.

심판을 당한 다섯 사회적 계층들은 요한계시록의 저자 자신과 그의 독자들의 경험에서 뿐만 아니라, 거듭된 외세의 지배를 받았던 유대인들의 경험에서도 그리고 오랫동안 식민 통치를 경험하였고 또한 외세인 제국주의 세력들의 비호를 받는 독재자들의 억압을 경험한 제3세계의 민중들의 경험에서도 역시 공공의 적으로 인식된다.[41] 이와 반대로 땅 위에는 살아 있는 하나님의 인침을 받았기

---

41) 예를 들면, 1970년 사상계 5월호에 발표된 김지하의 시 "오적(五賊)"을 보라. 그는 "재벌, 국회의원, 고급공무원, 장성, 그리고 장차관"을 힘없고 가난한 민중을 억압하고 착취하는 다섯 도적으로 규정하였으며, 그들과 연대하는 사람들도 역시 공범자들로 보았다. "포도대장"은 오적과 결탁하여 오적을 고발한 사람을 박해하고 오적의 집을 지켜주면서 개인적 이익을 챙기다가 결국 오적과 함께 벼락을 맞고 죽는다. 김지하, 『오적: 김지하 담시 선집』 (서울: 솔,1993).

때문에 이러한 파국적인 심판으로부터 보호를 받을 수 있는 십사만사천이 있다 (계 7:1-4). 십사만사천은 짐승을 따르는 자들에 대한 대안으로 조직된 공동체로 서 어린 양이 어디로 가든지 따라가는 세례를 받은 남녀 그리스도인들 전체를 상징한다. 그들이 살아 계신 하나님의 인침을 받았다는 것은 세례를 상징하며, 또한 하나님을 믿고 예수를 따르는 그리스도인의 삶의 양식을 상징한다. 그들은 하늘에서 부르짖는 순교자들과 학살당한 자들의 피맺힌 절규를 듣고 죽은 자들과의 기억연대를 형성하여 로마의 제국주의에 저항하는 반제국주의자들이다. 그러므로 저항의 영성을 가진 그들만이 하늘에 살아 있는 죽은 자들이 부르는 새 노래를 배워서 부를 수 있는 것이다(계 14:3).

또 한편으로 하늘에는 흰옷을 입고 손에 종려나무 가지를 들고 있는 "셀 수 없이 큰 무리(ὄχλος/오클로스)가 로마 제국의 중심 세력을 가리키는 다섯 지배계층들이 대재난을 당하는 것을 내려다보고 로마의 몰락을 기뻐하면서 하나님과 어린 양에게 찬양과 예배드린다(계 7:9). 이 큰 무리는 "모든 민족과 종족과 백성과 언어에서 나온 사람들"로서 "큰 환난"을 겪은 사람들이다(계 7:14). 그들은 로마가 지배하는 식민지의 예속으로부터 벗어나기 위한 해방투쟁에서 학살당한 여러 식민지 지역의 충성스러운 남녀 증인들이다. 그들은 로마의 평화(Pax Romana) 담론을 거부했기 때문에, 죽임을 당했다.[42] 그러나 그들은 어린 양의 피로 자기들의 옷을 씻어 희게 된 옷을 입은 승리자들이다(계 7:14). 그들의 수가 셀 수 없을 정도로 큰 무리라는 것은 요한계시록의 저자의 기대처럼 수많은 산 자들이 죽은 자들의 절규와 기억에 동참함으로써 그들과의 기억연대를 형성하여 로마의 제국주의에 대한 지속적인 비폭력적 저항과 투쟁을 하는 과정에서 학살당함으로써 마침내 하나님의 확정된 순교자들의 수가 채워졌다는 것을 의미한다.

흰옷을 입은 큰 무리가 하나님과 어린 양을 찬양하는 노래를 부른다.

"구원하심이 보좌에 앉으신 우리 하나님과 어린 양에게 있도다"(계 7:10).

이 노래는 로마가 황제가 식민지 인민들에게 구원을 제공한다고 선전한 로마의 공론장의 거짓된 주장을 반박하는 하늘에 살아 있는 죽은 자들의 대항주장이다. 로마 제국의 시대에 있어서 구원의 개념은 평화, 안전, 그리고 복지를 의미하

---

42) Wes Howard-Brook and Antony Gwyther, *Unveiling Empire*, 211.

는 정치적 개념이었다. 죽은 자들은 땅에서 받지 못하였던 이러한 구원(σωτηρία/소테리아)을 하늘에서 받았기 때문에 하나님과 어린 양을 찬양하고 예배한다. 보좌와 장로들과 네 생물의 주위에 섰던 모든 천사들이 흰옷을 입은 무리의 노래를 듣고 보좌 앞에 엎드려 얼굴을 대고 하나님을 예배하면서(계 7:11) 다음과 같이 찬송한다.

"아멘 찬송과 영광과 지혜와 감사와 존귀와 능력과 힘이 우리 하나님께 세세토록 있을지어다 아멘"(계 7:12).

이 찬송에는 천사들의 음성뿐만 아니라, 이십사 장로들과 네 생물의 음성도 포함되어 있다. 천사들이 하나님에게 돌린 "찬송과 영광과 지혜와 감사와 존귀와 능력과 힘"은 신전에서 로마 황제를 찬양하는데 사용했던 요소들이다. 이미 요한계시록 5:12에서 천사들은 이러한 요소들을 죽임을 당한 어린 양에게 돌렸다: "죽임을 당하신 어린 양은 능력과 부와 지혜와 힘과 존귀와 영광과 찬송을 받으시기에 합당하도다." "아멘"은 확실하거나 믿을 수 있는 것을 긍정하는 것을 의미한다.[43] "아멘"이라고 말하는 자는 다른 사람의 진술에 동의를 표할 뿐만 아니라, 자기 자신에게도 구속력을 갖는다.[44]

역사 안에서 하나님의 심판을 당한 로마의 지배계층들이 하나님과 어린 양의 진노 앞에서 얼굴을 들지 못하는 절망적인 상황과는 대조적으로 그들에게 저항하였고 또한 지금도 저항하고 있는 땅 위에 있는 십사만 천은 하나님으로부터 보호를 받고 있으며, 그리고 하늘에 살아 있는 무수한 피학살자들은 하나님의 보좌와 어린 양 앞에서 예배를 드릴 수 있는 특권을 누리고 있다(계 7:9). 그뿐만 아니라 스물네 장로들 중의 하나는 하나님이 로마의 제국주의에 대항하여 투쟁하고 증언하였던 의로운 죽을 위해서 다음과 같이 말한다.

"15 그러므로 그들이 하나님의 보좌 앞에 있고 또 그의 성전에서 밤낮 하나님을 섬기매 보좌에 앉으신 이가 그들 위에 장막을 치시리니 16 그들이 다시는 주리지도

---

43) "아멘"은 교회에서 감사 혹은 진리의 말씀을 들은 다음에 사용되고(참조, 고전 14:16; 롬 15:33; 갈 6:18), 기도 또는 송영(doxology)의 끝에 사용된다(참조, 마 6:9-13; 롬 1:25; 9:5; 11:36; 16:27; 갈 1:5; 엡 3:21; 빌 4:20; 히 13:21).
44) Robert E. Coleman, *Songs of Heaven* (Old Tappen, New Jersey: Fleming H. Revel Company, 1980), 90.

아니하며 목마르지도 아니하고 해나 아무 뜨거운 기운에 상하지도 아니하리니 17 이는 보좌 가운데에 계신 어린 양이 그들의 목자가 되사 생명수 샘으로 인도하시고 하나님께서 그들의 눈에서 모든 눈물을 씻어 주실 것임이라"(계 7:15-17).

여기서 언급된 굶주림, 목마름, 불태움, 그리고 눈물은 모두 그들이 생전에 겪었던 로마 제국의 현실이다. 그러나 이제부터 하나님은 그들 가운데서 살고, 어린 양이 그들을 생명수 샘으로 인도할 것이고, 그리고 그들의 눈에서 모든 눈물을 씻어주실 것이다(참조, 사 49:10; 28:5). 이러한 천상의 예배 환상은 소아시아의 고난당하는 성도들과 약자들의 신앙을 강화시켜주고, 그들에게 큰 용기를 주고, 로마의 황제숭배와 제국주의에 대한 반대와 끈질긴 비폭력적 저항을 고무하는 역할을 한다.

### 4. "세상 나라가 우리 주와 그의 그리스도의 나라가 되어"(계 11:15-18)

넷째 예전은 하나님의 비밀이 이루어지는(계 10:7) 일곱 번째 나팔 소리 직후에 일어났다. 역사 안에서 하나님이 다스리는 새로운 세계의 도래를 알리는 큰 음성이 하늘에서부터 들렸다.

"세상 나라가 우리 주와 그의 그리스도의 나라가 되어 그가 세세토록 왕노릇 하시리로다 하니"(계 11;15).

하늘에서부터 선포된 이 음성은 요한계시록의 핵심 메시지이다. 이 핵심 진술은 정치적인 진술이다. 세상 나라(βασιλεία τοῦ κόσμου/바실레이아 투 코스무)는 로마 제국에서 절정을 이루는 제국주의 체제의 나라를 의미한다. 성서적 전통에 의하면 세상 나라는 본래 하나님에게 속한다. "나라는 여호와의 것이요 여호와는 모든 나라의 주재심이로다"(시 22:28). 약자들은 로마 황제가 지배하는 세상 나라를 다스리는 로마 황제의 권세를 쓰라린 경험을 통해서 잘 알고 있다. 로마 황제는 하나님의 권세를 찬탈하여 그것을 남용한다. 그러므로 약자들은 권력을 남용하는 권력자들의 권세 아래서 고난을 겪는다. 그러므로 그들은 하나님이 속히 와서 압제자들을 벌하고 이 세상 나라를 통치할 것을 소망하고 기다린다. "여호와께서 만국을 벌할 날이 가까웠나니 네가 행한 대로 너도 받을 것인즉 네가 행한 것이 네 머리로 돌아갈 것이라"(오바댜 1:15).

하나님은 세상 나라에 대한 통치권을 가진 영원한 왕이다. "여호와께서는 영원무궁하도록 왕이시니 이방 나라들이 주의 땅에서 멸망하였나이다"(시 10:16). 11:15에서 "우리 주와 그의 그리스도"라는 표현은 시편 2;2에서 나오는 "여호와와 그의 기름 부음 받은 자"라는 표현과 같다. 여기서 기름 부음 받은 왕은 하나님에 의해서 위임된 자이다. 그리스도는 마지막 때에 하나님에 의해서 세계의 통치자로 위임을 받은 하나님의 메시아적 대리자를 가리키는 칭호이다.

하나님이 이 세상 나라를 다스리기 위해 지금 오셨다. 진노하는 하나님의 심판으로 인한 로마 제국의 멸망과 함께 하나님이 다스리는 새로운 세계가 시작된다. 그것은 성도들에게는 기쁨이 되지만 악인들에게는 비극이 된다, 스물네 장로들은 세상 나라의 전복과 새로운 세계의 도래에 대한 소식을 듣고 기뻐하면서 즉시 하나님께 부복하여 경배하고 감사 찬송을 부른다.

> "16 하나님 앞에서 자기 보좌에 앉아 있던 이십사 장로가 엎드려 얼굴을 땅에 대고 하나님께 경배하여 17 이르되 감사하옵나니 옛적에도 계셨고 지금도 계신 주 하나님 곧 전능하신 이여 친히 큰 권능을 잡으시고 왕노릇 하시도다. 18 이방들이 분노하매 주의 진노(ὀργή/오르게)가 내려 죽은 자를 심판하시며 종 선지자들과 성도들과 또 작은 자든지 큰 자든지 주의 이름을 경외하는 자들에게 상주시며 또 땅을 망하게 하는 자들을 멸망시키실 때(καιρός/카이로스)로소이다"(계 11:16-18).

이십사 장로들은 부복하여 얼굴을 땅에 대고 하나님께 경배하면서 감사 찬송을 부른다. 그들이 부르는 찬송에서 가장 중요한 핵심은 하나님이 지금 오셔서 자신의 권력을 되찾아서 이 세계를 통치하신다는 것이다. 요한계시록에서 하나님을 가리키는 대표적인 호칭은 "이제도 계시고 전에도 계셨고 장차 오실 이"(계 1:4, 8), 또는 "전에도 계셨고 이제도 계시고 장차 오실 이"(계 4:8)이다. 그런데 이십사 장로들은 하나님 호칭에서 "장차 오실 이"를 빼고 "옛적에도 계셨고 지금도 계신 주 하나님 곧 전능하신 이여"(계 11:17)라고 부른다. 요한계시록 16:5에는 "전에도 계셨고 지금도 계신 거룩하신 이여"라는 호칭이 있다. 그 이유는 하나님이 지금 현재 오셨기 때문이다. 하나님의 오심은 더 이상 미래의 일이 아니라, 지금 현재 이미 일어난 일이다. 이십사 장로들이 하나님을 찬양하는 이유는 하나님이 지금 오셔서 그의 통치가 지금 시작되었기 때문이다.[45] 로마 황제는 하나님의 권력을 찬탈하여 자신을 신으로 가장했다. 이십사 장로들은 하나님이 "친히 큰 권능"(τὴν δύναμίν σου τὴν μεγάλην/텐 뒤나민 수 텐 메갈렌)을 잡으시고 왕 노릇 하시도다"(계 11:17)라고 찬양한다. 이것은 하나님이 남의 권력을 빼앗아서 다스린다는 것을 의미하는 것이 아니라, 로마 황제들에게 찬탈당한 자신의 권력을 되찾아서 다스린다는 것을 의미한다.[46]

또한 이십사 장로들은 하나님이 주관하는 심판과 상과 파멸의 때(καιρός/카이로스)가 왔다고 노래한다. 카이로스는 연대기적 시간이 아니라, 하나님이 자신의 목적에 따라서 결정하신 수직적 시간이며 종말 직전의 짧은 시간을 의미한다. 이 심판은 하나님의 최후의 심판 날에 임하는 것이 아니라, 역사 안에서 일어나는 것이다.[47] 하나님과 그의 그리스도의 나라는 가시적이고, 역사적이고, 그리고 정치적인 차원을 가진다. 그러므로 이 새로운 나라는 하나님을 대적하는 이방들의 반대와 분노를 불러일으킨다. "이방들이 분노하매"(계 11:18)는 사도행전 4:25-26에서 인용된 시편 2:1-2를 암시한다: "어찌하여 열방이 분노하며 족속들이 허사를 경영하였는고, 세상의 군왕들이 나서며 관리들이 함께 모여 주와 그의 그리스도를 대적하도다." 악인들은 언제나 하나님과 그의 그리스도를 대적한다. 예를 들면, "헤롯과 본디오 빌라도는 이방인과 이스라엘 백성과 합세하여 하나님께서 기름 부으신 거룩한 종 예수를 거슬러"(행 4:27) 십자가에 처형했다.

역사 안에서 자신의 권력을 되찾아서 행사하시는 하나님은 억압자들을 심판하고, 억눌린 자들을 해방하고, 그들에게 정의를 세워주신다. 그리스어 "크리노"(κρίνω)는 "심판하다"는 의미 외에도 "정의와 권리를 회복시킨다"는 것을 의미한다. "주의 진노가 내려 죽은 자를 심판하시며"[48]에서 죽은 자들은 순교자들과 죽은 성도들을 의미한다. 그들은 로마 제국의 폭력에 의해서 고난을 당하거나 억울하게 죽임을 당한 한(恨)이 맺힌 희생자들이다. 하나님의 진노(ὀργή/오르게)는 약자들의 고난과 억울한 죽음들을 슬퍼하는 하나님의 가슴에 쌓이고 쌓인 한(恨)으로 이해될 수 있다. 그들에 대한 하나님의 심판은 그들을 먼저 신원하고 부활

---

45) 리처드 보컴, 『요한계시록 신학』, 54.
46) "친히 큰 권능을 잡으시고(εἴληφας)"의 문법적 시제는 현재 완료형인데, 그것은 미래까지 계속되는 행위를 나타내며, 그리고 "왕 노릇 하시도다(ἐβασίλευσας)"의 시제는 부정과거형(aorist)인데, 그것은 그의 통치가 결정적으로 시작되었다는 것을 의미한다. Robert E. Coleman, *Songs of Heaven*, 105.
47) Pablo Richard, *Apokalypse*, 145.
48) "주의 진노가 내려"(ἦλθεν ἡ ὀργή σου)와 죽은 자들을 심판하시며(κριθῆναι)"는 부정과거형(aorist)이다.

시키는 것을 의미한다. 과거에 권력자들이 무고한 자들을 학살한 사건들은 이미 끝나버린 사건이 결코 아니다. 왜냐하면 그러한 사건 파일에 대한 하나님의 공적인 결재가 아직 대기 중이기 때문이며, 하나님이 사건 파일을 열고 다시 조사할 것이기 때문이다. 부활에 대한 희망은 권력자들과 부자들이 지금처럼 이대로 오래 살기를 바라는 소원에서부터가 아니라, 하나님의 정의를 갈망하는 무고한 자들과 약자들이 폭력적인 죽음을 당하는 상황에서 생겨났다(참조, 사 26:19-21; 단 12:1-3; 마카비하 7장). 나머지 죽은 자들에 대한 일반적인 심판은 하나님의 마지막 심판에서 일어난다(계 20:11-15).

하나님은 "종 선지자들과 성도들과 또 작은 자든지 큰 자든지 주의 이름을 경외하는 자들"에게 상을 주시고,[49] 반면에 하나님은 "땅을 망하게 하는 자들을 멸망시킬 것이다"(계 11:18). 하나님의 심판은 남에게 악행을 저지른 자의 악행이 고스란히 본인에게 되돌아가게 하고, 악행을 당한 희생자들에게 정의와 권리를 회복시켜주는 것이다. 이것은 의롭고 공정한 심판이다(참조, 계 16:6-7). 남에게 저지른 불의가 반드시 고스란히 본인에게 되돌아온다는 것을 의미하는 성서적 "카르마(karma)"이다.[50] "땅을 망하게 하는 자들"은 억압과 착취와 전쟁으로 무고한 자들을 학살하고, 땅을 황폐하게 한 악인들을 가리킨다. 요한계시록 19:2에서 "음행으로 땅을 더럽게 한 큰 음녀"는 로마이다. 바빌론은 하나님의 심판으로 파멸되었다(계 18장). 하나님은 심판자로서 남에게 저지른 악행을 그대로 악행을 가한 본인에게 갚아주고, 악행을 당한 피해자에게 권리와 정의를 회복시켜주신다. "내가 들으니 물을 차지한 천사가 이르되 전에도 계셨고 지금도 계신 거룩하신 이여 이렇게 심판하시니 의로우시도다. 그들이 성도들과 선지자들의 피를 흘렸으므로 그들에게 피를 마시게 하신 것이 합당하니이다 하더라"(계 7:5-6). 하나님은 피해자들을 위해서 보복 심판을 하신다. "하늘과 성도들과 사도들과 선지자들아, 그로 말미암아 즐거워하라 하나님이 너희를 위하여 그(=바빌론)에게 심판을 행하셨음이라 하더라"(계 18:20). 하나님은 무고한 피학살자들과 순교자들과 죽은 성도들에게 상을 주고 땅을 망하게 하는 자들을 멸망시킬 것이다.

드디어 폭군들이 지배해온 폭력의 역사는 끝났다. 그러므로 11:19에서 천상

---

49) "주의 이름을 경외하는 자들"은 교회의 구성원은 아니지만, 하나님과 예수 그리스도를 인정하는 자들을 가리키는 명칭으로 이해할 수 있다. Elisabeth Schüssler Fiorenza, *Revelation: Vision of a Just World*, 79.
50) Wes Howard-Brook and Antony Gwyther, *Unveiling Empire*, 212.

의 성전이 열리고 언약궤가 보인다.

> "이에 하늘에 있는 하나님의 성전이 열리니 성전 안에 하나님의 언약궤가 보이며 또 번개와 음성들과 우레와 지진과 큰 우박이 있더라"(계 11:19).

언약궤는 마지막 날까지 감추어져 있다. 그런데 지금 언약궤가 나타난 것은 로마 제국 안에서 하나님이 일으키신 새로운 출애굽 운동의 결과로 폭력의 역사가 끝나고 새로운 세계가 도래하였다는 것을 증명한다. 요한이 본 천상의 예배 환상에서 세계에 대한 하나님의 통치는 영원하다. 하나님이 지금 세상 나라에 대한 통치권을 다시 잡았다는 것과 이 폭력의 역사가 끝나고 언약궤가 다시 나타난다는 것이 이 환상의 핵심 진술이다.

그러나 현실에서는 로마 제국은 초강대국이고, 로마 황제는 막강한 권세를 행사하고 있다. 제국의 담론은 영원한 로마를 선전하고 있다. 바빌론은 아직 멸망하지 않았다. 이러한 천상의 예배 환상은 대항담론을 위한 매개로 기능한다. 그리스도인 공동체의 예배는 제국의 담론을 비판하는 대항담론의 장이 되어야 한다. 그리스도인의 소명은 제국 한가운데서 하나님이 일으키신 새로운 출애굽 운동에 동참하는 것과 약자들을 희생시키는 로마의 제국주의가 지배하는 세상 나라를 하나님과 그의 그리스도의 나라로 변화 시키는 데 헌신하는 것이다.

## 5. "하늘과 그 가운데에 거하는 자들은 즐거워하라"(계 12:10-12)

다섯째 예전은 하늘에서 용이 천사 미가엘과의 전쟁(계 12:7-9)에서 패배하여 땅으로 추락한 후에 일어났다. 용은 옛 뱀, 마귀, 악마, 그리고 사탄과 동일하다. 요한은 하늘에 살아 있는 순교자들이 천상의 예배에서 용을 이기고 추방하신 하나님과 그리스도의 권세를 축하하고 찬양하는 노래를 부르는 것을 들었다.

> "10 내가 또 들으니 하늘에 큰 음성이 있어 이르되 이제 우리 하나님의 구원과 능력과 나라와 또 그의 그리스도의 권세가 나타났으니 우리 형제들을 참소하던 자 곧 우리 하나님 앞에서 밤낮 참소하던 자가 쫓겨났고 11 또 우리 형제들이 어린 양의 피와 자기들이 증언하는 말씀으로써 그를 이겼으니 그들은 죽기까지 자기들의 생명을 아끼지 아니하였도다 12 그러므로 하늘과 그 가운데에 거하는 자들은 즐거워하

라. 그러나 땅과 바다는 화 있을진저 이는 마귀가 자기의 때가 얼마 남지 않은 줄을 알므로 크게 분내어 너희에게 내려갔음이라 하더라"(계 12:10-12).

이 예배의 핵심은 용을 정복하고 추방한 하나님과 그의 그리스도에 대한 노래이다. 이 노래에는 1세기에 로마 황제를 찬양하는데 사용되었던 정치적 용어들이 하나님과 그리스도를 찬양하는데사용되었다. 구원(σωτηρία/소테리아)은 로마 황제가 예속된 사람들에게 베푸는 안전, 복지, 구출을 의미하고, 능력(δύναμις/두나미스)은 로마의 막강한 정치적, 경제적, 군사적 힘을 상징하다. 나라(βασιλεία/바실레이아)는 영원이 지속될 것이라고 선전하는 로마 제국을 가리키고, 권세(ἐξουσία/엑수시아)는 로마 황제의 신적 권위를 의미한다.

"우리 형제들"은 하늘에 살아 있는 순교자들과 죽은 증인들을 가리킨다. 그들은 생전에 고난과 죽음의 위협에도 불구하고 하나님의 말씀과 예수의 증언을 선포하고 실천한 증인들이었다. "참소하던 자"는 용과 동일한 사탄을 가리킨다. 욥기 1:9-11와 스가랴서 1:1-2에서 사탄은 참소하는 자로서 역할을 한다. 그런데 하늘에서 미가엘의 무리와 용의 무리 사이에서 벌어진 전투에서 용과 그의 무리는 패배하여 하늘로부터 땅으로 추방되었다(12:7-9).

천상의 예배에 참석한 자들은 "여러 형제가 어린 양의 피와 자기의 증거하는 말을 인하여 저를 이기었다"라고 노래한다. 천상의 전투에서 용과 정복한 힘은 어린 양의 피와 순교자들의 증언이다. 갈보리 십자가에서 피 흘리신 예수의 죽음은 사람들의 죄를 사하고 구원하기 위한 "대속물"(막 10:45; 참조, 히 2:17)로서의 죽음이었을 뿐만 아니라, "죽음을 통하여 죽음의 세력을 잡은 자 곧 마귀를 멸하시며 또 죽기를 무서워하므로 한평생 매여 종노릇 하는 모든 자들을 놓아 주기 위한"(히 2:14-15) 정치적 해방투쟁으로서의 죽음이었다. 용을 이긴 순교자들과 죽은 성도들의 증언의 힘의 원천은 하늘의 보좌 위에 앉으신 하나님과 십자가 처형을 당했지만 부활하여 하늘의 보좌 위에 그의 그리스도로 앉아 있는 어린 양 예수이다.

용에 대한 승리는 요한계시록 전체의 중심적 선포이다. 순교자들은 어린 양의 피와 죽음을 불사한 증인들의 증언의 힘이 용을 정복했다. 용의 패배와 함께 하나님이 통치하는 새로운 세계가 도래한다. 증인들은 로마의 권력자들 앞에서 "하나님의 말씀과 예수"(계 1:9)을 증언하고 불의에 항의했다. 그들은 죽기까지 자기 생명을 아끼지 아니하고 증언했다. 증언하는 것은 곧 불의에 항의하는 것이다. 살해당한 증인들의 증언은 사탄의 영적 힘을 멸하는 반우상적인 힘이다. 이러한 순교자들의 증언의 힘은 "충성된 증인"(계 1:5)이신 어린 양 예수의 피에 대한 기억에서 나온 것이다.

주야로 참소하던 사탄이 패배하여 하늘에서 추방되었다. "그러므로 하늘과 그 가운데에 거하는 자들은 즐거워하라." 여기서 하늘은 역사의 불가시적 그리고 초월적 차원을 상징하고, "그 가운데 거하는 자들"은 하늘에서 하나님의 장막 안에서 살고 있는 순교자와 죽은 성도들을 가리킨다. 하나님은 그들에게 기뻐하라고 요구한다. 18:20에서도 하나님의 심판으로 인한 바빌론의 멸망을 기뻐하라는 요구가 있다: "하늘과 성도들과 사도들과 선지자들아, 그로 말미암아 즐거워하라 하나님이 너희를 위하여 그에게 심판을 행하셨음이라 하더라."

그런데 천상의 예배에서 지상의 교회를 공격하는 사탄의 마지막 발악에 대한 언급이 있다: "그러나 땅과 바다는 화 있을진저. 이는 마귀가 자기의 때가 얼마 남지 않은 줄을 알므로 크게 분내어 너희에게 내려갔음이라"(계 12:12). 여기서 "너희"는 고난당하고 있는 소아시아의 그리스도인들을 가리킨다. 용과 그리스도인 공동체 사이의 전투는 땅 위에서 계속된다. 왜냐하면 하늘의 전쟁에서 패배한 용은 더 이상 하나님의 권위에 도전할 수 없지만, 그러나 제한된 시간 동안 자신의 남은 권력을 가지고 그리스도인들과 무죄한 약자들을 필사적으로 공격할 것이기 때문이다(계 12:17). 용은 로마 제국을 대리인으로 삼고서 성도들을 괴롭힌다.

용의 추락을 기뻐하는 천상의 예배는 지상에서 로마 황제를 신으로 숭배하는 짐승 예배(계 13:1-15)와 정반대이다. 로마 제국의 악마적 권력의 구조는 용, 짐승, 그리고 거짓 예언자로 분석된다. 로마 제국을 상징하는 바다에서 올라온 짐승은 치명적인 상처를 가진 추락한 용으로부터 권력을 받았기 때문에 로마의 권력은 온전한 권력이 아니라 조만간에 망할 수밖에 없는 불완전한 권력이다. 그럼에도 불구하고 그 짐승은 하나님과 하늘에 사는 자들을 모독할 정도로 오만하다. 거짓 선지자(계 19:20)를 가리키는 땅에서 올라온 짐승은 외모는 어린 양처럼 생겼지만 용처럼 말하는 위선자로서 바다에서 올로 온 짐승, 곧 로마 제국을 숭배배하고 사람들을 미혹하여 짐승의 우상을 만들게 하였고, 우상에게 예배하지 않는 자들을 죽였으며(계 13:15), 또한 사람들의 오른 손이나 이마에 짐승의 표를 받게 하였고, 짐승의 표가 없는 사람들의 경제활동을 금지시켜서 그들을 빈곤과 때리는 죽음에 이르게 하였다. 억눌린 식민지 인민들의 입장에서 본다면, 바다에서 올라온 짐승은 외세인 로마 제국과 로마의 제국주의자들을 상징하며, 땅에서 올라온 짐승은 "로마와 협력하는 친로마적인 토착 엘리트들"을 상징한다.[51]

짐승 숭배자들과 대조되는 지상에 있는 세례받은 모든 교인들은 144,000으로 상징된다(계 14:1-5). 그들의 이마에 어린 양의 이름과 그의 아버지인 하나님의 이름이 적혀 있다. 그들은 어린 양 예수가 어디로 가든지 그만 따라가는 남녀 성도들이다. 그들은 약자들을 미혹하고 억압하는 로마의 제국주의와 황제숭배를 비타협적으로 반대하고 저항한다. 그들은 죽은 자들의 신앙과 저항과 투쟁을 기억한다. 그러므로 그들은 하늘에 살아 있는 순교자들과 죽은 성도들이 천상의 예배에서 부르는 찬송 소리를 듣고 배울 수 있고, 그들과 함께 합창할 수 있고, 그리고 그들과 함께 예수를 증언하고 불의에 저항할 수 있다.

환상 속에서 선취된 것과는 달리. 현실에서 제국의 수도 로마는 번창하고, 바빌론은 아직 멸망하지 않았다. 악의 세력으로 인해서 도처에서 수많은 사람들이 죽고 있다. 이러한 상황에서 "즐거워하라"는 하나님의 요구는 불가능한 요구인가? 요한계시록은 성도들이 모인 장소의 예배에서 낭독되기 때문에 회중들은 그 책을 통해서 기뻐하고 노래하고 탄성을 지를 수 있다. 그리스도인들은 폭력의 역사가 언젠가는 끝날 것을 믿고 하나님나라를 위해서 하나님의 말씀과 예수를 증언하고 불의에 저항하는 가운데 바빌론과 대조되는 새 예루살렘에 참여하는 기쁨을 미리 맛볼 수 있다. 그러므로 그리스도인들은 악마적 삼위일체의 힘이 아무리 강해보인다고 할지라도 결코 항복하거나 순응해서는 안 되며, "바빌론"이 지배하는 이 세상의 여러 분야에서 우상들과 우상숭배 그리고 거짓 선지자들의 위선과 거짓말에 부단히 저항하고 약자와 연대하는 삶을 살아야 한다.

## 6. "만국이 와서 주께 경배하리이다"(계 15:2-4).

여섯째 예전은 요한이 하나님의 마지막 진노의 재앙을 선포하는 천사들을 목격한 직후에 일어났다(계 14:6-15:1). 예배 참석자들은 하나님이 로마 제국 안에서 일으키신 새로운 출애굽 운동에 참여했던 승리자들이 자들이다. 새로운 출애굽의 지도자는 어린 양 예수이다.[52] 이제 그들은 홍해를 상징하는 "불이 섞인 유리

---

51) Wes Howard-Brook and Antony Gwyther, *Unveiling Empire*, 215; Gregory K. Beale, *The Book of Revelation* (Grand Rapids: Eerdmans, 1999), 682.
52) Robert E. Coleman, *Songs of Heaven*, 126.

바다"를 건넌 후 하나님을 찬양하는 노래를 부르면서 예배를 드린다.

"2 또 내가 보니 불이 섞인 유리 바다 같은 것이 있고 짐승과 그의 우상과 그의 이름의 수를 이기고 벗어난 자들이 유리 바다 가에 서서 하나님의 거문고를 가지고 3 하나님의 종 모세의 노래, 어린 양의 노래를 불러 이르되 '주 하나님 곧 전능하신 이시여 하시는 일이 크고 놀라우시도다. 만국의 왕이시여 주의 길이 의롭고 참되시도다. 4 주여 누가 주의 이름을 두려워하지 아니하며 영화롭게 하지 아니하오리이까. 오직 주만 거룩하시니이다. 주의 의로우신 일이 나타났으매 만국이 와서 주께 경배하리이다' 하더라"(계 15:2-4).

하나님의 진노는 짐승과 그의 우상을 경배하는(계 14:9) 자들과 로마의 제국주의 체제에 적응하는 자들에게만 향한다.[53] 이와 반대로 "짐승과 그의 우상과 그의 이름의 수를 이기고 벗어난 자들"은 승리자들로서 천상의 예배에 참석한다. 그들은 불이 섞인 바다를 건넌 후 모세의 노래와 어린 양의 노래를 부른다. 그들은 이 노래를 통해서 과거에 이집트에서 고난당하던 이스라엘 백성이 하나님의 도움으로 이집트를 탈출하여 홍해를 무사히 건넌 후 하나님의 해방하시고 구원하시는 행위를 축하하면서 불렀던 노래를 기억하고 재현한다. 요한계시록 5:7-9에서 어린 양 앞에 부복한 네 생물과 이십사 장로들이 각각 "거문고"를 가지고 새 노래를 불렀는데, 15:2에서는 "짐승과 그의 우상과 그의 이름의 수를 이기고 벗어난 자들"이 유리 바다를 건넌 후 바닷가에서 "하나님의 거문고"를 가지고 노래를 부른다. 그들이 "하나님의 거문고"를 가지고 있다는 것은 그들이 하늘에서 거주하는 승리자들이라는 것을 의미한다. 그들은 하늘에서 살아 있는 순교자들과 죽은 성도들이다.

그들은 불이 섞인 유리 바닷가에서 "모세의 노래와 어린 양의 노래"를 부른다. "모세의 노래"(출 15:1-18)는 홍해에서 이스라엘 백성을 구출하신의 하나님의 승리를 축하하는 것이고, "어린 양의 노래"는 갈보리에서 우리의 죄를 위해서 피 흘리신 그리스도의 승리를 축하하는 것이다. 이 두 노래가 결합된 것은 홍해로부터의 구원과 갈보리에서 십자가에 처형된 예수를 통한 구원이 구속사적 관점에서 서로 같은 것으로 이해될 수 있기 때문이다.[54]

---

53) Luise Schottroff, *The Parables of Jesus* (Minneapolis: Fortress Press, 2006), 119.
54) Allan A. Boesak, *Comfort and Protest*, 108.

요한계시록 15:3-4는 모세의 노래와 어린 양의 노래를 부르는 자들의 신앙고백이다. 그들은 피조물 전체를 다스리는 하나님을 찬양한다. 그들은 하나님을 "주 하나님 곧 전능하신이"라고 부르고, 자신들을 구출하신 "일이 크고 놀라우시도다"라고 찬양한다. 그들은 진정한 세계의 통치자는 로마 황제가 아니라, 하나님이라고 믿는다. 그러므로 그들은 하나님을 "만국의 왕"이라고 부른다. 그들은 "주의 길이 의롭고 참되시도다"라고 찬양한다. 하나님의 길은 그의 심판과 구원 행위를 가리킨다. "누가 주의 이름을 두려워하지 아니하며 영화롭게 하지 아니 하오리이까?"는 "누가 이 짐승과 같으냐? 누가 능히 이와 더불어 싸우리요(계 13:4)라는 로마의 담론에 대한 대항담론으로 이해될 수 있다. 그들은 "오직 주만 거룩하시니이다."라고 고백한다(참조, 시 99:3). 그들이 바닷가에서 부른 찬송의 노래의 결론은 "주의 의로우신 일이 나타났으매 만국이 와서 주께 경배하리이다"라는 것이다. 이것은 구약의 전통과 같다. "땅의 모든 끝이 여호와를 기억하고 돌아오며 모든 나라의 모든 족속이 주의 앞에 예배하리니"(시 22:27); "주여 주께서 지으신 모든 민족이 와서 주의 앞에 경배하며 주의 이름에 영광을 돌리리이다"(시 86:9).

요한계시록 15:2-4에서 노래를 부르는 자들이 로마 제국의 억압을 극복한 자신들의 업적에 대해서는 전혀 언급하지 않고, 오직 자신들을 구원하신 하나님과 어린 양 예수만을 찬양하는 것이 가장 인상적이다.[55] 그들은 개선장군들이 아니라, 로마 제국으로부터 탈출한 자들이고 로마의 압제자들의 추격으로부터 구출된 자들이다, 그들이 선포하는 해방과 구원의 노래는 그 당시의 그리스도인 공동체만을 위한 것이 아니라, 지금 오늘날 세계 도처에서 하나님의 정의를 갈망하는 모든 억눌린 민족들과 약자들을 위한 것이다.[56]

## 7. "그의 심판은 참되고 의로운지라"(계 19:1-8)

마지막으로 일곱째 예전은 로마를 상징하는 큰 음녀의 멸망 직후에 일어났다. 요한계시록 6:9-11에서 순교자들이 하나님에게 탄원하였던 심판과 신원이 이 천상의 예전과 예배(19:1-8)의 중심에 서 있다. 순교자들의 기다림의 시간은 끝났고, 그들의 탄원이 이루어졌다.[57] 이 예배의 동기는 바빌론(=로마)의 멸망에 대한

---

55) Robert E. Coleman, *Songs of Heaven*, 127.
56) Elisabeth Schüssler-Fiorenza, *Revelation: Vision of a Just World*, 92.

기쁨에서 기인되었다. 하늘에 있는 큰 무리 는 수많은 무고한 자들을 죽인 살해자이고,[58] 가난한 자들의 몫을 빼앗은 착취자이고, 음행으로 땅을 오염시킨 음녀인 바빌론을 심판한 하나님의 정의를 기뻐하면서 찬송을 부른다.

> "1 이 일 후에 내가 들으니 하늘에 허다한 무리(ὄχλος/오클로스)의 큰 음성 같은 것이 있어 이르되 할렐루야 구원과 영광과 능력이 우리 하나님께 있도다. 22 그의 심판은 참되고 의로운지라 음행으로 땅을 더럽게 한 큰 음녀를 심판하사 자기 종들의 피를 그 음녀의 손에 갚으셨도다 하고"(계 19;1-2).

여기서 무리(ὄχλος/오클로스)는 하늘에서 살아있는 순교자들과 죽은 성도들의 무리이다. 그들은 바빌론의 멸망을 내려다보고 기뻐서 할렐루야라고 외친다. 할렐루야(ἀλληλουϊά)는 "하나님을 찬양하라"는 의미를 가진 히브리어를 그리스어로 음역한 것이다. 여기서 무리가 외치는 "할렐루야"는 더 이상 "하나님을 찬양하라"는 요구가 아니라. 탄성이다. "할렐루야"라는 용어는 구약성서 시편에 자주 나타나지만,[59] 신약성서 전체에서 오직 요한계시록 19장에만 나타난다(19;1, 3, 4, 6).

천상의 무리는 "구원과 영광과 능력이 우리 하나님께 있도다."라고 노래한다. 그들이 지금 하나님에게 돌리는 "구원과 영광과 능력"은 로마 황제를 찬양하는 제국의 담론에서 사용되었던 정치적 용어들이었다(참조, 계 7:10; 12:10; 19:2). 요한의 환상이 아닌 아직 로마가 세계를 지배하고 있는 현실에서 이것은 로마의 담론을 반대하는 대항담론이다. 천상의 무리는 바빌론에 대한 하나님의 심판은 참되고 공정하시다고 한다(참조, 계 16:6). 왜냐하면 하나님이 "음행으로 땅을 더럽게 한 큰 음녀를 심판하사 자기 종들의 피를 그의 손에 갚으셨기" 때문이다. 큰 음녀가 "음행으로 땅을 더럽게 한" 것은 로마의 정치, 경제, 무역, 그리고 종교의 폭력구조가 땅을 오염시켰다는 것을 의미한다. "자기 종들의 피"는 하나님을 믿는 성도들이 로마의 폭력에 의해서 죽임을 당하고 흘린 피를 가리킨다. 바빌론에 대한 하나님의 심판은 성도들에게 악행을 저지른 바빌론을 보복하고 희생자들에게 정의와 권리를 회복시켜주는 것이다. "자기 종들의 피를 그 음녀의 그의 손에 갚

---

57) Pablo Richard, *Apokalyse*, 206.
58) 계 6;9; 13;15; 16;6; 17;6; 18;24.
59) "할렐루야"는 시편 104장에서부터 150장까지에서 23회 나오며, 토비트 13; 18과 마카비3서 7:13 에도 나온다.

으셨도다"라는 표현에 사용된 그리스어 단어 엑디케오(ἐκδικέω)는 악행을 저지른 자에게 그가 행한 대로 똑같이 보복하고 피해자의 원한을 풀어주고 권리를 회복시켜주는 것을 의미한다. 요한계시록에서 하나님의 심판은 남에게 저지른 악행이 가해자 자신에게 고스란히 그대로 돌아가게 하고, 피해자에게 원한을 풀어주고 권리와 정의를 회복시켜주는 것을 의미한다.

"나는 여왕으로 앉은 자요 과부가 아니라 결단코 애통함을 당하지 아니하리라"(계 18:7)라고 자만하였던 큰 음녀 바빌론은 하나님의 심판을 받고 멸망하였다. 바빌론과 더불어 음행하고 사치하던 땅의 왕들과 무역을 하던 상인들은 불타는 연기와 함께 영원한 도시라는 신화가 사라지는 것을 보면서 슬퍼하였다(계 18:9-11). 반면에 하늘에서 큰 무리가 바빌론의 불타는 연기가 끊임없이 올라가는 것을 보면서 두 번 째로 "할렐루야"라고 외치자, 이십사 장로들과 네 생물이 즉시 엎드려서 보좌에 앉아 있는 하나님에게 경배하고 "아멘 할렐루야"라고 했다(계 19:3-4). 아멘과 할렐루야의 연결은 시편 106:48에부터 유래한다: "여호와 이스라엘의 하나님을 영원부터 영원까지 찬양할지어다 모든 백성들아 아멘 할지어다. 할렐루야." 그 때 보좌로부터 아래와 같이 말하는 음성이 울려나왔다.

"보좌에서 음성이 나서 이르시되 하나님의 종들 곧 그를 경외하는 너희들아 작은 자나 큰 자나 다 우리 하나님께 찬송하라 하더라"(계 19:5).

하나님께 찬송하는 것은 예배의 목적으로서 교회의 구성원들 모두에게 주어진 하나님의 명령이다. 요한은 다시 하늘로부터 무리가 "할렐루야"라고 탄성을 지르는 소리를 들었다.

"6 또 내가 들으니 허다한 무리의 음성과도 같고 많은 물 소리와도 같고 큰 우렛소리와도 같은 소리로 이르되 할렐루야 주 우리 하나님 곧 전능하신 이가 통치하시도다 7 우리가 즐거워하고 크게 기뻐하며 그에게 영광을 돌리세 어린 양의 혼인 기약이 이르렀고 그의 아내가 자신을 준비하였으므로 8 그에게 빛나고 깨끗한 세마포 옷을 입도록 허락하셨으니 이 세마포 옷은 성도들의 옳은 행실이로다 하더라" (계 19;6-8).

천상의 무리는 "주 우리 하나님 곧 전능하신 이가 통치하시도다."라고 외친다. 이것은 이미 계 11:17에서 하늘의 음성이 외친 내용의 반복이다. 이제 지상에 있는 그리스도인 공동체의 구성원들은 그것을 따라 부를 수 있다. 하나님이 세계를 통치하신다는 것은 구약의 전통이다. "주의 보좌는 예로부터 견고히 섰으며 주는 영원부터 계셨나이다"(시 93:2). 하나님이 권세를 잡고 통치하신다는 것이 계 19:7에서 "우리가 즐거워하고 크게 기뻐하며 그에게 영광을 돌리세"라고 표현한 기쁨의 이유이다.

하나님이 통치하는 새로운 세계는 바빌론의 멸망과 함께 시작한다. 요한계시록 19:1-9에 나타나는 예배에서 찬송은 한편으로는 바빌론을 심판하고 악행을 당한 희생자들의 원한을 풀어주고 권리와 정의를 회복시켜주신 하나님의 통치를 축하하는 노래이고, 다른 한편으로는 어린 양의 혼인식을 축하하는 노래이다. 무력하게 십자가 처형을 당한 어린 양 예수가 신랑이다. 그러므로 예수가 자신과 동일시하는 힘없는 자들과 박해당하는 자들과 억눌린 자들은 마침내 기뻐할 수 있다. 어린 양의 신부는 하나님이 원하는 새로운 사회, 즉 새 예루살렘을 상징한다. 바울서신에서 예수 그리스도는 신랑이고, 교회는 신부이다(고후 11:2). 어린 양의 신부는 하나님으로부터 빛나고 깨끗한 세마포 옷을 선물로 받았다. 요한계시록의 저자 요한은 "이 세마포 옷은 성도들의 옳은 행실"을 상징한다고 해석한다, 어린 양의 신부의 충성은 장차 새 예루살렘에 살게 될 성도들의 충성과 동일시된다. 성도들의 옳은 행실은 하나님에게 충성하고 우상숭배와 불의에 저항하고 약자들을 사랑하는 데서 나타난다. 이러한 성도들의 옳은 행실은 그들이 성취한 자신들의 업적이 아니라, 하나님의 은혜에 대한 감사와 충성의 결과이다.

하나님을 찬양하는 이 찬송은 가난한 자들과 억눌린 자들의 기쁨과 희망을 나타내고, 바빌론의 현실을 비판하고 새로운 세계를 갈망하는 그들의 유토피아적인 대안적 의식을 나타낸다.

## IV. 결론

요한계시록의 천상의 예전과 예배는 하나님 중심적이며, 예배의 목적은 하나님을 찬양하고 영화롭게 하는 데 있다. 천상의 예배에서 어린 양 예수는 보좌에 앉아 있는 하나님과 동일하게 예배의 대상이다. 천상의 예배는 반우상적이며 또한 정치적이다. 천상의 예배는 바빌론을 심판한 하나님에 대한 찬양과 감사와 기쁨으로 충만하다. 로마 제국의 멸망과 하나님의 제국의 시작을 축하하는 천상의 예전과 예배는 로마의 우상숭배와 제국주의 체제를 비판하고 평화와 정의의 세계를 위한 가난한 자들의 대안적 의식과 정치적 유토피아를 나타내고 있다. 천상의 예전과 예배는 권력과 자본을 우상으로 숭배하는 로마 제국에 대항하기 위해서 하나님이 세운 대안적인 그리스도교 공동체의 정체성과 진정한 예배를 위한 전형이다. 또한 그것은 로마의 제의와 로마의 제국주의 체제에 맞서는 저항력의 원천이다.[60]

천상의 예배의 참여자들의 범위는 네 생물과 이십사 장로들로부터 수많은 천사들, 그리고 피조물 전체로까지 점차 확대되었다. 또한 하늘에 살아 있는 셀 수 없이 많은 무리가 천상의 예배에 함께 참석한다. 셀 수 없이 큰 무리는 하늘에 살아 있는 수많은 남녀 순교자와 죽은 성도들을 가리킨다. 그들은 하나님의 심판으로 인한 바빌론의 멸망에 대해서 큰소리로 탄성을 지르고 하나님을 찬양하고 감사하고 예배를 드린다. 예배는 권력의 문제와 직결된다. 예배에 참여자들은 하나님과 어린 양 예수를 세계의 주인과 세계의 통치자로 고백하고, 찬송한다.

천상의 예배에는 하나님과 어린 양을 찬양하는 찬송으로 가득하다. 천상의 예배와 찬송에는 반제국적 신학이 현저하게 나타난다. 로마 황제에게 돌렸던 "우리 주 하나님"(dominus et deus noster)이라는 칭호가 하나님에게 돌려졌고(계 4:11), 황제를 찬양하는데 사용되었던 구원, 영광, 존귀, 권능 등 정치적 용어들이 모두 하나님과 어린 양을 찬양하는데 돌려졌다(참조, 계 4:9-10; 5:13; 7:10, 12).

천상의 예배에는 기도가 있다. 하늘에 살아 있는 남녀 순교자들과 죽은 성도들이 하나님에게 불의를 고발하는 기도를 한다(참조, 계 6:9-11). 향로에 담긴 향은 성도의 기도들을 상징한다(계 5:8). 여기서 성도는 죽은 성도가 아니라 고난당하고 있는 소아시아의 성도들을 가리킨다. 그들의 기도는 불의에 대해서 고발하고 항의하는 기도이다. 그들의 기도는 향연을 통해서 하나님에게 상달된다, 하나님은 성도의 기도들을 듣고 바빌론을 심판하고 억눌린 약자들을 해방한다. 그들의 기도는 하나님께 불의를 고발하고, 불의에 항의하는 기도이다. 천상의 예배에 대한 환상은 정의를 갈망하는 약자들의 기도가 언젠가는 반드시 응답될 것이라는 것을 독자들에게 확신시킨다.

---

60) 리처드 보컴, 『요한계시록 신학』, 236.

천상의 예배에서 하나님의 심판은 중요한 주제이다. 하나님은 마지막 결정권을 가진 심판자이다. 무죄한 약자들의 시체를 밟고 지나간 권력자들이 결코 최후의 승리자가 될 수 없다. 하나님의 심판은 남에게 불행을 입힌 자한테 똑같은 불행이 고스란히 되돌아가도록 하고, 피해를 당한 희생자들에게 권리와 정의를 회복시켜주는 것이다. 이러한 하나님의 심판은 의롭고 공정하다(참조, 계 16:6-7). 그러므로 예배 참석자들은 바빌론을 심판하고 땅을 망하게 한 권력자들을 심판한 하나님을 찬양한다. 하나님의 심판은 악인들을 심판하고, 고난의 역사를 끝내고, 약자들을 해방하고 그들의 상처를 치유해주고, 새로운 세계를 시작하는 것을 의미한다. 그러므로 요한계시록에서 심판은 기쁜 소식이다(계 14:6-7).

현실에서 바빌론은 아직 망하지 않았고, 세계를 계속해서 지배하고 있다. 하지만 천상의 예배 환상은 로마의 황제예배와 로마의 제국주의 지배를 정당화하는 제국의 공론장을 비판하는 대항공론장의 매개(medium)로서 기능한다. 하늘에 살아 있는 수많은 죽은 자들의 무리가 참여하는 천상의 예배 환상들은 죽은 자들의 고난과 투쟁에 대한 기억과 윤리적 책무를 산 자들에게 환기시킨다. 그러므로 요한계시록을 읽은 소아시아의 고난당하는 그리스도인 공동체의 예배는 전능하신 하나님의 힘과 십자가 처형을 당하고 부활하신 어린 양 예수의 무력함의 힘을 믿고, 찬양하고, 예배하는 자리인 동시에, 로마의 황제숭배와 제국주의 체제에 대한 반대와 비폭력 저항과 투쟁을 착수하는 자리이다.

로마 제국은 식민지의 모든 민족들을 로마의 황제 예배와 제국주의 체제에 종속시켰다. 여러 민족들이 짐승의 지배 아래서 우상을 숭배하고 있고(계 13:7-8) 바벨론의 음행의 포도주에 취해 있고(계 14:8), 세계의 왕들과 음행하는 큰 음녀의 음행의 포도주에 취해있는 (계 17:2) 절박한 상황에서 요한은 "내 백성아 거기서 나와 그의 죄에 참예하지 말고 그의 받을 재앙들을 받지 말라"(계 18:4)는 하나님의 음성을 들었다. 이것은 그들이 물리적으로 로마를 떠나야만 한다는 것을 의미하는 것이 아니라 물신과 우상들이 지배하는 로마 제국의 위장(胃腸) 속에서 동화되지 말고 로마의 우상숭배와 제국주의 체제에 저항하면서 하나님과 어린 양 예수만을 예배하는 진정한 예배를 통한 영적인 출애굽을 해야 한다는 것을 의미한다. 이러한 하나님의 명령은 오늘날 교회로 하여금 패권적 제국주의와 자본주의에 의해서 조직된 소비사회에 만연되어 있는 이기심을 부추기고 타자의 고난을 잊어버리게 하는 자본과 물신의 우상숭배에 저항하는 항의로서의 예배를 드리는 윤리적인 삶을 살 것을 요구한다.

    진정한 예배는 하나님의 나라을 실현하기 위한 헌신과 봉사의 소명을 불러일으킨다. 하나님과 어린 양 예수를 영화롭게 하는 진정한 예배는 교회 안에서의 예전을 통해서만이 아니라, 교회 밖에서 구타, 구금, 또는 죽음의 위험에도 불구하고 제국주의 세력과 지구적 자본의 세력에 저항하고 투쟁하는 형제자매들의 대중적 예전(public litergy)을 통해서도 이루어진다. 그것은 항의로서의 예배이다. 밧모 섬의 요한이 로마의 우상숭배와 제국주의 체제의 해악을 분명하게 인식하고 저항하였듯이, 오늘날 그리스도인들은 미국을 비롯한 강대국들의 패권적 제국주의와 자본주의의 물신숭배의 해악을 분명하게 인식해야 하며, 그리고 정부의 정책과 권력 남용을 감시하고 비판할 수 있어야 한다.[61]

    진정한 예배는 우상숭배에 대한 저항을 통해서만 가능하다. 그것은 무엇보다도 그리스도인들의 내적인 우상숭배를 철저하게 비판할 것을 요구한다. 그리스도인들은 심지어 교회를 우상으로 숭배할 위험도 있다.[62] 요한은 자신에게 묵시적 환상을 해석해준 천사를 경배하려고 하였지만, 그 천사는 그를 만류하면서 "나는 너와 및 예수의 증언을 받은 네 형제들과 같이 된 종이니 삼가 그리하지 말고 오직 하나님께 경배하라. 예수의 증언은 예언의 영이라"(계 19:10)라고 하면서 하나님만을 예배하도록 조언하였다. 이처럼 요한은 우상숭배의 위험에 처해 있었던 자신의 개인적인 경험을 이야기하면서 그리스도인들의 내적인 우상숭배의 위험을 그의 독자들에게 환기시켰다. 교회는 결코 영향력 있는 설교자나 목회자를 하나님처럼 우상화해서는 안 되며, 또한 그들은 자신을 예수의 복음에 빚진 자로서 인식하고 하나님을 충성스럽게 섬겨야 할 종의 신분을 유지하는 겸손이 필요하다.

    천상의 예배 환상에는 축제로서의 예배와 항의로서의 예배가 나타난다. 특히 항의로서의 예배에 나타나는 대안적 의식과 정치적 유토피아는 오늘날 우상과 물신을 숭배하는 자본주의 사회 속에 서있는 교회의 개혁과 예배의 진정성의 회복을 위한 중요한 전망을 제공한다. 오늘날 교회의 개혁을 위해서 무엇보다도 먼저 예배의 정치적 차원이 회복되어야 한다. 교회의 예배는 탐욕스러운 지구적 자본과 사악한 제국주의의 세력에 저항하고 대안을 추구하는 대항공론장이 되어야 한다. 예배는 우상숭배에 저항하였던 예수와 충성스러운 남녀 순교자들을 기

---

61) 제국주의 개념에 대해서는 경상대학교 사회과학연구원 편, 『제국주의와 한국사회』 (서울: 한울, 2002)를 참조하라.
62) 존 프란시스 카바나/ 오장균 역, 『소비사회에서 그리스도 따르기』 (청주: 지평, 1998), 40.

억하고 그들과 함께 가난한 자들과 약자들의 희생을 요구하는 우상들과 맞서서 싸우는 훈련의 장이 되어야 한다. 예배는 가난한 자들과 억눌린 자들을 우선적으로 선택하는 하나님을 찬양하는 축제의 장이되어야 한다. 진정한 예배는 약자들의 신음소리를 듣는 해방자 하나님을 체험하게 한다. 나아가 항의로서의 예배는 억울한 죽음도 눈물도 슬픔도 애통도 없는 새 예루살렘의 대항현실을 선취하기 위해서 불의와 우상숭배에 저항하고 있는 남녀 그리스도인들 가운데 함께 싸우는 투사(참조, 계 2:16; 19:11)로 현존하고 있는 예수 그리스도를 만나게 한다.

제3부
로마의 제국주의에 대한 저항과
죽은 자들과의 기억연대

제6장
# 제국주의에 대한 저항과 기억의 문화
"언제까지 우리의 흘린 피를 신원하여주지 않으렵니까?"(계 6:10)


## I. 서론적 성찰

고대에서부터 현대에 이르기까지 수많은 무죄한 사람들의 생명을 앗아간 가
장 사악한 죽음의 세력은 제국주의라고 할 수 있다. 제국주의는 군사적, 경제적,
정치적, 그리고 문화적 힘을 전략적으로 이용해서 주변부의 국가들의 주권을 침
해하고 지배하는 중심부의 강대국들의 자기 절대화적인 정책과 실천과정을 의
미한다.[1] 제국주의는 가부장주의, 물신주의, 군사주의, 패권주의, 인종주의, 그
리고 성차별주의를 내포하고 있다. 이러한 제국주의는 식민지의 민족들에게 말
할 수 없는 수모와 굴종을 강요하고, 무죄한 사람들을 잔혹하게 학살하고, 여성
들에게 성폭행을 가하고, 소수 민족들의 문화를 말소하고, 그리고 천연자원을 착
취하면서 예속된 인민의 피를 빨아먹는 괴물이다. 한국인들은 일제강점기
(1895-1945)에 이러한 제국주의의 해악을 뼈저리게 경험하였다.

제국주의는 고대에도 있었으며, 역사의 모든 시대에 제국주의적 국가들이 존
재하였다. 신구약성서에 반영되어 있는 제국들은 이집트, 아시리아, 바빌로니아,
페르시아, 그리스, 그리고 로마이다. 예수는 로마의 제국주의의 희생자였으며,
초기 그리스도인들의 신앙실천의 맥락은 제국주의였다.[2] 신약성서는 로마의 제

---

1) 제국주의 개념에 대해서는 , J. A. 흡슨/ 신홍범 · 김종철 역, 『제국주의론』 (서울: 창작과 비평사,
   1982); 에드워드 사이드/ 김성곤 · 정종호 역, 『문화와 제국주의』 (서울: 창 , 1995), 55-56; 박지
   향, 『제국주의: 신화와 현실』 (서울: 서울대학교 출판부 , 2000), 13-22; 정성진, "21세기의 자본주
   의와 제국주의," 경상대학교 사회과학연구원 편 (서울: 한울 , 2002), 15-51을 참조하라; 제국주의
   대신에 제국을 문제 삼는 새로운 논의에 대해서는 안토니오 네그리 · 마이클 하트/ 윤수종 역, 『제
   국』 (서울: 이학사, 2001)을 보라.
2) 로마의 제국주의에 대해서는, 클라우스 벵스트/정지련 역, 『로마의 평화: 주장과 현실』 (서울: 한국

국주의의 유혹과 압제에 대항하여 싸웠던 예수와 그의 추종자들인 초기 그리스도인들의 신앙, 희망, 저항, 그리고 투쟁을 반영하는 반제국주의적 해방운동의 미완성된 도큐먼트이다.

서구의 제국주의의 전개는 15세기부터 19세기까지, 즉 포르투갈과 스페인 제국으로부터 시작해서 영국, 프랑스, 그리고 네덜란드 제국까지는 제국주의적 팽창의 기초 단계인 상업적 단계였으며, 19세기 말부터 20세기 중엽까지는 대영제국을 비롯한 자본주의 국가들의 산업과 자본을 통합시킨 독점 자본주의 단계였으며, 그리고 20세기 중엽부터 현재까지는 공식적인 식민주의가 끝나고, 좋은 예로 미국과 같은 초강대국이 문화와 자본을 통하여 주변부의 국가들에게 영향력을 계속해서 행사하는 신식민주의의 단계이다.[3]

제국주의는 자신을 반대하는 국가들을 침공하려는 강박 관념을 가지고 있으며, 또한 주변부의 국가들을 통제하고 침공하기 위해서 대량살상에 매우 효과적인 무기와 기술로 무장된 가장 막강한 군대를 유지하려는 집념을 지니고 있다. 동구권의 몰락 이후 미국은 세계적인 무력 사용에 대한 헤게모니를 쥐고 있는 수퍼파워이며, 독자적으로도 군사적 행동을 할 수 있지만 국제연합의 우산 아래에 있는 다른 나라들과 협력하여 행동하는 것을 선호한다.[4] 오늘날 세계 권력 구조의 맥락에 미국이 주도하는 신자유주의적 세계화는 자본의 가치증식 욕구를 가진 패권적 제국주의에 의한 세계화이다.[5] 무제한적인 시장 개방을 관철하는 신자유주의적 세계화는 다수인 가난한 자들을 배제시키고 소수인 자본가들이 그들의 이익을 극대화하기 위해 가능한 한 많은 분야에서 사회를 지배할 수 있도록 허용하는 정책과 조치를 의미한다.[6] 신자유주의적 세계화는 국가 간과 지역 간의 빈부격차를 심화하고, 많은 국가들의 정치적, 경제적, 그리고 문화적 독립성을 위협하고, 그리고 많은 정권들을 경쟁적인 제국주의자들의 앞잡이와 꼭두각시로 그리고 우방으로 전락시키고 있다. 제국주의는 더 이상 존재하지 않는 구시대의 잔재가 아니라, 이라크 침공과 신자유주의적 세계화의 맥락에서 그 지배력을 여전히 드러내고 있듯이 현시대를 지배하고 있는 가장 중심적인 세력이다.

---

신학연구소, 1994), 13-120; 리처드 호슬리/김준우 역, 『예수와 제국: 하나님의 나라와 신세계 무질서』 (서울: 한국기독교연구, 2004), 37-66을 보라.

3) Fernando F. Segovia, *Decolonizing Biblical Studies: A View from the Margins* (Maryknoll: Orbis Books, 2000), 127.

4) 안토니오 네그리 · 마이클 하트, 『제국』, 404.

5) 남구현, 『자본주의 국가와 제국주의』 (오산: 한신대학교 출판부, 2004), 156-164.

6) 노암 촘스키/ 강주헌 역, 『그들에게 국민은 없다: 촘스키의 신자유주의 비판』 (서울: 모색, 1999), 25.

제국주의는 지난 한 세기 동안에 제1차 세계대전, 제2차 세계대전 , 베트남전 쟁, 그리고 걸프전쟁을 비롯한 많은 전쟁들을 통해서 그리고 자국민과 외국인 거주자들에 대한 여러 정부의 잔인한 국가폭력을 통해서 모두 2억 명을 훨씬 초과하는 사람들을 죽였으며,[7] 그 몇 배가 넘는 사람들을 불구자, 실종자, 고아, 미망인, 그리고 피난민으로 만들었고, 그리고 피정복 민족들을 학대하였고, 여성들을 강간하였고, 가정을 파괴하였고, 또한 자연을 파괴하였다. 제국주의적 국가들 간의 군사적 충돌로 인한 전쟁과 살상의 한 중요한 맥락은 공산주의와 비공산주의 사이의 이념적 대립이었다.

한국전쟁(1950-1953)은 전사자, 민간인 피학살자, 부상자, 그리고 실종자를 포함하여 5백만 명의 인적 손실과 엄청난 파괴를 초래하였다.[8] 미군정기 (1945-1948)와 남한의 단독 정부 수립 직후의 기간을 포함한 한국전쟁 전후 몇 년 동안에 남한에서 빨갱이와 좌익과 부역혐의자로 내몰려서 국가폭력에 의해서 집단 학살된 민간인 피학살자들의 수는 백만 명에 이르는 것으로 추산된다.[9] 정부의 조직적인 공권력에 의한 이러한 민간인 집단학살은 생명권을 박탈한 잔혹한 인권 침해 범죄일 뿐만 아니라, 20세기의 대량학살(genocide)의 한 전형이다. 한반도의 산하와 바다에는 이러한 무고한 희생자들의 피맺힌 한이 서려 있다. 하지만 아직도 이러한 민간인 피학살자들의 억울한 죽음의 진상이 규명되지 않고 있으며, 민족의 소원인 조국의 재통일이 실현되지 않은 분단 상황에서 미군의 장기적 주둔이 남한에서 계속해서 유지되고 있다.[10]

패권적 제국주의에 의한 세계화는 이 시대의 가장 중심적인 위기이다. 지금이 순간에도 한편으로는 이라크 전쟁의 여파로 많은 무죄한사람들이 피를 흘리

---

7) 국가폭력에 의한 대량학살의 희생자들의 수에 대해서는, Rudolph J. RummeJ, *Death by Government* (New Brunswick: Transaction Publishers, 1994), 1-28; 김동춘, 『전쟁과 사회』 (서울: 돌베개 , 2000), 237을 보라.

8) 남북한의 인적 피해에 대한 자세한 통계에 대해서는 김학준, 『한국전쟁』 (서울: 박영사, 1989), 345-47; 강정구, 『분단과 전쟁의 한국현대사』 (서울: 역사비평사 , 1996), 185-242를 보라.

9) 정희상, 『이대로는 눈을 감을 수 없소: 6.25전후 민간인 학살사건 발굴 르뽀』 (서울: 돌베개, 1990); 한국전쟁전후 민간인학살진상규명 범국민회의 편, 『한국전쟁전후 민간인학살 실태 보고서』 (서울: 한울, 2005)를 보라. 남한에서 집단학살의 주체는 경찰, 국군, 미군, 그리고 우익단체인 서북청년단과 민간치안대 등이었다. 남한 정부의 공식적 통계에 의하면서 남한에서 인민군과 좌익에 의해서 학살된 민간인 수는 128,936명이다.

10) 현재 경기도 평택시 팽성읍 일대에서 미군기지 확장 이전 작업이 추진되고 있다. 주한미군의 주둔 명분, 미국의 군사전략, 한미방위조약의 불평등성, 한반도 전쟁 위기의 실상, 그리고 한반도 평화체제와 동북아 안보협력 등 중요한 문제들에 대한 비판적 인식을 위해서는 강정구 외 『전환기 한미관계의 새판짜기』 (서울: 한울, 2005)를 보라.

며 죽어가고 있지만, 한국과 세계 여러 곳에서 전쟁을 위한 군사훈련이 실행되고 있으며, 다른 한편으로는 신자유주의의 폭압으로 인해서 수많은 남녀 노동자들과 농민들이 실직과 빈곤과 죽음으로 내몰리고 있다.[11] 그렇지만 정당한 전쟁 옹호론자들은 전쟁으로 인한 수많은 피살자들과 엄청난 파괴를 테러 방지와 세계 평화와 민주주의를 실현하기 위한 불가피한 희생이라고 주장하며, 그리고 신자유주의적 세계화의 신봉자들은 실직자들과 가난한 자들의 죽음을 인류의 복지 향상을 위해서 신자유주의적 경제정책이 뿌리내리기 전에 잠정적으로 발생하는 불가피한 희생이라고 주장한다.[12] 지난 세기에는 "백인의 짐"[13]이라는 말이 대영 제국의 제국주의를 정당화하는 수사적 표현이었듯이, 오늘날은 "악의 축"[14]이라는 말이 자본의 세계화를 주도하고 군사적 공격과 침탈을 감행하는 미국의 제국주의를 정당화한다.

그러나 유감스럽게도 지배적인 신학과 성서해석에서 제국주의는 아직도 신학적 주제가 되지 못하고 있다. 제국주의가 야기한 전쟁들과 국가폭력에 의해서 살육된 수억 명의 희생자들이 그들의 무덤에서 또는 이름도 없는 무덤에서 외치고 있는 절규와 함성에 무관심한 신학이 정말로 인간의 구원을 위한 참된 신학일 수 있는가? 한국전쟁 전후로 남한에서 국가폭력에 의해서 학살된 1백만 명의 무고한 민간인 희생자들의 억울한 죽음을 망각하면서도 우리는 민주주의와 인권과 정의에 대해서 설교할 수 있는가? 자본의 세계화에 의해서 빈곤과 죽음으로 내

---

11) 최근 몇 년 사이에 국내외에서 신자유주의와 세계무역기구(WTO)와 자유무역협정(FTA)에 저항하는 수만 명이 참여하는 대중 집회들이 벌어지고 있다. 2005년 12월 13-18일에 홍콩에서 개최된 WTO 각료회의에 1000명의 남녀 한국인들이 원정하여 항의 집회를 했으며, 마지막 날 시위에서 그들 모두가 홍콩 경찰에 의해서 체포되어 구금되었다: 전남 담양의 정용품 씨(38세)가 2005년 11월 11일에 그리고 경북 성주의 여성 농민 오추옥 씨(40세)가 11월 13일에 각각 쌀 시장 개방을 반대하면서 항의의 표현으로 농약을 마시고 자살했으며 , 11월 15일 서울에서 쌀 관세화 유예 협상에 대한 국회 비준 동의안을 저지하기 위한 전국 농민대회에서 경찰의 폭력으로 치명상을 당하고 입원치료 중이던 충남 보령의 전용철씨(43세)가 11월 24일, 그리고 전북 김제의 홍덕표 씨(68세)가 12월 18일 각각 사망했다. 그리고 2006년 7월 16일 울산에서 포스코 본사를 점거한 포항지역건설 노조의 파업을 지원하는 노동자 집회에서 조합원 하중근 씨(44세)가 경찰의 폭력으로 의식불명 상태에 있다가 8월1일 숨을 거두었다.

12) 신자유주의적 세계화를 비판하는 성서해석에 대해서는 이병학, "'내 곳간을 더 크게 짓고'(눅 12:18): 시장의 우상화와 경제정의," 『말씀과 교회』 28집(2001 두 번째), 113-135; 이병학, "'당신은 두지 않는 것을 취하고': 자본의 우상화와 가난한 자들의 죽음," 『신학사상』 125집(2004 여름), 213-54을 참조하라.

13) 키플링(Rudyard Kipling, 1863-1936)이 제국주의를 영국인의 소명으로 선전하기 위해서 쓴 문학작품에 나오는 표현이다.

14) 미국이 소위 반테러 전쟁의 일환으로 아프가니스탄을 무력으로 공격하고 점령한 후, 조지 W. 부시 미국 대통령이 2002년 1월에 그 다음 단계로 이라크, 이란, 그리고 북한을 공격대상으로 지칭한 말이다.

몰리고 있는 실직자들과 가난한 자들과 노동자들의 천둥같은 울부짖음을 못들은 척하면서 우리는 제국주의의 희생자였던 예수의 이름으로 오직 자신과 가족의 안전과 행복만을 위해서 하나님에게 기도할 수 있는가? 제국주의에 대한 저항은 오늘날 한국 교회와 신학의 중심적 과제가 되어야만 한다.

일제강점기인 1942년에 일본인 관리들은 한국인 설교자들이 요한계시록을 읽고 설교하는 것을 금지시켰으며, 요한계시록을 신약성서에서 삭제시켰다.[15] 그들이 그러한 조치를 취한 이유는 요한계시록에서 발견된 반제국주의적 저항의 영성을 가지고 일본의 제국주의에 저항하였던 한국인들의 지혜와 용기가 두렵기 때문이었다.

요한계시록은 소아시아 지역을 식민지화하였던 로마 제국의 도미티아누스 황제의 통치(AD 81-96) 말기에 저작된 그리스도교적 묵시문학이다. 요한계시록은 로마 제국의 제국주의를 가장 치열하게 비판하는 정치적 저항문학의 하나이다.[16] 요한계시록은 로마의 식민지인 소아시아의 일곱 교회들의 저항과 투쟁을 위한 지하문학이며,[17] 또한 탈식민화 문학이다. 요한계시록의 초점은 미래적인 종말의 날에 있는 것이 아니라, 오히려 로마 제국의 우상숭배적인 체제에 비폭력적으로 저항하는 그리스도인 공동체들의 현재의 시간에 있으며,[18] 그들의 신앙 실천의 맥락은 바로 로마의 제국주의이다.

나는 요한계시록의 중요한 환상들 중의 하나인 일곱 겹으로 봉인된 책의 환상(6:1-8:1)을 아래로부터의 관점과 탈식민주의[19] 관점으로부터 읽고 탈식민주의적인 해석을 시도하여,[20] 이 환상에 나타나는 반제국주의적 저항의 영성과 해방

---

15) 민경배, 『한국기독교사』(서울: 대한기독교출판사, 1972), 334.
16) Richrad Bauckham, The Economical Critique of Rome in Revelation 18", Loveday Alexander (ed.), *Images of Empire*, JSOT SS 122 (Sheffield: JSOT Press, 1991) , 47; 리처드 보컴/ 이필찬 역, 『요한계시록 신학』(서울: 한들출판사 , 2000), 25.
17) Allen A. Boesak, Comfort and Protest: Reflections on the Apocalypse of John of Patmos (Philadelphia: The Westminster Press, 1987), 34.
18) 이병학, "요한계시록의 종말론과 정치참여: 김재준의 해석과 실천," 「신학연구」44집(2003), 60-104.
19) 탈식민주의 이론에 관해서는 고부응 편저, 『탈식민주의: 이론과 쟁점』(서울: 문학과 지성사 , 2003); 릴라 간디, 『포스트식민주의란 무엇인가』(서울: 현실문학연구 , 2000); 태혜숙 , 『탈식민주의 페미니즘』(서울 : 여이연 , 2001); 바트 무어-길버트/ 이경원 역, 『탈식민주의! 저항에서 유희로』(파주: 한길사, 2001)를 참조하라.
20) 탈식민주의적 성서해석의 방법론을 위해서는 R. S. Sugirtherajah, "A Post-colonial Exploration of Collusion and Construction in Biblical Interpretation," R. S. Sugirtherajah (ed.), *The Postcolonial Bible* (Sheffield: Sheffield Academic Press,1998), 99-116; Kwak Pui-Ran, *Postcolonial Imagnation & Feminist Theology* (Louisville;

적 의미를 새롭게 이해하고자 한다. 대다수의 주석가들은 이 일곱 봉인 환상을 불신 세계에 대한 하나님의 미래적인 심판과 재앙에 관한 예언이라고 판에 박은 듯이 잘못 해석했다.[21] 또한 그들은 불의를 은폐하기 위해서 학살당한 희생자들에 대한 기억을 축출하고 폭력의 역사를 봉인한 로마의 지배자들의 공식적 기억에 대항하는 요한계시록 저자의 대항기억과 기억투쟁을 간과하고 전혀 해석하지 못했다. 그러므로 나는 로마의 권력자들에 의해서 겹겹이 밀봉된 폭력과 학살의 역사의 봉인들을 뜯어내고 유폐된 역사적 진실과 역사적 기억을 회복하려는 요한계시록의 저자 요한의 기억투쟁을 새롭게 해석함으로써 지금까지 지배적인 성서해석에서 보이지 않고 들리지 않게 침식되어 버린 학살된 자들, 무력한 자들, 가난한 자들, 그리고 억눌린 여성들의 음성을 다시 들리게 하고, 그들의 희망과 저항을 역사의 전면에 부각시키려고 한다. 이와 함께 나는 요한계시록의 저자가 로마 제국의 정치적, 사회적 현실을 어떻게 분석했는지, 그리고 그가 제시한 반제국주의 운동의 전략과 실천이 무엇이었는지를 추구하고자 한다.

이러한 새로운 해석을 시도하는 나의 목적은 요한계시록의 일곱 봉인 환상에 나타나는 제국주의와 초기 기독교 성도들의 반제국주의 운동을 부각시키고 새롭게 해석하는 데 있을 뿐만 아니라, 지난 세기의 제국주의 전쟁과 국가폭력의 맥락에서 희생된 그리고 오늘날 신자유주의적 세계화의 맥락에서 지금도 회생되고 있는 수많은 무죄한 약자들의 고난과 억울한 죽음에 대한 기억[22]을 통해서

---

Westminster John Knox Press, 2005); Fernando F. Segovia, *Decolonizing Biblical Studies* (Maryknoll, New York: Orbis Books, 2000); Richard A. Horsley, "Subverting Disciplines: The Possibilities and Limitation of Postcolonial Theory for the New Testament Studies," Fernando F. Segovia (ed.), *Toward a New Heaven and a New Earth: Essays in Honour of Elizabeth Schüssler Fiorenza* (Maryknoll, New York: Orbis Books, 2003), 90-105를 보라.

21) 예를 들면, Stephen Pattemore, *The People of God in the Apocalypse: Discourse, Structure, and Exegesis* (Cambridge: Cambridge Univ. Press, 2004), 70-74; 이필찬, 『요한계시록 어떻게 읽을 것인가』 (서울: 성서유니온선교회, 2000), 85-88를 보라.

22) 죽은 자들의 고난에 대한 기억이 어떻게 신학과 성서해석에 접목되는지에 대해서는 Johannes Baptist Metz, *Glaube in Geschichte und Gesellschaft* (Mainz: Mattias-Griinewald-Verlag, 1984), 161-180; Byung Hak Lee, *Befreiungserfahrungen von der Schreckensherschaft des Todes Im äthiopischen Henochbuch: Der Vordergrund des Neuen Testaments* (Waltrop: Hartmut Spenner, 2005); 이병학, "무죄한 자들의 억울한 죽음에 대한 위험한 기억 (행 13:1-9)," 「신학연구」 44집(2002)를 보라; 한국의 민주화 과정에서 국가폭력으로 희생된 열사들을 위한 기억투쟁에 대해서는 정호기, "민주화운동의 기억투쟁과 기념," 김세균 편, 『저항, 연대, 기억의 정치: 한국 사회운동의 흐름과 저항』 (서울: 문학과학사, 2003), 417-33를 참조하라. 이와 관련해서 집합적 기억이론과 문화적 기억이론에 대해서는 Maurice Halbwachs, *The Collective Memory* (New York: Haroer & Row, 1980); Jan Assmann, *Das Kulturelle Gedächtnis, Schrift, Erinnerung und politische Indentität in früchen Hochkulturen*, 4.

죽은 자들과 연대적 공동체를 형성하여 죽은 자들이 갈망하였던 평화롭고 정의로운, 대안적인 새로운 세계의 실현을 위하여 투쟁하고 있는 의식 있는 남녀 그리스도인들의 반제국주의적인 평화운동, 반전운동, 통일운동, 인권운동, 노동운동, 농민운동, 빈민운동, 여성운동, 그리고 생태운동을 신학적으로 지지하는 데 있다

## II. 봉인된 학살의 역사와 죽은 자들의 절규

### 1. 처음 네 개의 봉인들의 환상: 로마의 제국주의의 본질

요한은 지배자들에 의해서 밀봉된 학살의 역사의 봉인들이 어린 양에 의해서 하나씩 뜯어지는 묵시적 환상에 대한 글쓰기를 통해서 로마에 의해서 학살당한 무죄한 희생자들의 고난과 죽음에 대한 기억을 재현하고 현재화한다. 그는 무죄한 희생자들의 억울한 죽음을 야기한 로마 제국의 사회정치적 현실을 분석할 뿐만 아니라, 그러한 살인적인 현실의 전복과 새로운 대안적 세계의 건설을 위한 하나님의 반제국주의 운동의 전략이 무엇인지를 그의 독자들에게 명백하게 제시한다. 그의 글쓰기의 목적은 봉인된 역사에서 유폐된 역사적 진실을 규명하고, 잊혀진 피학살자들에 대한 기억과 윤리적 책무를 산 자들에게 환기하는 것이다.

요한은 천상의 보좌에 앉아 있는 하나님이 오른 손에 들고 있는 일곱 겹으로 밀봉된 두루마리 책을 보았다. 그 두루마리 책은 역사의 지배자이며 심판자인 하나님의 절대적인 기억과 계획을 상징한다.[23] "그 두루마리를 펴거나 보거나 하기에 합당한 자가 보이지 아니하기로 내가 크게 울었더니"(계 5:4) 요한은 그 두루마리 책의 봉인들을 뜯고 그 책을 읽을 수 있는 자격을 가진 자를 찾지 못해서 절망적인 눈물을 흘렸다. 그의 눈물은 폭력적인 세계의 모순과 억압 때문에 민중이 흘리는 눈물의 표상이다. 그 때 한 천사가 그에게 와서 울지 말라고 위로하였다: "울지 말라 유대 지파의 사자 다윗의 뿌리가 이겼으니 그 두루마리와 그 일곱 인

---

Auft. (München; C.H. Beck, 2002); 알라이다 아스만/ 백설자 옮김, 『기억의 공간』(대구: 경북대학교출판부, 2003)을 참조하라.

23) 알라이다 아스만, 『기억의 공간』, 192는 구약에서 기억은 "마음에 기록하다"(렘 31:33; 신 6:6)라는 비유로 표현되었으며, "주님의 책"(시 139:16)이라는 표현에서 하나님의 절대적인 기억이 완전한 책으로 상징되었다고 말한다.

을 떼시리라"(계 5:5). 요한은 눈물을 머금은 채 주위를 둘러보았을 때 사자가 아니라 죽임을 당한 흉터를 지닌 어린 양이 서 있는 것을 보았다: "보좌와 네 생물과 장로들 사이에 한 어린 양이 서 있는데 일찍이 죽임을 당한 것 같더라"(계 5:6). 그 어린 양은 로마의 폭력의 희생자다. 그러나 그 어린 양이 바로 용맹스럽고 힘이 있는 사자이다. 그 어린 양이 그 두루마리 책의 일곱 봉인을 열 수 있는 자격이 있다.

어린 양이 처음 네 봉인들을 차례대로 뜯어내는 과정은 동일하다. 어린 양이 봉인을 하나씩 여는 순간 마다 네 생물이 각기 하나씩 나타나서 "오라"고 명령을 하고, 그 때 마다 각기 다른 색깔의 네 말을 타고 있는 자가 차례대로 등장하고, 그리고 은폐된 땅의 현실의 네 가지 측면이 하나씩 폭로된다. 네 가지 색깔의 말들은 스가랴 1:7-10과 스가랴 6:1-8에 나타나는 붉은색, 검은색, 흰색, 그리고 짙은 점박이 말들과 비슷하다. 하지만 요한의 환상에서 네 말들의 색깔은 흰색, 검은색, 청색, 그리고 붉은색인데, 이것은 그리스의 기본 색상이다.

죽임을 당하였던 어린 양은 폭력과 학살을 은폐한 로마 제국의 공식적 기억과 이데올로기로 고정된 역사의 봉인들을 하나씩 뜯어냄으로써 역사적 기억과 진실을 드러내고 현재화한다. 처음 네 봉인들(계 6:1-8)은 로마의 제국주의의 본질의 네 가지 차원들을 상징한다.[24]

### 1) 첫 번째 봉인(계 6:1-2): 군사적 침략

첫 번째 봉인이 열리자 전쟁터에서 흔히 볼 수 있는 육중한 흰 말을 탄 사람이 나타났다. "이에 내가 보니 흰 말이 있는데 그 탄 자가 활을 가졌고 면류관을 받고 나아가서 이기고 또 이기려고 하더라"(계 6:2). 그는 활을 들고 있고 면류관을 쓰고 있는 무사이다. 활은 중요한 전쟁 무기이며, 흰색과 면류관은 각각 승리를 상징하는 표현이다. 흰말을 탄 무사는 로마의 제국주의적 전쟁을 위한 군사적 침략을 상징한다. 그가 "이기고 또 이기려고 하였다"라는 것은 제국주의 전쟁을 통해서 주변부의 국가들을 계속해서 성공적으로 침탈하는 로마의 군사적 승리의 행진을 의미하며,[25] 이것은 또한 전 세계를 식민지화 하려는 로마의 제국주의적

---

24) Pablo Richard, *Apokalypse: Das Buch von Hoffnung und Wiederstand. Ein Kommentar* (Luzern: Edition Exodus, 1996), 107.
25) Elisabeth Schüssler Fioreanza, *Revelation: Vision of a Just World* (Minneapolis: Fortress Press, 1991), 63.

팽창 야욕을 나타낸다. 그러한 군사적 침략에 의해서 주변부의 나라들은 주권을 빼앗기고 로마의 식민지가 되었을 것이며, 수많은 사람들이 살육되고, 여성들은 로마의 군인들에게 성폭행을 당하고, 그리고 정복지의 피지배자들은 억압과 착취에 시달릴 수밖에 없었을 것이다. 이러한 군사적 침략, 즉 군사주의가 바로 첫 번째의 그리고 가장 무서운 로마의 제국주의의 본질이다.

어떤 학자들은 이 환상을 종말의 때에 나타날 무서운 전쟁과 재앙으로 보거나, 또는 흰 말을 탄 자를 요한계시록 19:11에서 흰 말을 타고 있는 그리스도와 동일시하지만,[26] 그러한 해석은 문맥적으로 볼 때 그리고 탈식민주의적인 시각으로 볼 때 분명히 잘못된 해석이다. 19:11에서 말씀의 검을 가지고 짐승과 거짓 예언자를 무찌르는 흰 말을 타고 있는 자는 예수를 상징한다. 그것은 폭력적인 로마 제국에 대한 대항상징으로 기능한다.[27]

### 2) 둘째 봉인(계 6:3-4): 정치적 억압

둘째 봉인이 열리자 붉은 말을 탄 무사가 나타났다. "이에 다른 붉은 말이 나오더라 그 탄 자가 허락을 받아 땅에서 화평을 제하여 버리며 서로 죽이게 하고 또 큰 칼(μάχαιρα/마카이라)을 받았더라"(계 6:4). 칼은 정치적 억압을 상징한다. 칼을 의미하는 그리스어 "마카이라"(μάχαιρα)는 로마의 권력자들의 통치 권력을 상징한다, 바울은 "각 사람은 위에 있는 권세들에게 복종하라"(롬 13:1)고 하면서 이러한 칼에 대해서 언급한다: "그가 공연히 칼(μάχαιρα/마카이라)을 가지지 아니하였으니"(롬 13:4). 그러나 군인들이 무기로 사용하는 칼은 그리스어로 "롬파이아"(ῥομφαία)이다(참조, 계1:16. 2:12, 16; 6:8; 19:15; 19:21). 요한계시록에서 이 두 용어는 구별된다.

로마 제국이 점령한 지역에는 억압뿐만 아니라 서로 살육하는 내전과 폭력적 갈등이 있었기 때문에 평화가 없다. 붉은 말을 탄 자가 "허락을 받아(ἐδόθη/에도테) 땅에서 평화를 제거하고," 또 "큰 칼을 받았더라(ἐδόθη)"라는 문장 형태는 하나님으로부터 허락되었다는 것을 의미하는 신적 수동태(passivum divinum)이

---

26) 6:2의 흰 말을 타고 있는 자를 19:11에서 흰 말을 타고 있는 그리스도와 동일시하는 주장에 대해서는 John P. Heil, "The Fifth Seal as a Key to the Book of Revelation," *Biblica,* Vol. 74/2 (1993), 223; Frederick J. Murphy, *Fallen is Babylon: The Revelation to John* (Harrisburg: Trinity Press International, 1998), 204-205; Akira Satake, *Die Offenbarung des Johannes* (Göttingen: Vandenhoeck & Ruprecht, 2008), 217; 쟈크 엘륄/ 유상현 옮김, 『요한계시록 주석: 움직이는 건축물』(서울: 한들출판사 2000), 182-83을 보라.

27) Pablo Richard, *Apokalypse,* 108.

다.[28] 그러나 이것은 진정한 의미에 있어서 하나님으로부터 주어진 허락을 의미하는 것은 아니다. 로마 제국의 억압적인 제국주의 체제는 실제로는 하나님이 원하지 않는 사탄의 체제이다. 로마 제국은 강력력에 의해서 유지되는 조직이므로 언제나 합법화를 추구해야만 한다. 로마의 권력자들이 왜곡된 공론장을 통해서 하나님이 로마 제국의 체제를 재가했다고 선전함으로써 사람들은 이 체제와 지배자들의 권력을 신적인 합법성을 가진 것으로 용인하였다.[29] 요한계시록의 저자가 신적 수동태를 사용한 이유는 그가 이 세계에 대한 로마의 통치에 대한 합법성을 결코 인정하지 않았기 때문이다.

로마 제국은 "로마의 평화와 안전"(참조, 살전 5:3)을 지배 이데올로기로 선전했지만, 그러나 그것은 억압과 불의를 은폐하고 정치적 지배를 정당화하기 위한 거짓 선전이었다. 로마의 평화(Pax Romana)는 오직 가진 자들과 힘 있는 자들을 위한 평화였을 뿐이며, 피지배자들에게는 피로 물든 거짓 평화의 시대였다. 붉은 말을 탄 자가 칼(마카이라)을 받았다는 것은 로마의 정치적 억압을 의미한다. 정치적 억압은 로마의 제국주의의 두 번째 특징이다.

### 3) 셋째 봉인(계 6:5-6): 경제적 착취

셋째 봉인이 열리자 검은 말을 탄 자가 나왔다. "내가 보니 검은 말이 나오는데 그 탄 자가 손에 저울을 가졌더라"(계 6:5). 그리고 네 생물 사이에서 "한 데나리온에 밀 한 되요 한 데나리온에 보리 석 되로다. 또 감람유와 포도주는 해치지 말라"(계 6:6)라고 외치는 음성이 들렸다. 물건을 사거나 팔 때 사용되는 저울은 경제를 상징한다. 이 환상은 로마 제국의 경제적 억압과 착취를 가리킨다. 그 당시 한 데나리온은 남자 노동자의 하루 품삯이었다(참조, 마 20:2). 여자는 남자 임금의 절반을 받았다. 한 되로 번역된 그리스어 "코이닉스"(χοῖνιξ)는 그 당시 남자 군인 한 사람이 하루에 필요한 식량의 양을 의미하는 도량형이다.[30] 그런데 평상시보다 곡물 가격이 여덟 배나 올라서 한 데나리온으로 겨우 밀 한 되나 보리 석 되를 살 수 있다.[31] 고대 사회에서 기근 때문에 곡물이 부족할 때가 자주 있었다.

---

28) 계 13:5. 7. 14. 15에서 짐승의 악한 활동을 하나님의 허락을 받은 것으로 표현하는 신적 수동태가 반복적으로 나타난다.

29) 월터 윙크/ 한성수 역, 『사탄의 체제와 예수의 비폭력: 지배체제 속의 악령들에 대한 분별과 저항』(서울: 한국기독교연구소 , 2004), 157-58.

30) Luise Schottroff, *Lydias ungedudige Schwester: Feministische Sozialgeschichte des frühen Christentums* (Gütersloh: Chr. Kaiser/Güterlsoher Verlag, 1994), 244-49.

31) Bruce S. Manila and John J. Pilch, *Social-Science Commentary on the Book of*

식민지에서 밀과 보리의 가격이 이처럼 엄청나게 비싸진 것은 곡물을 생산한 부유한 지주들과 상인들이 기근의 때에 가능한 한 더 많은 이윤을 얻기 위하여 곡물 방출을 조절함으로써 곡물 가격을 올렸기 때문이다.[32]

또 다른 이유로는 그 당시 지주들이 더 큰 이윤을 얻기 위해서 밀과 보리 재배 대신에 포도와 올리브를 전문으로 재배하는 농장(latifundium)을 운영했기 때문이다. 곡물 가격이 이처럼 극도로 상승되었다는 것은 대부분의 노동자들과 그들의 가족들이 굶주렸다는 것을 의미하며, 무엇보다 먼저 여자들과 노인들과 아이들이 빈곤과 기아의 희생자가 되었을 것이다. 그렇지만 부자들이 소비하는 고급 상품인 "감람유와 포도주"는 기근의 때에도 불구하고 가격 변동이 없이 넉넉하게 있었기 때문에 부자들은 이러한 상품들을 언제든지 쉽게 구해서 즐길 수 있었다.[33] 황제예배를 거부하거나 로마의 제국주의에 반대하는 그리스도인들은 시장에서 경제활동을 못하도록 하는 로마의 정책 때문에 일일 노동자로 전락하였을 것이다.[34] 이 환상은 부자들을 점점 더 부유하게 만드는 반면에 가난한 자들을 더 극심한 빈곤과 죽음으로 몰아넣는 로마 제국의 차별적인 경제체제를 반영한다.[35] 로마의 제국주의의 세 번째 특징은 경제적 억압이다.

### 4) 넷째 봉인(계 6:7-8): 사회적 배제

넷째 봉인이 열리자 청황색 말을 탄 자가 나왔다. "내가 보매 청황색 말이 나오는데 그 탄 자의 이름은 사망이니 음부가 그 뒤를 따르더라. 그들이 땅 사분의 일의 권세를 얻어 검과 흉년과 사망과 땅의 짐승들로써 죽이더라"(계 6:8). 이 환상은 로마의 정책에 순응하지 않는 사람들을 사회적 활동을 하지 못하도록 억압하거나 죽이는 사회적 배제를 상징한다. "음부"는 무덤 또는 죽은 자들이 거하는 지하 세계를 가리킨다. 로마 제국은 정복지를 초토화하면서 수많은 사람들을 학살하였기 때문에 정복지 전체가 학살당한 자들의 무덤으로 변할 정도로 시체들이 여기저기에 즐비하였다.[36] 그 말을 탄 자의 이름이 "죽음"이라는 것은 로마

---

*Revelation* (Minneapolis: Fortress Press, 2000), 109.

32) 클라우스 벵스트, 『로마의 평화』, 271-72, 각주 46을 보라.

33) Allen A. Boesak, *Comfort and Protest*, 64; Frederick J. Murphy, *Fallen is Babylon: The Revelation to John* (Harrisburg: Trinity Press International , 1998), 207; John R. Yeats, *Revelation*, (Waterloo: Herald Press, 2003), 127.

34) 계 13:16-17.

35) Robert M. Royalty, Jr., *The Streets of Heaven: The Imagery and Ideology of Wealth in the Apocalypse of John*, (Ann Arbor: UMI Dissertation Services,1995), 91-92.

제국이 죽음을 지배의 도구로 삼고 식민지의 인민들을 위협하면서 다스렸다는 것을 의미한다. 이러한 "죽음과 음부"는 종말의 날에 하나님의 심판을 받게 된다.[37]

"그들이 땅 사분의 일의 권세를 얻어 검과 흉년과 사망과 땅의 짐승들로써 죽이더라"는 표현은 정치적 억압, 경제적 착취, 지배 도구로서의 죽음, 그리고 종교적 억압을 통해서 식민지의 약자들을 빈곤과 억울한 죽음으로 몰아넣는 사회적 배제의 현실을 의미한다. 여기서 "검"(롬파이아)은 군인들이 무기로 사용하는 칼이고, "사망"은 흑사병을 가리키고, "땅의 짐승들"은 황제숭배를 거부하는 자들을 죽이는 거짓 예언자를 상징하는 땅에서 올라온 짐승과 동일시된다.[38] 청황색 말 탄 자와 음부가 "땅 사분의 일의 권세를 얻었다(ἐδόθη/에도테)"라는 신적 수동태[39]는 역설적으로 아직도 땅 사분의 삼이 남아 있다는 것을 의미한다. 이것은 전 세계에 대한 로마의 영원한 지배를 주장하는 로마의 공론장의 공식적 담론에 대한 요한계시록의 저자 요한의 대항주장이다. 즉, 이것은 로마 제국의 권력이 전 세계를 완전히 장악할 정도로 절대적인 영원한 권력이 아니라는 것을 의미하며, 또한 이것은 현재의 시간이 종말의 때는 아니며, 그 때까지는 아직도 로마 제국에 저항하고 새로운 대안적인 세계를 위해서 일할 수 있는 시간과 희망이 더 남아 있다는 것을 의미한다.

이와 같이 지배자들에 의해서 밀봉된 역사의 봉인들이 어린 양에 의해서 뜯어지자 로마 제국의 현실은 로마의 평화라는 주장과는 정반대로 피로 물든 거짓 평화의 현실이라는 것이 드러났다. 봉인된 역사에서 은폐된 로마의 제국주의의 본질은 처음 네 봉인들의 개봉을 통해서 로마의 군사적 침략, 정치적 억압, 경제적 착취, 그리고 사회적 배제라는 네 가지 차원들을 가진 것으로 분석되었다.

## 2. 다섯째 봉인 환상(계 6:9-11): 학살당한 자들의 절규와 기억

### 1) 하늘에 다시 살아 있는 죽은 자들

다섯째 봉인이 열리자 요한은 땅에서 권력자들에 의해서 살해되고 학살되었

---

36) 리처드 호슬리. 『예수와 제국』, 55.
37) 계 20:13-14.
38) 계 13:1-15; 19:20.
39) "신적 수동태"는 주어인 하나님이 생략된 문장을 뜻한다.

제6장 제국주의에 대한 저항과 기억의 문화    245

던 무력한 자들이 놀랍게도 역사의 초월적이고 심층적인 차원을 상징하는 하늘에서 다시 살아 있는 것을 목격한다. 하늘에 다시 살아 있는 죽은 자들은 처음 네 봉인들에서 분석된 로마 제국의 살인적인 제국주의적 구조 속에서 잔혹하게 처형당했던 희생자들이다. 그는 무엇보다도 죽임을 당한 자들이 모두 하늘에 다시 살아 있다는 사실을 강조한다. 다시 살아서 천상의 제단 아래 모여 있는 처형당했던 남자들과 여자들에 대한 요한의 글쓰기는 죽은 자들에 대한 역사적 기억의 재현과 현재화를 의미한다. 그는 봉인된 역사에 의해서 망각되었던 죽은 자들의 현존과 절규에 그의 독자들을 대면시킴으로써 그들로 하여금 죽은 자들을 다시 기억하게 하고 역사적 진실을 깨닫게 한다.

> "다섯째 인을 떼실 때에 내가 보니 하나님의 말씀과 그들이 가진 증거로 말미암아 죽임을 당한 영혼들(τὰς ψυχὰς/타스 프쉬카스)이 제단 아래에 있어"(계 6:9).

영혼을 의미하는 그리스어 "프쉬케"(ψυχή)는 그리스의 인간학에서처럼 육체와 반대되는 인간의 죽지 않는 부분을 의미하는 것이 아니다. 왜냐하면 여기서 영혼들은 보이고, 음성을 가졌으며, 나중에는 흰옷을 입기 때문이다. 프쉬카스(ψυχὰς)는 인습적으로 "영혼들"로 번역되었지만, 이 단어는 "살아 있는 사람들"로 번역될 수 있다.[40] 영혼은 보이지 않는데, 요한이 "죽임을 당한 영혼들"을 보았다는 것은 죽임을 당한 남녀 순교자들이 하늘에서 살아 있는 사람들로 보였다는 것을 의미한다. 그가 목격한 천상의 제단 아래 살아 있는 사람들은 지상에서 잔혹하게 학살을 당하고 매장된 죽은 자들이다.[41]

그들은 로마의 황제 예배에 대한 거부와 하나님의 말씀에 대한 증언 때문에 처형당한 남녀 순교자들이다. 그들은 죽음을 이기고 부활한 어린 양에 대한 기억 때문에 죽음을 불사하면서 로마의 제국주의의 유혹과 압제에 저항하였다. 그들은 로마의 억압적인 체제에서 고난당했기 때문에 저항하였고, 또한 저항했기 때문에 더욱 고난을 당하고 마침내 처형되었다. 그들의 죽음은 권력과 물신을 섬기는 우상숭배에 대한 항의로서의 죽음이었다. 그들 중에는 아무도 모르는 장소에

---

40) Pablo Richard, *Apokalypse*, 77, 109; John P. Newport, *The Lion and the Lamb: A Commentary on the Book of Revelation for Today* (Nashville: Broadman and Holman Publishers, 1986), 188.

41) Stephen Pattemore, *The People of God in the Apocalypse*, 106

서 비밀리에 살해된 자들도 많았을 것이며, 그런 까닭에 그들의 죽음의 진상은 전혀 밝혀지지 않았을 것이다. 아마도 처형당한 여자 증인들 중에 상당한 수의 여자들은 살해되기 전에 단지 여성이기 때문에 남자들이 당할 필요가 없는 성폭행을 당하는 이중의 고통과 수치를 겪어야만 했을 것이다.[42] 그들은 서러움과 원통함과 억울한 한(恨)을 안고 죽임을 당한 무죄한 희생자들이다.

이러한 희생자들은 산과 들에 묻히고 혹은 바다에서 수장되어 흔적도 없이 사라졌지만, 그러나 그들은 모두 하늘에 다시 살아서 지금 제단 "아래" 모여 있다. 그들은 생전에 로마의 폭력에 의해서 불의하게 살해되었다는 점에서 죄 없이 살해당한 어린 양 예수와 동일시된다.[43]

## 2) 기도로서의 죽은 자들의 절규

천상의 제단 아래 모여 있는 희생자들은 모든 것이 죽음과 함께 이미 다 끝나버렸기 때문에 더 이상 말할 필요가 없는 것처럼 조용히 침묵할 수는 없다. 그들은 자신들을 처형한 로마의 권력자들과 집행관들을 심판하고 자신들의 흘린 피를 신원하여 줄 것을 하나님에게 통곡과 절규로 탄원한다. 생전에 불의에 항의하였던 이 사람들의 외침은 지배자들이 그들의 입에 채워둔 재갈 때문에 들리지 않았을 것이지만, 지금 하늘의 공론장에서 그들의 외침은 큰 소리로 들린다. 요한은 죽은 자들의 고난과 절망과 죽음에 대한 기억을 이렇게 재현한다.

"큰 소리로 불러 이르되 거룩하고 참되신 대주재여 땅에 거하는 자들을 심판하여 우리 피를 갚아주지(ἐκδικεῖς/엑디케이스) 아니하시기를 어느 때까지 하시려 하나이까 하니"(계 6:10).

요한의 이러한 글쓰기는 억울한 죽음을 당한 희생자들의 고난과 죽음에 대한 망각과 싸우면서 죽은 자들에 대한 기억을 현재화하는 고통스러운 성찰의 과정을 거쳤을 것이다. "큰 소리"는 천상의 제단 아래서 탄원하고 있는 희생자들의

---

42) 여자 죄수를 처형하기 전에 강간하거나 또는 전쟁에서 적국의 아내들과 여자들을 강간한 후에 살해한 경우가 고대나 현대에 허다하게 많이 있었다. Schaumberger Christine und Luise Schottroff, *Schuld und Macht: Studien zu einer feministischen Befreiungstheologie* (München: Chr. Kaizer Verlag, 1988), 94; 김현아, 『전쟁과 영성: 한국전쟁과 베트남 전쟁 속의 여성, 기억, 재현』 (서울: 여름언덕, 2004), 57-77를 참조하라.

43) 계 6:9와 5:6. 9. 12; 13:8을 비교하면 "살해하다"를 의미하는 같은 그리스어 스파조(σφάζω)가 사용되었다.

통곡과 절규를 표현한다. 너무 억울하고 원통해서 서럽게 부르짖는 그들의 통곡과 절규는 하나님에게 탄원하는 기도이다. 너무 한이 많고 억울함이 많은 무력한 약자들의 기도는 통곡과 절규의 양태를 가진다. 기도로서 그들의 통곡과 절규는 폭력의 역사에 대한 항의이고 고발이며, 또한 신원과 해방을 위한 탄원이다. 무력한 약자들이 눈물을 흘리면서 큰소리로 우는 통곡과 절규 그 자체가 기도이다. 하나님은 이집트에서 바로의 폭정을 견디지 못해서 부르짖었던 약자들의 신음과 절규를 듣고 그들을 해방하였다. 우상은 희생자와 약자들의 울부짖음을 듣지 못하지만, 하나님은 그것을 듣는다(시 115:4-8).

하나님의 호칭으로 사용된 "대주재"로 번역된 그리스어 데스포테스(δεσπότης)는 절대적 지배자를 의미한다.[44] 땅 위에서 로마 황제는 자신의 신적인 위상을 주장하면서 절대적인 지배자로 군림하고 있지만, 거룩하고 참된 절대적 지배자는 로마 황제가 아니라, 오직 하나님이다. 천상의 제단 아래서 지금 절규하고 있는 죽은 자들은 생전에 고문과 처형을 당하면서도 황제숭배를 거부하고, 로마 황제를 절대적인 지배로, 즉 대주재(데스포테스)로 인정하지 않았던 충성스러운 남녀 증인들이었다.[45]

죽은 자들은 자신들에게 악행을 저지른 "땅에 거하는 자들"을 심판해주실 것을 하나님에게 통곡과 절규로 탄원한다. 요한계시록에서 "땅에 거하는 자들"(τῶν κατοικούντων ἐπὶ τῆς γῆς/톤 카토이쿤톤 에피 테스 게스)은 하나님과 어린 양을 적대시하고 짐승을 따르는 추종자들을 의미하는 전문용어(technical term)이며,[46] 로마의 제국주의자들과 그들의 협력자들이 이 범주에 속한다. 그들은 제단 아래서 통곡하고 절규하는 희생자들을 학살한 사건들에 직접적으로 또는 간접적으로 책임이 있다. 그러나 그들은 이러한 학살을 제국의 법을 위반한 자들에 대한 처벌이었다고 주장하거나, 제국의 평화와 안전을 위한 불가피한 조치였다고 정당화하거나, 또는 마치 그러한 학살 사건이 없었던 것처럼 로마의 공식적 기억에서 삭제시켜 버렸을 것이다. 그러나 희생자들은 로마의 공식적 기억에 대립하는 대항기억[47]을 가지고 있다. 그들은 자신들의 기억에 근거해서 그러한 지

---

44) 하나님 호칭으로 데스포테스(δεσπότης)가 신약에서 눅 2:29와 행 4:24에서 사용되었으며, LXX에서 25회 사용되었다. Robert H Mounce, *The Book of Revelation* (Grand Rapids: William B. Eerdmann Publishing Company, 1998), 147.

45) Elisabeth Schüssler Fiorenz, *Revelation: Vision of a Just World*, 64.

46) 계 3:10; 6:10; 8:13; 11:10; 13:8. 12. 14; 17:2. 8.

47) 대항기억에 대해는 권귀숙, 『기억의 정치: 대량학살의 사회적 기억과 역사적 진살』 (서울: 문학과

배자들의 거짓된 주장에 항의하고, 하나님에게 그들의 죄악을 고발하면서 그들을 심판하여 주실 것을 탄원한다. 더욱이 여자 희생자들은 처형당하기 전에 성폭행을 당한 수치스러운 기억 때문에 더욱 큰 소리로 처절하게 부르짖었을 것이다.

"우리 피를 갚아(ἐκδικεῖς/엑디케이스) 주지 아니하시기를"라는 표현에 사용된 그리스어 단어 "엑디케오"(ἐκδικω)는 일반적으로 "복수하다"로 번역만, 그 이상의 의미가 있다.[48] 이 단어는 피해자들의 가슴에 맺힌 한(恨)을 풀어주는 신원을 의미한다.

하나님에게 심판과 복수를 호소하고 기원하는 것은 불의에 대한 약자들과 희생자들의 마지막 형태의 저항이고, 오직 하나님이 악인들을 심판하고 자신들의 억울한 한(恨)을 풀어주고 권리와 정의를 회복해주고, 지배로부터 해방된 삶의 기회를 다시 주기를 바라는 무력한 자들의 마지막 희망이다. 그것은 고문실에서 피와 눈물이 범벅이 된 채 비명을 지르고 혼절하는 일제식민통치 시대의 항일 민족 해방 운동가들, 감옥에 갇힌 신사참배 반대 운동을 했던 남녀 성도들, 사형선고를 받은 군사독재 시대의 민주화 운동가들, 그리고 한국전쟁전후에 억울하게 좌익 사상범으로 몰려서 집단 처형장에 끌려온 수많은 무력한 사람들의 간절한 마지막 저항이고 희망이다.

"어느 때까지"라는 물음은 하나님이 심판과 신원을 너무 오래 지체하지 않기를 바라는 죽은 자들의 애절하고 초조한 기다림을 나타내며, 그것은 또한 권력자들의 요구에 순응하지 않고 반대하였기 때문에 처형된 자들의 죽음이 하나님의 말씀을 증언한 충성된 증인으로서의 죽음이고, 또한 정의와 해방과 인권을 위한 정치적 항의로서의 죽음이었다는 것을 나타낸다. 집합적인 목소리로 부르짖는 이러한 애절한 물음을 통해서 그들은 자신들을 희생시킨 폭력의 역사에 항의하며, 이러한 폭력의 역사의 끝장을 하나님에게 요구하고 있다.[49]

희생자들의 관점에서 그리스도교의 울타리를 넘어서 로마의 제국주의의 다른 모든 일반적인 희생자들의 피를 바라보고 그들과 연대하는 요한의 심정을 상기한다면, 천상의 제단 아래서 집합적 목소리로 비통하게 함성을 지르면서 폭력의 역사의 끝장과 자신들의 신원을 요구하고 있는 죽은 자들의 범주는 그리스도교

---

지성사, 2006), 23, 17; 김영범, "기억에서 대항기억으로 혹은 역사적 진실의 회복," 「민주주의와 인권」 3집 2호 (2003), 67-107을 참조하라.
48) 이달, "요한계시록에 나타난 복수의 수사학," 「신약논단」 8권 제2호(2001 여름), 129-54.
49) 클라우스 벵스트 『로마의 평화』, 277과 279.

의 순교자들만으로 제한되는 것이 아니라, 로마 제국의 불의와 억압에 의해서 살해당한 모든 남녀 희생자들을 포함한다고 할 수 있으며, 더 나아가서 로마 재국 시대의 희생자들뿐만 아니라, 폭력의 역사의 모든 희생자들을 포함한다고 볼 수 있다.[50]

천상의 제단 아래 살아 있는 죽은 자들의 절규는 살해당한 이스라엘 예언자들의 절규이며, 아우슈비츠 강제수용소에서 희생된 유대인들의 절규이며, 아시아, 아프리카, 라틴아메리카를 식민화하였던 제국주의자들과 그들의 협력자들인 독재자들에 의해서 학살당한 수많은 희생자들의 절규이며,[51] 20세기에 발생한 많은 전쟁들과 여러 정부들이 자국민들에게 자행한 국가폭력에 의해서 살육된 2억 명을 훨씬 초과하는 남녀 희생자들의 절규이며, 그리고 한국전쟁 전후에 남한에서 공산주의자, 좌익, 또는 부역혐의자로 몰려서 집단 학살된 백만 명의 무죄한 남녀 민간인 희생자들의 피맺힌 절규이다.

천상의 제단 아래서 절규하고 있는 무죄한 한국인 희생자들은 다음과 같은 여러 범주들로 언급될 수 있다: 일본인 관리들에 의해서 참혹하게 처형된 삼일운동의 희생자들, 러시아 연해주 4월 참변과 만주 간도참변의 희생자들,[52] 일본 간토대지진 학살의 희생자들,[53] 일제의 강제징용과 태평양전쟁 징집으로 끌려가서 피살된 희생자들,[54] 일본 군인들의 집단강간 시설에 성노예로 끌려가서 장기간 강간과 성폭행을 당하고 심지어 살해되었던 정신대 희생자들,[55] 미군 격투기

---

50) Wes Howard-Brook and Anthony Gwyther, *Unveiling Empire: Reading Revelation Then and Now* (MaryknoII: Orbis Books, 2000), 142.

51) 아프리카 신학자 뵈삭은 다섯째 봉인에서 들려오는 희생자들의 울부짖음을 식민지시대에 학살된 수많은 흑인 아프리카인들의 절규로 해석하고 또한 아파르트헤이드(apartheid)라고 불리는 인종차별 정책에 의해서 살해된 무죄한 자들의 절규로 해석한다. Allen A. Boesak, *Comfort and Protest,* 68과 70을 보라.

52) 러일전쟁을 위해서 출병 중이던 일본군이 1920년 4월 4일 밤부터 다음날 아침까지 국외의 한국 독립운동의 요람지였던 연해주의 한인 거주지역인 신한촌을 습격하여 많은 한국인들을 학살하고 방화하였다. 또한 만주를 침략한 일본군이 1920년 10월5일부터 11월 30일까지 독립운동의 요람지였던 간도에서 많은 부녀자들을 강간하고, 3,469명의 한국인들을 학살하였다. 신용하, 『일제강점기 한국민족사(상)』(서울: 서울대학교출판부 , 2001), 441-46는 간도참변의 희생자들의 수가 1만여 명에 이른다고 추정한다.

53) 일본인들은 1923년 9월 1일 일본 간토대지진이 발생했을 때 조선인들이 방화 약탈을 하고 우물에 독약을 탔다는 유언비어를 퍼트렸으며, 일본인 민간 자경단과 군경은 불과 일주일 동안에 일본에 거주하던 한국인 7,313명을 죽창, 몽둥이, 쇠갈고리, 그리고 일본도 등으로 잔혹하게 학살하였다. 홍진희, "관동대지재와 조선인 학살: 유언비어를 중심으로," 이병천 · 조현연 편, 『20세기 한국의 야만 1: 평화와 인권의 21세기를 위하여』(서울: 도서출판 일빛, 2001), 111-33.

54) 100만 명 이상이 징용으로 끌려갔으며, 그리고 약 24만 명이 전선으로 징집되었다. 그들 중에 많은 사람들이 피살되었다. 노태돈 외 , 『시민을 위한 한국역사』(서울: 창작과 비평사 , 1997), 363.

55) 어린 나이에 일본군의 성노예로 끌려갔던 피해자 여성들이 서울에 있는 일본 대사관 앞에서 1992

에 의한 독도 어부 폭격사건[56]의 희생자들, 제주4·3항쟁[57]의 희생자들, 여순항쟁[58]의 희생자들, 국민보도연맹[59] 집단학살의 희생자들, 한국전쟁 당시 미군에 의한 충북 영동 노근리 학살[60]의 희생자들, 황해도 신천 학살[61]의 희생자들, 거

년 1월 8일에 시작한 수요 항의 집회가 지난 15년 동안 계속되어 2006년 3월 15일(수요일)에 700번째 집회를 열고 항의했지만 아직도 일본 정부는 아무런 대답을 하지 않고 있다. 그들의 7대 요구사항은 정신대의 진상을 스스로 규명할 것, 전쟁 범죄를 인정할 것, 공식적 사과를 할 것, 전범자를 처벌할 것, 추모비와 사료관을 건립할 것, 피해자들에게 배상할 것, 그리고 역사교과서에 기록하여 가르칠 것이다. 정신대의 실상에 대해서는 , 조지 힉스, 『위안부』(서울: 창작과 비평사. 1995); 한국정신대대책협의회 편, 『일본군 위안부 문제의 진상』(서울: 역사비평사, 1997); 한국정신대대책협의회 편, 『기억으로 다시 쓰는 역사: 강제로 끌려간 조선인 군위안부들 4』(서울: 풀빛, 2001); 한국정신대대책협의회 편, 『역사를 만드는 이야기: 일본군 위안부들의 경험가 기억』(서울: 여성과 인권, 2004)을 보라.

56) 1948년 6월 8일에 오전 11시에 독도 주위에서 조업하던 어선들을 일본 오키나와에서 출격한 10여 대의 미공군 격투기들이 폭격하고 기총소사를 하였다. 당시의 신문에는 14명의 어부가 피살되었다고 보도되었지만, 생존자 두 명의 증언에 의하면 그 당시 80척의 어선들이 조업 중이었으며 모두 다 폭격을 당했으며 150명에서 320명 정도가 희생되었다고 한다. 오연호, 『노근리 그후: 주한미군 범죄 55년사』(서울: 월간 말, 1999), 150; 주강현, 『예국의 바다, 식민의 바다』(서울: 웅진 , 2005). 135-38을 보라. 1948년 6월에 조선일보에 발표되었던 신영철, "동해여 말하라!"라는 피맺힌 조사가 오연호의 책 151-54에 다시 수록되어 있다.

57) 제주 4·3항쟁은 미군정 시대인 1948년에 4월 3일에 발생하여 이승만 정부 시대인 1954년 9월 21일에 끝났으며, 당시 제주도 인구의 10%인 3만 명이 학살되었다. 5.10 선거와 남한의 단독정부 수립을 반대하면서 봉기한 제주 4·3항쟁은 민족의 생존권, 자주적 조국통일, 그리고 외세 배격이라는 동기를 가졌다는 점에서 오늘의 분단현실을 극복하기 위한 첫 사건이라고 말할 수 있다. 제주 4·3항쟁에 대한 이해를 위해서는 역사문제연구회 외 편, 『제주 4·3연구』(서울: 역사비평사 1999); 김성례, "국가폭력과 여성체험: 제주 4·3을 중심으로," 제주 4·3연구소 편, 『동아시아의 평화와 인권』(서울: 역사비평사, 1999), 154-72; 권귀숙, "제주 4·3시건과 사회적 기억," 『한국사회학』 35집 5호 (2001), 199-231; 권귀숙, 『기억의 정치: 대량학살의 사회적 기억과 역사적 진실』(서울: 문학과 지성사 , 2006); 제주 4·3연구소 편, 『무덤에서 살아나온 4·3 '수형자'들』(서울: 역사비평사, 2002); 유철인 외, 『학살 기억 평화: 4·3의 기억을 넘어』(제주: 제주 4·3 연구소 , 2003); 김영범, "기억투쟁으로서의 4·3 문화운동 서설," 나간채· 정근식· 김창일 외, 『기억투쟁과 문화운동의 전개』(서울: 역사비평사 , 2004), 26-68; 함옥금, "제주4·3의 초토화 작전과 대량학살에 관한 연구: 미국의 역할을 중심으로", 제주대학교 석사논문(2004)를 참조하라.

58) 전남 여수에 주둔하였던 국방경비대 제14연대의 지창수 상사, 김지회 중위, 그리고 홍순석 중위의 지휘로 2천여 명의 군인들이 제주 4·3항쟁의 진압을 위한 출동 명령을 거부하고 1948년 10월 19일 밤에 봉기하였으며, 이 지역의 민간인들이 가세하여 10월 27일까지 9일간 여수와 순천을 장악하였으며, 진압군에 의해서 격퇴당한 봉기군은 지리산으로 도피하여 항쟁을 계속하였다. 좌익과 부역자 색출 과정에서 여수, 순천, 구례 등 여러 지역에서 민간인 1만여 명이 학살되었다.

59) 국민보도연맹은 좌익세력에게 전향의 기회를 준다는 명분으로 이승만 정권에 의해서 1949년 6월에 만들어진 전국적인 조직이었으며, 실제로 좌익과 관련이 전혀 없는 사람들이 강요와 무지에 의해서 많이 가입되었다. 한국전쟁 전후에 예비검속으로 체포되어 집단학살을 당한 연맹원들은 20-30만 명에 이르는 것으로 추산된다. 김기진, 『끝나지 않는 전쟁: 국민보도연맹』(서울: 역사비평사, 2002); 김기진, 『한국전쟁과 집단학살: 미국기밀문서의 최초 증언』(서울: 푸른역사, 2005); 정희상, 『이대로는 눈을 감을 수 없소』(서울: 돌베개 , 1990); 강성현, "지연된 정와와 대면하기: 보도연맹사건과 과거사청산." 『민주사회와 정책연구』 통권 8호(2005 하반기), 73-102를 참조하라.

60) 조선인민보 1950년 8월 19일자 전욱 특파원의 학살현장 취재 보도에 의하면 1950년 7월 26일부터 7월 29일까지 4일간에 충북 영동군 황간면 노근리 쌍굴 다리 밑에서 남녀 민간인들 400여

창 학살사건[62]의 희생자들, 4.19 혁명을 이끌어내었던 반독재 투쟁에서 피살된 희생자들,[63] 인혁명당재건위원회 사건[64]으로 처형당한 희생자들, 5.18 광주민중항쟁[65]의 희생자들, 삼청교육대[66] 희생자들, 의문사당하거나 반정부 시위 중에 죽임을 당한 희생자들,[67] 군사정권에 분신자살[68]로 항거한 희생자들, 윤금이

명이 미군에 의해서 학살되었다. 정구도, 『노근리는 살아있다』 (서울: 백산서당 , 2003), 49-50; 정은용, 『그대 , 우리의 아픔을 아는가』 (서울: 다리, 1994); 오인호, 『노근리 그후: 주한미군범죄 50년사』 (서울: 월간 말 , 1999). 14-68; 정구도 편, 『노근리 사건의 진상과 교훈』 (서울: 두남출판, 2002)을 보라.

61) 북한의 공식적 집계에 의하면 신천군 주민의 사분의 일에 해당하는 35,383명이 미군에 의해서 갖가지 잔인한 방법으로 학살되었으며, 그 가운데 어린이, 노인, 여자들이 16,234명이나 되었다. 안악에서는 19,000여 명이 미군에 의해서 잔혹하게 학살되었다. 1950년 10월17일부터 12월 7까지 52일 동안 미군이 북한을 점령한 기간에 미군의 지휘, 감독 및 적대행위에 의해서 학살된 북한 주민은 172,000여 명이라고 한다. 강정구, 『분단과 전쟁의 한국현대사』, 224-225; 이재봉, "피카소가 고발한 신천 학살," 오인호, 『노근리 그후: 주한미군범죄 55년사』, 103-09를 보라; 또한 1951년에 북한을 방문한 국제민주법률가협회 진상조사단은 신천군의 한 가족을 잔인하게 살해한 미군의 범죄 행위에 대해 생생하게 보고하였다. 김주환 편, 『미국의 세계전략과 한국전쟁』 (서울: 청사, 1989), 187; 황석영은 그의 소설 『손님』 (서울: 창작과 비평사 , 2001)에서 신천 집단학살은 미군에 의해서가 아니라, 신천 주민들의 좌우익 갈등 상황에서 우익 기독교인들에 의해서 저질러졌다고 주장한다. 우익 기독청년들이 신천학살에 개입되었다는 것은 충분히 공감할 수 있는 추정이지만, 그러나 미군이 신천학살 사건과 전혀 무관하다는 그의 주장은 너무 자의적이다.

62) 산청과 함양에서 견벽청야 작전으로 각각 수백 명의 민간인들을 학살한 직후에 토벌대인 육군 제11사단 9연대 3대대가 1951년 2월 9-11일에 거창군 신원면에서 어린이들을 포함하여 주민 719명을 공비와 내통했다고 학살하였다.

63) 1960년 3.15부정 선거를 규탄하는 마산 학생시위에서 실종되었던 마산상고 1학년생 김주열(전북 남원시 금지면 출신)의 시체가 최루탄이 눈에 박힌 채로 4월 11일 오전 11시경에 마산시 신포동 중앙부두 앞바다에서 떠오르면서 그날 2차 마산시위가 격렬하게 발생하였고, 반독재 투쟁은 전국적으로 확산되어 4월 19일에 절정을 이루었으며, 이 과정에서 많은 학생들과 시민들이 희생되었다.

64) 반유신독재 투쟁이 고조되었던 시대에 군사법정에서 8명에게 내린 사형선고에 대한 대법원의 확정판결이 1975년 4월 8일 오전 10시에 있었으며, 하루도 못되어 이튿날 새벽에 김용원, 도예종, 서도원, 송상진, 여정남, 우홍선, 이수병, 그리고 하재완의 사형이 집행되었다. 이 사건을 재구성한 소설인 김원일, 『푸른 혼』 (서울: 이룸, 2005)을 보라.

65) 1980년 5월 18일부터 27일까지 10일 동안 광주 및 전남에서 계엄철폐와 민주화를 요구하는 민중항쟁에서 많은 사람들이 국가폭력에 의해서 희생되었다.

66) 1980년 8월 4일 전두환 정부의 사회악 일소를 위한 포고령으로 39,742명이 군부대에 설치된 교육기관에 수용되었으며, 1989년 통계에 의하면 부대 내에서 54명이 사망하고 퇴소 후 후유증으로 397명이 사망하였다.

67) 의문사 희생자들에 관해서는, 조현연, 『한국 현대정치의 악몽: 국가폭력』 (서울: 책세상 , 2000), 114-119을 보라; 1987년 1월 14일 박종철이 물고문으로 죽었고, 6월 9일 이한열이 최루탄을 맞고 의식불명 상태로 있다가 7월 5일 사망했고, 8월 22일 거제도 옥포에서 대우조선 노동자 이석규 씨(22세)가 노동자집회에서 최루탄을 맞고 죽었고, 1991년 4월 26일에 강경대 씨가 그리고 5월 25일에 여대생 김귀정 씨(25세)가 경찰의 폭력적 진압으로 사망하였다. 유시춘, 『우리 강물이 되어, 1-2권 』 (서울: 경향신문사 , 2005)를 보라.

68) 분신과 투신자살로 항거한 대학생들과 노동자들의 죽음은 사회적 피살로 해석될 수 있다. 안병무, 『민중사건 속의 그리스도』 (서울: 한국신학연구소, 1990), 133; 심동수, 『열사는 말한다』 (부산: 도서출판 전망 , 2005), 5; 1970년 11월 13일 서울 동대문 평화시장에서 발생한 노동자 전태일 씨의 분신자살 이후 2003년까지 60명이 넘는 노동자들이 노동운동 중에 희생되었다. 특히 1991

를 비롯한 미군 범죄의 희생자들,[69] 유흥업소의 화재로 질식사한 인신매매의 희생자들,[70] 그리고 그 밖의 많은 사건의 희생자들이 모두 지금 하늘에서 폭력의 역사에 항의하면서 절규하고 있다.

이러한 수많은 희생자들의 절규와 외침은 개개인의 무관심과 망각 때문에 들리지 않고 잊혀지는 경우가 많으며, 또한 이러한 외침은 식민지 민족들을 학살하고 여러 가지 해악을 끼친 사실들을 공식적 역사에서 삭제하는 강대국들의 역사 왜곡에 의해서 그리고 자국민과 외국인 거주자들을 학살한 정부들의 은폐시도에 의해서 침식되고 있다.[71] 죽은 자들의 원통한 통곡과 절규는 그들의 인권을 짓밟고 고귀한 생명을 빼앗은 권력자들과 집행관들의 죄악을 하나님에게 고발하고 탄원하는 기도이다. 다른 한편으로 그들의 통곡과 절규는 그들을 학살한 현실 세계의 지배자들에 대한 항의이다. 그것은 약자들을 억압하고 학살한 지배자들이 결코 더 이상 무죄한 희생자들의 무덤 위를 밟고 승리해서는 안 된다는 것을 의미한다.

### 3) 기도로서의 죽은 자들의 기억

죽은 자들은 절규의 양태로 뿐만 아니라, 기억의 양태로도 기도한다. 죄 없이 처형당한 희생자들은 자신들이 당한 잔혹한 살해와 학살을 기억하고 있다. 법으로 위장하여 합법적으로 자신들을 고문하고 처형한 권력자들과 집행관들에 대

---

년 5월 투쟁에서 여러 명의 남녀 대학생들과 노동자들이 분신자살로 정치적 억압에 항의하였다. 조현연, "한국의 민주주의 투쟁과 역사적 희생: '분신투쟁,'" 김세균 편, 『저항, 연대, 기억의 정치: 한국 사회운동의 흐름과 지형』 (서울: 문화과학사, 2003), 242-63.

69) 1992년 10월 28일 경기도 동두천시 보산동에서 윤금이 씨(26세)가 성관계를 거절한 이유로 케네스 리 마클 이등병(20세)에 의해서 매우 잔인하게 살해되었다. 나체로 발견된 숨진 그녀의 온 몸은 피멍이 들었고, 맥주병으로 맞아서 머리가 함몰되었으며, 자궁에 콜라병이 박혀 있었고, 우산대가 항문에서 직장까지 27센티 가량 깊숙이 찔려 있었으며, 입에는 성냥개비가 물려 있었고, 그리고 흰 합성세제가 온몸에 뿌려져 있었다. 이외에도 1996년 9월 7일 동두천시에서 이기순 씨(44세)가 뮤니크 에릭 스티븐 이등병에 의해 잔인하게 살해된 사건을 비롯하여 많은 여성들이 미군 범죄로 희생되었다.

70) 2002년 1월 29일 군산 개복동 유흥업소에서 화재가 발생했으나 침실 창문이 합판과 쇠창살로 막혀 있고 출입문이 안에서는 열 수 없도록 밖에서 잠금장치가 되어있었기 때문에 13명의 젊은 여성들이 탈출하지 못하고 질식사하였다. 이 사건에 관한 여성신학적 성찰에 대해서는 이병학, "가난한 여자들의 억울한 죽음," 『살림』 3월호(2002), 70-80을 보라.

71) 예를 들면, 일본 정부는 아직도 일본군성노예로 끌려간 수많은 한국인 "위안부"의 존재를 인정하지 않고 역사를 왜곡하고 있으며, 한국의 5.16 군사 쿠데타 세력은 한국전쟁 전후에 발생한 국가폭력의 희생자들의 유골을 수습하고 합동 위령제를 올린 유족회 대표들을 국가보안법으로 재판을 하고 몇 년씩 감옥에 가두었으며 심지어 희생자들의 합동 묘지와 비석을 다시 훼손하기도 하였다. 김현아, 『전쟁과 여성: 한국전쟁과 베트남 전쟁 속의 여성, 기억, 재현』, 48-53. 131-33; 권귀숙, 『기억의 정치: 대량학살의 사회적 기억과 역사적 진실』, 19-21.

한 죽은 자들의 기억은 "땅에 거하는 자들을 심판하여 우리 피를" 신원하여 주기를 바라는 기도에서 명백하게 나타난다. 죽은 자들은 통곡과 절규의 양태로서 뿐만 아니라, 기억과 회상의 양태로도 기도한다. 기도로서의 죽은 자들의 기억은 학살자들의 죄를 심문하며 불의하게 처형당한 무죄한 사람들의 고난을 잊지 않는 하나님의 기억에 근거한다. 하나님의 기억은 요한계시록과 신구약성서에 자주 표현되어 있다. "그의 죄는 하늘에 사무쳤으며 하나님은 그의 불의한 일을 기억하신지라"(계 18:5). "피 흘림을 심문하시는 이가 그들을 기억하심이여 가난한 자의 부르짖음을 잊지 아니하시도다"(시 9:12).

기도로서의 죽은 자들의 기억은 압제자들과 학살자들의 은폐된 죄악을 하나님에게 지속적으로 고발하는 증거의 기능을 가진다. 기도로서의 죽은 자들의 기억이 유지되는 한, 그들을 억압하고 고문하고 학살한 권력자들은 자신들의 죄악을 하나님 앞에서 숨기지 못할 것이다. 유대 묵시문학은 역시 이러한 기억의 양태로서의 기도에 대해서 말한다.

> "너희 의인들아, 저 날들에 너희의 기도들이 기억날 수 있도록 준비하라. 그리고 천사들이 죄인들의 죄를 하나님 앞에 기억나도록 꺼내놓을 수 있도록 너희의 기도들을 천사들 앞에 증거로 제출하라"(에녹1서 99:3).

여기서 하나님의 기억은 바로 억눌린 의인들의 기억을 고무한다. 심판의 날에 하나님은 그들의 기도를 기억하고 악인들을 심판할 것이다. 그러므로 의인들은 반드시 그때까지 악인들의 불의를 머릿속에 기억하고 항의하는 기도를 끊임없이 해야만 한다, 천사들은 그들의 기도를 하나님께 전달하는 기능을 한다.

기도로서의 죽은 자들의 기도는 자신들을 희생시킨 현실 세계의 지배자들을 향한 부단한 고발과 항의이다. 권력자들은 자신들에 의해서 지배되는 공론장에서 합법화된 공식적 기억으로 폭력과 학살의 역사를 봉인함으로써 희생자들의 기억을 축출하고, 자신들이 저지른 악행을 은폐하거나 또는 자신들의 죄악의 흔적을 가급적 빨리 지우고자 시도한다. 그러나 제단 아래서 비통하게 절규하고 있는 희생자들의 기억은 역사적 진실을 은폐하는 이러한 지배자들의 공식적 기억과 다르다. 그들은 권력자들과 집행관들의 잔혹한 고문과 집단학살을 생생하게 떠올리고 있다. 여자 희생자들은 여성이기 때문에 처형 전에 겪었던 말로 표현할 수 없는 모욕적인 성희롱과 강간에 대한 분노와 수치를 잊지 않고 기억할 것이다. 이러한 희생자들의 기억은 위선적인 지배자들의 공식적 기억을 반박하는 대항기억이다. 권력자들은 무죄한 자들을 처형할 수는 있었지만, 숨기고 싶은 자신들의 죄악을 고발하고 항의하는 기도로서의 죽은 자들의 기억을 막을 수는 없다.

예수는 "몸은 죽여도 영혼은 능히 죽이지 못하는 자들을 두려워하지 말고 오직 몸과 영혼을 능히 지옥에 멸하실 수 있는 이를 두려워하라"(마 10:28)라고 했다. 한 예를 들면, 김원일의 소설 『푸른 혼』에서 인혁당 사건으로 처형당한 죽은 자들이 하늘에서 나누는 대화의 일부는 아래와 같다.

> "육신은 죽었어도 혼은 이렇게 엄연히 살았잖소. 그마나 다행으로 여겨야지. 그놈들이 우리의 혼까지는 죽일 수 없었소."[72]

기도로서의 죽은 자들의 기억에 대한 환상은 권력자들에 의해서 지배되는 제국의 공론장[73]에 대립하는 대항공론장의 매개체가 될 수 있다. 요한의 독자들은 너무 억울하고 원한이 맺혀서 통곡하고 절규하는 희생자들의 대항기억에 대한 이야기를 통해서 역사적 진실을 절감하였을 것이다. 그리고 그들은 무죄한 자들의 인권과 생명권을 빼앗고 잔혹하게 학살한 권력자들의 죄악을 재인식하고 폭력의 역사의 끝장을 위하여 하나님께 기도하였을 것이다.

죽은 자들의 기도에 대한 환상은 축출된 희생자들의 기억을 회복시킴으로써 봉인된 역사에서 유폐된 역사적 진실을 다시 규명하는 대항공론장을 형성하는 매개(medium)로 작용한다. 산 자들은 살해자들과 학살자들의 죄악의 흔적이 망각을 통해서 씻어지지 않도록 죽은 자들에 대한 기억을 유지해야 하며, 또한 끊임없는 기도로서의 대항기억을 유지해야 한다. 그러나 기도로서의 대항기억을 통해서 매개되는 대항공론장은 권력자들이 조작하는 여러 가지 은폐 시도와 압제에 직면하게 될 것을 예상해야만 한다.[74] 지배자들이 수립한 공식적 기억과 다른 기억을 한다는 것 자체가 억압적인 시대의 약자들에게는 공포와 위험이 될 수 있다.[75] 그러나 죽은 자들의 고난에 대한 기억의 힘으로부터 나오는 기억의 윤리

---

72) 김원일, 『푸른 혼』 (서울: 이룸, 2005), 328.
73) 공론장 개념에 대해서는 위르겐 하버마스, 『공론장의 구조변동』 (서울: 나남출판사 , 2001); 손석춘, 『한국 공론장의 구조변동』 (서울: 커뮤니케이션북스 , 2001), 6-14 참조하라.
74) Klaus Wengst, *Demut: Solidarität der Gedemitigten* (München: Kaiser Verlag, 1987), 59; 예를 들면, 한국의 군사 독제 정권이 "보도지침"으로 언론을 탄압하고 공론장을 지배하였던 시대에 서울 종로 5가 기독교회관에서 매주 열렸던 목요 기도회는 대항 공론장으로서 민주화 운동에 큰 기여를 했는데, 이 목요 기도회는 군사정부로부터 많은 방해와 탄압을 받았다.

는 그러한 위험을 감수하면서 발언하고 행동하게 한다. 그런 점에서 죽은 자들의 고난에 대한 기억은 "위험한 기억"[76]이라고 할 수 있다.

잔혹한 학살을 그냥 내버려두는 하나님의 침묵이 원망스럽게 생각될 수 있지만, 공포적인 그리고 절망적인 상황에 처한 무력한 자들은 기억의 양태로 기도할 수 있다. 악인들의 죄악을 잊지 않고 기억하면서 그들을 심판해주기를 바라는 죽은 자들과 무력한 자들의 기도는 그리스도교적 용서와 화해에 반대되는 것으로 평가되어서는 안 된다. 진정한 용서와 화해는 권력자들에 의해서 저질러진 죄악들을 잊어버리는 망각을 통해서가 아니라, 희생자들의 억울한 죽음에 대한 기억을 통해서 지난날의 억압자들로 하여금 철저한 참회를 하도록 하고, 이제부터 죽은 자들과 살아남은 희생자들의 편에 서게 하고, 그리고 그들의 이익과 인권과 생명권의 옹호를 위해서 그들과 함께 진실규명과 해방투쟁에 동참하게 함으로써 가능한 것이다.

## 4) 심판의 유예와 죽은 자들과의 기억연대

잔혹한 살해와 학살을 잊지 못하는 죽은 자들은 언제 하나님이 압제자들을 심판하고 자신들의 피맺힌 한을 풀어줄 것인지를 하나님에게 질문하면서 절규한다. 절규와 기억의 양태를 가진 이러한 죽은 자들의 기도는 매우 정치적이다. 왜냐하면 이 비참한 식민의 역사와 무자비한 폭력과 학살의 역사가 하나님의 심판을 통해서 끝나야만 그들의 기도와 희망이 진정으로 이루어지기 때문이다. 죽은 자들은 하나님이 속히 이 폭력의 역사를 끝장내고 한 맺힌 자신들을 신원(伸冤)해주기를 원하고 있다. 하지만 하나님은 그의 반제국주의 투쟁전략을 말하면서 잠시 더 기다리도록 그들을 설득하고 위로한다.

> "각각 그들에게 흰 두루마기를 주시며 이르시되 아직 잠시 동안 쉬되 그들의 동무종들과 형제들도 자기처럼 죽임을 당하여 그 수가 차기까지 하라 하시더라"
> (계 6:11).

---

75) 10월항쟁, 제주4·3항쟁, 여순항쟁, 그리고 국민보도연맹원 집단학살사건에 연루된 희생자들의 유족들은 "빨갱이"로 낙인찍히는 것이 두려워서 오랫동안 침묵하면서 살아야만 했다.

76) Johann Bapitist Metz, *Galube in Geschichte und Gesellschaft*, 96; 이병학, "무죄한 자들의 억울한 죽음에 대한 위험한 기억(행 13:1-9)," 「신학연구」 43집(2002), 101-02.

하나님은 "어느 때까지?"라고 묻는 죽은 자들의 애절한 질문에 대답하기 전에 먼저 흰 옷을 한 벌씩 그들에게 주었다. 이것은 무엇을 의미하는가? 그것은 하나님이 그들을 위로하고 하늘의 존재가 되게 하는 서임식이다. 이 흰옷은 하나님에게 속한 천상의 존재가 입는 예복으로서 정의의 궁극적인 승리가 이루어질 때까지 기다리는 시간 동안에 입는 옷이다.[77] 폭력과 학살의 역사가 계속되는 한, 살인자들이 법으로 위장한 살인면허를 가지고 무죄한 자들을 계속해서 처형하는 한, 하늘에서 흰옷을 입고 있는 죽은 자들은 마음이 편안하지 않으며, 아직 그들이 기다리는 목표에 도달한 것이 아니다. 하나님의 심판을 통해서 이 폭력의 역사가 끝장날 때 비로소 그들은 기뻐서 환호를 지를 수 있을 것이다(참조, 계18:20).

죽은 자들은 이제 흰옷을 입는 서임식과 더불어 더 이상 제단 아래에 머물지 않고 찬란한 빛이 비치는 천상의 성전 안에서 하나님과 어린 양을 예배하는 천상의 존재가 되었다. 죽은 자들이 모두 흰옷을 입고 하늘에 살아 있다는 놀라운 사실은 유족들과 살아 있는 자들에게 큰 위로와 기쁨이 되었을 것이다. "어느 때까지?"라고 애타게 묻는 죽은 자들의 질문에 하나님은 그들이 그들처럼 폭력적으로 죽임을 당해야 할 남자들과 여자들의 수가 찰 때까지 "잠시 동안" 더 기다려야만 한다고 대답하였다.

요한은 그의 독자들이 당하게 될 고난과 죽음을 예견하고 있다. 그러므로 그는 하나님이 순교자들의 수를 미리 확정해 두었다는 표상을 통해서 그들의 죽음을 하나님의 종말론적 심판과 연결시킴으로써 그들로 하여금 로마의 우상 숭배적인 체제에 부단히 저항하고 투쟁하도록 고무한다. 만일 산 자들이 죽음을 불사하면서 황제숭배를 거부하고 로마의 제국주의에 저항하고 투쟁하는 과정에서 폭력적으로 살해된다면, 그들의 죽음은 하나님이 확정한 수를 조금씩 더 채우는 것이 된다. 그리고 그들은 역시 하늘에 있는 순교자들처럼 로마의 폭력의 희생자인 어린 양과 동일시될 것이다.[78]

하나님이 확정한 순교자들의 수가 아직 차지 않았다는 표상은 하나님이 억울하게 처형된 희생자들을 하나하나 헤아리면서 그들을 모두 기억하고 있다는 하나님의 기억을 전제한다. 이러한 표상은 산 자들로 하여금 죽은 자들을 기억하게 하고, 그들처럼 행동하도록 결단하는 기억의 윤리를 환기하며, 그리고 이와 함께

---

77) 클라우스 벵스트, 『로마의 평화』, 278.
78) Gregory Stevenson, *Power and Place: Temple and Identity in the Book of Revelation*, 88-89.

무죄한 자들을 살해한 로마의 권력자들과 그들의 식민지의 협력자들[79]의 유혹과 압제에 결코 굴복해서는 안 된다는 윤리적 책무를 요구한다. 기억의 윤리는 산 자들이 죽은 자들의 증언과 고난에 대한 기억을 통해서 죽은 자들과 기억연대의 공동체를 건설해서 죽은 자들이 이루지 못한 꿈과 희망을 되찾아서 그것을 이루기 위해서 그들과 함께 하나님의 말씀의 무기를 가지고 불의한 세력들에 맞서서 저항하고 투쟁하는 윤리적 실천을 의미한다.

죽은 자들이 쉬면서 기다려야 할 "잠시 동안"이라는 시간의 척도는 장차 발생하게 될 순교자들의 수에 의해서 규정된다.[80] 지배자들이 봉인한 폭력의 역사는 무정하게 이대로 계속해서 흐르는 것처럼 보이지만, 그러나 확정된 수가 차면 반드시 하나님의 심판으로 끝장날 것이다. 그날이 오면 하늘에 있는 살아 있는 수많은 순교자들과 죽은 성도들의 무리가 환호할 것이다. 죽은 자들이 기다려야 할 "잠시 동안"이라는 이 짧은 기다림의 시간에 산 자들은 무엇을 해야만 하는가? 이 짧은 기다림의 시간에 산 자들은 죽은 자들과 기억연대의 공동체를 건설해서 그들처럼 하나님의 말씀을 증언하고 반제국주의 운동을 계속해야만 한다. 이러한 저항과 투쟁을 위해서 산 자들은 로마의 제국주의자들에게 연대하는 짐승의 추종자들을 멀리하고 반제국주의자들인 어린 양을 따르는 순교자들과 증인들과 성도들과 연대해야만 한다.

하나님의 대답을 통해서 요한이 제시한 하나님의 반제국주의 운동의 투쟁 전략은 죽은 자들과 기억연대를 건설하고 그들과 함께 비폭력적으로 저항하는 것이다. 기억을 통해서 죽은 자들과 함께 연대적 공동체를 건설해서 비폭력적으로 싸우는 산 자들의 저항과 투쟁의 기반은 참된 증인으로 죽임을 당한, 로마의 폭력의 희생자인 어린 양 예수에 대한 기억의 힘에서 나오는 저항의 영성이며, 또한 죽음을 불사하면서 하나님의 말씀과 어린 양 예수를 증언하였던 남녀 순교자들의 고난과 투쟁과 죽음에 대한 기억의 힘으로부터 나오는 기억의 윤리이다. 이러한 저항의 영성과 기억의 윤리는 짐승과 타협하는 것을 거부하고 오직 어린 양을 따르는 자들과 연대할 것을 요구한다.

죽은 자들은 하나님이 확정한 순교자들의 수가 채워질 때까지 기다려야만 하는 이 짧은 기다림의 시간에도 모든 것을 다 잊어버리고 쉬고 있는 것이 아니라, 그들이 생전에 경험한 불의에 대한 기억을 보존하고 있을 것이며, 또한 고난당하

---

79) 6:15에 언급되어 있는 다섯 사회적 계층들을 보라.
80) 클라우스 벵스트, 『로마의 평화』, 277.

는 산 자들을 위해서 기도하고 있을 것이다. 그러므로 이 세계를 전쟁과 탐욕과 죄악으로 오염시키고 망하게 하는 제국주의자들과 독재자들의 억압과 착취에 대한 민중의 저항과 투쟁은 산 자들과 죽은 자들의 공동의 구원과 공동의 미래를 위한 해방실천이다. 악인들에게는 구원과 미래가 없다.

## 3. 여섯째 봉인(계 6:12-17): 역사 안에서의 심판

여섯째 봉인이 열리자 마침내 하나님이 확정한 순교자들의 수가 채워졌기 때문에 하나님의 심판이 우주적 파국을 통해서 일어난다. "큰 지진이 나며 해가 검은 털로 짠 상복 같이 검어지고 달은 온통 피 같이 되며, 하늘의 별들이 무화과나무가 대풍에 흔들려 설익은 열매가 떨어지는 것 같이 땅에 떨어지며, 하늘은 두루마리가 말리는 것 같이 떠나가고 각 산과 섬이 제 자리에서 옮겨진다"(계 6:12-14). 이러한 우주적 파국은 우주의 사멸이 아니라, 로마 제국의 제국주의를 전복시키는 역사적 파국을 극적으로 묘사한 것이다. 다섯 사회적 지배계층들이 심판을 당한다.

> "15 땅의 임금들과 왕족들과 장군들과 부자들과 강한 자들과 모든 종과 자유인이 굴과 산들의 바위 틈에 숨어 16 산들과 바위에게 말하되 우리 위에 떨어져 보좌에 앉으신 이의 얼굴에서와 그 어린 양의 진노(ὀργη,)에서 우리를 가리라. 17 그들의 진노의 큰 날이 이르렀으니 누가 능히 서리요 하더라"(계 6:15-17).

요한은 로마 제국을 떠받치고 있는 다섯 제국주의 세력들을 지위의 순서대로 "땅의 임금들," "왕족들," "장군들," "부자들," "강한 자들"로 분석하였다.[81] 그들은 모두 짐승의 추종자들로서 식민지의 인민들을 억압하고 착취하는 사회적 계층들로서 로마의 제국주의자들과 토착 협력자들이다.

식민지 소아시아에 작용하는 세 가지 세력은 로마의 지배자들, 친로마적인 토착 협력자들, 그리고 반제국주의자들이다.[82] 로마의 제국주의 지배는 토착 협력

---

81) 이 다섯 사회적 지배계층은 1970년 5월 「사상계」에 발표된 김지하의 담시 "오적(五賊)"에 나오는 다섯 도적들과 같다. 그 당시 김지하가 비판한 다섯 도적들은 재벌, 국회의원, 고급공무원, 군장성, 그리고 장차관이었다.
82) 박지향, 『제국주의: 신화와 현실』, 116-17.

자들에 의해서 효과적으로 유지되었기 때문에 이러한 사회적 계층들이 망하는 것은 로마의 제국주의 무력화(無力化)를 뜻하며, 곧 로마 제국의 몰락을 의미한다. 로마의 권력자들과 토착 협력자들이 당하는 권력상실과 수치는 분노하는 하나님과 어린 양의 심판 때문이지만, 그것은 또한 죽은 자들과의 기억연대를 형성하여 로마의 제국주의에 비폭력적으로 투쟁하는 무력한 약자들의 끈질긴 반제국주의 운동을 전제하고 있다. 어린 양 예수는 자신을 약자들과 동일시한다. 그러므로 다섯 사회적 계층에 대한 "어린 양의 진노(ὀργή/오르게)"는 그의 가슴에 쌓이고 쌓인 한(恨)의 폭발로 이해될 수 있다. 또 다른 범주인 "각 종과 자유인"은 두려움 때문에 또는 개인적인 이익 때문에 제국주의 세력에 순응하고 결탁하는 자들이다. 그들은 작은 이익을 얻는 대신에 그들의 주체성을 빼앗기고 불의에 대한 저항력을 상실하였기 때문에 그들도 역시 하나님의 심판을 피할 수 없다.

이와 반대로 땅 위에는 이마에 살아 계신 하나님의 인침(계 7:3)을 받았기 때문에 이러한 우주적 파국으로부터 보호를 받은 십사만사천이 있다(계 7:1-4).[83] 십사만사천(144,000)이라는 숫자는 셀 수 없이 많은 것을 의미한다. 십사만사천은 세례를 받은 그리스도인들 전체를 상징하며, 또한 짐승의 추종자들에 대한 대안으로 조직된 충성스러운 남녀 그리스도인들의 공동체를 상징한다. 그들이 세례를 상징하는 하나님의 인침을 받았다는 표상은 우상숭배를 거부하고 하나님의 말씀에 순종하고 어린 양 예수를 따르는 그들의 신앙적인 삶의 양식을 상징한다. 그들은 하늘에서 부르짖고 있는 순교자들의 절규와 기억에 동참함으로써 죽은 자들과 기억연대를 건설하여 로마의 제국주의에 저항하는 반제국주의자들이다.

---

83) 144,000은 계 14:1-4에 다시 나온다. 여성신학자들은 "이 사람들은 여자와 더불어 더럽히지 아니하고 순결한 자라"(14:4)라는 표현을 요한계시록 저자의 여성혐오와 여성배제 사상을 나타내는 것이라고 주장한다. Tinna Pippin, *Death and Desire: The Rhetoric of Gender in the Apocalypse* (Louisville: Westminster/John Knox Press, 1992), 60-71; Adela Yarbro Collins, *Crisis and Cathasis: The Power of the Apocalypse* (Philadelphia: The Westminster Press, 1984), 131을 보라; 그러나 나는 페미니스트 의식을 가지고 신학을 하는 남자 신학자이지만, 계 14:4에 대한 이러한 여성신학자들의 해석에는 동의하지 않는다. 나의 관점에 의하면, 144,000이 "여자와 더불어 더럽히지 아니하고 순결한 자"로 성격화된 이미지는 요한계시록 저자의 가부장제적 사상에서 연유된 것이 아니라, 에녹1서(1-36장)에서 무방비 상태에 있는 여성들을 대상으로 집단강간과 성폭행을 함으로써 윤리적으로 자신들의 몸과 위상을 더럽힌 하늘에서 내려온 타락한 천사들과 동일시되는 짐승의 추종자들에 대한 대항 이미지로 표현된 것이다. 즉, 144,000은 황제숭배를 강요하는 로마의 제국주의 체제와 문화에 동화되지 않은 순수한 그리스도인들 전체를 가리킨다. 나의 박사학위논문에서 나는 에녹1서와 신약성서의 여성혐오 전통 문제를 여성신학적으로 자세히 해석하였다. Byung Hak Lee, *Befreiungserfahrungen von der Schreckensherrschaftdes Todes im athiopischen Henochbuch: Der Vordergrund des neuen Tesstaments*, Dissertation, Ruhr-Universität Bochum 1998을 보라.

그러므로 저항의 영성을 가진 그들만이 하늘에서 순교자들이 부르는 새 노래를 배워서 부를 수 있다(참조, 계 14:3).

또 하늘에는 로마의 몰락과 폭력의 역사의 끝장을 기뻐하면서 하나님과 어린 양 예수에게 찬양과 예배를 드리는 흰옷을 입고 손에 종려나무 가지를 들고 있는 "셀 수 없는 큰 무리(ὄχλος/오클로스)가 있다(계 7:9). 그들은 각 나라와 족속과 백성과 방언에서" 나온 자들로서 로마의 제국주의에 비폭력적으로 저항하고 투쟁하는 과정에서 큰 환난을 겪고 살해당한 충성스러운 남녀 증인들이다. 그들은 흰옷을 입고 천상의 예배에 참석하고 있다(계 7:9). 그들의 수는 하나님이 확정한 순교자들의 수를 채울 수 있을 정도로 셀 수 없이 많다. 그들은 "구원하심이 보좌에 앉으신 우리 하나님과 어린 양에게 있도다."(계 7:10)라고 큰 소리로 노래한다. 이러한 노래는 로마가 식민지 인민들에게 구원을 보장한다고 선전한 로마의 공론장의 거짓된 주장을 반박하는 죽은 자들의 대항주장이다. 1세기 말엽 로마 제국의 시대에 구원이라는 용어는 "평화, 안전, 그리고 복지"를 의미하는 정치적인 용어였다. 살해당한 순교자들은 땅 위에서 받지 못한 이러한 구원을 하늘에서 받았기 때문에 천상의 예배에서 하나님과 어린 양 예수를 찬양한다.

그들은 생전에 어린 양의 피에 자기들의 옷을 빨아서 희게 하였기 때문에(계 7:14) 지금 하늘에서 큰 축복의 약속을 받고 살고 있다.

"15 그러므로 그들이 하나님의 보좌 앞에 있고 또 그의 성전에서 밤낮 하나님을 섬기매 보좌에 앉으신 이가 그들 위에 장막을 치시리니 16 그들이 다시는 주리지도 아니하며 목마르지도 아니하고 해나 아무 뜨거운 기운에 상하지도 아니하리니 17 이는 보좌 가운데에 계신 어린 양이 그들의 목자가 되사 생명수 샘으로 인도하시고 하나님께서 그들의 눈에서 모든 눈물을 씻어 주실 것임이라"(계 7:15-17).

여기서 언급된 굶주림, 목마름, 불태움은 모두 그들이 생전에 경험하였었던 로마 제국의 살인적인 현실을 가리킨다. 그러나 이제부터 그들은 하나님의 장막 아래서 보호를 받게 될 것이고, 목자이신 어린 양 예수의 인도로 생명수 샘물을 마시면서 살게 될 것이다. 그들에 약속된 이러한 축복은 현재뿐만 아니라 장차 새 예루살렘에서도 계속될 것이다.

하나님과 어린 양을 찬양하고 예배하는 흰 옷을 입은 자들은 현실의 세계에서 잔혹하게 처형된 패배자들이었지만, 그러나 하늘에서 지금 모두 진정한 승리자들로 살아 있다. 그들은 자신들을 희생시켰을 뿐만 아니라, 지금도 남을 희생시키고 있는 무정한 폭력과 학살의 역사의 끝장을 기다리고 있다.

### 4. 일곱째 봉인(계 8:1): 새 역사의 개벽

마지막으로 일곱째 봉인 환상은 아주 짧지만 매우 인상적이다. 마지막 봉인이 열릴 때 "하늘이 반시간 동안쯤 고요하였다"(계 8:1)고 한다. 이것은 태초의 고요한 시간에 상응하는 마지막 종말의 때의 고요한 시간이다. 이 고요함은 폭력과 학살의 역사의 끝남과 새 역사의 개벽을 상징한다. "세계는 태초에 고요했던 것처럼 칠일 동안 태초의 교요함으로 되돌아갈 것이다"(제4에스라 7:30). 이 마지막 봉인 환상은 요한의 독자들로 하여금 로마의 제국주의의 악마적 권력에 의해서 유지되는 폭력의 역사가 이대로 계속해서 진행되는 것이 아니라, 반드시 속히 하나님의 심판으로 끝장나고 새로운 세계가 시작될 것을 확신하면서 미래를 긍정적으로 바라보게 한다. 요한계시록의 저자와 그의 독자들이 서 있는 위치는 여섯째 봉인과 일곱째 봉인 사이이며, 그것은 또한 오늘의 그리스도인들이 서 있는 위치이다.

## III. 결론: 기억의 문화 형성

일곱 겹으로 봉인된 두루마리 책의 환상은 그 당시의 로마 제국의 폭력적인 현실뿐만 아니라, 오늘의 세계의 현실을 역시 분석하고 해석할 수 있는 신학적 틀(theological framework)이다. 이 환상의 중심은 로마의 제국주의에 의해서 학살당한 남녀 순교자들의 통곡과 절규가 있는 다섯 번째 봉인(계 6:9-11)이다. 죽은 자들에 대한 기억을 현재화하는 고통스러운 성찰의 과정을 거친 요한계시록의 저자 요한의 글쓰기는 살아 있는 자들에게 죽은 자들을 기억해야 할 윤리적 책무를 환기시킨다. 그의 반제국주의 운동의 기반은 짐승과 싸우는 어린 양 예수에 대한 기억에서 나오는 저항의 영성과 죽은 자들의 고난과 투쟁과 죽음에 대한 기억의 힘으로부터 나오는 기억의 윤리이다.

이 환상은 오늘날 밀봉된 역사의 봉인들을 뜯어내고 은폐된 역사적 진실을 규명할 것을 요구한다. 오늘날 신자유주의적 세계화의 맥락에서 중요한 시대적 과제는 제국주의가 일으킨 전쟁들과 국가폭력에 의해서 학살된 수많은 무죄한 남녀 희생자들의 고난과 죽음에 대한 기억을 보존하고 재현하는 기억의 문화를 형성하는 것이다. 기억의 문화의 의의는 지배자들의 공식적 기억과 이대올로기로 봉인된 역사에서 축출되었던 학살당한 무죄한 희생자들의 기억을 회복하고, 그들의 대항기억을 통해서 왜곡된 역사를 바로잡는 데 있다. 기억의 문화는 무엇보다도 죽은 자들의 명예 회복과 신원을 위해서 중요하며, 또한 제국주의적 침탈을 방지하기 위해서, 전쟁과 학살과 인권 유린의 재발을 방지하기 위해서, 그리고 반민주적인 사회구조의 개선을 위해서도 중요하다. 또한 그것은 오늘날 물신이 지배하고 있는 소비사회에서 잊어버리기 쉬운 타자의 고난에 대한 민감성과 연대성을 찾기 위해서도 역시 중요하다. 한국을 강점하였던 일본의 제국주의의 희생자들과 한국전쟁전후에 남한에서 구가폭력으로 학살된 무고한 민간인 희생자들의 억울한 죽음의 진상은 반드시 밝혀져야 하고, 그들의 고난과 죽음이 망각되지 않도록 기억의 문화를 통해서 보존되고 재현되어야 한다. 죽은 자들에 대한 기억은 과거에로의 회귀가 아니라, 미래의 공동의 구원을 위한 희망의 원천이다.

권력과 자본을 숭배하는 제국주의자들은 메스미디어를 장악하여 날마다 강대국들의 세계 지배 전략을 정당화하는 이데올로기적 담론들을 통해서 지금 현재 강대국들이 일으킨 또는 다시 일으키려고 하는 제국주의 전쟁들을 용인하도록 사람들을 설득하고 있으며, 또한 물신을 숭배하도록 유혹하면서 타인의 고통과 죽음에 대한 무관심과 망각의 문화를 조장하고 있다. 그러나 학살당한 희생자들에 대한 망각은 그들을 두 번 죽이는 행위이다.[84] 왜냐하면 망각을 통해서 권력자들과 살해자들의 죄악의 흔적이 씻어지고, 그들의 악행이 합법화되기 때문이며, 또한 이와 함께 그들이 언제나 역사의 승리자들이 될 수 있기 때문이다. 기억은 억눌린 자들의 정체성을 보존하는 방패이고, 사회변혁을 위한 저항력의 원천이며, 그리고 억압자들에게는 위협적인 도전이다.[85] 그러므로 제국주의에 대한 저항과 탈식민화는 망각에서 벗어나 무죄한 희생자들의 고난과 억울한 죽음을 다시 기억하는 순간에 시작된다고 말할 수 있다.[86]

잔혹하게 학살당한 희생자들을 기억한다는 것은 물론 고통스러운 일이지만,

---

84) Reinhold Boschki, *Der Schrei: Gott und Mensch im Werke von Elie Wiesel* (Mainz: Mattias-Griinewald Verlag, 1994), 205.
85) 이병학, "무죄한 자들의 억울한 죽음에 대한 위험한 기억(행 13:1-9)" 102.
86) 릴라 간디, 『포스트식민주의란 무엇인가』, 23-24 그리고 220-21.

산 자들은 죽은 자들의 고난과 투쟁과 죽음을 결코 망각해서는 안 된다. 압제자들에게 예속되었던 조부모와 부모의 고난을 잊어버리거나, 민족과 민중의 고난을 잊어버리는 망각은 무죄한 자들을 학대하고 잔혹하게 처형한 살해자들의 죄악을 묵인하고 타협하는 자들의 행태이며, 또한 자본주의의 향락과 소비에 투항한 자들의 행태이다. 일제의 지배로부터 벗어난 1945년 8.15 해방의 기쁨을 채 누려보기도 전에 자주적인 통일 조국의 건설을 열망하였던 수많은 한국인 남자들과 여자들은 새로운 외세의 통치인 미군정기와 남한의 단독정부 수립 직후에 공산주의자, 좌익으로 또는 부역자로 몰려서 처형되거나 감옥에 갔었으며, 또한 한국전쟁 전후에 재판도 없이 산과 들과 바다에서 잔혹하게 집단적으로 학살되었다. 한 비극적인 가족의 실례를 들면, 1948년 12월경에 경찰과 국군 토벌대가 지리산에 은신해 있던 여순항쟁을 일으킨 군인들과 유격대를 토벌하고 그리고 그들에게 부역한 민간인들을 색출하여 잔혹하게 처형하였던 엄혹한 시절에 지리산 오지인 구례군 산동면 좌사리 상관마을에 살았던 열아홉 살의 처녀인 백순례는 셋째 오빠를 살리기 위해서 자신이 대신해서 토벌대에 잡혀가서 고문을 당하고, 포승에 묶여서 처형장으로 끌려가면서 이런 한 맺힌 노래를 지어서 불렀다.

> "잘 있거라, 산동아. 너를 두고 나는 간다.
> 열아홉 꽃봉오리 피어보지 못한 채로
> 까마귀 우는 골을 멍든 다리 절어 절어
> 달비 머리 풀어 얹고 원한의 넋이 되어
> 노고단 골짝에서 이름 없이 스러졌네.
>
> 잘 있거라, 산동아. 한을 안고 나는 간다.
> 산수유 꽃잎마다 설운 정을 맺어 놓고
> 회오리 찬바람에 부모효성 다 못하고
> 갈 길 마다 눈물지며 꽃처럼 떨어져서
> 노고단 골짝에 이름 없이 스러졌네."

백순례(집에서 부르는 이름은 색 헝겊으로 만든 예쁜 노리개를 뜻하는 "부전"이었음)는 5남매의 막내였다. 큰오빠 백남수는 일제 징용으로 끌려가서 죽었고, 둘째 오빠 백남승은 여순항쟁에 연루되어 처형되었고, 그녀가 살린 셋째 오빠 백남극은 나중에 여순항쟁 부역혐의자로 끌려가서 당했던 고문 후유증으로 죽었고, 언니 백순남은 6.25 전쟁 무렵에 행방불명되었고, 그리고 어머니 고선옥 씨는 1987년에 영면했다. 백순례가 처형장으로 끌려가면서 부른 한 맺힌 노래를 채록한 것으로 전해지는 "산동애가"라는 곡명을 가진 이 노래는 금지곡으로 오랫동안 부를 수 없었던 노래이다.[87]

이처럼 한국전쟁 전후에 좌익과 부역혐의자로 몰려서 잔혹하게 처형당한 수많은 무죄한 민간인 희생자들은 하늘의 제단 아래 모여서 정의와 신원을 위해서 하나님에게 탄원하고 있으며, 또한 그들의 인권을 짓밟고 고귀한 생명을 빼앗아 간 폭력의 역사에 항의하면서 지금도 서럽게 통곡하고 절규하고 있다. 제국주의와 국가폭력에 의해서 희생된 수많은 무죄한 남녀 희생자들의 시신은 여러 학살 장소에서 수습되지 않은 채로 묻혀 있다. 남한 정부의 조직적인 공권력에 의한 살해와 집단학살 사건들을 은폐하고 무죄한 희생자들의 고난과 죽음에 대한 기억을 축출시킨 봉인된 과거사의 진상은 명백하게 규명되어야 하며, 죽은 자들의 명예 회복은 사법적 심판과 가해자들의 참회를 통해서 이루어져야 한다.[88] 산 자들은 억울하게 죽임을 당한 희생자들의 고난을 기억하고 인간적인 평등한 세계를 갈망하였던 그들의 이루지 못한 꿈과 희망을 되찾아서 실현해야 할 윤리적 책무가 있다.[89]

산 자들은 희생자들의 비통한 절규와 기억에 적극적으로 참여해야 하며, 죽은 자들의 편에 서서 전쟁과 살해와 대량학살을 야기한 제국주의와 국가폭력에 항의해야 하며, 그리고 그들의 피맺힌 절규와 억울한 죽음에 대한 이야기를 남에게 전달해야만 한다. 백기완은 한국의 민주화를 위해서 군사 독재 정권에 저항하였던 투사들이 흘린 피가 저저든 대지 위에서 그들의 억울한 사연과 흐느끼는 소리를 듣고 이렇게 읊는다.

"벗이여 새 날이 올 때까지 흔들리지 말라.
갈대마저 일어나 소리치는 끝없는 함성.

---

87) 이 노래는 1961년 정성수 작사, 김부해 작곡, 지화자 노래로 음반이 나왔으나 금지곡이 되었다.
88) 김동춘, "20세기 국가폭력과 과거청산," 조희연 편, 『국가폭력, 민주주의, 그리고 희생』(서울: 함께읽는책 , 2002), 429-45 그리고 같은 책에서 조희연, "민주주의 이행과 과거청산," 453-82을 참조하라.
89) 2005년 5월에 "진실과 화해를 위한 과거사 정리 기본법"이 한국 국회에서 제정된 것은 사회의 통합과 민주주의의 발전을 위해서 다행스러운 일이다.

일어나라 일어나라
소리치는 피맺힌 함성.
앞서서 가나니
산 자여 따르라 산 자여 따르라."[90]

약자들을 억압하는 자본의 권력과 열악한 노동조건에 죽음으로 항의하였던 꽃다운 나이인 스물두 살의 여성 노동자 권미경[91]의 왼쪽 팔에 검정색 볼펜으로 쓰여 있는 짧은 유서는 바로 기억을 통한 죽은 자들과의 연대와 기억의 윤리의 중요성을 다음과 같이 말한다.

"사랑하는 나의 형제들이여!
나를 이 차가운 억압의 땅에 묻지 말고
그대들 가슴속 깊은 곳에 묻어주오.
그때만이 비로소 우리는 완전한 하나가 될 수 있으리."[92]

자본의 세계화에 저항하는 대중투쟁에서 살해된 한 동지의 관 앞에서 눈물을 흘리는 노동자들과 농민들은 의로운 투사들이 얼마나 더 피를 흘려야만 가난한 자들의 죽음을 막을 수 있는가 하고 절규하고 탄식하였다.[93] 오늘날 아무도 그리스도인이라는 이유 때문에 사형선고를 받고 처형되지는 않는다. 그러므로 인간적인 세계를 위한 해방투쟁에서 남을 위하여 예수처럼 피를 흘리며 자신의 생명을 회생한 의로운 남자들과 여자들의 죽음은 순교라는 점에서 새롭게 이해되어야만 한다. 나아가서 일본 제국주의의 희생자들, 한국전쟁 전후에 잔혹하게 학살

---

90) 백기완이 1980년 12월에 서울 서대문구치소 감방에서 쓴 "묏비나리: 젊은 남녀의 춤꾼에게 띠우는"이라는 제목의 시의 일부이며, 증보판 시집인, 백기완, 『젊은 날』 (서울: 민족통일, 1990)에 실려 있다.

91) 권미경은 부산에서 초등학교를 졸업한 후 바로 공장에서 일을 하면서 야간으로 중학교를 마쳤다. 그녀는 1991년 12월 6일 오후 4시에 회사에서 투신자살로 사회적 불의에 항의했다.

92) 김동수, 『열사는 말한다』 (부산: 도서출판 전망, 2005), 96.

93) 44세의 건설 노동자 하중근(1962년생)은 노무현 정부 시대인 2006년 7월 16일 포항 건설노조의 포스코 점거농성과 파업을 지지하는 집회에서 경찰의 진압과정에서 머리에 부상을 입고 병원에 입원 중 8월 1일 숨졌으며, 36일 만인 9월 6일 포항에서 장례가 치러졌다. 하중근의 죽음을 애도하는 수천 명의 노동자들이 모인 추모집회에서 사용된 대형 펼침 막에는 "얼마나 더 피를 뿌려야 죽음을 막을 수 있나"라고 쓰여 있었다. 박경철, "얼마나 더 피를 뿌려야 죽음을 막을 수 있나?" 「민중의 소리」 (2006. 8.19).

된 이름 없는 수많은 무죄한 민간인 희생자들, 군사정권 시대의 희생자들, 그리고 오늘날 지구적 자본의 권력에 의해서 점차 더 빈곤해지고 죽음을 강요받고 있는 많은 가난한 사람들의 죽음도 역시 순교라는 점에서 새롭게 조명되어야 할 것이다.[94]

예수 그리스도의 죽음과 부활에 대한 기억의 담지자로서 교회는 제국주의와 국가폭력에 의해서 불의하게 살해당한 수많은 무죄한 희생자들과 기억연대를 형성하도록 고무하고 죽은 자들이 망각되지 않도록 기억투쟁을 하는 기억의 공간이 되어야 하며, 그들의 고난과 죽음에 대한 기억을 보존하고 재현하는 기억의 문화를 건설하는 중심이 되어야 한다.[95] 교회는 전쟁과 학살로 수많은 사람들의 생명을 앗아갔으며 지금도 앗아가고 있는 강대국들의 제국주의에 저항하고, 북한을 악마시하고 이간시키며 전쟁을 부추기는 제국주의 세력을 배격하고, 정치 권력의 남용을 감시하고, 그리고 물신숭배를 비판하는 대항공론장이 되어야 한다. 또한 교회는 자본의 축적을 목적으로 하는 욕구의 경제를 필요의 경제로 변화시키는 새로운 경제체제를 추구하면서 국내외의 가난한 자들과 연대하는 대안적인 삶을 육성하는 훈련의 장이 되어야 한다.

민족의 동질성과 신뢰성의 회복을 통한 조국의 자주적인 재통일이 실현될 때까지, 그리고 타자의 고통에 무감각하고 타자의 억울한 죽음을 망각하는 무정한 세계의 제국과 지구적 자본의 제국이 가난한 자들과 힘없는 약자들을 사랑하는 하나님과 그의 그리스도의 제국으로 변화될 때까지(계 11:15) 교회는 힘없는 주변부의 민족들을 위협하고 억압하고 착취할 뿐만 아니라, 전쟁과 학살로 수많은 무죄한 자들의 인권을 유린하고 고귀한 생명을 앗아가는 사악한 짐승의 세력인 제국주의와 국가폭력과 지구적 자본에 맞서서 온 힘을 다하여 싸우는 저항의 공동체, 투쟁의 공동체, 기억의 공동체, 그리고 연대의 공동체가 되어야 한다. 하나님은 짐승의 세력에 저항하면서 싸웠던 의로운 순교자들과 죄 없이 죽어야만 하였던 무력한 희생자들을 기억하며, 또한 하나님은 아무리 세미한 신음소리라 할지라도 고난당하는 인간의 진실한 목소리를 듣는다.

---

94) Elsa Tamez, "Martyrs of Latin America," in: *Concilium: Rethinking Martyrdom, Vol. 1* (2003), 31-37.
95) 남한 정부의 조직적인 공권력에 의해서 좌익과 부역자로 규정되어 집단적으로 학살당한 수많은 무죄한 희생자들은 "빨갱이"로 낙인찍혀 있는 반면에, 전남 영광군 염산면에 있는 염산교회와 야월교회는 한국전쟁 당시에 인민군에 의해서 처형된 교인들을 순교자라고 부르고 있으며, 그들을 위해서 세운 순교 기념비와 기념관은 반공 이데올로기 교육을 위한 장으로 이용되고 있다.

제국주의에 대한 저항과 투쟁은 민중의 연대와 세계의 그리스도인들의 연대
를 통해서 여러 지역에서, 여러 분야에서, 그리고 여러 현장에서 지속적으로 전
개되어야만 한다. 어린 양에 의해서 마지막 봉인이 뜯어지면서 폭력과 학살의 역
사가 끝나고 고요하고 평화로운 새로운 세계가 개벽된다(계 8:1). 이러한 희망과
확신을 품고서 민주적 평등사회와 자주적인 조국통일과 세계 평화를 이룩하기
위하여 그리고 정의와 평화와 사랑이 지배하는 대안적 세계인 하나님의 나라를
실현하기 위하여 약자들과 억눌린 자들의 편에 서서 짐승의 악마적 세력인 제국
주의, 국가폭력, 그리고 지구적 자본의 제국에 저항하고 투쟁하고 있는 그의 의
로운 형제자매들 가운데 로마의 폭력에 희생되었으나 부활한 예수는 함께 싸우
는 투사 그리스도로서 현존하고 있다.

제7장

# 대량학살의 기억과 반제국주의 운동
"네 천사들은 사람 삼분의 일을 죽이기로 예비된 자들이더라"(계 9:15)

## I. 서론적 성찰

인류의 역사는 한 편으로는 제국들에 의해서 자행된 전쟁과 학살로 점철된 폭력의 역사이며, 또 다른 한편으로는 자유와 인권을 위한 해방투쟁의 역사이다. 특히 20세기는 인류 역사 중에 가장 야만적이고 유혈적인 제국주의 전쟁과 제노사이드(genocide)[1]의 세기였다. "자유," "정의," "평화," "번영," "문명," 그리고 "민주주의"의 수사학으로 장식한 제국주의 국가들은 침략 전쟁들을 일으켜서 수많은 원주민들과 민간인들을 학살하였을 뿐만 아니라, 전쟁이 아닌 상황에서도 국가 발전에 저해가 되는 사람들이라는 이유로 수많은 자국의 민간인들과 자국의 영토 안에 거주하거나 또는 점령지에 거주하는 외국인 민간인들을 집단적으로 잔혹하게 대량 학살하였다. 1948년 12월 9일 프랑스 파리에서 개최된 유엔 총회에서 "제노사이드 범죄의 방지와 처벌에 관한 협약"(Convention on the Prevention and Punishment of the Crime of Genocide)이 체결되었지만,[2] 그러나 비무

---

1) 제노사이드는 인종 집단을 멸절시키는 대량학살을 의미하지만, 정치적 집단을 포함한 대량학살로 의미가 확대되어서 사용되고 있다. 제노사이드(genocide)라는 용어는 그리스어 γένος(genos, 인종, 종족, 민족)과 라틴어 caedere(죽이다, 학살하다)의 파생어 cide를 조합한 것이다. 유대인 출신 폴란드 법학자인 라파엘 렘킨(1900-1959)이 나치 독일이 유대인 인종을 멸절시킬 목적으로 유대인들을 대량 학살한 행위를 범죄로 규정하기 위해서 제노사이드라는 용어를 1944년에 처음으로 사용하였다. 그는 제노사이드를 "어떤 집단 자체를 멸절시키려는 목적에서 그 집단 구성원들의 삶의 근본적인 토대를 파괴하기 위해 기도되는 다양한 행위의 통합적 계획"으로 정의하였다. Raphael Lemkin, *Axis Rule in Occupied Europe: Laws of Occupation, Analysis of Government: Proposals for Redress* (Washington, D. C.: Carnegie Endowment for International Peace, 1944), 79.
2) 1948년 유엔 총회에서 체결된 "제노사이드 범죄의 방지와 처벌에 관한 협약"의 본문은 제노사이드

장 민간인들을 집단적으로 학살하는 반인륜 범죄인 제노사이드는 오늘날까지도 세계 도처에서 여전히 발생하고 있다. 한국전쟁 전후에 남한에서 수많은 무고한 민간인들이 공산주의자, 좌익, 좌익 협의자로 몰려서 집단 학살되었다. 무죄한 자들의 피를 흘리는 살인을 해서는 안 된다는 것이 성서적 계명이다. 그럼에도 불구하고 오늘날 교회와 신학이 이러한 대량학살 사건들과 제노사이드의 희생자들에 대해서 거의 말하지 않고 침묵하는 것은 매우 유감스러운 일이다.

정치학자인 루돌프 럼멜(Rudolph Rummel)이 추산한 통계에 의하면 1900년부터 1988년까지 전쟁을 제외한 비전투적인 상황에서 제국주의 국가들의 절대적 권력에 의해서 의도적으로 학살당한 민간인 남자들과 여자들은 1억 6,919만 8천 명이다.[3] 이 수치는 1차 세계대전과 2차 세계대전의 군인 전사자들을 합친 수보다 몇 갑절이나 더 많다. 그는 수많은 무고한 민간인들을 학살한 여러 정부들의 국가폭력의 희생자들의 규모에 대해서 연구했다. 소련은 1900-1917년에 자국민 1백만 명을 살해하였으며, 그리고 1930-1940년에 자국민과 외국인들을 합쳐서 거의 6천2백만 명을 학살하였다. 멕시코는 1900-1920년에 원주민 1백40만 명을 학살하였다. 터키는 1915-1918년에 자국 안에 살고 있는 외국인 거주자들인 아르메니아인들 1백80만 명을 집단적으로 학살하였다. 중국은 1923-1928년에 자국민 3백5십만 명을 학살하였고, 1928-1949년 국민당 정권하서 자국민 1천10만 명을 학살하였고, 1958-1962년 사이의 대약진운에서 자국민 3천만 명을 학살하였으며, 그리고 1966-1976년 사이의 문화대혁명 과정에서 자국민 1백만 명을 학살하였다. 나치 독일은 1933-1945년에 유대인들

---

를 "특정 국적, 인종, 민족, 종교 집단에 속한 사람들을 전체적으로나 또는 부분적으로 파괴할 의도를 가지고 실행된 행위"로 정의하며, 그러한 범죄적 행위는 "① 집단 구성원을 살해하는 것, ② 집단 구성원에 대해 중대한 육체적 그리고 정신적 위해를 가하는 것, ③ 전체적이든 또는 부분적이든 집단의 신체적 파괴를 초래하기 위해서 고려된 삶의 조건들을 그 집단에게 의도적으로 부과하는 것, ④ 집단 내의 출산을 방지하기 위한 의도된 조치를 부과하는 것, 그리고 ⑤ 집단의 아동을 강제적으로 다른 집단으로 이동시키는 것"이라고 규정하였다. 그러나 유엔에서 승인된 이 협약에서 범죄로 규정된 제노사이드의 정의에서 정치적 집단과 비인종적 집단을 죽이는 행위는 누락되었다. 하지만 이것은 이 협약을 추진하였던 렘킨이 실수로 빠뜨린 것이 아니라, 그가 소련의 압력 때문에 어쩔 수 없는 타협의 결과로 빠진 것이다. 제노사이드 협약의 이러한 한계에 대해서는 최호근, 『제노사이드: 학살과 은폐의 역사』(서울: 책세상, 2005), 35-67; 벤자민 발렌티노/ 장원석·허호준 공역, 『20세기의 대량학살과 제노사이드』(제주: 제주대학교출판부, 2006), 30-32를 보라.

3) Rudolph Rummel, *Death by Government*, New Brunswick, N. J.: Transaction Publishers, 1994, 1-28. 럼멜은 제노사이드의 협소한 의미를 극복하기 위해서 제노사이드(genocide), 정치적 학살(politicide), 대량 살해(mass murder), 그리고 테러(terror)를 포괄하는 대량학살의 개념으로 데모사이드(democide)라는 용어를 사용한다. democide는 그리스어 δῆμος(demos, 사람, 인민, 다중)와 라틴어 caedere(죽이다, 학살하다)의 파생어 cide를 조합한 것이다.

뿐만 아니라, 자국민 장애자들과 동성애자들, 슬라브인들, 집시인들, 발트인들, 체코인들, 프랑스인들, 폴란드인들, 우크라이나인들, 그리고 또 다른 종족들을 역시 학살하였는데, 6백만 명의 유대인 희생자들을 포함하여 거의 2천1백만 명을 학살하였다. 일본은 1937-1945년에 중국을 비롯한 동아시아의 여러 국가들에서 6백만 명을 학살하였다. 폴란드는 1945-1948년에 민간인 1백60만 명을 학살하였다. 캄보디아의 크메르 루즈 정권은 1975-1979년에 급격한 공산주의 집단화를 추진하는 과정에서 자국민과 소수 민족을 합하여 2백만 명을 학살하였다. 파키스탄은 1958-1987년에 민간인 1백50만 명을 학살하였다. 그리고 유고슬라비아는 1944-1987년에 자국민 백만 명을 학살하였다.[4]

유고슬라비아의 해체로 각기 분리된 세르비아, 슬로베니아, 크로아티아, 보스니아-헤르초고비나, 그리고 코소보는 1991-1999년 사이의 내전과 제노사이드로 인해서 1백만 명의 민간인 피학살자들을 생산하였다. 르완다는 1994년에 인종 갈등으로 1백만 명의 투치족 민간인 피학살자들을 생산하였다. 그리고 과테말라는 1978-1996년에 게릴라 진압작전과 초토화 과정에서 수십만 명의 원주민들을 집단적으로 학살하였다.[5]

이러한 대량학살의 희생자들 중에 많은 여성들은 학살되기 전에 성폭행을 당하는 이중의 고통을 겪어야만 하였다. 일본제국은 1919년에 삼일운동을 진압하기 위해서 한국인들을 체포하여 심문하였을 때 여자들을 성폭행했으며,[6] 1932-1945년에 여러 전선에 집단 강간 캠프를 설치하고 "정신대," 또는 "위안부"라는 이름으로 수만 명의 나이 어린 한국인 여성들을 성노예로 거기에 장기간 감금하고 체계적으로 강간하였다. 또 다른 실례로서 일제는 난징학살(=남경학살)에서 불과 6주 동안(1937년 12월 13일-1938년 1월)에 30만 명의 중국인들을 갖가지 잔혹한 방법으로 학살하였을 뿐만 아니라, 적어도 2만 명 이상의 중국 여성들과 어린 소녀들을 강간하였으며, 그리고 심지어는 강간 직후에 많은 여자들을 살해하였다.[7]

---

4) Rudolph Rummel, *Death by Government*, 29-362.
5) 벤자민 발렌티노, 『20세기의 대량학살과 제노사이드』, 224, 234, 246.
6) 김병조, 『한국독립운동사략(상)』 (상해: 대한민국임시정부 사료편찬위원회, 1920), 169-170.
7) 아이리스 장/ 김은령 옮김, 『난징대학살』 (서울: 끌리오, 1999), 107-114. 중국계 미국인인 아이리스 장(Iris Chang, 1968-2004)은 자신의 책과 강연을 통해서 난징학살의 진실을 부정하거나 은폐하고 왜곡한 일본 정부와 일본 역사 교과서를 통렬하게 비판하였으며, 또한 한국인 "위안부" 희생자들의 피해를 부정하는 일본 정부를 역시 강하게 비판하였다.

탈식민지 시대에 여러 독립 국가들 가운데서 자주 발생하고 있는 유혈적인 내전과 대량학살의 원인은 무엇인가? 그것은 역시 과거의 식민통치 시대에 제국주의자들이 인종을 이간하여 지배하였던 분리 통치 정책이나 종교 정책에서 기인된 것이며, 또는 식민통치로부터 약소국을 해방시킨 또 다른 강대국들의 지배와 유혹으로 인해서 강대국들의 경쟁적인 이데올로기 대립에 휘말려 들어갈 수밖에 없었던 약소국의 운명에서 기인된 것이다.

일본의 패망과 더불어 점령군으로 한반도에 진주한 미국과 소련의 경쟁적인 이념 대립의 구도에 의해서 한국은 결국 남북으로 분단되었고,[8] 곧 이어서 참혹한 한국전쟁(1950-1953)과 민간인 집단학살 사건들이 발생하였다. 중요한 것은 식민통치 시대의 일본의 반공 정책이 한국의 분단과 민간인 집단학살의 토양이 되었다는 점이다. 1930년대에 "좌익"이라는 말은 "항일"의 동의어였으며, "반공"은 "친일"의 동의어로 사용되었다. 일제는 순수한 저항세력인 지하 독립 운동가들을 공산주의자들로 몰았으며, 소작쟁의와 노동쟁의를 모두 공산주의자들의 책임으로 돌렸으며, 그리고 반공을 표방한 친일 단체들이 조직되도록 정책적으로 유도하였으며, 특히 기독교 단체들이 공산주의를 비난하는 반공 세력이 되도록 강요하였다.[9] 해방 후 친일세력이 미군정의 고위직에 등용되었으며, 일본 경찰에 의해서 훈련된 한국인 경찰의 85%가 미군정의 경찰로 채용되었고, 그리고 그들의 대다수가 정부 수립 이후에 남한 정부의 경찰이 되었다.[10] 한국전쟁 전후에 남한에서 좌익과 부역 혐의자로 내몰려서 정당한 재판 절차도 없이 집단적으로 처형당한 민간인 희생자들은 백만 명에 이르는 것으로 추정된다.[11] 물론 북한에서도 북한 당국에 의한 민간인 학살이 발생하였을 것으로 추정되므로 앞으로 구체적인 연구가 필요할 것이다. 대표적인 민간인 집단학살 사건들은 1946년 10월 항쟁, 제주 4·3 항쟁, 여순 항쟁, 국민보도연맹원 학살, 그리고 충북 영동 노근리 학살의 맥락에서 발생하였다.[12] 그들은 그토록 염원했던 조국의

---

8) 점령군으로 진주한 미군정의 성격에 대해서는, 백기완, "김구의 사상과 행동의 재조명," 송건호 외, 『해방전후사의 인식』(서울: 한길사, 1979), 289-290; 장상환, "미국에 의한 한국사회의 재편성," 경상대학교 사회과학연구원 편, 『제국주의와 한국사회』(서울: 한울, 2002), 138-39를 보라.
9) 브루스 커밍스, "한국의 해방과 미국정책," 일월서각 편집부 편, 『분단전후의 현대사』(서울: 일월서각, 1983), 139.
10) 김정원, 『한국현대사의 재조명』(서울: 돌베개, 1982), 153.
11) 한국전쟁전후 민간인학살 진상규명 범국민위원회 편, 『한국전쟁전후 민간인학살 실태 보고서』(서울: 한울, 2005), 12-13.
12) 이러한 사건들에 대한 신학적 성찰에 대해서는 이병학, "언제까지 우리의 흘린 피를 신원하여주지 않으렵니까(계 6:10): 제국주의에 대한 저항과 기억의 문화," 「신학사상」(2006년 겨울호),

해방과 자유를 채 누려보기도 전에 이념 대립의 소용돌이 속에서 억울하게 죽임을 당해야만 하였다. 그들은 경찰, 국군, 서북청년단과 민간 치안대 등 우익 단체들, 그리고 미군에 의해서 잔혹하게 학살되었다.

이러한 민간인 집단학살 사건들은 반세기 이상 억압과 통제 속에 묻혀 있었지만, 1990년대의 한국의 민주화 이행 과정에서 비로소 침묵이 깨어지고 공론화되기 시작하였다. 그동안 무죄한 피학살자들의 유족들은 숨을 죽이면서 서러움과 통한의 삶을 견디어 왔다.[13] 한 실례를 들면 서영선 씨는 12살 소녀였을 때 어머니가 부역자의 아내라는 이유로 집에서 향토방위 특공대원들에 의해서 강제로 끌려간 마지막 모습을 아직도 잊지 못하면서 슬퍼하고 있다. 그녀의 어머니는 여덟 달 된 아기를 가슴에 안은 채로 1951년 1월 초순에 강화도 바닷가에서 총살되었다.[14]

"10명씩 갯벌에 세워 놓고 총을 쏘았다고 하더군요. 다음 날 아침이면 시신들은 다 떠내려갔겠죠. 강화 앞바다는 물살이 세거든요. 엄마는 아마 처음 60명을 죽일 때 죽었을 거예요."[15]

요한계시록에는 로마 제국이 자행한 대량학살의 희생자들에 대한 기억이 보존되어 있다. 요한계시록의 저자의 인식에 의하면, 하나님이 로마를 심판하는 근본적인 이유는 로마 제국이 단지 그리스도인들만을 박해하고 학살하였기 때문이 아니라, 교회 울타리 밖에 있는 수많은 무죄한 사람들을 역시 잔혹하게 학살하였기 때문이다. "선지자들과 성도들과 및 땅 위에서 죽임을 당한 모든 자의 피가 이 성 중에서 보였느니라"(계 18:24).

나는 대량학살을 중요한 신학적 주제로 인식하고 있다. 그러므로 나는 이 논문에서 요한계시록의 일곱 나팔 환상을 탈식민주의적 관점에서 그리고 희생자

---

205-07을 참조하라.

13) 민간인 집단학살의 진상에 대해서는 한국전쟁전후 민간인학살 진상규명 범국민위원회 편, 『계속되는 학살, 그 눈물 닦일 날은……: 한국전쟁전후 민간인학살 인권피해실태보고서』(서울: 우인 미디어, 2006)를 보라.

14) 강화도 민간인 학살 사건을 조사한 진실과 화해를 위한 과거사정리위원회는 2008년 7월 17일 진실이 규명되었으므로 억울하게 학살당한 희생자들과 유족들에 대한 국가의 사과와 재발 방지 교육이 필요하다고 발표하였다.

15) 서영선, 『한과 슬픔은 세월의 두께 만큼: 강화 민간인학살의 진실과 과거사법 투쟁사』(서울: 작가들, 2007), 103.

들의 관점에서 새롭게 해석함으로써 대량학살의 희생자들에 대한 요한의 기억과 대안적 세계의 도래에 대한 그의 갈망과 신앙 실천이 폭력과 학살의 역사가 반드시 곧 끝장날 종말의 도래를 확약하는 일곱 나팔 환상(8:2-11:19)에 표출되어 있다는 점을 밝히고자 한다.

일곱 나팔 환상의 뼈대는 출애굽의 재현이다. 하나님은 이집트에서 노예로 예속되었던 이스라엘 백성의 "고통 소리를 들으시고 아브라함과 이삭과 야곱에게 세운 언약을 기억하사"(출 2:24) 그들을 해방하기로 작정하였다. 이집트 제국에서의 출애굽의 목적은 단지 억눌린 이스라엘인들을 바로의 폭정과 억압으로부터 해방하고 자유를 선사하는 데만 있었던 것이 아니라, 그들로 하여금 시내산 계약을 통해서 하나님의 자녀로서의 정체성을 얻게 하고, 하나님을 예배하며 나아가 타자에게 봉사하는 자유를 가지게 하는 데 있었다(참조, 출 6:5-7). 이와 마찬가지로 로마 제국 한복판에서 재현되는 새로운 출애굽은 로마의 제국주의 체제와 압제로부터의 해방과 자유에서 나아가 타자를 배려고 봉사하는 해방과 자유를 지향한다.

자유와 평화는 인간의 근본적인 갈망이기 때문에 정치적으로 매우 효력이 있지만, 쉽게 오용되기도 한다. 자유의 개념은 때때로 정치적 권력을 획득하거나 유지하려는 자들에 의해서 오용되었다. 어떤 형태의 자유에 대한 방어와 신장은 또 다른 형태의 자유를 억압하는 정치적 구실로 자주 사용되었다. 타자를 위한 자유가 없는 해방은 오직 힘없는 자들이 강자들의 위치에 올라가서 권력을 휘두르는 것과 다름이 아니기 때문에 억압이 반복될 뿐이다. 진정한 자유는 억압으로부터의 자유뿐만 아니라, 힘없고 가난한 타자를 배려하고 섬기는 헌신과 봉사를 위한 자유를 포함한다.[16]

로마 제국에서 일어나는 출애굽은 물론 다른 지역으로 이주하는 물리적인 탈출이 아니다. 그것은 로마의 제국주의 체제에 저항하는 영적인 탈출이다. 요한계시록 저자 요한은 하나님이 과거에 이집트에서 바로의 폭압으로 신음하던 억눌린 자들을 해방하기 위하여 출애굽을 일으켰던 것처럼, 지금 폭력과 학살이 지배하고 있는 로마 제국 한복판에서 고난당하고 있는 그리스도인들과 억눌린 약자들의 해방과 자유를 위해서 출애굽 사건을 다시 일으키고 있다는 사실을 일곱 나팔 환상을 매개하여 그의 독자들에게 각인시킨다.

---

16) 고전 9:19.

일곱 나팔들의 환상의 구조는 요한계시록의 저자인 요한의 시대에 이미 일어난 사건들과 아직 일어나지 않았지만 곧 발생하게 될 미래적인 사건 사이를 분명하게 구분하고 있다. 처음 여섯 나팔들(계 8:6-9:21)은 요한의 시대에 이미 발생해서 지나간 사건들을 가리키며, 그리고 일곱째 나팔(계 11:15-19)은 폭력과 학살이 지배하는 현재의 시대에 종말을 가져올 아직 일어나지 않았지만 곧 발생하게 될 미래적인 사건이다. 요한과 그의 독자들이 서 있는 위치는 여섯째 나팔과 일곱째 나팔 사이(계 10:1-11:13)의 기간인 현재의 시간이다. 이 현재의 시간을 살고 있는 그들의 신앙실천과 반제국주의 운동이 일곱째 나팔의 선포를 촉진시키는 데 결정적인 역할을 한다.

일곱 나팔들의 환상에서 묘사된 여러 가지 표징들은 폭력과 학살의 역사를 끝장내기 위해서 하나님이 로마 제국 한복판에서 일으킨 새로운 출애굽을 위한 그의 해방적 행동들을 가리킨다. 그러나 지금까지 대다수의 서구 주석가들과 국내 학자들은 그러한 표징들을 단지 장차 불신자들과 불신 세계에 대재앙을 내리는 하나님의 심판과 세계의 종말에 초점을 두고 해석하였기 때문에 반제국주의 운동으로서 새로운 출애굽을 일으킨 하나님의 해방적 행동들을 가리키는 표징들의 정치적 의미가 규명되지 못하고 묻혀버리고 말았다.

나는 요한계시록의 일곱 나팔들의 환상에 나타나는 표징들을 탈식민주의적 관점에서 그리고 약자와 희생자들의 시각으로부터 새롭게 읽고 해석함으로써 기존의 왜곡된 해석들을 비판하고 일곱 나팔들의 환상의 진정한 의미를 찾고자 한다. 이러한 시도를 통해서 나는 국가폭력에 의한 대량학살 사건들이 더 이상 한반도와 세계 도처에서 반복되지 않도록 산 자들로 하여금 민간인 피학살자들의 억울한 죽음과 한(恨)을 기억하도록 촉구하며, 그리고 신자유주의적 세계화의 시대에 빈곤과 죽음으로 내몰리고 있는 가난한 자들과 약자들의 인권, 성평등, 생태보존, 민족통일, 그리고 세계 평화를 위해서 반제국주의 운동이 절박하다는 점을 신학적으로 환기시키고자 한다.

## II. 출애굽의 기억의 재현과 반제국주의 운동

### 1. 제단에 바친 성도들의 기도(계 8:2-5)

요한은 하늘에서 진행되는 천상적 예전을 보았다. 그것은 땅 위에서 무엇이 곧 일어날 것인지에 대한 하나님의 계시이다. 하늘은 그리스도인들이 예배에서 경험할 수 있는 역사의 초월적 및 심층적 차원을 의미한다. 그리스도인 공동체의 신앙과 의식은 이러한 천상적 예전에서 표출된다.[17]

"2 내가 보매 하나님 앞에 일곱 천사가 서 있어 일곱 나팔을 받았더라 3 또 다른 천사가 와서 제단 곁에 서서 금 향로를 가지고 많은 향을 받았으니 이는 모든 성도의 기도와 합하여 보좌 앞 금 제단에 드리고자 함이라 4 향연이 성도의 기도와 함께 천사의 손으로부터 하나님 앞으로 올라가는지라. 5 "천사가 향로를 가지고 제단의 불을 담아다가 땅에 쏟으매 우레와 음성과 번개와 지진이 나더라"(계 8:2-5).

제단 위에 모든 성도들의 기도를 상징하는 향이 있다. 일곱 천사들이 나팔을 하나씩 받아 가지고 서 있고, 또 다른 천사가 금향로를 들고 제단 앞으로 나와서 "모든 성도의 기도"(8:3)가 향의 연기와 섞여서 하나님 앞으로 올라가게 하였다.[18] 성도의 기도는 억눌린 자들의 통곡과 절규로서의 기도를 의미하며, 또한 억압자들의 악행에 대한 기억과 항의로서의 기도를 의미한다.[19] 천사가 제단에 있는 불을 그 향로에 가득 담아서 땅에 던지니 기도에 대한 응답으로 하나님의 역사 개입을 상징하는 천둥과 요란한 소리와 번개와 지진이 일어났다. 일곱 천사들이 각기 부는 나팔은 음악을 위한 현대의 금관악기가 아니라, 불의에 대한 하나님의 경고와 심판을 알리는 양각 나팔이다.[20] 신음하는 억눌린 자들의 해방과

---

17) Pablo Richard, *Apokalypse: Das Buch von Hoffnung und Widerstand, Das Buch von Hoffnung und Widerstand*, Ein Kommentar, Luzern: Edition Exoduus, 1996. 125.
18) 향의 연기와 기도 사이의 관계는 시 141:2에 표현되어 있다.
19) 이병학, "언제까지 우리의 흘린 피를 신원하여 주지 않으렵니까(계 6:10): 제국주의에 대한 저항과 기억의 문화", 201-12; Byung Hak Lee, "Gebet der Opfer alsSchrei und Erinnerung: Bibelarbeit zu Offenbarung 6,9-11", Erhard Kamphausen/ Gerhard Köberlin (hg.), *Gewalt und Gewaltüberwindung: Stationeneines theologischen Dialogs* (Frankfurt am Main: Verlag Otto Lemberg, 2006), 86-94.
20) 수 6:4-5; 민 10:9; 여 6:4ff; 겔 5:2; 겔 33:1-2.

자유를 위하여 "크고 두려운 이적과 기사를 애굽과 바로와 그 온 집에"(신 6:22) 일으켰던 하나님이 지금 로마 제국 안에서 일곱 나팔들의 소리를 신호로 출애굽을 다시 일으킨다. 하나님의 이러한 역사 개입을 촉진시킨 것은 성도들의 기도이다.

## 2. 로마 제국에서 재현되는 새로운 출애굽

### 1) 처음 네 나팔 심판(계 8:6-13)

일곱 천사들이 차례대로 부는 나팔 소리와 함께 이집트 제국과 바로를 심판하고 출애굽을 일으켰던 하나님의 해방적 행동들을 회상시키는 일련의 표징들이 지금 로마 제국 한복판에서 다시 일어난다. 유대인들의 우주관에 의하면 세계는 땅, 바다, 강, 그리고 천체(태양, 달, 별들)라는 네 가지 요소들로 구성되어 있다. 처음 네 나팔들의 환상에서 나타나는 이러한 네 가지 요소들은 로마 제국의 제국주의에 의해서 조직되고 유지되는 억압적이고 우상숭배적인 체제로서의 세계를 의미한다.[21]

일곱 천사들이 차례대로 부는 나팔 소리와 함께 이집트 제국과 바로를 심판하고 출애굽을 일으켰던 하나님의 해방적 행동들을 회상시키는 일련의 표징들이 지금 로마제국 한복판에서 새롭게 일어난다. 유대인들의 우주관에 의하면 세계는 땅, 바다, 강, 그리고 천체(태양, 달, 별들)라는 네 가지 요소들로 구성되어 있다. 처음 네 나팔들의 환상에서 나타나는 이러한 네 가지 요소들은 로마제국의 제국주의에 의해서 조직되고 유지되는 억압적이고 우상숭배적인 체제로서의 세계를 의미한다.[22]

첫째 나팔 소리는 땅을 타격하는 표징을 보여준다. "첫째 천사가 나팔을 부니 피 섞인 우박과 불이 나와서 땅에 쏟아지매 땅의 삼분의 일이 타버리고 수목의 삼분의 일도 타버리고 각종 푸른 풀도 타버렸더라"(계 8:7). "피 섞인 우박과 불"

---

21) 피오렌자는 처음 네 나팔들을 통한 타격과 심판이 로마 제국을 향한 것이 아니라, 단지 우주 또는 세계의 네 차원들을 향한 것이라고 해석한다. 그러나 그녀는 그 세계가 로마 제국에 의해서 조직된 세계라는 점을 인식하지 못하였다. Elisabeth Schüssler Fiorenza, *Revelation: Vision of a Just World*, Minneapolis: Fortress Press, 1991, 71.

22) 휘오렌자는 처음 네 나팔들을 통한 타격과 심판이 로마제국을 향한 것이 아니라 단지 우주 또는 세계의 네 차원들을 향한 것이라고 해석했다. 그녀는 그 세계가 로마제국에 의해서 조직된 세계라는 점을 인식하지 못하였다. Elisabeth Schüssler Fiorenza, *Revelation: Vision of a Just World*, Minneapolis: Fortress Press,1991, 71.

은 하나님이 억눌린 이스라엘인들의 해방을 위해서 이집트에서 일으켰던 일곱 번째 표징(참조, 계 9, 13-35)을 회상시킨다.

둘째 나팔 소리는 바다를 타격하는 표징을 보여준다. "둘째 천사가 나팔을 부니 불붙는 큰 산과 같은 것이 바다에 던져지매 바다의 삼분의 일이 피가 되고 바다 가운데 생명 가진 피조물의 삼분의 일이 죽고 배들의 삼분의 일이 깨지더라"(계 8:8-9). "바다의 삼분의 일이 피가 된"것은 하나님이 이집트에서 일으켰던 첫 번째 표징을 회상시킨다(출 7:17-18, 20-21). 바닷물이 피가 됨으로 인해서 결국 물고기와 해초가 삼분의 일씩 죽었다. 그리고 특히 바다 위에 떠 있던 배들의 삼분의 일이파괴된 것은 심판을 위한 하나님의 타격이 역사 안에서 발생하는 것임을 분명하게 보여준다.

셋째 나팔 소리는 강을 타격하는 표징을 보여준다. "셋째 천사가 나팔을 부니 횃불 같이 타는 큰 별이 하늘에서 떨어져 강들의 삼분의 일과 여러 물샘에 떨어지니 이 별 이름은 쓴 쑥이라 물들의 삼분의 일이 쓴 쑥이 되매 그 물이 쓴 물이 되므로 많은 사람이 죽더라"(계 8:10-11). 이것은 이집트에 임하였던 첫 번째 재앙(출 7:14-25)과 유사하다. 하늘에서 강으로 추락한 그 별이 쑥과 같은 역할을 해서 사람들이 마실 수없는 독한 물이 되었다는 것이다(참조, 렘 9:15).

넷째 나팔 소리는 천체를 타격하는 표징을 보여준다. "넷째 천사가 나팔을 부니 해 삼분의 일과 달 삼분의 일과 별들의 삼분의 일이 타격을 받아 그 삼분의 일이 어두워지니 낮 삼분의 일은 비추임이 없고 밤도 그러하더라"(계 8:12). 어둠은 이집트에 임하였던 아홉 번째 표징과 같다(출 10:21-23). 억압자들인 이집트인들에게는 흑암이 임했지만, 이와 반대로 "이스라엘 자손이 거주하는 곳에는 빛이" 있었다(출 10:23).

이처럼 처음 네 나팔들의 소리는 로마 제국에 의해서 조직되고 유지되는 억압적이고 우상숭배적인 체제로서의 세계를 구성하는 각 부분들의 삼분의 일을 파괴하는 표징들을 보여준다.[23] 이러한 타격들의 위력은 물론 엄청났지만, 그러나 그것은 하나님의 최종적인 심판은 아니다. 왜냐하면 아직 삼분의 이가 남아 있어서 회개의 가능성이 열려 있기 때문이다.

요한은 이러한 네 가지 표징들을 통해서 비록 로마 제국이 자신을 영원히 존속할 견고한 제국이라고 주장하였지만, 실제로는 그러한 타격들 앞에서 속수무

---

23) "삼분의 일"이라는 표현은 구약에 자주 나온다. 겔 5:12-13; 슥 13:8-9을 보라.

책인 아주 취약한 체제라는 사실을 그의 독자들에게 분명하게 각인시켰다. 그러므로 이러한 타격들에 의한 재난은 결코 가난한 자들이 일차적으로 먼저 피해를 당하는 자연적 재난으로 해석되어서는 안 된다. 왜냐하면, 가뭄, 홍수, 해일, 화산, 그리고 지진의 피해자들은 일차적으로 안전한 지대에서 튼튼한 집을 짓고 사는 부유한 자들이나 기득권자들이 아니라, 주로 가난하기 때문에 위험한 산이나 강변이나 바닷가에 초라한 집을 짓고 농사를 짓거나 고기나 조개를 잡아서 겨우 사는 가난한 사람들이기 때문이다.

요한은 처음 네 나팔들과 나머지 세 나팔들을 명확하게 구분한다. 전자는 로마제국에 의해서 조직된 체제로서의 세계에 대한 심판이고, 후자는 그 체제의 질서를 떠받치고 있는 짐승의 추종자들과 우상숭배자들에 대한 심판이다. 그러므로 요한은 8:13에서 공중을 날아가는 독수리로 하여금 큰 소리로 "땅에 사는 자들에게 화, 화, 화(οὐαὶ οὐαὶ οὐαι./우아이, 우아이, 우아이)가 있으리니 이는 세 천사들이 불어야 할 나팔 소리가 남아 있음이로다"(계 8:13).라고 외치게 하였다. 여기서 "화"(οὐαὶ/우아이)는 재앙만을 의미하는 것이 아니라, 오히려 타락한 세상에 대한 하나님의 슬픔을 의미한다. "땅에 사는 자들"(τοὺς κατοικοῦντας ἐπὶ τῆς γῆς/투스 카토이쿤타스 에피 테스 게스)은 로마 제국을 상징하는 짐승을 경배하고 추종하는 우상숭배자들을 가리키는 전문 용어(technical term)이다[24]

### 2) 다섯째 나팔 심판(계 9:1-12)

다섯째 나팔 소리는 새로운 출애굽을 위해서 하나님에 의해서 동원된 메뚜기들을 통해서 로마 제국을 우상숭배하는 자들을 공격하는 상징적 표징을 보여준다. 이것은 요한계시록 8:13에서 독수리가 선포한 세 개의 화중의 첫 번째 화다. 메뚜기 재앙은 출애굽기의 10가지 재앙 중에 여덟 번째 재앙이다(출 10:12-20).

> "1 다섯째 천사가 나팔을 불매 내가 보니 하늘에서 땅에 떨어진 별 하나가 있는데 그가 무저갱의 열쇠를 받았더라. 2 그가 무저갱을 여니 그 구멍에서 큰 화덕의 연기 같은 연기가 올라오매 해와 공기가 그 구멍의 연기로 말미암아 어두어지며, 3 또 황충이 연기 가운데로부터 땅 위에 나오매 그들이 땅에 있는 전갈의 권세와 같은 권세를 받았더라. 4 그들에게 이르시되 땅의 풀이나 푸른 것이나 각종 수목은 해하지 말

---

24) 계 3:10; 6:10; 8:13; 11:10; 12:12; 13: 8, 12, 14; 16:15; 17: 2, 8.

고 오직 이마에 하나님의 인침을 받지 아니한 사람들만 해하라 하시더라. 5 그러나 그들을 죽이지는 못하게 하시고 다섯 달 동안 괴롭게만 하게 하시는데 그 괴롭게 함은 전갈이 사람을 쏠 때에 괴롭게 함과 같더라. 6 그 날에는 사람들이 죽기를 구하여도 죽지 못하고 죽고 싶으나 죽음이 그들을 피하리로다"(계 9:1-6).

유대 묵시문학에서 별은 천사의 동의어이다. 여기서 하늘에서 땅으로 떨어진 별은 타락한 천사가 아니라, 선한 천사들 중의 하나로서 하나님의 전령을 의미하는 수사학적 표현이다.[25] 그에게 무저갱(ἄβυσσος/아뷔소스)의 열쇠가 주어졌다는 것은 무저갱이 하나님의 통제 아래 있다는 것을 의미한다. 무저갱은 땅 속의 깊은 동굴이며, 모든 죽은 자들의 영혼들이 마지막 심판의 날까지 머물러 있어야만 하는 임시적인 장소이며, 또는 타락한 천사들, 악령들, 그리고 사탄이 감금되어 있는 장소이다.[26]

그 무저갱이 열리자 두 가지 현상들이 나타났다. 첫째로 출애굽의 아홉째 표징(출 10:21-29)을 연상시키는 연기가 올라와서 해를 가리고 공기(참조, 계 16:17)를 어둡게 하였다. 공기가 역사의 가시적이고 경험적 차원에 속한다는 점을 고려한다면, 이러한 현상은 로마 제국의 이데올로기적 측면에 대한 하나님의 심판을 상징하는 것으로 이해될 수 있다. 둘째로 출애굽의 여덟째 표징인 메뚜기 재앙처럼 (출 10:12-20) 메뚜기들(=황충)이 무저갱에서 나왔다.[27] 자연의 메뚜기들은 본래 풀이나 수목의 껍질을 남김없이 뜯어먹고 산다(참조, 욜 1:6-7). 그런데 무저갱에서

---

25) 그 별을 타락한 천사 또는 사탄으로 보는 해석에 대해서는 Wilfrid J. Harrington, *Revelation*, (Collegeville, Minnesota: The Liturgical Press, 1993), 109; Pablo Richard, *Apokalypse*, 127; 이필찬, 『요한계시록: 내가 속히 오리라』(서울: 이레서원, 2004), 409-10을 보라; 반면에 그 별을 선한 천사로 보는 해석에 대해서는 R. H. Charles, *A Critical and Exegetical Commentary on the Revelation of St. John*, *Vol. I*, (Edinburgh: T. & T. Clark, LTD, 1920), 238-39; Frederick J. Murphy, *Fallen is Babylon: The Revelation to John* (Harrisburg, Pennsylvania: Trinity Press International, 1998), 242; G. R. Osborne, Revelation (Grand Rapids: Baker Academic, 2002), 362; 김재준, 『요한계시록』(서울: 대한기독교서회, 1969), 189-90; 박수암, 『요한계시록』(서울: 대한기독교출판사, 1989, 132-33; 권성수, 『요한계시록』(서울: 도서출판 횃불, 1999), 221; 데이비드 E. 아우네/ 김철 옮김, 『요한계시록(중)』(서울: 솔로몬, 2004), 320-21을 보라.
26) 유대 묵시문학에서 무저갱은 모든 죽은 자들의 영혼들이 최후의 심판 날 전까지 잠정적으로 모여 있는 장소(에녹1서 22장)이며, 또는 타락한 천사들이 감금된 장소(에녹1서 18:14)이다. 무저갱은 구약성서의 스올에 해당되며, 신약에서는 죽은 자들이 거하는 장소(롬 10:7) 또는 악령들의 감옥(눅 8:31)을 지칭한다. 요한계시록에서 무저갱은 짐승의 거처(11:7; 17:8)와 악마 또는 사탄을 가두는 감옥(20:1-3)을 지칭한다.
27) 구약에서 메뚜기(=황충)은 하나님의 심판의 도구로 자주 나타난다. 신 28:42; 왕상 8:37; 대하 6:28; 7:13; 시 78:6;105-34; 나 3:15; 욜 1:4, 6-7; 2:1-11.

나온 메뚜기들은 풀이나 수목을 먹지 않고, "오직 이마에 하나님의 인침을 받지 아니한 사람들만"을 공격한다. 메뚜기들의 공격을 당한 사람들은 하나님과 어린 양 예수를 따르는 자들이 아니라, 로마 황제를 숭배하는 우상 숭배자들이며, 로마 제국의 억압적인 체제를 지지하는 짐승의 추종자들이다. 여기서 이마에 하나님의 인침을 받은(참조, 7:3) 어린 양을 추종하는 자들과 하나님의 인침을 받지 아니한 짐승의 추종자들이 분명히 대조된다.

하나님은 새로운 출애굽을 위해서 메뚜기들을 동원하였다. 로마의 군대가 침략 전쟁을 일으켜서 수많은 무죄한 사람들을 살육한 반면에, 새로운 출애굽을 위해서 동원된 메뚜기들은 오직 이마에 하나님의 인침을 받지 아니한 사람들만을 "다섯 달" 동안 괴롭히지만, 그러나 그들을 결코 죽이지는 않는다. "다섯 달"은 무엇을 상징하는가? 거의 모든 서구의 학자들은 다섯 달을 초봄부터 여름까지 사는 메뚜기의 생존 기간을 의미한다고 해석한다.[28] 그러나 나는 랑코 스테파노빅(Ranko Stefanovic)과 함께 이 "다섯 달"이 창세기에서 노아의 세대가 대홍수로 150일(30x5=150) 동안 심판을 당한 것(창 7:24; 창 8:3)을 가리키는 것이라고 해석한다.[29]

"21 땅 위에 움직이는 생물이 다 죽었으니 곧 새와 가축과 들짐승과 땅에 기는 모든 것과 모든 사람이라. 22 육지에 있어 그 코에 생명의 기운의 숨이 있는 것은 다 죽었더라. 23 지면의 모든 생물을 쓸어버리시니 곧 사람과 가축과 기는 것과 공중의 새까지라 이들은 땅에서 쓸어버림을 당하였으되 오직 노아와 그와 함께 방주에 있던 자들만 남았더라. 물이 백오십 일을 땅에 넘쳤더라"(창 7:21-24).

"1 하나님이 노아와 그와 함께 방주에 있는 모든 들짐승과 가축을 기억하사 하나님이 바람을 땅 위에 불게 하시매 물이 줄어들었고 2 깊음의 샘과 하늘의 창문이 닫히

---

28) 에두아르트 로제/ 박두환 · 이영선 공역, 『요한묵시록』 (서울: 한국신학연구소, 1997), 117; 부르스 메츠거/ 이정곤, 『예수 그리스도의 계시라: 요한계시록의 이해』 (서울: 기독교문화사,1994), 100; 박수암, 『요한계시록』, 134; R. H. Charles, *A Critical and Exegetical Commentary on the Revelation of St. John. Vol. 1* (Edinburgh: T&T Clark LTD, 1920), 243; Robert H. Mounce, *The Book of Revelation (Grand Rapids: William. B. Eerdmans Publishing Company, 1977)*, 188; Ernst Lohmeyer, *Die Offenbarung des Johannes* (Tübingen: Mohr Siebeck, 1970), 60; Hermann Lichtenberg, *Die Apokalypse* (Stuttgart: Kohlhammer, 2014), 158.

29) 랑코 스테파노비취/ 하홍팔·도현석 공역, 『예수 그리스도의 계시』 (로스앤젤레스: 미주 시조사, 2011), 323은 다섯 달을 노아홍수 심판 기간으로 해석한다.

고 하늘에서 비가 그치매 3 물이 땅에서 물러가고 점점 물러가서 백오십 일 후에 줄어들고"(창 8:1-3).

여기서 "물이 백오십 일을 땅에 넘쳤더라"(창 7:24)와 "물이 땅에서 물러가고 점점 물러가서 백오십 일 후에 줄어들고"(창 8:3)에서 "백오십 일"(150=30x5)은 다섯 달이다. 노아 홍수세대가 다섯 달 동안 홍수 심판을 당한 것처럼 "이마에 하나님의 인침을 받지 아니한 사람들"은 역시 다섯 달 동안 메뚜기 떼로부터 끔찍한 재앙 심판을 당해야만 한다. 노아의 세대는 다섯 달 동안 대홍수 심판을 당하고 모두 죽었다. 그러나 요한계시록에서 이마에 하나님의 인침이 없는 사람들은 다섯 달 동안 메뚜기들의 공격을 받지만, 죽음을 면하고 극심한 고통만을 겪는다. 그 이유는 지금이 아직 마지막 심판의 시간이 아니기 때문이다. 이마에 하나님의 인침을 받은 자들, 곧 세례를 받은 그리스도인들은 노아의 가족이 대홍수 심판에서 제외된 것처럼 메뚜기 재앙에서 제외되고 하나님의 보호 속에서 구원을 받는다.

그런데 다섯 달 동안 메뚜기들 떼의 공격을 당한 짐승의 숭배자들은 회개하지 않는다. 그 대신에 그들은 고통이 너무 심해서 죽기를 원하지만, 죽음이 그들을 피하므로 죽을 수도 없다. 이스라엘 땅에 있는 전갈의 침은 매우 뾰족해서 사람을 죽이지는 않지만, 큰 고통을 준다. 성서에는 죽고 싶어도 죽지 못하는 사람들의 고백이 있다(욥 3:20-22; 렘 8:3).

사람의 모습으로 그려진 메뚜기들은 로마 제국의 군대에 대한 대항 이미지로 묘사되었다. 사람의 모습으로 그려진 이러한 메뚜기들은 로마 제국의 군대에 대한 대항 이미지로 묘사되었다. 메뚜기들의 생김새는 전투에 임하는 군마(軍馬)처럼 생겼으며, "얼굴은 사람의 얼굴 같고 또 여자의 머리털 같은 머리털이 있고 이빨은 사자의 이빨 같은"모양을 하고 있으며, 승리를 상징하는 금관 같은 것을 머리에 쓰고 있고(참조, 계 6:2), 흉갑으로 무장하고 있고, 그리고 그들의 날개의 소리는 말들이 병거를 이끌고 전쟁터로 달려가는 소리를 내고 있다. 그리고 메뚜기들은 "전갈과 같은 꼬리와 쏘는 살이 있어 그 꼬리에는 다섯 달 동안 사람들을 해하는 권세가" 있다.

"7 황충들(=메뚜기)의 모양은 전쟁을 위하여 준비한 말들 같고 그 머리에 금 같은 관 비슷한 것을 썼으며 그 얼굴은 사람의 얼굴 같고 8 또 여자의 머리털 같은 머리털이 있고 그 이빨은 사자의 이빨 같으며 9 또 철 호심경 같은 호심경이 있고 그 날개들의 소리는 병거와 많은 말들이 전쟁터로 달려 들어가는 소리 같으며 10 또 전갈과 같은 꼬리와 쏘는 살이 있어 그 꼬리에는 다섯 달 동안 사람들을 해하는 권세가 있더라. 11 그들에게 왕이 있으니 무저갱의 사자(ἄγγελος/앙겔로스)라 히브리로는 그 이름은 아바돈('Αβαδδών)이요 헬라어로는 그 이름은 아볼루온('Απολλύων)이더라. 12 첫째 화는 지나갔으나 보라 아직도 이 후에 화 둘이 이르리로다"(계 9:7-12).

이러한 메뚜기에 대한 묘사는 요한이 여호와의 날에 유다를 침범한 메뚜기 떼의 환상이 서술된 요엘서 2장에서부터 따온 것이다.

"다른 한 민족이 내 땅에 올라왔음이로다 그들은 강하고 수가 많으며 그 이빨은 사자의 이빨 같고 그 어금니는 암사자의 어금니 같도다"(욜 1:6).

"4 그의 모양은 말 같고 그 달리는 것은 기병 같으며 5 그들이 산꼭대기에서 뛰는 소리는 병거 소리와도 같고 불꽃이 검불을 사르는 소리와도 같으며 강한 군사가 줄을 벌이고 싸우는 것 같으니 6 그 앞에서 백성들이 질리고, 무리의 낯빛이 하얘졌도다"(욜 2:4-6).

들판에서 떼를 지어 사는 자연의 메뚜기들은 본래 왕이 없지만(잠 30:27), 무저갱에서 나온 메뚜기들은 "무저갱의 사자(ἄγγελος/앙겔로스=천사)"라는 왕이 있다.[30] 무저갱의 천사의 히브리어 이름인 아바돈('Αβαδδών)은 파괴 또는 멸망(욥 28:22; 31:12; 잠 15:11; 27:29 시 88:11)을 의미하며, 그리고 그의 그리스어 이름인 "아볼루온('Απολλύων)"은 파괴자를 의미한다. 이처럼 막강한 파괴력을 가진 무저갱의 천사는 신적 위상을 주장하면서 전쟁을 일으켜서 식민지를 초토화하고 수많은 무죄한 자들을 살육하는 오만한 로마 황제에 대한 대항 이미지의 기능을 한다. 그러므로 대다수의 주석가들이 "무저갱의 천사"를 악령들이나 마귀들을 지휘하는 사탄으로 해석하는 것은 옳지 않으며,[31] 또한 메뚜기들을 짐승의 추종

---

30) 대다수의 주석가들은 무저갱의 사자를 사탄으로 해석하고, 또 메뚜기들을 악령들로 해석한다. Robert H. Mounce, *The Book of Revelation*, 185; 박수암, 『요한계시록』, 136; 권성수, 『요한계시록』(서울: 도서출판 횃불, 1999), 221과 225; 이필찬, 『요한계시록 어떻게 해석할 것인가』 (서울: 성서유니온, 2003), 97; 이와 반대로 무저갱의 사자가 사탄이 아니라는 주장에 대해서는 김재준, 『요한계시록』, 193을 보라.

31) 대다수의 주석가들은 무저갱의 사자를 사탄으로 해석하고, 또 메뚜기들을 악령들로 해석한다. Robert H. Mounce, *The Book of Revelation* (Grand Rapids: William B. Eerdmans

자들에게 악마적인 공포를 불어넣어서 괴롭게 하는 마귀들이나 악령들로 해석하는 것도 옳지 않다.[32]

나는 새로운 출애굽을 위해서 동원된 이러한 메뚜기들은 우상숭배자들에게 고통스러운 벌을 주는 형벌의 천사들을 상징한다고 본다. 대표적인 묵시문학의 하나인 에녹1서에 의하면, 모든 죽은 자들의 영혼들이 모여 있는 한 장소에서 의인들의 영혼들은 빛과 생수가 제공되는 공간에서 부활과 영생에 참여할 마지막 심판의 날을 기다리는 특권을 누리고 있지만, 생전에 죄 값을 치르지 않고 죽은 죄인들의 영혼들은 어두운 무저갱에서 하나님의 명령을 받은 형벌의 천사들로부터 이미 고통스러운 형벌을 받으면서 영원한 벌이 내릴 마지막 심판의 날을 기다려야만 한다. 왜냐하면 그들은 생전에 하나님을 두려워하지 않고 아무런 죄의식도 없이 이기적으로 살았던 우상숭배자들이기 때문이다 우이 대표적인 유대 묵시문학 작품의 하나인 에티오피아어 에녹서에서 죄인들에게 고통스러운 벌을 주는 형벌의 천사들을 상징한다고 본다. 에녹1서 22장에 의하면, 모든 죽은 자들의 영혼들이 모여 있는 한 장소에서 의인들의 영혼들은 빛과 생수가 제공되는 방에서 부활과 영생에 참여할 마지막 심판의 날을 기다리는 특권을 누리고 있지만, 생전에 죄 값을 치르지 않고 죽은 죄인들의 영혼들은 어두운 방에서 하나님의 명령을 받은 형벌의 천사들로부터 이미 고통스러운 형벌을 받으면서 영원한 벌이 내릴 마지막 심판의 날을 기다려야만 한다. 왜냐하면 그들은 생전에 하나님을 두려워하지 않고 아무런 죄의식도 없이 이기적으로 살았던 우상숭배자들이기 때문이다.[33]

> "10 죄인들이 죽고 땅 속에 묻힐 때, 그리고 심판이 그들의 생애에 일어나지 않았을
> 때, 그들은 이와 같은 방식으로 분리된다. 11 그들은 대 심판의 날까지 이러한 큰 고

---

Publishing Company, 1977), 185; 박수암, 『요한계시록』, 136; 권성수, 『요한계시록』 (서울: 도서출판 횃불, 1999), 221 그리고 225; 이필찬, 『요한계시록 어떻게 해석할 것인가』 (서울: 성서유니온, 2003), 97; 이와 반대로 김재준, 『요한계시록』, 193은 무저갱의 사자가 사탄이 아니라고는 주장한다.

32) 예를 들면, 권성수, 『요한계시록』, 221-222; Pablo Richard, *Apokalypse*, 127을 보라.

33) 에녹1서 22장에는 모든 죽은 자들의 영혼들은 네 가지 유형으로 분류되어 있다: ① 의인들의 영혼들, ② 하나님의 심판을 받지 않고 잘 살다가 죽은 죄인들의 영혼들, ③ 죄 값으로 하나님의 심판을 받고 죽은 죄인들의 영혼들, ④ 폭력에 의해서 억울한 죽음을 당한 의인들의 영혼들. Byung Hak Lee, *Befreiungserfahrungen von der Schreckensherrschaft des Todes im äthiopischen Henochbuch: Der Vordergrund des Neunen Testamens* (Waltrop: Hartmut Spenner, 2005), 88-103를 보라.

통을 당하고, 저주하는 자들에게 재앙과 고통이 영원할 것이고, 또한 그들의 영혼들의 응징이 영원할 것이다. 천사들이 거기서 그들을 심지어 태초부터 영원히 결박할 것이다"(에녹1서 22:10-11).

이러한 형벌의 천사들을 상징하는 메뚜기들은 꼬리에 있는 전갈의 침 같은 것으로 짐승의 추종자들을 쏘았다.[34] 그들은 메뚜기들의 공격을 받고서 너무 아프고 고통스러워서 죽고 싶어 하지만 죽을 수도 없다. 이것은 짐승의 추종자들이 사후에 형벌의 천사들로부터 당하게 될 비참한 운명을 미리 보여준다. 비록 지금 짐승의 추종자들이 로마의 제국주의 체제에 협력한 대가로 혜택과 이익을 얻어서 그런대로 걱정 없이 잘살고 있는 것처럼 보이지만, 그러나 사실 그들은 영적으로 벌써 지금 고통스러운 형벌을 혹독하게 받고 있는 죄인들이다. 왜냐하면 그들은 장차 사후에 무저갱에서 최후의 심판을 기다리는 동안에 형벌의 천사들로부터 가혹한 형벌을 받도록 이미 정해져 있기 때문이다.

메뚜기들이 권력과 자본을 숭배하는 짐승의 추종자들을 상징하는 "오직 이마에 하나님의 인침을 받지 아니한 사람들만"을 괴롭히도록 허락되었다는 것은 하나님이 무력한 자들과 가난한 자들의 해방과 자유를 위해서 로마 제국 한복판에서 새로운 출애굽을 일으키고 있다는 것을 증명한다. 그리스도인들은 불의한 방법으로 권력과 자본을 획득한 짐승의 추종자들의 지위를 결코 부러워하거나 작은 이익을 위해서 그들과 타협해서는 안 된다. 왜냐하면 짐승의 추종자들은 비록 겉으로 잘 사는 것처럼 보이지만, 지금 회개하지 않는 이상 그들은 장차 사후에 무저갱에서 최후의 심판의 날을 기다리는 동안에 이미 형벌의 천사들로부터 무서운 벌을 받아야만 하도록 정해진 가장 가련한 죄인들이기 때문이다. 이마에 하나님의 인침을 받지 못한 자들이 당하는 이러한 무서운 형벌이 독수리가 외친 첫째 화이다(계 9:12, 참조 8:13). 짐승의 추종자들은 지금 메뚜기들의 공격으로 인해서 고통을 당하고 있지만, 어린 양 그리스도를 믿고 따르는 자들은 아무런 심판을 받지 않는다. 왜냐하면 메뚜기들은 "오직 이마에 하나님의 인침을 받지 아니한 사람들만 해하라"(계 9:4)는 명령을 받았기 때문이다.

요한은 다섯째 나팔을 통해서 로마 제국의 권력을 우상 숭배하는 짐승의 추종자들을 죄인들로 규정하고 나중에 당하게 될 그들의 비참한 운명을 미리 보여줌

---

34) 전갈은 뱀처럼 인간에게 적대적인 위험한 존재이다. 왕상 12:11; 눅 10:19.

으로써 그의 독자들에게 권력에 대한 두려움과 작은 이익 때문에 우상숭배자들과 타협하거나 연대해서는 안 된다는 점을 일깨워주며, 또한 약자들의 인간적인 삶이 가능한 대안적인 세계의 실현을 위해서 로마의 제국주의의 유혹과 압제에 저항하는 영적인 삶을 살도록 고무한다.

### 3) 여섯째 나팔 심판(계 9:13-21)

여섯째 나팔 소리는 정치적 목적을 위한 수단으로 자행된 대량학살 사건들을 정당화하거나 은폐한 위선적인 로마 제국의 가면을 벗길 뿐만 아니라, 그러한 대량학살의 희생자들을 망각하고 약자들의 고난에 무관심한 채 자신만의 이익과 안전을 위해서 짐승을 추종하는 우상숭배자들의 이기심과 사악한 행태들을 폭로하는 표징을 보여준다.

> "3 여섯째 천사가 나팔을 불매 내가 들으니 하나님 앞 금 제단 네 뿔에서 한 음성이 나서 14 나팔 가진 여섯째 천사에게 말하기를 '큰 강 유프라테스에 결박한 네 천사를 놓아 주라' 하매 15 네 천사가 놓였으니 그들은 그 년 월 일 시에 이르러 사람 삼분의 일을 죽이기로 준비된 자들이더라. 16 마병대의 수는 이만 만이니 내가 그들의 수를 들었노라. 17 이같은 환상 가운데 그 말들과 그 위에 탄 자들을 보니 불빛과 자줏빛과 유황빛 호심경이 있고 또 말들의 머리는 사자 머리 같고 그 입에서는 불과 연기와 유황이 나오더라. 18 이 세 재앙 곧 자기들의 입에서 나오는 불과 연기와 유황으로 말미암아 사람 삼분의 일이 죽임을 당하니라. 19 이 말들의 힘은 입과 꼬리에 있으니 꼬리는 뱀 같고 또 꼬리에 머리가 있어 이것으로 해하더라. 20 이 재앙에 죽지 않고 남은 사람들은 손으로 행한 일을 회개하지 아니하고 오히려 여러 귀신과 또는 보거나 듣거나 다니거나 하지 못하는 금, 은, 동과 목석의 우상에게 절하고 21 또 그 살인과 복술과 음행과 도적질을 회개하지 아니하더라"(계 9:13-21).

여섯째 나팔을 분 천사가 금 제단의 네 뿔에서 나온 한 음성의 지시를 듣고 유프라테스에 결박된 네 천사들을 직접 풀어주었다는 표상은 대량학살 사건들을 은폐하고 그러한 반인륜범죄를 기억하지 못하도록 예속된 인민들에게 망각을 강요한 로마 제국의 살인적인 제국주의 체제의 가면을 벗기는 것을 의미하는 수사학적 표현이다. "큰 강 유프라테스"(9:14; 16:2)는 구약시대에는 약속의 땅인 가나안의 동쪽 경계선을 이루었지만(참조, 창 15:18; 수 1:4; 사 8:7), 이제는 제국주의의 전쟁을 감행하여 수많은 무죄한 사람들을 살육하고 식민지 영토를 확장한 로마 제국의 동쪽 경계선을 형성하고 있다. 다시 말하면 과거에 여러 제국들이 유프라테스 강을 넘어서 가나안 땅을 침략하여 지배하였듯이 지금은 로마 제국이 그 지역을 지배하고 있다.

여섯째 나팔의 정치적 의미를 파악하기 위해서는 유프라테스에 결박된 네 천사들이 무엇을 상징하는지, 그리고 15절과 18절에서 언급된 잔혹하게 집단적으로 학살을 당한 "사람 삼분의 일(τὸ τρίτον τῶν ἀνθρώπων/토 트리톤 톤 안트로폰)"이 누구를 가리키는지를 이해하는 것이 매우 중요하다. 네 천사들에 대한 주석가들의 해석은 상반된다. 대다수의 주석가들은 네 천사들을 하나님의 심판을 수행하는 선한 천사들로 보고 있지만, 일부 주석가들은 그들을 하나님의 심판의 도구로 사용된 타락한 천사들로 해석한다.[35] 그렇지만 그들은 모두 네 천사들의 지휘에 의해서 살육된 "사람 삼분의 일"을 로마 제국의 우상숭배적인 체제와의 관계에서 해석하지 못하고 단지 하나님을 믿지 않는 불신자들과 우상숭배자들이라고 해석한다. 그들은 하나님이 나머지 삼분의 이가 회개하도록 하려고 네 천사들을 통해서 불신자들의 삼분의 일을 먼저 죽였다고 주장한다.[36] 이러한 맥락에서 어떤 학자들은 다섯째 나팔의 단계가 불신자들을 "죽이지는 못하게"(9:5)하고 고통만 주었지만 여섯째 나팔의 단계가 사람들을 대량으로 죽인 것은 하나님이 심판의 강도를 한층 더 높였기 때문이라고 주장한다.[37] 그러나 처음 여섯 나팔들의 사건들은 요한이 서 있는 현재의 시간에서 본다면 이미 발생해서 지나간 사건들로 인식되므로 그 나팔들 사이의 시간적 간격에 무게를 두는 것은 무의미하다. 그리고 또 다른 학자들은 하나님이 일곱 나팔들의 재앙들을 통해서 사람들을 회개시키는데 실패했기 때문에 새로운 시도로 일곱 대접들의 재앙들을 일으켰다고 주장한다.[38] 그러나 마치 일곱 나팔들의 환상이 끝난 다음에 일곱 대들의 환상이 이어진 것처럼 두 환상들을 연대기적으로 해석하는 것은 잘못이다. 왜냐하면 이 두 환상의 표징들은 로마 제국 안에서 일어나고 있는 하나님의 반제국주의 운동인 새로운 출애굽을 가리킨다는 점에서 각기 서로 일치하는 유사성과 상응

---

35) George Eldon Ladd, *A Commentary on the Revelation of John* (Grand Rapids: William B. Eerdmanns Publishing Company, 1972), 136.
36) 박수암, 『요한계시록』, 138; 권성수, 『요한계시록』, 230-232. 에두아르트 로제, 『요한묵시록』, 120; Pablo Richard, *Apokaypse*, 130.
37) Sean P. Kealy, *The Apocalypse of John* (Wilmington, Delaware: Michael Glazier, 1985), 152.
38) Wes Howard-Brook and Anthony Gwyther, *Unveiling Empire*, 148.

성이 있기 때문이다.

이러한 학자들의 여러 해석들과는 달리 나는 여섯째 나팔 환상의 주안점은 식민지 인민들에게 대량학살을 자행한 로마 제국의 잔혹성을 감춘 위선의 가면을 벗겨내고 망각된 피학살자들에 대한 기억을 복원하는 데 있다고 본다. 집단적으로 잔혹하게 죽임을 당한 "사람 삼분의 일"은 로마 제국의 지배자들이 정치적 목적으로 식민지 인민들에게 자행한 대량학살의 희생자들이다. 유프라테스에 결박된 "네 천사들"(계 9:14)은 타락한 천사들로서 네 제국들의 왕들을 상징한다. 왜냐하면 유대 묵시문학에서 타락한 천사들은 마귀들을 상징할 뿐만 아니라, 압제적인 제국들의 왕들이나 장군들을 역시 상징하기 때문이다. 내용적으로 9:14과 매우 유사하지만 단지 "네 천사들" 대신에 "네 왕들"이라는 표현이 사용된 한 구절이 시리아어 에스라의 묵시(Syriac Apocalypse of Ezra)의 제6장에서 발견된다. 두 본문을 비교하면, 요한계시록 9:14의 네 천사들이 네 왕들을 상징한다는 것이 분명하게 증명된다.

"13 여섯째 천사가 나팔을 불매 내가 들으니 하나님 앞 금 제단 네 뿔에서 한 음성이 나서 14 나팔 가진 여섯째 천사에게 말하기를 '큰 강 유브라테스에 결박한 네 천사를 놓아 주라' 하매 15 네 천사가 놓였으니 그들은 그 년 월 일 시에 이르러 사람 삼분의 일을 죽이기로 준비된 자들이더라"(계 9:13-15).

"나는 동쪽에서 온 살모사 한 마리를 보았다. 그 뱀은 약속의 땅 안으로 들어갔으며, 땅 위에 지진이 일어났고, 그리고 한 음성이 들려왔다: '큰 강유브라테스에 결박한 네 왕들을 놓아주라. 그들은 사람들의 삼분의 일을 멸망시킬 자들이다.' 그리고 그들은 놓아졌다"(시리아어 에스라의 묵시).[39]

요한계시록 9:14의 네 천사들은 이스라엘을 차례로 지배하였던 바빌로니아 제국, 페르시아 제국, 그리스 제국, 그리고 로마제국의 왕들로 해석될 수 있다.[40]

39) 시리아어 에스라의 묵시의 본문에 대해서는 "A. Bethgen, Beschreibung der Syrischen MS 'Sachau 131'", *ZAW* 6 (1886), 119-211을 보라. 이 본문과 계 9:14의 관계에 대한 논의에 대해서는 R. H. Charles, *A Critical and Exegetical Commentary on the Revelation of St. John* (Edinburgh: T. & T. Clark LTD, 1920), 251을 참조하라.

40) 이러한 해석의 가능성은 데이비드 E. 아우네, 『요한계시록(중)』, 323에서도 발견된다. "그러나 네 천사들은 네 국가를 상징할지도 모른다. 왜냐하면 다니엘 10:13, 20-21은 이스라엘의 군장 미가엘 혼자 대적하는 '페르시아 군장'과 '그리스 군장'을 언급하기 때문이다."

이러한 네 왕들이 휘두른 폭력 행위는 지금 로마제국에서 절정을 이루고 있다. "사람 삼분의 일"을 의도적으로 멸절시키려고 하는 자신들의 계획을 실행할 수 있도록 유프라테스에 결박되었던 네 천사들을 풀어 주었다는 표상은 정치적 목적으로 무죄한 자들을 집단적으로 멸절시킨 대량학살을 정당화하거나 또는 은폐하기 위해서 그러한 대량학살의 기억을 억압하고 배제시킨 로마 제국의 지배자들이 공론장에서 선전하는 로마의 평화와 국가안보(참조, 살전 5:3)라는 이데올로기의 가면을 벗기고 대량학살의 불법성과 잔혹성을 백일하에 폭로하는 것을 의미한다. 네 천사들에 의해서 잔혹하게 죽임을 당한 "사람 삼분의 일"은 죄 많은 인류의 삼분의 일이 아니라, 로마 제국에 예속된 무죄한 인민들의 삼분의 일이다.

대다수의 학자들은"그 년 월 일 시"를 하나님이 죄인들을 심판하기로 예정한 때로 본다.[41] 그러나 침략전쟁을 일으켜서 식민지를 확장하였을 뿐만 아니라, 제국주의 체제에 저항하는 사람들의 움직임이 발생하면 언제든지 즉각적으로 군대를 동원하여 유혈 진압을 하였던 로마 제국의 행태를 고려한다면,[42] "그 년 월 일 시"는 하나님이 불신자들과 우상숭배자들을 심판하기 위해서 미리 예정해 둔 때가 아니라, 로마 제국의 지배자들이 정치적 목적을 위해서 제국의 발전에 저해가 되는 사람들로 분류된 자들을 의도적으로 살육하거나 또는 저항하는 사람들을 학살로 진압하는 때를 의미한다고 볼 수 있다.

> "16 마병대의 수는 1)이만 만이니 내가 그들의 수를 들었노라 17 이같은 환상 가운데 그 말들과 그 위에 탄 자들을 보니 불빛과 자줏빛과 유황빛 호심경이 있고 또 말들의 머리는 사자 머리 같고 그 입에서는 불과 연기와 유황이 나오더라 18 이 세 재앙 곧 자기들의 입에서 나오는 불과 연기와 유황으로 말미암아 사람 삼분의 일이 죽임을 당하니라. 9 이 말들의 힘은 입과 꼬리에 있으니 꼬리는 뱀 같고 또 꼬리에 머리가 있어 이것으로 해하더라"(계 9:16-19).

네 천사들은 대량학살을 위해서 자신들의 수하에 있는 "이만만(=이억)"의 기마대를 지휘하였다. 이억이라는 숫자는 정확한 수치가 아니라, 무수히 많은 수를 의미한다. 이 거대한 기마대의 세력이 악마적이라는 것은 말들의 꼬리가 사탄을

---

41) 권성수, 『요한계시록』, 229; 이필찬, 『요한계시록 어떻게 읽을 것인가』, 179.
42) 한 실례에 대해서는 Josephus, *Antiquitates*, 60-62를 보라.

상징하는 뱀과 같고 또한 뱀 머리가 거기에 붙어 있다는 점에서 확인된다(참조, 12:9; 20:2). 기마병들이 탄 육중한 군마의 입에서 나오는 "불과 연기와 유황"으로 로마 제국에 예속된 무죄한 인민들의 삼분의 일을 잔혹하게 살육하는 재앙이 일어났다. 이것은 로마 제국이 무죄한 인민들에게 자행한 대량학살을 상징적으로 나타낸다. 대다수의 학자들은 이러한 기마대의 공격과 학살을 파르티아 제국의 용맹스러운 기마대가 유프라테스 강을 건너서 로마 제국을 무섭게 침공해 오듯이 하나님이 종말의 때에 불신자들을 이처럼 무섭게 심판할 것을 의미한다고 해석한다.[43] 그러나 이러한 해석은 상징적 표현들의 정치적 의미를 간과한 잘못된 해석이므로 배척되어야만 한다.

> "20 이 재앙에 죽지 않고 남은 사람들은 손으로 행한 일을 회개하지 아니하고 오히려 여러 귀신과 또는 보거나 듣거나 다니거나 하지 못하는 금, 은, 동과 목석의 우상에게 절하고 21 또 그 살인과 복술과 음행과 도둑질을 회개하지 아니하더라"
> (계 9:20-21).

그런데 이러한 대량학살에서 제외된 "죽지 않고 남은 사람들"은 누구인가? 그들은 로마의 지배자들의 정치적 선전에 미혹되거나 또는 자신의 작은 이익을 위해서 불의를 묵인하면서 로마 제국의 절대적 권력을 칭송하는 짐승의 추종자들이다. 그들은 그러한 대량학살이 로마의 평화와 국가의 안보를 위한 불가피한 조치라는 로마 제국의 선전을 믿었던 친로마적인 우상숭배자들이다. 그들은 그러한 끔찍한 살육이 자기 자신과 자기 가족에게 일어나지 않은 것을 다행으로 여기면서 그러한 대량학살의 희생자들의 고난과 서러움을 당사자들의 개인적인 불행으로 간주하고 잊어버리거나 또는 모르는 척 하면서 무관심하게 살았을 것이다.[44] 그들은 오히려 인민을 현혹시키는 제국주의의 영들인 귀신들(δαιμόνια/다이모니아)과 우상에게 희망을 걸고 살았다. 그들은 불의에 대한 의식이 없기 때문에 그러한 살인적인 체제에 협력하고 연대한 자신들의 과오를 회개하지 않았다.[45] 그러므로 요한은 우상숭배를 하면서 아무런 죄의식도 없이 무죄한 자들을

---

43) 에두아르트 로제, 『요한묵시록』, 120; 이필찬, 『요한계시록 어떻게 읽을 것인가』, 98.
44) 한 예를 들면, 일본 정부는 아직도 성노예로 끌려간 한국인 정신대 여성들의 존재를 부정하면서 사과하지 않고 있다.
45) "회개하다"를 의미하는 그리스어 동사 μετανοέω(메타노에오)는 μετα(변화)와 νοέω(이해하다, 인식하다, 상상하다, 보다)의 합성어이다. 회개는 자기 자신과 현실을 철저하게 변화된 시각으로

살해하고, 가난한 여자들을 성적으로 착취하고, 그리고 약자들을 경제적으로 억압하는 불의한 행위를 계속한 우상숭배자들을 통렬하게 비판한다(9:20-21, 참조, 시 115:3-8). 만일 그러한 우상숭배자들과 살인자들이 지금 회개하지 않고 로마 제국의 살인적인 제국주의 체제를 여전히 지지하고 연대한다면, 그들은 장차 무서운 화와 심판을 면할 수 없을 것이다. 이것이 바로 독수리가 외친 두 번째 화이다(계 11:14).

환상 속에서 로마 제국에 예속된 식민지 인민들의 삼분의 일을 멸절시킨 대량학살 사건은 오늘날 용어로 말한다면 반인륜 범죄인 제노사이드이다. 이러한 대량학살은 하나님의 형상을 따라서 인간을 창조한 하나님의 창조와 억눌린 자들을 해방시킨 출애굽에 역행하는 행위이다. 그러한 끔찍한 대량학살의 기억은 로마 제국의 은폐 시도에 의해서 억압되고 지워졌다. 그러나 요한은 그러한 대량학살의 기억을 신화적으로 그리고 상징적으로 재현하고 현재화한다. 이것은 수많은 무죄한 자들을 잔혹하게 멸절시키고 대량학살의 희생자들을 쉽게 잊어버리는 제국주의의 사악한 권력에 저항하는 요한의 대항기억이다.

로마 제국 한복판에서 새로운 출애굽을 일으킨 하나님의 반제국주의 운동을 위한 여섯째 나팔의 표징의 정치적 의미는 식민지 인민들의 삼분의 일을 잔혹하게 멸절시킨 반인륜 범죄인 대량학살을 로마의 평화와 국가 안보라는 정치적 선전과 이데올로기를 통해서 합법화하거나 은폐한 로마 제국의 위선적인 가면을 벗기고 야수와 같은 폭력성을 적나라하게 폭로하는 것이며 또한 그러한 살인적인 제국주의 체제를 묵인하고 연대하는 짐승의 추종자들의 우상숭배적인 행태를 비판하는 것이다.

여섯 나팔들에 의해서 지금까지 일어난 각각의 표징들은 장차 모든 인류에게 차례대로 임할 미래적인 재앙들이 아니라, 역사 안에서 현재의 시간에 이미 일어난 사건들이다. 그리고 일곱째 나팔은 아직 일어나지 않은 미래적인 사건이다. 그러므로 여섯째 나팔이 울린 후 연속적으로 일곱째 나팔이 바로 울리는 것이 아니다. 로마 제국의 살인적인 제국주의 체제의 끝장과 정의와 평화와 생명이 지배하는 대안적인 세계의 개벽을 선포하는 일곱째 나팔이 울리기까지는 시간적인 간격이 있다. 그것이 바로 요한과 그의 수신자들이 서 있는 위치인 여섯째 나팔과 일곱째 나팔 사이의 현재의 시간이다(계 10:1-11:14).

---

이해하거나 인식하는 것을 의미한다.

이 현재의 시간에 "용의 입, 짐승의 입, 그리고 거짓 예언자의 입"으로부터 나오는 악령을 통한 제국주의 예언운동(계 16:13-16)과 로마제국의 우상숭배적인 제국주의 체제를 비판하는 그리스도교적 예언자들과 증인들의 반제국주의 예언운동(계 10:1-11:13)이 첨예하게 대립하고 있다. 대다수의 주석가들은 요한계시록 10:1-11:14의 단락을 일곱 나팔들의 환상에 첨부된 하나의 삽입이라고 주장하지만, 나는 그것을 일곱 나팔들의 환상의 본래적인 중심이라고 본다.

이러한 현재의 시간에 요한과 참여적인 남녀 그리스도인들을 대표하는 두 예언자적 증인들의 감동적인 반제국주의 예언운동과 해방투쟁이 일어난다(계 10:1-11:13). 그들의 신앙실천과 반제국주의 예언 운동이 무정한 짐승의 추종자들을 회개로 이끌어 더 이상 로마 황제를 우상숭배하지 않고 하나님에게 영광을 돌리게 만든 놀라운 전환을 가져올 뿐만 아니라, 마침내 폭력의 역사의 끝장과 새 시대의 시작을 선포하는 일곱째 나팔 소리가 울리도록 촉진하는 데 결정적인 역할을 한다.

4) 일곱째 나팔(계 11:15-19): 평화의 나라의 시작

이제 마침내 일곱째 나팔 소리가 울린다. 하늘에서 큰 소리로 부르는 천상의 예전의 노래가 들려왔다. 그것은 로마 제국의 멸망과 하나님과 그의 메시아의 제국의 시작을 축하하는 노래이다.

"일곱째 천사가 나팔을 불매 하늘에서 큰 음성들이 나서 이르시되 세상 나라가 우리 주와 그의 그리스도의 나라가 되어 그가 세세토록 왕 노릇 하시리로다" (계 11:15).

축제적인 노래는 불의가 지배하는 현재의 시대가 끝나고, 이제 하나님과 그의 그리스도의 나라가 시작되었다는 것을 선포한다. 이것은 세계의 종말이 아니라, 억압과 학살이 지배하는 현재의 시대가 끝나는 것을 의미한다. "세상 나라 (βασιλεία τοῦ κόσμου/바실레이아 투 코스무)"는 정치적 목적을 위해서 수많은 무죄한 남자들과 여자들의 인권을 유린하고 학살하는 로마 제국에서 절정을 이루고 있는 제국주의 체제를 의미한다. 그것은 반창조와 반출애굽의 체제이다. "우리 주와 그의 그리스도의 나라"는 땅 위에 도래하는 가시적이고, 역사적이고, 그리고 정치적인 차원을 가진 대안적인 제국이다.[46] 물론 하나님의 나라는 하나님의

권세를 통해서 도래하지만, 그러나 세상 나라를 하나님의 나라로 변화시키는 데는 순교자들과 예언자적 증인들의 헌신적인 신앙실천이 역시 결정적으로 중요하다.

로마 제국이 영원히 지배한다는 신화는 이제 거짓으로 드러났다. 보좌에 앉아 있는 스물네 장로들은 새로운 시대의 시작을 축하하는 천상의 노래에 즉시 하나님에게 감사하는 찬양으로 화답한다. 그들은 하나님 앞에 "엎드려 얼굴을 대고 하나님께 경배하며"(계 11:16; 참조 4:4,10; 5:8,14; 7:11;19:4) 전능한 하나님에게 감사를 드린다.

> "17 감사하옵나니 옛적에도 계셨고 지금도 계신 주 하나님 곧 전능하신 이여 친히 큰 권능을 잡으시고 왕 노릇 하시도다. 18 이방들이 분노하매 주의 진노가 내려 죽은 자를 심판하시며 종 선지자들과 성도들과 또 작은 자든지 큰 자든지 주의 이름을 경외하는 자들에게 상을 주시며 또 땅을 망하게 하는 자들을 멸망시키실 때(καιρός/카이로스)로소이다"(계 11:17-18).

하나님의 호칭에서 "장차 오실 이"가 빠진 이유는 하나님이 더 이상 미래에 올 분이 아니라, 이미 지금 현재 도래했기 때문이다(참조, 1:4, 8; 4:8).[47] 그러므로 장로들은 큰 권능을 가지고 지금 통치하기 시작한 하나님을 찬양하며 기뻐한다. 큰 권능을 "잡으시고"(εἴληφας/에일레파스)의 동사 시제는 미래에도 계속되는 행동을 지칭하는 완료형이며, "왕 노릇하시도다"(ἐβασίλευσας/에바실류사스)의 시제는 그의 지배의 시작이 결정적이라는 것을 의미하는 과거형이다.[48] 하나님은 세상에 대한 자신의 통치권을 되찾아서 통치하신다. 하나님 나라의 도래는 성도들에게는 기쁜 소식이지만, 그러나 권력과 자본을 우상숭배하는 악인들에게는 비극이다. 그러므로 예측하지 못했던 하나님 나라의 도래를 반대하고 분노하는 우상숭배자들에게 하나님은 진노로 심판한다. 이것이 독수리가 외친 세 번째 화이다(계 11:14; 참조, 8:13).

세상나라를 끝내는 종말은 하나님의 통치가 시작되는 날이다. 종말은 악인들

---

46) Pablo Richard, *Apokalypse*, 145.
47) Murphy, *Babylon is Fallen*, 27; 이병학, "요한계시록의 예전과 예배: 우상숭배에 대한 저항과 정치적 유토피아," 「신약논단」(2006 겨울호)를 참조하라.
48) Robert E. Coleman, *Song of Heaven* (Old Tappen, New Jersey: Fleming H. Revell Company, 1980), 105.

에게 벌을 내리고 세계의 불의를 소멸시킴으로써 폭력의 역사를 끝장내는 것이며, 동시에 억눌린 자들을 해방하고 충성스러운 성도들에게 상을 베푸는 날이다. 요한은 스물네 장로들의 입을 통해서 지금이 바로 그러한 종말의 시간임을 세 가지 부정사 형태의 동사를 사용해서 명백하게 말한다. 일곱째 나팔이 울린 지금이 시간은 하나님이 죽은 자들을 "심판하고(κριθῆναι/크리테나이)," 하나님의 종들인 그리스도인들에게 "상을 주고(δοῦναι/두나이)," 그리고 땅을 망하게 하는 자들을 "멸망시킬(διαφθεῖραι/디아프테이라이)" 때(καιρός/카이로스)이다. 이것은 현재의 시간에 역사 안에서 일어나는 하나님의 심판이다. 하나님의 마지막 심판의 날은 나중에 일어난다(참조. 계 20:11-15).

여기서 "죽은 자들"은 모든 죽은 자들이 아니라, 신앙을 실천하고 생을 마친 의인들, 순교자들, 그리고 억울하게 학살당한 무죄한 희생자들이다.[49] 그리스어 크리노(κρίνω)는 "심판하다"를 의미하지만, 또한 정의를 행하는 것을 의미한다. 그러므로 "죽은 자들을 심판하시며"는 정의의 하나님이 죽은 자들의 원한을 풀어주고 권리와 정의를 회복시켜주고 부활시킨다는 것을 의미한다(참조. 계 20:4-6). 지금 이 종말의 시간은 죽은 의인들과 순교자들과 대량학살의 무죄한 희생자들이 모두 신원되고 부활할 때이고, 하나님의 모든 종들이 하나님으로부터 상을 받을 때이다. "종"은 그리스도인들을 지칭하는 포괄적 명칭이며, "선지자들과 성도들"은 직분을 가진 그리스도인들과 직분을 가지지 않은 그리스도인들을 각기 의미한다. "주의 이름을 경외하는 자들"은 이방인 출신 그리스도인들을 지칭한다. 반면에 지금 이 시간은 하나님이 "땅을 망하게 하는 자들," 즉 자기 자신을 절대화하는 로마의 지배자들과 로마의 제국주의 체제의 절대적 권력과 자본을 우상숭배한 짐승의 추종자들을 멸망시킬 때이다.

천상의 예전의 절정은 하늘에서 성전이 열리고 언약궤가 보이는 장면이다. 언약궤는 이집트에서 해방된 이스라엘인들과 시내산에서 맺은 계약의 약속을 지키는 하나님의 신실함과 그의 현존을 재확인해 주는 상징이며, 또한 불기둥과 구름기둥의 인도를 통한 광야 유랑을 경험한 하나님의 자녀들의 정체성을 재확인해 주는 상징이다.

"이에 하늘에 있는 하나님의 성전이 열리니 성전 안에 하나님의 언약궤가 보이 며

---

49) 죄인들을 포함한 모든 죽은 자들에 대한 하나님의 심판은 천년왕국 이후의 마지막 심판 날에 일어난다. 계 20:11-15을 보라.

또 번개와 음성들과 우레와 지진과 큰 우박이 있더라"(계 11:19).

　　성전이 열리고 지성소에 감추어져 있는 언약궤가 보인다는 것은 로마 제국 한
복판에서 새로운 출애굽을 일으킨 하나님이 모든 유혹과 압제에 노출되어 있는
소아시아 지역의 식민지 그리스도인들 가운데 지금 해방자로서 그리고 구원자
로서 현존하고 있다는 것을 의미한다.[50] "번개와 음성들과 우레와 지진과 큰 우
박"은 하나님의 현현과 임재를 상징하며, 또한 억눌린 자들의 해방과 자유를 위
해서 출애굽을 다시 일으킨 하나님의 심판으로 인해서 로마 제국과 동맹국들이
몰락하여 사라지는 급격한 격변의 상황을 의미한다(참조, 계 16:18-21). 가난한 자
들과 억눌린 자들을 해방하고 구원하기 위해서 로마 제국 안에서 새로운 출애굽
을 일으킨 하님의 반제국주의 운동은 이제 로마 제국의 몰락과 함께 성취되었다.

## III. 결론

　　일곱 나팔들의 환상은 로마제국 한복판에서 출애굽을 다시 일으킨 하나님의
반제국주의 운동을 나타내는 신학적 틀이다. 요한은 권력과 자본을 우상 숭배하
는 로마 제국의 뱃속으로부터의 탈출과 해방을 위해서 출애굽의 기억을 재현하
고 현재화한다. 일곱 나팔들의 환상의 목적은 독자들로 하여금 출애굽을 다시 일
으킨 하나님의 반제국주의 운동에 적극적으로 참여하도록 고무하는 데 있다. 로
마 제국의 사악한 제국주의에 대한 비폭력 저항과 투쟁이 불의한 세계를 변화시
키는 새로운 출애굽 운동이다.

　　일곱 나팔 환상에서 묘사된 여러 가지 재앙은 약자들을 억압하고 착취할 뿐만
아니라, 수많은 무죄한 자들을 학살하면서 세계를 파멸로 몰아가는 로마 제국의
질주를 중단시키고 대한적인 세계를 창조하기 하나님의 해방적 행동들을 가리
킨다. 그러한 재앙들의 목표는 사람들에게 두려움과 공포를 자아내는 대재앙을

---

[50]　언약궤는 하나님과 그의 백성들 사이에 계약이 맺어졌을 때 하나님이 모세에게 준 석판들이 들어
　　있는 창문이 없는 관이며, 그것은 솔로몬의 성전의 가장 거룩한 곳인 지성소에 보관되어 있었으
　　며, 그리고 아무도 그것을 볼 수 없도록 휘장이 쳐져 있었다. 대제사장만이 일 년에 단지 한 번만
　　백성들의 죄를 사하기 위하여 언약궤가 있는 지성소에 들어갈 수 있었다. B.C. 586년에 바빌로니
　　아 제국의 왕 느부갓네살에 의하여 예루살렘의 솔로몬 성전이 파괴되었을 때 언약궤도 사라져버
　　렸다. 마카비2서 2:7-8에 의하면 예레미야가 이 언약궤를 이스라엘의 회복의 날을 대비하여 감추
　　어두었는데, 하나님이 장차 자비와 영광 가운데 그것을 보여 줄 것이라고 한다.

통한 세계의 멸망에 있는 것이 아니라, 약자들을 억압하고 세계를 오염시키는 로마의 권력자들과 그들의 협력자들의 회개를 촉구하는 데 있다. 또한 그것은 폭력과 죽음이 가득한 세상의 현실에서 고난당하는 약자들에게 인간적인 삶이 가능한 새로운 세계의 대항현실을 위한 희망과 저항을 고무하는 데 있다. 하나님의 해방적 행동들은 역사적이지만, 그러나 우주적이고 상징적인 표징들로 묘사되었다. 그러므로 그러한 표징들은 문자적으로 해석되어서는 안 되며, 또한 과거에 발생한 또는 미래에 발생할 어떤 특정한 역사적 사건들을 가리키는 것처럼 해석되어서도 안 된다. 표징들의 현재적인 요소들과 미래적인 요소들은 요한의 독자들뿐만 아니라, 오늘의 그리스도인들에게도 역시 세계의 불의한 현실을 비판적으로 인식하고 미래를 긍정적으로 전망하면서 하나님의 나라를 위해서 어린 양 예수 그리스도의 길을 중단 없이 따라가게 하는 이정표의 역할을 한다.

일곱 나팔 환상은 성도들의 기도가 하나님에게 상달되는 천상의 예전으로부터 시작하여 폭력의 역사의 끝장과 새로운 세계의 개벽을 축하하는 천상의 예전으로 끝난다. 이것은 대안적 세계의 도래를 위해서 그리스도인들의 기도와 예배가 결정적으로 중요하다는 것을 의미한다. 일곱 나팔들의 환상에 나타나는 하나님의 심판은 세계의 파괴, 세계의 종말, 또는 역사의 종말을 뜻하는 것이 아니라, 고난당하는 약자들의 해방과 구원을 위해서 이 세계 안에 있는 모든 불의와 억압과 차별을 소멸시키고, 그리고 이 세계를 망하게 하는 억압자들과 살인자들과 학살자들을 멸망시키는 역사 안에서의 심판을 의미한다.

로마 제국은 정치적 목적을 위해서 무죄한 사람들을 집단적으로 잔혹하게 학살하였다. 지배자와 권력자들이 강요한 은폐, 침묵, 그리고 망각으로 인해서 로마 제국이 자행한 대량학살의 희생자들에 대한 기억은 점차 지워졌지만, 요한계시록의 저자 요한은 희생자들의 편에 서서 대량학살의 기억을 신화적이고 상징적인 방식으로 재현하여 그의 독자들에게 전달하였다. 대량학살은 인간을 하나님의 형상에 따라서 창조하고, 억눌린 자들을 이집트의 파라오의 압제의 사슬에서 해방시킨 하나님의 뜻에 역행하는 반창조와 반출애굽의 행위이다.

이러한 맥락에서 이미 위에서 논증했듯이, 나는 처음 네 나팔에서 땅, 바다, 강 그리고 천체를 타격한 재앙들은 로마 제국에 의해서 조직된 체제로서의 세계를 심판하는 하나님의 해방의 행동들로 해석되어야 하고, 다섯 번째 나팔에서 메뚜기들은 짐승의 추종자들에게 벌을 주는 형벌의 천사들로 해석되어야 하며, 그리고 여섯째 나팔에서 잔혹하게 집단적으로 죽임을 당한 "사람 삼분의 일"은 로마 제국이 자행한 대량학살로 인해서 억울하게 희생된 무죄한 식민지 인민들로 해석되어야 한다고 제안한다.

요한계시록의 저자는 로마 제국의 살인적인 제국주의에 저항하기 위해서 참혹한 대량학살의 희생자들에 대한 기억을 재현하고, 현재화하고, 그리고 보존하였다. 그것은 로마의 제국주의의 희생자들을 위한 그의 기억투쟁이다. 한 사회가 억울하게 처형된 민간인 집단학살의 희생자들을 어떻게 대하느냐 하는 것은 곧 그 사회가 산 자들에게 대하는 태도와 직결된다. 지난 세기에 세계 도처에서 발생한 제노사이드의 희생자들이 망각된다면, 그러한 끔찍한 반인륜 범죄는 금세기에 다시 발생할 수도 있을 것이다. 그러므로 지난 세기에 발생한 수많은 대량학살 사건들의 희생자들은 결코 망각되어서는 안 된다. 한국전쟁 전후에 한반도에서 발생한 국가폭력에 의한 민간인 집단학살의 희생자들에 대한 기억은 인권운동의 차원에서, 남북의 화해와 민족 화합의 차원에서, 자주적인 민족 통일의 차원에서, 그리고 나아가서 외세로부터 자주권을 지키고 약자들의 인간적인 삶을 지키기 위한 반제국주의 운동의 일환으로 보존되어야만 한다. 민족통일 교육과 평화 교육은 일차적으로 이러한 민간인 집단학살의 희생자들을 기억하는 것이어야만 한다. 더 늦기 전에 특별법 제정을 통해서 민간인 피학살자들의 억울한 죽음의 진상을 규명함으로써 희생자들을 위로하고 유족들의 슬픔과 상처를 치유해야 할 것이다.

패권적 제국주의에 의한 경제의 세계화에 의해서 민족 국가들이 약화되고 있는 현시대에서 반제국주의 운동은 요한계시록의 저자 요한의 시대보다도 훨씬 더 절박하다. 지난 세기에 제국주의 정부들은 총을 쏴서 수많은 인민들을 학살하였지만, 오늘날은 총이나 무기로 사람들을 죽일 필요가 없다. 왜냐하면 총알을 발사하지 않아도 수많은 가난한 농민들과 노동자들이 굶어죽거나 스스로 목숨을 끊을 것이기 때문이다. 신자유주의적 세계화가 강요하는 규제가 없는 자유 시장 정책에 의해서 부채와 빈곤으로 내몰린 수많은 가난한 농민과 노동자들이 연이어서 스스로 목숨을 끊는 대량 자살이 지금 이미 세계 도처에서 현실로 나타나고 있다.

한 실례를 들면, 농업 시장 개방 정책으로 외국의 값싼 면화가 인도의 시장에 쏟아져 들어오면서 면화 값이 폭락하여 각종 대출금을 상환하지 못할 뿐만 아니라, 곡물가격의 상승으로 식량마저 구할 수 없는 처지에 내몰린 많은 인도 농민들이 잇따라 자살을 하였으며, 지금도 농민들의 자살은 계속되고 있다. 최근에 인도 중서부 마하라슈트라 주에서는 면화를 재배하는 전체 농민의 사분의 일에 해당하는 4,453명이 자살하였다. 인도의 전국범죄기록국의 통계에 의하면 2005년에 자살한 농민은 1만 7,131명이고, 그리고 2006년에는 1만7,060명이다. 1997년 이후 10년 동안 자살한 인도 농민은 16만6천명에 이른다.[51]

새로운 제국주의의 얼굴은 자본의 제국과 시장의 제국이다. 일곱 나팔 환상은 패권적 제국주의에 의한 신자유주의적 세계화의 덫에 걸려 있는 약자들의 해방과 구원을 위해서 한국에서 그리고 세계 도처에서 새로운 출애굽을 일으키고 있는 하나님의 반제국주의 운동에 남녀 그리스도인들을 초대하고 있다. 제국주의에 대한 저항과 투쟁 없이는 국가의 자주권과 민족 통일도 기대할 수 없으며, 국민의 식량권과 건강권도 기대할 수 없으며, 그리고 성평등과 생태 보존도 기대할 수 없다. 폭력과 빈곤과 죽음이 지배하는 이 세계에서 평화, 정의, 생명이 지배하는 대항현실을 만들어 가는 사람들은 제국주의의 사악하고 무정한 권력에 온 힘을 다해서 저항하고 투쟁하는 증인들, 예언자들, 짐승의 인침을 받기를 거절하는 자들, 순교자들, 그리고 열사들이다.

일곱 나팔들의 환상은 그리스도인들의 반제국주의 운동을 정당화하고, 세계의 가난한 자들과 연대적인 삶을 살도록 고무한다. 폭력과 학살의 역사의 끝장과 대안적 세계의 개벽을 선포하는 일곱째 나팔은 언젠가는 반드시 울릴 것이다. 그리스도인들은 이 희망 때문에 고난을 당하면서도 불의와 싸우는 새로운 출애굽에 동참한다. 요한과 그의 독자들이 서 있는 위치는 여섯째 나팔과 일곱째 나팔 사이이며, 오늘의 그리스도인들이 서 있는 위치는 역시 여섯째 나팔과 일곱째 나팔 사이다. 하나님과 그의 메시아의 제국은 대량학살의 희생자들에 대한 기억을 보존하기 위한 기억 투쟁에 참여하면서 눌린 자들과 가난한 자들과 약자들의 인권과 해방과 자유를 위해서 싸우고 있는 남녀 그리스도인들의 고통스러운 투쟁 가운데서 이루어 나가는 승리와 연대 속에서 선취될 것이다.

---

51) 이 통계는 인도 신문 *The Hindu* (2008년 1월30일자)의 보도를 소개한 「한겨레신문」 2008년 2월 2일자 24면에서 인용한 것이다.

## 제8장
# 죽은 자들과의 기억연대를 통한 폭력극복
### 에티오피아어 에녹서와 요한계시록의 죽은 자들의 절규

## 1. 서론적 성찰

인류의 역사는 폭력과 학살의 역사이다. 지난 20세기는 정말로 전쟁과 국가폭력에 의한 대량학살로 점철된 잔혹한 폭력의 세기였다. 정치학자 루돌프 럼멜(Rudolf Rummel)의 통계에 의하면 1900년부터 1988년까지 자국 정부들의 국가폭력에 의해서 죽임을 당한 남녀 희생자들의 수는 일억 육천 구백십구만 팔천 명(169,198,000)이다.[1]

한국전쟁(1950-1953) 전후에 약 100만 명의 무고한 민간인들이 좌익 또는 부역자들로 몰려서 정당한 재판 절차도 없이 한반도의 이남의 도처에서 학살되었다. 그들은 남한의 군인, 경찰, 서북청년단을 비롯한 우익 청년단, 또는 미군[2]에 의해서 폭력적으로 그리고 불의하게 집단 학살되었다.[3] 그들은 모두 정부의 국

---

1) Rudolf Rummel, *Death by Government* (New Brunswick: Transanction Publishers, 1994), 1-28; 그 이후에 세계 도처에서 발생한 대량학살에 대해서는 발렌티노, 벤자민/ 장원석 · 허호준 역, 『20세기의 대량학살과 제노사이드』 (제주: 제주대학교출판부, 2006), Théo Tschuy, *Ethnic Conflict and Religion: Challenge to the Churches* (Geneva: WCC Publications, 1997)을 보라.

2) 예를 들면 미군은 1950년 7월 25일부터 29일까지 5일간 충북 영동군 황간면 노근리에서 경부선 철로와 쌍굴다리에서 폭격과 기관총 발사로 민간인 피난민을 학살했다. 쌍굴다리에는 지금까지도 총탄 흔적이 남아있다. 이 학살 사건에 대해서는 정은용, 『그대, 우리의 아픔을 아는가』 (서울: 다리, 1994)를 보라.

3) 국가폭력과 대량학살에 대한 신학적 성찰에 대해서는 Byung Hak Lee, "Versöhnung mit den Getöteten durch Erinnerung: Eine Reflxion über die Massenermordungen vor und nach Korea-Krieg(기억을 통한 죽은 자들과의 화해: 한국전쟁 전후에 발생한 대량학살에 대한 성찰)," 「신학연구」 53집(2008), 251-68; 이병학, "천사들은 사람 삼분의 일을 죽이기로 되어 있더라(계 9:15): 대량학살의 기억과 반제국주의 운동" 「신학사상」 143집(2008 겨울), 97-135; 최정기, "국가폭력과 죽음의 사회적 의미: 함평지역에서의 집단학살을 중심으로," 호남신학대학교 해석학연구

가폭력에 의한 남녀 희생자들이다. 한국전쟁 전후에 발생한 민간인 집단학살 사건들의 희생자들의 유족들은 지난 60년 동안 이러한 불의한 집단학살 사건들에 대해서 공개적으로 말할 수 없었다. 만일 그들이 이러한 사건들에 대해서 말한다면, 그들은 좌익이나 공산주의자로 낙인찍혔을 것이다. 그러므로 그들은 이러한 학살 사건들에 대해서 망각하도록 강요되었다. 그들은 이러한 끔찍한 집단학살 사건들에 대한 자신들의 기억을 지워야만 했다. 그러나 1990년대 이후 민주화 과정에서 이러한 집단학살 사건들에 대한 침묵이 마침내 깨어졌다.

그러나 국가폭력과 학살범죄는 전쟁에서만이 아니라, 신자유주의의 세계화의 과정과 세계화의 상황에서 역시 발생하고 있다. 경제적 불의에 항의하면서 자신의 생명을 너무 일찍 끝내는 힘없는 남녀 노동자들과 농민들의 부르짖음은 천둥처럼 크다. 그들은 자살을 함으로써 신자유주의의 세계화의 벌거벗은 폭력에 맞서서 항의한다. 이러한 사람들의 자살은 권력자들과 자본가들의 억압과 착취와 무관심에 대한 항의이다.[4] 한 예를 들면, 2003년 부산에서 한 노동조합의 지도자가 32미터 높이의 크레인에 올라가서 무려 129일 동안 농성하면서 시위했으며, 그는 거기서 목매어 자살했다.[5]

최근에 시위를 하던 철거민들 중에 여러 명이 경찰의 진압과정에서 발생한 화재로 참혹하게 불타죽은 용산 철거민참사 사건이 발생했다. 2009년 1월 19일 상가 세입자들과 전국철거민연합회회 회원들 50여명이 무분별한 개발과 강제 철거로 주거권과 생존권을 무시한 강제 철거에 항의하기 위해서 용산의 중심에 있는 강제 철거 지역의 4층 남일당 건물의 옥상에 망루를 짓고 점거하기 시작했다. 왜냐하면 용산 재개발 4구역의 민간인 사업 주체가 막대한 개발 이익을 남기기 위해 빠르게 사업을 추진하면서 철거민과 세입자들과 충분한 협의와 보상이 이루어지지 않은 상태에서 철거용역을 동원해서 그들을 강제로 퇴거시켰기 때문이다. 그들은 퇴거에 따른 보상금을 더 올려줄 것을 요구하면서 농성을 했다.

소 편, 『죽음에 대한 사회적 폭력과 해석학』 (광주: 호남신학대학교 출판부, 2007), 29-32; 최정기. "국가폭력과 대중들의 자생적 저항." 「기억과 전망」 (2002 창간호), 197-217을 참조하라.
4) Byung Hak Lee, "Gebet der Opfer als Schrei und Erinnerung: Bibelarbeit zu Offenbarung 6,9-11"(절규와 기억으로서의 희생자들의 기도: 요한계시록 6:9-11에 대한 성서연구), in: Erhart Kamphausen/Gehard Köblerin (hg.), *Gewalt und Gewaltüberwindung: Stationen eines theologischen Dialogs* (Frankfurt am Main: Verlag Otto Lemberg, 2006), 87.
5) 이 사건에 대한 신학적 성찰에 대해서는 이병학, "'당신은 두지 않는 것을 취하고'(눅 19:21): 자본의 우상화와 가난한 자들의 죽음," 「신학사상」 125집(2004 여름), 213-54를 보라.

그들은 사업 주체와 권력을 가진 자들의 무관심 속에서 자신들의 목소리를 들리도록 하려고 건물 옥상에서 화염병을 거리에 투척했다.

그러나 경찰 당국은 질서 유지를 명분으로 이튿날인 1월 20일 오전 6시 조금 넘어서부터 살수차를 투입하여 물대포를 쏘면서 그 4층 건물을 습격하기 시작했다. 그 건물 둘레에는 약 1,600명의 경찰이 있었다. 경찰은 철거민들을 체포하고 해산시키기 위해서 여러 명의 반테러 경찰 특공대원들을 실은 건축용 컨테이너를 크레인으로 그 건물의 옥상에 들어 올리려고 시도했다. 철거민들은 경찰의 진입과 공격을 막으려고 격렬하게 저항했다. 그 건물 옥상 진입에 성공한 반테러 경찰 특공대원들은 철거민들을 붙잡으려고 했고, 철거민들의 일부는 망루 속으로 피했다. 경찰이 다량의 인화 물질이 있는 망루를 거칠게 공격하는 과정에서 망루에서 화재가 발생하여 망루 안에 있던 철거민 5명이 불타죽었고, 그들을 진압하던 특공대원 1명이 역시 불타죽었다. 오전 8시에 화재는 진화되었고, 살아남은 철거민들은 모두 현장에서 경찰에 검거되어 구금되었다.[6] 이 참사는 그 건물 아래서 밤을 새면서 아침까지 마음 졸이며 상황을 지켜보고 있던 철거민 시위자들의 가족들의 눈앞에서 벌어졌다. "여기 사람이 있다"라는 외침이 있었지만, 아무도 불타는 망루에서 그들을 구해내지 못했다.

우리는 새까맣게 불타죽은 철거민들의 시신 앞에서 쓰라린 슬픔을 어떻게 극복할 수 있는가? 보상금을 더 달라는 철거민들의 외침은 주제넘은 불평인가? 사회적 약자들과 가난한 사람들을 착취하고 죽이는 힘 있는 자들의 죽음관은 무엇인가? 우리는 약자들이 억압당하는 이러한 폭력의 현실을 어떻게 극복할 수 있는가? 죽임을 당한 자들은 마치 모든 것이 끝난 것처럼 말이 없는가?

이러한 질문들을 제기하면서 이 논문에서 나는 용산참사의 희생자들을 애도할 뿐만 아니라, 한국전쟁 전후에 발생한 민간인 집단학살과 광주민주화과정에서 학살된 희생자들을 역시 애도하면서 국가폭력에 의한 남녀 희생자들의 폭력적인 죽음과 때 이른 죽음을 신학적 주제로 삼고자 한다. 나는 에티오피아어 에녹서(=에녹1서)[7]와 요한계시록에 나타나는 폭력의 희생자들의 절규의 정치적 원

<hr>

6) 용산참사 발생 직후에 용산참사의 희생자들을 애도하기 위해서 독일어로 쓴 이 논문이 2009년 4월에 간행된 한국기독교학회의 외국어 학술저널인 *Korean Journal of Christian Studies* 63 (2009), 77-92에 게재되었는데, 그 후 용산참사 사건에 대한 재판이 진행되었으며 2010년 10월 11일 대법원 판결에서 용산참사 사건으로 기소된 철거민들 9명 전원에게 유죄가 확정되었다. 용산철거민대책위원장 이충연(37)씨와 전국철거민연합 간부 김주환 씨에게 징역 5년, 철거민 5명에게는 징역 4년이 선고되었고, 나머지 2명에게는 징역 2년에 집행유예 3년과 징역 3년에 집행유예 4년이 각각 선고되었다.

인을 연구함으로써 사람들을 간단하게 학살하고, 망각하고, 은폐하는 권력자들의 반인간적인 논리와 그들의 죽음관을 비판하고자 한다.

에티오피아어 에녹서는 외국의 지배자들과 그들에게 협력하는 토착 귀족들을 통한 죽음의 공포지배 한가운데서 고난당하는 억눌린 자들과 가난한 자들의 해방투쟁의 파노라마를 묘사한다. 죽음의 공포지배는 여러 얼굴들을 가지고 있다. 그것은 억눌린 사람들과 가난한 사람들 의 경험에서는 빈곤, 착취, 불의, 압제, 억압, 박해, 차별, 주변화, 그리고 살인으로 나타난다. 에티오피아어 에녹서는 에티오피아의 유대인들에 의해서 팔라샤 경전(Falascha Kanon)에 수록되었으며 이 경전을 수용한 에티오피아의 교회에 의해서 오늘날까지 전승되어왔다. 에티오피아어 에녹서의 한 구절이 문자 그대로 유다서 24-15절에 인용되었다는 것은 주목할 만한 가치가 있다.[8] 에티오피아어 에녹서는 신약성서의 이해를 위한 보물이다.

기독교 묵시문학으로 분류되는 요한계시록은 역시 저항문학이다.[9] "로마의 평화"(Pax Romana)라는 로마 제국의 이데올로기의 기능은 억압과 대량학살을 은폐하고 제국주의 지배를 합법화하는 것이다. 이와 정반대로 요한계시록의 저자는 로마 제국이 은폐한 가난한 자들과 억눌린 자들의 현실을 드러내고 로마의 제국주의 지배에 대한 그들의 저항을 정당화한다.

이 논문의 목적은 국가폭력 범죄를 극복하기 위한 길을 찾고자 시도하는 것이다. 나는 에티오피아어 에녹서(=에녹1서)와 요한계시록에서 폭력의 희생자들의 절규가 묘사된 본문들을 선택하여 사회사적, 해방신학적 그리고 여성주의적 관점에서부터 읽고 해석함으로서 억울한 죽음을 당한 그 당시의 희생자들뿐만 아니라, 최근에 발생한 용산참사 희생자들을 애도하고, 나아가서 폭력극복을 위한 방안으로 죽은 자들과의 기억연대를 건설할 것을 제안하고자 한다. 산 자들이 죽은 자들을 망각하자 않고 그들과 기억연대를 건설하는 것은 잔혹한 국가폭력을

---

7) 에티오피아어 에녹서에 대한 포괄적인 연구에 대해서는 Byung Hak Lee. *Befreiungserfahrungen von der Schreckensherrschaft des Todes im ätiopischen Henochbuch: Der Vordergrund des Neuen Testaments* (Waltrop: Hartmut Spenner, 2005)을 보라.

8) 에녹1서 1:9.

9) 묵시문학적 작품들에 대한 정의에 대해서는 Christopher Rowland, *The Open Heaven: A Study of Apocalyptic in Judaism and Early Chritianity* (New York: The Crossroad Publishing Company, 1982), 9-22; Philipp Vielhauer, *Geschichte der urchristlichen Literatur: Einleitung in das Neue Testament, die Apokryphen und die Apostolischen Väter* (Berlin and New York: Walter de Gruyter, 1975), 485-494; David Hellholm. "The Problem of Apocalyptic Genre and the Apocalypse of John," *Semeia* 34(1986), 13-64를 보라.

근절시키기 위해서 싸우고 죽은 자들과 산 자들의 공동의 미래를 열기 위한 기억의 윤리이다.

## II. 억압자들의 죽음관과 희생자들의 절규

### 1. 에녹1서 102장에서 죽음에 대한 권력자들의 관념

죽음에 대한 권력자들과 부자들의 생각은 무엇인가? 나는 에티오피아어 에녹서의 한 본문으로부터 무고한 사람들의 억울한 죽음에 대한 권력자들의 생각을 파악해보고자 한다. 에녹서에는 최근에 폭력적으로 죽임을 당한 의인들을 슬퍼하는 사람들의 모임을 묘사한 장면이 있는데, 거기서 죽음에 대한 권력자들의 생각을 나타내는 말이 나온다.[10] 죄인들, 즉 억압자들과 착취자들은 다음과 같이 말한다.

"6 너희가 죽게 될 때 죄인들이 너희에 대해서 말한다: '우리가 죽는 것처럼 의인들도 죽는다. 그들은 그들의 일들로부터 어떤 유익을 얻었는가? 7 보라 슬픔과 어둠 가운데 있는 우리처럼 그들은 죽는다. 그들은 우리 보다 어떤 이점이 있는가? 8 이제부터 우리는 같다. 그들은 어떻게 일어날 것이며, 영원히 무엇을 볼 것인가? 보라, 그들은 죽었다. 그리고 이제부터 그들은 영원히 빛을 보지 못할 것이다'" (에녹1서 102:6-8).[11]

권력자들의 이러한 말에는 죽음 이후의 모든 사람의 평등과 지상에서의 모든 노력들의 헛됨에 대한 관념이 표현되어 있다. 그들은 죽음 이후에는 모든 사람이 같아진다고, 즉 무고한 자들과 억압자들이 완전히 같아진다고 생각한다. 이러한 관념에서 억압자들과 피억압자들 사이, 착취자들과 가난해진 자들 사이, 그리고

---

10) Byung Hak Lee, *Befreiungserfahrungen von der Schreckenherrschaft des Todes im äthiopischen Henochbuch*, 170-174.

11) Siegbert Uhlig, *Das Äthiopische Henchbuch* (Gütersloh: Gütersloher Verlag, 1984), 731. 이 논문에서 인용된 에티오피아어 에녹서(-에녹1서)의 본문은 모두 Siegbert Uhlig가 독일어로 번역한 에녹서로부터 이병학이 우리말로 번역한 것이다. 이 인용문들은 E. Issac이 영어로 번역한 에녹서와 표현이 약간 다를 수 있다.

사형 집행관들과 피학살자들 사이의 차이들은 죽음 후에는 아무런 관련이 없다. 죽음이 모든 사람을 평등하게 만들기 때문에 이러한 양자의 운명에는 벌칙과 보상이라는 조정이 전혀 없다.[12] 이것은 가난해진 자들과 피억압자들의 희망이 아니라, 권력자들, 즉 억압자들과 착취자들의 논리이고, 또한 그들의 죽음관이다. 그들의 죽음관에서 중요시되는 것은 삶에서의 평등이 아니라, 죽음 이후의 평등이다. 권력자들의 이러한 논리는 정치적 목적 때문에 아무 거리낌 없이 무고한 사람들을 학살하는 죽음의 공포지배로 나타난다.

오늘의 시대에도 역시 이러한 논리는 성차별주의, 인종차별주의, 제국주의, 군사주의, 그리고 자본주의를 지지하는 사람들의 관념을 규정한다. 그러므로 죄인들, 즉 권력을 가진 자들의 생활양식은 아래의 인용문에서 묘사된 행태를 가진 것으로 특징화된다.

> "죄인들아 내가 너희에게 말한다. 너희들은 먹고, 마시고, 훔치고, 죄를 짓고, 사기 쳐서 사람들을 발가벗기고, 재물을 얻고, 그리고 좋은 날들을 보는 것으로 족하지 않다"(에녹1서 102:9).[13]

이제 에녹은 죽임을 당한 의인들이 너무 일찍 생명을 마감할 때까지 아무런 불의를 범하지 않았음에도 불구하고 죽음 후 모든 사람의 평등이라는 가해자들의 논리 때문에 말살되었다는 것을 가해자들에게 말한다.

> "10 너희들은 의인들의 마지막이 어떠한지 그들을 보았는가? 왜냐하면 그들이 죽을 때까지 아무런 폭력행위가 그들한테서 발견되지 않았기 때문이다. 11 그러나 그들은 제거되었고 마치 그들이 존재하지 않았던 것처럼 되었고, 그리고 그들의 영혼들은 괴로움을 지닌 채로 죽음의 나라 안으로 내려갔다"(에녹1서 102:10-11).[14]

나는 여기서 죽은 의인들을 죽음 후 모든 사람이 평등해진다는 논리를 통해서 폭력을 행사한 권력자들의 악한 행동의 남녀 희생자들로 인식한다. 나는 억압자

---

12) Luise Schottroff und Wolfgang Stegeman, *Jesus von Nazareth: Hoffnung der Armen* (Stuttgart, Berlin, Köln: Kohlhammer, 1978), 46-47.
13) Siegbert Uhlig, *Das Äthiopische Henchbuch*, 735-36.
14) Siegbert Uhlig, *Das Äthiopische Henchbuch*, 735-36.

들이 고난당하는 힘없는 사람들에게 야수처럼 폭력을 행사할 수 있는 것은 바로 이러한 논리에 근거한 것이라고 본다. 이러한 권력자들의 논리는 죽음의 우상들을 지향하며, 또한 그것은 생명의 하나님을 부인한다. 이러한 논리는 신앙인들에 의해서 단호하게 거부되어야만 한다.

## 2. 에녹1서 103장에서 죽임을 당한 자들의 절규와 탄원

죽은 자들은 절규하고 탄원한다. 에티오피아어 에녹서 103:9b-15에서 불의하게 죽임을 당한 자들의 영혼들의 탄원은 개개인 각자의 개인적 전기를 나타낼 뿐만 아니라, 그것을 넘어서 특히 억눌린 유대 민족의 사회사적 집단적 전기를 나타낸다.[15] 이러한 죽은 의인들의 탄원은 폭력의 역사의 경험에서 그들의 가슴에 맺힌 쌓이고 쌓인 고통과 억눌린 분노의 매듭, 즉 한(恨)을 표현하는데, 그것은 아래의 본문에서 가장 인상적이다.

"9 우리의 곤경의 날들에 우리는 심한 어려움을 겪었고 모든 곤경을 보았고, 그리고 많은 악한 것들을 만났다. 우리는 짓눌렸고, 소수가 되었으며, 그리고 우리의 정신은 약해졌다. 10 우리는 파괴되었고, 우리는 단지 말로서 우리의 편을 들어주는 사람을 아무도 찾지 못하였다: 우리는 괴롭힘을 당했고, 제거되었다. 우리는 하루가 지나면 그 다음날에 생명을 보는 것을 바라지 않았다. 11 우리는 머리가 되기를 희망했지만 꼬리가 되었다: 우리는 노동에서 힘들게 일했지만, 우리의 수고에 대한 결과는 전혀 없었다. 우리는 죄인들의 먹잇감이 되었고, 불의한 자들은 그들의 멍에를 우리에게 무겁게 지웠다. 12 그들은 우리를 지배하고 우리를 경멸하고, 우리를 때렸다. 그리고 우리는 우리를 미워하는 자들에게 우리의 목을 굽혔지만, 그러나 그들은 우리를 전혀 동정하지 않았다. 13 우리는 도망쳐서 쉼을 갖기 위해 그들로부터 탈출하는 것을 시도했다. 그러나 우리는 도망쳐서 그들로부터 우리 자신을 구할 장소를 찾을 수 없었다. 14 그리고 우리는 곤경 속에서 통치자들(=당국)[16]에게 탄원했으며, 그리고 우리를 때리는 사람들에 대해서 소리를 질렀지만, 그러나 그들은 우

---

15) Byung Hak Lee, *Befreiungserfahrungen von der Schreckenherrschaft des Todes im äthiopischen Henochbuch*, 174-89.

16) 여기서 Siegbert Uhlig의 독일어 번역 에녹1서는 "통치자들"(Herrschern)로 되어 있으나, Issac의 영어 번역 에녹1서에는 "당국"(authjorities)으로 되어 있다. 나는 후자의 번역을 따른다. James H. Charlesworth (ed.), *The Old Testament Pseudepigrapha Vol. 1* (Garden City, New York: Doubleday & Company, Inc., 1983), 84를 보라.

리의 탄원을 거들떠보지도 않았으며, 그리고 우리의 소리를 듣고자 하지도 않았다. 그리고 그들은 우리를 털고 우리를 때린 자들을 그리고 우리를 멸종시킨 자들을 도와주었다. 15 그리고 그들은 권력자들의 폭력행위를 감추었고, 그리고 우리를 때리고, 우리를 산산조각내고, 우리를 살해한 자들의 멍에를 우리에서부터 벗겨주지 않았다. 그들은 우리가 당한 학살을 은폐했고, 그들(=억압자들)이 그들의 손을 쳐들고 우리를 공격하였다는 것을 기억하지 않았다"(에녹1서 103:9b-15).[17]

이러한 죽은 자들의 자기 진술은 쓰라림, 슬픔, 근심, 그리고 분노가 배어있는 억눌린 약자들의 사회사적 전기를 나타낸다. 그들의 쌓이고 쌓인 아픔과 억눌린 분노의 매듭, 즉 그들의 가슴에 맺힌 한(恨)이 에녹을 통해서 풀어진다. 죽은 자들의 자기 진술의 기능은 한편으로는 자신의 고난의 이야기를 남에게 이야기함으로써 이러한 고통의 압력으로부터 자신을 풀어주고 거기서부터 해방을 경험하는 것이고, 그리고 다른 한편으로는 기억을 통해서 죽은 자들과 연대하여 그들과 함께 싸울 수 있도록 산 자들의 결속력과 저항력을 불러일으키는 것이다. 죽임을 당한 자들의 영혼들은 자신들의 삶은 힘든 육체적 노동, 수고, 억압, 착취, 차별, 그리고 살해를 통해서 점철되었다고 말한다. 벌거벗은 생존조차 단 한 번도 보장되지 않았다.

그들은 폭력의 희생자들이며, 또한 억압자들이 저지른 죄의 희생자들이다. 그들은 권력자들에 의해서 자신들에게 가해진 살해에 무방비로 넘겨졌다. 그러므로 그들은 학살 집행인들의 야만성과 더불어 사는 사람들의 무관심에 대해서 항의한다: "우리는 죽임을 당했고, 우리는 단지 말로서 우리의 편을 들어주는 사람을 아무도 찾지 못하였다." 그들은 권리를 빼앗긴 자들이며, 다음 날 역시 살 수 있는 지를 전혀 바랄 수 없다. 그들은 신앙이 있지만, 그러나 그럼에도 불구하고 그들은 일상의 상황에서 하나님의 부재를 경험해야만 한다. 왜냐하면 그들은 자신들의 신앙 실천에도 불구하고 높임을 받는 것이 아니라, 오히려 비천하게 되는 현실에 직면하고 있기 때문이다.[18] 그들의 고된 노동에도 불구하고 그들은 항상 굶주림과 빈곤을 겪어야만 한다. 왜냐하면 그들이 힘 있는 권력자들에 의해서 착취당하고, 그리고 그들의 노동의 열매를 사기 당하기 때문이다.

---

17) Siegbert Uhlig, *Das Äthiopische Henchbuch*, 738-39.
18) 신 28:13. "여호와께서 너를 머리가 되고 꼬리가 되지 않게 하시며 위에만 있고 아래에 있지 않게 하시리니 오직 너는 내가 오늘 네게 명령하는 네 하나님 여호와의 명령을 듣고 지켜 행하며."

"멍에"라는 명칭은 여기서 경제적 착취에서뿐만 아니라 정치적 억압에서도 역시 나타나는 가부장제적 지배를 가리킨다. 에녹서의 저자의 묘사를 넘어서는 성적 착취의 경험이, 예를 들면 여성에 대한 강간이 "우리는 죄인들과 압제자들의 먹잇감이 되었다."라는 표현에서 발견될 수 있다. 그래서 그들은 권력자들과 부자들의 잔인한 착취와 억압을 고발한다.

죽은 자들의 영혼들은 그들이 억압자들의 지배 아래서 고난을 당해왔다는 것과 이러한 굴욕을 통해서 그들의 정체성을 상실할 위험에 내몰려왔다는 것을 한탄한다. 이러한 위험 때문에 그들은 억압자들의 감시로부터 해방되기를 기원해왔다. 이러한 소원을 안고 그들은 도피하는 것을 시도했다. 그러나 그들은 억압체제가 완벽하게 조직되었기 때문에 안전한 장소를 찾을 수 없다. 그들은 "쉼," 즉 폭력으로부터의 자유의 상태를 갈망하지만, 그러나 그들은 무자비한 억압 때문에 성공을 거둘 수 없다, 왜냐하면 그들은 범죄자로 낙인찍히고, 곧바로 체제의 앞잡이들에 의해서 체포되기 때문이다. 그들은 피고로 법정에 끌려오고 형을 선고받는다. 거기서 실제로 부당한 기소에 대한 그들의 항변은 아무런 주목을 끌지 못한다.

나는 억눌린 자들과 힘없는 자들이 지배자들에 접근할 가능성은 전혀 없다고 생각한다. 나는 심지어 가난한 자들과 억눌린 자들은 자신들에게 닥친 불의라는 나쁜 상황을 공개적으로 설명하기 위해서 권력 기관에, 예를 들면 법원에 갈 기회가 대체로 없을 것이라고 본다. 오히려 그들은 침묵하도록 선고받는다. 가난한 자들과 약자들은 울부짖지만, 체제는 그들의 소리를 듣지 않는다. 또는 만일 체제가 그것을 듣는다면, 체제는 그러한 외침을 불의 대한 탄원으로서가 아니라, 건방진 불만으로 이해한다.[19] 무력한 자들과 가난한 자들이 법원을 접할 수 있는 기회는 그들이 정치적 범법자로 체포되고 구속될 때가 유일한 경우일 것이다. 그러나 현실은 권력자들과 부자들이 재판정에서 자신들을 방어하기 위해서 하는 것처럼 약자들은 거기서 자신의 권리와 인간의 품위를 방어하지 못하고 오로지 불의한 판결과 무거운 형벌을 받는다는 것을 보여준다.[20]

---

19) Jung Mo Sung, "Der Gott des Lebens und die wirtschaftlichen Herausfolderungen für Lateinamerika." Raúl Fornet-Betancourt (hg.), *Verändert der Glaube die Welt?: Theologie und Ökonomie in Lateinamerika. Theologie der Dritten Welt 16* (Freiburg, Basel, Wien: Helder, 1991), 90-99.

20) 예를 들면, 대한민국 대법원 판결에서 용산참사 사건으로 기소된 철거민들 9명 전원에게 유죄가 확정되었다.

고난당하는 의인들은 자신들의 인권을 위한 변호사도 전혀 없으며, 그렇기 때문에 그들은 죽음의 공포 지배의 위협을 무력하게 겪어야만 한다. 그들은 재판정에서 권력을 가진 자들의 부당함을 불가피하게 비난하면서 자신들의 무고함을 주장해야만 한다. 그렇지만 사법 기관은 그들의 소리를 듣지 않고, 그들을 학대하거나 살해한 권력자들의 부당한 행위를 은밀하게 덮어준다. 당국은 약자들을 억압한 정치적 및 경제적 권력자들의 이익에 반하는 행동을 할 생각이 없다. 왜냐하면 당국은 힘 있는 권력자들과 자본가들과 함께 일하기 때문이다. 그러므로 당국은 권력과 자본을 가진 권력자들의 비행을 덮고 은폐하지만, 억눌린 자들한테서 멍에를 벗겨주지 않는다.[21]

살해당한 자들, 즉 무죄한 남녀 희생자들의 시신들은 억눌린 사람들의 저항을 계속하도록 영양소를 제공할 수 있기 때문에 그것을 차단하기 위해서 마침내 감추어진다.[22] "그들은 우리가 당한 학살을 은폐했고, 억압자들이 손을 쳐들고 우리를 공격하였다는 것을 기억하지 않았다."

그런데 죽음을 당한 자들의 영혼들이 자신들에게 가해진 불의를 하늘에서 큰 소리로 외치기 때문에 그들의 고문자와 살인자들은 그들의 범죄를 오랫동안 비밀로 유지할 수 없다. 억눌린 자들이 지상에서 살았던 기간 동안에 압제자들이 그들 둘레에 쳐 놓았던 침묵의 벽이 무너진다.

죽은 자들의 이러한 진술은 당시의 독자들과 오늘의 제3세계의 독자들에게 그들의 경험과 삶의 현실을 정확하게 재현하는 것으로 나타난다, 불의하게 죽임을 당한 "의인들과 선한 사람들"의 영혼들의 탄원에서 반영되는 이러한 삶의 현실은 주로 억압, 착취, 차별, 그리고 살해로부터 구성된다. 이러한 것들을 겪은 당사자들은 폭력의 역사의 희생자들이며, 그러므로 자신들이 겪은 고난의 이야기를 진술해야만 한다. 왜냐하면 죽은 자들은 산 자들과 연대해서 불의에 저항하고 정의를 회복하기를 원하기 때문이다.

죽은 자들의 슬픈 삶의 이야기에서 표현된 그들이 생전에 겪은 폭력적이고 때이른 죽음은 죽음 후 모든 사람들이 같아진다는 권력자들의 논리를 통한 불의한 권력관계에서 기인된 것이다(참조, 에녹1서 102:6-8).

---

21) Klaus Wengst, *Demut: Solidarität der Gedemütigten* (München: Kaiser Verlag, 1987), 55-56.
22) 여기서 제3세계에서 발생한 남녀 해방투쟁가들의 의문사와 특히 남미에서 발생한 실종자들을 언급할 수 있다.

권력자들은 죽음 후 모든 사람들은 평등해진다고 죽음관을 가지고 있기 때문에 아무런 거리낌 없이 약자들을 죽일 수 있었다. 그들은 죽음이 모든 사람들을 평등하게 만든다고 생각한다. 그들은 하나님의 심판을 믿지 않는다. 그러나 하나님은 최종적인 심판자이다. 요한계시록에서 심판은 남에게 악을 저지른 자에게 동일한 악을 고스란히 돌려주고 피해자에게 권리와 정의를 회복시켜주는 것이다. "그들이 성도들과 선지자들의 피를 흘렸으므로 그들에게 피를 마시게 하신 것이 합당하니이다"(계 16:6).

### 3. 요한계시록 6:9-11에서 죽임을 당한 자들의 절규와 탄원

요한계시록의 저자는 그의 독자들의 반제국적 저항과 투쟁과 소망을 강화시켜주기 위해서 계시의 책을 썼다. 일곱 봉인 환상(계 6:1-8:1) 중에서 다섯째 봉인에서 하나님의 말씀과 증언 때문에 처형당한 자들의 영혼들(τὰς ψυχὰς/타스 프쉬카스)이 모두 살아서 제단 아래 모여 있다는 것이 드러난다. 그들은 모두 로마 제국의 폭력에 의해서 죽임을 당한 남녀 순교자들이다.[23]

"다섯째 인을 떼실 때에 내가 보니 하나님의 말씀과 그들이 가진 증거로 말미암아 죽임을 당한 영혼들( τὰς ψυχὰς/타스 프쉬카스)이 제단 아래에 있어"(계 6:9).

다섯째 봉인에서 살아있는 남녀 순교자들, 즉 죽은 자들의 영혼들이 큰 소리로 절규하고 탄원한다. 요한계시록의 저자는 불의하게 죽임을 당하고 입을 다문 자들의 목소리를 표현한다.

"큰 소리로 불러 이르되 거룩하고 참되신 대주재(δεσπότης/데스포테스)여 땅에 거하는 자들을 심판하여 우리 피를 갚아주지(ἐκδικεῖς/엑디케이스) 아니하시기를 어느 때까지 하시려 하나이까 하니"(계 6:10).

죽임을 당한 자들은 "어느 때까지?"라고 묻는다. 어느 때까지 이 참혹한 폭력

---

23) 유대교와 기독교 문헌의 순교자들에 대해서는 Jan Willem van Henten and Friedrich Avemarie, *Martyrdom and Noble Death: Selected Text from Greco-Roman, Jewish and Christian Antiquity* (London and New York: Routledge, 2002), 42-176을 참조하라.

의 역사가 지금까지처럼 앞으로도 계속 진행되어야 하는가? 하나님은 언제 이 폭력의 역사의 진행을 끝내시는가? "어느 때까지?"라고 묻는 주임을 당한 자들의 외침은 그들을 희생시킨 폭력의 역사에 대한 항의이다. "어느 때까지?"는 황제숭배와 우상숭배에 대한 반대이고, 순응을 요구하는 로마의 제국주의 지배 체제에 대한 거부이다. 그것은 권리와 정의의 회복을 위한 탄원이고, 정의와 평등이 지배하는 대안적 세계를 위한 갈망이다. 그것은 역사의 모든 살해당한 자들의 절규이고, 배제된 자들의 절박하고 긴급한 외침이다.[24]

하늘에 살아 있는 남녀 순교자들은 억압자들의 폭력 행위를 기억하기 때문에 정의와 신원을 위해서 탄원한다, 죽임을 당한 자들의 절규는 하나님에게 탄원하는 기도이고, 또한 억압자들과 착취자들이 저지른 죄에 대한 기억이다.[25] 이러한 기억은 억압자들의 죄에 대한 증거로서 그리고 죽음 후 모든 사람들이 같아진다는 논리 때문에 무고한 사람들을 죽인 권력자들의 폭력행위에 대한 고발의 양태로 기능한다. 이 폭력의 역사가 얼마 더 계속되어야 하는가? 요한계시록의 저자는 죽은 자들로 하여금 "어느 때까지?"라고 절규하게 함으로써 그들의 죽음이 로마 황제를 "대주재"(=통치자)로 인정하지 않았기 때문에 그리고 황제숭배 요구를 거부했기 때문에 처형당한 항의로서의 죽음이라는 것을 명백하게 제시한다. 그들의 죽음은 그러한 희생자들을 요구하는 폭력의 역사에 대한 항의이고, 그리고 동시에 하나님의 정의가 지배하는 새로운 대안적 세계에 대한 증언이다.[26] 복수와 신원을 위한 호소는 약자들이 마지막으로 할 수 있는 형태의 저항이다.[27]

하나님은 "어느 때까지?"라고 묻는 죽은 자들에게 흰옷을 주면서 다음과 같이 말한다.

"각각 그들에게 흰 두루마기를 주시며 이르시되 아직 잠시 동안 쉬되 그들의 동무

---

24) Pablo Richard, *Apokaypse. Das Buch von Hoffnung und Wiederstand. Ein Kommentar,* (Luzern: Edition Exodus, 1996), 110.
25) Byung Hak Lee, "Gebet der Opfer als Schrei und Erinnerung: Beibelarbeit zu Offenbarung 6,9-11. Gewaltüberwindung aus der Perspektive der Opfer," Erhart Kamphausen und Gehard Köberlin (hg.), *Gewalt und Gewaltüberwindung: Stationen eines theologischen Dialog* (Frankfurt am Mainz: Verlag Otto Lembeck, 2006), 90.
26) 클라우스 벵스트/ 정지련 역, 『로마의 평화: 주장과 현실』 (서울: 한국신학연구소, 1994), 279.
27) Walter Dietrich und Christian Link, *Die Dunklen Seiten Gottes: Willkuer und Gewalt* (Neukirchen-vluyn, Neukircher Verlag, 1996), 130.

종들과 형제들도 자기처럼 죽임을 당하여 그 수가 차기까지 하라 하시더라”
(계 6:11).

죽임을 당한 자들의 호소에게 대한 하나님의 대답은 먼저 그들의 일, 그들의
진실, 그리고 그들의 증언에 대한 인정이다. 그러한 인정의 표시로서 그들 각자
에게 흰옷이 주어졌다. 그러나 흰옷은 고난의 대가가 아니라, 기다림의 시간을
준비하는 것을 의미한다.[28] 죽임을 당한 자들의 고난 자체가 의미 있는 것은 결
코 아니다. 고난은 무의미한 것이고, 마지막 종말의 날에 없어질 것이다. “모든
눈물을 그 눈에서 닦아 주시니 다시는 사망이 없고 애통하는 것이나 곡하는 것이
나 아픈 것이 다시 있지 아니하리니 처음 것들이 다 지나갔음이러라(계 21:4).

하나님은 남녀 순교자들에게 그들처럼 죽어야 할 순교자들의 수가 아직 차지
않았다고 말한다. 그들은 그들이 요청하는 정의와 복수가 단지 종말의 때에 일어
날 것이라는 것을 듣게 된다. 그것은 산 자들에게는 이러한 종말까지 아직도 긴
시간이 있다는 것과 현재의 시간은 그들의 저항과 그들의 순교와 함께 아직도 지
속되고 있다는 것을 의미한다.[29]

여기서 시간의 척도는 순교자들의 수에 의해서 규정된다.[30] 즉, 하나님에 의
해서 정해진 순교자들의 수가 차면 종말이 온다. 요한계시록의 저자는 이러한 표
상을 통해서 소아시아의 성도들에게 신앙 때문에 당하는 고난을 받아드리도록
격려하고, 그들의 고난을 종말과 결부시킴으로써 로마 제국의 우상숭배 체제에
비폭력적으로 저항하는 그들을 위로한다.

흰옷을 입고 있는 남녀 순교자들은 폭력의 역사의 종말을 기다리면서 하늘에
서 쉬고 있다. 그들은 폭력의 역사가 중단 없이 굴러가고 있는 한, 그들의 살해자
들이 살인면허를 가지고 자신들의 일을 계속해서 수행할 수 있는 한 아직 그들이
소망하는 목적에 도달하지 못한다. 그러므로 산 자들은 죽은 자들과 연대의 공동
체를 건설해서 그들이 이루지 못한 꿈을 되찾아서 그것을 이루기 위해서 그들과
함께 약자들의 생명을 파괴하는 로마의 제국주의와 우상숭배 체제에 저항해야
만 한다.

---

28) 클라우스 벵스트, 『로마의 평화』, 278.
29) Pablo Richard, *Apokalypse*, 111.
30) 클라우스 벵스트, 『로마의 평화』, 277.

## III. 결론

   최근에 서울 용산에서 발생한 경찰의 강제진압으로 인한 용산 철거민참사는 시위하는 철거민들의 생명을 파괴한 국가폭력이다. 경찰당국은 질서유지라는 이름으로 그들을 공격하였다. 철거민과 세입자들은 단순히 보상과 철거의 대상으로 인식되었지, 주거권과 생존권의 주체로 인식되지 못했다.

   한국전쟁 전후에 수많은 무고한 민간인들을 죽인 국가폭력이 관행화되어서 광주민중항쟁 진압에서, 그리고 최근에 발생한 용산참사에서 재현되었다. 이러한 재앙의 역사가 얼마나 더 계속되어야 하는가? "여호와여 악인이 언제까지, 악인이 언제까지 개가를 부르리이까?"(시 94:3). 약자들의 생명을 파괴하는 국가폭력을 극복하기 위해서 우리는 이러한 국가폭력의 희생자들의 억울한 죽음을 망각하지 않고 기억해야만 하며, 죽은 자들과의 기억연대의 공동체를 건설해서 그들과 함께 국가폭력에 저항해야 한다.

   권력을 휘두르는 사람들은 죽음 후 모든 사람들이 평등해진다는 논리 때문에 힘없는 자들을 죽이고, 은폐하고, 망각한다(참조, 에녹1서 102:6-8). 죽음 후 모든 사람들의 평등이라는 논리가 약자들의 생명을 쉽게 파괴하는 권력자들의 폭력 행위의 뿌리이다. 이러한 논리는 하나님의 심판을 믿는 기독교 신앙인들에 의해서 단호하게 거부되어야만 한다. 심판은 악한 행위를 한 자에게 그 악한 행위를 그대로 되돌려주고 피해자에게 권리와 정의를 회복시켜주는 것이다. "그들이 성도들과 선지자들의 피를 흘렸으므로 그들에게 피를 마시게 하신 것이 합당하니이다"(계 16:6); "그의 죄는 하늘에 사무쳤으며 하나님은 그의 불의한 일을 기억하신지라. 그가 준 그대로 그에게 주고 그의 행위대로 갑절을 갚아 주고 그가 섞은 잔에도 갑절이나 섞어 그에게 주라"(계 18:5-6).

   무엇보다도 산 자들은 국가폭력을 극복하기 위해서 불의하게 죽임을 당한 자들의 억울한 죽음을 기억하고 그들의 외침을 들어야만 하고, 그리고 죽은 자들과 함께 기억연대를 건설해서 그들과 함께 폭력과 불의에 저항해야만 한다.

   권력자들은 그들의 불의를 은폐하려고 하고, 또한 그들의 부당한 행위를 될 수 있는 대로 빨리 피압제자들의 기억에서부터 지우려고 시도한다. 왜냐하면 기억이 전복적 잠재력으로 작용할 수 있기 때문이다. 필리핀의 투쟁의 신학을 하는 엘리아자르 페르난데즈(Eleazar S. Fernandez)는 다음과 같이 말한다.

"권력을 휘두르는 사람들의 관점에서 볼 때, 사람들이 자신들의 수난의 기억(memoria passionis)을 떠올리는 것은 기억의 전복적 잠재력 때문에 빨리 중단시켜야만 하는 어떤 위협이다. 지배세력은 사람들이 고난의 기억을 되살리는 것을 막기 위해 그들의 고난이 당연하다는 것을 이해하도록 선전하거나 또는 그들이 고난을 잊을 수 있도록 그들에게 문화적 진정제를 퍼붓는다."[31]

고난의 기억이라는 관점에서 요한 밥티스트 메츠(Johann Baptist Metz)는 다음과 같이 주장한다.

"사람들의 예속은 그들로부터 그들의 기억을 빼앗음으로부터 시작되며, 그것이 모든 식민화의 원리다. 그리고 억압에 대항하는 모든 반란은 회상된 고난의 전복적 힘에서 나온다. 고난의 기억은 정치적 권력에 대한 현대의 냉소주의자들에게 항상 다시 맞서고 있다."[32]

범죄의 흔적이 씻어질 수 있기 때문에 불의한 행위에 대한 망각은 억압자들에게 최종적인 승리를 얻게 할 수 있을 것이다. 죽은 자들의 고난에 대한 기억, 버림받음, 눈물, 그리고 절규는 사적이 되어서는 안 되고, 정치적이 되어야만 한다. 만일 억눌린 자들이 억압자들의, 즉 살인자들의 범죄를 망각하고 죽은 자들의 고난을 기억하지 않는다면, 그들은 억압자들을 위한 협력자들이 될 것이고, 억압자들과 공동체를 건설할 것이다. 왜냐하면 그러한 사람들은 비판력도 없고 전복적 잠재력도 없기 때문이다.

패배한 자들 중에는 저항과 해방투쟁에 적극적으로 참여하지 않는 사람들도 있다. 참을 수 없는 불의의 상황에서 고난에 직면하는 두 가지 상이한 기본 행태가 있다: 죽임을 당한 자들의 고난과 예속되었던 조상과 동료들의 고난을 망각하고서 빵부스러기를 얻기 위해서 억압자들과 공동체를 건설하든가, 아니면 정의로운 관계를 위해서 투쟁한 죽임을 당한 자들의 고난을 기억하는 가운데 모두를 위해 싸울 수 있도록 죽임을 당한 자들과 공동체를 건설하는 것이다.

억눌린 자들과 힘없는 사람들 중에 일부는 억압자들의 권력의 잠재력 때문에

---

31) Eleazar S. Fernandez, *Toward a Theology of Struggle* (Maryknoll, Orbis Books, 1994), 147.
32) Johann Baptist Metz, *Glaube in Geschichte und Gesellschaft: Studien an einer praktischen Fundamentaltheoogie* (Mainnz: Matthas-Grunwald Verlag, 1986), 96.

두려워서 단지 생존할 수 있기 위해서 그들에게 순응해야만 한다고 생각한다. 억압자들의 힘에 대한 두려움은 자신을 적응시키고 타협하도록 이끌 수 있다.[33] 어떻게 힘없는 자들은 이제 자신의 두려움과 그래서 자신을 굽히는 행태를 피할 수 있는가? 어떻게 그들은 순응하지 않고 억압자들에 저항할 수 있는가? 나는 산 자들이 국가폭력에 희생된 죽은 자들과 기억연대의 공동체를 건설하여 그들과 함께 권리와 정의를 위해서 싸울 때 국가폭력을 극복할 수 있다고 믿는다.

폭력적으로 죽임을 당한 자들의 고난에 대한 기억이 유지되는 한, 억압자들은 영원한 승리자가 될 수 없을 것이다. 죽은 자들에 대한 기억은 억압자들에게는 도전을 나타내고, 억눌린 자들과 제노사이드인 민간인 집단학살 사건들의 유족들에게는 그들의 정체성과 그들의 저항력의 보존으로 작용한다.[34] 기억은 무력한 자들에게 그들의 버림받음에도 불구하고 생명의 하나님에게 기도하는 것을 가능하게 하고, 그리고 그들이 정치적 이데올로기에 저항할 수 있도록 죽은 자들과 가난한 자들의 고난을 잊지 않게 하는 것을 가능하게 한다.

묵시문학가들, 즉. 에티오피아어 에녹서와 요한계시록의 저자들은 약자와 희생자들의 관점에서 현실을 인식한다. 현재는 폭력, 학살, 억압, 착취, 그리고 고난의 시간이다. 종말은 정적인 상태가 아니라, 이러한 폭력과 고난의 역사의 진행을 끝내는 사건이다. 종말론은 미래에 대한 추상적인 담론이 아니라, 이러한 현재의 시간을 끝장내는 것에 대한 구체적인 담론이다. 에티오피아어 에녹서와 요한계시록의 증언에 의하면, 산 자들은 폭력의 역사의 희생자들인 죽은 자들을 망각하지 않을 수 있다. 산 자들은 하늘의 제단 아래서 큰 소리로 절규하고 탄원하는 죽은 자들에 대한 기억의 힘으로부터 정의와 평화를 위한 그들의 행동의 원천으로서 하나의 윤리를 발견하도록 도전을 받는다. 산 자들은 망각과 무관심을 피해야만 한다. 이러한 기준은 죽은 자들의 절규를 예민하게 듣고 그리고 기억을 통해서 죽은 자들과 공동체를 현재의 시간에서 건설하여 사는 것이고 그리고 죽은 자들과 함께 불의에 저항하는 행동을 하는 것이다. 다른 말로 하면, 이 기준은 불의한 권력 관계에 대한 저항을 실행하는 데 있으며, 그리고 정의를 위한 죽은 자들의 투쟁과 새로운 세계에 대한 그들의 희망을 현재의 시간에서 현실화하는 데 있다.

---

33) Klaus Wengst, *Demut*, 59.
34) Elie Wiesel, "Lebensstationen," *Kirche und Israel* (1/1987), 64. 위젤은 여기서 기억의 기능을 압제자들에 대한 도전과 피압제자들의 정체성의 보존이라는 관점에서 본다.

제9장

# 반제국주의 예언운동과 학살당한 자들의 부활
"그들의 시체가 큰 성 길에 있으리니"(계 11:8)

## I. 서론적 성찰

억눌린 자들의 긴 투쟁의 역사에도 불구하고 아직도 죽음의 세력들이 이 세계를 지배하고 있다. 계급주의, 성차별주의, 인종차별주의, 그리고 자연정복주의는 수많은 사람들의 인간적인 삶을 부정하고 자연을 파괴하는 죽음의 세력들이다. 과학기술의 진보는 건강을 증진시키고 병을 치료하고 생명을 연장할 수 있는 능력을 보여주고 있지만, 그것은 또한 지구의 파괴와 인류의 멸절을 위한 위협으로 이용되고 있다. 한반도와 세계 도처에서 발생한 제국주의 전쟁들과 대량 학살은 수많은 무죄한 민간인들의 생명을 파괴하였고, 살아남은 유족들은 아직도 통한의 눈물을 흘리고 있다.[1] 규제가 없는 시장 개방을 요구하는 신자유주의적 시장 경제체제에 의해서 빈곤과 부채로 내몰린 수많은 가난한 농민들과 노동자들이 연이어서 소리 없이 스스로 목숨을 끊고 있다.[2] 그러나 제국과 자본은 공모하여 그들의 울부짖음과 죽음을 모르는 척 서로 묵인한다.

오늘날 세계 도처에서 더 나은 사회를 만들기 위해서 비폭력적인 시위에 참여하는 사람들은 했음에도 체포되어 감옥에 갇히거나 고문을 당하고 심지어 사형선고를 받기도 한다. 최근 몇 년 사이에 한국에서 국가보안법 폐지를 위해서, 쌀시장 개방과 한미 자유무역협정을 저지하기 위해서, 그리고 미국산 쇠고기 수입

---

1) 20세기에 발생한 민간인 집단 학살의 희생자들에 대한 신학적 성찰을 위해서는 이병학, 『신학사상』 143집(2008 겨울)을 참조하라.
2) 이병학, "가난한 사람들의 기아에 대한 인식과 나눔의 연대(요 6:1-15)," 「세계와 선교」 195호 (2008), 20-29.

을 반대하기 위해서 수만 명 또는 수십만 명의 대규모 집회와 촛불 집회가 빈번하게 발생하였다. 심지어 자살이라는 극한적인 방식으로 불의에 항의한 사람들도 여러 명이 있었다.

조국의 민주화와 통일을 위하여 그리고 노조 활동을 위하여 투쟁하였던 사람들 중에 많은 이들은 이미 죽었으며, 그리고 아직 숨 쉬고 있는 사람들 중에도 많은 이들은 세계의 현실과 국내의 정치적 퇴행에 절망하고 희망을 잃었기 때문에 마치 이미 죽은 사람처럼 살고 있다. 억압과 불의에 맞서서 용감하게 투쟁하면서 죽었던 사람들은 어떻게 그런 일을 할 수 있었는가? 그들은 정녕 헛되게 죽었는가? 어떻게 사는 것이 참된 삶인가? 그리스도인들은 체념과 절망을 극복하고 희망을 품을 수 있는 이유가 있는가? 그리스도인들은 어디서 희망과 용기를 주는 생명의 샘을 찾을 것인가?

이러한 질문들을 제기하면서 나는 하나님의 새로운 출애굽 운동을 묘사하는 요한계시록의 일곱 나팔들의 환상(계 8:2-11:19) 중에서 여섯째 나팔과 일곱째 나팔 사이에 위치한 단락인 요한계시록 10:1-11:13에 묘사된 두 예언자적 증인들의 저항과 희망의 삶에서 종말론적인 참된 삶의 의미를 찾고자 한다.

일곱 나팔들의 환상은 폭력과 학살의 역사의 끝장과 새로운 세계의 시작을 위해서 로마 제국 한복판에서 새로운 출애굽을 일으킨 하나님의 반제국주의 운동에 그리스도인들이 참여하고 연대할 수 있도록 고무하는 신학적 틀(theological framework)이다.[3] 처음 여섯 나팔들의 표징들(계 8:6-9:21)은 이미 발생해서 지나간 사건들을 가리키며 마지막 일곱째 나팔의 표징(계 11:15-19)은 아직 발생하지 않았지만 곧 발생하여 현재의 시간을 끝낼 미래적인 사건을 가리킨다. 여섯째 나팔과 일곱째 나팔 사이의 시간이 바로 요한과 두 예언자적 증인들과 그의 독자들이 살고 있는 현재의 시간이다.

다가올 종말을 눈앞에 둔 이 현재의 시간에 요한계시록의 저자 요한과 두 증인들의 반제국주의적 예언 운동(porphetic movement)과 그리스도인들을 억압하고 로마의 전쟁체제와 지배를 정당화하는 반예언운동(anti-prophetic movement)이 첨예하게 대립하고 있다. 즉, 제국의 담론에 현혹되어서 짐승을 추종하는 우상 숭배자들의 친로마적인 제국주의 운동과 하나님의 말씀의 무기를 가지고 싸우면서 어린 양 예수 그리스도를 따르는 그리스도인들의 반제국주의 운동이 대

---

3) 이병학, "'네 천사는 사람 삼분의 일을 죽이기로 예비된 자들이더라'(계 9:15): 대량 학살의 기억과 반제국주의 운동"을 보라.

립하고 있다. 친로마적인 제국주의 예언 운동은 용의 입과 짐승의 입과 거짓 선지자의 입에서 나오는 악마적인 제국의 담론을 통해서 확산된다. 제국의 담론은 로마의 평화(Pax Romanan)라는 정치적 선전을 통해서 로마의 제국주의 이데올로기의 악마적 힘을 정당화한다. 악마의 삼위일체의 입에서 나오는 제국의 담론은 기적을 일으키고, 동맹국들의 왕들을 불러서 하나님과 대적하는 전쟁을 일으키는 정치적 설득력을 가지고 있다(참조, 계 16:13-16).[4]

요한계시록의 동심원적 구조에서 일곱 나팔환상(계 8:2-11:19)과 일곱 대접 환상(계 15:5-16:21)은 문학적으로 서로 상응하고, 또한 새로운 출애굽 주제를 공유하고 있다는 점에서 신학적으로 서로 상응한다.

두 증인의 이야기가 기술된 요한계시록 10:1-11:13 단락은 일반적으로 일곱 나팔들의 환상(계 8:2-11:19)에 삽입된 것으로 학자들에 의해서 간주되고 있지만, 그러나 나는 그 단락이 본래적으로 일곱 나팔들의 환상에 속한다고 본다. 왜냐하면 일곱째 나팔에 대한 기다림이 이 단락에 언급되어 있을 뿐만 아니라, 이 단락에서 묘사된 요한과 두 예언자적 증인들의 반제국주의 예언 운동이 로마 제국의 우상숭배적인 체제의 끝장과 새로운 대안적인 세계의 개벽을 알리는 일곱째 나팔의 선포를 위해서 결정적인 역할을 하고 있기 때문이다. 두 증인은 로마 제국의 유혹과 압제에 굴복하지 않고 죽음을 불사하면서 예언자적 증인의 사명을 감당하였다.

이 논문은 먼저 일곱 나팔 환상과 일곱 대접 환상(계 15:5-16:21)에 공통적으로 나타나는 하나님의 새로운 출애굽 운동 주제를 개괄적으로 살펴보고, 일곱 나팔 환상에는 반제국주의 예언운동(계 10:1-11:13)이 나타는 반면에, 일곱 대접 환상에는 그리스도인들을 박해하는 로마의 반예언운동(계 16:13-16)이 나타난다는 것을 설명할 것이다. 나는 요한계시록 10:1-11:13 단락을 탈식민주의적 관점에서 약자들과 희생자들의 시각으로 그리고 여성주의적 시각으로 새롭게 해석함으로써 이 본문에 대한 기존의 지배적인 해석들을 비판하고 대안적인 새로운 해석을 제안하고자 한다. 특히 두 예언자적 증인들의 삶에 대한 새로운 해석을 통해서 나는 참된 삶을 추구하는 참여적인 남녀 그리스도인들과 더불어 종말론적인 삶의 의미를 나누고자 한다.

---

4) 일곱 대접들의 환상은 역시 로마 제국 안에서 일어나는 새로운 출애굽을 상징적으로 묘사한다.

## II 하나님의 반제국주의 운동과 새로운 출애굽의 맥락

### 1. 일곱 나팔 환상에서의 예언운동(계 10:1-11:13)

일곱 나팔 환상(계 8:2-11:19)은 불의에 항의하고 정의를 간구하는 성도의 기도들(8:4)을 들으신 하나님이 재앙들을 통해서 불의한 로마 제국을 심판하신 것을 보여준다. 일곱 천사들이 나팔을 차례대로 불때마다 과거에 하나님이 이집트에서 파라오에 대항해서 일으켰던 재앙들이 다시 일어났다.

첫째 나팔(계 8:7): 첫째 천사가 나팔을 부니 피 섞인 우박과 불이 나와서 땅에 쏟아지자, 땅 삼분의 일과 수목 삼분의 일이 타버렸다. 이것은 출애굽기의 일곱째 재앙과 같다(출 9:22-25).

둘째 나팔(계 8:8-9): 둘째 천사가 나팔을 부니 불 붙는 큰 산과 같은 것이 바다에 던져지자, 바다의 삼분의 일이 피가 되고(참조, 출 7:14-25), 바다 안의 생물의 삼분의 일이 죽고, 배 삼분의 일이 파괴되었다. 이것은 출애굽기의 첫째 재앙과 같다(출 7:20-22).

셋째 나팔(계 8:10-11): 셋째 천사가 나팔을 부니 횃불 같이 타는 큰 별이 하늘에서 강과 샘에 떨어지자, 물 삼분의 일이 쑥물이 되어 사람들이 그물을 마시고 죽었다. 이것은 출애굽기의 첫째 재앙과 역시 같다.

넷째 나팔(계 8:12): 넷째 천사가 나팔을 부니 해, 달, 별들이 각각 삼분의 일이 타격을 받자, 천체의 삼분의 일이 빛을 잃고 어두워졌다. 이것은 출애굽기의 아홉째 재앙과 같다(출 10:21-23). 이 때 천상의 소리가 들린다: "내가 또 보고 들으니 공중에 날아가는 독수리가 큰 소리로 이르되 땅에 사는 자들(에게 화, 화, 화가 있으리니 이는 세 천사들이 불어야 할 나팔 소리가 남아 있음이로다 하더라"(계 8:13). "땅에 사는 자들"(τοὺς κατοικοῦντας ἐπὶ τῆς γῆς/투스 카토이쿤타스 에피 테스 게스)은 짐승을 추종하는 우상 숭배자들을 가리킨다. 첫째 화는 다섯째 나팔 재앙, 둘째 화는 여섯째 나팔 재앙, 셋째 화는 일곱째 나팔 재앙을 각각 의미한다.

다섯째 나팔(계 9:1-11): 다섯째 천사가 나팔을 부니 하늘에서 별이 떨어져 무저갱을 열어서 메뚜기들이 땅으로 올라와서 "오직 이마에 하나님의 인침을 받지 아니한 사람들만"(계 9:4) 다섯 달 동안 괴롭히지만 죽이지는 않는다(계 9:5). 다섯 달이라는 기간은 창세기의 노아홍수 세대가 다섯 달인 백오십일(30x5=150) 동안 대 홍수 심판을 당한 사실을 가리킨다. 지금은 아직 마지막 심판의 때가 아니기 때문에 하나님의 인침이 없는 우상숭배자들은 다섯 달 동안 죽지는 않고 고통만 겪는다. 하나님께서 모세를 통해 이집트에 내린 열 가지 재앙 중 여덟 번째가 메뚜기 재앙이었다(출 10:1-20).

여섯째 나팔(계 9:13-11:13): 여섯째 천사가 나팔을 부니 하늘의 금 제단의 네 뿔로부터 사람 삼분의 일을 죽이도록 유프라테스(Euphrates) 강에 묶여있는 네 천사가 풀어주라는 음성이 들려왔다. 네 천사들이 지휘하는 마병대의 숫자는 "이만만"(20,000×10,000), 즉 2억 명이었고, 그들의 입에서 불, 연기, 유황이 나왔다. 그러나 이 재앙에서 죽지 않고 살아남은 사람들은 "여러 귀신과 또는 보거나 듣거나 다니거나 하지 못하는 금, 은, 동과 목석의 우상에게 절하는" 우상숭배를 하고, "살인과 복술과 음행과 도둑질 회개하지 않았다"(9:20-21). 둘째 화는 지나갔으나 보라 셋째 화가 속히 이르는도다(계 11:14).

여섯째 나팔과 일곱째 나팔 사이의 현재의 시간에 교회를 대표하는 두 증인들의 예언 운동(계 10:1-11:13)이 일어난다. 10:1-11:13의 단락은 천사의 환상(계 10:1-7), 요한의 예언자적 소명(계 10:8-11:2), 두 증인의 예언운동(계 11:3-13)으로 분석된다. 두 증인은 1,260일이라는 기간 동안 예언운동을 다 마치고 짐승에 의해서 죽임을 당한다.

일곱째 나팔(계 11:15-19): 일곱째 천사가 나팔을 부니 하늘로부터 큰 소리로 "세상 나라가 우리 주와 그의 그리스도의 나라가 되어 그가 세세토록 왕 노릇 하시리로다"(계 11:15)라고 선포하는 음성이 울렸다. 즉시 24장로들이 부복하여 "감사하옵나니 옛적에도 계셨고 지금도 계신 주 하나님 곧 전능하신 이여 친히 큰 권능을 잡으시고 왕 노릇 하시도다"(계 11:17)라고 하나님을 찬양하고 예배한다. 하나님은 억울하게 죽은 자들의 한(恨)을 풀어주고, 하나님의 이름을 경외하는 자들에게 상을 주고, 그리고 땅을 망하게 하는 자들을 멸망시킨다(11:18). 그리고 하나님이 로마 제국에서 일으킨 새로운 출애굽의 성공을 나타내는 표징으로 하늘에 있는 하나님의 성전이 열리고 성전 안에 하나님의 언약궤가 보이고, 또 하나님의 임재를 상징하는 현상인 번개와 음성들과 우레와 지진과 큰 우박이 일어난다(계 11:19).

## 2. 일곱 대접 환상에서의 반예언 운동(계 16:13-16)

일곱 대접 환상(계 15:5-16:21)은 약자들의 신음소리를 듣고 진노한 하나님이 재앙들을 보내어 불의한 로마 제국을 심판하신 것을 보여준다. 일곱 천사들이 하나님의 진노(θυμός τοῦ θεοῦ/튀모스 투 테우)"가 담긴 일곱 대접들을 땅에 쏟을 때마다 하나님이 과거에 이집트에서 파라오에 대항해서 일으켰던 재앙들이 다시 일어났다.

첫째 대접(계 16:2): 첫째 천사가 대접을 땅에 쏟아지자, 짐승의 표를 받은 사람들과 우상숭배자들에게 독한 종기가 발생했다. 이것은 첫째 나팔 재앙이 땅 삼분의 일을 타격한 것과 같다. 종기 재앙은 출애굽에 일어난 열 재앙들 중의 여섯째 재앙이다(출 9:8-12).

둘째 대접(계 16:3): 둘째 천사가 대접을 바다에 쏟아지자, 바다가 죽은 자의 피로 변했으며 바다 속의 모든 생물이 죽었다. 이것은 바다 삼분의 일을 피로 변화시킨 둘째 나팔 재앙과 같다. 바다를 피로 변화시킨 재앙은 출애굽의 첫 번째 재앙이다(출 7:14-24).

셋째 대접(계 16:4-7): 셋째 천사가 대접을 강과 샘에 쏟아지자, 물이 피로 변했다. 이것은 강 삼분의 일과 샘을 쑥물로 변화시킨 셋째 나팔 재앙과 같다. 이것은 "애굽의 물들과 강들과 운하와 모든 호수"를 피가 되게 한 출애굽기의 첫 번째 재앙과 같다(출 7:19). 물을 차지한 천사가 "전에도 계셨고 지금도 계신 거룩하신 이여 이렇게 심판하시니 의로우시도다. 그들이 성도들과 선지자들의 피를 흘렸으므로 그들에게 피를 마시게 하신 것이 합당하니이다."(계 16:5-6)라고 말하고, 제단은 "그러하다 주 하나님 곧 전능하신 이시여 심판하시는 것이 참되시고 의로우시도다."(계 16:7)라고 화답한다. 하나님의 의로운 심판은 악행을 가해자에게 돌려주고 불의를 겪은 자에게 정의를 회복시켜주신다.

넷째 대접(계 16:8-9): 넷째 천사가 대접을 해에 쏟자, 사람들은 태양의 열기로 인해서 불태워졌으나, 그들은 하나님을 비방하고 회개하지 않았다. 이것은 넷째 나팔 재앙이 해와 달과 별들의 삼분의 일을 타격을 받자, 어둡게 된 것과 같다. 이집트의 파라오는 재앙들을 당하고도 회개하지 않았다.

다섯째 대접(계 16:10-11): 다섯째 천사가 대접을 짐승의 왕좌에 쏟자, 나라가 어두워졌고, 사람들아 아파서 혀를 깨물었다. 그러나 그들은 하나님을 비방하고 회개하지 않았다.

여섯째 대접(계 16:12-16): 여섯째 천사가 대접을 큰 강 유프라테스(Euphrates)에 쏟자, 강물이 말라서 동방에서 오는 왕들의 길이 준비되었다. 여섯째 나팔 재앙에도 유프라테스 강이 언급되었다.

반예언 운동(계 16:13-16)은 여섯째 대접과 일곱째 대접 사이에서 일어난다. 반예언운동은 정의와 평화를 파괴하고 전쟁을 일으키는 로마 제국의 지배를 정당화하는 제국의 담론을 통해서 확산된다. "또 내가 보매 개구리 같은 세 더러운 영이 용의 입과 짐승의 입과 거짓 선지자의 입에서 나오니 그들은 귀신의 영이라 이적을 행하여 온 천하 왕들에게 가서 하나님 곧 전능하신 이의 큰 날에 있을 전쟁을 위하여 그들을 모으더라. (보라 내가 도둑 같이 오리니 누구든지 깨어 자기 옷을 지켜 벌거벗고 다니지 아니하며 자기의 부끄러움을 보이지 아니하는 자는 복이 있도다). 세 영이 히브리어로 아마겟돈이라 하는 곳으로 왕들을 모으더라"(계 16:13-16).. 여기서 세 더러운 영은 전쟁을 일으키는 로마 제국의 영이다. 그리스도인의 싸움의 대상은 "통치자들과 권세들과 이 어둠의 세상 주관자들과 하늘에 있는 악의 영들"(엡 6:12)이다. "하나님 곧 전능하신 이의 큰 날"은 요엘 2:11에서부터 유래한다: "여호와께서 그의 군대 앞에서 소리를 지르시고 그의 진영은 심히 크고 그의 명령을 행하는 자는 강하니 여호와의 날이 크고 심히 두렵도다 당할 자가 누구이랴." 요한계시록의 저자는 이 전쟁이 "하나님 곧 전능하신 이의 큰 날"에 일어날 것이라는 언급을 통해서 하나님이 전쟁체제를 완전히 소멸시킬 것을 분명하게 암시한다, 또한 그는 "용의 입과 짐승의 입과 거짓 선지자의 입에서" 나오는 제국의 담론에 미혹되지 않도록 그리스도인들이 깨어서 자기 옷을 지켜야 한다는 것을 권고한다.

일곱째 대접(계 16:17-21): 일곱째 천사가 대접을 공중에 쏟자, 큰 성이 세 갈래로 갈라지고 만국의 성들도 무너지고, 모든 섬과 산들이 사라지고, 그리고 큰 우박이 하늘로부터 내려왔다. 공중은 "공중의 권세 잡은 자들"(엡 2:2)이 활동하는 보이지 않는 영역이지만 땅의 차원에 속한다. 하나님은 큰 성 바빌론의 악행을 기억하기 때문에 심판하신다. 그러나 이러한 재앙에도 불구하고 사람들은 회개하지 않고 도리어 하나님을 비방한다. 하늘의 성전의 보좌로부터 "되었다"(계 16:17)라고 말하는 큰 음성이 나왔고, 하나님의 임재를 상징하는 현상인 번개, 우렛소리, 그리고 큰 지진이 일어났다(계 16:18).

## 3. 새로운 출애굽과 역사 안에서의 하나님의 심판

일곱 나팔과 환상과 일곱 대접 환상을 비교해보면 이 두 환상은 서로 상당히 유사하고, 출애굽 주제가 공통적으로 나타난다. 하나님은 이집트에서 열 가지 재앙으로 파라오를 심판했듯이, 지금은 이러한 재앙을 통해서 로마 제국을 심판한다. 이 두 환상에 나타나는 재앙들은 로마 제국 안에서 새로운 출애굽을 일으키신 하나님의 해방적 행동들을 상징한다. 셋째 대접 다음에 하나님의 정의로운 심판을 찬양하는 예전이 나온다(계 16:5-7). 하나님의 심판은 남에게 저지른 악행이 가해자 본인에게 똑같이 그대로 돌아가게 하고 피해자에게 권리와 정의를 회보시켜주는 것이다. "그들이 성도들과 선지자들의 피를 흘렸으므로 그들에게 피를 마시게 하신 것이 합당하니이다"(계 16:6). "그의 심판은 참되고 의로운지라 음행으로 땅을 더럽게 한 큰 음녀를 심판하사 자기 종들의 피를 그 음녀의 손에 갚으셨도다"(계 19:2).

처음 네 나팔과 네 대접은 공통적으로 땅, 바다, 강과 샘, 그리고 해에 재앙들을 일으켰다.

다섯째 나팔과 다섯째 대접은 각각 이마에 하나님의 인침이 없는 우상숭배자들과 짐승의 왕좌에 재앙을 일으켰다. 여섯째 나팔과 여섯째 대접은 공통적으로 유프라테스 강을 언급한다. 구약에서 유프라테스 강은 이스라엘의 국경선이다(참조, 창 15:18). 그러나 요한계시록에서 유프라테스 강은 로마 제국의 동쪽 국경선이다.

여섯째 나팔과 일곱째 나팔 사이(계 10:1-11:13)의 현재의 시간에 교회를 대표하는 두 증인들의 예언운동이 일어나고, 여섯째 대접과 일곱째 대접 사이(계 16:13-16)의 현재의 시간에 짐승들의 반예언 운동이 일어난다.[5] 여섯째 나팔과 일곱째 나팔 사이 그리고 여섯째 대접과 일곱째 대접 사이는 요한계시록의 저자 요한과 소아시아의 일곱 교회들이 서있는 현재의 시간이다. 그는 그의 독자들로 하여금 이 현재의 시간에 그리스도인들과 약자들을 억압하는 로마 제국의 반예언 운동에 맞서서 예언운동에 동참하도록 권고한다. 예언운동은 하나님의 말씀과 로마의 제국주의의 희생자인 예수를 증언하고 로마의 제국주의에 항의하는 것이다.

일곱째 나팔을 불면, 현재의 시간은 끝나고 하나님의 계획이 성취된다. 이와 마찬가지로 일곱째 대접을 쏟으면, 하나님의 진노가 그치게 된다. 일곱째 나팔과 일곱째 대접 후에 종말이 온다. 그러나 그것은 세계의 종말이나 역사의 종말이 아니라, 현재의 시간의 종말이다. 즉, 종말은 로마 제국 안에서 하나님이 일으키신 새로운 출애굽을 통해서 로마의 제국주의 체제를 끝내는 것과 고난과 폭력의

---

5) Pablo Richard, *Apokalypse*, 131-32.

역사를 끝내는 것을 의미하고, 또한 하나님이 통치하는 새로운 대안적 세계가 개벽하는 것을 의미한다.

일곱 나팔 환상과 일곱 대접 환상에서 재현되는 출애굽의 재앙들은 로마 제국 안에서 새로운 출애굽을 일으킨 하나님의 해방적 행동들을 상징한다.[6] "성읍에서 나팔이 울리는데 백성이 어찌 두려워하지 아니하겠으며 여호와의 행하심이 없는데 재앙이 어찌 성읍에 임하겠느냐"(암 3:6).

이 두 환상들에 나타나는 재앙과 심판을 과거의 역사적 사건이나 혹은 미래에 발생할 사건과 동일시하는 것은 불가능하다. 그러한 시도는 요한계시록의 본문을 왜곡하는 것이다. 이 두 환상에 나타나는 재앙과 심판은 현재의 시간에 로마의 제국주의 체제로부터 고난당하는 그리스도인들과 약자들의 해방과 구원을 위한 하나님의 해방적 행동들로 해석해야 한다. 그것은 오늘날 생태 파괴, 군비 경쟁, 비합리적 소비주의, 시장의 우상 숭배적인 논리, 기술의 비합리적 사용, 천년자원의 남용, 그리고 기후위기에 대한 비판으로 이해되어야 한다.[7]

이 두 환상들의 공통적인 주제는 하나님이 로마 제국 한가운데서 일으키고 있는 반제국주의를 위한 새로운 출애굽이다. 하나님은 로마 제국의 제국주의 아래서 고난당하는 그리스도인들과 약자들의 울부짖음을 듣고, 그들을 해방하기로 결정하고, 그래서 재앙을 보내어 로마 제국을 심판한다. 그러나 이것은 하나님의 마지막 심판이 아니라, 억눌린 사람들을 해방하기 위한 역사 안에서의 심판이다. 하나님이 로마 제국 한가운데서 일으킨 새로운 출애굽은 곧 약자들을 빈곤과 죽음으로 몰아넣는 로마의 제국주의에 항거하는 하나님의 반제국주의 운동으로 이해되어야 한다.

처음 네 나팔에서 각각 3분의 1만 파과하고 3분의 2를 남겨 두었다. 이것은 아직 회심과 회개의 기회가 남아 있다는 것을 의미한다. 마찬가지 이유에서 무저갱에서 올라온 메뚜기 떼가 이마에 하나님의 인침이 없는 사람들을 죽이지는 않고 다섯 달 동안만 괴롭힌다. 역사 안에서의 이러한 하나님의 심판의 목적은 억압자들과 우상숭배자들의 회심과 회개에 있으며 또한 고난당하는 성도들과 약자들의 해방과 구원에 있다. 하나님의 심판은 마지막 심판에서만 일어나는 것이 아니

---

6) Pablod Richad, *Apokalypse, 129-130:* Wes Howard-Brook and Anthony Gwyther, *Unveiling Empire: Reading Revelation Then and Now* (Maryknoll, New York: Orbis Books, 2000), 145, 149.

7) Pablo Richard, *Apokalypse,* 131.

다. 재앙들을 통해서 지금 현재의 시간에 그리고 카이로스에 일어난다.[8]


## III 하나님의 반제국주의 운동과 학살당한 자들의 부활

### 1. 요한의 소명과 예언 운동

처음 여섯 나팔들은 지나갔으며 이제 폭력의 역사의 끝장과 새로운 시대의 개벽을 선포할 일곱째 나팔이 목전에 있다. 요한은 한 힘센 천사가 하늘로부터 펼쳐진 책을 가지고 내려와서 두 발로 바다와 땅을 밟고서 큰 소리로 외치면서 창조주 하나님에게 맹세하는 것을 보았다.

> "1 내가 또 보니 힘센 다른 천사가 구름을 입고 하늘에서 내려오는데 그 머리 위에 무지개가 있고 그 얼굴은 해 같고 그 발은 불기둥 같으며 2 그 손에는 펴 놓인 작은 두루마리(βιβλαρίδιον/비블라리디온)를 들고 그 오른발은 바다를 밟고 왼발은 땅을 밟고 3 사자의 부르짖는 것 같이 큰소리로 외치니 그가 외칠 때에 일곱 우레가 그 소리를 내어 말하더라. 4 일곱 우레가 말을 할 때에 내가 기록하려고 하다가 곧 들으니 하늘에서 소리가 나서 말하기를 일곱 우레가 말한 것을 인봉하고 기록하지 말라 하더라. 5 내가 본 바다와 땅을 밟고 서 있는 그 천사가 하늘을 향하여 오른 손을 들고 6 세세토록 살아계신 이 곧 하늘과 그 가운데에 있는 물건이며 땅과 그 가운데에 있는 물건이며 바다와 그 가운데에 있는 물건을 창조하신 이를 가리켜 맹세하여 가로되 지체하지 아니하리니 7 일곱째 천사가 소리를 내는 날 그의 나팔을 불려고 할 때에 하나님이 그의 종 선지자들에게 전하신 복음과 같이 하나님의 그 비밀이 이루어지리라 하더라"(계 10:1-7).

하늘에서 구름을 타고 내려온 한 힘센 천사의 얼굴이 해처럼 빛나고 그의 발은 불기둥 같고 그의 머리 위에는 아름다운 무지개가 걸쳐져 있다는 점은 그가 고난당하는 자들을 구원하는 계약의 하나님(창 9:13)과 출애굽의 하나님(출 13:21ff, 34:30)의 해방적 행동을 선포하는 특별한 전령이라는 것을 의미한다. 그

---

8) Pablo Richard, *Apokalypse*, 145.

천사가 두 발로 밟고 있는 바다와 땅은 로마 제국에 의해서 식민화된 세계를 상징한다. 로마 제국은 외관상으로는 강력해 보이지만 실제로는 폭력과 착취의 현실을 은폐하는 정치적 선전을 통해서 유지되는 허약한 체제이다. 그러므로 로마 제국은 공론장을 통해서 제국주의 체제를 정당화하였다. 천사가 손에 들고 있는 이러한 맥락에서 작은 두루마리 책(βιβλαρίδιον/비블라리디온)을 펼쳐 들고서 포효하는 사자처럼 큰 소리로 부르짖는 한 힘센 천사에 대한 환상(계 10:3-7)은 제국주의 지배 체제를 정당화하는 권력자들에 의해서 지배되는 제국의 공론장을 비판하고 약자들의 해방과 구원을 위한 하나님의 해방적 행동을 선포하는 대항 공론장의 매개로 이해될 수 있다.[9]

그런데 요한에게 일곱 우레의 말을 봉인하고 기록하지 말라고 하는 금지 명령(계 10:3-4)은 일곱 우레의 소리가 의도적으로 나중에 나타날 또 다른 어떤 계시이기 때문인 것이 아니다.[10] 그것은 오히려 요한에 의해서 기록되어 독자들에게 전해진 것만이 신적인 계시라는 점을 그의 독자들에게 보증하기 위한 수사학적 표현으로 이해되어야 한다.

요한계시록 10:5-7에서 묘사된 천사의 선포는 지배자들의 직선적인 시간 이해를 비판한다. 그들은 가부장제적 위계질서 속에서 약자들을 희생시킨 대가로 얻은 그들의 특권들과 안전을 보장하는 시간이 지금처럼 이대로 앞으로도 계속될 것으로 믿고 있다. 그러나 천사는 일곱째 나팔이 현재의 시간을 끝장내는 종말을 가져올 것이라고 선포한다. "지체하지 아니하리니(ὅτι χρόνος οὐκέτι ἔσται/호티 크로노스 우케티 에스타이)는 유예 기간이 끝났기 때문에 지배자들이 계속될 것으로 기대하는 직선적 시간(χρόνος/크로노스)이 하나님의 심판에 의해서 반드시 끝날 것이라는 것을 의미한다.

역사가 지금처럼 계속해서 직선적으로 진행될 것이라는 것은 권력자들이 기대하는 가부장제적 시간 이해이다.[11] 그러나 하나님이 폭력의 역사를 곧 심판하고 끝장낼 것이기 때문에 시간은 더 이상 지금처럼 직선적으로 계속되지 않는다.

---

9) 대항공론장에 대해서는 이병학, "요한계시록의 예전과 예배," 『신약논단』 13권 제4호(2006 겨울), 1018-1027을 보라.

10) F. W. Horn, "Die sieben Donner: Erwagungen zu Offb 10," *SNTU* 17(1992), 226; 10:3-4를 편집에 의한 삽입으로 보는 학자도 있다. 데이비드 아우내/ 김철 옮김 『요한계시록(중)』 (서울: 솔로몬, 2004), 359와 366을 보라.

11) 직선적인 시간 이해에 대한 비판에 대해서는 Luise Schottroff, *Lydia's Impatient Sister A Feminist Social History* (Louisville, Kentucky: Westminster John Knox Press, 1995), 152-173을 참조하라.

일곱째 나팔이 울리는 날에 하나님은 권력자들로부터 억압과 착취를 당해온 힘 없는 사람들과 억울한 죽음을 당한 피학살자들을 모두 신원해줄 것이다. 하나님 이 자신의 종들인 예언자들에게 전한 "하나님의 그 비밀(μυστήριον/뮈스테리온)" (참조, 암 3:7-8; 단 12:4-10)은 평화와 생명과 정의가 지배하는 탈가부장제적인 세 계인 "우리 주와 그의 그리스도의 나라"(계 11:15)의 도래를 가리킨다. 그러므로 종말은 고난과 모순이 가득한 현재의 시간의 끝장과 새로운 세계의 개벽을 갈망 하는 약자들의 희망이다.

폭력의 역사가 끝날 "일곱째 천사가 소리를 내는 날"(계 10:7)이 요한계시록의 저자 요한의 소명 환상의 도입 부분에서 언급된 것은 여섯째 나팔과 일곱째 나팔 사이의 현재의 시간에 활동하는 요한과 두 예언자적 증인들의 사역이 일곱 나팔 들의 환상의 중심이라는 사실을 미리 알려주는 복선이다.[12] 천사의 맹세가 서술 되어 있는 요한계시록 10:5-7은 내용적으로 다니엘서 12:7과 일치한다.

> "내가 들은즉 그 세마포 옷을 입고 강물 위쪽에 있는 자가 자기의 좌우 손을 들어 하 늘을 향하여 영원히 살아 계시는 이를 가리켜 맹세하여 이르되 반드시 한 때 두 때 반 때를 지나서 성도의 권세가 다 깨지기까지이니 그렇게 되면 이 모든 일이 다 끝 나리라 하더라"(단 12:7).

여기서 "한 때 두 때 반 때"는 종말적 시간으로서 삼년 반을 의미한다.[13] 성도 가 고난을 당하는 기간을 가리키는 이 상징적 기간이 지나가면 종말이 도래한다. 요한은 다니엘서의 이러한 상징적 기간을 로마 제국과 기독교 공동체가 대결하 고 있는 현재의 시간을 나타내는 상징으로 사용하였다. 그러므로 이 기간은 요한 계시록에서 거룩한 성전이 짓밟히는 기간인 마흔두 달(계 11:2)과 짐승의 활동 기 간인 마흔두 달(계 13:5)과 일치할 뿐만 아니라, 두 증인들이 예언하는 기간인 1260일(계 11:3)과 아들을 해산한 여인이 아기를 삼키려는 용을 피해서 아기와 함께 광야로 도피하여 하나님의 보호를 받은 기간인 1260일(계 12:6)과 역시 같 다.

이러한 상징적 기간은 여섯째 나팔과 일곱째 나팔 사이의 현재의 시간이며,

---

12) "일곱째 천사가 소리를 내는 날 그 나팔을 불게 될 때"(10:7)를 편집이나 가필로 보는 학자들이 있 다. 데이비드 아우내, 『요한계시록(중)』, 373.
13) 데이비드 아우내, 『요한계시록(중)』, 470.

또한 동시에 여섯째 대접과 일곱째 대접 사이의 현재의 시간이다(계 16:13-16). 이 현재의 시간의 특징은 제국의 담론을 통해서 로마의 지배와 황제숭배를 정당화하는 반예언운동(anti-prophetic movement)과 로마의 황제숭배를 거부하고 하나님과 어린 양 예수 그리스도를 증언하는 예언운동(porphetic movement) 사이의 첨예한 대립이다. 이러한 상징적 기간이 지나가면 마침내 일곱째 나팔 소리와 함께 억압과 폭력과 학살의 역사는 끝장난다.

하나님은 제국주의의 사악한 권력에 짓눌려 있는 사람들을 구원하기 위해서 로마 제국 한복판에서 출애굽을 다시 일으켰다. 이러한 맥락에서 요한은 예언자의 소명을 받았다. 하늘에서 내려온 그 힘센 천사는 예언자로 부름을 받은 그에게 세 가지 명령을 내렸다. 첫째 명령은 그 천사의 손에 있는 두루마리 책을 받아서 먹으라는 것이다.

"8 하늘에서 나서 내게 들리던 음성이 또 내게 말하여 이르되 네가 가서 바다와 땅을 밟고 서 있는 천사의 손에 펴 놓인 두루마리(βιβλίον/비블리온)를 가지라 하기로 9 내가 천사에게 나아가 작은 두루마리(βιβλαρίδιον/비블라리이온)를 달라 한즉 천사가 이르되 갖다 먹어 버리라 네 배에는 쓰나 네 입에는 꿀 같이 달리라 하거늘 10 내가 천사의 손에서 작은 두루마리(βιβλαρίδιον/비블라리디온)를 갖다 먹어 버리니 내 입에는 꿀 같이 다나 먹은 후에 내 배에서는 쓰게 되더라"(계 10:8-10).

지금 천사의 손에 있는 펼쳐진 그 두루마리는 어떤 책인가? 10:8에서는 두루마리 책을 의미하는 그리스어 βιβλίον(비블리온)이 사용되었고, 10:2와 10:9-10에서는 작은 두루마리 책을 의미하는 그리스어 βιβλαρίδιον(비블라리디온)이 사용되었다. 이 두 단어는 동의어로서 서로 혼용하여 쓰인다.[14] 두루마리 책의 크기에 중요성을 두고서 10:2의 작은 두루마리 책이 5장에서 하나님의 손에 들려 있는 일곱 겹으로 봉인된 책과 전혀 다른 책이라고 주장하는 주석가들이 있지만,[15] 나는 천사가 손에 들고 있는 펼쳐진 그 작은 두루마리 책(βιβλαρίδιον/비브라리디

---

14) 데이비드 아우내, 『요한계시록(중)』, 357.

15) 에두아르트 로제/ 박두환 · 이영선 옮김, 『요한계시록』 (서울: 한국신학연구소, 1997), 123; 권성수, 『요한계시록』 (서울: 도서출판 횃불, 1999), 238; Robert H. Mounce, *The Book of Revelation* (Grand Rapids/Cambridge: William Eerdmans Publishing Company, 1977), 202-03, 209-11; Philip Edgumbe Hughes, *The Book of Revelation* (Grand Rapids. Michigan: William B, Eerdmans Publishing Company, 1990), 116; Wes Howard-Brook and Anthony Gwyther, *Unveiling Empire*, 148.

온)은 어린 양에 의해서 쳐진 하나님의 손에 있었던 바로 그 봉인된 두루마리 책 (βιβλίον/비블리온)이라고 본다.[16] 어린 양이 그 밀봉된 책을 개봉함으로써 마침 내 오랫동안 은폐되었던 로마 제국의 살인적인 제국주의 체제의 본질이 드러났 으며, 또한 하나님의 반제국주의 운동의 전략이 요한의 독자들에게 알려지게 되 었다.[17]

그런데 왜 천사는 요한에게 그 두루마리 책을 "갖다 먹어 버리라 네 배에는 쓰 나 네 입에는 꿀같이 달리라"고 말했는가? 책을 먹는다는 표상은 책의 내용을 소 화하는 것을 의미한다. 어떤 사람이 하나님의 말씀을 지식으로만 받아들일 때에 는 입에서 꿀처럼 단 맛을 느끼듯이 기쁨과 만족을 누릴 수 있지만(참조, 시 119:103), 그러나 그가 그것을 자신의 것으로 내면화하여 실천하면서 살 때에는 쓰라린 고통과 고난을 감수해야 하며 심지어는 순교를 예상해야만 할지도 모른 다. 천사의 손에 있는 그 펼쳐진 두루마리 책의 내용은 어린 양이 개봉함으로써 이미 알려졌기 때문에 이제 중요한 것은 그것을 현실 속에서 구체적으로 실천하 는 것이다.[18] 요한은 책을 받아서 먹었을 때 입에는 꿀 같이 달콤했지만 배에는 썼다고 고백한다(계 10:10). 이것은 하나님의 말씀을 실천할 때에는 쓰라린 고통 이 기다린다는 것을 의미한다. 요한은 에스겔이 책을 먹은 후(겔 3:3) 비로소 "주 여호와의 말씀이 이러하시다"(겔 3:11)하고 이스라엘 백성에게 예언하였던 점을 회상하면서 책을 먹는 표상을 통해서 예언자로서의 자신의 소명을 재확인하고 실천을 다짐하였을 것이다.

"1 또 그가 내게 이르시되 인자야 너는 발견한 것을 먹으라. 너는 이 두루마리를 먹 고 가서 이스라엘 족속에게 말하라 하시기로 2 내가 입을 벌리니 그가 그 두루마리 를 내게 먹이시며 3 내게 이르시되 인자야 내가 네게 주는 이 두루마리로 네 배에 넣으며 네 창자에 채우라 하시기에 내가 먹으니 그것이 내 입에서 달기가 꿀 같더 라"(겔 3:1-3).

---

16) Christopher Rowland, *Revelation* (London: Epworth Press, 1993), 98; 리처드 보컴/이필 찬 역, 『요한계시록 신학』(서울: 한들출판사, 2000), 123-24; 이필찬, 『요한계시록 어떻게 읽을 것인가』(서울: 성서유니온, 2003), 100, 137.
17) 이병학, "'언제까지 우리의 흘린 피를 신원하여 주지 않으렵니까'(계 6:10): 제국주의에 대한 저항 과 기억의 문화,"「신학사상」135집(2006 겨울), 185-229를 참조하라.
18) Pablo Richard, *Apokalypse: Das Buch von Hoffnung und Widerstand* (Luzern: Edition Exodus, 1996), 135.

책을 먹는다는 표상에 대해서 위에서 이미 설명하였지만, "이 두루마리로 네 배에 넣으며 창자에 채우라"는 하나님의 명령은 역시 그것을 완전하게 소화하라는 의미이다. 에스겔은 그것을 먹으니 입에서 꿀처럼 달았다고 하였다. 그는 하나님의 뜻을 저버린 이스라엘 백성들뿐만 아니라, 여러 나라들과 왕들에게 예언하도록 명령을 받았다(겔 25:2-3; 27:2-3; 35:2-3; 28:2; 29:2-3; 31:2; 32:2). 이와 마찬가지로 요한은 천사로부터 받은 둘째 명령은 여러 민족들과 왕들에게 다시 예언하라는 것이다.

> "그가 내게 말하기를 네가 많은 백성과 나라와 방언과 임금에게 다시 예언하여야 하리라(δεῖ) 하더라"(계 10:11).

"백성과 나라와 방언"은 로마 제국의 권력이 미치는 여러 식민지의 인민들과 동맹국들과 언어들을 의미한다. 그리고 천사가 마지막에 예언의 대상으로 왕들을 특별하게 첨부한 것은 최고의 권력자들에게도 하나님의 말씀을 증언하고 그들의 불의를 비판해야 할 요한의 예언의 정치적 성격을 분명하게 가리키는 것이다. 로마 제국의 동맹국들의 왕들은 로마 제국의 절대성을 주장하면서 자국의 사람들로 하여금 로마에 충성하도록 하였다. 요한의 시야에 이러한 왕들은 하나님의 심판의 대상자들로 자주 등장한다(계 6:15, 17:2, 10:12).

하나님의 반제국주의 운동에 동참한 요한은 살아남은 희생자로서 지금 밧모섬에 갇혀 있다. 이러한 상황에 처한 그에게 "다시 예언해야 하리라"(δεῖ σε πάλιν προφητεῦσαι/데이 세 팔린 프로페튜사이)라고 한 것은 무엇을 의미하는가? 그리스어 데이(δεῖ)는 영어의 must에 해당한다. 그 단어가 사용된 것은 어떠한 장애에도 불구하고 그가 예언활동을 포기하지 않고 반드시 해야 한다는 것을 의미한다. 그것은 신적인 강요와 같다.[19] "다시"(πάλιν/팔린)의 의미는 예언이 한 번 더 필요하다는 것이 아니라, 끊임없이 예언의 말씀을 증언해야한다는 것을 의미한다.

로마 제국의 권력자들이 공론장을 이용해서 불의와 억압을 정당화하고, 그리고 거짓된 정치적 이데올로기를 통해서 사람들을 현혹시킨다. 이러한 상황에서 예언은 대항공론장의 역할을 하고, 또한 예언은 제국의 담론을 비판하는 반제국

---

19) Robert H. Mounce, *The Book of Revelation*, 211.

적 대항담론으로 선포된다.

그런데 요한은 그러한 예언을 얼마나 오래 해야만 하는가? 그는 일곱째 나팔 소리가 울릴 때까지 예언해야만 한다. 그 기간은 상징적으로 마흔두 달 (42×30=1260), 또는 1260일이다. 이 상징적 기간에 요한은 로마 제국의 우상숭배 적인 제국주의 체제에 맞서서 하나님의 말씀을 증언하고, 저항하고 투쟁하는 반 제국주의 운동을 계속해야만 한다. 로마 제국이 황제 예배를 통해서 거짓 신의 절대성을 설교하고, 사람들을 억압하고 반대자들에게 죽음을 선언할 때, 소명을 받은 예언자의 과제는 거짓 신의 가면을 벗겨내고 죽음의 우상들에게 끊임없이 저항하는 것이며, 하나님이 억울하게 학살당한 무죄한 희생자들로 하여금 다시 생명을 회복하고 두 발로 힘 있게 일어설 수 있도록 그들에게 생명의 영을 부어 주실 것을 예언하는 것이다.

셋째 명령은 성전과 예배하는 자들을 측량하라는 것이다. 이것은 마의 억압 과 박해로 인해서 신앙의 위기에 처해 있는 소아시아의 교회의 정체성을 재건하 라는 것이며, 또한 하나님이 교회와 성도들을 지키고 보호한다는 것을 그들에게 확신시키라는 요구이다.

> "1 또 내게 지팡이 같은 갈대를 주며 말하기를 일어나서 하나님의 성전과 제단과 그 안에서 경배하는 자들을 측량하되 2 성전 바깥 마당은 측량하지 말고 그냥 두라. 이 것은 이방인에게 주었은즉(ἐδόθη/에도테) 그들이 거룩한 성을 마흔두 달 동안 짓밟으 리라"(계 11:1-2).

"지팡이 같은 갈대"는 측량을 위해서 사용되는 자를 상징한다(겔 40:3; 슥 2:1-2). 여기서 "성전과 제단과 그 안에서 예배하는 자들을 척량"하는 것은 교회 를 재건하고, 회복하고, 그리고 보호하는 것을 의미한다. 요한은 이 환상에서 이 미 기원후 70년에 로마 제국의 침략에 의해서 초토화해버린 예루살렘 도시와 파 괴된 예루살렘 성전에 대해서 말하는 것이 아니라, 로마의 식민지인 소아시아에 서 고난당하는 기독교 공동체에 대해서 말하고 있다. 성전으로 상징되는 기독교 공동체는 로마의 제국주의의 사악한 세력에 의해서 억압당하고 있다.[20] "하나 님의 성전과 제단과 그 안에서 경배하는 자들을 측량"하는 것은 종말 직전인 현

---

20) Adela Yarbro Collins, *The Apocalypse* (Collegeville, Minnesota: The Liturgical Press, 1979), 70.

재의 시간에 로마 제국의 유혹과 압제에도 불구하고 황제 예배를 거부하고 오직 하나님과 어린 양을 예배하는 기독교 공동체의 구성원들의 정체성을 보호하는 것을 의미한다.

성전 밖 마당이 이방인들에게 주어졌다(ἐδόθη/에도테)는 신적 수동태 문장은 무엇을 의미하는가? 그것은 로마인들에 의해서 파괴된 "거룩한 성, 즉 역사적 예루살렘뿐만 아니라, 지금 억압당하고 있는 소아시아의 교회의 비참한 현실을 기정사실로 인정하는 것이지, 진정한 의미로 이방인들이 짓밟도록 하나님이 허락했다는 것을 의미하는 것이 아니다. "거룩한 성"은 문자적 의미로는 예루살렘을 가리키지만, 그러나 여기서는 로마 당국과 토착 권력자들, 곧 짐승들에 의해서 핍박받는 소아시아의 기독교 공동체를 상징한다. 이방인들이 그 거룩한 성을 짓밟는 기간은 "마흔두 달"(42×30=1,260)이다. 이것은 두 예언자적 증인들이 예언 활동을 하는 기간인 1260일과 동일하다(계 11:3).

마흔두 달, 또는 1,260일은 유대인들이 시리아의 왕 안티오쿠스 에피파네스에 의해서 박해받았던 기간을 상징한다, "그가 장차 지극히 높으신 이를 말로 대적하며 또 지극히 높으신 이의 성도를 괴롭게 할 것이며 그가 또 때와 법을 고치고자 할 것이며 성도들은 그의 손에 붙인 바 되어 한 때와 두 때와 반 때를 지내리라"(단 7:25). 여기서 "한 때와 두 때와 반 때"는 삼년 반을 상징하는데, 한 때는 1년(360일), 두 때는 2년(720일), 그리고 반 때는 반년(180일)을 의미하며, 이 숫자의 합산이 42개월, 곧 1,260일이다. 이것은 종말 직전의 현재의 시간을 상징한다.

세 가지 명령을 받은 요한의 소명 환상의 목적은 소아시아에서 로마 당국으로부터 고난당하는 그리스도인들과 약자들의 현실을 보고 그들의 신음과 울부짖음을 듣고 로마 제국 한복판에서 새로운 출애굽을 일으킨 하나님의 반제국주의 운동에 연대할 사람들을 하나님이 찾고 있다는 사실을 독자들에게 환기시키고 동참을 촉구하는 데 있다.

## 2. 두 예언자적 증인들의 반제국주의 예언 운동

### 1) 로마에서 투쟁한 한 쌍의 남녀 예언자적 증인들

예언자로 소명을 받은 요한은 자신처럼 그러한 소명을 받은 두 예언자적 증인들의 신앙 실천과 해방 투쟁을 한 모범으로 예증하였다. 요한은 환상 가운데 다음과 같이 말하는 한 음성을 들었다.

"3 내가 나의 두 증인에게 권세를 주리니 그들이 굵은 베옷을 입고 천이백육십일을 예언하리라. 4 그들은 이 땅의 주 앞에 서 있는 두 감람나무와 두 촛대니 5 만일 누구든지 그들을 해하고자 하면 그들의 입에서 불이 나와서 그들의 원수를 삼켜 버릴 것이요 누구든지 그들을 해하고자 하면 반드시 그와 같이 죽임을 당하리라 6 그들이 권능을 가지고 하늘을 닫아 그 예언을 하는 날 동안 비가 오지 못하게 하고 또 권능을 가지고 물을 피로 변하게 하고 아무 때든지 원하는 대로 여러 가지 재앙으로 땅을 치리로다 "(계 11:3-6).

"두 증인"(11:3)은 11:12에서 두 예언자들로 표현된다. 그들은 하나님과 어린 양 예수를 증언하는 증인들인 동시에 위탁된 하나님의 말씀을 선포하는 예언자들이다. 그들은 궁정 예언자들이 입는 화려한 좋은 옷이 아니라, 검소한 옷인 굵은 베옷을 입고 있다(참조. 렘 4:8; 마 11:21). 그들이 베옷을 입고 예언 활동을 하는 기간인 천이백육십일(1260)일은 마흔 두 달 또는 3년 반이다. 이것은 이방인들이 거룩한 성전을 짓밟도록 허락된 기간과 같으며(계 11:2), 또한 다니엘서 12:7에서 언급된 "한 때 두 때 반 때"와 동일한 기간이다.

그 두 예언자적 증인들은 누구인가? 그들은 둘 다 남자들인가? 혹은 그들은 한 쌍의 남녀들인가? 나는 그 들을 남자들로만 보기보다는 오히려 남자와 여자로 추측하는 것이 더 타당하다고 본다.[21] 베옷은 남자들만이 아니라, 여자들도 입는 옷이다(참조. 욜 1:8, 13). 마지막 때에 하나님은 남자들과 여자들을 가리지 않고 예언할 수 있도록 성령을 부어주었다(욜 2:28-29). 요한계시록에 거짓 예언자인 이세벨이 언급되어 있고, 신약성서의 다른 부분에 여러 여자 예언자들이 자주 언급되어 있다(참조. 눅 2:36; 행 21:9). 그러므로 요한은 참된 예언자적 증인들을 남자들로만 제한하지 않았을 것이 분명하다. 그런데 대다수의 주석가들은 그 두 예언자적 증인들을 당연히 남자들로 보았다. 예를 들면, 두 증인들은 스룹바벨과 여호수아, 모세와 엘리야, 에녹과 엘리야, 또는 바울과 베드로로 추정되었다.[22] 그러나 이러한 추정은 남성 중심적인 사고에서 기인된 것이다. 학자들은 요한이 증인들의 수가 둘(δυο/뒤오)이라고 한 것을 증언의 진실성을 위해서 두 명의 증인

---

21) Pablo Richard, *Apokalypse*, 138. 각주 10을 보라. 그는 "그 본문을 다시 읽을 때 우리는 두 증인이 남자와 여자라고 정당하게 추측할 수 있다."라고 말한다.
22) Robert H. Mounce, *The Book of Revelation*, 216-217; Jonathan Knight, *Revelation* (Sheffield: Sheffield Academic Press, 1999), 86.

들을 요구하는 유대인들의 전통(참조, 신 17:6)에서 설명하였다. 그러나 나는 요한이 증인들의 수를 둘이라고 한 이유는 로마의 제국주의의 악마적 권력에 저항하면서 하나님의 말씀과 예수를 증언한 교회를 대표하는 모범적인 한 쌍의 남자와 여자를 말하는 데 있었을 것으로 본다.

한 예를 들면, 신약 외경에 속하는 2세기 후반의 작품인 「바울과 테클라 행전」(Acts of Paul and Thecla)에는 가부장적인 사회에 맞서서 하나님의 말씀과 예수 그리스도를 증언하면서 처녀로 일생을 마친 한 여자 증인에 대한 이야기가 기록되어 있다. 그녀의 이름은 테클라이다. 그녀는 우연히 바울의 설교를 듣고 복음을 접한 후에 일생 동안 결혼을 하지 않고 바울을 따르면서 증인으로 살았다. 그녀는 고위층 자제와의 약혼을 파기하고 결혼을 거부했기 때문에 고발되어 사형 선고를 받고 화형대 위에 세워졌다. 하지만 하늘로부터 폭우가 쏟아져서 불이 꺼짐으로써 그녀는 기적적으로 구출되었다. 또한 그녀는 거리에서 자기를 희롱하는 한 고위층 인사의 구애를 뿌리치고 항의했기 때문에 모독죄로 고발되어 두 번째로 사형 선고를 받고 옷이 벗겨진 채로 사나운 맹수들이 기다리는 경기장 안으로 던져졌다. 하지만 짐승들이 그녀를 헤치지 않았기 때문에 그녀는 역시 구출되었다. 맹수들이 그녀를 해하지 않은 이유를 몰라서 놀라워하는 집행관에게 테클라는 다음과 같이 자신에 대해서 말하였다.

"나는 살아계신 하나님의 종이다. 나의 신분에 관해서 말하면, 나는 하나님이 기뻐하는 그의 아들 예수 그리스도를 믿는 사람이다. 그 이유 때문에 어떤 짐승들도 나를 건드릴 수 없었다. 예수 그리스도만이 영원한 구원에의 길이고, 영생의 반석이다. 그는 고통을 겪는 자들에게 피난처이고, 곤경에 처한 자들에게 후원이고, 절망한 자들에게 희망과 방패이다. 그리고 한마디로 말하면, 그를 믿지 않는 모든 사람들은 살지 못하고 영원한 죽음을 당할 것이다"(바울과 테클라 행전 9:18-19).

로마 제국을 향해서 증언하고 저항하는 한 쌍의 남자와 여자인 그 두 예언자적 증인들의 정체성은 "이는 이 땅의 주(τοῦ κυρίου τῆς γῆς/투 퀴리우 테스 게스) 앞에 서 있는 두 감람나무와 두 촛대니"(계 11:4)라는 표현에서 분명하게 확인된다. 그런데 거의 모든 주석가들은 "이 땅의 주"를 하나님으로 잘못 해석해왔다.[23] 여

---

23) 그러한 주석가들은 슥 4:14에 있는 비슷한 표현으로 그들의 주장을 입증하려고 한다. "이르되 이는 기름 부음 받은 자들이니 온 세상의 주(τῷ κυρίῳ πάσης τῆς γῆς) 앞에 서 있는 자니라 하

기서 "이 땅의 주"는 하나님이 아니라, 로마 황제이다.[24] 왜냐하면 요한계시록 11:4에서 언급된 "이 땅의 주"(κύριος τῆς γῆς/퀴리오스 테스 게스)는 11:13과 16:11에 언급된 "하늘의 하나님"(θεός τοῦ οὐρανοῦ/테오스 투 우라누)과 분명하게 대조되기 때문이다.

> "그 때에 큰 지진이 나서 성 십분의 일이 무너지고 지진에 죽은 사람이 칠천이라. 그 남은 자들이 두려워하여 영광을 하늘의 하나님(τῷ θεῷ τοῦ οὐρανου/토 테오 투 우라누)께 돌리더라(계 11:13).

> "아픈 것과 종기로 말미암아 하늘의 하나님(τὸν θεὸν τοῦ οὐρανοῦ/톤 테온 투 우라누)을 비방하고 그들의 행위를 회개하지 아니 하더라"(계 16:11).

요한계시록에서 땅과 하늘은 하나의 역사의 두 차원을 신학적으로 표현한 것이다. 땅은 가시적이고 경험적인 세계이고, 하늘은 불가시적이고 초월적인 세계이다. 땅에는 로마 황제의 보좌가 있고, 하늘에는 하나님의 보좌가 있다. "이 땅의 주"는 이러한 가시적이고 경험적인 세계를 지배하고 있는 로마 황제를 가리킨다. 두 예언자적 증인들은 지금 "이 땅의 주"를 자처하면서 자신을 신격화하는 로마 황제의 권력 앞에 의연하게 서 있다. 그들의 예언자적 증언의 목적은 "이 땅의 주"로 군림하는 로마 황제를 예배하는 우상 숭배자들로 하여금 회개하고 오직 창조주인 "하늘의 하나님"(계 11:13)만을 믿고 예배하도록 하는 데 있다.

요한은 또한 두 예언자적 증인들을 두 감람나무와 두 촛대와 동일시한다. 감람나무와 촛대의 이미지는 스가랴서 4:1-14에서부터 유래한다. 성전 안을 밝히는 촛대는 하나뿐이며, 그 촛대의 양편에 서 있는 두 감람나무는 그 촛대의 일곱 등잔에 기름을 제공하여 불빛이 살아있도록 하는 역할을 한다. 여기서 두 감람나무는 바빌론 제국의 침략으로 훼파된 예루살렘을 재건하고 성전을 다시 수축한 스룹바벨과 여호수아를 가리킨다. 그러나 요한계시록에서 두 감람나무는 하나님이 세운 성령을 받은 사람들을 상징한다. 그리고 두 촛대는 정치적 압제와 죄악의 어두움 속에서 예수 그리스도의 빛을 비추는 사람들을 상징한다(참조, 계 1:5;

---

더라"(슥 4:14).

24) 학자들 중에 유일하게 J. Munck, *Petrus und Paulus in the Offenbarung Johannes* (Copenhagen: Rosenkilde, 1950)은 이 땅의 주를 로마 황제로 해석한다.

요 1:8). 두 증인들은 황제 예배를 거부하고 우상 숭배적인 제국주의 체제에 저항하는 선지자들이다. 그들의 증언과 예언은 반제국주의적이다. 이러한 점에서 그들은 반제국주의자들이다.

두 예언자적 증인들이 사역하는 기간인 천이백육십일이 지나가면 마침내 폭력의 역사의 끝장을 알리는 일곱째 나팔 소리가 울릴 것이다. 그 날이 오면 이 세계 안에 있는 모든 불의와 죄악이 소멸되고 악마의 세력에 의해서 짓눌려 있던 약자들과 가난한 자들은 해방되고 구원될 것이다. 요한은 로마의 제국주의의 유혹과 압제 앞에서 타협하거나 굴복할 위험이 있는 그의 남녀 독자들로 하여금 자신들을 그 모범적인 두 남녀 예언자적 증인들과 동일시하면서 하나님의 반제국주의 운동에 참여할 수 있는 확고한 신앙을 견지하도록 돕고자 하였다.

2) 항의로서의 두 증인들의 죽음
두 예언자적 증인들은 로마의 제국주의에 맞서서 항의하고 투쟁하는 반제국주의 예언 운동 때문에 로마 제국의 권력자들에 의해서 제거의 대상이 되었다. 로마의 권력자들은 제국주의 체제를 비판하는 그들의 입과 행동을 막기 위해서 그들을 잔혹하게 학살하였으며, 그리고 그들의 시체를 땅에 묻지 않고 제국의 수도인 로마의 대로에 전시하였다.

> "7 그들이 그 증언을 마칠 때에 무저갱으로부터 올라오는 짐승이 그들과 더불어 전쟁을 일으켜 그들을 이기고 그들을 죽일 터인즉 8 그들의 시체가 큰 성 길에 있으리니 그 성은 영적으로 하면 소돔이라고도 하고 애굽이라고도 하니 곧 그들의 주께서 못 박히신 곳이라"(계 11:7-8).

두 예언자적 증인들은 언제 그 짐승에 의해서 학살되었는가? 로마 제국을 상징하는 바다에서 올라온 짐승과 구별되는 무저갱으로부터 올라온 그 "짐승(θηρίον/테리온)"은 제국의 공론장을 통해서 로마의 제국주의 체제와 황제 예배를 선전하며, 또한 대항공론장을 형성하여 반제국주의 운동을 하는 그리스도인들을 박해하고 죽이는 권력을 가진 거짓 예언자를 상징한다.[25] 로마 제국은 겉으로는 위용을 자랑하지만 정치적 선전을 통해서 식민지인들의 협력을 받지 않고

---

25) 짐승의 성격에 대해서는 계 13장을 참조하라.

서는 한 순간도 지탱될 수 없는 허약한 체제이다. 로마의 제국주의의 악마적 성격은 스스로를 절대화하고 자신을 방해하는 자들에게 서슴없이 전쟁을 일으키는 강박감에 있다. 이것은 그 짐승이 두 증인들에게 "전쟁을 일으켜 이기고 죽일" 것이라는 사실에서 분명하게 확인된다. 이처럼 제국주의는 하나님에 의해서 창조된 인간의 생명 자체에 대한 근본적인 위협이다.

두 예언자적 증인들이 짐승에 의해서 학살당한 시점은 "그들이 그 증언을 마칠 때"였다. 이것은 그들이 하나님으로부터 위임받은 예언 운동 기간인 "1260일"을 마쳤을 때를 의미한다.[26] 그들의 순교는 그들이 하나님으로부터 위임받은 사명을 모두 감당하고 그들의 사역 기간을 마쳤을 때 일어났다. 하나님은 지금 이 순간까지 그들을 보호하였고, 그들에게 사역을 효과적으로 감당할 수 있도록 기사와 이적을 일으키는 능력을 부여하였다(참조, 11:5-6). 그러나 결국 그들은 로마의 제국주의를 비판하는 증언을 하고 불의에 항의하였기 때문에 로마 제국에 의해서 학살되었다. 만일 그 두 증인이 하나님으로부터 받은 예언자적 소명을 저버리고 현실과 타협하면서 제국주의를 용인하고 우상숭배적인 체제에 순응하였더라면 그들은 폭력적인, 때 이른 죽음을 당할 필요가 없었을 것이다. 그렇지만 그들은 힘없고 가난한 자들을 억압하고 착취하는 로마 제국의 우상숭배적인 제국주의를 정당화하는 제국의 공론장의 담론을 지속적으로 비판하면서 로마의 제국주의 체제에 항의하였기 때문에 잔혹하게 학살당하였다.

로마의 제국주의에 항의하는 두 증인의 증언과 예언은 그들이 잔혹하게 학살되어 목숨이 끊어짐으로써 비로소 중단되고 잠잠해졌을 것이다. 그러므로 비록 그들이 정해진 기간인 1260일 동안 그들의 사명을 다 마치고 죽임을 당했다고 할지라도, 그들의 죽음은 눈감지 못한 죽음이고 입을 다물지 못한 죽음이다. 이런 점에서 그들의 죽음은 우상숭배적인 로마의 제국주의를 비판하는 항의로서의 죽음이라고 할 수 있다.

두 예언자적 증인들은 어디서 잔혹하게 학살되었는가? 그들의 시체는 많은 사람들이 구경할 수 있도록 그 "큰 성"의 대로변에 전시되었다. 그들이 처형된 장소인 그 "큰 성"은 로마를 상징이지만, 그 성이 예루살렘을 상징한다고 주장하는 학자들도 있다.[27] 요한계시록에서 "큰 성"은 로마를 상징하는 바빌론을 가리

---

26) Jonathan Knight, *Revelation*, 87; 이필찬, 『요한계시록 어떻게 읽을 것인가』, 153.
27) 그 큰 성을 로마라는 주장에 대해서는 Elisabeth Schüssler Fiorenza, *Revelation: Vision of a Just World* (Minneapolis: Fortress Press, 1991), 78; Robert H Mounce, *The Book of*

키는 것이 현저하다(계 14:8; 16:19; 17:18; 18:2, 10, 16, 18, 19, 21).

요한은 수많은 무죄한 남자들과 여자들을 억압하고, 잔혹하게 학살하는 제국주의의 기나긴 역사를 그의 독자들에게 환기시키기 위해서 두 예언자적 증인들이 살해당한 곳인 그 큰 성을 "영적으로(πνευματικῶς/프뉴마티코스)" 말하면 우상숭배의 도시인 "소돔"과 압제의 땅인 "애굽"과 같으며, 그리고 점증법의 절정으로 그들의 주님인 예수가 "십자가에 못 박히신 곳"과 같다고 성격화하였다. 예수는 예루살렘을 강점하였던 로마의 점령군과 유대인 부역자들의 공모에 의해서 처형되었음에도 불구하고, 예수의 십자가 처형의 책임을 로마인들에게 돌리지 않고, 오직 유대인들에게만 돌리는 반유대주의적 해석 경향은 성서 해석에서 철저하게 배격되어야만 한다.[28] 요한의 관점에서 본다면 로마에서 학살된 그 두 예언자적 증인들과 예루살렘에서 십자가 처형을 당한 예수는 모두 로마의 제국주의의 희생자들이다.

제국주의는 학살과 처형을 세계의 인민들을 억압하고 지배하기 위한 도구로 삼는다. 자신의 독자들의 고난을 예견하고 있는 요한은 그 짐승의 학살 행위와 시체 유기를 미래 시제를 사용해서 표현함으로써 그들로 하여금 그 두 증인들의 운명을 자신들의 운명과 동일시하게 한다. 로마의 제국주의에 강력하게 항의하였던 두 예언자적 증인들은 짐승과의 전투에서 패배하고 참혹하게 학살되었다. 로마의 권력자들은 그들의 시체를 땅에 묻지 않고 사흘 반 동안 길거리에 전시하면서 조롱하였다.

> "9 백성들과 족속과 방언과 나라 중에서 사람들이 그 시체를 사흘 반 동 안을 보며 무덤에 장사하지 못하게 하리로다. 10 이 두 선지자가 땅에 사는 자들을 괴롭게 한 고로 땅에 사는 자들이 그들의 죽음을 즐거워하고 기뻐하여 서로 예물을 보내리라 하라"(계 11:9-10).

---

*Revelation*, 226-227; 박수암, 『요한계시록』 (서울: 대한기독교서회, 1989), 153; Adela Yarbro Collins, *Crisis and Catharsis: The Power of the Apocalypse* (Philadelphia: The Westminster Press, 1984), 151을 보라; 이와 반대로 그 큰 성을 새 예루살렘이라는 주장에 대해서는 R. H. Charles, *A Critical and Exegetical Commentary on the Revelation of St. John*, 2 vols. (Edinburgh: T. and T. Clark, 1920), 287-92; Bruce J. Malina/John J. Pilch, *Social-Science Commentary on the Book of Revelation* (Minneapolis: Fortress Press, 2000), 147; 이필찬, 『요한계시록 어떻게 읽을 것인가』, 154; 김재준, 『요한계시록』 (서울: 대한기독교서회, 1969), 213; 송영목, 『요한계시록 어떤 책인가』 (서울: 쿰란출판사, 2007), 191을 보라.

28) 반유대주의적 해석은 김재준, 『요한계시록』, 215-16에 현저하다.

거리에 전시되어 있는 시신이 사람들의 시선을 끄는 중심이다. 두 예언자적 증인들은 그들의 시신에 의해서 신분이 널리 알려졌다. 그들의 시체를 삼일 반 동안 구경하면서 무덤에 묻지 못하게 한 "백성들과 족속과 방언과 나라"에 속한 사람들은 누구인가? 그들은 역시 로마 제국의 권력자들과 짐승의 추종자들을 상징하는 "땅에 사는 자들"(οἱ κατοικοῦντες ἐπὶ τῆς γῆς/호이 카토이쿤테스 테스 게스)이다. 이것은 "땅에 거주하는 자들 곧 여러 나라와 족속과 방언과 백성"(계 14:6)이라는 표현에서 명백하게 뒷받침된다.

권력자들이 두 증인들의 시체를 매장하지 못하게 하고 대로변에 전시한(참조, 창 40:19; 시 79:1-4; 토비트 2:1-7) 목적은 피학살자들에게 수치감을 주는 데 있을 뿐만 아니라, 또한 죽음에 대한 공포를 이용하여 지배 체제에 순응하도록 사람들을 길들이는 데 있었다.

짐승의 추종자들은 억눌린 자들과 가난한 자들의 고난을 외면하면서 오직 자신의 개인적인 이익을 위해서 로마의 제국주의 체제에 협력하는 우상 숭배자들이다. 그들은 끈질기게 로마 제국의 속임수와 기만에 대해서 비판하고 저항하였던 한 쌍의 남녀 예언자적 증인들이 처형된 것을 다행스럽게 여기고 기뻐하면서 서로 축하의 선물을 보냈다.[29] 왜냐하면 두 증인들의 증언과 항의가 그들의 마비된 양심을 고문하는 괴로움을 주었기 때문이다.

3) 하나님의 정의와 항의로서의 학살당한 두 증인들의 부활

두 예언자적 증인들을 학살한 후에 이제 모든 것이 잘 끝났다고 생각하였던 학살자들의 안심과 즐거움은 오래가지 못하였다. 왜냐하면 학살자들의 불의에 항의하는 정의의 하나님이 대로변에 전시되어 있는 두 증인들의 참혹한 시체에 "하나님의 영을 불어넣어줌으로써 그들을 다시 살아서 일어서게 하였기 때문이다.

"삼일 반 후에 하나님께로부터 생기(πνεῦμα/프뉴마)가 그들 속에 들어가매 그들이 발로 일어서니 구경하는 자들이 크게 두려워하더라"(계 11:11).

---

29) 이것은 유대교의 부림절의 풍습과 정반대의 경우이다. 부림절은 유대인들을 죽이려고 계획을 세웠던 하만과 그의 추종자들이 도리어 죽임을 당함으로써 죽음을 모면한 유대인들이 기뻐서 잔치를 하고 서로 선물을 주고 받았던 날을 기념하는 축제이다(참조, 애 9:19-22).

학살당한 두 예언자적 증인들은 압제자들과 학살자들 앞에서 영원히 무릎을 꿇은 패배자들처럼 보였지만, 그러나 정의의 하나님은 삼일 반 후에 그들의 시체에 "생기"(πνεῦμα/프뉴마)를 불어넣어서 그들을 부활시켰다. 이제 그들은 당당하게 두발로 일어섰다. 그들의 부활은 수많은 피학살자들의 마른 뼈에 하나님의 영(πνεῦμα)이 들어가서 그들을 다시 살려서 큰 군대가 되게 한 에스겔의 환상을 연상시킨다(겔 37:9-10)[30]

그리스어 πνεῦμα(프뉴마)는 히브리어 רוּחַ(루아흐)의 번역어이다. 히브리어 רוּחַ(루아흐)는 "바람, 호흡, 생명력, 영력, 에너지, 역동성, 그리고 영"을 의미한다.[31] 하나님은 인간의 창조를 위해서 뿐만 아니라, 부활과 새 창조를 위해서 이러한 רוּחַ(루아흐)를 사용하였다.

> "여호와 하나님이 땅의 흙으로 사람을 지으시고 생기(רוּחַ)를 그 코에 불어넣으시니 사람이 생령이 되니라"(창 2:7).

> "주께서 낯을 숨기신즉 그들이 떨고 주께서 그들의 호흡(רוּחַ)을 거두신즉 그들은 죽어 먼지(=본 흙)로 돌아가나이다. 주의 영(רוּחַ)을 보내어 그들을 창조하사 지면을 새롭게 하시나이다"(시 104:29-30).

> "주 여호와께서 이같이 말씀하시기를 생기(רוּחַ)야 사방에서부터 와서 이 죽음을 당한 자에게 불어서 살아나게 하라 하셨다 하라. 이에 내가 그 명령대로 대언하였더니 생기(רוּחַ)가 그들에게 들어가매 그들이 곧 살아나서 일어나 서는데 극히 큰 군대더라"(겔 37:9-10).

하나님은 잔혹하게 학살당한 두 예언자적 증인들을 이러한 영(רוּחַ)을 통해서 부활시켰다. 죽임을 당하는 순간까지 하나님의 말씀을 무기로 우상 숭배적인 제국주의 체제에 비폭력적으로 항의하였던 두 증인들의 증언과 예언은 부활을 통해서 결코 무효가 아니라는 것이 입증되었다. 불의한 체제에 의해서 학살당한 두

---

30) 70인역 겔 37:9-10에서 나타나는 그리스어 "πνεῦμα"(프뉴마)는 히브리어 "רוּחַ"(루아흐)의 번역어이다.

31) Helen Schungel-Straumann, *Denn bin ich und kein Mann: Gottesbilder im Ersten Testament - feministisch betrachtet* (Mainz: Mathias-Grünewald-Verlag, 1998), 105.

증인들의 싸늘한 시체에 하나님의 영이 들어감으로써 "그들이 발로 일어서"게 되었다는 사실은 불의한 체제를 정당화하기 위해서 처형과 학살로 무죄한 자들의 고귀한 생명을 파괴하고 생명권을 빼앗아간 권력자들과 학살자들의 거짓된 승리에 대한 하나님의 거부와 항의를 의미한다. 도살당한 어린 양 예수를 부활시킨 하나님이 학살당한 두 증인들을 역시 부활시켰다.

이러한 점에서 학살당한 두 증인의 부활은 정치적 목적을 위해서 수많은 무죄한 사람들을 잔혹하게 학살한 로마제국의 제국주의 체제를 비판하고 전복시키는 항의와 봉기로서의 부활이다.[32] 그리고 죄인들로 낙인찍혀서 처형된 그들의 부활은 그들의 명예와 존엄한 품위를 회복시킨 동시에 그들의 짓밟힌 인권과 빼앗긴 생명권을 회복시킨 신원과 복권으로서의 부활이다.

어느 계층의 사람들이 살인적인 지배 체제를 전복시키는 항의와 봉기로서의 부활과 학살당한 자들의 신원과 복권으로서의 부활을 간절히 바라는가? 이러한 부활은 폭력과 학살의 역사가 이대로 그냥 계속해서 흘러가기를 바라는 무정한 권력자들과 기득권자들의 희망에서 나오는 것이 아니라, 폭력의 역사의 끝장과 새로운 대안적 세계의 개벽을 갈망하는 고난당하는 약자들의 희망에서 나오는 것이다. 이러한 부활의 힘은 억눌린 자들과 무력한 자들을 위로하고 세계의 변화를 위한 그들의 저항과 투쟁을 고무하고 정당화한다.

### 4) 부활한 두 증인들의 승천과 사회적 전복

학살당한 두 예언자적 증인들의 부활은 개개인의 사적인 영역을 넘어서 사회의 억압의 구조를 전복시킨다. 그들의 부활은 불의한 지배 체제를 전복시킨 엄청난 사회적 변화를 일으키는 결과를 가져왔다.

"12 하늘로부터 큰 음성이 있어 이리로 올라오라 함을 그들이 듣고 구름을 타고 하늘로 올라가니 그들의 원수들도 구경하더라. 13 그 때에 큰 지진이 나서 성 십분의 일이 무너지고 지진에 죽은 사람이 칠천이라 그 남은 자들이 두려워하여 영광을 하늘의 하나님께($\tau\tilde{\omega}$ $\theta\epsilon\tilde{\omega}$ $\tau o\tilde{u}$ $o\dot{u}\rho\alpha\nu o\tilde{u}$/토 테오 투 우라누) 돌리더라. 14 둘째 화는 지나갔

---

32) 항의와 봉기로서의 예수의 부활에 대한 신학적 착상에서 대해서는 서남동, 『민중신학의 탐구』(서울: 한길사, 1983), 120-121; 안병무, 『갈릴래아의 예수: 예수의 민중운동』(서울: 한국신학연구소, 1990), 285; Klaus Wengst, *Ostern: Ein wirkliches Gleichnis, eine wahre Geschichte* (München: Kaizer Verlag, 1991)을 보라.

으나 보라 셋째 화가 속히 이르는도다"(계 11:12-14).

학살당하였지만 부활한 두 예언자적 증인들은 구름을 타고 하늘로 올라갔다. 하나님의 초대에 의한 그들의 승천을 그들의 원수들도 목격하였다. 그 때에 땅에 지진이 일어나서 그 도시의 십분의 일이 파괴되고 칠천 명이 죽었다. 이것은 부활의 힘이 가져온 사회적 전복을 의미한다. 죽음을 불사하면서 하나님의 말씀을 증언하고 제국주의에 저항한 두 예언자적 증인의 사역은 정치적, 영적, 그리고 교회론적 차원에서 지진을 일으켰으며 또한 짐승의 추종자들의 회개를 이끌어 낼 수 있었다.

그런데 왜 하필 칠천 명이 지진으로 죽었는가? 칠천 명은 회개하지 않는 사람들을 가리키는 상징적인 수이다.[33] 열왕기상 19:18은 "그러나 내가 이스라엘 가운데에 칠천 명을 남기리니 다 바알에게 무릎을 꿇지 아니하고 다 바알에게 입맞추지 아니한 자니라"라고 한다. 하나님은 우상숭배를 거부한 칠천 명을 이스라엘에 남겨두었다. 이와 반대로 요한은 지진으로 죽은 칠천 명을 제외한 남은 사람들이 하나님에게 영광을 돌렸다고 말한다. 나머지 사람들은 회개했기 때문에 더 이상 로마 황제에게 영광을 돌리지 않고 "하늘의 하나님"($\tau\hat{\omega}$ $\theta\epsilon\hat{\omega}$ $\tauο\hat{υ}$ $ο\hat{υ}ρανο\hat{υ}$/토 테오 투 우라누)에게 영광을 돌렸다(참조, 계 16:9).

억압자들의 회개는 이제부터 약자들의 편에 서서 그들의 이익을 위해서 일하고 그리고 그들과 함께 세계의 변화를 위해서 일하는 것을 의미한다. 요한은 우상 숭배하는 로마의 제국주의 권력자들과 로마의 제국주의 체제를 떠받들고 있는 짐승의 추종자들의 회개를 기대하였다. 그러므로 11:13에서 요한이 유대인들의 회개를 희망했다고 주장하는 주석가들의 반유대주의적 해석은 정당하지 못하다.[34] 죽음을 불사한 두 증인들의 반제국주의 예언활동의 결과로 인해서 짐승을 추종하는 우상 숭배자들이 회개하게 되었으며, 마침내 폭력의 역사의 끝장과 새로운 세계의 개벽을 선포하는 일곱째 나팔이 울리게 되었다.

---

33) 리처드 보컴, 『요한계시록 신학』, 132.
34) 계 11:13을 반유대주의적으로 해석한 것에 대해서는 Adela Yarbro Collins, *The Apocalypse*, 73; 김재준, 『요한계시록』, 216을 보라.

# IV. 결론

하나님이 로마 제국 한복판에서 여러 가지 재앙을 통해서 일으킨 새로운 출애굽은 하나님의 반제국주의 운동이다. 요한은 소아시아의 그리스도인들에게 하나님의 반제국주의 운동에 참여하도록 설득하기 위해서 로마 제국의 우상숭배적인 제국주의 체제에 용감하게 항의하고 투쟁하는 한 쌍의 남자와 여자인 두 예언자적 증인들의 저항과 희망의 삶을 그리스도인들의 종말론적인 삶을 위한 모델로 제시하였다.

두 예언자적 증인들의 반제국주의 예언 운동은 마침내 사악한 제국주의 체제가 전복되는 데에 결정적으로 기여하였을 뿐만 아니라, 또한 새로운 대안적인 세계의 개벽을 선포하는 일곱째 나팔이 울리게 하는 데에도 역시 결정적으로 기여하였다. 그들은 우상숭배적인 제국의 체제에 저항하고 투쟁하는 반제국주의 예언 운동 과정에서 새로운 대안적 세계의 자유와 해방과 연대성과 주체성을 미리 경험할 수 있었을 것이다. 두 증인은 하나님으로 부탁받은 사역 기간인 1260일 동안 자신들의 사명을 다 마친 후에 제국주의 세력을 상징하는 짐승에 의해서 살해되었다(계 11:7). 그들은 마지막 죽음의 순간까지 증언하고 저항했다. 이것은 하나님으로부터 사명을 받은 사람은 그 사명을 마치기 전에는 결코 죽지 않는다는 것을 의미한다. 그러므로 그리스도인들은 살아 있는 동안에 하나님이 주신 사명을 감당하기 위해서 최선을 다해서 부단히 헌신해야만 한다.

일곱째 나팔이 울리는 것은 하나님이 약자들에게 고통과 눈물을 자아내는 폭력과 고난의 역사를 끝내기를 원하고 또한 오염되지 않은 새로운 대안적인 세계를 그들에게 선사하기를 원하기 때문이다. 이러한 하나님의 계획에 합당하게 불의한 제국주의 체제에 저항하고 하나님의 말씀과 예수를 증언하는 것이 그리스도인의 종말론적인 참된 삶이다. 두 예언자적 증인들의 저항과 희망의 삶은 오늘날 참된 삶을 추구하는 남녀 그리스도인들에게 영감과 용기를 주는 종말론적인 인간론의 근간이 될 수 있을 것이다. 그것은 바빌론의 특징인 군사주의, 계급주의, 성차별주의, 인종차별주의, 자연정복주의, 그리고 물신숭배주의를 반대고, 제국주의의 폭력의 희생자들을 기억하고, 약자들과 연대하고, 그리고 새 예루살렘의 대항현실의 선취를 위해서 애쓰는 삶이다.

오늘날 패권적 제국주의에 의한 세계화의 맥락에서 수많은 가난한 사람들이 죽어가고 있고 환경이 파괴되고 있다. 신자유주의적 시장 경제 체제를 주도하는 패권적 제국주의가 시장의 힘이 사람들을 구원하고 더 나은 세계를 만들 것이라고 설교하고, 가난한 농민들과 노동자들을 억압하고, 반대자들에게 해고와 죽음을 선언할 때, 남녀 그리스도인들의 과제는 제국의 탐욕의 가면을 벗겨내고, 불의에 저항하고, 약자들과 연대하는 것이며, 그리고 하나님이 제국주의의 희생자들을 부활시킬 것을 예언하는 것이다.

　엘살바도르의 가난한 사람들의 인권을 짓밟는 권력자들은 자신들을 비판하고 괴롭히는 대주교 오스카 로메로를 살해하면 걱정 없이 편하게 살 수 있을 것으로 생각하였다. 1980년에 로메로는 살해되기 2주 전에 강론에서 다음과 같이 말하였다.

> "나는 자주 죽음으로 위협을 당해왔다. 나는 한 그리스도인으로서 부활이 없는 죽음을 믿지 않는다는 것을 말해야만 한다. 만일 그들이 나를 죽이면, 나는 엘살바도르의 인민 속에서 다시 부활할 것이다. 나는 자랑하고 있지 않다. 나는 그것을 가장 겸허하게 말한다. 나는 한 사목자로서 내가 사랑하는 사람들을 위해서 나의 생명을 주라는 신적인 명령을 의식하고 있으며, 그리고 그것은 모든 엘살바도르인들과 심지어 나를 죽이려고 하는 자들을 위한 것이다. 만일 그들이 그들의 위협을 실행하려고 도모한다면, 이 순간부터 나는 나의 피를 엘살바도르의 구원과 부활을 위하여 바친다. 순교는 내가 자격이 있다고 믿지 않지만 하나님이 주는 은혜이다. 그러나 만일 하나님이 나의 생명의 희생을 받아 준다면, 나의 피는 자유의 씨앗일 수 있고 곧 현실이 될 것에 대한 희망의 한 징조일 수 있다. 만일 하나님이 나의 죽음을 받아 준다면, 나는 나의 죽음이 나의 사람들의 해방을 위한 것이 되기를 바라며, 오고야말 것을 희망하는 한 증인으로서의 죽음이 되기를 기원한다."[35]

　일곱째 나팔 소리를 기다리면서 부패한 이 세계의 변화와 새로운 대안적인 세계의 개벽을 위하여 일하는 사람들은 도살당하였지만 부활한 어린 양 예수의 발자취를 따라간 두 증인처럼 제국의 불의에 저항하고 투쟁하는 증인들, 예언자들, 짐승의 인침을 받기를 거절하는 자들, 순교자들, 그리고 열사들이다. 일곱째 나팔 소리가 선포하는 폭력의 역사의 끝장과 새로운 세계의 개벽은 두 예언자적 증인과 요한계시록의 저자 요한의 독자들의 희망이었을 뿐만 아니라, 오늘의 그리

---

35) Jon Sorbino, *Romero Martyr for Liberation* (London: Catholic Institute for International Relations, 1982), 76.

스도인들의 희망이기도 하다.

제10장
# 반제국적 대항담론으로서의 신화적 이야기들과 예배
## 짐승들과 대결하는 그리스도인 공동체

## I. 서론적 성찰

요한계시록은 로마의 제국주의와 우상숭배적인 체제에 맞서서 비폭력적으로 저항하는 그리스도인들을 위로하고 격려하는 저항문학이라고 불린다.[1] 요한계시록 12:1-15:4 단락은 여섯째 나팔과 일곱 나팔 환상과 일곱 대접 환상 사이에 위치한다. 이 단락은 요한계시록 전체의 중심적 단락이다.[2] 이 단락은 주로 신화적 이야기들과 상징들로 표현되었다. 요한계시록 저자 요한은 하나님과 그의 메시아 예수가 세계를 다스리는 모든 권력을 가지고 있다는 것을 확신한다. 그러나 현실에서는 로마가 모든 것을 지배하는 초강대국이고, 하나님과 예수를 믿는 그리스도인들은 로마로부터 박해를 당하고 있다. 제국의 공론장은 로마의 절대성을 선전한다. "누가 이 짐승과 같으냐? 누가 능히 이와 더불어 싸우리요?"(계 13:4). 로마는 로마의 평화라는 제국의 담론을 통해서 제국의 지배를 정당화하고 제국의 절대적 권력과 제국의 영원한 지배를 선전한다. 이러한 상황에서 12-13장에 서술된 환상 속의 신화적 이야기들은 로마의 제국주의를 정당화하는 제국의 담론을 와해시키는 반제국적 대항담론의 매개로 기능한다.

요한은 계시를 통해서 본 환상들을 신화적으로 묘사했다. 머리와 열 뿔을 가

---

1) Greg Carey, "Symptoms of Resistance in the Book of Revelation", David L. Barr, The Reality of Apocalypse: Rhetoric and Politics in the Book of Revelation (Leiden and Boston: Brill, 2006), 172.

2) Pablo Richard, *Apokalypse. Das Buch von Hoffnung und Widerstand. Ein Kommentar.* Luzern: Edition Exodus, 1996. 147; G. K. Beale, *The Book of Revelation, A Commentary on the Greek Text* (Grand Rapids, William B. Eerdmans Company, 1999), 621-62.

진 무시무시한 붉은 용이 만삭의 여인이 낳은 아이를 삼키려고 했지만 하나님이 그 사내아이를 하늘의 보좌로 데려갔기 때문에 실패했고, 또한 그 용이 천상의 전쟁에서 패배하여 땅으로 추방당했다. 하늘에서는 용에 대한 승리를 축하는 예배가 진행된다. 하늘에서 추방당한 용은 그 여자를 추격하려고 시도했으나 역시 실패했다. 이제 용은 대리인을 통해서 세계를 지배한다. 요한은 용의 대리인인 로마의 권력이 천상의 전투에서 패배한 용으로부터 받은 것이기 때문에 그것은 사탄의 권력이고 조만간에 망할 수밖에 없는 제한된 권력이라고 비판한다. 그는 로마의 권력구조를 용과 바다에서 올라온 짐승과 땅에서 올라온 짐승으로 분석한다. 바다에서 올라온 짐승은 막강한 군사력을 가진 로마 제국을 상징하고 땅에서 올라온 짐승은 로마의 식민지의 친로마적인 토착 정치적 엘리트들을 상징한다. 그런데 로마는 식민지 인민의 고혈을 빨아먹는 음녀로 상징되기도 한다(참조, 계 17장).

로마가 지배하는 현실에서 로마의 황제를 신으로 숭배하는 황제예배가 세계적인 추세가 되었고 많은 사람들이 우상숭배자들이 되었다. 하지만 요한은 요한계시록 14:1-5에서 시온산 위에서 어린 양과 함께 서 있는 십사만사천에 대한 환상을 소개한다. 이 작은 단락은 요한계시록의 중심 단락인 12:1-15:4의 중심이다. 십사만사천은 우상숭배를 거부하고 오직 어린 양 예수만을 따르는 세례받은 그리스도인들 모두를 상징한다. 짐승의 표를 받은 짐승의 추종자들과 대조적으로 십사만사천의 이마에 하나님의 이름과 어린 양의 이름이 씌어있다. 그들은 하늘에 살아 있는 죽은 성도들을 기억하기 때문에 죽은 자들이 하늘에서 부르는 새 노래를 듣고 배워서 부를 수 있다. 옛 노래는 짐승의 추종자들이 로마 황제의 권력과 군사력과 물질을 찬양하는 노래이다.

마침내 하나님은 로마를 가리키는 큰 성 바빌론 심판한다. 그리고 하나님의 메시아적 대리자인 인자가 곡식 추수와 포도송이 추수를 하는 행위를 통해서 사람들을 심판한다. 심판은 남에게 저지른 악행이 그대로 본인에게 돌라가게 하고 피해자에게 권리와 정의를 회복시켜 주는 것을 의미한다. 그러므로 하나님의 심판이 가까이 왔다는 선포는 억눌린 성도들과 약자들에게는 기쁜 소식이다. 로마의 우상숭배적인 체제에 굴복하지 않고 신앙을 지키면서 일생을 마친 성도들이 하늘에서 살아서 홍해를 상징하는 유리바다를 건넌 후 자신들을 구출해준 하나님과 어린 양을 찬양하는 노래를 부른다.

12:1-15:4 단락에 있는 신화적 이야기들은 비역사적이 아니라, 역사적이다.

그는 신화적 표현을 통해서 로마 제국의 악마적인 권력 구조를 예리하게 분석하고 폭로할 뿐만 아니라, 그러한 구조 속에서 날마다 기만과 패배와 배제를 경험하고 있는 약자들의 현실을 드러낸다. 그의 신화적 이야기들은 로마의 제국주의를 비판한다.[3] 그의 신화적 이야기들은 로마의 제국주의를 합법화하고 정당화하는 제국의 담론의 기만성을 폭로하고, 억눌린 그리스도인들에게 정체성과 저항력을 제공하는 반제국적 대항담론이다.

그런데 그의 신화적 이야기들 속에는 신화와 전혀 연관이 없는 부분이 있다. 그것은 바로 그리스도교적 예배가 서술된 부분이다. 예전적 찬송들은 짐승들과 대결한 그 당시의 그리스도교 공동체의 그리스도교적 의식과 반제국적 정치적 의식을 반영한다. 예배의 정치적 성격의 재발견은 오늘의 교회의 예배의 회복을 위해서 매우 중요하다.[4] 예배는 권력의 문제와 직결된다. 누가 세계를 장악하고 있는가? 천상의 예배는 우리에게 짐승들에게 충성할 것인가, 또는 하나님과 어린 양에게 충성할 것인가 하는 결단을 요구한다. 황제예배는 로마 제국의 우상숭배의 대표적인 현상이었다. 요한은 짐승숭배가 대세인 현실 속에서 하나님과 어린 양 예수에게만 충성하는 참된 예배를 강조하였다.

요한은 시간에 대한 민감성을 가졌다. 로마의 제국주의가 지배하는 폭력의 역사는 지금처럼 이대로 계속되지는 않을 것이다. 하나님과 그리스도의 오심과 심판으로 이 폭력의 역사가 끝장나고 하나님과 그리스도가 통치하는 새로운 역사가 시작될 것이다. 그는 로마 제국과 대결하고 있는 그 당시의 그리스도교 공동체의 현재적 시간을 종말 직전의 카이로스로 이해하였다. 이러한 관점에서 오늘 이 현재의 시간은 역시 카이로스로, 하나님의 나라의 도래를 위한 선교와 증언의 때로, 회개와 순종의 때로, 그리고 저항과 투쟁의 때로 인식되어야만 한다.

오늘의 짐승은 자본과 시장의 제국이다. 오늘의 짐승은 과거의 짐승 보다 훨씬 더 사악하고 위험하다. 오늘날 초강대국은 NATO(북대서양조약기구), 혹은 다른 여러 군사 동맹을 통해서 세계를 통제하고 있으며, 또한 신자유주의적 경제의 세계화를 통해서 세계의 수많은 약자들을 억압하고 있다. 우리의 시선을 한반도가 위치한 아시아를 넘어서 아프리카와 라틴 아메리카로 돌린다면 신자유주의적

---

3) Steven J. Friesen, *Imperial Cults and the Apocalypse of John* (Oxford: Oxford Univ. Press, 2001), 167.

4) 요한묵시록은 예배가 많이 나타나기 때문에 "예전의 책"이라고 불린다. J. Nelson Krybill, *Apocalypse and Allegiance: Worship, Politics, and Devotion in the Book of Revelation* (Grand Rapids, Michigan: Brazos Press, 2010), 32.

세계화로 인한 약자들과 가난한 자들의 비참한 현실이 세계적이라는 것을 알 수 있다.

요한계시록 12:1-15:4는 오늘의 그리스도인들을 위한 패러다임이고, 또한 오늘의 세계의 현실을 분석하고 해석하기 위한 기준이다. 이 논문에서 나는 12:1-15:4의 단락에 내포된 신화적 이야기들과 상징들을 제국의 담론과 요한계시록의 저자 요한의 대항담론이라는 점에서 해석하고자 한다. 나는 오늘날 신자유주의적 세계화의 시대에 수많은 가난한자들과 약자들의 생명을 파괴하고 자연을 훼손하는 오늘의 짐승을 호명하고 신학적으로 비판할 것이다. 나는 이 논문이 신자유주의적 세계화의 시대에 오늘의 짐승을 인식하고, 짐승에게 저항하고, 그리고 참된 예배의 공동체를 회복하기 위해 교회를 갱신하는 남녀 그리스도인들에게 신학적 영감과 힘을 주는 데 공헌하기를 희망한다.

## II. 제국의 담론을 비판하는 신화적 이야기들과 예배

### 1. 신화적 이야기들과 예배(계 12:1-17)

#### 1) 임신한 만삭의 여자와 일곱 머리를 가진 큰 붉은 용

요한이 본 천상의 이적에 대한 환상은 유대적 전승과 지중해적 문화의 전승 자료들을 사용한 혁신적인 신화적 이야기들로 묘사되었다. 이러한 이야기들은 그리스도인의 정체성과 의식을 심어주는 반제국적 대항담론의 매개로 작용한다. 12장에서 서술된 신화적 이야기들은 임신한 여자와 큰 붉은 용의 이야기(1-6절), 용의 무리와 미가엘의 무리 사이의 천상적 전쟁의 이야기(7-9절), 그리고 패배하여 땅으로 추락한 용의 마지막 음모에 대한 이야기(13-17절)이다. 특히 임신한 여자와 용에 대한 이야기는 주변 세계의 신화들과 매우 유사하다.[5]

---

5) 소아시아에서 가장 잘 알려진 이와 유사한 신화는 제우스의 아들 아폴로(Apollo)를 임신한 여신 레토(Letto)가 아기를 죽이려는 피톤(Python)이라고 불리는 용에 의해서 공격을 받았으나 제우스가 보낸 바람에 의해서 델로스 섬에 안전하게 옮겨졌으며, 포세이돈(Poseidon)이라는 신이 그녀를 숨겨주었고, 아폴로가 태어나서 나흘이 지난 후에 피톤이 그에게 발견되어 살해되었다는 이야기이다. 요한계시록의 신화적 이야기들과 주변 세계의 신화들의 관계에 대해서는 Adela Yarbro Collins, *The Combat Myth in the Book of Revelation,* (Missoula, Mont.: Scholar Press, 1976), 57-145; G. K. Beale, *The Book of Revelation,* 624; Pablo Richard, *Apokalypse: Das Buch von Hoffnung und Wiederstand. Ein Kommentar* (Luzern: Edition Exodus, 1996),

"1 하늘에 큰 이적(σημεῖον/세메이온)이 보이니 해를 입은 한 여자가 있는데 그 발아래는 달이 있고 그 머리에는 열두 별의 관을 썼더라 2 이 여자가 아이를 배어 해산하게 되매 아파서 애를 쓰며 부르짖더라 3 하늘에서 또 다른 이적이 보이니 보라 한 큰 붉은 용이 있어 머리가 일곱이요 뿔이 열이라 그 여러 머리에 일곱 왕관이 있는데 4 그 꼬리가 하늘의 별 삼분의 일을 끌어다가 땅에 던지더라 용이 해산하려는 여자 앞에서 그가 해산하면 그 아이를 삼키고자 하더니 5 여자가 아들을 낳으니 이는 장차 철장으로 만국을 다스릴 남자라 그 아이를 하나님 앞과 그 보좌 앞으로 올려가더라 6 그 여자가 광야로 도망하매 거기서 천이백육십일 동안 그를 양육하기 위하여 하나님께서 예비하신 곳이 있더라"(계 12:1-6).

요한은 환상 속에 임신한 여자와 일곱 머리와 열 뿔을 가진 무시무시한 큰 붉은 용을 보았다. 그 여자는 만삭이고 출산의 진통 때문에 아파서 부르짖고 있다. 그런데 "큰 붉은 용"은 그 여자 앞에서 곧 태어날 아기를 삼키려고 기다리고 있다. 이러한 용의 적대적인 행동은 용 자신이 왕이 되고자 시도하고 있다는 것을 의미한다.[6] 그 용의 반신적인 본성은 자신의 꼬리로 하늘에 있는 별들의 삼분의 일을 끌어다가 땅에 던지는 행위에서도 역시 드러난다(계 12:4; 참조, 창 1:14). 이 위험한 순간에 그 여자는 한 사내아이를 낳았다. 다행스럽게도 하나님의 개입으로 그 아이는 "하나님 앞과 그 보좌 앞으로"(계 12:5) 이끌려 올라갔다. 그러므로 그 아이를 삼키고자 하였던 용의 시도는 실패하고 말았다. 그 여자가 낳은 사내아이가 세계를 다스릴 메시아라는 것은 그 아이가 "철장으로 만국을 다스릴 남자"(계 12:5; 참조, 시 2:9)라는 표현에서 증명된다.

그 여자는 누구를 상징하는가? 이미 여러 학자들이 주장하였듯이, 일차적으로 그 여자는 예수를 낳은 마리아를 가리킨다.[7] 나의 관점에서 보면, 그 여자는

---

151; Mathias Rissi, *Die Hure Babylon und die Verführung der Heiligen: Eine Studie zur Apokalypse des Johannes* (Stuttgart, Berlin, Köln: Verlag W. Kohlhammer, 1995), 29-30를 참조하라.

6) Adela Yarbro Collins, *Crisis and Catharsis*, 148.

7) 학자들은 그 여자를 동정녀 마리아, 이스라엘, 하나님의 백성, 또는 교회로 상이하게 해석하여 왔다. 부르스 M. 메츠거/이정곤 역, 『예수 그리스도의 계시: 요한 계시록의 이해』, 서울: 기독교문화사, 1994, 111; R. H. Charles는 그 여자가 광야로 피신한 것을 예루살렘 교회가 기원후 70년의 유대전쟁으로 폐허가 된 예루살렘을 떠나서 펠라(Pella)로 이동한 것을 가리킨다고 보는 반면에, Court는 그것을 이스라엘이 얌니아로 피신하여 유대교를 재건한 것을 상징한다고 주장한다. John M. Court, John, *Myth and History in the Book of Revelation* (Atlanta: John Knox Press, 1979), 118-19.

메시아를 대망한 이스라엘과 연속성이 있는 그리스도교적 공동체를 상징하며, 그 사내아이는 그 공동체의 구성원들이 믿는 수난당하는 메시아를 상징한다. 그 여자를 치장하고 있는 해, 달, 그리고 열두 별들은 창세기 37:9를 통해서 해석되어야만 한다.[8] 그녀가 머리 위에 쓴 면류관의 열두 별들은 이스라엘의 12지파를 상징한다.[9] 요한이 그 여자를 그러한 천체들로 아름답게 치장한 것은 기독교적 공동체가 이스라엘에 뿌리를 두고 있다는 것을 표현하기 위한 것이다. 다른 곳에서 예수는 "나는 다윗의 뿌리요 자손이니"(계 22:16)라고 자신의 유대인 정체성을 명백하게 나타내었다. 태어날 아이를 삼키려고 기다리는 무서운 용 앞에서 무력한 여자로부터 태어난 그 아이가 천상적 보좌로 이끌려 올라갔다는 것은 로마가 집행한 십자가 처형을 통한 예수의 죽음과 하나님을 통한 부활의 사건을 의미한다.[10] 이 신화적 이야기에서 예수의 십자가 처형과 부활은 생략되었다.

하나님이 "광야"로 피신한 그 여자를 "천이백육십일"동안 양육할 것 이라는 것은 하나님이 기독교적 공동체를 지금부터 종말까지 보호하고 지켜줄 것이라는 것을 의미한다. "천이백육십일"은 마흔 두 달(42×30=1260)과 같다. 여기서 "광야"는 해방과 자유를 위해서 이집트를 탈출한 억눌린 이스라엘 민족이 유랑하였던 장소를 연상시킨다. "마흔둘"이라는 숫자는 그들이 약속의 땅에 성공적으로 들어가기 전에 광야의 노정을 걸으면서 하나님의 지시에 따라서 마흔 두 곳에 진을 친 것에서 유래한다(참조, 민 33장).[11] 천이백육십일 혹은 마흔 두 달은 기독교적 공동체가 사탄의 조정을 받는 로마제국의 유혹과 압제에 맞서서 싸우면서 증언해야 할 종말 직전의 현재적 시간을 상징한다. 이 기간은 하나님의 보호를 받는 두 증인들이 예언해야 할 기간과 동일하며(참조, 계 11:3), 그리고 이방인들이 거룩한 성을 짓밟거나(11:2), 혹은 짐승이 권세를 가지고 활동할(계 13:5) 기간과 동일하다.

그 여자가 기독교 공동체를 상징한다는 것은 그녀가 광야에서 천이백육십일

---

8) 요셉은 그에게 절하는 해, 달 그리고 열한 별들에 대한 꿈을 꾸었다. 해, 달 그리고 열한 별들은 차례대로 야곱과 그의 아내와 그의 열한 아들들을 상징한다.
9) 권성수, 『요한계시록』 (서울: 도서출판 횃불, 1999), 270; Mathias Rissi, *Die Hure Babylon und die Verführung der Heiligen*, 29; G. K. Beale, *The Book of Revelation*, 626.
10) Pablo Richard, *Apokalypse*, 152-153; Akira Satake, *Die Offenbarung des Johannes* (Göttingen: Vandenhoeck & Ruprecht, 2008), 282; Klaus Wengst, *"Wie lange noch?": Schrreien nach Recht und Gerechtigkeit - eine Deutung der Apokalypse des Johannes* (Stuttgart: Verlag W. Kohlmanner, 2010), 125.
11) Allen A. Boesak, *Comfort and Protest The Apocalypse from a South African Perspective* (Philadelphia: The Westminster Press, 1987), 82.

동안 하나님의 보호를 받고 양육된다는 점에서(계 12:6) 뿐만 아니라, "그 여자의 남은 자손 곧 하나님의 계명을 지키며 예수의 증거를 가진 자들"이 있다는 점에서(계 12:17) 증명된다.[12] 임신한 여자와 무서운 용에 대한 신화적 이야기는 그 사내아이가 천상의 보좌에 이미 그리스도로 앉아 있다(계 12:5; 참조, 계 3:21)는 것과 하나님이 반생명적인 권력에 맞선 무력한 기독교 공동체의 편에 서서 종말의 날까지 그 공동체를 지켜줄 것이라는 것을 나타낸다. 밧모 섬의 요한은 그의 독자들이 이 신화적 이야기를 통해서 제국의 유혹과 압제에 끈질기게 저항할 수 있는 힘을 얻게 될 것을 기대하였다.

### 2) 천상의 전쟁과 용의 패배

하늘에서 일어난 미가엘과 용 사이의 전쟁에 대한 신화적 이야기는 로마 제국의 배후에 있는 사탄의 세력의 치명적인 약점과 불완전성을 폭로한다.

> "7 하늘에 전쟁이 있으니 미가엘과 그의 사자들이 용과 더불어 싸울 새 용과 그의 사자들과 싸우나 8 이기지 못하여 다시 하늘에서 그들이 있을 곳을 얻지 못한지라 9 큰 용이 내쫓기니 옛 뱀 곧 마귀라고도 하고 사탄이라고도 하며 온 천하를 꾀는 자라 그가 땅으로 내쫓기니 그의 사자들과 그와 함께 내쫓기니라"(계 12:7-9).

하늘에서 발생한 미가엘과 용 사이의 전쟁은 역사의 심층에서 일어나는 영적, 초월적 전투를 의미한다(참조, 엡 6:12). 미가엘과 그의 천사들은 하늘에 살아 있는 순교자들과 죽은 의인들을 상징하며, 용과 그의 천사들은 악의 세력들을 상징한다. 용은 "옛 뱀"(참조, 창 3장)과 "마귀" 혹은 "사탄"과 동일화된다(참조 20:2).[13] 마귀는 미혹하는 자, 고발하는 자, 그리고 헐뜯는 자이다. 용은 사람이 거주하는 땅인 "온 천하"(οἰκουμένη/오이쿠메네)를 미혹하는 자로 규정되었다.

천상의 전쟁에서 미가엘과 그의 천사들이 용과 그의 천사들을 이겼다. 패배한 용과 그의 천사들은 하늘에서부터 땅으로 쫓겨났다. 용의 패배는 옛 뱀, 마귀 혹

---

12) J. Denny Weaver, *The Nonviolent Atonement* (Grand Rapids/Cambridge, William B. Eerdmann Publishing Company, 2001), 28; 이달, 『요한계시록』(서울: 장로교출판사, 2008), 214.

13) 사탄은 어떤 왕에 대한 충성을 시험하고 고발하는 비밀 정보 요원을 가리키는 페르시아어에서 유래된 차용어이다. 70인역은 히브리어의 "사탄"을 "마귀"로 번역하였다. Bruce J. Malina and John J. Pilich, *Social-Science Commentary on the Book of Revelation* (Minneapolis: Fortress Press, 2000), 160.

은 사탄으로 인격화된 악과 불의의 초자연적 세력들의 패배를 의미한다. 누가복음 10:18에도 사탄의 추락에 대해서 말한다: "예수께서 이르시되 사탄이 하늘로부터 번개같이 떨어지는 것을 내가 보았노라."

하나님은 만물을 창조하였다. 그러나 악과 불의는 하나님에 의해서 창조된 것이 아니라, 권력과 자본을 우상 숭배하는 인간 자신에 의해서 생겨났다. 하나님을 거짓된 우상들로 대체하는 우상 숭배는 죄와 사회악의 뿌리이다. 사탄은 분명히 세계와 역사 안에 초자연적 세력으로 존재한다. 그렇지만 사탄은 천상의 전투에서 이미 패배하였기 때문에 조만간에 망할 수밖에 없을 것이다.

### 3) 용을 이긴 승리에 대한 축하 예배

위에서 언급된 이야기들은 여러 신화들의 영향을 받은 것으로 보이지만, 그러나 12장에 신화적이지 않은 부분이 있다.[14] 그것은 요한계시록 12:10-12에 서술된 예전적 찬송이다.

> "10 내가 또 들으니 하늘에서 큰 음성이 있어 이르되 이제 우리 하나님의 구원과 능력과 나라와 또 그의 그리스도의 권세가 나타났으니 우리 형제들을 참소하던 자 곧 우리 하나님 앞에서 밤낮 참소하던 자가 쫓겨났고 11 또 우리 형제들이 어린 양의 피와 자기들이 증언하는 말씀으로써 그를 이겼으니 그들은 죽기까지 자기들의 생명을 아끼지 아니하였도다. 12 그러므로 하늘과 그 가운데에 거하는 자들은 즐거워하라 그러나 땅과 바다는 화 있을진저 이는 마귀가 자기의 때가 얼마 남지 않은 줄 알므로 크게 분 내어 너희에게로 내려갔음이라 하더라"(계 12:10-12).

하늘에서 승리의 탄성이 울려 퍼진다. 순교자들은 어린 양의 피와 그들의 증언의 힘으로 용을 이겼다. "어린 양의 피"는 십자가 처형을 감수한 충실한 증인으로서의 예수의 피(계 1:5)이다(참조, 히 12:1-4). 용을 정복하고 용의 초월적이고 영적인 힘을 빼앗은 순교자들의 증언의 힘의 원천은 처형당하였지만 부활하여 천상의 보좌에 앉아 있는 어린 양이다. 그러므로 그들의 승리는 비폭력적 수단을

---

14) *Pablo Richard, Apokalypse,* 157; Holtz는 12:10-12의 찬송은 신화들의 영향을 받은 것이 아니라, 기독교적이며 요한계시록의 저자 자신으로부터 유래된 것이라고 주장 한다. Traugott Holtz, *Die Offenbarung des Johannes,* (Göttingen: Vandenhoeck & Ruprecht, 2008), 91.

통한 승리이다.[15] 이제 그들이 갈망한대로 용은 패배하여 추방되었고 하나님과 그리스도의 권세가 나타났다(참조, 계 11:15). 하나님과 그리스도를 찬양하는데 사용된 용어들인 구원(σωτηρία/소테리아), 능력(δύναμις/뒤나미스), 나라(βασιλεία/바실레이아), 그리고 권세(ἐξουσία/엑수시아)는 모두 정치적인 용어들이다. 이것은 하나님의 나라의 도래가 물론 하나님의 계획과 은혜에 달려있지만, 제국이 지배하고 있는 이 땅 위에서 숨 쉬고 있는 산 자들이 용을 정복한 예수의 피와 순교자들의 증언을 기억하면서 증언과 비폭 저항을 통해서 정치적, 경제적, 사회적, 그리고 문화적 영역의 우상 숭배적 세력들을 극복하기 위해서 부단히 싸워야만 한다는 것을 의미한다. 천상의 전쟁에서 패배하여 추방당한 용은 "참소하던 자"로 지칭되었다. 여기서 말하는 자는 천사이다. "우리 형제"는 하늘에 있는 남녀 순교자들과 죽은 남녀 의인들을 가리킨다. 증언과 순교 사이에는 인과관계가 있다.[16] 증언은 사적인 말이 아니라, 권력자들의 면전에서 하는 철회할 수 없는 공개적인 말이다.[17] 증언하는 것은 저항하는 것이다. 순교자들은 증언하였기 때문에 그들의 증언을 싫어하는 권력에 의해서 살해당한 사람들이다.

천사는 "하늘과 그 가운데 거하는 자들은 즐거워하라"고 탄성을 지른다. 그들은 역사의 초월적 차원을 의미하는 하늘에서 살아 있는 순교자들과 죽은 의인들이다.[18] 그들은 하늘에서 승리를 노래하고 있다. 반면에 그 천사는 역사의 경험적 차원을 상징하는 "땅과 바다는 화가 있을 것"이라고 경고한다. 이것은 매우 논리적인 귀결이다. 왜냐하면 하늘에서 패배한 용(=마귀)이 "자기 때가 얼마 남지 않은 줄 알므로 크게 분 내어 너희에게로 내려갔기"때문이다. 여기서 "너희"는 로마 제국이 지배하고 있는 세계에서 지금 숨 쉬고 있는 산 자들, 즉 억눌린 그리스도인들과 약자들을 가리킨다. 패배한 용의 분노는 불가피해 보이지만, 그러나 그것은 잠깐이다. 왜냐하면 그 용이 활동할 수 있는 시간이 얼마 남지 않았기 때문이다.

---

15) J. Denny Weaver, *The Nonviolent Atonement*, 32.
16) Brian K. Blount, " The Witness of Active Resistance: The Ethics of Revelation in African American Perspective," David Rhoads (ed.), *From Every People and Nation: The Book of Revelation in Intercultural Perspective* (Minneapolis: Fortress Press, 2005), 42.
17) Pablo Richard, *Apocalypse*, 158-59.
18) 어떤 학자들은 "하늘과 그 가운데 거하는 자들"을 천사들로 잘못 해석한다. Robert Mounce, *The Book of Revelation* (Grand Rapids: William B. Eerdmans Publishing Company, 1977), 239; Akira Satake, *Die Offenbarung des Johannes*, 291.

요한은 현재의 시간을 제국의 담론의 선전과는 달리 평화의 시대가 아니라, 패배한 용이 지배하는 억압의 시대로 인식하였다. 12:10-12의 예전적 찬송은 로마 제국의 우상 숭배적 체제에 저항하는 소아시아의 기독교 공동체의 구성원들의 의식을 분명하게 반영한다.[19] 그들은 하늘에서 이미 이루어진 하나님의 나라가 용과 짐승들이 지배하는 식민지 한가운데서 이루어질 것을 희망하면서, 그리고 하나님과 어린 양 예수를 예배하고 찬양하면서 용과 짐승들에게 증언을 통해서 끊임없이 저항할 수 있었을 것이다. 그리스도가 일곱 머리를 가진 용(계 12:4)을 정복한 것을 찬양하는 초기 그리스도인들의 찬송이 「솔로몬의 송가」 22:5에 나온다: "일곱 머리들을 가진 용을 나의(=그리스도) 손으로 던진 그분(=하나님)이 내가(=그리스도) 용의 씨를 멸할 수 있도록 나를 용의 자손들에게 세워놓았다."[20]

### 4) 땅으로 추락한 용의 박해

신화적 이야기의 무대는 하늘로부터 땅으로 옮겨졌다. 용은 분노하여 사내아이를 낳은 그 여자를 박해하기 위해서 필사적으로 추적한다.

> "13 용이 자기가 땅으로 내쫓긴 것을 보고 남자를 낳은 여자를 박해하는지라. 14 그 여자가 큰 독수리의 두 날개를 받아 광야 자기 곳으로 날아가 거기서 그 뱀의 낯을 피하여 한 때와 두 때와 반 때를 양육 받으매 15 여자의 뒤에서 뱀이 그 입으로 물을 강 같이 토하여 여자를 물에 떠내려가게 하려하되 16 땅이 여자를 도와 그 입을 벌려 용의 입에서 토한 강물을 삼키니 17 용이 여자에게 분노하여 돌아가서 그 여자의 남은 자손 곧 하나님의 계명을 지키며 예수의 증거를 가진 자들과 더불어 싸우려고 바다 모래 위에 서 있더라"(계 12:13-17).

용에게 쫓기는 그 여자는 큰 독수리의 두 날개에 업혀서 광야로 옮겨졌다. 독수리의 두 날개는 출애굽의 한 상징이며(참조. 출 19:4), 광야는 역시 이집트에서 탈출한 억눌린 사람들이 약속의 땅으로 들어가기 전에 유랑했던 장소를 상징한다. 뱀이 그 여자를 익사시키려고 큰 강물을 토해낸 것은 이집트의 파라오가 이스라

---

19) Pablo Richard, *Apokalypse*, 157의 각주 5번을 보라.
20) James H. Charlesworth (tr.), *The Earliest Christian Hymnbook*, (Eugene, Oregon: Cascade, 2009), 65.

엘 백성을 바닷물 속으로 몰아넣도록 명령을 내렸던 것을 회상시킨다. 그러나 땅이 갈라져서 그 물을 삼켜버림으로써 그 여자는 구출되었다(참조, 민 16:30-32; 신 11:6). 이처럼 위기의 상황에서 하나님은 독수리와 땅을 통해서 그 여자의 생명을 구하였다. 그 여자가 광야에서 양육 받는 "한 때 두 때 반 때"는 삼년 반, 즉 천이백육십일(1,260)이다. 이 기간은 종말 직전의 시간으로서 짐승들과 싸우고 있는 기독교적 공동체의 현재적 시간을 의미한다.

그 여자를 추적하는 데 실패한 용이 분노하여 "그 여자의 남은 자손 곧 하나님의 계명을 지키며 예수의 증거를 가진 자들과 더불어 싸우려고 바다 모래 위에 서서" 대리인들을 찾고 있다. 용이 서 있는 그 해변은 아마도 지리적으로 로마가 위치한 지중해 건너편의 해변일 것이다.[21] 물론, 용은 아직 권력을 가지고 있고, 전쟁을 계속할 것이고, 그리고 교회의 구성원들인 힘없는 사람들을 억압할 것이지만, 그러나 용은 결코 궁극적인 승자가 될 수 없다. 왜냐하면 용은 천상의 전쟁에서 패배하여 초월적 힘을 빼앗겼기 때문이다.

## 2. 짐승들의 이야기를 통한 대항담론과 예배(계 13:1-18)

### 1) 바다로부터 올라온 짐승(계 13:1-10)

용은 대리인들을 통해서 자신의 목적을 달성하고자 한다. 용의 대리인들은 인간적인 가면을 쓰고 있지만 실제로는 야수적인 지상의 정치적 권력자들이다. 요한은 용의 두 대리인들을 혼돈의 세력들인 리워야단(욥 41:1)과 베헤못(욥 40:15)의 이미지와 다니엘 7장의 짐승들의 이미지를 결합하여 묘사하였다.[22] 용의 첫째 대리인은 바다에서 올라온 짐승이다.

> "1 내가 보니 바다에서 한 짐승이 나오는데 뿔이 열이요 머리가 일곱이라 그 뿔에는 열 왕관이 있고 그 머리들에는 신성 모독 하는 이름들이 있더라 2 내가 본 짐승은 표범과 비슷하고 그 발은 곰의 발 같고 그 입은 사자의 입 같은데 용이 자기의 능력과 보좌와 큰 권세를 그에게 주었더라 3 그의 머리 하나가 상하여 죽게 된 것 같더니 그 죽게 되었던 상처가 나으매 온 땅이 놀랍게 여겨 짐승을 따르고 4 용이 짐승

---

21) Elisabeth Schüssler Fiorenza, *Revelation: Vision of a Just World* (Minneapolis: Augsburg Fortress, 1991), 83.
22) Klaus Wengst, *Wie lange noch?*, 131-32.

에게 권세를 주므로 용에게 경배하며 짐승에게 경배하여 이르되 누가 이 짐승과 같으냐 누가 능히 이와 더불어 싸우리요 하더라"(계 13:1-4).

바다에서 올라온 짐승은 지중해 건너편의 로마 제국을 상징한다.[23] 소아시아의 억눌린 사람들은 로마 제국의 식민화 세력이 바다에서부터 올라왔다고 생각하였다. 로마 황제의 대리자인 총독은 해마다 제국의 중심부인 로마로부터 배를 타고 제국의 주변부인 소아시아를 방문하였다. 로마에 충성하는 식민지의 엘리트들은 자신들의 이권과 권력 유지를 위해서 총독의 부임을 열렬하게 환영했지만, 그러나 요한을 비롯한 그리스도인들과 약자들은 총독의 부임을 바다에서부터 해변으로 올라온 혼돈과 악의 세력으로 느꼈을 것이다.[24] 바다에서 올라온 짐승은 12장에서 묘사된 붉은 용과 똑 같이 뿔이 10개이고 머리가 7개 있다. 새로운 것은 10개의 뿔에 왕관이 하나씩 얹혀 있다는 점과 7개의 머리에 불경스러운 이름들이 적혀 있다는 점이다.

바다에서 올라온 짐승의 일곱 머리는 왕위를 계승한 로마의 일곱 황제들을 상징한다. 뿔은 권력을 상징하고 왕관은 통치를 상징하는 은유이다. 열 뿔은 막강한 권력의 힘을 나타낸다. 권력과 통치는 서로 밀접하게 결합되어 있다.[25] 각각의 머리에 적혀 있는 신성 모독적인 이름들은 황제의 칭호들을 가리킨다. 예를들면, 로마 황제들의 이름 앞에 신(divius)이라는 명칭이 새겨져 있었고, 도미티아누스 황제의 명칭은 "주님과 하나님"(dominus ac deus)이었다. 황제의 칭호가 신성 모독인 이유는 이러한 칭호들이 모두 하나님에게 속한 것인데 로마 황제가 그것들을 찬탈하여 자신에게 돌렸기 때문이다.

또한 바다에서 올라온 짐승은 표범, 사자, 그리고 곰의 특징들을 가지고 있다. 이러한 세 짐승들은 다니엘서 7:2-8에 나오는 네 짐승들 중의 처음 세 짐승들과 같으며, 넷째 짐승은 다른 세 짐승들과 달리 열 뿔이 있으며 가장 무서운 짐승이다(단 7:7). 다니엘서의 네 짐승들은 이스라엘을 야수 같은 방식으로 억압한 네 제국들을 상징한다.[26] 이러한 네 짐승들은 예루살렘이 멸망한 기원전 586년부터

23) Allan A. Boesak, *Comfort and Protest*, 94; G. K. Beale, *The Book of Revelation*, 684.
24) Jean-Pierre Ruiz, "Taking a Stand on the Sand of the Seashore: A Postcolonial Exploration on Revelation 13," David L. Barr (ed.), *Reading the Book of Revelation A Resource for Students*, (Leiden and Boston: Brill, 2004), 131.
25) Allan A. Boesak, *Comfort and Protest*, 94-95은 10개의 뿔을 짐승의 명령을 수행하는 10명의 식민지 왕들로 해석한다.
26) 네 제국들은 예루살렘이 멸망한 기원전 586년부터 로마제국의 지배가 시작된 기원 전 63년까지

로마 제국의 지배가 시작된 기원 전 63년까지 이스라엘 땅을 지배하였던 바빌론, 메데, 페르시아, 그리고 그리스(=셀류쿠스 왕국)를 상징한다. 요한은 환상 속에서 본 바다에서 올라온 짐승을 이러한 과거의 네 제국들의 파괴적인 특성들을 모두 통합적으로 지니고 있는 가장 무서운 짐승으로 묘사하였다.

하늘의 전쟁에서 패배하여 추방당한 용이 "자기의 능력과 보좌와 큰 권세"(13:2)를 바다에서 올라온 짐승에게 주었다. 이것은 짐승은 고유한 자신의 권력은 없다는 것과 로마의 권력과 보좌와 권위는 모두 사탄적이라는 것을 의미한다. 이 사실이 그 짐승의 숨기고 싶은 약점이다. 짐승의 일곱 머리들 중의 하나가 입은 치명적 상처의 치유(참조, 13:14)는 이러한 자신의 약점을 정치적 선전과 이데올로기를 통해서 은폐한 로마 제국의 위장술을 나타내는 것으로 이해될 수 있다. 그런데 그 머리의 치명적인 상처가 치유됨으로 인해서(계 13:3) "온 땅"이 짐승을 놀랍게 여기며 짐승을 예배하였을 뿐만 아니라, 그 짐승에게 권력을 부여한 용을 역시 예배하였다.[27] 로마의 군사적 정복과 세계적 권력을 찬양하는 사람들은 "누가 이 짐승과 같으냐 누가 능히 이와 더불어 싸우리요"라고 말한다. 이것은 짐승이 유일한 주체이고 모든 사람들은 짐승에게 예속된 객체로 정의하는 로마의 제국주의를 정당화하는 제국의 담론이다. 그러나 구약성서는 하나님만이 절대적이라고 말한다: "주여, 신들 중에 누가 당신 같으니까"(출 15:11; 참조, 신 3:24; 사 44:6-7).

하지만 대다수의 학자들은 짐승의 일곱 머리 중의 한 머리에 있는 상처의 치유를 네로의 환생(Nero redivivus)의 전설을 반영한 것으로 본다.[28] 로마 제국의 원로원은 여러 지역에 배치되었던 네로의 주둔군의 반란으로 로마 제국의 안전이 위험에 빠지자 네로를 적으로 규정하고 로마에서 추방하였다. 네로는 로마의 외곽에 있는 한 빌라에서 68년 6월에 검을 사용해서 자살하였다. 그러나 네로가 죽은 것이 아니라, 파르테르(Parther)로 피신하였는데 나중에 거대한 군대를 이끌고 로마로 돌아와서 황제의 자리를 되찾을 것이라는 소문이 고대 사회에 널리 퍼져있었다.

---

이스라엘 땅을 지배하였던 바빌로니아, 메데, 페르시아, 그리고 그리스 이다.

27) "경배한다"(προσκυνέω/프로스퀴네오)라는 단어가 요한계시록 13장에서 여러 번 나온다. 용과 짐승에 대한 예배가 13:4에서 언급되고, 짐승 예배가 13:8, 12에서 다시 나타나며, 그리고 짐승의 우상에 대한 예배가 13:15에서 언급된다.

28) John M. Court, *Myth and History in the Book of Revelation*, 126-137; Klaus Wengst, "*Wie lange noch?*", 135.

수많은 사람들이 짐승의 절대적인 권력에 순응하고, 짐승을 예배하였다. 이러한 상황에서 짐승의 요구에 타협하지 않고 저항한 대가로 목숨을 잃은 순교자들은 어리석은 사람들로 보일 수 있다. 그러나 요한은 그리스도인들은 어린 양 예수만을 예배해야 함을 다음과 같이 말한다.

> "5 또 짐승이 과장되고 신성 모독을 말하는 입을 받고 또 마흔두 달 동안 일할 권세를 받으니라(ἐδόθη/에도테) 6 짐승이 입을 벌려 하나님을 향하여 비방하되 그의 이름과 그의 장막 곧 하늘에 사는 자들을 비방하더라 7 또 권세를 받아(ἐδόθη) 성도들과 싸워 이기게 되고 각 족속과 백성과 방언과 나라를 다스리는 권세를 받으니(ἐδόθη) 8 죽임을 당한 어린양의 생명책에 창세 이후로 이름이 기록되지 못하고 이 땅에 사는 자들은 다 그 짐승에게 경배하리라 9 누구든지 귀가 있는 자는 들을 지어다. 10 사로잡힐 자는 사로잡혀 갈 것이요 칼에 죽을 자는 마땅히 칼에 죽을 것이니 성도들의 인내(ὑπομονή/휘포모네)와 믿음이 여기 있느니라"(계 13:5-10).

짐승에게 허용된 권력의 기간은 "마흔 두 달(=24 개월) 동안"이다. 이것은 로마 제국이 영원히 존속하는 것이 아니라, 제한되어 있으므로 언젠가는 반드시 끝날 것이라는 것을 의미한다. 마흔 두 달은 짐승이 활동할 시간(참조, 계 11:12)일 뿐만 아니라, 또한 그리스도교 공동체가 짐승에게 저항하고 투쟁해야 할 시간인 종말 직전의 현재적 시간을 상징한다.

5절과 7절에 "에도테(ἐδόθη)"가 사용된 문장은 신적 수동태이다. 요한은 하나님의 허락을 의미하는 신적 수동태 동사 "허락되었다"를 뜻하는 "에도테 (ἐδόθη)"를 반복적으로 사용해서 짐승의 권력 행사가 하나님의 통제 아래 있다는 것을 명확하게 표명한다.[29] 억압자들과 폭군들이 오만하게 말하는 것이 전형적이듯이, 짐승은 하나님을 모독하는 불경스러운 말을 하는 입을 가졌다. 짐승은 하나님의 이름을 비방할 뿐만 아니라(참조, 단 7:8, 20, 25), "하늘에 사는 자들," 곧 순교자들과 죽은 의인들을 역시 비방한다. 짐승이 "성도들과 싸워서 이기고", 또한 "각 족속과 백성과 방언과 나라를 다스리는 권세를" 받았다는 것은 로마 제국이 그리스도인들의 반제국적 증언과 저항을 패배시키고, 전 세계를 통치하고 식민화하는 그 당시의 실제적인 정치적 현실을 반영한다.

---

29) 월터 윙크/한성수 옮김, 『사탄의 체제와 예수의 비폭력』(서울: 한국기독교연구소, 2004), 156-158.

어린 양을 예배하는 사람들은 "죽임을 당한 어린 양의 생명책"에 이름이 기록된다. 어린 양의 도살당함의 의미는 시대사의 경계를 넘어선다. 그러므로 요한은 어린 양의 죽음의 효력이 창세 이후부터 일어나는 것으로 소급해서 말한다(계 13:8). 생명책에 사람들의 이름이 기록되는 것은 예정에 의해서가 아니라, 하나님과 어린 양 예수를 믿는 그들의 신앙과 행위에 의해서 기록된다: "여호와를 경외하는 자와 그 이름을 존중히 여기는 자를 위하여 여호와 앞에 있는 기념 책에 기록하셨느니라"(말 3:16). 짐승이 지배하는 세계에서 힘없는 민중들은 이름 없이 살지만, 그러나 그들의 이름이 적히는 한 장소가 있고, 그들은 결코 잊혀지지 않을 것이다.

"사로잡힐 자는 사로잡혀갈 것이요 칼에 죽 을 자는 마땅히 칼에 죽을 것이니 성도들의 인내와 믿음이 여기 있느니라"(계 13:10)[30]라는 말은 그리스도인들 중에서 어떤 이는 감옥에 갇히고, 또 다른 이는 검으로 살해되는 박해와 순교의 상황을 예견하는 요한이 그의 독자들로 하여금 그러한 위험 부담에도 불구하고 짐승에 대한 저항을 계속할 수 있도록 신앙과 용기를 불러일으키기 위한 것이다(참조, 렘 15:2; 43:11). 인내로 번역된 그리스어 휘포모네(ὑπομονή)는 비타협적으로 끈질기게 버티는 "저항"을 의미한다(참조, 1:9; 2:2, 3, 19; 3:10; 14:12). "성도들의 인내(휘포모네=저항)와 믿음이 여기 있느니라"(계 13:10)는 억압과 박해와 죽음의 위협을 당하는 상황에도 불구하고 하나님과 예수에 대한 믿음을 저항의 행동으로 옮기는 저항의 윤리가 요청된다는 것을 의미한다.[31]

## 2) 땅으로부터 올라온 짐승(계 13:11-18)

요한은 용의 또 다른 대리인인 땅으로부터 올라온 짐승을 보았다. 땅은 로마의 바다가 된 지중해 너머에 있는 로마의 식민지인 소아시아의 본토를 가리킨다.

"11 내가 보매 또 다른 짐승이 땅에서 올라오니 어린양 같이 두 뿔이 있고 용처럼 말을 하더라 12 그가 먼저 나온 짐승의 모든 권세를 그 앞에서 행하고 땅과 땅에 사

---

30) 이 본문을 "사로잡는 자는 사로잡힐 것이요 칼로 죽이는 자는 자기도 마땅히 칼에 죽으리니"라고 박해자들에 대한 경고로 변경시킨 『개역한글』 역본이 있다. 그러나 이것은 저항과 순교에 대한 분명한 권고를 말하는 요한계시록의 상황에 적합하지 않다.

31) Pablo Richard, *Apokalypse*, 165.

는 자들을 처음 짐승에게 경배하게 하니 곧 죽게 되었던 상처가 나은 자니라 13 큰 이적을 행하되 심지어 사람들 앞에서 불이 하늘로부터 땅에 내려오게 하고 14 짐승 앞에서 받은 바(ἐδόθη/에도테) 이적을 행함으로 땅에 거하는 자들을 미혹하며 땅에 거하는 자들에게 이르기를 칼에 상하였다가 살아난 짐승을 위하여 우상을 만들라 하더라 15 그가 권세를 받아(ἐδόθη) 그 짐승의 우상에게 생기를 주어 그 짐승의 우상으로 말하게 하고 또 짐승의 우상에게 경배하지 아니하는 자는 몇이든지 다 죽이게 하더라"(계 13:11-15).

14절과 15절에 사용된 "에도테"(ἐδόθη) 문장은 주어가 생략된 신적 수동태이다. 이 둘째 짐승은 어린 양처럼 두 뿔이 있지만, 용처럼 말한다. 이것은 그 짐승이 온유하고 겸손한 양의 가면을 쓰고 있지만, 실제로는 용처럼 거짓말과 협박으로 사람들을 미혹한다는 것을 의미한다. 땅에서 올라온 짐승의 기능은 무엇보다도 약자들을 억압하고 착취하는 로마 황제의 제국주의 정책을 전 세계의 구원과, 복지, 평화, 그리고 안전을 위한 정치로 위장하는 거짓 선전에 있다.[32] 땅에서 올라온 짐승은 처음 짐승, 곧 바다에서 올라온 짐승(=로마 제국)의 모든 권력을 위임받아서 행사하고, 사람들로 하여금 그를 예배하게 하였다(계 13:12).

땅에서 올라온 짐승은 바다에서 올라온 짐승을 섬기면서 로마 제국의 담론을 선전하고 정당화함으로써 자신의 개인적 이익을 챙기고 자신의 권력을 유지하는 식민지의 부유한 토착 귀족들과 엘리트들을 상징한다. 그들은 "코이논(κοινῶν)"이라는 기구의 의원들이고, 그 기구에 의해서 임명된 대제사장들이고, 그리고 여러 지역에서 황제 제의를 주도하는 많은 사제들이다.[33] 그들은 로마의 식민주의 세력의 대리인들이다.[34] 땅으로부터 올라온 짐승은 처음 짐승을 섬기는 식민지의 짐승이다. 둘째 짐승은 "거짓 선지자"라고 불린다(계 16:13; 19:20; 20:10).[35]

---

32) Klaus Wengst, *"Wie lange noch?"*, 146.
33) 코이논의 의원들은 대도시의 대표들이며 부유한 토착 엘리트들이다. 그들은 로마의 원로원의 허락을 받아서 소아시아에서 황제예배를 위한 신전을 지었고, 황제예배의 행정을 운영하였고, 그리고 해마다 남녀 대제사장들을 임명하였다. Steven J. Friesen, "The Beast from the Land: Revelation 13:11-18 and Social Setting", David L. Barr (ed.), *Reading the Book of Revelation: A Resource for Students* (Leiden/Boston: Brill, 2003), 49-64.
34) Jean-Pierre Ruiz, "Taking a Stand on the Sand of the Seashore: A Postcolonial Exploration on Revelation 13," 132.
35) 거짓 예언자에 대한 구약성서의 기준에 대해서는 렘 28:9와 신 13:1-3을 보라.

요한은 바다에서 올라온 짐승(=로마의 제국주의와 식민주의를 관철시키는 제국의 짐승)과
땅에서 올라온 짐승(=식민지의 짐승)의 상호관계를 인식할 뿐만 아니라, 또한 처음
짐승과 그의 우상의 관계를 예리하게 인식한다. 땅에서 올라온 짐승은 이적을 일
으켜서 땅에 거하는 자들을 미혹하여 그들로 하여금 바다에서 올라온 짐승을 예
배하게 하고, 그 짐승을 위해서 우상을 만들게 하였다. 또한 땅에서 올라온 짐승
은 그 처음 짐승의 우상에게 생기를 주어 말하게 하고, 예배하지 않는 사람들을
죽이게 하였다. 처음 짐승은 "죽게 되었던 상처가 나은 자"(13:12)와 "칼에 상하
였다가 살아난 짐승"(계 13:14)으로 표현되었다. 이것은 계 13:3의 반복이다.[36]
처음 짐승의 우상(εἰκών/에이콘)은 식민지인 소아시아의 여러 도시의 신전에 세
워진 황제들의 동상이거나, 또는 로마 제국이 발행한 동전에 새겨진 황제들의 초
상을 가리키는 것일 수 있다. 만일 권력과 돈이 주체가 되면, 그것은 객체가 된 사
람들에게 명령하고 그들을 죽일 수 있다.[37] 그러므로 처음 짐승의 우상은 실제로
로마 제국을 위해서 말하고, 또 비협력자들을 죽일 수 있는 능력을 가진 살아 있
는 로마의 대리인이 되었다.

수많은 사람들이 제국의 제의에 참여한 것은 땅에서 올라온 짐승의 미혹과 협
박의 결과이다. 그들은 놀라운 이적들에 의해서, 악마적 권위에 의해서, 그리고
비협조의 대가인 죽음의 위협에 의해서 미혹되었다. 땅에서 올라온 짐승, 곧 식
민지의 짐승은 바다에서 올라온 짐승, 곧 외세의 짐승을 대리해서 짐승의 표를
사람들에게 줄 권력을 행사한다.

> "16 그가 모든 자 곧 작은 자나 큰 자나 부자나 가난한 자나 자유인이나 종들에게
> 그 오른 손에나 이마에 표를 받게 하고 17 누구든지 이 표(χάραγμα/카라그마)를 가진
> 자 외에는 매매를 못하게 하니 이 표는 곧 짐승의 이름이나 그 이름의 수라 18 지혜
> 가 여기 있으니 총명한 자는 그 짐승의 수를 세어보라 그것은 사람의 수니 그의 수
> 는 육백육십육이니라"(계 13:16-18).

그런데 도대체 사람들의 "오른 손에나 이마에 표(χάραγμα)"가 찍혀 있다는 것
은 무엇을 의미하는가? 그것은 동물들이나 노예들에게 찍힌 표처럼 사람의 손이
나 이마에 찍힌 물리적 표를 의미하지 않는다. 그것은 상징적인 의미에서 이해돼

---

36) G. K. Beale, *The Book of Revelation*, 711.
37) Pablo Richard, *Apokalypse*, 172-73.

어야만 한다. 짐승의 표가 찍힌 "오른손"은 로마 제국에 충성하는 우상 숭배자들의 행위를 의미하고, "이마"는 그들의 생각을 의미한다. 신명기 6:4-9에는 이스라엘 백성들이 약속의 땅에 들어가기 직전에 이집트의 속박으로부터 그들을 구출한 하나님을 결코 잊어서는 안 된다는 모세의 권고가 서술되어 있다. 모세는 그들에게 하나님의 말씀을 "네 손목에 매어 기호를 삼으며 네 미간에 붙여 표로 삼고, 또 네 집 문설주와 바깥문에 기록할지니라"고 가르쳤다. 이것은 왜냐하면 이스라엘 백성이 다른 신들을 경배함으로써 이스라엘의 하나님에 대한 예배와 충성을 희석해서는 안 되기 때문인 것이다. 진정한 예배는 생각과 행위를 완전하게 지배해야만 한다.

처음 짐승을 예배하는 우상 숭배자들은 짐승의 표가 찍힌 사람들이다. 요한은 그들을 예배와 충성의 관점에서 이해하였다. 표는 제국의 담론을 가리킨다. 제국의 담론은 짐승을 예배하는 사람들의 행위와 생각에서 식별된다. 그들은 제국의 담론을 충성스럽게 따른다. 그러므로 그들은 제국의 권력구조에 순응하고, 제국의 삶에 기꺼이 참여할 수 있다. 그들은 매매가 이루어지는 제국의 시장에 성공적으로 참여하여 이익을 얻고 즐긴다. 제국의 담론은 짐승 예배에 참여하지 않고서는 시장에서 사고팔 수 없을 정도로 로마의 경제계에 깊숙하게 스며들어 있었다. 짐승의 표가 없는 자는 사거나 팔 수 없었고, 오직 짐승의 표를 가진 자만이 시장에 참여할 수 있었다. 이것은 그 당시의 경제적 활동은 지배적인 담론에 대한 순응과 동화를 통해서만 가능하였다는 것을 의미한다.

제국의 담론을 거부한 그리스도인들은 짐승의 표가 없으므로 시장에서 배제되어 빈곤과 때 이른 죽음으로 내몰렸다. 그들은 황제예배에 참여하지 않았기 때문에 무신론자로 간주되어 정치적, 경제적, 그리고 문화적 영역에서 배제되고 그리고 궁극적으로 제거되었다.

요한은 짐승의 표는 "곧 짐승의 이름이나 그 이름의 수"(계 13:17)라고 말한다. 그는 "지혜가 여기 있으니 총명한 자는 그 짐승의 수를 세어보라 그것은 사람의 수니 그의 수는 육백육십육(666)이니라"(계 13:18)고 말한다. 놀랍게도 그가 지금까지 짐승에 대해서 말해온 것은 자연의 동물에 관한 것이 아니라, 인간의 현실, 혹은 인간이 만든 구조에 관한 것이었다는 것이 명백해졌다. 그런데 짐승의 수인 "육백육십육(666)"은 무엇을 의미하는가? 거의 모든 학자들은 육백육십육이 네로 황제를 가리킨다고 주장한다.[38] 그 이유는 네로 황제의 이름인 "네론 카이사르(Νερον Καισαρ)"를 히브리어로 음역한 נרון קסר (히브리어는 오른쪽에서 왼쪽으로 읽

는다)를 게마트리아(gematria) 방식으로 계산하면, 그 이름의 값이 육백육십육(666)
이 되기 때문이다. 게마트리아 방식은 그리스어나 히브리어의 알파벳 문자에 숫
자적 값을 부여하여 어떤 단어를 숫자로 표현하는 방식이다.[39] 네로 황제의 이름
의 수는 히브리어 철자의 값이 נ(눈)=50, ר(레쉬)=200, ו(와우)=6, נ(눈)=50, ק(코프)=
100, ס(사멕)=200, ס(레쉬)=60이므로 그 합산이 666이다. 물론 요한계시록의 저
자 요한은 그리스어 용어를 히브리어로 그리고 히브리어 용어를 그리스어로 음
역할 정도로 두 언어에 익숙하다(계 9:1; 16:16). 그럼에도 불구하고 이러한 주장의
문제점은 게마트리아 방식으로 계산된 666이 네로만이 아니라, 다른 여러 사람
들의 이름에도 적용될 수 있다는 것이며, 그리고 고대 사회에서 글을 읽을 수 있
는 사람들이 소수였다는 사실을 감안한다면, 요한의 독자들이 게마트리아 방식
에 익숙하였을 것으로 단정하기도 어렵다는 것이다.

또 다른 학자들은 하나님이 7일 동안에 창조를 완성한 것처럼(창 1장), 유대교
적 전통에서 7이라는 숫자는 완전을 의미하는 반면에, 6이라는 숫자는 완전에
미달하는 불완전을 의미하기 때문에 666은 요한이 짐승의 불완전성을 강조하
기 위해서 6이라는 숫자를 세 번 겹쳐서 쓴 것이라고 주장한다.[40]

### 3) 666에 대한 새로운 해석

위에서 언급한 두 가지 해석이 학계에서 일반적으로 수용되고 있다. 그러나
나는 육백육십육(666)에 대한 새로운 해석을 시도하고자 한다. 이미 앞에서 언급
하였듯이, 요한이 사용한 "마흔 둘"라는 수는 이집트에서 탈출한 이스라엘 백성
이 광야에서 하나님의 지시에 따라서 마흔 두 곳에 진을 친 후에(민 33장) 마침내
약속의 땅에 들어간 사실에서부터 유래한다. 이와 마찬가지로 요한계시록의 "육
백육십육(666)"은 역시 구약성서에서부터 유래한 것으로 해석될 수 있다. 왜냐하
면 놀랍게도 "육백육십육"이 구약성서에서 다음과 같이 두 번 언급되었기 때문
이다.

---

38) 이달, 『요한계시록』, 239-41; 존 도미니크 크로산/ 이종욱 옮김, 『하나님과 제국』 (서울: 포이에마,
   2010), 349.
39) 게마트리아 방식은 히브리어의 알파벳 순서의 처음 아홉 문자에 1부터 9까지의 수를 차례대로 부
   여하고, 그 다음 아홉 문자에 10부터 90까지의 수를 부여하고, 그리고 그 다음 문자부터는 100
   단위의 수를 부여한다. J. Nelson Kraybill, *Apocalypse and Allegiance: Worship, Politics,
   and Devotion* (Michigan: Grand Rapids: Brazo Press, 2010), 66-67.
40) Pablo Richard, *Apokalypse*, 167-68; G. K. Beale, *The Book of Revelation*, 722.

"솔로몬의 세입금의 무게가 금 육백육십육 달란트요 그 외에 또 상인들과 무역하는 객상과 아라비아의 모든 왕들과 나라의 고관들에게서도 가져온지라" (왕상 10:14-15).

"솔로몬의 세입금의 무게가 금 육백육십육 달란트요 그 외에 또 무역상과 객상들이 가져온 것이 있고 아라비아 왕들과 그 나라 방백들도 금과 은을 솔로몬에게 가져온 지라"(역하 9:13-14).

이 인용문들에서 언급된 금 육백육십육(666) 달란트는 솔로몬이 그의 왕권의 번영기에 백성으로부터 조세로 징수한 액수이다. 금 666 달란트의 무게는 20톤이 넘는다.[41] 그가 그처럼 엄청난 양의 금을 조세로 징수한 것은 가난한 인민을 억압하고 착취하였다는 것을 의미한다. 솔로몬 왕국의 화려함의 이면에는 인민에 대한 억압과 착취가 있었다. 솔로몬 왕은 무거운 조세로 인민을 수탈하였고, 무기를 만들었고, 여러 이방 여자들을 아내로 삼았고, 그리고 무역을 통해서 이교적 우상 숭배 문화를 수용하였다. 이러한 것들이 모두 솔로몬 왕국의 분열의 원인이 되었다. 이런 점에서 열왕기상과 역대기하에서 언급된 "육백육십육(666)"이라는 숫자는 솔로몬 왕권의 탐욕적인 조세 정책과 불의한 경제 정책에 의해서 유대 민족에게 고통을 준 경제적 억압의 상징으로 각인되어왔을 것이다.[42]

도미티아누스 황제(81-96 C.E.)는 황제예배에 참여하지 않는 사람들을 무신론자들로 규정하고 그들을 세련된 방법으로 박해하였다. 그는 높은 조세와 재산 몰수와 배제를 통해서 그들을 압박하였다.[43] 나는 요한이 전 세계를 정치적으로 억압하고, 경제적으로 착취하며, 그리고 군사적으로 정복하고 식민화하는 로마의 제국주의를 정당화하는 제국의 담론을 비판하기 위해서 "짐승의 수," 혹은 "짐승의 이름"을 "육백육십육(666)"이라고 풍자적으로 불렀을 것이라고 본다. 그런

---

41) 『관주해설 성경전서 개역개정판: 독일성서공회 해설』, 서울: 대한성서공회, 2004, 530.
42) G. K. Beale, *The Book of Revelation*, 727은 역하 9:13-14를 언급하지 않고, 단지 열왕기상 10:4를 언급하면서, 요한계시록의 666이 열왕기상의 금 육백육십육 달란트와 관련이 있을 수 있다고 말한다. 그는 열왕기상에 나오는 육백육십육이 우상숭배와 경제적 악을 통한 솔로몬 왕권의 타락을 상징하는 수로 간주되어 왔을 것이라고 말한다.
43) Vitor Westhelle, "Revelation 13: Between the Colonial and the Postcolonial, a Reading from Brazil," David Rhoads (ed.), *From Every People and Nation: The Book of Revelation in Intercultural Perspective* (Minneapolis: Fortress Press, 2005), 193.

데 왜 요한은 그의 독자들에게 짐승의 수를 알기 위해서 지혜를 가지라(13:18)고 권고하였는가? 그것은 그들이 짐승에게 저항하기 위해서는 짐승의 정치적 체제가 구약성서에 언급된 육백육십육(666)이라는 숫자로 풍자되었다는 사실을 인식할 수 있는 지혜, 즉 영적 지각력이 필요하기 때문이다. 이러한 관점에서 요한계시록의 육백육십육(666)은 로마의 제국주의를 상징하는 수로 이해되어야만 한다.

## III. 땅 위에서 어린 양을 따르는 공동체의 예배(계 14:1-5)

### 1. 새 노래를 듣고 배워서 부르는 십사만사천

요한은 시온 산 위에 어린 양과 함께 서 있는 144,000 성도들에 대한 환상(계 14:1-5)을 용, 짐승, 그리고 거짓 선지자에 대한 환상(계 12-13장)을 소개한 후에, 그리고 짐승의 추종자들에 대한 심판 환상(계 14:6-11)을 소개하기 전에 위치시킨다. 그러므로 이 작은 단락인 14:1-5는 요한계시록의 중심 단락인 12:1-15:4의 중심이다.

> "1 또 내가 보니 보라 어린 양이 시온 산에 섰고 그와 함께 십사만 사천(144,000)이 서있는데 그들의 이마에는 어린 양의 이름과 그 아버지의 이름을 쓴 것이 있더라 2 내가 하늘에서 나는 소리를 들으니 많은 물소리와도 같고 우레 소리와도 같은데 내가 들은 소리는 거문고 타는 자들이 그 거문고를 타는 것 같더라 3 그들이 보좌 앞과 네 생물과 장로들 앞에서 새 노래를 부르니 땅에서 속량함을 받은 십사만 사천 밖에는 능히 이 노래를 배울 자가 없더라"(계 14:1-3).

시온 산은 예루살렘에 있는 산이다. 여기서 언급된 시온 산의 장소는 로마인들에 의해 파괴된 역사적 예루살렘이 아니고, 또한 아직 아래로 내려오지 않은 천상적 예루살렘도 아니다. 시온 산은 마지막 때에 메시아와 그의 백성이 만나는 땅 위에 있는 한 장소를 상징한다. 시온 산에서 어린 양과 함께 서 있는 "십사만 사천"은 무서운 짐승들의 유혹과 압제에도 불구하고 어린 양이 가는 곳마다 따라가는 세례받은 모든 남녀 그리스도인들의 공동체를 상징한다.[44] 그들의 이마에 "어린 양의 이름과 그 아버지의 이름"이 새겨져 있다. 이것은 그들이 하나님과 어린 양에게 속한다는 것을 의미한다. 이것은 짐승의 추종자들의 이마에 짐승의 표, 곧 "짐승의 이름"이 새겨져 있는 것(계 13:16-17)과 정반대되는 대조이다. 이처럼 요한은 어린 양의 백성과 짐승의 백성 사이를 아주 분명하게 구별한다. 십사만사천(=12x12x1000)은 이스라엘 열 두 지파에서 각기 일만 이천(12,000)씩 뽑은 수를 합한 수이다. 십사만사천은 기독교적 공동체와 이스라엘의 연속성을 나타낸다. 12이라는 숫자는 이스라엘 12 지파를 상징하고, 1,000이라는 숫자는 많은 수를 상징한다. 7장에서 하나님의 인침을 받은 144,000은 세례를 받은 모든 그리스도인들을 의미한다. 이런 점에서 시온 산 위에서 어린 양과 함께 서 있는 144,000은 그리스도에게만 충성하고 짐승에게 저항하는 세례 받은 수많은 그리스도인들의 전체를 상징하며, 또한 짐승에 대한 저항과 투쟁을 위한 그들의 조직을 나타낸다.[45]

요한계시록 7:1-8에서 144,000은 인침을 받은 자들이다. 인침은 곧 세례를 의미한다. 세례를 받은 자는 하나님과 그의 메시아 예수에게 속한 자다. 이와 반대로 짐승에게 속하는 우상숭배자들의 오른손과 이마에는 짐승의 표($\chi\acute{\alpha}\rho\alpha\gamma\mu\alpha$/카라그마)가 찍혀 있다(계 13:16). 요한계시록에 나오는 숫자는 모두 상징적인 의미를 가지고 있다. 그러므로 144,000은 오늘날 우리가 사용하는 숫자 개념으로 이해해서는 안 된다. 144,000이라는 숫자는 이스라엘 12지파에서 각각 12000명씩 뽑은 숫자를 합한 것이다(12x12000=144,000). 12,000은 이스라엘 12지파에 1000을 곱한 숫자이다(12x1000=12000). 고대사회에서 1000은 많은 수를 상징한다. 그러므로 144,000은 셀 수 없이 많은 수를 의미한다. 144,000은 하늘에서 살아서 흰옷을 입고 있는 죽은 자들을 가리키는 "아무도 능히 셀 수 없는 큰 무리"와 동일하다(계 7:9).

그런데 144,000은 유대인들로만 한정해서 이해되어서는 안 된다. 그럴 경우 이방인 그리스도인들이 배제될 수 있다. 144,000은 문자대로 지상에서 구원받은 사람들의 수를 가리키는 것으로 이해되어서는 안 된다. 오늘날 작은 시 단위의 인구수는 144,000 정도이며, 큰 도시는 144,000을 훨씬 초과한다. 따라서

---

44) 14:1-5에 나오는 십사만사천은 7:1-8에 나오는 십사만천과 동일한 사람들이며, 그들은 모두 땅 위에서 숨 쉬고 있는 산 자들이다.

45) Pablo Richard, Apokalypse, 176. 이와 반대로 Adela Yarbro Collins, *Crisis & Catharsis: The Power of the Apocalypse* (Philadelphia: Westminster Press, 1984), 127는 144,000은 일반적인 그리스도인들이 아니라, 성도들 중의 한 특별한 그룹이라고 주장한다.

전 인류 중에서 구원받은 그리스도인들이 오직 144,000이라고 주장하는 것은 옳지 않다. 144,000은 민족과 인종과 언어와 피부를 초월하여 세례를 받은 남녀 그리스도인들의 공동체 전체를 상징한다. 144,000은 땅 위에 있는 세례를 받은 그리스도인들의 공동체 전체를 상징하며, 또한 저항과 투쟁을 위한 그리스도인들의 공동체의 조직을 상징한다.

요한은 하늘에서 거문고를 타는 사람들이 새 노래를 부르는 예전적 찬송을 들었다. 새 노래는 이미 5:9-10에 언급되어 있다. 새 노래는 어린 양 예수의 무력함의 힘을 찬양하는 노래이다. 그러면 옛 노래는 무엇인가? 그것은 황제의 권력과 로마 제국의 힘과 군사력을 찬양하는 노래이다. 그것은 짐승의 추종자들, 즉 우상 숭배자들이 부르는 노래이다. 반면에 거문고를 타면서 "보좌 앞과 네 생물과 장로들 앞에서 새 노래를" 부르는 자들은 하늘에 살아 있는 죽은 자들이다. 그들은 우상 숭배적인 제국의 담론을 거부하면서 어린 양 예수를 따랐던 순교자들과 죽은 의인들이다.

그런데 요한은 "땅에서 속량함을 받은 십사만 사천 밖에는 능히 이 노래를 배울 자가 없더라"고 말한다. 그들은 어떻게 순교자들과 죽은 의인들이 천상의 예배에서 부르는 새 노래를 듣고, 배워서 부를 수 있는가? 그것은 그들이 죽은 자들의 증언과 고난과 투쟁과 희망을 기억하고 정신적으로 죽은 자들과 연대의 공동체를 형성하고 있기 때문이다. 그들은 죽은 자들이 이루지 못한 꿈과 희망을 되찾아서 그것을 이루기 위해 그들과 함께 하나님의 말씀을 증언하고 불의에 저항한다. 그러므로 그들은 죽은 자들이 하늘에서 부르는 새 노래를 들을 수 있는 민감성을 가지고 있으며, 그리고 배워서 그들과 함께 부를 수 있다. 지상에 있는 십사만사천이 하늘로부터 배우는 새 노래는 이 찬송은 땅 위에서 짐승에게 저항하는 조직화된 기독교적 공동체의 역사적 기억, 반제국적인 정치적 의식, 그리고 기독교적 정체성을 반영한다.[46] 정의와 평화가 지배하는 대안적 세계의 도래를 위해서 땅 위에서 짐승에게 저항하는 자들은 죽은 자들이 부르는 새 노래를 배울 수 있으며, 또 배워야만 한다.

---

46) Pablo Richard, Apokalypse, 178.

## 2. 십사만사천의 정체성

요한은 땅 위에 있는 십사만사천이 하늘에서 순교자들과 죽은 성도들이 부르는 새 노래를 듣고 배워서 부를 수 있는 자격을 가진 십사만사천의 정체성을 세 가지 점에서 설명한다.

> "4 이 사람들은 여자와 더불어 더럽히지 아니하고 순결한 자라 어린 양이 어디로 인도하든지 따라가는 자며 사람 가운데에서 속량함을 받아 처음 익은 열매로 하나님과 어린 양에게 속한 자들이니 5 그 입에 거짓말이 없고 흠이 없는 자들이더라" (계 14:4-5).

첫째로, 그들은 "여자와 더불어 더럽히지 아니하고 순결한 자들"(14:4)이라는 것이다. 그러한 표현은 그들이 모두 성적 금욕을 하는 남자들이라는 것을 의미하는 것이 아니다.[47] 여자들과의 성적 접촉이 남자들을 불결하게 만드는 것은 아니다. 그것은 집단강간과 성폭행을 통해 서 윤리적으로 자신의 몸을 더럽힌 타락한 천사들(참조, 에녹1서)과 동일화된 용과 짐승의 추종자들과 대조되는 대항 이미지이다.[48] 구약은 하나님에 대한 이스라엘의 불충을 음행이라는 은유로 묘사한다.[49] 어린 양을 추종하는 남녀 그리스도인들은 로마의 여신(=Roma)을 숭배하지 않고, 그리고 제국의 담론을 수용하지 않는 반제국적 삶을 살고 있다는 점에서 동정과 순결을 유지한 사람들이다.[50]

둘째로, "그들은 어린양이 어디로 인도하든지 따라가는 자들"이다. 그들은 자본과 군사력의 힘을 숭배하는 짐승의 추종자들과 정반대로 어린 양의 무력함의

---

47) Adela Yarbro Collins, *Crisis & Catharsis*, 129-131는 이것이 우상숭배에 대한 메타포가 아니라 실제적인 성행위를 의미 한다고 주장한다. 그녀는 요한이 가부장제적인 남자의 관점으로부터 성적 금욕을 이 상적인 그리스도인의 삶의 한 특징으로 제시하고 있다고 본다; 요한계시록 14:4에 대한 여성주의 신학적 비판에 대해서는 Hanna Strenstroem, "'They have not defiled themselves with women……': Christian Identity According to the Book of Revelation," Amy-Jill Levine (ed.), *A Feminist Composition to the Apocalypse of John* (New York and London: T & T Clark International 2009), 33-54를 참조하라.

48) 이병학, "요한계시록의 예전과 예배: 우상 숭배에 대한 저항과 정치적 유토피아," 「신약논단」 제13권 제4호(2006년 겨울), 1042.

49) 겔 16:15-22; 호 1:1-3.

50) J. Nelson Kraybill, *Apocalypse and Allegiance*, 117; 알렌 비히/김경진 역, 『신약성경윤리』(서울: 솔로몬, 1997), 314, 각주 251을 참조하라.

힘을 신뢰하는 자들이다.[51]

셋째로, 그들은 "사람 가운데에서 속량함을 받아 처음 익은 열매로 하나님과 어린양에게 속한 자들이니 그 입에 거짓말이 없고 흠이 없는 자들"이다. 그들은 사적인 이익을 위해서 거짓말을 하지 않고, 또는 순교를 피하기 위해서 그리스도를 부인하지 않는 충성스러운 증인들이다.

시온 산의 십사만사천은 세례를 받은 그리스도인들 공동체 전체를 상징하고, 로마 제국 한가운데서 하나님이 일으킨 새로운 출애굽 운동에 참여하고 있는 조직화된 기독교적 공동체를 상징하며, 그리고 이 공동체에 속한 남자들과 여자들은 하나님을 위한 "첫 열매"로서 나중에 그들의 모범을 따르게 될 거대한 성도들의 무리의 시작을 상징한다. 오늘의 그리스도인들은 약자들의 희생을 강요하고, 죽은 자들에 대한 기억을 배제하는 자본주의 사회 한복판에서 죽은 자들과 연대하여 오늘의 짐승인 지구적 자본과 시장의 제국에 저항함으로써 자기 자신을 새 노래를 배워서 부르는 시온 산의 십사만사천과 동일시할 수 있을 것이다.


## IV. 복음으로서의 하나님의 심판과 천상의 예배(계 14:6-15:4)

### 1. 복음으로서의 심판

폭력의 역사는 지금처럼 이대로 계속해서 진행되지 않을 것이다. 왜냐하면 하나님이 언젠가는 심판을 통해서 이 폭력과 고난의 역사를 반드시 끝장낼 것이기 때문이다. 이러한 점에서 심판의 소식은 억눌린 자들과 약자들에게 복음이다. 요한은 세 천사들이 온 인류에게 선포하는 말을 차례대로 전한다.

"6 또 보니 다른 천사가 공중에 날아가는데 땅에 거주하는 자들 곧 모든 민족과 종족과 방언과 백성에게 전할 영원한 복음을 가졌더라(ἔχοντα εὐαγγέλιον αἰώνιον εὐαγγελίσαι/에콘타 유앙겔리온 아이오니온 유앙겔리사이). 7 그가 큰 음성으로 이르되 하나님을 두려워하며 그에게 영광을 돌리라 이는 그의 심판의 시간(ὥρα τῆς κρίσεως/호라 테스 크리세오스)이 이르렀음이니 하늘 과 땅과 바다와 물들의 근원을 만드신 이를 경

---

51) Klaus Wengst, *"Wie lange noch?",* 261.

배하라 하더라"(계 14:6-7).

요한계시록에서 "복음을 전하다"(εὐαγγελίζω/유앙겔리조)라는 동사는 10:7과 14:6 두 곳에서만 나타난다. "영원한 복음(εὐαγγέλιον αἰώνιον/유앙겔리온 아이오니온)"은 로마 제국이 지배하는 "땅에 거주하는 자들 곧 모든 민족 과 종족과 방언 과 백성"에게 전해져야만 하는 소식이다(참조, 마 28:18-19). 여기서 "땅에 거주하 는 자들(τοὺς καθημένους ἐπὶ τῆς γῆς/투스 카테메누스에피 테스 게스)"은 악인과 의인 을 구별하지 않고 땅 위에 사는 모든 사람들을 가리킨다. 그런데 비슷한 표현이 지만 요한계시록에서 자주 나타나는 "땅에 거하는 자들(τῶν κατοικούντων ἐπὶ τῆς γῆς/톤 카토이쿤톤 에피 테스 게스)"(계 3:10; 6:10; 8:13; 11:10; 13:8, 12, 14; 17:2. 8)은 짐승을 추종하는 우상숭배자들을 가리키는 전문적인 용어이다.[52]

"다른 천사," 즉 첫째 천사가 모든 사람들에게 전하는 "영원한 복음" (εὐαγγέλιον αἰώνιον/유앙겔리온 아이오니온)의 의미는 무엇인가? 그것은 창조주 하 나님의 "심판의 시간이 이르렀음이니"라는 통고이다. 천사가 전하는 복음은 교 회에서 통용되는 예수의 죽음과 부활을 통한 죄 사함과 구원에 관한 복음을 의미 하는 것이 아니라, 하나님이 지긋지긋한 폭력의 역사를 끝낼 심판이 임박하다는 것을 전하는 기쁜 소식을 의미한다. "심판"이라는 단어는 요한계시록에서 열네 번 사용되었다.[53] 심판은 남에게 저지론 악행이 가해자 본인에 똑같이 그대로 되 돌아오게 하고, 피해자에게 원한을 풀어주고 권리와 정의를 회복시켜주는 것을 의미한다. 그러므로 하나님의 심판의 시간이 임박하다는 소식은 약자들에게 복 음이다. 심판은 회개하지 않는 죄인들과 지배자들에게는 벌이 기다리기 때문에 무서운 소식이지만, 그러나 의인들과 억눌린 자들에게는 해방과 정의가 기다리 기 때문에 기쁜 소식이다. 하나님의 심판은 역사 안에서 정의를 실현하는 하나님 의 해방하는 행동이다. 다가오는 심판의 소식을 전하는 천사는 14:7에서 명령형 을 통해서 세 가지 태도를 사람들에게 요구한다: "하나님을 두려워하고," "그에 게 영광을 돌리고," 그리고 "하늘과 땅과 바다와 물들의 근원을 만드신 이를 경 배하라"는 것이다. 창조주 하나님은 모든 생명의 궁극적 근원이다. 창조주 하나

---

52) 대다수의 학자들은 이 두 그리스어 표현을 동의어로 본다. G. K. Beale, *The Book of Revelation*, 749. 그러나 이 두 표현의 차별적인 의미에 대해서는 Pablo Richard, *Aopkalypse*, 182; Akira Satake, *Die Offenbarung des Johannes*, 313-314을 보라.
53) 계 6:10; 11:18; 14:7; 16:5, 7; 17:1; 18:8, 10, 20; 19:2, 11; 20:4, 12, 13.

님에 대한 예배는 사탄과 짐승에 대한 예배와 대립된다(참조, 계 13:4, 8, 12, 15). 온 땅이 짐승에게 드리는 예배와 충성은 진정으로 하나님에게 드려져야만 한다.[54]

둘째 천사는 철옹성 같이 견고한 로마 제국의 몰락을 다음과 같이 선포한다.

> "또 다른 천사가 곧 둘째가 그 뒤를 따라 말하되 무너졌도다 무너졌도다 큰 성 바벨론이여 모든 나라에게 그의 음행으로 말미암아 진노의 포도주를 먹이던 자로다"(계 14:8).

여기서 "큰 성 바벨론"은 로마를 가리킨다.[55] "무너졌도다 무너졌도다 큰 성 바벨론이여"라는 표현은 이사야 21:9에서 유래한다. "함락되었도다 함락되었도다 바벨론이여." 현실의 세계에서 로마는 아직 망하지 않았지만, 그 당시의 그리스도인들의 마음속에서 그 도시는 반드시 망해야만 하고, 또 이미 망해서 사라졌다. 이런 관점에서 밧모 섬의 요한은 로마의 멸망이라는 미래적 사건을 이미 발생한 것처럼 과거시제로 표현하였다. "음행"은 우상 숭배를 의미한다. "진노의 포도주"는 하나님이 내리는 벌을 의미한다(참조, 렘 25:15; 사51:17). 로마는 우상 숭배적이며, 그리고 모든 나라들을 우상 숭배로 취하게 하였다.

셋째 천사가 다음과 같이 우상 숭배자들에게 심판을 선포한다.

> "9 또 다른 천사 곧 셋째가 그 뒤를 따라 큰 음성으로 이르되 만일 누구든지 짐승과 그의 우상에게 경배하고(προσκυνεῖ/프로스퀴네이) 이마에나 손에 표를 받으면 10 그도 하나님의 진노의 잔에 섞인 것이 없이 부은 포도주라 거룩한 천사들 앞과 어린양 앞에서 불과 유황으로 고난을 받으리니 11 그 고난의 연기가 세세토록 올라가리로다. 짐승과 그의 우상에게 경배하고 그의 이름표를 받는 자는 누구든지 밤낮 쉼을 얻지 못하리라 하더라"(계 14:9-11).

이것은 요한계시록 13:1-18에서 서술된 내용을 다시 요약한 것이다. 현실에서 짐승의 유혹과 압제에 굴복하는 사람들이 많이 있다. 그들은 절대적 주체로 변한 제국을 예배함으로써 객체가 되었다. 짐승과 그의 우상을 예배하는 사람들과 짐승의 표를 받은 사람들은 자신들의 주체성과 정체성을 상실하고 객체로 전

---

54) 리처드 보컴/이필찬 역, 『요한계시록』 (서울: 한들출판사, 2000), 79.
55) 바벨론은 14:8, 16:19; 17:6; 18:2, 10, 21에 나온다.

락한 우상 숭배자들이다. 그러므로 그들은 바빌론과 함께 심판을 받을 받게 될 것이다. 그들은 "하나님의 진노의 잔에 섞인 것이 없이 부은 포도주"를 마시게 될 것이고, "거룩한 천사들과 어린 양 앞에서 불과 유황으로 고난을 받게 될"것이다. "고난의 연기"는 사람들을 괴롭히는 연기가 아니라, 사람들을 불태우는데서 생긴 연기를 가리킨다.[56] "짐승과 그의 우상에게 경배하고 그의 이름표를 받는 자는 누구든지 밤낮 쉼을 얻지 못하리라(계 14:11)"라는 표현은 로마의 우상숭배적인 체제와 문화에 대한 참여와 동화를 원천적으로 막기 위한 권고로 이해될 수 있다.[57]

그러나 아직도 현실에서는 제국을 칭송하는 우상 숭배자들이 권력을 휘두르고 약자들을 억압하고 착취하고 있다. 그러므로 요한은 세 천사들의 선포에 근거한 논리적인 결론으로 성도들을 향해서 다음과 같이 권고한다.

> "12 성도들의 인내(ὑπομονή/휘포모네)가 여기 있나니 그들은 하나님의 계명과 예수에 대한 믿음(τὴν πίστιν Ἰησοῦ/텐 피스틴 예수)을 지키는 자니라 13 또 내가 들으니 하늘에 서 음성이 나서 이르되 기록하라 지금 이후로 주 안에서 죽는 자들은 복이 있도다 하시매 성령이 이르되 그러하다 그들의 수고를 그치고 쉬리니 이는 그들의 행한 일이 따름이라 하시더라"(계 14:12-13).

그리스어 "ὑπομονή/휘포모네"는 인내로 번역되었지만, 저항으로 번역할 수 있다. 성도들의 저항이 필요한 이유는 앞에서 언급된 세 천사들의 선포에 근거한다. "예수에 대한 믿음"(τὴν πίστιν Ἰησοῦ/텐 피스틴 예수)은 목적격적 속격으로 번역한 것이지만, 그것을 주격적 속격으로 번역하면 "예수의 믿음"이다.[58] "하나님의 말씀과 예수의 증언"(1:2)이라는 표현에 비추어 본다면, 주격적 속격으로 반역한 "예수의 믿음"이 적절하다. 즉, 성도들은 하나님의 계명과 예수의 믿음을 지키는 자들로 규정된다. 예수의 믿음을 간직하고 있는 자만이 예수에 대해서 진실하게 증언할 수 있다.

---

56) Akira Sataka, *Die Offenbarung des Johannes*, 316.
57) Adela Yarbro Collins, *Crisis and Catharsis*, 127.
58) Akira Sataka, *Die Offenbarung des Johannes*, 319는 이 어구를 주격적 속격으로 해석한다: 그러나 G. K. Beale, *The Book of Revelation*, 766는 목적격적 속격의 번역인 "예수에 대한 신앙"을 선호하지만, 주격적 속격의 번역인 "예수의 신앙"도 가능하다고 말한다.

요한은 앞으로 남녀 성도들의 증언과 저항이 초래할 박해와 순교를 예상하고 있다. 그러므로 그는 그들로 하여금 죽음에 대한 공포를 극복하도록 그들을 위로하고 격려한다. 만일 성도들이 로마 제국의 우상숭배적인 체제에 저항하고 투쟁하는 가운데 죽임을 당한다고 할지라도 그들의 죽음은 결코 헛된 것이 아니다. 왜냐하면 "지금 이후로 주 안에서 죽는 자들은 복이 있다"는 것을 성령이 "그러하다"라고 보증하기 때문이다. 죽은 자들은 모두 쉬게 될 것이고, 그리고 그들이 행한 일은 기억될 것이다. 그런데 "지금 이후로"라는 단서가 붙어 있다고 할지라도, 그것은 물론 지금 이전에 죽어서 세상을 떠난 남녀 순교자들과 증인들이 이러한 "복"에서 배제된다는 것을 의미하지 않는다. 왜냐하면 하나님은 폭력의 역사에 의해서 희생된 모든 약자들과 연대하기 때문이다.

## 2. 인자 같은 이를 통한 심판

요한계시록 14:14-20에서 요한은 종말의 날에 임할 하나님의 심판에 대한 메타포로서 곡식 추수와 포도 추수의 이미지를 병렬시킨다(요엘 3:13). 곡식 추수(계 14:14-16)는 의인들의 구원을 위한 심판이고, 포도 추수(계 14:17-20)는 악인들의 처벌을 위한 심판이다.[59]

> "14 또 내가 보니 흰 구름이 있고 구름 위에 인자와 같은 이가 앉으셨는데 그 머리에는 금 면류관이 있고 그 손에는 예리한 낫을 가졌더라 15 또 다른 천사가 성전(ναός/나오스)으로부터 나와 구름 위에 앉은 이를 향하여 큰 음성으로 외쳐 이르되 당신의 낫을 휘둘러 거두소서 땅의 곡식이 다 익어 거둘 때가 이르렀음이니이다 하니 16 구름 위에 앉으신 이가 낫을 땅에 휘두르매 땅의 곡식이 거두어지니라"(계 14:14-16).

흰 구름을 타고 있는 "인자 같은 이"는 심판할 권세를 가진 천상의 예수 그리스도이다(참조, 단 7:13).[60] 가시관을 머리에 쓰고 처형되었던 예수는 이제 "금 면

---

59) Elisabeth Schüssler Fiorenza, *Revelation: Vision of a Just World*, 91; 이달, 『요한계시록』, 255-258; Thomas B. Slater, *Christ and Community: A Socio-Historical Study of the Christology of Revelation, JSNTS 178* (Sheffield: Sheffield Academic Press, 1999), 155.

60) Thomas B. Slater, *Christ and Community*, 153-154; 14:1-5에서 묘사된 "어린 양"과 14:14-16에서 묘사된 "인자 같은 이"의 관계에 대해서는 Matthias Reinhard Hoffmann, *The*

류관"을 쓰고 있으며, 추수를 위해서 예리한 낫을 손에 들고 있다. 심판의 때를 결정하는 것은 하나님이다(참조, 막13:32). 하나님의 결심(참조, 막 13:32)을 전하는 천사가 "땅의 곡식이 다 익어 거둘 때가 이르렀기 때문에" 낫을 들고 있는 인자에게 곡식을 추수하라고 말한다. 그 천사가 성전으로부터 나왔다는 것은 그가 하나님의 전령사라는 것을 의미한다. 곡식은 의인들을 상징한다. "익은 곡식"이 낫을 든 그리스도의 손에 의해서 추수된다.

이어서 악인들에 대한 심판이 일어난다. 포도송이는 악인들을 상징한다.

> "17 또 다른 천사가 하늘에 있는 성전에서 나오는데 역시 예리한 낫을 가졌더라 18 또 불을 다스리는 다른 천사가 제단으로부터 나와 예리한 낫 가진 자를 향하여 큰 음성으로 불러 이르되 네 예리한 낫을 휘둘러 땅의 포도송이를 거두라 그 포도가 익었느니라 하더라 19 천사가 낫을 땅에 휘둘러 땅의 포도를 거두어 하나님의 진노의 큰 포도주 틀에 던지매 20 성 밖에서 그 틀이 밟히니 틀에서 피가 나서 말 굴레에까지 닿았고 천육백 스다디온에 퍼졌더라"(계 14:17-20).

예리한 낫을 든 천사는 천상의 성전으로부터 나왔다. 그런데 그는 제단으로부터 나온 "불을 든 천사"를 통해서 땅의 포도송이를 거두라는 하나님의 명령을 받았다. 포도송이는 악인들과 우상 숭배하는 짐승의 추종자들을 가리키는 은유이다. 낫을 든 천사는 포도송이를 추수하여 "하나님의 진노의 포도주 틀"에 던졌다(참조, 계 19:15). 그러나 낫으로 포도를 추수한 천사는 낫으로 곡식을 추수한 인자와 대등하지 않다. 왜냐하면 그 천사는 구름 위에 앉아 있지도 않고, 금 면류관을 쓰고 있지도 않기 때문이다.[61] 그 천사의 역할은 단지 인자 같은 이가 심판할 수 있도록 준비하기 위해서 낫으로 포도송이를 거두어서 포도주 틀에 던지는 것이다.[62] "그 틀이 밟히니(ἐπατήθη/에파테세)"는 신적 수동태(passivum divinum)이며 생략된 주어는 천사가 아니라, "인자 같은 이"이다. 그러므로 포도 추수 심판의 주체는 역시 인자 같은 이, 즉 천상의 예수 그리스도이다.

포도주 틀에서 흘러나온 피는 "말굴레까지 닿았고 천육백 스다디온"에 퍼졌

---

*Destroyer and the Lamb: The Relationship between Angelomorphic and Lamb Christology in the Book of Revelation* (Tübingen: Mohr Siebeck, 2005). 101-04를 보라.
61) Klaus Wengst, *"Wie lange noch?",* 197.
62) 신동욱, 『요한계시록 주석』 (서울: KMC, 2010), 158.

을 정도로 피의 강이 되었다.[63] 이러한 피의 강은 유대 묵시문학에도 나온다. "그 말은 가슴까지 차는 죄인들의 피 속으로 걸어갈 것이며, 그리고 마차는 지붕까지 피에 잠길 것이다"(에녹1서 100:3)." "검에서 나온 피가 말의 배, 사람의 넓적다리, 그리고 낙타의 무릎까지 차게 될 것이다"(제4에스라 15:36). 천육백(1600)이라는 숫자는 지구의 사방위를 의미하는 우주적 숫자인 4를 400번이나 곱한 숫자(4×400=1600)로서 심판의 세계적 범위를 상징한다.[64] 죄인들의 피가 이처럼 큰 강을 이루었다는 것은 요한의 시대에 실제로 로마 제국의 폭력에 의해서 수많은 무고한 사람들이 학살당하고 피를 흘린 현실을 반영한다(참조, 계 6:10; 18:24; 20:4).

하나님의 심판은 남에게 저지른 악행이 본인에게 그대로 돌아가게 하고, 피해자에게 권리와 정의를 회복시켜주는 것이다. 그러므로 요한계시록 14:20에 묘사된 심판은 로마의 제국주의 잔혹한 폭력을 경험한 약자들의 복수 기원을 나타내는 것으로 이해될 수 있다. 복수하여주실 것을 하나님에게 기원하는 것은 약자들의 마지막 형태의 저항이다. 그러므로 포도주 틀에서 흘러나온 피의 강에 대한 언급은 하나님의 정의에 대한 그들의 희망과 수많은 무고한 사람들을 학살한 로마의 제국주의와 국가폭력에 대한 그들의 복수 기원을 나타내는 것으로 이해될 수 있다.

## 3. 천상의 예배(15:1-4)

심판을 통해서 하나님의 진노가 끝났기 때문에 하늘에서 하나님의 심판을 찬양하는 예배가 진행된다.

"1 또 하늘에 크고 이상한 다른 이적을 보매 일곱 천사가 일곱 재앙을 가졌으니 곧 마지막 재앙이라. 하나님의 진노가 이것으로 마치리로다. 2 또 내가 보니 불이 섞인 유리 바다 같은 것이 있고 짐승과 그의 우상과 그의 이름의 수를 이기고 벗어난 자들이 유리 바다 가에 서서 하나님의 거문고를 가지고 3 하나님의 종 모세의 노래, 어린 양의 노래를 불러 이르되 주 하나님 곧 전능하신 이시여 하시는 일이 크고 놀

---

63) 1스타디온은 약 192미터이다. G. K. Beale, *The Book of Revelation*, 782; Akira Satake, *Die Offenbarung des Johannes*, 325.

64) Mathias Rissi, *Die Hure Babylon und die Verführung der Heiligen*, 37.

라우시도다. 만국의 왕이시여 주의 길이 의롭고 참되시도다. 4 주여 누가 주의 이름을 두려워하지 아니하며 영화롭게 하지 아니하리이까. 오직 주만 거룩하시니이다. 주의 의로우신 일이 나타났으매 만국이 와서 주께 경배하리이다 하더라" (계 15:1-4).

요한은 15:1에서 "하나님의 진노가 이것으로 마치리로다."라고 한다. 문맥적인 관점에서 볼 때 15:1은 12:1-14:20에 대한 결론으로 작용하고, 또한 조금 뒤에 나올 일곱 대접의 환상(계 15:5-16:21)을 위한 암시로 작용한다.[65] 하늘에서 홍해를 상징하는 "불이 섞인 유리 바다"를 건넌 후 바닷가에서 서서 거문고를 들고 반주하면서 찬송을 부르는 자들은 하나님이 로마 제국 안에서 일으키신 새로운 출애굽 운동에 참여했던 성도들이다. 새로운 출애굽의 지도자는 어린 양 예수이다.[66] 그들은 과거에 이집트에서 고난당하던 이스라엘 백성이 하나님의 도움으로 이집트를 탈출하여 홍해를 무사히 건넌 후 하나님의 해방과 구원 행위를 찬양하면서 불렀던 노래를 기억하고 재현한다. 그들은 로마의 우상 숭배적 체제에 저항하였기 때문에 박해를 당하거나 죽임을 당했다. 하지만 그들은 "짐승과 그의 우상과 그의 이름의 수를 이기고 벗어난" 승리자들이다. 그들이 "하나님의 거문고"를 가지고 있다는 것은 그들이 하늘에서 살아있는 순교자들과 죽은 성도들이라는 것을 의미한다.[67] 그들은 "모세의 노래, 어린 양의 노래"를 부른다. "모세의 노래"(출 15:1-18)는 홍해에서 이스라엘 백성을 구출하신의 하나님의 승리를 축하하는 것이고, "어린 양의 노래"는 그리스도의 승리를 축하하는 것이다. 이 두 노래가 결합된 것은 홍해로부터의 구원과 갈보리에서 십자가에 처형된 예수를 통한 구원이 구속사적 관점에서 서로 같은 것으로 이해될 수 있기 때문이다.[68]

그들은 하나님을 "주 하나님 곧 전능하신이"라고 부르고, 자신들을 구출하신 "일이 크고 놀라우시도다"라고 찬양한다. 또한 그들은 하나님을 "만국의 왕"이라고 부른다. 이 호칭은 요한계시록에서 여기뿐이다. 이것은 세계의 왕이라고 자처하는 오만한 로마 황제에 대한 비판이며, 진정한 세계의 통치자는 로마 황제가

---

65) G. K. Beale, *The Book of Revelation*, 784.
66) Robert E. Coleman, *Songs of Heaven* (Old Tappen, New Jersey: Fleming H. Revel Company, 1980), 126.
67) Klaus Wengst, *"Wie lange noch?" Schreien nach Recht und Gerechtigkeit - eine Deutungder Apokalypse des Johannes* (Stuttgart: Verlag W. Kohlmanner, 2010), 262.
68) Allan A. Boesak, *Comfort and Protest*, 108.

아니라. 세계의 모든 백성들로부터 예배를 받는 하나님이라는 주장이다(참조, 렘 10:6-7). 그들은 "주의 길이 의롭고 참되시도다"라고 찬양한다. 하나님의 길은 그의 심판과 구원 행위를 가리킨다. "누가 주의 이름을 두려워하지 아니하며 영화롭게 하지 아니 하오리이까?"는 "누가 이 짐승과 같으뇨? 누가 능히 이와 더불어 싸우리요(계 13:4)라는 로마 제국의 주장에 대한 대항주장이다.

그들은 "오직 주만 거룩하시니이다"라고 고백한다(참조, 출 15:11; 삼상 2:2; 시 99:3; 사 6:3). 그들이 부른 찬송의 결론은 "주의 의로우신 일이 나타났으매 만국이 와서 주께 경배하리이다"라는 것이다. 이것은 구약의 전통과 같다. "땅의 모든 끝이 여호와를 기억하고 돌아오며 모든 나라의 모든 족속이 주의 앞에 예배하리니"(시 22:27); "주여 주께서 지으신 모든 민족이 와서 주의 앞에 경배하며 주의 이름에 영광을 돌리리이다"(시 86:9).

하늘의 바닷가에서 노래를 부르는 자들은 로마의 제국주의와 황제숭배 요구에 굴복하지 않았던 저항자들이다. 그러나 그들이 여러 가지 어려움을 극복한 자신들의 업적에 대해서는 전혀 언급하지 않고, 오직 하나님과 어린 양 예수만을 찬양하는 것이 매우 인상적이다.[69] 그들은 개선장군들이 아니라, 로마의 압제자들의 추격으로부터 탈출한 자들이고, 구출된 자들이다,[70] 그들이 부르는 노래는 그리스도인 공동체만을 위해서가 아니라, 지금 하나님의 정의를 갈망하는 세계의 모든 억눌린 민족들을 위해서도 해방과 구원을 선포한다.[71]


## V. 결론: 오늘의 저항

요한계시록 12:1-15:4은 요한계시록의 중심 단락이다. 이 단락은 현재의 시간에 짐승들과 대결하는 소아시아의 그리스도인 공동체를 위해 제국의 담론을 비판하는 대항담론의 매개로서 기능한다. 바빌론에 대한 심판이 임박하다는 기쁜 소식은 바빌론의 지배아래서 고난당하는 모든 사람들과 모든 나라들에게, 즉 "땅에 거주하는 자들 곧 모든 민족과 종족과 방언과 백성"에게 전해졌다. 폭력의 역사와 고난의 역사를 끝내는 심판에 대한 소식은 약자들에게 복음이다. 심판은

---

69) Robert E. Coleman, *Songs of Heaven,* 127.
70) Klaus Wengst, *"Wie lange noch?",* 262.
71) Elisabeth Schüssler Fiorenza, *Revelation: Vision of a Just World,* 92.

남에게 불행을 입힌 가해자에게 똑같은 불행이 되돌아가도록 하고 피해자에게 원한을 풀어주고 권리와 정의를 회복시켜주는 것이다. 그러므로 하나님의 심판은 기쁜 소식, 곧 복음이다. 바빌론을 심판한 하나님과 어린 양 예수 그리스도를 찬양하는 천상의 예배는 회개 없이 하나님의 용서는 없다는 것을 명확하게 보여준다.

로마의 제국주의는 제국의 담론과 황제예배를 통해서 관철되었다. 놀랍게도 그 당시의 소아시아의 역사적 상황과 오늘의 상황 사이에는 아주 비슷한 유사성들이 있다. 오늘의 제국은 자본과 시장의 제국이다. 오늘의 제국은 그 당시의 제국 보다 더 탐욕스럽고, 더 폭력적이다. 오늘날 자본과 시장의 제국이 승인한 짐승의 표가 없는 작은 민족 국가들과 약자들은 세계 시장에서 배제된다. 그 당시처럼 오늘날에도 제국에게 저항하는 사람들은 제국에 의해서 패배당하고, 배제당하고, 그리고 심지어는 때 이른 죽음을 당하게 된다. 오늘의 제국은 세계의 가난한 사람들에게 빈곤과 해고와 생태적 황폐화를 자유 시장의 일부로 받아들이도록 강요한다. 신자유주의적 세계화는 가난한 사람들과 제삼세계의 힘없는 정부들을 억압하는 제국주의의 새로운 얼굴이다. 자본과 시장의 제국을 섬기는 세계화의 주창자들과 그들의 추종자들이 도그마처럼 신봉하고 전파하는 지배적인 담론은 다음과 같다.

① 국민총생산에 의해 측량되는 지속적인 경제성장이 인간의 진보에 이르는 유일한 길이다.
② 정부의 규제가 철폐된 자유 시장이 가장 효율적이고 사회적으로 최적의 자원 분배를 초래한다.
③ 경제적 세계화는 경쟁을 자극하고, 고용을 창출하며, 소비자 가격을 하락시키고, 소비 선택의 폭을 넓히며, 경제 성장을 촉진하고 거의 모든 사람들에게 보편적인 혜택을 제공한다.
④ 역할과 자산을 정부로부터 개인적인 분야로 이동시키는 사유화가 효율성을 증진시킨다.
⑤ 정부의 가장 중요한 임무는 소유권과 계약을 보호하고 상업의 추진에 필요한 하부구조 를 제공하는 것이다.[72)]

---

72) 데이비드 C. 코튼/ 채혜원 역, 『기업이 세계를 지배할 때』 (서울: 세종서적, 1997), 101.

세계에 깊숙이 침투한 이 신자유주의적 담론은 기만적이다. 그것은 아담 스미스(1723-1790)가 독점에 대한 대비책으로서 지역 경제에 걸었던 그의 경제적 환상을 완전히 왜곡한 것이다. 그는 자유 무역을 식민지 인민들이 반항하는 제국의 독점가들의 요새로 보았기 때문에 자유무역을 완강하게 반대하였다. 그가 실제로 구상하였던 "자유 시장"은 규제가 완전히 철폐된 자유 시장 혹은 자유 무역이 아니라, 구매자와 매매자가 가까운 범위에서 거래하는 지역 시장이었다.[73] 그는 한 개인이 자기 자본을 자신의 안전과 이익을 위해서 의도적으로 외국에 투자하지 않고 국내 상업에 투자하는 것이 본래 자기가 전혀 의도하지 않았지만 "보이지 않는 손"(an invisible hand)에 의해서 다른 사람들에게 취업의 기회와 소득을 제공한다는 의미에서 사회적 공익을 증진시키는 데에도 기여하게 된다고 보았다. 그러나 오늘날 힘없는 정부들에게 강요된 규제가 없는 자유 시장과 자유 무역에서는 그러한 작동은 일어나지 않는다.

"보이지 않는 손"(an invisible hand)이라는 용어는 1776년 런던에서 초판으로 출판된 아담 스미스의 『국부론』에서 단 한 번 언급되었다:

> "따라서 각 개인이 최선을 다해 자기 자본을 본국 노동의 유지에 사용 하고, 노동생산물이 최대가치를 갖도록 노동을 이끈다면, 각 개인은 필연적으로 사 회의 연간 수입이 가능한 한 최대의 가치를 갖도록 노력하는 것이 된다. 사실 그는, 일반적으로 말해서 공동의 이익(public interest)을 증진시키려고 의도하지 않았고, 공공의 이익을 그가 얼마나 촉진하는지도 모른다. 외국 노동보다 본국 노동의 유지를 선호하는 것은 오로지 자기 자신의 안전을 위해서였고, 노동 생산물이 최대의 가치를 갖도록 그 노동을 이끈 것은 오로지 자기 자신의 이익을 위해서였다. 이 경우 에 그는, 더 많은 경우에서처럼, 보이지 않는 손(an invisible hand)에 이끌려서 그 가 전혀 의도하지 않았던 목적을 달성하게 된다. 그가 의도하지 않았던 것이라고 해 서 반드시 사회에 좋지 않은 것은 아니다. 그가 자기 자신의 이익을 추구함으로써 흔히, 그 자신이 진실로 사회의 이익을 증진시키려고 의도하는 경우 보다, 더 효과 적으로 그것을 증진시킨다."[74]

---

73) Wes Howard-Brook and Anthony Gwyther, *Unveiling Empire: Reading Revelation Then and Now* (Maryknoll, New York: Orbis Books, 2000), 238-39; 데이비드 C. 코튼, 『기업이 세계를 지배할 때』, 108-16.
74) 아담 스미스/ 김수행 옮김, 『국부론 (상)』 (서울: 비봉출 판사, 2003), 499-500.

경제의 세계화는 국제금융 기구들과 무역조약을 통해서 민족국가의 정부들의 고유의 주권을 지구적 기업들에게로 점진적으로 이동시켜 왔다. 브레튼 우즈(Bretton Woods) 협정의 발효에 따라서 1945년에 국제통화기금(IMF)과 세계은행(WB)이 설립되었으며, 1948년에 관세와 무역에 관한 일반 협정 (GATT)이 설립되었다. GATT의 권력의 핵심은 가맹국들에게 자국의 법률, 규정, 그리고 행정적 절차를 GATT의 본문에 일치시키도록 요구할 수 있는 권한이다. 1986년부터 시작된 일련의 우루과이 라운드(Uruguay Round) 협정에 의해서 1995년에 GATT를 대체하여 설립된 세계무역기구(WTO)는 GATT의 권위를 훨씬 더 강화시킨 제도적 장치이다. 세계무역기구는 지역 경제의 독립을 국내법으로 보호하는 체제를 지구적 자본에 의해서 명령된 체제로 변경시키기 위한 구조를 만들었다. 따라서 지구적 기업들은 기업의 이익에 장애가 되는 국내법들을 무효로 만들기 위해서 가맹국들의 정부들을 국제무역기구에 제소할 수 있다. 1949년에 설립된 북대서양조약기구(NATO)와 1961년에 설립된 경제협력개발기구(OECD)도 역시 국제통화기금, 세계은행 그리고 국제무역기구의 정책과 활동을 측면에서 지원하고 있다.

국제 금융 기구들로부터 여러 해에 걸쳐서 단기 융자와 장기 융자를 받은 아시아, 아프리카, 그리고 라틴 아메리카의 채무국들은 시장 개방으로 인한 지역 경제의 황폐화와 엄청난 부채의 증가로 인해서 발생된 1980년대의 외환 위기의 해결책으로 지역경제를 완전히 황폐화시키는 "구조조정 프로그램"과 신자유주의적 정책을 받아들여야만 하였다.

"구조 조정 프로그램"이라는 용어는 국제통화기금과 세계은행, 그리고 지구적 기업들의 욕구에 일치하게 지역 경제를 완전히 개편하는 것에 대한 완곡한 표현이다. 한 실례를 들면, 나이지리아의 경우에 1985년에 외채가 80억 달러였는데 2000년에 와서는 그것이 300억 달러로 증가하였다.[75]

한국 정부가 1997년에 국제통화기금의 구제 금융과 구조 조정 프로그램을 받아들인 이후 한국에는 수많은 사람들이 실직했고, 비정규직 노동자가 되었고, 농민들은 농토를 떠나야만 했다. 이러한 제국은 세계의 가난한 사람들에게 빈곤과 해고와 생태적 황폐화를 자유 시장의 일부로 받아들이도록 강요한다.

---

75) James Chukwums Okoye, "The Power and Worship: Revelation in African Perspective," David Rhoads (ed.), *From Every People and Nation: The Book of Revelation in Intercultural Perspective* (Minneapolis: Fortress Press, 2005), 114.

2003년 9월 10일 멕시코 칸쿤에서 국제 농민 단체 회원 1만 명이 세계무역기구(WTO) 각료회의의 농업 개방 협정을 반대하는 시위를 하였으며, 한국 농민 180여명이 WTO 회의장으로 진입을 시도하는 과정에서 이경해(56세)가 멕시코 경찰이 시위대 차단을 위해 만들어놓은 2m 높이의 철망 저지선 위에 올라가서 "WTO Kills Farmers(세계무역기구가 농민들을 죽인다)"라는 구호가 적힌 현수막을 걸고 칼로 자신의 가슴을 찔러 자결함으로써 WTO 농업 개방 협정을 자신의 죽음으로 반대했다. 이미 같은 해 3월에 그는 제네바에 있는 WTO 본부 앞에서 한 달가까이 단식 농성을 하면서 농업을 WTO에서 제외할 것을 요구 했다. 그 당시 그가 WTO 사무국에 보낸 서한의 일부는 다음과 같다.

> "인류는 지금 극소수 강대국과 그 대리인인 세계무역기구(WTO)와 이를 돕는 국제 기금 그리고 다국적 기업의 상업적 로비에 의해 주도되고 있는 반인륜적이고 농민 말살적이며 반환경적이고 비민주적인 세계화의 위험에 빠져 있는 것을 시민들에게 경고한다."[76]

오늘날 자유 시장을 선전하는 제국의 담론에 의문을 제기하는 사람은 누구나 민주주의 사회에 부적합한 이단으로 내몰릴 수 있으며, 또한 이로 인해서 자신의 직업과 경력에 치명적인 손상을 입을 수도 있다. 하지만 심지어 자본과 시장의 제국을 섬기는 "그리스도인" 목사들과 신부들과 신학자들이 있다. 예수가 로마의 제국주의에 의해서 처형된 희생자이지만, 반제국주의적 시각의 성서 해석은 불온한 것으로 낙인찍힐 수 있다.

이러한 신자유주의 세계화의 상황에서 요한계시록은 오늘의 그리스도인들을 각성시키고, 그리고 그들에게 용기와 희망을 주는 하나님의 말씀이다. 12:1-15:4의 단락은 이 세계의 현실을 분석하고, 오늘의 짐승들을 이길 수 있는 영적 힘을 제공한다. 이 단락에서 서술된 신화적 이야기들과 천상의 예배와 노래는 매우 정치적이며, 제국의 담론을 비판하는 대항담론의 매개로 작용하다. 만약 지금 오늘의 그리스도인들이 자본과 시장의 제국이 인류의 생명을 위협하고 자연을 파괴하는 오늘의 짐승이라는 것을 분명하게 인식한다면, 그들은 짐승의 표를 받는 것을 거부할 것이며, 그리고 대지의 버림받은 자들과 연대하여 짐승에게

---

76) 박영택, "생애로 쓴 기념비: 실천으로 말한 순수 농민운동가 이경해 열사," 「기억과 전망」 (2004 봄), 123(115-129).

함께 저항할 수 있을 것이다. 만약 지금 그리스도인들이 증언의 힘으로 용을 정복한 순교자들과 죽은 성도들이 하늘에서 하나님과 어린 양을 예배하고 큰 소리로 새 노래를 부르는 것을 듣는다면, 그리고 로마의 제국주의를 파괴한 하나님의 심판을 정의로운 심판이라고 축하하는 그들의 노래와 탄성 소리를 듣는다면, 그들은 미디어의 선전을 통해서 날마다 주입되는 제국의 담론의 마취에서 풀려나서 짐승 예배를 거부하고 오직 하나님과 어린 양 예수에게만 충성하는 참된 예배를 드리게 될 것이다.

죽은 자들이 배제되고 망각되는 오늘의 소비문화 시대에 산 자들은 죽은 자들의 고난과 투쟁과 희망을 기억하고 그들과 정신적으로 연대하여 그들과 함께 수많은 사람들의 생명과 자연을 파괴하는 자본과 시장의 제국의 반생명적이고 탐욕스러운 우상 숭배적 체제에 끊임없이 저항하고 비폭력적으로 투쟁해야만 할 것이다. 이 세계를 변화시키는 사람들은 도살당했지만 부활하여 영원히 살아 있는 어린 양 예수를 따르면서 오늘의 짐승과 구조적인 악에 저항하는 소박한 사람들이다. 기도하고, 노래하고, 항의하는 무력한 자들의 힘이 세계를 변화시킨다.

## 제11장
# 반제반전 투쟁과 평화 기원으로서의 아마겟돈 전쟁
### 요한계시록의 주체윤리

## I. 서론적 성찰

오늘날 우리는 전쟁에 대한 불안과 인류를 멸절시킬 핵전쟁의 위협을 느끼면서 산다. 세계 도처에서 전쟁과 내전은 끊임없이 발생하고 있으며, 한반도에는 사소한 군사적 충돌에도 한 순간에 전면적인 전쟁이 발생할 수도 있다는 위기감이 고조되고 있다. 초강대국들은 전쟁에 쓰이는 군사 무기를 생산하고, 제3세계의 정부들은 무기를 구매하기 위해서 자국민의 복지를 희생시키면서 막대한 돈을 소모하고 있다. 정당한 전쟁 이론가들과 기독교 근본주의자들은 전쟁을 신의 재가를 받은 불가피한 제도인 것처럼 간주한다. 세계의 상황은 정치적, 경제적, 사회적, 그리고 생태적 측면에서 점점 더 나빠져 가고 있는 것처럼 보인다.

이러한 상황에서 많은 사람들은 신약성서의 맨 마지막 책인 요한계시록에서 위안과 출구를 얻고자 한다. 기독교 근본주의자들은 우주적 일정의 마지막 단계로 간주하는 아마겟돈 전쟁과 세계의 종말을 향해서 달리는 열차의 정거장들을 표시한 시간표를 요한계시록에서 찾으려 하고, 또 지금이 바로 종착역에 거의 도착한 때라고 주장한다. 그들은 요한계시록의 아마겟돈 전쟁 환상이 오늘날 중동 지역에서 발생하는 어떤 전쟁, 혹은 조만간에 터질 핵전쟁에 대한 예언이라고 말한다. 그들은 구원받은 "참된 신도들"만이 지구가 파괴되기 직전에 공중으로 휴거하여 불타는 지구를 환희 속에서 내려다 볼 수 있을 것이라고 주장한다.

또한 기독교 근본주의자들은 미국 정부가 아마겟돈 전쟁에서 악의 세력과 싸우는 천상의 군대의 지상군을 지휘하도록 하나님으로부터 위임받았다고 생각한다. 그들은 미국이 벌이는 전쟁을 선을 위해서 악과 싸우는 아마겟돈 전쟁이라고 정당화한다. 1980년대 초에 미국 대통령 로널드 레이건(Ronald Reagan)은 한 인터뷰에서 "아마겟돈"이 눈앞에 서있다는 느낌이 종종 든다고 말했다. 그 당시에 레이건은 소련을 멸망시켜야 할 "악의 제국"이라고 불렀다.

그러나 이러한 입장들은 모두 요한계시록에 대한 오해에서 비롯된 것이다. 요한계시록은 결코 먼 미래에 발생할 재앙과 전쟁에 대한 예언 목록집이 아니다.[1] 아마겟돈 전쟁 환상은 미래에 일어날 전쟁에 관한 것이 아니라 요한계시록의 저자 요한의 시대에 이미 진행 중에 있었던 로마 제국의 전쟁에 관한 것이다.[2] 아마겟돈 전쟁은 요한계시록의 일곱 대접 환상(계 15:5-16:21) 속에 나온다. 일곱 대접 환상에서 첫째 대접부터 여섯째 대접 재앙까지는 이미 지나간 재앙에 관한 것이고, 일곱째 대접 재앙은 아직 일어나지 않는 미래적 재앙에 관한 것이다. 여섯째 대접과 일곱째 대접 사이가 바로 요한계시록의 저자와 소아시아의 성도들이 서 있는 현재의 시간이고, 아마겟돈 전쟁이 일어나는 바로 여섯째 대접과 일곱째 대접 사이의 현재의 시간에 일어나고 (16:13-16), 전쟁의 결과는 요한계시록 19:11-21에 서술되어 있다. 우리는 아래로부터 현실을 인식하는 요한계시록의 저자의 관점에서 아마겟돈 전쟁 환상(계 16:13-16; 19:11-21)을 이해해야만 한다. 요한은 전쟁이 중단되기를 기대하고, 로마의 제국주의 전쟁 체제를 반대하고, 또 전쟁이 더 이상 없는 평화를 희망하는 가운데 아마겟돈 전쟁을 "마지막 전쟁"으로 설정한 것이다.

요한계시록은 1세기 말엽의 로마 제국의 폭력적 성격과 우상숭배적 성격을 폭로하고, 황제예배와 제국주의 체제에 항의하는 지하문서이다. 요한은 로마 제국의 현실이 얼마나 폭력적이고 착취적인지를 충분히 경험하였기 때문에 로마 제국이 선전하는 "로마의 평화" 담론에 하지 못한다. 그는 관람석에 앉아서 영화를 감상하는 중립적인 리포터로서가 아니라, 로마 제국의 주변부인 소아시아에서 실제로 고난을 당한 당사자로서, 억울한 죽음을 당한 무죄한 피학살자들의 절규와 통곡을 듣고 있는 자로서, 로마가 일으킨 참혹한 전쟁을 경험한 자로서, 전쟁과 폭력의 역사가 속히 끝나기를 고대하고 평화를 염원하는 자로서, 그리고 자주적인 삶을 희망하는 무력한 자로서 아마겟돈 전쟁 환상을 서술했다.

---

1) J. Nelson Kraybill, *Apocalypse and Allegiance: Worship, Politics, and Devotion, in the Book of Revelation* (Grand Rapids: Brazos Press, 2010), 15.
2) 로마 제국의 전쟁들에 대해서는 타키투스/박광순 옮김, 『타키투스의 연대기』 (파주: 범우, 2005)를 참조하라.

그는 로마 제국이 장악하고 있는 현재의 역사를 살인적인 폭력의 역사로 인식한다. 그에게 있어서 정말 끔찍스러운 파국은 세계의 멸망이나 지구의 파괴가 아니라, 로마가 일으킨 전쟁과 학살과 착취로 인해서 수많은 무죄한 사람들이 희생당하는 폭력의 역사가 앞으로도 지금처럼 이대로 계속해서 진행하는 것이다. 그러나 정의의 하나님은 이 폭력의 역사를 반드시 끝낼 것이다. 요한은 로마 제국의 막강한 힘이 작용하고 있는 현실에도 불구하고 하나님이 과거의 바빌론을 심판한 것처럼 오늘의 바빌론인 로마 제국을 심판할 것이라는 확신한다. 그러므로 그는 하나님이 폭력의 역사의 흐름을 단절시키고 억눌린 약자들을 해방하기 위해서 지금 로마 제국 안에서 새로운 출애굽을 일으키고 있다는 사실을 증명하기 위해서 과거에 하나님이 이집트에서 일으켰던 재앙들을 일곱 대접들의 환상 속에서 재현하고 또 현재화하였다.

한반도의 분단시대의 지속은 폭력의 역사의 견고한 흐름의 한 단면이다. 우리는 일본 제국주의의 압제와 수탈을 경험하였고, 한국전쟁의 비극을 경험하였고, 아직도 전쟁 위협과 분단의 고통을 당하고 있다. 우리는 분단시대를 끝내고 자주적 통일을 하루바삐 성취해야만 한다. 이러한 역사적 배경에서 전쟁체제의 소멸과 민족 통일의 열망을 가진 한 한국 신학자로서  나는 일곱 대접들의 환상과 아마겟돈 전쟁 환상을 희생자들과 억눌린 약자들의 시각으로부터 읽고, 분단된 한반도의 상황에서 새롭게 해석하고자 한다. 나는 일곱 대접 환상의 틀에서 아마겟돈 전쟁 환상의 진정한 의미를 추구할 뿐만 아니라, 제국주의와 전쟁체제에 대한 저항과 대안적 공동체의 건설을 위해서 그 당시의 그리스도인들에게 요구되었을 뿐만 아니라, 오늘의 그리스도인들에게도 역시 요구되는 윤리적 책무를 주체 윤리라는 점에서 규명하고자 한다.

이 논문은 로마의 제국주의와 전쟁 체제에 항의하고 폭력의 역사의 단절과 정의와 평화의 시대의 도래를 외치는 요한계시록의 저자의 음성을 오늘날 한국 그리스도인들에게 생생하게 들리게 해야만 한다는 성서신학자로서의 소명감에서 그리고 오늘날 신자유주의적 세계화가 강화시키는 폭력의 역사의 흐름을 깨뜨리기 위해서 반제반전 운동, 평화운동, 반핵운동, 생태운동, 농민운동, 노동운동, 그리고 자주적 통일운동에 투신하고 있는 남녀 그리스도인들의 신앙실천을 신학적으로 옹호하고 그들에게 영적 힘을 주고자 하는 희망 속에서 시도되었다.

## II. 제국의 우상 숭배적 체제와 짐승의 추종자들에 대한 하나님의 심판

### 1. 일곱 대접 환상을 위한 서곡(계 15:5-8)

15:5-8은 일곱 대접 환상(16:1-21)의 서곡이다.

> "5 또 이 일 후에 내가 보니 하늘에 증거 장막의 성전(ὁ ναὸς τῆς σκηνῆς τοῦ μαρτυρίου/호 나오스 테스 스케네스 투 마르튀리우)이 열리며 6 일곱 재앙을 가진 일곱 천사가 성전으로부터 나와 맑고 빛난 세마포 옷을 입고 가슴에 금 띠를 띠고 7 네 생물 중의 하나가 영원토록 살아 계신 하나님의 진노를 가득히 담은 금 대접 일곱을 그 일곱 천사들에게 주니 8 하나님의 영광과 능력으로 말미암아 성전에 연기가 가득 차매 일곱 천사의 일곱 재앙이 마치기까지는 성전에 능히 들어갈 자가 없더라" (계 15:5-8).

요한은 하늘에서 "증거 장막의 성전"이 열린 것을 본다. 그는 로마 제국 한가운데서 하나님이 일으키신 새로운 출애굽에 참여하고 있는 소아시아의 교회들을 염두에 두고 있기 때문에 출애굽 사건을 회상시키기 위해서 하늘에 있는 성전을 "증거 장막의 성전"이라고 표현한다, "증거 장막의 성전"(ὁ ναὸς τῆς σκηνῆς τοῦ μαρτυρίου/호 나오스 테스 스케네스 투 마르튀리우)은 "증거의 장막, 곧 성전"이라고 번역할 수 있다. 그는 하늘에 있는 성전을 증거의 장막과 동일시한다.

구약성서에서 언약궤가 있는 광야의 성막 혹은 장막은 "증거의 성막," 혹은 "증거의 장막"이라고 불린다. 증거는 언약궤 안에 있는 십계명이 적힌 두 돌 판을 가리킨다(출 24:12; 25:16, 21; 40:20; 신 10:1-2; 왕상 8:9; 대하 5:10). 여기서 증거는 하나님과 계약을 맺은 증거로서 언약궤 안에 있는 십계명이 적힌 두 돌 판을 가리킨다(참조, 왕상 8:9; 대하 5:10; 출 25:16, 21; 신 10:1-2).

출애굽 시대의 광야 유랑에서 세워진 성막 또는 장막은 성전의 전신(前身)이었다. "성막 곧 증거막을 위하여 레위 사람이 쓴 재료의 물목은 제사장 아론의 아들 이다말이 모세의 명령대로 계산하였으며"(출 38:21); "레위인은 증거의 성막 사방에 진을 쳐서 이스라엘 자손의 회중에게 진노가 임하지 않게 할 것이라 레위인은 증거의 성막에 대한 책임을 지킬지니라 하셨음이라"(민 1:53); "성막을 세운 날에 구름이 성막 곧 증거의 성막을 덮었고 저녁이 되면 성막 위에 불 모양 같은 것이 나타나서 아침까지 이르렀으되"(민 9:15); "둘째 해 둘째 달 스무날에 구름이 증거의 성막에서 떠오르매"(민 10:11); "모세가 그 지팡이들을 증거의 장막 안 여호와 앞에 두었더라"(민 17:7); "이튿날 모세가 증거의 장막에 들어가 본즉 레위 집을 위하여 낸 아론의 지팡이에 움이 돋고 순이 나고 꽃이 피어서 살구 열매가 열렸더라"(민 17:8); "너는 네 형제 레위 지파 곧 네 조상의 지파를 데려다가 너와 함께 있게 하여 너와 네 아들들이 증거의 장막 앞에 있을 때 그들이 너를 돕게 하라"(민 18:2).

이러한 성막 또는 장막은 하나님의 임재의 장소이다. 그것은 하나님이 그의 백성에게 임재하고 있다는 것을 의미한다. 성막 또는 장막에 임재하시는 하나님은 어려운 유랑생활을 하는 그의 백성과 함께 이동한다.

현재 소아시아의 도시에 세워진 교회들은 광야와 같은 어려움을 겪고 있다. 그러나 요한은 "증거 장막의 성전"이라는 표현을 통해서 로마 제국 한가운데서 일어나는 새로운 출애굽 사건을 재발견한다. 그는 "증거 장막의 성전"이라는 표현을 통해서 출애굽 사건에 대한 기억을 현재화하고, 새로운 출애굽을 일으키신 하나님이 광야와 같은 곳에 서 있는 소아시아의 교회들에 임재하시고 그들을 인도해주신다는 것을 나타낸다.

또한 요한은 하늘의 성전에서 일곱 재앙을 가진 일곱 천사들이 나오는 것을 본다. 그들은 맑고 빛나는 세마포 옷을 입고 가슴에 금띠를 매고 있는데, 네 생물들 중의 하나가 하나님의 진노가 가득 담긴 금 대접들을 하나씩 일곱 천사들에게 준다. 금 대접은 원래 성도의 기도들을 상징하는 향이 담겨있던 그릇이다(계 5:8). 일곱 천사들은 성도의 기도들이 하나님의 귀에 상달되었기 때문에 하나님의 진노가 가득 담긴 그릇을 쏟으라는 하나님의 명령을 받는다. 하나님의 진노의 대접들이 다 쏟아지기 전에는 아무도 성전 안으로 들어 갈 수 없도록 성전 안에는 연기가 가득하다(계 15:8). 이것은 하나님의 심판이 반드시 실행될 것이라는 점을 시사한다.

## 2. 첫째 대접부터 넷째 대접까지의 재앙들(계 16:1-9)

그 후에 요한은 성전에서 큰 음성이 나서 일곱 천사들에게 "너희는 가서 하나님의 진노의 일곱 대접을 땅에 쏟으라"(계 16:1)고 명령하는 것을 들었다. 이제 첫째 천사에 의해서 하나님의 진노가 담긴 대접이 땅에 쏟아진다.

"첫째 천사가 가서 그 대접을 땅에 쏟으매 짐승의 표를 받은 사람들과 그 우상에게 경배하는 자들에게 악하고 독한 종기가 나더라"(계 16:2.)

첫째 대접이 땅에 쏟아진 것은 일곱 나팔 환상에서 첫째 나팔이 불릴 때 땅의 삼분의 일이 타격을 당한 것과 비슷하다. 땅에 쏟아진 첫째 대접의 재앙은 이 땅 위에 사는 모든 사람들에게 임한 것이 아니라, 오직 "짐승의 표를 받은 사람들과 그 우상에게 경배하는 자들"에게만 임하였다. 그들은 로마의 평화(Pax Romana) 라는 정치적 선전을 수용하고, 제국의 체제에 순응하고 적응할 뿐만 아니라, 제국의 우상에게 예배하는 우상숭배자들이다. 짐승에게 속한 자들은 누구나 오른손이나 혹은 이마에 짐승의 표를 달고 있다(참조, 14:9-11; 19:20; 20:4). 짐승의 추종자들이 달고 있는 표는 의인들이 달고 있는 표와 상반되는 반신적인 표(계 7:1ff; 14:1)이다. 첫째 대접의 재앙으로 인해서 땅 위에 살고 있는 짐승의 추종자들에게 "악하고 독한 종기"가 발생하였다. 종기 재앙은 출애굽의 열 재앙들 중의 여섯째 재앙과 같다(출 9:9-11). 하나님은 그의 말씀에 순종하지 않는 사람들을 "애굽의 종기"로 심판했다(신 28:27). 둘째 대접은 바다에 쏟아졌다.

둘째 대접은 바다에 쏟아졌다.

"둘째 천사가 그 대접을 바다에 쏟으매 바다가 곧 죽은 자의 피같이 되니 바다 가운데 모든 생물이 죽더라"(계 16:3).

여기서 "죽은 자의 피"는 학살당한 사람들이 흘린 피를 의미한다. 권력자들은 무죄한 자들을 학살하고, 죽은 자들을 망각되도록 역사에서 삭제시키고 그들에 대한 기억을 사회에서 배제시켰지만, 하나님은 그러한 희생자들의 억울한 죽음을 기억하기 때문에 바다를 그들이 흘린 피로 변화시킴으로써 학살자들의 악행을 백일하에 드러내었다. 바다가 피학살자들이 흘린 피로 변해서 바다 속의 생물들이 모두 죽었다는 것은 학살자들이 역시 핏물로 변한 바다로 인해서 죽게 될 것이라는 것을 암시한다. 이 재앙은 모세가 나일 강을 피로 변화시켜서 그 안에 있는 고기들을 모두 죽게 만들었던 출애굽의 첫 번째 재앙(출 7:14-25)과 비슷하다. 둘째 나팔 재앙은 바다의 삼분의 일만 피가 되게 하였지만(계 8:8-9), 둘째 대접 재앙은 바다 전체를 피로 변화시켰다.

이제 셋째 대접은 다음과 같이 강과 샘에 쏟아졌다.

"셋째 천사가 그 대접을 강과 물의 근원에 쏟으매 피가 되더라"(계 16:4).

셋째 대접은 강들과 물의 근원을 전체적으로 피로 변화시켰다. 그러므로 강과 샘은 모두 마실 수 없는 물이 되었다. 이 재앙은 역시 나일 강과 이집트의 다른 강들을 피로 변화시켜서 사람들이 그 물을 마실 수 없도록 만든 출애굽의 첫 번째 재앙과 비슷하다(출 7:14-25). "애굽 사람들은 나일 강물을 마실수 없으므로 나일 강가를 두루 파서 마실 물을 구하였더라"(출 7:24). 시편 시인은 하나님이 이집트에 내린 재앙을 이렇게 표현한다: "그들의 강과 시내를 피로 변하여 그들로 마실 수 없게 하셨다"(시 78:44). 강과 물의 근원을 모두 피로 변화시킨 셋째 대접 재앙은 셋째 나팔이 나일 강과 샘들의 삼분의 일을 피가 되도록 한 것과 대조된다. 바닷물이 이미 피로 변화하였고(계 6:3), 이제는 강과 샘도 역시 피로 변했다. 그러므로 짐승을 추종하는 우상 숭배자들과 악인들은 깨끗한 식수를 구할 수 없기 때문에 피로 변한 물을 마셔야만 한다. 남에게 저지른 악행은 그 악행을 저지른 자에게 똑 같아 돌아간다. 이것은 악인들이 자신들의 손에 의해서 죽임을 당한 사람들이 흘린 피를 마셔야만 하고, 자신들이 남에게 저지른 악행 때문에 자신들도 죽게 된다는 것을 의미한다.

요한은 하나님의 이러한 보복 심판이 정당하다는 것을 입증하기 위해서 세 번째 대접을 쏟은 후에 의도적으로 다음과 같은 찬송 단락(계 16:5-7)을 삽입하였다.

"5 내가 들으니 물을 차지한 천사가 이르되 전에도 계셨고 지금도 계신 거룩하신이여 이렇게 심판하시니 의로우시도다 6 그들이 성도들과 선지자들의 피를 흘렸으므로 그들에게 피를 마시게 하신 것이 합당하나이다(ἄξιοί/악시오이) 하더라 7 또 내가 들으니 제단이 말하기를 그러하다 주 하나님 곧 전능하신 이시여 심판하시는 것이 참되시고 의로우시도다 하더라"(계 16:5-7).

요한계시록에서 하나님의 호칭은 일반적으로 "이제도 계시고 전에도 계시고 장차 오실 이"(계 1:4, 8; 4:8, 11, 17)이다. 그런데 "물을 차지한 천사"(참조, 에녹1서 66:1-2)는 "전에도 계셨고 지금도 계신" 하나님이라고 부르며, 하나님 호칭의 셋째 요소인 "장차 오실 이"를 빼고, 그 대신에 15:4에서 이미 사용된 호칭인 "거룩하신 이"(계 16:5)를 보충하였다. 그 이유는 맑고 깨끗한 물을 피로 변화시킨 재앙을 현재의 시간에 이미 오셔서 임재하고 있는 거룩한 하나님의 심판으로 보는 것이 자명하기 때문이다.

"합당하다"고 번역된 그리스어 단어 ἄξιος(악시오스)의 본래적 의미는 무게를 재는 저울에 균형이 정확하게 맞는 것을 뜻한다. 이 단어의 이러한 본래적 의미를 살리면, 무죄한 자들을 죽이고 피를 흘리게 한 학살자들이 자신들도 똑 같이 핏물을 마시고 죽어야 할 보복 심판을 받는 것이 정말로 정당하다는 것이다, 여기서 피를 흘리고 죽은 "성도들과 선지자들"은 다섯째 봉인(계 6:9-11)이 열렸을 때 천상의 제단 아래 모여서 하나님께 심판과 신원을 호소하였던 학살당한 남녀 순교자들과 동일시된다.[3] 하나님은 그들의 억울한 죽음과 탄원을 기억하기 때문에 이제 그들을 죽인 학살자들을 심판하신 것이다. 악인들이 부당하게 저지른 불의는 심판의 날까지 매일 하나님 앞에 기록된다(에녹1서 98:6-8). 그러므로 그들은 자신들의 죄악을 결코 숨길 수 없다. 짐승과 그 추종자들이 살인자들이라는 것은 요한계시록에서 후렴처럼 자주 나온다(참조, 계 2:13; 6:9; 13:15; 16:6; 18:24).[4] 하나님은 정의로 세계를 심판하고 약자들의 권리를 회복시키는 심판자다. "그가 임하시되 땅을 심판하러 임하실 것임이라 그가 의로 세계를 심판하시며 그의 진실하심으로 백성을 심판하시리로다"(시 96:13). 반면에, 불의하게 살해당한 무죄한 자들은 그들의 편에 서 있는 하나님의 보복 심판 행위를 통해서 신원되고 권리가 회복된다. "하나님이 너희를 위하여 그에게(=로마) 심판을 행하셨음이라"(계 18:20). 물을 다스리는 천사는 악인들의 악행을 그들 자신에게 그대로 갚은 하나님의 심판을 축하하는 찬송을 부르고, "제단"은 "그러하다 주 하나님 곧 전능하신 이시여 심판하시는 것이 참되시고 의로우시도다"(계 16:7)라고 화답한다. 여기서 "제단"은 천상의 제단 아래 모여 있는 남녀 피학살자들의 대변인 역할을 한다(참조, 6:9-11).[5] 이 찬송 단락(계 16:5-7)은 그 당시의 그리스도인들의 예배의 성격을 반영한다. 그들의 예배는 하나님의 정의로운 심판을 축하하는 축제로서의 예배이며, 또한 로마 제국의 살인적인 폭력 체제를 비판하는 항의로서의 예배이다. 이제 찬송이 끝나고(계 16:3-7), 다시 대접들의 환상 이야기가 계속된다.

이제 넷째 천사가 나타나서 다음과 같이 해에 대접을 쏟아버린다.

---

3) Klaus Wengst, *"Wie lange noch?"*, 202; Stephen Pattemore, *The People of God in the Apocalypse: Discourse, Structure, and Exegesis* (Cambridge: Cambridge University Press, 2004), 98-99.
4) Wes Howard-Brook and Anthony Gwyther, *Unveiling Empire: Reading Revelation Then and Now* (Maryknoll: New York: Orbis Books, 2000), 228.
5) Robert H. Mounce, *The Book of Revelation* (Grand Rapid/Cambridge: William Eerdman Publishing Company, 1977), 296.

"넷째 천사가 그 대접을 해에 쏟으매 해가 권세를 받아 불로 사람들을 태우니 사람들이 크게 태움(καῦμα/카우마)에 태워진지라 이 재앙들을 행하는 권세를 가지신 하나님의 이름을 비방하며 또 회개하지 아니하고 주께 영광을 돌리지 아니하더라"(계 16:8-9).

여기서 태양에 의해서 크게 태움(καῦμα/카우마)에 태워진 "사람들"(ἄνθρωποι/안트로 포이)은 누구인가? 그들은 일반적인 사람들이 아니라, 짐승의 추종자들이다.[6] 무죄한 사람들을 불태웠던 짐승의 추종자들이 이제 하나님의 보복으로 불태움을 당한다. "불로 사람을 태우는 것"은 몰록 숭배에서부터 유래한다. 몰록 숭배는 아버지가 그의 어린 자녀를 불태워서 바치는 인신 제사를 수반한다. 그러므로 몰록 숭배는 이스라엘에서 엄격하게 금지된 우상 숭배였다(참조, 레 18:21; 20:1-5; 왕하 23:1). 요한에게 있어서 로마의 제국주의 체제와 황제숭배는 구약시대에 불태움으로 아이들의 생명을 파괴하였던 몰록 숭배와 같다. 수많은 무죄한 자들을 불태움으로써 생명을 파괴한 로마의 제국주의 체제의 우두머리들과 그들의 협력자들은 이제 자신들이 불태움을 당하는 보복 심판을 받는다. 이러한 그들의 운명은 그들이 남에게 저지른 행위에 상응하는 보복이다. 그러나 그러한 재앙에도 불구하고 그들은 자신들의 죄악과 우상숭배 행위를 회개하지 아니하고, 도리어 하나님에게 책임을 돌리고 비난하였다.

짐승의 추종자들은 태양의 열로 태움을 당하는 하나님의 심판을 받지만, 그러나 로마의 우상 숭배적 체제에 저항하면서 어린 양을 추종하는 성도들은 "해나 아무 뜨거운 기운(καῦμα/카우마)에 상하지도 아니 할 것"(계 7:16)을 보장받는다. 그리스어 카우마(καῦμα)가 불태움을 의미하지만, 여기서는 "기운"으로 번역되었다. 예언서에도 이와 비슷한 내용이 있다: "그들이 주리거나 목마르지 아니할 것이며 더위와 볕이 그들을 상하지 아니하리니 이는 그들을 긍휼히 여기는 이가 그들을 이끌되 샘물 근원으로 인도할 것임이라"(사 49:10). 넷째 대접은 셋째 대접에서와 마찬 가지로 역시 남에게 입힌 악한 행위가 그 악행을 저지른 당사자에게 똑같이 되돌아간다는 것을 보여준다.

---

6) 짐승의 추종자들은 9:6, 10에서도 단순히 "사람들"로 불린다. Mathias Rissi, *Die Hure Babylon und die Verführung der Heiligen. Eine Studie zur Apokalypse des Johannes* (Stuttgart, Berlin, Köln: Verlag W. Kohlhammer, 1995), 44.

## 3. 다섯째 대접과 여섯째 대접의 재앙들(계 16:10-12)

### 1) 다섯째 대접(계 16:10-11)

이제까지는 심판의 대상이 자연계였지만, 다섯째 대접 재앙은 짐승의 보좌를 강타한다.

> "10 또 다섯째 천사가 그 대접을 짐승의 왕좌에 쏟으니 그 나라가 곧 어두워지며 사람들이 아파서 자기 혀를 깨물고 11 아픈 것과 종기로 말미암아 하늘의 하나님을 비방하고 그들의 행위를 회개하지 아니하더라"(계 16:10-11).

"짐승의 왕좌"(θρόνος τοῦ θηρίου/트로노스 투 테리우)는 세계를 지배하는 로마 제국의 통치권의 상징이다.[7] 천사에 의해서 하나님의 진노가 담긴 다섯째 대접이 짐승의 보좌에 쏟아진 것은 로마 제국의 사탄적인 통치력에 대한 심판을 의미한다. 짐승은 용으로부터 권력 행사를 승인을 받고서 용의 통치를 대행한다(13장). 짐승의 보좌에 쏟아진 다섯째 대접의 재앙은 두 가지 현상을 일으켰다.

첫 번째 현상은 짐승의 나라가 어두워진 것이다(참조, 계 6:12f; 8:12). 이것은 로마 제국이 외관상의 빛나는 찬란함에도 불구하고 실제로는 어둠이 지배하는 반신적인 제국이라는 것을 폭로한 것을 의미한다. 짐승의 제국은 어둡지만, 그러나 반제국적 공동체는 대낮처럼 밝다(계 21:23-24; 22:5). 어둠은 출애굽의 아홉째 재앙이며, 그 때 어둠이 너무 짙어서 사람들이 서로 알아보지 못하였다(참조, 출 10:21-29, 특히 23절을 보라). 하나님은 어둠을 통해서 심판한다(암 5:20; 삼상 2:9; 사 8:22; 욜 2:2, 10, 31). 어둠은 하나님의 구원으로부터의 분리를 의미한다(참조, 지혜서 17장).

두 번째 현상은 악성 종기가 사람들에게 전염병처럼 일시에 발생한 것이다. 여기서 "사람들"은 짐승을 추종하는 우상숭배자들을 가리킨다. 그러한 악성 종기는 어린 양 예수를 따르는 자들을 제외하고, 오직 짐승의 체제에 순응하고 협력하는 우상 숭배자들에게만 발생하였다. 짐승의 추종자들은 이러한 재앙에도 불구하고 책임을 하나님에게 돌리고 불평하면서 자신들이 저지른 죄악을 회개

---

7) "짐승의 왕좌"는 2:13의 "사탄의 보좌"와 동일시될 수 있다. G. K. Beale, *The Book of Revelation: A Commentary in the Greek Text* (Grand Rapids: William B. Eerrdmans Publishing Company, 1999), 824.

하지 않았다.

자신의 죄악을 하나님 앞에서 회개하고 정의를 실천하는 사람들은 구원을 받는다. "만일 의인이 그 공의를 떠나 죄악을 행하고 그로 말미암아 죽으면 그 행한 죄악으로 말미암아 죽는 것이요 만일 악인이 그 행한 악을 떠나 정의와 공의를 행하면 그 영혼을 보전하리라 그가 스스로 헤아리고 그 행한 모든 죄악에서 돌이켜 떠났으니 반드시 살고 죽지 아니하리라"(겔 18:26-28). 하나님은 죄인의 구원을 위해서 회개를 지정하였다. "오 주님이시여, 당신은 지극히 선하시므로 당신께 죄를 지은 자들에게 회개와 용서를 약속하였으며, 당신의 자비가 무한하므로 당신은 죄인이 구원받도록 죄인을 위해서 회개를 지정하였나이다"(므낫세의 기도 7절). 하나님 앞에서 진정으로 회개하는 것은 자신이 저지른 악행의 희생자들과 화해하고 이제부터는 그들의 편에 서서 그들의 이익과 권리를 위해서 일하고 그리고 그들과 연대하여 폭력과 억압의 구조에 저항하고 정의를 실천하는 것을 의미한다. 그러나 짐승의 추종자들은 자신이 저지른 악한 행위를 회개하지 않았기 때문에 결코 하나님의 용서를 받을 수 없다.

## 2) 여섯째 대접(계 16:12)

이미 셋째 대접 재앙이 여러 강들에 쏟아졌지만, 여섯째 대접에서 특별하게 "큰 강 유프라테스"가 언급되었다. 이것은 여섯째 나팔에서 "큰 강 유프라테스"(계 9:14)가 언급된 것과 상응한다.

"또 여섯째 천사가 그 대접을 큰 강 유프라테스에 쏟으매 강물이 말라서 동방에서 오는 왕들의 길이 예비되었더라" (계 16:12).

유프라테스 강은 구약성서에서 이스라엘의 국경을 나타내는 경계천으로 자주 언급되고(참조, 출 23:31; 신 1:7; 수 24:2; 왕상 4:21; 왕하 24:7), 그리고 "큰 강"으로 불린다(창 15:18; 신 1:7; 수 1:4). 구약시대에는 유프라테스 동쪽에 바빌론, 앗시리아, 메데, 그리고 페르시아가 있었으며, 이러한 제국들은 유프라테스 강을 건너서 이스라엘을 침략했다. 1세기 말엽의 요한의 시대에 유프라테스 강은 로마 제국의 영토의 경계선이었고, 강 건너 편에는 여러 나라들이 있었는데 그 중에서 파르티아(Parthia) 제국이 가장 힘이 있었다.

그런데 천사가 여섯째 대접을 큰 강 유프라테스에 쏟자 강물이 말라서 "동방에서 오는 왕들"을 위한 길이 마련되었다. 하나님이 강물을 말린 전례가 구약에 여러 번 있다(참조, 사 11:15; 44:27; 렘 50:38). "동방에서 오는 왕들"(계 16:12)은 누구인가? 그들이 유프라테스 강을 건너온 것은 무엇을 의미하는가? 여러 학자들은 "동방에서 오는 왕들"을 로마 제국의 영토를 기습적으로 침략하는 파르티아 (Parthia) 제국의 왕들이라고 설명한다.[8] 그러나 그러한 해석은 적절하지 않다. 왜냐하면 로마 제국에 예속된 식민지 사람들에게 있어서 로마 제국의 지배와 파르티아 제국의 지배 사이에는 인민의 예속과 억압이라는 점에서는 아무런 차이점이 없을 것이기 때문이다. 나는 유프라테스 강을 넘어서 온 "동방에서 오는 왕들"은 로마 제국의 영토를 침략한 적들로서가 아니라, 로마의 세 더러운 영들의 부추김에 의해서 로마의 제국주의 전쟁에 동맹군으로 참전하도록 미혹된 "온 천하 왕들"(계 16:14)로 이해되어야만 한다고 본다.[9] 그들은 로마의 동맹군들로서 아마겟돈에 집결하기 위해서 그 강을 건너온 것이다(참조, 16:16). 이러한 해석은 아마겟돈에 집결한 왕들이 동방의 왕들을 대적하지 않고, 하나님의 대리자인 천상의 예수에게 대적한다는 점에서 뒷받침된다.

만일 이러한 해석이 정당하다면, 유프라테스 강이 말라서 동방의 왕들이 그 강을 쉽게 건너 온 것이 어떤 의미에서 로마 제국에 내린 하나님의 재앙인가? 로마 제국은 "로마의 평화"(Pax Romana)라는 정치적 선전을 통해서 식민지 사람들을 속이지 않고서는 지탱할 수 없는 폭력적인 체제였다. 유프라테스 강물이 평상시처럼 흐르는 동안에는 "로마의 평화"라는 선전을 통한 기만이 유효했기 때문에 로마 제국은 동맹국들과 모의한 전쟁 전략을 은폐할 수 있었고, 식민지 사람들의 협력을 계속해서 받을 수 있었을 것이다. 그런데 천사가 여섯째 대접을 유프라테스 강에 쏟아서 강물을 말리고 길을 냄으로써 동방의 왕들이 로마의 동맹군으로서 군대를 이끌고 그 강을 쉽게 건너올 수 있도록 했다는 것은 로

---

8) Pablo Richard, *Apokalypse, Das Buch von Hoffnung und Widerderstand* (Luzern: Edition Exodus, 1996), 128; Mathias Rissi, *Die Hure Babylon und die Verführung der Heiligen*, 45; Frederick J. Murphy, *Fallen is Babylon: The Revelation of John* (Harrisburg, Pennsylvania: Trinity Press International, 1998), 341; Robert H. Mounce, *The Book of Revelation*, 298; Leon Morris, *Revelation* (Grand Rapids: William B. Eerdmans Publishing Company, 1997), 191; 에두아르트 로제/ 박두환 · 이영선 옮김, 『요한계시록』(천안: 한국신학연구소, 1997), 179.

9) 유프라테스 강을 건넌 "동방의 왕들"에 대한 해석에는 두 가지 상반된 주장이 있다. "동방의 왕들"(16:12)을 "온 천하 왕들"(16:14)과 동일시하는 견해에 대해서는 Michael J. Ramsey, Revelation (Downers Grove: Inter Varsity Press, 1977), 187; Eugenio Corsini, *The Apocalypse: The Perennial Revelation of Jesus Christ* (Wilmington, Delaware: Michael Glazier, Inc., 1983), 303; Mathias Rissi, *Die Hure Babylon und die Verführung der Heiligen*, 45; 데이비드 E. 아우내/ 김철 옮김, 『요한계시록(중)』(서울: 솔로몬, 2004), 901을 보라; 이와 반대로 "동방의 왕들"이 "온 천하 왕들"과 구별된다는 주장에 대해서는 Robert H. Mounce, *The Book of Revelation*, 298을 보라.

마가 숨겼던 전쟁 전략과 호전성이 백일하에 노출되었다는 것을 의미한다. 이로써 로마는 평화 애호가가 아니라, 평화 파괴자라는 것이 폭로되었기 때문에 로마는 이제부터 더이상 로마의 평화라는 정치적 선전을 통해서 인민들을 속일 수 없게 되었고, 따라서 로마 제국의 유지를 위한 그들의 협력을 기대할 수 없게 된 것이다. 이것이 바로 로마 제국에게는 치명적인 타격이고 재앙인 것이다.

## 4. 여섯째 대접과 일곱째 대접 사이의 현재의 시간(계 16:13-16).

### 1) 아마겟돈 전쟁의 본문의 위치

요한계시록의 저자 요한이 마지막 전쟁으로 설정한 아마겟돈 전쟁(16:13-16)이 일곱 대접 환상(15:1-16:21)의 도식 중에서 어느 단계에서 발생하는지를 통찰하는 것이 그 전쟁에 대한 해석에서 매우 중요하다. 일곱 대접 환상의 도식에서 첫 번째 대접부터 여섯째 대접까지의 재앙들은 이미 일어난 지나간 사건들이며, 일곱째 대접의 재앙은 아직 일어나지 않은 미래적 사건이다. 일곱째 대접의 재앙은 마지막 재앙으로서 로마 제국과 동맹국들을 붕괴시킴으로써 로마의 제국주의 체제를 영원히 해체시킨다.[10] 이러한 도식에서 여섯째 대접(계 16:12)과 일곱째 대접(계 16:17-21) 사이의 시간이 바로 요한과 그의 독자들이 로마 제국과 대결하고 있는 현재의 시간이며, 일곱 나팔 환상(계 8:2-11:19)에서도 여섯째 나팔과 일곱째 나팔 사이의 시간이 요한계시록 저자가 서있는 현재의 시간이며, 아마겟돈 전쟁(계 16:13-16)이 바로 여섯째 대접과 일곱째 대접 사이의 현재의 시간에 일어난다. 우리는 이러한 도식을 통해서 요한계시록의 저자가 아마겟돈 전쟁을 현재의 시간에 발생하는 마지막 전쟁으로 설정하였다는 것을 알 수 있다. 아마겟돈 전쟁(계 16:13-16)은 여섯째 대접이야기의 일부가 아니다.[11] 아마겟돈 전쟁 이야기는 16:16에서 중단되지만, 그 전쟁의 과정과 결과는 19:11-21에서 서술된다.[12]

---

10) 일곱째 대접 재앙에서 간결하게 표현된 바빌론에 대한 심판은 곧바로 연결된 17:1-19:10에서 더 자세하게 설명된다. 거기서 로마를 상징하는 바빌론은 "음녀"로 불린다.

11) 이러한 구조에 대해서는 Elisabeth Schüssler Fiorenza, *Revelation: Vision of a Just World* (Minneapolis: Fortress Press, 1991), 94; Pablo Richard, *Apokalypse,* 122와 141-142를 참조하라.

12) 계 19:11-21의 단락을 아마겟돈 전쟁의 계속으로 보는 관점에 대해서는 Pablo Richard, *Apokaylpse,* 214; 존 도미닉 크로산/ 이종욱 옮김, 『하나님과 제국』 (서울: 포이에마, 2010), 362; Klaus Wengst, *"Wie lange noch?"* 161과 207을 보라.

현재적 시간에 대한 일곱 대접 환상의 구조는 일곱 나팔 환상(계 8:2-11:19)에서도 발견된다. 여섯째 대접과 일곱째 대접 사이의 현재적 시간(계 16:13-16)에는 로마의 지배를 합법화하고 아마겟돈 전쟁을 부추기는 로마의 제국주의 선전 활동이 부각되어 있으며, 반면에 여섯째 나팔과 일곱째 나팔 사이의 현재적 시간(계 10:1-11:13)에는 로마의 제국주의에 저항하는 증인들의 반제국적 증언 활동이 부각되어 있다.

## 2) 전쟁을 일으키는 제국의 영과 그리스도인들의 반제반전 투쟁

### (1) 전쟁을 부추기는 로마 제국의 영

요한의 독자들이 숨 쉬고 있는 현재의 시간에 로마의 제국주의 선전 활동과 그리스도인 공동체의 반제국주의 투쟁과 증언 활동이 첨예하게 대립한다. 로마 제국의 현실에 대한 인식은 소아시아의 그리스도인들에게 결정적으로 중요하다. 왜냐하면 그리스도인의 정체성의 유지는 현실을 어떻게 인식하고 행동하느냐에 달려있기 때문이다. 그들은 개개인이 주체로서 우상숭배적인 제국의 체제에 저항하는 충성된 증인의 삶을 살 수도 있고, 또는 제국의 유혹과 압제에 굴복하거나 타협함으로써 객체로 전락하고 제국의 체제에 적응하고 협력하는 종이 될 수도 있다. 요한은 전쟁을 부추기는 제국의 악마적 현실을 다음과 같이 분석한다.

> "13 또 내가 보매 개구리 같은 세 더러운 영이 용의 입과 짐승의 입과 거짓 선지자의 입에서 나오니 14 그들은 귀신의 영이라 이적을 행하여 온 천하 왕들에게 가서 하나님 곧 전능하신 이의 큰 날에 있을 전쟁을 위하여 그들을 모으더라"
> (계 16:13-14.)

요한은 개구리 같은 "세 더러운 영"이 용과 짐승과 거짓 선지자의 입에서 나오는 것을 보았다고 말한다. 용과 짐승(=로마 제국)과 거짓 선지자(=식민지의 친로마적 토착 엘리트들)는 그리스도인 공동체의 반제국주의 예언운동을 억압하는 제국의 지배 체제의 구조를 상징한다. 용과 짐승과 거짓 선지자는 이미 요한계시록 13장에서 자세히 서술된 사탄의 삼위일체이며, 거기서 묘사된 둘째 짐승, 곧 땅에서 올라온 짐승이 여기서는 "거짓 선지자"로 불린다. 개구리는 레위기에 의하면 부정한 짐승에 속하며(출 8:1-7; 레 11:10-12), 또한 이집트에 내려진 열 가지 재앙 중에서 두 번째가 개구리 재앙이었다. 악마적 삼위일체의 입에서 나온 세 더러운 영들(πνεύματα/프뉴마타)이 개구리처럼 보였다는 것은 그들의 입에서부터 나오는 소리가 개구리의 개골개골하는 시끄럽고 무의미한 소리처럼 사람들을 현혹하는 정치적 선전에 지나지 않는다는 것을 의미한다.[13]

요한은 그들의 입에서부터 나온 개구리 같은 세 더러운 영들(πνεύματα/프뉴마타)를 "귀신의 영들"(πνεύματα δαιμονίων/프뉴마타 다이모니온)이라고 더 자세히 설명한다. 귀신의 영은 로마 제국의 영을 의미한다.[14] 이것은 전쟁을 일으키는 로마 제국의 영이 반신적인 악마의 영이라는 것을 의미한다. 세 더러운 영들의 전략은 여러 이적들을 행하는 것이다. "큰 이적을 행하되 심지어 사람들 앞에서 불이 하늘로부터 땅으로 내려오게 하고 짐승 앞에서 받은바 표징을 행함으로 땅에 거하는 자들을 미혹하였다"(계 13:13-14). 이적들을 통해서 전 세계의 왕들을 부추겨서 전쟁을 일으키는 제국의 영은 로마 제국의 전쟁을 반대하고 항의하는 그리스도인들을 대적한다. "용이 여자에게 분노하여 돌아가서 그 여자의 남은 자손 곧 하나님의 계명을 지키며 예수의 증거를 가진 자들로 더불어 싸우려고 바다 모래 위에 섰더라"(계 12:17).

요한은 귀신의 영이 "하나님 곧 전능하신 이의 큰 날"(계 16:14)에 있을 전쟁을 위하여 "온 천하 왕들"을 소집하였다고 한다. 그런데 "하나님의 큰 날"은 무엇을 의미하는가? 그것은 선의 군대와 악의 군대가 서로 충돌하는 전투의 날이 아니라, 하나님이 악인들을 심판하고 멸절시키는 날을 의미한다.[15] "여호와의 날이 크고 심히 두렵도다 당할 자가 누구이랴"(요엘 1:11). 요한은 요엘서의 이 구절로부터 "하나님의 큰 날"을 전승하여 귀신의 영들이 일으키는 전쟁이 하나님의 큰 날에 결정적으로 패배하는 마지막 전쟁이 될 것을 희망하였다.

하나님은 전쟁을 반대한다. 하나님은 전쟁의 종식과 전쟁 무기의 철폐를 요구한다. "그가 땅 끝까지 전쟁을 쉬게 하심이여 활을 꺾고 창을 끊으며 수레를 불사르시는도다"(시편 46:9); "그가 열방 사이에 판단하시며 많은 백성을 판결하시리니 무리가 그들의 칼을 쳐서 보습을 만들고 그들의 창을 쳐서 낫을 만들 것이며 이 나라와 저 나라가 다시는 칼을 들고 서로 치지 아니하며 다시는 전쟁을 연습

---

13) 브루스 M. 메츠거/ 이정곤 옮김, 『예수 그리스도의 계시라: 요한계시록 이해』 (서울: 기독교문 사, 1994), 124; G. K. Beale, *The Book of Revelation*, 832.
14) Klaus Wengst, "*Wie lange noch?*", 205.
15) Mathis Rissi, *Die Hure Babylon und die Verführung der Heiligen*, 47.

하지 아니하리라"(사 2:4; 참조, 미 4:3); "또 이 땅에서 활과 칼을 꺾어 전쟁을 없이 하고 그들로 평안히 눕게 하리라"(호 18:18).

### (2) 세례를 받은 그리스도인의 주체 윤리

세 더러운 영들이 전쟁을 부추기고 있는데, 그리스도인들은 어떻게 대처해야 하는가? 제국의 선전에 의해서 전쟁이 정당화되는 상황에서 요한의 독자들에게 요구되는 윤리적 책무는 무엇인가? 요한은 천상의 예수의 입을 통해서 그들에게 다음과 같이 권면한다.

> "보라 내가 도둑 같이 오리니(ἔρχομαι/에르코마이) 누구든지 깨어 자기 옷을 지켜 벌 거벗고 다니지 아니하며 자기의 부끄러움을 보이지 아니하는 자는 복이 있도다"(계 16:15).

이것은 요한의 독자들을 향한 간접적인 형태의 윤리적 명령이다. "오리니"(ἔρχομαι/에르코마이)는 현재형 시제이다. 이것은 여섯째 대접과 일곱째 대접 사이의 현재의 시간에 로마의 제국주의 전쟁을 중단시키고 전쟁의 확산을 막기 위해서 그리고 전쟁체제를 완전히 소멸시키기 위해서 억눌린 그리스도인들에게 찾아오는 천상의 예수의 현재적 오심을 의미한다. 하나님은 폭력의 역사를 지금 처럼 이대로 계속해서 진행되도록 내버려 두지 않고 반드시 단절시킬 것이다. 그 러나 하나님의 최종적인 심판 이전에 그의 대리자인 천상의 예수가 억눌린 약자 들과 함께 연대하는 반제반전 투쟁을 통해서 로마의 제국주의 체제를 무너뜨리 고 폭력의 역사의 진행을 중단시키기 위해서 지금 현재의 시간에 온다. 그는 지 금 짐승과 대결하고 있는 그리스도인 공동체의 저항과 투쟁 속에서 자신을 현시 하고 있으며, 그리고 마침내 로마 제국의 억압적 구조를 상징하는 존재들인 짐승 과 거짓 예언자를 파괴하고 그들에게 협력하는 땅의 왕들을 정복할 것이다(참조, 계 19:11-21).

예수의 현재적 오심을 적극적으로 기다리면서 그와 연대하는 사람은 로마 제 국의 유혹과 압제에 굴복하지 않고 자신의 운명을 스스로 결정하는 주체가 될 수 있다. 그러나 도둑을 대비하지 못하고 잠에 빠진 자가 도둑을 맞은 후에 당황하 여 허둥대는 것처럼 폭력의 역사의 진행을 중단시키기 위한 예수의 갑작스러운 오심을 기다리지 않는 자는 객체로 전락하여 수치를 당할 것이다. 예수의 갑작스러운 현재적 오심은 3:3절에서도 이미 언급되었다: "내가 도둑 같이 이르리니 어느 때에 네게 이를는지 네가 알지 못하리라." 바울도 역시 비슷한 말을 하였다: "주의 날이 밤에 도둑 같이 이를 줄을 너희 자신이 자세히 알기 때문이라"(살전 5:2). 복음서에도 부활한 예수가 뜻밖의 시간에 찾아오심이 언급되어 있다: "그 러므로 깨어 있으라 어느 날에 너희 주가 임할지 너희가 알지 못함이니라"(마 24:24).

"자기 옷"(계 16:15)은 세례를 받은 그리스도인의 정체성을 상징한다. 바울은 "누구든지 그리스도와 합하기 위하여 세례를 받은 자는 그리스도로 옷 입었느니라"(갈 3:27)고 하였다. 세례를 받은 그리스도인의 정체성은 십자가처형을 당하였지만 정의의 하느님에 의해서 부활한 예수와 연대하여 폭력의 구조를 허물고, 폭력의 역사의 진행을 중단시키는 일에 그리고 평화와 생명의 공간을 창조하는 일에 헌신하는 주체로서의 새로운 삶의 여정을 통해서 유지된다. "깨어 자기 옷을 지키는 것"에서 요구되는 그리스도인의 윤리적 책무는 로마 제국의 영이 전쟁을 부추기고 있는 현재의 시간에 폭력의 역사의 견고한 진행을 중단시키기 위해서 오고 있는 천상의 예수를 적극적으로 기다는 것이며, 예수와의 연대를 통해서 반제반전 투쟁의 주체가 되는 것이고, 그리고 정의와 평화와 생명이 지배하는 반제국적 공동체 건설의 주체가 되는 것이다. 이것은 지속적인 로마의 제국주의 체제와 전쟁 체제를 극복하기 위한 요한의 주체 윤리라고 불릴 수 있다.

예견되는 고난과 희생에도 불구하고 천상의 예수와 연대 투쟁하는 주체로서 그리스도인의 정체성을 지키는 것이 값진 삶이기 때문에 요한은 예수의 입을 통해서 그의 독자들에게 깨어서 자기 옷을 지키는 자가 "복이 있다"(참조, 계 22:7)고 말한 것이다. 반면에 천상의 예수의 현재적 오심을 기대하지 않고, 또 기다리지 않는 태만한 자는 역사를 변화시키는 주체가 되지 못하고 객체로 전락하기 때문에 "벌거벗고 다니고," 또 "자기의 부끄러움을 보이게" 되는 것이다(참조, 계 3:17).

## 3) 제국의 영이 일으킨 아마겟돈 전쟁의 과정과 결과

### (1) 아마겟돈 전쟁의 동맹군들(계 16:16)

제국의 악마적 영들은 표징을 통해서 모든 지상의 왕들을 한 곳으로 소집할 놀라운 힘을 가지고 있다. 악마적 삼위일체인 용과 짐승과 거짓 선지자의 주둥이들에서 나온 "세 더러운 영"(계 16:13)이 "온 천하 왕들에게 가서 하나님 곧 전능하신 이의 큰 날에 있을 전쟁을 위하여 그들을 모았는데"(계 16:14), 그 장소가 이제 아마겟돈이라고 불린다.

> "세 영이 히브리어로 아마겟돈('Αρμαγεδών)이라 하는 곳으로 왕들을 모으더라"(계 16:16).

여기서 왕들을 불러 모은 주체는 16:14에서 "귀신의 영"으로 규정된 세 더러운 영들이고, 객체는 거기서 언급된 "온 천하 왕들"이다. 귀신의 영은 로마 제국의 영을 의미한다.[16] 제국의 영의 미혹을 받은 왕들은 전쟁을 위해서 아마겟돈이라고 불리는 장소에 소집되었다. 아마겟돈 ('Αρμαγεδών)은 산을 의미하는 히브리어 הר(하르)와 예루살렘의 북쪽에 위치한 평야의 이름인 מגידו(므깃도)를 조합한 הר מגידו(하르 므깃도/므깃도의 산)의 그리스어 음역이다. 므깃도는 평야이고, 멀리 떨어진 곳에 갈멜 산(왕상 18장)이 있다.[17] "므깃도의 산"이라는 표현은 구약과 유대 묵시문학에서는 발견되지 않는다. 그런데 도대체 왜 세계의 마지막 전쟁이 아마겟돈에서, 즉 므깃도의 산에서 일어나는 것으로 표현되었는가? 그 이유는 모든 전쟁의 진행을 중단시키는 마지막 전투에 대한 요한의 희망이 이스라엘 역사상 중요한 전투들이 발생한 격전지로서 유명한 므깃도에 대한 그의 기억과 결속되어 있기 때문이다. 여사사 드보라와 사사 바락은 므깃도에서 야빈의 군대 지휘관 시스라가 이끄는 거대한 가나안 군대를 패배시키고(삿 5:19ff; 4:1-5:18) 가나안 왕 야빈의 통치 아래서 20년 동안 학대당하였던 이스라엘 자손을 해방시켰다(삿 4:3). 요시아 왕은 므깃도에서 이집트 군대와 맞서 싸우다가 패배하고 그들에 의해서 살해당했다(왕하 23:29-30; 역하 35:20-25). 가나안 왕 야빈과의 전투에서 이긴 드보라와 바락의 승리는 이스라엘 왕국의 건설의 단초가 되었으며, 요시아 왕의 패배와 죽음은 이스라엘 왕국의 몰락의 단초가 되었다.[18] 요한은 이러한 중요한

---

16) Klaus Wengst, *"Wie lange noch?"*, 205.
17) 어떤 학자들은 아마겟돈이 므깃도 부근에 있는 갈멜 산을 가리킬 수도 있다고 주장하는데, 갈멜 산은 예언자 엘리야가 바알 예언자들을 파괴시킨 산이다(왕상 18장). Robert H. Mounce, *The Book of Revelation*, 301; Pablo Richard, *Apokalypse*, 141; 이와 반대로 Mattias Rissi, *Die Hure Babylon und die Verfhrung der Heiligen*, 46-4는 갈멜 산은 므깃도에서 멀리 떨어져 있다는 점을 지적하면서 아마겟돈은 이사야 14:13에 서술된 신화적인 "집회의 산"에 대한 풍자일 것이라고 주장한다.
18) 요시아 왕이 살해당한 후에 얼마 지나지 않아서 바빌론의 느부갓네살이 이스라엘을 침략하였다.

역사적 사실들을 기억하면서 세계의 슈퍼파워 로마 제국이 벌이는 전쟁이 하나님의 날에 하나님의 심판을 통해서 결정적 패배를 당할 장소를 이스라엘 역사에서 유명한 격전지인 아마겟돈, 곧 "므깃도의 산"이라고 불렀을 것이다. 그러므로 마지막 전쟁이 발생할 장소로서의 아마겟돈은 지리적 의미로서가 아니라, 상징적 의미로 이해되어야만 한다.

(2) 아마겟돈 전쟁의 과정과 결과(계 19:11-21)

아마겟돈 전쟁에 대한 이야기는 16:13에서부터 시작하지만, 그 전쟁의 과정과 결과에 대한 언급이 없이 16:16에서 중단되었다. 그러나 요한은 아마겟돈 전쟁에 대한 이야기의 중단된 맥을 19:11-21에서 다시 잡고, 그 전쟁에 대한 설명을 계속한다. 그런데 이제 그 전쟁의 이야기는 지상이 아니라, 천상의 지평에서부터 전개된다.

> "11 또 내가 하늘이 열린 것을 보니 보라 백마와 그것을 탄 자가 있으니 그 이름은 충신과 진실이라 그가 공의(ἐν δικαιοσύνῃ/엔 디카이오쉬네)로 심판하며 싸우더라 (κρίνει καὶ πολεμεῖ/크리네이 카이 폴레메이). 12 그 눈은 불꽃같고 그 머리에는 많은 관들이 있고 또 이름 쓴 것 하나가 있으니 자기 밖에 아는 자가 없고 13 또 그가 피 뿌린 옷을 입었는데 그 이름은 하나님의 말씀이라 칭하더라 14 하늘에 있는 군대들이 희고 깨끗한 세마포 옷을 입고 백마를 타고 그를 따르더라 15 그의 입에서 예리한 검(ῥομφαία/롬파이아)이 나오니 그것으로 만국(ἔθνη/에트네)을 치겠고 친히 그들을 철장으로 다스리며(ποιμανεῖ/포이마네이) 또 친히 하나님 곧 전능하신 이의 맹렬한 진노의 포도주 틀을 밟겠고 16 그 옷과 그 다리에 이름을 쓴 것이 있으니 만왕의 왕이요 만주의 주라하였더라"(계 19:11-16)

"또 내가 하늘이 열린 것을 보니"(계 19:11)라는 표현은 "하늘에 열린 문이 있어"(4:1)와 "하늘에 증거 장막의 성전이 열리며"(15:5)와 마찬가지로 역사의 불가시적이고 초월적 차원을 상징하는 하늘이 계시를 통해서 열린 것을 의미한다. 요한이 하늘의 열린 문을 통해서 제일 먼저 본 것은 "백마와 그것을 탄 자"이다. 흰말을 타고 있는 자가 천상의 예수라는 것은 그의 이름이 "충신과 진실"로 불린다는 점에서 분명하다. 이미 1:5와 3:7에서 천상의 예수는 순서대로 "충신"(πιστός/피스토스)과 "진실"(ἀληθινός/알레티노스)로 불린다.

또한 19:11에는 아마겟돈 전쟁터에 나타나서 싸우는 천상의 예수의 두 가지

역할이 나타나 있다. 흰 말을 타고 있는 천상적 예수는 "공의로(ἐν δικαιοσύνῃ/엔 디카이오쉬네) 심판하며 싸우는(κρίνει καὶ πολεμεῖ/크리네이 카이 폴레메이)" 그리스도 이다. 여기서 두 동사의 시제는 모두 현재형이다. 이 전쟁에서 그의 역할은 정의 로 심판하는 심판자이고, 그리고 정의를 위해서 싸우는 투사이다(참조, 시 9:9). 심 판자와 투사로서의 천상적 예수의 역할은 구약과 유대 묵시문학으로부터 전승된 것이다. 하나님의 대리자인 메시아가 정의로 심판하는 것이 이사야 11:4-5에 나 타난다. 거기서 이새의 뿌리에서 나온 싹으로 기대되는 메시아적 왕은 "공의(צדק/ 체데크)로 가난한 자를 심판하며 정직으로 세상의 겸손한 자를 판단할 것이며 그 의 입술의 막대기로 세상을 치며 그의 입술의 기운으로 악인을 죽일 것이며 공의 (צדק)로 그의 허리띠를 삼아 성실로 그의 몸의 띠를 삼으리라"고 기술되어 있다. 에티오피아어 에녹서(=에녹1서)에는 약자들과 희생자들을 옹호하는 심판자와 투 사로서의 메시아의 역할이 매우 현저하게 나타난다.[19]

> "이 사람은 인자이다. 그에게 정의가 속하고, 정의가 그에게 머물러 있다. (…) 네가
> 본 이 인자는 왕들과 권력자들을 그들의 안락한 자리에서 끌어내리고 그리고 강한
> 자들의 왕위를 빼앗을 자이다. 그는 강한 자들의 고삐를 파괴하고 죄인들의 이를 부
> 서뜨릴 것이다. 그는 왕들을 그들의 보좌와 제국들로부터 폐위시킬 것이다"
> (에녹1서 46:3-5).

아마겟돈 전쟁은 천상적 예수에 의해서 발발된 전쟁이 아니라, 이미 오래전부 터 발생해서 요한의 시대에 진행 중에 있는 제국의 전쟁이다.[20] 이 전쟁은 용에 의해서 시작되었고(계 12:17), 용으로부터 권력을 받은 짐승에 의해서 대행되었고 (계 13:7), 그리고 짐승과 거짓 선지자에 의해서 미혹된 왕들에 의해서 지금 계속 되고 있다(계 16:13-16). 천상의 예수가 심판자와 투사로서 이 전쟁에서 싸우는 목 적(계 19:11)은 약자들의 생명을 파괴하는 로마의 제국주의 전쟁의 확산을 가로막 고 전쟁 체제를 소멸시킴으로써 이 세계에서 전쟁을 영원히 없애기 위한 것이며, 또한 제국의 강자들이 저지른 죄악의 희생자들의 빼앗긴 인권과 권리를 되찾아

---

19) 이병학, "유대 묵시문학과 신약성서 - 에녹과 예수," 「신약논단」 19권 제2호(2012), 365-94; Byung Hak Lee, *Befreiungserfahrungen von der Schreckensherrschaft des Todes im ätiopischen Henochbuch: Der Vordergrund des Neuen Testmanents* (Waltrop: Harmut Spenner Verlag, 2005), 241-77을 참조하라.
20) Klaus Wengst, "Wie lange noch?" 209.

주고 정의를 회복시켜줌으로써 그들이 주체로서 인간적인 삶을 살 수 있는 반제 국적 공동체를 만들기 위한 것이다.

흰말을 타고 있는 자의 "눈이 불꽃같고 머리에 많은 관들이" 있다(참조, 1:14; 단 10:6). 천상의 예수의 불꽃같은 눈은 그가 로마 제국의 현란한 정면 뒤에 있는 불 의와 비참을 볼 수 있는 예리한 투시력과 분별력을 가지고 있다는 것을 의미한 다. 이와 반대로 로마의 화려함에 눈이 부셔서 시력을 상실한 눈은 이 사회 안에 가려져 있는 억압과 차별을 식별하지 못할 것이다.[21] 머리에 쓴 관은 왕적 권력 의 상징이다. 천상의 예수는 사탄과 짐승보다 훨씬 더 월등한 권력을 가지고 있 다. 왜냐하면 사탄은 일곱 개의 관(12:13)을 가졌고 짐승은 열 개의 관(13:1)을 가 졌지만, 천상의 예수는 머리에 "많은 관들"을 가졌기 때문이다. 이로써 천상의 예수가 제국의 전쟁을 이기고 전쟁을 영원히 끝내고 약자들의 권리를 회복하고 정의를 수립할 수 있는 권력을 충분히 가지고 있다는 것이 증명된다. 그는 약자 들의 편에서 서서 그들의 빼앗긴 권리를 되찾아주고 인권을 회복시켜주는 정의 의 심판자이다.

천상의 예수의 또 다른 특징이 언급되어 있다: "또 이름 쓴 것 하나가 있으니 자기 밖에 아는 자가 없다(계 19:12). 비밀스러운 이름은 요한계시록 2:17에도 언 급되어 있다: "내가 감추었던 만나를 주고 또 흰 돌을 줄 터인데 그 돌 위에 새 이 름을 기록한 것이 있나니 받는 자 밖에는 그 이름을 알 사람이 없느니라." 흰 말 을 탄자의 "옷과 다리"에 남이 알 수 없는 그의 이름이 적혀 있다는 것은 일종의 부적에 대한 관념으로부터 연유된 표현일 수 있다.[22] 토속적인 관념에 의하면 부 적에 적힌 이름을 아는 자는 악마와 귀신들로부터 보호를 받는다. 요한에 의해서 그의 독자들에게 알려진 흰말을 탄 천상의 예수의 이름은 "충신과 진실"(계 19:11)이고, "하나님의 말씀"(계 19:13)이고, 그리고 "만왕의 왕이요 만주의 주"(계 19:16)이다. 요한의 독자들은 천상의 예수의 이러한 이름을 이미 알고 있기 때문 에, 그들은 그가 제공하는 보호와 안전을 누릴 수 있다는 것을 확신할 수 있다.

"피 뿌린 옷"을 입은 채로 흰말을 탄 자(계 19:13)는 로마의 군인들에 의해서 잔 혹하게 처형당한 역사적 예수와 동일시되는 것이 명백하다.[23] 그의 옷에 묻은 피

---

21) A Maria Arul Raja, *The Revelation to John, Dalit Bible Commentary New Testament, Vol. 10* (New Delhi: Center for Dalit/Subaltern, 2009), 113.

22) 부적과 연결시킨 해석에 대해서는 Peter R. Carrell, *Jesus and the Angels: Angelology and Christology of the Apocalypse of John* (Cambridge: Cambridge University Press, 1997), 211; Klaus Wengst, *"Wie lange noch?,"* 209를 보라.

(계 19:13)는 아마겟돈 전쟁 이전에 이미 갈보리에서 십자가 처형을 당할 때 흘린 역사적 예수 자신의 피다.[24] "희고 깨끗한 세마포 옷"을 입고 흰 말을 탄 천상의 예수를 따르는 "하늘에 있는 군대들"은 순교자들과 죽은 의인들이다.[25] 그 천상의 군대는 16:16에서 서술된 아마겟돈에 집결한 왕들의 군대에 맞서서 싸울 대항군대이다. 흰말을 탄자의 유일한 무기는 그의 입에서 나오는 예리한 검(ῥομφαία/롬파이아)이다. 칼은 그의 말씀의 강력한 힘을 상징하는 은유이다. 그는 그 검으로 "만국(ἔθνη/에트네)을 치겠고 친히 그들을 철장으로 다스린다(ποιμανεῖ/포이마네이)"(계 19:15). 이것은 메시아의 기능을 나타내는 시편 2:9의 인용이며, 요한계시록 12:5에도 나온다. "네가 철장으로 그들을 깨뜨림이여 질그릇 같이 부수리라 하시도다"(시 2:9). 철장, 곧 쇠막대기는 목양을 위해서 양떼를 이끄는 데 사용되고 또한 양떼를 보호하기 위해서 외부의 침입자를 쫓아내는 데 사용하는 도구이다. 그리스어 포이마이노(ποιμαίνω)는 "다스리다, 인도하다, 목양한다"는 의미가 있다. 천상의 예수는 만국(ἔθνη/에트네)을 말씀의 힘으로 훈육하고 쇠막대기로 양떼를 이끌고 지킬 목자 그리스도이다.

또한 천상의 예수의 심판자로서의 기능은 그가 "하나님 곧 전능하신 이의 맹렬한 진노의 포도주 틀"(계 19:15)을 밟는 데서 나타난다.[26] 진노의 포도주 틀은 이미 요한계시록 14:19-20에서 나온 주제이며, 거기서는 포도주 틀에서 나온 악인들의 피가 깊이가 말굴레까지 되고, 길이가 1,600 스다디온에 이르는 강을 이루었다. 이러한 끔찍한 표현에는 하나님의 복수 행위를 요청하는 희생자들과

---

23) Traugott Holts, *Die Offenbarung des Johannes* (Göttingen: Vandenhoecks & Ruprecht, 2008), 124.

24) 예수의 옷에 묻은 피가 십자가에서 흘린 예수 자신의 피라는 주장에 대해서는 Steven J. Friesen, *Imperial Cults and the Apocalypse of John* (Oxford: Oxford University Press, 2001), 216: Pablo Richard, *Apokaypse*, 216; Klaus Wengst, *"Wie lange noch?"* 210; Christopher Rowland, *The Open Heaven: A Study of Apocalyptic in Judaism and Early Chritianity* (New York: The Crossroad Publishing Company, 1982), 434; 김재준, 『요한계시록』, 309를 보라; 이와 반대로 그의 옷에 묻은 피를 이사야 63:1-3과 연결시켜 예수의 적들의 피라는 주장에 대해서는 Thomas B. Slater, Christ and Community: A Socio-Historical Study of the Christology of Revelation, JSNT SS 178 (Sheffield: Sheffield Academic Press, 1999), 224-225; Allan A. Boesak, Comfort and Protest. Reflections on the Apocalypse of John of Patmos (Philadelphia; The Westminster Press, 1987), 124를 보라.

25) 흰 옷은 순교자들이 입고(6:11), 또는 그리스도의 신부가 입는 옷이다(19:7-8); 일부 학자들은 천상의 군대를 천사로 본다. Leon Morris, *Revelation*, 224; 에두아르트 로제, 『요한계시록』, 198.

26) 이사야 63:1-6에서는 하나님이 홀로 분노의 포도주 틀을 밟았고, 적들의 선혈이 그의 옷에 튀었다. 요한계시록의 저자는 그 본문을 변경시켜서 예수에게 적용하였다.

힘없는 약자들의 기원과 로마가 일으킨 제국주의 전쟁과 대량학살에 대한 그들의 반대와 항의가 내포되어 있다고 볼 수 있다. 로마의 폭력의 희생자인 예수는 제국의 영들이 부추긴 전쟁의 확산을 가로막기 위해 그리고 전쟁을 영원히 종식시키기 위해서 아마겟돈 전쟁터에 나타났으며, 그는 오직 그의 입에서 나오는 예리한 검을 가지고 적들과 싸워서 승리한다.[27] 이제 요한은 아마겟돈 전쟁의 결과를 다음과 같이 서술한다.

> "17 또 내가 보니 한 천사가 태양 안에 서서 공중에 나는 새를 향하여 큰 음성으로 외쳐 이르되 와서 하나님의 큰 잔치에 모여 18 왕들의 살과 장군들(χιλιάρχων/킬리아르콘)의 살과 장사들(=용사들)의 살과 말들과 그것을 탄 자들의 살과 자유인들이나 종들이나 작은 자나 큰 자나 모든 자의 살을 먹으라 하더라 19 또 내가 보니 그 짐승과 땅의 임금들과 그들의 군대들이 모여 그 말 탄 자와 그의 군대와 더불어 전쟁을 일으키다가 20 짐승이 잡히고 그 앞에서 표적을 행하던 거짓 선지자도 함께 잡혔으니 이는 짐승의 표를 받고 그의 우상에게 경배하던 자들을 표적으로 미혹하던 자라 이 둘이 산채로 유황 불 붙는 못에 던져지고 21 그 나머지는 말 탄 자의 입으로부터 나오는 검에 죽으매 모든 새가 그들의 살로 배불리더라"(계 19:17-21).

요한은 한 천사가 "태양 안에 서서," 즉 하늘의 가장 높은 지점에서 서서 큰 소리로 외치는 것을 보았다. 거기 높은 하늘에 독수리를 비롯한 새들이 날아다닌다. 이제 전투가 곧 개시될 것이며, 수많은 시체들이 전쟁터에서 쓰러질 것이 예상되기 때문에 그 천사가 새들에게 시체를 뜯어먹도록 초대한다.

그런데 요한계시록 19:17-18은 에스겔 39:17-18로부터 인용한 것이다.

> "17 주 여호와께서 이와 같이 말씀하셨느니라 너 인자야 너는 각종 새와 들의 각종 짐승에게 이르기를 너희는 모여 오라 내가 너희를 위한 잔치 곧 이스라엘 산 위에 예비한 큰 잔치로 너희는 사방에서 모여 살을 먹으며 피를 마실지어다. 18 너희가 용사들의 살을 먹으며 세상 왕들의 피를 마시기를 바산의 살진 짐승 곧 숫양이나 어린 양이나 염소나 수송아지를 먹듯 할지라"(겔 39:17-18).

---

27) 폭력의 희생자인 예수의 승리는 이미 5:5에서 언급되어 있다: "유대 지파의 사자 다윗의 뿌리가 이겼다."

요한은 에스겔서 39:17-18에 없는 "장군"(χιλίαρχος/킬리아르코스)이라는 군대 계급 명칭을 아마겟돈 전쟁터에서 죽은 적들의 범주들을 설명하는 요한계시록 19:18에서 사용하였다. "킬리아르코스"라는 장군 계급 명칭은 1세기의 요한계 시록의 저자의 시대에 통용되고 있던 군대 계급으로서 천부장을 의미한다. 이러 한 사실은 요한이 구약 에스겔서를 통해서 자신의 시대의 현실을 해석하고 있다 는 것을 보여주는 증거이다.[28]

"종들"은 출정군의 병참 지원을 위해서 동원된 민간인들이다.[29] 제국의 전쟁 에 참여한 왕들과 장군들과 장사들(=용사들)과 그 밖의 참전자들이 모두 이제 마 지막 전쟁인 아마겟돈 전쟁터에서 죽임을 당하고 그들의 시체가 새들의 먹이가 되는 희생자들의 위치로 전환되었다. 그들의 비참한 운명은 전쟁을 일으키고 무 죄한 약자들을 무자비하게 살육한 그들 자신의 악한 행동에 똑같이 상응하는 하 나님의 심판이다. 이 역전은 무죄한 자들을 학살한 로마의 출정군을 보복하는 하 나님의 심판에 의해서 일어난 것이다. 전쟁터에 쓰러져 있는 모든 적들의 시체에 대한 환상은 로마 제국의 변방에서 실제로 빈번하게 발생했던 여러 전쟁에서 참 혹하게 죽임을 당하고 전쟁터 여기저기에 켜켜이 쌓여있던 무죄한 희생자들의 시체에 대한 요한의 기억이 생생하게 반영된 것으로, 그리고 동시에 전쟁과 잔혹 한 대량학살에 대한 그의 반대와 항의를 나타내는 것으로 이해될 수 있다.  이방 군대에 의해서 학살당한 무고한 유대인들의 시체가 매장되지 못하고 새와 야생 짐승들의 먹이가 되는 현실이 시편에 기술되어 있다.

> "2 그들이 주의 종들의 시체를 공중의 새에게 밥으로, 주의 성도들의 육체를 땅의 짐승에게 주며 3 그들의 피를 예루살렘 사방에 물 같이 흘렸으나 그들을 매장하는 자가 없었나이다 4 우리는 우리 이웃에게 비방거리가 되며 우리를 에워싼 자에게 조소와 조롱거리가 되었나이다 5 여호와여 어느 때까지니이까 영원히 노하시리이 까 주의 질투가 불붙듯 하시리이까"(시 79:2-5).

요한계시록 16:16에서 전쟁을 위해서 아마겟돈에 모인 자들은 단지 "왕들"이 지만, 19:19에서는 "짐승"이 동맹국의 왕들과 함께 전쟁 주모자로 분명하게 추 가적으로 언급되었다. "또 내가 보매 그 짐승과 땅의 임금들과 그들의 군대들이

---

28) Pablo Richard, *Apokalypse*, 217; Klaus Wengst, *"Wie lange noch?"*, 213.
29) 한국전쟁에서도 수십만 명의 민간인들이 미군의 병참 지원을 위한 노무자로 동원되었다.

모여 그 말 탄 자와 그의 군대와 더불어 전쟁을 일으키다가(19:19)." 요한은 여기서 짐승을 추가적으로 보충함으로써 아마겟돈 전쟁이 로마가 일으킨 제국의 전쟁이라는 사실을 더욱 명확하게 표현하였다.

아마겟돈 전쟁에 대한 서술은 실제의 전쟁에 관한 전쟁일지가 아니다. 아마겟돈 전쟁의 발단과 결과에 대한 묘사는 초현실적이다. 요한은 이 전쟁의 과정에 대해서는 설명을 생략하고, 그 결과에 대해서만 말한다. 천상의 예수의 군대와 짐승의 군대가 서로 대치하고 있었지만, 쌍방 간에 무력을 사용하는 전투는 전혀 발생하지 않았다. 흰말을 탄 천상의 예수를 따르는 군대는 비무장이며 어떠한 전투 행위도 하지 않는다. 오직 흰말을 타고 있는 천상의 예수가 혼자서 그의 입에서 나오는 예리한 검(계 19:15, 21; 참조, 계 1:16; 2:12, 16)을 가지고 싸운다. 그의 무기는 로마 제국의 무기와 아주 다르다. 이미 위에서 언급했듯이 그의 입에서 나온 검은 날카롭고 강력한 말씀의 힘을 상징한다. 그는 그 말씀의 검을 가지고 적들을 정복하고 전쟁을 승리한다.

> "19 또 내가 보매 그 짐승과 땅의 임금들과 그들의 군대들이 모여 그 말 탄 자와 그의 군대와 더불어 전쟁을 일으키다가 20 짐승이 잡히고 그 앞에서 표적을 행하던 거짓 선지자도 함께 잡혔으니 이는 짐승의 표를 받고 그의 우상에게 경배하던 자들을 표적으로 미혹하던 자라. 이 둘이 산 채로 유황불 붙는 못에 던져지고 21 그 나머지는 말 탄 자의 입으로부터 나오는 검에 죽으매 모든 새가 그들의 살로 배불리더라"(계 19:19-21).

전쟁을 일으킨 중심 세력인 짐승과 거짓 선지자(참조, 13장)는 천상의 예수의 입에서 나온 검(참조, 1:16; 2:12)에 의해서 사로잡혀서 산채로 유황불 못(참조, 단 7:11; 에녹1서 10:6)[30]에 던져져서 파괴되었다(계 19:19-20).[31] 짐승은 바다에서 올라온 짐승으로서 로마를 상징하고, 거짓 선지자는 둘째 짐승, 즉 땅에서 올라온

---

30) 요한계시록의 유황 불 못은 복음서네 나오는 "지옥 불(γέεννα τοῦ πυρός/게엔나 투 퓌로스)"(마 5:22; 18:9; 막 9:43)과 "마귀와 그 사자들을 위하여 예비된 영원한 불"(τὸ πῦρ τὸ αἰώνιον/토 퓌르 토 아이오니온)"(마 25:41)과 비슷하다.

31) 계 7:17-18에서 왕들과 짐승이 음녀에게 등을 돌리고 그를 망하게 하였다. 아직 미결이었던 왕들과 짐승에 대한 심판이 이제 아마겟돈 전쟁에서 이루어진 것이다. 짐승과 음녀는 둘 다 로마를 상징한다. 짐승은 로마의 군사적 측면을 나타내고, 음녀는 로마의 경제적 측면을 나타내는 은유이다. 음녀에 대한 심판은 18장에서 자세히 묘사되어 있다.

짐승이며(계 13장) "짐승의 표를 받고 그의 우상에게 경배하던 자들을 표적으로 미혹하던 자"(계 19:20)이다. 거짓 선지자는 자국민의 고통을 외면하고 오직 자신의 권력 유지와 이익을 위해서 로마 제국의 식민 지배를 합법화하고 제국주의 전쟁을 정당화하는 친로마적인 소아시아의 토착 엘리트들을 상징한다. 그런데 짐승과 거짓 예언자가 유황불 못에 던져진 것은 전쟁을 일으키는 로마 제국의 전쟁 체제와 제국주의 체제가 완전히 소멸된 것을 의미한다. 그리고 "그 나머지는 말 탄 자의 입으로부터 나오는 검에 죽으매" 그들의 시체는 새들의 먹이가 되었다(계 19:21). 여기서 "그 나머지"는 이 전쟁에 동맹군으로 출정한 "땅의 임금들과 그들의 군대들"(계 19:19)이다.

그는 그의 입에서 나온 검, 곧 말씀의 힘을 통해서 아마겟돈 전쟁을 끝내고 승리했다.[32] 이것은 전쟁은 더 큰 폭력의 힘을 통해서가 아니라, 하나님의 말씀의 힘, 즉 비폭력의 힘을 통해서 극복된다는 것을 의미한다. 이것은 또한 미래는 폭력의 힘을 숭배하는 지배자들과 학살자들에게 속한 것이 아니라, 무력하게 고난당하고 처형당한 예수 그리스도의 무력함의 힘과 비폭력 저항의 힘을 믿고 그를 충성스럽게 따르는 힘없는 약자들과 희생자들에게 속한다는 것을 의미한다.

### 5. 일곱째 대접과 하나님의 진노의 끝남(계 16:17-21)

하나님의 진노는 일곱째 대접이 쏟아질 때 비로소 자자들었다(참조 계 15:1, 8). 일곱 대접 환상의 절정은 일곱째 대접에서 일어난 바빌론의 멸망이다.[33] 일곱째 대접은 우상숭배적인 로마 제국의 멸망과 제국주의 체제의 파괴에 대한 것이다. 그것은 새로운 출애굽과 하나님의 심판이 역사 안에서 완전히 성취되는 것을 의미한다.

> "17 일곱째 천사가 그 대접을 공중에 쏟으매 큰 음성이 성전에서 보좌부터 나서 이르되 '되었다'(γέγονεν/게고넨) 하시니 18 번개와 음성들과 우렛소리가 있고 또 큰 지진이 있어 얼마나 큰지 사람이 땅에 있어 온 이래로 이같이 큰 지진이 없었더라 19 큰 성이 세 갈래로 갈라지고 만국의 성들도 무너지니 큰 성 바빌론이 하나님 앞에

---

32) 이러한 승리는 물론 기적의 범주에서만 이해될 수 있다. 20:9-10도 역시 마찬가지다.
33) Adela Yarbro Collins, *Crisis and Catharsis: The Power of the Apocalypse* (Philadelphia: The Westminster Press, 1984), 115.

기억하신 바 되어 그의 맹렬한 진노의 포도주 잔을 받으매 20 각 섬도 없어지고 산악도 간 데 없더라 21 또 무게가 한 달란트나 되는 큰 우박이 하늘로부터 사람들에게 내리매 사람들이 그 우박의 재앙 때문에 하나님을 비방하니 그 재앙이 심히 큼이라"(계 16:17-21).

일곱째 천사가 일곱째 대접을 공중에 쏟았다. 공중은 악령들이 거하는 보이지 않는 영역이지만, 땅의 차원에 속한다(참조, 엡 2:2). 이것은 사탄이 장악하고 있는 로마 제국의 보이지 않는 영적 차원에 대한 타격을 의미한다. 이 재앙과 함께 마침내 폭력의 역사가 끝났기 때문에 성전의 보좌로부터 "되었다(γέγονεν)"(참조, 계 10:7)라고 외치는 큰 음성이 들렸다(참조, 계 11:15) 그 큰 음성은 하나님의 목소리이다(참조, 사 66:6).[34] "되었다"라는 선언은 요한계시록 15:1에서 언급된 하나님의 진노가 심판을 통해서 마침내 최종적으로 마치게 되었다는 것을 의미한다(참조, 계 10:7). 이것은 또한 일곱째 나팔의 심판(계 11:15-19)에 상응하는 것이다.[35]

"번개와 음성들과 우렛소리가 있고 또 큰 지진이 있어"(계 16:18)라는 표현은 일곱째 대접의 재앙이 역사 안에서 일어난 하나님의 심판이라는 것을 의미한다. "사람이 땅에 있어 온 이래로"(계 16:18) 그 때까지 없었던 큰 지진이 발생했다는 것은 다니엘서 21:1을 연상시킨다: "환난이 있으리니 이는 개국 이래로 그때까지 없던 환난일 것이며, 그 때에 네 백성 중에 책에 기록된 모든 자가 구원을 받을 것이라." 하나님은 일곱째 대접의 재앙을 통해서 두 가지 차원의 심판을 일으킴으로써 마침내 폭력의 역사를 완전히 끝내었다.

첫째로 하나님은 로마의 제국주의 체제를 심판하였다. "큰 성 바빌론"은 로마를 상징하는 은유이다(참조, 14:8). 큰 지진으로 인해서 "큰 성이 세 갈래로 갈라지고 만국의 성들도 무너졌다"는 것은 동맹국들과 함께 제국주의 전쟁을 일으키고 무죄한 약자들을 억압하고 학살한 로마의 제국주의 체제와 전쟁 체제가 하나님의 심판으로 완전히 파괴되었다는 것을 의미한다. 이러한 심판에 대한 요한의 묘사는 이사야 24:19-20을 연상시킨다: "땅이 깨지고 깨지며 땅이 갈라지고 갈라지며 땅이 흔들리고 흔들리며 땅이 취한 자같이 비틀비틀하며 원두막같이 흔들

---

34) Pablo Richrad, *Apokalypse*, 143; 이 음성을 한 천사의 음성이라는 주장에 대해서는 Mathias Rissi, *Die Hure Babylon und die Verführung der Heiligen*, 47를 보라.

35) 일곱째 나팔이 울림으로써 "세상 나라가 우리 주와 그의 그리스도의 나라가 되어 그가 세세토록 왕노릇하리로다"(계 11:15)라고 하는 찬송이 나오고, 하나님의 심판을 통해서 억울하게 죽은 자들이 신원되고, 성도들이 상을 받고, 그리고 "땅을 망하게 하는 자들"이 멸망을 당한다(계 11:18).

리며 그 위의 죄악이 중하므로 떨어져서 다시는 이러나지 못하리라."

"바빌론이 하나님 앞에서 기억하신바 되어"(계 16:19)라는 표현은 하나님이 바빌론의 악행을 모두 기억한다는 것을 의미한다: "그의 죄는 하늘에 사무쳤으며 하나님은 그의 불의한 일을 기억하신지라"(계 18:5). 바빌론은 무죄한 자들을 학살하고 그들을 사회에서 배제하고 망각했지만, 하나님은 정의와 신원을 호소하는 죽은 자들의 통곡과 절규를 들으시고 바빌론의 악행을 기억하고 있다(참조, 계 6:9-11). "맹렬한 진노의 포도주 잔"을 받은 바빌론의 비참한 운명은 무죄한 자들의 피를 흘린 자신의 행위에 상응하는 하나님의 심판이다. "여호와께서 만국을 벌할 날이 가까왔나니 네가 행한대로 너도 받을 것인즉 네가 행한 것이 네 머리로 돌아갈 것이라"(욥 1:15). 그런데 하나님이 바빌론을 심판하는 이유는 단지 그리스도인들의 순교 때문만이 아니라, 교회 울타리 밖에 있는 로마의 제국주의의 모든 희생자들의 억울한 죽음 때문이다: "선지자들과 성도들과 및 땅 위에서 죽임을 당한 모든 자의 피가 그 성 중에서 발견되었느니라"(계 18:24). "각 섬도 없어지고 산악도 간 데 없더라"(참조, 시 97:5)는 역시 바빌론에 대한 하나님의 심판을 나타내는 상징적 표현이다: "그들의 행위대로 갚으시되 그 원수에게 분노하시며 그 원수에게 보응하시며 섬들에게 보복하실 것이라"(사 59:18).

둘째로 하나님은 로마의 우상숭배적인 제국주의 체제와 전쟁 체제에 적응하고, 협력하는 사람들을 우박 재앙으로 심판하였다. 하늘로부터 "무게가 한 달란트"[36] 정도 되는 큰 우박이 하늘로부터 짐승의 추종자들에게 내렸다(16:21). 우박은 출애굽의 일곱째 재앙(참조, 출 9:13-35)이다. 하나님은 우박을 내려서 적들을 멸하기도 하고(참조, 수10:11; 사 30:30; 겔 38:22), 또는 그들에게 회개의 기회를 주기도 한다, "우박을 떡부스러기 같이 뿌리시나니 누가 능히 그 추위를 감당하리요, 그의 말씀을 보내사 그것들을 녹이시고 바람을 불게 하신즉 물이 흐르는도다"(시 147:17-18). 그러나 로마 제국의 체제에 순응하고 협력하는 사람들은 이러한 우박 재앙에도 불구하고 회개하지 않고 도리어 하나님을 비방하였기 때문에(계 16:21) 모두 멸망되었다.

일곱째 대접의 재앙이 일으킨 이러한 두 가지 차원의 심판을 통해서 로마 제국과 그 추종자들은 심판을 받았으며, 반면에 로마 제국의 억압적인 체제의 희생자들은 신원되고 해방되었다. 이러한 재앙은 하나님의 해방하는 행동을 의미한

---

36) 한 달란트의 무게는 45 파운드부터 100 파운드 까지 또는 심지어 더 이상으로 다양하게 평가 된다(1파운드 = 0.45kg).

다. 바빌론과 동맹국들의 멸망과 악인들의 멸망은 지구의 파괴나 세계의 멸망을 의미하는 것이 아니라, 폭력의 역사의 종말을 의미한다. 그리고 그것은 또한 형제자매적인 사랑과 평화와 평등과 정의가 지배하는 새로운 대안적인 세계의 시작을 의미한다.

## III. 결론: 전쟁 체제의 극복과 한반도의 통일

일곱 대접 환상은 폭력의 역사가 지금처럼 이대로 계속되지 않고 하나님의 심판으로 반드시 끝난다는 것과 남에게 입힌 악한 행위는 그 악행을 저지른 본인에게 똑같이 그대로 되돌아가고 피해자에게는 권리와 정의가 회복된다는 것을 보여준다. 하나님은 로마의 제국주의의 희생자들을 기억하기 때문에 바빌론을 파괴하고 짐승의 추종자들을 심판하였다(참조, 신 32:35). 그러나 하나님은 인간의 보복을 허용하지 않는다(참조, 롬 12:19; 히 10:30).

여섯째 대접과 일곱째 대접 사이의 현재의 시간에 발생한 아마겟돈 전쟁은 로마 제국이 일으킨 제국주의 전쟁이다. 로마의 폭력의 희생자인 천상의 예수가 심판자와 투사로서 그 전쟁의 확산을 가로막고 끝냈다. 또한 그는 목자 그리스도로서 만국을 훈육하고 목양한다. 그가 아마겟돈에서 싸우는 목적은 로마의 제국주의와 전쟁 체제를 소멸시킴으로써 폭력의 역사를 단절시키는 것이며, 그리고 제국의 희생자들의 빼앗긴 인권과 권리를 되찾아주고, 정의를 회복시켜줌으로써 형제자매애를 나눌 수 있는 반제국적 공동체를 세우는 것이다. 그는 오직 그의 입에서 나오는 예리한 검, 즉 말씀의 강력한 힘을 무기로 삼고 제국의 전쟁 체제를 소멸시키고 그 전쟁을 승리하였다. 그것은 그의 무력함의 힘과 비폭력 저항의 힘을 통한 승리이다.

요한은 전쟁의 중단과 전쟁이 더 이상 없는 평화를 희망하는 가운데 천상의 예수가 제국의 전쟁 체제를 소멸시키는 묘사를 통해서 아마겟돈 전쟁을 마지막 전쟁이 되게 하였다. 그러므로 아마겟돈 전쟁 환상은 모든 전쟁의 종식과 평화를 희망하는 요한의 반제반전 투쟁과 평화운동을 나타내는 반제국적 담론으로 새롭게 이해되어야만 한다. 이제부터 "아마겟돈 전쟁"은 미국의 전쟁을 정당화하거나 또는 지구를 멸망시킬 핵전쟁의 메타포로서가 아니라, 전쟁 체제의 종식과 평화를 희망하는 억눌린 약자들의 반제반전 투쟁과 평화운동의 메타포로 통용되어야 한다.

그런데 환상 속에서 아마겟돈 전쟁은 천상적 예수의 승리로 끝났고 로마의 전쟁 체제가 영원히 소멸되었지만, 그러나 요한의 수신자들의 현실 세계에서 로마제국의 권력구조는 아직도 아무런 변화가 없고, 제국의 변두리에서 침략 전쟁은 계속해서 진행되고 있고, 그리고 힘없는 나라들과 약자들은 사실상 초강대국인 로마제국 앞에서 여전히 항복하고 있었을 것이다. 그러나 천상적 예수의 승리와 전쟁 체제의 파괴에 대한 요한의 그림은 그들에게 수동적으로 종말을 기다리면서 하늘의 세계로 도피하게 하는 종교적 아편이 아니라, 모든 사람들의 주체적인 삶을 위해서 반드시 필요한 평화와 생명과 정의가 지배하는 대항현실의 매개이다. 물론 그러한 대항 현실이 아직 그들이 숨 쉬고 있는 현재의 시간에 지상에서 실현되지는 않았지만, 그들은 로마 제국 한가운데 지금 임재하고 있는 천상의 예수와 함께 연대하여 억압의 구조와 로마의 제국주의 체제와 전쟁 체제에 저항함으로써 그리고 반제국적 공동체를 추구함으로써 그러한 대항현실을 선취할 수 있다.

요한은 그러한 대항 현실을 실현하기 위해서 필요한 윤리적 책무를 그의 독자들에게 요구하였다(계 16:15; 참조, 갈 3:27). 천상의 예수는 짐승과 대결하고 있는 그리스도인 공동체와 연대하기 위해서 지금 오고 있다. 세례를 받은 그리스도인의 정체성은 폭력의 역사를 단절시키기 위해서 지금 현재의 시간에 오고 있는 천상의 예수와 연대하여 폭력의 구조를 허물고, 폭력을 중단시키는 일에 그리고 평화와 생명의 공간을 창조하는 일에 헌신하는 주체로서의 새로운 삶의 여정을 통해서 유지된다. 그러므로 제국의 영들이 전쟁을 부추기고, 또 전쟁이 벌어지고 있는 상황에서 그리스도인들이 소명으로 받아드려야 할 윤리적 책무는 폭력의 역사의 견고한 진행을 단절시키기 위해서 지금 현재의 시간에 오고 있는 천상의 예수를 적극적으로 기다리는 것이며, 그와의 연대를 통해서 로마의 제국주의 체제와 전쟁 체제를 와해시키기 위해서 비폭력적으로 저항하는 반제반전 투쟁과 평화운동의 주체가 되는 것이고, 그리고 정의와 평화와 생명이 지배하는 반제국적 공동체 건설의 주체가 되는 것이다. 그것은 전쟁을 지속적으로 일으키는 로마의 제국주의 체제와 전쟁 체제를 극복하기 위한 주체 윤리라고 불릴 수 있다. 요한의 주체 윤리의 목표는 어떤 정치적, 경제적 체제가 아니라, 반제국적 대항 공동체이다.[37] 그의 주체 윤리는 오늘날 분단된 한반도에 살고 있는 그리스도인들의 신앙실천을 위해서도 매우 타당성이 있다.

오늘의 시대적 상황은 요한계시록의 저자의 시대적 상황과 비슷하다. 오늘날 그리스도인들이 서 있는 위치는 역시 여섯째 대접과 일곱째 대접 사이의 현재적 시간이라고 할 수 있다. 오늘의 제국은 고대의 로마 제국 보다 더 폭력적이다. 오늘의 제국은 절대적인 시장의 제국이다. 시장의 제국에서 전쟁은 중요한 산업이 되고 있다. 거대한 자본주의 기업들과 군사 체제가 결합된 군산복합체(military-industrial complex)의 이익을 대변하는 미국 정부가 적대국들을 악마화하는 것은 전쟁과 군사기지 확보와 군수산업을 정당화하기 위한 구실일 수 있다.[38] 이와 정반대로 요한계시록의 저자는 전쟁을 부추기는 제국의 영들을 악마의 영들이라고 불렀다(16:14). 고대의 슈퍼파워인 로마제국이 "로마의 평화"(Pax Romana)라는 공식적 선전을 통해서 로마의 지배와 전쟁을 정당화하였듯이, 오늘의 제국은 "미국의 평화"(Pax Americana)라는 이름으로 전쟁을 정당화하곤 한다. 예컨대 미국 대통령 린든 존슨(Lyndon Johnson)은 미국이 1965년에 좌익 세력을 진압한다는 구실로 도미니카 공화국을 군사적으로 점령한 것을 평화를 위한 행위라고 다음과 같이 정당화하였다.

> "우리나라는 역사적으로 수많은 땅으로 군대를 보냈다. 하지만, 군대가 더는 필요하지 않을 때에는 항상 돌아오곤 하였다. 이것은 미합중국의 목적이 자유를 억압하려는 것이 아니라 항상 자유를 구하기 위한 것이었으며, 평화를 깨는 것이 아니라 더욱 공고히 하려는 것이었고, 땅을 불모로 잡는 것이 아니라 땅의 생명을 살리려는 것이었기 때문이다. 한 달 전에 나는 도미니카 공화국에 우리의 해군을 파병할 임무를 맡았다. 나는 같은 목적으로 그들을 보냈다."[39]

남한에는 아직도 미군이 주둔하고 있으며,[40] 지금 이 순간에도 남한의 영토와 영해에서는 대량 살상 무기를 가진 한미합동 전쟁 연습이 계속되고 있다. 핵확산금지조약(NPT)을 탈퇴한 북한은 최근에 헌법 전문에 핵보유국 명시하였다.[41] 이

---

37) 로마 제국에 대립되는 대항 공동체의 윤곽은 21:1-22:5에 서술되어 있다.
38) 미국 대통령 조지 부시(George W. Bush)는 2002년 연두교서에서 이란, 이라크, 그리고 북한을 "악의 축"(an axis of evil)이라고 불렀다.
39) John Swomley, *American Empire: The Political Ethics of Twentieth-Century Conflict* (New York: The Macmillan Company, 1971), 165-166.
40) 미국은 한국에 현재 3만7천명의 미군 병력을 주둔시키고 있다.
41) 1970년 3월 5일에 발효된 핵확산금지조약(Nuclear Nonproliferation Treaty=NPT)은 핵보유국인 미국, 러시아, 중국, 영국, 그리고 프랑스를 포함하여 현재 189개국이 가맹되어 있으며, 핵보

로 인해서 남한 정부는 군비증강을 위해서 비싼 미국무기를 사는데 더욱더 많은 돈을 소모하도록 부추겨질 수도 있다.[42] 그것은 한반도의 분단이 계속되는 것을 뜻하고, 통일이 기약 없이 미루어지는 것을 의미한다. 전쟁과 전쟁 위협은 더 위력적인 신무기의 힘으로 극복되는 것이 아니다. 그것은 전쟁 체제의 변화와 소멸을 통해서만 가능하다. 우리는 비폭력적인 반제반전 투쟁의 힘과 용서와 화해의 힘을 통해서 정전협정을 대체하는 미국과 북한과의 평화협정 체결을 조속히 성사시켜야만 한다.[43] 나아가서 세계의 평화를 위해서 모든 나라들이 다른 나라들을 공격하거나 전쟁을 할 수 없을 정도로 무기와 군대를 감축하고, 비군사적 방식의 방어를 수립하는 국제적인 협약을 맺을 수 있도록 우리는 세계교회와 함께 전쟁 체제가 인류의 적이라는 사실을 부단히 외쳐야 할 것이다. 전쟁은 상대편을 모두 적으로 규정하고 죽인다. 천상적 예수는 그것을 막기 위해서 전쟁 체제를 소멸시켰다(계 19:20; 참조, 엡 6:12). 전쟁 체제가 우리의 적이다. 전쟁에 징집된 아들을 위한 무력한 어머니의 기도는 오로지 전쟁에서 아들이 죽지 않는 것이다. 한국전쟁 당시 미군이 1950년 10월에 평양을 진격하였을 때 평양 우체국에서 미처 배달되지 못한 많은 편지들을 노획하였는데, 그 편지들 중의 하나는 아들인 인민군 분대장 한희송에게 보내는 함경남도 신흥군 영고 면에살고 있던 어머니 윤고분 씨의 애절한 편지이다.

"拜啓(배계)

우수수 낙엽이 떨어지는 가을밤에 기러기 훨훨 날아가는 애상의 가을에 집에서는

---

유국인 인도, 파키스탄, 그리고 이스라엘은 아직 NPT에 가입하지 않았다. 한국은 NPT에 1975년에 가입하였다. 북한은 1985년에 NPT에 가입하였으나, 1993년 3월에 탈퇴를 선언하였고, 1994년 6월에 IAEA에 탈퇴선언을 하였다. 북한은 2012년 4월에 개정한 헌법 전문에 핵보유국을 명시하였다. 핵확산금지조약의 제6조는 핵보유국들이 "조속한 시일 내에 핵무기경쟁을 중단하고 핵군축을 실현하기 위한 효과적인 수단과 엄격한 국제적인 통제 하에서 보편적이고 완전한 군축조약에 대하여 성실하게 협상해야 할 것"을 요구하고 있다. 그러나 현재 미국이 첨단 군사 무기들을 생산하고 수출하고 있는 것을 볼 때, 미국이 제6조의 이행 의무를 잘 수행하고 있는지는 의문이다.

42) 실례를 들면, 2011년도에 미국의 해외 무기판매액은 663억 달러(약 75조원)를 기록해 전 세계 무기 판매액 853억 달러의 77.7%를 차지하였고, 러시아의 무기 판매액은 48억 달러에 불과하였다. 미국은 이란의 핵개발 우려로 인해서 걸프 연안국들인 사우디아라비아(334억 달러),아랍에미리트연합(34억 9000만 달러), 그리고 오만(14억 달러)에 비싼 무기를 팔수 있었고, 또한 중국의 팽창정책의 우려로 인해서 인도(41억 달러)와 대만(20억 달러)에 무기를 팔 수 있었다. 「한겨레신문」 2012년 8월 28일 15면 참조.

43) 한국전쟁(1950-1953)은 1953년 7월 27일 판문점에서 "국제연합군 총사령관을 일방으로 하고 조선민주주의인민공화국 최고사령관 및 중공인민지원군 사령원을 다른 일방으로 하는 한국군사정전에 관한 협정"의 체결로 정전되었다.

모두 다 안녕하니 절대로 근심 말아라. 그리고 손녀 행자는 집에서 아무 사고 없이 매일 무럭무럭 자라고 집에서 뛰어 놀고 있으니 집에 대하여 근심하지 말고 너의 몸과 너의 건강만 부디부디 부탁한다. 집에서 너의 편지조차 없어서 속이 타던 차에 요행 편지를 받아보니 기쁘기 측량없다. 종종 집에 소식을 전하여다무나. 그리고 희운이 공습지역에 떨어져 있다. 그러면 할 말은 태산 같으나 후일에 하기로 하고 마지막 부탁은 너의 몸 건강하기만을 모친은 매일 기도만 하겠으니 안녕히 있어라. 9월 10일 부침."[44]

교회는 폭력의 역사를 단절시키고 평화와 생명이 지배하는 반제국적 공동체를 건설하고자 하는 하나님의 목적에 순종해서 부활한 예수와 함께 연대하여 한반도의 분단 시대를 끝내고, 전쟁 체제와 억압의 구조를 변화시키고, 그리고 빈곤화와 생태계의 파괴를 촉진시키는 시장의 제국에 저항하는 전위가 되어야 하며, 전쟁과 전쟁 위협과 빈곤과 여러 형태의 폭력에 짓눌려서 고통을 당하는 사람들이 자유와 품위를 누리면서 모두 주체로 살 수 있도록 후원하는 평화와 평등과 생명의 공간이 되어야만 한다. 교회의 구성원이 된다는 것은 국가와 국적을 초월하여 모든 약자들을 대신해서 말하고 행동하고 연대하는 것을 의미하며, 또한 용서와 화해의 공동체 건설에 헌신하는 것을 의미한다. 지금 이 순간에 우리는 폭력의 역사의 견고한 흐름의 한 단면인 분단시대의 지속을 단절시키기 위해서 전쟁 연습이 아니라, 통일 연습을 해야만 한다. 통일 연습의 구체적인 실례는 이산가족 상봉의 정례화, 금강산관광의 재개,[45] 조건 없는 식량 지원, 각계 계층의 민간인 교류와 경제적 협력 사업의 활성화, 비무장지대의 평화생태공원화, 그리고 평화협정 체결이라고 할 수 있다.

정의의 하나님은 폭력의 역사의 진행을 반드시 단절시키고 악인들을 심판할 것이다. 이것은 로마 제국의 전쟁과 폭력의 희생자들이 품었던 희망이고, 또한 오늘날 억압의 구조와 전쟁 체제에 짓눌려 있는 약자들과 가난한 자들이 품고 있는 희망이다. 일곱 대접들과 아마겟돈 전쟁 환상에 나타나는 진정한 평화는 전쟁이 잠정적으로 중단된 상태가 아니라, 전쟁이 더 이상 발생할 수 없도록 제국주의 체제와 전쟁 체제가 완전히 소멸되고, 폭력에 의해서 희생된 죽은 자들이 신

---

44) 이흥환 편, 『조선인민군 우편사서함 4640호: 1950년 받지 못한 편지들』(서울: 삼인, 2012), 182-83.
45) 1998년 11월 18일부터 2008년 7월 11일까지 190만 명이 금강산을 관광하였다.

원되고, 약자들의 빼앗긴 인권과 권리와 주체성이 회복되고, 그리고 형제자매적인 사랑과 연대의 공동체가 이루어지는 상태를 의미한다. 현재의 시간에 오고 있는 천상의 예수와의 연대투쟁을 요구하는 요한계시록의 주체 윤리의 실천을 통해서 억압의 구조와 전쟁 체제를 종식시키고, 자유와 평화와 생명의 공간을 창조하고, 자유와 용서와 화해의 공동체를 건설하고, 한반도의 자주적 통일을 실현하는 것이 오늘의 남녀 그리스도인들의 소명이다.

제12장
# 지구적 자본의 제국에서의 탈출
### "내 백성아, 바빌론에서 나오라"(계 18:4)

## I. 서론적 성찰

1세기 말엽에 저술된 요한계시록의 환상들에는 로마 제국의 정치적 현실과 하나님의 새 창조의 대항현실이 대조되고 있다.[1] 바빌론에 대한 심판 환상(계 17:1-19:10)은 제국의 중심부인 로마의 상류층들의 이익을 위해서 주변부의 수많은 가난한 사람들을 희생시키고 환경을 파괴하는 로마의 시장경제와 독점무역 체제를 혹독하게 비판한다.[2] 우리는 이 환상에서 로마의 정치적 경제에 의해서 착취당한 가난한 사람들의 신음과 울음소리를 듣고, 정의와 자유가 지배하는 대안적 세계를 갈망하는 그들의 타는 목마름을 느낀다. 식민지의 수많은 가난한 사람들을 희생시킨 로마의 제국주의와 시장 경제는 오늘날 자유 시장의 효율성과 점진적인 풍요의 이름으로 수백만 명의 생명을 손상시키고, 생태계를 파괴하고, 그리고 기아에 시달리는 수억 명의 고통을 외면하는 경제적 세계화의 현실을 생각나게 한다.

바빌론 심판의 환상은 로마의 정치적 경제를 비판하고, 그 당시의 그리스도인

---

1) Klaus Wengst, "Babylon the Great and the New Jerusalem: The Visionary View of Political Reality in the Revelation of John," Henning Graf Reventlow, Yair Hoffmann and Bejamin Uffenheimer (ed.), *Politics and Theopolitics in Bible and Postbiblical Literature, JSOTS 171* (Sheffield: JSOT Press, 1994), 189-202.

2) Barbara R. Rossing (ed.), "For the Healing of the World: Reading Revelation Ecologically," David Rhoads, *From Every People and Nation: The Book of Revelation in Intercultural Perspective* (Minneapolis: Fortress Press, 2005), 177; Richard Bauckham, "The Economic Critique of Rome in Revelation 18," Loveday Alexander (ed.), *Images of Empire* (Sheffield: Sheffield Academic Press, 1991), 47-90.

들에게 바빌론의 우상 숭배적 체제에서 탈출할 것을 요구하였다. 이 환상은 또한 오늘날 경제적 세계화의 시대에 지구적 자본의 제국에 포로가 되어 버린 그리스도인들과 교회들의 타협과 순응을 꾸짖으며, 대안적 세계를 위해서 과감하게 오늘의 바빌론에서 탈출할 것을 요구한다. 소득의 공평한 분배와 기아 퇴치는 경제적 세계화의 우선순위가 아니다. 지금 이 순간에도 세계의 거대한 빈곤층은 기아에 허덕이며 굶어서 죽거나, 또는 스스로 목숨을 끊고 있다. 유엔개발계획(UNDP)이 1992년에 발표한 샴페인 잔 형태의 세계 소득 분배도에 의하면 가장 상위 그룹인 세계 인구의 20%는 부유한 국가들의 사람들로서 세계 총소득의 82.7%를 점유하고 있다. 반면에 맨 아래에 있는 그룹인 세계 인구의 20%는 가장 가난한 국가들의 사람들로서 세계 총소득의 1.4%만을 차지하고 있다.[3] 오늘날 자본주의 문화에서 호흡하고 있는 그리스도인들은 올바른 신앙 실천과 기독교적 의식의 확립을 위해서 성서 연구뿐만 아니라, 자본주의 문화 연구도 역시 필요하다.[4]

시장과 값싼 노동과 자연 자원에 대한 규제가 없는 접근을 위해서 세계 곳곳으로 뻗어나가고 있는 지구적 기업들은 처음에는 상품을 생산하고 팔기 위해서 지역의 법과 환경에 순응하였지만, 점차적으로 이러한 지역의 현실 자체를 개정하여 경제적 활동을 하고 있다. 무력을 통해서 획득된 강대국의 힘은 지구적 자본의 힘을 통해서 더욱 강화되고, 지구적 자본은 자신의 계열 기업들과 자회사들이 보호를 받고 이윤을 최대로 획득할 수 있는 조건을 위해서 강대국의 지원이 필요하다. 그러므로 제국과 지구적 자본은 서로 결탁하고 묵인한다. 제국과 지구적 자본은 하나의 동전의 양면이다. 강대국들은 힘없는 저소득 국가들에게 자유 시장을 강력하게 요구하지만, 그들 자신은 여전히 보호주의 장벽들을 유지하고 있다.[5] 불평등한 조건에서 부과된 자유 무역에는 소위 사회적 공익을 증진시킨다고 하는 "보이지 않는 손"[6] 이 전혀 작동하지 않는다. 지구적 자본의 제국은 민

---

3) 데이비드 C. 코튼/ 채혜원 옮김, 『기업이 세계를 지배할 때』 (서울: 세종서적, 1997), 156.
4) 자유시장의 도그마와 국제 금융기구들인 국제통화기금(IMF)과 세계은행(WB)과 세계무역기구(WTO)의 정책과 일련의 무역협정들에 대한 비판에 대해서는 데이비드 C. 코튼, 『기업이 세계를 지배할 때』, 101; Paul Vallely, *Bad Samarithans: First World Ethics and Third World Debt* (Maryknoll, New York: Orbis Books, 1990); 세계화 국제 포럼 편/ 이주영 옮김, 『더 나은 세계는 가능하다』, (서울: 필맥, 2005), 68-91; 장하준/이순희 옮김, 『나쁜 사마리아인들』 (서울: 도서출판 부키, 2007); Wes Howard-Brook and Anthony Gwyther, *Unveiling Empire: Reading Revelation Then and Now* (Maryknoll, New York: Orbis Books, 2000), 238-45을 참조하라.
5) Paul Vallely, *Bad Samarithans: First World Ethics and Third World Debt* (Maryknoll, New York: Orbis Books), 1990, 93.

족 국가들의 정체성을 허물고, 민주주의적 규범을 훼손한다.

나는 로마 제국의 정치적 현실에 대한 요한계시록의 저자 요한의 인식과 비판이 담겨 있는 바빌론 심판의 환상(계 17:1-19:10)을 로마의 정치적 경제의 희생자들의 관점에서 새롭게 읽고 해석하고자 하며, 로마에서 절정을 이룬 폭력과 착취의 정치적 경제에 저항하고 대안적 질서를 위해서 억눌린 동시대인들에게 바빌론에서 탈출을 시도하도록 고무하는 요한의 저항신학과 주체신학을 규명하고자한다. 또한 나는 새로운 성서적 해석을 통해서 인간의 품위와 주체적인 삶이 보장되는 새로운 사회와 공정무역과 경제정의가 실현되는 대안적 세계를 위해서지구적 자본의 제국의 세력에 저항하고 탈출을 시도하는 참여적인 남녀 그리스도인들의 신앙실천을 신학적으로 지지하고자 한다.

## II. 권력과 자본의 우상화에 저항하는 주체의 힘

### 1. 음녀 메타포와 바빌론 심판 환상의 문맥적 위치

요한계시록에서 큰 음녀 바빌론은 로마를 상징한다. 요한은 그의 시대의 초강대국인 로마를 막강한 군사력과 압제의 세력으로 각인된 고대의 바빌론과 같다고 인식하였다.[7] 왜냐하면 과거의 바빌론이 예루살렘과 첫 성전을 파괴시켰던것처럼, 현재의 로마가 예루살렘과 두 번째 성전을 파괴시켰기 때문이다. 바빌론에 대한 심판 환상이 묘사된 요한계시록 17:1-19:10의 문맥에서 바빌론은 한음녀(=매춘부)[8]로, 의인화된 한 여자로, 그리고 한 도시로(계 17:18) 표현되었다.

---

6) 아담 스미스의 이 용어는 1776년에 발간된 그의 저서에서 단 한번 언급되었다. 아담 스미스(김수행 옮김) 『국부론 (상)』 (서울: 비봉출판사, 2003), 500.

7) 신약의 베드로전서 역시 로마를 바벨론으로 지칭한다. "함께 택하심을 받은 바벨론에 있는 교회가 너희에게 문안하고 내 아들 마가도 그리 하느니라" (벧전 5: 13).

8) 많은 여성신학자들은 요한묵시록의 저자가 17장에서 식민화 세력인 로마에게 음녀라는 메타포를 적용한 것을 젠더 이데올로기라는 점에서 비판한다. Caroline Vander Stichele, "Re-membering the Whole: The Fale of Babylon According to Revelation 17:16", in: Amy-Jill Levine (ed.) A *Feminist Companion to the Apocalypse of John* (New York/London: T & T Clark International, 2009, 106-20; Tina Pippin, *Death and desire: The Rhetoric of Gender in the Apocalypse of John* (Louisville, Ky.: Westminster John Knox, 1992); Tina Pippin, "The Heroine and Whore: The Apocalypse of John in Feminist Perspective," in: David Rhoads (ed.), *From Every People and Nation: The Book of Revelation in Intercultural Perspective*, 127-45. 그러나 12장에는 태양을 걸치고 있

"네가 본 그 여자는 땅의 왕들을 다스리는 큰 성(πόλις/폴리스)이라"(계 17:18). 1세기의 맥락에서 그리스어 "πόλις"는 시골과 대조되는 도시이고, 또 국가였다. 그러므로 로마는 그 도시 자체이고, 또한 로마 제국의 권력 체제이다. 음녀 바빌론은 요한의 시대의 제국주의 세력인 로마의 정치적 그리고 경제적 현실에 대한 요한의 인식에서 나온 메타포이다.

문맥적으로 바빌론 심판 환상(계 17:1-19:10)이 일곱 대접 환상(계 15:5-16:21) 바로 다음에 연결되어 있다. 그러나 연대기적으로 일곱 대접 환상에서 묘사된 사건들이 모두 발생한 다음에 바빌론 심판의 환상에 서술된 사건들이 발생할 것으로 이해되어서는 안 된다. 왜냐하면 일곱 대접 환상에도 바빌론에 대한 심판이 역시 언급되어 있기 때문이다. "큰 성이 세 갈래로 갈라지고 만국의 성들도 무너지니 큰 성 바벨론이 하나님 앞에 기억하신 바 되어 그의 맹렬한 진노의 포도주 잔을 받으매"(계 16:19).

일곱 대접 환상과 바빌론 심판 환상은 둘 다 마지막 재앙인 바빌론의 심판에 대해서 말한다. 그런데 후자는 전자에서 간략하게 언급된 바빌론 심판의 주제를 더 자세하게 서술하고 있다. 이러한 두 환상들은 연대기에서가 아니라, 오히려 반제국적 질서를 세우기 위해서 개입하는 하나님의 해방적 행동의 논리에서 이해되어야만 한다.

## 2. 큰 음녀 바빌론과 식민지의 왕들의 우상숭배

로마는 인간을 주체로 창조한 하나님을 예배하지 않고, 권력과 자본을 물신화하였다. 로마의 경제적 그리고 정치적 권력은 로마를 여신으로 신격화시켰다 로마는 소아시아를 식민지로 삼고 인민들의 충성을 요구하였다. 소아시아의 여러 도시에는 로마의 여신을 경배하는 신전들이 세워졌고, 여신은 황제들과 더불어 제국의 예배의 대상이었다.

로마의 제국주의자들은 군사적 정복으로 식민지의 인민들을 억압하고 경제적으로 착취하였다. 그들은 또한 식민지의 무력한 여자들을 성폭행하고, 음녀(=매춘부)라는 낙인을 찍어서 로마의 홍등가에 팔았다(참조, 계 18:11-13). 이러한 상황에서 요한은 로마를 순결한 여신이 아니라, 탐욕적인 "큰 음녀"로 인식했다. 그는

---

는 여자가 묘사되어 있는데, 여성에 대한 이러한 긍정적인 표현은 여성신학자들에 의해서 거의 연구되지 않고 있다.

그의 글쓰기에서 로마의 평화를 외치는 로마 제국의 거짓말과 위선을 폭로하고 풍자하기 위해서 로마의 위상을 음녀로 격하시켰다.[9]

> "1 또 일곱 대접을 가진 일곱 천사 중 하나가 와서 내게 말하여 이르되 이리로 오라 많은 물 위에 앉은 큰 음녀(πόρνη/포르네)가 받을 심판을 네게 보이리라. 2 땅의 임금들도 그와 더불어 음행하였고 땅에 사는 자들도 그 음행(πορνεία/포르네이아)의 포도주에 취하였다"(계 17:1-2).

큰 음녀(πόρνη/포르네)가 타고 앉아 있는 "많은 물"은 무엇을 의미하는가? 그것은 먼 식민지까지 정치적으로 통제하는 로마의 제국주의적 지배력과 군사력을 의미한다. 식민지의 피압제자들의 관점에서 본다면, 바다는 부정적으로 인식된다. 왜냐하면 로마의 용맹스러운 군대와 정복자들이 바다를 건너서 왔으며, 식민지에서 수탈된 조세와 자원들이 바다를 통해서 제국의 중심부인 로마로 유출되었기 때문이다.

예를 들면, 일제강점기에 일본 제국은 한국의 호남평야에서 생산된 대규모의 쌀을 수탈하여 군산항을 통해서 바다 건너 일본으로 유출했다. 이병기(1891-1968)의 "군산항"이라는 시(詩)는 이러한 민족의 아픔을 표현한다.

> "정조(正租) 백만석이 부두(埠頭)에 쌓였더니
> 여름도 나기 전에 다 어디로 가 있느뇨
> 산(山)머리 움막집에선 배고프다 울어라
> 앞엔 큰 강이요 뒤에는 바다라도
> 조개를 캐느냐 자사리를 뜯느냐
> 한종일 돌이나 쪼겨 벌이한다 하더라."

로마는 제국주의적 지배와 독점 무역 체제를 정당화하고 자기 이익을 증진시키기 위해 "로마의 평화"(Pax Romana) 이데올로기로 자신을 아름답게 보이도록 위장하고 고객들을 유혹하는 큰 음녀이다.[10] 17:2에서 음행으로 번역된 그리스

---

9) Maier, Harry O. "Coming out of Babylon: A First-World Reading of Revelation among Immigrants", in: David Rhoads (ed.), *From Every People and Nation: The Book of Revelation in Intercultural Perspective*, 75(62-81).

어 포르네이아(πορνεία)는 매춘으로 번역될 수 있다. 요한은 큰 음녀 로마가 매춘하였을 뿐만 아니라, "땅의 임금들도 그와 더불어 음행(=매춘)하였다"고 비판한다.[11] "땅의 임금들"은 권력과 자본을 우상 숭배하는 오만하고 탐욕스러운 로마 제국에 협력하는 식민지의 토착 지배자들이다(계 6:15; 17:2, 18; 18:3, 9; 19:9).[12] 큰 음녀 로마는 억압적인 주체이다. 그 음녀 로마는 이러한 식민지의 통치자들을 상대로 매춘을 하였고, 그들의 정치적 지위에 대한 승인과 안전을 그 대가로 지불하였다. 이제 식민지의 토착 지배자들은 자신들의 몸을 산 억압적인 주체인 큰 음녀 로마의 손아귀에 있는 객체들이 되었다. 반면에 "땅의 임금들"은 큰 음녀 로마로부터 권력과 자본의 최음제를 얻어먹고 질탕한 매춘을 하였고, 자기 민족의 정치적 예속과 경제적 희생을 대가로 지불하였다.

매춘(πορνεία/포르네이아)은 성을 살 수 있는 권력을 가진 사람들의 손아귀에 예속된 객체들이 돈을 위해서 자기 자신의 몸을 파는 행위이다. 매춘에는 몸을 사는 주체와 몸을 파는 객체라는 권력관계가 발생한다. 요한이 자주 언급한 매춘은 실제적인 매춘이 아니라, 비도덕적인 정치적 동맹과 불공정한 무역 관계에서 발생하는 우상숭배를 의미하는 메타포이다. 이스라엘은 현실 정치라는 점에서 이웃 강대국들과의 전략적 동맹에 의해서 침략을 막고 안전을 확보하기를 희망하였지만, 동맹 관계로 인해서 이교적인 문화와 우상숭배를 수용하는 타협을 피하지 못하였다. 에스겔은 이스라엘이 앗시리아 제국 또는 바빌론 제국과 동맹을 맺은 행태를 매춘이라고 비판하였다(겔 16: 23-30). 이사야는 이스라엘이 고대의 경제세력인 두로와 무역을 한 것을 매춘이라고 비판하였다(사23:15-17). 이처럼 매춘이 우상숭배를 상징하는 메타포로 사용되지만, 그러나 그 메타포 안에는 주체와 객체의 관계는 엄연히 존재한다.

요한은 "땅에 사는 자들도 그 음행(=매춘)의 포도주에 취하였다"고 고발한다. 여기서 "땅에 사는 자들"은 음녀 로마에게 매춘을 한 토착 통치자들의 우상숭배적인 행태에 동화되어서 로마의 식민 정책에 협력하고 짐승에게 복종함으로써 자신의 주체성을 상실하고 객체로 전락한 사람들이다. 그들은 로마의 평화를 내세운 제국의 선전에 취했기 때문에 현실을 올바로 인식할 수 없었다. 로마제국의

---

10) Richard Bauckham, "The Economic Critique of Rome in Revelation 18," 56.
11) 요한은 여자만이 아니라 남자도 매춘을 한다는 점을 인식하고 있다. 만약 우리가 오늘날 가부장제적이고 남성 중심적인 사회의 관행에 젖어서 매춘을 오직 여자들에게만 국한시킨다면, 우리는 빈곤 때문에 매춘으로 내몰린 가난한 여성들에게 폭력을 가하는 것이 된다.
12) 리처드 보컴/ 이필찬 옮김, 『요한계시록 신학』 (서울; 한들출판사, 2000), 203.

거짓 선전을 비판하고 짐승에게 불복종하고 저항하는 성도들은 음녀 로마에 의해서 사회적으로 그리고 경제적으로 배제 당하거나 잔혹하게 처형당하였다 요한은 바다에서 나온 짐승(참조, 계 13:1)과 통일한 짐승을 타고 앉아 있는 음녀 로마를 무죄한 자들과 순교자들의 피를 흡입하는 살인자로 묘사하였다.

> "3 곧 성령으로 나를 데리고 광야로 가니라 내가 보니 여자가 붉은 빛 짐승을 탔는데 그 짐승의 몸에 하나님을 모독하는 이름들이 가득하고 일곱 머리와 열 뿔이 있으며 4 그 여자는 자주 빛과 붉은 빛 옷을 입고 금과 보석과 진주로 꾸미고 손에 금잔을 가졌는데 가증한 물건과 그의 음행의 더러운 것들이 가득하더라 5 그의 이마에 이름이 기록되었으니 비밀이라, 큰 바벨론이라, 땅의 음녀들과 가증한 것들의 어미라 하였더라 6 또 내가 보매 이 여자가 성도들의 피와 예수의 증인들의 피에 취한지라"(계 17:3-6).

그 여자가 입은 자주색과 붉은색 옷은 로마제국의 왕족들의 옷과 같다.[13] 그 붉은 빛 짐승의 몸에 "참람된 이름들로 가득했다"는 것은 그 짐승 자체가 하나님을 모독하는 가증스러움이라는 뜻이다. 그 여자가 화려하게 치장한 금과 보석과 진주는 독점 무역을 통해서 식민지에서 로마로 수송해 온 물품에 속하는 고급 귀중품들이다(계 18:16). 그 여자의 사치는 공정하지 못한 무역과 시장 활동을 통한 부의 엄청난 축적에서 나온 것이다.[14] 그 여자가 들고 있는 잔속에는 "가증한 물건과 그의 음행(πορνεία/포르네이아)의 더러운 것들"이 가득하다. 그 여자는 매춘의 더러운 것들과 순교자들의 피로 채워진 금잔을 들고 마신다. 금잔은 가난한 자들의 착취를 통해서 획득한 로마의 부를 상징한다.

그 여자의 이마에 "큰 바벨론이라, 땅의 음녀들과 가증한 것들의 어미"라는 "비밀"(μυστήριον/뮈스테리온) 의 이름이 적혀 있다. 이러한 이름이 비밀인 것은 그녀의 정체가 짐승을 따르는 우상숭배적인 추종자들에게는 감추어졌지만, 어린 양을 따르는 그리스도인들에게는 폭로된다는 것을 의미한다. 로마는 "땅의 음녀들"의 어미이고 또 동시에 "가증한 것들"의 어미이다. 이것은 로마가 모든

13) Bruce J. Malina and John J. Pilch, *Social-Science Commentary on the Book of Revelation* (Minneapolis: Fortress Press, 2000), 204.
14) A Maria Arul Raja, *The Revelation to John, Dalit Bible Commentary, New Testament*, Vol. 10, (New Delhi: Center for Dalit/Subaltern Studies, 2009), 105.

우상숭배의 근원이라는 것을 의미한다. "땅의 음녀들"은 빈곤 때문에 또는 강요에 의해서 매춘을 하는 가난한 여성을 의미하는 것이 아니라, 자기 민족의 이익을 저버리고 오직 자신의 이권을 위해서 음녀 로마를 상대로 매춘을 한 식민지의 토착 통치자들인 "땅의 임금들"을 가리킨다.[15] "가증한 것들"은 로마 제국이 섬기는 우상들을 의미한다, 다니엘서에 의하면 "가증한 것"은 안티오쿠수 4세가 예루살렘 성전에 세운 점령자의 우상인 제우스 상을 가리킨다(단 9:27; 11:31; 12:11). 또한 공관복음서에는 "그러므로 너희가 선지 자 다니엘이 말한바 멸망의 가증한 것이 거룩한 곳에 선 것을 보거든 (읽는 자는 깨달을진저) 그때에 유대에 있는 자들은 산으로 도망할지어다"(마 24: 15; 막 13:14)라는 표현이 있다.

요한은 그 여자를 "성도들의 피와 예수의 증인들의 피"를 마시고 사는 끔찍한 살인자로 묘사한다. 그 음녀는 매춘으로 상징되는 권력과 시장의 절대화와 물신화를 통해서 수많은 가난한 사람들을 착취하고 학살하였기 때문에 하나님의 심판을 받게 된다.

### 3. 음녀 바빌론의 파멸에 대한 예언

#### 1) 짐승의 물신화된 권력의 한계
요한은 짐승의 권력에 대한 분석을 통해서 로마 제국과 로마가 얼마나 우상숭배적이고, 어떻게 그렇게 되었고, 그리고 그것이 무엇을 의미하는지를 보여준다. 한 천사가 요한에게 와서 그 여자를 태우고 다니는 "일곱 머리와 뿔 열을 가진 짐승의 비밀"(계 17:7)을 말해주겠다고 한다.

"네가 본 짐승은 전에 있었다가 지금은 없으나 장차 무저갱으로부터 올라와 멸망으로 들어갈 자니 땅에 사는 자들로서 창세 이후로 그 이름이 생명책에 기록되지 못한 자들이 이전에 있었다가 지금은 없으나 장차 나올 짐승을 보고 놀랍게 여기리라" (계 17:8).

여기서 짐승의 연속적인 세 가지 존재 양태가 인지된다. 첫째 양태는 "전에 있었다가 지금은 없다"(계 17:8, 11)는 것이다. 둘째 양태는 "장차 무저갱에서 올라

---

15) "땅의 음녀들"은 일반적인 매춘부들을 가리키는 용어가 아니다.

온다"(7:8)는 것이다. 셋째 양태는 "멸망으로 들어간다"(17:8)는 것이다.

> "9 지혜 있는 뜻이 여기 있으니 그 일곱 머리는 여자가 앉은 일곱 산이요 10 또 일곱
> 왕이라. 다섯은 망하였고 하나는 있고 다른 하나는 아직 이르지 아니하였으나 이르
> 면 반드시 잠시 동안 머무르리라. 11 전에 있었다가 지금 없어진 짐승은 여덟째 왕
> 이니 일곱 중에 속한 자라. 그가 멸망으로 들어가리라. 12 네가 보던 열 뿔은 열 왕
> 이니 아직 나라를 얻지 못하였으나 다만 짐승으로 더불어 임금처럼 한동안 권세를
> 받으리라"(계 17:9-12).

로마는 일곱 언덕 위에 세워진 도시이다. 요한은 지금 어떤 강력한 황제의 통
치 아래 살고 있다. 그 현재의 황제는 이미 서거한 다섯 황제들과 장차 올 일곱째
황제 사이에 서 있는 여섯째 황제이다. 그런데 그 일곱째 황제도 결국 오래가지
못하고 실패할 것이다. "전에 있었다가 시방 없어진 짐승은 여덟째 왕"으로 무저
갱에서 올라오지만, 그도 역시 실패할 것이다.[16] 왜냐하면 그가 실로 일곱째 왕
에 속하기 때문이다. 7은 완전성을 나타내는 숫자다. 어느 황제의 권력도 완전성
을 뜻하는 일곱이 되지 못한다. 현재의 황제는 강력하지만, 그의 권력은 여섯에
불과하다. 이처럼 로마 황제들의 권력의 불완전성을 지적함으로써 요한은 고난
당하는 그리스도인들에게 로마를 두려워하지 않도록 격려하였다.

짐승의 열 뿔은 제국의 일부가 되어버린 식민지의 왕들을 나타낸다. 10이라는
숫자는 전체성을 나타내므로 그들은 제국의 지배 아래 있는 모든 왕들을 가리킨
다. 그들이 "아직 나라를 얻지 못하였다"는 것은 그 들이 로마에 의해서 주권과
통치권을 빼앗겼기 때문이다. 그들은 모두 "한 뜻을 가지고 자기의 능력과 권세
를 짐승"에게 양도함으로 말미암아 자유와 주체성을 상실하고 제국의 경제 체제
인 시장의 일부가 되었다. 짐승의 표를 가진 자만이 시장에서 경제활동을 하는
것이 허용되었다(계 13:16-17). 그들은 로마에 충성하는 한도 내에서 왕국이 없는
왕들로서의 지위와 이권을 승인받았지만, 그들은 더 이상 주체가 아니라, 제국에

---

16) 여러 주석가들이 여덟 황제들을 Julias Caesar(44 BC 사망), August(27 BC-AD 14),
Tiberius(14-37), Galigula (37-41), Claudius(41-54), Nero(54-68), Vespasian(69-79),
Titus(79 -81), Domitian(81 -96), Nerva(96-98), 그리고 Trajan(98-117) 중에서 찾으려 했
으며, 네로 다음에 68-69년 사이에 1년 동안 통치한 Galba, Otho, 그리고 Vitelliius의 지배는 과
도기의 반란으로 보고 고려하지 않았다. 그러나 요한계시록의 저자 요한의 관심사는 어떤 특별한
황제들을 가리키는 데 있는 것이 아니라, 숫자 7이 상징하는 완전성에 있다.

종속된 객체로 전락하였다.

권력은 책임적인 주체로서 인간의 손에 있는 도구이다. 그런데 그러한 권력이 주체가 되고, 반면에 짐승에게 권력을 양도한 인간은 이름도, 권력도, 그리고 권위도 없는 객체가 된다. 권력을 물신화하는 것은 권력을 절대화하는 것, 권력을 우상으로 만드는 것, 그리고 종국에는 권력을 짐승 같은 억압적 권력으로 만드는 것을 의미한다. 짐승에게 복종하는 "땅에 거하는 자들"의 이름은 생명책에 기록되지 않는다(계 17:8). 반면에 짐승에게 계속해서 저항하는 사람들과 책임적인 주체로서 자신의 주권과 자주성을 행사하는 사람들은 짐승에 의해서 시장에서 배제되고 죽음의 선고를 받지만, 그러나 그들은 생명책에 그들의 이름이 기록되는 어린 양의 참된 추종자들이다.

### 2) 짐승을 이기는 신앙과 주체의 힘

이미 위에서 설명한 것처럼 로마 제국의 권력은 외양적으로는 매우 강력해 보이지만 실제로는 불완전하다. 짐승과 그의 동맹자들인 열 왕들이 합세하여 어린 양과 싸운다고 할지라도 그들은 패할 수밖에 없다. 그러므로 천사는 요한에게 어린 양이 그의 적대자들을 이길 것이라고 확신에 차서 말한다.

> "13 그들이 한 뜻을 가지고 자기의 능력과 권세를 짐승에게 주더라. 14 그들이 어린 양으로 더불어 싸우려니와 어린 양은 만주의 주시요, 만왕의 왕이시므로 그들을 이기실 터이요 또 그와 함께 있는 자들 곧 부르심을 받고 택하심을 받은 진실한 자들도 이기리로다"(계 17:13-14).

여기서 언급된 싸움은 마지막 전투를 가리킨다.[17] 로마의 미디어는 로마 제국의 막강한 군사력을 선전하였다. "누가 이 짐승과 같으냐? 누가 능히 이와 더불어 싸우리요?"(계 13:4). 그러나 요한은 "만주의 주시요, 만왕의 왕"[18]은 로마 황제가 아니라, 어린 양이라고 말한다. 어린 양이 적대자들과의 싸움에서 승리할 것이라는 예언은 어린 양이 로마의 지배에서 절정을 이루는 폭력의 역사를 끝장낼 것이라는 의미이다.[19] 천사는 또한 어린 양의 추종자들, 곧 "부르심을 받고 택

---

17) 마지막 전투는 일곱 대접들의 환상(15:5-16:21)에서 이미 언급된 아마겟돈 전쟁(16: 13-16)이다.

18) 계 19:16 에서 백마를 탄 무사로 묘사된 어린 양은 "만왕들의 왕이요, 만주의 주"로 불린다.

하심을 받은 진실한 자들"도 역시 그 싸움에서 승리할 것이라고 말한다. 그들이 막강한 무력을 가진 적대자들과의 전투에서 이길 수 있는 힘은 무엇인가? 그것은 하나님과 예수를 믿는 그들의 신앙의 힘이며, 또한 동시에 그것은 그들의 신앙에서 우러나온 주체의 힘이다.

어린 양은 로마의 제국주의에 저항하는 주체로서 그의 추종자들과 함께 싸우는 투사이다' 어린 양의 추종자들은 모두 자신들이 속한 그리스도인 공동체의 정체성과 주체성을 지키기 위해서 예수의 투쟁과 죽음을 기억하고 그를 따르면서 제국의 유혹과 압제에 끊임없이 저항하고 투쟁 하는 주체들이다.

어린 양은 주체로서의 삶을 살다가 로마의 제국주의에 의해서 처형당했지만 하나님에 의해서 부활한 예수의 표상이다. 역사적 예수(Historical Jesus)는 사회 지배계층으로부터 인권과 자주성을 철저히 박탈당한 채로 살아야만 했던 억눌린 약자들의 주체성을 회복시켜 주었으며, 그들이 바로 자신의 운명과 역사를 변화시킬 수 있는 주체라는 점을 가르쳤다. 모든 민족에 게 있어서 주체는 차별과 압제의 세력을 몰아내는 힘이다. 주체는 인간이 가장 인간답게 살 수 있는 자유와 평등과 생명과 평화의 절대 조건이라고 말할 수 있다.[20]

요한이 천사의 입을 통해서 어린 양과 그의 추종자들이 짐승과 왕들과의 싸움에서 반드시 그들을 정복하고 승리할 것이라고 대담하게 선포할 수 있었던 것은 바로 그들의 신앙에 뿌리를 둔 주체의 힘에 대한 그의 확신 때문이라고 할 수 있다.

### 3) 자체적인 모순의 충돌로 파멸된 음녀

요한계시록에서 13장에서 묘사된 바다에서 올라온 열 뿔과 일곱 머리가 있는 무시무시한 짐승(계 13:1)은 로마의 정치적, 군사적 측면을 상징하는 메타포(은유)이고, 17장에서 묘사된 화려한 옷을 입고 손에 금잔을 들고 있는 음녀(계 17:4-7)는 약자들의 고혈을 빨아먹는 로마의 경제적 측면을 상징하는 메타포이다. 그런데 음녀가 짐승을 타고 있다. "곧 성령으로 나를 데리고 광야로 가니라 내가 보니 여자가 붉은 빛 짐승을 탔는데 그 짐승의 몸에 하나님을 모독하는 이름들이 가득하고 일곱 머리와 열 뿔이 있으며"(계 17:3); "천사가 이르되 왜 놀랍게 여기느냐

---

19)  Klaus Wengst, "Die Macht des Ohnmächtigen: Versuche über Kreuz und Auferstehung", *Einwürfe 5*(1988), 177.
20)  신은회 『우리, 다시 사랑할 수 없을까』 (서울: 통일뉴스, 2006), 145-51.

내가 여자와 그가 탄 일곱 머리와 열 뿔 가진 짐승의 비밀을 네게 이르리라"(계 17:7). 이것은 로마의 경제가 로마의 정치적 군사적 보호 아래서 성장하고 있다는 것을 의미한다.

로마의 경제는 만국을 지배하고 있다. 천사는 음녀 로마가 앉아 있는 물에 대해서 요한에게 해석해 준다. "네가 본 바 음녀의 앉은 물은 백성과 무리와 열국과 방언들이다"(계 17:15). 로마는 바다를 통해서 무력으로 침략했고, 수탈한 것들을 바다를 통해서 유출해 갔다. 음녀는 바다를 통해서 불공정한 독점 무역으로 엄청난 부를 축적하였다. 예레미야는 고대의 바빌론을 향해서 이렇게 외쳤다. "많은 물가에 살면서 재물이 많은 자여 네 재물의 한계 곧 네 끝이 왔도다"(렘 51:13). 그런데 천사는 요한에게 음녀 로마가 장차 당할 비참한 파멸에 대해서 말한다.

"16 네가 본 바 이 열 뿔과 짐승은 음녀를 미워하여 망하게 하고 벌거벗게 하고 그 살을 먹고 불로 아주 사르리라 17 이는 하나님이 자기 뜻대로 할 마음을 저희에게 주사 한 뜻을 이루게 하시고 그들의 나라를 그 짐승에게 주게 하시되 하나님 말씀이 응하기까지 하심이니라 18 또 네가 본 그 여자는 땅의 임금들을 다스리는 큰 성이라"(계 17:16-18).

열 뿔은 로마에 조공을 바치는 식민지의 왕들을 가리킨다. 짐승은 식민지의 왕들과 함께 음녀의 권력과 몸을 나누었었지만, 이제 음녀에게 등을 돌린다.[21] 권력과 부를 축적한 탐욕스러운 음녀는 "열 뿔과 짐승"과 더불어 자기 소모적인 권력 갈등의 덫에 빠졌을 수 있다.[22] 음녀는 "땅의 왕들을 다스리는 큰 성이다" (계 17:18). 그런데 음녀는 땅의 왕들과 짐승에 의해서 미움을 받고, 여신의 지위를 박탈당하고, 옷이 벗겨져서 나체가 되고, 강간을 당하고, 그리고 불태워 죽임을 당하게 된다. 이것은 로마의 경제가 로마의 군사적 보호와 식민지 왕들의 협력으로 번창했으나 이제 자체적인 모순과 갈등의 덫에 빠져서 파멸된다는 것을 의미한다.[23]

어떤 학자들은 음녀에게 가해진 이러한 끔찍한 성폭력의 묘사를 가부장제적

---

21) Allan A. Boesak, *Comfort and Protest: Reflections on the Apocalypse of John of Patmos.* (Philadelphia: The Westminster Press, 1987), 116.
22) A Maria Arul Raja, *The Revelation to John,* 105.
23) Klaus Wengst, *"Wie lange noch?",* 202.

사회들의 특정인 여성들에 대한 억압과 폭력에 대한 요한의 습관적인 수용이 반영된 것으로 해석한다.[24] 그러나 이러한 해석은 비록 여성주의의 시각을 지녔다고 할지라도 식민화 세력으로부터 온갖 수모와 성폭력을 겪은 식민지의 무력한 여성들의 분노와 복수 기원이 요한의 글쓰기에 재현되었다는 점을 고려하지 못한 잘못된 주장이다.

음녀에 대한 이러한 끔찍한 폭력과 살해는 악행을 저지른 로마를 갑 절로 보복하라는 신적 명령(계 18:6)과의 관계에서 해석되어야만 한다. 이 명령에는 하나님에게 호소하는 억눌린 자들의 분노와 복수 기원이 재현되어 있다. 음녀에 대한 끔찍한 폭력은 강간이나 매춘을 거부한 여자 노예들과 식민지의 여성들이 식민화 세력인 남자 로마인들에 의해서 당한 강간과 폭행과 살해의 경험에 대한 그들의 기억과 복수 기원이 여신 로마를 음녀로 격하시킨 요한의 글쓰기를 통해서 음녀 로마에게 투사된 것이다.

일제강점기에 수많은 한국의 젊은 여성들은 성노예로 전쟁터로 끌려가서 장기간 감금된 채 성적으로 착취당하고 학대당하였으며, 심지어 많은 여성들은 강간당한 후에 살해되었다. 예를 들면, 일제강점기에 20만 명의 한국의 젊은 여성들이 성노예로 전쟁터로 끌려가서 장기간 감금된 채 성적으로 착취당하고 학대당하였으며, 심지어 그들 중에 많은 여성들은 강간당한 후에 살해되었다. 남한에서 김학순(1924-1997)이 처음으로 1991년 8월 14일 자신이 16세에 일본군에게 끌려가 중국에서 겪은 "위안부" 피해 경험을 공개적으로 증언하고 일본 정부에 항의했다. 북한에서는 1992년에 리경생(1917-2004)이 처음으로 "위안부" 피해 경험을 공개적으로 증언했다. 그녀는 12세의 어린 나이에 일제 순사에게 끌려갔으며, 16세에 임신이 되자 일본군은 그녀의 배를 가르고 태아를 꺼낸 뒤 자궁을 들어내는 만행을 자행했다고 자신의 배에 생긴 상처자국을 보여주면서 증언했다. 남북의 성노예 피해자들은 아직까지도 공식적인 사죄와 배상을 하지 않는 일본 정부에 대해서 원망과 사무친 한을 품고 있다

하나님께 호소하는 무력한 자들의 복수 기원은 결코 기독교적 사랑의 가르침에 배치되는 것으로 이해되어서는 안 된다. 복수 기원은 정의를 갈구하는 무력한 여자들과 남자들의 항의의 마지막 양태이다. 다시 말하면, 음녀에게 행해진 끔찍

---

24) John W. Marshall, "Gender and Empire: Sexualized Violence in John's Anti-Imperial Apocalypse", in: Amy-Jill Levine (ed.) *A Feminist Companion to the Apocalypse of John* (New York/ London: T & T Clark International, 2009), 32.

한 성폭력과 살해에 대한 묘사는 심지어 강간한 후에 살해하는 식민화의 세력들에 대한 무력한 여성들의 분노와 항의와 복수 기원에 대한 요한의 인식이 투사된 것으로 이해되어야만 한다. 하나님은 그 당시나 오늘의 세계에서 매춘을 강요당하는 가난한 여성들에 대한 성폭력과 착취를 결코 재가하지 않는다.

요한은 음녀 로마의 비참한 파멸이 저절로 발생한 것이 아니라, 하나님의 뜻에 의해서 발생한 것이라고 강조한다(계 17:17). 이것은 더 많은 이권을 얻기 위해서 다투는 자기 소모적인 권력 갈등을 통한 로마의 파멸이 필연적이라는 것을 의미한다. 식민지 세력과 매춘 관계를 맺음으로써 정치적으로 그리고 경제적으로 세계를 지배하는 음녀 로마는 결국 정의의 하나님의 뜻에 의해서 파멸하게 된다.

## III. 제국의 시장 경제와 독점 무역에 대한 비판

### 1. 바벨론에 대한 재판과 선고

정의의 하나님의 권력과 영광이 드러나 재판이 드디어 일어났다. 요한은 하늘에서 내려오는 힘센 천사가 큰 소리로 이렇게 외치는 것을 들었다.

> "1 이 일 후에 다른 천사가 하늘에서 내려 오는 것을 보니 큰 권세를 가졌는데 그의 영광으로 땅이 환하여지더라 2 힘찬 음성으로 외쳐 이르되 무너졌도다 무너졌도다 큰 성 바벨론이여 귀신의 처소와 각종 더러운 영이 모이는 곳과 각종 더럽고 가증한 새들이 모이는 곳이 되었도다 3 그 음행의 진노의 포도주로 말미암아 만국이 무너졌으며 또 땅의 왕들이 그와 더불어 음행하였으며 땅의 상인들도 그 사치의 세력으로 치부하였도다 하더라"(계 18:1-3).

바빌론의 몰락은 이미 요한계시록 14:8에서 통고되었다: "또 다른 천사 곧 둘째가 그 뒤를 따라 말하되 무너졌도다 무너졌도다 큰 성 바벨론이여 모든 나라에게 그의 음행으로 말미암아 진노의 포도주를 먹이던 자로다 하더라." 18:2에서 다시 언급된 "무너졌도다 무너졌도다 큰 성 바빌론이여"는 예언적 과거 시제로 표현되었다. 그것은 장차 일어날 바빌론의 멸망을 마치 이미 확실하게 일어난 것처럼 강조해서 표현하는 방식이다. 바빌론의 멸망에 대한 이러한 표현은 이사야

21:9에 묘사된 바빌론의 멸망을 연상시킨다: "함락되었도다 함락되었도다 바빌론이여 그들이 조각한 신상들이 다 부서져 땅에 떨어 졌도다"(참조, 바룩 4:35). 요한계시록의 저자 요한은 하나님이 과거의 바빌론을 심판하신 것처럼 현재의 바빌론인 로마를 심판하실 것을 확신한다. 그의 의식 속에서 로마는 이미 무너져서 황폐한 도시였다. 그러므로 18:2에서 그 도시는 더러운 영들과 모든 더러운 새들의 거처로 보였던 것이다. 로마는 부패했을 뿐만 아니라, 자신의 식민지가 된 나라들을 모두 부패시켰다, "네 복술로 말미암아 만국이 미혹되었도다"(계 18:23). 우상숭배는 착취를 통한 재물의 축적과 밀접한 관계가 있다.

여기서 바빌론의 멸망은 세 가지 원인으로 설명된다. 첫째로 바빌론이 우상숭배를 의미하는 매춘을 하여 만국을 부패시키고 망하게 하였다는 것이다. 둘째로 땅의 왕들이 바빌론을 상대로 매춘하였다는 것이다(참조, 계 17:1-2). 그들은 바빌론에 예속된 속국의 왕들이다. 그들이 바빌론을 상대로 매춘을 하고 지불한 대가는 황제숭배와 불공정 독점무역 체제의 수용과 자기 민족의 고혈을 짜내서 마련한 조공이다. 그리고 셋째로 땅의 상인들(ἔμποροι/엠포로이)은 약자들을 희생시키고 식민지의 귀중한 자원을 로마로 유출하는 로마의 독점무역 체제를 고안했으며, 로마의 "사치의 세력(δύναμις τοῦ στρήνος/뒤나미스 투 스트레노스)"(계 18:3)의 욕구를 충족시키는 경제 운용을 통해서 큰 이익을 얻고 자본을 축적하였다는 것이다.

"상인"으로 번역된 그리스어 엠포로스(ἔμπορος)는 무역업을 하는 대상인을 의미한다. 소매상을 가리키는 단어는 카펠로스(κάπηλος)이다. 바빌론의 대상인들은 독점무역을 하는 왕족들이다: "너의 상인들(ἔμποροι/엠포로이)은 땅의 왕족들이라"(계 18:23).

## 2. 바빌론에서의 탈출과 저항(계 18:4-8)

요한은 하늘로부터 한 음성을 들었다. 그것은 하나님의 백성에게 그 도시 바벨론에서 나오라고 명령하는 예언적 신탁이다.

"4 또 내가 들으니 하늘로부터 다른 음성이 나서 이르되 내 백성아, 거기서 나와 그의 죄에 참여하지 말고 그가 받을 재앙들을 받지 말라 5 그의 죄는 하늘에 사무쳤으며 하나님은 그의 불의한 일을 기억하신지라"(계 18:4-5).

"거기서"는 여자로 의인화된 바빌론, 곧 로마를 가리킨다. 하나님의 백성은 그 도시의 죄들( ἁμαρτίαις/하마르티아이스)을 같이 짓지 않기 위해서, 또 그 도시가 곧 당하게 될 재앙을 피하기 위해서 로마를 떠나야만 한다. 이것은 로마에 대한 요한의 실천적인 전략이 무엇인지를 말해준다. 그것은 권력과 시장을 절대화하고 물신화하는 로마의 체제로부터의 출애굽과 탈출이다. 여기서 복수로 표현된 바빌론의 죄들은 구조적인 죄(structural sin)를 의미한다. 바빌론의 "죄가 하늘에 사무쳤다"는 것은 로마가 자행한 죄의 희생자들이 부르짖는 외침이 하늘을 찔렀다는 것을 의미한다. 그러므로 하나님은 그 도시의 범죄를 기억한다.

하나님의 백성이 큰 도시 바빌론에서 나오는 것은 새로운 출애굽과 탈출을 의미한다. 그러나 그것은 구약의 출애굽처럼 물리적인 의미에서의 탈출이 아니다. 그것은 남몰래 그 도시로부터 멀리 다른 지역으로 도망가는 수동적인 행동이 아니라, 경제적, 사회적, 그리고 정치적 영역에서 불의와 억압의 구조를 감내하는 것을 거부하고, 자유와 평화가 지배하는 대항현실의 가능성을 바빌론 한가운데서 구체화하기 위해서 대안을 실험하고 실천하는 적극적 행동이다. 그러한 새로운 출애굽과 탈출은 제국주의와 식민화 세력에 대한 저항과 불복종이고, 우상숭배적인 정치적 경제에 참여하는 것에 대한 거부이고, 새 예루살렘에서의 자유와 주체적 삶을 향한 기회이다.[25] 다시 말하면, 바빌론에서 나오라는 명령은 약자들의 인간성과 주체성을 부정하는 바빌론의 물신주의 문화에서 탈출하고, 권력과 시장을 절대화하는 우상숭배에 저항하는 영적인 주체가 되라는 것이다. 바빌론의 불의한 체제의 유지는 바빌론에 남아 있는 예속된 사람들의 타협과 계속적인 충성에 달려 있다. 그러한 행태는 악을 저지르는 바빌론의 공범을 의미한다.[26] 만일 그러한 사람들이 탈출을 시도한다면, 견고한 성 바빌론의 파멸의 가능성이 보인다. 바빌론에서 나오라는 명령은 그리스도인들 중에서 이미 탈출의 대열에 속한 사람들에게는 정의와 평화와 자유와 생명과 인권이 지배하는 새 예루살렘을 향한 저항의 삶을 계속하라는 격려이고, 로마와 타협하고 있는 자들에게는 회개하고 탈출의 대열에 동참해야 할 시간이 바로 지금이라는 경고이다. 바빌론을 떠나라는 명령 다음에 다른 몇 가지 명령들이 더 이어진다.

---

25) 다중의 탈출은 정치학 분야에서 최근에 활발하게 논의되고 있는 주제이다. 빠올로 비르노/ 김상운 옮김, 『다중』(서울: 갈무리, 2004), 213-15를 참조하라.

26) 클라우스 벵스트/ 정지련 옮김, 『로마의 평화: 주장과 현실』(서울: 한국신학연구소, 1973), 293.

"6 그가 준 그대로 그에게 주고 그의 행위대로 갑절을 갚아주고 그가 섞은 잔에도 갑절이나 섞어 그에게 주라 7 그가 얼마나 자기를 영화롭게 하였으며 사치하였든지 그만큼 고통과 애통함으로 갚아주라 그가 마음에 말하기를 나는 여왕으로 앉은 자요 과부가 아니라 결단코 애통함을 당하지 않으리라 하니 8 그러므로 하루 동안에 그 재앙들이 이르리니 곧 사망과 애통함과 흉년이라 그가 또한 불에 살라지리니 그를 심판하시는 주 하나님은 강하신 자이심이라"(계 18:6-8).

여기서 신적 명령은 로마가 행한 것을 그대로 로마에게 갑절로 갚아 주라는 것과 로마의 자랑과 오만을 곤경과 비탄으로 갚아주라는 것이다. 이것은 하나님의 백성이 통일한 방식과 통일한 무기로 로마에 보복 하라는 의미인가? 하나님의 백성은 로마가 행한 폭력을 로마에게 똑같이 행해서도 안 되고 또 행할 수도 없다. 여기서 복수하라는 명령은 하나님이 가해자들을 복수해 주기를 간절하게 바라는 무력한 약자들의 기원이 요한의 글쓰기를 통해서 재현된 것이다. 복수 기원은 불의에 대한 무력한 자들의 저항의 마지막 양태이다. 이러한 복수 기원은 "그를 심판하신 주 하나님은 강하신 자이다"라는 신앙고백에 근거한다.

음녀는 자기 자신을 권력이 있는 여왕으로 인식할 정도로 오만하다. 과부는 가장 빈곤한 자의 상징이다. 그런데 그 음녀는 자기가 과부가 아니므로 결코 애통을 겪지 아니할 것이라고 생각한다. 그러한 오만에 대한 응답은 죽음, 비탄, 흉년 그리고 화재이다(계 18:7-8; 참조, 계 8:14-17, 19).

## 3. 바빌론의 세계 무역구조의 중심 세력들의 비탄

### l) 땅의 왕들의 탄식(계 18:9-10)

바빌론의 파멸을 슬퍼하고 탄식하는 바빌론의 세계 무역의 중심 세력들은 땅의 왕들(계 18: 9-10), 땅의 상인들(계 18:11-16), 그리고 선장들 (계 18:17-19)로 분석된다. 그들은 모두 로마 제국의 독점 무역 체제에 의해서 이익을 얻는 사람들이다. 땅의 왕들은 로마의 정치적 그리고 군사적 권력을 떠받치는 로마의 식민지의 왕들이다. 그들은 바빌론의 멸망을 바라보면서 애통해한다.

"9 그와 함께 음행하고 사치하던 땅의 왕들이 그가 불타는 연기를 보고 위하여 울고 가슴을 치며 10 그의 고통을 무서워하여 멀리서 이르되 화 있도다. 큰 성, 견고한 성 바벨론이여 한 시간에 네 심판이 이르렀다 하리로다"(계 18:9-10).

땅의 왕들은 로마를 상대로 매춘을 한 대가로 자기 민족의 경제적 희생을 지불하였다. 그들은 자신의 이익을 위해서 자기 민족의 경제적 손해에도 불구하고 로마의 독점 무역에 협력함으로써 로마 제국에 대한 자신들의 충성심을 증명하였다. "큰 성, 견고한 성 바벨론"은 영원할 것으로 믿었는데, 그 도시가 하나님의 심판을 받아 놀랍게도 한 순간에 무너졌다. 바빌론의 몰락은 그들 자신의 몰락과 같다. 그러므로 그들은 이제 불타는 로마를 바라보고 슬퍼하면서 탄식한다.

### 2) 땅의 상인들의 탄식(계 18:11-16)

땅의 상인들이 불타고 있는 바빌론을 바라보면서 애통해한다. 그들은 "너의 상인들은 땅의 왕족들이다"(계 18:23)는 말 그대로 땅의 상인들은 무역업을 하는 대상인들이며, 로마의 독점 무역을 통해서 경제적 권력을 행사하는 로마의 왕족들과 고관들이다(참조, 사 23:8). 그들은 독점 무역을 통해서 큰 이익을 챙겼다. 그러나 그들은 바빌론의 멸망으로 더 이상 무역으로 상품을 팔아서 경제적 이익을 얻을 수 없기 때문에 "화 있도다 화 있도다 큰 성이여 세마포와 지주 옷과 붉은 옷을 입고 금과 보석과 진주로 꾸민 것인데"(계 18:16)라고 한탄하면서 울부짖는다.

> "11 땅의 상인들이 그를 위하여 울고 애통하는 것은 다시 그들의 상품을 사는 자가 없음이라 12 그 상품은 금과 은과 보석과 진주와 세마포와 자주 옷감과 비단과 붉은 옷감이요 각종 향목과 각종 상아 그릇이요 값진 나무와 구리와 철과 대리석으로 만든 각종 그릇이요 13 계피와 향료와 향과 향유와 유향과 포도주와 감람유와 고운 밀가루와 밀이요 소와 양과 말과 수레와 종들과 사람의 영혼들이라"(계 18:12-13).

그들이 화물선으로 실어 온 화물 목록의 상품들은 식민지의 인민들을 수탈하고 숲과 산림을 파괴하여 얻은 것들이다.[27] 이러한 품목들은 기본적인 생활필수품이 아니라, 몸을 화려하게 치장하고, 고급 저택을 짓고, 고급 향료와 식품을 재료로 좋은 음식을 먹고자 하는 상류층의 사치의 욕구를 만족시키기 위한 것들이다. 그런

---

27) 화물 목록의 개별 품목들의 원산지에 대한 논의에 대해서는 Richard Bauckham, "The Economic Critique of Rome in Revelation 18," 47-90을 보라.

데 로마 제국의 변두리인 소아시아 지역의 현실은 빈곤, 기근, 물가폭등, 질병, 기아, 그리고 죽음이다(참조, 계 6:1-9). 로마 제국의 중심부와 주변부의 이러한 극단적인 경제적 불균형은 로마의 착취적인 정치적 경제를 극명하게 증명한다.

그런데 놀랍게도 화물 목록은 상품들의 가치의 우선순위에 따라서 작성되었다.

금과 은
보석과 진주
세마포와 자주 옷감과 비단과 붉은 옷감
각종 향목과 각종 상아 그릇
값진 나무와 구리와 철과 대리석으로 만든 각종 그릇
계피와 향료와 향과 향유와 유향과 포도주와 감람유와 고운 밀가루와 밀
소와 양과 말과 수레
종들(σωμάτων)과 사람의 영혼들

이 화물 목록의 맨 위에 금이 있고, 맨 아래에 노예들이 있다. 노예들은 이 화물 목록에서 가축보다 아래에 있다. 이것은 그 큰 도시 로마의 윤리와 가치 체계를 반영한다.

"종"으로 번역된 그리스어 "소마톤"(σωμάτων)은 문자적으로는 "몸들"이지만, "노예들"을 의미한다.[28] 노예무역은 이윤이 큰 장사였고, 노예들은 주로 식민지로부터 로마에 조달되었다.[29]

그런데 "종들과 사람의 영혼들"(σωμάτων, καὶ ψυχὰς ἀνθρώπων/소마톤, 카이 프뤼카스 안트로폰)이라는 표현에서 "노예들"과 병렬된 "사람의 영혼들"이라는 표현은 도대체 무엇을 의미하는가? 이것은 "그리고"를 의미하는 접속사 "καί(카이)"를 문법적으로 어떻게 보느냐에 따라서 해석이 달라질 수 있다. 어떤 학자들은 "카이"를 병렬적인 접속사로 보고, 노예들과 함께 병기된 "사람의 영혼들"은 보통의 노예보다 못한 존재로서 원형경기장과 홍등가에서 사용되는 남자들과 여자들을 가리킨다고 추측한다.[30] 다른 학자들은 카이를 설명을 위한 용법의 접속

---

28) Adela Yarbro Collins, *Apocalypse* (Wilmington, Delaware: Michael Glazier, Inc., 1983), 128.
29) Richard Bauckham, "The Economic Critique of Rome in Revelation 18," 74-75.

사로 보고, "노예들, 즉 사람의 영혼들"로 해석한다.[31] 나는 후자의 읽기를 지지한다. 로마 제국 시대에 노예는 영혼이 없는 몸으로만 규정되었다.[32] 그 당시 로마는 식민지에서 노예로 잡아 온 여자들과 남자들과 아이들을 비인간화하고, 객체화하고, 사람의 영혼이 없는 몸으로 사물화 하여 그들을 노동력과 성적 착취를 위한 상품으로 로마의 시장에서 매매하였다. 이러한 현실에서 요한은 노예 제도를 비판하기 위해서 노예라는 용어 다음에 "사람의 영혼" 이라는 표현을 덧붙여서 노예도 하나님의 형상(Imago Dei)으로 창조된 주체적 인간으로서 사람의 영혼을 가진 평등한 인간이라고 항의한 것이다. 이러한 점에서 "노예들과 사람의 영혼들"이라는 특별한 표현은 노예는 사람의 영혼이 없는 몸이라고 주장하는 제국의 레토릭에 강력하게 항의하는 요한의 대항 레토릭이다.

이제 바빌론은 불모지가 되었다. 상인들은 독점무역을 통해서 시장에 상품을 공급하여 많은 돈을 번 왕족들이다. 그들은 바빌론의 파멸을 바라보면서 아래와 같이 애통해한다.

"14 바벨론아 네 영혼이 탐하던 과일이 네게서 떠났으며 맛있는 것들과 빛난 것들이 다 없어졌으니 사람들이 결코 이것들을 다시 보지 못하리로다 15 바벨론으로 말미암아 치부한 이 상품의 상인들이 그의 고통을 무서워하여 멀리 서서 울고 애통하여 16 이르되 화 있도다 화 있도다 큰 성이여 세마포 옷과 자주 옷과 붉은 옷을 입고 금과 보석과 진주로 꾸민 것인데"(계 18:14-16).

---

30) Pablo Richard, *Apokalypse, Das Buch von Hoffnung und Wiederstand* (Luzern: Edition Exodus, 1996), 203; W. J. Harrington, *Sacra Pagina: Revelation* (Collegville: The Liturgical Press, 1993), 180; R. H. Charles, *A Critical and Exegetical Commentary on the Revelation of St. John, Vol. 2* (Edinburgh: T & T Clark, 1992), 104-05.

31) 남아공의 흑인 신학자인 뵈삭은 "καί"를 설명을 위한 용법의 접속사로 보고 이 부분을 "slaves, that is, human souls"라고 해석한다. Allan A. Boesak, *Comfort and Protest: Reflections on the Apocalypse of John of Patmos* (Philadelphia: the Westminster Press, 1987), 120. 그런데 리처드 보컴은 "καί"를 설명을 위한 용법의 접속사로 읽을 수도 있고 또 병렬을 표시하는 접속사로 읽을 수도 있는 두 가지 해석의 가능성을 보여준다. 그는 전자일 경우에는 노예무역을 비판하는 입장에서 "노예, 즉 인간"(slaves, that is, human persons)이라는 의미이고, 후자일 경우는 보통의 노예들과 원형 경기장에서 살려고 싸우다가 죽어야 할 운명을 지닌 더 열등한 노예들을 가리키는 것으로 본다. Richard Bauckham, "The Economic Critique of Rome in Revelation 18," 78-79.

32) 노예들을 사람의 영혼이 없는, 인간 이하의 존재로 규정한 로마의 관점을 아프리카계 미국인 여성의 경험을 강조하는 워미니스트(Womanist) 관점에서 비판한 우수한 논문인 Clarice J. Martin, "Polishing the Unclouded Minor: A Womanist Reading of Revelation 18: 13", in: David Rhoads (ed.), *From Every People and Nation: The Book of Revelation in Intercultural Perspective*, 82-109를 참조하라.

### 3) 선장들의 탄식(계 18:17-19)

바빌론이 파괴되고 화염에 쌓인 연기를 바라보면서 화물 운송을 맡은 선장과 선객들과 바다에서 일하는 자들이 탄식한다.

> "17 그러한 부가 한 시간에 망하였도다. 모든 선장과 각처를 다니는 선객들과 선원들과 바다에서 일하는 자들이 멀리 서서 18 그가 불타는 연기를 보고 외쳐 이르되 이 큰 성과 같은 성이 어디 있느냐 하며 티끌을 자기 머리를 뿌리고 울며 애통하여 외쳐 이르되 화 있도다 화 있도다 이 큰 성이여 바다에서 배 부리는 모든 자들이 너의 보배로운 상품으로 치부하였더니 한 시간에 망하였도다"(계 18: 17-19).

선장들은 세계 무역의 경유 노선을 장악한 자들이다.[33] 선객들은 무역업자들과 로마의 군인들로 추정된다. 그들은 모두 독점 무역 권력을 행사하는 무역 세력이다.[34] 그들의 탄식은 주변국들과 무역하던 고대의 경제적 중심부인 두로의 화물선 이 하나님이 일으킨 거친 바람으로 인해서 바다에서 침몰한 것을 상인들과 선원들이 슬퍼하는 것을 연상시킨다. 무겁게 화물을 실은 두로의 화물선이 바다에서 침몰하자 무역품들과 재물들이 물속에 가라앉고, 배에 타고 있던 선장들과 선원들과 무역업자들과 군인들과 승객들이 모두 바다에 빠졌으며, 겨우 살아남은 선장들과 선원들이 뭍으로 올라와서 파선으로 재물을 잃은 것을 슬퍼하며 "티끌을 머리에 쓰고" 큰소리로 비통하게 울었다(참조, 겔 27: 12-36).

화염에 휩싸인 바빌론을 바라보면서 슬퍼하는 선장들은 상품을 팔 시장이 파괴되었기 때문에 애통해 한다. 그러나 그들은 이러한 상품들을 생산한 수많은 이름 없는 사람들의 노동과 그들의 열악한 노동 조건, 그리고 식민지의 자연 파괴와 자원 고갈에 대해서는 일체 관심이 없다. 그들의 관심은 오로지 무역을 통해서 큰 돈을 벌고 자본을 축적 하는데 있다. 그러므로 그들은 화물 목록에 포함된 노예들의 운명에는 전혀 관심이 없고 오직 이 "보배로운 상품"에만 관심이 있다. 이것은 인간을 경시하고 경제적 이윤만을 추구하는 로마 제국의 독점 무역 세력의 비윤리적 경제관을 보여준다.

---

33) Klaus Wengst, "Babylon the Great and the New Jerusalem: The Visionary View of Political Reality in the Revelation of John," Henning Graf Reventlow, Yair Hoffmann and Bejamin Uffenheimer (ed.), *Politics and Theopolitics in Bible and Postbiblical Literature, JSOTS 171,* (Sheffield: JSOT Press, 1994), 196.

34) 이달, 『요한계시록』 (서울 장로교출판사, 2008), 317.

이제까지 언급한 것처럼 로마의 멸망을 슬퍼하는 땅의 왕들, 땅의 상인들, 그리고 선장들은 모두 세계 무역구조의 중심 세력들이다. 그들은 로마 제국의 시장 경제와 독점 무역을 통해서 막대한 이익을 챙긴 사람들이다. 그들은 모두 공통적으로 "한 시간에" 바빌론이 파괴되었다고 한탄하였다(계 18: 10, 17, 19). 이것은 영원히 계속될 것 같았던 로마가 한 순간에 무너지는 것에 대한 놀라움을 나타내는 표현이다. 로마의 부와 사치는 식민지의 자연 파괴와 인민들의 노동력 착취와 희생을 통해서 이루어진 것이다.

## IV. 바빌론의 멸망과 제국의 희생자들의 해방

### 1. 바빌론의 유죄 판결을 기뻐하는 사람들

하나님은 재판장으로 피고 바빌론을 심판하셨다. 바빌론의 유죄를 선고한 하나님의 정의로운 심판을 기뻐하는 성도들과 사도들과 선지자들의 기쁨은 땅의 왕들과 땅의 상인들과 선장들의 탄식과 극적으로 대조된다.

> "하늘과 성도들과 사도들과 선지자들아, 그로 말미암아 즐거워하라 하나님이 너희를 위하여 그에게 심판(κρίμα)을 행하셨음이라"(계 18:20).

여기서 "하늘"은 바빌론의 폭력에 의해서 살해된 모든 죽은 자들이 살아 있는 역사의 초월적 차원을 상징한다. 심판을 의미하는 그리스어 크리마(κρίμα)는 정의를 세우는 것을 의미한다. 바빌론에 대한 심판은 법정의 재판으로 묘사되었다. 재판장인 하나님은 원고의 소송에서 정의롭게 재판하여 피고 바빌론에게 유죄를 선고하고 처벌을 집행한다. 원고는 죽은 자들과 산 자들이다, 즉, 원고는 이미 죽었지만 하늘에서 살아 있는 순교자들과 억울한 죽음을 당한 피학살자들이며, 또 땅 위에서 박해와 고난을 당하면서도 황제 예배를 거부하고 로마의 정치적 압제와 경제적 착취에 저항하면서 그리스도인의 정체성을 지킨 "성도들과 사도들과 선지자들"이다. 기소 내용은 로마의 독점무역과 착취적인 경제 체제를 통한 부의 축적과 수많은 무죄한 자들의 피를 흘린 대량학살이다. 바빌론에 대한 유죄 판결에 대한 상이한 반응이 나타난다. 권력층인 땅의 왕들, 땅의 상인들, 그리고 선장들의 탄식과 정의로운 심판을 고대하던 원고들의 기쁨은 대조된다.

바빌론에 대한 유죄 선고의 집행으로 바빌론은 몰락되었고 바빌론의 화려함은 흔적 없이 사라졌다.

> "21 이에 한 힘 센 천사가 큰 맷돌 같은 돌을 들어 바다에 던져 이르되 큰 성 바빌론이 이같이 비참하게 던져져 결코 다시 보이지 아니하리로다. 22 또 거문고 타는 자와 풍류하는 자와 퉁소 부는 자와 나팔 부는 자들의 소리가 결코 다시 네 안에서 들리지 아니하고 어떠한 세공업자든지 결코 다시 네 안에서 보이지 아니하고 또 맷돌 소리가 결코 다시 네 안에서 들리지 아니하고 23 등불 빛이 결코 다시 네 안에서 비치지 아니하고 신랑과 신부의 음성이 결코 다시 네 안에서 들리지 아니하리로다. 너의 상인들(ἔμποροί/엠포로이)은 땅의 왕족들이라. 네 복술로 말미암아 만국이 미혹되었도다"(계 18:21-23).

바다에 던져진 돌이 흔적 없이 사라지듯이 화려했던 바빌론은 사라졌다(참조, 렘 51:63-64). 바빌론에는 음악, 예술가들, 세공업자들, 식당, 빛을 비추는 램프, 그리고 신랑신부의 결혼 축하 피로연 등 모두가 사라졌다. 상인들은 독점무역업을 하는 대상인들로서 "땅의 왕족들," 즉 로마의 왕족들이다. 상인으로 번역된 엠포로스(ἔμπορος)는 소매상이 아니라 독점무역을 하는 대상인을 의미한다. 식민지 인민들은 "로마의 평화"라는 제국의 담론이 모든 사람들에게 안전과 이익을 준다는 거짓말에 속아 넘어갔다.[35] 로마 제국의 정치적 경제는 식민지의 인민들의 생명의 희생과 자연파괴를 바탕으로 로마의 부를 증대시키는 탐욕스러운 착취적 경제였다. 또한 이러한 경제 체제는 약자들의 피를 요구할 뿐만 아니라, 저항하는 자들에게 죽음의 선고를 내렸다. 바빌론에 대한 유죄 선고의 결정적인 증거는 다음과 같다.

> "선지자들과 성도들과 및 땅 위에서 죽임을 당한 모든 자의 피가 이 성 중에서 발견되었느니라"(계 18:24).

이것은 요한계시록의 저자가 로마의 폭력으로 인한 기독교 순교자들뿐만 아

---

35) Richard Bauckham, "The Economic Critique of Rome in Revelation 18," 56.

니라, 교회의 울타리 밖에 있는 로마의 제국주의의 모든 일반인 희생자들에게도 연대감을 가지고 있다는 것을 증명한다.[36] 그는 교회의 구성원들만을 위해서가 아니라, 일반인들, 즉 비기독교인들을 위해서도 정의가 실현되어야 한다고 본다.[37] 하나님이 바빌론을 심판한 이유는 로마의 폭력으로 희생된 그리스도인 순교자들의 피 때문만이 아니라, 로마의 폭력으로 학살당한 수많은 무고한 일반인들의 피 때문이기도 한 것이다.

### 2. 바빌론에 대한 심판과 하나님의 통치를 축하하는 예전

#### 1) 하늘에 있는 죽은 자들의 예배

요한계시록 18:20에서 바빌론에 대한 하나님의 심판을 기뻐하라고 명령한 것을 실행하는 예배가 이제 일어난다. 그 명령에 따라서 하늘에 살아 있는 죽은 자들이 드리는 천상의 예배(계 19:1-5)와 땅 위에서 숨 쉬고 있는 산 자들의 예배(계 19:6-8)가 동시적으로 일어난다.[38] 이러한 예배는 각각 "할렐루야"라는 외침으로 시작된다.

> "1 이 일 후에 내가 들으니 하늘에 허다한 무리(ὄχλος/오클로스)의 큰 음성 같은 것이 있어 이르되 할렐루야 구원과 영광과 능력이 우리 하나님께 있도다 2 그의 심판은 참되고 의로운지라 음행으로 땅을 더럽게 한 큰 음녀를 심판하사 자기 종들의 피를 그의 손에 갚으셨도다 하고 3 두 번째로 할렐루야 하니 그 연기가 세세토록 올라가더라. 4 또 이십사 장로와 네 생물이 엎드려 보좌에 앉으신 하나님께 경배하여 이르되 아멘 할렐루야 하니 5 보좌에서 음성이 나서 이르시되 하나님의 종들 곧 그를 경외하는 너희들아 작은 자나 큰 자나 다 우리 하나님께 찬송하라 하더라" (계 19:1-5).

"하늘에 있는 허다한 무리(ὄχλος/오클로스)"는 하늘에서 살아 있는 남녀 순교들과 죽은 성도들의 무리를 가리킨다.[39] 그들은 죽는 순간까지도 짐승에게 복종하

---

36) Klus Wengst, *Wie lange noch?*, 62.
37) Richard Bauckham, "The Economic Critique of Rome in Revelation 18," 58.
38) Pablo Richard, *Apokalypse*, 205.
39) 요한계시록에서 오클로스(ὄχλος)라는 단어는 네 번 나온다(계 7:9; 17:15; 19: 1, 6).

기를 거부하고 예수를 믿고 하나님의 나라에 대한 열망을 품었던 사람들이다. 6:9-11에서 순교자들이 악인들에 대한 심판을 하나님에게 호소했는데 이제 그들의 기다림의 시간이 끝나고 심판이 일어났다.[40] 그들은 "할렐루야 구원과 영광과 능력이 우리 하나님께 있도다"라고 노래한다. "할렐루야"의 의미는 "하나님을 찬양하라"는 것이다. 구원(σωτηρία/소테리아)과 영광(δόξα/독사)과 능력(δύναμις/뒤나미스)은 모두 짐승 숭배자들이 로마 황제를 찬양하는 정치적 용어들이었다. 하지만 천상의 예배에서 무리는 그것을 하나님에게 돌린다. 이러한 용어들은 요한계시록의 다른 곳에서 나타나는 천상의 예배에서 하나님과 어린 양 그리스도를 찬양하는데 역시 사용된다.[41]

하늘에 살아 있는 죽은 자들의 무리는 "그의 심판은 참되고 의로운지라 음행으로 땅을 더럽게 한 큰 음녀를 심판하사 자기 종들의 피를 그의 손에 갚으셨도다."라고 찬양한다. 바빌론은 권력과 시장의 절대화와 물신숭배를 통해서 수많은 가난한 사람들을 착취하고 무죄한 자들을 학살하였기 때문에 유죄 선고와 심판을 받았다. 바빌론에 대한 하나님의 심판은 참되고 정의롭다. 2절에서 종들은 하나님을 믿는 교회의 남녀 구성원들을 가리킨다. 하나님은 바빌론의 폭력에 의해서 죽임을 당한 그의 종들의 원한을 갚아주셨다. 그리스어 엑디케오(ἐκδικέω)는 "갚아주다, 보복하다, 신원하다"를 의미한다. 요한계시록에서 하나님의 심판(κρίσις/크리시스)은 피해자에게 저지른 악한 행위를 가해자에게 고스란히 되돌리고 피해자에게 권리와 정의를 회복시켜주는 것을 의미한다. 이러한 심판의 개념이 요한계시록 16:6에 잘 나타나고 있다: "그들이 성도들과 선지자들의 피를 흘렸으므로 그들에게 피를 마시게 하신 것이 합당하니이다 하더라."

천상의 예배에 함께 참여한 스물네 장로들과 네 생물이 하늘에 살아 있는 죽은 자들의 탄성과 고백에 "아멘 할렐루야"라고 화답한다. 요한계시록 19:5에서 "우리 하나님께 찬송하라"고 명령하는 보좌로부터 들리는 음성은 천상의 예수의 음성이다(참조, 요 20:17).

## 2) 땅 위에 있는 산 자들의 예배

땅 위에 살아 있는 신실한 교인들도 예배에서 바빌론의 멸망과 하나님의 통치

---

40) 이병학, "요한계시록의 예전과 예배: 우상숭배에 대한 저항과 정치적 유토피아," 「신약논단」 13권 3호(2006), 1043.
41) "구원"이라는 용어는 요한계시록에서 네 번 나온다(계 17:10; 12:10; 19:1).

를 축하한다. 그들은 예수의 발자취를 따라가는 자신들이 참여할 미래를 바라보는 희망으로 넘친다.

> "6 또 내가 들으니 허다한 무리(ὄχλος/오클로스)의 음성과도 같고 많은 물소리와도 같고 큰 우렛소리와도 같은 소리로 이르되서 할렐루야 주 우리 하나님 곧 전능하신 이가 통치하시도다 7 우리가 즐거워하고 크게 기뻐하며 8 그에게 영광을 돌리세 어린 양의 혼인 기약이 이르렀고 그의 아내가 자신을 예비하였으므로 그에게 빛나고 깨끗한 세마포 옷을 입도록 허락하셨으니 이 세마포 옷은 성도들의 옳은 행실이로다 하더라"(계 19:6-8).

천상의 예배에 함께 참여 하였던 스물네 장로들과 네 생물들이 이 예배에는 보이지 않는다. 이것이 바로 이 예배가 땅 위에 있는 산 자들의 예배라고 볼 수 있는 중요한 근거이다. 여기서 "허다한 무리"(ὄχλος/오클로스)는 땅 위에서 바빌론의 폭력과 착취에 저항하는 민족과 인종을 초월한 산 자들의 무리를 가리킨다. 더 구체적으로 말하면, 그들은 로마의 몰락과 더불어 폭력의 역사가 끝장난 것을 기뻐하는 "성도들과, 사도들과 선지자들"(계 18:20)의 범주에 속 하는 사람들이다. 그들은 압제와 불이익과 심지어 살해의 위협에도 불구하고 짐승의 인침을 받는 것을 거부하고 로마의 제국주의에 저항하면서 하나님이 설계하신 대안적 세계의 도래를 소망하는 남녀 그리스도들이다. 이제 그들은 폭력의 역사를 단절시킨 하나님의 통치를 기뻐하면서 하나님께 영광을 드린다. 그들은 "할렐루야 주 우리 하나님 곧 전능하신 이가 통치하시도다"라고 외친다. "할렐루야"는 "하나님을 찬양하라"는 요구를 의미한다. 그러나 이제 그들이 외친 "할렐루야"는 더 이상 요구가 아니라, 기쁨에서 터져 나온 탄성이고 환호성이다.

또한 그들은 어린 양의 혼인날이 다가온 것을 축하한다. 여기서 "어린 양의 아내"는 누구인가? 신약성서의 다른 부분에서 그리스도의 신부는 교회와 동일시 된다(롬 7:2-4; 고후 11:2-3; 엡 5:25; 참조, 마 22:2ff; 25:1; 막 2:19; 요 3:29). 주로 이러한 근거에서 여러 학자들은 어린 양의 아내는 교회라고 주장한다.[42] 그러나 그것은

---

42) W. J. Harrington, *Revelation,* Sacra Pagina (Collegeville: The Liturgical Press, 1993, 186; 에두아르프 로제/ 박두환·이영선 공역, 『요한계시록』(천안: 한국신학연구소, 1997), 194; Frederick J. Murphy, *Fallen is Bablyon: The Revelation to John* (Harrisburg, Pennsylvania: Trinity Press International, 1998), 382-83.

문맥을 고려하지 않은 잘못된 주장이다. 신랑으로서의 어린 양의 메타포가 신부로서의 새 예루살렘의 메타포(계 21:2; 21:9-10)와 결합되었다. 어린 양의 아내와 어린 양의 혼인날에 대한 언급은 요한계시록 21:2와 21:9-10에 묘사된 하늘에서 내려오는 신부로서의 새 예루살렘에 대한 예견이라는 점에서 이해되어야만 한다.[43] 어린 양의 아내가 입는 "빛나고 깨끗한 세마포" 옷은 고난을 당하면서 순교의 피를 흘리기까지 하나님의 말씀과 예수 그리스도의 말씀을 증언하고 불의에 저항하는 "성도들의 옳은 행실"을 가리킨다. 그 세마포 옷의 이러한 상징적 의미를 통해서 어린 양의 아내의 충성은 장차 새 예루살렘에서 살게 될 죽은 성도들과 참된 신앙을 실천하는 산 자들의 충성과 동일시된다. 그런데 성도들의 옳은 행실은 그들이 성취한 자신들의 업적이 아니라, 하나님의 은혜와 예수 그리스도의 사랑에 대한 감사와 충성의 결과이다.

> "천사가 내게 말하기를 기록하라 어린 양의 혼인 잔치에 청함을 받은 자들은 복이 있도다 하고 또 내게 말하되 이것은 하나님의 참되신 말씀이라 하기로"(계 19:9).

이 말에서 교회의 구성원들은 어린 양의 혼인잔치에 초대될 수는 있지만, 그들 자신이 신부가 될 수는 없다는 것이 명백하게 증명된다.[44] 어린 양의 아내는 하늘에서 내려오는 새 예루살렘이다.[45] 새 예루살렘은 하나님의 뜻이 이루어진 이상적인 사회, 즉 새로운 세계 질서이다. 식민지의 그리스도인들 중에 로마 제국의 유혹과 압제에 저항하지 못하고 굴복하거나 타협하는 사람들도 많이 있었다. 이러한 현실에서 지금 바빌론 한가운데서 탈출하여 새 예루살렘을 지향하는 삶을 사는 남녀 그리스도인들이 바로 어린 양의 혼인잔치에 초대 받는 복된 사람들이다. 그들은 예배를 받아서는 안 될 사람들을 예배하는 우상숭배를 단연코 거부한다.

---

43) Leonard L. Thompson, *The Book of Revelation: Apocalypse and Empire* (New York/Oxford: Oxford University Press, 1990), 68.

44) Barbara Rossing, *The Choice Between Two Cities: Whore, Bride, Empire in the Apocalypse* (Harrisburg, PA: Trinity Press International, 1999), 137.

45) 리처드 보컴, 『요한계시록 신학』, 188; Lynn Huber, "Unveiling the Bride: Revelation 19,1-8 and Roman Social Discourse," Amy-Jill Levine (ed.), *A Feminist Companion to the Apocalypse of John,* 174(159-179); Elisabeth Schüssler Fiorenza, *Revelation: Vision of a Just World* (Minneapolis Fortress Press, 1991), 102.

# V. 결론

　바빌론에 대한 심판 환상(계 17:1-19:10)은 로마 제국의 정치적 현실에 대한 요한의 인식과 대안적 세계를 지향하는 삶을 위한 전략을 보여준다. 요한계시록의 저자 요한의 대항 전략은 바빌론에서 탈출하여 새 예루살렘을 지향하는 삶을 사는 것이다. 그것은 하나님이 로마 제국 한 복판에서 일으키신 새로운 출애굽에 참여하는 것이다. 그러므로 바빌론으로부터의 탈출은 물리적 이동이 아니라, 영적인 탈출을 의미한다. 이것은 억눌린 자들이 로마 제국의 우상숭배적인 체제에 적응하지 않고 비폭력적으로 저항하는 주체가 되는 것과 정의와 평화와 평등과 생명이 지배하는 대안적 세계 질서를 위해서 일하는 것을 의미한다.

　오늘의 지구적 자본의 제국은 큰 바빌론으로 상징되는 1세기 말엽의 로마 제국보다 훨씬 더 위험하다. 왜냐하면 오늘의 제국은 인류의 대다수를 멸절시키고 또 지구를 파괴할 수 있는 능력을 가지고 있을 뿐만 아니라, 지구적 자본의 통제 아래 있는 미디어를 통해서 사람들이 자유 시장을 절대화하는 우상숭배자들이 되도록 날마다 유혹하고 있기 때문이다. 그런데 불행하게도 로마의 시대와 비슷하게 오늘날에도 바빌론에서 사는 사람들 가운데 많은 이들은 자기들이 거기에 있는지를 모른다. 왜냐하면 그런 사람들은 제국의 미디어를 통해서 날마다 선전되고 미화되는 "큰 도시 바빌론"이 완벽하지는 않다고 할지라도 세계에서 가장 살 만한 곳으로 보도록 교육되었기 때문이다.

　바빌론과 새 예루살렘은 대립적인 세계질서로서 이 세계 안에 함께 존재한다. 바빌론은 요한의 시대뿐만 아니라, 오늘의 시대에도 권력과 시장을 절대화하고 가난한 자들의 인간적 품위와 주체성을 인정하지 않고 객체로 사물화 하는 곳에는 어디든지 존재한다. 또한 새 예루살렘은 세계의 종말이나 죽음 후에 기다리고 있는 꿈이 아니라, 오히려 지구적 자본의 제국의 거짓말과 착취와 폭력과 생태 파괴에 대해서 항의하고, 대지의 버림받은 자들과 연대하고 그들의 상처를 치유하면서 정의와 평화와 평등과 생명이 지배하는 대안적 세계에 대한 희망을 함께 나누는 곳에는 어디든지 존재한다.

　자유 시장을 신의 재가를 얻은 제도로 평가하는 오늘의 자본주의 사회에 익숙한 그리스도인들에게 바빌론으로부터 나오라는 명령은 커다란 도전이다. 기독교 교회에 소속되어 있지만 실제로는 시장에 참여하기 위해서 짐승의 표를 받는 명목상의 그리스도인들이 있다. 진정한 그리스도인은 이 세계에서 가난한 자들을 억압하고 착취하는 바빌론과 음녀의 작용을 분명하게 인식해야 하며, 또한 지구적 자본의 제국에서 탈출을 시도해야만 한다. 참된 교회는 바빌론의 억압과 착취와 차별에 대해 항의하는 저항의 공동체가 되어야 하고, 그리고 동시에 모든 사람들의 주체 적인 삶이 보장되는 대안적 세계 질서인 새 예루살렘을 향한 희망의 공동체가 되어야 한다.

오늘의 바빌론인 지구적 자본의 제국은 약자들을 억압하고 세계를 황폐화시키고 있다. 칠레에서 가톨릭 사제로 일하는 성서 신학자 파블로 리차드(Pablo Richard)는 라틴 아메리카의 상황에 대해서 다음과 같이 말한다.

> "우리의 나라들은 제국주의적이고, 오만하고, 또 잔인한 권력으로 작용하는 미국 정부에 의해서 주도된 세계화의 경제적, 문화적, 그리고 군사적 체제에 의해서 억압과 배제 속에 살고 있다. 매일 이 체제는 우리 가운데 빈곤, 비참, 배제, 그리고 생태적 황폐화를 더 크게 일으키고 있다. 제3세계(the Third World)의 생명의 파괴는 60 퍼센트에 도달하고 있다!"[46]

오늘날의 바빌론에서의 탈출 시도는 약자들을 억압하고 착취하는 지구적 자본의 제국에 대한 저항으로, 물신주의 문화에 대한 거부로, 정의와 평화와 평등과 생명이 지배하는 대안적 세계를 갈망하는 세계의 약자들과의 연대와 나눔의 실천으로, 생태계 파괴에 대한 저지로, 그리고 분단된 한반도의 자주적인 평화적 재통일 운동으로 구체화되어야만 한다.

바빌론에 대한 심판 환상의 절정은 바빌론의 몰락을 기뻐하고 축하하는 예배에 있다. 예배는 세계 안에서 폭력과 착취와 불의를 소멸시키고 폭력의 역사와 고난의 역사를 단절시키는 정의의 하나님과 어린 양 예수를 경배하고 축하하는 행위이다. 하나님을 찬양하는 예배는 하늘과 땅에서 동시에 일어난다, 천상의 예배에 참여한 자들은 생전에 바빌론에 적응하는 것을 거부하고 탈출을 시도했던 사람들이다. 그러므로 땅 위에서 예배에 참여하는 자들은 죽은 자들의 희망과 고통과 투쟁을 기억하면서 바빌론에서부터 탈출을 시도해야 한다. 이것이 카이로스인 지금 현재의 시간에 우리가 성서적으로, 윤리적으로, 그리고 인간적으로 사는 것이다.

---

46) Pablo Richard, "Resistance, Hope, and Liberation in Central America," in: David Rhoads (ed.), *From Every People and Nation: The Book of Revelation in Intercultural Perspective* (Minneapolis: Fortress Press, 2005), 147(146-164).

## 제13장
# 죽음의 현실과 새 예루살렘의 대항현실

## I. 서론적 성찰

오늘날 많은 사람들은 죽은 자들을 잊은 채로 살아가고 있다. 그런데 국가폭력에 의해서 천수를 누리지 못하고 너무 일찍 세상을 떠난 사람들이 많이 있다. 한반도의 산하와 바다에는 억울한 죽음을 당한 수많은 죽은 자들의 울음소리로 가득하다. 정확한 통계는 없지만, 한국전쟁 전후에 남한에서 좌익과 부역 협의자로 내몰려서 국가폭력으로 학살당한 희생자들의 수는 백만 명으로 추정된다.[1] 이러한 국가폭력의 진상규명이 이루어지지 않았기 때문에 1970-80년대의 민주화 과정에서 국가폭력으로 인한 고문치사, 의문사, 그리고 광주민중항쟁 학살이 재현되었다.

한 예를 들면, 경남 창원에서 민주 노조 운동을 하던 노동자 정경식 씨가 1987년 6월에 실종된 후 9개월 만에 인근의 산에서 백골 상태로 발견되었다. 검찰은 그의 죽음을 자살로 처리하였다. 그러나 그의 어머니는 타살당한 흔적이 있음을 알았기 때문에 장례식을 미루고 23년 동안 아들의 억울한 죽음에 대한 진상규명을 위해서 온갖 노력을 다하였지만 뜻을 이루지 못했다. 이 안타까운 사연이 한 신문에 다음과 같이 보도되었다.

"그의 장례는 죽은 지 23년 만에 '노동해방 열사 정경식 동지 전국민주노동자장'으로 2010년 9월 8일에 거행되었다. 입관식을 위해서 그 동안 보관되었던 한 상자를

---

1) 김영범, "한국전쟁 전후의 민간인 학살, 어떻게 청산할 것인가?," 「기억과 전망」 제4권(2003 가을), 101(100-117); 한국전쟁전후 민간인학살 진상규명 범국민위원회 편, 『한국전쟁전후 민간인학살 실태보고서』 (서울: 한울아카데미, 2005)를 보라.

열자, 철심이 박힌 그의 유골이 나왔다. 그의 어머니 김을선 씨(78세)는 '이제 우리 아들 언제 보노' 하고 울면서 눈물을 흘렸다. 그녀는 자신의 무력감과 서러움을 이렇게 표현하였다: '자식 죽인 범인이 지적인데도 아무 것도 못하고 23년이야. 이제는 보내줘야지. 내가 죽기 전에 장례를 치러줘야지.' 그의 유골은 어머니와 함께 고향인 마산 진동에 들렀다가 경남 양산 솔밭산 열사 묘역에 묻혔다."[2]

죽은 자들의 투쟁과 희망과 고통을 기억하는 산 자들은 여러 가지 질문에 직면한다. 민주화와 인권과 정의와 통일을 위해서 일하다가 세상을 떠난 죽은 자들은 지금 어디에 있는가? 그들의 죽음은 헛된 것인가? 순교자와 열사들과 죽은 성도들은 하늘에서 신원되고 복권되어 살고 있는가? 희생자들의 시체를 밟고 넘어간 살인자들이 궁극적 승리자가 될 수 있는가? 하나님은 언제 이 폭력의 역사를 심판하시는가? 죽은 자들에게도 미래가 있는가? 죽은 자들과 산 자들의 재회와 재결합은 언제 그리고 어디서 실현되는가? 하나님의 새 창조와 새 예루살렘은 제국의 질서와 어떻게 다른가? 종말론적 희망이 산 자들에게 요구하는 윤리적 명령은 무엇인가?

나는 이러한 중요한 질문들에 대한 신학적인 대답을 1세기 말엽 로마 제국의 도미티아누스 황제 시대에 지하문서로 저술된 요한계시록의 마지막 큰 단락인 19:11-22:5에서, 즉 천년왕국 환상(계 20:1-10)과 마지막 심판 환상(계 20:11-15), 그리고 새 예루살렘 환상(계 21:1-22:5)에서 찾고자 한다. 왜냐하면 이 큰 단락의 환상들이 폭력의 역사의 종말과 미래에 대해서 말하기 때문이다. 이 단락의 주제들은 아마겟돈 전쟁터에서 그리스도의 입에서 나온 검으로 죽임을 당하여 새들의 먹이가 된 악인들의 비참한 운명, 남녀 순교자들과 죽은 성도들이 하늘에서 부활하여 그리스도와 더불어 사는 천년왕국, 사탄의 파멸, 하나님의 마지막 심판, 그리고 새 창조와 새 예루살렘이다.

그러나 이러한 종말론적 과정은 연대기나 일정이라는 점에서가 아니라, 오히려 세계 안에 있는 폭력과 학살과 불의를 소멸하고, 정의와 평화와 생명이 지배하는 반제국적 세계를 세우기 위한 하나님의 해방적 행동의 논리에서 이해되어야만 한다. 어떤 학자들은 아마겟돈 전쟁(계 19:11-21)이 천년왕국(계 20:1-10)과 연대기적으로 직접 연결된다고 믿는다.[3] 그러나 천년왕국은 이미 하늘에 세워

---

2) 「한겨레신문」 2010년 9월 8일 1면과 9면을 보라. 2010년 8월에 민주화운동 보상심의위원회는 정경식 씨가 민주화운동에 기여했다는 것을 인정하였다.

져 있으며 현재부터 하나님의 마지막 심판의 날까지 천년이라는 잠정적인 기간 동안만 유지되는 천상의 공동체이다. 반면에 그 이후에 전개되는 새 예루살렘은 죽은 자들과 산 자들이 재회하여 함께 살 미래적인 공동체이다. 이것은 죽은 자들도 미래가 있다는 것을 의미한다. 이러한 점에서 새 예루살렘은 죽은 자들과 산 자들의 공동의 미래이다.

이 논문에서 로마 제국의 현실과 대조되는 천년왕국과 새 예루살렘의 대항현실을 차례대로 살펴보고자 한다. 그런데 성서학계에서 아직까지 천년왕국 환상의 전승사적 배경에 대한 연구는 없다. 그러므로 나는 천년왕국 환상이 유대 묵시문학의 대표적인 작품의 하나인 에티오피아어 에녹서(=에녹1서) 22장에서부터 유래한다는 것을 논증하고자 하며, 그리고 산 자들로 하여금 죽은 자들을 기억하고, 공동의 미래인 새 예루살렘을 선취하기 위해서 저항하고 증언하도록 신학적으로 지원하고자 한다.


## II. 남녀 순교자들과 죽은 의인들이 사는 하늘의 천년왕국

### 1. 에녹1서 22장과 천년왕국 환상의 전승사적 관계

에녹1서 22장에는 역사의 시작부터 지금까지 모든 죽은 자들의 영혼들이 하나님의 마지막 심판의 날까지 잠정적인 기간 동안 머물러 있는 한 장소에 대해서 말한다.[4] 하늘로 승천한 에녹은 천사의 안내로 그 장소를 구경하였다. 죽은 자들의 영혼들은 그곳에서 네 범주로 분류되어서 각기 다른 방에 배치되어 있다: ① 죽은 의인들의 영혼들, ② 생전에 하나님의 심판을 받지 않고 죽은 죄인들의 영혼들, ③ 생전에 하나님의 심판을 받고 죽은 죄인들의 영혼들, 그리고 ④ 살해당한 의인들의 영혼들.

첫째 방은 의인들의 영혼을 위해서 정해졌다. 이 방에는 밝은 빛과 물이 흐르

---

3) Vern S. Poythress, *The Returning King: A Guide to the Book of Revelation* (Phillipsburg, New Jersey: P&R Publishing Company, 2000), 178.
4) 에녹1서 22장의 본문에 대해서는 E. Essac, *1 (Ethiopic Apocalypse of) Enoch. A New Translation and Introduction,* James H. Charlesworth (ed.), *The Old Testament Pseudephigrapha Vol.1* (Garden City, New York: Doubleday & Company, Inc., 1983), 24-25를 보라.

고 있다. 의인들의 영혼들은 빛과 물을 즐기면서 안락한 삶을 살고 있으며, 마지막 심판의 날에 부활과 영생에 참여하게 된다.

둘째 방은 생전에 하나님의 심판을 받지 않고 죽은 죄인들의 영혼들을 위해서 정해졌다. 그들은 생전에 불의에 대한 의식 없이 약자들의 인권을 짓밟고 가난한 자들을 착취한 위선적인 억압자들과 착취자들이다. 그들은 아무런 어려움 없이 화려한 삶을 오래 살았으며, 심지어 멋진 장례식으로 높은 예우를 받았다. 그들은 생전에 온갖 불의를 저질렀음에도 불구하고 하나님의 심판을 받지 않았지만, 이제 캄캄하고 물도 없는 방에서 형벌의 천사들로부터 혹독한 벌을 받고 있으며, 하나님의 마지막 심판의 날에 심판대에 끌려 나와서 영벌을 받게 된다. 영벌은 하나님으로부터의 영원한 분리이다.

셋째 방은 생전에 하나님의 심판을 받고 죽은 죄인들의 영혼들을 위해서 정해졌다. 이 방은 역시 캄캄하고 물도 없다. 그들은 생전에 이미 하나님의 심판을 받았기 때문에 마지막 심판의 날에는 부활에 참여 하는 일이 없다. 그들은 이 방에서 형벌의 천사들로부터 벌을 받으면서 영원토록 머물게 된다. 이 방은 영원한 감옥이다. 억눌린 자들의 입장에서 본다면 이미 하나님의 심판에 의해서 죄 값을 치르고 죽은 억압자들의 미래적 운명은 더 이상 관심을 끌 수 없는 것이 당연하다.

넷째 방은 살해당한 의인들의 영혼들을 위해서 정해졌다. 이 방에 속한 자들의 대표는 아벨이다. 그들은 민족과 인종을 초월하여 폭력의 역사에서 억울한 죽음을 당한 모든 순교자들과 무죄한 피학살자들이다. 그런데 이 방은 비어 있다. 그것은 그들이 억울함과 분노와 한(恨)이 너무 많아서 그들의 방 안에서 편안히 앉아 있을 수 없어서 공중을 선회하면서 하나님에게 탄원하고 있기 때문이다. 그들은 생전에 겪었던 그들의 불의한 운명에 대한 모순을 비판하고, 그들을 죽인 살인자들을 하나님에게 고발하면서 자신들의 신원과 복권을 호소하고 있다. 억압자들과 살인자들은 ─ 이미 죽었던지 아니면 아직 땅위에서 숨 쉬면서 살고 있던지 간에 ─ 지상에서 저지른 불의를 더 이상 은폐하거나 비밀로 숨겨둘 수 없다. 왜냐하면 그들에 의해서 살해당한 수많은 남자들과 여자들의 영혼들이 울부짖으면서 그들을 하나님에게 고발하고 있기 때문이다. 살해당한 희생자들의 고발과 탄원으로 인해서 불의한 권력자들이 생전에 그들의 입에 채워두던 침묵의 재갈은 부서지고 만다. 이제 희생자들의 외침은 큰 함성이 되어 마침내 하나님에 상달될 것이다. 무죄한 희생자들의 탄원을 들은 하나님은 마지막 심판의 날에 겹겹이 쌓인 그들의 고통과 분노의 매듭을 절단하고 그들을 부활시킴으로써 쉼 없는 방황과 한(恨)으로부터 그들을 해방시킬 것이다. 이처럼 유대 묵시 문학가는 모든 죽은 자들의 영혼들이 하나님의 마지막 심판의 날까지 잠정적인 기간 동안 머물러 있어야 하는 한 장소를 설정하고 죽은 의인들을 두 범주로 세분화하고, 또 죽은 죄인들을 역시 두 범주로 세분화하여 그들이 각기 서로 다른 운명에 처해 있다는 점을 강조한다.[5]

이러한 에녹서의 사상이 요한계시록에서 변형된 형태로 재발견된다. 요한계시록의 저자는 계 19:11-21에서 하나님을 두려워하지 않고 권력을 남용하고 전쟁을 일으킨 악인들의 비참한 운명을 묘사하고, 그리고 계 20:1-10에서 살해당한 남녀 순교자들과 죽은 의인들이 하늘의 천년왕국에서 역시 로마의 폭력의 희생자인 예수 그리스도와 함께 누리는 복된 삶을 묘사한다. 그가 묘사한 천년왕국 환상은 모든 죽은 자들이 네 범주로 분리되어 각각 다른 운명에 처해진다는 에녹1서 22장의 진술로부터 전승된 것이다. 그는 죽은 자들이 하나님의 마지막 심판 (계 20:11-15) 전에 잠정적으로 머무는 기간을 천 년으로 설정하고, 악인들로부터 폭력적으로 죽임을 당한 남녀 순교자들과 고난을 당하면서도 증인으로서 일생을 마친 죽은 의인들이라는 두 범주의 죽은 자들이 하늘에서 부활하여 천년왕국에서 복된 삶을 살고 있는 반면에 "그 나머지 죽은 자들," 즉 생전에 하나님의 심판을 받지 않고 죽은 죄인들과 이미 생전에 하나님의 심판을 받고 죽은 죄인들은 천년왕국에서 배제된다고 말한다.

## 2. 순교자들과 죽은 의인들의 신원과 복권(계 20:1-10)

### 1) 사탄의 감금 기간과 죽은 자들의 운명

요한은 20:1-3에서 천 년 동안의 사탄의 감금을 언급하고, 4-6절에서 순교자들과 죽은 의인들의 복된 천상적의 삶을 묘사하고, 그리고 7-10절에서 천 년이 끝난 후에 사탄이 잠시 풀려나서 영벌을 받는 것을 언급하였다. 사탄이 천사에 의해서 잡히고 감금되는 환상에 대해서 요한은 이렇게 말한다.

---

5) 에녹1서 22장에 대한 분석과 더 자세한 해석에 대해서는 Byung Hak Lee, *Befreiungserfahrungen von der Schreckensherrschaft des Todes im äthiopischen Henochbuch: Das Vordergrund des Neuen Testaments.* (Waltrop: Hartmut Spenner Verlag, 2005), 88-103을 참조하라.

"1 또 내가 보매 천사가 무저갱의 열쇠와 큰 쇠사슬을 그의 손에 가지고 하늘로부터
내려와서 2 용을 잡으니 곧 옛 뱀이요 마귀요 사단이라 잡아서 천 년 동안 결박하여
3 무저갱에 던져 넣어 잠그고 그 위에 인봉하여 천 년이 차도록 다시는 만국을 미혹
하지 못하게 하였는데 그 후에 반드시 잠깐 놓이리라"(계 20:1-3).

사탄이 하나님의 마지막 심판 전에 천 년 동안 갇힌 무저갱은 하늘에 있다.[6]
사탄의 감금은 마지막 심판과 어떤 관계에 있는가? 에녹1서에 의하면 대홍수 심
판이 일어나기 전에 먼저 타락한 천사들의 우두머리들이 무저갱에 감금되었으
며 마지막 심판의 날에 무저갱에서 나와서 심판을 받고 파멸된다(에녹1서
10:1-22). 사탄의 감금은 에녹1서에서부터 유래한다. 에녹1서에서 대홍수 심판
은 마지막 심판을 위한 서곡이다. 하나님은 대홍수 심판이 일어나기 직전에 한
천사로 하여금 라멕의 아들 노아를 도피하도록 알렸고, 그리고 또 다른 천사로
하여금 타락한 천사들의 우두머리인 아자젤(Azaz'el)을 하나님의 마지막 심판의
날에 파멸시키기 위해서 미리 무저갱에 감금하도록 지시했다.

"4 하나님이 라파엘(Raphael)에게 말했다: '아자젤(Azaz'el)을 손발을 결박해서
그를 흑암에 던져라!' 그래서 그 천사는 두다엘(Duda'el)에 있는 사막에 구덩이를
만들고 그를 그 안에 던졌다. 5 그 천사는 그가 빛을 볼 수 없도록 울퉁불퉁하고 날
카로운 바위들로 그 위를 막고, 그리고 빛을 보지 못하도록 그의 얼굴을 가렸다. 6
그리고 그는 큰 심판의 날에 불 속에 던져질 수 있도록 어둠 속에 던져졌다"
(에녹1서 10:4-6).

대홍수 심판 전에 타락한 천사들의 우두머리 아자젤이 사막의 무저갱에 감금
되었다는 것은 무엇을 의미하는가? 그것은 대홍수 심판이 이미 발생하였으므로
마지막 심판이 반드시 발생할 것이라는 것을 보증하는 복선의 역할을 한다.

이와 마찬가지로 요한계시록에서 천사가 사탄을 천년왕국이 시작되기 직전에
무저갱에 감금한 것은 하나님의 마지막 심판이 천 년 후에 반드시(δει/데이) 있을
것이라는 것을 보증하기 위한 복선의 역할을 한다. 천년이 차면 사탄이 잠깐 풀
려나지만 곧 망한다. 여기서 핵심은 하나님의 마지막 심판이 반드시 일어날 것이

6) 쟈크 엘룰/유상현 역, 『요한계시록 주석: 움직이는 건축물』(서울: 한들출 판사, 2000), 251.

라는 확신이다.

## 2) 순교자들과 죽은 의인들

요한은 폭력의 역사에서 희생된 수많은 죽은 자들이 하늘에서 살아서 심판하는 권력을 부여받고서 보좌들에 앉아 있는 환상을 보았다. 그들은 이제 모두 하늘에서 신원되고 복권되어서 주체적인 삶을 살고 있다.

> "4 또 내가 보좌들을 보니 거기에 앉은 자들이 있어 심판(κρίμα/크리마)하는 권세를 받았더라. 또 내가 보니 예수의 증거와 하나님의 말씀 때문에 목 베임을 받은 자의 영혼들과 또(καὶ οἵτινες/카이 호이티네스) 짐승과 그의 우상에게 경배하지도 아니하고 그들의 이마와 손에 그의 표를 받지 아니한 자들이 살 아서 그리스도와 더불어 천년 동안 왕노릇하니 5 (그 나머지 죽은 자들은 그 천 년이 차기까지 살지 못하더라) 이는 첫째 부활이라. 6 이 첫째 부활에 참여하는 자들은 복이 있고 거룩하도다 둘째 사망이 그들을 다스리는 권세가 없고 도리어 그들이 하나님과 그리스도의 제사장이 되어 천 년 동안 그리스도와 더불어 왕 노릇 하리라"(계 20:4-6).

4절은 문법적으로 학자들 간에 가장 논쟁거리가 되는 절들 중의 하나이다. 4절 후반부에서 "또"로 번역된 그리스어 "καὶ οἵτινες(카이 호이티네스)"를 앞의 사실을 부연해서 설명하는 관계절로 보는 학자들은 보좌에 앉아 있는 죽은 자들을 오직 순교자들로만 국한시킨다. 그러나 "καὶ οἵτινες"는 문법적으로 접속사와 관계대명사가 연결된 것이다. 그것은 앞의 순교자들의 범주를 부연 설명하는 관계절이 아니라, 또 다른 범주를 병렬하는 독립적 관계절로서 순교자들뿐만 아니라 생전에 고난을 당하면서도 우상 숭배를 거부하면서 증인으로 생애를 마친 죽은 의인들이 역시 살아서 보좌들에 앉아 있다는 것을 보여준다.[7] 즉, 요한은 두 가지 범주의 죽은 자들이 천상의 보좌들 위에 앉아 있다고 말한다. 한 범주는 하나님의 말씀과 예수의 증거로 말미암아 처형을 당한 순교자들이며, 또 다른 한 범주는 순교의 죽음을 당하지는 않았지만 박해와 죽음의 위협에도 불구하고 끝까지 짐승과 그의 우상에게 경배하지 않고 짐승의 표를 받기를 거부하는 신앙실천을 하면서 일생을 마친 죽은 의인들이다.

---

7) Pablo Richard, *Apokalypse: Das Buch von Hoffnung und Wiederstad* (Luzern: Exodus Edition, 1996), 221-222; G. K. Beale, *The Book of Revelation*, 999-1000.

이미 위에서 언급했지만, 에녹1서 22장에서 모든 죽은 자들은 ① 죽은 의인들의 영혼들, ② 생전에 하나님의 심판을 받지 않고 죽은 죄인들의 영혼들, ③ 생전에 이미 하나님의 심판을 받고 죽은 죄인들의 영혼들, 그리고 ④ 살해당한 의인들의 영혼들로 분리된다. 천년왕국에 살고 있는 두 범주의 죽은 자들은 로마의 폭력에 의해서 목 베임을 당한 남녀 순교자들과 고난을 당하면서도 짐승숭배를 거부하면서 증인으로 생애를 마친 죽은 의인들이다. 이러한 두 범주의 죽은 자들은 에녹1서 22장에서 묘사된 하나님의 돌봄 가운데 있는 살해당한 의인들의 영혼들과 죽은 의인들의 영혼들과 같다. "그 나머지 죽은 자들은 그 천 년이 차기까지 살지 못하더라."(계 20:5)에서 "그 나머지 죽은 자들"은 에녹1서 22장에서 언급된 두 범주의 죄인들, 즉 생전에 하나님의 심판을 받지 않고 죽은 죄인들의 영혼들과 생전에 이미 하나님의 심판을 받고 죽은 죄인들의 영혼들을 모두를 가리킨다. 그러므로 우리는 에녹1서 22장이 천년왕국 환상의 전승사적 배경이라는 것을 알 수 있다.

천년왕국에서 사는 예수 그리스도는 역시 로마의 폭력의 희생자이다. 그런데 요한계시록 20:4에서 보좌에 앉아 있는 순교자들과 죽은 의인들이 "심판(κρίμα/크리마)하는 권세"를 받았다는 것은 무엇을 의미하는가? 그것은 그들이 남을 심판할 전권을 부여받은 자들이라는 것을 의미하지 않는다. 심판자는 오직 하나님이다. 그들은 하늘의 법정에서 열린 하나님이 주도하는 재심 재판에 의해서 자신들의 가슴에 맺힌 원한(怨恨)이 풀리고 권리와 정의가 회복된 자들이다. 이제 그들은 남의 지배를 받지 않고 자유를 누리면서 자주적으로 주체적인 삶을 산다.

그리스어 "κρίμα"라는 단어는 "심판"을 의미하지만, "원한을 풀어주는 것," 또는 "권리를 회복시켜주는 것"을 의미한다. 테오도티온(Theodotion)의 다니엘서 7:22의 그리스어 본문에 나오는 "κρίμα"는 "원한(怨恨)을 풀어주는 것"으로 번역되었다: "옛적부터 항상 계신 이가 와서 지극히 높으신 이의 성도들을 위하여 원한을 풀어 주셨고(κρίμα) 때가 이르매 성도들이 나라를 얻었더라." 그러므로 요한계시록 20:4의 "거기에 앉은 자들이 있어 심판하는 권세를 받았더라"는 "거기에 사람들이 앉아 있었는데, 그들은 원한이 풀린 자들이었다."라고 번역할 수 있다. 즉, 천년왕국의 보좌에 앉아 있는 사람들은 하늘에서 재심 재판에 의해서 원한이 풀리고 권리가 회복된 사람들이다.

구약성서 외경에 속하는 지혜서에는 천상의 재판을 받는 악인들이 생전에 무시했던 한 죽은 의인이 영광스러운 보좌에 앉아 있는 것을 보고 놀라서 너무 늦은 후회를 하는 것이 묘사되어 있다.

"4:20 그들은 자기들의 죄가 낱낱이 세어질 때에 몸둘 바를 모를 것이며, 그들이 저지른 죄악이 그들을 고발할 것이다. 5:1 그 때에 의인은 자신 있게 일어서서 그를 핍박한 자들과 그가 고통 받을 때에 멸시한 자들과 맞설 것이다. 2 그러면 그들은 그를 보고 놀랄 것이다. 3 그들은 마음이 아파서 후회하고 신음하며 서로 이렇게 말할 것이다. 4 '저 사람은 전에 우리가 비웃고 조롱하던 사람이다. 우리가 얼마나 바보였느냐? 우리는 그의 사는 꼴을 보고 미쳤다고 하였고 그의 죽음도 영예롭지 못한 것으로 보았다. 5 그런데 어떻게 저 사람이 하나님의 자녀 가운데 끼게 되었으며 성도들 가운데 끼게 되었는가?" (지혜서 4:20-5:5).

요한계시록 20:4은 순교자들과 죽은 의인들이 "그리스도와 더불어 천년 동안 왕노릇할 것이다"(계 20:4)라고 한다. 이것은 에녹1서 22장에서 죽은 의인들과 살해당한 의인들이 하나님의 마지막 심판의 날까지 하나님의 돌봄 가운데 있다는 것과 같다. "천 년"은 긴 시간을 상징하는 숫자다. 그러나 천 년은 길지만 제한된 기간이다. 천년왕국은 하나님의 마지막 심판의 날까지만 유지되는 잠정적인 천상의 공동체이다. 이것은 에녹1서 22장에서 모든 죽은 자들의 영혼들이 모여 있는 한 장소가 하나님의 마지막 심판 날까지만 유지되는 것과 같다. 순교자들과 죽은 의인들은 신원되고 복권되어서 천년왕국에서 그리스도와 더불어 자유를 누리면서 주체적으로 살고 있다. 이러한 천 년 간의 주체적인 삶은 역사의 초월의 차원을 상징하는 하늘에서 일어난다.[8] 그들이 하늘에서 "하나님과 그리스도의 제사장이 된"(계 20:6) 것은 생전에 하나님의 말씀과 예수에 대한 증언 때문에 로마 제국에 의해서 박해당하고 억눌렸던 그들의 정체성과 주체성의 재건을 의미한다.

---

8) 순교자들이 천 년 동안 지배하는 장소가 지상이 아니라 하늘이라는 해석에 대해서는 최갑종, "계시록 20장 1-6절의 해석과 천년왕국설," 「신약논단」 (2000), 231-233; Michel Gourgues, "The Thousand-Year Reign(Rev 20:1-6): Terrestrial or Celestial," CBQ 47/4 (1985), 679-81을 보라. 요한계시록의 본문에 천년왕국이라는 용어가 없다. 그러나 대다수의 학자들은 19:11-20:6에서 묘사된 천 년 간의 그리스도의 지배를 "천년왕국"이라고 부른다. 오늘날 천년왕국에 대한 대다수의 주류 교회의 입장은 예수의 부활부터 마지막 심판까지의 교회의 시대를 천년왕국의 기간으로 보며, 첫 번째 부활은 영적인 것으로 세례에서 일어나며, 둘째 부활이 하나님의 마지막 심판에서 일어나는 몸의 부활이다. 천년왕국의 해석사에 대해서는 Arthur W. Wright, *Mysterious Apocalypse: Interpreting the Book of Revelation* (Nashville: Abingdon Press, 1993), 21-87을 참조하라.

요한은 죽은 자들이 살아서 천 년간 누리는 삶을 "첫째 부활"이라고 부르며 그들을 행복하고 거룩한 자들이라고 말한다(계 20:5-6). 다시 말하면, "첫째 부활"은 하나님의 마지막 심판의 날까지 남녀 순교자들과 죽은 성도들이 천 년이라는 매우 길지만, 그러나 제한된 잠정적인 기간 동안에 그리스도와 더불어 누리는 삶을 의미한다. 그들에게는 "둘째 사망"이 없다. 둘째 사망은 죄인들이 하나님의 마지막 심판의 날에 불 못에 던져지는 영벌을 의미한다. 그것은 하나님으로부터의 영원한 분리를 뜻한다.[9]

순교자들과 죽은 의인들이 모두 하늘에서 부활하여 하나님의 마지막 심판의 날까지 그리스도와 더불어 천년왕국에서 살고 있다는 환상은 로마 제국의 유혹과 압제에 저항하고 있는 요한의 독자들에게 커다란 기쁨과 위안이 될 것이다. 잔혹하게 학살당한 희생자들의 억울한 죽음에 대한 기억은 산 자들에게는 머릿속 악몽처럼 더 이상 짐이 아니라, 오히려 로마 제국의 살인적인 현실 한가운데서 정의와 평화와 생명의 대안적 세계를 선취하기 위해서 증언하고 저항할 수 있는 힘이 될 것이다. 왜냐하면 산 자들은 자신들의 운명을 천년왕국의 보좌 위에 앉아 있는 죽은 자들과 동일화할 수 있기 때문이다.

천년왕국 환상은 산 자들로 하여금 죽은 자들의 저항과 투쟁을 기억하게 하며, 영적으로 죽은 자들과 기억연대의 공동체를 건설하게 하고, 기억을 통해서 죽은 자들을 산 자들의 사회에 통합시키는 기능을 한다. 천년왕국은 로마 제국의 불의에 맞서서 싸우는 산 자들의 증언과 투쟁을 정당화한다. 천년왕국이 하늘에서 유지되는 동안에 땅 위에서 하나님의 나라를 위한 그리스도인들의 증언과 투쟁은 계속된다.

순교에서 중요한 것은 폭력적인 죽음을 당하는 것 자체에 있는 것이 아니라, 오히려 죽음의 지점까지 황제숭배를 거부하면서 불의에 저항하고 하나님의 말씀을 증언하려고 하는 불굴의 의지에 있다. 이런 의미에서 하나님과 예수를 위한 증언과 저항의 삶을 사는 그리스도인들은 산 순교자라고 불릴 수 있다. 그리스도인들은 경우에 따라서 폭력적인 죽음을 당하고 순교자가 될 수도 있고, 또는 순교의 죽음은 아니지만 투옥과 박해와 고난을 당하면서도 증언과 저항의 삶을 계속하면서 산 순교자로서 일생을 마칠 수도 있다. 예를 들면, 요한계시록 11:3-13에서 언급된 두 증인들은 산 순교자들이었다. 그러나 그들은 하나님의 말씀을 증

---

9) 위르겐 몰트만/ 김균진 역, 『오시는 하나님: 기독교적 종말론』 (서울: 대한기독교서회, 1997), 157.

언하고 불의에 저항하는 과정에서 짐승에 의해서 폭력적인 죽음을 당하고 순교자들이 되었다. 그리고 밧모 섬에 갇힌 요한은 역시 증언과 저항의 삶을 사는 산 순교자라고 불릴 수 있다.

### 3) 사탄에 대한 심판(계 20:7-10)

마침내 천 년이 차서 천년왕국이 시작되기 전에 무저갱에 감금되었던 사탄이 잠시 풀려났지만 곧 파멸된다.

> "7 천 년이 차매 사탄이 그 옥에서 놓여 8 나와서 땅의 사방 백성 곧 곡과 마곡을 미혹하고 모아 싸움을 붙이리니 그 수가 바다의 모래 같으리라 9 그들이 지면에 널리 퍼져 성도들의 진과 사랑하시는 성을 두르매 하늘에서 불이 내려와 그들을 태워 버리고 10 또 그들을 미혹하는 마귀가 불과 유황 못에 던져지니 거기는 그 짐승과 거짓 선지자도 있어 세세토록 밤낮 괴로움을 받으리라"(계 20:7-10).

무저갱에서 풀려난 사탄이 전쟁을 위해서 곡과 마곡을 동원하였다. 요한은 에스겔서 38-39장에 서술된 마곡 땅의 곡에 대한 전승을 통해서 하나님을 대적하는 세력들을 "곡과 마곡"으로 표현하였다.

"성도들의 진과(καί) 사랑하시는 성"(계 20:9)은 "성도들의 진, 곧 사랑하는 성"으로 이해되어야 한다. 여기서 "과"로 번역된 접속사 "카이"(καί)는 등위 접속사가 아니라 동격을 나타내는 설명하는 접속사이다. 성도들의 진은 하늘의 천년왕국에 살고 있는 남녀 순교자들과 죽은 성도들을 가리킨다. "사랑하시는 성"은 하늘의 천년왕국을 가리키며, 그리고 지상으로 내려오기 전에 하늘에 위치한 새 예루살렘(참조, 계 3:12; 21:2, 10)과 동일시된다.[10] 그러나 전투가 시작되기도 전에 하늘에서 불이 내려와 사탄을 추종하는 수많은 군대는 소멸되고, 마귀라 불리는 사탄은 짐승과 거짓 선지자가 이미 던져진 불 못에 던져지는 결정적인 심판을 받는다. 이것은 천년왕국에서 그리스도와 함께 누리는 순교자들과 죽은 성도들의 천상의 삶은 두 번 다시 전복시킬 수 없는 완전한 승리인 것을 의미한다. 이처럼 요한은 사탄의 멸망과 하늘에 있는 "성도들"의 안전과 "사랑하시는 성"의 안전을 언급함으로써 그의 독자들로 하여금 지상으로 내려올 새 예루살렘에서 산 자들

---

10) Bruce J. Mallina and John J. Pilch, *Social-Science Commentary on the Book of Revelation* (Minneapolis: Fortress Press, 2000), 237.

과 죽은 자들의 재회와 재결합을 통한 영원한 행복한 삶이 보장된 미래에 대한 희망을 확고하게 가질 수 있도록 하였다.

### 4) 하나님의 마지막 심판(계 20:11-15)
이제 하나님의 마지막 심판이 일어난다.

> "11 또 내가 크고 흰 보좌와 그 위에 앉으신 이를 보니 땅과 하늘이 그 앞에서 피하여 간 데 없더라 12 또 내가 보니 죽은 자들이 큰 자나 작은 자나 그 보좌 앞에 서 있는 데 책들이 펴 있고 또 다른 책들이 펴졌으니 곧 생명책이라 죽은 자들이 자기 행위를 따라 책들에 기록된 대로 심판을 받으니 13 바다가 그 가운데에서 죽은 자들을 내주고 또 사망과 음부도 그 가운데서 죽은 자들을 내주매 각 사람이 자기의 행위대로 심판을 받고 14 사망과 음부도 불 못에 던져지니 이것은 둘째 사망 곧 불 못이라 15 누구든지 생명책에 기록되지 못한 자는 불 못에 던져지더라"(계 20:11-15).

"크고 흰 보좌(θρόνος/트로노스)"에 앉아 있는 분은 위엄과 거룩함을 가진 심판자 하나님이다. 흰 보좌는 에티오피아어 에녹서에 나타난다. "그 위대한 영광스러운 자(=하나님)가 보좌 위에 앉아 있었는데 그의 옷은 태양보다 더 밝게 빛나고 있었고, 어떠한 눈보다 더 희였다"(에녹1서 14:20). 요한은 하나님의 옷이 밝게 빛나고 눈보다 더 하얀색이기 때문에 하나님이 앉으신 보좌 역시 희게 보였을 것이다. "땅과 하늘이 그 앞에서 피하여 간 데 없더라"는 표현은 죄악으로 부패된 처음의 세계, 곧 로마 제국에서 절정을 이룬 폭력의 역사가 더 이상 힘을 발하지 못하고 무력하게 사라졌음을 의미한다. 생전의 사회적 신분의 높고 낮음과 관계없이 모든 죽은 자들이 흰 보좌 앞에 서서 심판을 받아야만 한다. "바다가 그 가운데에서 죽은 자들을 내주고 또 사망과 음부도 그 가운데에서 죽은 자들을 내준다"(계 20:13). 이것은 바다에 수장된 자들과 땅에 묻힌 자들, 즉 역사의 시작부터 지금까지 모든 죽은 자들이 하나도 빠짐없이 심판을 받아야 한다는 것을 의미한다. 모든 죽은 자들이 하나님의 심판대 앞에 "서 있는"(ἐνώπιον/에노피온) 것은 마지막 심판을 받기 위한 것이다.

보좌 앞에 펼쳐져 있는 책들은 모든 죽은 사람들의 행위가 기록되어 있는 원부(原簿)이다.[11] 하나님의 심판에서 고려되는 것은 죽은 자들이 생전에 가졌던 행동이다. 인간을 구원하는 것은 정행(ortho-praxis)이지 정통(orthodoxy)이 아니다.

모든 죽은 자들은 하나님의 보좌 앞에 펼쳐져 있는 책들에 기록된 대로 자기 행위에 따라서 심판을 받는다(계 20:12). 책들은 하나님의 기억을 상징한다. 하나님은 아무것도 잊지 않고 기억하신다. 에티오피아어 에녹서는 죄인들의 죄가 날마다 하늘에서 기록된다고 한다.

> "6 죄인들아, 나는 거룩한 위대한 자의 이름으로 너희의 모든 악한 행위들이 하늘에서 드러날 것이라는 것을 맹세한다. 7 너희의 불의한 행위들 중에 아무것도 덮어지거나 감추어지지 않는다. 너희는 우리의 모든 죄들이 가장 높은 자의 면전에서 매일 기록되고 있다는 것을 알지 못하고 보지 못한다고 머릿속으로 생각하지도 말고 마음속으로 말하지도 말라. 8 너희가 부당하게 저지른 너희의 모든 불의가 너희가 심판을 받을 날까지 매일 기록된다는 것을 이제부터 알아라"(에녹1서 98:6-8).

> "7 이제 너희 죄인들아, 비록 너희는 '우리의 모든 죄들이 조사되지 않을 것이고 또 기록되지 않을 것이다'라고 말한다. 그럼에도 불구하고, 너희의 모든 죄들이 날마다 기록될 것이다. 8 그래서 이제 나는 너희에게 빛과 어둠과 마찬가지로 낮과 밤이 너희의 모든 죄들을 증언한다는 것을 보여준다"(에녹1서 104:7-8).

에티오피아어 에녹서는 선한 일을 한 사람들의 행실도 하늘에 기록되고 있다고 한다.

> "2 왜냐하면 나는(=에녹) 이러한 신비를 알고 있기 때문이다. 나는 하늘의 칠판을 보았고 거룩한 글들을 읽었다. 나는 칠판에 있는 글을 이해했다. 그 글들은 너희에 관해서 새겨졌다. 3 왜냐하면 모든 좋은 것들과 기쁨과 영예가 준비되어 있고 정의 속에서 죽은 자들의 영혼을 위해서 기록되어 있기 때문이다. 많은 좋은 것들이 너희에게 주어질 것이다. 너희의 수고의 결실이 너희에게 주어질 것이다. 너희의 몫은 산 자들의 몫을 훨씬 초과할 것이다. 4 정의 속에서 죽은 자들은 살 것이고 기뻐할 것이다. 그들의 영혼은 사멸하지 않을 것이다. 그들에 대한 기억은 위대하신 자(=하나님) 앞에서부터 세상의 모든 세대에게 미칠 것이다. 그러므로 그들의 굴욕에 대해 걱정하지 마라"(에녹1서 103:2-4).

---

11) 단 7:10.

죄인들의 죄가 기록된 책들 가운데 구별되는 책이 있는데 그것이 바로 "생명책"이다. 하늘에서 그리스도와 더불어 천 년간의 복된 삶을 사는 순교자들과 죽은 성도들의 이름들이 생명책에 기록되어 있다. 로마 제국의 유혹과 압제에 굴복하지 않고 시련을 극복한 승리자들의 이름은 생명책에서 지워지지 않는다(참조, 계 3:7), 그러나 짐승의 체제에 협력하고 짐승을 경배한 자들의 이름은 생명책에 기록되지 못한다(계 13:8). 그들은 하나님의 마지막 심판에서 저주를 받고 불 못에 던져져서 "둘째 사망"을 당한다. 이러한 둘째 사망은 죄인들이 하나님으로부터 영원히 분리되는 것을 의미한다.

에티오피아어 에녹서에는 생명책에 대한 언급이 있는데 요한계시록의 저자는 그것을 인용했다.

"그 날들에 나는 태초부터 계신 이(=하나님)가 영광의 보좌에 앉아 있는 것을 보았다. 산 자들의 책들이 그 앞에 펼쳐져 있었다"(에녹1서 47:3).

"너희는 죄가 사라질 때까지 인내하면서 기다려라. 왜냐하면 죄인들의 이름이 생명책에서 도말될 것이기 때문이다"(에녹1서 108:3).

하나님은 마지막 심판에서 "사망"과 "음부"를 함께 불 못에 던져서 멸절시킨다(계 20:14; 참조. 고전 15:26). 그러므로 하나님의 새 창조인 새 예루살렘에는 더 이상 죽음이 없다.

또한 하나님은 마지막 심판에서 악인들을 파멸시킨다. 하나님은 불의하게 학살당한 자들의 시체를 밟고 지나간 악한 권력자들이 마지막 승리자가 되는 것을 결코 허용하지 않는다. 그들은 마지막 심판에서 정죄를 받고 불 못에 던져지기 때문에 미래가 없다. 그러나 로마 제국의 폭력에 의해서 억울한 죽음을 당한 무고한 희생자들과 죽은 성도들은 미래가 있다. 그들의 이름이 생명책에 기록되어 있다. 그들은 모두 천년왕국에서 살고 있으며, 천년왕국이 끝난 후 하늘에서부터 지상으로 내려오는 새 예루살렘에서 산 자들과 재회하고 그들과 함께 영원히 살게 될 것이다. 새 예루살렘은 죽은 자들과 산 자들의 공동의 미래이다.

## III. 죽은 자들과 산 자들이 재결합하여 주체로서 영원히 사는 새 예루살렘

### 1. 하늘에서 내려오는 새 예루살렘

요한은 환상을 통하여 새 창조를 보았으며, "거룩한 성 새 예루살렘"이 하늘에서 내려오는 것을 보았으며.[12] 또한 그는 하늘의 보좌(θρόνος/트로노스)로부터 큰 소리로 말하는 음성을 들었다.

> "1 또 내가 새 하늘과 새 땅을 보니 처음 하늘과 처음 땅이 없어졌고 바다도 다시 있지 않더라. 2 또 내가 보매 거룩한 성 새 예루살렘이 하나님께로부터 하늘에서 내려오니 그 준비한 것이 신부가 남편을 위하여 단장한 것 같더라 3 내가 들으니 보좌에서 큰 음성이 나서 이르되 보라 하나님의 장막이 사람들과 함께 있으매 하나님이 그들과 함께 계시리니 그들은 하나님의 백성(λαοὶ/라오이)이 되고 하나님은 친히 그들과 함께 계셔서 4 모든 눈물을 그 눈에서 닦아 주시니 다시는 사망이 없고 애통하는 것이나 곡하는 것이나 아픈 것이 다시 있지 아니하리니 처음 것들이 다 지나갔음이러라"(계 21:1-4).

요한은 이러한 처음 하늘과 처음 땅이 새 하늘과 새 땅으로 대체되는 환상을 보았다. "처음 하늘과 처음 땅"은 힘없는 자들과 가난한 자들이 경험해온 세계, 즉 불의와 폭력과 차별과 착취와 거짓말이 지배하고 있는 바빌론, 곧 로마 제국의 질서를 가리킨다. 그것은 죄악과 억압과 착취로 오염된 세계이며, 우상숭배를 거부한 자들과 무죄한 자들이 박해당하고 학살을 당하는 폭력의 역사이다. 하나님이 폭력의 역사를 끝장내었기 때문에 식민지인들에게 제국주의자들의 군사적 침략과 약탈의 통로와 제국의 독점무역의 통로로 각인되었던 "바다"가 새 창조에는 더 이상 없는 것은 당연하다.[13] 새 예루살렘이 하나님으로부터 하늘에서 내려오는 것은 그 도시가 불가시적이고 초월적인 차원에서부터 가시적이고 경험적인 지상의 차원으로 옮겨지는 것에 대한 신학적 표현이다. 요한계시록 21장

---

12) 천상의 예루살렘에 대해서는 에녹1서 53:6; 90:28; 제4에스라 7:26; 8:52; 10:27을 참조하라.
13) 요한계시록의 저자는 바다를 악의 장소로(13:1) 그리고 상업적 배들이 항해하는 장소로(계 8:9; 18:11-17) 현실적으로 인식한다.

이전에 그토록 많이 언급되었던 "하늘"은 이제 이후로는 더 이상 다시 언급되지 않는다. 왜냐하면 하나님이 그의 임재의 장소인 하늘을 떠나서 땅으로 내려왔기 때문이다.

　하늘에서 내려온 새 예루살렘이 남편을 위하여 단장한 "신부"(계 21:2)로 표현된 것은 새 예루살렘이 아무도 살지 않는 빈 도시가 아니라 흰옷을 입고 있는 수많은 남녀 순교자들과 죽은 의인들이 살고 있는 도시라는 것을 의미한다. 새 예루살렘은 "신부 곧 어린 양의 아내"(계 21:9)이다. 요한계시록 19:7-8에 의하면 어린 양의 혼인이 예정되어 있고, 그의 아내는 혼인식에서 "깨끗한 세마포 옷"을 입도록 허락되었는데, 요한은 "이 세마포 옷은 성도들의 옳은 행실이로다"라고 설명한다. 요한계시록에서 흰옷은 하늘에 살아 있는 순교자들과 죽은 의인들이 입고 있는 천상의 옷이다. 어린 양의 혼인식에서 신부가 입고 있는 깨끗한 하얀 세마포 옷은 하늘에서 흰옷을 입고 있는 죽은 성도들의 정의로운 행동을 나타낸다. 요한계시록의 저자는 19:9에서 "어린 양의 혼인 잔치에 청함을 받은 자들은 복이 있도다."라고 한 천사의 말을 가리켜 "이것은 하나님의 참되신 말씀이라"고 강조한다. 어린 양의 혼인 잔치에 초청을 받은 자들은 지상으로 내려오는 새 예루살렘에서 남녀 순교자들과 죽은 성도들과 함께 살도록 초대를 받은 산 자들이다. 새 예루살렘의 시민으로 초대된 사람들은 십자가의 길을 끝까지 걸었던 예수 그리스도를 본받아서 그리고 남녀 순교자들과 죽은 성도들을 기억하면서 저항과 증언의 삶을 살고 있는 남자들과 여자들이다. 하늘에서 지상으로 내려오는 새 예루살렘은 죽은 자들과 산 자들이 재회하고 재결합하여 하나님과 어린 양 예수 그리스도를 예배하면서 영원히 사는 평화의 세계이다.

　21:3에서 언급된 "하나님의 장막(σκηνή/스케네)"은 하늘로부터 땅으로 옮겨진 하나님의 보좌를 의미한다. 요한은 하나님이 그들과 함께 살고, 그들이 "하나님의 백성들(λαοί/라오이)"이 되었다고 표현한다, 이것은 그가 레위기 26:11-12를 의도적으로 변경해서 인용한 것이다. "내가 내 성막을 너희 중에 세우리니 내 마음이 너희를 싫어하지 아니할 것이며 나는 너희 중에 행하여 너희의 하나님이 되고 너희는 내 백성(λαός/라오스)이 될 것이라"(레 26:11-12). 이 레위기 본문에 나타나는 "백성"(라오스)은 단수로서 오로지 하나님과의 계약의 당사자인 이스라엘 민족을 의미한다. 그런데 요한은 이 본문의 단수 "라오스"(λαός)를 의도적으로 복수 "라오이"(λαοί)로 고쳤다. 즉, 그는 유대인만이 아닌 여러 인종과 민족들을 하나님의 계약의 상대에 포함시키기 위해서 복수인 "백성들"(λαοί)을 사용하였다.

이것은 모든 민족들이 로마의 지배 아래로 통합되었다고 주장하는 제국의 담론(참조. 계 17:15)에 대한 그의 항의이다.[14] 그는 이러한 표현을 통해서 만국이 로마 황제에 속한 것이 아니라, 하나님에게 속한다고 주장한 것이다.

요한계시록 22:4에서 하나님은 억압과 고난을 당한 사람들의 눈에 맺힌 모든 눈물을 닦아준다(참조, 사 25:8). 여기서 언급된 눈물, 사망, 애통, 그리고 아픔은 소아시아 식민지의 약자들과 가난한 자들이 날마다 경험하는 로마 제국의 현실이다.[15]

요한은 로마 제국의 유혹과 압제를 이긴 남녀 순교자들과 바빌론, 즉 로마의 체제에서 탈출한 반제국적 성도들이 하나님의 새 창조 안에서 누리는 주체적인 삶에 대해서 다음과 같이 말한다.

> "5 보좌에 앉으신 이가 이르시되 보라 내가 만물을 새롭게 하노라 하시고 또 이르시되 이 말은 신실하고 참되니 기록하라 하시고 6 또 내게 말씀하시되 이루었도다. 나는 알파와 오메가요 처음과 마지막이라 내가 생명수 샘물을 목마른 자에게 값없이 주리니 7 이기는 자는 이것들을 상속으로 받으리라 나는 그의 하나님이 되고 그는 내 아들(υἱός/휘오스)이 되리라"(계 21:5-7).

하나님은 로마 제국의 현실과 정반대되는 대안적 세계를 위해서 새로운 창조를 하신다. 그것이 곧 새 예루살렘이다. 새 예루살렘은 이사야 65:17-25에서 표현된 희생자들과 약자들의 희망을 반영한다.[16] 예언자 이사야는 유아들과 어린 이들이 폭력과 영양실조로 너무 일찍 죽거나 또는 무죄한 사람들이 너무 이른 나이에 살해당하는 정치적 억압의 현실과 집을 지었으나 자기가 살지 못하고 남에게 빼앗기고, 농산물을 재배하고도 소출을 자신이 먹지 못하고 남에게 빼앗기는 경제적 착취의 현실을 비판하면서, 살해와 조기 죽음과 폭력과 착취가 없는 정의와 생명과 평화가 지배하는 새로운 질서인 새 예루살렘의 도래를 희망하였다.

---

14) Klaus Wengst, "Babylon the Great and the New Jerusalem: The Visionary View of Political Reality in the Revelation of John," Henning Graf Reventlow, Yair Hoffmann and Benjamin Uffenheimer (ed.), *Politics and Theopolitics in Bible and Postbiblical Literature, JSOTS 171* (Sheffield: JSOT Press, 1994), 199-200.

15) Luise Schottroff, *Schuld und Macht: Studien zu einer feministischen Befreiungstheologie* (München: Chr. Kaiser, 1988), 89.

16) Allan A. Boesak, *Comfort and Protest: Reflections on the Apocalypse of John of Patmos* (Philadelphia: The Westminster Press, 1987), 128-29.

요한계시록 22:5에서 "보좌에 앉으신 이," 곧 하나님은 "만물을 새롭게 하는" 창조주 하나님이다. 하나님은 역사의 시작과 끝, 즉 전체 역사를 이끌어 가는 주체이다. 하나님은 생명의 영원한 근원이다.[17] 물은 하나님이 주는 생명을 상징한다. 하나님은 "생명수 샘물을 목마른 자에게 값없이" 선물로 주신다. 이것은 생명을 보장하는 것은 시장(市場)이 아니라 하나님이라는 것을 의미한다. 왜 요한은 목마른 자들이 생명의 물을 값없이 선물로 받는 것에 큰 주의를 환기하는가? 그것은 그가 가난한 사람들이 돈이 없어서 생필품마저 살 수 없는 바빌론(=로마)의 경제를 잘 알고 있기 때문이다.[18] 바빌론의 경제는 시장의 가격을 통해서 소아시아 식민지의 가난한 사람들을 빈곤과 굶주림에 몰아넣지만(참조. 계 6:6). 이와 반대로 새 예루살렘의 경제는 사람들의 필요를 선물로 제공하는 하나님의 경제이다.

"이기는 자"는 권력과 자본을 우상 숭배하는 바빌론의 제국주의 체제에서 굴복하지 않고 저항한 죽은 자들과 지금 바빌론에 안주하기를 거부하고 탈출을 시도하면서 저항하고 증언하는 남녀 증인들을 가리킨다.[19] 그들은 새 예루살렘에서 하나님과 어린 양 예수를 예배하면서 주체적인 삶을 영원히 살 것이다.[20] 그러므로 요한은 과거에 이스라엘 민족과 맺었던 하나님의 계약 형식을 이제는 민족을 초월해서 그러한 저항자들과 증인들과 개별적으로 맺는 계약 형식으로 바꾸었다: "나는 그의 하나님이 되고 그는 내 아들이 되리라; 나는 그녀의 하나님이 되고 그녀는 내 딸이 되리라"(계 21:7).[21]

## 2. 새 예루살렘의 시민에서 제외된 자들

요한은 새 예루살렘의 시민이 될 수 없고 도리어 불과 유황으로 타는 못에 던져질 사람들을 다음과 같이 나열한다.

---

17) 리처드 보컴/이필찬 역, 『요한계시록 신학』 (서울: 한들출판사, 2000), 208.
18) Barbara R. Rossing, "For the Healing of the World: Reading Revelation Ecologically," David Rhoads (ed.), From Every people and nation: The Book of Revelation in Intercultural Perspective (Minneapolis: Fortress Press, 2005), 179.
19) 위르겐 몰트만, 『오시는 하나님: 기독교적 종말론』, 538; 리처드 보컴, 『요한계시록신학』, 202.
20) 계 2-3장에서 자주 언급되어 있는 "이기는 자"에게 주어지는 약속이 새 예루살렘에서 성취된다.
21) 계 21:7의 본문은 여성주의 관점에서 포괄적 언어로 번역되어야만 한다. 사 43:6에서 하나님은 이스라엘 백성을 유랑에서 귀향하도록 하기 위해서 "구류하지 말라 내 아들들을 원방에서 이끌며 내 딸들을 땅 끝에서 오게 하라"고 말한다.

"그러나 두려워하는 자들과 믿지 아니하는 자들과 흉악한 자들과 살인자들과 음행하는 자들과 점술가들과 우상 숭배자들과 거짓말 하는 모든 자들은 불과 유황으로 타는 못에 던져지리니 이것이 둘째 사망이라"(계 21:8).

여기서 요한이 이러한 목록을 기록한 목적은 로마 제국의 우상 숭배적인 체제에 동회되거나, 순응하거나, 혹은 적응하지 않도록 교회의 구성원들을 권고하는 데 있다.

그는 새 예루살렘의 시민이 될 수 없는 사람들을 여덟 가지 범주로 분석하고 비판한다.

① "두려워하는 자들"은 신앙의 결여와 용기의 부족으로 짐승의 권력과 압제에게 저항하지 못하고 두려워서 타협하는 사람들이다. 그들은 제국의 체제에 굴복하여 자신의 주체성을 상실한 자들이다.

② "믿지 아니하는 자들"은 무신론자들이 아니라, 하나님과 어린양을 따르지 않고 짐승을 따르는 자들이다.

③ "흉악한 자들"은 제국주의자들이 식민지에 세운 흉물스러운 우상을 예배하는 자들이다. 그들은 제국주의의 현실을 수용하고 적응함으로써 자신의 주체성을 상실한 자들이다. 로마인들은 예루살렘 성전에 "멸망의 가증한 것," 즉 제우스 신상을 세웠다(참조, 마 24:15; 막 13:14; 단 12:11; 마카비1서 1:54)).

④ "살인자들"은 권력 유지를 위해서 무죄한 자들을 죽이고, 또한 불의한 권력을 비판하고 황제 예배에 참여하기를 거부하는 사람들을 처형하는 학살자들이다. 살인은 억압과 자본의 우상 숭배의 직접적인 결과로 나타난다.

⑤ "음행하는 자들"은 매춘을 함으로써 돈을 지불하고 주인이 된 타자의 손 안에서 객체가 된 자들이다. 소아시아 식민지의 왕들은 자신의 권력 유지와 이익을 위해서 민족을 배신하고 로마를 상대로 매춘을 한 자들이다.

⑥ "점술가들"은 로마의 평화를 선전함으로써 사람들로 하여금 황제를 우상 숭배하고 제국을 섬기도록 미혹하는 자들이다. 구약성서에서 점술은 하나님과 맺은 계약에 대한 위반으로 간주되는 악이므로 금지되었다(신 18:10-11).

⑦ "우상 숭배자들"은 하나님과 그리스도 대신에 황제예배에 참석하고 권력과 자본과 시장을 신으로 섬기는 자들이다.

⑧ "거짓말하는 모든 자들"은 로마의 심문관 앞에서 겁을 먹고 예수를 믿지 않는다고 부인하는 사람들이다. 또는 그들은 로마 제국의 정치와 경제와 종교에 참

여하면서 약자들과 가난한 자들을 착취하고 지배하기 위해서 거짓말을 하는 사람들이다(참조, 에녹1서 98:14-15).

이 목록에 속한 사람들은 모두 바빌론의 우상 숭배적인 체제에 참여하고 그것에 고착하는 자들이다. 이 목록은 요한계시록 21:8, 27 그리고 22:15에 약간 변형된 형태로 다시 서술되어 있다. 그들을 불과 유황으로 타는 못에 던져지는 두 번째 죽음을 당하게 될 것이다.

### 3. 새 예루살렘의 성벽과 경제

요한은 이미 위에서 언급한 새 예루살렘을 다시 더 구체적으로 기술한다.

> "9 일곱 대접을 가지고 마지막 일곱 재앙을 담은 일곱 천사 중 하나가 나아와서 내게 말하여 이르되 이리 오라 내가 신부 곧 어린 양의 아내를 네게 보이리라 하고 10 성령으로 나를 데리고 크고 높은 산으로 올라가 하나님께로부터 하늘에서 내려오는 거룩한 성 예루살렘을 보이니 11 하나님의 영광이 있어 그 성의 빛이 지극히 귀한 보석 같고 벽옥과 수정 같이 맑더라"(계 21:9-11).

요한은 심판을 받게 될 음녀 바빌론을 보기 위해서 성령에 이끌려서 광야로 갔던 반면에(계 17:3), 이제 "신부 곧 어린 양의 아내"인 새 예루살렘을 보기 위해서 성령에 이끌려서 크고 높은 산으로 올라갔다. 유대 묵시문학에서 높은 산의 정상은 하늘 속으로 닿아 있는 것으로 묘사된다(참조, 에녹1서 17:2). 그가 그 거룩한 성이 하늘에서 내려오는 것을 관찰한 것은 바로 그러한 높은 산의 정상이다. 그 도시는 벽옥과 수정처럼 하나님의 영광을 비춘다.

요한계시록 21:12-21에서 묘사된 새 예루살렘의 건축 중에서 핵심적 요소는 성벽이다. 그런데 새 예루살렘의 성벽은 고대의 어떠한 도시의 성벽과 같은 기능을 전혀 하지 않는다. 왜냐하면 그 성벽의 성문들이 항상 열려 있기 때문이다(계 21:25). 그 성벽에는 사방으로 대문이 세 개씩 있으며, 모두 열 두 대문들이 있고, 열 두 천사들이 각각 문을 지키고 있다. 그 성벽의 열 두 대문들 위에는 이스라엘 자손의 열 두 지파의 이름들이 새겨져 있고(계 21:12), 그리고 그 성벽이 세워진 열 두 주춧돌 위에는 어린 양의 열 두 사도들의 이름들이 새겨져 있다(계 21:14). 이것은 요한계시록의 저자가 새 예루살렘의 구조를 이스라엘 열두지파 민족으로부터 규정했다는 것을 의미한다.

요한은 측량을 하는 천사를 통해서 새 예루살렘의 크기를 알게 된다. 그 도시는 길이와 폭과 높이가 서로 똑같이 12,000스타디온 되는 거대한 정육면체이다 (계 21:16; 참조, 왕상 6:20).[22] 12,000이라는 숫자는 열둘을 천으로 곱한 수이며, 정육면체는 그 도시의 완전성을 상징한다.[23] 천은 셀 수 없이 많은 수를 상징한다. 그 도시의 성벽의 높이는 열둘을 열둘로 곱한 수인 144큐빗(=약 70m)이다(21:17). 이처럼 새 예루살렘의 성벽과 그 도시의 크기를 묘사하는데 열둘이라는 숫자가 여러 번 사용된 것은 그가 새 예루살렘의 출입을 이스라엘의 전통이라는 점에서 정의하였다는 것을 의미한다.[24] 1 스타디온은 약 192 미터이고, 1 큐빗은 약 50 센티미터다. 그러므로 정육면체인 그 도시의 한 변의 길이는 약 2.3km이다. 그가 새 예루살렘의 크기 대해서 구체적인 숫자들을 언급했지만, 그러나 이 숫자들은 상징적인 숫자이다. 그러므로 이것을 일반적으로 통용되는 측량으로 환산하는 것은 무의미하다. 대안적인 세계인 새 예루살렘에 거주할 수 있는 자들은 이스라엘의 하나님과 그의 그리스도 어린 양에 대한 충성을 유산으로 계승하는 사람들이다.

요한은 21:18-21에서 순금과 각종 보석들을 재료로 아름답게 지어진 새 예루살렘을 묘사한다. 성벽의 열 두 문 마다 하나의 커다란 진주로 지어졌고, 사람들이 걷는 중앙로는 순금으로 지어졌다.

"그 열 두 문은 열 두 진주니 문 마다 한 진주요 성의 길은 맑은 유리 같은 정금이더라"(계 21:21).

새 예루살렘에서 그 도시의 건축 재료가 된 보석들과 순금은 한줌의 상류층의 개인적 소유로 사유화되지 않고, 모든 시민의 사용을 위해서 사회화되었다. 즉, 부자들이 자신들을 위하여 축적해 놓은 순금과 보석들을 모든 사람이 사용할 수 있도록 권력관계가 변화되었다. 새 예루살렘에서 금은 지불 가치를 상실하고 모든 사람들이 누리는 사용 가치가 된다.[25] 더 많은 금을 가지려고 식민지를 약탈

---

22) 1 스타디온은 약 192 미터이고, 1 큐빗은 약 50센티미터다.
23) 부르스 M. 메츠거, 『예수 그리스도의 계시라: 요한계시록의 이해』 (서울: 기독교문화사, 1994), 147.
24) Klaus Wengst, "Babylon the Great and the New Jerusalem: The Visionary View of Political Reality in the Revelation of John," 200-201.

하고 착취하는 바벨론의 정치적 경제와 달리, 새 예루살렘의 정치적 경제는 모든 사람들의 필요를 우선적으로 고려하는 하나님의 경제이다. 요한은 이제 그 도시의 내부를 다음과 같이 설명한다.

"22 성 안에서 내가 성전을 보지 못하였으니 이는 주 하나님 곧 전능하신 이와 및 어린 양이 그 성전이심이라 23 그 성은 해와 달의 비침이 쓸 데 없으니 이는 하나님의 영광이 비치고 어린 양이 그 등불이 되심이라 24 만국이 그 빛 가운데로 다니고 땅의 왕들이 자기 영광을 가지고 그리로 들어가리라 25 낮에 성문들을 도무지 닫지 아니하리니 거기에는 밤이 없음이라 26 사람들이 만국의 영광과 존귀를 가지고 그리로 들어가겠고 27 무엇이든지 속된 것이나 가증한 일 또는 거짓말 하는 자는 결코 그리로 들어가지 못하되 오직 어린 양의 생명책에 기록된 자들만 들어가리라"(계 21:22-27).

  하늘에서 살아있는 순교자들과 죽은 성도들과 바빌론의 우상숭배적인 체제에서 탈출한 산 자들이 마지막 때에 재결합하여 함께 살게 될 새 예루살렘에는 성전이 없다. 왜냐하면 그 도시가 그들을 보살피는 하나님과 어린 양 자신의 현존으로 가득하기 때문이다. 새 예루살렘에 성전(ναός/나오스)이 없으므로 제사장 계층도 물론 없다.[26] 그 도시의 시민인 순교자들과 죽은 성도들과 바빌론의 탈출한 산 자들이 모두 제사장들이 된다(참조. 계 1:6; 5:10; 18:4-5). 이것은 그 도시의 민주적인 구조와 평등사상을 의미한다. 하나님의 영광이 밝게 비추고 어린 양이 등불이 되기 때문에 그 도시에는 해와 달의 비침이 필요 없다. 이것은 로마의 폭력의 희생인 어린 양 예수가 이 도시를 비추는 등불이므로 새 예루살렘에는 로마에서처럼 어둠에 방치되는 희생자들이 없다는 것을 의미한다.
  그런데 새 예루살렘 안으로 들어오는 "만국"(ἔθνος/에트노스)과 "땅의 왕들"은 누구인가? "만국"은 바빌론의 지배 아래서 고난을 당하고 상처를 입었던 민족들이다. "땅의 왕들"은 바빌론의 죄악에 공모자로 협력한 자신의 과거의 잘못을 반성하고 이제부터는 바빌론의 희생자들 편에 서서 그들의 이익을 위하여 그들과 함께 정의와 평화를 위해서 일하는 회개한 왕들이다. 그 도시는 밤이 없고(참조. 사

---

25) Klaus Wengst, "Babylon the Great and the New Jerusalem," 198.
26) 에스겔 40-48장의 성전이 중심이 된 회복된 예루살렘에 대한 환상에는 백성과 제사장은 엄격히 분리된다.

9:2) 성문들이 열려있다. 즉, 성벽의 대문들은 바빌론에서 탈출한 자들을 영접하기 위해서 항상 열려있다. "사람들이 만국의 영광과 존귀를 가지고" 새 예루살렘 안으로 들어오는 것은 로마의 제국주의자들과 그들의 식민지 협력자들이 식민지의 생산물들을 착취하여 제국의 수도인 로마로 가져오는 것에 대한 비판이다.

산 자들 중에서 새 예루살렘에 결코 들어 올 수 없는 자는 "속된 것이나 가증한 일 또는 거짓말 하는 자"이다. 이것은 21:8에서 기술된 새 예루살렘에서 배제된 사람들의 범주들에 속한다. 이와 정반대로 "오직 어린 양의 생명책에 기록된 자들"은 그 거룩한 도시 안으로 들어 올 수 있다.

### 4. 양식을 위한 생명나무의 과실과 치료를 위한 잎사귀

새 예루살렘은 최초의 정원, 즉 창세기의 에덴동산처럼 강과 나무가 있는 녹색 전원도시로 묘사된다.

> "1 또 그가 수정 같이 맑은 생명수의 강을 내게 보이니 하나님과 및 어린 양의 보좌로부터 나와서 2 길 가운데로 흐르더라. 강 좌우에 생명나무가 있어 열두 가지 열매를 맺되 달마다 그 열매를 맺고 그 나무 잎사귀들은 만국을 치료하기 위하여 있더라. 3 다시 저주가 없으며 하나님과 그 어린 양의 보좌가 그 가운데 있으리니 그의 종들이 그를 섬기며 4 그의 얼굴을 볼터이요 그의 이름도 그들의 이마에 있으리라 5 다시 밤이 없겠고 등불과 햇빛이 쓸 데 없으니 이는 주 하나님이 그들에게 비치심이라. 그들이 세세토록 왕 노릇 하리로다"(계 22:1-5).

새 예루살렘의 중앙에 맑은 생명수의 강이 흐르고 강 좌우에 생명나무가 가로수처럼 서 있고 도로가 있다. 생명수의 강은 "하나님과 및 어린 양의 보좌로부터" 흘러나온다. 생명나무가 일 년 내내 달마다 새로운 열매를 맺어 열두 가지 열매를 풍성하게 생산하기 때문에 새 예루살렘에 사는 사람들에게는 양식이 넉넉하고 굶주림이 없다. 잎사귀는 바빌론의 우상숭배 체제에 의해서 상처를 입은 민족들을 치료하는 약재로 쓰인다. 이러한 새 예루살렘의 생 대한 묘사는 에덴동산에 대한 이야기(창 2:9-10)와 에스겔서 47:12로부터 유래한다(참조, 제4에스라 8:52). "여호와 하나님이 그 땅에서 보기에 아름답고 먹기에 좋은 나무가 나게 하시니 동산 가운데에는 생명나무와 선악을 알게 하는 나무도 있더라. 강이 에덴에서 흘러 나와 동산을 적시고 거기서부터 갈라져 네 근원이 되었으니"(창 2:9-10); "강 좌우 가에는 각종 먹을 과실나무가 자라서 그 잎이 시들지 아니하며 열매가 끊이지 아니하고 달마다 새 열매를 맺으리니 그 물이 성소를 통하여 나옴이라 그 열매는 먹을 만하고 그 잎사귀는 약 재료가 되리라"(겔 47:12).

요한계시록의 저자 요한은 성서의 맨 끝에 있는 요한계시록의 새 예루살렘의 환상에서 성서의 처음에 있는 창세기의 에덴동산의 이야기를 접목시킴으로써 과거와 미래, 그리고 기억과 희망을 분명하게 연결시켰다.[27] 성서에서 증언된 하나님이 처음과 마지막이고 알파와 오메가이기 때문에 고난당하는 성도들은 미래를 긍정적으로 바라보면서 현재의 시간에 이 세계와 사회의 변화를 위해서 불의에 저항할 수 있다.

목마른 자들의 갈증을 축여주는 새 예루살렘의 깨끗한 강물은 식수가 될 수 없는 바빌론의 강의 쓴물(계 8:11)과 대조된다. 목마른 자들에게 깨끗한 물을 값없이 선물로 제공하는 새 예루살렘의 강물은 오늘날의 물 부족과 물 오염 현상에 대한 윤리적 비판이 될 수 있다.[28] 새 예루살렘의 맑은 생명수의 강과 매달 새로운 열매를 맺는 생명나무와 만국을 치료하는 잎사귀에 대한 환상은 미래만을 위한 것이 아니라, 지금 권력과 지구적 자본의 횡포에 의해서 빈곤과 기아로 내몰린 가난한 사람들을 물질적으로 지원하고 정신적 및 육체적 상처와 질병을 가진 사람들을 치유하고, 오염된 물과 파괴된 자연을 생태적으로 회복시키도록 우리를 초대한다.

"다시 저주가 없다"(계 22:3)는 것은 새 예루살렘에는 폭력과 착취로 인해서 너무 일찍 죽는 억울한 죽음이 없다는 것을 의미한다.[29] 하늘에서부터 땅으로 내려온 "하나님과 그 어린 양의 보좌"가 사람들 가운데 있으며(계 22:3), 그들은 하나님의 얼굴을 보면서 산다(계 22:4; 참조. 출 33:20). 요한계시록 22:3에서 "그의 종들이 그를 섬긴다((λατρεύσουσιν)/라트류수신)"는 것은 그들이 로마 제국의 황제를 예배하지 않고 하나님을 예배한다는 것을 의미한다.

바빌론의 시민은 짐승의 표를 가지고 있다. 반면에 하나님을 믿고 어린 양을 따르는 새 예루살렘의 시민의 이마에는 하나님의 이름(계 22:4; 참조. 계 3:12)이 적

---

27)  Klaus Wengst, *"Wie lange noch?"* 233.
28)  Barbara R. Rossing, "For the Healing of the World: Reading Revelation Ecologically," 179.
29)  "거기는 날 수가 많지 못하여 죽은 어린이와 수한이 차지 못한 노인이 다시는 없을 것이라 곧 백세에 죽는 자를 청년이라 하겠고 백세가 못되어 죽는 자는 저주 받은 자이리라"(사 65:20).

혀있다. 새 예루살렘에는 밤이 없고 주 하나님의 영광이 그들에게 빛을 비추기 때문에 등불이 필요 없다(계 22:5). 21:24에도 비슷한 표현이 있다: "그 성은 해나 달의 비침이 쓸 데 없으니 이는 하나님의 영광이 비치고 어린 양이 그 등불이 되심이라." 로마의 폭력의 희생자인 어린 양 예수가 그 도시를 환하게 비추는 등불이므로 그 도시에는 바빌론에서처럼 어둠에 방치되는 희생자들이 전혀 없다.

"그들이 세세토록 왕 노릇 할 것이다"(계 22:5)라는 것은 무엇을 의미하는가? 그것은 그들이 다른 사람들을 지배할 것이라는 의미가 아니라, 그들 개개인이 주체로서 자유를 누리면서 새 예루살렘에서 영원히 살 것이라는 것을 의미한다. 새 예루살렘의 현실은 바빌론의 현실과 대조된다. 바빌론은 사람들을 폭력과 거짓말로 굴복시켜서 객체로 전락시킨다.

## IV. 결론

역사의 미래에 대한 환상 단락(계 9:11-22:5)은 약자와 희생자들의 고난과 억울한 죽음이 넘치는 로마 제국의 현실과 대조되는 생명과 평화와 사랑이 지배하는 천년왕국과 새 예루살렘의 대항현실을 묘사한다. 이 두 환상들은 산 자들로 하여금 죽은 자들의 희망과 고통을 다시 기억하게 하며 대안적 세계를 위해서 증언하고 저항하는 삶을 살도록 고무한다, 천년왕국에는 두 범주의 의인들이 살고 있는데, 첫째 범주는 폭력적인 죽임을 당한 남녀 순교자들이고, 둘째 범주는 하나님의 말씀과 예수를 증언하면서 일생일 마친 죽은 의인들이다. 그들은 모두 역사의 초월의 차원인 하늘에서 부활하여 천년왕국에서 살고 있다.

천년왕국 환상은 전승사적으로 에티오피아어 에녹서로부터 유래한다. 사탄의 감금은 에녹1서 10:12로부터 유래하고, 천년왕국은 에녹1서 22장으로부터 유래한다. 에녹1서 22장에서 죽은 의인들의 영혼들과 살해당한 의인들은 각기 다른 방에 배치되어 있었으나, 요한계시록에서 그들은 모두 천년왕국이라는 하나의 공간에서 함께 산다. 그들은 십자가 처형의 흉터를 지닌 예수 그리스도와 함께 있다.

생전에 하나님의 심판을 받지 않고 생애를 마친 죽은 죄인들과 생전에 하나님의 심판을 받은 죽은 죄인들은 에녹1서에서 각기 구별된 방에 배치되었으나, 그러나 요한계시록에서 그들은 천년왕국에서 배제된 "그 나머지 죽은 자들"의 범주에 통합되어 있다. 에녹1서의 관점에서 본다면, 천년이 차기까지 살지 못하는 두 범주의 죄인들을 가리키는 "그 나머지 죽은 자들"은 천년왕국 밖의 어느 장소에서 머물고 있다고 할 수 있다.

천년왕국에서 살고 있는 남녀 순교자들과 죽은 의인들은 장차 천년왕국이 끝난 후 새 예루살렘에서 산 자들과 재회하고 재결합하여 영원히 함께 살 희망을 가지고 있다. 그러므로 새 예루살렘은 산 자들과 죽은 자들의 공동의 미래이다. 이것은 죽은 자들에게 미래가 있다는 것을 의미한다. 새 예루살렘은 민족과 인종과 언어의 장벽들을 초월하여 모두가 하나님의 자녀들로서 주체적인 삶을 사는 형제자매적인 평등 공동체이다.

천년왕국이 끝나는 시점은 이 폭력의 역사가 끝나는 시점과 같다. 그러므로 산 자들은 천년왕국에 살고 있는 남녀 순교자들과 죽은 의인들을 기억하면서 하나님의 말씀을 증언해야 하고, 그리고 하나님과 그의 대리자 예수 그리스도가 이 폭력의 역사를 끝내기 위해서 장차 오실 것을 믿으면서 폭력의 역사를 끝내기 위해서 부단히 불의에 저항하고 싸워야만 한다.

바빌론과 새 예루살렘은 지금의 세계에서도 분별될 수 있다.[30] 우리는 새 예루살렘을 미래에 실현될 것으로 생각하고 수동적으로 기다려야만 하는 것이 아니라, 지금 새 예루살렘의 삶을 선취할 수 있다. 새 예루살렘은 내세에서 이루어질 꿈이거나 혹은 비현실적인 신기루가 아니라, 이 세계에서 그리고 이 역사 안에서 이루질 이상적인 대안적 사회에 대한 청사진이고 희망이다.

하나님의 심판은 지구의 파괴나 세계의 종말이 아니라, 이 세계 안에 있는 모든 불의에 대한 종말과 약자들을 억압하는 제국의 질서와 제국주의의 종말을 가져온다. 하나님은 결코 지구를 파괴하거나 세계를 버리지 않는다. 하나님은 오히려 "땅을 망하게 하는 자들을 멸망시키실"(계 11:18) 것이다. 하나님의 뜻은 세계를 파괴하지 않고, 오히려 치료하는 것이다. 하나님은 세계와 인류를 사랑한다. 요한계시록의 절정은 소위 휴거나 아마겟돈 전쟁이 아니라, 하나님이 죽은 자들과 산 자들을 새 예루살렘의 시민으로 초청하고 그들과 함께 살기 위해서 하늘로부터 땅으로 내려오는 것이다. 그러므로 하나님의 마지막 심판과 종말은 제국과 압제자들에 대한 비판이며 새 창조와 새 역사에 대한 희망이다.

요한계시록의 저자 요한은 수많은 약자들을 억압하고 학살하는 로마의 제국주의에 저항하는 반제국적 예언자이다. 그는 로마를 상징하는 바빌론과 대안적

---

30) William Stringfellow, *An Ethic for Christians and Other Aliens in a Strange Land* (Waco, Texas: Word Books, 1973), 50.

공동체를 상징하는 새 예루살렘이 1세기 말엽의 소아시아에 나란히 존재하고 있다는 점을 그의 독자들에게 각인시킨다.[31] 그는 현재의 시간에 불의한 자들이 새 예루살렘 밖에서 악을 자행하고 있는 현실을 분명하게 인식하고 있다: "자기 두루마리를 빠는 자들은 복이 있으니 이는 그들이 생명나무에 나아가며 문들을 통하여 성에 들어갈 권세를 받으려함이로다. 개들과 점술가들과 음행하는 자들과 살인자들과 우상 숭배자들과 및 거짓말을 좋아하며 지어내는 자는 다 성 밖에 있으리라"(계 22:14-15). 하늘에서 부활하여 살아 있는 남녀 순교자들과 죽은 성도들은 과거에 옷을 씻어 희게 하였던 사람들이다(참조, 계 7:14).

역사의 미래에 대한 환상들의 단락(19:11-22:5)은 산 자들에게 약자들의 억울한 죽음들을 은폐하고 제국주의 지배를 정당화하는 제국의 담론이 지배하는 바빌론에서 탈출하여 정의, 평화, 평등, 그리고 생명이 지배하는 새 예루살렘의 삶을 지향하도록 윤리적 선택을 요구한다(참조, 계 18:4). 우리는 오늘의 바빌론을 떠나서 새 예루살렘의 시민이 되어야 한다. 그러므로 우리는 성서 연구, 문화 연구, 그리고 기도를 통해서 수많은 희생자들의 억울한 죽음을 생산하는 제국의 질서를 분석하고 변화시켜야만 한다. 우리는 오늘의 제국의 질서에 순응하거나 적응하기를 거부하고 과감하게 탈출하여 새 예루살렘의 삶을 지향해야만 한다. 우리는 고난과 박해와 처형의 위협에도 불구하고 짐승의 표 받기를 거부하면서 예수 그리스도를 따르는 반제국적 신앙을 실천하였던 죽은 자들의 저항과 투쟁을 기억하면서 지금 하늘의 천년왕국에서 살고 있는 그들과 영적으로 연대하여 하나님의 나라를 위한 증언과 저항의 삶을 사는 살아 있는 순교자들이 되어야만 한다.

---

31) Wes Howard-Brook and Anthony Gwyther, *Unveiling Empire: Reading Revelation Then and Now* (Maryknoll: Orbis Books, 1999), 159; George B. Caird, *A Commentary on the Revelation of St. John the Divine* (New York: Harper & Raw, 1966), 286.

제14장
# 추모위령제와 항의로서의 예배
### 한국전쟁전후 민간인 피학살자들을 위한 기억과 애도

## I. 서론적 성찰

오늘날 일상대화에서 죽은 자들에 대해서 말하는 것은 금기시되고 있다. 죽은 자들은 산 자들의 의식과 삶에서 망각되고, 또한 사회에서 배제된다. 이와 함께 한국전쟁 전후에 국군, 경찰, 우익 청년단, 그리고 미군에 의해서 억울하게 죽임을 당한 수많은 민간인 피학살자들은 점차 망각되고 있다. 전쟁 전에는 제주 4·3 항쟁과 여순 사건으로 많은 민간인들이 희생되었고, 전쟁 발발 후에는 국민보도연맹원들,[1] 부역혐의자들, 그리고 형무소에 갇혀있던 정치범들이 법적 절차 없이 집단적으로 학살당하였고, 그리고 미군의 폭격과 기총소사로 많은 피난민들이 희생을 당하였다. 그들은 좌익 혹은 부역혐의자들로 간주되어서 재판 절차도 없이 야산과 계곡과 바다에서 잔혹하게 학살되었다.[2] 그들은 국가폭력과 전쟁

---

1) 국민보도연맹은 1949년 4월에 좌익에서 전향한 사람들을 건전한 국민으로 육성한다는 명분으로 전국 각 시, 도, 군, 면 단위에 이르기까지 지부가 결성된 전국적인 규모의 조직이었으나, 실제 지역에서는 할당된 인원을 채우기 위해서 좌익과 연관이 전혀 없는 사람들을 많이 가입시켰다. 한국전쟁이 발발하자 국민보도연맹원들은 단지 인민군에게 동조할 것이라는 추측과 우려 때문에 예비 검속되어 학살당하였다. 2008년 1월 24일 노무현 대통령은 울산 보도연맹원 학살 사건을 비롯한 과거의 국가 권력의 불법 행위를 포괄 적으로 사과하고 유족들을 위로하였다.

2) 한국전쟁 전후에 발생한 민간인 집단학살에 대해서는 정은용, 『그대, 우리의 아픔을 아 는가』 (서울: 다리, 1994); 김귀옥 외, 『전쟁의 기억, 냉전의 구술』 (서울: 선인, 2008); 박찬승, 『마을로 간 한국전쟁』 (서울: 돌베게. 2010); 이임하, 『전쟁 미망인, 한국현대사의 침묵을 깨다』 (서울: 책과 함께, 2010); 김삼웅, 『해방후 양민학살사』 (서울: 가람기획,1996); 경산코발트광산유족회 편집, 『잃어버린 기억』 (서울: 이른 아침, 2008); 김영택, 『한국전쟁과 함평양민사건』 (서울: 사회문화원, 2001); 김기진, 『끝나지 않은 전쟁, 국민 보도연맹』 (서울: 역사비평사, 2002); 신경득, 『조선종군실화로 본 민간인 학살』 (서울:살림터, 2002); 신기철, 『진실, 국가범죄를 말하다: 금정굴 사건으로 본 민간인 학살』 (서 울: 도서출판 자리, 2011); 한국전쟁 전후 민간인학살 진상규명 범국민위원회 편집, 『한국전쟁 전후 민간인학살 실태보고서』 (서울: 한울출판사, 2005); 김득중, 『빨갱이의 탄 생: 여순사

범죄의 희생자들이다.

그러나 이러한 민간인 집단학살 사건들의 대다수는 시대적 혼란과 전쟁의 상황에서 불가피했다는 이유로 우리 사회에서 아직 범죄로 인정되지 않고 있다.[3] 민간인 집단학살 사건들은 정부에 의해서 공식적으로 공표되지 않았으며, 공식적 기억에서 삭제되었다. 그러나 피학살자들을 위한 대항기억은 추모 위령제를 통해서 지금까지 보존되어왔다. 추모 위령제는 죽은 자들의 한 맺힌 영혼들을 기억하고 달래는 의례이고,[4] 그들의 억울한 죽음의 진상규명을 요구하고, 국가 폭력과 전쟁 범죄를 고발하고 항의하는 의례이다. 또한 추모 위령제는 죽은 자들이 갈망하였던 정의롭고 평화스러운 인간적인 세계를 그들과 더불어 실현하기 위해서 기억을 통해서 그들과 연대하는 의례이기도 하다. 무엇보다도 추모 위령제의 중요성은 죽은 자들을 망각하지 않고 산 자들의 삶 속으로 통합시키는 데 있다. 그러나 한반도의 분단 상황에서 추모 위령제는 오래 동안 금지되었다.

1960년 4·19로 이승만 정부가 몰락한 직후에 민간인 피학살자 유족들은 전국 곳곳에서 유족회를 조직하고, 추모 위령제를 거행하였다. 1960년 10월 20일 지방유족회 대표들이 서울에서 모여서 전국피학살자유족회(全國被虐殺者遺族會)를 결성했다. 유족들은 전국피학살자유족회 결성대회와 추모위령제에서 "맹서하는 깃발"(이원식 작사, 권태호 작곡)이라는 다음과 같은 유족회 회가를 불렀다.

> 사나운 바람 불어 이 마음 쏘고
> 외치는 분노의 피 물결치면서
> 자장가도 구슬픈 추억이
> 아  새하얀 밤을 흐르고 있네,
> 가자 대열아 피를 마시고 자라난
> 우리는 피학살자의 아들딸이다.
>
> 민족의 원수들 손에 무참히 죽어간
> 님들의 이름은 자유의 벗 빛나는 역사

---

건과 반공 국가의 형성』(서울: 선인, 2009); 나간채 외, 『기억투쟁과 문화운동의 전개』(서울: 역사비평사, 2004)를 참조하라.
3)  김동춘, 『이것은 기억과의 전쟁이다』(서울: 사계절, 2013), 405, 441.
4)  김동춘, 『이것은 기억과의 전쟁이다』, 127-128.

태양과 함께 돌꽃이 되어서 피게 하소서,
가자, 검은 기 맹세하는 깃발
우리는 피학살자의 아내들이다.

무덤도 흔적도 없는 원혼들이여
천년을 두고두고 울어 주리라,
조국의 산천도 고발하고
푸른 별도 증언한다.
가자 서로가 아는 것이 큰 힘
우리는 피학살자의 부모들이다.[5]

서울에서 결성된 전국피학살자유족회 선언문은 다음과 같다.[6]

전국피학살자유족회는 이승만 폭정배가 저지른바 세계 인류사상에 일찍이 그 유례를 볼 수 없는 대량적 동족학살 행위에 희생이 된 원혼의 유족들로서 조직된 피의 통합체입니다. 우리들은 지난날의 이 처참한 역사적 사실을 잊을래야 잊을 수도 없거니와 천추일관하는 민족정기와 인륜망상(人倫網常)의 도리로도 묵과할 수는 없습니다.

그러나 우리들 유족회는 어떤 보복적 의도로서 형성된 것이 아니며 오직 인간 세상에 기막힌 한을 남겨두고 무덤도 없는 원혼이 된 조부모, 부모, 형제, 자매, 남편 처자들의 명복을 빌며 이 땅에 또다시 이러한 '검은 역사의 무덤'을 만들지 않도록 거듭 투쟁할 뿐입니다. 포악하게도 반 공개리에 무차별 학살을 감행한 것은 민주 조국의 가슴에 칼을 꽂은 것이며 이러한 행위는 동족의 대량학살인 만큼 세기의 살인자 '히틀러'와는 그 유를 달리하는 공전절후의 악행이라 아니할 수 없습니다. 나아가서 그 살해 방법에 이르러서는 실로 천인공노할 진저리치는 양상이었던 것입니다.

---

5) 나는 이 노래의 가사와 악보를 작사가인 이원식의 아들 이광달 씨로부터 우편으로 받았다. 이 노래는 "맹세하는 깃발"(이원식 작사와 권태호 작곡)이라는 전국피학살자유족회 회가의 가사이다. 작사가인 이원식(1913-1978)의 아내 정신자(28세)는 예비검속을 대비해서 피신한 남편을 찾는 경찰에 잡혀가서 죽임을 당하였다. 그는 어린 세 아이들을 남겨두고 억울한 죽음을 당한 아내와 민간인 피학살자들의 진상규명을 위해서 대구경북지역 피학살자유족회 회장으로 그리고 전국피학자유족회 사정위원장으로 활동하였다.

6) 김주완 편저, 『1950년 마산의 참극: 한국전쟁전후 민간인학살 마산유족회 자료집』 (마산: 한글미디어, 2009), 118-23.

그러나 이승만 도당들은 도리어 이러한 살인을 보다 더 많이 한 자일수록 더 많은 훈상을 베풀었으며 우리들 유족에게는 모욕과 감시와 억압을 더욱 더 가중하여 우리들은 그동안 십유여년을 실로 죽음의 자유만을 가질 수 있는 동물 이하의 불행과 불안 속에서 신음하였던 것입니다. 이제 4.19 학생혁명에 의하여 진정한 민주주의의 꽃이 피어나기 시작한 조국의 역사과정에서 우리의 사무친 원한과 분노를 가시도록 해야겠습니다. 우리들은 허물어진 생활과 마음의 폐허 위에 그래도 재생의 길을 찾아보려고 하는 바입니다.

우리들은 숭고한 인간의 명예를 걸고 면면한 민족의 양심에 비추어 이 처참한 역사적 사실을 정확하게 파악하고 정리하고 처리하는 것이 조국의 민주발전에 이바지하는 경종이 되는 것으로 보는 바입니다.

유족회의 결의사항:

1. 법을 거치지 않고 살인을 지시한 자 및 관련자를 엄중 처단하라.
2. 피학살자 명단 및 집행시일 장소를 명시하라.
3. 피학살자 유족에 대한 정치경찰의 감시를 즉시 해제하라.
4. 피학살자의 호적을 조속히 정리하라.
5. 피학살자 유족에게 국가의 형사보상 금을 즉시 지급하라.
6. 합동위령제 및 위령비 건립에 당국은 책임지라.

단기 4293년(1960) 10월 20일
전국피학살자유족회 결성대회
전국피학살자유족회 회장 노현섭[7]


그러나 일 년 후 1961년 5·16 군사정변으로 등장한 군사 정부는 유족회의 활동이 특수 반국가 행위에 해당한다는 죄목으로 전국피학살자유족회 임원들을 구속하고 중형을 선고하였다.[8] 그 이후 추모 위령제는 중단되었고, 유족들은 침

---

7) 전국피학살자 유족회 임원 명단은 다음과 같다: 회장 노현섭, 부회장 권오규 · 탁복수, 간사장 이두용, 총무간사 김영욱, 조직간사 박인열, 섭외간사 윤성식, 부녀간사 최영진, 학생간사 조성대, 사업간사 미정, 사정위원장 이원식, 사정위원 김영원, 이삼근, 중앙위원 신석균, 김봉조, 문대현, 하은수, 김영태, 한범석, 권중락, 이용노, 황화순, 김기태, 오용수, 백덕용, 이홍근, 주정실, 오음전, 안귀남, 이과란, 이성오, 박우승, 김하종.

8) 혁명재판소는 1961년 12월 7일에 "특수 범죄 처벌에 관한 특별 조치법"이라는 소급법의 제6조(특수반국가행위)에 따라서 경북경남유족회 이원식(49세) 사형, 권중락(53세) 15년, 이삼근(27세) 15

묵을 강요당한채로 통한의 세월을 보내야만하였다. 그러나 1987년 6월항쟁 이후 민주화운동과정에서 제주 4·3 항쟁[9]을 비롯한 한국전쟁전후의 민간인 집단학살 사건의 진상규명 운동이 다시 일어났다. 마침내 "제주 4·3사건 진상규명 및 희생자 명예회복에 관한 특별법"과 "진실화해를 위한 과거사 정리 기본법"이 제정되었으며,[10] 희생자들을 위한 추모 위령제가 전국에서 다시 거행되기 시작하였다.[11] 2008년 12월 8일 한국전쟁전후 민간인 피학살자 전국합동추모위령제에서 "민간인학살 생존자, 피학살자 유가족 그리고 진실 추구자 인권선언"이 발표되었다.[12] 국가 기관인 진실화해를 위한 과거사정리 위원회는 많은 성과를

---

년, 노현섭(41세) 15년, 문대현(55세) 10년, 그리고 밀양유족회 김봉철(43세) 무기를 각각 선고하였다. 이원식은 무기로 감형되었고, 또 다시 감형되어 10년을 복역한 후에 출소하였지만, 사회안전법으로 3년을 더 복역해야만 하였다. 나머지 유족회원들은 역시 여러 해 복역 후에 석방되었다. 모두 고인이 된 이원식, 노현섭, 이삼근은 50여년 만에 유족들이 청구한 재심을 통해서 2011년에 대법원으로부터 무죄 선고 확정을 받았다. 고인이 된 김봉철은 2010년 부산고법에 의해서 무죄가 선고되었으며, 2012년 9월 7일에 대법원은 손해배상청구심에서 국가가 유족에게 약 19억을 배상하도록 한 원심 판결을 확정하였다.

9) 제주 4·3 항쟁은 1947년 3월 1일부터 1954년 9월 21일까지 제주도에서 발생한 사건이다. 4·3 사건 특별법 제정과 추모 위령제의 연례적 거행이 실현되기까지는 지난한 기억투쟁의 과정이 있었다. 제주대학교 총학생회는 1986년 4월 3일에 4·3 사건 희생자 분향소 설치를 시도했고, 1987년에 4·3 사건 진상규명을 촉구하는 대자보를 붙였고, 그리고 1988년에 학내 행사로 위령제와 진상규명 촉구집회를 열렸다. 41주기 4·3 추모제 및 진상규명촉구대회가 1989년에 제주시민회관에서 열렸으며, 추모위령제가 1990년에 제주대교정에서, 1991년에 관덕정 광장에서, 그리고 1992년에 탑골광장에서 열렸다. 유족회는 1991년부터 신상공원에서 위령제를 거행하기 시작하였으며, 유족회와 재야단체와 학생들이 공동으로 조직한 첫 합동추모위령제는 1994년 4월 3일 제주 탑골 광장에서 거행되었고 이후 해마다 거행되었다. 2006년에 제주4·3평화공원에서 거행된 위령제에 노무현 대통령이 직접 참석하여 4·3 사건 희생자들과 제주도민들에게 사과하였다.

10) 5·16 군사정변으로 해산되었던 유족회는 2000년 9월에 한국전쟁전후 민간인학살 진상규명과 명예회복을 위한 범국민위원회 전국유족협의회로 다시 결성되었고, 또한 2000년에 "제주 4·3사건 진상규명 및 희생자 명예회복에 관한 특별법"이 제정되었고, 2005년 5월 "진실화해를 위한 과거사 정리 기본법"이 제정됨으로 인해서 같은 해 12월에 출범한 "진실화해를 위한 과거사정리 위원회"가 민간인 집단학살의 진상규명과 피해자들의 명예회복을 위한 일을 시작하였고, 그리고 2007년 6월 14일 한국전쟁전후 민간인피학살자 전국유족회가 회칙과 결의문을 제정하고 본격적인 유족회 활동을 시작하였다.

11) "제주 4·3 항쟁 희생자 위령제," "한국전쟁 전후 민간인 피학살자 합동위령제," "여순사건 희생자 위령제," "대전산내학살 희생자 위령제," "거창민간인학살 희생자 위령제," "문경민간인학살 위령제," "강화민간인학살 희생자 위령제," "진주민간인희생자위령제," "노근리 학살 희생자 위령제," "산청함양 희생자 위령제," "청주 청원 보도연맹 희생자 합동위령제," "단양곡계굴 희생자 위령제," 그리고 "5·18 민주항쟁 희생자위령제" 등 여러 위령제를 언급할 수 있다.

12) 민간인학살 인권선언은 전문과 20개 조항으로 구성되어 있다. 그 중에서 몇 개의 조항을 인용하면 다음과 같다: "제3조 학살 피해자(=모든 학살 생존자와 피학살자 유가족)는 누구든지 한국전쟁 전후시기에 공권력, 외국군대, 준군사조직, 기타 정치적 목적의 단체 또는 적대세력의 책임자와 그 구성원(이하 가해 책임자)이 직접 또는 지시·방조·묵인 등에 의해서 자행된 조직적이고 중대한 인권 침해에 대해서 개인적으로 또는 집단적으로 그 진실을 알 권리를 가진다. 제5조 학살 피해자는 누구든지 알고 있는 학살의 진실 등에 대해서 직접 또는 공동으로 표현하고 말할 권리가 있다. 제11조 학살 피해자는 누구든지 피학살자의 명예를 신원하고, 자신의 명예를 회복하기 위해서 국

체계적으로 이루어냈지만, 그러나 산적한 과제를 남겨둔 채 2010년 12월에 활동을 종료하고 해산하였다. 유해 발굴은 단지 2007년부터 삼 년 동안에 민간인 학살지 십여 곳에서 이루어졌을 뿐이다. 아직까지 발굴되지 못한 민간인피학살자들의 매장지가 전국에 산재해 있다.

한국전쟁 전후에 발생한 민간인 집단학살은 국가폭력이다. 그러므로 민간인 학살 사건들의 진상규명은 희생자들과 유족들만의 문제가 아니라, 우리 모두의 문제이다. 그러나 이러한 민간인 학살 사건들은 사회에서 공론화되지 않고, 학교에서 가르쳐지지 않고, 그리고 기독교계에서도 외면되고 있는 실정이다.

교회는 죽은 자들을 기억하는 공동체이다. 성만찬 예식은 예수의 삶과 죽음을 기억하도록 제도화한 것이며, 사도신경의 성도의 교통에 대한 고백은 살아 있는 성도들 사이의 교제와 연합만을 의미하는 것이 아니라, 죽은 성도들과 교제하고 연합하는 것을 역시 의미한다.[13] 성도의 개념에는 시간과 공간을 초월한 모든 성도들, 즉 산 자들과 죽은 자들이 포함된다. 죽은 성도들과의 교제라는 관념에는 죽은 자들에 대한 회상이 깔려 있다. 교회는 그리스도인들의 죽음뿐만 아니라, 교회 울타리 밖에 있는 무고한 희생자들의 억울한 죽음에 대해서도 관심을 가져야만 한다. 요한계시록에서 하나님이 로마를 심판하는 이유는 로마의 억압적 체제에 의해서 그리스도인들만이 아니라, 일반적인 무고한 자들이 역시 학살당하였기 때문이다: "선지자들과 성도들과 및 땅 위에서 죽임을 당한 모든 자의 피가 그 성 중에서 발견되었느니라 하더라"(계 18:24).

수많은 무고한 민간인들을 희생시킨 국가폭력의 유산은 군사 정부 시절뿐만 아니라, 오늘날 민주화 시대에도 역시 나타나고 있는 인권 유린과 생명 경시 현상이다. 그것은 용산참사 사건,[14] 평택 쌍용자동차 사태,[15] 그리고 한진중공업 사태에서[16] 극명하게 확인된다. 하지만 철거민 대표들과 노조 간부들은 폭력행

---

가와 사회에 대해서 구체적인 조치를 요구할 권리가 있다. 제18조 모든 학살 피해자는 개인적으로, 집단적으로 또는 관련단체와 공동으로 피학살자의 원혼을 위로하기 위해서 공개적으로 위령할 권리가 있다."

13) J. M. 로흐만/ 오영석 옮김, 『사도신경해설』(서울: 대한기독교출판사, 1984), 193.

14) 2009년 1월 19일에서 용산에서 4층 건물의 옥상에서 망루를 짓고 농성을 시작하였던 철거민들을 이튿날 오전에 진압하는 과정에서 망루에서 발생한 화재로 인해서 철거민들 다섯 명과 경찰 특공대원 한 명이 불타죽었다. 철거민들의 현실에 대해서는 조혜원외, 『여기 사람이 있다』(서울: 삶이보이는창, 2009)를 참조하라.

15) 2009년 초여름에 2,646명의 생산직 노동자들을 해고한 평택 쌍용자동차회사의 구조조정에 항의하는 대규모 장기 파업 농성은 경찰의 폭력적 진압으로 종결되었다.

16) 한진중공업은 여러 차례 파업을 주도한 노조를 상대로 재산 손실액 보상의 명목으로 158억원의

위와 업무방해죄로 구속되었고, 손해배상청구소송을 당하였다.[17]

성서 해석의 목적은 주석적 작업 자체에 있는 것이 아니라, 성서를 통해서 오늘날 우리의 현실을 해석하는 데 있다. 신약성서의 마지막 책인 요한계시록 4-6장과 대표적인 유대 묵시문학의 하나인 에녹1서[18] 102-104장의 저자들은 죽은 자들을 기억하고, 그들의 영혼들로 하여금 생전에 겪었던 그들의 고통과 억울한 죽음을 하나님에게 진술하도록 하고, 그리고 자신들을 희생시킨 폭력의 역사에 대해서 항의하게 한다. 이 두 본문에 나타나는 예배는 여러 형태의 우상숭배와 폭력의 힘에 대한 항의로서의 예배이다.[19]

이 논문의 목적은 요한계시록 4-6장과 에녹1서 102-104장에 반영되어있는 죽은 자들을 추모하고 위로하는 예배의 형태를 비교하고, 약자들을 학살하는 압제자들의 죽음관이 무엇인지를 규명하여 비판하고, 그리고 한국전쟁전후에 발생한 국가폭력에 의한 민간인 피학살자들을 위한 추모위령제의 의의를 인권과 화해와 평화의 관점에서 찾고, 나아가서 죽은 자들을 위한 추모 예배의 필요성을 교회에 환기시키는 데 있다.

---

손해배상 청구 소송을 내었다. 파업농성에 참여중이던 금속노조부산한진중공업 지회의 조직 차장인 최강서씨(35세)가 2012년 12월 21일 오전 농성장 숙박시설로 이용하고 있던 노조 대회의실에서 그처럼 엄청난 액수의 손해배상 청구 소송을 제기한 회사를 비판하는 유서를 남기고 스스로 목숨을 끊었다.

17) 대한민국 헌법 제33조 제1항은 "근로자는 노동조건의 향상을 위한 자주적인 단결권, 단체교섭권 및 단체행동권을 가진다"고 규정한다. 여기서 단체행동에는 잔업 거부, 태업, 부분 파업, 그리고 전면 파업이 포함된다. 하지만 막상 노동자들이 단체행동을 하면, 그들의 합법적인 파업이 업무방해라고 볼 수 있는 여지가 있어서 민사상 손해배상청구 소송과 가압류를 당하고, 또 대한민국 형법 제314조(업무방해) 제1항: "위력으로써 사람의 업무를 방해한 자는 5년 이하의 징역 또는 1500만 원 이하의 벌금에 처한다"에 의해서 형사적으로 처벌되곤 한다.

18) 에녹1서에 대한 해방신학적 그리고 여성신학적 해석을 위해서는 Byung Hak Lee, *Befreiungserfahrungen von der Schreckensherrschaft des Todes im ätiopischen Henochbuch: Der Vordergrund des Neuen Testaments* (Waltrop: Hartmut Spenner, 2005); 이병학, "유대 묵시문학과 신약성서: 에녹과 예수," 「신약논단」 19권 제2호(2012), 353-94를 참조하라.

19) 항의로서의 예배의 개념에 대해서는 Klaus Wengst, *Dem Text trauen: Predigen* (Stuttgart: W. Kohlhammer, 2006), 195-96을 보라.

## II. 항의로서의 예배와 죽은 자들의 자기 진술

### 1. 요한계시록 4-6장에 반영된 항의로서의 예배

#### 1) 로마의 국가 폭력에 대한 항의로서의 예배

요한계시록에는 천상적 예배의 장면이 자주 나온다. 예배는 황제숭배를 비판한다는 점에서 정치적이다. 로마의 관례는 죽은 황제들을 신격화하는 것이었지만, 도미티아누스는 살아있는 동안에 자기 자신을 신격화하였다. 시인들은 도미티아누스를 살아 있는 신이라고 찬미하였고, 사람들은 그를 "우리의 주님과 하나님"(dominus et deus noster)이라고 불렀다. 황제예배와 도미티아누스의 억압적 체제에 반대하고 저항하는 사람들은 죽임을 당하였다. 이러한 상황에서 오직 하나님과 어린 양 예수 그리스도만을 찬양하는 예배는 황제 숭배와 로마의 권력을 비판하는 항의로서의 예배이다. 네 생물들과 스물네 장로들은 다음과 같이 하나님을 예배한다.

> "8 네 생물은 각각 여섯 날개를 가졌고 그 안과 주위에는 눈들이 가득하더라 그들이 밤낮 쉬지 않고 이르기를 거룩하다 거룩하다 거룩하다 주 하나님 곧 전능하신 이여 전에도 계셨고 이제도 계시고 장차 오실 이시라 하고 9 그 생물들이 보좌에 앉으사 세세토록 살아 계시는 이에게 영광과 존귀와 감사를 돌릴 때에 10 이십사 장로들이 보좌에 앉으신 이 앞에 엎드려 세세토록 살아 계시는 이에게 경배하고 자기의 관을 보좌 앞에 드리며 이르되 11 '우리 주 하나님이여 영광과 존귀와 권능을 받으시는 것이 합당하오니 주께서 만물을 지으신지라 만물이 주의 뜻대로 있었고 또 지으심을 받았나이다' 하더라."(계 4:8-11)

요한계시록에서 궁극적인 실체의 영역은 하늘이다. 하늘에서 진정한 것이 땅에서도 진정한 것이 된다.[20] 네 생물들은 쉼 없이 하나님을 찬양하고 있다. "영광과 존귀와 권능"은 황제 예배에서는 로마 황제에게 속한 것이지만, 천상적 예배에서는 창조주 하나님에게 속한 것이다.[21] 요한의 시대에 로마의 황제는 신으로

---

20) 리처드 보컴/ 이필찬 옮김, 『요한계시록 신학』 (서울: 한들출판사 2000), 57.
21) J. Nelson Kraybill, *Apocalypse and Allegiance: Worship, Politics, and Devotion* (Grand Rapids, Michigan: Brazos Press, 2010), 84.

숭배되었다. 로마의 추종자들은 소아시아의 대형 도시들에 세워진 신전 안에 있는 황제의 상 앞에서 절을 하고 제물을 받쳤다. 그러므로 요한계시록의 처음 수신자들에게 있어서 하느님만을 찬양하는 예배는 우상 숭배에 대한 항의로서의 예배였던 것이다. 하나님만을 예배하는 사람들은 크고 작은 우상들에게 항의하고 전쟁과 폭력을 반대하고 평화와 정의의 길을 찾는다.[22]

### 2) 폭력과 학살의 역사에 절망한 요한의 눈물

요한계시록 4-6장은 로마의 폭력의 희생자들을 추모하고 위로하는 예배를 반영한다. 이 본문은 지상의 성도들과 유족들이, 혹은 요한계시록의 처음 독자들이 순교자들을 추모하는 예배에 참여하고 있다는 것을 전제한다. 요한의 희망은 무죄한 자들을 억압하고 학살하는 폭력의 역사가 지금처럼 계속되지 않고 중단되는 것이다. 그런데 요한은 천상적 보좌에 앉아 있는 하나님의 손에 일곱 겹으로 봉인된 책이 있는 것을 보았다. 그 봉인된 책은 집단학살의 희생자들의 억울한 죽음에 대한 역사적 진실을 유폐한 밀봉된 역사를 상징한다.[23] 만일 그 책이 열리고 읽혀진다면, 진실이 규명되므로 폭력과 학살의역사가 마침내 단절되고, 더 이상 지금처럼 이대로 계속되지 않을 것이다. 그러나 그 일곱 봉인을 떼고 책을 펼칠 사람이 아무도 없어서 요한은 절망하여 "크게 울었다"(계 5:4).

장로 중의 한 사람이 요한에게 "울지 말라"고 위로하였다. 울음을 멈추어야 할 이유는 무엇인가? 그 이유는 "유다 지파의 사자 다윗의 뿌리가 이겼으니 그 일곱 인을 떼시리라"(계 5:5)는 것이다. "유다 지파의 사자"는 아들들에 대한 야곱의 축복에서 유다에게 준 약속이다: "유다는 사자 새끼로다 내 아들아 너는 움킨 것을 찢고 올라갔도다 그가 엎드리고 웅크림이 수사자 같고 암사자 같으니 누가 그를 범할 수 있으랴 규가 유다를 떠나지 아니하며 통치자의 지팡이가 그 발 사이에서 떠나지 아니하기를 실로가 오시기까지 이르리니 그에게 모든 백성이 복종하리로다"(창 49:9-10). "다윗의 뿌리"는 가난한 자들과 약자들의 권리를 되찾아 주면서 정의와 평화를 실현하는 메시아를 상징한다: "그 때에 이리가 어린 양과 함께 살며 표범이 어린 염소와 함께 누우며 송아지와 어린 사자와 살진 짐승이 함께 있어 어린 아이에게 끌리며 암소와 곰이 함께 먹으며 그것들의 새끼가 함께

---

22) Klaus Wengst, *Dem Text trauen*, 195-96.
23) 이병학, "봉인된 폭력의 역사와 죽은 자들의 절규," 한국기독자교수협의회 편, 『2009년정기총회 및 제 43회 학술대회 자료집』 (서울: 한국기독자교수협의회, 2009), 1-5.

엎드리며 사자가 소처럼 풀을 먹을 것이며 젖 먹는 아이가 독사의 구멍에서 장난 하며 젖 뗀 어린아이가 독사의 굴에 손을 넣을 것이라"(사 11:6-8). 만약 메시야와 그의 나라가 도래해 있다면, 우리는 더 이상 눈물을 흘릴 필요가 없다. 왜냐하면 폭력의 역사의 중단과 평화의 나라의 시작을 통해서 우리가 눈물을 닦고 기뻐할 수 있기 때문이다.

힘 있는 사자는 살육당한 어린 양과 동일시된다. 요한은 보좌 주위에 서 있는 어린 양을 보았다: "또 내가 보니 보좌와 네 생물과 장로들 사이에 한 어린 양이 서 있는데 일찍이 죽임을 당한 것 같더라"(5:6). 십자가에서 처형당한 흉터를 지 닌 어린양 예수는 일곱 봉인들 떼어내고 은폐된 역사적 진실을 밝힘으로써 폭력 의 역사를 끝장낼 수 있는 힘을 가지고 있다. 어린 양은 일곱 뿔을 가졌다(계 5:6). 일곱 뿔은 완전한 권력을 상징한다. 로마의 힘은 더 큰 초강대국의 힘에 의해서 정복되는 것이 아니라, 로마의 폭력의 희생자인 무력한 어린 양 예수에 의해서 정복된다.[24] 그러므로 네 생물과 스물네 장로들은 책의 봉인을 열수 있는 힘을 가진 어린 양을 경배하고 찬양한다.

> "7 그 어린 양이 나아와서 보좌에 앉으신 이의 오른손에서 두루마리를 취하시니라 8 그 두루마리를 취하시매 네 생물과 이십사 장로들이 그 어린 양 앞에 엎드려 각각 거문고와 향이 가득한 금 대접을 가졌으니 이 향은 성도의 기도들이라 9 그들이 새 노래를 불러 이르되 두루마리를 가지시고 그 인봉을 떼기에 합당하시도다 일찍이 죽임을 당하사 각 족속과 방언과 백성과 나라 가운데에서 사람들을 피로 사서 하나 님께 드리시고 10 그들로 우리 하나님 앞에서 나라와 제사장들을 삼으셨으니 그들 이 땅에서 왕노릇 하리로다"(계 5:7-10).

금 대접에 담겨 있는 향은 성도들의 기도들이다. 성도들의 간절한 기도는 금 대접에 담겨서 향연과 더불어 하느님에게 상달된다. 그런데 천상적 예배에 참여 하는 자들이 부르는 "새 노래"의 내용은 무엇인가? 그것은 로마 황제의 권력을 찬양하는 것이 아니라, 폭력의 역사를 단절하고 죽은 자들을 신원하는 정의의 하 나님과 어린 양의 힘을 찬양하는 것이다. 이와 반대로 옛 노래는 로마의 권력을 찬미하는 것이다. 정의의 하나님에 대한 찬양과 예배에는 폭력과 학살의 역사에

---

24) Klaus Wengst, *Dem Text trauen*, 191.

대한 항의의 성격이 내포되어 있다. 어린 양의 피는 민족적, 언어적, 그리고 문화적 불일치를 극복하고 새로운 공동체를 창조한다.[25]

하나님과 어린 양을 찬양하고 예배하는 자들 가운데 가장 중심에 서있는 천상적 존재들은 네 생물들이다. 그런데 천상의 예배에 참여하는 자들의 범주는 점점 더 확대된다. 이제 보좌와 생물들과 장로들을 둘러선 수많은 천사들이 큰 음성으로 찬양한다(계 5:11): "죽임을 당하신 어린 양은 능력과 부와 지혜와 힘과 존귀와 영광과 찬송을 받으시기에 합당하도다 하더라"(계 5:12). 그리고 "하늘 위에와 땅 위에와 땅 아래와 바다 위에와 또 그 가운데 모든 피조물이" 찬양한다: "보좌에 앉으신 이와 어린 양에게 찬송과 존귀와 영광과 권능을 세세토록 돌릴지어다"(계 5:13). 예배의 피날레는 아멘으로 장식된다: "네 생물이 이르되 아멘 하고 장로들은 엎드려 경배하더라"(계 5:14).

3) 학살당한 순교자들에 대한 기억

어린 양은 무죄한 자들을 억압하고 학살한 유폐된 역사의 진실을 규명하기 위해서 일곱 봉인들을 뜯기 시작한다. 처음 네 봉인들의 개봉은 로마의 군사적 침략, 정치적 억압, 경제적 억압, 그리고 총체적인 살인적 체제를 폭로한다.[26] 순교자들은 이러한 체제의 희생자들이다. 요한은 다섯째 봉인의 개봉으로 인해서 순교자들의 자기진술을 들었다.

"다섯째 인을 떼실때에 내가 보니 하나님의 말씀과 그들이 가진 증거로 말미암아 죽임을 당한 영혼들이 제단 아래에 있어"(계 6:9).

요한은 제단 아래에 있는 순교자들을 "영혼들"이라고 말한다. "영혼"이라는 개념은 그리스의 인간학에서처럼 육체와 반대되는 인간의 죽지 않는 부분을 의미하는 것이 아니다.[27] 그것은 죽은 자들이 모두 하늘에 살아 있는 상태를 의미한다.[28] 폭력과 집단학살의 남녀희생자들은 모두 하늘에 살아 있다. 그들은 지금

---

25) A Maria Aeul Raja, *The Revelation to John: Dalit Bible Commentary New Testament Vol. 10* (New Delhi: Centere for Dalit/Subaltern Studies, 2009), 60.

26) 이병학, "언제까지 우리의 흘린 피를 신원하여주지 않으렵니까(묵 6:10): 제국주의에 대한 저항과 기억의 문화," 「신학사상」 135 (2006/4)을 참조하라.

27) Klaus Wengst, *"Wie lange noch?": Schreien nach Recht und Gerechtigkeit - eine Deutung der Apokalypse des Johannes* (Stuttgart: Verlag W. Kohlhammer, 2009), 23.

28) Pablo Richard, *Apokalypse. Das Buch von Hoffnung und Widerstand. Ein Kommentar*

외치고 있고, 나중에는 흰 옷을 입는다. 그들은 폭력의 희생자들로서 자유, 정의, 인권, 평등, 생명, 그리고 평화가 지배하는 새로운 대안적 세계의 도래를 갈망하고 있다.

순교자들의 영혼들은 모두 천상적 제단 아래에 있다. 요한은 순교자들이 흘린 피를 "희생 제물"로 이해하였다. 천상적 성전의 제단은 희생 제물을 받치는 예루살렘 성전의 번제 단을 재현한다. 구약 시대에 희생제물의 피를 번제단 아래에 붓는 것이 규례였다: "제사장은 또 그 피를 여호와 앞 곧 회막 안 향단 뿔에 바르고 그 송아지의 피 전부를 회막 문 앞 번제 단 밑에 쏟을 것이며"(레 4:7). 여기 외에도 희생 짐승의 피를 번제단 밑에 쏟으라는 규례가 레위기 4장에 더 나타난다(참조, 레4: 18, 25, 30, 34). 피 속에 생명이 있다(참조, 레17:11, 14). 바울은 성도들의 신앙 성장을 위해서는 감옥에 갇히고 폭력적 죽임을 당하는 한이 있어도 기꺼이 자신의 생명까지도 받치겠다는 의미로 자신을 "전제"[29]로 드릴 것이라고 말하였다(빌 2:17).

### 4) 학살당한 자들의 영혼들의 자기 진술

로마의 권력자들은 자신들이 저지른 불의와 학살을 은폐하고 당사자들과 유족들에게 침묵을 강요하였다. 그러나 죽임을 당한 자들은 모두 하늘에서 살아있으며, 하느님에게 큰 소리로 살인자들의 악행을 고발하고 자신들의 서러운 삶을 간략하게 진술한다.

> "큰 소리로 불러 이르되 거룩하고 참되신 대주재여 땅에 거하는 자들을 심판하여 우리 피를 갚아 주지 아니하시기를 어느 때까지 하시려하나이까 하니."(계 6:10).

이 외침은 "진실하고 참된 대주재(δεσπότης/데스포테스)"는 로마 황제가 아니라, 하나님이라고 고백했기 때문에 죽임을 당한 남녀증인들의 자기 진술이다. 그들의 죽음은 우상 숭배적 체제에 대한 순응과 적응을 거부하는 항의로서의 죽음이었으며, 또한 장차 도래할 하나님의 정의와 평화와 생명이 지배하는 대안적 공동체에 대한 증언으로서의 죽음이었다.[30] "땅에 거하는 자들"은 약자들을 억압하

---

(Luzern: Edition Exodus 1996), 109.

29) 전제는 구약시대의 제사 방법 중의 하나로서 제물을 제단 위에 올려놓고 불사르기 전에 그 제물 위에 피를 상징하는 포도주를 붓는 의식이다(출 29:40-41; 30:9; 민 15:5; 레 23:15).

고 죽이는 로마 제국의 권력자들과 그들의 추종자들을 가리킨다. "심판하여"(κρίνω/크리노)는 정의를 실현하고 약자들의 권리를 회복시키는 것을 의미한다. 죽은 자들이 하나님에게 "피를 갚아 주기를(ἐκδικεῖς/엑디케이스)"[31] 요구하는 것은 단순히 보복과 복수를 기원하는 것이 아니다.[32] 그것은 오히려 막강한 힘을 가지고 약자들을 억압하고 학살하는 권력자들에 맞서는 무력한 사람들의 마지막 형태의 저항으로 이해되어야만 한다. 그리스어 엑디케오(ἐκδικέω)는 "신원하다, 복수하다"를 의미한다. 그들의 외침은 시편 기자의 부르짖음과 같다: "세계를 판단하시는 주여 일어나사 교만한 자에게 상당한 형벌을 주소서 여호와여 악인이 언제까지 개가를 부르리이까"(시 94:2-3). 약자들은 하나님이 그들의 유일한 "피난처와 힘이며, 그리고 환난 중에 만날 큰 도움"(시 46:1)이기 때문에 하나님에게 호소한다. 그러므로 제단 아래에 있는 순교자들은 하나님이 개입하여 그들을 희생자로 만든 폭력의 역사를 심판해주기를 바라고 있다.

요한은 죽은 자들로 하여금 하나님 앞에서 그들이 생전에 겪었던 불의와 억울한 죽음에 대해서 자기 진술을 하게 한다. "어느 때까지"라고 묻는 죽은 자들의 외침은 하나님에게 폭력의 역사의 진행을 중단시키고 끝내주기를 요구하는 탄원이며, 동시에 자신들을 희생시킨 불의한 역사에 대한 항의이다.[33] 이러한 외침에는 수 세기에 걸쳐서 모든 시대와 모든 나라에서 믿음 안에서 고난당하는 약자들이 흘린 눈물과 절망과 원한이 함께 섞여 있다. 그것은 한국전쟁 전후에 공산주의자, 좌익, 혹은 부역 혐의자로 내몰린 민간인들이 재판도 없이 무차별 총살당한 처형장에서, 광주 금남로에서 민주화를 요구하던 민간인들을 저격한 군인들의 요란한 총소리에서, 용산 철거민들이 갇혀 있던 불타는 망루에서, 지구적 자본의 횡포에 자살로 항의한 노동자들과 농민들의 장례식에서, 무고한 자들에게 자백을 강요하는 심문실에서, 그리고 죄 없는 자들에게 유죄가 선고되는 법정에서 솟구쳐 나오는 약자들의 항의의 외침이다. 법과 질서의 이름으로 폭력과 학살이 정당화되는 한, "어느 때까지"라는 외침은 계속될 것이다.

---

30) 클라우스 벵스트/정지련 옮김, 『로마의 평화: 주장과 현실』 (서울: 한국신학연구소, 1994), 279.

31) 이 표현은 신 32:43; 왕하 9:7; 시 79:10에도 나온다.

32) Klaus Wengst, *Wie lange noch?*, 24; Elisabeth Schüssler Fiorenza, *Revelation: Vision of a Just World* (Minneapolis: Fortress Press, 1991), 128; 신동욱, 『요한계시록주석』 (서울: 도서출판 KMC, 2010), 81-82.

33) Allan A. Boesak, *Comfort and Protest: Reflections on the Apocalypse of John of Patmos* (Philadelphia: The Westminster Press, 1987), 69; 벵스트, 『로마의 평화』, 277.

5) 죽은 자들을 위한 하나님의 위로

요한은 죽은 자들의 자기 진술과 탄원을 듣고 그들을 위로하는 하나님의 응답에 대해서 아래와 같이 서술한다.

"각각 그들에게 흰 두루마기를 주시며 이르시되 아직 잠시 동안 쉬되 그들의 동무 종들과 형제들도 자기처럼 죽임을 당하여 그 수가 차기까지 하라 하시더라"
(계 6:11).

하나님은 죽은 자들의 자기 진술과 탄원을 듣고 난 다음에 그들에게 잠시 동안 쉬라고 하면서 위로하였다. 하나님은 순교자들에게 천상적 예복인 "흰 두루마기"를 한 벌씩 주었다. 그것은 그들이 지상에서 당한 고난에 의미를 부여하는 식의 보상이 아니라, 하나님의 정의가 최종적으로 증명되는 종말의 말까지 쉬어야 하는 기다림의 시간을 위한 채비이다.[34] 요한은 결코 죽은 자들이 생전에 당한 고난과 억울한 죽음에 의미를 부여하거나, 혹은 그것을 바람직한 것으로 생각하지 않았다. 왜냐하면 그들이 당한 폭력과 불의와 학살은 반드시 소멸되어야만 할 폭력의 역사의 특징들이기 때문이다. 죽은 자들의 탄원대로 하나님이 지금 당장 세계를 심판할 수 없는 이유는 무엇인가? 그것은 하나님이 정한 순교자들의 수가 아직 차지 않았기 때문이다. 종말까지의 시간의 측정은 희생자들의 수에 의해서 결정되는 것이다.[35] 이것은 산 자들에게는 아직도 종말까지는 얼마간의 시간이 있다는 것을 의미하며, 산 자들의 저항과 투쟁을 통해서 하나님이 정한 순교자들의 수를 채우는 것이 현재의 시간에 요구된다는 것을 의미한다.[36] 요한은 산 자들이 장차 겪게 될 고난과 순교를 미리 예상하고 있기 때문에 이러한 수의 표상을 통해서 그들이 장차 당할 고난과 죽음을 폭력의 역사의 종말과 대안적 세계의 시작과 결부시킴으로써 그들의 증언과 투쟁의 의미를 환기시키고 계속해서 저항하도록 고무하고자하였다. 지상에 있는 성도들과 유족들은 순교자들이 모두 하늘에 살아 있다는 사실에서 위로를 받을 수 있었으며, 또한 자신들도 순교자들처럼 증인의 삶을 살 것을 다짐할 수 있었을 것이다.

---

34) Klaus Wengst, *"Wie lange noch?"*, 25.
35) Rainer Stuhlmann, *Das eschatologische Mass im Neuen Testament*, FRLANT, 132 (Göttingen: Vandenhoeck & Ruprecht, 1983), 159; 클라우스 벵스트, 『로마의 평화』, 277.
36) Pablo Richard, *Apokalypse*, 111; Byung Hak Lee, "Die Gewaltüberwindung durch Erinnerunfgssolidarität mit den Toten," 87.

## 2. 에녹서신 102-104장에 반영된 항의로서의 예배

### 1) 죽은 의인들을 위한 예배

에녹1서 중에서 91-104장은 에녹의 서신이라고 불리며, 저작 연대는 기원전 167년 이전이다.[37] 에녹1서 102-104장은 「에녹의 서신」의 절정이다.[38] 이 단락은 죽은 자들이 마지막 심판의 날에 맞이할 운명에 대해서만이 아니라, 지금 세계 도처에서 약자들이 당하고 있는 억울한 죽음에 대해서도 말한다.[39] 이 단락에서 우리는 죽은 자들이 생전에 경험한 쓰라린 현실과 산 자들이 지금 겪고 있는 불의한 현실을 함께 볼 수 있다.[40] 이 단락은 폭력의 희생자들인 죽은 의인들을 추모하는 예배를 반영한다. 에녹은 죽은 자들을 위로하는 슬픔과 눈물의 예언자이다(에녹1서 95:1). 그는 겹겹이 쌓인 고통과 분노의 매듭으로부터, 즉, 한(恨)으로부터 죽은 자들의 영혼들을 해방시키고자 한다. 그는 먼저 무고한 약자들을 억압하고 학살한 죄인들을 비판한다.

> "1 이러한 날들에 그가(=하나님) 너희들에게 불덩어리를 던질 때 너희들은 어디로 도망치고, 또 어디서 안전을 찾을 것인가? 하나님이 너희들에게 책망의 말을 퍼부을 때에 너희들은 실신하고 두려워하지 않을 것인가? 2 모든 천체들이 큰 공포로 실신할 것이고, 땅 전체가 부들부들 떨고 공황상태에 빠질 것이다. 3 모든 천사들은

---

37) E. Isaac, 1 *(Ethiopic Apocalypse of) Enoch*, James H. Charlesworth (ed.), *The Old Testament Pseudephigrapha Vol. 1*. Garden City, New York; Doubleday & Company, Inc., 1983), 5-89.; James C. VanderKam, "Biblical Interpretation in 1 Enoch and Jubilees," James H. Charlesworth and Crag A. Evans (ed.), *The Pseudepigrapha and Early Biblical Interpretation* (Sheffield: JSOT Press, 1993), 142-49; Georg W. Nickelburg, *Jewish Literature Between the Bible and Mishnah, A Historical and Literary Introduction* (Philadelphia: SCM Press, 1981), 149-50; John J. Collins, The Apocalyptic Imagination; An Introduction to Jewish Apocalyptic Literature (Grand Rapids, Mich.: William B. Eerdmans, 1998), 52-53.

38) Georg Nickelsburg, *Jewish Literature between the Bible and Mishnah*, 148.

39) Paul Hoffmann, *Die Toten in Christus: Eiene religionsgeschichtliche und exegetishe Untersuchung zur pauliinischen* (Münster: Aschendorff, 1966), 124.

40) Urlich B. Müller, *Prophetie und Predigt im Neuen Testament: Formgeschichtliche Untersuchung zur urchristlichen Prophtie* (Gütersloh: Gütersloher Verlagshaus Mohn, 1972), 219는 에녹1서 102:4-103:4를 죽은 의인들의 영혼들의 탄식과 구원 선포라는 측면에서 이해한다; George W. Nickelsburg, *Immorality and Eternal Life in Intertestamental Judaism* (Cambridge, Mass.: Harvard University Press, 2006), 113과 115-16는 에녹1서 102-104장에 내포된 억눌린 자들과 억압자들 사이의 권력관계를 부인함으로써 이 단락의 핵심이 약자들의 억울한 죽음이라는 사실을 인식하지 못한다.

명령들을 이행할 것이다. 땅의 자녀들은 떨고 무서워하면서 위대한 영광(=하나님)의 현존으로부터 자신들을 숨길 곳을 찾을 것이다. 너희 죄인들아, 너희들은 영원히 정죄 당한다. 너희들에게는 평화가 없다!"(에녹1서 102:1-3).[41]

에녹은 악인들에 대한 하나님의 심판을 선언한다. 그들은 억압과 불의를 자행하고(에녹1서 94:6, 9), 거짓 증언을 하고(에녹1서 95:6), 의인들을 박해하고(에녹1서 95:7), 다른 사람들을 사기치고 착취하여 자신의 집을 건축한(에녹1서 99:12-13) 권력층이다(에녹1서 96:8). 악인들은 하나님의 심판 앞에서 무서워하고 피할 곳을 찾는다, 형벌의 천사들은 하나님의 명령을 이행할 준비가 되어 있다. 에녹은 "너희 죄인들아, 너희들은 영원히 정죄 당한다. 너희들에게는 평화가 없다!"(에녹1서 102:3)라고 선언한다. 에녹의 이 선언은 악인들에 대한 영원한 심판을 의미한다. 또한 이것은 죽음 후에 모든 사람들의 운명이 같아진다는 악인들의 죽음관에 대한 비판이다. 악인들이 지금 당황하고 무서워하는 이유는 무엇인가? 그것은 그들의 악행이 지상에서 정당화되고 은폐되었지만, 하늘에서 철저하게 조사받고 폭로될 것이기 때문이다.

"10 이제 너희들의 행위들이 해와 달과 별들로부터 조사받게 될 것이라는 것을 알아라. 너희들은 지상에서 저질러진 너희의 죄들 때문에 하늘에 있는 천사들에 의해서 조사받게 될 것이다. 11 모든 구름, 안개, 이슬, 그리고 비가 너희들에 대해서 불리하게 증언할 것이다"(에녹1서 100:10-11).

여기서 에녹은 악인들의 죄가 하늘에 있는 "해와 달과 별들"로부터 조사를 받게 될 것이고 그리고 하늘의 천사들로부터 조사를 받게 될 것이며, "모든 구름, 안개, 이슬, 그리고 비"가 악인들의 악행을 증언하는 증인이 것이라고 말한다. 이것은 1960년 10월 20일 전국피학자유족회가 조직되고 11월13일 경북 경주 계림국민학교에서 경주 지구 피학살자합동위령제에 걸렸던 현수막에 쓰진 "무덤도 없는 원혼들이여 천년을 두고두고 울어 주리라. 조국의 산천도 고발하고 푸른

---

41) 이 논문에서 인용된 에티오피아어 에녹서(=에녹1서)의 모든 본문은 E. Isaac의 1(Ethiopic Apocalypse of) Enoch, James H. Charlesworth (ed.), *The Old Testament Pseudepigrapha* (Garden City, New York: Dou bleday & Company, Inc., 1983), 5-89로부터 이병학이 변역한 것이다.

별도 증언한다."라는 구호와 같다. 에녹은 죽은 의인들, 즉 무고한 피학살자들의 영혼들을 다음과 같이 위로한다.

"4 그러나 의인들의 영혼들이여, 너희들은 두려워 말아라. 그리고 정의 속에서 죽은 영혼들이여, 너희들은 희망을 가져라. 5 너희의 영혼들이 슬픔을 안고 세올 안으로 내려갔다고 해서 슬퍼하지 말거라. 또는 너희들의 육체가 생전에 너희들의 좋은 점에 따른 적절한 보상을 받지 못했다고 해서 슬퍼하지 말거라. 실로 너희들이 살았던 시대는 죄인들의 시대, 곧 저주의 시대와 재앙의 시대였다"(에녹1서 102: 4-5).

에녹은 그들의 억울한 죽음을 기억하고 추모한다. 그는 죽은 자들을 위한 추모 위령제, 혹은 추모 예배에서 "의인들의 영혼들이여"와 "정의 속에서 죽은 영혼들이여"(에녹1서 102:4)라고 부르는 이유는 그들이 정의를 위해서 불의에 항의하던 중에 억울하게 살해당한 무고한 희생자들이기 때문이다. 이 사실은 "너희들이 살았던 시대는 죄인들의 시대, 곧 저주의 시대와 재앙의 시대였다"는 언급에서 증명된다. 죄인들은 약자들의 인권을 유린하고 억압하는 정치적 그리고 경제적 권력자들이다. 이러한 죄인들의 시대는 종결된 것이 아니라 아직도 계속되고 있다. 죽은 의인들은 생전에 불의를 반대하고 정의를 실천한 자신들의 선한 행동에 대한 보상을 전혀 받지 못했다. 도리어 그들은 박해당하고, 살해당하고 그리고 처형당하였다(참조, 에녹1서 95:7; 100:7; 103:15). 죽은 자들은 겹겹이 쌓인 고통과 분노의 매듭으로 묶여 있는 한 맺힌 희생자들이다. 에녹은 하나님이 죽은 자들을 기억할 것이므로 그들에게 "희망을 가지라"고 권고하고, 또 "슬퍼하지 말라"고 위로한다. 에녹은 죽은 자들을 위한 예배를 통해서 이러한 억눌린 분노와 서러움의 매듭을 절단하고 그들의 한(恨)을 풀어주고 위로한다.

### 2) 죄인들의 죽음관에 대한 에녹의 비판

#### (1) 의인들의 죽음에 대한 죄인들의 인식

죄인들, 곧 압제자들은 어떻게 무죄한 사람들을 잔혹하게 죽일 수 있었을까? 그들이 가지고 있는 죽음의 관념은 무엇인가? 에녹은 죽은 자들을 추모하고 위로하는 예배에 모인 사람들에게 ─ 혹은 그 당시의 독자들에게 ─ 의인들의 억울한 죽음을 회상시키고, 산 자들로 하여금 무고한 사람들을 죽인 죄인들의 죽음관을 성찰하게 한다. 에녹은 의인들의 죽음에 대한 죽은 죄인들의 말을 통하여 그들의 죽음관을 다음과 같이 분석한다.

"6 너희들이 죽을 때 죄인들은 너희들에 대해서 이렇게 말할 것이다: '우리가 죽는 것처럼 의인들도 죽는다. 그렇다면 그들이 그들의 선행들로 인해서 얻은 것이 무엇인가? 7 보라, 우리처럼 그들도 비탄과 어둠 속에서 죽었다. 그러면 그들이 우리보다 더 가진 것이 무엇인가? 지금부터 우리는 동일하게 되었다. 8 무엇을 그들이 받을 것이며, 또는 무엇을 그들이 영원히 볼 것인가? 보라, 그들은 확실히 죽었다. 그리고 이제부터 그들은 빛을 영원히 결코 보지 못할 것이다."(에녹1서 102: 6-8)

죽은 죄인들은 죽음이 모든 사람들을 동일하게 만든다고 생각한다. 죄인들은 죽음이 모든 사람들을 동일하게 만들기 때문에 죽음 이후에는 압제자와 피압제자 사이에, 착취자와 피착취자 사이에, 가난한 자들과 부자들 사이에, 그리고 학살자와 피학살자 사이에 아무런 구별이 없고, 양자의 운명에는 아무런 차이가 없고 모두 평등해진다고 생각한다. 루키안(AD 125-180)의 "죽은 자들과의 대화"에서도 죽음 이후에는 모든 사람들이 평등해지기 때문에 지상의 모든 노력은 헛된 것이 된다는 진술이 있다. 강자들은 이러한 죽음관을 가지고 있기 때문에 약자들에게 거침없이 악행을 자행한다.[42] 죽음이 모든 사람들을 평등하게 만든다는 것, 죽음 이후에는 모든 사람들이 평등해진다는 것은 가난한 자들과 억눌린 자들의 희망이 아니라, 악행을 정당화하는 부자들과 힘 있는 자들의 논리이고, 그들의 죽음관이다.

죽음이 모든 사람들을 동일하게 만든다는 논리 때문에 권력자들은 무력한 약자들을 억압하고 착취하고 죽일 수 있다. 이 논리는 정의의 하나님을 부인하고, 죽음의 우상을 지향한다. 죄인들의 관심은 숨을 쉬고 있는 모든 사람들의 평등이 아니라, 죽음 이후의 평등이다. 이와 반대로 예수는 호흡하는 모든 사람들의 평등을 위해서 싸웠다. 예수는 하나님의 나라의 관점에서에서 약자들의 빈곤과 비참과 차별을 무시한 것이 아니라, 그것을 극복하려고 노력했다. 그러므로 예수는 가난한 약자들의 희망이다. 죄인들은 죽음이 모든 사람들을 평등하게 만들기 때문에 죽음 이후에는 모두 평등해진다는 죽음관을 가졌다. 그러한 죽음관을 가지

---

42) Luise Schottroff and Wolfgang Stegemann, *Jesus von Nazareth - Hoffnung der Armen* (Stuttgart, Berlin, Köln: Kohlhammer Verlag, 1979), 46-47.

고 죽음 이후에는 심판이 없다고 생각하면서 살았던 죄인들의 삶의 행태는 아래
와 같은 특징을 가진다.

"9 죄인들아, 나는 이제 너희들에게 말한다. 너희들은 먹고 마시고 훔치고 죄를 짓
고, 사람들을 사기치고 재물을 빼앗고, 그리고 좋은 날들을 보면서 너희들의 삶을
만족시켰다. 10 너희들은 의인들이 죽을 때까지 불의가 그들에게서 전혀 발견되지
않았기 때문에 의인들의 마지막이 어떠한지, 의인들을 보았는가? 11 그러나 의인
들은 죽었으며, 그들이 없었던 자들처럼 되었고, 그리고 그들과 그들의 영혼은 괴로
움을 지닌 채로 세올 속으로 내려갔다"(에녹1서 102:9-11).

죄인들은 모든 사람들은 죽음 이후에 동일해진다는 죽음의 관념을 통해서 아
무런 죄의식 없이 힘없는 자들을 억압하고, 착취하고, 그리고 살해한다.[43] 죽은
의인들은 이러한 논리를 가진 죄인들의 사악한 행동의 희생자들이다. 그러나 의
인들은 죽음 이후에 모든 사람들이 동일해진다는 죄인들의 논리를 거부한다. 만
약 이 논리가 산 자들에 의해서 결정적으로 거부되지 않는다면, 산자들은 억울하
게 죽임을 당한 무죄한 의인들의 영혼들을 위한 위로를 기대할 수 없고, 또한 자
신들의 불행과 슬픔을 극복할 수도 없을 것이다. 에녹은 정의 속에서 죽은 의인
들과 열사들을 위한 보상이 하늘에 준비되어 있다고 다음과 같이 확언한다.

"1 의인들이여, 나는 위대한 자(=하나님)의 영광으로 그리고 그의 왕국의 영광으로
이제 너희들에게 맹세한다. 그리고 위대한 자에 의해서 너희들에게 맹서한다. 2 왜
냐하면 나는 이 신비를 알고 있기 때문이다. 나는 하늘의 칠판에 적힌 글들을 읽었
고, 그 거룩한 글들을 보았다. 그리고 나는 거기에 적힌 글을 이해하였다. 그 글들은
너희들에 관하여 쓴 것이다. 3 왜냐하면 모든 좋은 것들과 기쁨과 영예가 정의 속에
서 죽은 자들의 영혼들을 위해서 준비되어 있다고 적혀 있기 때문이다. 많은 좋은
것들이, 즉 너희들의 수고의 열매들이 너희들에게 주어질 것이다. 4 정의 속에서 죽
은 자들의 영혼들은 살 것이고 또 기뻐할 것이다. 그들의 영혼들은 사멸하지 않을
것이고, 그들에 대한 기억은 위대한 자(=하나님)의 얼굴 앞에서부터 세계의 모든 세
대들에게 이르기까지 없어지지 않을 것이다. 그러므로 그들의 굴욕에 대해서 걱정

43) Byung Hak Lee, "Die Gewaltüberwindung durch Erinnerungssolidarität mit den
Toten," 82.

하지 말거라"(에녹1서 103:1-4).

에녹이 알고 있는 "신비"는 죽음이 모든 사람들을 동일하게 만드는 것이 아니라, 하나님의 심판과 보상이 있다는 것이다. 그는 하늘에 있는 칠판과 거기에 적힌 글을 보았다. 하늘의 칠판에는 죽은 의인들에게 보상으로 주어질 많은 좋은 것들과 기쁨과 영예가 준비되어 있다는 것과 그들이 다시 살 것이며, 그들이 영원히 기억될 것이라고 쓰여 있다. 이것은 죽은 의인들뿐만 아니라, 슬픈 마음으로 그들을 추모하는 산 자들을 역시 위로하고 희망을 준다. "정의 속에서 죽은 자들의 영혼들은 살 것이고 또 기뻐할 것이다." 죽은 의인들을 위한 보상이 적혀 있는 하늘의 칠판은 대항 공론장의 역할을 한다. 죽은 자들의 이름은 공식적 기억에서 삭제되고 제국의 공론장에서 배제되었다. 그러나 그들의 이름은 대항 공론장의 역할을 하는 하늘의 칠판에 기록되어 있고 영원히 기억될 것이다.

죄인들은 권력을 휘두르면서 약자들을 억압하고, 착취하고, 심지어 잔혹하게 죽였다. 그러나 하나님은 죄인들의 억압과 폭력과 학살 행위에 대한 그의 항의의 표시로서 그리고 희생자들과 함께 하는 그의 연대의 표시로서 죽은 의인들을 부활시켜서 살게 하고, 그들에게 영생을 줄 것이고, 그들에게 여러 가지 좋은 것들을 보상으로 줄 것이며, 그리고 그들을 영원히 기억할 것이다. 그러므로 에녹은 죽은 의인들의 비참한 죽음은 어떤 식으로든지 결코 굴욕으로 간주되지 않는다고 말한다.

(2) 죽은 동료 죄인들의 죽음에 대한 죽은 죄인들의 인식

죄인들, 곧 약자들과 가난한 자들을 억압하고 착취하는 권력자들과 부자들은 오래 살고 부요함 속에서 인생의 끝에 죽지만, 가난한 자들과 불의에 항의하는 자들은 빈곤과 질병과 억압과 학살로 인해서 인생의 초반에 죽음을 맞이한다.[44] 부유함과 행복을 누리면서 인생을 다 살고 마감한 죽은 죄인들의 죽음은 그들의 성공적인 삶의 완성을 의미하는가? 에녹은 의인들의 때 이른 죽음과 천수를 다 마친 죄인들의 죽음 사이의 모순을 인식하고, 그리고 약자들의 희생을 강요하는

---

44) 예를 들면, 제주4·3항쟁과 여순항쟁, 그리고 5.18광주항쟁 시대에 죽임을 당한 사람들의 대다수는 젊은이들이었다. 또한 젊은 나이에 세상을 떠난 삼성반도체공장에서 일하다가 백혈병으로 숨진 산재 사망 노동자는 지금까지 모두 92명이다. 홍용덕, "92명의 황유미들' 6일까지 추모행사," 「한겨레신문」, 2014년 3월 4일자 10면.

폭력의 역사에 항의한다. 그는 죽은 죄인들이 죽은 동료 죄인들의 죽음을 어떻게 평가하는지를 보여주고 그들의 평가에 대해서 논박한다.

"5 죽은 죄인들아, 너희들에게 화가 있어라! 너희들이 너희의 죄들의 부유한 환경 속에서 죽었을 때, 너희들과 같은 사람들은 너희들에 대해서 말할 것이다: '너희 죄인들은 행복하다!' 죄인들은 자신의 날들을 모두 보았다. 6 그들은 이제 번영과 부유한 환경 속에서 죽었다. 그들은 그들의 생애 동안에 힘든 일과 전투를 경험하지 않았다. 그들은 영광 속에서 죽었고, 그들의 생애 동안에 아무런 심판이 없었다. 7 너희들 자신은 그들이 너희의 영혼들을 세올 아래로 데려갈 것을 알고 있다. 그들은 어둠과 사슬과 불타는 횃불 속에서 불행과 큰 환난을 경험할 것이다. 8 너희의 영혼들은 큰 심판 속으로 들어갈 것이다. 그것은 세계의 모든 세대들 안에서 큰 심판이 될 것이다. 너희들에게 화가 있어라. 왜냐하면 너희들에게는 평화가 없기 때문이다!"(에녹1서 103:5-8).

여기서 평생 동안 고생하지 않고 아무런 어려움 없이 부유한 환경 속에서 생을 마감한 동료 죄인들을 축하하는 죽은 죄인들의 평가는 에녹1서 102장 6-8절의 단락에서 언급된 힘 있는 자들의 죽음관에 근거하고 있다는 것이 분명하다. 그들은 하나님의 심판에 대해서 전혀 고려하지 않았다. 그러나 죄인들은 의인들이 생전에 경험하였던 여러 형태의 비참한 재앙을 지금 겪는다.[45] 이것은 만일 죄인들이 생전에 하나님의 심판을 받지 않았다면, 그들은 죽은 다음에 반드시 심판을 받을 것이라는 것을 의미한다. 정의의 하나님은 반드시 폭력의 역사의 진행을 중단시킬 것이다. 만일 폭력의 역사가 지금처럼 이대로 계속해서 진행된다면, 그것은 약자들에게 있어서 참을 수 없는 대재앙일 것이다.

3) 학살당한 의인들의 자기 진술과 하나님의 위로

(1) 죽은 의인들의 영혼들의 자기 진술

에녹은 불의하게 죽임을 당한 의인들의 영혼들로 하여금 생전에 겪었던 불의에 대해서 아래와 같은 자기 진술을 하게 한다(에녹1서 103:9b-103:15).[46]

---

45) George Nickelsburg, *Jewish Literature between the Bible and Mishnah*, 148.
46) 103:9b-15 단락 앞에 붙어 있는 103:9a의 "생전의 의인들과 선인들이여 이렇게 말하지말라"라

"9b 우리의 곤경의 날들에 우리는 정말로 여러 가지 고난을 당하였고, 온갖 어려움을 겪었다. 우리는 많은 악한 것들을 직면했으며, 지치게 되었다. 우리는 죽었으며, 소수가 되었으며, 그리고 우리의 정신은 약해졌다. 10 우리는 살해되었고, 우리는 말로서든지 다른 것으로든지 우리를 도와줄 수 있는 사람을 전혀 찾지 못하였다. 우리는 고문을 당하였고 파괴되었고, 그리고 우리는 하루를 살고나면 그 다음날에도 생명을 부지하는 것을 바랄 수조차 없었다. 11 우리는 머리가 되기를 희망했지만 꼬리가 되었다. 우리는 일터에서 고된 노동을 했지만, 우리의 수고에 대한 권한은 전혀 없었다. 우리는 죄인들과 억압자들의 먹잇감이 되었다. 그들은 그들의 멍에를 우리에게 무겁게 지웠다. 12 막대기로 우리를 때리고 괴롭히면서 우리를 미워하는 자들이 우리를 지배하는 주인들이 되었다. 우리는 우리를 미워하는 자들에게 우리의 목을 굽혔지만, 그들은 우리를 전혀 동정하지 않았다. 13 우리는 피신해서 휴식을 취하기 위하여 그들로부터 도망치기를 원했지만, 우리는 도망가서 그들로부터 안전할 수 있는 장소를 전혀 찾지 못하였다. 14 그때 곤란한 처지에서 우리는 사법 당국 앞에서 그들을 고발하였고, 우리를 삼키고 있었던 자들을 큰 소리로 비난했지만, 당국은 우리의 외침에 아무런 관심을 보이지도 않았으며, 우리의 목소리를 듣기를 원하지도 않았다. 15 이와 반대로 당국은 오히려 우리를 강탈하고 삼켰었던 자들을 그리고 우리를 한 사람씩 죽였던 자들을 지원해주었다. 당국은 그들의 불의를 숨겼으며, 그리고 우리를 삼키고 우리를 흩어지게 하고 우리를 살해하는 자들의 멍에를 벗겨주지 않았다. 당국은 우리가 당한 학살을 은폐하고, 압제자들이 손을 쳐들고 우리를 공격하였다는 사실을 기억하지 않았다"(에녹1서 103:9b-15).

죽은 자들의 이러한 자기 진술은 쓰라림, 슬픔, 원한, 그리고 분노로 가득하다. 그것은 억압자들의 은폐된 악행에 대한 폭로이다. 그것은 개인적인 전기가 아니라, 폭력의 역사에서 희생된 약자들의 사회사적인 집단적 전기이다.[47] 죽은 자들을 위한 예배에 참여한 사람들은, 혹은 그 당시의 독자들은 죽은 자들의 이러한 자기진술을 듣고 마치 자신들의 이야기인 것처럼 느꼈을 것이다.

---

는 표현은 죽은 의인들의 자기 진술과 탄원에 대한 금지를 의미하는 것이 아니라, 에녹과 추모 위령제에 모인 사람들이 그들의 자기 진술과 탄원을 다 들었기 때문에 이제는 더 이상 그런 말하지 말라고 권면하는 추신과 같은 말이다. Byung Hak Lee, *Befreiungserfahrungen von der Schreckensherrschaft des Todes im äthiopischen Henochbuch*, 182-83.
47) Byung Hak Lee, *Befreiungserfahrungen von der Schreckensherrschaft des Todes im äthiopischen Henochbuch*, 183.

죽은 자들은 권력자들이 자행한 폭력과 착취와 학살의 희생자들이다. 그들은 생전에 죽음으로 내몰렸지만 생명을 구하는데 도움을 줄 사람을 전혀 찾을 수 없었다. 그들은 권리를 빼앗긴 자들이며 날마다 생명의 위협을 당하였다. 그들은 하나님의 말씀에 따라서 선행을 했지만, 그들의 선행에 대한 적절한 보상을 전혀 받지 못하였다. "여호와께서 너를 머리가 되고 꼬리가 되지 않게 하시며 위에만 있고 아래에 있지 않게 하시리니"(참조. 신 28:13). 그러나 그들은 "머리가 되기를 희망했지만 꼬리가 되었다"(11절). 그들은 착취당하였기 때문에 힘든 노동에도 불구하고 항상 굶주림과 빈곤에 시달려야만 하였다. "우리는 죄인들과 억압자들의 먹잇감이 되었다"(11절)라는 은유적 표현은 경제적 착취뿐만 아니라, 여성들에 대한 성적 착취를 의미한다. 그들은 생전에 주인들로부터 자주 폭행을 당했다. 그들은 주인들의 억압의 손아귀로부터 벗어나기 위해서 도망을 시도했지만 안전한 장소를 찾지 못하였다. 그들은 범죄자로 수배되었고 체제의 앞잡이들에 의해서 재빨리 체포되어 법정에 세워졌다. 그들은 평소에 억울함을 호소하고 자신들의 권리를 찾기 위해서 법원과 같은 권력 기관에 접근할 기회를 가져본 적이 전혀 없었다. 오히려 그들은 침묵을 강요당하면서 살았다. 그러나 이제 그들은 범죄자로 기소되어서 재판을 받게 되었다. 이것이 그들이 그러한 권력 기관을 처음으로 접해볼 수 있는 유일한 기회였다. 그러나 그들을 기다리는 것은 그들의 주인들처럼 자신들의 권리의 변호와 방어가 아니라, 부당한 선고와 가혹한 형벌이다. 그들은 법정에서 눈물로 호소하고 울부짖었지만, 그들의 호소와 항의는 전혀 주목을 받지 못하였다. 당국(=법원)은 기소된 약자들의 목소리를 듣지 않고, 오히려 힘센 자들의 악행을 덮어주거나 합법화하였다. 왜냐하면 당국은 체제 유지를 위해서 힘센 자들과 함께 일하기 때문이다. 약자들은 그들의 억울함을 변호해 주고 인권을 되찾아줄 변호사도 없었다. 그들은 처형당하고 학살당하였다. 그렇지만 그들의 시신들은 억눌린 사람들의 저항에 더 힘을 주지 못하도록 감추어졌다.

죽은 자들의 이러한 자기 진술은 정의의 하나님을 향한 탄원이지만, 동시에 억압자들과 학살자들을 향한 비판과 항의이다. 또한 이러한 슬픈 삶에 대한 죽은 자들의 이야기는 산 자들로 하여금 죽은 자들과 함께 연대하여 폭력과 불의에 항의하고 정의로운 사회 건설을 위한 운동에 헌신하도록 고무한다.

(2) 죽은 의인들의 영혼들에 대한 위로와 보상

하나님은 죽은 자들이 말하는 슬픈 이야기를 듣고 있다. 그러므로 에녹은 죽은 자들의 자기 진술이 끝난 후에 아래와 같이 그들을 위로한다.

"1 나는 하늘에서 천사들이 위대한 자(=하나님)의 영광 앞에서 선을 위하여 너희들을 기억할 것이라는 점을 너희들에게 맹세한다. 2 희망을 가져라. 왜냐하면 너희가 전에 악과 곤경을 통하여 통한의 세월을 보냈기 때문이다. 그러나 지금 너희는 하늘의 광명처럼 빛날 것이며, 너희들은 보여 질 것이다. 그리고 하늘의 창문들이 너희들을 위하여 열릴 것이다. 너희의 외침은 상달될 것이다. 3 심판을 위한 외침으로 인해서 심판이 너희들을 위해서 일어날 것이다. 왜냐하면 너희의 모든 환난들이 책임 있는 기관으로부터 조사를 받게 될 것이고, 그리고 너희들을 약탈한 자들을 지원한 모든 사람들이 조사를 받게 될 것이다. 4 희망을 가지라, 그리고 너희들의 희망을 포기하지 말거라. 왜냐하면 너희들을 위하여 불이 있을 것이다. 너희들은 하늘의 천사들처럼 크게 기뻐하게 될 것이다. 5 너희들은 큰 심판의 날에 숨을 필요가 없을 것이고, 너희들은 죄인들로 발견되지 않을 것이다. 영원한 심판은 세계의 모든 세대들 동안에 너희들로부터 멀리 떠나 있을 것이다"(에녹1서 104:1-5).

권력자들이 수립한 공식적 기억은 무죄한 약자들의 억울한 죽음을 역사에서 지워버리고 망각에로 유폐시켰다. 그들의 억울한 죽음은 망각되고 사회에서 배제되고, 그리고 아무도 그들을 더 이상 생각하지 않는다. 그렇지만 그들에게는 그들이 기억되고 그들의 이름이 불려지는 한 장소가 있다. 그것이 바로 그들을 기억하는 하나님의 보좌가 있는 하늘이다. 살인자들과 학살자들은 자신들이 자행한 범죄 행위를 지우기 위해서 그들의 범행을 부인하거나 합법화한다. 혹은 죄인들은 희생자들의 시체를 은밀한 곳에 숨긴다(참조, 에녹1서 103:15). 그러나 죄인들, 곧 학살자들은 무죄한 희생자들의 무덤을 밟고 영원히 승리할 수는 없다. 왜냐하면 죽은 자들의 자기 진술로 인해서 약탈과 집단학살을 자행한 죄인들과 그들의 협력자들의 범행은 하늘의 법정에서 철저하게 조사될 것이고, 심판을 받게 될 것이기 때문이다(에녹1서 104:3). 이러한 에녹의 진술은 남한에서 한국전쟁전후에 발생한 국가폭력의 희생자들의 유족들이 민간인 집단학살의 진상규명과 피학살자들의 명예회복을 요구하는 것이 정당하다는 것을 뒷받침한다.

에녹은 죽임을 당한 자들의 영혼들에게 "희망을 가져라, 그리고 너희의 희망을 버리지 말라"고 위로한다. 그런데 죽은 자들이 품고 있는 희망은 무엇인가? 그것은 보복과 복수가 아니라, 고통과 분노의 매듭이 절단되고, 즉 한(恨)이 풀리고 새로운 대안적 세계에서 누리게 될 자주적이고 자유로운 행복한 삶일 것이다. 에녹이 죽은 의인들에게 "희망을 가지라, 그리고 너희들의 희망을 포기하지 말거라"고 권고한 것은 그들에게 신원이 이루어질 것이고 또한 미래가 있기 때문이다. 불의와 압제에 항의하는 자들은 아직도 희망을 버리지 않은 사람들이다.[48] 그러므로 희망을 가지라는 에녹의 권고는 죽은 자들과 피학살자들을 위한 위로일 뿐만 아니라, 그들의 죽음을 슬퍼하고 추모하는 위령제에 참석한 산 자들에 죽은 자들과 기억연대의 공동체를 건설하여 그들과 함께 폭력과 불의에 항의하고 새로운 사회를 건설하라는 권고이기도 하다.

### 4) 죽은 자들과의 기억 연대의 공동체 건설

#### (1) 하늘에 있는 선한 죽은 의인들과의 연대

의인들이 고난을 당하는 반면에 죄인들이 부유하고 행복한 삶을 누리는 모순된 상황에서 우리는 두 가지 물음 앞에 직면한다. 그것은 온갖 박해를 당한 선조들과 부모들과 동료들의 고난과 억울한 죽음을 망각한 가운데 약간의 빵 부스러기를 얻기 위해서 권력자들과 학살자들의 편에 서서 그들과 연대할 것인가, 아니면 그들의 고난과 투쟁과 억울한 죽음을 기억하고 그들과 정신적으로 기억연대의 공동체를 형성하여 정의와 해방을 위해서 투쟁할 것인가이다. 만약 산 자들이 죄인들이 저지른 죄를 망각하고 또 희생자들의 고난을 기억하지 못한다면, 그들은 죄인들과 억압자들과 한편이 될 것이다. 그러므로 에녹은 산 자들에게 다음과 같이 권고한다.

> "의인들이여, 죄인들이 강성해지고 번창해지는 것을 볼 때 이제 두려워 말거라. 그들과 동반자들이 되지 말고, 그들의 불의에 기대는 자들로부터 멀리 떨어져 있어라. 왜냐하면 너희들은 하늘에 있는 선한 사람들의 동반자들이 되어야 할 것이기 때문이다"(에녹1서 104:6).

---

48) Klaus Wengst, *Dem Text trauen*, 196.

에녹은 산 자들에게 "강성해지고 번창해진" 권력자들인 죄인들의 동반자들이 되지 말고, "하늘에 있는 선한 사람들의 동반자들이 되어야 할 것"이라고 권고한다. "하늘에 있는 선한 사람들"은 죽은 의인들과 무죄한 피학살자들을 가리킨다. 산 자들은 그들과 기억연대의 공동체를 형성해야 한다. 억울한 희생자들을 기억하는 사람들은 압제자들의 불의가 은폐되거나 삭제된 공식적 기억에 대립하는 대항기억을 유지한다. 대항기억은 폭력의 역사에 대한 비판이고 또한 해방투쟁을 위한 변혁적 잠재력이다. 희생자들의 고난과 억울한 죽음에 대한 기억은 지배자들의 이념에 의문을 제기하고, 죽은 자들의 변상 받지 못한 희망들을 다시 청구하게 한다.[49)]

그런데 에녹은 억눌린 약자들을 향해서 "의인들이여"라고 부른다. 왜 그는 그들을 "의인들"이라고 부르는가? 에녹은 그들을 낭만화한 것인가? 그들을 정말 의인이라고 부를 수 있는 분명한 기준은 무엇인가? 그러한 기준은 산 자들이 죽은 자들을 기억하고, 그들의 외침을 예민하게 듣고, 그들과의 기억연대의 공동체를 형성하여 그들과 함께 불의에 저항하고 정의 투쟁을 계속하는 데 있다. 의인들은 다른 사람들의 희생으로 잘 살기를 원하는 것이 아니라, 평등과 인권과 자유가 지배하는 새로운 세계를 기다리고 주체적 삶을 찾기를 원한다. 다른 말로 하면, 그러한 기준은 불의한 권력 관계에 저항하고 정의를 위한 투쟁과 새로운 세계에 대한 희망을 현재의 시간에 구체화시키는 데 있다.[50)]

### (2) 죄인들과의 연대에 대한 반대

권력자들은 자신들이 저지른 악행을 숨기면서 조사되지 않기를 바란다. 그러나 에녹은 그들의 악행이 모두 조사되고 폭로될 것이라고 아래와 같이 말한다.

> "7 지금 너희 죄인들아, 너희들은 심지어 '우리의 모든 죄들은 조사되지 않을 것이고, 또는 기록되지 않을 것이다'라고 말한다. 그렇지만 너희들의 모든 죄들은 매일 기록되고 있다. 8 그러므로 이제 나는 낮과 밤과 마찬가지로 빛과 어둠이 너희의 모든 죄들을 증언한다는 것을 너희들에게 보여준다. 9 너희들의 마음속에 악을 품지

---

49) Byung Hak Lee, Byung Hak Lee, *Befreiungserfahrungen von der Schreckensherrschaft des Todes im ätiopischen Henochbuch*, 190-95.
50) Byung Hak Lee, *Befreiungserfahrungen von der Schreckensherrschaft des Todes im ätiopischen Henochbuch*, 192

말고, 거짓말을 하지 말고, 정당한 판결문의 글을 고치지 말고, 또는 위대한 자, 곧 거룩한 자(=하나님)의 말씀에 대항해서 어리석은 말을 하지 말고, 또는 너희의 우상들을 찬양하지 말거라. 왜냐하면 너희들의 모든 거짓말과 사악함이 정의를 위한 것이 아니라, 큰 죄를 위한 것이기 때문이다"(에녹1서 104:7-9).

산 자들은 결코 무고한 자들을 학살한 죄인들과 연대해서는 안 된다. 죄인들, 즉 악인들은 그들이 자행한 폭력 행위들과 무고한 민간인 집단학살의 진상이 "조사되지 않을 것이고, 또는 기록되지 않을 것이다"고 생각한다. 그러나 에녹은 죄인들의 악행이 이미 매일 하늘에서 기록되고 있고, 또 낮과 밤과 마찬가지로 빛과 어둠이 죄인들의 "모든 죄"를 증언하고 있기 때문에 그들의 은폐된 악행은 철저하게 조사될 것이라고 말한다. 죄인들, 곧 억압자들은 거짓말을 하고 정당한 판결문을 고치고, 하나님을 속이려는 어리석은 말을 하며, 가난한 자들과 억눌린 자들의 생명권을 부인하는 죽음의 우상들을 섬긴다. 그들은 반드시 하나님의 심판을 받을 것이다. 왜냐하면 학살과 폭력 행위를 은폐하는 그들의 "모든 거짓말과 사악함이 정의를 위한 것이 아니라, 큰 죄를 위한 것"이기 때문이다. 이런 점에서 한국전쟁전후에 발생한 민간인 집단학살의 진상 규명과 희생자들의 명예회복은 이루어져야만 하고, 가해자들은 반드시 참회하고 사과해야 할 것이다.

## III. 결론

요한계시록과 에녹1서는 죽은 자들의 고난에 대한 기억을 보존하고 있다. 요한과 에녹은 죽은 자들을 애도하고 위로하는 눈물의 예언자들이다. 그들은 죽은 자들의 고통과 억울한 죽음을 슬퍼하고 한 맺힌 영혼들을 위로하고, 한의 매듭을 절단하여 그들을 해방시키고, 그리고 산 자들로 하여금 기억을 통해서 죽은 자들과 연대공동체를 형성하여 죽은 자들과 함께 새로운 대안적 세계를 위해서 투쟁하도록 고무하는 해방의 매개자들이다. 그들이 죽은 자들의 영혼들로 하여금 자기진술을 하게 한 것은 영적인 작용을 통한 죽은 자들과의 사적인 접촉이 아니며, 또한 구약에서 비판되는 신접한 사람들의 초혼 행위와 전혀 다른 것이다.[51]

---

51) 구약에서 신접한 자들의 신통력에게 의존하는 것은 출애굽의 하나님을 멀리하는 배교 행위로 간주된다: "네 하나님 여호와께서 네게 주시는 땅에 들어가거든 너는 그 민족들의 가증한 행위를 본

요한계시록 4-6장과 에녹1서 102-104장의 본문은 각기 순교자들과 죽은 의인들을 추모하고 위로하는 예배를 전제하고 있다. 전승사적관점에서 보면, 요한계시록 4-6장에 서술된 예배는 에녹1서 102-104장에 서술된 예배와 연관이 있다고 볼 수 있다. 이 두 본문에는 공통점이 있다. 첫째로, 무고한 사람들을 희생시키는 폭력의 역사를 비판하는 항의로서의 예배가 표현되어 있다는 것이다. 둘째로, 죽은 자들의 영혼들을 위로할 뿐만 아니라, 죽임을 당한 자들의 영혼들로 하여금 자신들의 서러운 삶에 대한 자기 진술을 통해서 하나님에게 탄원하게 하고, 또한 자신들을 잔혹하게 학살한 압제자들에게 항의하게 한다는 것이다. 셋째로, 죽음이 죄인과 의인 사이, 억압자와 피억압자사이, 혹은 학살자와 피학살자 사이를 구별하지 않고 모든 사람들을 평등하게 만든다는 죄인들의 죽음관을 비판하고, 이와 반대로 반드시 심판과 보상이 있다는 것을 말한다는 것이다. 넷째로, 산자들로 하여금 개인적인 이익이나 혹은 두려움 때문에 약자들을 억압하고 학살하는 압제자들과 연대할 것이 아니라, 오히려 하늘에 살아 있는 죽은 자들과 영적으로 연대할 것을 촉구한다는 것이다. 마지막으로, 다섯째로 산 자들로 하여금 죽은 자들과 연대하여 그들이 이루지 못한 정의로운 세계에 대한 꿈과 희망을 되찾아서 그것을 이루기 위하여 그들과 함께 계속해서 항의하고 증언하고 투쟁하도록 고무한다는 것이다.

억울한 죽음을 당한 자들은 모두 하늘에 살아 있다. 폭력의 역사의 단절과 새로운 미래는 죽은 자들과 산 자들은 공동의 희망이다. 우리는 그리스도의 십자가와 부활의 빛으로부터 죽은 자들과의 교제와 연합을 강화할 수 있다.[52] 학살자들에게는 미래가 없지만, 피학살자들에게는 미래가 열려 있다. 이 미래는 산 자들

받지 말 것이니 그의 아들이나 딸을 불 가운데로 지나게 하는 자나 점쟁이나 길흉을 말하는 자나 요술하는 자나 무당이나 진언자나 신접자나 박수나 초혼자를 너희 가운데에 용납하지 말라 이런 일을 행하는 모든 자를 여호와께서 가증히 여기시나니 이런 가증한 일로 말미암아 네 하나님 여호와께서 그들을 네 앞에서 쫓아내시느니라. 너는 네 하나님 여호와 앞에서 완전하라. 네가 쫓아낼 이 민족들은 길흉을 말하는 자나 점쟁이의 말을 듣거니와 네게는 네 하나님 여호와께서 이런 일을 용납하지 아니하시느니라"(신 18:9-14): "너희는 신접한 자와 박수를 믿지 말며 그들을 추종하여 스스로 더럽히지 말라 나는 너희 하나님 여호와니라"(레 19:31): "너는 무당을 살려두 지 말라"(출 22:18): "너희는 신접한 자와 박수를 믿지 말며 그들을 추종하여 스스로 더럽히지 말라 나는 너희 하느님 여호와이니라"(레 19:31): "어떤 사람이 너희에게 말하기를 주절거리며 속살거리는 신접한 자와 마술사에게 물으라 하거든 백성이 자기 하나님께 구할 것이 아니냐 산자를 위하여 죽은 자에게 구하겠느냐하라"(사 8:19-20): 신접한 자와 박수의 활동을 금지시켰던 사울은 신접한 여자를 찾아가서 죽은 사무엘 왕의 영혼을 불러내어 자신의 위기를 극복할 해법을 듣고자 하였다(삼상 28:7-14).

52) J. M. 로흐만, 『사도신경해설』, 194.

이 죽은 자들과의 연대의 공동체를 건설하여 새로운 대안적 세계의 건설을 위해서 그들과 함께 폭력과 불의에 저항하고 하나님의 말씀을 증언하는 행위와 결부되어 있다.

한국전쟁 전후에 발생한 민간인 집단학살에 직접 가담한 자들과 그들의 협력자들은 더 늦기 전에 참회를 통해서 피해자들과 화해해야만 할 것이다. 전쟁 당시 학살의 지휘명령 계통에 있었던 군지휘관들 중 상당수가 기독교인들이었지만, 그들은 아직까지 자신의 행동에 대해서 회개하지 않았다.[53] 심지어 반공체제 속에서 성장한 기독교는 피해자들을 위로하지 못하고 오히려 가해자들 편에 서 있다. 진정한 화해와 용서는 정부의 사과가 선행되어야하며, 가해자들이 참회하고 희생자들과 유족들 편에 서서 그들을 위로하고, 그들의 명예회복을 위해서 일하고, 그들과 함께 인권과 생명이 존중되는 정의로운 사회를 위해서 일할 때 비로소 가능할 것이다.

한국전쟁전후에 발생한 민간인 피학살자들의 진상규명과 명예회복을 요구하는 것은 희생자들과 유족들만의 문제가아니라, 우리 모두의 문제이다. 그러한 요구는 국가의 정체성을 헤치는 것이 아니라, 오히려 인권과 화해와 평화를 향한 국가의 도덕성과 정당성을 강화하는 역할을 할 것이다. 그러므로 정부는 민간인 집단학살을 국가폭력으로 공식적으로 인정하고 통한의 세월을 보낸 피해자와 유족들에게 사과하고 법률 제정을 통해서 일괄적으로 그들에게 보상 혹은 배상을 해야만 할 것이다.[54]

죽은 자들이 배제된 사회는 비인간적이고 비윤리적이다. 민간인 피학살자들을 위한 추모위령제의 의의는 죽은 자들을 산 자들의 사회 속에 통합시킨다는 점에서 그리고 국가 폭력과 전쟁에 대한 비판과 항의라는 점에서 새롭게 인식되어야만 한다. 추모위령제는 죽은 자들의 서러운 삶과 억울한 죽음을 회상하는 기억의 장이고, 영적으로 죽은 자들과 함께 공동체를 건설하는 연대의 장이고, 죽은 자들과 함께 전쟁과 국가 폭력과 불의를 비판하는 항의의 장이고, 그리고 인권과 평화와 통일을 위한 교육의 장이다. 그러므로 추모 위령제는 유족들을 위로할 뿐만 아니라, 오늘날 세계 도처에서 발생하고 있는 폭력과 빈곤과 전쟁과 내전의

---

53) 김동춘, 『이것은 기억과의 전쟁이다』, 412.
54) 개별적으로 배상한 한 예로는, 진실화해위원회의 진실규명 결정에 근거하여 울산 보도연맹 사건의 희생자 187명의 유족 508명이 국가를 상대로 손해배상 소송을 제기하여 2009년 2월 10일 재판부가 국가는 유족에게 51억 4600여만 원을 지급하라고 판결하였다. 김동춘, 『이것은 기억과의 전쟁이다』, 417.

비극을 겪고 있는 비참한 사람들의 아픔을 공감하면서 민주화운동, 반전운동, 인권운동, 생명운동, 그리고 평화운동으로 발전될 수 있을 것이다. 이런 점에서 추모 위령제는 죽은 자들만을 위한 의례가 아니라, 또한 산 자들을 위한 의례이다.

국가폭력에 의한 민간인 피학살자들에게 권리와 정의를 찾아주는 것은 산 자들의 과제이며, 또한 그것은 진정한 신학의 과제이다. 죽은 자들에게 권리와 정의를 찾아준다는 것은 죽은 자들의 고난을 망각하지 않고 항상 기억하는 것이며, 그들의 억울한 죽음의 진상을 규명하고 그들의 명예를 회복시키는 것이며, 기억을 통해서 죽은 자들과 함께 연대하여 폭력의 구조와 전쟁 체제에 저항하는 것이며, 그리고 그들과 함께 분단 시대를 극복하고 한반도의 평화와 통일을 성취하기 위해서 일하는 것을 의미한다. 죽은 자들은 회상과 의례와 예배를 통해서 산 자들의 삶 속으로 통합될 수 있다. 죽은 자들을 위한 추모 위령제와 추모 예배는 무고한 사람들을 희생시킨 국가폭력에 대한 항의로서의 의례와 예배이다. 폭력의 희생자인 예수를 기억하고 따르는 교회는 예배를 통해서 죽은 자들을 추모하고 위로해야 할 것이다.

## 제15장
# 천년왕국의 순교자들과 국가폭력의 희생자들

## I. 서론적 성찰

1945년 8.15 해방 후 미군정과 이승만 정부는 인민위원회와 좌익 활동을 불법화시키고 탄압했다. 1946년 10월 항쟁, 제주4·3항쟁, 그리고 여순항쟁은 미군정의 친일 경찰 등용, 토지분배 실패, 미곡정책 실패, 그리고 남한의 단독 정부 수립 등으로 인한 사회적 갈등과 혼란의 상황에서 발생했다. 이러한 항쟁들을 진압하는 과정에서 수많은 무고한 민간인들이 "공산주의자"로 낙인찍혀 국가폭력에 의해서 집단 학살되었다. 그리고 한국전쟁(1950-1953) 발발 직후에 전국에서 이러한 항쟁에 연루되어 형무소에 갇힌 사람들과 예비 검속된 국민보도연맹원들이 군경에 의해서 집단 학살되었다.[1] 1960년 4.19 이후 결성된 전국피학살유

---

[1] 한국 신학자들 중에 유일하게 이병학은 한국전쟁 전후에 발생한 국가폭력에 의한 민간인 집단학살을 중요한 신학적 주제로 삼는 논문들을 신문과 학술저널에 지속적으로 발표해왔다. 이병학, "요한계시록, 은폐된 국가 폭력에 대항하는 기억 투쟁: 여순 항쟁을 기억하는 그리스도인의 윤리적 책무," 「뉴스앤조이」 (2020년 10월 13일자); 이병학, "폭력의 희생자들에 대한 기억과 정의 실천(계 6:9-11)." 「세계와 선교」 218호(2014), 17-29; 이병학, "추모 위령제와 항의로서의 예배," 「신학논단」 제75집(2014), 167-208; Byung Hak Lee, "Versöhnung mit den Getöteten durch Erinnerung: Eine Reflexion über die Massenermölderungen vor und nach dem Korea-Krieg(기억을 통한 죽은 자들과의 화해: 한국전쟁 전후의 대량학살에 대한 성찰)," 「신학연구」 53집 (2009), 263-264; Byung Hak Lee, "Die Gewaltüberwindung durch Erinnerungssolidarität mit den Toten: Schrei der Toten im äthiopischen Henochbuch und in der Apokalypse des Johannes(죽은 자들과의 기억연대를 통한 폭력극복: 에티오피아어 에녹서와 요하계시록의 죽음 자들의 절규)," *Korean Journal of Christian Studies*, Vol. 63 (2009), 77-92; 이병학, "봉인된 폭력의 역사와 죽은 자들의 절규." 한국기독자교수협의회 편. 「2009년 정기총회 및 제43회 학술대회 자료집」 (서울: 한국기독자교수협의회, 2009), 1-5; 이병학, "천사들은 사람 삼분의 일을 죽이기로 되어 있더라(계 9:15): 대량학살의 기억과 반제국주의 운동." 「신학사상」 143집(2008 겨울), 97-135; ; "'네 천사들은 사람 삼분의 일을 죽이기로 예비된 자들이더라(계 9:15): 대량학살의 기억과 반제국주의 운동." 「신학사상」 143집(2008), 97-135; 이병학, "언제까지 우리의 흘린 피를 시원하여 주지 않으렵니까(계 6:10): 제국주의에 대한 저항과

족회 노현섭 회장이 대한민국 국무원에 보낸 공문에 따르면 한국전쟁 전후 가족이 학살된 것으로 유족회측에 신고한 사람들은 전국에서 모두 113만 명이었다.[2] 한국전쟁 전후에 남한에서 발생한 국가폭력에 의한 민간인 집단학살의 희생자들의 수에 대한 정확한 통계는 없지만 약 백만 명에 이르는 것으로 추정된다.

미군정의 하지 중장이 1948년 5월 10일 남한 단독선거를 실시했고, 같은 해 8월 15일 이승만 대통령이 대한민국 수립을 선언했다. 같은 해 9월 9일 소련점령군사령부에서는 김일성을 수상으로 조선민주주의인민공화국을 이북에 수립하고 10월 19일부터 12월 26일까지 소련군철수를 완료했다. 남한 정부는 1946년 12월에 프랑스 파리에서 개최된 제3차 유엔총회에 장면을 수석 대표로 한 사절단을 파견하여 12월 12일 대한민국 정부가 한반도에서 유일한 합법 정부라는 것을 국제적으로 공인받았다.

유엔총회에서 12월 9일 제노사이드 범죄의 방지와 처벌에 관한 협약(Convention on the Prevention and Punishment of the Crime of Genocide)이 체결되었다. 이 협약은 제노사이드를 "특정 국적, 인종, 민족, 종교 집단에 속한 사람들을 전체적으로나 또는 부분적으로 파괴할 의도를 가지고 실행된 행위"로 정의하며, 그러한 범죄적 행위는 "① 집단 구성원을 살해하는 것, ② 집단 구성원에 대해 중대한 육체적 그리고 정신적 위해를 가하는 것, ③ 전체적이든 또는 부분적이든 집단의 신체적 파괴를 초래하기 위해서 고려된 삶의 조건들을 그 집단에게 의도적으로 부과하는 것, ④ 집단 내의 출산을 방지하기 위한 의도된 조치를 부과하는 것, 그리고 ⑤ 집단의 아동을 강제적으로 다른 집단으로 이동시키는 것"이라고 규정한다.

또한 이 유엔총회에서 12월 10일 세계인권선언(Universal Declaration of Human Rights)이 제정되었다. 세계인권선언의 제3조는 "모든 사람은 자기 생명을 지킬 권리, 자유를 누릴 권리, 그리고 자신의 안전을 지킬 권리가 있다."라고 규정하고, 제5조는 "어느 누구도 고문이나 잔인하고 비인도적인 모욕, 형벌을 받아서는 안 된다."라고 규정한다. 오늘날 여러 정부들의 헌법은 근본적인 인권을 국민

---

기억의 문화." 「신학사상」 135집(2006), 186-229; 이병학, "무죄한 자들의 억울한 죽음에 대한 위험한 기억(눅 13:1-9)," 「신학연구」 제43집(2002), 81-105.

2) 김주완 편저, 『1950년 마산의 참극: 한국전쟁 전후 민간인학살 마산유족회 자료집』(마산: 한글미디어, 2009), 58. 지역별 피학살자들의 수는 경남(25만명), 경북(21만명), 전남(21만명), 전북(19만명), 제주(8만명), 경기(6만명), 충북(5만명), 충남(3만명), 강원(3만명), 서울(2만명)이었다.

의 기본법으로 보장하고 있다. 국가폭력은 국가가 국민의 근본적인 인권을 부당하게 침해하는 모든 형태의 폭력을 의미한다. 국가폭력의 주요한 형태는 연행, 감시, 불법 감금, 불법 형 집행, 불공정재판, 고문, 살해, 학살 등이다.

그런데 한국전쟁 전후에 수많은 무고한 민간인들이 "빨갱이"로 규정되어 정부의 국가폭력에 의해서 인권을 유린당하고 집단 학살되었다. 이것은 제노사이드이다. 사실 분단된 한반도의 이남 전체의 산하가 무고한 민간인 집단학살의 희생자들의 암매장지라고 할 수 있다. 한 예를 들면, 2008년에 경상남도 산청군 시천면 외공리의 다섯 곳의 매장지에서 아이와 여자들을 포함해서 280여명의 민간인 희생자들의 유해가 발굴되었다. 그들은 1951년 2월 하순에 국군에 의해서 외공리로 끌려와서 집단 학살되었다. 발굴된 유해의 형태를 보면, 무릎은 구부리고 있었고, 갈비와 허벅지가 포개져 있었다. 이것은 군인들이 희생자들의 손을 뒤로 묶고 긴 구덩이 앞에 무릎을 꿇린 다음에 뒤에서 총을 쏘고 흙으로 덮었다는 것을 의미한다.[3]

그러나 한국교회의 대다수의 목사들과 신학자들은 한국전쟁 전후에 발생한 시민 항쟁들을 공산주의자들이 일으킨 반란과 좌익폭동으로 인식하고 정부의 공권력에 의한 민간인 집단학살에 대해서 침묵해왔다. 한국교회는 분단시대에 승공주의를 지향하면서 성장해왔으며, 반공주의의 중심 세력이 되었다.[4] 한국교회는 한국전쟁에서 인민군에게 희생된 교인들을 순교자라 부르며 기념비를 세우고 반공 교육장으로 사용하면서도, 한국전쟁 전후에 남한에서 발생한 국가폭력에 의한 민간인 집단학살의 희생자들을 "빨갱이"로 취급하고 외면해왔다. 기독교 지도자들은 설교나 논문에서 한국전쟁 전후에 발생한 시민 항쟁들을 공산주의자들이 일으킨 반란과 좌익폭동이라고 규정했으나 국가폭력의 무고한 희생자들을 위해서는 발언하지 않고 침묵했다.

이미 일제강점기인 1938년에 성결교회의 이명직(1890-1973)은 신약성서의 요한계시록을 왜곡해서 "붉은 용"(계 12:3)을 친일적 관점에서 소련의 공산주의로 해석했다.

"붉은 용이 한 일과 적색 러시아의 하는 일을 비교하여 보라. 이 적용(赤龍)이 적색

---

3) 구자환, "유족 없는 유골...외공리 민간인학살 발굴 현장," 「민중의 소리」 (2008년 8월 25일).
4) 강인철, 『한국개신교와 반공주의』 (서울: 중심, 2006); 윤정란, 『한국전쟁과 기독교』 (서울: 한울, 2016)을 참조하라.

러시아를 이용하여 자기 뜻을 이루고자 하는 줄 가히 알 것이다. 이 붉은 용이 하는 일을 보면 종교 박해, 인명 살사, 사상 혼란의 큰 운동을 일으키는 것이다. (…) 이제 우리는 이러한 시국을 당했다. 우리는 어떠한 태도를 취해야 할 것인가? 현하 일본, 독일, 이탈리아 3국은 방공협정을 맺어 무력으로 반공을 실시하고 있으나 공산주의라는 사상은 무력으로만 넉넉하지 못한다. (…) 우리는 진리의 말씀으로 이 사탄, 즉 적용래(赤龍來)의 사상과 건전한 싸움을 해야겠다."[5]

1947년에 한경직 목사는 영락교회에서 요한계시록을 왜곡해서 "붉은 용"(계 12:3)을 북한의 공산주의와 동일시하는 설교를 했다.

"저들의 말 그대로 공산주의야말로 일대 괴물입니다. 이 괴물이 지금은 삼천리강산에 횡행하며 삼킬 자를 찾습니다. 이 괴물을 벨 자 누구입니까? 이 사상이야말로 계시록에 있는 붉은 용입니다. 이 용을 멸할 자 누구입니까?"[6]

영락교회의 청년들은 이북에서 이남으로 넘어온 서북청년들이었으며, 그들이 중심으로 1946년 11월 30일 서울에서 서북청년단이라는 반공청년단체가 조직되었다. 그들은 한경직의 이러한 설교를 듣고 공산주의에 대한 적개심을 갖도록 자극을 받았을 것이다. 그들은 제주4·3항쟁 진압에 참여하여 많은 민간인들을 괴롭히고 학살하였다. 나중에 한경직은 영락교회에 속한 서북청년회가 제주4·3 항쟁을 진압하는데 참여했다는 것을 아래와 같이 회고한다.

"그 때 서북청년회라고 우리 영락교회 청년들이 중심이 되어 조직했다. 그 청년들이 제주도 반란사건을 평정하기도 했다. 그러니까 우리 영락교회 청년들이 미움도 많이 사게 되었다."[7]

저명한 신학자인 김재준은 한국전쟁 전후에 발생한 항쟁들을 공산당이 일으킨 대규모 좌익폭동이라고 주장했으나, 남한 정부의 국가폭력에 의한 수많은 무

---

5) 이명직, "적용(赤龍)은 무엇인가," 「활천」 1938년 9월호, 1-2.
6) 한경직, "기독교와 공산주의," 『건국과 기독교』 (서울: 기문사, 1949); 『한경직 목사 설교 전집』 제1 권 (서울: 한경직목사기념사업회, 2009), 212.
7) 김병희 편저, 『한경직 목사』 (서울: 규장문화사, 1982), 55-56.

고한 민간인 피학살자들의 억울한 죽음에 대해서는 침묵했다.

> "대구 반란사건, 여수순천 반란사건 등등은 대규모적인 좌익폭동이었습니다만 결국은 진압되었고 성공했다고 할 수는 없었습니다."[8]

> "1948년 4월 2일에는 제주도에서 공산반란이 치열했다. (...) 동년(1948년) 남한에서는 좌익음모에 의한 '여수반란사건'이 발발해서 많은 살상자를 냈으나, 국군과 경찰의 토벌로 평정됐다. 그 얼마 전의 '대구반란사건'도 같은 부류의 것이었다."[9]

> "특히 이북에서 공산당에게 모든 소유를 빼앗기고 이남에 넘어온 '서북청년단'은 이남에서의 공산당과 그 활동에 복수적인 반발을 일으켜 제주도를 점령하다시피한 공산당을 무자비하게 섬멸했다. 지리산에서도 그런 종류의 '토벌'이 치열했다."[10]

이처럼 대다수의 한국교회 지도자들은 한국전쟁 전후에 발생한 시민항쟁들을 부정적으로 인식했으며, 국가폭력에 의한 민간인 집단학살 사건들의 희생자들과 유족들의 고통을 외면해왔다. 민간인 집단학살 사건들은 세계인권선언의 정신에 위배되는 인권유린 행위이고, 또한 반인륜범죄인 제노사이드이다. 민간인 피학살자들의 유족들은 온갖 불이익을 당했으며 지금까지 통한의 삶을 살아왔다. 그러나 이러한 민간인 집단학살 사건들은 반공주의 이념에 의해서 오랫동안 은폐되었고, 한국현대사에 봉인된 채 묻혔고 망각되었다. 그러므로 기억투쟁을 통해서 이러한 민간인 집단학살 사건들의 희생자들에 대한 역사적 기억을 보존하고, 그들의 죽음의 진상을 규명하고, 그들의 명예를 회복시키는 것은 매우 시급한 과제이다.

요한계시록은 로마의 국가폭력으로 희생된 수많은 사람들이 흘린 피로 점철되어 있다. 로마 제국은 영토 확장과 권력 유지를 위해서 제국의 지배 아래 있는 수많은 사람들을 학살하였다. 그러나 로마 제국은 "로마의 평화"(Pax Romana)라는 담론을 통해서 제국의 지배를 정당화하고, 로마의 국가폭력의 희생자들을 은

8) 김재준, "최근 30년 한국역사의 회고와 전망," 『장공 김재준의 범용기』 제6권 (토론토: 독립신문사, 1981), 142.
9) 김재준, "미군 진주와 미군정 수립," 『김재준전집』 제13권 (오산: 한신대학출판부, 1992), 208-209.
10) 김재준, "공산당의 조직 기구화," 『장공 김재준의 범용기』 제4권, 316.

폐하고, 그들의 억울한 죽음들을 공식적 기억과 역사에서 삭제하고 망각했다. 그러므로 요한계시록의 저자 요한은 수많은 무죄한 사람들의 생명을 파괴한 로마 제국의 국가폭력을 폭로하고 비판하기 위해서 그리고 희생자들을 망각에서 구출하고 기억하기 위해서 천년왕국 환상을 서술하였다.

천년왕국 환상은 요한계시록에 삽입된 독립된 신비한 이야기가 아니라, 로마의 국가폭력의 희생자들이 흘린 피로 점철된 요한계시록 전체의 문맥과 연결되어 있는 이야기이다. 그러나 오늘날 많은 그리스도인들은 천년왕국 환상을 장차 종말의 때의 예수의 재림과 성도들의 휴거를 예언하는 독립된 이야기로 이해한다. 천년왕국주의자들의 주된 관심은 오직 "참된 성도들"인 자신들이 언젠가 닥칠 대환난의 시기에 공중으로 휴거하여 환난을 피하고, 그리고 그리스도와 함께 다시 지상으로 내려와서 천 년 간 평화로운 삶을 사는 것이다. 만일 우리가 천년왕국 환상을 서구 학자들이 제안한 전천년설, 후천년설, 무천년설, 그리고 세대주의 전천년설의 범주로만 읽고 만족한다면, 수많은 무고한 자들을 학살하고 그들의 시신을 은폐시킨 로마의 국가폭력을 폭로하고 희생자들을 위한 기억투쟁을 권고하는 요한계시록의 저자의 의도를 찾을 수 없을 것이다.

요한계시록은 로마의 제국주의 체제와 우상 숭배적 문화에 항의하는 반제국적 저항문학이다.[11] 그러므로 우리는 천년왕국 환상을 "기억과 권고"[12]라는 점에서 읽고 해석해야 한다. 천년왕국 환상은 로마의 제국주의와 우상숭배에 저항한 죽은 자들을 기억하도록 산 자들에게 권고한다. 천년왕국 환상의 기능은 수많은 무고한 자들의 인권을 유린하고 생명을 파괴한 로마의 국가폭력을 폭로하고 항의하는 것이고, 또한 억울한 죽음을 당한 피학살자들이 망각에 빠지지 않도록 기억투쟁을 권고하는 것이고, 또한 무고한 희생자들의 시신을 밟고 지나간 사악한 권력자들이 결코 최후의 승리자가 될 수 없다는 것을 증명하는 것이다.

이 논문에서 나는 천년왕국 환상이 로마의 국가폭력에 항의하고, 국가폭력의 희생자들을 기억하도록 권고한다는 것을 주장하면서 천년왕국 환상을 통해서 한국전쟁전후에 발생한 국가폭력 문제를 규명하고자 한다. 한국전쟁 전후에 수

---

11) 요한계시록의 반제국적 그리고 전복적 성격에 대해서는 이병학, 『요한계시록: 약자를 위한 예배와 저항의 책』 (서울: 새물결플러스, 2016); Jürgen Ebach, "Apokalypse. Zum Ursprung einer Stimmung," *Einwurfe 2* (München: Chr. Kaiser Verlag, 1985), 12-13; 그렉 케리, "반제국 대본으로서의 요한계시록," 리처드 호슬리 편/정연복 옮김, 『제국의 그림자 속에서』 (고양: 한국기독교연구소, 2013), 267-300를 참조하라.

12) Pablo Richard, *Apokalypse. Das Buch von Hoffnung und Widerstand. Ein Kommentar.* (Luzern: Edition Exodus, 1996), 4.

많은 무고한 민간인들이 "빨갱이," 또는 "공산주의자"로 몰려서 처형되었다. 그러므로 나는 천년왕국 환상이 한국전쟁 전후에 남한에서 발생한 국가폭력에 의해서 희생된 수많은 무고한 남녀 민간인 피학살자들을 망각하지 않도록 기억투쟁을 요구하고, 그들의 억울한 죽음의 진상을 규명하고 그들의 명예를 회복시켜 주도록 우리에게 요구한다는 것을 강력하게 주장하고자 한다.


## II. 로마의 국가폭력에 대한 항의로서의 천년왕국 환상

### 1. 로마의 국가폭력의 희생자들을 위한 기억투쟁

#### 1) 로마의 국가폭력에 의해서 학살당한 희생자들

요한계시록이 저술되었던 1세기 말엽 도미티아누스 황제는 황제숭배를 강요했다. 로마 당국은 황제숭배를 거부하는 자들을 학살했으며(계 13:15), 그리고 "오른손에나 이마에 표(χάραγμα/카라그마)를 받게 하고"(계 13:16) 표가 없는 사람들을 로마 제국에 충성하지 않는 사람들로 규정하고 사회적으로 그리고 경제적으로 차별하고 박해했다.

천년왕국의 보좌 위에 앉아 있는 죽은 자들은 로마 제국의 국가폭력의 희생자들이다. 그들은 요한계시록 6:10에서 "거룩하고 참되신 대주재여 땅에 거하는 자들을 심판하여 우리 피를 갚아 주지 아니하시기를 어느 때까지 하시려 하나이까?"라고 큰 소리로 부르짖었던 피학살자들과 동일한 인물들이다. 그들은 로마 제국 안에서 실제로 발생한 국가폭력의 희생자들이며, 그들의 절규는 하나님에게 신원과 정의를 요구하는 호소이며, 또한 자신들을 희생시킨 로마의 국가폭력에 대한 항의이다.

로마 제국의 현실은 살인적이다. 요한계시록에는 로마 제국의 국가폭력으로 인한 무고한 민간인 집단학살에 대한 암시가 현저하다. 로마 제국에게 모든 권력을 부여한 용은 "하나님의 계명을 지키며 예수의 증거를 가진 자들과 더불어 싸우려고 바다 모래 위에 서 있다"(계 12:17). 요한계시록 2:13에서 "네가 어디에 사는지를 내가 아노니 거기는 사탄의 권좌가 있는 데라 네가 내 이름을 굳게 잡아서 내 충성된 증인 안디바가 너희 가운데 곧 사탄이 사는 곳에서 죽임을 당할 때에도 나를 믿는 믿음을 저버리지 아니하였도다."라는 언급도 실제로 로마 제국에서 일어난 국가폭력으로 인한 학살을 나타낸다. 16:6에서 "그들이 성도들과 선지자들의 피를 흘렸으므로 그들에게 피를 마시게 하신 것이 합당하니이다"라고 한 언급은 역시 그리스도인들에 대한 참혹한 학살이 있었다는 사실을 나타낸다. 17:6에서 "이 여자가 성도들의 피와 예수의 증인들의 피에 취한지라"라는 언급은 음녀로 상징되는 로마 제국의 국가폭력으로 인한 학살 사건들을 역시 반영한다.

로마 제국은 그리스도인들뿐만 아니라 교회 울타리 밖에 있는 수많은 무고한 일반 민간인들을 집단학살하였다. "선지자들과 성도들과 및 땅 위에서 죽임을 당한 모든 자의 피가 그 성 중에서 발견되었느니라"(계 18:24). 이것은 요한계시록의 저자 요한이 로마의 폭력에 의해서 희생된 그리스도인 피학살자들 뿐만 아니라, 일반 민간인 피학살자들과도 연대감을 가지고 있다는 증거이다. 하나님이 바빌론을 심판하신 이유는 로마의 국가폭력으로 희생된 그리스도인들의 피 때문만이 아니라, 교회 울타리 밖에 있는 로마의 국가폭력의 모든 민간인 희생자들의 피 때문이다. 하나님은 바빌론이 자행한 국가폭력과 불의를 모두 보고 기억하신다. "그의 죄는 하늘에 사무쳤으며 하나님은 그의 불의한 일을 기억하신지라"(계 18:5). "큰 성이 세 갈래로 갈라지고 만국의 성들도 무너지니 큰 성 바빌론이 하나님 앞에 기억하신 바 되어 그의 맹렬한 진노의 포도주 잔을 받으매"(계 16:19).

그러므로 천년왕국 환상은 독립된 이야기로서 해석되어서는 안 된다. 천년왕국 환상은 로마의 국가폭력에 의해서 희생된 어린 양 예수의 피(계 1:5; 5:9; 7:14), 그리스도인 순교자들의 피(계 6:10; 16:6; 17:6; 18:24; 19:2), 그리고 수많은 일반 민간인 희생자들이 흘린 피(계 18:24)로 점철된 요한계시록 전체의 문맥에서 해석되어야만 한다. 천년왕국 환상은 수많은 무고한 자들을 학살한 로마의 국가폭력에 대해 항의하고 무고한 피학살자들을 망각하지 않고 기억하도록 산 자들에게 촉구한다.

2) 천년왕국의 보좌에 앉아 있는 순교자들:
로마의 국가폭력의 희생자들로서의 순교자들.

천년왕국 환상은 소아시아의 박해받고 무자비하게 학살당하는 그리스도인들의 실제적인 경험을 반영한다. 천년왕국 환상은 독립된 이야기가 아니라, 로마의 국가폭력에 의해서 희생된 수많은 민간인 피학살자들의 억울한 죽음들과 연결된 이야기이다. 로마 제국은 폭력으로 수많은 사람들을 학살하였지만, 로마의 평화(Pax Romana)라는 제국의 담론을 통해서 로마의 국가폭력의 희생자들을 은폐시키고 그들을 역사에서 삭제하고, 그리고 그들에 대한 기억을 압살하였다. 그러나 요한계시록의 저자 요한은 로마의 국가폭력의 희생자들을 기억한다. 그는 로마 제국이 은폐한 로마의 국가폭력의 남녀 희생자들이 모두 하늘의 천년왕국에 살고 있다는 사실을 폭로한다. 그것은 수많은 무고한 사람들을 학살한 로마의 국가폭력에 대한 명백한 증거이고 항의이다. 천년왕국 환상의 본문인 20:4-6은 아래와 같다.

"4 또 내가 보좌들을 보니
거기에 앉은 자들이 있어 심판(κρίμα)하는 권세를 받았더라.
또 내가 보니 예수의 증거[13]와 하나님의 말씀 때문에
목 베임을 당한 자들의 영혼들과
또(καὶ οἵτινες) 짐승과 그의 우상에게 경배하지 아니하고
그들의 이마와 손에 그의 표를 받지 아니한 자들이
살아서 그리스도와 더불어 천 년 동안 왕 노릇 하니.
5 그 나머지 죽은 자들은 그 천 년이 차기까지 살지 못하더라.
이는 첫째 부활이라.
6 이 첫째 부활에 참여하는 자들은 복이 있고 거룩하도다.
둘째 사망이 그들을 다스리는 권세가 없고
도리어 그들이 하나님과 그리스도의 제사장이 되어
천 년 동안 그리스도와 더불어 왕 노릇 하리라."

20:4에서 "καὶ οἵτινες/카이 호이티네스"는 문법적으로 접속사와 관계대명사가 연결된 것이다. 그것은 독립적 관계절로서 앞에서 언급된 순교자들뿐만 아니라 생전에 고난을 당하면서도 우상 숭배를 거부하면서 생애를 마친 죽은 성도들이 역시 살아서 보좌에 앉아 있다는 것을 보여준다.[14] 이 두 범주의 죽은 자들은

---

13) 성경전서 개역판과 표준새번역은 "예수의 증거"라고 올바로 번역했으나, 개역개정판은 "예수를 증언함"이라고 잘못 번역하였다.
14) Pablo Richard, Apokalypse: Das Buch von Hoffnung und Wiederstad (Luzern: Exodus Edition, 1996), 221-22; G. K. Beale, The Book of Revelation, 999-1000.

모두 로마가 요구하는 황제숭배를 거부한 충성스러운 증인들이다. 그러므로 그들은 동등하게 천년왕국의 보좌에 앉아 있다. 그들은 모두 로마의 유혹과 압제에 굴복하지 않은 승리자들이다. 왜냐하면 요한계시록 3:21이 "이기는 그에게는 내가 내 보좌에 함께 앉게 하여 주기를 내가 이기고 아버지 보좌에 함께 앉은 것과 같이 하리라"고 약속하기 때문이다(참조. 눅 22:30; 마 19:28).

그런데 "예수를 증언함과 하나님의 말씀 때문에 목 베임을 당한 자들"은 표준새번역에서 "예수의 증언과 하나님의 말씀 때문에"로 올바로 번역되었다. 그들은 예수 자신이 증언하신 것과 하나님의 말씀 때문에 로마 당국에 의해서 목베임을 당했다. 그러므로 그들은 순교자들인 동시에 로마의 국가폭력에 의해서 살해당한 희생자들이다. 즉, 천년왕국의 보좌에 앉아 있는 남녀 순교자들은 로마의 국가폭력에 의해서 학살당한 무고한 희생자들이다. 천년왕국에서 그들과 함께 살고 있는 그리스도는 역시 로마의 식민지의 변두리에서 십자가처형을 당한 로마의 국가폭력의 희생자이다.

4절에서 "또 내가 보좌들을 보니 거기에 앉은 자들이 있어 심판(κρίμα)하는 권세를 받았더라"에 해당하는 그리스어 본문은 "Καὶ εἶδον θρόνους καὶ ἐκάθισαν ἐπ᾽ αὐτοὺς καὶ κρίμα ἐδόθη αὐτοῖς(카이 에이돈 트로누스 카이 에카티산 에프 아우투스 카이 크리마 에도테 아우토이스)"이다. 이 그리스어 본문의 κρίμα(크리마)가 성서 번역자들에 의해서 아래와 같이 "심판하는 권세," "심판할 권세," 또는 "심판할 권한"으로 번역되었다.

> "또 내가 보좌들을 보니 거기에 앉은 자들이 있어 **심판하는 권세를 받았더라**"(개역개정).
> "내가 또 보좌들을 보니, 그 위에 사람들이 앉아 있었는데, 그들은 **심판할 권세를 받**은 사람들이었습니다"(표준새번역).
> "나는 또 많은 높은 좌석과 그 위에 앉아 있는 사람들을 보았습니다. 그들은 **심판할 권한을 받은** 사람들이었습니다"(공동번역)
> "Then I saw throne, and those seated on them were given authority to judge"(NRSV).

그런데 4절에서 "거기에 앉은 자들이 있어 심판(κρίμα/크리마)하는 권세를 받았더라"라는 표현은 보좌에 앉아 있는 자들이 남을 심판할 전권을 하나님으로부터 받았다는 것을 의미하지 않는다. 왜냐하면 마지막 결정권을 가진 심판자는 오직 하나님이시기 때문이다. 그들은 남을 심판하는 권세를 받은 자들이 아니라, 하나님에 의해서 신원되고 권리와 정의가 회복되어 가슴에 맺힌 원한(怨恨)이 풀린 사람들이다.

요한계시록 20:4는 다니엘이 꿈에서 본 무시무시한 넷째 짐승(=안티오쿠스 4세)의 작은 뿔로부터 박해당한 성도들에게 권리를 회복시켜주시고 나라를 되찾아주신 하나님의 심판 행위를 묘사한 다니엘서 7:22을 연상시킨다. 요한계시록 20:4의 그리스어 본문과 다니엘서 7:22의 테오도티온(Theodotion)의 그리스어 본문에 공통적으로 중성 명사 "κρίμα(크리마)"가 나타난다. 다니엘서 7:22의 테오도티온(Theodotion)의 그리스어 본문은 "ἕως οὗ ἦλθεν ὁ παλαιὸς τῶν ἡμερῶν καὶ τὸ κρίμα(크리마) ἔδωκεν ἁγίοις ὑψίστου καὶ ὁ καιρὸς ἔφθασεν καὶ τὴν βασιλείαν κατέσχον οἱ ἅγιοι"이다.

그런데 다니엘서 7:22에 있는 κρίμα(크리마)는 아래와 같이 "원한을 풀어 주는 것," 또는 "권리를 찾아주는 것"으로 번역되었다.

"옛적부터 항상 계신 이가 와서 지극히 높으신 이의 성도들을 위하여 원한(怨恨)을 풀어 주셨고 때가 이르매 성도들이 나라를 얻었더라"(개역개정).

"옛적부터 계신 분이 오셔서, 가장 높으신 분의 성도들의 권리를 찾아 주셔서, 마침내 성도들이 나라를 되찾았다"(표준새번역).

"그러나 태고적부터 계시는 이, 지극히 높으신 하느님께서 오셔서 재판을 하시고 당신을 섬기는 거룩한 백성의 권리를 찾아 주셨다. 거룩한 백성이 나라를 되찾을 때가 되었던 것이다"(공동번역).

"until the Ancient One came, then judgment was given for the holy ones of the Most High, and the time arrived when the holy ones gained possession of the kingdom"(NRSV).

요한계시록 20:4에서 "심판하는 권세를 받았더라(κρίμα ἐδόθη αὐτοῖς/크리마 에도테 아우토이스)"에 사용된 동사는 수동태이지만, 다니엘서 7:22에서 "성도들을 위하여 원한을 풀어주셨고"(κρίμα ἔδωκεν ἁγίοις/크리마 에도켄 하기오이스)에 사용된 동사는 능동태이다. 요한계시록 20:4에서 크리마(κρίμα)는 보좌에 앉아 있는 자들에게 주어진 "심판하는 권세"로 번역되었지만, 테오도티온 번역의 다니엘서 7:22의 본문에서 크리마(κρίμα)는 "원한을 풀어주는 것," 또는 "권리를 찾아주는 것"으로 번역되었다.

다니엘서 7:22에서 안티오쿠스 4세에 의해서 박해당한 성도들이 하나님에 의해서 원한이 풀리고 권리가 회복된 것처럼 요한계시록 20:4에서 로마의 폭력에 의해서 죽임을 당한 자들은 하나님의 판결로 원한이 풀리고 권리가 회복된 사람들이다. 그러므로 요한계시록 20:4에서 "거기에 앉은 자들이 있어 심판(κρίμα)하는 권세를 받았더라"는 "거기에 사람들이 앉아 있었는데, 그들은 원한이 풀린 자들이었다."라고 번역하거나, 또는 "거기에 사람들이 앉아 있었는데, 그들은 권리가 회복된 사람들이었다"라고 번역하거나, 또는 "거기에 사람들이 앉아 있었는데, 그들은 권리와 정의가 회복되어 원한이 풀린 자들이었다"라고 번역하는 것이 바람직스럽다.

요한계시록 20:4-6의 환상은 하늘의 재심 재판 법정을 전제한 것으로 이해되어야 한다.[15] 로마 제국은 수많은 무고한 사람들을 학살했지만, 로마의 폭력에 의한 학살 사건들을 은폐하고 희생자들에 대한 기억을 공식적 역사에서 삭제하고, 그들을 망각에 빠트렸다. 로마 당국은 황제숭배를 거부하거나 짐승의 표를 받는 것을 거부한 사람들을 피고로 기소하여 사형 선고를 하고 처형함으로써 모든 것이 합법적으로 끝났다고 생각하고 사건 기록 파일을 최종적으로 닫아버리고, 그 다음 일정으로 넘어갔다. 그러나 하나님은 부당한 재판과 무고한 자들의 처형 현장을 직접 보았고, 희생자들의 절규를 들었다. 그러므로 하나님은 로마의 권력자들이 최종적으로 닫아버린 사건 기록 파일을 하늘의 법정에서 다시 열고 로마의 권력자들이 그들에게 내린 사형 판결문을 부당한 것으로 파기하고 희생자들의 사무친 원한(怨恨)을 풀어주고 그들에게 생명과 권리와 정의를 회복시켜주셨다.[16] 이것은 하나님이 약자와 희생자들의 편에 서 있다는 것을 의미하며, 또한 무고한 희생자들의 시체를 밟고 지나간 오만한 권력자들이 영원한 승리자가 될 수 없다는 것을 의미한다.

하늘의 법정의 재심 재판은 구약 외경과 유대 묵시문학에도 나온다. 구약 외경의 하나인 지혜서에는 죽은 악인들이 생전에 무시했던 의인이 재판석의 영광

---

15) 천년왕국 환상을 천상의 재심 재판으로 보는 해석에 대해서는 Klaus Wengst, "Wie lange noch?": Schreien nach Recht und Gerechtigkeit - eine Deutung der Apokalypse des Johannes (Stuttgart: Verlag W. Kohlhammer, 2009), 203-04; Peter J. Leithart, Revelation 12-22 (London, New York: Bloomsbury T&T Clark, 2018), 313-15를 보라.

16) Klaus Wengst, "Wie lange noch?", 203-04.

의 보좌 위에 앉아 있는 것을 보고 놀라서 고통을 느끼고, 그리고 너무 늦은 후회를 하는 장면이 나타난다.

"4:20 그들은 자기들의 죄가 낱낱이 세어질 때에 몸 둘 바를 모를 것이며, 그들이 저지른 죄악이 그들을 고발할 것이다. 5:1 그 때에 의인은 자신 있게 일어서서 그를 핍박한 자들과 그가 고통을 받을 때에 멸시한 자들과 맞설 것이다. 2 그러면 그들은 그를 보고 무서워 떨며 그가 뜻밖에 구원받은 것을 보고 놀랄 것이다. 3 그들은 마음이 아파서 후회하고 신음하며 서로 이렇게 말할 것이다. 4 "저 사람은 전에 우리가 비웃고 조롱하던 사람이다. 우리는 얼마나 바보였느냐? 우리는 그가 사는 꼴을 보고 미쳤다고 하였고 그의 죽음도 영예롭지 못한 것으로 보았다. 5 그런데 어떻게 저 사람이 하나님의 자녀 가운데 끼이게 되었으며 성도들 가운데 끼이게 되었는가? 6 분명히 우리가 진리에서 빗나간 길을 걸었고 우리에게 정의의 빛이 비치지 않았으며 우리 위에는 태양이 일찍이 떠본 적이 없었구나. 7 우리는 인적조차 없는 황야를 걸어온 셈이다. 죄와 파멸의 길치고 걸어보지 않은 길이 없었건만 주님의 길은 알지 못하였다. 8 우리의 오만이 무슨 소용이 있었으며 우리가 자랑하던 재물이 우리에게 무엇을 가져다주었는가? 9 그 모든 것은 이제 그림자처럼 사라지고 뜬소문처럼 달아나 버렸다. 10 거센 물결을 헤치고 가는 배와 같이, 한번 지나가면 그 흔적조차 찾아볼 수 없고 바닷물에는 용골이 지나간 흔적도 없구나. 11 혹은 하늘을 나는 새처럼 날아온 자리를 찾아볼 수 없다. 나는 새는 날개를 쳐서 가벼운 바람을 일으키고 세게 쳐서 바람을 가르면서 날개의 힘으로 날아가지만 날아간 다음에는 아무런 흔적도 남지 않는다. 12 또 혹은 화살이 표적을 향해서 날아갈 때처럼 공기는 갈라졌다가 다시 합쳐져서 그 화살이 지나간 자리조차 알 수 없다. 13 우리도 이와 같아서 태어나자마자 사라져버린 셈이다. 남에게 보일만한 덕의 흔적조차 남기지 못했고 오직 악으로만 세월을 보냈구나." 14 악인들의 희망은 바람에 날리는 겨와 같고 북풍에 부서지는 가냘픈 거품과 같다. 그것은 바람에 날리는 연기처럼 흩어지고 단 하루 머물렀던 손님에 대한 기억처럼 사라져버린다. 15 그러나 의인들은 영원히 산다. 주님이 친히 그들에게 보상을 주시며 지극히 높으신 분이 그들을 돌봐주신다. 16 그러므로 그들은 찬란한 왕관을 받고 주님께서 친히 내리신 아름다운 머리띠를 띨 것이다. 주님은 당신의 오른손으로 그들을 덮어주시고 당신의 팔로 감싸주실 것이다"(지혜서 4:20-5:13).

유대 묵시문학의 대표적인 작품들 중의 하나인 에티오피아어 에녹서에서 하나님이 그의 메시아적 대리자인 "택한 자"를 재판석의 보좌에 앉히고 악인들을 피고로 세운 이야기가 나온다. 이 이야기에서 택한 자(에녹1서 62:1)는 인자(에녹1서 62:5)와 동일시된다. 영혼들의 주님, 즉 하나님이 약자들을 억압하고 처형했던 악인들을 피고석에 세우고 그들을 심문한다.

"1 그러므로 주님은 왕들과 통치자들과 고관들과 지주들에게 이렇게 말하면서 명령하였다: "혹시 그 택한 자를 알아볼 수 있는지 너희의 눈을 뜨고 눈썹을 올려라!" 2 영혼들의 주님(=하나님)은 그의 영광의 보좌에 앉았고, 정의의 영이 그에게 부어졌다. 그의 입의 말씀이 죄인들에게 훈계하고 모든 억압자들은 그의 면전에서 소멸될 것이다. 3 심판의 날에 모든 왕들과 통치자들과 고관들과 지주들이 그(=택한 자)를 보고 알게 될 것이다. 어떻게 그가 그의 영광의 보좌에 앉아있는지, 그리고 정의가 그 앞에서 무게를 달게 되고 어떤 임기응변적인 말들도 그의 임재 앞에서 흘러나오지 않을 것이다. 4 그 때에 해산의 진통을 겪는 여자에게서처럼, 즉 여자가 자궁의 입에서 아이를 낳을 때 그리고 그 여자가 산고로부터 진통을 겪을 때처럼 고통이 그들에게 올 것이다. 5 그들 중에 절반의 사람들이 다른 절반의 사람들을 보게 될 것이다. 그들은 무서워하고 낙담하게 될 것이다. 그들이 저 인자가 그의 영광의 보좌에 앉아 있는 것을 볼 때 고통이 그들에게 엄습할 것이다"(에녹1서 62:1-5).

하늘의 법정에서 피고로 기소된 죄인들, 즉 에녹1서 62:3에서 언급된 "모든 왕들과 통치자들과 고관들과 지주들"은 보좌에 앉아 있는 택한 자를 알아보고 매우 당황하고 극심한 고통을 느낀다.[17] 왜냐하면 그 택한 자는 그들이 생전에 무시했던 사람이기 때문이다. 택한 자는 억눌린 자들과 동일시된다. 권력자들이 결정했던 판결은 천상의 법정에서 무효로 선언된다.

이와 마찬가지로 요한계시록의 천년왕국 환상에서도 지상의 재판은 종결된 것이 아니라, 하늘의 법정에서 다시 재심 재판이 열리고, 지상에서 권력자들이 내린 불의한 판결은 무효가 되고, 그들에 의해서 처형당한 무고한 남녀 희생자들은 원한이 풀리고 권리와 정의가 회복되어서 이제 모두 보좌에 앉아 있다. 그들은 천상의 재심법정에서 신원되고 복권되었다.

---

17) 에녹1서에서 자주 언급되는 이러한 네 범주의 사회적 지배 계층들은 계 6:15에서 하나님의 심판을 당하는 네 사회적 계층들인 "땅의 임금들과 왕족들과 장군들과 부자들과 강한 자들"과 동일하다.

### 3) 천년왕국에서 원한이 풀린 순교자들의 주체적인 삶

천상의 법정의 재심을 통해서 권리와 정의가 회복되어 복권되고 원한이 풀린 남녀 순교자들은 천년왕국에서 그리스도와 함께 살고 있다. 요한계시록의 저자는 이것을 "첫째 부활"이라고 부른다(계 20:5-6). 폭력의 역사에서 약자들은 죽음의 공포지배 아래서 고난을 당한다. 하나님은 희생자들과 약자들의 절규를 듣고 있으며 그리고 그들의 탄원과 고발을 기억하고 있다. 부활은 불의하게 죽임을 당한 자들의 부르짖음에 대한 하나님의 마지막 때의 메아리이다. 부활은 그리스도인 증인들을 죽인 살인자들에 대한 하나님의 항의로 그리고 희생자들과의 하나님의 연대로 이해될 수 있다. 부활은 살인자들과 압제자들의 악행을 고발하는 약자들의 외침에 대한 하나님의 종말론적 메아리이며, 또한 희생자들의 가슴에 쌓이고 억눌린 고통과 분노의 매듭을 절단하고 그들의 한(恨)을 풀어주고 권리와 정의를 회복해주는 사건이다. 하나님은 부활을 통해서 불의하게 학살당한 희생자들을 죽음에서 해방시키고 영원히 주체적으로 살게 하신다.

> "이 첫째 부활에 참여하는 자들은 복이 있고 거룩하도다(μακάριος καὶ ἅγιος/마카리오스 카이 하기오스). 둘째 사망이 그들을 다스리는 권세가 없고 도리어 그들이 하나님과 그리스도의 제사장이 되어 천 년 동안 그리스도와 더불어 왕 노릇 하리라"
> (계 20:6).

첫째 부활의 몫은 1세기 말엽의 그리스도인들만을 위해서 예약된 것이 아니다. 죽음에서부터 하늘의 보좌로 가는 길은 예수의 증언을 지키고 짐승들과 협력하기를 거부하는 모든 시대의 사람들에게 "아직도 열려" 있다.[18] 승리자들, 즉 죽음의 순간까지 짐승의 유혹과 압제에 저항하고 하나님의 말씀을 증언한 성도들은 첫째 부활(ἀνάστασις/아나스타시스)에 참여한다. "이기는 자는 둘째 사망(θάνατος/타나토스)의 해를 받지 아니하리라"(계 2:11). 둘째 사망은 악인들이 유황불 못에 던져져서 영벌을 받고 하나님으로부터 영원히 분리되는 것을 의미한다(계 21:8). 하나님은 불의하게 폭력적 죽임을 당한 무고한 희생자들을 부활시킨다. 부활은 하나님이 희생자들에게 권리와 정의를 회복시켜주는 것이며 동시에 시체들을 밟고 지나간 학살자들에 대해 항의하는 것을 나타낸다.[19] 죽은 자들의 부

---

18) Peter J. Leithart, *Revelation 12-22*, 316
19) Klaus Wengst, *Ostern: Ein wirkliches Gleichnis, eine wahre Geschichte* (München:

활에 대한 부인은 세상의 변화를 위한 희망의 신경을 마비시키고 정의감을 잠재우고, 로마 제국의 살인적인 지배를 옹호하는 제국의 담론이다.[20] 약자들을 학살한 악인들에게는 미래가 없으며, 오직 심판이 기다린다.

천 년"(χίλια/크실리아)은 문자대로 천 년을 의미하는 것이 아니라, 긴 시간을 의미하는 상징이다. 그들이 "살아서 그리스도와 더불어 천 년 동안 왕 노릇하니"(계 20:6)라는 표현은 그들이 남의 지배를 받지 않고 자유를 누리면서 그리스도와 함께 주체적으로 그리고 자주적으로 산다는 것을 의미한다.

"천 년"이 차는 시점은 이 폭력의 역사가 끝나는 시점이다. 즉, 하늘의 천년왕국이 끝나는 시점은 하나님의 심판으로 이 폭력의 역사가 끝나는 때와 같다. 천년왕국은 끝이 있는, 즉 잠정적으로 유지되는 공동체이다. 남녀 순교자들과 죽은 성도들은 하늘에서 이미 하나님에 의해서 부활하여 천년 왕국의 시민으로 살고 있기 때문에 천년왕국이 끝난 후에 하늘에서부터 땅으로 내려오는 새 예루살렘의 시민이 된다.

천년왕국이 하늘에서 유지되는 동안에 땅 위에서 하나님의 나라를 위한 그리스도인들의 증언과 투쟁은 계속된다. 천년왕국은 땅 위에서 로마 제국의 불의에 맞서서 싸우는 산 자들의 증언과 저항과 투쟁을 정당화한다. 천년왕국은 산 자들로 하여금 죽은 자들과 기억연대의 공동체를 형성하게 하고, 기억을 통해서 죽은 자들을 산 자들의 사회에 통합시키는 기능을 한다. 그러므로 잔혹하게 학살당하거나 비참하게 죽음을 당한 희생자들에 대한 기억은 산 자들의 머릿속에 더 이상 악몽 같은 짐이 아니라, 오히려 그들에게 위로와 기쁨과 희망이 되고 또한 대안적인 세계를 향한 증언과 투쟁을 계속할 수 있는 힘이 된다. 왜냐하면 산 자들은 자신들의 운명을 천년왕국에서 살고 있는 죽은 자들의 운명과 동일시할 수 있기 때문이다. 이 폭력의 역사가 하나님의 심판으로 끝나는 순간이 바로 천년왕국이 끝나는 순간이다. 천년왕국의거주자들은 새 예루살렘에서 영원히 살 것이다.

### 4) 최후의 심판과 순교자들의 미래

모든 죽은 자들은 하나님의 마지막 심판대 앞에 서야 한다. 순교자들과 의인들에게는 미래가 있지만 그들을 학살하고 그들의 시체를 밟고 지나간 악인들에

---

Chr. Kaiser 1991), 29-30.

20) Jose Porfirio Miranda, *Marx and the Bible: A Critique of Philosophy of Oppression,* (Maryknoll: Orbos Books, 1973), 284을 참조하라.

게는 미래가 없다.

> "11 또 내가 크고 흰 보좌와 그 위에 앉으신 이를 보니 땅과 하늘이 그 앞에서 피하여 간 데 없더라 12 또 내가 보니 죽은 자들이 큰 자나 작은 자나 그 보좌 앞에 서 있는데 책들이 펴 있고 또 다른 책이 펴졌으니 곧 생명책이라 죽은 자들이 자기 행위를 따라 책들에 기록된 대로 심판을 받으니 13 바다가 그 가운데에서 죽은 자들을 내주고 또 사망과 음부도 그 가운데에서 죽은 자들을 내주매 각 사람이 자기의 행위대로 심판을 받고 14 사망과 음부도 불못에 던져지니 이것은 둘째 사망 곧 불못이라 15 누구든지 생명책에 기록되지 못한 자는 불못에 던져지더라"(계 20:11-15).

여기서 13절은 에티오피아어 에녹1서 51:1-2로부터 유래한다: "그 날들에 세올은 받았던 모든 죽은 자들을 돌려줄 것이고 음부는 소유하고 있는 모든 자들을 되돌려줄 것이다. 그(=하나님)는 살아난 죽은 자들 중에서 의인들과 거룩한 자들을 뽑을 것이다. 왜냐하면 그들이 뽑히고 구원될 그 날이 도래했기 때문이다." 의인들에게 주어질 보상이 에녹1서 58:1-2에 기술되어 있다: "의인들은 태양의 빛 가운데 있을 것이며 택한 자들은 끝없는 영생의 빛 가운데 있을 것이며 거룩한 자들의 삶의 날들은 셀 수 없이 많을 것이다"(에녹1서 58:2-3).

남녀 순교자들과 약자들의 이름은 로마 제국의 시민의 명부에는 없지만, 그러나 그들의 이름은 생명책에 기록되어 있다. 그들은 천년왕국에서 살지만, 천년이 차서 천년왕국이 끝나면 눈물도 죽음도 슬픔도 울부짖음도 고통도 없는 새 예루살렘에서 산 자들을 재회하고 그들과 함께 하나님과 어린 양 예수 그리스도를 예배하면서 영원히 살 것이다. 그들은 생명의 옷을 입고 하나님의 장막 안에서 영원토록 살면서 예수와 함께 먹고 쉬고 일어날 것이다(참조, 에녹1서 62:14-16). 그러나 마지막 심판의 날에 생명책에 이름이 없는 악인들은 불못에 던져지는 둘째 사망을 당할 것이다.

## 2. 한국전쟁 전후의 국가폭력의 희생자들을 위한 기억투쟁

로마의 폭력에 의해서 억울하게 죽임을 당한 무고한 남녀 희생자들은 역시 로마의 폭력의 희생자인 예수와 함께 지금 하늘의 천년왕국에서 살고 있다. 이 천년왕국 환상은 은폐된 로마의 폭력의 희생들을 드러내고 그들을 학살한 로마의 폭력을 고발한다. 이 환상은 무고한 자들을 학살한 로마의 국가폭력에 대한 폭로일 뿐만 아니라, 인류 역사의 모든 강대국들의 국가폭려r에 대한 폭로이고, 한국전쟁 전후에 무고한 민간인들을 집단 학살한 이승만 정부의 국가폭력에 대한 폭로로 이해될 수 있다. 그러므로 우리는 이 환상에서 그 당시의 로마의 폭력의 희생자들을 기억할 뿐만 아니라, 한국전쟁 전후에 남한의 국가폭력으로 억울하게 집단학살 당한 수많은 무고한 민간인 피학살자들을 기억해야 한다. 우리는 무고한 민간인들을 집단 학살한 국가폭력에 항의해야 한다. 우리는 죽임을 당한 무고한 자들이 이루지 못한 꿈을 되찾아서 그것을 이루기 위해서 그들과 함께 정의와 민주주의와 분단된 한반도의 재통일 위해서 노력해야 한다. 그것이 성서적이고, 윤리적이고 인간적인 삶이다. 한국전쟁 전후에 남한에서 발생한 민간인 집단학살 사건들은 아래와 같다.

### 1) 1946년 10월 항쟁과 민간인 학살

1945년 8월 15일 35년간 계속된 일제 강점으로부터 벗어났으나, 곧 미군이 제주도를 비롯한 한반도의 38도선 이남 지역을 점령해서 직접 통치하는 미군정이 1945년 9월 7일 선포되어 3년간 실시되었다. 미군정은 건국준비위원회가 선포한 조선인민공화국[21]을 와해시켰으며, 같은 해 12월 12일자로 건국준비위원회의 지방 조직인 인민위원회를 불법화시키고 탄압했다.

1946년 10월 항쟁은 1945년 8월 15일 해방 직후 미군정이 건국운동을 활발하게 하던 진보 세력을 억압하고, 친일 경력이 있는 관리와 경찰들을 다시 임용하고, 토지개혁 실시를 지연하고, 미군정의 잘못된 경제정책으로 물가고와 실업난과 식량난이 가중되고, 그리고 식량난에도 불구하고 미곡 공출을 강압적으로 시행하는 것에 대한 불만과 항의로 발생했다.[22] 10월 항쟁은 1946년 10월 1일 대구에서부터 시작하여 같은 해 12월 중순까지 70여 일 동안 경북 지역을 필두로 남한 전역 73개 시군에서 일어난 시민항쟁이다.[23]

10월 1일과 2일 오전 대구에서 대규모 노동자 시위가 일어났으며, 2일 오전

---

21) 1945년 9월 6일 여운형이 이끄는 조선건국준비위원회가 선포한 조선인민공화국은 북한의 조선민주주의인민공화국과 성격이 다르다.

22) 10월 항쟁의 발생 원인에 대해서는 김상숙, 『10월 항쟁: 1946년 10월 대구, 봉인된 시간 속으로』 (파주: 돌베개, 2016); 심지연, 『대구 10월 항쟁 연구』 (서울: 천계연구소, 1991); 정해구, 『10월 인민항쟁연구』 (서울: 열음사, 1988)를 보라.

23) 김상숙, 『10월 항쟁: 1946년 10월 대구, 봉인된 시간 속으로』, 15.

에는 전 날 시위 중에 경찰의 발포로 살해당한 노동자 김용태의 시신의 관을 떠메고 항의하는 시위가 있었고,[24] 오후에 시위대를 향한 경찰의 발포로 이십 여명이 살해되었다. 미군정은 시위 진압을 위해서 10월 2일 오후 5시에 대구에 계엄령을 선포했다. 그러나 대구 시위는 경북 영천을 비롯하여 전국으로 번져나갔으며, 각 지역에서 농민들이 주축이 된 항쟁이 동시다발적으로 또는 순차적으로 일어났다.

미군정이 친일 경력이 있는 경찰을 통해서 식량공출정책을 가혹하게 집행했던 것이 농민항쟁을 일으킨 큰 원인이었다. 그 당시 여인들이 불렀던 노래의 가사는 "서발 가웃 포승줄에 묶여가는 우리 낭군 군정재판 받더라도 강제공출 반대하소."였다. 물론 농민들이 자발적으로 항쟁에 참여했지만, 각 지역의 인민위원회와 농민조합과 민주청년동맹이 항쟁을 주도한 것으로 추정된다.[25] 전국 곳곳에서 경찰의 발포로 수많은 사람들이 학살되었으며, 그리고 항쟁이 진압된 후에 검거된 사람들은 재판에서 최고 사형이 선고되었다. 각 지역에서 10월 항쟁과 관련된 민간인들은 미군정과 경찰의 탄압을 피하기 위해서 산속으로 들어가서 야산대 혹은 유격대 활동을 했으며, 그들은 좌익 혹은 공산주의자들로 간주되어서 한국전쟁 발발 직전까지 군경의 토벌작전에 의해서 계속적으로 학살되었다.[26]

10월 항쟁에 참가했던 민간인들은 국민보도연맹에 가입할 수밖에 없었으며 한국전쟁이 발발하자 그들은 예비검속되어 집단 학살되었다. 대구형무소에 갇혀있던 10월항쟁 연루자들과 예비검속을 당한 국민보도연맹원들이 1950년 7월 20일경부터 9월 20일경까지 경북 경산 코발트 광산과 달성군 가창골 등지에서 집단학살되었다. 군경에 의해서 학살된 희생자들의 수는 1만여 명으로 추정된다. 대구시 달성군 가창면 용계리에 세워진 용계리 '10월항쟁 등 한국전쟁전후 민간인 희생자 위령탑'에는 573명의 희생자들의 이름이 새겨져 있으나 아직도 이름을 알 수 없는 수많은 희생자들이 있다.[27]

---

24)  김상숙, 『10월 항쟁: 1946년 10월 대구, 봉인된 시간 속으로』, 79.

25)  김상숙, "농민항쟁의 측면에서 본 1946년 10월사건: 경북영천의 사례연구," 「기억과 전망」 통권 25호(2011년 겨울호), 180(114-183).

26)  김상숙, 『10월 항쟁: 1946년 10월 대구, 봉인된 시간 속으로』, 13-17; 154-57, 252-59.

27)  김규현, "대구 10월항쟁 민간인 희생 진실 빨리 밝혀야," 「한겨레신문」 2020년 10월 6일자 13면을 보라.

## 2) 제주4·3항쟁과 민간인 학살

단독정부 수립 반대와 자주통일에 대한 제주도민의 염원은 1947년 3월 1일 좌파 진영이 주도한 제주 북국민학교에서 개최된 삼일절 28주년 기념식에서 수많은 사람들이 참석했다는 데서 찾을 수 있다. 이 기념식 행사를 마치고 거리로 시가행진을 하던 사람들은 1946년 12월에 미국, 영국, 소련 외무상들이 모스크바에서 모여 민주주의 임시정부 수립을 위한 신탁통치를 합의한 '모스크바 3상회의'를 지지하고, 미소공동위원회[28]를 통한 통일정부 수립을 요구하는 구호를 외치던 중에 미군정 경찰의 발포로 6명이 죽고 여러 명이 다친 사건이 발생했으며, 이 사건에 대한 항의로 3월 10일부터 제주도 전역에서 민관 총파업이 시작되어 일주일 간 지속되었다. 경찰은 삼일절 행사를 준비한 사람들과 파업 주동자들 수백 명을 검거하여 가혹하게 고문했으며, 1948년 3월에 들어서면서 3명이 지서에서 고문치사를 당한 사건이 발생했다.

1948년 4월 3일 남조선노동당 제주도당위원회가 주도한 350여명으로 구성된 인민 유격대가 단독정부 수립을 위한 5.10 총선거를 반대하기 위해서 제주도 내 24개 경찰지서 가운데 12개 경찰지서와 우익 인사들의 집을 습격함으로써 제주4·3항쟁이 시작되었다.[29]

제주4·3항쟁을 일으킨 인민 유격대는 군경의 토벌을 피해 한라산으로 깊이 들어갔다. 미군정장관 딘(William F. Dean) 소장은 4·3항쟁을 진압하기 위해 각 도로부터 차출한 경찰을 제주도에 증파했으나, 경찰력만으로 사태를 해결이 어려워지자 제주도 군정관 맨스필드(John S. Mansfield) 중령에게 제주도 모슬포에 주둔한 미군정 국방경비대 제9연대에게 진압작전에 참여시키라는 지시를 내렸고, 또한 본격적인 진압작전에 앞서 인민 유격대 지도자와 협상하여 항복을 유도하라는 지시를 내렸다. 국방경비대 제9연대장 김익렬 중령은 맨스필드 군정관으로부터 인민 유격대 지도자와 협상할 임무를 부여받았다. 한라산 곳곳에 경비행기로 뿌린 평화협상을 제안하는 김익렬 연대장이 작성한 전단지 내용은 다음과

---

28) 미소공동위원회는 1946년 2월 6일 설치되어 1947년 10월에 해산되었다.

29) 4월 3일 인민유격대의 공격에 의한 피해로서 경찰은 사망 4명, 부상 6명, 행방불명 2명이었고, 우익인사 등 민간인은 사망 8명, 부상 19명이었다. 제주4·3항쟁에 대해서는 아라리연구원 편, 『제주민중항쟁 I-2』 (서울: 소나무, 1988); 서중석, 『제주4·3민중항쟁에 관한 연구』, (서울: 전예원, 1999); 양정심, 『제주4·3항쟁 연구: 저항과 아픔의 역사』 (서울: 선인, 2008); 양조훈, 『4·3 그 진실을 찾아서』 (서울: 선인, 2015); 제주4·3연구소 편, 『무덤에서 살아나온 4·3수형자들』 (서울: 역사비평사, 2002); 안정애, "4·3과 한국정부의 역할: 군부를 중심으로", 「4·3과 역사」 제2호 (2002), 41-70; 한국역사연구회 편, 『제주4·3연구』 (서울: 역사비평사, 1999)를 참조하라.

같다.[30]

친애하는 형제 제위에

우리는 과거 반삭(半朔) 동안에 걸친 형제 제위의 투쟁을 몸소 보았다. 이제부터는 제위의 불타는 조국애와 완전 자주통일 독립에의 불퇴전의 의욕을, 그리고 생사를 초월한 형제 제위의 적나라한 진의를 잘 알았다. 이에 본관은 통분한 동족상잔, 골육상쟁을 이 이상 백해무득이라고 인정한다. 우리 국방경비대는 정치적 도구가 아니다. 나는 동족상잔을 이 이상 확대시키지 않기 위해서 형제 제위와 굳은 악수를 하고자 만반의 용의를 갖추고 있다. 본관은 이에 대한 형제 제위의 회답을 고대한다. 우리가 회합할 수 있는 적당한 시일과 장소를 여하한 방법으로든지 제시하여주기 바란다.

1948년 4월 22일
제9연대장 육군중령 김익렬

1948년 4월 28일 미군정 측 협상 대표로 27세의 김익렬(1921-1988) 중령과 25세의 인민유격대 총사령관 김달삼(1923-1950)[31]이 비밀리에 만나서 협상을 채결했다.[32] 합의 내용은 "① 72시간 내에 전투를 완전히 중지한다 ② 무장해제는 점차적으로 하되 약속을 위반하면 즉각 전투를 재개한다 ③ 무장해제와 하산이 원만히 이뤄지면 주모자들의 신병을 보장한다"는 것이다.

하지만 미군정 당국이 강경진압 방침으로 선회함으로써 이 평화협상은 파기되었다.[33] 5월 1일 여러 명의 우익 청년들이 제주도 오라리 마을에서 여러 채의 민가에 불을 지른 방화사건이 일어났다. 미군정관 맨스필드 중령은 이 방화사건이 인민 유격대의 소행이라고 주장하는 경찰의 보고를 받아드렸으나, 우익청년단이 이 사건을 일으켰다는 김익렬 연대장의 보고를 받아들이지 않았다.

5월 5일 미군정장관 딘 소장과 조병옥 미군정 경무부장 일행이 제주도를 시찰하고 강경진압을 지시하고 떠난 이튼 날인 5월 6일 김익렬 중령은 제9연대장 직

---

30) 「독립신보」 1948년 4월 30일자.
31) 그의 본명은 이승진이며, 그는 제주 대정중학교 사회 과목 교사였다.
32) 그 회담 장소는 대정면 구억리 구억국민학교인 것으로 알려졌다.
33) 이 평화협상에 대해서는 제민일보 4·3 취재반 편, 『4·3은 말한다 2』(서울: 전예원, 1994)를 참조하라.

에서 해임되고 여수 14연대 연대장으로 발령되었으며, 박진경 중령이 제9연대 장으로 임명되었다.[34]

1948년 5월 10일 실시된 남한 단독 정부 수립을 위한 제헌국회 국회의원을 뽑는 총선거에서 제주도 3개 선거구 중 2개 선거구는 주민들이 투표를 거부하고 산으로 피신했기 때문에 투표자 수 과반수 미달로 무효 처리되었다. 제주도는 미 군정이 실시한 남한만의 총선거를 거부한 유일한 지역이 되었으며, 그러므로 제 주도는 사상적으로 불온한 사람들이 사는 섬으로 낙인찍혔다.

남한에 이승만 정부가 1948년 8월 15일 수립되었고, 북한에 김일성 정부는 같은 해 9월 9일 수립되었다. 남한 정부는 경찰을 통한 강경진압을 위해서 8월 20일경 응원경찰 800명을 제주도로 증파했다. 정부는 제주 인민유격대와 그들 의 협력자들을 군대를 통해서 조기에 진압할 목적으로 1948년 10월 11일 제주 도경비사령부를 설치했으며, 같은 해 11월 17일 제주도에 계엄령을 선포하고 인민유격대의 근거지를 없애기 위해서 해안에서 5km 떨어진 중산간 마을 주민 들에게 해안 마을로 이사하도록 소개령(疏開令)을 내리고 이듬 해 2월까지 약 4개 월간에 걸쳐 중산간 지역을 초토화시키는 작전을 벌였다.

토벌대로 나선 군인과 경찰과 서북청년단[35]은 수많은 무고한 사람들을 공산 주의자들로 또는 인민 유격대의 협력자들로 간주하고 참혹하게 학살했다. 그들 은 마을들을 불태웠으며, 또는 마을 전역을 수색하면서 남아 있는 가족 중에 남 자가 집에 없으면 그를 입산자로 단정하고 그 가족을 대신 총살하는 소위 대리 학살을 자행했다.[36] 한 예를 들면, 1948년 12월 10일에 경찰들은 개수동 비학 동산에서 끌려온 입산자 가족들을 집단 총살했으며, 그리고 한 임신한 젊은 여인 을 옷을 벗기고 나체로 팽나무에 매달아 놓고 총에 대검을 꽂아 찔러 죽였다. 그 들은 그녀의 남편이 도피했다는 이유로 그이 대신에 그의 아내를 죽였다.[37]

---

34) 박진경은 1948년 6월 1일 대령으로 진급했다. 그는 6월 17일 진급 축하연을 마치고 숙소에서 잠 을 자던 6월 18일 새벽에 그의 강경진압을 반대한 문상길 중위와 손선호 하사, 신상우 하사, 배경 용 하사에 의해서 암살되었다.
35) 서북청년단은 이북의 서북지역에서 남하한 기독교 청년들을 중심으로 1946년 11월 30일 서울에 서 조직된 반공청년단체이다. 그들은 서울 영락교회의 청년회원들이었다. 서북청년단은 1947년 3.1사건 직후 유해진 도지사의 요청으로 제주도에 들어오기 시작했다. 제주4·3항쟁 당시에 제주 도에서 활동한 서북청년단의 수는 500명에서 700명 정도로 추정된다.
36) 허영선, 『제주 4·3을 묻는 너에게』 (파주: 도서출판 서해문집, 2014), 115.
37) 좌동철, "아기 밴 여인까지 나무에 매달고…4월의 눈물," 「제주신보」 2018년 7월 29일자; 하명실, 『제주도 하귀마을의 4·3 경험과 치유과정 연구』, 제주대학교 대학원 석사학위논문(2017년), 32-34를 보라.

미군은 제주 4·3항쟁을 공산주의자들이 일으킨 반란으로 인식했다.[38] 미군정의 제주지구 미군 사령관 브라운(Rothwell H. Brown) 대령은 "제주도민의 약 80%가 공산주의자(the Communist)와 연관되어 있거나, 또는 그들과 협조하고 있다"라고 규정했으며, 한국군의 작전통제권을 가진 미국 군사고문단장 로버츠(W. L. Roberts) 준장은 한국군의 초토화 작전을 "공산주의자들의 소탕"(cleaning-up of Communists)을 위한 것으로 인식했으며, 그리고 한 미군 보고서는 한라산에서부터 내려온 사람들을 체포하여 군법회의에 회부한 결과에 대해서 "약 2000명의 공산주의자들에 대한 재판이 제주도에서 최근에 끝났는데, 약 1,650명이 20년에서부터 종신형까지 선고받았고, 350명이 사형 선고를 받았다"라고 한다.[39]

군경의 토벌 작전은 1948년 4월 3일 시작하여 한라산에 금족령이 해제된 1954년 9월 21일까지 약 7년간 지속되었다.[40] 제주4·3항쟁 당시 제주도의 인구수는 30만 명이었다. 제주도 인구의 10 퍼센트인 3만 명의 민간인들이 군경에 의해서 학살된 것으로 추정된다.[41]

1978년에 발표된 제주4·3사건의 희생자들을 언급한 현기영의 단편 소설 "순이 삼촌"[42]의 일부는 다음과 같다.

> "아, 떼죽음 당한 마을이 어디 우리 마을뿐이던가. 이 섬 출신이거든 아무나 붙잡고 물어보라. 필시 그의 가족 중에 누구 한 사람이, 아니면 적어도 사촌까지 중에 누구 한 사람이 그 북새통에 죽었다고 말하리라. 군경전사 몇 백과 무장공비 몇 백을 빼고 5만 명에 이르는 그 막대한 주검은 도대체 무엇인가?"

1987년에 발표된 이산하의 장편 서사시 "한라산"[43]의 일부는 다음과 같다.

---

38) 제주4·3항쟁에 대한 미국의 인식과 개입에 대해서는 허호준 『4·3, 미국에 묻다』 (서울: 선인, 2021)를 참조하라.

39) 박찬우, "'미군정, 제주4·3 초토화 작전 극찬' 증거 존재," 「오마이뉴스」 2020년 1월 20일자.

40) 제주4·3사건진상규명및희생자명예회복위원회, 『화해와 상생: 제주4·3위원회 백서』 (서울: 일흥인쇄주식회사, 2008), 43.

41) John Merrill, ″The Cheju-do Rebellion,″ *Journal of Korean Studies*, 2 (1980), 194-195; Seung Nae Kim, ″The Work of Memory: Ritual Laments of the Dead and Korea's Cheju Massacre,″ in: Janice Boddy and Michael Lambek (ed.), *A Companion to the Anthropology of Religion* (Oxford: Wiley Blackwell, 2013), 224: 권귀숙, 『기억의 정치: 대량학살의 사회적 기억과 역사적 진실』 (서울: 문학과지성사, 2006), 71.

42) 현기영 "순이 삼촌"은 『창작과 비평』 제13권 제3호(1978 가을)에 처음 발표되었다.

43) 이산하의 서사시 "한라산"은 「녹두서평 1」 (1987년 3월 25일)에 처음 발표되었다.

"거듭 말하노니

한국현대사 앞에서는 우리는 모두 상주이다.

오늘도 잠들지 않는 남도 한라산

그 아름다운 제주도의 신혼 여행지들은 모두

우리가 묵념해야 할 학살의 장소이다.

그곳에 뜬 별들은 여전히 눈부시고

그곳에 핀 유채꽃들은 여전히 아름답다.

그러나 그 별들과 꽃들은

모두 칼날을 물고 잠들어 있다."


### 3) 여순항쟁과 민간인 학살

1948년 10월 19일 밤에 전라남도 여수 신월리(新月里)에 주둔한 국군 제14연대의 2천여 명의 군인들은 무장 봉기를 일으켰다. 제14연대는 1948년 5월 4일 여수에서 창설되었다. 제14연대의 군인들이 일으킨 봉기는 제주4·3항쟁과 직접적인 관련이 있다. 정부는 제주4·3을 진압할 목적으로 부산에 있는 제5연대, 대구에 있는 제6연대, 그리고 여수에 있는 14연대에 제주도 출병 명령을 내렸다. 그러나 여수 14연대 병사들은 제주도 출병 명령을 부당한 명령으로 거부하고 1948년 10월 19일 집단 항명을 했다.[44] 그 당시 봉기군이 여수인민보에 발표한 성명서는 아래와 같다.


"애국인민에게 호소함.

우리들은 조선 인민의 아들 노동자, 농민의 아들이다. 우리는 우리들의 사명이 국토를 방위하고 인민의 권리와 복리를 위해서 생명을 바쳐야 한다는 것을 잘 안다. 우리는 제주도 애국인민을 무차별 학살하기 위해 우리들을 출동시키려는 작전에 조선 사람의 아들로서 조선동포를 학살하는 것을 거부하고 조선 인민의 복지를 위하여 총궐기하였다.

1. 동족상잔 결사반대 2. 미군 즉시 철퇴.

제주토벌출동거부병사위원회"[45]

---

44) 1948년 5월 6일 제주도 제9연대장에서 여수 제14연대장으로 전근된 김익렬은 1948년 7월 15일 해임되었고, 후임 연대장 오동기 소령 역시 곧 해임되었으며, 박승훈 중령이 여순항쟁 발발시 제14연대 연대장이었다.

이 성명서는 봉기군이 남긴 유일한 전언이다. 봉가군의 핵심 주도자 40여 명의 하사관들은 제주도에서 발생한 4·3항쟁과 군경이 시민들을 학살로 진압하고 있다는 정보를 알고 있었다.[46] 그러므로 봉기군은 동포 학살을 의미하는 제주도 출동명령을 부당한 명령으로 규정하고 제주도민의 생명을 지키기 위해 거부했다. 봉기군 중에는 그리스도인들도 있었다. 예를 들면, 봉기군의 주도 세력 중의 한 명으로서 지리산으로 들어가서 빨치산 활동을 했던 이영희(1926-1953)는 어릴 적 고향인 전남 순천시 해룡면 도룡리에 있는 도룡교회를 다녔다. 1939년에 촬영된 그 교회의 주일학교 사진 속에 그의 얼굴이 있다.[47]

봉기군의 의도와 행동은 신학적 관점에서 본다면 정당성을 찾을 수 있다. 성서는 인간은 모두 "하나님의 형상대로" 평등하게 창조되었다고 말한다(창 1:27). 이것은 인간에게서 하나님의 형상을 볼 수 있을 만큼 인간이 존엄하다는 것을 의미한다. 또한 이것은 모든 인간은 주체로 평등하게 자주적으로 살아갈 권리가 있다는 선언이다. 그러므로 인간에게는 자신의 생명과 인권만을 위해서가 아니라, 이웃의 생명과 인권을 위해 불의한 법과 폭력 행위에 대항해야 할 "저항의 권리와 저항의 의무"[48]가 있다. 그러므로 제14연대 군인들의 봉기는 정부의 국가폭력에 반대하고, 집단 학살의 대상이 된 제주도민의 생명을 지키기 위한 저항의 권리와 저항의 의무를 실천한 윤리적 행동이었다고 할 수 있다. 그들은 결코 두 달 전에 세워진 이승만 정부를 전복시키고 권력을 차지하기 위해서 반란(叛亂)을 일으킨 것이 아니라, 동족학살을 거부하고 통일조국과 민주주의를 위해서 목숨을 바쳐 투쟁한 것이다.

단독 정부 수립과 친일 경력을 가진 경찰의 등용, 인민위원회를 중심으로 한 이른바 좌익세력에 대한 탄압, 그리고 피폐한 경제적 상황 등에 실망한 여수와 순천의 지역민들과 좌익 세력이 봉기군을 지지하고 합세함으로써 제14연대의 봉기는 전남 지역을 비롯한 전북, 경남 일부 지역까지 확산된 여순항쟁으로 발전

---

45) 여수인민위원회가 발간한 「여수인민보」 창간호, 1948년 10월 24일자 1면; 고영환, "여순잡감 1," 「동아일보」 1948년 11월 30일; 주철희, 『동포의 학살을 거부한다: 1948년 여순항쟁의 역사』 (전주: 흐름출판사, 2017)에서 재인용.

46) 아마도 봉기군의 핵심 주도자들은 제주도에서 일어난 4·3 사건과 군대를 통한 강경 진압을 제14연대장으로 부임한 김익렬로부터 들었을 것이다. 그가 1969년 육군중장으로 예편한 후 쓴 「4·3의 진실」이라는 회고록이 사후에 공개되었다.

47) 주철희, "빨치산 사령관 '이영희'의 삶과 투쟁", 『지리산의 저항운동』 (서울: 도서출판 선인, 2015), 310(307-336).

48) 위르겐 몰트만/조성로 옮김, 『정치신학, 정치윤리』 (서울: 도서출판 심지, 1986), 223.

했다.[49]

봉기군은 자신들의 행동을 조국통일과 민주주의를 위해 싸우는 것으로 인식하고 장기적인 유격투쟁을 위해서 지리산 입산을 목표로 이동했다. 봉기군의 대다수는 10월 20일 이른 아침에 여수 시내를 통과하여 여수역에서 기차를 타고 순천으로 이동했다.[50] 순천역 앞에서 홍순석 중위가 지휘하는 순천파견 2개 중대가 즉시 봉기군에 합류했고, 그리고 광주에서 순천으로 급파된 집안군 제4연대 1개 중대도 봉기군에 가담했다. 지리산을 향해서 이동하는 봉기군과 경찰대 사이의 교전 상황에서 많은 경찰대원들이 전사했다. 10월 20일 오후 3시경에 여수에서 수천 명이 참가한 인민대회가 열렸다. 또한 여수와 순천에서 복구된 인민위원회의 인민재판에 의해서 여러 명의 지역 정치가들이 처형되었다.

봉기군은 벌교, 보성, 고흥, 곡성, 광양, 구례, 산청까지 진격했다. 정부는 봉기군을 진압하기 위해서 즉각 여러 연대를 진압군으로 동원했으며, 10월 22일 여수와 순천에 계엄령을 선포했다. 미국 임시군사고문단장 로버츠 준장은 진압군의 작전 지휘권을 행사하고 또 최신 무기와 군수물자를 지원하면서 봉기군 진압에 적극적으로 개입하였다.[51] 하우스만(James H. Hausman, 1918-1996) 대위는 송호성 사령관의 고문 자격으로 진압 작전에 참여했다. 진압군은 10월 23일 오전에 순천을 이미 탈환했고, 여수를 공격했다.

10월 24일 여수의 종고산과 장군산의 깊은 골짜기에 이르는 '인구부'라고 불리는 지역에서 시민군과 제14연대의 잔류 군인들은 전력을 다해서 진압군의 공격을 막았다. 그런데 이 전투에서 시민군에게 탄약을 나르던 순천사범학교 1학년 여학생이며 민주여성동맹원인 18세의 정기덕이 진압군의 총을 맞고 죽었다. 10월 25일 오후 1시에 여수 보안서(=여수경찰서) 앞에서 거행된 그녀의 장례식에서 학생들이 추도가를 불렀고, 마지막에 가족 인사로 그녀의 어머니가 다음과 같이 말했다,

"나라와 겨레에 바쳤으니 아깝지도 슬프지도 않으나, 다만 지나간 쓰라린 세월 애가 그 어려운 '운동'이라는 것을 한답시고 덤벙될 때 어미로서 밥 한 끼 따뜻하게 못

49) 주철희, "여순사건, 그들은 누구인가?" 국립순천대/국립경상대 인문한국(HK) 지리산권문화연구단 편, 『지리산의 저항운동』(서울: 도서출판 선인, 2015), 257-306; 손태희, "여순사건 참가계층의 제유형," 『지리산의 저항운동』, 227-55.
50) 최선웅, "14연대 반군의 종착지, 지리산," 『지리산의 저항운동』, 201-25.
51) 이영일, "지역운동과 여순사건," 『기억과 전망』(2004 여름), 217.

해먹인 것이 가난하여 별수 없었다고는 하지만 마음에 미안스럽고 애처로울 따름이다."[52]

정기덕의 언니인 24세의 정기순은 10월 20일 개최된 여수 인민대회에서 민주여성동맹을 대표해서 연설했으며,[53] 그녀의 큰 오빠 정기주는 여수 민청위원장이었으며, 그녀의 작은 오빠 정기만은 진압군 헌병들에 의해서 처형되어 여수 만성리 '형제묘'에 다른 희생자들과 함께 묻혔다.

1948년 10월 19일 시작된 8일간의 여순항쟁의 불꽃은 진압군의 강경 진압에 부딪혀 여수가 탈환되면서 10월 27일에 꺼졌다. 그러나 진압군은 지리산과 백운산에 입산한 봉기군을 계속해서 추적했고, 진압군과 경찰은 주민들을 대상으로 봉기군 협력자들을 색출하는 심사 작업을 했으며 잔존 봉기군과 부역자들을 색출해서 잔혹하게 보복했다.[54] 그들은 순천과 여수에서 각각 모든 지역민을 초등학교 운동장 등 넓은 장소에 모아놓고 부역혐의자 심사를 했다. 부역자로 지목되거나 밝혀진 사람들은 그 자리에서 몽둥이, 쇠사슬, 소총 개머리판 등으로 무참하게 때리거나 총살했다.

그 당시 현장에서 직접 사진을 찍어 잡지 Life에 보도했었던 미국인 기자 칼 마이던스(Carl Mydans, 1907-2004)는 1959년에 미국에서 출간한 More than Meets the Eye라는 책에서 "이 반란은 한반도의 최남단에 주둔하고 있던 연대 안의 작은 공산주의자 세포"가 일으켰으며, "장기간 인민을 억압해온 지역 정치가들과 경찰에 대한 불만 때문에" 지역민들이 봉기에 가담한 것이라고 회고한다. 그는 진압군과 경찰이 시민들을 학교 운동장에 집결시켜 놓고 봉기군에 협력한 혐의자들을 심사하는 과정에서 저지른 국가 폭력의 잔혹성과 인간성 파괴를 다음과 같이 서술한다.

---

52) 박찬식, "칠일간의 여수," 「새한민보」 제2권 제19호(1948년 11월); 홍영기, 『여순사건자료집 1』 (서울: 삼인, 2001), 545(539-46).

53) 부산으로 도피했던 정기순은 1949년 12월에 체포되어 미결수로 광주형무소에 8개월간 구금되었다가 한 특공대 대장의 도움으로 구사일생으로 석방되었다. 그녀는 한국전쟁 중에 인민군의 지시로 여수 여맹 위원장으로 활동했으며, 다시 체포되어 1953년 9월에 순천지방법원에서 3년 징역형을 선고받고 복역했다.

54) 여순항쟁에 연루된 부역자 색출과 민간인 학살 기간은 제14연대 군인들의 봉기가 시작된 1948년 10월 19일부터 빨치산 활동을 이어간 봉기군이 모두 토벌되어 지리산 임산금지가 해제된 1955년 4월 1일까지 6년간으로 넓게 잡을 수 있다.

"나흘 후 내가 3명의 다른 기자들과 함께 시내에 들어갔을 때 시민들이 모두 학교 운동장에 모여 있었다. 이곳에서 봉기를 진압했던 정부 군대는 반란자들이 저질렀던 잔학한 짓과 똑같이 야만성과 정의를 무시하는 태도로 보복하고 있었다. 운동장에 흩어져 있는 여러 작은 집단에서는 소총 개머리판과 곤봉을 든 군인과 경찰들이 무릎을 꿇은 남자들로부터 자백을 받아내고 있었다.

어깨에 소총을 매고 일본 헬멧을 쓰고 있는 한 경찰부대 생존자는 무릎을 꿇은 한 남자가 맞고 기절해 쓰러졌다가 다시 일어나 마침내 '자백'할 때까지 그의 얼굴을 소총 개머리판으로 번갈아 때리고, 또 마치 동물이 뿔이나 머리로 들이받는 것처럼 헬멧 쓴 머리로 얼굴을 들이받으며 그 남자 주위를 돌면서 환상적인 지그(zig) 춤을 추었다. 그러고 나자 그 남자는 자백 강요에 굴복한 다른 모든 사람들과 똑같이 운동장 건너편의 구덩이로 끌려가 총살되었다. 그의 이름, 그의 죄명, 또는 누가 그를 심문하거나 처형을 집행했는지에 대한 어떠한 기록도 없었다.

부녀자들과 아이들은 이 광경을 지켜보고 있었다. 그런데 모든 것 중에서 나에게 가장 끔찍한 시련은 그 광경을 가만히 지켜보고 있던 아이들과 부녀자들의 침묵, 자신들을 잡아온 군경들 앞에 무릎을 꿇고 있던 남자들의 자기 억제, 그리고 총살 당하러 끌려갈 때 아무 말 없었던 남자들의 침묵이다. 항의의 말도 결코 없었다. 자비를 애원하는 울부짖음도 결코 없었다. 하나님의 도움을 비는 어떤 중얼거림도 결코 없었다. 다시 몇 세기가 그들에게 주어진다고 해도, 그것이 무슨 소용이겠는가?"[55]

같은 책에서 칼 마이던스는 부역 혐의자로 끌려와 무릎 꿇고 양 팔을 위로 든 사람들 중 극심한 공포에 질려있던 한 여자를 아래와 같이 회상한다.

"나는 한 무리의 사람들 중 경찰 심문을 받기 위해 자기 차례를 기다리고 있는 한 여자를 보았다. 그 여자는 길에 박혀있는 뾰족한 돌 위에 조심스럽게 무릎을 꿇고 양 팔을 머리 위로 올리고 있었다. 그녀의 사내아이는 울고 애원하면서 그녀의 가슴에 닿으려고 몇 번이고 애를 쓰면서 기어갔지만, 그 여자는 감히 아이를 돕기 위해서 팔을 내리지 못했다."[56]

---

55) Carl Mydans, *More than Meets the Eye* (New York: Harper & Brothers, 1959), 292-93.
56) Carl Mydans, *More than Meets the Eye*, 291.

10월 22일 개최된 여수인민위원회 대강연회에서 위원장 이용기와 함께 연설할 것으로 알려졌던 여수여자중학교 교장 송욱(당시 32세)은 실제로 강연회에 참석하지 않았지만 여순사건 민간인 총지휘자로 몰려 억울하게 처형되었다.[57] 부역 혐의자 심사는 몇 달간 계속되었고, 군경에 의해서 끌려온 무고한 민간인들은 현장에서 처형되거나, 군법회의와 1948년 12월 1일 공포된 국가보안법에 따라 중형을 선고받거나 또는 사형을 선고받고 집단 처형되었다. 또한 진압군과 경찰은 수많은 무고한 민간인들을 봉기군 협조자로 규정하고 학살했다.[58]

여순항쟁에 연루되어 학살당한 민간인 희생자들의 수에 대한 정확한 통계는 없다. 1949년 10월 25일 전라남도가 조사하여 발표한 자료에 의하면 전남지역에서만 희생자 수가 1만1131명이었다. 전라남도 외의 여러 지역에서 발생한 여순항쟁 관련자들에 대한 학살과 형무소 구금자들과 국민보도연맹원에 대한 집단 학살을 고려하면 전체 피학살자들의 수는 최소 1만5천 명에서 최대 2만 명, 또는 그 이상으로 추정된다. 이승만 정부는 여순항쟁을 계기로 국가보안법을 제정하여 반공국가를 구축하고 반공문화를 형성했다. 유족들은 민간인 학살사건에 대해서 오랫동안 침묵하면서 통한의 세월을 보낼 수밖에 없었다.

2000년에 여순사건 52주년 추모시로 지어진 여류시인 조계수의 "진혼(鎭魂): 통곡조차 죄가 되던 세상, 떠도는 혼령이여!"라는 시(詩)는 다음과 같다.[59]

"시월이 오면 어혈을 풀지 못한 여수 앞 바다는 굽이굽이 갈기를 세워 달려든다.
신월리에서 만성리에서 가막섬 애기섬을 돌아오는 저 외치는 자의 소리여,
그 소리 곁에 천년을 두고도 늙지 않는 바람이 오동도 시누대 숲을 흔들어 깨운다.
반세기 가려진 햇빛이 비늘을 벗는다.

살아서 죽은 자나 죽어서 산 자나 이제는 입을 열어 말할 때
오! 그날 밤 하늘마저 타버린 불길 속에서 우리는 길을 잃었다.
눈먼 총부리에 쓰러진 그들은 제 살 제 피붙이였다.

57) 여순사건의 시대사에 대해서는 그 당시 여수여중 국어과목 여교사였던 전병순이 쓴 장편 소설 『절망 뒤에 오는 것』(서울: 국제문화사, 1963)을 참조하라.
58) 김득중, 『빨갱이의 탄생』(서울: 선인, 2009), 40-41.
59) 오문수, "20년 전의 시 '진혼'이 여순사건 추모곡이 된 사연," 「여수넷통뉴스」(2020. 10. 17.)에서부터 인용.

밤 내 돌아오지 않는 아들을 찾아 피묻은 거적을 들추는 어미의 거친 손

통곡조차 죄가 되던 세상 그 핏물 스며든 땅에 씀바귀, 지칭개, 민들레

들꽃들은 다투어 피어나는데 아직도 어두운 흙 속에 바람 속에

두 손 묶여 서성이는 혼령이여, 자유하라!

그대들을 단죄 할 자 누구도 없나니.


허물을 털고 일어서는 진실만이 용서와 사랑의 다리를 놓는 법,

그 다리를 건너오는 아침을 위해 눈감지 못하는 하늘이여,

다물지 못하는 바다여, 50년 바람 속에 떠도는 호곡을 그치게 하라."


### 4) 국민보도연맹 사건과 민간인 학살

국민보도연맹(國民保導聯盟)은 1948년 12월 1일에 제정된 '국가보안법'에 따라 공산주의 사상에 물든 자들을 전향시켜 '보호하고 인도한다'는 취지에서 1949년 6월 5일에 결성된 이승만 정부의 국가적 반공단체 조직이다.[60] 정부는 당시 보도연맹을 조직하면서 전향자들을 대한민국의 국민으로 보호 육성한다고 밝혔다. 1949년 11월 28일 권승렬 법무부장관은 다음과 같은 담화내용을 발표했다.

"대한민국은 민주국가로서 동포 단 한 사람의 이탈도 이를 묵과할 수 없다. 따라서 그릇된 공산주의 사상에 일시 오도되어 동족 상장을 일삼는 반역도당에 가입 활동하였을 지라도 감연히 그의 전과를 깨끗이 후회하고 대한민국에 충성된 국민 되기를 염원하고 실천에 옮긴 자라면 우리는 그들을 위하여 관용 환대해 줄 용의가 있음을 언명해 둔다. 그리고 이러한 전향자는 국민보도연맹에 자진 가입하여서 개과천선의 실천을 나타내 주기를 희망한다."[61]

그러므로 좌익단체에 가입했던 사람들과 10월항쟁과 제주4·3항쟁과 여순항쟁 관련된 자들이 모두 국민보도연맹에 가입했다. 또한 좌익 활동과 아무런 관련이 없는 많은 사람들이 식량과 비료를 얻게 될 것이라는 이장이나 지역 담당자들

---

60) 국민보도연맹에 대해서는 한지희, "국민보도연맹의 결성과 성격," 숙명여자대학교 대학원 한국사학과 석사논문 (1995); 김기진, 『끝나지 않은 전쟁, 국민보도연맹: 부산, 경남지역』 (서울: 역사비평사, 2002)을 보라.

61) 김태광, "해방 후 최대의 양민참극: 보도연맹 사건," 『말』 (1988년 12월호), 26; 한지희. "국민보도연맹의 결성과 성격," 62에서 재인용.

의 말을 듣고 보도연맹에 가입했다. 그들에게는 시·도민증 대신 국민보도연맹원증이 발급되었다,[62] 1950년 3월 국민보도연맹 가입자 수는 전국적으로 33만5천명이었다.

그러나 한국전쟁이 발발하자 정부는 국민보도연맹에 가입된 사람들이 인민군에 지원하거나 협조할 우려가 있다는 이유로 그들을 전국 각지에서 예비 검속하여 산과 들과 바다에서 잔혹하게 집단학살하였다. 이것은 정부가 국민보도연맹을 조직할 당시에 표방했던 결성취지와 전혀 맞지 않는 국가폭력이다. 국민보도연맹 사건 희생자들의 수는 30만 명으로 추정되지만,[63] 아직까지 그들의 죽음에 대한 진상규명도 이루어지지 못했다.[64] 정부가 군경을 통해서 보도연맹원들을 의도적으로 그리고 계획적으로 집단학살한 것은 명백한 국가범죄이며, 제노사이드이다.

예비 검속된 보도연맹원들은 대전 산내면 골령골을 비롯하여, 경북 청도군 매전면 곰티재, 경남 경산의 코발트 광산, 영천 임고면 아작골, 경주 내남면 매주골, 충북 청원 남일면의 분터골, 울산 대운산 골짜기, 그리고 경남 마산 앞 바다와 전남 여수의 애기섬 앞 바다, 등 남한 전국 각지의 산과 들과 바다에서 잔혹하게 집단 학살되었다.

예를 들면, 8살 딸과 5살 아들을 둔 청주 중앙초등학교 여교사 박정순(1923-1950)은 남편이 좌익 활동을 하다가 행방불명되자 경찰은 그녀와 그녀의 올케를 강제로 국민보도연맹에 가입시켰다. 그녀는 1950년 7월 11일 오후 청주 경찰서의 호출을 받고 허겁지겁 경찰서로 갔다가 구금되어 이튿날 오전에 군경에 의해서 트럭에 실려 그녀의 올케를 포함한 150여명의 보도연맹원들과 함께 충북 보은군 내북면 아곡리 아치실 골짜기에 끌려가서 총살되었다.[65]

또 다른 예를 들면 대전형무소에 수감된 국민보도연맹원들이 제주4·3항쟁과 여순항쟁 관련자들과 함께 대전시 산내면 낭월동 골령골에서 1950년 6월 28일부터 7월 17일 사이에 3차례에 걸쳐서 방첩대, 헌병대, 그리고 경찰에 의해서 참혹하게 집단 학살되었다. 1차 학살은 6월 28일부터 3일간 약 1400명, 2차 학살

62) 김태우, "제노사이드의 단계적 메커니즘과 국민보도연맹사건: 대한민국 공산주의자들의 절멸 과정에 관한 일고찰," 「동북아연구」 제30권 1호(2015), 172.

63) 김영범, "한국전쟁 전후의 민간인 학살, 어떻게 청산할 것인가?," 「기억과 전쟁」 제4권 (2003 가을), 103.

64) 2008년 1월 24일 노무현 대통령은 울산보도연맹사건에 대해서 공식적으로 사과했다.

65) 김남균, "친정엄마가 찾으러 올 테니… 따로 묻어 주세요," 「충북인뉴스」 (2017. 6. 14).

은 7월 3일부터 3일간 약 2000명, 그리고 3차 학살은 7월 6일부터 10일간 약 3700명이 희생되었다. 골령골에 긴 두덩이가 여러 개 있으며 각각의 구덩이들의 길이를 연결하면 무려 1km가 된다.

재미 학자 이도영(1947-2012)[66]이 1999년 12월에 미국 국립문서기록보관청(NARA)에서 발굴한 에드워즈(Bob. E. Edwards) 중령이 1950년 9월 23일자로 작성하고 아보트(Abbott) 소령이 촬영한 18장의 처형 사진을 첨부한 Execution of Political Prisoner in Korea(한국에서의 정치범 처형)이라는 제목의 미군 보고서의 일부는 다음과 같다.

> "(...) 서울이 북한인들에 의해 함락되었을 때 그들이 수천 명의 죄수들을 형무소로부터 석방시킨 것으로 보고되었다. 형무소의 죄수들이 적군에 의해 석방될 가능성을 방지하기 위해 서울이 함락되고 난 후 몇 주 동안 수천 명의 정치범들을 처형한 것으로 우리는 믿고 있다. 학살이 전방 지역에서만 일어난 것이 아닌 점을 볼 때, 이러한 처형명령은 의심의 여지없이 최고위층(top level)에서 내려온 것이다. (...) 대전에서의 1,800명의 정치범 처형은 1950년 7월 첫째 주에 3일간에 걸쳐서 일어났다."[67]

영국의 일간지 신문 「데일리 워커(Daily Worker)」의 베이징 특파원이며 공산당원인 앨런 위닝턴(Alan Winnington, 1910-1983)은 한국전쟁이 발발하자 전쟁 상황을 보도하기 위해 종군 기자로 북한 인민군을 따라 남하하여 1950년 7월 16일 남한에 도착해서 5주간 머물렀다. 그는 인민군이 대전을 점령한 직후 여러 명의 인민군 병사와 주민들과 함께 직접 대전 낭월동 계곡에 가서 학살현장의 긴 구덩이들을 확인하고 사진을 찍었다. 그는 목격자들로부터 7월 2일 경찰들이 주민들에게 긴 구덩이들을 팠게 했고 이틀 후에 3일간에 걸쳐서 한국 군경이 두 대의 지프를 타고 온 미군사 고문단 장교들의 감독 아래 정치범들을 총살해서 구덩이

---

66) 이도영은 제주 태생으로 경북대학교 사범대학과 대학원에서 교육학을 전공하고 미국 Michigan 주립대학교에서 상담심리학 전공으로 1995년에 박사학위를 받았으며 제주 탐라대학교에서 교수로 2년 반 일한 후 다시 미국으로 돌아가서 거주하면서 제주4·3진상규명과 한국전쟁전후민간인 피학살 진상규명을 위해 노력했다. 그의 부친은 제주 대정면 사무소 공무원이었는데 한국전쟁 발발 직후 예비검속으로 붙잡혀 마을사람 250여명과 함께 섯알오름에서 학살되었다. 그의 조부가 조직한 백조일손(百祖一孫)유족회가 세운 비석은 1961년 5.16 군사쿠데타 직후 파괴되었다.
67) 이 미군 보고서와 처형사진에 대한 기사는 1999년 12월 24일자 제주 지역신문인 「제민일보」와 2000년 1월 6일자 「한국일보」에 보도되었다.

에 묻었다는 증언을 들었다. 그는 대전 낭월동 골짜기에서 7,000명이 학살당했다고 보도하는 "U.S. Belsen in Korea"(한국에 있는 미국 벨젠 수용소)라는 기사를 8월 9일자 신문에 발표했다.[68] 그리고 그가 베이징으로 돌아온 후 같은 해 9월에 낭월동 학살 현장 사진들을 첨부해서 영국 신문사로 보낸 *I saw the truth in Korea*(나는 한국에서 진실을 보았다)라는 제목의 장문의 기사는 특별 소책자로 제작되어 배포되었는데, 그 내용의 일부는 아래와 같다.

> "영동 도로의 대전에서 남동쪽으로 약 5마일 떨어진 낭월동 계곡을 상상해 보라. 산들은 약 100야드 너비와 4분의 1마일 길이의 평평한 바닥에서 가파르게 솟아 있다. 중간에서는 신발이 미제 탄피에 미끄러지더라도 안전하게 걸을 수 있지만, 그러나 측면에서는 조심해야 한다. 왜냐하면 계곡의 나머지가 7,000명이 넘는 남자들과 여자들의 시체를 흙으로 얇게 덮은 지표면이기 때문이다. 나와 함께 갔던 일행 중 한 사람은 썩고 있는 인체 속에 거의 허벅지까지 빠졌다가 걸어 나왔다. 발걸음을 옮길 때마다 지표면의 갈라진 틈을 통해서 점차 가라앉고 있는 살과 뼈의 덩어리를 들여다 볼 수 있다. 그 냄새는 목구멍 속으로 스며들어 오는 유형적인 것이다. 그 후 며칠 동안이나 나는 그 냄새를 맡을 수 있었다. 커다란 죽음의 구덩이들을 따라 밀랍 같은 죽은 자들의 손, 발, 무릎, 팔꿈치, 일그러진 얼굴, 총알에 맞아 깨진 머리들이 땅 위로 삐죽이 드러나 있다. 내가 벨젠(Belsen)과 부헨발트(Buchenbald)의 나치 살인수용소에 관한 글을 읽었을 때, 그곳이 어떠했을 것인지를 상상해보았다. 이제 나는 그 때의 내 상상이 틀렸다는 것을 안다."[69]

그리고 앨런 위닝턴은 낭월동 대량학살은 미국의 범죄라고 단언하면서 아래와 같이 말한다.

"1950년 7월 4일, 5일, 6일에 대전 부근의 형무소와 수용소로부터 정치범들이 여러 대의 트럭에 실려 낭월동 골짜기로 끌려왔는데, 트럭에는 먼저 철사로 묶인 후, 두들겨 맞아 의식을 잃은 사람들이 정어리처럼 차곡차곡 포개 실려 있었다. 그렇게 트럭에 실린 죄수들이 계곡에 운송되었고, 총을 맞고 구덩이 속으

---

68) 벨젠(Belsen)은 나치 살인 수용소이며, 『안네의 일기』로 유명한 안네 프랑크(Anne Frank)가 1945년 3월에 이 수용소에서 영양실조로 죽었다.
69) 이 논문에 인용된 앨런 위닝턴의 글은 이병학의 번역이다.

로 굴러 떨어졌다. 농부들은 구덩이들에 채워진 시체들을 흙으로 덮었다. 그 후 10일 동안 다른 지역들로부터 죄수들이 비어 있는 형무소로 집결되었으며, 그리고 농부들은 구덩이를 파러 갔다. 7월 16일 인민군이 미군의 금강 방어선을 돌파했으며, 그리고 7월 17일 새벽에 남아 있는 죄수들에 대한 학살이 시작되었다. 이날 적어도 트럭 1대당 100명씩, 트럭 37대분의 죄수들이 총살되었는데, 많은 여성들을 포함해서 3천 700명 이상이 학살되었다. 미군 장교들은 괴뢰군 장교들(officers of the puppet army)[70]과 함께 매일 지프를 타고 와서 학살을 감독했다. 모든 목격자들이 이 사실에 동의하고 있으며, 나는 여러 목격자들에게 개별적으로 지프와 미군 장교들이 서 있었던 장소를 보여 달라고 요청했다. 주위에는 빈 미제 담뱃갑이 놓여 있었다. 땅 위에 있는 수천 개의 탄피는 모두 미제였다. 나는 한 움큼의 M-1과 카빈 탄피를 주었는데, 그것을 나는 아직도 가지고 있다. 모든 총알 하나하나가 한국인 애국자 한 사람씩에게 발사되었다. 이것은 미국의 지시에 의해서 실행된 대량학살 중의 하나일 뿐이다. 모든 도시마다, 심지어 모든 마을마다 애도해야 할 살해당한 민주주의자들이 있다. 가장 낮은 추정치는 6월 25일 이후 사망한 정치범의 수를 20만 명으로 보고 있지만, 그 수치는 40만 명에 이를 수도 있다."

그런데 런던에 있는 미국 대사관은 위닝턴의 대전 낭월동 학살 보도를 "잔혹행위 조작(atrocity fabrication)"이라고 불렀고 그 내용을 부인했다.[71] 더구나 영국 정부는 위닝턴을 반역자로 규정하고 그의 여권을 무효화시켰다. 그러므로 그는 고국으로 돌아가지 못하고 중국과 동독에서 20년 동안 외롭게 살아야만 했다. 위닝턴과 이혼한 그의 첫 번째 부인 에스터 삼손(Esther Samson, 87세) 씨가 2019년 6월 27일 대전 산내면 낭월동 골령골에서 열린 학살사건 희생자 합동위령제에 참석해서 아래와 같은 인사말을 했다.

"앨런은 진실을 폭로했다는 이유로 한국 전쟁 참전국 중의 하나인 영국 정부로부터 반역자로 낙인찍히고, 여권이 무효화되고, 20년 동안 고국에서 추방당했습니다. 그

---

70) 앨런 위닝턴은 북한군 종군기자였기 때문에 남한의 국군 장교들을 "괴뢰군 장교들"이라고 표현했다.

71) Bruce Cumings, *North Korea: Another Country* (New York, London: The New Press, 2003), 33.

는 1983년에 사망했습니다. 그러므로 그는 이런 반인륜적 범죄 행위를 세상에 폭로한 그의 노력과 희생이 너무 늦게 알려져서 학살당한 수많은 지식인들의 후손들에 의해서 지금 인정받게 되었다는 것을 깨닫지 못했지만, 그의 희생이 헛되지만은 않은 것 같습니다."[72]

2007년 진실화해위원회에 의해서 골령골에서 34구의 유해를 발굴했으나 집단 매장 추정지 가 사유지여서 더 이상 발굴을 못하다가 2010년 진실화해위원회가 해산되면서 유해 발굴 작업이 중단되었다. 그러나 2020년 이후부터 국가차원에서 유해발굴이 다시 진행되고 있다.

예비 검속된 보도연맹원들은 바다에서 학살되어 수장되기도 했다. 마산에서 예비 검속된 수백 명의 보도연맹원들이 1950년 8월에 미제 상륙함(LST)에 실려서 괭이바다에서 학살되었다.[73] 시인 김진수는 1950년 7월에 여수 애기섬 앞 해상으로 끌려가 총살당하고 바다에 수장당한 여수 지역의 보도연맹원들의 억울한 죽음을 표현한 "애기섬 수장터"라는 시(詩)의 일부는 아래와 같다.

"민족과 반민족 좌우갈등으로 이어진
동족상잔의 비극
그 서막을 알리던 제주 4·3과
여수 신월동 국군 제14연대의 봉기사건
그때는 용케 피했지만 6.25가 터지고
보도연맹원 예비검속만은 피할 길이 없었다.
경비정 갈매기호에 실려 간 애기섬은
여수에서도 그리 멀지않은 뱃길이었다.
양민들의 손발은 좌우도 없이
철삿줄 동앗줄에 단단히 묶이고
죄명도 알 수 없는 바윗돌까지 채워져
한 가닥의 흔적조차도 남기지 말라는 듯
뱃전을 뚫고 가는 총소리 한 방 한방

72) 위닝턴은 동독에서 둘째 아들의 건강 악화로 첫째 아내 에스터와 두 아들이 영국으로 돌아간 후 두 번째 아내 우르줄라와 재혼했다.
73) 김주완 편저, 『1950년 마산의 참극: 한국전쟁 전후 민간인학살 마산유족회 자료집』, 69-76.

수많은 가슴에서 솟구치는 선혈을

여기 깊은 바다 속 빨갱이로 수장시켰다.

물길의 행로를 이미 잘 알고 기획한 자들의

무지막지한 흉계와 총칼 앞에서

힘없이 죽은 자는 죄인이 되고

죽인 자는 어처구니없는 정의가 되었다.”[74]

### 5) 유족들과 살아남은 자들에게 강요된 망각

4·19혁명으로 잠시 분출되었던 민간인 피학살자 유족들의 외침은 5.16군사 쿠데타 세력에 의해서 폭력적으로 닫혔으며, 사실상 1987년 6월항쟁으로 한국 사회가 민주화를 맞을 때까지 학살의 기억은 철저히 압살되었다. 1946년 10월 항쟁, 제주4·3항쟁, 그리고 여순항쟁은 민주주의와 통일을 위한 진보적 운동이었다. 이러한 항쟁들에서 군경에 의해서 학살당한 희생자들의 대다수와 국민보도연맹 사건의 희생자들의 상당수는 공산주의 활동과 무관한 평범한 민간인들이었지만, 정부는 “빨갱이”를 진압한 것이라고 합법화하고 합리화했다. 국가폭력의 희생자들의 유족과 목격자들은 반공주의 사회에서 자신들마저 “빨갱이”로 낙인찍히는 것이 두려워서 가족과 지인들의 억울한 죽음에 대해서 오랜 세월 동안 침묵해야만 했으며, 또한 연좌제로 묶여서 불이익을 당하거나, 혹은 사찰과 연행을 당해도 공개적으로 항의하지 못 하면서 통한의 세월을 보내면서 살아야만 했다. 그래서 유족들은 아직도 울면서 절규하고 있다.

예를 들면 김양기 씨의 아버지는 1950년 7월에 여수경찰서에 검속되어 다른 120명의 보도연맹원들과 함께 여수 애기섬(=남해군 소치도) 앞바다로 끌려와 총살당한 후 수장되었다. 그는 유복자로 태어났다. 그는 1986년에 연좌제에 얽혀 보안대에 연행되어 고문을 당했고 재일본조선인총련합회[75]에 포섭된 간첩혐의로 7년 형을 선고받고 5년 3개월 동안 복역하고 1991년 5월에 특별석방으로 풀려났지만, 그 후 경찰로부터 보안관찰을 계속해서 받아야만 했다. 2009년 7월 29일 그는 광주고등법원 제1형사부 재심 재판에서 무죄선고를 받았다.[76] 그는 국

---

74) 김진수, 『좌광우도』 (서울: 실천문학사, 2018), 28-29.
75) 일본에서는 조선총련 또는 총련이라고 불리며, 북한에서는 조선총련이나 총련으로 불리고 남한에서는 조총련이라고 불리는 좌익계열의 단체이다. 일본에는 민단이라고 불리는 재일본대한민국민단이 있다.
76) 「한겨레신문」 2021년 10월 19일자 12면을 참조하라.

가폭력에 의해 억울하게 죽임을 당한 아버지를 생각하면서 그리고 자신이 연좌제로 묶여 한평생 고생한 것이 서러워서 지금도 펑펑 눈물을 흘린다. 김진수의 시 "애기섬 수장터"의 마지막 단락은 아래와 같다.

> "아들도 뜬금없이 간첩으로 몰려서
> 차라리 죽고 싶을 만큼 고문을 당하고
> 시킨 대로 원하는 대로 자인서를 써줬다고 운다.
> 불가촉천민처럼 짓밟혔다고 운다.
> 서럽고 분하고 억울했지만 그래서 더욱 살아야했다고 운다.
> 울면서 묻는다.
> 학살의 진원을 묻는다.
> 애기섬에서 수장된 새빨간 역사의 진실을 또 묻는다."[77]

다른 한 예를 들면, "부용산"이라는 노래의 작사가 박기동(1917-2004)은 한평생 동안 수시로 연행과 심문을 당했으며, 가택 수색에서 여러 편의 시(詩)를 써둔 노트를 압수당하곤 했다. 그가 이러한 박해를 당한 이유는 그가 1947년에 순천 사범학교 국어 교사로 좌익 단체인 남조선교육자협회에 가입한 일로 경찰서에 구금된 적이 있었다는 것과 이 노래의 작곡가 안성현이 한국전쟁 중에 월북했다는 것과, 여순항쟁 당시에 지리산으로 들어간 봉기군 혹은 빨치산들이 가족이 그립고, 비참하게 죽어간 동지들이 불쌍하고 서러워서 "부용산"을 부른 것으로 전해졌다는 것, 그리고 1980년대 민주화 운동권에서 이 노래가 즐겨 불렸다는 것 때문이었다.

그러나 "부용산"은 결코 공산주의나 북한을 찬양하는 노래가 아니다. 1947년에 폐결핵으로 24세의 나이에 요절한 여동생 박영애(1923-1947)를 보성군 별교읍의 부용산에 묻고 내려오면서 박기동이 애달픈 마음으로 시 한 편을 지었는데, 얼마 후 그가 목포 항도여중으로 직장을 옮겨서 근무할 때 동료 음악교사 안성현(1920-2006)이 갑자기 폐결핵으로 죽은 17세의 총명한 제자 김정희(1931-1948)를 애도하기 위해서 이 시에 곡을 붙여 발표한 것이 바로 "부용산"이다.

---

77) 김진수, 『좌광우도』, 28-29.

"부용산 오리 길에 잔디만 푸르러 푸르러
솔밭 사이 사이로 회오리 바람 타고
간다는 말 한 마디 없이 너는 가고 말았구나.
피어나지 못한 채 병든 장미는 시들어지고
부용산 봉우리에 하늘만 푸르러 푸르러.

그리움 강이 되어 내 가슴 맴돌아 흐르고
재를 넘는 석양은 저만치 홀로 섰네
백합일시 그 향기롭던 너의 꿈은 간데없고
돌아서지 못한 채 나 외로이 예 서 있으니
부용산 저 멀리엔 하늘만 푸르러 푸르러."[78]

## III. 결론: 기억과 권고

1946년 10월 항쟁, 제주4·3항쟁, 그리고 여순항쟁으로 이어진 민주주의와
분단극복과 통일을 위한 진보 운동은 단독정부와 분단체제로 치닫는 상황을 막
지 못했다. 정부는 이러한 항쟁들을 진압하는 과정에서 국가폭력으로 수많은 무
고한 민간인들을 공산주의자, 좌익, 또는 부역혐의자로 규정하여 집단 학살하였
다. 이승만 정부는 여순항쟁을 계기로 국가보안법을 제정하여 반공주의 정권을
강화시켰으며, 좌익 군인들을 색출하는 숙군(肅軍) 작업으로 장교들과 하사관들
을 처벌했으며, 국민보도연맹을 조직하여 30만 명이 넘는 연맹원들을 관리하던
중 1950년 6월 한국전쟁 발발 직후 그들을 전국 각지에서 예비 검속하여 집단
학살하였다.

한국전쟁 전후에 국가폭력의 희생자들의 수가 한국전쟁 중에 북으로 퇴각하
는 인민군에 의해서 학살당한 민간인 희생자들의 수 보다 월등히 더 많다. 한국
전쟁 전후에 남한에서 발생한 국가폭력의 희생자들에 대한 정확한 통계는 없지

---

78) "부용산"의 가사 2절은 1절이 1948년에 발표된 후 무려 52년만인 2000년에 작사자 박기동에 의
해서 지어져 발표되었다. 2000년 10월 1일 전남 보성군 벌교읍 부용산에서 시비 제막식이 있었
고, 이 자리에서 박기동(82세)은 부산에서 찾아온 작곡가 안성현의 아내 성동월(78세)을 50년 만
에 재회했다. 그녀는 남편이 월북한 후 혼자서 1남 1녀를 키웠다. 2002년 4월 24일 목포여자고등
학교 교정에 부용산 노래비가 건립되었다.

만 백만 명에 이르는 것으로 추정된다.[79] 이러한 민간인 집단학살은 제노사이드 (genocide)이다. 이것은 1948년 12월에 유엔총회에서 제정된 '제노사이드 범죄의 방지와 처벌에 관한 협약'과 '세계인권선언'에 위배된다. 그러나 이러한 국가폭력의 희생자들의 억울한 죽음은 오래 동안 역사에서 봉인되었고 또한 망각되었다.

우리는 국가폭력의 희생자들의 억울한 죽음이 은폐되거나 망각되지 않도록 기억투쟁을 통해서 그들의 죽음을 기억해야 하고 그들의 죽음의 진상을 규명해야 한다. 국가폭력의 희생자들에 대한 진상규명이 이루어지 못했기 때문에 국가폭력이 관행화되어서 광주 5.18민중항쟁을 군대를 통해서 진압한 국가폭력이 되풀이된 것이다.

천년왕국의 보좌에 앉아 있는 남녀 순교자들은 모두 로마의 국가폭력에 의해서 살해당한 희생자들이다. 천년왕국의 순교자들과 한국전쟁 전후에 남한에서 발생한 민간인 집단학살의 희생자들은 모두 국가폭력의 희생자들이라는 점에서 동일한 지평에 서 있다. 로마 제국은 "로마의 평화"(Pax Romana) 담론으로 로마의 국가폭력을 은폐하고 수많은 피학살자들에 대한 기억을 압살하고 그들을 역사에서 삭제하였다. 그러나 요한계시록의 저자는 로마의 국가폭력을 폭로하고, 죽임을 당한 수많은 무고한 희생자들에 대한 역사적 기억을 보존하기 위해서, 그리고 산 자들로 하여금 죽은 자들을 위한 기억투쟁을 하도록 권고하기 위해서 천년왕국 환상을 기록했다. 이런 점에서 천년왕국 환상은 학살을 은폐하는 제국의 담론을 비판하는 대항담론을 매개한다. 또한 그것은 한국전쟁 전후에 남한에서 수많은 무고한 민간인들의 인권을 유린하고 집단학살한 국가폭력에 대한 항의와 비판의 목소리가 될 수 있다.

우리는 천년왕국 환상에서 서술된 목 베임을 당한 남녀 순교자들한테서 한국전쟁 전후에 남한에서 집단학살당한 국가폭력의 희생자들의 억울한 죽음과 그들의 한 맺힌 서러움을 읽어야만 한다. 성서 해석의 목적은 성서를 통해서 우리의 역사와 우리의 삶과 현실을 해석하는 데 있다. 그러므로 우리는 천년왕국 환상을 로마의 국가폭력에 대한 항의로서만이 아니라 한국전쟁 전후에 발생한 국가폭력에 대한 항의와 민간인 집단학살의 희생자들을 위한 기억투쟁에 대한 권고로 이해할 수 있다. 우리는 죽은 자들과 기억연대의 공동체를 건설해서 그들이

---

79) 김영범, "한국전쟁 전후의 민간인 학살 어떻게 청산할 것인가," 「기억과 전망」 (2003년 가을), 101.

이루지 못한 꿈을 되찾아서 그것을 이루기 위하여 그들과 함께 국가폭력과 불의에 저항하고 민주주의와 민족통일을 이루기 위해서 노력해야만 한다.

그런데 만일 우리가 천년왕국 환상에 대한 인습적인 해석에 젖어서 천년왕국을 "참된 성도"가 대환난을 당하지 않고 휴거해서 그리스도와 함께 천년 동안 행복한 삶을 누릴 미래의 이야기로만 이해한다면, 우리는 이 환상이 지금 현재의 시간에 국가폭력에 대한 항의와 희생자들을 위한 기억투쟁을 촉구하는 저항의 윤리를 놓치게 될 것이다.

천년왕국 환상은 상징적으로 표현되었지만, 로마의 국가폭력의 희생자들인 남녀 순교자들이 하늘에서 부활하여 살아 있는 것은 예수가 부활하여 살아 있는 것처럼 진실이다. 그들이 원한이 풀리고 신원되어 더 이상 남의 지배를 받지 않고 그리스도와 함께 평화롭게 주체적으로 살고 있는 것도 진실이다. 그러나 천년왕국은 천년이 차면 끝나는 잠정적인 공동체이다. 폭력의 역사가 하나님의 심판으로 끝나는 날이 하늘의 천년왕국이 끝나는 날과 같다, 천년왕국이 끝난 다음에 도래하는 새 예루살렘은 끝이 없는 영원한 형제자매적인 공동체이다.

천년왕국 환상은 죽은 자들에게도 미래가 있다는 것을 증명한다. 왜냐하면 지금 천년 왕국에서 살고 있는 남녀 순교자들과 죽은 성도들은 천년왕국이 끝난 후 하늘에서 땅으로 내려오는(계 22:2) 새 예루살렘에서 산 자들을 재회하고 그들과 함께 하나님과 어린 양 그리스도를 예배면서 영원히 살게 될 것이기 때문이다. 그러므로 새 예루살렘은 죽은 자들과 산 자들의 공동의 희망이고 공동의 미래이다. 그러나 수많은 무고한 자들을 학살하고 피학살자들의 시체를 밟고 지나간 사악한 권력자들에게는 이러한 미래가 없다.

한국전쟁 전후에 권력자들은 어떻게 그렇게 많은 민간인들을 죽일 수 있었는가? 물론 그들은 이념적 측면에서 공산주의자를 가리키는 "빨갱이"는 죽여야 한다고 생각했을 것이다. 그런데 그들이 가지고 있던 죽음관은 무엇이었을까? 유대묵시문학의 대표적인 작품들 중의 하나인 에티오피아어 에녹서에는 악인들의 죽음관이 나타나 있다. 에녹은 의인들의 죽음에 대한 죽은 죄인들의 말을 통하여 그들의 죽음관을 다음과 같이 분석한다.

"6 너희들이 죽을 때 죄인들은 너희들에 대해서 이렇게 말할 것이다: '우리가 죽는 것처럼 의인들도 죽는다. 그렇다면 그들이 그들의 선행들로 인해서 얻은 것이 무엇인가? 7 보라, 우리처럼 그들도 비탄과 어둠 속에서 죽었다. 그러면 그들이 우리

보다 더 가진 것이 무엇인가? 지금부터 우리는 동일하게 되었다. 8 무엇을 그들이 받을 것이며, 또는 무엇을 그들이 영원히 볼 것인가? 보라, 그들은 확실히 죽었다. 그리고 이제부터 그들은 빛을 영원히 결코 보지 못할 것이다."(에녹1서 102: 6-8)

여기서 죽은 죄인들은 죽음이 모든 사람들을 동일하게 만든다고 생각한다. 죄인들은 죽음이 모든 사람들을 동일하게 만들기 때문에 죽음 이후에는 학살자와 피학살자 사이에 아무런 구별이 없고, 양자의 운명에는 아무런 차이가 없고 모두 평등해진다고 생각한다. 이러한 죽음관이 바로 무고한 자들을 죽일 수 있는 권력자들의 논리이다. 그들은 하나님의 심판을 믿지 않는다. 그러나 에녹은 죽음이 악인과 의인을 구별하지 않고 모두 동일하게 만든다는 죄인들의 죽음관을 비판한다. 아마도 한국전쟁 전후에 무고한 민간인들을 학살하도록 명령을 내린 당국자들은 이러한 죽음관을 가졌었을 것이다. 그러나 에녹1서의 신학을 전승한 요한계시록의 저자는 마지막 심판의 날에 하나님이 모든 죽은 자들을 그들의 행위에 따라서 심판하고 악인들을 둘째 사망인 불못에 던지실 것 이라고 한다(계 10:11-15). 하나님은 정의로운 심판자이시다. 예수는 우리에게 권고하신다: "몸은 죽여도 영혼은 능히 죽이지 못하는 자들을 두려워하지 말고 오직 몸과 영혼을 능히 지옥에 멸하실 수 있는 이를 두려워하라"(마 10:28).

한국전쟁 전후에 발생한 민간인 집단학살은 어떠한 이념의 명분으로도 결코 정당화될 수 없는 야만적인 국가폭력이다.[80] 그러나 극단적인 반공주의가 우리 한국사회를 지배하고 국가의 지배구조를 형성하고 있는 한, 앞으로도 공권력에 의한 반인륜적 국가범죄는 다시 일어날 위험이 있다. 진실을 말하지 않고 과거를 기억하지 않는 역사는 되풀이 된다. 제주4·3항쟁 특별법이 제정되었고 최근에 여순항쟁 특별법이 제정되었다.[81] 1946년 10월 항쟁과 국민보도연맹사건과 그 밖의 여러 민간인 집단학살 사건들을 위한 특별법이 역시 제정되어야 한다. 이러

---

80) 이영일, "지역운동과 여순사건," 「기억과 전망」 (2004 여름), 227.
81) 진실·화해를 위한 과거사정리 기본법'이 2014년에 제정된 이후, 제주 4·3사건 진상규명 및 희생자 명예회복에 관한 특별법'이 2000년 1월 12일 제정되어 시행되고 있으며, '여수·순천 10·19사건 진상규명과 희생자 명예회복에 관한 특별법'이 2021년 7월 20일 제정되었다. 이 법의 제2조(정의) 제1항은 "여수·순천 10·19사건"이란 정부 수립의 초기 단계에 여수에서 주둔하고 있던 국군 제14연대 일부 군인들이 국가의 '제주4·3사건' 진압 명령을 거부하고 일으킨 사건으로 인하여, 1948년 10월 19일부터 지리산 입산 금지가 해제된 1955년 4월 1일까지 여수·순천지역을 비롯하여 전라남도, 전라북도, 경상남도 일부 지역에서 발생한 혼란과 무력 충돌 및 이의 진압과정에서 다수의 민간인이 희생당한 사건을 말한다."라고 정의한다.

한 특별법 제정을 통해서 민간인 집단학살의 진상규명을 하고 억울한 희생자들의 명예를 회복하고 통한의 삶을 살아온 유족들의 한(恨)을 풀어주어야만 한다.[82] 그것은 민족의 양심을 회복하는 일이며, 또한 인권운동, 평화운동, 그리고 통일운동의 시금석이다. 한국전쟁 전후에 발생한 국가폭력에 의한 무고한 민간인 집단학살의 희생자들을 기억하고 그들의 억울한 죽음에 대한 진상규명과 "빨갱이"로 낙인찍힌 그들에게 명예와 권리와 정의를 회복시켜주는 것은 역사학의 과제일 뿐만 아니라, 진정한 신학의 과제이다.

---

82) Byung Hak Lee, "Versöhnung mit den Getöteten durch Erinnerung: Eine Reflxion über die Massenermordungen vor und nach Korea-Krieg(기억을 통한 죽임을 당한 자들과의 화해: 한국전쟁 전후 대향학살에 대한 성찰)" *Theological Studies* Vol. 53(2008), 251-268; 이병학. "요한계시록, 은폐된 국가 폭력에 대항하는 기억 투쟁: 여순 항쟁을 기억하는 그리스도인의 윤리적 책무," 「뉴스앤조이」 (2020년 10월 13일자).

제16장
# 로마 제국의 만국과 새 예루살렘의 만국
다문화적 세계선교

## I. 서론적 성찰

오늘날 세계의 다문화적 상황은 19세기의 식민지의 결과이며, 20세기의 전쟁과 경제적 세계화의 결과이다. 최근에 한국에도 이주 노동자들, 중국동포들, 탈북민들, 그리고 난민들의 수가 증가하고 있다. 1990년 12월 18일 유엔총회는 모든 이주 노동자와 그 가족의 권리 보장에 관한 국제협약을 채택했다. 그러나 한국에서 이주 노동자들은 인권 유린과 차별과 불이익을 당하고 있으며, 어떤 이들은 미등록 이주노동자로 체포되어 강제로 추방당한다.

예를 들면, 네팔 출신 미노드 목탄(Minod Moktan, 1972-2018)은 1992년 2월에 갓 20세에 한국에 와서 18년째 식당, 봉재공장, 김치공장, 가스벨브 공장, 등 여러 일터에서 이주노동자로 일하면서 그저 다 같이 사람답게 살게 해달라고 외치면서 이주노동자 인권운동가로, 다문화운동가로, 그리고 다국적 밴드 보컬로 활동했으나, 2009년 10월 8일 미등록 이주노동자로 체포되어 10월 23일에 네팔로 강제 추방되었다. 그는 경기도 화성에 있는 외국인보호소에서 10월 9일 면회 온 친구들에게 아래와 같이 말했다.

> "나는 어머니가 돌아가셨을 때도 네팔에 가지 못하고 울지도 못했어. 나는 어제 여기서 눈물을 흘렸어. 나는 한국에서 희망조차 꿈꾸지 못하는 사람인가? 한국 사람들에게 물어보고 싶어. 내가 한국에서 살아갈 가치조차 없는 사람이었는지. 18년이라는 시간이 헛된 것이었는지. 너무 마음이 아프다. 한국이 너무 슬프다."[1]

다른 한 예를 들면 2020년 12월 20일 경기도 포천 채소 농장에서 혼자 비닐하우스 숙소에서 잠을 자던 캄보디아 여자 이주노동자 누온 속헹(Nuon Sokkheng, 30세)은 숨진 채 발견되었다. 그 날 포천 지역은 낮 기온이 영하 18.6도였는데, 숙소로 쓰던 비닐하우스는 난방이 되지 않았다. 그녀는 체류기간이 끝나 20일 뒤 4년 10개월 만에 고국에 돌아가기 위해 1월 10일자 프놈펜 행 항공권까지 끊어놓은 상태에 쓸쓸하게 숨졌다. 그녀는 한국어 시험을 거쳐서 2016년 3월 이주노동자 비자를 받고 입국했으며, 돈을 벌어서 고향에서 나이 드신 부모와 남동생 등 많은 가족을 부양했다. 경찰이 밝힌 그녀의 사인은 간경화로 인한 합병증이지만, 죽음의 원인은 최소한의 인권과 주거권과 건강권을 보장받지 못한 열악한 환경이다. 그녀는 매월 11만원-13만원의 건강보험료를 냈지만 건강검진이나 병원에 갈 기회를 갖지 못했다. 그녀는 고용주의 승인 없이 사업장을 변경할 수 없는 고용허가제 때문에 열악한 비인간적인 조건을 참아야만 했을 것이다.

한국교회는 멀리 세계 여러 나라에 선교사들을 보내고 있지만, 정작 한국에 있는 이러한 이주노동자들의 현실에 대해서는 무관심하다. "거류민이 너희의 땅에 거류하여 함께 있거든 너희는 그를 학대하지 말고 너희와 함께 있는 거류민을 너희 중에서 낳은 자 같이 여기며 자기 같이 사랑하라. 너희도 애굽 땅에서 거류민이 되었었느니라. 나는 너희의 하나님 여호와이니라"(레 19:33-34). 한국교회는 법률 상담과 다양한 친교 프로그램을 통해서 국내에 있는 이주노동자들의 권익을 위해서 일해야만 한다. 또한 세계선교의 소명을 받은 한국교회(참조, 마 28:19-20)는 세계선교의 성서적 전망을 얻기 위해서 요한계시록에 언급된 만국에 대한 정확한 이해가 필요하다.

요한계시록에는 1세기 말엽 로마 제국 지배 아래 있었던 여러 민족들을 지칭하는 "만국"(ἔθνη/에트네)이라는 용어가 단독으로 12번 나타나고(계 2:26; 12:5; 15:3-4; 16:19; 18:3; 18:23; 19:15; 20:3; 21:24; 21:26; 22:2), 또한 로마 제국의 지배를 받는 다양한 민족들을 가리키는 "모든 민족과 종족과 방언과 백성"(πᾶν ἔθνος καὶ φυλὴν καὶ γλῶσσαν καὶ λαόν)/톤 에트노스 카이 퓔렌 카이 글로산 카이 라온)이라는 표현은 순서가 바뀐 경우가 있지만 모두 7번 나타난다(계 14:6; 5:9; 7:9; 10:11; 11:9; 13:7; 17:15).[2] 즉, 요한계시록에서 "만국"이라는 용어와 "모든 민족과 종족

---

1) 성현석, "미누 씨 추방 한국정부, '다문화' 자격 없다," 「프레시안」(2009년 10월 26일)에서 인용.
2) 크레이크 R. 쾨스터/ 최홍진 옮김, 『앵커바이블: 요한계시록 I(서론 1-19장)』(서울: 기독교문사, 2019), 718.

과 방언과 백성"이라는 표현이 서로 교차적으로 사용되고 있다. 이것은 "만국"이 로마 황제의 지배 아래 있는 "모든 민족과 종족과 방언과 백성"을 지칭하는 전문 용어(technical term)라는 것을 의미한다.

소아시아에서 황제숭배를 거부하는 자들은 죽임을 당하였다. "짐승의 우상에게 경배하지 아니하는 자는 몇이든지 다 죽이게 하더라"(계 13:15). 요한계시록 저자는 다니엘서로부터 자신의 시대의 현실을 해석했다. 그는 자신의 시대에 로마에 의해서 황제를 신으로 숭배하도록 강요당하는 여러 민족들의 현실이 다니엘서의 느부갓네살 왕에 의해서 금 신상 숭배를 강요당했던 여러 민족들의 현실과 같다는 것을 인식했다. 그러므로 요한계시록에 나오는 "모든 민족과 종족과 방언과 백성"이라는 표현은 다니엘서에서 나오는 "모든 백성들과 나라들과 각 언어로 말하는 자들"(단 3:4, 7; 4:1; 5:19; 6:25)이라는 표현에서부터 유래한 것이 분명하다.[3]

바빌론의 느부갓네살 왕은 하나님을 세계의 지배자로 인정하지 않았다. 70인역 다니엘서에 따르면 느부갓네살은 자기 자신을 위하여 금으로 만든 큰 신상을 만들었고 그의 대변인을 통해서 그 신상의 제막식에 중앙과 지방의 고관과 총독들을 참석시키고 바빌론 제국에 예속된 사람들을 모두 그 신상 앞에 엎드려 절하도록 명령했다.

"4 선포하는 자가 크게 외쳐 이르되 백성들과 나라들과 각 언어로 말하는 자들아 (ἔθνη καὶ χῶραι λαοὶ καὶ γλῶσσαι/에트네 카이 코라이 라오이 카이 글로싸이) 왕이 너희 무리에게 명하시나니 5 너희는 나팔과 피리와 수금과 삼현금과 양금과 생황과 및 모든 악기 소리를 들을 때에 엎드리어 느부갓네살 왕이 세운 금 신상에게 절하라. 6 누구든지 엎드려 절하지 아니하는 자는 즉시 맹렬히 타는 풀무불에 던져 넣으리라 하였더라. 7 모든 백성과 나라들과 각 언어를 말하는 자들(πάντα τὰ ἔθνη φυλαὶ καὶ γλῶσσαι/판타 타 에트네 필라 카이 글로싸이)이 나팔과 피리와 수금과 삼현금과 양금과 및 모든 악기 소리를 듣자 곧 느부갓네살 왕이 세운 금 신상에게 엎드려 절하니라" (단 3:4-7).

---

3) 이러한 관점은 Justo L. González, *For the Healing of the Nations: The Book of Revelation in an Age of Cultural Conflict* (Maryknoll, New York: Orbis Books, 2002)에 잘 나타나 있다.

그러나 계속되는 느브갓네살 왕 자신에 대한 이야기와 그의 후계자들인 벨사살 왕과 다리오 왕에 대한 이야기는 이 세계의 모든 "백성들과 나라들과 각 언어로 말하는 자들"을 다스리는 참된 지배자는 왕이 아니라, 하나님이라는 것을 증명한다.

느브갓네살 왕은 아래와 같은 조서를 내려서 하나님의 권세를 공개적으로 인정한다.

> "28 느브갓네살이 말하여 이르되 사드락과 메삭과 아벳느고의 하나님을 찬송할지로다. 그가 그의 천사를 보내사 자기를 의뢰하고 그들의 몸을 바쳐 왕의 명령을 거역하고 그 하나님 밖에는 다른 신을 섬기지 아니하며 그에게 절하지 아니한 종들을 구원하셨도다. 29 그러므로 내가 이제 조서를 내리노니 각 백성과 각 나라와 각 언어를 말하는 자(πᾶν ἔθνος καὶ πᾶσαι φυλαὶ καὶ πᾶσαι γλῶσσαι/판 에트노스 카이 파사이 필라이 카이 파사이 글로싸이)가 모두 사드락과 메삭과 아벳느고의 하나님께 경솔히 말하거든 그 몸을 쪼개고 그 집을 거름 터로 삼을지니 이는 이같이 사람을 구원할 다른 신이 없음이니라 하더라"(단 3:28-29).

느브갓네살은 다시 조서를 통해서 하나님을 인정하고 찬양한다.

> "1 느브갓네살 왕은 천하에 거주하는 모든 백성들과 나라들과 각 언어를 말하는 자들(πᾶσι τοῖς λαοῖς φυλαῖς καὶ γλώσσαις)/파시 토이스 라오이스 필라이스 카이 글로싸이스)에게 조서를 내리노라. 원하노니 너희에게 큰 평강이 있을지어다. 2 지극히 높으신 하나님이 내게 행하신 이적과 놀라운 일을 내가 알게 하기를 즐겨 하노라. 3 참으로 크도다 그의 이적이여, 참으로 능하도다 그의 놀라운 일이여, 그의 나라는 영원한 나라요 그의 통치는 대대에 이르리로다"(단 4:1-3).

> "그러므로 지금 나 느브갓네살은 하늘의 왕을 찬양하며 칭송하며 경배하노니 그의 일이 다 진실하고 그의 행하심이 의로우시므로 교만하게 행하는 자를 그가 능히 낮추심이라"(단 4:37).

그러나 느브갓네살의 후계자 벨사벨 왕은 "자신을 하늘의 주재보다 높이며" 창조주 하나님을 찬양하지 않고 신상들을 찬양했다(참조, 단 5:23). 하나님의 벌로 벨사벨 왕이 갑작스럽게 서거한 후에 왕위를 계승한 다리오 왕은 신하들의 모략을 믿고 다니엘을 사자 굴에 던졌지만, 하나님이 다니엘을 지켜주심을 알게 되었다. 그래서 그는 아래와 같이 조서를 내리고 하나님의 권세를 인정하고 찬양한다.

> "25 이에 다리오 왕이 온 땅에 있는 모든 백성과 나라들과 언어가 다른 모든 사람들에게 조서를 내려 이르되 원하건대 너희에게 큰 평강이 있을지어다. 26 내가 이제 조서를 내리노라 내 나라 관할 아래에 있는 사람들은 다 다니엘의 하나님 앞에서 떨며 두려워할지니 그는 살아 계시는 하나님이시요 영원히 변하지 않으실 이시며 그의 나라는 멸망하지 아니할 것이요 그의 권세는 무궁할 것이며 27 그는 구원도 하시며 건져내기도 하시며 하늘에서든지 땅에서든지 이적과 기사를 행하시는 이로서 다니엘을 구원하여 사자의 입에서 벗어나게 하셨음이라 하였더라"(단 6:25-27).

바빌론의 느브갓네살 왕이 "백성들과 나라들과 각 언어로 말하는 자들"을 지배했듯이, 로마 황제는 "각 족속과 백성과 방언과 나라"를 지배했다. 요한계시록 13:7-8은 로마 제국을 상징하는 바다에부터 올라온 짐승이 "또 권세를 받아 성도들과 싸워 이기게 되고 각 족속과 백성과 방언과 나라를 다스리는 권세를 받으니 죽임을 당한 어린 양의 생명책에 창세 이후로 이름이 기록되지 못하고 이 땅에 사는 자들은 다 그 짐승에게 경배하리라"라고 기술한다.

요한계시록에서 자주 언급된 "각 족속과 백성과 방언과 나라," 또는 "모든 민족과 종족과 방언과 백성"이라는 표현(계 5:9; 7:9; 11:9 13:7; 14:6; 17:15)은 다니엘서 3-6장에서 언급된 "백성들과 나라들과 각 언어로 말하는 자들"로부터 유래한 것이다. 또한 요한계시록에서 자주 나오는 "만국"은 "각 족속과 백성과 방언과 나라," 또는 "모든 민족과 종족과 방언과 백성"이라는 표현을 가리키는 전문용어(technical term)이다. 이것은 로마의 제국주의적 확장과 식민주의적 지배의 결과로 나타나는 제국의 다문화적 상황을 나타낸다.

하나님이 세계의 참된 주인이라는 것은 나중에 전개되는 바빌론의 느브갓네살 왕과 그의 후계자들의 이야기에서도 확인된다. 느브갓네살 왕처럼 로마 황제는 "모든 민족과 종족과 방언과 백성," 즉 만국이 로마 제국에 속한다고 주장한다. 그러나 요한계시록 저자는 처음부터 끝까지 만국이 하나님에게 속한다고 주장한다. 그는 "만국이 와서 주께 경배하리로다"(계 15:4)라고 한다. 이것은 로마의 황제를 세계의 지배자라고 선전하는 제국의 담론에 대한 요한계시록 저자의 대항담론이다.

어린 양의 생명책에 이름이 기록된 하나님의 종들만이 새 예루살렘의 시민은 된다. "무엇이든지 속된 것이나 가증한 일 또는 거짓말하는 자는 결코 그리로 들어가지 못하되 오직 어린 양의 생명책에 기록된 자들만 들어가리라"(계 21:27). 그런데 "만국(ἔθνη/에트네)"이 역시 새예루살렘의 시민이 된다. 21:24는 "만국이 그 빛 가운데로 다니고 땅의 왕들이 자기 영광을 가지고 그리로 들어가리라"라고 하고, 21:26은 "사람들이 만국의 영광과 존귀를 가지고 그리로 들어가겠고"라고 하고, 22:2는 "강 좌우에 생명나무가 있어 열두 가지 열매를 맺되 달마다 그 열매를 맺고 그 나무 잎사귀들은 만국을 치료하기 위하여 있더라"라고 한다.

요한계시록에 자주 나타나는 "땅에 사는 자들(οἱ κατοικοῦντες ἐπὶ τῆς γῆς/호이 카토이쿤테스 에피 테스 게스)과 땅에 거주하는 자들(τοὺς καθημένους ἐπὶ τῆς γῆς/투스 카테메누스 에피 테스 게스)"은 우리말로는 구별이 어렵지만, 그리스어로는 확연히 구별된다. 전자는 짐승 숭배자들을 가리키며, 후자는 악인과 의인을 구별하지 않고 땅 위에 있는 모든 사람들을 가리킨다.

이 두 용어의 차이점에 대해서 두 본문의 예를 들면, "백성들과 족속과 방언과 나라 중에서 사람들이 그 시체를 사흘 반 동안 보며 장사하지 못하게 하리로다. 이 두 선지자가 땅에 사는 자들(οἱ κατοικοῦντες ἐπὶ τῆς γῆς/호이 카토이쿤테스 에피 테스 게스)을 괴롭게 한고로 땅에 사는 자들이 그들의 죽음을 즐거워하고 기뻐하여 서로 예물을 보내리라"(계 11:9)와 "또 보니 다른 천사가 공중에 날아가는데 땅에 거주하는 자들(τοὺς καθημένους ἐπὶ τῆς γῆς/투스 카테메누스 에피 테스 게스) 곧 모든 민족과 종족과 방언과 백성에게 전할 영원한 복음을 가졌더라. 그가 큰 음성으로 이르되 하나님을 두려워하며 그에게 영광을 돌리라 이는 그의 심판의 시간이 이르렀음이니 하늘과 땅과 바다와 물들의 근원을 만드신 이를 경배하라 하더라"(계 14:6-7)를 비교할 수 있다.

이 논문의 목적은 요한계시록에 나타나는 만국의 성격을 여러 측면에서 분석함으로써 만국이 생명책에 이름이 기록된 하나님의 종들과 더불어 새 예루살렘의 시민으로 초대된 이유를 찾는 데 있다. 요한계시록에서 로마의 지배 아래 있는 만국은 긍정적인 면과 부정적인 면이 있다. 그런데 어떻게 만국이 새 예루살렘의 시민이 될 수 있는가? 만국이 새 예루살렘의 시민으로 초대된 이유를 알기 위해서는 무엇보다도 먼저 요한계시록의 저자가 만국(ἔθνη/에트네)을 어떻게 인식하고 있는지를 살펴보는 것이 필요하다.

요한계시록의 저자가 로마 제국과의 관계에서 만국을 어떻게 인식하는가? 그는 만국에 대한 천상의 예수의 역할이 무엇이라고 인식하는가? 그는 만국에 대한 교회의 역할이 무엇이라고 인식하는가? 그는 짐승들과 음녀 바빌론에 대한 하나님의 심판의 상황에서 왜 만국 역시 심판을 받아야만 한다고 인식하는가? 그가 하나님을 믿는 그리스도인 공동체에 대한 만국의 행태를 어떻게 인식하는가? 그는 왜 만국이 새 예루살렘의 시민이 된다고 생각하는가? 마지막으로, 그는 새 예루살렘에서 만국과 하나님의 종들의 관계를 어떻게 인식하는가?

이러한 질문들의 해답을 추구하면서 나는 요한계시록에서 로마 제국과 만국의 관계, 만국과 교회의 관계, 그리고 새 예루살렘에서 하나님의 종들과 만국의 관계를 분명하게 규명하려고 한다.

새 예루살렘은 지배로부터 자유로운 형제자매적인 평등한 공동체이며, 다문화적 공동체이다. 오늘날 한국교회는 세계를 향한 선교뿐만 아니라 국내에 있는 이주노동자들을 보살피고 그들에게 복음을 전함으로써 그들과 함께 새 예루살렘의 다문화적 공동체를 선취할 수 있다. 그러므로 나는 이 논문을 통해서 만국, 즉 "모든 민족"(πάντα τὰ ἔθνη/판타 타 에트네)을 향한 한국교회의 세계선교가 다문화적 세계선교의 관점에서 추진되어야 한다는 것을 성서적으로 제안하고자 한다.

## II. 요한계시록에서 로마 제국과 만국과 교회의 관계

### 1. 로마 제국에 예속된 만국

1) 짐승, 음녀, 바빌론에 의해서 지배당한 만국

요한계시록에서 로마는 짐승(13장), 음녀(17장), 또는 바빌론(18장)으로 상징된다. 만국을 가리키는 "각 족속과 백성과 방언과 나라"는 로마로부터 지배를 받고 있다. 이러한 다문화적 현실은 로마의 제국주의적 팽창과 식민주의적 착취의 결과이다.[4] 짐승과 만국의 관계는 압제적이다. "짐승이 입을 벌려 하나님을 향하여 비방하되 그의 이름과 그의 장막 곧 하늘에 사는 자들을 비방하더라 또 권세를

---

4) Justo L. González, *For the Healing of the Nations*, 96.

받아 성도들과 싸워 이기게 되고 각 족속과 백성과 방언과 나라를 다스리는 권세를 받으니 죽임을 당한 어린 양의 생명책에 창세 이후로 이름이 기록되지 못하고 이 땅에 사는 자들은 다 그 짐승에게 경배하리라"(계 13:6-8).

"일곱 대접을 가진 일곱 천사 중 하나가 와서 내게 말하여 이르되 이리로 오라 많은 물 위에 앉은 큰 음녀가 받을 심판을 네게 보이리라"(계 17:1). 여기서 "많은 물 위에 앉은 음녀"는 만국을 지배하는 로마를 가리킨다. 7:15는 음녀가 앉아 있는 물이 바로 로마에 의해서 지배당하고 있는 만국이라는 것을 분명하게 나타낸다: "또 천사가 내게 말하되 네가 본 바 음녀가 앉아 있는 물은 백성과 무리와 열국과 방언들이니라." 또한 그 음녀가 바로 식민지의 왕들을 다스리는 로마라는 것이 증명된다: "또 네가 본 그 여자는 땅의 왕들을 다스리는 큰 성이라 하더라"(계 17:18). 여기서 "큰 성"른 로마를 의미한다. 로마는 자신을 만국의 후원자라고 선전하지만, 현실에서는 식민지 민족들을 강하게 통제하고 지배하고 착취한다.

### 2) 짐승, 음녀, 바빌론, 그리고 사탄에 의해서 미혹당한 만국

만국은 역시 사탄과 짐승들에 의해서 기만당한다. 바다에서 올라온 짐승으로부터 권력을 부여받은 땅에서 올라온 짐승은 미혹하는 자다. "짐승 앞에서 받은 바 이적을 행함으로 땅에 거하는 자들을 미혹하며 땅에 거하는 자들에게 이르기를 칼에 상하였다가 살아난 짐승을 위하여 우상을 만들라 하더라"(계 13:14). 땅에서 올라온 짐승은 미혹하는 자이기 때문에 거짓예언자라고 불린다. "짐승이 잡히고 그 앞에서 표적을 행하던 거짓 선지자도 함께 잡혔으니 이는 짐승의 표를 받고 그의 우상에게 경배하던 자들을 표적으로 미혹하던 자라 이 둘이 산 채로 유황불 붙는 못에 던져지고"(계 19:20).

만국은 바빌론의 음행과 복술에 의해서 미혹되었다. "네 복술로 말미암아 만국이 미혹되었도다"(계 18:23). "또 땅의 왕들이 그와 더불어 음행하였다"(계 18:3). 바빌론은 각 족속과 백성과 방언과 나라를, 즉 만국을 유혹하고 미혹해서 음행의 포도주를 마시게 했기 때문에 심판을 받는다. "또 다른 천사 곧 둘째가 그 뒤를 따라 말하되 무너졌도다 무너졌도다 큰 성 바빌론이여 모든 나라에게 그의 음행으로 말미암아 진노의 포도주를 먹이던 자로다 하더라"(계 14:8). 음녀는 바빌론과 동일시된다(계 17:5). 만국은 유혹에 저항하지 못하고 음행에 빠졌기 때문에 심판을 받는다. "그 음행의 진노의 포도주로 말미암아 만국이 무너졌으며"(계 18:3). 즉, 만국은 로마 제국의 지배를 받고 있지만, 그러나 제국의 유혹에 굴복했기 때문에 윤리적 비판을 면할 수 없다. 요한계시록에서 "만국"은 두아디라 교회에 보내는 편지에서 처음으로 언급된다. "이기는 자와 끝까지 내 일을 지키는 그에게 만국을 다스리는 권세를 주리니"(계 2:26). 두아디라 교회는 이세벨의 음행의 가르침을 수용했기 때문에 비판되었다(계 2:20-23). 그리고 만국은 사탄으로부터 미혹을 당한다(계 20:2-3).

### 3) 하나님이 보낸 그리스도인 증인들을 핍박하는 만국

짐승에 의해서 미혹당한 만국은 하나님을 대적하고 교회를 핍박하는 짐승과 연대한다. 두 증인은 한 쌍의 남녀 예언자적 증인들로서 교회를 대표한다.[5] 그들은 적대적인 환경에서 증언 활동의 사명을 완수한 후 마침내 짐승에 의해서 죽임을 당한다(계 11:7). 그런데 만국의 사람들은 짐승의 뜻에 따라서 그들에게 적대적인 행동을 한다. "백성들과 족속과 방언과 나라 중에서 사람들이 그 시체를 사흘 반 동안을 보며 무덤에 장사하지 못하게 하리로다"(계 11:9). 그러한 사람들은 두 증인의 죽음을 열광적으로 기뻐한다. "이 두 선지자가 땅에 사는 자들을 괴롭게 한 고로 땅에 사는 자들이 그들의 죽음을 즐거워하고 기뻐하여 서로 예물을 보내리라 하더라"(계 11:10). 이처럼 두 증인에게 적대적인 사람들은 짐승을 숭배하는 "땅에 사는 자들"(οἱ κατοικοῦντες ἐπὶ τῆς γῆς)이다. 그러나 그들의 즐거움은 오래가지 못한다. 왜냐하면 하나님이 죽임을 당한 두 증인을 부활시켰기 때문이다.

"땅에 사는 자들"은 "백성들과 족속과 방언과 나라와"와 분명하게 구별된다. 전자는 자신의 운명을 짐승에게 맡기고 짐승을 숭배하지만(계 13:11-17), 후자는 짐승의 조정을 당하지만, 그러나 짐승을 숭배하지는 않는다. 요한계시록에서 양자 사이의 결정적인 차이점은 두 증인의 선교와 대상은 "땅에 사는 자들"이 아니라, "백성들과 족속과 방언과 나라," 즉 만국이라는 것이다.

두 증인이 부활하여 승천할 때 큰 지진이 일어났다. "그 때에 큰 지진이 나서 성 십분의 일이 무너지고 지진에 죽은 사람이 칠천이라 그 남은 자들이 두려워하여 영광을 하늘의 하나님께 돌리더라"(11:13). 나팔 재앙 환상에서 재앙을 면한 "남은 자들"은 회개하지 않았지만(9:20-21), 그러나 여기서 지진에 죽지 않은 "남은 자들"은 회개했기 때문에 하나님에게 영광을 드린다.

---

5) 이병학, 『요한계시록: 약자를 위한 예배와 저항의 책』, 264-67.

4) 용, 짐승, 음녀, 바빌론과 연합했기 때문에 하나님의 심판을 받는 만국

만국은 바빌론의 압제로부터 해방되어야만 한다. 요한계시록의 핵심 메시지는 하나님의 심판으로 용, 짐승, 음녀, 그리고 바빌론의 체제가 지금처럼 이대로 계속되지 되지 않고 하나님의 심판으로 곧 끝난다는 것이다. "일곱째 천사가 나팔을 불매 하늘에 큰 음성들이 나서 이르되 세상 나라가 우리 주와 그의 그리스도의 나라가 되어 그가 세세토록 왕 노릇 하시리로다"(계 11:15). 폭력의 역사와 고난의 역사가 끝나는 것은 억눌린 그리스도인들과 약자들의 염원이다. 그러나 만국은 바빌론에 대한 심판을 기뻐하지 않고 도리어 분노한다: "이방들(τὰ ἔθνη) 이 분노하매"(계 11:18). 그러나 하나님은 만국 전체를 멸망시키지 않고, 단지 "땅을 망하게 하는 자들을 멸망시키신다"(계 11:18). 그 이유는 만국이 하나님의 적이 아니라, 목양의 대상이기 때문이다.

바빌론과 만국은 대등한 관계의 연합이 아니라, 제국주의를 통한 강압적인 연합이다. 그러나 만국은 바빌론의 음행에 연루된 책임을 피할 수는 없다. 그러므로 바빌론과 연합한 만국은 바빌론이 심판당할 때 함께 심판 당한다. "큰 성이 세 갈래로 갈라지고 만국의 성들도 무너지니 큰 성 바빌론이 하나님 앞에 기억하신 바 되어 그의 맹렬한 진노의 포도주 잔을 받으매"(계 16:19). 이것은 바빌론의 억압 구조를 파괴하는 것이 목표이지, 만국 자체에 대한 심판이 목표가 아니다. 그러나 만국이 바빌론과 동맹을 맺고 적극적으로 협력하는 한, 만국도 바빌론과 함께 심판을 받고 망한다는 것이다.

바빌론은 하나님의 심판으로 파괴되고, 폐허가 된다. "힘찬 음성으로 외쳐 이르되 무너졌도다 무너졌도다 큰 성 바빌론이여 귀신의 처소와 각종 더러운 영이 모이는 곳과 각종 더럽고 가증한 새들이 모이는 곳이 되었도다"(계 18:2). 이러한 바빌론의 심판의 원인은 만국을 미혹한 것과 그들로 하여금 음행의 포도주를 마시도록 영향을 끼친 것(계 18:3, 8)과 무죄한 사람들의 피를 흘리게 한 것 때문이다(계 18:23-24).

바빌론은 미혹하는 음녀이고 무죄한 자들을 학살하는 폭군이다(계 18:24). 땅의 왕들은 바빌론의 음행의 영향으로부터 만국을 지키지 못했다. 14;8에서 바빌론이 만국으로 하여금 음행의 포도주를 마시게 했으나, 18;3에서 땅의 왕들은 자신들의 권력 유지와 이익을 위해서 자발적으로 바빌론과 음행을 했다: "땅의 왕들이 그와 더불어 음행하였으며 땅의 상인들도 그 사치의 세력으로 치부하였도다." 즉, 땅의 왕들은 만국을 이끌어야 할 권위와 책임을 가졌지만, 바빌론의

막강한 힘 앞에서 속수무책이었고, 자신들의 사적 이익을 위해서 민족의 안전과 이익을 저버리고 바빌론의 정책에 협력했다. 천사는 우상숭배자들에게 심판을 경고한다.

> "9 또 다른 천사 곧 셋째가 그 뒤를 따라 큰 음성으로 이르되 만일 누구든지 짐승과 그의 우상에게 경배하고 이마에나 손에 표를 받으면 10 그도 하나님의 진노의 포도주를 마시리니 그 진노의 잔에 섞인 것이 없이 부은 포도주라 거룩한 천사들 앞과 어린 양 앞에서 불과 유황으로 고난을 받으리니 11 그 고난의 연기가 세세토록 올라가리로다. 짐승과 그의 우상에게 경배하고 그의 이름표를 받는 자는 누구든지 밤낮 쉼을 얻지 못하리라 하더라"(계 14:9-11).

만국의 해방은 바빌론에 대한 하나님의 심판에 달려 있다. "바빌론의 음행, 미혹, 주술은 만국을 영속적으로 눈멀게 하고 무감각하게 한다. 이런 이유로 바빌론의 멸망은 만국을 위한 해방을 의미한다."[6] 천상의 관점에서 보면 하나님이 바빌론을 심판하고 바빌론의 체제를 파괴하는 것은 참되고 정의로운 심판이다. 그러므로 하늘에서는 바빌론의 심판을 기뻐하는 예전이 진행된다. "하늘과 성도들과 사도들과 선지자들아, 그로 말미암아 즐거워하라 하나님이 너희를 위하여 그에게 심판을 행하셨음이라 하더라"(계 18:20). 이와 반대로 땅의 왕들과 무역상들과 선장들은 바빌론이 그들에게 제공했던 부와 돈과 쾌락이 사라졌기 때문에 바빌론의 멸망을 탄식하고 슬퍼한다(계 18:9-11). 그러나 만국은 바빌론의 멸망을 슬퍼하지 않는다.[7]

바빌론의 멸망에 대한 선포는 만국에게 미혹과 억압의 체제로부터의 해방을 나타내고 또한 바빌론과 연대하지 말라는 경고로 작용한다. 요한계시록 저자의 관점에서 보면, 바빌론의 죄에 빠져서 바빌론과 함께 심판받지 않기 위해서는 모두 바빌론에서부터 탈출해야만 한다. "내 백성아, 거기서 나와 그의 죄에 참여하지 말고 그가 받을 재앙들을 받지 말라"(계 18:4).

---

6) Jon Morales, *Christ, Shepherd of the Nations: The Nations as Narrative Character and Audience in John's Apocalypse* (London/New York: T&T Clark Bloomsbury, 2018), 115.
7) Jon Morales, Christ, Shepherd of the Nations, 134.

## 2. 로마 제국 안에서 목양의 대상으로서의 만국

### 1) 만국을 위한 목양을 위임받은 교회

만국이 목양의 대상으로 교회에 위임되었다는 사실이 두아디라 교회를 향한 천상의 예수의 약속에서 나타난다. "이기는 자와 끝까지 내 일을 지키는 그에게 만국을 다스리는 권세를 주리니(ἐξουσίαν ἐπὶ τῶν ἐθνῶν/엑수시안 에피 톤 에트논)" (계 2:26). 여기서 "이기는 자"는 로마 제국의 유혹과 압제에 굴복하지 않고 저항하는 그리스도인들을 가리키고, "내 일을 지키는 그"는 예수의 증언을 계승하는 그리스도인들을 가리킨다. 그리고 "권세"로 번역된 그리스어 "ἐξουσία"(엑수시아)는 권위를 의미한다. "이기는 자와 끝까지 내 일을 지키는 그"는 제국의 압제와 불의에 저항하고 또 증언하는 그리스도인 공동체, 즉 교회를 의미한다. 요한계시록 2:26은 천상의 예수가 그러한 교회에게 만국에 대한 권위를 줄 것이라고 약속한다. 계 2:27은 만국에 대한 목양이 교회에게 위임되었다는 것을 나타낸다.

"그가 철장을 가지고 그들을 다스려(ποιμανεῖ/포이마네이) 질그릇 깨뜨리는 (συντρίβεται/순트리베타이) 것과 같이 하리라 나도 내 아버지께 받은 것이 그러하니라"(계 2:27).

요한계시록 2:27에서 "그"는 "이기는 자," 곧 제국의 유혹과 압제에 저항하는 교회를 가리키고, "그들"은 만국을 가리킨다. 이 본문은 시편 2:9로부터 유래한다: "네가 철장으로 그들을 깨뜨림이여 질그릇 같이 부수리라"(ποιμανεῖς αὐτοὺς ἐν ῥάβδῳ σιδηρᾷ ὡς σκεῦος κεραμέως συντρίψεις αὐτούς)/포이마네이스 아우투스 엔 라브도 시데라 호스 스큐오스 케라메오스 순트립세이스 아우투스)." 시편 2:9와 요한계시록 2:27에서 사용된 그리스어 동사 "포이마이노(ποιμαίνω)"는 "목양하다, 인도하다, 안내하다, 다스리다, 보호하다, 돌보다"를 의미한다.[8] "포이마이노" (ποιμαίνω)라는 단어는 요한계시록에서 자주 나온다(계 2:27; 12:5; 19:15). 그런데 요한계시록 2:27에서 "ποιμαίνω"를 "다스리다"로 번역한 것은 옳지만, 만일 그렇게 번역하면, 그 단어가 가지고 있는 양떼를 먹이고, 돌보고, 보호하는 목양의

---

8) W. Bauer, F. W. Danker, W. F. Arndt and F. W Gingrich, *A Greek-English Lexicon of the New Testament and Other Christian Literature* (Chicago: The University of Chicago Press, 1952), 842.

의미가 사라진다. 그러므로 계 2:27에서 "ποιμαίνω"라는 단어를 "목양하다"라는 의미로 번역하는 것이 바람직하다. 만일 이 단어를 목양의 의미로 번역한다면, 교회의 사명은 만국을 위한 목양이며, 만국은 교회의 목양의 대상이 된다.[9]

만국에 대한 목양의 방법은 무엇인가? 그것은 "철장," 곧 쇠막대기를 가지고 그들을 침입자들로부터 지키고 또한 그들을 훈련시키는 것이다. 쇠막대기는 목자가 양떼를 통솔하는 데 필요하고, 또는 양떼를 보호하기 위해서 침입자들을 물리치는 데 사용되는 도구다. 쇠막대기를 가진 목자는 양떼를 지키기 위해서 물러서지 않는 보호자이다.

"질그릇 깨뜨리는(συντρίβεται/쉰트리베타이) 것과 같이"라는 표현은 질그릇을 산산 조각내어 파괴하는 것을 연상시키지만, 여기서는 변화와 쇄신을 위해 사랑의 채찍을 통해 책망하고 훈육하는 것을 의미한다. 솔로몬의 시편(Psalms of Solomon)은 하나님에게 불의한 지배자들을 파괴시키도록, 예루살렘을 짓밟고 파괴시킨 이방인들로부터 예루살렘을 정화시키도록, 그리고 죄인들을 상속을 받지 못하도록 지혜와 정의로 쫓아내도록 하나님의 종 이스라엘을 다스릴 다윗의 아들을 왕으로 세우고 그에게 힘을 주시기를 하나님에게 간구한다. 여기에는 아래와 같은 표현이 있다.

> "죄인들의 교만을 토기장이의 질그릇과 같이 산산 조각내도록, 그들의 모든 본질을 철장으로 부서뜨리도록, 무법한 만국을 그의 입의 말씀으로 멸망시키도록 그에게 힘을 주소서"(솔로몬의 시편 17:23-24).

천상의 예수는 "나도 내 아버지께 받은 것이 그러하니라"(계 2:27)고 말한다. 요한계시록 2:18에서 천성의 예수는 하나님의 아들로 소개되었는데, 여기서 그는 하나님을 자신의 아버지라고 부른다. 예수 자신이 하나님으로부터 위임받은 사역은 바로 만국을 목양하고, 쇠막대기로 질그릇 깨뜨리듯이 그들을 책망하고 훈육하여 하나님의 자녀로 변화시키는 것이다. 예수는 라오디게아 교회에게 말한다: "무릇 내가 사랑하는 자를 책망하여 징계하노니"(계 3:19). 이처럼 계 2:27은 교회가 만국을 참된 그리스도인들로 성장하도록 책망과 훈육으로 목양해야한다는 것을 의미한다.

---

9) Jon Morales, *Christ, Shepherd of the Nations*, 63.

교회는 로마 제국의 우상숭배 체제에 저항하고 증언하는 본을 보임으로써 만국을 목양하도록 하나님으로부터 위임을 받았다. 요한계시록의 저자 요한 자신도 증인으로서 그러한 목양의 소명을 받았다: "그가 내게 말하기를 네가 많은 백성과 나라와 방언과 임금에게 다시 예언하여야 하리라 하더라"(계 11:11). 물론 만국에는 하나님의 종들을 비난하는 적대자들이 있지만, 그러나 교회의 목양을 통해서 그들 가운데서 장차 하나님의 충성스러운 종들이 나올 수 있을 것이다. 그러므로 만국은 결코 교회의 적이 아니라, 교회의 목양의 대상으로 이해되어야만 한다.

### 2) 만국을 목양하는 천상의 목자 예수

로마의 폭력의 희생자인 천상의 예수는 소아시아의 일곱 교회들을 위한 목자 그리스도이다(2-3장). 뿐만 아니라 그는 지금 하늘에 살아 있는 죽은 자들을 돌보는 목자이다. 만국에서부터 나온 수많은 죽은 자들의 무리가 살아서 흰옷을 입고 보좌에 앉으신 하나님과 어린 양을 예배한다.

> "이 일 후에 내가 보니 각 나라와 족속과 백성과 방언에서 아무도 능히 셀 수 없는 큰 무리($\ddot{o}\chi\lambda o\varsigma$)가 나와 흰 옷을 입고 손에 종려 가지를 들고 보좌 앞과 어린 양 앞에 서서 큰 소리로 외쳐 이르되 구원하심이 보좌에 앉으신 우리 하나님과 어린 양에게 있도다 하니"(계 7:9-10).

능히 셀 수 없는 큰 무리($\ddot{o}\chi\lambda o\varsigma$/오클로스)는 "어린 양의 피에 그 옷을 씻어 희게 된"(계 7:14) 옷을 입고 있다. 그들은 "각 나라와 족속과 백성과 방언," 즉 만국에서 환난을 당하고 심지어 죽임을 당하면서도 짐승 숭배를 거부했던 남자들과 여자들이다. 그들은 로마의 황제의 힘을 믿지 않고, 로마의 폭력의 희생자인 예수의 힘을 믿었다. 이제 그들은 하늘에서 부활하여 하늘의 성전에서 밤이나 낮이나 항상 하나님을 예배하면서 산다.

> "15 그러므로 그들이 하나님의 보좌 앞에 있고 또 그의 성전에서 밤낮 하나님을 섬기매 보좌에 앉으신 이가 그들 위에 장막을 치시리니 16 그들이 다시는 주리지도 아니하며 목마르지도 아니하고 해나 아무 뜨거운 기운에 상하지도 아니하리니 17 이는 보좌 가운데에 계신 어린 양이 그들의 목자가 되사($\pi o\iota\mu\alpha\nu\epsilon\hat{\iota}$) 생명수 샘으로

인도하시고 하나님께서 그들의 눈에서 모든 눈물을 씻어 주실 것임이라"
(계 7:15-17).

요한계시록 7:17에서 "이는 보좌 가운데에 계신 어린 양이 그들의 목자가 되사(ποιμανει//포이마네이)"는 미래 시제의 문장이다. 그러나 그것은 어린 양 예수가 종말론적 미래에서만이 아니라, 지금 현재의 시간에서도 그들을 위한 목자가 되실 것을 의미한다. 그리스어 "ποιμαίνω/포이마이노)는 "목양하다"를 의미한다. 목자 어린 양은 그들을 생명수 샘으로 인도하신다(참조, 계 1:6; 22:1). 그리고 하나님은 그들의 눈에서 모든 눈물을 씻어 주실 것이다(참조, 사 25:8). 여기서 눈물은 로마 제국의 압제에서 약자들이 흘리는 눈물이다.

어린 양 예수가 하늘의 보좌에 앉으신 이의 오른 손에서 두루마리 책을 받을 때, 네 생물과 스물네 장로들이 어린 양 예수를 찬양한다.

> "9 그들이 새 노래를 불러 이르되 두루마리를 가지시고 그 인봉을 떼기에 합당하시도다. 일찍이 죽임을 당하사 각 족속과 방언과 백성과 나라 가운데에서 사람들을 피로 사서 하나님께 드리시고 10 그들로 우리 하나님 앞에서 나라와 제사장들을 삼으셨으니 그들이 땅에서 왕 노릇 하리로다 하더라"(계 5:9-10).

이미 1:6에 예수가 그의 피로 "우리를 나라와 제사장으로" 삼았다는 것이 이미 언급되었는데, 여기서 다시 언급된다. 초대교회는 이스라엘 백성과 "각 족속과 방언과 백성과 나라"에서 나온 이방인들로 구성되었다. 이러한 교회의 구성원들은 모두 예수의 피를 통해서 거룩해지고 나라와 제사장들이 되었다.[10] 그리스도인 공동체는 황제의 통치와 대조되는 하나님의 통치가 일어나는 장소이며, 또한 폭력의 역사의 완전한 끝장을 희망하면서 제국의 불의에 저항하는 대항공동체이다.[11] "그들이 땅에서 왕 노릇 하리로다"라는 것은 그들이 예수의 피를 통해서 거룩한 하나님의 자녀가 되었다는 것과 지금 현재의 시간에 로마의 유혹과 압제에 굴복하지 않고 하나님과 예수를 예배하면서 주체적으로 사는 것을 의미한다. 순교자와 죽은 성도들은 지금 천년왕국에서 "하나님과 그리스도의 제사장

---

10) 이병학, 『요한계시록: 약자를 위한 예배와 저항의 책』, 196-97.
11) Klaus Wengst, *"Wie lange noch?": Schreien nach Recht und Gerechtigkeit - eine Deutung der Apokalypse des Johannes* (Stuttgart: Verlag W. Kohlhammer, 2009). 255.

이 되어 천 년 동안 그리스도와 더불어 왕 노릇"하고 있다(계 20:6).

### 3) 만국을 위한 미래적 목자 그리스도
장차 만국을 목양할 목자 그리스도는 12:5에서 잘 나타난다.

> "여자가 아들을 낳으니 이는 장차 철장으로 만국(πάντα τὰ ἔθνη/판타 타 에트네)을 다
> 스릴(ποιμαίνειν/) 남자라 그 아이를 하나님 앞과 그 보좌 앞으로 올려가더라"
> (계 12:5).

무시무시하게 생긴 용이 임신한 여자가 아이를 분만하면 그 아이를 삼키려고
기다리고 있다. 하지만 기적적으로 그 새내아이는 용의 위협에서부터 구출되어
지금 하늘의 보좌에 메시아로 앉아 있다. 이 이야기에서 예수의 십자가 처형과
부활은 생략되었다. 그 사내아이는 장차 철장, 즉 쇠막대기를 가지고 "모든 만
국"을 목양할 목자 그리스도로 지금 하늘의 보좌에 앉아 있다.

쇠막대기는 목양에 필요한 도구다, 그것은 목자가 양떼를 안내하는 데 사용하
는 도구이고, 또는 양떼의 보호를 위해서 침입자들을 물리치는 데 사용하는 도구
이다. 구약에서 하나님은 막대기를 가지고 양떼를 인도하는 목자로 표현되었다
(참조, 시 23:1-4). 이미 앞에서도 언급했지만, 그리스어 "포이마이노"(ποιμαίνω)는
"목양하다, 인도하다, 안내하다, 다스리다, 보호하다"를 의미한다. 그런데 요한
계시록 12:5에서 사용된 "포이마이노"는 "목양하다"는 의미로 번역하는 것이
바람직하다. 그 사내아이 예수는 장차 만국을 목양할 목자 그리스도이다. 또 다
른 한 예로, 아마겟돈 전쟁 환상에 속하는 본문인 요한계시록 19:15에서도 "포
이마이노"는 역시 목양의 의미로 사용되었다.

> "그의 입에서 예리한 검이 나오니 그것으로 만국(ἔθνη/에트네)을 치겠고 친히 그들을
> 철장으로 다스리며(ποιμανεῖ/포이마네이) 또 친히 하나님 곧 전능하신 이의 맹렬한 진
> 노의 포도주 틀을 밟겠고"(계 19:15).

천상의 예수가 아마겟돈 전쟁터에 나타난 목적은 전쟁 체제를 영원히 종식시
키고, 로마 제국의 유혹과 압제 아래 있는 만국을 해방하고 그들을 목양하기 위
한 것이다. 그의 입에서 나오는 예리한 검(ῥομφαία/롬파이아)으로 만국을 칠 것이

라는 것은 만국을 죽인다는 것을 의미하는 것이 아니라, 만국으로 하여금 로마 제국에 대한 충성을 거부하고 제국의 유혹과 압제에 저항하는 주체로 살 수 있도록 그의 강력한 말씀의 힘으로 훈련시킨다는 것을 의미한다. "친다"로 번역된 그리스어 단어 "πατάσσω/파타쏘"는 "훈육한다"를 의미한다. 하나님의 말씀으로 훈육된 자는 로마에 대한 두려움을 떨쳐버리고 우상숭배와 불의에 저항할 수 있다. 실로 천상의 예수의 입에서 나오는 검이 파괴할 대상은 만국이 아니라, 만국을 미혹하고 억압하는 짐승, 거짓 예언자, 그리고 그들과 연합한 열렬한 우상 숭배자들이다(계 19:20-21). 철장, 곧 쇠막대기는 목양에 필요한 도구이다. 여기서 "포이마이노"(ποιμαίνω)는 "다스리다"로 번역되었지만, "목양하다"로 번역하는 것이 옳다. "포도주 틀"은 하나님의 진노를 상징하는 은유이다. 이러한 포도주 틀에서 밟히는 자들은 만국이 아니라, "짐승의 동맹자들"이다.[12] 짐승과 연합한 자들인 "땅의 임금들과 그들의 군대들"(계 19:19; 참조, 19:18)은 예수의 입으로부터 나오는 검에 의해서 죽임을 당한다(계 19:21).

용, 짐승, 거짓 예언자, 음녀, 바빌론은 만국을 지배하고 미혹한다. 로마 황제는 만국을 억압하고 조정하고 해치는 일을 하지만, 천상의 예수는 그들을 짐승의 압제로부터 해방하고 구원하고 주체로 살 수 있도록 격려하고 돕는 목양의 사역을 한다. 만일 만국이 두려움이나 작은 이익 때문에 짐승에게 협력하고 연합한다면 심판을 받을 것이 마땅하지만, 그러나 만국은 근본적으로 짐승의 억압과 지배로부터 해방되어야 할 예수 그리스도의 목양의 대상이다.

4) 하나님을 예배하는 만국(계 14:6-7; 15:3-4)

천사는 만국을 향해서 하나님의 심판의 시간이 가까이 왔다고 아래와 같이 선포한다.

"6 또 보니 다른 천사가 공중에 날아가는데 땅에 거주하는 자들 곧 모든 민족과 종족과 방언과 백성에게 전할 영원한 복음을 가졌더라. 7 그가 큰 음성으로 이르되 하나님을 두려워하며 그에게 영광을 돌리라 이는 그의 심판의 시간이 이르렀음이니 하늘과 땅과 바다와 물들의 근원을 만드신 이를 경배하라 하더라"(계 14:6-7).

---

12) Jon Moralles, *Christ, Shepherd of the Nations*, 121-22.

"하나님을 두려워하며 그에게 영광을 돌리라"고 하는 천사의 명령은 다니엘서 6장에서 느부갓네살 왕의 후계자인 다리오 왕이 만국에게, 즉 "온 땅에 있는 모든 백성과 나라들과 언어가 다른 모든 사람들"(단 6:23)에게 조서를 통해서 "내나라 관할 아래에 있는 사람들은 다 다니엘의 하나님 앞에서 떨며 두려워할지니 그는 살아 계시는 하나님이시요 영원히 변하지 않으실 이시며 그의 나라는 멸망하지 아니할 것이요 그의 권세는 무궁할 것이며 그는 구원도 하시며 건져내기도 하시며 하늘에서든지 땅에서든지 이적과 기사를 행하시는 이로서 다니엘을 구원하여 사자의 입에서 벗어나게 하셨음이라"(단 6:26-27)라고 한 것과 유사하다.

교회에서 통용되는 "복음"은 예수의 죽음과 부활을 통한 구원에 관한 기쁜 소식이다. 그러나 요한계시록에서 영원한 복음(εὐαγγέλιον αἰώνιον/유앙겔리온 아이오니온)은 심판으로서의 복음이다. "심판의 시간(ὥρα ὥρα τῆς κρίσεως/호라 테스 크리세오스)이 이르렀다"는 소식은 폭력의 역사가 끝날 시간이 도달했다는 것을 의미한다. 그러므로 그것은 로마 제국의 압제 아래 있는 만국에게 해방의 메시지가 될 것이다.[13] 왜냐하면 마침내 그들이 바빌론의 압제로부터 벗어날 수 있기 때문이다. 심판(κρίσις/크리시스)은 폭력의 역사를 끝내고 약자들에게 권리를 찾아주고 정의를 실현하는 하나님의 해방적 행동을 의미한다. 그러므로 그것은 바빌론의 기만과 착취에 신음하는 만국에게는 기쁜 소식, 즉 "복음"이다. 이와 반대로 그것은 짐승을 숭배하고 자신의 운명을 짐승에게 맡기고 사는 "땅에 거하는 자들"(계 3:10; 6:10; 8:13; 11:10; 13:8, 12, 14; 17: 2, 8)에게는 무서운 재앙의 소식이다.[14] 하나님의 심판을 눈앞에 둔 지금은 짐승을 숭배할 때가 아니라, 창조주 하나님을 예배할 때이다. 그래서 천사는 "하늘과 땅과 바다와 물들의 근원을 만드신 이를 경배하라"고 명령한다. "경배하다"(προσκυνέω/프로스퀴네오)는 것은 부복해서 예배하라는 것을 의미한다. 요한계시록 저자는 만국이 하나님을 예배할 것을 희망한다.

"3 하나님의 종 모세의 노래, 어린 양의 노래를 불러 이르되 주 하나님 곧 전능하신 이시여 하시는 일이 크고 놀라우시도다 만국의 왕이시여 주의 길이 의롭고 참되시도다 4 주여 누가 주의 이름을 두려워하지 아니하며 영화롭게 하지 아니하오리이까 오직 주만 거룩하시니이다 주의 의로우신 일이 나타났으매 만국이 와서 주께 경

---

13) Jon Morales, *Christ, Shepherd of the Nations*, 98.
14) 이병학, 『요한계시록: 약자를 위한 예배와 저항의 책』, 329.

배하리이다 하더라"(계 15:3-4).

이것은 요한계시록에서 짐승의 유혹과 압제에 굴복하지 않고 승리한 자들이 직접 만국에 대해서 언급한 유일한 경우이다. 만국은 그리스도인 공동체를 상징하는 두 증인에게 적대적이었지만(계 11장), 이제 정의의 하나님을 예배한다. 이것은 만국에 대한 요한계시록 저자의 희망이고, 또한 모든 그리스도인들의 희망이다. 이러한 희망이 새 예루살렘에서 실현된다(계21:4-26; 22:2). 그러므로 교회와 구성원들은 만국이 언젠가는 하나님과 그의 메시아인 예수를 예배할 것이라는 희망을 가지고 만국을 향해서 증언하고 선교해야만 한다.

## 3. 새 예루살렘에 사는 만국과 하나님의 종들(계 21:9-22:5)

### 1) 하나님의 자녀에 속한 만국에 대한 신학적 근거

"3 내가 들으니 보좌에서 큰 음성이 나서 이르되 보라 하나님의 장막이 사람들과 함께 있으매 하나님이 그들과 함께 계시리니 그들은 하나님의 백성이 되고 하나님은 친히 그들과 함께 계셔서 4 모든 눈물을 그 눈에서 닦아 주시니 다시는 사망이 없고 애통하는 것이나 곡하는 것이나 아픈 것이 다시 있지 아니하리니 처음 것들이 다 지나갔음이러라"(계 21:3-4).

하늘로부터 아래로 내려온 거룩한 도성 새 예루살렘(계 21:2)에 하나님이 임재하고 있다. "보라 하나님의 장막이 사람들과 함께 있으매 하나님이 그들과 함께 계시리니 그들은 하나님의 백성(λαοί/라오이) 되고 하나님은 친히 그들과 함께 계셔서"(계 21:3). 이 본문에는 "백성"을 의미하는 단수 "λαός/라오스"가 아니라, "백성들"을 의미하는 복수 "λαοί"(라오이)가 사용되었다.[15] 이 본문은 70인역 구약의 본문인 "내 처소가 그들 가운데에 있을 것이며 나는 그들의 하나님이 되고 그들은 내 백성(λαός)이 되리라"(겔 37:27), 또는 "나는 너희 중에 행하여 너희의 하나님이 되고 너희는 내 백성(λαός)이 될 것이니라"(레 26:12)로부터 인용된 것

---

15) 영어 성서 NRSV는 "peoples"라고 복수로 되어 있다: "See, the home of God is among mortals. He will dwell with them; they will be his *peoples*, and God himself will be with them."

이지만, 요한계시록의 저자는 의도적으로 오직 이스라엘 백성을 가리키는 단수 "백성"(λαός)을 "모든 민족과 종족과 방언과 백성"을 의미하는 복수 "백성들"(λαοί/라오이)로 수정해서 인용했다.[16] 이것은 그가 만국이 하나님의 자녀에 속한다는 것을 주장하기 위한 신학적 근거이다. 이것은 그가 만국이 로마 황제의 통치 아래 있다는 제국의 담론을 반대하고 만국이 하나님에게 속한다는 것을 주장하는 대항담론으로 이해될 수 있다.[17] 또한 이것은 그가 새 예루살렘을 다문화적 공동체로 이해하고 있다는 것을 의미한다. 4절에서 언급된 눈물, 죽음, 슬픔, 울부짖음, 그리고 고통은 모두 로마 제국의 현실을 가리킨다.

### 2) 새 예루살렘의 빛 가운데 걷는 만국(계 21:22-27)

> "24 만국(ἔθνη/에트네)이 그 빛 가운데로 다니고 땅의 왕들이 자기 영광을 가지고 그리로 들어가리라. 25 낮에 성문들을 도무지 닫지 아니하리니 거기에는 밤이 없음이라. 26 사람들이 만국의 영광과 존귀를 가지고 그리로 들어가겠고"(계 21:24-26).

이것은 예루살렘을 노래하는 이사야서로부터 인용되었다. "나라들은 네 빛으로, 왕들은 비치는 네 광명으로 나아오리라"(사 60:3); "그 때에 네가 보고 기쁜 빛을 내며 네 마음이 놀라고 또 화창하리니 이는 바다의 부가 네게로 돌아오며 이방 나라들의 재물이 네게로 옴이라"(60:5).

만국이 새 예루살렘에서 빛 가운데 거닐고 땅의 왕들이 자기 영광을 가지고 온다는 것은 놀랍다. 왜냐하면 요한계시록에서 만국은 부정적으로 묘사된 경우가 많기 때문이다. 만국은 로마의 힘과 광채에 눈이 멀고 미혹되어서 "누가 이 짐승과 같으냐 누가 능히 이와 더불어 싸우리요"라고 로마 제국의 절대성을 주장하는 담론을 수용했고(계 13:4), 음녀 바빌론의 음행의 포도주에 취했고(계 17:2), 교회를 대표하는 두 증인에게 적대적이었고(계 11:9), 심지어 하나님의 심판으로 바빌론이 파괴될 때 함께 만국의 도시들이 파괴되었기(계 16:19) 때문이다.

이러한 만국이 새 예루살렘의 시민으로 살도록 초대되었다. 바빌론이 미혹과 마술로 만국을 억압하고 통제한 것(계 18:23)과 정반대로 새 예루살렘은 만국을 빛으로 안내한다. 바빌론은 만국 위에 앉아서 만국을 지배하고 착취했지만(계

---

16) 이병학, 『요한계시록: 약자를 위한 예배와 저항의 책』, 479.
17) Klaus Wengst, *"Wie lange noch?"*, 220.

17:1, 15), 새 예루살렘은 그들에게 빛을 통해서 자유와 생명을 선사한다. 바빌론은 만국에게 음행의 포도주를 마시게 했으며(계 18:3; 14:8), 또한 음행으로 만국을 무감각하게 만들었고, 또 미혹했기 때문에 그들은 자주적으로 살지 못하고 비틀거렸다. 반면에 새 예루살렘은 절대로 꺼지지 않는 환한 빛을 비추어 주고 밤이 없기 때문에(계 21:11, 23, 25) 만국은 모두 제 정신으로 아주 똑바로 걸을 수 있고 주체적으로 살 수 있다.

땅의 왕들이 새 예루살렘에 있다는 것은 역시 놀랍다. 그들은 지금까지 요한계시록에서 항상 자신의 이익을 위해서 짐승과 음녀 바빌론과 동맹을 맺고 로마의 정책에 협력했다. 그런데 이제 그들이 "자기의 영광"을 새 예루살렘 안으로 가져온다. "자기의 영광"은 두 가지 의미가 있다. 첫째로 그것은 만국의 영광, 즉 만국의 선물을 의미한다.[18] 그것은 그들이 만국이 경작하고 생산한 물자를 로마로 유출하지 않고, 새 예루살렘의 시민을 위한 선물로 새 예루살렘 안으로 유입한다는 것을 의미한다. 이전에 그들은 로마의 정치적 및 군사적 힘과 결탁해서 만국의 물자들을 로마의 소수의 특권층의 사치를 위해서 로마로 유출시켰다(참조, 계 18:12-13). 둘째로 그것은 예배를 의미한다. 즉, 땅의 왕들이 이제 로마의 황제가 아니라, 하나님과 어린 양을 예배한다.

그들은 "만국의 영광과 존귀"(21:26)를 새 예루살렘 안으로 가져온다. "영광과 존귀"는 천상의 예배에서 하나님에게 돌리는 예전적인 용어이다(계 4:9, 11; 5:12, 13; 7:12),[19] 그러므로 이것은 만국이 하나님을 찬양하고 예배한다는 것을 의미한다. 새 예루살렘에는 성문들이 낮에 항상 열려있고 밤이 없다(계 21:25; 참조, 사 60:11). 이 도시의 성문이 닫혀있지 않는 이유는 그 도시가 만국, 즉 "모든 민족과 종족과 방언과 백성"을 위해서 열려있기 때문이다.[20]

음녀 바빌론의 금잔에는 더러운 것과 가증한 것이 가득하지만(계 17:4), 하나님이 임재하시는 새 예루살렘에는 속된 것과 부정한 것이 전혀 없고, 모든 것이 거룩하다. 생명책에 이름이 기록된 자들만이 새 예루살렘에 들어갈 수 있다: "무엇이든지 속된 것이나 가증한 일 또는 거짓말하는 자는 결코 그리로 들어가지 못하되 오직 어린 양의 생명책에 기록된 자들만 들어가리라"(계 21:27). 새 예루살렘에

---

18) Peter J. Leithart, *Revelation 12-22, International Theological Commentary* (London, Oxford, New York, New Delhi, Sydney: Bloomsbury, 2018), 397.

19) 크레이크 R. 쾨스터, 『엥커바이블: 요한계시록 II』, 1546.

20) Justo L. González, *For the Healing of the Nations,* 106.

사는 만국은 로마 제국의 압제로부터 해방된 자들이다. 로마의 시민 명단에 이름이 없는 만국의 약자들이 생명책에 이름이 등록되어 새 예루살렘의 시민권을 누린다.[21]

### 3) 생명나무 잎사귀로 치료받는 만국(계 22:1-2)

새 예루살렘은 에덴동산의 요소를 가진 아름다운 전원도시로 묘사되었다. 새 예루살렘의 중앙에 수정 같은 맑은 생명수의 강이 흐르고, 강 좌우에 생명나무가 가로수처럼 나란히 줄지어 서 있고 또 생명나무를 따라서 긴 도로가 양쪽으로 나란히 나 있다.

> "1 또 그가 수정 같이 맑은 생명수의 강을 내게 보이니 하나님과 및 어린 양의 보좌로부터 나와서 2 길 가운데로 흐르더라 강 좌우에 생명나무가 있어 열두 가지 열매를 맺되 달마다 그 열매를 맺고 그 나무 잎사귀들은 만국을 치료하기 위하여 있더라"(계 22:1-2).

새 예루살렘에는 하나님의 보좌와 어린 양의 보좌로부터 흐르는 생명수의 강이 있다. 이것은 하나님 자신과 십자가에 못 박힌 무력한 어린 양 예수가 생명의 원천이라는 것을 의미한다. 요한계시록 21:6에서 생명수 샘물이 약속되었다: "내가 생명수 샘물을 목마른 자에게 값없이 주리니." 그리고 7:16에서도 그러한 물에 대한 약속이 주어졌다: "그들이 다시는 주리지도 아니하며 목마르지도 아니하고 해나 아무 뜨거운 기운에 상하지도 아니하리니." 그런데 이러한 약속이 새 예루살렘에 흐르는 생명수의 강을 통해서 실현되었다. 새 예루살렘에는 생명을 살리는 수정처럼 맑은 생명수의 강이 흐른다. 이것은 에덴동산에서 흐르는 강을 연상시킨다: "강이 에덴에서 흘러 나와 동산을 적시고 거기서부터 갈라져 네 근원이 되었으니"(창 2:10). 새 예루살렘에서 생명수의 강은 하나님과 로마의 폭력의 희생자인 어린 양의 보좌로부터 나와서 흐른다(계 22:1). 여기서 요한계시록의 저자는 에스겔서 47:1을 암시한다: "그가 나를 데리고 성전 문에 이르시니 성전의 앞면이 동쪽을 향하였는데 그 문지방 밑에서 물이 나와 동쪽으로 흐르다가 성전 오른쪽 제단 남쪽으로 흘러 내리더라." 이 강물이 사해로 흘러서 바다의 생

---

21) Klaus Wengst, *"Wie lange noch?"*, 231.

물을 살린다: "그가 내게 이르시되 이 물이 동쪽으로 향하여 흘러 아라바로 내려가서 바다에 이르리니 이 흘러 내리는 물로 그 바다의 물이 되살아나리라. 이 강물이 이르는 곳마다 번성하는 모든 생물이 살고 또 고기가 심히 많으리니 이 물이 흘러 들어가므로 바닷물이 되살아나겠고 이 강이 이르는 각처에 모든 것이 살 것이며"(겔 47:8-9).

생명나무는 창세기 2:9로부터 유래한다: "여호와 하나님이 그 땅에서 보기에 아름답고 먹기에 좋은 나무가 나게 하시니 동산 가운데에는 생명나무와 선악을 알게 하는 나무도 있더라." 새 예루살렘에 있는 생명나무(ξύλον ζωῆς/크쉴론 조에스)는 한 그루의 나무가 아니라 많은 나무를 의미한다. 강 좌우에 줄지어 서 있는 생명나무는 달마다 열매를 맺고 일 년에 열두 가지 열매를 맺고, 잎사귀는 만국을 치료하는 약재로 쓰인다(계 22:2). 이것은 에스겔 47:12에서부터 인용되었다: "강 좌우 가에는 각종 먹을 과실나무가 자라서 그 잎이 시들지 아니하며 열매가 끊이지 아니하고 달마다 새 열매를 맺으리니 그 물이 성소를 통하여 나옴이라 그 열매는 먹을 만하고 그 잎사귀는 약 재료가 되리라."

새 예루살렘에 서 있는 생명나무의 열매는 그 도시의 모든 시민을 위한 양식이며, 생명나무의 잎사귀는 로마 제국의 압제와 폭력과 착취 아래서 정신적, 육체적 질병과 상처를 얻은 만국을 치료하기(θεραπείαν/테라페이안) 위해 있다. 만국은 짐승과 바빌론으로부터 미혹을 당하고 통제를 당하고, 바빌론의 음행의 포도주에 취한 자들이다. 그러나 만국은 새 예루살렘에서 생명나무 잎사귀를 통해서 치유를 받고 다시 건강해진다. 새 예루살렘의 자원은 그 도시의 모든 시민을 위한 생명과 복지와 치유를 위해서 사용된다. 아담과 이브의 타락 이후에 에덴동산의 생명나무 과실은 아무도 손댈 수 없지만, 그러나 에녹1서는 그것이 마지막 때의 선택된 자들에게 주어질 것이라고 예언한다(에녹1서 24:4-25:6). 그런데 이제 새 예루살렘의 시민들인 하나님의 종들과 만국이 모두 그 생명나무의 과실을 먹고 산다.

### 4) 하나님의 종들에 통합된 만국

새 예루살렘에는 "다시 저주가 없기" 때문에 심판이 없다. 하늘에 있던 하나님과 그 어린 양의 보좌가 이제 새 예루살렘에 있다는 것은 하늘과 땅이 통합되었다는 것을 의미한다. 다시 말하면, 이것은 하늘에 있던 새 예루살렘(계 3:12; 21:2)이 하늘로부터 아래로 내려옴으로써 하늘과 땅이 서로 마주 보는 것이 중지되었고, 하늘과 땅은 새 예루살렘에서 서로 통합되었다는 증거다. 그러므로 버가모와 다른 여러 곳에 있던 것과 같은 사탄의 보좌(계 2:13)는 새 예루살렘에 없다.

> "3 다시 저주가 없으며 하나님과 그 어린 양의 보좌가 그 가운데에 있으리니 그의 종들이 그를 섬기며(λατρεύσουσιν/라트류수신) 4 그의 얼굴을 볼 터이요 그의 이름도 그들의 이마에 있으리라. 5 다시 밤이 없겠고 등불과 햇빛이 쓸 데 없으니 이는 주 하나님이 그들에게 비치심이라 그들이 세세토록 왕 노릇 하리로다"(계 22:3-5).

만국은 회개함으로써 새 예루살렘의 시민으로 초대된다. 새 예루살렘에 들어온 만국은 하나님의 종들과 차별되지 않고 하나로 통합되어서 그들과 함께 하나님과 어린 양 예수를 예배하면서 평등하게 산다. 만국은 "그의 종들(δοῦλοι/둘로이)"에 통합되어서 하나님의 종들과 동등한 새 예루살렘의 시민이다.[22] "그의 종들"은 하나님을 믿는 성도들을 가리킨다. 하나님의 이름이 그들의 이마에 쓰여 있다. 14:1에서 144,000의 이마에도 역시 하나님의 이름이 적혀있었다. 새 예루살렘의 시민은 모두 하나님에게 속한 종들로서 오직 하나님과 그 어린 양을 예배한다. 새 예루살렘에는 성전이 없으므로 제사장직도 역시 없다. 거기에는 종교적 위계질서가 없으므로 모든 사림들이 평등하게 예배를 드리면서 산다. "섬기다"로 번역된 그리스어 "라트류오"(λατρεύω)는 시중드는 것을 의미하는 것이 아니라, 부복하여 예배하는 것을 의미한다(참조, 계 7:15). 아담과 하와가 에덴동산에서 하나님의 얼굴을 본 이후 하나님의 얼굴을 직접 본 사람은 아무도 없다. 그러나 이제 새 예루살렘에 사는 하나님의 종들은 날마다 하나님의 얼굴을 보면서 산다. "우리가 지금은 거울로 보는 것 같이 희미하나 그 때에는 얼굴과 얼굴을 대하여 볼 것이요 지금은 내가 부분적으로 아나 그 때에는 주께서 나를 아신 것 같이 내가 온전히 알리라"(고전 13:12).

그런데 여기서 하나님의 종들은 두 가지 범주로 이해될 수 있다. 첫째로 그들은 하늘에서 내려온 살아 있는 남녀 순교자들과 죽은 성도들을 가리킨다(계 19:2; 6:11; 19:2). 그들은 하늘에서 이미 부활하여 생명을 얻어서 하늘의 성, 곧 천년왕

---

22) 한철흠(Chul Heum Han)이 "God's Peoples in the New Jerusalem: Revelation 21:3 Reconsidered," *KPJT*, Vol. 50 No. 4(1918), 9-30에서 새 예루살렘에 들어온 만국이 하나님의 종들과 구별되어 주변적 위치에 있고 하나님의 종들이 만국보다 우월한 위치에 있다고 주장하는 것은 형제자매적인 평등한 공동체로서의 새 예루살렘의 성격을 이해하지 못한 매우 잘못된 해석이다.

국의 시민이었으며, 이제 새 예루살렘이 하늘에서 땅으로 내려 올 때 함께 내려와서 새 예루살렘의 시민으로 사는 성도들이다. 둘째로 그들은 하늘의 새 예루살렘이 땅으로 내려올 때까지 지상에서 고난을 당하면서도 제국의 우상 숭배적 체제에 저항하면서 하나님과 예수를 믿고 있는 성도들과 회개한 만국을 가리킨다 (참조, 계 1:1; 7:13; 19:5; 22:6). 새 예루살렘은 이러한 두 범주의 사람들, 즉 죽은 자들과 산 자들이 서로 재회하여 하나님과 그의 메시아 어린 양 예수를 예배하면서 영원히 사는 장소이다.

하나님의 임재와 영광의 빛이 새 예루살렘의 시민을 비춘다: "다시 밤이 없겠고 등불과 햇빛이 쓸 데 없으니 이는 주 하나님이 그들에게 비치심이라. 그들이 세세토록 왕 노릇 하리로다"(22:5). 여기서 "그들이 세세토록 왕 노릇할 것이다"라는 표현은 그들이 다스릴 어떤 대상이 있다는 것을 의미가 아니라, 그들이 각기 주체가 되어서 더 이상 남의 지배를 받지 않고 자유롭게 자주적으로 산다는 것을 의미한다. 즉, 새 예루살렘은 죽은 자들과 산 자들이 재회하여 하나님을 예배하면서(참조, 계 19:15) 각기 자주성과 주체성을 가지고 영원히 함께 사는 형제자매적인 공동체로 이해될 수 있다. 또한 어린 양이 이 도시를 비추는 등불이다: "그 성은 해나 달의 비침이 쓸 데 없으니 이는 하나님의 영광이 비치고 어린 양이 그 등불이 되심이라"(계 21:23). 폭력의 희생자인 예수가 예루살렘의 등불이기 때문에 이 도시에는 어둠에 방치된 희생자들이 없다. "만국이 와서 주께 경배하리이다"(계 15:4)라는 희망이 새 예루살렘에서 성취되었다. 새 예루살렘은 만국과 하나님의 종들이 하나로 통합되어서 하나님과 어린 양을 예배하면서 평화롭게 사는 다문화적 공동체이다.

## III. 결론

지금까지 요한계시록에 나타는 나는 만국의 성격을 분석하였다. 새 예루살렘의 시민이 된 만국을 이해하기 위해서는 로마 제국에 예속된 만국의 성격에 대한 이해가 필요하다. 요한계시록 저자는 구원받은 "하나님의 종들"(=그리스도인들), 짐승을 우상 숭배하므로 심판받을 "땅에 사는 자들"(οἱ κατοικοῦντες ἐπὶ τῆς γῆς/호이 카토이쿤테스 에피 테스 게스), 그리고 "만국"(ἔθνη/에트네) 구별해서 설명한다. 만국은 "모든 민족과 종족과 방언과 백성"(πᾶν ἔθνος καὶ φυλὴν καὶ γλῶσσαν καὶ λαόν/판 에트노스 카이 퓔렌 카이 글로싼 카이 라온)을 가리키는 전문 용어(technical term)이다.

하나님의 종들은 하나님과 그의 메시아 예수가 세계의 통치자이고 역사의 주체이고 모든 권세를 가지고 있다는 것을 믿는 그리스도인들이다. 땅에 사는 자들(계 13:8, 12, 14; 16:2; 17:8)은 로마의 황제 제의에 참석하고 짐승을 예배하고 짐승의 표를 받은 자들이며, 자신의 운명을 짐승에게 맡기면서 사는 우상숭배자들이다. 그런데 만국은 이러한 "땅에 사는 자들"과 동일시되지 않는다. 땅에 사는 자들은 짐승을 예배하지만, 그러나 만국은 결코 짐승을 예배하지 않는다. "땅에 사는 자들은 심판의 대상이지만(계 16:2; 8:13), 만국은 구원과 치유의 대상이다(참조, 계 22:2).

로마 제국이 여전히 지배하고 있기 때문에 요한계시록 저자의 시대에 새 예루살렘은 아직 완전한 현실이 아니었다. 새 예루살렘의 현실은 바빌론의 현실과 대조된다. 폭력과 억압과 차별이 지배하는 바빌론은 죽음의 원천이지만, 정의와 평화와 평등이 지배하는 새 예루살렘은 생명의 원천이다. 바빌론에는 등불이 꺼지지만(계 18:23), 새 예루살렘에는 등불의 빛이 영원히 꺼지지 않는다. 만국은 바빌론의 미혹과 억압 아래서 객체로 전락했지만, 그러나 새 예루살렘에서 만국은 하나님의 종들과 평등하게 자유와 평등과 정의를 향유하면서 산다.

새 예루살렘은 항상 밝고 빛난다. "그 성은 해나 달의 비침이 쓸 데 없으니 이는 하나님의 영광이 비치고 어린 양이 그 등불이 되심이라"(계 12:23). 새 예루살렘의 광채는 사람들의 눈을 멀게 하는 휘황찬란한 로마의 광채와 다르다. 화려한 로마의 전경 이면에는 수많은 약자와 희생자들이 어둠속에 방치되어 있다. 로마의 폭력의 희생자인 어린 양이 새 예루살렘의 등불이라는 것은 새 예루살렘에는 어둠에 방치되는 약자와 희생자들이 없다는 것을 의미한다.

마지막 때에 새 예루살렘이 하늘에서부터 아래로 내려온다. 천년왕국은 끝이 있지만, 새 예루살렘은 끝이 없다. 새 예루살렘은 산 자들만을 위한 미래가 아니라, 죽은 자들과 산 자들을 위한 공동의 희망이고, 공동의 미래이다. 그러므로 죽은 자들의 증언과 순교는 결코 헛된 것이 아니다. "또 내가 들으니 하늘에서 음성이 나서 이르되 기록하라 지금 이후로 주 안에서 죽는 자들은 복이 있도다 하시매 성령이 이르시되 그러하다 그들이 수고를 그치고 쉬리니 이는 그들의 행한 일이 따름이라 하시더라"(계 14:13). 새 예루살렘은 하늘에 살아 있는 죽은 성도들과 지상에 있는 성도들이 서로 재회하여 함께 영원히 사는 공동의 미래이다. 또한 새 예루살렘은 만국과 하나님의 종들이 평등하게 함께 사는 다문화적 공동체이다.

새 예루살렘은 로마 제국의 우상숭배의 유혹에 굴복하지 않는 성도들과 약자들의 희망이고, 그들을 위한 미래이다. 그러한 사람들이 새 예루살렘의 시민이 될 수 있다는 것이 이미 빌라델비아 교회에 보내는 편지에서 나타난다. "이기는 자는 내 하나님 성전에 기둥이 되게 하리니 그가 결코 다시 나가지 아니하리라 내가 하나님의 이름과 하나님의 성 곧 하늘에서 내 하나님께로부터 내려오는 새 예루살렘의 이름과 나의 새 이름을 그이 위에 기록하리라"(3:12). 그러나 로마 제국의 힘을 숭배하는 자들, 곧 "땅에 사는 자들"은 새 예루살렘에서 배제된다. 그러므로 그들에게는 미래가 없다.

짐승 또는 바빌론은 만국을 주술과 음행으로 미혹했을 뿐만 아니라(계 17:15; 18:23), 그들을 억압하고 착취하고 심지어 학살했다. "선지자들과 성도들과 및 땅 위에서 죽임을 당한 모든 자의 피가 그 성 중에서 발견되었느니라"(계 18:24). 만국은 바빌론의 음행의 포도주를 마시고 취했으며, 그들 자신이 적극적으로 마시기도 했고(계 14:8; 18:3), 짐승과 연합하기도 했으며, 예수를 믿는 성도들에게 대적하기도 했다. 그러나 만국은 용과 짐승들과 음녀 바빌론에 의해서 미혹당하고 억압당하는 피해자의 위치에 서 있다. 그러므로 만국은 결코 하나님의 적들이 아니고, 교회의 적들도 아니다. 오히려 만국은 하나님과 어린 양 예수에게 속하며, 어린 양의 목양의 대상이며, 교회의 목양과 선교의 대상이다. 그러므로 만국은 장차 하나님의 정의로운 지배를 인정하고 하나님을 예배할 것으로 예견된다(참조, 계 15:4)

요한계시록 저자는 만국이 새 예루살렘의 시민이 될 수 있다는 것을 논증하기 의도적으로 "백성"을 뜻하는 단수 명사 "라오스" 대신에 "백성들"을 뜻하는 복수 명사 "λαοὶ/라오이"를 사용하였다: "내가 들으니 보좌에서 큰 음성이 나서 이르되 보라 하나님의 장막이 사람들과 함께 있으매 하나님이 그들과 함께 계시리니 그들은 하나님의 백성들(λαοὶ)이 되고 하나님은 친히 그들과 함께 계셔서 모든 눈물을 그 눈에서 닦아 주시니 다시는 사망이 없고 애통하는 것이나 곡하는 것이나 아픈 것이 다시 있지 아니하리니 처음 것들이 다 지나갔음이러라"(계 21:3-4). 그러므로 만국이 새로운 질서인 새 예루살렘의 시민이 되는 것은 자연스러운 논리적 귀결이다. 로마 제국의 압제와 미혹으로 인해서 병들고 상처받은 만국은 새 예루살렘에서 치유된다(계 22:2).

환상을 통해서 만국이 새 예루살렘의 빛 가운데 시민으로서 자유롭게 거닐고 치유를 받고 맑은 생명수 강물을 마시고 생명나무의 과실을 먹고 풍요롭게 건강하게 산다고 주장하는 것은 만국이 로마 제국에 속한다고 주장하는 제국의 담론을 비판하는 요한계시록의 대항담론이다. 요한계시록 저자는 처음부터 끝까지 만국이 하나님에게 속한다는 것과 만국이 교회의 목양의 대상이고 어린 양 그리스도의 목양의 대상이라는 것을 주장한다. 만국은 교회의 예언자적 증언과 목양을 통해서 하나님의 자녀로서의 정체성을 얻게 되고 다문화적 공동체인 새 예루살렘의 시민이 된다. 만국과 하나님의 종들 사이에 아무런 차별이 없으며 모두 동일한 권리를 누린다. 그러므로 "새 예루살렘은 특권계층이 없고 배제된 이웃도 없고, 그리고 빈곤도 없다."라고 말할 수 있다.[23] 새 예루살렘 성벽의 12문의 주춧돌 위에는 12사도의 이름이 적혀있다. 새 예루살렘은 기독교적 공동체이며, 하나님과 어린 양 예수를 예배하는 공동체이다. 새 예루살렘의 문은 만국, 즉 "모든 민족과 종족과 방언과 백성"을 위해서 열려 있다. 그들은 하나님의 종들과 함께 다문화적 평등공동체를 이루어서 하나님과 어린 양을 예배한다.

이러한 새 예루살렘은 하나님이 계획하신 역사의 완성이다. 새 예루살렘은 교회가 지향해야 할 전망(展望)이다. 요한이 증언하는 새 예루살렘의 대항현실은 폭력과 죽음과 슬픔과 고통이 지배하는 로마 제국의 현실과 대조된다.

요한계시록의 저자는 다양한 각도에서 만국에 대해서 설명하지만, 처음부터 끝까지 만국이 로마 황제에게 속한 것이 아니라, 하나님과 어린 양 예수에게 속한다는 것을 주장한다. 그는 이 폭력의 역사가 곧 단절되고 대안적 세계를 상징하는 새 예루살렘이 전개될 것을 고난당하는 소아시아의 그리스도인들에게 확신시키면서 그 새로운 날이 올 때까지 제국의 유혹과 압제에 굴하지 않고 오직 하나님을 예배하고 어린 양 예수의 권세를 증언하도록 권고한다.

1세기 말엽의 소아시아의 교회들의 예배는 로마의 제국주의 지배를 정당화하는 제국의 담론을 거부하고 계시를 통한 대항담론을 선포하고 실천하는 대항공론장이었다. 그러므로 오늘의 교회는 권력과 자본의 우상들을 섬기는 이 시대의 제국의 담론을 비판하는 대항공론장이 되어만 한다. 그러므로 사회에서 정의를 실천하지 않고 하나님을 예배하는 것은 사실상 정의와 공의를 요구하지 않는 우상에게 예배하는 것과 마찬가지다.

---

23) J. Nelson Kraybill, *Apocalypse and Allegiance: Worship, Politics, and Devotion in the Book of Revelation* (Grand Rapids, Michigan: Brazos Press, 2010). 177.

교회는 만국에 대한 선교적 사명을 부여받았다. 교회는 만국을 위해서 선교하고 목양하는 공동체이다. 새 예루살렘은 만국이 하나님의 종들과 통합되어 함께 사는 다문화적 공동체이다. 오순절 성령강림 사건이 다문화적이었듯이, 새 예루살렘은 역시 다문화적이다. 이러한 다문화적 공동체를 건설하는 것이 교회의 세계 선교의 목적이다. 그러므로 우리는 새 예루살렘의 도래를 믿으면서 국가주의와 인종주의를 극복하고 우리 자신이 만국을 아우르는 그리스도인 공동체의 일원이라는 의식을 가지고 세계의 만국을 향해서 선교해야만 한다. 복음서는 역시 복음을 만국에 선포할 것을 교회에 요구한다: "또 복음이 먼저 만국에(πάντα τὰ ἔθνη/판타 타 에트네) 전파되어야 할 것이니라"(막 13:10); "이 천국 복음이 모든 민족에게(πᾶσιν τοῖς ἔθνεσιν/파신 토이스 에트네신) 증언되기 위하여 온 세상에 전파되리니 그제야 끝이 오리라"(마 24:14); "그러므로 너희는 가서 모든 민족(πάντα τὰ ἔθνη/판타 타 에트네)을 제자로 삼아 아버지와 아들과 성령의 이름으로 세례를 베풀고 내가 너희에게 분부한 모든 것을 가르쳐 지키게 하라"(마 28:19-20).

이제 이 논문의 서론적 성찰에서 제기한 질문들에 대한 해답을 아래와 같이 정리할 수 있다.

첫째로 요한계시록의 저자는 로마 제국과의 관계에서 만국을 어떻게 인식하는가? 그는 현재의 질서에서 만국이 용(=사탄)과 짐승들과 음녀 바빌론으로부터 억눌림과 미혹을 당하고 있다고 인식한다(계 13:7, 14-15; 18:23). 만국의 적은 용, 짐승, 거짓 선지자, 그리고 음녀 바빌론이다.

둘째로 요한은 만국에 대한 천상의 예수의 역할이 무엇이라고 인식하는가? 그는 죽음을 이기고 부활한 천상의 예수를 만국을 위한 목자 그리스도라고 이해한다(계 12:5). 천상의 예수는 장차 땅으로 내려오시어 로마 제국에 예속되었던 만국을 해방하고 주체적으로 그리고 자주적으로 살도록 훈육하면서 목양할 것이다. 그리스도의 목양은 "목양하다"는 의미를 가진 그리스어 "포이마이노"(ποιμαίνω)라는 단어를 통해서 나타난다(계 2:27; 12:5; 19:15).

셋째로 요한은 만국을 위한 교회의 역할이 무엇이라고 인식하는가? 그는 교회가 만국을 목양할 사명을 그리스도로부터 위임받았다고 인식한다(계 2:27). 만국을 위한 교회의 목양의 사역은 역시 "목양하다"는 의미를 가진 그리스어 "포이마이노"(ποιμαίνω)라는 단어를 통해서 나타난다. 만국은 하나님, 어린 양, 그리고 교회에 의한 목양을 통해서 죄악으로부터 해방되고 구원되고 치유된다. 요한계시록 저자는 만국이 하나님을 예배할 것이라는 희망을 품고 있다: "주여 누가 주의 이름을 두려워하지 아니하며 영화롭게 하지 아니하오리이까 오직 주만 거룩하시니이다. 주의 의로우신 일이 나타났으매 만국이 와서 주께 경배하리이다 하더라"(계 15:4). 만국이 하나님을 예배할 것이라는 것은 만국을 향해서 목양하는 교회의 희망이다. 만일 만국이 짐승에게 협력하고 연합한다면, 만국은 바빌론과 함께 심판을 받을 것이다(계 16:19). 그러나 만국은 근본적으로 용, 짐승, 그리고 거짓 선지자의 미혹과 억압과 지배로부터 해방되고 구원되어야 할 목양의 대상이다.

넷째로 요한은 왜 짐승들과 음녀 바빌론에 대한 하나님의 심판의 상황에서 만국이 역시 파멸되어야만 한다고 인식하는가? 그는 만국이 바빌론에 순응하고 연대했기 때문에 바빌론과 함께 심판받아야 한다고 인식하며(계 16:19), 궁극적으로 만국을 해방하기 위해서 하나님이 사탄을 파괴하실 것이라고 믿는다. 만국의 파멸은 단지 만국이 바빌론에 저항하지 못하고 도리어 바빌론과 동맹 관계를 유지할 경우에만 일어난다(계 16:19; 20:9). 마지막 전쟁인 아마겟돈 전쟁이 묘사된 계 19:11-20은 그리스도와 짐승 사이의 전투에 관한 것이다. "그의 입에서 예리한 검이 나오니 그것으로 만국을 치겠고 친히 그들을 철장으로 다스리며 또 친히 하나님 곧 전능하신 이의 맹렬한 진노의 포도주 틀을 밟겠고."(계 19:15). 이것은 만국을 파괴하는 것을 의미하는 것이 아니라, 만국을 훈육시키는 것을 의미한다. 교회에도 책망이 필요하듯이(계 3:19), 예수의 목양의 대상인 만국도 책망이 필요하다. "그가 철장을 가지고 그들을 다스려 질그릇 깨뜨리는 것과 같이 하리라 나도 내 아버지께 받은 것이 그러하니라"(계 2:27).

다섯째로 요한은 그리스도인 공동체에 대한 만국의 적대적인 행태를 어떻게 인식하는가? 그는 만국이 교회를 대적했지만(계 11:9), 장차 하나님을 예배할 것으로(계 14:4) 인식한다. 왜냐하면 만국의 적은 그들을 미혹하고 억압하고 착취하는 용과 짐승들이고, 만국의 참된 목자는 어린 양 예수 그리스도이기 때문이다. 그러므로 그는 만국이 파괴되지 않고 새 질서인 새 예루살렘에서 치유될 것으로 인식한다.

여섯째로 요한은 새 예루살렘에 들어갈 수 없는 자들은 누구라고 보았는가? 그는 하나님과 어린 양을 완악하게 거부하고, 짐승을 우상 숭배하고 자신의 운명을 짐승에게 맡긴 자들을 상징하는 "땅에 사는 자들(τῶν κατοικούντων ἐπι τῆς γῆς/톤 카토이쿤톤 에피 테스 게스)"은 새 예루살렘에서 제외된다고 인식한다. 왜냐하면 그들은 만국을 위한 그리스도를 믿지 않기 때문이다.

마지막으로, 일곱째로 요한은 새 예루살렘을 어떤 공동체로 인식하고 있으며, 또한 새 예루살렘에서 만국과 하나님의 종들의 관계를 어떻게 인식하고 있는가? 그는 새 예루살렘을 지배로부터 자유로운 형제자매적인 평등한 다문화적 공동체로 인식하고 있으며, 만국이 새 예루살렘에 들어와서 하나님의 종들과 통합되어서 하나님을 예배하면서 평등하게 자주적으로 영원히 살 것으로 인식한다. 그는 또한 새 예루살렘을 하늘에 살아 있는 죽은 성도들과 아직까지 지상에 살아 있는 성도들이 재회하여 영원히 함께 사는 공동체로 인식한다.

　요한계시록 저자의 시대에는 로마 제국이 여전히 세계를 지배하고 있기 때문에 새 예루살렘은 아직 완전한 현실이 아니었다. 요한계시록의 궁극적 희망은 하늘에서 새 예루살렘이 아래로 내려오는 데 있다. 이것은 휴거와 정반대의 방향이다. 새 예루살렘의 문은 만국을 위해서 항상 열려 있다. 우리가 장차 들어가서 만국과 함께 영원히 살게 될 새 예루살렘은 인간에 의한 인간의 지배가 없고 정의, 자유, 평화, 평등. 사랑이 지배하는 다문화적인 형제자매적 공동체이다.

　만일 우리가 새 예루살렘의 도래를 믿고, 선포하고, 기다린다면, 우리는 현재의 시간을 종말이 가까운 카이로스로 인식하면서 정의와 자유와 평화와 평등과 사랑이 지배하는 새 예루살렘의 삶을 예행연습하면서 살아야 한다. 한국교회는 오늘날 신자유주의 세계화의 시대에 자본의 제국과 시장의 제국에 의해서 억압당하고 미혹당하고 있는 세계의 약자들을 위한 다문화적 세계 선교의 사명을 받았다는 것을 인식해야만 한다. 한국교회는 여러 민족들의 상호간의 문화를 인정하고 이해하고 조화를 이루는 다문화적(multicultural) 세계 선교를 지향해야 한다.

## 제17장
# 신사참배 반대운동의 원동력으로서 요한계시록

## I. 서론적 성찰

19세기 말부터 20세기 초까지 조선에 온 대다수의 구미 선교사들은 전천년왕국설을 절대적인 진리로 믿었으며, 성서에 대한 학문적 연구 방법인 고등비평을 위험한 이단으로 간주했다.[1] 1888년 조선에 선교사로 온 제임스 게일(James S. Gale, 1863-1937)은 무디(Dwight L. Moody)의 세대주의 종말론적 설교에서 큰 감명을 받고 선교사가 되기로 결심했다.[2] 1901년 5월에 마포삼열(Samuel Austin Moffett, 1864-1939)에 의해 설립된 평양 장로회신학교 교수들은 신학생들에게 전천년왕국설과 세대주의 종말론을 가르쳤다.[3]

1910-30년대에 우리말로 출간된 요한계시록에 관한 책들의 대다수는 세대주의 종말론의 관점에서 요한계시록을 해석한 책들이었다.[4] 미국에서 1878년에 출판된 블랙스톤(William. E. Blackstone, 1841-1935)의 『예수의 재림』(Jesus is coming)이 게일(James S. Gale)에 의해서 우리말로 번역되어 1913년에 조선예수교서회에서 출간되었다. 1891년에 출판된 브룩스(James H. Brooks, 1830-1897)의 『주재림론』(Till He Come)은 방위량(William N. Blair, 1876-1970)에 의해서 우리말로 번역되어 1922년에 조선예수교서회에서 출간되었다. 1922년에 출판된 놀만 해리슨(Norman B. Harrison)의 『확실한 재림』(His Sure Return)이 백남석과 허대전(James G. Holdcroft, 1878-1972)에 의해서 우리말로 번역되어 1932년에 조선예수

---

1) A. J. 브라운/ 류대영 · 지철미 옮김, 『극동의 지배』 (서울: 한국기독교역사연구소, 2013), 587.
2) Richard Rutt, *James Scarth Gale and His History of the Korean People*, (Seoul: Royal Asiatic Society Korea Branch, 1972), 7.
3) 이상웅, "평양 장로회신학교의 종말론 전통," 「한국개혁신학」 70호(2021), 218-64.
4) 이만열, 『한국기독교와 민족통일운동』 (서울: 한국기독교역사연구소, 2001), 251-60.

교서회에서 출간되었다. 허대전이 편집한 『오는 소망』이 1934년에 조선예수교 장로회 종교교육부에서, 그리고 소안론(William L. Swallen, 1865-1954)이 저술한 『계시록 대요』가 1936년에 조선예수교서회에서 각각 출판되었다.

요한계시록을 연구한 한국인 학자들의 저서로는 감리교 목사 홍종숙이 저술한 『묵시록 석의』가 1913년에 조선예수교서회에서 출판되었고, 성결교의 김상준이 저술한 『묵시록 강의』가 1918년에 평양 기독서원에서 출판되었다.

선교사들이 세대주의 종말론과 임박한 예수의 재림과 세대주의 전천년설을 전파했다. 평양신학교를 졸업한 유명한 부흥사들인 길선주와 김익두는 요한계시록을 중요시 여겼으며 세대주의 종말론 설교를 했다.

길선주(1869-1935)는 1903년에 평양 장로회신학교에 입학하여 교수들로부터 세대주의 종말론을 배웠다.[5] 그는 1907년 1월에 평양 장대현교회에서 사경회를 통해서 평양대부흥운동을 이끌었고, 같은 해에 신학교를 졸업하고 목사 안수를 받았다. 그는 민족대표 33인으로 3·1독립선언서에 서명한 사건으로 구속되어 1920년 10월에 유일하게 무죄로 석방될 때까지 거의 2년간 옥고를 치렀다. 그는 감옥에서 "요한계시록을 만 번 이상 암송하였다"고 하며,[6] "요한계시록 강의"와 "말세학 강의"를 체계화하였다고 한다.[7] 그는 전쟁, 억압, 한발, 기근, 물자 결핍 등을 말세의 징조로 인식했다. 그는 "창세기는 신앙의 입문이며, 요한계시록은 신앙의 결론이다. 그리스도가 다시 오심으로써 하나님이 만드시고 보시기에 좋은지라한 그 세계가 회복되고, 에덴동산에 감추어져 있던 영생의 세계가 완전히 그 너울을 벗고 현현된다."라고 가르쳤다.[8] 그는 임박한 그리스도의 재림과 천년왕국의 도래를 확신하면서 아래와 같이 설교했다.

"주의 재림이 없다고 하는 것은 가장 위험한 말이요 또는 신앙의 좀이다. 주의 재림이야말로 우리 신앙의 과녁이요 소망의 영역이다. 주의 재림은 하나님의 경륜을 완성시키는 최후의 시기임을 의미하는 것으로서 이에 대한 명백한 성경구절을 부인하는 말은 넉넉히 변론할 가치조차 없다고 보는 바이다. 주께서는 반드시 오셔서 천년 안식 세계를 건설하실 것은 성경 전부를 자세히 연구할수록 더 확실히 깨달을 수

---

5) 그 당시 장로회신학교의 교수는 선교사들인 마포삼열, 소안론, 이길함, 배위량, 그리고 이눌서였다.
6) 길진경, 『영계 길선주』(서울: 종로서적, 1980), 279.
7) 길진경, 『영계 길선주』, 280.
8) 길진경, 『영계 길선주』, 255.

있을 뿐더러 주께서 빨리 재림하실 것이 사실임을 더욱이 깨닫게 되는 것이다."[9]

이러한 길선주의 설교는 3·1운동의 실패로 좌절한 그리스도인들에게 큰 용기와 소망을 심어주었다. 예수의 다시 오심과 심판과 천년왕국을 약속하는 요한계시록은 1930년대 말에 일제에 저항한 신사참배 반대운동의 지도자들의 중요한 신앙적 기반이었고, 또한 신사참배 반대운동을 위한 강력한 힘으로 작용하였다. 신실한 교역자들과 성도들은 일제의 유혹과 압제를 물리치고 "하나님의 계명과 예수에 대한 믿음"(계 14:6-13)을 지키기 위해서 신사참배를 비타협적으로 저항했다.

신사참배(神社參拜) 반대운동은 1930년대 후반부터 1945년 광복이 되기까지 소수의 기독교인들이 중심이 되어 전개되었다. 일제는 식민지 지배를 정당화하고, 민족정신을 말살하고 조선인들을 황국신민으로 동화(同化)시키고 침략전쟁에 동원하기 위한 목적으로 신사참배를 강요했다. 일제는 신사참배가 종교적 의식이 아니라 국가 의식이라고 주장했지만, 신사에서는 일정한 날짜에 신들과 천황을 예배하는 종교적 의식이 진행되었다. 1940년에 일본에서 출간된 『神社神道』라는 책에서 가노우 세우자우(河野省三)는 다음과 같이 말한다.

"신도(神道)의 최고 신(神)은 황조 천조대신이요, 가장 실질적인 신은 현인신(現人神)인 천황이며, 신도의 가장 중요한 문제는 조선(祖先)에 봉사하는 심리 즉 숭조관념(崇祖觀念)이요, 천황 및 국가에 대한 봉사 즉 충군애국(忠君愛國)이다."[10]

조선예수교장로회 총회는 신사참배를 종교의식이 아니라 국가의식이라고 강변하는 일제의 주장을 받아들여서 신사참배를 결의하고 스스로 신사참배를 했을 뿐만 아니라, 교인들에게도 신사참배를 하도록 권유했다. 목사들은 심지어 교회에서 국민 의식을 먼저하고 예배 순서를 진행했다. 일제는 전세가 기울어짐에 따라 성경을 압수하고 요한계시록을 읽지 못하도록 했기 때문에 옥중 성도들은 요한계시록을 다 암기하려고 노력했다.[11]

---

9) 길진경 편, 『영계 길선주목사유고선집』 (서울: 대한기독교서회, 1968), 23; 정성구, 『한국교회 설교사』 (서울: 총신대학교 출판부, 1986), 152에서 재인용.
10) 김승태, 『식민권력과 종교』 (서울: 한국기독교역사연구소, 2012), 29에서 재인용.
11) 김남식 외, 『진리에 목숨 걸고: 신사참배 반대운동과 재건교회』 (서울: 새한기획출판부, 2007), 157.

신사참배 반대운동은 신앙고백의 상황에서 신사참배를 우상숭배로 규정하고 성서의 계명을 지키고 예수의 피로 세워진 교회의 거룩성을 지키기 위한 신앙고백운동이었을 뿐만 아니라, 민족정신을 말살하는 황민화정책의 핵심으로 인식하고 비타협적으로 저항한 항일민족운동이었다. 신사참배 반대운동으로 인해서 폐쇄된 교회가 200 곳, 투옥된 그리스도인들이 2,000명, 그리고 옥중에서 순교한 자들이 50명이었다.[12]

이 논문의 전개는 먼저 조선장로교회의 신사참배와 부일협력의 실상을 간략하게 살펴보고, 신사참배 반대운동의 지도자들이 요한계시록을 통해서 일본제국의 지배 현실을 어떻게 인식했는지를 규명하고, 그들에 대한 법원의 예심종결 결정문과 판결문을 분석하여 요한계시록이 신사참배 반대운동의 원동력이 되었다는 것과 세대주의 종말론이 그들에게 큰 영향을 끼쳤다는 것을 논증하고, 마지막으로 오늘날 한국교회로 하여금 신사참배 반대운동의 정신을 계승하도록 촉구한다.

## II. 일제의 신사참배 강요에 굴복한 장로교회

### 1. 조선예수교장로회 총회의 신사참배 결의

일제당국은 조선교회를 굴복시키기 위해서 두 가지 작업을 했다. 첫째로 일본기독교 연합회 대표자가 조선을 방문하여 조선교회의 지도자들이 신사참배를 국가의식으로 받아들이도록 권고하는 것이었다. 둘째로 조선예수교장로회 총회를 압박해서 신사참배를 수용하는 조치를 취하도록 하는 것이었다.[13]

1938년 9월 9일 오후 8시부터 15일까지 평양 서문밖예배당에서 27개 노회(만주 4 노회와 조선 23 노회)의 총대 193명(목사 86명, 장로 85명, 선교사 22명)이 모여서 조선예수교장로회 제27회 총회를 개최했다. 첫날 임원선거에서 회장에 홍기택(1893-1950), 부회장에 김길창이 선출되었다. 이튼 날 9월 10일 오전 9시 30분에

---

12) Samuel H. Moffett, *The Christians of Korea* (Washington, D.C.: Friendship Press, 1962), 75; 박용규, 『한국장로교사상사』 (서울: 총신대학교출판부, 1992), 274; 김승태, 『식민권력과 종교』 (서울: 한국기독교역사연구소, 2012), 263.
13) William N. Blair, *Gold in Korea* (Topeka, Kansas: H. M. Ives and Sons, Inc. 1946), 99.

총회는 속개되었다. 그런데 그날 교회 문을 지키고 있던 경찰은 총대들만 입장시켰으며, 회의장 단상에는 정복을 입고 긴 칼을 찬 보좌관들을 각각 대동한 평양 경찰서장과 평안남도 경찰국장이 총회장의 자리 양 옆에 마련된 자리에 앉아 있었고, 적어도 50명의 정복을 입고 긴 칼을 찬 경찰들이 회의장 양편과 뒤에 서서 지키고 있었고, 여러 지방에서부터 총대들을 따라서 평양까지 온 사복을 입은 많은 형사들이 총대들 곁에 앉아 있었다.[14] 경찰에서 미리 정해준 순서대로 평양노회장 박응률이 일제 당국에서 신사참배는 종교의식이 아니고 국가의식이라고 하니 신사 참배하기를 결의하고 성명서를 채택하자는 제의에, 평서노회장 박임현이 동의하고, 안주노회장 길인섭이 제청하였다.[15] 총회장이 그 동의안을 상정했을 때, 안주노회의 방위량(William. N. Blair)이 그 동의안에 반대하기 위해서 일어나서 그에게 발언권을 요구했으나 거부당했다. 경찰들이 고함을 치고 노려보는 가운데 그는 다음과 같이 말하고 자리에 앉았다.

> "나는 하나님과 우리 교회의 법에 위배되는 이 안건에 반대하는 것으로 내 이름을 회의록에 기재해주기를 요구합니다."[16]

여러 명의 선교사들이 동일한 요구를 했으나, 경찰의 지시를 받은 총회장 홍택기는 그들의 말을 묵살하고 동의안에 가(可)를 물었을 때 단지 몇 사람이 "예"라고 대답하자, 부(否)를 묻지 않은 채 즉시 동의안이 통과되었다고 선언했다.[17] 봉천노회의 한부선(Bruce F. Hunt)를 비롯한 선교사들은 일어서서 "불법(不法)이요"라고 외쳤으나 일본 경찰의 제지를 당하고 밖으로 끌려 나갔다.[18] 공천 부장 함태영이 보고한 "평양, 평서, 안주 3노회의 연합 대표 박응률 목사의 신사 참배 결의 급 성명서 발표 제안 건"을 총회가 채용함으로써 아래와 같은 성명서가 선포되었다.

> "아등(我等)은 신사(神社)는 종교가 아니오, 기독교의 교리에 위반되지 않는 본의

---

14) William N. Blair, *Gold in Korea*, 100-101.
15) 김인수, 『한국기독교회사』 (서울: 한국장로교출판사, 1994), 276.
16) William N. Blair, *Gold in Korea*, 101.
17) William N. Blair, *Gold in Korea*, 101.
18) Allen D. Clark, *A History of the Church in Korea* (Seoul: The Christian Literature Society of Korea, 1971), 229; 김양선, "신사참배 강요와 박해," 김승태 엮음, 『한국기독교와 신사참배문제』 (서울: 한국기독교역사연구소, 1992), 32(19-41).

를 이해하고 신사참배가 애국적 국가의식임을 자각하며, 또 이에 신사참배를 솔선 려행(勵行)하고 추(追)히 국민정신동원에 참가하여 비상시국 하에서 총후(銃後) 황 국신민으로서 적성(赤誠)을 다하기로 기(期)한다."

소화13년(1938) 9월 10일
조선예수교장로회 총회장 홍택기"[19]

또한 총회는 부회장과 각 노회장이 총회를 대표하여 즉시 신사참배를 실행하 기로 가결하고 12시에 정회했으며, 부회장 김길창이 노회장들을 인솔하여 평양 금수산에 세워진 평양신사에 가서 신사참배를 실행했다.

## 2. 조선예수교장로회 총회의 부일협력

신사참배 강요에 굴복한 후 조선예수교장로 총회는 일본의 전쟁 체제를 지원 하는 기구로 전락했다. 1939년 9월 8-15일에 신의주 제2교회에서 회집한 제28 회 조선예수교장로교회 총회에서 회장은 윤하영, 부회장은 김길창이 다시 선출 되었고, 9일 오전에 "총회가 정부요로당국과 조선총독각하와 육해군요로당국과 북중남지에 황국최고지휘관각하에게 축전을 보내기로" 결의하였다. 그리고 11 일 오전 9시에 국민정신총동원 조선예수교장로회 연맹 결성식에서 국민의례로 궁성요배, 국가봉창, 황국신민서사제창을 하고 찬송가, 기도(홍택기), 성서봉독(한 경직), 취지, 규약낭독(조승제), 그리고 아래와 같은 선언문을 김길창이 발표했고, 일본인 평안북도지사의 축사, 황군장병과 동아평화를 위한 묵도, 찬송가, 축도의 순서가 이어졌다.[20]

"동양의 평화를 확보하고 팔굉일우(八紘一宇)의 대정신을 세계에 선양하는 것은 황국 부동의 국시다. 아등(我等)은 이에 더욱더 단결을 공고히 하여 국민정신을 총 동원하고 내선일체 전 능력을 발휘해서 국책 수행에 협력하고 또 복음 선전 사업을 통해서 장기건설의 목적을 관철할 것을 기(期)한다."

---

19) 「조선예수교장로회총회 제27회(1938년) 회의록」, 9.
20) 「조선예수교장로회총회 제28회(1939년) 회의록」, 16-17.

1940년 9월 6일 저녁에 평양 창동교회에서 개회된 제29회 총회에서 회장 곽진근, 부회장 최지화, 서기 조승제가 선출되었다. 이튿날 9월 7일 오전 10시 반에 회의를 정회하고 총회원 전원이 평양신사에 참배했다.[21] 국민정신총동원 조선예수교장로회 연맹 이사장 윤하영과 총간사 정인과의 사업보고서에 따르면 1939년 9월 총회 이후부터 1940년 8월 말까지 1년 동안 731개의 애국반이 결성되었고 1937년부터 1939년도말까지 일본 전쟁을 위한 전승축하회가 594회, 무운장구기도회가 9,053회, 국방헌금 15,804원 20전, 휼병금 1,726원 46전, 유기헌납 308점, 강연 1,357회, 위문수 181회, 위문대(袋) 수 1,580개였다.[22]

1941년 9월 24일자로 총회장 곽진근은 "부여신궁어조영 근로봉사에 관한 건"이라는 공문을 각 노회 대표들에게 보내어 10월 31일 72명의 목사들이 곽진근, 전필순, 조승제, 그리고 박석현 목사가 조장으로 4조로 나누어 신궁 터를 닦는 작업을 하였다.[23]

1941년 11월 21일 저녁에 평양 창동교회에서 개회한 제30회 총회에서 회장 최지화, 부회장 전필순, 서기 조승제가 각각 피선되었다. 일제 당국이 선교사들의 활동을 막거나 강제 추방했기 때문에 이 총회부터 선교사 대표는 한 사람도 참석치 않았다.

총회 이튿날인 11월 22일 오전 9시에 총대원 전원이 평양신사에 참배했다.[24] 그리고 장대현교회에서 예수교장로회총회창립 30주년기념식이 거행되었는데 조승제가 '총회창립기념식사(記念式辭)'[25] 연설을 했으며, 그 연설의 일부는 아래와 같이 매우 친일적이다.

> "그리고 이 30년간 우리 교회는 얼마나한 시련을 쌓아 왔습니까? 안으로 교회를 무대로 하여 암약을 호사로 하던 교계정객들의 그릇된 인식을 배격하며 밖으로 일절의 종교적 경건과 의식을 말살하여 버리려고 하는 적색사상과 유물론주의의 침해를 방지하며 일변(一便)으로 선교사들의 불순한 탈선행동을 제압하여 동양적 일본적(日本的)인 기독교 건설에 매진하는 체재(體裁)를 갖추어 바야흐로 국민적 자각

---

21) 「조선예수교장로회총회 제29회(1940년) 회의록」, 7.
22) 「조선예수교장로회총회 제29회(1940년) 회의록」, 87.
23) 「조선예수교장로회총회 제30회(1941년) 회의록」, 41.
24) 「조선예수교장로회총회 제30회(1941년) 회의록」, 4.
25) 조승제의 기념식사 전체 내용은 「조선예수교장로회총회 제30회(1941년) 회의록」, 73-76에 실려 있다.

을 촉진하여 신도(臣道) 실천의 정신, 종교보국의 이념을 철저화하며 들어와서 교회 내의 분열의 위기를 극복하고 나아가서 동아대륙(東亞大陸)에 신앙의 도(道)를 널리 전파하므로 대(大) 이상理想) 실현에 미충(微衷)을 다하여 익찬(翼贊)하여 받드는 길을 열어놓는 등 이러한 모든 노력의 과정 갈피갈피에는 선배들의 백절불굴의 불타는 듯한 정렬이 숨어 있는 것이며 그 모든 악전고투하여온 30년간의 교회의 발자국 마다 피와 눈물과 땀이 어려 있었던 것입니다."[26]

이 연설 후에 총회장이 발표한 일본어로 작성된 총회 창립 30주년기념 결의문은 아래와 같다.

"동양평화를 확보하고 팔굉일우(八紘一宇)의 대 이상을 구현하는 것은 황국부동의 국시이다. 지금 적성국가의 제국에 대한 도전적 태도가 점차 노골화되어 우리의 국시수행의 방해를 위해 광분하는 시국(時局)의 긴박하고 비상한 때에 기독교도로서 초연하지 않고 우리 장로교파 36 만 신도는 불퇴전(不退轉)의 결의를 가지고 국책에 순응하여 결전(決戰) 태도를 실천 확립하고 시난극복(時難克復)의 정신을 갖도록 기(期)한다.

소화16년 11월 22일
조선예수교장로회총회장"[27]

이어서 평안남도 고등경찰과장 후카이(深井)가 "시국에 대한 예수교 관계에 대하여"라는 제목의 강연을 한 후 총회는 애국기 헌납 기성회를 조직하고 기부금을 모금하기로 하였다.

1942년 10월 16일 저녁에 평양 서문밖교회당에서 개회한 조선예수교장로회 제31회 총회는 장로교회의 변질의 극치를 보여준다. 총회 회의록 전체가 일본어로 작성되었고, 모든 총대들의 이름은 창씨 개명한 이름들이었다. 개회예배 전에 총회원이 박수로 채택한 일본어로 된 필승기원 선언문의 내용은 다음과 같다.

"천황의 덕분으로 대동아공영권을 건설하여 세계 신질서를 완성하는 것은 우리 제

---

26) 조승제, 『목회여화』, (서울: 향린사, 1965), 130.
27) 「조선예수교장로회총회 제30회(1941) 회의록」, 4-5.

국의 국시요, 우리 황군장병이 공중에서 바다에서 육지에서 혁혁한 전과를 거두고 있는 것에 대하여 실로 총후국민은 감격할 수밖에 없다. 이 가을에 우리 조선예수교 장로회 총회는 황은(皇恩)에 감격해 눈물을 흘리고 협심 전력으로 성업완수에 매진 할 것을 맹세한다.

소화17년(=1942년) 10월 16일
조선예수교장로회 총회"[28]

임원 선거에서 총회장에 김응순이 피선되고, 부회장에 전필순이 유임되었다. 총회의 이튿날 10월 17일 토요일 오전 9시에 총대 전원이 평양신사에 가서 신 사 참배했으며, 회의장에 돌아와서 10시 30분에 국민의례을 한 후 평안남도 고 등경찰과장 후카이(深井)의 시국강연이 있었다.[29] 10월 18일 일요일 오후 3시 30분에 특별 강연회를 열었는데 국민의례를 하고 서문밖교회 성가대의 합창 후 에 조선군 보도부장 구라시게(倉茂)가 "일본의 군인"이라는 제목으로 강연했다. 같은 날 저녁 7시 30분에 전승기원 총회예배에서 국민의례를 하고 서문밖교회 성가대의 합창 후에 일본기독교단 정동교회 목사 무라기시(村岸淸彦)가 "대동아 전쟁과 우리의 태도"라는 제목으로 강연했다.[30]

10월 20일 화요일 오전 11시경에 국민총력 조선예수교장로회 총회 연맹[31] 이사장 최지화와 총간사 정인과의 아래와 같은 사업보고가 있었다.[32]

① 목사 10명을 2명씩 철도노선에 따라 호남선(임종순, 박승준), 경부선(김낙연, 오 문환), 함경선(전필순, 조승제), 황해선(김응순, 최지화), 그리고 경의선(백낙준,

28) 「조선예수교장로회총회 제31회(1942) 회의록」, 1.
29) 「조선예수교장로회총회 제31회(1942) 회의록」, 8,
30) 「조선예수교장로회총회 제31회(1942) 회의록」, 26.
31) 1940년 10월 16일에는 '국민정신총동원 조선연맹'이 해체되고 조선총독을 총재로 하는 '국민총 력 조선연맹'이 조직되었다. 국민총력 조선예수교장로회 총회 연맹은 국민정신총동원 조선예수교 장로회 연맹의 후신으로서 1940년 12월 6-8일 부민관 중강당에서 개최된 황기 2천 6백년 봉축 조선예수교 장로회 신도대회의 첫날에 결성되었으며, 이 결성식에 미나미 총독 대리로 오노 정무 총감을 비롯하여 총독부의 중요한 인사들이 참석하였다. 결성식이 끝난 후에 모두 조선신궁에 가 서 신사참배를 하였다. 이 대회에서 다나카(田中理夫, 평양신학교 교수)는 "일본적 기독교," 곽진근 (총회연맹 이사장)은 "신체제와 기독교," 후루카와(古川, 보안과장)는 "기독교의 나아갈 길," 정인 과(총회연맹 총간사)는 "신체제에 순응하는 조선예수교장로회 성명 및 혁신요강 설명"이라는 제목 으로 각각 강연하였다. 「장로회보」 1940년 12월 18일자.
32) 「조선예수교장로회총회 제31회(1942) 회의록」, 49-51.

한석원)의 도시에 강사로 파견하여 대동아전쟁 관철과 기독교인의 책무를 격려하기 위한 지방 시국강연회를 실시함.

② 육해군 전쟁용 비행기 1대와 기관총 7정, 그리고 육군 환자용 자동차 3대의 대금으로 150,317원 50전을 당국에 헌납했으며, 이 비행기가 "조선장로호"로 명명됨.

③ 그 후에 수입된 잔금으로 총회연맹 이사장 최지화와 기성회 위원 대표로 정인과, 백낙준, 이용설, 오문환이 조선군사령부를 방문하여 육군 환자용 자동차 3대의 기금으로 23,221원 28전을 헌납함.

④ 무기 제작을 위한 물자로 교회의 종 1540 개를 떼어 헌납함.

⑤ 놋그릇 2,165점을 헌납함.

⑥ 일본어 상용 운동을 촉진하기 위해 일본어 강습 교재와 성서의 내용을 일본어로 편집한 책자를 출판하여 보급함.

⑦ 징병령 실시를 위한 준비로 기독교 가정 부인계몽운동을 전개함.

⑧ 전 조선 기독교 지도자는 일본적 기독교 정신 아래에서 황도정신을 함양하고 기독교 신학사상의 명랑화를 기하고, 철저하게 연성(鍊成)운동을 할 것.

마침내 1943년 5월 5일에 신문내교회(=새문안교회)에서 상치위원회의 결의에 따라서 조선예수교장로회 총회는 해산되고, 일본기독교 조선장로교단으로 개편되었으며, 교단의 통리는 채필근(1885-1973), 부통리는 김응순(1891-1958), 그리고 총회 의장은 조승제(1898-1971)가 피선되었으며, 그리고 각 교구장들이 선출되었다.[33) 그러므로 장로교회 노회는 폐쇄되었고, 지역마다 교구가 세워졌다.[34)

일본어로 작성된 '일본기독교 조선장로교단 규칙'의 제1장 총칙의 제3조의 내용은 아래와 같다.

"제3조 본교단 연혁은 다음과 같다.
조선반도에서 복음주의 기독교회 설립은 명치초년(明治初年) 내지(內地) 및 만주(滿洲)로부터 포교받은 것을 발단으로 하여 명치 17년 이후 교회는 점차 발전하여 교파수 20여에 이르렀으며, 그 중 최대의 교파는 조선예수교장로회로 교회 수

---

33) 통리는 일경(日警) 당국의 양해 하에 투표로 선정되었으나, 총회 의장과 교구장은 그 총회 회합에서 회원들에 의해 임의투표로 선정되었다. 조승제, 『목회여화』, 138.
34) 김승태, 『한국기독교의 역사적 반성』 (서울: 다산글방, 1994), 152.

3,000개, 신도 수 30만 명을 갖고 있다. 소화 16년(1941년) 12월 8일 대동아전쟁 선포의 대소환이 발하자 우리들 황국신민(皇國臣民)은 일억일심(一億一心), 총력을 기울여, 팔굉위우(八紘爲宇)의 건국이상을 실현하는 데 이바지하고자 반도내의 각 교회도 적성(赤誠)을 다하여 하루라도 빨리 완전한 황민화(皇民化) 하는 것을 최대 급선무로 하기에 이르렀다. 이에 조선예수교장로회도 그 교의신학, 성서해석, 교회조직 및 의식습관 등에 있어서 종래의 사상 태도를 일절(一切) 청산하여 순일본적기독교(純日本的基督教)로서 새롭게 태어나기를 기약하여 그 명칭도 일본기독교조선장로교단이라 칭하고 각 지방의 대표가 소화 18년(1943년) 5월 5일 경성에 모여, 새롭게 교단 규칙을 제정하여 직역봉공(職域奉公), 종교보국(宗敎報國)에 매진하는 새로운 발족을 하기로 하다."

1945년 7월 19일 정동감리교회에서 일본기독교 조선장로교단과 일본기독교 조선감리교단과 구세군이 통합한 '일본기독교 조선교단'이 출범하였고, 장로교의 김관식(1908-1948)이 통리, 감리교의 김응태(1890-1971)가 부통리, 장로교의 송창근(1898-1951)이 총무로 각각 선출되어 총독부의 임명을 받고 취임했다.

## 3. 신사참배 수용을 통한 평양신학교와 조선신학원 설립

조선예수교장로회 제27회 총회가 1938년 9월 10일 일제에 굴복하여 신사참배를 불법적으로 결의하자, 선교사들은 신사참배를 결의한 총회의 교육기관으로서 신학교를 더 이상 유지할 수 없다고 판단하여 1901년에 평양에 세워진 장로회신학교를 1938년 9월 20일 자진 폐교했다. 선교사들이 장로회신학교를 폐교하고 본국으로 떠나자 조선인 목사들 가운데서 새로운 신학교를 세우려는 운동이 평양과 서울에서 거의 동시에 일어났다.

### 1) 평양신학교 설립
평안남도, 평안북도, 그리고 황해도의 목사들은 평양에 조선예수교장로회 평양신학교를 설립하는 운동을 하였다. 총독부는 1940년 2월 9일자로 조선예수교장로회 평양신학교 설립을 인가하고, 채필근[35](1885-1973)을 평양신학교 교장

---

35) 채필근(1885-1973)은 평안남도 중화군에서 태어났으며, 숭실학교를 졸업하고 1918년 평양 장로회신학교를 졸업하고, 함북노회에서 목사안수를 받았으며, 1920년에 일본에 유학하여 1923에

으로 지명했다. 평양신학교는 조선예수교장로회 직영 신학교로서 1940년 4월 11일 평양 동덕학교 건물에서 개교했으며, 대표 설립자는 이승길[36]이었고, 원장은 채필근, 교수는 고려위, 다나카(田中理夫)였으며, 그리고 강사는 이승길, 김관식,[37] 사이토(齊藤佑), 야마모토(山本新)였다.[38]

1940년 9월 6일 오후 8시에 평양 창동교회에서 열린 조선예수교장로회 제29회 총회의 이튼 날인 9월 7일 오후 2시에 일본기독교대회 부의장과 일본신학교 교장이 총회 석상에서 축사를 했으며, 이어서 일본기독교대회가 조선예수교장로회 직영 신학교인 평양신학교에 보내는 보조금 1천원 전달식이 있었다.[39]

1941년 9월 「매일신보」에 발표한 "일본적 기독교로서 익찬일로의 신출발"이라는 제목의 글에서 미국 프린스턴신학교 졸업생이며 조선예수교장로회 총회장을 역임한 정인과 목사는 평양신학교의 설립이 일본적 기독교 건설을 목표로 하고 있다는 것을 아래와 같이 표명했다.

> "또는 동 총회에서 각 교회의 지도자를 양성하는 평양신학교를 종래로 선교사에게 일임하여 경영해오던 바, 그들은 왕년 제27 총회에서 결의한 정신을 불복하여 재작년부터 신학교 개교를 중지한 것을 우리 신도는 국민적 입장에서 신학교 개교를 더 이상 지연할 수는 없다 하고 조선장로회 총회에서 직접 경영키로 결의한 것은 당연한 일인 동시에 선교사단과 절연한 최후적 선언인 것은 주목할 점이다. 이리하여 구미 의존주의에서 탈각하여 비상시 국민 재편작으로 조직기를 넘어서게 됨은 본 장로교회의 근본적 혁신에의 진추를 위하는 동시에 일본적 동아기독교 건설에로 재출발을 하게 된 것이다."[40]

1942년 평양신학교의 재학생 수는 201명이었다. 1942년 10월 16일 평양 서문교회에서 열린 조선예수교장로회 제31회 총회의 회의록은 일본어로 작성되

---

메이지 가쿠인(明治學院)대학을 졸업하고 1925년에 도쿄제국제학 철학과를 졸업했다. 그는 1925년부터 1934년까지 숭실전문학교 교수로 일했다.

36) 이승길(1887-1965)은 황해도 황주 출신이며 1923년 평양 장로회신학교를 졸업했다.

37) 김관식(1887-1948)은 경기도 양주 출신이며 1921년 평양 신학교를 졸업했고, 1922년 캐나다 토론토의 녹스(Knox)신학교를 졸업했으며, 미국 프린스턴신학교에서 구약을 전공했다. 그는 1939년 평양 장대현교회의 목사가 되었다.

38) 「조선예수교장로회총회 제29회(1940) 회의록」, 45.

39) 「조선예수교장로회총회 제29회(1940년) 회의록」, 8.

40) 정인과, "일본적 기독교로서 익찬일로의 신출발," 김승태, 『한국기독교의 역사적 반성』, 419 (417-422).

었는데, 이 회의록에 수록된 채필근 교장이 일본어로 쓴 '평양신학교 보고서'의 내용은 아래와 같이 매우 친일적이다.

"본교는 소화 14년(1939년) 창립경영 당초보다 다사다난한 과거 6년간에 걸쳐서 평안남도 및 총독부의 특별한 후의와 친절한 지도에 의해 현재의 발전을 보게 된 것이다. 더욱이 교사설비 기본 적립금 등 당국의 적극적 원조를 바라지 않을 수 없는 점이 많이 있다. 또 반도교회 전체를 보아도 미국과 영국에 대한 전쟁이 일어난 지 1년도 되지 않는 오늘을 생각해보면, 일시동인(一視同仁)의 천황의 은총과 내선일체 정책에 감격하지 않을 수 없다. 과거 수십 년간에 걸쳐 반도교회의 신도들은, 미국인 영국인과 접근하여 국시정책에 순응하지 않았던 적이 많이 있었다. 우리들은 부지불식간에 미국과 영국 사람의 사상관념 내지 예의 습관에 감염되어 이것들이 더욱 많이 남아 있다. 우리들은 깊이 반성하고 국가에 대해서 범한 죄악을 철저하게 회개하고, 이것에 대하여 기독교 일본화 운동을 제일선에 서서 미영 의존주의로부터 완전히 탈피하고, 순 일본정신에 의해서 갱생할 것을 스스로 맹세한다."[41]

이 보고서가 보여주듯이 채필근 교장은 조선예수교장로회 총회의 직영신학교인 평양신학교의 신학교육의 목표를 일본적 기독교 건설에 두고 있었다.

2) 조선신학원 설립

외국에서 유학하고 지방에서 일하는 목사들은 평양 장로회신학교의 신학 사조가 "미국의 근본주의적 정통과 일색"이라고 생각했다.[42] 선교50주년기념으로 감리교 총리원이 1935년에 The Abingdon Bible Commentary를 번역하여 출간한 『아빙돈 단권성경주석』은 성서 해석에 역사적 비판을 전적으로 도입한 주석 책이었다.[43] 이 주석 책 번역에 참여한 장로교 목사들은 채필근, 윤인구,[44]

---

41) 「조선예수교장로회총회 제31회(1942년) 회의록」, 13.

42) 방덕수, 『윤인구 박사 그 참다운 삶과 정신』 (서울: 제일인쇄, 1998), 68.

43) 주재용, 『한국그리스도교신학사』 (서울: 대한기독교서회, 1998), 189.

44) 윤인구(1903-1986)는 1926년에 일본 메이지 가쿠인(明治)학원 신학부에 입학하여 1929년에 졸업하고, 1930년 미국 프린스턴신학교를 졸업했으며, 곧바로 영국으로 가서 에딘버러 대학교 대학원 과정을 1년 수료하였다. 그는 1931년 주기철 목사의 주례로 방덕수와 결혼하고, 1932년 9월에 진주 옥봉리교회(=진주교회)에 강도사로 부임했으며, 그 다음해에 29세에 목사 안수를 받고 도합 4년간 옥봉리교회에서 목회를 했다. 진주 옥봉리교회는 부산의 초량교회와 마산의 문창교회와 함께 경남의 대표적인 교회였다.

김관식, 한경직, 조희염, 이규용, 송창근,[45] 김재준,[46] 그리고 만주국 용정촌 중
앙교회의 문재린이었다. 그들이 바로 학문의 자유와 주체적 신학 교육이 가능한
새로운 신학교를 서울에 세우는 계획을 세웠으며, 신학교 설립의 주역할은 채필
근과 윤인구였다.[47] 1939년 3월 27일에 조선신학교 설립 기성회가 조직되었으
며, 기성회 실행위원회 위원은 채필근(위원장), 김우현(서기), 윤인구(부서기), 이학봉
(회계), 이인식(부회계), 조희렴, 함태영, 김길창, 차재명, 한경직, 백영엽, 김관식, 그
리고 김응순 등 13명이었다.[48]

1939년 9월 18일 서울 승동교회에서 모인 이사회는 함태영을 이사장으로 그
리고 송창근을 신학교 설립 사무를 담당할 상무 간사로 결정했다.[49] 그러나 송창
근은 수양동우회 사건으로 가석방 상태에 있었기 때문에 그 일을 추진할 수 없었
으므로 북간도 용정 은진중학교에서 성경 교사로 일하고 있는 김재준
(1901-1987)에게 전보를 보내어 상무 간사 일을 맡아서 추진하도록 부탁했다.[50]
김재준은 서울로 이사하여 1939년 10월 중순부터 상무 간사 일을 맡았다. 그러
나 총독부는 조선신학교 설립 안을 인가하지 않았고, 1940년 2월 9일자로 평양
신학교 설립 안을 인가하고 조선신학교 기성회 실행위원회 위원장인 채필근을
평양신학교 교장으로 지명하였다.

채필근은 경남 김해군 대저면(大渚面)에서 복음농업실수학교[51] 교장으로 일하
고 있는 윤인구에게 전보를 쳐서 자신이 총독부로부터 인가가 난 평양신학교 교
장으로 지명되었다는 것을 알리고 평양으로 함께 가서 일하자고 권유했지만, 윤

---

45) 송창근(1898-1950)은 1920년 일본 아오야마(靑山)학원 신학부를 졸업하고, 1927년에 프린스턴
   신학교에서 수학했고, 1930년 웨스턴신학교를 졸업했고, 1931년 덴버대학교 아일리프신학교에
   서 박사학위를 받았다. 그는 1932년에 전도사로 부임하여 이듬해에 목사안수를 받고 1936년까
   지 평양 산정현교회 목사로 일했다.

46) 김재준(1901-1987)은 1928년에 일본 도쿄 아오야마(靑山) 학원 신학부를 졸업하고, 1929년에
   미국 프린스턴신학교를 졸업하고, 1932년에 미국 웨스턴신학교에서 신학석사 학위를 받았다. 그
   는 평양 숭인상업학교 성경교사로 일했고, 1936년부터 만주 은진중학교 성경교사로 일했으며
   1937년에 만주 동만노회에서 목사안수를 받았다.

47) 방덕수, 『윤인구 박사 그 참다운 삶과 정신』, 68-69.

48) 한신대학교 50년사편찬위원회, 『한신대학 50년사: 1940-1950』 (오산: 한신대학출판부, 1990),
   11.

49) 김승태 엮음, 『일제강점기 종교정책사 자료집: 기독교편, 1910-1945』 (서울: 한국기독교역사연
   구소, 1996), 304.

50) 송우혜, 『벽도 밀면 문이 된다: 송창근 평전』 (서울: 생각나눔, 2008), 323-24.

51) 복음농업실수학교는 호주 선교사 부오란(Borland)이 농촌지도자 양성을 위해서 1934년 마산에
   설립했다. 윤인구가 1935년부터 마산 복음농업실수학교 교장으로 취임하고 몇 년 후 학교를 김해
   군 대저면 대지리로 이전했다. 방덕수, 『윤인구 박사 그 참다운 삶과 정신』, 65-67.

인구는 "도의상으로뿐만 아니라 장래를 보아서도 그렇게 할 수 없어서" 거절하는 전보를 즉시 그에게 띄웠다.[52] 그는 서울에 신학교를 세우는 문제를 수습하기 위해서 복음농업실수학교를 심문태 목사에게 일임하고 서울로 이사했다. 1940년 4월 1일 조선신학원은 해마다 경기도지사로부터 허가를 갱신해야하는 임시 강습소로 서울 승동교회에서 개교했으며, 학생 수는 53명(1학년 48명, 2학년 5명)이었다.[53] 교회의 상하층 예배실에서 수업을 시작했고 기숙사도 교회 부속 건물에 마련했다.[54] 그 당시 승동교회 목사는 오건영이었다. 조선신학원 운영 자금 출자자인 승동교회의 김대현(1873-1940) 장로가 설립자 및 임시 원장이었으며, 윤인구(1903-1986)는 원장대리 및 조직신학과 교회사 교수였고, 김재준(1901-1987)은 구약 교수였고 서무직을 맡았으며,[55] 그리고 나중에 일본인 미야우치 아키라(宮內彰)가 신약 교수로 초빙되었다. 강사는 신약의 전필순과 이승로, 설교학의 김창제, 철학의 갈홍기, 음악의 현재명, 그리고 일본인 교회인 약초정교회 목사 야마구찌 시게타로(山口重太郎)와 정동교회 목사 무라기시(村岸淸彦)였다.[56]

조선신학원 이사장 함태영(1873-1964)이 1940년 9월 6-13일 평양 창동교회에서 열린 제29회 총회에 제출한 보고서는 일본어로 작성되었는데, 거기에 실린 조선신학원의 설립 목적은 다음과 같다.

"본 학원은 복음적 신앙에 기초하여 기독교 신학을 연구하고 충량유위(忠良有爲)한 황국(皇國)의 기독교 교역자를 양성하는 것을 목적으로 한다."[57]

여기서 "충량유위(忠良有爲)한 황국(皇國)의 기독교 교역자를 양성하는 것"이라는 표현은 1938년 3월에 일본당국에 의해서 공포된 「제3차 조선교육령」의 공식적 교육 목적인 "충량유위(忠良有爲)한 황국 신민의 양성"에 부합시키기 위한 것이었다. 조선신학원 설립 이사는 함태영, 김관식, 오건영, 조희렴, 김길창, 김영주, 김영철, 한경직, 윤인구 등 9명이었다.[58]

---

52) 방덕수, 『윤인구 박사 그 참다운 삶과 정신』, 69.
53) 「조선예수교장로회총회 제29회(1940) 회의록」, 43.
54) 방덕수, 『윤인구 박사 그 참다운 삶과 정신』, 72.
55) 「조선예수교장로회총회 제29회(1940년) 회의록」, 44.
56) 방덕수, 『윤인구 박사 그 참다운 삶과 정신』, 73-74; 『김재준전집』 제13권, 182, 228.
57) 「조선예수교장로회총회 제29회(1940) 회의록」, 43.
58) 「조선예수교장로회총회 제29회(1940) 회의록」, 44.

그런데 놀랍게도 1938년 신사참배를 가결한 제27회 조선예수교장로교회 총회의 부회장이었으며, 신사참배 가결 직후 정오에 노회장들을 인솔하여 평양신사에 가서 신사참배를 했던 김길창(1892-1977)이 조선신학교 설립 기성회 실행위원 13명 중의 한 사람이었고, 또한 조선신학원 설립 이사 9인 중의 한 사람이었다.

김재준은 1940년부터 서울에서 조선신학원 교수로 일하면서 학생들을 남산에 위치한 조선신궁으로 인솔해서 신사참배를 했다. 송창근 목사의 평전을 저술한 송우혜는 아래와 같이 말한다.

> "김재준 목사는 조선신학원을 운영하고 있었으므로 더욱이나 정해진 기일마다 학생들을 인솔하고 경성신사에 참배하러 다녀야 했다. 당시 그를 따라 남산의 경성신사에 가서 신사참배를 했던 제자들이 그 일을 증언하고 있다."[59]

조향록[60]은 자신의 회고록에서 김재준 교수의 인솔로 "60명이 넘는 학생 전원"[61]이 남산 조선신궁에 가서 신사참배를 했다는 사실을 다음과 같이 말한다.

> "1941년 4월 그믐, 남산 벚꽃이 지던 무렵이었다. (...) 그때도 남산에는 소풍객이 많았다. 우리는 김재준 목사님의 인솔로 우선 신사 앞에 모여 서서 구령에 맞춰 경배를 드렸다. 나는 그 순간 속마음에서 무언가 울컥 치밀어 오르는 감정이 있어 맨 뒤쪽에서도 몇 발짝 떨어진 언저리에 네댓 명의 관광객이 어른거리는 그 틈에 몸을 웅크리고 땅 바닥에 무언가 보이는 것이 있어 서성거리는 흉내를 냈다. (...) 조선신학원은 그 날 교수 학생 전원 신사 참배를 했다. 그러나 나는 신사 참배를 안했다."[62]

김대현 장로가 임시원장이 된지 6개월 만에 세상을 떠났기 때문에 윤인구가 원장으로 임명되었다. 그런데 1940년 9월말 그는 집으로 찾아온 형사들에 의해 가택수색을 당하고 경찰서로 연행되어 "육군 형법, 보안법, 치안유지법 등 일곱 가지의 죄목으로 11월 말까지 50일간 구금당했다."[63] 그 당시 서울에 있는 몇몇

---

59) 송우혜, 『벽도 밀면 문이 된다: 송창근 평전』, 363.
60) 해방 이후 조향록(1920-2010)은 한국기독교장로회 소속 초동교회 담임목사와 한국신학대학(=한신대학교) 학장을 역임했다.
61) 조향록, "장공 추억 1," 『십자가의 명상』, 조향록 선집 제5권 (서울: 선교문화사, 2009), 95.
62) 조향록, "장공 추억 1," 『십자가의 명상』, 95-96.

큰 교회 목사들도 역시 구금되었다가 풀려났다. 경기도로부터 조선신학원 허가를 1년마다 갱신하는 것은 쉽지 않았다. 그래서 윤인구 원장은 신학교 합동을 통해서 이상적인 정규 신학교를 만들고 싶어 했다. 그는 "교파 합동의 대 이상 아래" 조선신학원과 아직 정규 신학교로 허가를 받지 못한 감리교신학교의 합동을 성사시켰다.[64] 1941년 가을 학기에 조선신학원 학생과 교수 전원이 서울 냉천동에 있는 감리교신학교 건물로 이사했다.[65] 이 무렵에 조선신학원 첫 졸업식이 거행되었고, 윤인구 원장 이름의 증서가 졸업생들에게 수여되었다.[66]

두 신학교가 합동한 건물에는 김인영 감리교신학교 교장실과 윤인구 조선신학원 원장실이 있었다. 윤인구는 조직신학, 김인영은 교회사, 홍현설은 신약, 그리고 김재준은 구약을 가르쳤으며, 학생 수는 쌍방이 합하여 150여명이었다.[67] 그런데 얼마 후 김재준은 사임했으며, 작고한 김대현 장로의 아들인 김영철과 함태영 등과 의논하여 새로 조직한 조선신학원의 원장직 및 교수직을 맡았으며, 1942년 봄 학기에 서울 정동에 위치한 일본인 교회인 일본기독교단 정동교회 구내에서 장소를 빌려서 신학교 문을 열었다.[68] 교수는 김재준, 일본인 미야우치 아키라(宮內彰), 전성천이었고, 강사는 유호준, 일본기독교단 정동교회 목사 무라기시(村岸淸彦), 일본기독교단 약초정교회 목사 야마구찌 시게타로(山口重太郎)였다. 이사장은 일본인 무라야마 키요히꼬(村山淸彦)였고, 이사는 하나무라(花村美樹), 가나이에이 사부로(金井英三郎), 김영철, 조희염, 김종대, 그리고 함태영이었다.[69] 그래서 냉천동에서 합동 강의를 받던 조선신학원 학생들의 다수가 정동에 위치한 새로 조직된 조선신학원으로 옮겨갔다. 무라기시 목사가 1942년 10월 18일 저녁에 평양 서문밖교회당에서 열린 조선예수교장로회 제31회 총회 전승기념 예배에서 "대동아 전쟁과 우리의 태도"라는 제목으로 강연했다.[70] 이것을 본다

---

63) 방덕수, 『윤인구 박사 그 참다운 삶과 정신』, 73. 여기서 윤인구가 검속 날짜를 "신학교를 시작한 1939년 9월 말 어느 날 새벽"이라고 한 것은 1940년을 잘못 기록한 것으로 보인다.
64) 방덕수, 『윤인구 박사 그 참다운 삶과 정신』, 74; 『김재준전집』 제13권, 219.
65) 조향록, 『팔십자술』 (서울: 선교문화사, 2000), 95; 조향록, "초기 조선신학원 시대의 장공 선생님," 장공 김재준 목사 탄신 100주년 기념사업회 편, 『장공 이야기』 (오산: 한신대학교출판부, 2001), 102-103; 이춘우, "나는 오늘도 선생님을 모시고 산다," 『장공 이야기』, 72-73.
66) 김재준은 첫졸업식 날짜가 1942년 3월 31일이었다고 한다. 『김재준전집』 제13권, 220.
67) 방덕수, 『윤인구 박사 그 참다운 삶과 정신』, 73-74.
68) 한신대학교 50년사편찬위원회, 『한신대학50년사 1940-1990』, 26; 『김재준전집』 제13권, 222-23.
69) 50년사편찬위원회, 『한신대학 50년사: 1940-1990』, 25.
70) 「조선예수교장로회총회 제31회(1942) 회의록」, 26.

면, 일본인 강사들은 새로 조직된 조선신학원의 학생들에게 황민화교육을 하였을 것으로 짐작된다. 1943년 4월 2일 정동감리교회에서 조선신학원 이사장이며, 경기노회장이며, 조선예수교장로회 총회 부회장인 전필순과 감리교회 감독인 정춘수가 장로교 경기노회[71]와 감리교 전체가 합동한 조선기독교혁신교단을 출범시켰고, 교단의 통리로 전필순이 추대되었고 윤인구는 혁신교단의 교육국장으로 선임되었다. 이처럼 두 교파의 합동이 가능했던 것은 총독부의 종교정책 때문이었다. 이미 그 당시에 일본에서는 모든 교파가 일본기독교단으로 통합되었다. 총독부의 종교 정책의 목표는 조선의 각 교파를 통합시키고, 교회를 미영 관계로부터 단절시키고, 일본사상을 주입시킴으로써 조선교회를 일본적 기독교가 되도록 혁신시키는 것이었으며, 그것을 위한 가장 중요한 방법이 신학교들을 통일시켜서 일본적 기독교의 지도자들을 양성하는 것이었다.[72]

혁신교단의 규칙은 교회 안에 일본 천황의 초상을 모신 가미다나(神棚)를 설치하고, 황도연구회, 그리고 일본의 국체(國體)에 맞지 않는 구약성서의 일부를 배제하는 구약교본 위원회를 설치하는 것이었다. 윤인구는 그것을 일제의 탄압으로부터 교회를 지키기 위해서 울며 겨자 먹기 식으로 받아들인 자구책의 일환이었다고 말한다.[73] 하지만 그것은 조선교회를 일본적 기독교로 변질시키는 첩경이다.

혁신교단은 출범한지 한두 주 만에 내부의 극렬한 반발로 인해서 해체되었고 본래의 두 교파로 환원되었다.[74] 그 일로 인해서 1년간 유지되었던 두 신학교의 합동 체제가 역시 와해되었다. 윤인구[75]는 그의 유고집에서 그 때의 상황에 대해서 다음과 같이 말한다.

"이 일로 말미암아 모처럼 이루었던 신학교의 이상적 합동은 와해되었다. 장로교

---

71) 그 당시 서울의 교회들은 경기노회 소속이었다.
72) 김승태 편, 『일제강점기 종교정책사 자료집: 기독교편, 1910-1945』, 368; 『김재준전집』 제13권, 220.
73) 방덕수, 『윤인구 박사 그 참다운 삶과 정신』, 75.
74) 혁신교단이 1943년 4월에 해체된 직후 그 다음 달인 1943년 5월 5일 신문내교회(=새문안교회)에서 조선예수교장로회 총회의 상치위원회의 결의에 의해서 조선예수교장로회는 해산되었고, '일본기독교 조선장로교단'으로 개편되었다. 감리교회는 1943년 8월에 '일본기독교 조선감리교단'으로 개편되었다. 총독부의 종교정책 대로 1945년 7월 19일 정동감리교회에서 일본기독교 조선장로교단과 일본기독교 조선감리교단과 구세군이 통합한 '일본기독교 조선교단'이 출범하였다.
75) 해방 후 윤인구는 부산대학교를 세우고 초대 총장을 역임했고, 그 후 연세대학교 총장을 역임했다.

측은 나도 모르게 학생들의 학적부를 가지고 승동(勝洞)으로 달아나서 나에게 올 것을 종용했지만 나는 단호히 거절했다. 합동 수업을 받으려고 남은 학생들을 수습 해준 후 나는 서울에서의 신학교육을 단념하고 고향으로 돌아왔다."[76]

김재준은 그의 회고록에서 "연분관계로 끝까지 윤인구와 같이 있던 경상도 출신 학생들도 추후해서 돌아왔다"라고 말한다.[77] 일본인 교회인 정동교회[78] 구내에 있는 새로 조직된 조선신학원은 어려움이 많았지만 1945년 8·15 해방까지 유지되었다. 조선신학원 학생 50명은 1945년 2월 초부터 6개월 동안 전성천 교수의 인솔로 평양에 가서 일본군에서 건설 중인 비행장 공사장에 동원되어 노동일을 했으며, 2주간의 휴가를 얻어서 서울로 돌아와서 머물고 있던 중에 8·15 해방의 소식을 들었다.[79]

8·15 해방 이후 이북에서 '5도연합노회'가 평양신학교를 재건하고 김인준 목사를 교장으로 선임하고 운영하였으나, 공산치하에서 폐교되었고, 이남에서 조선신학원은 동자동에서 조선신학교로 개교했으며, 김재준, 송창근, 한경직 등이 교수였다.

## III. 요한계시록을 통한 일제강점기의 현실 인식

### 1. 요한계시록의 바빌론과 동일시된 일본 제국

미국의 반전평화운동가 윌리엄 스트링펠로우(William Stringfellow)는 요한계시록의 바빌론을 히틀러가 통치하던 1930년대의 나치 독일에 대한 비유로, 또는 베트남 전쟁을 벌이고 있던 1970년대의 미국에 대한 비유로 해석했다.[80] 이와 마찬가지로 신사참배 반대 운동가들에게 요한계시록의 바빌론은 일제강점기의 일본 제국에 대한 비유로 이해되었다. 그들은 일제강점기의 현실을 요한계시록

---

76) 방덕수, 『윤인구 박사 그 참다운 삶과 정신』, 76.
77) 『김재준전집』 제13권, 225.
78) 최거덕 목사가 1946년 3월에 서울 정동에 위치한 일본기독교단 정동교회 건물을 적산으로 인수하여 덕수교회를 창립했다. 1984년에 덕수교회는 정동에서부터 성북동으로 이전했다.
79) 전성천, 『십자가 그늘에서: 전성천 회고록』 (서울: 도서출판 동영사, 2001), 335.
80) William Stringfellow, *An Ethic for Christians and Other Aliens in a Strange Land* (Waco, Texas, Word Books, 1973), 48-30.

의 관점에서부터 인식했다. 그들은 요한계시록의 바빌론을 일본 제국과 동일시했다. 요한계시록에서 바빌론은 로마를 가리키는 별칭이다. 요한계시록의 저자는 로마를 구약의 바빌론과 동일시했다. 즉 그에게 있어서 로마는 새로운 바빌론이었다. 그러므로 요한계시록에서 바빌론은 로마를 가리키는 별칭으로 사용되었다. 그러므로 요한계시록의 바빌론은 모든 시대의 폭력적인 국가에 대한 비유로 이해될 수 있다.

요한계시록에서 "땅에 사는 자들"은 음녀 바빌론과 토착 지배자들 사이에서 발생한 음행의 술에 취했기 때문에 현실을 올바로 인식하지 못하고 로마황제를 숭배하였다. 그러므로 그들은 로마의 우상 숭배적인 체제에 동화되어서 자신들의 주체성을 상실하고 객체들로 전락하였다.

일본은 천황제 국가 이념을 실현하기 위해서 신사참배를 통해 천황에 대한 무한한 충성과 황국신민화와 내선일체를 강제하였다. 1937년 8월에 중일전쟁을 일으킨 일본은 식민지 조선을 침략전쟁을 위한 병참기지로 활용하는 것이 필요했기 때문에 '국민정신총동원운동'을 일으켰다. 일본은 신사참배를 통해서 조선인들의 민족정신을 말살하고 일본의 국체(國體)인 황도를 내면화시키고 일본의 침략 전쟁에 대한 참여를 성스러운 의무로 부과시키고자 하였다. 로마의 평화(Pax Romana)가 로마의 식민지의 지배 이념이었던 것처럼 대동아동영권은 일본의 식민지 지배 이념이었다. 예수를 "만왕의 왕, 만주의 주"로 고백하는 기독교 신앙은 천황을 최고의 통치자로 숭배하는 일본의 국체에 맞지 않기 때문에 일본 당국은 조선교회를 서구 기독교로부터 단절시키고 일본적 기독교로 만들고자 하였다. 대다수의 조선교회 지도자들은 일본 제국에게 미혹되어 일본의 황민화 정책에 순응하고 신사참배를 했다. 그러나 신사참배 항거자들은 일본 제국을 그리스도인들을 박해한 요한계시록의 바빌론과 동일시했기 때문에 검속과 고문과 투옥의 위험에도 불구하고 신사참배를 비타협적으로 거부했다. 어떤 점에서 그들은 요한계시록의 바빌론을 일본 제국과 동일시했는가?

첫째, 바빌론의 통치에 순응하고 협력하는 토착 정치 엘리트들과 바빌론을 추종하는 자들이 바빌론의 우상숭배적인 문화에 동화되어 음행의 포도주에 취했듯이, 조선교회의 지도자들은 일본 제국의 우상숭배적인 문화에 동화되어 신사참배를 했다. "땅의 임금들도 그와 더불어 음행하였고 땅에 사는 자들도 그 음행의 포도주에 취하였다"(계 17:2).

둘째, 바빌론이 소아시아의 그리스도인들을 억압하고 박해한 것처럼, 일본 제국은 조선을 지배했으며 저항하는 조선인들과 조선 그리스도인들을 검속하고 박해하고 고문하고 심지어 죽였다. "또 내가 보매 이 여자가 성도들의 피와 예수의 증인들의 피에 취한지라"(계 17:6); "선지자들과 성도들과 및 땅 위에서 죽임을 당한 모든 자의 피가 그 성 중에서 발견되었느니라 하더라"(계 18:24).

셋째, 바빌론이 식민지를 착취하여 부유해진 것처럼, 일제는 조선을 수탈하여 농민들이 생산한 쌀을 군산항을 통해서 일본으로 유출했으며 한반도를 일본의 침략전쟁을 위한 병참기지로 활용했다. "그 여자(=바빌론)는 자주 빛과 붉은 빛 옷을 입고 금과 보석과 진주로 꾸미고 손에 금 잔을 가졌는데 가증한 물건과 그의 음행의 더러운 것들이 가득하더라"(계 17:4).

넷째, 바빌론이 로마의 평화(Pax Romana)를 선전하면서 로마를 절대화하고 전쟁과 지배를 정당화하였듯이, 일본 제국은 대동아공영권을 선전하면서 일본 제국을 절대화하고 침략전쟁과 조선지배를 정당화하였다. "용이 짐승에게 권세를 주므로 용에게 경배하며 짐승에게 경배하여 이르되 누가 이 짐승과 같으냐 누가 능히 이와 더불어 싸우리요 하더라"(계 13:4).

다섯째, 바빌론이 하나님을 두려워하지 않고 오만했기 때문에 멸망을 자초했듯이, 일제는 황제를 현인신으로 우상숭배하기 때문에 멸망할 것이다. "그가 얼마나 자기를 영화롭게 하였으며 사치하였든지 그만큼 고통과 애통함으로 갚아주라 그가 마음에 말하기를 나는 여왕으로 앉은 자요 과부가 아니라 결단코 애통함을 당하지 아니하리라 하니 그러므로 하루 동안에 그 재앙들이 이르리니 곧 사망과 애통함과 흉년이라 그가 또한 불에 살라지리니 그를 심판하시는 주 하나님은 강하신 자이심이라"(계 18:7-8).

여섯째 소아시아의 그리스도인들을 억압하고 황제 숭배를 강요한 바빌론의 죄악은 조선인들을 억압하고 신사참배를 강요하는 일본 제국의 죄악과 같다. 그러므로 그들은 일본의 국체에 동화되는 것을 거부하고 신사참배를 비타협적으로 저항했다. "또 내가 들으니 하늘로부터 다른 음성이 나서 이르되 내 백성아, 거기서 나와 그의 죄에 참여하지 말고 그가 받을 재앙들을 받지 말라"(계 18:4).

일곱째, 환상 속에서 바빌론이 하나님의 심판으로 사람이 살 수 없는 황폐한 곳이 된 것처럼 일본 제국은 곧 하나님의 심판으로 멸망할 것이다. 신사참배 항거자들은 하나님의 심판으로 바빌론 멸망한 것처럼 오만한 일본 제국이 역시 하나님의 심판으로 멸망할 것을 확신했다. "힘찬 음성으로 외쳐 이르되 무너졌도다 무너졌도다 큰 성 바벨론이여 귀신의 처소와 각종 더러운 영이 모이는 곳과 각종 더럽고 가증한 새들이 모이는 곳이 되었도다"(계 18:2).

여덟째, 신사참배 거부자들은 하늘에서 하나님의 심판으로 인한 바빌론의 멸망을 기뻐하는 축하 예배가 열렸듯이, 일본 제국의 멸망과 조선의 해방의 날이 올 것을 믿었다. "하늘과 성도들과 사도들과 선지자들아, 그로 말미암아 즐거워하라 하나님이 너희를 위하여 그에게 심판을 행하셨음이라 하더라. 이에 한 힘센 천사가 큰 맷돌 같은 돌을 들어 바다에 던져 이르되 큰 성 바벨론이 이같이 비참하게 던져져 결코 다시 보이지 아니 하리로다"(계 18:20-21).

## 2. 요한계시록의 황제숭배와 동일시된 신사참배

처음에 신사참배에 대한 저항은 개인적 차원에서 이루어졌으나 뜻을 같이 하는 동지들이 규합하여 신사참배 반대운동으로 발전하였다. 신사참배 거부자들은 일제 당국이 강요하는 신사참배를 요한계시록에 서술된 황제숭배와 동일시했다. 그러므로 그들은 일본의 제국주의와 황민화정책의 핵심인 신사참배를 신앙고백의 상태(status confessonis)에서 우상숭배로 규정하고 비타협적으로 반대하고 저항했다. 그러나 대다수의 목사들은 일제가 강요하는 신사참배와 황민화정책에 순응하였다. 천상의 예수는 로마의 황제숭배 요구와 로마의 우상숭배적 문화에 순응하고 적응하는 라오디게아 교회에게 분명한 태도를 요구한다. "내가 네 행위를 아노니 네가 차지도 아니하고 뜨겁지도 아니하도다 네가 차든지 뜨겁든지 하기를 원하노라. 네가 이같이 미지근하여 뜨겁지도 아니하고 차지도 아니하니 내 입에서 너를 토하여 버리리라(계 3:15-16).

신사참배 거부자들에게 있어서 바다에서 올라온 짐승(계 13:1-10)은 조선을 지배하는 일본 제국과 동일시되었고, 땅에서 올라온 짐승(계13:11-18). 곧 거짓 선지자(계 19:20)는 신사참배를 국가의식으로 인정하고 자신들도 신사참배 할 뿐만 아니라 교인들에게 신사참배 하도록 권유하는 친일적인 목사들과 동일시되었다. 그러므로 신실한 성도들은 신사참배를 적극적으로 반대했다. 그들은 옥중에서 박해와 고문을 당하면서도 기도하고 금식하면서 신사참배 반대투쟁을 계속하였다. 일제 당국은 신사참배는 종교 의식이 아니라 국가 의식이라고 주장했지만, 신사참배는 성서의 계명에 위배되는 우상숭배일 뿐만 아니라, 민족정신을 말살하는 황민화정책의 핵심이었다. 그러므로 신사참배 거부자들은 목숨을 걸고 신사참배를 반대하고 저항하는 운동을 전개하였다. "사로잡힐 자는 사로잡혀 갈 것이요 칼에 죽을 자는 마땅히 칼에 죽을 것이니 성도들의 인내(=저항)와 믿음이 여기 있느니라"(계 13:10). "성도들의 인내(=저항)가 여기 있나니 그들은 하나님의 계명과 예수에 대한 믿음을 지키는 자니라"(계 14:12).

## IV. 요한계시록을 통한 신사참배 반대운동

일제강점기에 신사참배는 일본 제국에 대한 충성 증명으로 간주되었다. 신사참배 반대운동으로 구속된 사람들의 재판기록과 수기를 보면 그들이 모두 요한계시록에서부터 일제에 항거할 수 있는 힘을 얻었다는 것이 증명된다. 그들은 신사참배를 신앙고백의 상태(status confessionis)에서 우상숭배로 인식하고 비타협적으로 반대하고 저항했다. 천상의 예수는 라오디게아 교회를 향해서 "내가 네 행위를 아노니 네가 차지도 아니하고 뜨겁지도 아니하도다 네가 차든지 뜨겁든지 하기를 원하노라 네가 이같이 미지근하여 뜨겁지도 아니하고 차지도 아니하니 내 입에서 너를 토하여 버리리라"(계 3:15-16)고 하신다. 차거나 뜨거운 것은 분명한 태도를 가리키며, 미지근한 것은 불분명한 태도를 가리킨다. 신사참배 항거자들은 분명한 태도를 가지고 신사참배를 우상숭배라고 말했지만, 미지근한 물처럼 불분명한 태도를 가진 기성교회 지도자들은 신사참배를 우상숭배라고 말하지 못하고 일제의 강요에 순응해서 신사참배를 했다. 이제 분명한 태도를 가지고 신사참배 반대운동을 주도한 남녀 지도자들의 일부를 소개하고자 한다.

### 1. 신사참배 반대운동의 남자 지도자들

주기철(1897-1944)은 경남 웅천에서 출생했으며 신사참배 반대운동의 대표적인 인물이다. 그는 1925년 평양 장로회신학교를 졸업하고 목사안수를 받았다. 그는 1926년부터 1931년 7월까지 부산 초량교회에서 시무했고, 1931년 여름부터 마산 문창교회에서 시무했고, 1936년 7월에 평양 산정현교회 목사로 부임한 이후 평안남도와 평양을 중심으로 신사 참배 반대 운동을 하다가 모두 4번 검속되었다.[81] 평북노회가 1938년 2월 9일 신사참배를 결정하자 분개한 신학생

---

81) 그의 검속 날짜와 석방 날짜에 대한 학자들의 견해는 일치하지 않다. 김양선, "신사참배 강요와 핍박," 김승태 엮음, 『한국기독교와 신사참배문제』 (서울: 한국기독교역사연구소, 1991), 37; 민경

장홍련이 평양 장로회신학교 교정에 심은 평북노회장의 기념식수를 도끼로 찍어버렸는데, 신학교에서 신사참배 반대 설교를 했던 주기철이 그 배후로 지목되어 1938년 2월 초에 1차 검속되었다. 또한 그는 조선예수교장로회 27차 총회가 평양에서 개최되기 직전인 1938년 8월에 2차 검속되어 5개월간 경북 의성 경찰서에 수감생활을 했다. 이때부터 주기철이 수감된 동안에 선교사 번하이젤(F. C. Bernheisel)이 대신 주일 예배 설교를 했다. 그가 1939년 9월에 3차 검속되어 9개월간 평양경찰서 유치장에 수감생활을 했을 때 일경은 그에게 산정현교회 목사직을 사임할 것을 요구했지만, "나는 목사의 성직은 하나님께 받은 것이니 하나님이 그만두라기 전에는 절대 사면할 수 없다."라고 하면서 거부했다.[82] 그러나 경찰의 집요한 설득에 의해서 평양노회 노회장 최지화가 주기철을 면회하고 사임을 권유했으나 역시 거절당하자 1939년 12월 19일 오후 1시 남문밖교회에서 평양노회 임시회를 개최하고 경찰들이 입석한 상태에서 총회의 신사참배 결의와 신사참배 실행에 관한 총회장의 경고문을 위반했다는 이유로 주기철을 목사직에서 면직하는 결의를 했다.[83] 주기철의 가족은 목사 사택에서 쫓겨났고, 산정현 교회는 1940년 3월 24일 강제 폐쇄되었다. 그는 마지막으로 1940년 9월에 4차 검속되어 평양형무소에 수감되어 4년간 일사각오(一死覺悟)로 옥중에서 구타와 고문에 맞서서 투쟁하던 중에 1944년 4월 21일 그의 아내 오정모(1903-1947)[84]와 마지막 면회를 한 그날 밤 숨을 거두었다. 그는 6년간 옥중 투쟁을 하다가 47세의 나이로 순교했다.[85]

그의 투철한 민족의식과 기독교 윤리 의식은 이미 1934년 5월에 서울 남대문교회 부흥회에서 그가 외친 "은총과 책임"이라는 제목의 설교에서 확인된다.

"우리는 왜, 남보다 먼저 예수를 믿게 되었는가? 어찌하여 죄에 침륜하지 않는가? 어찌하여 복음의 빛을 받게 되었는가? 이 신령한 은혜를 주신 것은 홀로 선하고 홀

배, 『순교자 주기철 목사』 (서울: 대한기독교출판사, 1985), 299-302; 박용규, "주기철목사의 신사참배 저항운동의 재평가." 『신학지남』 제83권 제2집(2016), 107-70; 이덕주, 『사랑의 순교자 주기철 목사 연구』 (서울: 한국기독교역사박물관, 2003), 193; 이상규, 『해방 전후 한국 장로교회의 역사와 신학』 (서울: 한국기독교역사연구소, 2015), 355-91; 김명혁, '주기철목사의 순교 영성을 염원하며," 『뉴스파워』 (2019년 4월 18일자)를 참조하라.
82) 김린서, 『주기철목사의 순교사와 설교집』, 70.
83) 김요나, 『일사각오: 주기철 목사 순교 일대기』 (서울: 도서출판 주성, 1987), 369-75.
84) 오정모 사모는 남편의 옥바라지를 하면서 시어머니와 전처 아들 넷을 키웠다.
85) 민경배, 『순교자 주기철 목사』 (서울: 대한기독교서회, 1997), 180-253.

로 태평할 것이냐? 특별한 은혜를 주신 것은 특별한 사명을 주신 것이 아닌가? 모세에게 특별한 은혜를 주시기는 그의 특별한 사명을 행하기 위함이오, 바울에게 특별한 부름을 주신 것은 그의 특별한 사명을 주시기 위함이다. 모르드개가 에스더에게 말하데 네가 황후의 위를 얻은 것은 이 기회를 위함이 아닌가 하였다(에 4:13). 적은 수양녀 하나를 길러 황후가 되게 하신 것은 그 민족을 구원하기 위함이었고, 요셉을 총리대신의 위를 얻게 하심도 자신을 위함이 아니오, 민족 전체의 구원을 의미함이었다. 나를 부르심은 나 개인을 위함이냐. 이런 행복의 지위를 주심은 하나님의 특별한 사명이 있는 것을 결코 잊어서는 아니 되겠다."[86]

그가 이 설교에서 예를 든 모세, 바울, 에스더, 요셉은 모두 곤경에 처한 자기 민족의 구원을 위해 목숨을 걸고 자신의 사명을 실천한 사람들이다. 그는 이러한 성서적 인물들의 민족애에 대한 이야기를 통해서 일제하의 그리스도인들에게 하나님의 은혜에 대한 윤리적 책임 의식을 환기시키면서 민족의 구원과 독립을 위한 자신들의 사명을 깨닫도록 했다.

1938년 6월 일본 기독교회를 대표하는 도미타 미쓰루(富田滿, 1883-1961) 목사가 일행과 함께 조선에 와서 부산, 대구, 서울에서 신사참배에 대한 일본 정부의 입장을 대변하는 강연회를 마치고 1938년 6월 29일 평양을 방문해서 숭실전문학교에서 설교하고 이튿날인 6월 30일 저녁에 120명의 교회 지도자들이 모인 평양 장대현교회에서 강연회를 가졌을 때, 하루 전날 석방된 주기철이 이 강연회에 참석했다. 이승길이 좌장이고, 오문환이 통역을 맡고, 도미타 의장과 일본「복음신보」기자가 앞자리에 앉았다. 도미타는 "정부가 신사는 국가 의례일 뿐 종교가 아니라고 규정한 이상 이를 종교의 대상으로 삼아서는 안 된다."라고 강조하면서 신사참배를 국가 의식이라고 주장하는 강연을 했다. 도미타의 연설이 끝나자마자 주기철이 일어서서 "우리는 당신의 많은 지식은 존경하지만, 신사참배는 받아들일 수 없다. 그것은 성경에 기록된 하나님의 말씀에 위배되기 때문이다."[87]라고 당당하게 말하였다.

주기철의 저항과 순교는 신사참배를 신앙고백의 상태(status confessionis)에서

86) 주기철, "은총과 책임,"「종교시보」(1934년 5월), 13. 이덕주,『사랑의 순교자 주기철 목사 연구』 (서울: 기독교역사박물관, 2003), 368-69에서 재인용.
87) Bruce F. Hunt, "Trials Within and Without," *The Presbyterian Guardian, Vol. 29 No. 3* (February 1960), 37-40.

우상숭배로 인식하고 하나님만을 예배하고 예수의 피로 세워진 교회의 거룩성을 지키기 위한 신앙 고백의 행동이었으며, 또한 조선 민족의 정신을 말살하는 일본의 제국주의와 황민화정책에 저항한 기독교 윤리적 행동이었다. 그는 실로 요한계시록의 안디바와 같은 순교자이다.

그는 일제의 신사참배 강요에 저항할 수 있는 힘을 요한계시록으로부터 얻었다. 또한 그는 세대주의 전천년설을 신봉했다. 그는 1937년에 외친 "주의 재림"이라는 제목의 설교에서 다음과 같이 말했다.

> "에녹은 하나님과 동행하다가 홍수전에 하늘나라로 들어갔습니다. 이는 우리 교회로도 상징할 수 있으니 우리는 이다음 7년 대환난 전에 주님에게 이끌려 공중으로 올라갈 것입니다. 비록 오래 믿었다 하나 그 중에 참여하지 못하면 그 섭섭함이 얼마나 클 것이니까? 우리는 이 세상에 도취되어 그 날을 잊어버리는 자가 되지 말고 누가복음 21장 36절에 간곡히 부탁하신대로 '항상 깨어 있어 기도하기를 우리도 능히 장차 볼 이 모든 일을 피하고 인자 앞에 서게 하옵소서.' 할 것입니다. 요한일서 2장 28절 말씀같이 '주가 나타나서 강림하실 때에 굳세어 그 앞에서 부끄러움이 없게' 해야 할 것입니다."[88]

이기선(1878-1950)은 1938년 9월 10일 장로회 총회가 신사참배를 결의하자 8년간 사역했던 평안북도 의주 북하단동교회의 목사직을 사임하고 평안남북도 각지를 순회하면서 신사참배 반대자들을 규합하였다. 그는 1940년 3월에는 국경을 넘어 만주의 안동을 방문해서 신사참배 반대 운동가들을 격려했으며, 그리고 황해도 각지를 순회하면서 신사참배 반대운동을 했다. 그는 1940년 6월에 체포되어 평양형무소에서 미결수로 옥고를 겪던 중에 1945년 해방을 맞이하여 6년간의 옥살이를 마치고 8월 17일 출옥했다. 그는 일제의 신사참배 강요에 저항할 수 있는 힘을 요한계시록으로부터 얻었다. 1945년 5월 18일에 작성된 평양지방법원 예심종결 결정문에는 그가 세대주의 전천년설을 신봉했다는 것이 나타난다.

> "이는 성경에서 예언된 이른바 말세의 현상으로 멀지 않는 장래에 여호와 하나님은

---

88) 김린서, 『주기철 목사 순교사와 설교집』 (서울: 신앙생활사, 1958), 253.

그리스도를 지상에 재림시켜 일본제국을 포함하여 현재에 존재하고 있는 모든 국가와 조직을 모조리 쓸어버리고 그 위에다 그리스도를 왕으로 하는 理想(이상)왕국, 즉 천년왕국을 건설하기 위하여 먼저 그리스도는 공중에 재림하고 지상에 충성된 신자들은 승천하고 이미 세상을 떠났던 충성된 신자들은 육체로 부활해서 승천하여 그리스도를 중심으로 7년간 공중에서 혼인잔치를 개최하고 있는 동안에 지상에서는 모든 백성에게 대환난이 임하여 인류 3분지 1은 사망한다. 그리고 이 기간이 끝난 후에 그리스도는 그의 육체를 가지고 지상에 재림하여 일본제국을 포함한 세계 모든 국가의 국가제도를 파괴하고 이 지상에 그리스도 교리로써 통치제도로 하는 죄악이 없고, 차별이 없고, 압박이 없는 절대 평화스러운 이상적인 지상의 하나님 나라, 소위 천년왕국을 건설하여 그리스도는 만왕의 왕으로서 이를 통치하시고 독실한 신자들을 각 지역의 만왕에 임명한다고 한다."[89]

한상동(1901-1976)은 경남 김해에서 태어났으며, 1933년에 평양 장로회신학교에 입학하여 1936년에 졸업하고 1938년 3월에 경남노회에서 목사 안수를 받았다.[90] 그는 부산 초량교회와 마산 문창교회에서 목회하면서 신사참배를 반대하던 중에 경찰의 압력을 받고 1939년 3월에 문창교회를 사임했다. 그는 1939년 8월에 부산 근처 수영해수욕장에서 이인재와 조수옥 등 몇 사람의 동지들과 비밀 수양회를 가지면서 신사참배 반대운동을 본격적으로 전개하기 시작했다.[91] 그는 그들 앞에서 다음과 같이 말했다.

"신사참배는 교리에 위반되고 하나님 앞에 죄악을 범하는 것이다. 신사참배를 행하는 교회는 곧 무너지게 될 건물과 같으므로 이제부터 어떠한 박해를 받더라도 굴복하지 말고 교회를 재건하여 하나님의 뜻을 이루는 사명을 달성하는데 매진해야만 한다."[92]

그는 이인재와 함께 경남 각지방을 순회하면서 신사참배 반대운동을 하였다.

89) 김승태 번역, "이기선 목사 등 21인 평양지방법원 예심 종결 결정문," 산돌손양원기념사업회 엮음, 『신사참배문제 자료집 III (재판기록편)』 (서울: 한국기독교역사연구소, 2014), 548-49.
90) 심군식, 『세상 끝날까지: 한국교회의 증인 한상동 목사 생애』 (서울: 총회출판국, 1997), 106.
91) 한상동, "주님의 사랑: 출옥성도 한상동 목사의 옥중기," 김승태 엮음, 『신사참배 거부 항쟁자들의 증언: 어둠의 권세를 이긴 사람들』 (서울: 다산글방, 1993), 115.
92) 심군식, 『세상 끝날까지』, 393.

그는 신사참배 반대운동을 위해서 경남지역을 부산장방, 마산지방, 진주 지방, 거창지방, 그리고 통영지방으로 나누어서 책임자를 세워서 맡겼다. 그는 1939년 4월에 신사참배 반대운동의 전국적 조직을 위해서 평양에 가서 잠시 석방된 주기철과 여러 동지들을 만나서 의논하기도 했다. 그는 이인재와 함께 1940년 1월1일 태매시 선교사 집에서 최덕지를 만나서 경남여전도회를 중심으로 신사참배 반대운동을 전개할 것을 논의하였고 여전도사들과 연대하였다. 그는 1940년 7월 3일에 검속되어 경남도경 유치장에 구금되어 심문을 받았으며, 1년 만에 1941년 7월 10일 평양형무소로 이감되었다. 그는 1945년 해방을 맞이해서 도합 6년의 옥고를 마치고 평양형무소에서 8월 17일 밤 11시에 출옥하였다.[93] 그는 이기선 목사처럼 세대주의 전천년설을 신봉했다. 미결수로 있는 그를 재판에 회부하는 평양지방법원 예심종결 결정문의 일부는 아래와 같다.

> "신사참배 정책은 하나님의 뜻을 위반하는 것이므로 끝까지 반대해야 하고, 또 현재 전쟁, 흉년 등이 계속되는 것은 소위 말세현상이 현저한 것이므로 그리스도는 그가 예언한대로 머지 않는 장래에 곧 세상에 재림하여 일본 제국을 포함한 현재 존재하는 세계 모든 국가조직을 무너뜨리고 새로운 그리스도 독재의 소위 천년왕국을 지상에 건설한다. 그리고 이의 실현에는 하나님의 뜻을 체득한 받드는 충성된 신자들의 협력도 절대 필요하므로 이를 위해서는 신사참배 등의 하나님의 뜻에 위반하는 정책에는 극력 반대하고 위에서 말한 독선적 성서관에 기초한 교리를 널리 선전하여 많은 동지들을 획득할 필요가 있다고 하여, 우리 일본제국 국체변혁(國體變革)도 반드시 초래할 천년왕국 실현을 갈망하고, 이의 실현에 협력할 목적으로 그 주의와 사상을 선전하는 데 광분해 오던 자이다."[94]

주남선(1888-1951)은 경남 거창에서 출생했으며, 1919년 거창지역의 3·1운동에도 적극적으로 참여하였다. 그는 1930년 3월에 평양 장로회신학교를 졸업하고 경남노회에서 목사 안수를 받았다. 그는 1938년 말경에 거창읍교회 목사직을 사임하고 한상동과 이인재와 함께 신사참배 반대운동을 하다가 수차례 검속되었다. 그는 1940년 7월 17일에 진주경찰서에 다시 구금되어 경남 도경을 거쳐서 1941년 7월 11일에 평양형무소로 이송되어 미결수로 복역했으며 해방을

---

93)  심군식, 『세상 끝날까지』, 206.
94)  김승태 번역, "이기선 목사 등 21인 평양지방법원 예심 종결 결정문, 568-69.

맞이하여 1945년 8월 17일 석방되었다.

　그는 그의 수기에서 조선을 지배한 일본을 요한계시록의 바빌론으로 인식했으며 일제의 신사참배 강요에 저항할 수 있는 힘을 요한계시록으로부터 얻었다고 말한다.

> "그 해(1938년) 6월경에 이르러서 거창 가조리 기도실에서 2일간 금식 기도하면서 성경 계시록을 수십 차례 읽는 가운데 신사참배는 말세에 나타난 바벨론 우상예배로 보다 확실하게 인식하게 되어 배격할 용기를 얻었다."[95]

　손양원(1902-1950)은 1935년에 평양장로회신학교에 입학하여 1938년에 3월에 졸업하고 그 이듬해 7월에 여수 애양원교회에 전도사로 부임하였다. 그는 신사참배 반대 설교를 했다. 그는 1940년 9월 25일 수요예배 후 형사들에게 체포되어 여수경찰서에서 10개월 구금된 후 광주지방법원에서 치안유지법 위반으로 징역 1년 6월을 선고받고 광주형무소에서 복역을 마쳤으나, 만기 출소일인 1943년 5월 17일에 신사참배를 완강하게 거부함으로써 만기출소가 취소되고 다시 예방 구금에 처해져 청주형무소로 이감되어 복역하다가 해방을 맞아 1945년 8월 17일 석방되었다.

　그는 요한계시록으로부터 신사참배 반대운동에 참여할 수 있는 힘을 얻었으며, 또한 세대주의 전천년설을 신봉했다. 그에게 징역 1년 6월을 선고한 광주지방법원 판결문의 일부는 아래와 같다.

> "그래서 예수 그리스도가 우선 공중 재림을 하면 부활한 신자들은 예수 그리스도와 함께 7년간 공중에서 소위 혼인잔치에 참여할 것이다. 이 7년 동안 지상에는 대환난 시대라고 하여 기독교군과 악마가 지배하는 불신자 간에 아마겟돈이라고 하는 대전쟁이 일어나고 이 전쟁 종말기에 예수 그리스도가 육신으로 공중에서 지상에 재림하고 그 결과 각 국가 즉 악마의 지배하에 있는 우리나라를 포함한 세계 각국은 모조리 예수 그리스도에 의해서 그 조직 제도가 파괴당하고 예수 그리스도를 수반으로 하는 기독 교리로써 통치제도로 하는 국가 조직으로 변화되어 이 지상에 1천년 동안 절대 평화한 이상 왕국 즉 지상 천국이 건설되어 예수 그리스도는 만왕의

---

95) 주남선, "신사참배 반대 수난기: 출옥성도 주남선 목사 옥고기." 김승태 엮음, 『신사참배 거부 항쟁자들의 증언: 어둠의 권세를 이긴 사람들』(서울: 다산글방, 1993), 135(134-41).

왕으로 세계 각국을 통치하고 신자중 독신자는 분봉왕 지위에 취임하고 신앙심이 박약한 이와 불신자는 백성이 되거나 구금될 것이라고 망신하고 피고의 성서관으로부터 오는 유심적(唯心的) 말세론에 더한 우리 국민의 국가 관념을 교란시켜 국체의식을 변혁시켜 현존질서 혼란 동요를 유발시키면서 궁극에는 소위 아마겟돈 전쟁에 의한 현존 질서를 붕괴함으로서 우리나라를 위시한 세계 각 국가의 통치조직을 변혁시켜 천년왕국 건설이 실현되기를 기구해서 그 주의 사상 선전에 노력해 온 자이다."[96]

박관준(1875-1945)은 평안북도 영변출신이며 평안남도 개천읍의 개천읍교회의 장로였다. 그는 합법적인 방법으로 신사참배 반대 운동을 시도했다. 그는 1935년 말부터 우가키 가즈시게(宇恒一成) 조선 총독에게 신사참배 정책을 철회할 것을 요구하고 하나님의 심판을 경고하는 탄원서를 보냈고, 1936년 8월에 부임한 미나미 지로(南次郎) 조선총독에게도 1938년까지 그러한 신사참배를 반대하는 탄원서를 수차례 보냈지만 모두 허사였다. 또한 그는 총독에게 직접 신사참배 강요를 포기하도록 권고하기 위해서 조선총독부를 여러 차례 방문했으나 면담할 기회를 얻지 못했다. 그러므로 그는 일본에 가서 정부 인사들에게 호소하기로 결심했다.

그는 선천 보성여학교 음악 교사직을 사임하고 신사참배 반대 운동을 하고 있던 안이숙(1908-1997)[97]과 함께 1939년 2월 10일 일본으로 건너가서 고위 인사들을 방문하고 진정서를 제출했다. 그는 일본 도쿄신학대학에서 신학공부를 하고 있는 아들 박영창의 안내로 안이숙과 함께 3월 24일 오후 1시경 일본 제국의회 의사당의 중의원 회의장 2층에 방청객으로 들어갔다. 그는 회의가 개회되는 순간 큰 소리로 "여호와의 대명이다. 대일본제국은 반드시 패망할 것이다"라고 외치면서 신사참배 강요의 부당성을 진정하고 종교법안 제정을 반대하는 문서를 아래로 던졌다. 박관준과 안의숙은 즉시 체포되어 한 달 간 구금되었다가 국내로 송환되었다. 그러나 그들은 신사참배 반대운동을 계속하여 다시 구속되었다. 박관준은 1939년 가을에 체포되어 평양형무소에서 6년간 옥고를 치렀으며, 해방을 불과 몇 달 앞두고 위중한 병을 얻어 석방되어 1945년 3월 13일에 순교

---

96) 김승태 번역, "손양원 광주지방법원 판결문," 산돌손양원기념사업회 엮음, 『신사참배문제자료집 III (재판기록편)』, 425.

97) 안이숙, 『죽으면 죽으리라』 (서울: 기독교문사, 1976).

했다. 그의 아들 박영창(1915-2015)은 박관준 장로가 유치장으로 들어가는 모습을 떠올리면서 아래와 같이 말한다.

"아들 된 몸으로 아버지를 모시고 항일투쟁을 하다가 철창에 아버지만 남겨두고 이별하기란 실로 단장(斷腸)의 슬픔을 금할 길이 없었다."[98]

## 2. 신사참배 반대운동의 여자 지도자들

최덕지(1901-1956)는 1932년 4월에 평양여자신학교에 입학하여 1935년 4월에 졸업한 후 경상남도 마산에 있는 호주 선교부에서 산하 교회들을 돌보는 순회전도사로 일했고, 1936년 12월 9일 경남노회에서 진주에 있는 경남여자성경학원 이사로 임명되어 학생들을 가르쳤다. 1938년 9월 장로교회 총회가 신사참배를 가결한 후 그녀는 경남여자성경학원에서 신사참배 반대운동을 시작했고 1940년 3월 5일 부산 항서교회에서 개최된 경남여전도회 총회에서 회장으로 선출되어 마산, 부산, 창원, 고성, 그리고 통영을 순회하면서 신사참배 반대운동을 전개하였다.

그녀는 네 번이나 검속되어 심한 고문을 당했으며 폭행을 당하면서도 유치장과 감방에서 하루에 네 번씩, 즉 새벽, 오전 11시, 오후 3시, 그리고 밤 시간에 예배를 드렸다.[99] 그녀는 주일에 도경감방에서 평양형무소로 이송되었을 때, 평일이 아닌 주일에는 갈 수 없다고 감방 문을 잡고 안 나가려고 버티었지만, 형사들은 완력으로 그녀를 끌어내었다. 그녀는 신발이 벗겨진 채로 포승줄로 묶어서 부산역까지 호송되어 열차를 탔으나, 자리에 앉지도 않았고 선채로 저녁 무렵에 평양역에 내렸다.[100] 평양형무소에서도 그녀는 금식과 예배와 기도와 찬송으로 옥중투쟁을 했으며, 해방을 맞아 1945년 8월 17일 평양형무소에서 석방되었다.

평양지방법원 예심종결 결정문은 최덕지를 아래와 같이 규정한다.

"그가(=최덕지) 품고 있는 사상은 앞에서 기재된 피고인 이기선의 그것과 동일하

---

98) 박영창, 『정의가 나를 부를 때: 아들 박영창 목사가 쓰는 순교자 박관준 장로 일대기』 (서울: 두란노, 1998), 351.

99) 최종규, 『이 한 목숨 주를 위해: 최덕지 목사 전기』 (서울: 진서천, 1981),』, 86.

100) 이두옥. "대추 같은 꿈의 용사 염애나 목사." 대한예수교장로회재건총회 역사편찬위원회, 『역사의 증언 2』 (부산: 재건총회출판부, 2001), 273.

여, 결국 그의 독선적 성경관으로부터 우리 국체변혁(國體變革)도 필연적으로 초래할 천년왕국의 실현을 광신(狂信)하며 이의 실현에 협력할 목적 하에 신사참배, 궁성요배 등을 하나님의 뜻을 위반하는 정책이라고 하여 반대하고, 그의 독선적 사상의 선전, 동지 획득에 광분하여 온 자이다."[101]

조수옥(1914-2002)은 경상남도 하동에서 출생했으며, 진주 여자성경학원을 졸업하고 1938년부터 진주 삼천포교회와 부산 초량교회에서 전도사로 일하면서 신사참배 반대운동에 참여했다. 그녀는 1939년 8월에 수영 해수욕장에서 열린 수양회에서 한상동과 함께 신사참배 반대운동 방침을 논의했으며, 1940년 1월부터 호주 선교부 소속 순회 전도사로 활동하면서 신사참배 반대운동을 했다. 그녀는 신사참배가 민족정신을 말살시키려는 일제의 음모임을 인식하고 목숨을 걸고 신사참배 요구에 저항했다.

그녀는 1940년 9월 20일 새벽에 부산 초읍동 자택에서 검거되어 북부산경찰서와 경남도경 유치장에 구금되었으며, 1941년 7월 11일 평양형무소로 이송되어 옥살이를 하고 해방을 맞이하여 풀려났다.[102] 그녀는 요한계시록의 천년왕국과 임박한 그리스도의 재림을 믿었지만, 그러나 매순간 언제나 그리스도가 함께 해주신다는 확신가운데서 고난을 이룰 수 있었다. 그녀는 유치장에서 불우한 아이들을 많이 보았기 때문에 고아원을 세울 것을 소망하면서 기도했다.[103] 평양지방법원 예심종결 결정문은 그녀를 다음과 같이 규정한다.

"따라서 하나님의 뜻에 반하는 신사참배 정책에는 끝까지 반대해야 하며, 또 현재 전쟁, 흉년 등이 잇달아 소위 말세 현상이 현저하므로 그리스도께서 예언한 대로 멀지 않아 이 세상에 재림하여 현존 각 국가 조직을 변혁하여 새로운 그리스도 독재의 소위 천년왕국을 건설할 것이다. 그리하여 이의 실현에는 하나님의 뜻을 체득한 충성된 신자의 협력이 필요하므로 이를 위해서는 신사참배 등 하나님의 뜻에 위반하는 정책을 적극 반대하고 앞에 기재된 독선적 성서관에 기초한 교리를 널리 선명(宣明)하고 다수의 동지를 얻는데 있다고 하여, 우리 일본 제국의 국체변혁도 필연

101) 김승태 번역, "이기선 목사 등 21인 평양지방법원 예심 종결 결정문," 산돌손양원기념사업회 엮음, 『신사참배문제자료집 III (재판기록편)』, 581.
102) 해방 후 조수옥은 고아와 불우 청소년들을 위해 마산 인애원을 세웠으며, 노인 무료병원을 세우는 등 사회사업가로서 활동했으며, 고신파 교회의 지도자로 활동했다.
103) 출옥성도 조수옥은 기도한대로 1945년 11월에 마산에서 "인애원"이라는 고아원을 세웠다.

적으로 초래할 천년왕국의 실현을 기구(冀求)하고 이를 실현하는 데 협력할 목적으로 활동하고 있는 자이다.”[104]

그녀는 신사참배를 수용한 교회에 헌금하지 않은 이유를 다음과 같이 말한다.

“당국은 교회에 애국심을 달아보기 위하여 국방헌금을 요구해 왔습니다. 내지 않으면 국가에 대해 반역하는 비애국자가 되니까 울며 겨자 먹기로 교회는 연보를 거출하지 않을 수 없었지요. 그러나 하나님께 드린 헌금이 사람을 죽이는 무기 구입에 사용되면 안 되니까 우리는 헌금을 할 수 없었다는 말입니다.”[105]

김두석(1915-2004)은 마산 의신여학교와 부산 일신여학교를 졸업했다. 그녀는 1934년 3월부터 마산 의신여학교 교사로 5년간 근무했으나 1939년 7월에 교사직을 사임했다. 그녀는 어머니와 오빠와 살면서 교사 월급으로 세 식구의 생계를 책임져왔는데 신사참배를 하지 않고는 교사직을 유지할 수 없기 때문에 고민을 담은 편지를 부산에 있는 한 상동 목사에게 보냈다. 그가 마산 문창교회 담임목사였을 때 그녀는 성가대의 소프라노였다. 그는 편지를 받고 마산에 와서 그녀의 집을 방문하여 식구들과 함께 그 문제를 가지고 간절히 기도한 후 그들을 위로하였다. 그 때 그녀의 어머니는 다음과 같이 말했다.

“하나님 계명을 어겨가면서 얻은 밥은 우리가 굶어죽을 지라도 먹지 않겠습니다.”[106]

김두석은 어머니의 이러한 말에 용기와 힘을 얻어서 학교에 사임했다. 그녀는 릿치(C. L. Richie) 선교사의 학자금 후원으로 나이 25세 되던 해인 1940년 4월에 평양 여자신학원에 입학해서 공부하던 중 5월 17일 검속되어 한 달간 평양경찰서 유치장에 갇혔다가 석방되어 고향 마산으로 돌아와 각지를 순회하면서 신사참배 반대운동을 계속하다가 다시 검속되었다. 그녀는 감방에서 창살 사이로 비치는 희미한 전등불 빛에 비추어 몰래 요한계시록을 읽었으며, 특히 새 하늘 새

---

104) 김승태 번역, “이기선 목사 등 21인 평양지방법원 예심 종결 결정문,” 579.
105) 와타나베 노부오/ 김산덕 옮김, 『신사참배를 거부한 그리스도인: 조수옥 증언』 (서울: 엘맨출판사, 2002), 95.
106) 김두석, “감나무 고목에 활짝 핀 무궁화,” 김승태 엮음, 『신사참배 거부 항쟁자들의 증언』, 23.

땅, 새 예루살렘에 대한 환상(계 21:1-8) 읽고 큰 힘을 얻었다.[107] 그녀는 수기에서 감방에 겪은 학대와 폭력에 대해서 아래와 같이 말한다.

> "우리는 아침 궁성요배로부터 정오묵도에 이르기까지 그들과 정면충돌하게 되었다. 다른 죄수들은 규칙에 따라 아침 시간에는 일어나 동쪽을 향하여 일본 천황에게 절하고 정오 12시에 사이렌이 울리면 일제히 일어나 머리를 숙여 나라를 위해 죽은 영령들을 위해 묵념을 올리는데, 나는 그와 반대로 꿇어앉아 살아계신 하나님께 기도를 드리니, 이것이 그들의 눈에 띄었던 것이 사실이다. 이것을 보던 일본인 간수 와타나베(渡邊)는 참다못해 나를 불러 일으켜 세운 뒤 기둥 앞으로 오라고 하더니 오른 팔을 두 기둥 사이로 뒤틀어 놓고서는 고무달린 막대기로 장작개비를 패듯 때리면서, '이렇게 해도 천황을 모독하며 국가에 대항하겠느냐? 네가 믿는 예수를 포기해라.'하였다. 그래서 나는 '오늘까지 믿어온 주 예수를 포기할 수 없다'고 분명하게 대답했다. 그러자 매는 계속되고 팔은 퉁퉁 붓기 시작하여 오색의 멍이 들었다."[108]

그녀는 "주여! 우리도 나라가 있어야 하겠습니다. 나라 없는 백성은 죽은 목숨이요, 불쌍한 민족입니다"[109]라고 간절히 기도했다. 그녀는 미결수로 감옥에 있었으며, 1944년 9월 12일 부산지방법원에서 치안유지법 위반으로 징역 3년을 선고받고 대구형무소에서 갇혀있던 중 해방을 맞아 1945년 8월 19일 석방되었다. 그녀에 대한 판결문은 다음과 같다.

> "현재 동서양에서 전란이 일어나고 지진, 역병이 잇따르며 기독교도는 박해를 당하고 있다. 이는 성서에 예언된 말세 현상으로서 머지않아 하나님은 그리스도를 지상에 재림시켜 그리스도는 만왕의 왕으로서 세계에 군림하여 지상천국을 건설하고 이후 천년에 걸쳐서 세계를 통치하고, 전 인류는 그 통치하에 평화로운 생활을 누리고 천년 후에 이르러 심판을 하고 신자를 구제하며 불신자를 멸할 것이다. 위의 지상천국 실현은 반드시 이루어진다고 하여 우리(일본) 국체를 부정하고 황실 및 신궁의 존엄을 모독할 사항을 유포할 목적의 집단이라는 것을 알면서 소화 16(1941)년 5월 15일경부터 같은 해 11월까지 사이에 수십 회에 걸쳐서 앞에 게시한 태매시

---

107) 김두석, "감나무 고목에 활짝 핀 무궁화." 45.
108) 김두석, "감나무 고목에 활짝 핀 무궁화." 70-71.
109) 김두석, "감나무 고목에 활짝 핀 무궁화." 90.

집에서 매주 수요일에 개최한 그 기도회에 출석 참가하고, 위의 최덕지의 사회 선창 하에 (가) 신사에 참배하는 신도들이 속히 회개하고 깨달아 하나님께 돌아오도록, (나) 천황을 비롯하여 1억 국민이 속히 기독교도가 되도록, (다) 평양 옥중에 구금중인 신사참배 반대 동지들이 속히 승리를 얻어 석방되도록 하는 뜻의 기도를 함으로써 위 집단의 앞에 게시한 목적 수행을 위한 행위를 하고, 천황폐하 및 신궁의 존엄을 모독하여 불경의 행위를 하였다.”[110]

염애나(1909-1988)는 양부모 밑에서 자랐으며, 의신학교를 졸업하고 26세에 진주성경학교를 졸업하고 호주 선교부 마산지구에서 전도사로 1년간 최덕지, 이술연, 이복순, 박경애, 김영숙, 그리고 한상동 목사의 부인 김차숙 등과 함께 일하였다. 그 후 그녀는 평양 여자신학교에 입학하여 봄 학기를 마치고 내려와서 가을 학기에 다시 평양에 올려가려고 했으나 일제의 신사참배 강요로 학교에 돌아가지 않고 교회에 남아 최덕지를 중심으로 여전도사들과 함께 신사참배 반대 운동을 하였다. 그녀는 신사참배 반대운동을 한지 약 2년이 경과한 1940년 8월에 마산경찰서 일경에 의해서 체포되었는데, 그때 그녀는 29세였다. 그녀는 일경에게 성경책을 빼앗기고 신사참배의 주목적이 민족운동이라고 시인하도록 모진 고문을 당하였다.[111] 그러나 그녀는 끝까지 신사참배를 반대하였다.

“그런데 그 때 들리는 소문이 여자는 옷을 벗겨 취조한다는 것이었다. 나는 처음에는 그 말을 듣고 몹시 걱정하였으나 마지막 죽기까지 하나님께 충성하자고 결심한 후로는 두려운 것이 없었다.”[112]

그녀는 병이 악화되어 수감된 지 6개월 만에 석방되었다. 그 후 그녀는 진영에서 신사참배를 신인하는 교회에 가지 않는 사람들을 모아놓고 가정예배를 드렸는데, 그곳 교회의 목사의 밀고로 다시 마산경찰서에 검속되었다.[113] 그녀는 마산경찰서에서 한 달 만에 부산 도경찰국으로 이송되었다. 그녀는 곳에서 이미 미

---

110) 김승태 번역, “김두석 등 7인 부산지방법원 판결문,” 산돌손양원기념사업회 엮음, 『신사참배문제자료집 III (재판기록편)』, 541.
111) 염애나, “출옥여성도 염애나 전도사의 증언,” 김승태 엮음, 『신사참배 거부 항쟁자들의 증언』, 250-51.
112) 염애나, “출옥여성도 염애나 전도사의 증언,” 252.
113) 염애나, “출옥여성도 염애나 전도사의 증언,” 253.

리 검속된 동료들인 최덕지, 김두석, 이술연, 강판임, 김영숙 등을 만났으며, 그들과 함께 매를 맞으면서도 하루에 네 번씩, 새벽, 오전 11시. 오후 3시, 그리고 저녁에 예배를 드렸다. 그녀는 선교사 태매시 집에서 최덕지와 함께 모인 비밀 기도회와 신도의 집에서 모인 가정예배에서 신사참배를 반대하고 신궁의 존엄을 모독하고 불경의 행위를 하였다는 죄목으로 1943년 9월 12일 부산지방법원에서 징역 1년 6월을 선고받고,[114] 감옥에서 신사참배 반대투쟁을 계속하면서 신앙을 지키다가 해방을 맞아 1945년 8월 19일 석방되었다.


## V. 결론

신사참배 반대운동은 성서의 계명 준수를 통해서 오직 하나님만을 예배하는 신앙을 지키고 예수의 피로 세워진 교회의 거룩성을 지키기 위한 신앙고백 운동이었을 뿐만 아니라, 민족정신을 말살하는 일본의 제국주의와 황민화정책을 반대하고 저항한 항일 민족운동이었다. 신사참배 반대운동에 참여한 남녀 성도들의 마음속에는 하나님의 말씀에 대한 절대적 순종과 항일 민족 독립에 대한 열망이 함께 있었다.[115]

평양지방법원 예심종결 결정문과 부산지방법원판결문과 광주비방법원 판결문에는 공통적으로 옥중 성도들이 모두 세대주의 전천년설을 신봉했다는 것이 나타난다. 그러나 세대주의 전천년설은 그들의 신사참배 반대운동을 강화시켜준 중요한 하나의 요인이었지만, 그들의 신사참배 반대 운동의 근본적인 원동력은 요한계시록이었다. 오늘날의 학문적 관점에서 본다면, 세대주의 전천년왕국설은 올바른 해석이 아니지만, 그러나 그 이론이 신사참배 반대 운동을 강화시켜주는 긍정적인 역할을 한 것은 사실이다.

신사참배 반대운동에 참여한 남녀 성도들은 요한계시록을 통해서 현실을 인식하였고, 또 요한계시록의 저항윤리로부터 신사참배 강요에 비타협적으로 저항할 수 있는 힘을 얻었다. 그들은 요한계시록을 일제가 조선을 강점한 억압과 압제의 상황에서 읽었다. 그들은 요한계시록의 바빌론을 일본제국과 동일시하

---

114)  김승태 번역, "김두석 등 7인 부산지방법원 판결문," 540. 543.
115)  이만열, "한국기독교의 민족사적 의미," 『한국기독교와 역사의식』 (서울: 지식산업사, 1981), 251.

고, 신사참배를 요한계시록의 황제숭배와 동일시하였다. 그들은 요한계시록에 나타난 로마의 제국주의를 조선을 강점한 일본의 제국주의와 동일시하였다. 그러므로 그들은 일제의 신사참배 강요에 비타협적으로 반대하고 저항했다. 요한계시록의 저항윤리는 "사로잡힐 자는 사로잡혀 갈 것이요 칼에 죽을 자는 마땅히 칼에 죽을 것이니 성도들의 인내와 믿음이 여기 있느니라"(계 13:10)에서 나타난다. 이 구절에서 인내로 번역된 그리스어 휘포모네(ὑπομονή)는 참고 견디는 수동적 의미의 인내가 아니라, 부당한 강요와 억압에 굴복하지 않고 끝까지 물러서지 않는 적극적 저항을 의미한다.

일제당국은 신사참배 반대운동을 항일 민족운동으로 인식했으며, 그리스도의 재림 신앙과 천년왕국 신앙을 일본의 국체(國體)를 변질시키는 반국가적인 불온한 사상으로 규정하였다. 그러므로 일제당국은 신사참배 항거자들을 민족주의자들로 취급하고 그들을 치안유지법, 형법, 보안법 위반, 또는 불경죄로 검속하고 고문하고 장기간 감옥에 가두었다. 신사참배 반대 운동으로 2백여 교회가 폐쇄되었고 기독교인 2천여 명이 투옥됐으며, 그리고 50여 명이 순교했다.[116]

1930년대 말기부터 1945년 해방까지 일본 제국주의 지배에 저항하는 민족운동은 일제의 철저한 탄압 때문에 거의 불가능한 상황이 되었다. 그러므로 신사참배 반대운동은 우상숭배를 반대하고 하나님만을 예배하고 예수의 피로 세워진 교회의 거룩성을 지키기 위한 신앙고백운동이었을 뿐만 아니라, 민족사적 측면에서 민족정신을 말살하는 일본 제국주의와 황민화정책에 대해 저항하는 항일 민족운동이었다고 할 수 있다.[117]

1945년 8·15 해방을 맞이하여 평양형무소를 비롯하여 대구, 광주, 그리고 만주 봉천의 심양 등의 에서 수감되었던 남녀 신사참배 반대자들이 모두 석방되었다.[118] 평양형무소에서 풀려난 21명의 출옥성도들은 바로 귀향하지 않고 주기

---

116) Samuel H. Moffett, *The Christians of Korea* (Washington, DC: Friendship Press, 1962), 75; 박용규, 『한국장로교사상사』 (서울: 총신대학교출판부, 1992), 274; 김승태, 『식민권력과 종교』, 263.

117) 한석희, "신사참배의 강요와 저항," 김승태 엮음, 『한국기독교와 신사참배문제』 (서울: 한국기독교역사연구소, 1991), 95-96(45-96); 최종규 저/송성안 편저, 『한국 역사 속의 재건교회』, 201; 최재건, "한국교회와 신사참배," 「코람데오닷컴」 (2016.02.15).

118) 심양형무소에서 무거운 형량을 받고 수감되었던 출옥성도들은 전봉준 전도사(징역 10년), 김양순 여전도사(징역 10년), 신옥녀 여전도사(징역 10년), 박명순 여집사(징역 8년), 전준덕 전도사(징역 8년), 김응필 전도사(징역 8년), 한수환 전도사(징역 8년), 김택영 여집사(징역 8년), 전최선 여전도사(징역 6년)이다. 박의흠 전도사와 김윤섭 전도사는 조국의 광복을 보지 못하고 옥중에서 순교했다.

철 목사가 시무했던 평양 산정현교회에 모여서 약 2개월간 함께 체류하면서 간증집회를 열고 한국교회 재건을 위한 제반 문제를 논의했다.[119] 그들은 1945년 9월 20일 한국교회 재건 5대 원칙을 발표했다.

① 교회의 지도자(목사 및 장로)들은 모두 신사에 참배하였으니 권징의 길을 취하여 통회 정화한 후 교역에 나아갈 것.
② 권징은 자책 혹은 자숙의 방법으로 하되 목사는 최소한 2개월간 휴직하고 통회 자복할 것.
③ 목사와 장로의 휴직 중에는 집사나 혹은 평신도가 예배를 인도할 것.
④ 교회 재건의 기본 원칙을 한국 전체(각 노회 또는 지 교회)에 전달하여 일제히 이것을 실행하게 할 것.
⑤ 교역자 양성을 위한 신학교를 복구 재건할 것.[120]

1945년 11월 14일부터 일주일간 선천 월곡동교회(月谷洞敎會)에서 평양노회가 주최한 평안북도 6노회 교역자 퇴수회가 열렸는데, 약 200여명의 교역자들이 참석했다. 월곡동교회는 홍택기 목사가 시무하는 교회였다. 특별 강사는 출옥 성도 이기선 목사와 만주 봉천신학교[121]의 박형룡 교수였다.[122] 박형룡이 교역자 퇴수회에서 출옥성도들이 요구한 한국교회 재건을 위한 5대 기본 원칙을 발표했을 때, 신사참배를 결의한 제27회 총회의 총회장이었던 홍택기(1893-1950)를 비롯하여 신사 참배한 목사들은 강하게 반발했다.

"그들은 옥중에서 고생한 사람이나 교회를 지키기 위하여 고생한 사람이나, 그 고생은 마찬가지였고, 교회를 버리고 해외로 도피생활을 했거나, 혹은 은퇴(隱退) 생활을 한 사람의 수고 보다는 교회를 등에 지고 일제의 강제에 할 수 없이 굴(屈)한 사람의 수고가 더 높이 평가되어야 한다고 주장하는 것이었다. 그리고 신사참배에

<hr/>

119) 해방을 맞이해서 8월 17일 금요일 밤에 평양형무소에서 풀려난 14명의 성도들과 얼마 전에 질병으로 평양형무소에서 풀려난 성도들을 합치면 모두 21명이다.
120) 김양선, 『한국기독교해방10년사』 (서울: 대한예수교장로회 총회종교교육부, 1956), 45.
121) 평양 장로회신학교가 폐교되자 1941년에 민주 봉천신학교가 설립되었으며 학생 수는 20-30명 정도였으며 3회 졸업생을 배출하고 해방과 함께 1947년 9월 말에 폐교되었다.
122) 박형룡은 평양신학교 교수로서 신사참배를 반대했으나 1938년 8월에 일본으로 건너가서 신학 연구를 했으며 1941년 9월부터 1947년 7월까지 만주 봉천신학교에서 조직신학 교수로 일했다.

대한 회개와 책벌은 하나님과의 직접관계에서 해결될 성질의 것이라고 주장하는 것이었다."[123]

조선신학원 교수로서 신사참배를 했던 김재준은 1946년 10월에 발표한 "한국교회 무엇을 할 것인가?"라는 제목의 글에서 8·15 해방이 신사참배 강요에 굴복한 사람들을 하나님이 은혜로 용서해주신 증거라고 말한다.

"일제의 국가지상주의적 종교에 피로 부딪치지 못한 것을 부끄러워하지 않을 수 없다. 그러나 하나님께서는 이 정신적 '포로'를 불쌍히 여기셔서 큰 능력과 펴신 팔로 압박자를 하루 동안에 저리로 몰아 쫓고 우리를 놓아주셨다. 그것 자체가 벌써 하나님이 우리를 용서하시고 은혜로 임하시는 증거다."[124]

1964년 10월에 출판된 논문에서도 그는 8·15 해방을 신사참배한 자들과 심지어 친일인사들의 범과마저도 하나님이 은혜로 용서해주신 증거라고 똑같은 주장을 한다.

"그러므로 8·15 해방에서 그 본심을 찾지 못한 한국인은 거의 없었다. 아무리 심하게 '친일'하던 사람이라도 진심으로 '독립만세'를 부르지 않을 수 없었다. 이것은 하나님이 내리신 은혜의 소낙비가 그들 피부에 묻었던 '친일'이라는 '때'를 씻어, 일순간에 각기 자기 본래의 모습을 들어 낼 수 있었기 때문이다. 그러므로 이상에서 말한 '신사참배'라는 test case에서 실패한 한국교회의 대다수의 신자들도 이에서 벌써 하나님의 넘치는 용서를 받고 있는 것이었다. 그럼에도 불구하고, 신사참배 문제로 투옥되었던 분들은 그들의 출옥과 동시에 그들 자신의 '신성성'과 그 양심에 충실했다는 '정신성'을 과시하여 '출옥성자'로 자처하며, 그 보수로 정신적 특권인 자고, 자만, 독선을 선포하고 신경과민적인 부정공포증에 걸려, 스스로를 세상에서 절연시켰다. 이것은 그들의 신사참배 항거가 성신의 불가항적 은혜의 감화에서 취해진 행위가 아니었음을 들어낸 것임과 동시에, 그것이 그들 자기 노력에 의한 계명 준수라는 율법주의적 공적사상(功績思想)에 입각한 것이었음을 입증한 것이었다."[125]

---

123) 김양선, 『한국기독교해방10년사』, 46.
124) 김재준, 『落穗以後(낙수이후)』 (서울: 종로서관, 1954), 48-49.
125) 김재준, "한국교회 윤리생활의 재고," 「신학논단」 제8집(1962년 10월), 11-12.

618    제5부 요한계시록의 종말론과 저항윤리

이것은 신사참배에 대한 회개를 요구하는 출옥성도들의 입을 막는 것이고, 기성 교회의 지도자들의 신사참배와 부일협력의 범과를 문제 삼지 않고 덮어버리는 것과 같다. 출옥성도들의 신사참배 반대운동은 성서의 계명을 준수하고 오직 하나님만을 예배하는 신앙을 지키고 예수의 피로 세워진 교회의 거룩성을 지키기 위한 신앙고백 운동이었을 뿐만 아니라, 민족정신을 말살하는 일본의 제국주의와 황민화정책을 반대하고 저항한 항일 민족운동이었다. 그러나 김재준이 신사참배 반대운동의 민족사적 의미를 인식하지 못하고, 그들의 신사참배 반대 투쟁을 오로지 율법을 지키는 공적을 위한 개인적이고 사적인 행동으로 축소시켜서 그들을 비난한 것은 정당하지 않다.

김재준의 주장과는 달리 출옥여성도인 최덕지는 8·15 해방을 순교자들과 옥중 성도들의 간절한 기도에 대한 하나님의 응답이라고 말한다.

> "일제의 탄압 아래 있던 우리나라는 8·15 해방을 맞았다. 이것은 하나님의 은혜로 받은 선물이다. 순교자의 피와 옥중 성도들의 기도의 응답으로 우리는 이 큰 해방의 날을 맞았다."[126]

1966년 3월에 출간된 「기독교사상」에 발표한 논문에서 김재준은 출옥성도들을 하나님의 은혜를 모르고 자신들의 업적을 내세우는 사람들이라고 다음과 같이 말한다.

> "해방 후 이른바 '출옥성도'들은 그 수에 있어서 극소하였을 뿐 아니라 그 성격이 내향적, 자의적이어서 해방과 함께 신국면에 직면한 전체 한국 교회를 맡아 지도하기에는 그 역량이 부족하였으며 따라서 교회지도는 대체로 일제시대의 그 사람들에 의하여 답습되지 않을 수 없었다. (...) 나도 다른 모든 사람들과 마찬가지로 연약한 인간임에도 불구하고 성령이 붙들어주시는 은총으로 말미암아 주님의 고난에 어느 정도 동참할 수 있었음을 감사했을 것이며 따라서 자기로서는 오직 겸허할 것뿐이요, 양심대로 행하지 못한 형제에게는 이해와 위로와 격려로 대할 수 있었을 것이다. 그러나 출옥성도들이 자신의 정신성(精神性)을 과시하고 고고하여 스스로 이웃과의 선(線)을 끊는 방향을 취한 것은 그들이 이상에서 말한 율법주의적 공적사

---

126) 최덕지 저/ 구은순 엮음, 『모든 것 다 버리고: 女牧師의 옥중 간증 설교집』 (서울: 소망사, 1981). 242.

상(功績思想)에 집착했었다는 것을 노정한 것이라 생각된다."[127]

여기서 그는 출옥성도들이 하나님의 은혜에 감사하지 않고, 그들의 신사참배 반대 동기가 오로지 율법주의적 공적 사상에 있다고 그들의 행위를 폄훼한다. 그러나 출옥여성도 최덕지는 1952년 3월에 "안식일을 지키라"(출 20:8-11; 사 58:13-14)는 설교에서 자신은 옥중에서도 하나님에게 감사했으며 이웃과 연대했다는 것을 분명하게 밝히고 있다.

> "나는 옥중에서 가끔 이런 생각으로 하나님께 감사를 드렸다. 나의 할 일은 기도하는 일뿐인데 어느 집에서 안심하고 기도할 수 있었겠는가? 누가 나를 공밥 먹이고 기도하라고 앉혀 두었겠는가? (...) 그런 내가 옥문 밖 어디에서 거주할 수 있었겠는가? 만나는 사람까지 곤욕을 당하고 나를 도운 사람까지 고생을 겪어야 할 판이니 차라리 감옥에 있는 것이 훨씬 편한 일이었다."[128]

1972년 6월에 발간된 「기독교 사상」에 실린 백낙준과의 대담에서 김재준은 신사참배를 반대한 사람들을 다음과 같이 평가한다.

> "이것 역시 건전한 신학적 기반을 가지고 고수하기보다 대게가 우상에 절하지 말라는 계명 때문에 우상에 절할 수 없다는 계율주의적 입장에서 신사참배를 반대한 것이라고 보아야 한다. (...) 이와 같은 율법적 의식이 신사참배를 반대하게 했지, 신학적으로 일본 천황을 신격화하는 '인간 신격화'나 '국가 지상주의'를 우상으로 하는 그 같은 태도를 의식하고 반항했다고 할 수 없을 것이다."[129]

이러한 주장은 전혀 사실과 다르다. 일본인 법관들이 작성한 옥중 성도들에 대한 평양지방법원 예심종결 결정문, 부산지방법원 판결문, 그리고 광주지방법원 판결문을 보면 그들이 모두 현인신(現人神)인 천황을 모독하고 일본의 국가지상주의를 가리키는 국체(國體)를 훼손하는 행동을 했기 때문에 불경죄와 치안유지법 위반으로 기소되거나 징역형을 선고받은 것으로 명백하게 기록되어 있다.

---

127) 김재준, "한국사에 나타난 신교 자유에의 투쟁," 「기독교사상」 1966년 3월호, 47.
128) 최덕지 저/구은순 엮음, 『모든 것 다 버리고』, 258.
129) 김재준·백낙준, "한국 역사 속에서의 기독교," 「기독교사상」 1972년 6월호, 34-35.

신사참배를 거부한 사람들 중에는 이 두 사람처럼 미국 프린스턴신학교를 졸업한 엘리트 신학자들은 없었지만, 그러나 그들은 모두 신앙고백의 상황(status confessionis)에서 신사참배를 우상숭배로 인식했기 때문에 사직과 검속과 폭행과 고문과 순교를 감수하면서 신사참배를 비타협적으로 저항했다. 출옥여성도 김두석은 그녀의 수기에서 다음과 같이 말한다.

> "그리고 이곳 태매시(Maysie Tait) 선교사 집에서 이인재 한상동 최덕지 김영숙 등 여러 사람들이 모여 궁성요배 문제를 논의하였다. 쇼와(昭和) 천황은 '현인신(現人神)'이며 '천황의 신성은 불가침'이라는 이 엄청난 산 영웅숭배에 대하여 우리는 어떤 태도를 취할 것인가가 문제의 초점이 되어 이야기를 나누었던 것이다."[130]

1975년 5월 미국 보스턴에서 개최된 재미학자회에서 발표한 강연에서 김재준은 신사참배한 교회 지도자들을 변호하고 재건교회를 세운 출옥성도들을 율법적이라고 비판한다.

> "신사참배 강요에 대한 한국 교회 대다수의 태도는 역시 '적응하면서 항거한다'는 작전이었다. 주기철 등 절대반대파도 있어서 수년 동안 옥중에 있기도 했고, 후일에 '재건파'[131]라는 이름으로 불리는 신사참배 절대불응 집단도 있었다. 그들도 물론 옥중에 있었지만, 해방 후에 풀려나와 기성 교회를 전적으로 부정하고 '옥중성자'끼리만 새 교회를 세웠다. 이름은 '재건파' 교회라고 했다. 기성 교회는 우상에게 절한 '교회'니 만큼 '우상'의 교회라는 것이었다. 이들은 간단하다. 신사참배 곧 우상숭배요, 신사참배자 곧 우상숭배자란 것이었다. 그러나 어느 누구도 진심으로 신사에 참배한 것은 아니었고 강요당하는 포로 생활의 일환으로서 죽지 못해 하는 일이었던 것만은 사실이다. '재건파'의 행동은 복음적이라기보다는 율법적이었다."[132]

적응과 항거는 서로 상반되는 개념이다. 그런데 여기서 김재준은 일제의 신사참배 강요에 굴복한 기성교회 지도자들의 신사참배 행위를 "적응하면서 항거한

---

130) 김두석, "감나무 고목에 핀 무궁화," 김승태 엮음, 『신사참배 거부 항쟁자들의 증언』, 24.
131) 다른 논문에서 김재준은 경남노회에서 신사참배 회개운동을 전개하고 고려신학교를 세운 출옥 성도들을 "재건파"의 범주에 포함시킨다. 김재준, "미국장로파 선교사와 한국교회," 『김재준전집』 제2권, 264을 보라.
132) 김재준, "최근 30년 한국역사의 회고와 전망," 『장공 김재준의 범용기』 제6권, 139.

다는 작전이었다."라고 모순적인 말로 변호하고 합리화하는 반면에, 기성교회에 서부터 소외되었기 때문에 새로운 대안적 교회 운동으로 재건교회를 세운 출옥 성도들을 율법적이라고 폄하하는 것은 정당하지 않다. 1937년부터 1942년까 지의 조선예수교장로회 총회 회의록을 보면, 신사참배를 가결한 이후부터 총회 마다 총회원들이 평양 신사에서 단체로 신사참배를 했으며, 행사에는 언제나 국 민의례를 했으며, 다양한 방식으로 일본의 전쟁체제를 위해서 자발적으로 부일 협력(附日協力)을 했다는 것을 확인할 수 있다. 일제의 침략전쟁을 지원한 부일협 력 행위는 반민족적 범죄라고 할 수 있다.[133]

　회개 없이 하나님의 용서는 없다. 김재준이 자신의 신사참배의 범죄를 공개적 으로 시인하지 않고 도리어 회개를 통한 한국교회의 재건을 요구한 출옥성도들의 신사참배 거부 행위를 율법주의적이라고 폄하한 것과 민족사적 차원에서 신사참 배 반대 투쟁을 항일 민족운동으로 인식하지 못하고 그것을 단지 율법을 지키는 공적을 위한 개인적이고 사적인 행동으로 축소시켜서 그들을 폄훼한 것은 매우 유 감스러운 일이다.

　대다수의 목사들은 일제강점기에 신사참배를 했지만, 회개와 자숙을 통한 교 회의 재건을 요구한 남녀 출옥성도들과 연대하지 않았고 오히려 그들을 소외시 키고 배척했다. 그러므로 결국 한국 장로교회는 하나의 장로교회로 재건되지 못 하고 분열하게 되었다.

　신사참배 반대운동에 참여한 사람들은 일경의 감시를 피해서 비밀기도회나 가정예배를 열면서 지하교회를 형성하였다.[134] 그들은 여러 차례 검속되어 국내 와 만주에서 5, 6년간 감옥 생활을 했고 순교하기도 했다. 이것은 독일 고백교회 (Die Bekennende Kirche)가 1934년에 바르멘신학선언(Barmer Theologische Erklarung) 을 하고,[135] 히틀러 정권에 저항한 행동과 비슷하다. 핑켈발데(Finkenwalde)신학 교를 비밀리에 운영한 고백교회의 디트리히 본회퍼(Dietrich Bonhöffer, 1906-1945) 목사는 1943년 4월에 게슈타포에 의해서 체포되어 종전을 앞두고 1945년 4월 9일 플로센뷔르크(Flossenbürg) 강제수용소에서 처형되었다. 마르틴 니묄러 (Martin Niemöller, 1892-1984) 목사는 7년간 강제수용소에서 갇혀있었으며 1945

133) 김승태, 『한국기독교의 역사적 반성』, 30.
134) 김두석, "감나무 고목에 핀 무궁화," 25, 59.
135) 바르멘신학선언에 대해서는 박봉랑, 『기독교의 비종교화: 본회퍼 연구』 (서울: 범문사, 1976), 57-67을 참조하라.

년 제2차 세계대전이 끝날 무렵 미군에 의해서 석방되었다.

독일 기독교 지도자들은 히틀러 정권에 저항한 고백교회가 작은 집단이었지만 교회의 정체성을 지켰다는 사실을 인정하고 고백교회 목사들과 니묄러 목사의 지도력을 존중했다. 독일 기독교 지도자들은 1945년 10월 19일 슈투트가르트(Stuttgart)에서 교백교회 지도자들과 함께 모여서 "슈투트가르트 죄책 고백"(Stuttgarter Schuldbekenntnis)을 발표하고 지난날의 잘못을 참회하고 서로 용서하고 하나의 독일 교회로 출범했다. 슈투트가르트 죄책고백의 일부는 다음과 같다.

> "큰 고통을 안고 우리는 말한다: 우리는 무한한 고난을 많은 민족들과 국가들에게 입혔다. 우리가 교회에서 자주 증언하는 것을 우리는 지금 전체 교회의 이름으로 표명한다: 우리는 수년 동안 예수 그리스도의 이름으로 국가사회주의 폭력 정권에 나타난 악마적인 영에 대항해서 싸웠다. 그러나 더 용감하게 고백하지 못했고, 더 진실하게 기도하지 못했고, 더 기쁘게 믿지 못했고, 더 열렬하게 사랑하지 못했음을 자책한다."

그러나 유감스럽게도 8·15 해방 직후 한국 장로교회의 지도자들이 신사참배와 부일협력의 범과(犯過)를 진정으로 회개하지 않았고 출옥성도들의 신앙과 지도력을 인정하지 않았기 때문에 하나의 장로교회로 재건되지 못하고 분열되었다. 출옥여성도인 염애나는 다음과 같이 말한다.

> "나는 해방 당시 경남노회만이라도 철저하게 회개하고 바로 섰더라면 한국 교회가 지금과 같이 수십 갈래로 갈라지지는 않았을 것이라고 생각한다. 또한 우리나라가 남북으로 분단된 것도 하나님의 채찍이므로 우리 한국 교회들이 믿음으로 하나 되어 철두철미한 재건 정신을 가지고 하나님을 섬겨 분단의 담을 허는 데 앞장서야 할 것이다. 나는 매일 오전 11시에 통일을 위한 기도를 올리고 있다."[136]

너무 늦었지만, 그러나 진정성을 가지고 2007년 9월 13일 한국기독교장로회 제92회 총회(총회장 임명규)가 채택한 "신사참배와 부일협력에 대한 죄책고백 선언

---

136) 염애나, "출옥성도 염애나 전도사의 증언," 255.

문"의 일부는 다음과 같다.

"우리는 해방 후 신사참배에 굴복했던 부끄러운 과거를 청산하지 못하고 회피하였습니다. 이로써 신사참배의 죄악을 참회하고 거룩한 교회로 새롭게 거듭날 것을 주장하는 형제들과 분열하였습니다. 신사참배의 죄를 회개하지 않으려는 우리의 아집과 완악함 때문에 주님의 몸 된 교회를 분열시킨 책임이 우리에게도 있음을 통감합니다. 우리는 신사참배 때문에 갈라진 형제자매들에게 회개를 거부했던 우리의 잘못에 대해 용서를 빌며 화해와 협력의 손을 내밉니다."

하나님은 회개하는 자를 용서하신다. 신사참배 반대운동은 한국교회와 우리 민족을 위한 고귀한 유산이다. 우리는 순교자들과 출옥성도들의 증언과 저항의 이야기들을 망각하지 않아야 하며, 그들의 굳센 믿음과 교회와 민족과 독립을 위한 그들의 눈물의 기도를 기억해야 한다. 우리는 그들의 투철한 신앙심과 애국심을 기억해야 한다.

우리는 우리 민족을 수탈하고 교회를 억압하고 신사참배를 강요한 일본의 제국주의 침탈을 잊지 않고 기억해야 한다. 한국교회는 외세에 의해서 분단된 한반도의 재통일과 민족의 화해를 자주적으로 성취하도록 노력하는 일에 앞장서야 할 것이다.

## 제18장
# 출옥여성도 최덕지의 재건교회 설립과 여성주의 성서해석

## I. 서론적 성찰

1945년 8·15 해방 정국에서 한국교회를 재건하는 운동 과정에서 재건교회가 태동되었다. 신사참배 반대운동으로 평양, 대구, 부산, 광주 등의 형무소에서 갇혀있던 남녀 옥중성도들이 모두 해방을 맞이해서 석방되었다. 그들은 회개와 자숙을 통한 한국교회의 재건을 요구했으나, 대다수의 기성 교회의 지도자들은 그들의 요구를 받아들이지 않았다. 그러므로 그들은 독자적으로 새로운 대안적 교회로서 재건교회를 세우는 운동을 시작하였는데 이북 지역에서는 평양 장로회신학교 출신인 김린희(1905-1951)가 출옥성도들과 함께 재건교회를 세웠고, 이남 지역에서는 평양여자신학교를 졸업한 최덕지(1901-1956)가 출옥여성도들과 함께 재건교회를 세웠다.[1] 출옥여성도 염애나는 재건교회의 태동에 대해서 다음과 같이 말한다.

> "최덕지를 비롯한 마산지방의 출옥 여성도들은 더욱더 철저하게 기성교회들을 비판하고 회개와 근신을 요구하였다. 그러자 당시 한국교회 주류를 형성하고 있던 친일 기성세력들은 우리를 이단으로 몰아 소종파로 떨어지게 했다. 기성 교회로부터 소외된 우리는 드디어 재건교회를 세우고 일제시대의 신앙운동을 기반으로 철저한 방식으로 하나님을 섬기며, 그동안 신앙운동에서 자생된 지도력과 성서를 보는 눈이 발전해 교회 안에서 여권운동으로까지 발전되어 많은 여교역자를 배출하기도 했다."[2]

---

1) 최종규 저/ 송성안 편저, 『한국역사 속의 재건교회』 (창원: 도서출판 바오, 2016), 139.
2) 염애나, "출옥성도 염애나 전도사의 증언," 김승태 편, 『신사참배 거부 항쟁자들의 증언: 어둠의 권

최덕지는 1951년 4월 3일 재건교회에서 목사안수를 받고, 같은 해 9월에 문을 연 재건신학교 교수로 일하면서,[3] 여성주의 성서해석을 통해서 평등 제자직 (equal discipleship)을 위한 여성안수를 정당화하였고, 1954년에는 평등 제자직을 위한 여성안수를 제도화하기도 하였다. 하지만 재건교회가 기성 교회로부터 이단시되었기 때문에 그녀는 지금까지 한국 장로교 여성사에서 중요한 인물로 조명되지 못한 것이 사실이다.

1978년에 출간된 주선애의 『장로교여성사』에는 고신교회의 지도자인 한상동(1901-1976) 목사의 아내 김차숙(1902-1977)에 대한 소개는 있지만, 재건교회의 지도자인 최덕지의 이름은 발견되지 않는다.[4] 신학계에서는 처음으로 1985년에 출간된 이우정의 『한국기독교 여성 백년의 발자취』에서 일제강점기에 신사참배 반대운동을 했고, 8·15 해방 이후 재건교회를 설립하고 여성안수를 제도화한 최덕지에 대해 비중 있게 소개되었다.[5] 그리고 1994년 「한국여성신학」에서 발표된 조윤희의 "한국교회의 여성안수에 관한 역사적 고찰"이라는 논문에서 최덕지의 여성안수 운동이 소개되었다.[6] 최근에 최덕지의 신사참배 반대운동과 재건교회 설립에 대한 학문적 연구가 간헐적으로 발표되기 시작하였다.[7] 하지만 아직까지 여성의 눈과 경험으로 성서를 읽고 해석한 그녀의 여성주의 성서해석과 평등 제자직을 위한 여성안수 운동과 여권운동에 대한 학문적 연구는 전혀 없는 실정이다.

나는 남자이지만 여성주의자(feminist)라는 의식을 가지고 신학을 한다.[8] 그러므로 나는 이제 최덕지의 삶과 설교를 여성신학적 관점에서 분석함으로써 그녀

세를 이긴 사람들』 (서울: 다산글방, 1993) 254-55.

3) 최종규, 『한국역사 속의 재건교회』, 23; 교장은 강상은(1890-1972), 그리고 교수는 모두 여성들인 최덕지, 김영숙, 그리고 김소갑숙이었다.

4) 주선애, 『장로교여성사』 (서울: 대한예수교장로회 여전도회 전국연합회, 1978).

5) 이우정, 『한국기독교 여성 백년의 발자취』 (서울: 민중사, 1985), 211-13, 236-40.

6) 조윤희. "한국교회의 여성안수에 관한 역사적 고찰." 「한국여성신학」 제19호(1994) 46-47.

7) 손은실. "한국 최초 장로교 여목사 최덕지의 해방 직후 교회재건 운동에 나타난 교회론 연구: 도나투스파 교회론에 비추어," 「한국교회사학회지」 제48집(2017), 171-210; 김정일, "해방 후 재건교회의 탄생 배경 연구: 출옥성도 김린희, 최덕지 행적을 중심으로," 「한국개혁신학」 46호(2015), 178-205; 김명숙, 「최초의 여자 목사 최덕지의 신사참배 반대운동」, 영남신학대학교 신학대학원 석사논문, 2011; 이호우·김대영, "교회 재건운동과 재건교회 형성에 관한 연구," 「역사신학논총」 20호(2010), 235-67; 윤정란, "일제강점기 최덕지의 민족운동: 신사참배 반대운동을 중심으로," 『총신대논총』 제26집 (2006), 51-97; 윤정란, 『한국 기독교 여성운동의 역사』 (서울: 국학자료원, 2003).

8) 이병학, "삽비라를 위한 해방의 가능성(행 5:1-11)," 「한국여성신학」 제40호(1999 겨울호), 8-16; 이병학, "여성의 빈곤과 매춘(마 21:28-31)," 「한국여성신학」 제46호(2001년 여름호), 194-204.

가 요한계시록에 근거해서 신사참배 반대운동을 했을 뿐만 아니라, 8.15 해방 이후 신사참배로 인해서 무너진 한국교회의 거룩성을 회복하고, 평등 제자직을 위한 여성안수를 실현하기 위해서 요한계시록에 근거한 새로운 대안적 교회 운동으로 재건교회를 세웠다는 것을 규명하고자 한다.

## II. 최덕지의 민족여성운동과 신사참배 반대운동

### 1. 최덕지의 민족여성운동

최덕지는 1901년 6월 25일 경남 통영군(=충무시) 항남면에서 무남독녀로 출생했다. 그녀는 어릴 때부터 어머니의 품에 안겨서 통영 대화정교회(=충무교회)에 다녔다. 갓을 만드는 직업을 가진 아버지는 그녀가 9살일 때 예수를 믿고 독실한 교인이 되었다. 그녀는 1912년에 4년제 기독교 학교인 통영 진명여학교에 입학하여 1916년에 졸업한 후 마산 의신여학교에 진학하여 신앙교육과 투철한 민족교육을 받았으며, 특히 여교사 박순천(1898-1983)으로부터 큰 영향을 받았다. 그녀는 3·1운동 당시에 친구 최봉선의 집에서 태극기를 만들어서 1919년 3월 13일 장날 통영 만세시위에 참여하였다.

그런데 그녀가 진명여학교 졸업할 무렵인 15세의 나이였을 때 어머니가 35세의 젊은 나이에 세상을 떠났고, 의신여학교 졸업을 한 학기 남겨둔 시점에 아버지는 재혼 4년 만에 새어머니와 어린 남동생을 남겨두고 세상을 떠났다. 그녀는 1919년 9월부터 통영 대화정교회에서 호주 여선교사 신애미(Amy G. M. Skinner, 1889-1954)가 운영하는 진명유치원의 교사로 일하게 되었으며, 1920년 여름에 19세의 나이에 경남 고성군 출신으로 마산 창신학교를 졸업하고 일본 메이지대학교 법학과에 유학중인 김정도를 만나 결혼했으며,[9] 1924년 7월에 첫딸을 낳았으나, 방학으로 한국에 온 그녀의 남편이 장티푸스로 같은 해 9월에 세상을 떠남으로 더할 나위없는 큰 슬픔을 겪었다.[10]

---

9) 최덕지는 통영, 고성, 거제를 순회하는 전도사였던 강상은의 소개로 고성 출신 김정도를 만나 통영 대화정교회에서 호주선교사이며 창신학교 교장인 맹호은(F. J. L.Macrae)의 집례로 결혼식을 올렸다.

10) 최종규, 『이 한 목숨 주를 위해: 최덕지 목사 전기』(서울: 진서천, 1981), 34.

그녀는 진명유치원에서 5년간 일한 후 1925년 4월부터 통영 대화정교회의 도천리 기도처에 세워진 도천리유치원에서 교사로 일하면서 아이들에게 모세와 에스더를 가르치면서 신앙심과 민족의식을 심어 주었으며, 그리고 유치원에서 야학을 열어서 자모들에게 한글, 산수, 역사, 노래를 가르치면서 민족독립 교육에 힘썼다. 그리고 1927년 10월 이후 그녀는 대화정교회가 세운 동부유치원에서 교사로 일했다.

그녀는 신앙생활에도 열성적이었다. 그녀는 1922년 1월에 통영 대화정교회 집사로 임명되었고, 같은 해 4월에 여전도회 회장으로 피선되었고, 1924년 4월에 유년주일학교 교사로 임명되었고, 그리고 1925년 4월에 기독청년회장으로 피선되었다.

또한 그녀는 통영에서 조직된 거의 모든 민족여성운동 단체에 가입하여 여권 신장과 항일민족운동을 위해서 적극적으로 활동하는 여성운동의 지도자로 부상했다. 그런데 그녀는 기독교 신앙을 민족 운동과 연관시켜서 사고하고 행동하였다. 그녀는 1919년 10월에는 같은 해 6월에 조직된 통영애국부인회 서기로 피선되었으며 가가호호를 방문하여 군자금을 모금하여 비밀리에 인편으로 상해임시정부로 보내는 일을 하였는데, 솔선수범하여 자신의 부모에게 받은 출가용 장롱과 의복을 팔아서 군자금에 보태기도 하였다. 그녀는 1926년에 통영여자청년회 서기로 활동했다. 다이쇼(大正) 일본천황이 1926년 12월 25일 서거하자 이듬해 1927년 성탄절에 전통적 행사인 새벽송을 금지하고 근조하라는 일제당국의 지시를 따라서 한국교회는 성탄 새벽송을 부르지 않았다. 그녀는 일제의 정책에 순응하는 무력한 한국교회를 한탄하면서 교회와 민족을 위해서 에스더처럼 일할 것을 결심하였다.

"내가 죽은 한국교회를 살려내야 한다. 병든 한국교회를 치료해야 한다. 그러나 나는 여자다. 약한 자다. '에스더를 보라. 그녀는 금식하고 조국을 구하지 않았느냐?' 하늘의 음성이 들려왔다."[11]

근우회는 1927년 5월 27일 서울 종로 기독교 청년회관에서 민족주의 여성운동 진영과 사회주의 여성운동 진영이 함께 창립한 전국 규모의 여성계몽 운동 단

---

11) 최종규, 『이 한 목숨 주를 위해』, 39-40.

체였다. 최덕지는 1929년 6월 7일 근우회 통영지회 설립대회를 개최하는데 중추적 역할을 했으며, 통영지회장(=집행위원장)으로 활동했다.[12]

## 2. 최덕지의 신학 공부와 신사참배 반대 운동

최덕지는 1931년 10월 6일부터 일 주일 동안 통영 대화정교회에서 열린 부흥회에서 무기력한 한국교회를 비판하고 신앙을 통한 민족운동을 호소하는 이용도(1901-1933) 목사의 힘 있는 설교에 깊이 공감했으며, 또한 자신이 신학공부를 해야겠다는 강한 충동을 가지게 되었다.[13] 그녀는 그의 설교를 더 듣고 싶어서 다음 집회 장소인 사천으로 그를 따라 갔다.[14]

그녀는 유치원 보모 자격증을 가지고 있었지만 유치원 교사직과 모든 것을 다 포기하고,[15] 호주 여선교사 신애미의 추천을 받고서 33세의 나이에 1932년 4월에 평양여자신학교에 입학하여 3년간 신학공부를 했다. 그녀는 처음에 기숙사 생활을 했으나, 곧 자취 생활을 하면서 외동딸을 평양으로 데려와서 학교에 보내고 같이 살면서 신학공부를 했다.[16] 그녀는 신학교에서 지도력을 인정받아서 2학년 때 학우회 회장이 되었다. 그녀는 기독교 박해사를 가르친 윤필성 교수와 다니엘서를 비롯한 구약 예언서를 가르친 김인준 교수로부터 큰 영향을 받았다. 그녀는 평양여자신학교 재학 기간에 산정현교회에 파송되어 장년반 주일학교를 담당하였다.[17] 그 당시 산정현교회의 담임 목사는 송창근(1898-1951)이었다.[18]

최덕지는 1935년 4월 평양여자신학교를 졸업한 후 여선교사 태매시(Maysie G. Tait)[19]의 요청으로 경상남도 마산에 있는 호주 선교부의 순회 여전도사로 일하게 되었다. 그녀는 동료 전도부인들과 함께 함안군, 창원군, 김해군, 의령군 일

---

12) 윤정란, "일제강점기 최덕지의 민족운동," 74.

13) 윤정란, "일제강점기 최덕지의 민족운동," 77-78.

14) 공덕귀 저/한국여신학자협의회 편, 『나, 그들과 함께 있었네』 (서울: 여성신문사, 1994), 32-33.

15) 최덕지 저/구은순 엮음, 『모든 것 다 버리고: 女牧師의 옥중간증 설교집』 (서울: 소망사, 1981), 158.

16) 김혜수, "어머니, 나의 어머니," 최종규, 『이 한 목숨 주를 위해』, 232.

17) 최종규, 『이 한 목숨 주를 위해』, 48.

18) 송우혜, 『벽도 밀면 문이 된다: 송창근 평전』 (서울: 생각나눔, 2008), 245-95.

19) 태매시 여선교사는 1919년 10월에 한국에 와서 거창에서 활동했으며 1923년 마산 호주선교부에에 와서 1941년까지 18년 동안 마산 지역의 교회 여성들의 사경회를 이끌고, 전도부인들의 사역을 지도하고 경남여자성경학원에서 가르쳤다.

대에 산재해 있는 호주 선교부의 산하 83개 교회를 순회하면서 복음을 전했다. 그녀는 담당 구역에 가서 교인들 가정을 심방하고 전도하고, 주일예배의 설교를 맡았으며, 또한 학교에 못가는 농촌 아이들에게 글과 성경을 가르치는 임시학교인 주간학교를 운영하였으며, 밤에는 글을 모르는 농촌 부녀들을 가르치는 야학을 하였다.[20] 그녀는 비가오거나 눈보라가 치는 날에도 쉬지 않고 담당 구역에 가서 부녀들을 가르쳤다.[21]

최덕지는 1936년 12월 9일 경남노회에서 진주에 있는 경남여자성경학원 이사로 임명되어,[22] 호주선교부가 이사로 임명한 태매시와 함께 교사로 학생들을 가르쳤다. 그런데 조선예수교장로회 제27회 총회가 1938년 9월 10일 평양 서문밖교회당에서 신사참배를 가결한 이후 경남여성경학원의 강의실은 신사참배 반대운동의 산실이 되었다.

> "1938년 9월 10일 총회적으로 범죄한 후에 성경학교는 양상이 달라졌다. 지금까지 학문을 중심으로 한 수업이 반대투쟁의 장으로 변모했다. 신사참배, 이것은 하나님 앞에 제일 큰 죄 됨을 인식시켰다. 십계명 1, 2 계명을 위반함을 말했다."[23]

그녀는 신사참배를 신앙고백의 상황(status confessionis)에서 성서의 계명에 위배되는 우상숭배로 인식했으며 또한 민족정신을 말살하는 황민화정책의 핵심으로 인식했다. 그러므로 그녀는 강의 시간에 학생들에게 신사참배가 우상숭배라는 것을 가르쳤고, 밤에는 그들과 함께 뒷산 비봉산에 올라가서 한국교회와 민족을 위해 눈물로 기도하고, 끝까지 신사참배를 반대하고 승리할 수 있도록 힘을 달라고 하나님께 매달렸다.[24]

태매시는 신사참배를 반대하는 최덕지를 위로하고 지지했다. 최덕지는 1940년 1월1일 태매시 선교사 집에서 한상동 목사와 이인제 전도사와 함께 신사참배 반대운동의 방법과 역할을 논의하는 가운데 자신이 경남여전도회를 중심으로 신사참배 반대운동을 하겠다고 나섰다. 그녀는 같은 해 3월 1일 경남 진영에 있는 염애나의 집에서 한상동과 함께 경남여전도회 총회에서 신사참배 반대자들

20) 최종규, 『이 한 목숨 주를 위해』, 54-55.
21) 최덕지, 『모든 것 다 버리고』, 159-60.
22) 김정일, 『한국기독교재건교회사 I: 1938-1955』 (서울: 여울목, 2016), 219.
23) 최종규, 『이 한 목숨 주를 위해』, 72.
24) 최종규, 『이 한 목숨 주를 위해』, 73.

이 새 임원으로 선출되도록 여신도들을 만나서 설득하기로 전략을 세웠으며, 그리고 그날 그녀는 그에게 신사참배 반대운동 자금으로 일금 50원을 원조하였다.[25]

같은 해 3월 5일 부산 항서교회에서 개최된 경남여전도회 총회에서 최덕지가 회장으로 선출되었고, 신사참배 반대자들이 모두 임원으로 선출되었다. 그러므로 그녀는 동료 전도부인들과 함께 경남여전도회의 조직망을 활용해서 부산, 마산, 창원, 고성, 그리고 통영을 순회하면서 신사참배 반대운동을 확산시켰다. 예를 들면, 최덕지는 부산 초량정 배학숙의 집에 모인 신자 수십 명에게 "예수를 사랑하라"는 제목으로 다음과 같이 설교했다.

"우리는 신사참배를 하여 예수 그리스도에게 죄를 범해서는 안 된다. 일제 당국이 어떻게 박해하여도 죽음으로 대항해야 한다."[26]

최덕지는 전도부인들과 함께 한 교회라도 빨리 찾아가서 신사참배를 못하도록 막고자 정신없이 다녔다. 그들은 경남 지역에 흩어져서 일주일 혹은 10일 간 교회에서 부흥회를 열고서 교인들이 신사참배가 우상숭배라는 인식을 가지도록 했다. 태매시 선교사의 집은 그들이 부흥회를 마치고 돌아와서 며칠 간 쉬고 다시 흩어지기 위해 신앙의 힘을 재충전하는 장소가 되었다. 그들은 여러 지역에서 신사참배 반대운동을 하던 중에 일경에 의해서 체포되어 투옥되었다. 그러나 1차적으로 그들의 신사참배 반대운동을 방해한 자들은 일본경찰이 아니라, 신사참배를 수용하기로 결의한 노회 목사들이었다.[27]

최덕지는 신사참배 반대운동으로 네 차례나 구속되어 혹독한 고문을 당하였는데,[28] 치안유지법 및 불경으로 그녀를 평양지방법원 공판에 회부하는 예심종결 결정서의 서두는 아래와 같다.

"피고인 최덕지는 (…) 그의 독선적 성경관에서 우리 일본제국의 국체변혁(國體變

---

25) 최종규, 『이 한 목숨 주를 위해』, 76.
26) 이기선 외 20인 예심종결결정문 제14번 최덕지 제26항.
27) 염애나, "출옥성도 염애나 전도사의 증언," 248-49; 이두옥, "대추 같은 꿈의 용사 염애나 목사," 대한예수교장로회 재건총회 역사편찬위원회, 『역사의 증언 2』 (부산: 재건총회 출판부, 2001), 260.
28) 최종규, 『이 한 목숨 주를 위해』, 79-94.

革)도 필연적으로 초래할 천년왕국의 실현을 광신(狂信)하고, 이 실현에 협력할 목적 하에 신사참배, 궁성요배 등을 하나님의 뜻을 위반하는 정책이라고 반대하고, 그의 독선적 사상 선전, 동지 획득에 광분하던 자다."[29]

그녀는 일제의 신사참배 강요를 요한계시록에 서술된 로마의 황제숭배 강요와 동일시했다. 그녀는 신사참배뿐만 아니라 국기배례, 황국신민서사, 정오묵도를 반대하였고, 또한 궁성요배를 천황을 현인신(現人神)으로 섬기는 행위로 규정하고 반대하였다.[30] 그녀는 "예배를 빼앗기는 것은 생명을 빼앗기는 것으로" 생각하였다.[31] 그러므로 그녀는 유치장과 형무소 감방에서 간수들로부터 폭행과 고문을 당하면서도 매일 하루에 네 번씩, 즉 새벽 시간, 오전 11시, 오후 3시, 그리고 밤 시간에 정성으로 예배를 드리면서 찬송을 부르고, 기도를 하면서 옥중투쟁을 했다.[32] 그녀는 금식 기도를 자주 했고, 다니엘처럼 21일 금식기도(단 10:1-21)를 했다.

부산도경 유치장에서 최덕지와 함께 수감생활을 했던 김두석은 그녀에 대해서 다음과 같이 증언한다.

"최덕지 선생은 금식이 주식이 되었으며 굶는 것을 무기로 삼아 감방 문기둥 사이로 다른 사람이 잘 보이게끔 오른편 무릎을 세우고 왼쪽 무릎은 꿇은 채 두 손을 모아 합장한 후 뼈만 남아 앙상한 몰골로 3일이고 4일이고 일주일이고 10일이고 금식기도로서 아침 궁성요배와 정오 묵도시간을 끝내 이기고 많은 동지들의 신앙을 이끌어나가고 있었다."[33]

그녀와 함께 평양형무소에서 수감생활을 했던 안이숙은 옥중 투쟁을 한 최덕지에 대해서 다음과 같이 회상한다.

"나도 저분같이 강했으면, 같이 찬송을 부르고 같이 매를 맞고 같이 주리를 틀리고

29) 이기선 외 20인 예심종결서의 제14호 최덕지에 대한 예심종결정서의 서두.
30) 최종규, 『이 한 목숨 주를 위해』, 77-78.
31) 최종규, 『이 한 목숨 주를 위해』, 146.
32) 최종규, 『이 한 목숨 주를 위해』, 86.
33) 김두석, "감나무 고목에 핀 무궁화: 출옥성도 김두석 선생의 수기," 김승태 엮음, 『신사참배 거부 항쟁자들의 증언』, 73.

같이 저주와 욕설을 받고 같이 애썼으면 얼마나 큰 힘이 되었고 위로가 되었겠으며 또 얼마나 큰 이적을 가져올 수 있게 하였을까 하고 나는 몇 번이나 생각하였다."[34]

딸을 만나러 면회장에 나온 최덕지는 한겨울에도 맨발에 평양형무소에서 준 짚신을 신고 얇은 죄수복을 입고 있었으며, 여름에는 양손은 수갑 찼던 자국이 헐어서 짓물러 있었다.[35] 그녀는 1940년 4월부터 1945년 8월 17일 밤에 석방될 때까지 6년에 걸쳐서 경찰서유치장과 형무소감방에서 혹독한 고문을 당하면서도 예배와 금식과 기도와 찬송으로 신사참배 반대 투쟁을 계속했다. 신사참배 반대 운동은 하나님만을 예배하고 예수의 피로 세워진 교회의 정체성을 지키기 위한 신앙고백 운동이었으며, 또한 민족정신을 말살하는 일제의 천황제 이데올로기와 황민화정책에 저항한 항일 민족운동이었다. 1930-40년대에 국내에서 항일 민족독립운동을 하는 것은 거의 불가능한 상황이었으므로 신사참배 반대 운동은 마지막 항일 민족독립운동으로 이해될 수도 있다.

## III. 8·15 해방 이후 최덕지의 재건교회 설립과 여성주의 설교

### 1. 출옥성도들에 대한 기성 교회 지도자들의 태도

1945년 8·15 해방을 맞이하여 평양형무소에서 8월 17일 밤에 석방된 남녀 출옥성도 21명은 바로 귀향하지 않고 주기철 목사가 시무했던 평양 산정현교회에 모여서 약 2개월간 함께 체류하면서 간증집회를 열고 한국교회의 재건을 위한 제반 문제를 논의하였다. 그들은 1945년 9월 20일 한국교회 재건 5대 원칙[36]을 발표하고, 신사 참배한 기성 교회의 지도자들에게 회개와 자숙을 요구하였다.

그러나 같은 해 11월 14일 선천 월곡동교회에서 열린 평북 6노회 목회자 퇴수회에 참석한 신사참배를 가결한 조선예수교장로회 제27회 총회의 총회장이었던 홍택기 목사를 비롯한 많은 목사들은 출옥성도들이 요구한 회개와 자숙 방

---

34) 안이숙, 『죽으면 죽으리라』 (서울: 신망애사, 1968), 283.
35) 김혜수, "어머니, 나의 어머니," 최종규, 『이 한 목숨 주를 위해』, 235.
36) 김양선, 『한국기독교해방10년사』 (서울: 대한예수교장로회 총회종교교육부, 1956), 45.

안을 수용하지 않고 오히려 자신들의 행위를 변호하였다.

> "그들은 옥중에서 고생한 사람이나 교회를 지키기 위하여 고생한 사람이나, 그 고생은 마찬가지였고, 교회를 버리고 해외로 도피생활을 했거나, 혹은 은퇴(隱退) 생활을 한 사람의 수고 보다는 교회를 등에 지고 일제의 강제에 할 수 없이 굴(屈)한 사람의 수고가 더 높이 평가되어야 한다고 주장하는 것이었다. 그리고 신사참배에 대한 회개와 책벌은 하나님과의 직접관계에서 해결될 성질의 것이라고 주장하는 것이었다."[37]

경남노회의 대다수의 목사들의 태도도 이와 비슷했다. 1945년 9월에 부산시 교회연합 예배에서 목사와 장로들 20명이 발표한 신앙부흥운동준비위원회 선언문은 "과거 장구한 시일에 가혹한 위력 하에 교회는 그 정도를 잃고 복음은 악마의 유린을 당하고 신도는 가련한 곤경에 들어 있었다. 이를 저항 구호하기 위하여 일선에 선 우리 하나님의 성군들은 순교의 제물이 되기도 하고, 혹은 옥중에서 최후까지 결사적 충의를 다하였던 것이다."라고 했다.[38] 그러나 제27회 총회의 부총회장으로서 신사참배 가결 직후 노회장들을 인솔하고 평양신사에 가서 신사참배를 했던 김길창(1892-1977)은 여전히 경남노회를 장악하고 있었다.

## 2. 최덕지의 재건교회 설립

최덕지와 한상동(1901-1976)은 신사참배 반대운동의 동지였지만, 교회 재건운동의 방법에 대한 입장의 차이로 서로 결별했다. 한상동은 경남노회 안으로 들어가서 회개운동을 통해 교회를 재건하려고 했던 반면에, 최덕지는 신사참배를 회개하지 않는 기성 교회에 들어가지 않고(참조, 계 18:4) 밖에서 사람들을 불러내어 새로운 교회를 세워야 한다고 주장했다. 최덕지는 여성운동에 눈 뜬 선각자로서 신사참배의 죄를 회개하지도 않고 여성의 지도력을 인정하지도 않는 기성 교회 안으로 들어가는 것은 참을 수 없는 일이었을 것이다. 그래서 그녀는 처음부터 새로운 대안적 교회 운동으로 재건교회를 세운 반면에, 한상동은 경남노회에서 회개 운동을 시도했지만 1952년에 주류 장로교회에서 축출되어 고신교회를 세

---

37)  김양선, 『한국기독교해방10년사』, 46.
38)  허성수, 『나는 이편에 서리라: 고도(孤島) 강상은 목사 생애』 (서울: 도서출판 영문, 1996), 55.

웠다.

평양, 대구, 부산의 형무소에서 나온 출옥여성도들 중에 한상동을 따른 조수옥, 박인순, 김두석은 고신교회 설립에 협력했으나, 최덕지를 따른 김영숙, 염애나, 이술련, 조복희, 김야모, 박열순, 강판례, 방마리아 등은 재건교회 설립에 협력했다. 비록 출옥여성도들은 고신교회와 재건교회로 서로 갈라졌으나, 그들은 평생 동안 생일이나 행사가 있으면 서로 연락하고 같이 만나서 옛 정을 나누었다.[39].

1946년 1월에 최덕지가 경남 창원 하구교회에서 부흥집회를 하면서 재건교회 운동을 시작했을 때 평양형무소에서 옥중 투쟁을 했던 이광록 집사가 간증하면서 함께 했었다. 그러나 그는 감옥에서 얻은 병으로 일찍 세상을 떠났다. 그녀는 같은 해 7월 하순에 부산에서 자신을 찾아온 통영 대화정교회 출신인 강상은(1890-1972) 목사를 재회하여 그와 함께 재건교회 운동을 하게 되었다.[40] 그 당시 그는 최덕지의 재건교회 운동에 참여한 유일한 장로교 목사였다.[41] 회개를 부르짖는 최덕지의 재건교회 운동의 불길은 방방곡곡 번져나갔다. 그녀는 카리스마가 있는 뛰어난 여성 부흥사였다. 그녀의 시누이 김희순은 아래와 같이 회상한다.

"최덕지 전도사가 가는 곳마다 누군가가 "최전도사가 왔다!"고 하면 사람들이 그렇게 많이 몰려들었다. 어느 남성 못지않은 담대함과 복음에 대한 확신이 많은 사람들을 그렇게 끌리게 하지 않았을까? 해방 후 교회 재건 때는 최덕지 전도사가 앉아 예배한 곳마다 재건교회가 생길만큼 함께 예배하는 이들에게 재건 신앙의 확신을 심어 주었다."[42]

---

39) 이두옥, "대추 같은 꿈의 용사 염애나 목사," 261.
40) 허성수, 『나는 이편에 서리라』, 61.
41) 강상은은 1929년 봄에 평양 장로회신학교를 졸업하고 같은 해 6월 11일 경남노회에서 목사 안수를 받고 진해 경화교회 목사로 부임하여 8년간 목회했는데 1936년 1월 25일부터 4일간 부흥사 경회 강사로 최덕지를 초청했었다. 그는 경화교회 사임한 후, 함암군 칠원읍교회와 함암읍교회의 합직 목사로 사역했으나 일본경찰로부터 핍박을 받던 교인들이 총회의 신사참배 지시를 따르지 않는다는 이유로 사임을 요구하여 1939년 10월에 합직 목사직을 사임했다. 그는 1940년 11월 16일 신사참배 반대 문제로 검속되어 4개월 동안 마산경찰서에 수감되었고, 석방된 후 마산에서 1945년 8·15 해방까지 농사일을 하면서 가정 재단을 쌓았다. 허성수, 『나는 이편에 서리라』, 35-50.
42) 김명숙, 「최초의 여자 목사 최덕지의 신사참배 반대운동」, 18. 각주 37번.

1948년 2월 18일 경남 동래군 기장면 대변리 대변교회에서 30여 재건교회와 50여 대표들이 예수교 장로회 재건교회 중앙위원회를 창립했으며, 강상은 목사가 회장으로 그리고 최덕지 전도사가 부회장으로 각각 선출되었다. 또한 여기서 재건교회의 3대 주의와 5대 강령이 제정되었다.[43] 3대 주의는 ① 여호와께만 충성하자, ② 철두철미 회개하자, ③ 깨끗한 성전을 지어 바치자이고, 5대 강령은 ① 한국교회는 완전 재건하자, ② 마귀당은 일절 버리자, ③ 불의와 위선에는 절교하자, ④ 우상은 일절 타파하자, ⑤ 너도 나도 재건운동가가 되자이다.

이러한 재건교회의 3대 주의와 5대 강령은 하나하나가 모두 요한계시록의 일곱 교회 환상(계 2:1-3:22)에서 표출된 교회론에 근거한 것으로 보인다. 요한계시록의 교회론의 기본 요소는 사랑, 믿음, 섬김, 그리고 저항(=인내)이라는 네 가지 행위이다(계 2:19). 천상의 예수는 이러한 네 가지 행위를 기준으로 일곱 교회를 개별적으로 칭찬하거나 책망하고 회개를 요구하였다. 재건운동가는 요한계시록에 나오는 로마 제국의 유혹과 압제에 굴복하지 않는 자를 가리키는 "이기는 자"(계 2:7, 11, 17, 26; 3:5, 12, 21; 21:7)와 동일시된다.

요한계시록이 일제강점기에 신사참배 반대운동의 동력이었듯이 8·15 해방 이후 재건교회 운동의 동력이었다. 재건교회는 요한계시록의 종말론적 대항현실(counter-reality)을 이 땅 위에서 선취하고자 한다. 그래서 재건교회 성가집에는 요한계시록에서 가사를 따온 노래가 많이 있다.[44] 최덕지는 부흥집회에서 항상 새벽 예배 시간에는 십계명을 강의했고, 낮 예배 시간에는 요한계시록의 소아시아 일곱 교회를 해석하였다.[45] 염애나는 그녀의 목회지인 경남 창원시 대산면 유등교회에서 주일 오후 예배 시간에는 항상 요한계시록을 해석하였고 신도들에게 요한계시록을 처음부터 끝까지 암송하도록 권고했다.[46]

## 3. 신사참배의 범과에 대한 회개를 요구하는 최덕지의 설교

최덕지는 요한계시록의 예언의 말씀을 지킬 것과 회개를 요구하는 설교를 자

---

43) 최종규, 『이 한 목숨 주를 위해』, 110-12; 최종규, 『한국역사 속의 재건교회』, 146-47.

44) 박경섭, 『돈암재건교회 성가집』 (서울: 돈암재건교회, 1949).

45) 최종규, 『이 한 목숨 주를 위해』, 103-104; 최덕지, 『모든 것 다 버리고』, 134-74.

46) 유등교회의 신도였던 윤명숙과의 이병학의 전화 인터뷰(2023년 5월 3일)에서 이 사실이 확인되었다: 염애나는 1962년 5월 1일 마산교회에서 회집된 재건교회 제19회 총회에서 목사 안수를 받았다. 그녀는 창원지방과 함암지방의 여러 시골 교회들을 순회 시무했고, 유등교회, 창원교회, 그리고 김해시 상평교회에서 시무했다. 이두옥, "대추 같은 꿈의 용사 염애나 목사," 287-89.

주 했다. 그녀는 1952년 3월 14일 부산 대신동교회에서 "우상을 타파하자(출 20:3-4; 신 7:25)"라는 제목의 설교에서 다음과 같이 말한다.

> "우상을 섬기고도 회개할 줄 모르는 이 백성들을 향하여 우리는 그들이 망할 줄 알면서 그냥 잠잠히 보고 있어야 되겠는가? 회개를 외쳐야 할 사명이 우리에게 있는 것이다."[47]

그녀는 "버가모 교회에 보내는 편지(계 2:12-17)"라는 제목의 설교에서 다음과 같이 신사참배에 저항한 순교자들을 요한계시록의 황제숭배에 저항한 참된 증인 안디바와 동일시한다.

> "그러나 과거 일제시, 우리 한국교회는 본 대로 들은 대로 증거하지 않았다. 말로는 십자가를 증거하면서 십자가를 지는 생활은 피하였다. 정작 십자가를 져야 할 때는 도피하였다. 이러한 자가 옳은 증인이 될 수는 없는 것이다. 재건교회는 과거의 지은 죄를 자복하고 회개하는 교회이다.(...) 안디바는 어려운 시험과 고난을 잘 견딘 자이다. 로마 황제에게 예배하지 않고 신앙을 바로 사수하다가 로마 황제숭배자들에게 잡혀 놋으로 만든 황소 속에 들어가 불에 녹아 순교를 당하였다고 한다. 그야말로 참되고 충성된 증인이다. 우리도 안디바와 같은 참된 그리스도의 증인이 되어야 하겠다."[48]

그녀는 1952년 3월 12일 부산 대신동교회에서 "죄악에 떨어지는 6계단(창 3:1-21)"라는 제목의 설교에서 일제의 황민화정책에 협력한 목사들의 잘못된 성서 이해를 다음과 같이 비판한다.

> "사람이 범죄하는 첫 원인은 거짓말 하는 데서 시작된다. 과거 한국교회가 일본의 식민지 생활을 할 때 신사참배의 시험에 떨어진 것도 같은 방법에서였다. '각 사람은 위에 있는 권세자들에게 굴복하라. 권세는 하나님께로 나지 않음이 없나니 모든 권세는 다 하나님의 정하신 바라'(롬 13:1). 이 말씀을 인용하여 '신사참배는 국가의 의식이지 우상숭배가 아니다.'하여 떨어지게 된 것이다. 교회의 지도자들이 하나

---

47) 최덕지, 『모든 것 다 버리고』, 249.
48) 최덕지, 『모든 것 다 버리고』, 163-64.

님의 말씀을 오해하고 하나님의 말씀을 가감하는 거짓말을 한 죄로 떨어진 것이다."[49]

그녀는 "화 있을 자 그 누구인가(암 6:1-7)"라는 제목의 설교에서 신사참배에 대한 회개 없이 하나님의 용서가 없다는 것을 강조한다.

"그러나 우리 하나님은 공의의 하나님이시기 때문에 회개 자복 없이는 죄를 없이 하여 주시지 않으신다. 진정한 자복이 있을 때만 용서하여 주신다."[50]

## 4. 최덕지가 기성 교회를 "마귀당"이라고 부른 이유

재건교회 성가집에는 기성 교회를 마귀당이라고 조롱하는 노래들이 있다. 최덕지는 1952년 3월 13일 부산 대신동교회 부흥집회에서 "웃사는 왜 죽었을까? (대상 13:3-12; 삼하 1:1-12; 레 18:4-5)"라는 제목의 설교에서 기성 교회가 마귀당이 된 원인을 다음과 같이 일제의 신사참배 강요에 대한 타협과 순응에서 설명한다.

"그런데 왜 하나님의 교회당이 마귀당이 되었는가? 하나님의 법대로 하지 않고 신사 참배함으로 일제에게 넘어졌기 때문이다. 과거 일제 때, 신사참배 강요가 시작되자 강상은 목사는 말하기를, '신사참배와 동방요배를 예배 전에 하라 하니 차라리 교회당 문을 폐문하고 가정 제단을 쌓는 것이 옳겠습니다.'고 하였다. 허나 다른 이들이 그 말을 반대하였다."[51]

그녀는 "주 예수를 믿으라(행 16:31)"는 제목의 설교에서 재건교회는 일제에 굴복한 "마귀당"과 달리 일제의 황민화 정책에 저항한 출옥성도들이 세운 새로운 대안적 교회라고 말한다.

"하나님을 섬기는 일은 하나님 앞에서 예배드리는 것과 그 명령을 따르는 것이다. 예배는 집에서도 드리고 교회에서도 드리는데, 과거 한국교회는 신사참배, 동방요

---

49) 최덕지, 『모든 것 다 버리고』, 230.
50) 최덕지, 『모든 것 다 버리고』, 241.
51) 최덕지, 『모든 것 다 버리고』, 245.

배, 일장기 배례 등 우상 섬기는 자리가 되었으니 마귀당이 되고 말았다. 재건교회는 옥중에서 고난당한 성도들이 출옥하여 하나님의 뜻대로 세운 제단이다."[52]

1952년 경상남도 함안군 대산면 부목교회 부흥회에서 "에베소 교회에 보내는 편지(계 2:1-7)"라는 제목의 설교에서 그녀는 마귀당의 개념을 다음과 같이 말한다.

"그러면 마귀당이란 어떤 곳인가? 주는 그리스도요 살아계신 하나님의 아들로 고백하는 신앙을 갖지 못한 자들의 집단체요, 마귀신이 점령한 곳이 마귀당이다. 그런 고로 마귀당을 마귀당이라고 못 부르는 자라면 완전 재건 못한 자이다. 교회 교역자는 주님의 손에 붙들린 자들이다. 그런데 주님의 손에서 떨어진 자들이 있다. 우상을 섬기거나 하나님 외에 다른 신을 높이는 자는 떨어진 자들이다. 이런 자들은 하나님의 종이 아니며 교회의 교역자가 아니다."[53]

그녀는 1952년에 부흥사경회에서 "서머나 교회에 보낸 편지(계 2:8-11)라는 제목의 설교에서 "마귀당"의 성서적 유래에 대해서 다음과 같이 말한다.

"'자칭 유대인들이라 하는 자들의 훼방도 아노니 실상은 유대인이 아니요, 사탄의 회라(계 2:9).' 유대인은 선택된 하나님의 백성이다. 구별된 권속이다. 유대인은 믿음의 조상 아브라함의 자손이다. 그러나 자칭 유대인이란 말은 혈통으로는 아브라함의 자손이지만 아브라함의 신앙을 본받지 않은 자를 말한다. 혈통적 유대인을 가리킨 말이다. (...) 오늘날 우리 재건교회는 옛날, 초대교회가 걸어가던 그 길을 어김없이 그대로 가자는 것이다. 신사참배는 진리의 노선에서 탈선했으니 다시 회개하고 돌아와 초대교회 시절, 뜨거웠던 그 신앙 노선을 그대로 걸어가자는 것이다. '재건' 이것은 회개를 바탕으로 하는 것이다."[54]

그녀가 말하는 "마귀당"은 요한계시록 2:9와 3:9에서 언급된 "사탄의 회당"으로부터 유래한다. "내가 네 환난과 궁핍을 알거니와 실상은 네가 부요한 자니

---

52) 최덕지, 『모든 것 다 버리고』, 79.
53) 최덕지, 『모든 것 다 버리고』, 136.
54) 최덕지, 『모든 것 다 버리고』, 148-49.

라 자칭 유대인이라 하는 자들의 비방도 알거니와 실상은 유대인이 아니요 사탄의 회당이라"(계 2:9); "보라 사탄의 회당 곧 자칭 유대인이라 하나 그렇지 아니하고 거짓말 하는 자들 중에서 몇을 네게 주어 그들로 와서 네 발 앞에 절하게 하고 내가 너를 사랑하는 줄을 알게 하리라"(계 3:9).

그런데 요한계시록의 저자는 왜 유대인들을 "사탄의 회당"이라고 불렀는가? 그리스도인들에 대한 유대인들의 비방은 어떤 상황에서 발생했는가? 유대인들은 그리스도인들이 메시아가 이미 오셨고, 하나님이 십자가처형을 당한 예수를 부활시켰다고 주장하는 것을 믿지 않았다. 또한 유대인들은 로마 당국으로부터 반제국 집단으로 의심받는 그리스도인들과 자신들이 한패거리로 규정되는 것이 두렵기 때문에 자신들의 공동체를 지키기 위해서 수배당한 그리스도인들을 당국에 밀고했을 것이다. 그들의 밀고로 인해서 로마 당국에 검속된 그리스도인들은 고문을 당하고 심지어 죽임을 당했을 것이다. 이러한 상황에서 서머나 교회와 빌라델비아 교회의 구성원들은 유대인들의 밀고를 비방, 혹은 거짓말로 인식했을 것이다. 그러므로 그들은 자신들을 처벌받도록 로마 당국에 밀고한 유대인들에게 큰 반감을 가지게 되었기 때문에 그들을 "여호와의 회중"(민 20:4; 수 22:17)이라고 명예롭게 부르지 않고, "사탄의 회당"이라고 모욕적으로 불렀을 것이다.[55]

요한계시록 3:9은 천상의 예수가 지금 거짓말쟁이들인 유대인들을 강제로 빌라델비아 교회로 끌고 와서 교인들 앞에서 절을 시키겠다는 것을 의미하는 것이 아니라, 종말의 날에 천상의 예수가 고난당하는 빌라델비아 교회의 성도들을 자신의 보좌에 함께 앉게 함으로써 그들을 밀고하고 비방했던 유대인들을 부끄럽게 할 것이라는 것과 또 그가 고난당한 빌라델비아 교인들을 매우 사랑하신다는 것을 그들로 하여금 깨닫게 할 것이라는 것을 의미한다.

기성 교회의 대다수 지도자들은 출옥성도들의 신사참배 항거를 민족사적 차원에서 일제의 황민화정책에 대한 항거로 인식하지 못하고 단지 율법주의적 공적(功績)을 쌓기 위한 사적 행위로 폄하했다. 그런 까닭에 최덕지는 신사참배 행위를 숨기면서 도리어 신사참배에 저항한 출옥성도들의 항거와 투쟁을 폄하한 기성 교회의 지도자들의 위선을 폭로하고 고발하기 위해서 기성 교회를 요한계시록의 "사탄의 회당"(계 2:9; 3:9)에 빗대어서 "마귀당"이라고 조롱하고 그들과

---

55) "사탄의 회당"에 대한 더 자세한 주석적 연구에 대해서는 이병학, 『요한계시록: 약자를 위한 예배와 저항의 책』(서울: 새물결플러스, 2016), 125-126, 153-55을 참조하라.

절교했던 것이다.


## IV. 최덕지의 목사안수와 여성주의 성서해석

### 1. 재건교회에서 목사 안수를 받은 최덕지

최덕지는 1951년 4월 3일 재건 교회에서 목사 안수를 받은 한국 장로교회사에서 최초의 여자 목사이다. 구은순이 편집한 최덕지의 설교집 『모든 것 다 버리고』는 1981년 4월에 출간되었고, 최종규가 집필한 최덕지의 전기 『이 한목숨 주를 위해』는 1981년 10월에 출간되었다. 설교집에 수록된 "저희 믿음을 본받으라(히 13:7; 딤전 4:1-2)"라는 제목의 설교에서 최덕지는 자신이 목사로 안수를 받은 경위를 아래와 같이 설명한다.

> "처음 강상은 목사님이 나를 목사 삼을 것을 교직회에서 의논해서 하라고 할 때, 나도 그런 말 끄집어내지 말라고 하였다. 이 문제에 대하여 나는 반대하였고 거론도하기 싫어하였다. 내가 목사가 아니 된다고 일을 하지 못할 것도 아닌 바엔 구태여 말썽을 일으킬 필요가 없다고 생각하였다. 그런데, 당시 부산교회에서 교역자를 청빙하는데 강상은 목사님을 청빙하는 것이 좋겠다고 생각하였다. 한 달에 한 번 와도 좋으니 와달라고 간청하였다. 그 때 강 목사님은 내가 목사 될 것을 허락하면 부산교회 교역자 청빙에 응하겠고 그렇지 않으면 거절하겠다는 것이었다. 나는 이일로 고민하였다. 허락을 할 뜻을 밝히기보다 허락하지 않으면 안 될 형편으로 말려들게 된 것이다. **나 최덕지에게 한 해서 목사를 안수하는 것이면 받지 않겠고, 여성직이 허락되는 것이면 받겠다.** 안수 받는 일은 참으로 내키지 않았고 허락하고 싶지 않았는데 강상은 목사님께서 지금 목사가 부족하니 꼭 안수를 받아야 한다고 주장하시는 것이었다. 그리하여 나는 안수를 받게 되었다."[56]

이 설교에서 최덕지는 만일 강상은 목사가 예외적으로 자신에 한해서 목사 안수를 한다면 자신은 안수를 안 받으려고 했다고 말한다. 그녀가 이렇게 목사 안

---

56) 최덕지, 『모든 것 다 버리고』, 131.

수를 받는 조건을 붙인 이유는 여자도 남자와 똑같이 성직을 받고 일하는 평등 제자직이 성서적이라고 평소에 생각하고 있었기 때문이며, 또한 다른 여성들과 연대감을 가지고 있었기 때문이었다.

최덕지 목사의 전기에 의하면, 강상은 총회장은 최덕지에게 목사 안수하기 전에 그녀의 불굴의 신앙과 지도력을 높이 평가하면서 "여자에게 목사직을 주는 것이 아니라 최덕지 선생에게 준다. 승리의 종이니 앞으로 50년 후 또는 백년 후에 이런 인물이 나오면 몰라도..."라고 예외적으로 여자인 최덕지에게 목사 안수를 한다는 것을 설명하였다.[57] 그 때 최덕지는 즉시 일어서서 다음과 같이 말했다.

> "오늘 이 총회 석상에서 나 일개인 최덕지에게 목사 안수를 한다면 안 받겠습니다. 그러나 여자에게 성직을 줄 수 있는 것이 성경적으로 진리냐 아니냐, 줄 수 있느냐 줄 수 없느냐 하는 것을 분명히 결정해 주시기 바랍니다."[58]

여기서 첫 번째 질문은 여성에게 목사 안수할 수 있는 것이 평등 제자직이라는 성서의 진리에 부합하는 가이고, 두 번째 질문은 여성 목사 안수가 재건교회의 정책이 될 수 있는 가이다. 총회에서 여성 목사 안수에 대한 찬반 토론 끝에 여성 목사 안수가 성서의 진리에 맞는다는 것과 여성안수가 재건교회의 정책이 될 수 있다는 것이 합의되었다. 그러므로 그 날 최덕지는 여성안수에 대한 성서의 가르침과 여성안수를 결정한 총회의 정책에 따라서 새로운 대안적 교회인 재건교회의 권위로 목사 안수를 받았다.

최덕지의 목사 안수 날짜에 대한 상이한 주장이 있다.[59] 그러나 구은순이 편

---

57) 최종규, 『이 한 목숨 주를 위해』, 122.

58) 최종규, 『이 한 목숨 주를 위해』, 123.

59) 최종규, 『이 한 목숨 주를 위해』, 122: 이상규, 『다시 쓴 한국교회사』 (서울: 개혁주의출판사, 2016), 36와 김정일, 『한국기독교 재건교회사 1: 1938-1955』 (서울: 여울목, 2016), 240-41는 최덕지의 목사안수 날짜를 1951년 4월 3일이라고 한다. 이와 반대로 최훈, "신사배배와 한국 재건교회의 역사적 연구," 김승태 엮음, 『한국기독교와 신사참배문제』 (서울: 한국기독교역사연구소, 1991), 176-77와 최종규, 『한국 역사 속의 재건교회』, 148-49은 최덕지가 1952년 5월 13일 예수교 재건교회 남한지방회 제1회 정기총회에서 목사 안수를 받았다고 하고, 허성수, 『나는 이편에 서리라』, 80-83과 대한예수교장로회 재건총회 역사편찬위원회, 『재건교회사: 순교신앙으로 세워진 교회의 역사』 (부산: 재건총회출판부, 2017), 211은 재건교회 남한지방회 제4회 정기총회 셋째 날인 1955년 5월 4일 저녁에 최덕지, 김영숙, 김소갑숙이 강상은 목사에 의해서 목사 안수를 받았다고 한다. 이렇게 최덕지의 목사안수 날짜가 세 가지로 다른 이유는 아마도 그녀의 원래의 안수날짜(1951년 4월 3일)가 교회법적인 논란을 피하기 위해서 나중에 임의로 조정되었기 때문인 것으로 보인다.

집한 최덕지의 설교집에서 최덕자가 주장한 안수 받는 조건과 최종규가 집필한 최덕지의 전기에서 최덕지가 주장한 안수 받는 조건이 동일하기 때문에 그녀가 목사 안수를 받은 날짜가 1951년 4월 3일인 것이 논리적으로 확실해 보인다.

최덕지는 목사 안수를 받은 이후 일반인들에 의해서도 목사로 호칭되었다. 예를 들면, 1952년 경상남도 함안군 대산면 부목리 부촌의 부목교회에서 열린 부흥회에서 그녀는 "에베소교회에 보낸 편지(계 2:1-7)"라는 제목의 설교를 하면서 어떤 사람이 자신을 찾아와서 "목사님, 성경말씀대로 살고 싶은데 어느 제단으로 가야합니까?"라고 자신을 목사라고 불렀다는 일화를 소개했다.[60]

## 2. 여성안수의 제도화

최덕지의 여성안수 운동과 그녀의 탁월한 지도력에 힘입은 재건교회 총회는 여성안수를 재건교회의 정책으로 제도화할 재건교회 헌법을 만들기 위해서 7인 헌법기초위원회를 조직하게 되었다.[61] 최덕지는 헌법기초위원회 회의에서 적극적으로 활동했다.

조선예수교장로회 창립총회는 1912년에 조직되었는데,[62] 1922년에 제정된 조선예수교장로회 헌법 정치편 제3장 제2조 2항은 "장로는 두 반(班)이 있으니 ① 강도(講道)와 치리(治理)를 겸하는 자를 목사라 예칭하고 ② 치리만 하는 자를 장로라 칭하니, 이는 회원의 대표자라. 이 두 직은 성찬 참예하는 남자라야 피택 되나니라"라고 규정했다. 그런데 1934년 개정판에는 "이 두 직은 성찬에 참예하는 남자라야 피택되나니라"라는 문구는 삭제되었으나, 그 대신에 정치 제5장 3조에서 치리장로의 자격에 대해서 "장로의 자격은 27세 이상 남자 중 입교인으로 무흠이 5년을 경과한 자로 한다."라고 규정함으로써 여성은 목사와 장로로 안수를 받고 임직하는 것이 역시 원천적으로 배제되었다.

그러므로 최덕지는 조선예수교장로회 헌법 1934년도 개정판 정치 제5장 3조에서 "남자 중 입교인"이라는 문구에서 "남자 중"을 삭제함으로써 드디어 여자도 남자와 평등하게 안수를 받고 목사나 장로가 될 수 있도록 재건교회 헌법을 만드는데 주도적인 역할을 하였다. 이 재건교회 헌법이 1954년 3월 9일 부산재

---

60) 최덕지, 『모든 것 다 버리고』, 138.
61) 위원장은 강상은, 위원은 최덕지, 김영숙, 주상수, 최일구, 박성규, 최종규였다.
62) 민경배, 『한국기독교회사』 (서울: 대한기독교출판사, 1983), 218-19.

건교회에서 회집된 재건교회 남한지방회 제3회 정기총회에서 통과되었고,[63] 여러 여성 지도자들이 이 헌법에 따라서 목사 또는 장로로 안수를 받을 수 있게 된 것이다.[64]

## 3. 여성안수를 정당화하는 최덕지의 여성주의 성서해석

가부장주의에 젖어 있는 기성 교회의 목사들은 최덕지가 1951년 4월 3일 재건교회에서 목사 안수를 받자, "최덕지가 교만하여 여자 목사가 되었다."라고 비난하기 시작하였다.[65] 재건교회 총회가 1954년에 헌법을 통해서 여성안수를 제도화하자, 재건교회 내부에서 여권(女權)반대 측은 여성안수는 비성경적이라고 주장하면서 목사 안수를 받은 최덕지를 목사로 호칭하지 않았다. 최덕지 목사에 대한 연구자인 김명숙은 아래와 같이 말한다.

"여권반대 측 재건교회에서는 최덕지 목사를 '여성목사'로서 인정할 수 없었음으로 안수 후에도 계속해서 그녀를 '최덕지 선생'으로 불렀다. 당시 여권반대 측 교회에 계셨던 이유로 시어머니 역시 최덕지 목사를 아직도 '최덕지 선생'으로 부르고 계시는 것을 볼 수 있다."[66]

이러한 상황에서 최덕지는 "저희 믿음을 본받으라(히 13:7; 딤전 4:1-2)"라는 제목의 설교에서 다음과 같이 말한다.

"지금 마귀는 우리 교단(재건제단)을 헐고 양떼를 유혹한다. 그 중요한 논제가 여권(女權) 문제이다. '여자는 목사나 장로가 될 수 없다'는 것으로 교회를 어지럽게 하고 있다. 어떤 사람은 '여자로 태어난 것을 한탄한다'고 말하지만, 나는 여자로 태어난 것을 결코 한탄하지 않는다. 여자로 태어났지만 내가 상당한 여자가 되지 못한 게 한스럽고 부끄러울 뿐이다. 내가 상당한 여자가 되었다면 얼마나 좋겠는가? 여

---

63) 최종규, 『이 한 목숨 주를 위해』, 124.
64) 이 재건교회 헌법에 따라서 1955년에 여성들인 김영숙, 김소갑숙이 그리고 1962년에 염애나가 각각 목사 안수를 받았고, 그리고 장로 안수를 받은 여성들로서는 1956년 2월에 박열순, 8월에 김야모, 김수연, 그리고 1958년 4월에 염애나, 김덕순, 그리고 이어서 김명진, 조복희, 홍근래, 홍또순, 이봉선이 각각 장로 안수를 받았다. 김정일, 『한국기독교 재건교회사 I (1938-1955)』, 246.
65) 최종규, 『이 한 목숨 주를 위해』, 108.
66) 김명숙, 「최초의 여자 목사 최덕지의 신사참배 반대운동」, 21-22. 각주 47.

자의 역할은 참으로 남자 못지않게 큰 것이다. 남자나 여자나 다 똑같이 하나님의 형상으로 창조되었다(창 1;27). 하나님의 형상으로 창조되었기 때문에 남자가 여자보다 위대하다든지, 여자가 남자의 시중을 들어야 한다는 것은 잘못된 관념인 것이다. 남자와 여자는 꼭 하나님의 일을 할 수 있고 같은 수준에서 하나님의 뜻을 이루어드리는 것이다."[67]

최덕지는 성평등의 성서적 근거를 무엇보다 먼저 창세기에서 남자와 여자가 동일하게 하나님의 형상으로 창조되었다는데서 찾았다. 그러므로 그녀는 이러한 창조의 원리에 근거해서 평등 제자직을 위한 여성안수의 정당성을 주장할 수 있었다. 같은 설교에서 그녀는 여성 목사 안수의 성서적 근거를 사도행전의 오순절 성령강림 사건에서 찾았다.

"과연 여자 목사가 되는 것이 위법인가? 그럴 리는 없다. 교회는 오순절 이후 성령강림으로 이 땅에 설립되었다. 성령이 역사할 때, 남자에게만 내리고 여자에게는 내리지 않았는가? 모인 문도들이 다 성령의 충만함을 받았다. 성령의 감동으로 모든 장벽이 무너지고 신분과 계급이 다 철폐되었다. 이방인과 유대인의 관계도 다 허물어진 것이다. 그리스도의 복음은 세계 만민의 복음이 되었고, 남녀노소 평등의 복음이 되었다. 종과 주인이 차별도 무너진 것이다. 이것은 이론이 아니라 사실이다. 그런고로, 여성의 교회 지위는 남자와 동일한 자리에 설 수 있는 것이다."[68]

그녀는 오순절 성령강림 사건에서 성령이 남자들과 여자들을 차별하지 않고 모두에게 내림으로써 성차별이 철폐되었고, 마지막 때에 성령을 체험한 남자들과 여자들에 의해서 복음이 세계로 전파되었다(행 2:17-18; 참조, 욜 2:28-29)는 것 강조했다.

그녀는 남녀가 모두 하나님의 형상으로 창조되었다는 것과 오순절 사건에서 성령이 남녀 모두에게 임했다는 것을 근거로 남녀 동등성과 평등 제자직을 위한 여성안수를 여성주의 신학적으로, 그리고 종말론적, 성령론적, 선교론적으로 정당화하였다.

---

67) 최덕지, 『모든 것 다 버리고』, 130.
68) 최덕지, 『모든 것 다 버리고』, 131-32.

## 4. 재건교회의 분열과 통합

여권반대자들은 여성안수를 비성서적이고 비장로교회적이라고 주장하면서 여성안수를 취소시키고 최덕지의 지도력을 와해시키려고 했다. 강상은 총회장은 최덕지의 회개운동과 여권운동으로 세워진 평등한 교회로서의 재건교회의 정체성을 지키기 위해서 1954년 7월 15일 "여권에 대하여 성경으로 재천명하나이다"라는 제목의 성명서를 발표하고 여러 성서 본문들을 인용해서 여성안수의 당위성을 주지시켰으며, 그리고 재건교회 총회는 처음부터 남녀를 동일한 총회원으로 진행해왔다는 것을 환기시켰다.[69]

그러나 1954년 3월 11일 재건교회 정기 총회에서 목사 안수를 받은 주상수를 중심으로 규합된 여권반대자들은 예수교 재건교회 비상사태 대책위원회를 조직하여 1954년 9월 22일 "여성직에 대한 반대 결의문"을 발표하고 고린도전서 14:34와 디모데전서 2:11-15을 근거로 "여자의 법적 치리권과 안수권을 단연 부인한다."라고 선언하였다.[70] 이것은 과거에 박형룡, 윤하영, 염봉남, 라부열, 부위렴 등 5인이 여성 장로 안수를 반대하기 위해서 1935년 9월 제24회 조선예수교장로회 총회에 올린 연구보고서에서 "사도 바울이 고린도전서와 디모데전서에서 여자의 교회 교권(敎權)을 불허한 말씀은 2000년 전 한 지방 교회의 교훈과 풍습을 의미한 것이 아니라 만고불변의 진리입니다."[71]라고 주장한 것을 되풀이한 것과 같다. 그러나 이 두 본문은 바울이 결코 여성들에게 성직을 금한 것이 아니라, 예배의 질서를 위해서 권고한 것으로 이해되어야 한다.[72]

재건교회는 여권지지 측 교회와 여권반대 측 교회로 완전히 분열하였다. 최덕지는 재건교회가 평등한 교회로 성장해서 한국교회의 갱신을 위한 모델이 되기를 소망하였지만, 재건교회의 분열로 인해서 큰 상처를 입었다. 그녀는 6년에 걸친 옥중생활에서 얻은 병이 도저서 1956년 5월 13일 55세의 나이에 세상을 떠났다. 그리고 강상은 목사는 교회 내부의 갈등으로 1967년 6월에 재건교회를 떠났으며, 1972년 10월 24일 별세하였다.[73]

---

69) 이 성명서 원문에 대해서는 재건총회 역사편찬위원회, 『재건교회사』, 204-07을 보라.
70) 이 결의문 원문에 대해서는 재건총회 역사편찬위원회, 『재건교회사』, 208-09를 보라. 대책위원회 위원장은 주상수, 서기는 최일구, 회계는 이용실이고, 평의원은 이성출, 홍성숙, 박길성, 이상철이었다.
71) 「조선예수교장로회총회 제24회(1935년)회의록」, 85-89를 보라.
72) 전경연, 『고린도서신의 신학논제』 (서울: 대한기독교서회, 1988), 257-60.
73) 강상은 목사의 노선을 지지하는 목사들이 1969년 9월에 재건교회에서 분열하여 중부지방회를 조

1954년에 분열되었던 여권지지 측 교회와 여권반대 측 교회가 1973년 10월 25일 합동에 합의하고,[74] 이듬해 1974년 7월 2일 대한예수교장로회 재건교회 총회가 열렸다.[75] 그러나 최덕지의 주도로 1954년에 통과된 재건교회 헌법에 명시된 여성안수의 제도화와 그녀의 여성주의 성서해석은 합동된 재건교회에서 계승되지 못하고 지워졌다. 재건교회의 초기에는 여권운동이 활발하였고 여성 목사들과 여성 장로들이 여러 명 있었다. 그러나 지금 현재 재건교회는 군소 교 파로 명맥을 유지하고 있으나, 더 이상 여성 목사와 여성 장로가 없는 것은 참으 로 유감스러운 일이다.

## V. 결론

최덕지는 신사참배의 범과를 회개하지 않는 장로교회의 울타리 밖에서 요한 계시록의 교회론에 근거해 사랑, 믿음, 섬김, 그리고 저항의 행위가 있는 새로운 대안적 교회 운동으로서 재건교회를 세웠다. 그녀는 재건교회 설립에 외국 교회 의 원조와 구호품을 일체 거절하였다. 그녀는 분단된 한반도의 현실을 극복하기 위해서 "민족의 통일과 민족의 장래를 위해 금식 기도를 계속했다."[76] 그녀는 여 성주의 성서해석을 통해서 여권운동을 전개했을 뿐만 아니라 평등 제자직을 위 한 여성안수를 정당화하였으며, 여성안수를 재건교회 헌법으로 제도화하였다. 그녀는 가난한 자들과 한국교회를 위해서 금식하면서 기도했다. 그녀는 스스로 노방전도를 했으며, 선교사들이 이 땅에 전한 "복음의 빚"을 갚기 위한 세계선교 의 사명을 품고 있었다.[77] 그녀는 한국 민족과 교회와 여성을 위해서 금식 기도 하고, 저항하고, 투쟁한 주체적이고 자주적인 기개 높은 여성주의 목회자였다.

재건교회는 한국 장로교회의 일부이다. 최덕지가 이남 지역에 세운 재건교회

직하고 여성 목사인 염애나를 회장으로 선출했다. 허성수, 『나는 이편에 서리라』, 110-11; 이 중 부지방회는 독립된 조직으로 유지되다가 1990년대에 재건총회에 복귀했다.

74) 중요한 합의사항은 "1938년(신사참배 이전) 조선예수교장로회 헌법을 기본으로 한다"는 것과 "지 난 여권주장 과정에서 발생한 여러 가지 비합리적인 사태는 심히 유감된 것으로 통감하고 앞으로 는 이와 같은 일이 재발되지 않도록 적극 노력한다"는 것이다. 재건총회 역사편찬위원회, 『재건교 회사』, 235-36.

75) 재건총회 역사편찬위원회, 『재건교회사』, 235-36.

76) 최종규, 『이 한 목숨 주를 위해』, 178.

77) 최종규, 『이 한 목숨 주를 위해』, 170.

는 한국 장로교회를 분열시킨 분파주의의 관점에서가 아니라, 예수의 피로 세워진 교회의 거룩성을 회복하고 평등 제자직의 공동체를 실현하는 새로운 대안적 교회 운동이라는 관점에서 재평가되어야 한다. 오늘날 그녀는 "남성과 여성의 동등성과 평등성을 중시하는 평등한 교회를 추구한"[78] 토착 원조 여성주의 (feminist) 목회자와 여성주의 신학자로 자리매김 되어야 한다. 그녀의 여성주의 성서해석과 여성주의 설교는 교파를 초월하여 한국교회의 갱신을 위한 소중한 자산으로 계승되고 발전되어야 할 것이다.

---

78) 양미강, "한국 페미니스트 목회를 위한 제안," 「한국여성신학」 제40호(1999년 겨울호), 54.

:
:
:

제19장
# 요한계시록의 종말론과 정치참여
## 김재준의 해석과 실천

## 1. 서론적 성찰

군사정부라는 험난한 한국의 정치적 환경 속에서 김재준(1901-1987)[1]은 군사 독재정권의 우상화를 신학적으로 비판하고, 아울러서 민주화 운동을 신학적으로 지지하는 데 크게 기여하였다. 그는 무엇보다도 요한계시록의 빛에서 군사 정권의 우상적 성격을 비판하면서, 정치참여[2]를 통해서 요한계시록을 관통하고 있는 저항의 영성을 스스로 실천하였다. 성서신학자인 김재준의 신학적 논문들이 많이 발표되었지만, 단행본 성서 주석으로는 1969년에 출판된 그의 요한계시록 주석서가 유일하다.[3] 이 주석서는 요한계시록(=요한묵시록)[4]을 새로운 신학적 입장에서 해석한 매우 중요한 신학적 저술이다. 그러나 김재준의 신학적 업적에 대한 많은 평가가 있지만, 유감스럽게도 아직까지 그의 요한계시록 주석서에 대한 평가와 그의 요한계시록 이해와 정치참여의 상관관계에 대한 연구가 전혀 없는 실정이다.

---

1) 김재준의 삶과 사상에 대한 간략한 이해를 위해서는 김경재, 『김재준 평전: 성육신 신앙과 대승적 기독교』(서울: 삼인, 2002)와 주재용 편, 『김재준의 생애와 사상』(서울: 풍만출판사, 1985)를 참조하라.
2) 그리스도인의 정치참여의 당위성에 관해서는 김재준, "교회와 정치," 『김재준전집』 제16권, 225-56; 김재준, "예언자의 성격과 사명," 장공 김재준목사 기념사업회 편, 『김재준전집』 제12권 (오산: 한신대학교출판부, 1992), 462; 김재준, "교회와 세상," 장공 김재준 목사 탄신 100주년 기념사업위원회, 『장공 김재준 논문 선집』(오산: 한신대학교출판부, 2001), 425-26을 참조하라.
3) 김재준, 『요한계시록』, 선교 70주년 기념 신약성서 주석 제16권 (서울: 대한기독교서회, 1969).
4) 이 명칭은 계1:1의 그리스어 "아포칼립시스로부터 유래한다. 이 단어는 계시라기보다는 묵시로 번역하는 것이 더 정확하다. "요한계시록"과 "요한묵시록"이라는 명칭이 혼용되다가 요즈음 일반적으로 "요한계시록"으로 통용되고 있다. 그러나 문학적 성격과 신학적 의미로 볼 때, "요한묵시록"이 더 적절하다. 공동번역에서는 요한묵시록이라는 명칭이 사용되었다.

요한계시록은 1세기 말경 도미티아누스 황제가 지배하던 로마 제국의 압제 속에서 산출되었으며, 이것은 박해받는 억눌린 자들에게 유포된 저항 문학에 속한다. 요한계시록은 폭력의 역사를 경험한 그리스도인들만이 이해할 수 있는 비밀스러운 암호와 상징들을 통해서 로마의 평화(Pax Romana)를 선전하는 로마 제국의 위선적인 가면을 벗겨내고, 그들의 투쟁을 지지하고 그들의 승리를 약속하는 희망과 저항의 책이다. 이것은 로마 제국의 불의한 권력과 우상 숭배 앞에서 고난당하면서도 저항하고 또한 저항하기 때문에 고난당하는 그리스도인들에게 그들의 투쟁을 지지하면서 그들과 함께 투쟁하는 부활한 그리스도의 현존과 하나님의 승리를 강력하게 선포하고 있다. 왜냐하면 그리스도인의 정체성은 한편으로는 도살된 어린 양처럼 폭력적인 죽임을 당한 예수를 부활시킨 하나님만을 찬양하고 예배하는데서, 그리고 다른 한 편으로는 짐승 같은 로마 제국의 폭력과 황제 예배에 저항하는 데서만 확인될 수 있기 때문이다. 부활한 예수 그리스도는 폭력의 역사를 끝장내기 위해서 성도들과 함께 짐승의 세력과 대결하고 투쟁하면서 이 세계 한복판에서 그리고 교회 안에서 활동하고 있다. 요한계시록의 초점은 예수의 재림과 세계의 종말에 있는 것이 아니라, 오히려 이 세계 속에 있는 폭력과 억압에 대한 심판과 이 세계를 오염시키고 망하게 하는 지배자들에 대한 심판에 있다.

요한계시록에서 반영되어 있듯이, 로마 제국의 치하에서 초기 그리스도인들이 황제 예배에 저항했던 것처럼 일본 제국의 강점기(1910-1945)에 조선 그리스도인들은 역시 신사참배에 저항하였다. 1919년 3·1 운동이 좌절된 이후 길선주(1869-1935)의 임박한 예수의 재림과 세계의 종말을 강조하는 세대주의적 종말론 설교는 고난당하는 민족에게 위로와 소망이 되었을 뿐만 아니라, 신사참배 반대운동의 동력이 되었다.[5] 일제는 조선인들에게 신사참배를 강요했지만, 신실한 그리스도인들은 이에 불복하였다.[6] 그들은 신사참배 요구를 거부한 대가로 박해받고, 투옥되고 그리고 순교하게 되었으며, 또한 기독교 학교들은 폐교되기

---

5) 길선주, "말세학."『길진경 편, 영계 길성주 목사 유고 선집』(서울: 대한기독교서회, 1968), 23-141을 참조하라.

6) 평양 숭인상업학교 교사 겸 교목이었던 김재준은 신사참배를 거부하고 사임하였을 때의 심정을 다음과 같이 술회한다. "이 때의 신사참배 거부는 사도 시대의 황제예배 거부와 성질이 비슷하다고 나는 생각했다." 김재준, "신사에 참배하란다." 『김재준전집』, 제18권, 166; 그러나 김재준은 1940년 서울에서 조선신학원 교수가 된 후 학생들을 인솔하고 남산 조선신궁에 가서 신사참배를 했다. 송우혜, 『벽도 밀면 문이 된다』 (서울: 생각나눔, 2008), 363; 조향록, "장공 추억 1," 『십자가의 명상: 조향록 선집 제5권』 (서울: 선교문화사, 2009), 95.

도 하였다.[7] 일제는 마침내 1942년에 조선교회로 하여금 구약성서의 일부와 함께 요한계시록을 신약성서에서 삭제하도록 명령하였다.[8] 무엇보다도 일제가 요한계시록을 읽지 못하도록 삭제시킨 이유는 무엇인가? 그것은 요한계시록을 관통하고 있는 저항의 영성 때문이었을 것이다.[9] 로마 제국을 상징하는 괴물 같은 짐승의 파멸과 대안적 사회를 상징하는 천년왕국과 새 하늘과 새 땅, 새 예루살렘의 환상은 억눌린 조선인들에게 위로와 희망 그리고 저항을 불러일으키는 원동력이 될 수 있었을 것이다. 그러므로 일제는 조선인들이 이처럼 요한계시록으로부터 일본 제국을 비판하고 항일독립운동을 계속할 힘을 얻는 것이 두려웠던 것이다.

그런데 유감스럽게도 억눌린 자들의 염원과 희망이 차안에서가 아니라, 피안에서 실현될 것으로 믿는 내세 지향적인 신앙 양태가 점차 확산되었다.[10] 오늘날 요한계시록은 해석하기 어려운 상징들과 신화들 때문에 교회로부터 도외시되거나 또는 소종파들의 전유물로 전락하여 저항의 영성은 거세되고 오직 말세론적 관점에서 탈사회적으로 그리고 탈역사적으로 잘못 해석되고 있는 실정이다.[11] 소종파들의 종말론은 그리스도인의 사회적 책임과 정치참여를 부정하고, 현재의 세계를 "망할 세상, 심판 때에 유황불에 타 없어질 세상"[12]으로 비관적으로 보거나 혐오한다.

군사정부의 정년제 조치에 의해서 교수직에서 물러난[13] 김재준은 점차 군사정권을 요한계시록의 빛에서 짐승으로 인식하게 되었으며, 그리스도인의 정치

---

7) 예를 들면 주기철 목사의 순교와 1938년 9월 20일에 폐교된 평양 장로회신학교를 언급할 수 있다. 이러한 맥락에서 1940년에 평양에서 설립된 평양신학교와 서울에서 설립된 조선신학원에 관한 자세한 논의를 위해서는 50년사편찬위원회 편, 『한신대학 50년사: 1940-1990』 (오산: 한신대학교출판부, 1990), 11-29; 조향록, "과거는 미래를 창조해가는 힘," 「세계와 선교」 제184호(2003), 19-27; 방덕수, 『윤인구 박사 그 참다운 삶과 정신』 (서울: 제일인쇄, 1988)를 참조하라.

8) 민경배, 『한국기독교회사』 (서울: 대한기독교출판사, 1972), 334.

9) 요한계시록과 정감록 그리고 동학의 묵시 사상과 3·1운동의 관계에 대한 간략한 이해를 위해서 김용복, "죽음의 세력에 도전하는 기독교," 『한국 민중의 사회전기: 민중의 현실과 기독교 운동』 (서울: 한길사 1987), 84-93을 참조하라.

10) 송길섭, 『한국 신학사상사』 (서울: 대한기독교출판사, 1987), 271-72. 안병무는 이러한 현상에 대한 원인을 교회 지도자들의 개인적이고 내세적인 교리로 인한 신앙의 비역사화에서 찾는다. 안병무, 『한국 민족 운동과 통일』 (서울: 한국신학연구소, 2001), 137-38을 참조하라.

11) 하태영, "한국교회 시한부 종말론," 출판위원회 편, 『하나님나라, 그 해석과 실천: 황성규 박사 정년은퇴 기념 논문집』 (서울: 한국신학연구소, 2000), 521-32; 김성건, "종말론 대두에 관한 사회학적 분석: 최근 한국에 등장한 시한부 종말론을 중심으로," 「신학사상」 제74집(1991), 744-65를 참조하라.

12) 김재준, "한국 교회의 기독교화," 『장공 김재준 논문 선집』, 158.

13) 군사정부의 대학교수 60세 정년조치에 따라서 그는 1961년에 한국신학대학의 학장직과 교수직에서 퇴임했다.

참여를 요구하는 요한계시록의 저항의 윤리를 새롭게 이해하게 되었다. 그러므로 그는 요한계시록을 지금까지 주로 미래적 관점에서만 보았던 인습적인 왜곡된 해석을 바로 잡고자하였다. 요한계시록의 중심은 미래적인 예수의 재림과 세계의 종말과 개인적인 심판에 있는 것이 아니라,[14] 오히려 이 세계와 역사 속에서 억압과 불의의 종식을 위해서 싸우고 있는 그리스도인들을 지지하면서 그들과 함께 싸우는 부활하신 그리스도의 현존에 있다. 그러므로 김재준은 그의 요한계시록 주석서의 서문에서 자신의 해석과 관련해서 다음과 같은 세 가지 새로운 관점을 언급한다.[15]

(1) "한국 교회에서의 계시록 이해는 너무 주관적이고 미래적(futuristic)이어서 원저자의 본의에 충실하지 못했던 것이 사실이다. 계시록을 일종의 참서로 생각하고 미래를 점치려는 것은 부당한 태도라 하지 않을 수 없다."
(2) "계시록 해석에 있어서 그 경전적인 권위와 예언적인 영감을 인정하면서 현대의 역사적 연구를 도입해야 할 것이다."
(3) "계시록 이해에는 다른 묵시 문학들에 관한 지식이 절대 필요하다. 그러나 한국에서는 아직도 외전, 위전류의 번역물조차도 찾아볼 수 없는 형편이어서 이 면에서는 불모의 황무지라 해도 과언이 아닐 것이다."

이러한 언급은 요한계시록의 저자의 주관심이 미래에 있는 것이 아니라, 오히려 현재에 있음을 의미하고, 요한계시록이 경전의 일부로서 예언적인 영감으로 기록되었지만, 요한계시록의 시대사적 의미를 밝히기 위해서는 사회사적 연구를 비롯한 여러 학문적 방법론들이 필요하다는 것이며, 그리고 아직 한국의 성서학계에서 미개척 분야인 외경(Apocrypha)과 위경(Pseudephgrapa)의 빛에서 요한계시록을 읽고 해석하는 것이 필요하다는 것을 의미한다.[16]

---

14) 요한계시록을 미래적으로 해석하는 경향에 대해서는 이상근, 『신약성서 주해 요한계시록』 (대구: 성등사, 1968); 박형룡, 『교의학 내세론』, 박형룡 박사 저작 전집 제7권 (서울: 한국기독교교육연구원, 1983)을 참조하라.
15) 김재준, 『요한계시록』, 5.
16) 한국 성서학자로는 처음으로 이병학이 위경(Pseudephgrapa)의 대표적 작품의 하나인 에티오피아어 에녹서를 연구하여 신학박사 학위를 받았다. Byung Hak Lee, *"Befreiungserfahrungen von der Schreckensherrschaft des Todes in äthiopischen Henochbuch: Der Vordergrund des Neuen Testaments,* Dissertation, Ruhr-Universität Bochum 1998. 이 학위논문이 같은 제목으로 2005년에 독일에서 출판되었다. Byung Hak Lee, *Befreiungserfahrungen von der Schreckensherrschaft des Todes im äthiopishen*

이러한 새로운 관점들을 가진 김재준의 요한계시록 주석서는 서구 학자들의 반유대주의적 해석을 극복하지 못한 아쉬움은 있지만 한국 성서학계의 요한계시록 연구에 신기원을 열어준 기념비적 저술이다.[17] 또한 이 주석서는1970-80년대의 그의 투쟁적인 정치 참여에서 나타난 신앙과 정치, 그리고 종말론과 정치 참여의 상관관계를 파악하는데 필요한 중요한 성서적 전거를 보여준다.

요한계시록은 그의 정치참여의 성서적 근거였으며,[18] 그에게 있어서 인간화와 정치적 민주화는 불가분리의 관계를 가지고 있었다.[19] 정치참여는 보다 나은 사회와 민주주의 국가를 만들기 위한 필수적인 요소이다. 그러므로 정치참여는 직업적인 정치인들의 일만을 의미하지 않는다. 정치참여는 시민들이 제도적으로 선거를 통해서 정부 관리를 선출하는 일이나, 또는 비제도적으로 정부의 정책 결정 과정에 영향을 주기 위한 체제 내에서의 합법적 행동과 체제 외에서의 비합법적 행동을 모두 포함한다. 정치참여는 시민들이 정부와 정치 행정 엘리트들에게 자신들의 의견을 제시하고, 자신들의 요구를 반영시키기 위해서 영향력을 행사하는 매개체이다. 권력에 대한 감시, 정부에 호소하는 청원운동, 정부의 부당한 요구에 대한 거부 운동, 그리고 부패한 권력에 대항하는 집회 시위는 모두 청치참여이다.

그리스도인의 정치참여는 억압과 폭력과 차별이 지배하는 이 사회와 세계를 변화시켜야 할 소명에서 비롯된다. 그러므로 그리스도인의 정치참여는 곧 신앙 실천이다. 김재준은 그리스도인의 정치참여에 대해서 다음과 같이 말한다.

> "자유와 인간 존엄을 지키려는 신념, 폭력 보다는 설득, 법 보다는 교화, 전쟁 보다는 평화, 전국민에게 균점된 복지를 위한 노력, 부정부패에의 도전, 지배욕보다는 봉사와 창조 의욕의 조장 등등 언제나 불멸의 비전(vision)으로 방향을 제시하는 것이 크리스천의 정치참여에서 특이한 공헌일 것이다."[20]

---

 *Henochbuch. Der Vordergrund des Neuen Testaments* (Waltrop: Hartmunt Spener, 2005).

17) 김재준의 요한계시록 주석서가 1969년에 출판된 후 20년이 지나서 장로회신학대학교의 신약학 교수인 박수암, 『요한계시록』 (서울: 대한기독교서회, 1989)과 감리교신학대학교의 신약학 교수인 김철손, 『요한계시록』 (서울: 대한기독교서회, 1993)이 차례로 출판되었다.

18) 주재용, 『한국 그리스도교 신학사』 (서울: 대한기독교서회.1998), 193.

19) 주재용, 『한국 그리스도교 신학사』, 198-99.

20) 김재준, "기독교인의 정치참여," 『장공 김재준 논문 선집』, 390.

이제 나는 김재준의 요한계시록 이해와 정치참여의 상관관계를 요한계시록의 종말론을 중심으로 살펴보고, 나아가서 그의 해석과 실천이 오늘날 죽음의 세력이 지배하고 있는 현시대에 어떤 신학적 전망을 던져주고 있는지를 논구하고자 한다.

## II. 폭력의 역사의 종말과 세계적 사랑의 공동체

### 1. 요한계시록의 해방 전통

김재준은 요한계시록의 목적이 "심한 핍박과 시련과 유혹으로 그 교회들이 존망의 위기에 처해 있을 때 그들의 신앙을 격려하고 소망을 밝히고 최후의 승리를 눈앞에 보면서 죽음과 대결하는 용감한 신도가 되게 하기 위한"[21] 것이라고 한다. 다르게 표현한다면, 그는 요한계시록을 핍박당하는 억눌린 성도들을 위한 희망과 저항의 책으로 본 것이다. 그러므로 요한계시록 해석에 있어서 그 당시의 역사적 현재를 이해하는 것이 중요하다.[22]

그는 요한계시록을 "신약과 구약의 중간 기간(약 200 BC-100 AD)에 성행한 묵시 문학 계열에 속하는 것"으로 이해하면서, "따라서 히브리적 전통에 서 절연된 그리스도 이해가 있을 수 없음과 같이 묵시문학적 관련 없는 계시록 이해도 있을 수 없을 것"[23]이라고 주장한다. 그런데 그는 유대 묵시문학을 "극도의 위기와 핍박 가운데서 탄생한 격려와 소망과 위로의 책"이며, "민중 가운데서 탄생한 민중문학"[24]이라고 규정한다.

유대 묵시문학은 여러 외세들과 토착 귀족들에 의한 억압과 착취의 상황에서 산출된 억눌린 자들의 저항 문학이다. 유대 묵시문학은 격변하는 역사 속에서 고뇌하는 신실한 유대인들에 의해서 신앙 전승과 정치적 현실이 대결하는 투우장에서 피와 잉크로 쓰였다.

그러나 유대 묵시문학은 비관적인 현실에도 불구하고 구속사 신앙이 우주적

---

21) 김재준, 『요한계시록』, 59.
22) 김재준, 『요한계시록』, 70-71.
23) 김재준, 『요한계시록』, 9.
24) 김재준, 『요한계시록』, 12; 유대 묵시문학의 민중신학적 성격에 대해서는 안병무, 『역사와 해석』 안병무 전집 제1권 (서울: 한길사, 1993), 364-65를 참조하라.

차원에서 실현되는 낙관적인 비전들을 매개한다.[25] 유대 묵시 문학가들은 자신들의 본명을 숨기고 과거의 위대한 성서적 인물들의 이름을 빌려서 시간적으로 과거로 소급해서 마치 그들이 현재와 미래를 내다보면서 미리 예언한 것처럼 자신들의 글을 구성하고 있다.[26] 이러한 문학적 구성은 고난당하고 있는 그들의 동시대인들을 위로하고 희망을 주며, 민족의식을 재건하여 해방 투쟁에 연대할 수 있는 힘을 주기 위한 목적에서 비롯된 것이다.

요한계시록은 기독교적 묵시문학이다. 요한계시록은 기존의 로마의 억압적 신화들을 대체할 수 있는 새로운 해방적 신화들을 창조해서 억압자들을 비판하고 약자들의 해방 투쟁을 고무하고, 신학적으로 지지한다.[27] 이러한 새로운 신화는 우상을 거부하면서 생명의 하나님만을 의지하는 억눌리고 가난한 사람들의 집단적 의식을 재구성한 것이며, 그들의 사회적 실천과 희망과 유토피아를 표현한 것이다.[28] 요한계시록의 묵시 문학적 환상은 상징과 신화로 결합되어 있는 전망이다. 이러한 묵시 문학적 환상들 속에는 종말, 심판, 부활, 영생, 하나님 나라, 그리고 메시아가 정의와 평등과 평화가 지배하는 대안적 세계에 대한 약자들의 염원과 희망의 맥락에서 표현되었다. 여기서 종말은 이 역사와 세계의 비극적 끝을 말하는 것이 아니라, 이 세계 안에 있는 불의와 억압을 소멸시키고 폭력의 역사를 끝장내는 정치적 함의를 가지고 있다. 유대 묵시문학에서 메시아는 땅 위에서 약자들이 경험하였던 지배자들과 대조되는 인물로 표현되고 있다. 즉, 메시아는 약자들의 지팡이로서, 압제의 흑암 가운데 있는 억눌린 자들을 위한 등불로서, 약자들을 착취하는 억압자들을 권좌에서 물리치기 위해 싸우는 투사로서, 억압자들의 죄를 낱낱이 묻는 준엄한 심판자로서, 그리고 약자들의 구원자와 해방자로서 역할을 한다. 요한계시록의 해방전통은 이러한 유대 묵시문학으로부터 영향을 받은 것이다.

이처럼 요한계시록의 묵시문학적 환상은 억눌린 자들과 가난한 자들에게 한 대안적인 세계가 이루어질 것이라는 확신을 보여주기 때문에, 그것은 머릿속에서 성찰만 해서는 안 되고 이 세계의 억압적 구조를 철폐하고 정의와 평화의 사

---

25) 전경연, "묵시문학과 상징 언어," 전경연, 『신약성서의 하나님 인간 언어』 (오산: 한신대학교 출판부 1990), 253.
26) 김재준, 『요한계시록』, 10-12.
27) 실례로 든다면, 요한계시록에서 로마 제국은 신적이 아니라 사탄적이며, 황제들은 아폴로의 성육신이 아니라 짐승의 머리들이며, 로마는 여신이 아니라 창녀이다.
28) Pablo Richard, *Apokalypse: Das Buch von Hoffnung und Widerstand: Ein Kommenar* (Luzern: Edition Exodus, 1996), 150.

회를 건설하기 위한 구체적인 행동으로 옮겨져야만 한다. 이러한 환상은 억울한 죽음들과 무고한 희생자들을 생산하고 있는 이 세계의 억압적 구조를 비판적으로 조명하며, 인간적인 삶이 기능한 새로운 대안적 세계를 이 역사 안에서 만들 수 있는 영성을 제공한다. 요한계시록의 묵시문학적 환상들 속에 표출된 묵시 신학은 이 세계의 정치적, 경제적, 사회적, 문화적, 인종적, 그리고 성차별적 문제들과 연결되어 있는 생명 신학이며, 따라서 해방과 인간적인 삶을 갈망하는 가난하고 억눌린 약자들의 신학이다.

나의 판단에 의하면, 김재준은 바로 이러한 유대 묵시문학의 해방 전통의 맥락에서 요한계시록을 이해하고 해석해야 한다고 본 것이다. 그러므로 그는 초기 유대교에서 산출된 위경(Pseudepigrapha) 중에서 가장 대표적인 여러 작품들을 개론적으로 소개하고,[29] 또한 유대묵시문학의 종말론을 서술한다.[30] 여기서 소개된 유대 묵시문학은 에티오피아어 에녹서, 슬리브어 에녹서, 제4에스라서 제2바룩서, 시빌의 신탁서, 솔로몬의 시편, 솔로몬의 송시, 12족장의 유언, 희년서, 모세의 승천기, 아브라함의 묵시 등이다. 아직도 이러한 유대 묵시문학 작품들이 한국 성서학계에서 미개척 분야임을 감안한다면, 그가 이러한 위경을 소개하고 있다는 점에서 그의 넓은 학문성을 인식할 수 있다.

구약 위경에 속하는 묵시 문학적 문서들은 정경에서 제외되었지만, 놀랍게도 신약성서의 저자들 중 한 사람인 유다서 저자가 에티오피아어 에녹서의 한 구절을 예언의 말씀으로 인정하면서 거의문자 그대로 인용하고 있다.[31] 그러므로 김재준은 유다서 자체가 이미 정경의 범위를 넘어서고 있다는 중요한 사실을 잘 인식하고 있다.[32] 그가 지적한 대로 유대 묵시문학은 요한계시록뿐만 아니라 신약성서 전체를 학문적으로 새롭게 이해하는 데 결정적으로 중요한 자원이다.

요한계시록이 유대 묵시문학과 다른 점은 저자가 요한이라고 밝혀진 점, 비록 상징들로 표현되었지만 로마 제국의 압제와 대결하고 있는 소아시아 교회들의 사회적 상황이 쉽게 알려진 점, 그리고 구원의 지평이 유대인이라는 민족주의적 경향을 넘어서 범민족주의적으로 확장되었다는 점이다.[33] 요한계시록은 예언

---

29) 김재준, 『요한계시록』, 13-24.
30) 김재준, 『요한계시록』, 24-50.
31) 유다서 14-15.
32) 김재준, 『요한계시록』, 45, 그리고 『김재준전집』 제6권, 257: 정경에 대한 이러한 김재준의 이해에도 불구하고 그의 성경관을 비판하는 보수적 입장에 관해서는 한철하, "김재준의 성경관과 신정통주의 신학." 장공 김재준 탄신 100주년 기념사업위원회 편. 『장공사상 연구 논문집』 (오산: 한신대학교 출판부, 2001), 232-53을 참조하라.

적,[34] 묵시문학적,[35] 그리고 서신적[36]이라는 세 가지 성격들로 합쳐져 있는 독특한 특징을 가지고 있다. 피오렌자(Fiorenza)에 의하면, 이러한 특징은 로마 제국의 압제와 유혹의 상황에 처한 현재의 성도들을 신앙적으로 격려하고, 황제숭배 요구에 저항할 수 있도록 설득하고자 하는 요한계시록 저자의 수사학적 목적에서 기인된 것이다.[37]

## 2. 짐승과 대결하는 교회를 위한 예수의 현재적 현현

요한계시록의 저자는 역사를 현재, 과거, 그리고 미래 순서로 서술하고 있는데, 이것은 현재가 가장 중요하다는 것을 의미한다. 근본적으로 중요한 것은 카이로스로 인식되는 그 당시 저자의 현재이다. 천상의 예수는 짐승으로 상징되는 로마 제국과 대결하고 있는 교회 공동체에 지금 곧 와서 그들과 함께 싸우고 승리할 것임을 약속한다. 요한계시록의 저자는 "반드시 속히 될 일"(계 1:1과 22: 6)을 하나님의 말씀과 예수의 증거 때문에 고난을 당하고 있는 소아시아의 그리스도인들에게 전한다. 이것은 일반적으로 역사의 종말에 임할 예수의 재림이나 천년왕국을 뜻하는 것으로 해석되고 있지만,[38] 김재준은 요한계시록의 초점이 현재에 있다는 사실을 무시하고 미래에만 시선을 돌리는 기존의 해석 경향을 비판한다.

> "대종말에 대한 계시가 없는 것은 아니다. 그러나 요한계시록의 주제는 그 당시의 사건들과 환경에 뿌리박은 것이며, 따라서 해석에 있어서도 그 당시의 정황에 비추어서 그 표징들을 설명해야 한다. '속히' 일어날 일들이 본 저자의 주요 관심사였다. 이 점에 있어서 이 '계시'를 그리스도의 재림과 천년 왕국에 관한 계시로서만 해석하려는 미래파 해석자들의 주장은 옳지 않다."[39]

---

33) 김재준, 『요한계시록』, 13.
34) 김재준, 『요한계시록』, 66.
35) 김재준, 『요한계시록』, 57.
36) 김재준, 『요한계시록』, 60.
37) Elisabeth Schüssler Fiorenza, *Revelation: Vision of a Just World*, Minneapolis: Fortress Press, 1991, 20ff.
38) 예를 들면 김철손, 『요한계시록』(서울: 대한기독교서회, 1993), 50를 보라.
39) 김재준, 『요한계시록』, 82.

"반드시 속히 될 일"(ἃ δεῖ γενέσθαι ἐν τάχει)은 천상의 예수가 이 폭력의 역사를 끝장내기 위해서 지금 현재의 시대에 속히 오고 있다는 진술과 연관되어 있다. 폭력의 역사가 이대로 계속되는 것은 소아시아의 그리스도인들에게는 절망이다. 그러므로 천상의 예수는 이 폭력의 역사를 끝내기 위해서 지금 현재의 시간에 속히 오신다고 약속한다. "보라 내가 속히 오리니 내가 줄 상이 내게 있어 각 사람에게 그가 행한 대로 갚아 주리라"(계 22:12). "이것들을 증언하신 이가 이르시되 내가 진실로 속히 오리라 하시거늘 아멘 주 예수여 오시옵소서"(계 22:20).

또한 일곱 교회에 보낸 편지에서도 부활하여 살아 있는 예수가 현재의 시간에 온다는 표현이 있다. "보라 내가 속히 오리니 이 두루마리의 예언의 말씀을 지키는 자는 복이 있으리라 하더라"(계 22:7). 여기서 하나님의 말씀을 실천한 자들에게 주어지는 복은 결코 미래와 피안에서가 아니라, 카이로스인 지금 현재의 시간에 받는 것이다.

이러한 여러 본문들에 비추어 볼 때 "반드시 속히 될 일"은 예수가 지금 곧 와서 이 폭력의 역사와 고난의 역사를 끝내시고 약자들을 해방하는 것을 의미한다. 예수의 오심은 결코 미래적인 종말의 때에 있을 예수의 재림이 아니라, 지금 현재의 시간에 그가 오시는 것을 의미한다. 부활하신 예수는 한 번도 어디론가 떠나간 적이 없으며 언제나 공동체 속에 그리고 이 세계에 현재적으로 임재하고 있다. "내가 너희에게 분부한 모든 것을 가르쳐 지키게 하라. 볼지어다 내가 세상 끝날까지 너희와 항상 함께 있으리라 하시니라"(마 28:20).

다시 말하면, 반드시 속히 일어날 일은 현재의 시대에 짐승과 대결하면서 고난당하고 있는 교회 공동체를 위해서 부활한 예수가 폭력의 역사를 끝내기 위해서 자신의 임재를 몸으로 나타내는 현현인 것이다. 이것은 천상의 예수가 짐승들과 대결하고 있는 교회들의 고난을 외면하지 않고 그들과 함께 투쟁하고 함께 살기 위해서 곧 오신다는 것을 뜻한다. 이것은 고난당하는 성도들을 위해서 현재의 시간에 나타나는 예수의 현현이지, 결코 마치 먼 곳으로 출타 중에 다시 되돌아올 것이라는 미래적인 의미에서의 예수의 재림이 아니다.[40] 압제와 고난 속에 있는 교회 공동체는 미래에 예수가 먼 곳으로부터 되돌아올 것을 갈망하는 것이 아니라, 지금 이 순간에 그가 자신의 몸을 영광스럽게 드러내고, 심판하고, 해방시키고, 그리고 평화의 나라를 세울 것을 희망하는 것이다.

---

40) 류장현, "세대주의 종말론에 대한 비판," 「말씀과 교회」 30호(2001), 91-93을 참조하라.

부활한 천상의 예수는 교회 안에 항상 임재하고 있고 세계의 불가시적이고, 초월적인 심층적 차원에서 활동하고 있다. 그의 현현은 역사의 가시적 차원에서 자기의 몸을 드러내는 것을 뜻한다. 그는 자신이 도살당한 양처럼 처형되었지만 다시 살아나서 지금 교회와 세계 가운데 임재하고 있다고 말한다.

> "두려워하지 말라 나는 처음이요 마지막이니 곧 살아 있는 자라 내가 전에 죽었었
> 노라 볼지어다 이제 세세토록 살아 있어 사망과 음부의 열쇠를 가졌노니"
> (계 1:17-18).

김재준은 예수의 현현이 미래가 아니라, 현재에 일어난다는 점을 부각시키기 위해서 "볼지어다 그가 구름을 타고 오시리라"(계 1:7)에서 그리스어 동사의 시제가 미래형이 아니라, "오고 있다"(ἔρχεται)는 현재형으로 되어 있음을 분명하게 지적한다.[41] 여기서 현재는 요한계시록 저자의 그 당시의 시대를 뜻한다. 이러한 점에서 본다면, 김재준의 주석서에 나타나는 "재림"[42]이라는 용어는 이 세계에 부재중인 예수가 세계의 종말에 다시 올 것이라는 의미의 미래적 재림이 아니라, 오히려 이 세계 속에 있는 억압과 폭력과 불의를 심판하기 위해서 지금 현재 교회와 세계에 자신의 몸을 나타내는 현현을 의미한다고 할 수 있을 것이다.

부활한 예수는 현재 곧 올 것을 약속하면서 일곱 교회에 편지를 보내며(계 2:1-3:22), 지금 일곱 봉인을 개봉해서 하늘과 땅의 현실을 보여주며(계 6:1-8:1), 지금 어린 양의 모습으로 자신을 나타내고 있다. 십사만 사천(144,000)의 성도들도 현재의 시대에 감옥이든 죽음이든 어디든지 어린 양을 따라가고 있다. 그들은 용과 짐승을 경배하고 짐승의 표를 받은 우상숭배자들과 대조적으로 로마 제국의 황제 예배와 우상 숭배를 거부함으로써 구원의 확신을 가지고 현재 고난을 당하면서도 신앙을 실천하는 자들이다.[43] 순교자들과 충실한 그리스도인들이 어린 양의 피와 그들의 증언을 통해서 사탄을 정복하는 것도 현재에 일어나는 것이다.[44] 심지어는 분명히 미래적인 사건도 현재로부터 미래를 예견하는 환상들 가

---

41) 김재준, 『요한계시록』, 90; 최근에 나온 표준새번역 성서에는 그것이 현재형으로 번역되어 있다.
42) 김재준, 『요한계시록』, 89, 106, 141-42를 보라.
43) 김재준, 『요한계시록』, 247-51; Elisabeth Schüssler Fiorenza, "The Followers of the Lamb Visionary Rhetoric and Social Political Situation," in: Adela Yarbro Collins (ed.), *Semeia 36: Early Christian Apocalypticism: Genre and Social Setting* (1986), 131.
44) 김재준, 『요한계시록』, 227-28.

운데 나타나고 있다(참조, 계 19:11-22:5). 투쟁적인 교회 공동체의 현실 속에서 미래를 예견하는 환상에서 예수는 십자가의 처형을 회상시키기 위해서 "피 뿌린 옷을" 입고 있다(계 19:13). 정의로 심판하며 싸우는 투사로서의 예수의 모습은 결국 살인적인 현실에도 불구하고 가까운 미래에 로마 제국을 심판하고 승리할 것이라는 점을 성도들에게 각인시킨다. 순교자들과 억울한 희생자들의 영혼들이 하나님께 언제 땅 위에 있는 억압자들을 심판하고 원한을 풀어줄 것인지를 초조하게 물으면서 부르짖는 탄원은 현재 자행되고 있는 제국의 폭력에 대한 항의다(참조, 계 6:9-10). 이런 관점에거 본다면, "각각 그들에게 흰 두루마기를 주시며 이르시되 아직 잠시 동안 쉬되 그들의 동무 종들과 형제들도 자기처럼 죽임을 당하여 그 수가 차기까지 하라"(계 6:11)는 것은 산 자들을 향해서 지금 투쟁을 멈추지 말고 계속할 것을 권고하는 것이다.

　로마 제국으로부터 억눌려 지금 신음하고 있는 소아시아의 그리스도인들은 과거 이집트의 압제 아래서 신음하던 이스라엘인들과 비슷하다. 그러므로 요한계시록에는 하나님이 출애굽 사건을 로마 제국 안에서 다시 일으키고 있다는 출애굽 신학이 현저하게 나타나고 있다(참조, 계 8:2-11:19; 15:5-16:21). 이집트에서 학대받던 이스라엘인들의 울부짖음을 듣고 모세를 보내어 바로와 이집트를 심판하고 그들을 해방시킨 하나님이 지금 천상의 예수를 통해서 로마 제국의 억압과 불의를 심판하고 울부짖는 그리스도인들을 해방하고 구원할 것이다. 그리스도인들은 로마 제국과 대조되는 대안적 세계인 하나님의 나라를 역사 속에서 실현하기를 갈망한다. 요한계시록이 억눌린 약자들에게 기쁜 소식이 되는 이유는 현재의 시대에 곧 나타날 예수의 현현을 통해서 세계 안에 있는 불의와 폭력이 소멸되고 새 역사가 시작될 것이라는 점에 있다. 그러므로 천상의 예수는 성령을 통해서 자신의 임박한 현현을 약속하면서 성도들로 하여금 지금 희망을 가지도록, 저항하도록, 투쟁하도록, 그리고 하나님의 나라를 건설하기 위해 수고하도록 격려하고 설득한다.

### 3. 폭력의 역사를 끝장내는 종말

　현재의 시대는 더 무서워질 것이 예상되고, 그러므로 순교자들이 더 요구되는 현실이지만, 그리스도인들은 두려워해서는 안 된다. 왜냐하면 억압자들과 우상숭배자들을 향한 어린 양의 진노가 곧 터져 나올 것이며, 폭력의 역사는 끝나고 하나님의 자녀들은 구원될 것이기 때문이다. 요한계시록 6:12-7:8에 묘사된 우주적 재앙은 최후의 심판을 말하는 것이 아니라, 현재의 시대를 지배하고 있는 억압자들에 대한 역사 안에서의 심판을 뜻한다. 심판을 받을 사람들은 다섯 가지 사회적 계층들로 분석되어 있다.

> "땅의 임금들과 왕족들과 장군들과 부자들과 강한 자들과 모든 종과 자유인이 굴과 산들의 바위 틈에 숨어 산들과 바위에게 말하되 우리 위에 떨어져 보좌에 앉으신 이의 얼굴에서와 그 어린 양의 진노에서 우리를 가리라"(계 6:15-16).

이러한 사회적 계층들은 모두 로마 제국의 지배자들로서 가난한 자들과 힘없는 자들을 짓밟는 악한 사람들이다. 여기서 "종과 자유인"는 부가적으로 첨부된 것이며, 지배자들에게 굴종하고 협력하는 자들이다.

이집트에서 신음하던 억눌린 자들을 해방하기 위해서 하나님이 이집트와 바로를 심판한 것은 역사 안에서의 심판이다. 이처럼 하나님은 카이로스인 지금 현재 억눌린 그리스도인들의 구원과 해방을 위해서 로마 제국을 심판할 것이다. 요한계시록의 저자는 로마 제국의 뱃속으로부터의 탈출과 해방이 가능하다는 확신을 주기 위해서 과거의 역사인 출애굽 사건의 재현을 말하고 있다. 출애굽 사건의 재구성은 로마 제국에서 고난당하는 그리스도인들에게 절망을 극복할 수 있는 희망을 제공하며, 해방을 위한 저항의 영성을 심어주기 위한 것이다. 이 폭력과 우상 승배의 시대에 교회와 세계 속에서 현현하는 예수는 짐승에게 저항하지 못하는 교회들을 먼저 심판할 것이며(계 2:5; 2:22-23),[45] 그 후에 현재의 세계를 지배하는 억압의 구조인 용과 짐승과 거짓 예언자를 심판할 것이다.

역사 안에서의 하나님의 심판을 극적으로 묘사하는 로마의 몰락에 대한 환상은 폭력의 역사가 끝날 것을 확신하면서 로마 제국의 우상 승배적 체제에 저항하는 그리스도인들의 의식과 희망을 대변한 것이다(계 17:1-19:10). 로마는 로마 제국의 정치적 제국주의와 경제적 세계화의 중심이다.[46] 로마 제국의 권력은 절대적인 것처럼 보인다. "용이 짐승에게 권세를 주므로 용에게 경배하며 짐승에게 경배하여 이르되 누가 이 짐승과 같으냐 누가 능히 이와 더불어 싸우리요 하더

---

45) 김재준, 『요한계시록』, 106.
46) 손규태, "천년 왕국 운동들의 사회윤리적 해석," 김성재 편, 『밀레니엄과 종말론』(서울 : 한국신학연구소, 1999), 359-87.

라"(계 13:4). 그러나 로마 제국의 지배 이데올로기와 그러한 시장 경제의 세계화에 협력하는 왕들과 권력자들은 약자들을 착취하여 부당하게 부를 축적하고 사치스런 생활을 하는 탐욕스러운 우상 숭배자들이다.

> "그 음행의 진노의 포도주로 말미암아 만국이 무너졌으며 또 땅의 왕들이 그와 더불어 음행하였으며 땅의 상인들도 그 사치의 세력으로 치부하였도다 하더라"
> (계18:3).

그러므로 하나님은 로마 제국의 세계화의 중심인 로마의 죄를 기억하고 심판한다. "그의 죄는 하늘에 사무쳤으며 하나님은 그의 불의한 일을 기억하신지라"(계 18:5). 재물과 권력과 사치로 오만해진 로마는 이 폭력의 역사가 영원히 계속될 것으로 생각한다. "그가 마음에 말하기를 나는 여왕으로 앉은 자요 과부가 아니라 결단코 애통함을 당하지 아니하리라"(계 18:7). 이러한 오만한 로마에 하나님은 죽음, 애통, 그리고 흉년이라는 재앙과 불로 심판한다(계 18: 8). 로마의 멸망은 정치적 제국주의와 시장 경제의 세계화를 추진함으로써 땅을 망하게 한 로마 제국에 대한 하나님의 심판이다.

> "그의 심판은 참되고 의로운지라 음행으로 땅을 더럽게 한 큰 음녀를 심판하사 자기 종들의 피를 그 음녀의 손에 갚으셨도다"(계 19:2).

이러한 로마의 심판을 실행하기 전에 하나님은 그의 신실한 자녀들에게 로마로부터 탈출할 것을 요구한다. "또 내가 들으니 하늘로부터 다른 음성이 나서 이르되 내 백성아, 거기서 나와 그의 죄에 참여하지 말고 그가 받을 재앙들을 받지 말라"(계 18:4). 로마를 탈출하라는 명령은 물리적인 의미에서 다른 곳을 향해서 떠나가라는 것이 아니라, 경제적, 정치적, 사회적, 그리고 종교적인 측면에서 제국의 우상 숭배적인 구조에 결코 적응하거나 협력해서는 안 되고 , 오히려 저항해야 하며 인간적인 삶을 위한 대안적인 공동체를 건설해야만 한다는 뜻이다.[47]
제국의 사탄적인 권력 구조에 적응하고 협력하여 경제적 이득을 보았던 사람들이 멸망하는 바빌론의 모습을 보고 터뜨리는 한탄은 곧 자기 자신들에게 닥칠

---

47) Pablo Richard, *Apokalpse*, 201.

운명에 대한 한탄이기도 하다. 그러므로 "땅을 망하게 하는 자들을 멸망시키실 때"(계 11:18)가 바로 역사 안에서의 심판인 것이다. 이처럼 역사 안에서의 심판과 폭력의 역사의 종말에 대한 환상은 현재 땅을 지배하고 약자들을 억압하는 힘 있는 권력자들이 결코 영원한 승리자가 되지 못하고, 결국 망하고 말 것이라는 것을 보여준다. 로마 제국이 머지않아서 반드시 멸망할 것이라는 확신은 로마 제국에게 힘을 준 사탄이 하늘에서 이미 정복되었다는 사실에 근거한다.[48] 로마의 심판은 마지막 심판이 아니라, 하나님의 백성을 해방하고 구원하기 위한 역사 안에서의 하나님의 심판이다.

## 4. 역사변혁을 위한 유토피아

### 1) 천년 왕국과 순교자들의 승리

폭력의 역사인 현재의 시대가 끝난 다음 미래는 어떻게 될 것인가? 요한계시록에는 역사의 미래의 시작 부분(계 19:11-20:15)과 역사의 미래(계 21:1-22:5)가 구별되어 있다. 이러한 미래에는 여러 연속적인 단계들이 있다. 짐승의 파멸, 사탄의 체포, 천년왕국, 사탄의 석방과 파멸, 마지막 심판, 그리고 새 하늘과 새 땅의 창조와 새 예루살렘이다. 그런데 이러한 종말론적 미래는 오직 하나뿐인 역사의 일부로서 역사 안에서 일어난다. 한편으로는 천상의 예수가 흰말을 타고 순교자들과 함께 나타나서(계 19:11-16) 짐승과 거짓 예언자와 땅의 왕들과 싸우고 있으며(계 19:1), 다른 한편으로는 하나님이 흰 보좌에 앉아서(계 20:11) 죽은 자들(계 20:12-13)과 죽음과 음부(계 20:14-15)를 심판한다. 즉, 역사의 미래는 세 가지 다른 심판과 함께 점증적으로 계시되고 있다: ① 짐승, 거짓 예언자, 그리고 땅의 왕들의 심판, ② 사탄의 심판, 그리고 ③ 죽은 자들, 죽음, 그리고 죽은 자들이 머물러 있는 음부에 대한 심판.

이러한 일련의 심판 한가운데에 천년왕국(계 20:4-6)이 있다. 천년왕국의 시작 전에 사탄은 패배하고 결박되어 갇히게 될 것이다(계 20:1-3), 그러나 천년왕국이 끝난 후 사탄이 잠시 풀려나서 의인들과 전투를 벌이다가 결국 파멸된다(계 20:7-10). 하나님의 최후 심판이 천년왕국 후에 있다.

김재준은 천년왕국에서 보좌에 앉아서 심판하는 권세를 가진 죽은 자들의 영

---

48) Klaus Wengst, *Pax Romana: Ansproch und Wirklichheit* (München: Chr. Kaiser, 1986), 158.

혼들은 로마 제국의 황제 예배를 철저히 거부하다가 죽임을 당한 순교자들일 뿐만 아니라, 로마 제국의 다양한 압제에 의해서 희생된 자들로 해석한다.[49] 로마에는 순교한 그리스도인들뿐만 아니라, 로마 제국의 살인적인 억압에 의해서 희생된 다른 사람들도 있었던 것이 증명된다. "선지자들과 성도들과 및 땅 위에서 죽임을 당한 모든 자의 피가 그 성 중에서 발견되었느니라"(계 18:24).

천년왕국은 "역사에서 최후 승리자는 핍박 자가 아니라 핍박 받는 자들"이며,[50] 힘 있는 자들이 아니라 오히려 피 흘리며 저항한 무력한 자들이라는 것을 보여준다. 그러므로 천년왕국 환상(계 20:4-6)은 마침내 하나님의 나라를 지상에 세울 수 있는 약자들의 유토피아라고 할 수 있다.

> "4 또 내가 보좌들을 보니 거기에 앉은 자들이 있어 심판하는 권세를 받았더라. 또 내가 보니 예수의 증거와 하나님의 말씀 때문에 목 베임을 당한 자들의 영혼들과 또 짐승과 그의 우상에게 경배하지 아니하고 그들의 이마와 손에 그의 표를 받지 아니한 자들이 살아서 그리스도와 더불어 천 년 동안 왕 노릇 하니 5 (그 나머지 죽은 자들은 그 천 년이 차기까지 살지 못하더라) 이는 첫째 부활이라. 6 이 첫째 부활에 참여하는 자들은 복이 있고 거룩하도다 둘째 사망이 그들을 다스리는 권세가 없고 도리어 그들이 하나님과 그리스도의 제사장이 되어 천 년 동안 그리스도와 더불어 왕 노릇 하리라"(계 20:4-6).

천년왕국에서 심판할 권세를 가진 순교자들은 바로 요한계시록 6:9-10에서 하나님의 심판을 호소하면서 부르짖었던 "하나님의 말씀과 그들이 가진 증거로 말미암아 죽임을 당한 영혼들"과 같은 자들이며, 또한 그들은 요한계시록 12:11에서 언급된 자들과 같은 자들이다: "또 우리 형제들이 어린 양의 피와 자기들이 증언하는 말씀으로써 그를 이겼으니 그들은 죽기까지 자기들의 생명을 아끼지 아니하였도다." 그들은 또한 요한계시록 7:9-17에서 서술된 순교자들과 같다. 그들은 흰 옷을 입고 어린 양을 찬양하는 자들로 묘사되고 있는데, "각 나라와 족속과 백성과 방언에서 아무라도 능히 셀 수 없는 큰 무리"라고 한다. 그런데 그들은 또한 계 15:2-4에서 언급된 "짐승과 그의 우상과 그의 이름의 수를 이기고 벗어난 자들"로서 "하나님의 종 모세의 노래, 어린 양의 노래를" 부르는 자들과 같

---

49) 김재준, 『요한계시록』, 315.
50) 김재준, "교회와 세상," 『장공 김재준 논문 선집』, 424.

다. 폭력적 죽음을 당하지 않았다고 할지라도 로마 제국으로부터 탈출을 기다리면서 죽음을 무릅쓰고 신앙을 실천한 사람들은 역시 순교자라고 할 수 있다.

요한계시록 20:4에서 서술된 순교자들의 죽음의 이유를 분석한다면, 그들은 "예수의 증거와 하나님의 말씀"을 증언했기 때문이며, 또한 그들이 "짐승과 그의 우상에게 경배하지 아니하고 그들의 이마와 손에 그의 표를 받지 아니" 했기 때문이다. 그런데 짐승에게 경배하지 않고 손에 그의 표를 받지 아니한 자들의 수가 실제로 목 베임을 당한 순교자들의 수보다 훨씬 더 많았을 것이다. 여기서 그들은 모두 신앙생활을 하고 죽은 자들이며, 따라서 그들은 죽음의 양식에 관계없이 순교자로 간주된 것이다.[51]

요한계시록에는 아직 땅 위에서 살고 있는 산 순교자들이 있다. 순교자(martyr)는 그리스어로 증인(martus)을 뜻한다.[52] 순교자라는 말이 함축하는 뜻은 반드시 폭력적 죽음이 아니라, 오히려 필요하다면 목숨마저 내어주면서 공적으로 증언하려는 의지인 것이다. 김재준은 요한계시록의 진리의 하나를 "그런 핍박과 잔학 가운데서도 낙심하지 않고 믿음과 오래 참음과 소망으로 꾸준히 대결해나가는 신자는 비록 몸은 죽는데 이른다 할지라도 반드시 하나님의 다시 살리심과 영광이 약속되어 있다는 것"[53]이라고 하면서 천년왕국에 참여할 수 있는 산 순교자들을 다음과 같이 간접적으로 표현한다.

> "천년 왕국의 주제는 순교자들과 특별한 핍박 속에서도 끝까지 그리스도에게 충성한 성도들이 먼저 부활해서 그리스도와 함께 천년 동안 왕 노릇 한다는 것이다."[54]

요한계시록의 저자인 요한 자신도 하나님의 말씀과 예수의 증거를 인하여 지금 밧모 섬에 갇혀 있다. 이렇게 볼 때 그는 아직 땅 위에서 하나님의 말씀과 예수의 증언(martyria)을 증언하고 있는 산 순교자라고 할 수 있다(참조, 계 12:17; 11:3-13; 19:10). 이러한 산 순교자와 이미 죽은 순교자 사이에는 큰 차이가 없는 것이다.[55] 이 순간 아직 살면서 저항하고 증언하는 증인들은 산 순교자들이다. 그들은 언젠가 죽을 것이지만 죽음의 양식과 관계없이 역시 순교자들로 간주되

---

51) Pablo Richard, *Apokalypse*, 223.
52) 김재준, 『요한계시록』, 87.
53) 김재준, 『요한계시록』, 71.
54) 김재준, 『요한계시록』, 315.
55) Pablo Richard, *Apokalypse*, 223.

기 때문에 죽은 후에는 천년왕국과 첫 번째 부활에 참여할 희망이 있다.

천년왕국은 최후 심판 전에 우리의 역사 속에서 천 년 간 지속된다. 그러나 여기서 천 년이라는 숫자는 실제적인 천 년이 아니라 상징적인 긴 기간을 뜻한다.[56] 로마 제국의 사탄적 세력이 무력화되고 그리스도의 주권이 확립될 곳은 땅이다. 그러므로 천년왕국은 연대기로서가 아니라, 하나님에 의해서 폭력의 역사가 끝난 다음에 어떻게 될 것인지에 관한 종말론적인 논리에 의해서 접근되어야 한다. 그리스도와 순교자들의 승리를 나타내는 천년왕국 환상은 지금 고난당하는 그리스도인들을 신앙으로 격려하는 유토피아이다.[57] 천년왕국은 로마 제국에 대립하는 대안적인 나라로서 짐승과 짐승의 우상을 경배하지 않고 짐승의 표를 받기를 거부하는 억눌린 자들과 가난한 자들이 염원하는 로마 제국과 대조되는 대안적인 사회를 가리키는 희망의 상(像)이다.

천년왕국의 유토피아는 역사 안에서의 현실을 나타내는 상징들로 표현되어 있다. 상징들은 역사 안에 있는 어떤 현실을 표현한다. 그러므로 이 유토피아에서 내포된 역사적인 성격과 사실적인 성격을 이해하는 것이 중요하다.[58] 즉, 순교자들과 고난을 감수한 죽은 증인들의 부활은 예수의 부활처럼 사실적이고, 또한 그것은 수많은 무고한 자들을 학살한 로마 제국의 폭력에 대한 약자들의 항의로 이해될 수 있다.[59]

천년왕국의 유토피아는 하나님의 해방적 행동에 달려있지만, 그것은 신앙에 의해서 역사를 그러한 방향으로 만들어 갈 수 있는 힘을 준다. 천년왕국은 역사 안에서 제국들을 무너뜨리고 권력을 약자들과 희생자들에게 돌려주면서 정의를 실현하는 해방의 하나님을 믿는 교회 공동체의 희망이다. 천년왕국은 해방의 하나님이 결국 폭력의 역사를 끝장내고 바로 잡을 것임을 믿는, 즉 억울하게 죽임을 당한 수많은 약자들을 신원(伸冤)하고 정의를 세워주실 것을 믿는 가난한 자들과 억눌린 자들의 유토피아이다. 그러므로 천년왕국은 하나님의 나라를 이 땅 위에 건설하기 위해서 투쟁하는 모든 사람들의 유토피아이다. 이 천년왕국 환상은 세계의 종말에 관한 파괴적인 무서운 환상들과는 무관하며, 세계 안에 있는 우상 숭배와 억압을 끝장내는 하나님의 나라에 관한 것이다. 천년 왕국은 초월적이다.

---

56) 김재준, 『요한계시록』, 314; 그러나 보수적 학자들은 천년을 문자적으로 해석한다. 예를 들면, 박형룡, 『교의학 내세론』, 243을 참조하라.

57) Pablo Richard, *Apokalypse*, 229.

58) Pablo Richard, *Apokalypse*, 230-31.

59) Klaus Wengst, *Pax Romana*, 166.

그것은 억압과 죽음을 넘어서 있다. 그러나 그것은 하나뿐인 역사를 넘어서가 아니라, 역사 안에서 일어나며, 역사의 일부이다.

김재준은 일반적으로 예수의 재림의 시기에 따른 천년왕국의 해석 유형들인 전천년설, 무천년설, 그리고 후천년설의 범주를 그의 주석에서 전혀 언급하지 않는다.[60] 그가 이러한 해석 유형들에 만족하지 않는 이유는 무엇인가? 나의 판단에 의하면, 그 이유는 다름이 아니라 그의 관심이 미래적인 예수의 재림에 있는 것이 아니라, 오히려 현재에 나타나는 예수의 현현에 있기 때문이며, 또한 천년왕국을 유대 묵시문학의 해방 전통에 따라서 하나님의 나라를 이 땅 위에 세우려는 억눌린 자들의 유토피아로 이해하려는 새로운 신학적 성찰 때문이었을 것이다.

### 2) 새 창조와 평화의 나라, 새 예루살렘

천년 왕국이 끝난 후에 최후 심판(계 20:11-15)과 함께 결정적인 미래(계 21:1-22:5)가 온다. 최후 심판 후의 미래에는 더 이상 심판은 없고 새 하늘과 새 땅, 그리고 새 예루살렘이라는 새 창조와 평화의 나라가 준비되어 있다. "또 내가 새 하늘과 새 땅을 보니 처음 하늘과 처음 땅이 없어졌고 바다도 다시 있지 않더라"(계 21:1). 처음 땅과 처음 하늘은 반신적인 세력들이 지배하는 유혹과 혼돈의 장소이고, 로마 제국의 우상화와 황제 예배를 거부한 자들이 박해받고 억압받고 배제되고 살해당하는 장소이다(참조, 계 13:15). 그것은 또한 이 땅 위에 하나님의 나라를 건설하기를 갈망하면서 로마 제국과 용에게 복종하지 않는 사람들이 겪는 고난, 죽음, 그리고 슬픔의 장소이다. 이처럼 평화가 없는 처음 땅의 상태가 요한계시록 21:3-4에 표현되어 있다.

> "하나님의 장막이 사람들과 함께 있으매 하나님이 그들과 함께 계시리니 그들은 하나님의 백성이 되고 하나님은 친히 그들과 함께 계셔서 모든 눈물을 그 눈에서 닦아 주시니 다시는 사망이 없고 애통하는 것이나 곡하는 것이나 아픈 것이 다시 있지 아니하리니 처음 것들이 다 지나갔음이러라."(계 21:3-4; 참조, 계 21:25; 22:3).

---

60) 천년왕국은 주로 예수의 재림의 시기에 따라서 전천년설, 후천년설, 그리고 무천년설로 해석된다. 박형룡, 『교의신학 내세론』, 230-78; 이상근, 『요한계시록』, 237-42; 김균진, 『종말론』 (서울: 민음사 1998), 191-97; 최갑종, "계시록 20:1-6의 해석과 천년 왕국설," 「신약논단」 제6권 (2000), 213-18을 참조하라.

여기서 눈물, 죽음, 애통, 통곡, 그리고 아픔은 처음 땅에서 사는 가난한 사람들과 억눌린 사람들의 운명을 나타내는 것이다. 이것은 로마 제국과 우상 숭배자들이 하나님의 처음 창조를 오염시키고 망하게 함으로써 의인들이 당하는 절규와 울부짖음의 현실이다. 그러면 새 하늘과 새 땅은 처음 하늘과 땅과 비교해서 어떤 면에서 새로운 것인가? 그것은 삶을 파괴하는 요소들이 더 이상 없다는 점에서 새롭다.[61] 남편을 맞이하는 신부처럼 내려오는 새 예루살렘은 새로 창조된 하늘로부터 오는 것이다.[62] 새 예루살렘은 로마에 대립되는 새로운 한 도시로서 새로운 인류 공동체를 상징한다. 새 창조와 새 역사는 하나님이 모든 민족들과 함께 사는 평화의 나라라는 점에서 새롭다. 그러므로 이것은 역사의 종말이 아니라, 역사 안에 있는 새 창조이다. "보좌에 앉으신 이가 이르시되 보라 내가 만물을 새롭게 하노라"(계 21:5).

로마 제국의 우상 숭배적 체제에 동화되기를 거부하고 저항한 항거자를 뜻하는 "이기는 자"는 평화의 나라를 유업으로 얻고 생명수 샘물을 마신다. "내가 생명수 샘물을 목마른 자에게 값없이 주리니 이기는 자는 이것들을 상속으로 받으리라 나는 그의 하나님이 되고 그는 내 아들이 되리라"(계 21:6-7). 여기는 돈 없이도 살 수 있는 곳이다(참조, 계 21:6). 로마 제국에게 저항한 이유로 살해되거나, 또는 사형은 면했다고 할지라도 물건을 사고 팔 수 없도록 시장에서 배제되어 빈곤해진 사람들은 평화의 나라에서 생명수 샘물을 마음껏 마시게 된다. 또한 이 평화의 나라는 우주적 사랑의 공동체이다. 그러므로 로마 제국의 우상숭배적인 억압과 착취로 인해서 병든 모든 나라들마저 이곳에서 해방을 통한 상처의 치유를 경험하게 된다. "강 좌우에 생명나무가 있어 열두 가지 열매를 맺되 달마다 그 열매를 맺고 그 나무 잎사귀들은 만국을 치료하기 위하여 있더라"(계 22:2).

새 창조와 새 예루살렘에는 더 이상 억압과 착취가 없다. 새 예루살렘에는 하나님과 어린 양이 사람들과 더불어 직접 교제하므로 성전이 더 이상 필요 없는 곳이다(계 21:22). 새 예루살렘은 하나님과 그리스도가 진실한 성도들과 함께 있는 평화의 나라이다.

로마 제국의 우상 숭배에 저항한 자들은 억압당하고 배제되고 빈곤해지고 그리고 살해되었다. 그러나 그들은 폭력의 역사에서 패배자들이었고, 무력한 자들이었고 또한 희생자들이었지만, 진정한 승리자들인 것이다. 짐승을 따른 우상 숭

---

61) 김재준, 『요한계시록』, 323.
62) Klaus Wengst, *Pax Romana*, 161.

배자들은 이 평화의 나라에서 배제되고, 오직 짐승에게 저항함으로써 "어린 양의 생명책에 기록된 자들"만이 여기서 살 수 있다(계 21:27). 이곳에서 배제된 사람들의 범주가 아래와 같이 분석되어 있다.

> "그러나 두려워하는 자들과 믿지 아니하는 자들과 흉악한 자들과 살인자들과 음행하는 자들과 점술가들과 우상 숭배자들과 거짓말하는 모든 자들은 불과 유황으로 타는 못에 던져지리니 이것이 둘째 사망이라"(계 21:8).

새 하늘과 새 땅, 그리고 새 예루살렘의 환상을 통한 미래적인 평화의 나라에 대한 희망은 고난당하는 그리스도인들의 현재의 삶의 자리에서 태동된 것이다.[63] 이 세계에서 하나님과 용을 구별하고 또한 황제와 그리스도를 구별할 수 있는 성도들은 박해의 상황 속에서 지금 짐승에게 저항함으로써 하나님의 나라에 참여할 몫을 가질 것이다. 그러나 억압자들뿐만 아니라, 로마 제국의 우상 숭배와 불의에 저항하지 않고 협력하는 우상 숭배자들은 장차 유황으로 타는 못에 던져져서 영벌을 받게 될 것이다. 새 창조와 평화의 나라, 새 예루살렘은 초월의 세계이지만, 역사를 넘어서가 아니라 역사 안에서 실현되는 우리의 역사의 최종적인 성취이다.

## III. 요한계시록에 근거한 김재준의 정치참여

### 1. 반독재 민주화운동 참여

김재준은 용, 짐승, 거짓 선지자의 활동이 언급된 요한계시록의 짐승환상(계 13:1-18)을 통해서 박정희 군사정권의 권력 구조를 분석하고 비판하면서 반독재 민주화운동에 참여했다.[64] 그의 정치참여 목적은 바빌론의 세력이 지배하는 한반도의 현실을 빈곤, 억압, 죽음, 눈물, 슬픔, 통곡이 없는 새 예루살렘의 대항현실로 변화시키는 데 있다.

---

63) Christine Schaumberger/Luise *Schottroff, Schuld und Macht: Studien einer feministischen Bejreiungstheologie* (München: Chr. Kaizer Verlag, 1988), 96.

64) 김재준, "우상과 우상숭배," 『김재준전집』 제11권, 88-92를 보라.

1961년 5월 16일 쿠데타로 군사정권이 들어섰다. 윤보선, 장택상, 박순천, 장준하 등 정치인들이 한일회담을 굴욕외교로 규정하고 반대운동을 전개했다. 전국에서 재야인사들과 대학생들은 1964년 3월부터 대일굴욕외교 반대 시위를 했다. 1964년 6월 3일 박정희 정부는 계엄령을 선포하고 한일협상 반대 시위를 진압했으며, 1965년 6월 22일 한일기본조약을 체결했다.

김재준의 정치참여는 1965년 한일국교정상화협정 반대운동에 참여하면서부터 시작되었다. 한일협정의 치욕성은 한일합방을 통한 식민지배에 대한 일본의 사과가 명시되지 않은 점, 정당한 배상 요구인 대일 재산청구권을 포기하고, 그 대신에 경제협력 성격의 원조를 받기로 한 점,[65] 그리고 강제징용의 희생자들, 원폭피해자들, 전쟁 성노예 피해자들[66] 문제가 완전히 배제되었다는 점이었다.

1965년 7월 1일 김재준은 한경직(1903-2000)과 함께 초교파적으로 영락교회에서 '한일 굴욕외교 반대 기독교 구국기도회'를 열었다. 이 기도회에서 강신명(1909-1985), 강원용(1917-2006), 조동진(1924-2020)을 포함한 목사 215명이 서명한 한일회담 비준 반대 성명서가 발표되었다. 1965년 7월 12일 발표된 354명의 교수들이 서명한 '한일 협정 비준 반대 선언문'을 주도한 21명의 교수들이 정부로부터 "정치교수"로 지목되어 대학에서 강제로 해직되었는데, 그들 중 유일한 신학 교수는 한국신학대학(=한신대학교) 신약학 교수 전경연(1916-2004)이었으며, 그는 같은 해 9월에 대학에서 해직되었다. 계엄령 아래서 한일기본조약 비준동의안이 1965년 8월 14일 국회를 통과하여, 같은 해 12월 18일 한일기본조약이 발효되었다.

김재준은 1969년에 '삼선개헌 반대 범국민투쟁위원회 위원장'으로 활동했으나, 삼선개헌안은 1969년 9월 14일 국회에서 가결되었다. 그는 1970년 9월에 민주화와 교회갱신을 위한 대항 공론장을 조성하기 위해서 신학 저널 「제3일」을 창간했는데, 이 저널의 제목은 부활의 날을 가리키는 누가복음 13:32의 "제삼일"을 따온 것이다.

"31 곧 그 때에 어떤 바리새인들이 나아와서 이르되 나가서 여기를 떠나소서. 헤롯

---

65) 경제협력 성격의 원조는 무상공여 3억 달러, 유상재정차관 2억 달러, 민간차관 3억 달러였다. 무상 공여 3억 달러도 현금이 아닌 일본에서 생산된 기자재와 용역 서비스의 제공이었다.

66) 일본군 성노예 피해자 문제에 대해서는 김윤옥, "위안부 문제 책임자 처벌에 대한 여성신학적 고찰," 「신학사상」 제112집(2001년 봄호), 26-45; 양미강, "그녀를 기억하라: 일본군 '위안부' 문제의 과거와 현재, 그리고 미래," 「신학사상」 제112집(2001년 봄호), 46-78를 참조하라.

이 당신을 죽이고자 하나이다. 32 이르시되 너희는 가서 저 여우에게 이르되 오늘
과 내일은 내가 귀신을 쫓아내며 병을 고치다가 제삼일에는 완전하여지리라 하라.
33 그러나 오늘과 내일과 모레는 내가 갈 길을 가야 하리니 선지자가 예루살렘 밖
에서는 죽는 법이 없느니라"(눅 13:31-33).

그는 한일수교 이후 일본인들의 매춘관광으로 한국의 가난한 젊은 여성들이
성산업에 내몰리는 현실을 "개인의 타락이 아니라, 정치 체제의 산물"이라고 비
판했다.[67] 또한 그는 1970년 11월 13일 근로기준법 준수를 요구하며 서울 청계
천 평화시장에서 분신자살한 22살의 노동자 전태일(1948-1970)의 죽음을 애도
하기 위해 같은 달 25일에 기독학생회와 가톨릭학생회가 공동으로 주최한 추모
식에서 아래와 같이 설교했다.

"오늘 우리는 자기 주변에서 같이 일하는 직장 동료들의 비참함을 조금이라도 경감
시키려고 온갖 힘을 다하다가 기진맥진 벽에 부딪혀 젊은 자기 몸을 횃불삼아 이 사
회의 숨은 암흑을 고발한 고 전태일님의 번제단 앞에 섰습니다. 우리는 할 말이 없
습니다. 말할 염치가 없습니다. 인간의 피를 짜내어 내 물건을 만들고, 그 물건으로
내 탐욕을 채우고, 그 탐욕으로 인간성을 썩혀서 내 권력에 거름이 되게 하는 악령
들에게 '아니다!' 소리 한번 쳐보지 못한 교회인으로서 무슨 말을 하겠습니까? 참회
가 있을 뿐입니다."[68]

김재준은 1971년 4월 19일에 결성된 '민주수호국민협의회 공동 대표위원'으
로 함석헌, 천관우, 이병린, 지학순과 함께 활동했으며, 그리고 1972년 3월 28
일 창립된 국제사면위원회(Amnesty International) 한국지부의 초대 이사장으로 선
임되어 한승헌 변호사와 순천의 윤현 목사 등 여러 활동가들과 함께 양심수
(prisoners of conscience) 석방, 사형제도 폐지, 고문 철폐, 공정한 재판, 수감자 처
우 개선 등을 촉구하는 운동을 했다.
1972년 10월 17일에 계엄과 국회해산 및 헌법 정지 등을 골자로 하는 대통령
특별선언이 발표되었고, 헌법 개정을 위한 국민투표를 거쳐서 1972년 12월 27
일 유신헌법이 공포되었다. 그는 유신헌법 철폐를 위해서 투쟁했다.[69] 그는

---

67)  김재준, "한국역사에서의 5·16." 『김재준전집』 제12권, 317.
68)  김재준, "의의 봉화: 전태일님을 추도하며(눅 4:16-19)," 『김재준전집』 제9권, 331.

1973년 11월 5일에 '유신헌법반대 민주회복을 위한 지식인 15인의 시국선언'
에 참여했고, 같은 해 12월 24일 장준하와 백기완이 중심이 된 '헌법개정청원운
동본부'의 개헌청원 100만인 서명 운동에 참여했다. 1974년 1월 8일 유신헌법
을 부정, 반대, 비방하는 일체의 행위를 금하는 대통령 긴급조치 제1호와 이 긴
급조치를 위반한 자는 비상군법회의에 회부한다는 긴급조치 제2호가 공포되었
고, 위반자에게 사형과 무기징역을 선고한다는 긴급조치 제4호[70]가 공포되었
다. 군사정부는 1979년 10·26 사건까지 긴급조치를 모두 9차례나 공포했다. 김
재준은 박정희 군사정부의 독재를 요한계시록을 통해서 다음과 같이 비판한다.

> "정당한 이유도 공정한 비판도 없다. 다만 명령과 복종이 있을 뿐이다. 무조건 복종
> 하지 않으면 죽인다는 것이다(긴급조치령 제4호). 그래서 국민 모두를 우상숭배자
> 로 만들려 한다. 죽임을 당한 어린 양(=예수)의 생명책에 그 이름이 기록되지 못하
> 고 이 땅에 사는 자는 다 경배하리라(계 13:18)."[71]

1975년에 유신헌법 체제에 항거한 대학생들이 제적되었고, 교수들이 긴급조
치9호 위반으로 해직되었다. 예를 들면 한국신학대학에서 여러 학생들이 제적
되었고, 안병무 신약학 교수와 문동환 기독교 교육학 교수는 해임되었다.

김재준은 1979년 10·26 사건 이후 권력을 장악한 신군부가 1980년 5월 18
일 광주민중항쟁을 무력으로 진압하고 계엄을 전국으로 확대하여 선포한 지 나
흘 만인 5월 22일 정오 미국 워싱턴 D.C.의 국무부 정문 앞에서 다른 수십 명의
재미 동포들과 함께 광주민중항쟁에 대한 신군부의 유혈진압을 항의하는 시위
를 했다.[72] 이와 반대로 1980년 8월 6일 오전 7시 서울 롯데호텔 연회장에서 한
국교회를 대표하는 23명의 저명한 목사들은 "나라를 위한 조찬기도회"에서 전
두환 국가보위비상대책위원회 상임위원장을 하나님과 예수의 이름으로 축복했

---

69) 김재준. "해방의 광야 30년." 『김재준전집』 제11권, 177-91.
70) 1974년 4월 3일 공포된 '대통령 긴급조치 제4호'의 제8항은 다음과 같다: "제1항 내지 제6항에
    위반한 자, 제7항에 의한 문교부장관의 처분에 위반한 자 및 이 조치를 비방한 자는 사형, 무기 또
    는 5년 이상의 유기징역에 처한다. 유기징역에 처하는 경우에는 15년 이하의 자격 정지를 병과할
    수 있다. 제1항 내지 제3항, 제5항, 제6항 위반의 경우에는 미수에 그치거나 예비, 음모한 자도 처
    벌한다."
71) 김재준. "우상과 우상숭배." 『김재준전집』, 제11권, 91.
72) 김재준은 1974년 3월부터 1983년 9월까지 캐나다에서 체류하면서 해외 동포들과 함께 한국 민
    주화와 통일운동을 했다.

다.[73]

## 2. 우주적 사랑의 공동체 운동

요한계시록의 짐승 환상(계 13:1-18)은 로마 제국의 권력이 하늘에서 이미 패배하여 땅으로 추방당한 용으로부터 온 치명적인 결함이 있는 권력이라는 것을 보여준다. 김재준은 이 짐승환상을 통해서 군사정권의 권력 구조와 우상적 성격을 분석하고 비판하면서 정치참여에 투신하였다. 그는 군사 독재와 남북의 분단, 부패한 경제 체제, 종교의 타락, 주체의식의 결핍, 그리고 강대국의 횡포 등으로 인해서 파괴되는 약자들의 삶의 현실을 세계적인 지평으로부터 날카롭게 인식하였다. 그의 정치참여는 이제 한국의 민주화 운동을 넘어서 마침내 세계 도처에 있는 가난한 자들과 억눌린 자들의 해방과 구원을 위한 세계적 연대를 요구하는 우주적 사랑의 공동체 운동으로 전개되었다. 이 운동의 지향점은 지배자들의 불의를 감추고 정당화하는 세계정세와 사회적 불의에 침묵하는 교회의 현실을 요한계시록의 빛에서 분석하고 국적과 인종을 초월해서 가난한 자들과 억눌린 자들 편에 서고 그들과 연대적 삶의 공동체를 이루는 자리이다.

김재준은 억눌린 자들과 가난한 자들의 고통과 눈물과 그들의 억울한 죽음의 원인들이 모두 제거된 새로운 세계에 대한 요한계시록의 종말론적인 환상을 역사 변혁을 위한 동력으로 삼았다.[74] 그것이 바로 우주적 사랑의 공동체 운동의 성서적 근거이다. 그는 이 운동의 성서적 근거로서 천년왕국을 뜻하는 본문(계 11:15; 참조, 계 20:4-6)을 인용하고, 또한 새 창조와 평화의 나라, 즉 새 예루살렘(참조, 계 21:1-22:5)을 뜻하는 내용을 직접적으로 언급한다.

> "우리가 바라는 것은 그리스도의 의복을 입은 세상 나라가 아니라 그리스도의 성격으로 변화된 새 하늘 새 땅, 새 인류, 새 역사의 변모 또는 변질된 나라인 것이다. 세상 역사가 그리스도의 역사로 변질하는 것이다 '세상 나라는 우리 주님과 그분의 세우신 그리스도의 나라가 되었고, 그리스도께서 영원무궁토록 군림하실 것이다' (계 11:15)."[75]

---

73) 이만열, 『한국기독교와 민족통일운동』(서울: 한국기독교역사연구소, 2001), 288.
74) 김재준, "백운산 가는 꿈의 집," 『김재준전집』제18권, 136.
75) 김재준, "기독교 국가와 기독교," 『김재준전집』제18권, 195-96.

"전세계적인 사랑의 공동체 안에는 전쟁이나 전쟁 연습이 없고 무기와 무기 공장도 없고 오직 사랑으로 하나된 공동체가 있을 뿐이다. 하나님의 나라가 땅에 덮여 바르게 즐겁게 사랑하며 살 것이다. 이것이 역사의 완성이며 동시에 종말이다. 원점에서 발전하여 완미한 더 큰 원점에 수렴된다(계 22:1-5; 21:22-26)."[76]

우주적 사랑의 공동체 운동은 약자의 삶을 짓밟고 인권을 유린한 군사 정권에 대한 그의 저항 운동과 맥을 같이하는 것이며, 요한계시록의 종말론에 나타난 유토피아적인 세계를 이 역사 안에서 구체적으로 실현하고자 하는 대안적 공동체 운동인 것이다.[77] 이 운동은 가난한 자들과 힘없는 자들의 삶을 부정하고 이 세계를 파멸로 몰아가는 세계의 권력 체제와 경제 체제를 비판하면서 불의에 대한 거부 행위와 작은 대안들을 통해서 점진적으로 하나님의 나라를 이루어 갈 수 있다는 희망 가운데서 세계의 약자들과 연대하는 정치참여적 운동이다. 강대국들의 핵무기 위협으로 전 인류의 멸절과 세계의 종말이 올 수도 있는 이 현실은 삶을 부정하고 죽음을 생산하는 "폭력의 역사"[78]이다. 그러므로 이 운동은 군사 정권과 강대국들의 횡포에 의해서 발생된 가난한 자들과 희생자들이 흘린 눈물들이 다 씻어지고 더 이상 죽음, 애통, 억압, 그리고 착취가 없는 오직 사랑이 지배하는 요한계시록의 새 창조와 평화의 나라(계 21:1-22: 5)를 이 땅 위에서 실현하기 위해서 전쟁과 전쟁연습, 그리고 군수산업을 반대하는 정치적 행동을 요구한다.

이 대안적 공동체 운동은 자연과 인간의 연대뿐만 아니라 심지어는 인간적인 세계를 갈망하면서 투쟁하였던 죽은 자들과도 연대하는 기억의 공동체로서 그리고 저항의 공동체로서 이 땅 위에 하나님의 나라가 완성될 것을 희망한다. 그러므로 이 운동에 참여하는 자들은 어떠한 고난과 희생을 당한다 할지라도 끊임없이 우상 숭배적인 현실에 저항하고 하나님의 말씀과 예수의 증언을 실행하는 해방 실천이 필요한 것이다. 또한 다른 모든 학문들도 마찬가지이지만, 특히 신학의 최우선의 과제는 현시대를 종말론적 위기의 시대로 인식하면서 새 예루살

76) 김재준, "일본 친구들에게," 『김재준전집』 제18권, 106.
77) 이러한 이병학의 새로운 해석과 다른 학자들은 관점을 비교하여 보라. 김경재, 『김재준 평전: 성육신신앙과 대승 기독교』 (서울: 삼인, 2000), 199-204; 김경재, "장공의 '우주적 사랑의 공동체'에 관하여," 『장공사상 연구논문집』, 278-300; 같은 책에 있는 유동식, "장공의 역사의식과 민족 목회," 263-77; 장일조, "김재준의 범우주적 사랑의 공동체," 『신학연구』 제42호 (2001), 71-94.
78) 김재준, "역사의 원점을 향하여," 『김재준전집』 제18권, 100.

렘에서 흐르는 생명의 강이 사람들의 마음속에서 솟구치는 사랑의 샘으로 전환될 수 있는 평화와 정의가 지배하는 사랑의 연대적 공동체를 육성하는데 있다.

> "그러나 전 우주와 모든 피조물과 인간들과 천사들과 그밖에 또 무엇이 있다면 그것까지도 사랑으로 하나되는 '범우주적 사랑의공동체'가 신랑을 맞이하는 신부처럼 땅위에 임하여야 하겠습니다"[79]

> "우리가 세계적 사랑의 공동체, 더 나아가서 범우주적 사랑의공동체를 구현하기 위해서 우리의 모든 것을 바친다면 결코 부끄러움을 당하지 않을 것이며 그 공동체 안에서 함께 영생할 것입니다. 다만 그것이 일조일석에 될 것이 아니므로 장기전을 피할 수 없을 것입니다."[80]

> "우리의 종말론적 소망은 범우주적 사랑의 공동체 육성일 뿐입니다. 거기에 영생이 있습니다. 모든 학문은 이 길에 공헌함으로써 그 영광에 동참하는 것입니다."[81]

이처럼 우주적 사랑의 공동체 운동은 요한계시록의 천년 왕국과 새 창조와 평화의 나라, 새 예루살렘의 빛에서 이 세계를 비판적으로 조명하면서, 그 유토피아적 환상을 통해서 이 역사를 변화시키려는 신앙 실천인 것이다. 그러므로 김재준은 이러한 환상을 역사 속에서 구체적으로 실현하는 일에 투신하는 것이 이 땅위에서 살고 있는 그리스도인의 삶의 의미라고 강조하였다.[82] 우주적 사랑의 공동체 운동은 오늘날 경제 정의 운동, 평화 운동, 농민 운동, 여성 운동, 매매춘 반대 운동, 인권 운동, 생태학적 운동, 노동조합 운동, 그리고 이주 노동자 권리 운동 등 다양한 문제들과 씨름하면서 대안을 추구하는 여러 사회운동들과 비정부 기구들의 운동과 직결된다.

---

79) 김재준, "범우주적 사랑의 공동체," 『김재준전집』 제16권, 353.
80) 김재준, "우주적 사랑의 공동체," 『김재준전집』 제18권, 532.
81) 김재준, "학문의 세계," 『김재준전집』 제18권, 527.
82) 김재준 "예언자의 성격과 사명," 『김재준전집』 제12권, 464.

## Ⅳ. 결론: 요한계시록의 종말론의 정치적 차원

김재준의 요한계시록 해석과 실천은 아직까지 통용되고 있는 미래적이고 말세적인 해석들의 오류를 극복하게 할 뿐만 아니라, 사회 변혁과 교회 혁신을 위한 요한계시록의 힘을 새롭게 성찰하게 한다. 요한계시록은 우리로 하여금 "가난하고 죄 많고 병들고 천대받고 갇히고 눈먼 인간들 가운데서 그들의 친구, 그들의 대변자, 그들의 해방자, 그들의 대속자로서 살다 죽고 부활한"[83] 예수가 이 역사 속에서 평화의 나라를 시작하기 위해서 지금 현재 우리 가운데 현존하고 있다는 확신과 희망을 가지고 미래를 긍정적으로 바라보게 한다.

요한계시록의 주안점은 세계의 종말이나 예수의 재림에 있는 것이 아니라, 이 세계 속에 있는 폭력과 억압에 대한 하나님의 심판에 있으며, 또한 로마 제국의 억압적 체제에 저항하는 그리스도인들과 함께 하는 부활한 예수의 현존을 증언하는 데 있다. 예수의 죽음과 부활을 통해서 현재는 남녀 순교자들과 억울한 희생자들의 부활이 가능한 카이로스의 시간이 되었다. 성령을 체험한 그리스도인들이 우상과 대결하면서 부활한 예수의 사역을 계승하고 있다는 점에서 부활의 힘은 역사적이다.

요한계시록은 오늘날 역사 속에서 보이지 않는 세력으로 작용하는 사탄의 힘과 하나님의 힘을 분별할 수 있는 영성을 우리에게 제공하며, 오늘 우리의 상황에서 용과 짐승과 거짓 예언자가 무엇이며,[84] 어디에 있는지를 식별할 수 있는 기준을 제공한다.

요한계시록에서 종말은 정적인 상태가 아니라, 현재의 폭력의 역사를 심판하는 동적인 행동을 뜻한다. 종말론적이라는 것은 세계의 파멸이 임박하다는 것을 뜻하지 않고, 오히려 하나님의 개입과 부활한 그리스도의 현현을 통해서 이 세계 안에 있는 억압받고 착취당하는 약자들의 고난과 억압이 끝장날 때가 임박하다는 것을 의미한다. 이런 점에서 미래는 정적으로 존재하는 것이 아니라, 현재 속으로 오고 있는 것이다[85]

요한계시록의 종말론은 역사의 종말과 피안의 세계에 대한 추상적인 담론이 아니라, 묵시문학적 짐승들과 사탄과 그들의 추종자들에 대한 심판을 통해서 폭

---

83) 김재준, "역사의 끝날과 신앙인," 『김재준전집』 제11권, 111.
84) 계 13:1-18.
85) 계 1:8과 4:8을 참조하라.

력적인 현재의 시대를 끝장내고 힘없는 피해자들을 해방하는 구체적인 담론이다. 그러므로 종말은 이 세계에 대한 무서운 파괴가 아니라, 오히려 이 세계를 망하게 하는 억압자들을 심판하고 이 세계 안에 있는 모든 억압과 불의를 소멸시키는 것이며, 동시에 대안적인 새 세계를 시작하는 것을 의미한다.

요한계시록의 종말론은 최후의 심판과 개인적인 심판만을 지향하는 것이 아니라, 오히려 현재의 세계를 문제 삼는다는 점에서 역사적이고 정치적이다. 요한계시록의 종말론에서 세계의 미래가 여러 단계들로 되어 있는 이유는 현재의 부패한 역사를 점진적으로 변혁시키려고 투쟁하는 사람들에게 의미와 용기를 주기 위한 것이며, 또한 현재 속에서 선취할 수 있는 미래적인 요소들을 인식하게 하기 위한 것이다. 요한계시록의 유토피아적 환상은 불의에 저항하는 참여적인 남녀 그리스도인들에게 영감을 주고 역사의 방향을 이끌어간다. 왜냐하면 그러한 환상의 목적은 종말론적 미래의 현실을 보여주는 것 자체에만 있는 것이 아니라, 이러한 미래의 현실을 통해서 우리의 현실을 비판적으로 분석하고 변혁시키는 힘과 방향을 제공하는 데 있기 때문이다. 그러므로 천년왕국과 평화의 나라, 새 예루살렘이라는 유토피아적 환상이 우리에게 주는 의미는 그것이 역사 안에서 이루어질 수 있느냐 없느냐 하는 문제가 아니라, 그것이 현재 이 땅 위에서 하나님의 나라를 이루기 위해서 애쓰고 있는 그리스도인들의 신앙과 행동에 방향을 제시할 수 있는 힘이 있느냐, 없느냐의 문제인 것이다.

요한계시록은 결코 무실천과 수동성의 책이 아니라, 오히려 적극적인 증언과 저항을 요구하는 해방 실천의 책이다. 폭력의 역사를 변화시켜서 새 역사로 만들어 가는 사람들은 순교자들, 증인들, 예언자들, 그리고 짐승의 표를 받기를 거절하고 우상 숭배를 하지 않는 사람들이다. 그들의 증언과 저항이 사탄의 세력들을 물리치고 이 세계를 아름답게 변화시킨다. 요한계시록은 우리로 하여금 현재의 시간을 카이로스로, 회개의 시간으로, 저항의 시간으로, 그리고 투쟁의 시간으로 인식하게 하면서 종말론적으로 그리고 영적으로 살게 하며 또한 새로운 비전을 가지고 미래를 바라보게 한다.

김재준이 조직하였던 민주화 운동과 우주적 사랑의 공동체 운동은 무엇보다도 요한계시록의 종말론이 요구하는 저항의 영성과 저항의 윤리에 근거한 정치 참여이다. 작은 이익을 위해서 짐승에게 주체성을 양도하고 객체로 전락하여 불의한 체제에 적응하거나 동조하는 태도는 비성서적이다.[86] 이와 반대로 우상숭배와 불의에 대한 항거는 하나님과 그리스도에 대한 순종의 행위이다. 그의 정치

참여는 진실한 신앙에서 우러나온 행위이며, 또한 철저하게 성서적이며, 특히 요한계시록의 종말론에 깊이 뿌리박고 있다. 다시 말하면, 그의 투쟁의 힘은 성서에서 기인된 것이며, 그의 정치참여는 우상에게 저항하는 신앙 실천이었다.

그의 요한계시록 해석과 정치 참여는 한국의 민주화 운동과 교회갱신 운동에 커다란 영향을 주었으며, 최근에 한국에서 시도되고 있는 "생명신학"에도 영향을 주고 있다. 생명신학은 생명의 하나님과 죽음의 우상이 첨예하게 대결하고 있는 이 세계의 현실을 해석하고 목회적 전망을 제시하면서 죽음의 세력들과 투쟁하고 있는 약자들을 지지하고 그들과 연대하는 신학이다. 생명신학은 특히 신자유주의적 시장경제 체제에서 생산된 남녀 희생자들의 고통과 억울한 죽음의 원인들을 정치, 경제, 생태, 노동, 여성, 인종, 계층, 이념 등 다양한 영역으로부터 비판적으로 분석하고 생명을 위한 그들의 저항과 투쟁을 신학적으로 지지하면서 모두가 주체로서 살 수 있는 연대적인 삶의 공동체의 건설을 고무하는 데 중점을 두고 있는 새로운 신학적 목소리이다.[87]

이제까지 나는 김재준의 요한계시록 해석과 실천에 주안점을 두면서 요한계시록의 종말론과 정치참여의 상관관계를 살펴보았다. 그의 정치참여는 요한계시록의 저항의 윤리와 요한계시록의 종말론에 근거한 윤리적 행동이었다. 그의 정치참여는 철저하게 성서적이고 신앙적이었다. 그의 정치참여는 우상숭배적인 권력과 불의에 항거하고, 정의, 평화, 생명, 그리고 평등이 지배하는 민주주의 사회를 건설하고 민족통일을 실현하기 위한 한국교회의 정치참여의 필요성을 환기시킨다.

---

86) 김재준, "저항의 신학," 『김재준전집』 제11권, 167-69.
87) 생명신학적 성서해석에 관해서는 이병학, "내 곳간을 더 크게 짓고(눅 12:18): 시장의 우상화와 경제 정의," 「말씀과 교회」 27집(2001), 113-35; 이병학, "무죄한 자들의 억울한 죽음에 대한 위험한 기억(눅 13:1-9)," 「신학 연구」 제43집(2002), 81-105; 이병학, "가난한 여자들의 억울한 죽음"「살림」 3월호(2002), 70-80; 이병학, "경제인의 회개와 경제 정의(눅 16:1-13)," 「세계와 선교」 제180호(2002), 49-57을 참조하라.

・
・
・
제20장
# 김재준의 "어둔 밤 마음에 잠겨"에 대한 새로운 이해

## I. 서론적 성찰

요한계시록의 천상의 예배에서 불리는 찬송은 로마의 황제숭배를 비판하고 하나님과 십자가 처형을 당한 예수, 즉 도살된 어린 양을 찬양하는 정치적인 노래들이다. 김재준(1901-1987)이 작사하고 이동훈(1922-1974)이 작곡한 찬송 "어둔 밤 마음에 잠겨"(새찬송가 582장)는 매우 성서적이고 신앙 고백적인 노래이다. 이 찬송의 1-2절은 1967년에 나온 『개편 찬송가』 212장에 실렸으며, 3절은 1983년 12월 30일에 간행된 『통일찬송가』 261장에 처음으로 첨부되었다. 3절은 원래 1976년 3.1민주구국선언 사건[1]으로 구속된 문익환(1918-1994)이 감방에서 작사한 것인데 김재준이 그것을 채택한 것이다. 그러나 유감스럽게도 이 아름다운 찬송이 일부 교회에서는 불리지 않는다. 그 이유는 아마도 이 찬송의 가사가 비성서적이라는 오해 때문이거나, 또는 이 찬송이 정치적 중립이 아니라 당파성을 보이고 있다는 우려 때문일 것이다.

한 예를 들면, 1967년에 나온 『개편 찬송가』 546장에 실린 문익환이 작사한 찬송 "미더워라 주의 가정"(곽상수 작곡)의 가사는 역시 매우 성서적이고 신앙 고백적인 노래이다. 전두환 신군부가 정권을 잡은 시대에 문익환은 실정법을 어기고 1983년 3월 25일 중국 베이징을 경유해서 방북하여 김일성과 통일 회담을 했으

---

1) 1976년 3월1일 저녁 3·1절을 기념하는 명동성당 미사에서 이우정 교수에 의해서 낭독된 3·1민주구국선언문을 기초한 사람은 문익환이었다. 이 선언문의 일부는 다음과 같다: "그러므로 우리는 국민의 자유를 억압하는 긴급조치를 철폐하고 민주주의를 요구하다가 투옥된 민주인사들과 학생들을 석방하라고 요구한다. 국민의 의사가 자유로이 표명될 수 있도록 집회, 출판의 자유를 국민에게 돌리라고 요구한다. 다음으로 우리는 유신헌법으로 허울만 남은 의회정치가 회복되어야 한다고 주장한다.(...) 그러므로 민족통일은 지금 이 겨레가 짊어진 지상과업이다. 5천만 겨레의 슬기와 힘으로 무너뜨려야 할 절벽이다."

며, 10일 간의 일정을 마치고 일본을 경유하여 4월 13일 귀국하자마자 국가보안법 위반으로 체포되어 감옥에 갇히게 되었다.[2] 이러한 정치적 상황에서 문익환이 작사한 이 찬송이 찬송가위원회에 의해서 1983년 12월 30일에 간행된 『통일찬송가』에서 삭제되었다가 23년이 지난 후인 2006년 11월에 간행된 『새찬송가』 558장에 다시 수록되었다.

김재준이 작사한 찬송 "어둔 밤 마음에 잠겨"는 선교와 사회변혁을 위한 그리스도인의 소명과 교회의 사명을 표현하는 노래이다. 그는 1956년에 「십자군」이라는 잡지에 발표한 논문에서 선교와 사회변혁을 위한 그리스도인의 소명에 대해서 아래와 같이 말한다.

"그리스도가 하늘의 보좌를 버리시고 인간역사 안에 성육신하셔서 이 역사의 구원을 위하여 그 피의 최후의 한 방울까지 남김없이 쏟아 땅에 묻힌 '한 알의 밀'이 되신 것 같이 크리스천도 역사 안에 보냄 받은 것은 역사에서 도피하라는 것이 아니라 역사 안에 그 전 존재를 쏟아 그리스도의 속량 의지에 충실하라는 데 그 소명이 있는 것이다. 그러므로 우리는 이 주어진 한국의 정치, 경제, 교육, 문화의 각 부문에 그리스도의 정신이 그 조형이념이 되며 '魂(혼)'이 되게 하는 데 책임적으로 진력해야 한다."[3]

또한 그는 다른 논문에서 교회의 사명에 대해서 다음과 같이 말한다,

"교회의 생명은 그리스도의 모습을 인간들 안에 조형하는 데 있고, 현실사회가 하나님 나라의 성격으로 구성 운영되게 하는 데 있으며, 자유와 정의와 평화를 구체화하여 최고의 윤리적 가치를 정립하는 데 있다고 하겠다."[4]

이러한 신학적 맥락에서 김재준은 그리스도인의 소명과 교회의 사명을 고취시키기 위해서 찬송 "어둔 밤 마음에 잠겨"의 가사를 지었다. 이 찬송은 오늘날의 바빌론의 제국주의가 지배하는 한반도의 암울한 현실을 정의, 평화, 생명, 평

---

2) 이 사건에 대해서는 문익환, 『걸어서라도 갈테야: 문익환 목사 북한 방문기』 (서울: 실천문학사, 1990)를 보라.

3) 김재준, "대한기독교장로회의 역사적 의의," 장공 김재준 목사 기념사업회 편, 『김재준전집』 제4권 (오산: 한신대학교출판부, 1992), 304.

4) 김재준, "크리스천으로서의 민족적 세계적인 사명," 『김재준전집』 제12권, 471-72.

등이 지배하는 요한계시록의 새 예루살렘의 대항현실로 변화시키기 위한 그리스도인의 소명과 교회의 사명을 일깨우는 노래이다. 그는 이 찬송을 요한계시록을 바탕으로 지었다. 그는 요한계시록을 깊이 연구했으며, 1969년에 출간된 그가 집필한 요한계시록 주석은 오늘날까지도 사람들에 큰 영향을 주고 있다.

이제 나는 찬송 "어둔 밤 마음에 잠겨"의 가사를 요한계시록의 관점에서 분석하고 해석함으로써 이 찬송의 성서적 의미를 분명하게 규명하고자 한다.


## II. "어둔 밤 마음에 잠겨"의 가사에 대한 신학적 해석

### 1. 요한계시록을 토대로 지은 가사

1절　어둔 밤 마음에 잠겨 역사에 어둠 짙었을 때에
　　　계명성 동쪽에 밝아 이 나라 여명이 왔다
　　　고요한 아침의 나라 빛 속에 새롭다
　　　이 빛 삶속에 얽혀 이 땅에 생명 탑 놓아 간다

2절　옥토에 뿌리는 깊어 하늘로 줄기 가지 솟을 때
　　　가지 잎 억만을 헤어 그 열매 만민이 산다
　　　고요한 아침의 나라 일꾼을 부른다
　　　하늘 씨앗이 되어 역사의 생명을 이어 가리

3절　맑은 샘 줄기 용솟아 거치른 땅을 흘러 적실 때
　　　기름진 푸른 벌판이 눈앞에 활짝 트인다
　　　고요한 아침의 나라 새 하늘 새 땅아
　　　길이 꺼지지 않는 인류의 횃불 되어 타거라


이 찬송의 가사에 나오는 밤, 어둠, 빛, 생명, 가지, 잎, 열매, 만민, 맑은 샘(=강). 계명성(=새벽 별), 새 하늘과 새 땅 등은 모두 요한계시록 21-22장에 나타나는 용어들이다. 바빌론의 현실은 억압, 빈곤, 착취, 눈물, 죽음, 애통, 통곡, 그리고 아픔이다. 그러나 새 예루살렘의 현실은 이러한 바빌론의 현실과 정반대이다.

"3 내가 들으니 보좌에서 큰 음성이 나서 이르되 보라 하나님의 장막이 사람들과 함께 있으매 하나님이 그들과 함께 계시리니 그들은 하나님의 백성이 되고 하나님은 친히 그들과 함께 계셔서 4 모든 눈물을 그 눈에서 닦아 주시니 다시는 사망이 없고 애통하는 것이나 곡하는 것이나 아픈 것이 다시 있지 아니하리니 처음 것들이 다 지나갔음이러라"(계 21:3-4).

새 예루살렘은 지배와 차별로부터 자유로운 형제자매적인 다문화적 공동체이다.

"1 또 그가 수정 같이 맑은 생명수의 강을 내게 보이니 하나님과 및 어린 양의 보좌로부터 나와서 2 길 가운데로 흐르더라. 강 좌우에 생명나무가 있어 열두 가지 열매를 맺되 달마다 그 열매를 맺고 그 나무 잎사귀들은 만국을 치료하기 위하여 있더라. 3 다시 저주가 없으며 하나님과 그 어린 양의 보좌가 그 가운데에 있으리니 그의 종들이 그를 섬기며 4 그의 얼굴을 볼 터이요 그의 이름도 그들의 이마에 있으리라. 5 다시 밤이 없겠고 등불과 햇빛이 쓸 데 없으니 이는 주 하나님이 그들에게 비치심이라 그들이 세세토록 왕 노릇 하리로다"(계 22:1-5).

## 2. 김재준 작사의 1-2절에 대한 해석

김재준이 작사한 이 찬송의 1절에서 "어둔 밤 마음에 잠겨 역사에 어둠 짙었을 때에"는 억압과 고난으로 점철된 한국의 역사와 사람들을 진리로 이끌지 못하고 도리어 미혹하는 미신과 우상숭배의 기나긴 역사를 가리킨다. "계명성 동쪽에 밝아"는 예수 그리스도의 복음이 동양에 위치한 우리나라에 전파됨으로써 억압과 고난의 역사와 미신과 우상숭배의 역사로부터 우리 민족을 구원하고 해방하는 생명의 빛이 비추어졌다는 것을 뜻한다. "계명성"(참조, 사 14:12)은 하늘의 보좌에 메시아로 앉아 있는 예수를 상징하는 "광명한 새벽 별"(계 22:16)과 동일시된다. 어린 양 예수는 새 예루살렘을 환히 비추는 등불이다: "그 성은 해나 달의 비침이 쓸 데 없으니 이는 하나님의 영광이 비치고 어린 양이 그 등불이 되심이라"(계 21:25). 로마의 폭력의 희생자인 어린 양 예수가 새 예루살렘의 등불이므로 그 곳에는 어둠속에 방치된 약자들이 없다.

"이 나라 여명이 왔다"는 것은 예수 그리스도의 복음이 한국에 전파됨으로써 구원의 여명이 비추었다는 것을 의미한다, 그러나 한국선교는 미국 선교사들이 조선에 입국함으로써 시작된 것이 아니라, 그들이 오기 전에 이미 조선 청년들이 중국에 가서 스코틀랜드 선교사들로부터 세례를 받고, 우리말 성서 번역에 참여하였으며, 그들이 귀국하여 복음을 우리나라에 전파하고 교회를 세움으로써 시작되었다. 이것은 기독교가 한국인들에 의해서 우리나라에 주체적으로 수용되었다는 것을 의미한다.

1884년 의료선교사 알렌(H. N. Allen)이 조선에 입국했고, 1885년 4월 5일 미국 북감리교회의 아펜젤러 부부와 미국 북장로교회의 언더우드가 선교사로 제물포항으로 들어왔다. 그러나 1885년 미국 선교사들이 내한하기 전에 이미 평안도 의주 출신인 백홍준, 이응찬, 이성하, 김진기가 1876년 국경지역의 고려문에서 스코틀랜드의 장로교 선교사 로스(John Ross, 1842-1915)와 매킨타이어(John McIntyre, 1837-1905)로부터 전도를 받고 중국어 성경을 읽고 신자 되기를 결심하여 1879년에 만주 영구(營口)의 우장장로교회에서 개별적으로 서로 다른 날짜에 세례를 받았으며, 또한 서상륜을 비롯한 한국 청년들이 로스의 우리말 성서 번역에 참여했다. 이러한 한국 청년이 한글로 번역된 복음서를 가지고 귀국하여 복음을 전파하고 의주와 송천에 교회를 세웠다. 미국 선교사들이 조선에 왔을 때, 황해도 송천에서 58세대의 주민들 중에 50세대의 주민들이 이미 예수를 믿는 기독교인이었으며, 언더우드가 1885년 7월 초에 서울에서 세문안교회를 창립하고 첫 예배를 드린 14명 중에 13명은 이미 예수를 믿고 있는 신자들이었다.

"고요한 아침의 나라"는 물론 조선(朝鮮)이라는 이름 그대로 우리나라를 가리킨다. "고요한 아침의 나라 빛 속에 새롭다"는 것은 복음을 통해 생명의 빛을 받아서 미신과 우상숭배를 타파할 뿐만 아니라 억압과 차별의 사슬을 끊는 개혁과 변화가 우리나라에 일어나기 시작했다는 것을 의미한다.

"이 빛 삶속에 얽혀 이 땅에 생명 탑 놓아 간다"는 것은 복음을 통한 생명의 빛으로 "이 땅," 즉 한반도를 모든 사람들의 생명과 인권이 보호되는 새 예루살렘으로 변화시켜야 할 선교적 소명이 우리에게 있다는 것을 의미한다. 우리에게 생명과 호흡을 준 것은 전래된 미신이나 우상이 아니라, 창조주 하나님이다. 바울은 아래와 같이 증언한다.

"24 우주와 그 가운데 있는 만물을 지으신 하나님께서는 천지의 주재시니 손으로 지은 전에 계시지 아니하시고 25 또 무엇이 부족한 것처럼 사람의 손으로 섬김을 받으시는 것이 아니니 이는 만민에게 생명과 호흡과 만물을 친히 주시는 이심이라 26 인류의 모든 족속을 한 혈통으로 만드사 온 땅에 살게 하시고 그들의 연대를 정하시며 거주의 경계를 한정하셨으니 27 이는 사람으로 혹 하나님을 더듬어 찾아 발견하게 하려 하심이로되 그는 우리 각 사람에게서 멀리 계시지 아니하도다" (행 17:24-27).

우리는 창조주 하나님이 우리에게 주신 생명과 호흡을 존귀하게 여기는 인권 사상을 가지고 이웃의 생명과 호흡을 지키면서 더불어 평화롭게 살아야 하고, 또한 하나님이 자연에게도 주신 생명과 호흡을 보호하면서 사는 것이 하나님의 뜻이라는 것을 알아야만 한다. 폭력과 억압과 착취로 남의 생명과 호흡을 빼앗거나 줄이고 또 자연을 파괴하는 행위는 창조주 하나님 앞에서 큰 죄악이다. 그러므로 "이 땅에 생명 탑 놓아 간다"는 것은 바로 우리 개개인이 인간의 생명과 호흡을 지키고 또한 자연을 보호하기 위해서 반생명적인 사회의 구조와 세계를 변화시키는 윤리적 행동을 선택하면서 살아야 한다는 것을 의미한다.

2절에서 "옥토에 뿌리는 깊어 하늘로 줄기 가지 솟을 때"는 새 예루살렘의 중앙에 흐르는 생명수의 강 양편에 가로수처럼 줄지어 서 있는 생명나무를 가리킨다. 새 예루살렘은 아름다운 에덴동산 같은 전원도시로 설계되어 있고, 공해와 환경오염과 물 부족이 없고 새 예루살렘의 시민은 누구나 신선한 공기와 생명수를 마음껏 마시면서 살 수 있다. 이 생명나무는 새 예루살렘의 좋은 땅에 뿌리를 박고 생명수 강으로부터 수분을 섭취하기 때문에 무성하게 자라고 있다.

"가지 잎 억만을 헤어 그 열매 만민이 산다"는 것은 새 예루살렘에 사는 만민은 생명나무가 일 년 내내 매달 다른 열매를 맺기 때문에 누구나 굶주림이 없이 배불리 먹을 수 있다는 것을 의미하며, 또한 생명나무 잎사귀들이 만민을 치료하는 약재로 쓰이기 때문에 그들은 바빌론에서 얻은 정신적 육체적 질병을 치료받고 모두 건강하게 산다는 것을 의미한다. 오늘날 세계도처에서 수많은 가난한 사람들과 어린이들이 정치적 억압 아래서 고난당하고 있으며, 그리고 그들은 오염된 물을 마시고 병에 걸리고 식량부족으로 인해 굶주리고 영양결핍으로 죽어가고 있다. 또한 인간의 탐욕으로 인한 환경파괴와 기후위기로 지구가 점차 오염되고 병들고 있다. 그러므로 이 구절은 우리가 약자들을 위한 나눔과 연대의 실천을 통해서 그리고 환경운동을 통해서 한반도와 세계의 현실을 새 예루살렘의 대항현실로 변화시켜야 한다는 것을 의미한다. 새 예루살렘은 생태적 도시이며, 인간에 의한 인간의 지배로부터 자유로운 형제자매적인 평등공동체이며, 만민이 함께 사는 다문화적 공동체이다.

"고요한 아침의 나라 일꾼을 부른다"는 것은 바로 우리 한국 그리스도인들이 한반도와 세계를 새 예루살렘으로 변화시키는 일에 헌신할 일꾼으로서의 소명을 받았다는 것과 한국교회가 그러한 일을 하도록 사명을 받았다는 것을 의미한다. 우리는 생명의 복음으로 분단된 한반도를 변화시키고 통일을 이룩할 일꾼으로서 그리고 복음을 온 세계에 전하는 선교를 위한 일꾼으로서의 소명을 받았다.

"하늘 씨앗이 되어 역사의 생명을 이어 가리"는 그리스도인들 개개인이 오늘날 불의와 탐욕의 우상숭배가 지배하는 이 세계를 새 예루살렘으로 변화시키기 위해서 이 땅 위에 심어지는 한 알의 씨앗이 되어야 할 거룩한 소명이 있다는 것을 의미한다.

요한계시록에서 역사는 하나뿐이다. 역사는 동전처럼 하나이지만 땅과 하늘이라는 두 차원을 가지고 있다. 땅은 역사의 가시적 그리고 경험적 차원을 상징하고, 하늘은 역사의 불가시적 그리고 초월적 차원을 상징한다. 그러므로 "하늘 씨앗"은 곧 땅에 심어지는 생명의 씨앗을 의미한다. 요한계시록에서 종말은 역사의 종말을 의미하는 것이 아니라, 역사 안에 있는 모든 불의를 소멸시키는 것을 의미한다. 즉, 요한계시록에서 종말은 세계의 멸망이나 역사의 종말을 의미하는 것이 아니라, 불의와 폭력과 전쟁과 고난으로 점철된 이 폭력의 역사의 종말을 의미한다. 우리가 경험하는 이 폭력의 역사는 지금처럼 이대로 계속되는 것이 아니라, 언젠가는 하나님의 심판으로 끝날 것이다. 하나님은 이 폭력의 역사와 고난의 역사를 끝내시고 새로운 세계, 즉 정의, 평화, 평등, 자유, 사랑, 그리고 생명이 지배하는 새 예루살렘을 시작하실 것이다. 이러한 새 예루살렘은 역사의 완성이다.

천상의 예수 그리스도는 폭력의 역사의 진행을 중단시키고 끝내기 위해서 지금 현재 우리에게 오시고 있으며, 이미 우리 가운데 임재하고 있다. 우리는 지배와 억압으로부터 자유로운 형제자매적인 평등 공동체를 상징하는 새 예루살렘을 이 땅 위에서 선취하기 위해서 예수와 함께 불의에 저항하고 싸워야만 한다, 우리는 하나님이 창조하신 인간의 생명과 호흡을 빼앗거나 줄이는 바빌론의 제국주의 세력에 저항해야 하며, 반생명적인 이 세계의 구조를 변화시키는 일을 해야만 한다, 그것이 바로 역사의 완성을 바라보면서 "하늘 씨앗이 되어 역사의 생명을 이어 가는" 그리스도인의 새로운 삶의 스타일이다.

## 3. 문익환 작사의 3절에 대한 해석

3절에서 "맑은 샘 줄기 용솟아 거치른 땅을 흘러 적실 때"는 하나님과 어린 양의 보좌로부터 흘러 나와서 힘차게 흐르는 수정 같이 맑은 생명수의 강이 한반도에 흐르는 것을 소망하는 표현이다(계 22:1-2). 맑은 생명수의 강은 거친 불모의 땅을 비옥한 땅으로 변화시킨다. 이것은 오늘날 인간의 탐욕과 환경파괴로 인한 오염된 대지와 물 부족 현상에 대한 생태학적 비판으로 이해될 수 있다. 이러한 "맑은 샘," 즉 생명수의 강의 근원은 하나님과 어린 양 예수 그리스도이다. 새 예루살렘의 시민들은 이러한 맑은 생명수의 강물을 마시고 산다.

"기름진 푸른 벌판이 눈앞에 활짝 트인다"는 이 생명수의 강이 지금 한반도에 흘러서 분단의 장벽을 무너뜨리고 통일을 성취함으로써 눈앞에 펼쳐지는 한반도의 광활한 벌판과 풍요로운 삶을 가리키는 희망의 상(像)다. 생명수의 강은 사람들의 갈증을 해소하는 식수를 제공할 뿐만 아니라, 생명의 강 양편에 무성하게 서 있는 생명나무에 수분을 제공하여 생명나무가 꽃피우고 달마다 다른 열매를 많이 맺도록 한다. 새 예루살렘의 시민들이 생명나무의 열매를 배불리 먹고 살 듯이 통일된 한반도에서 우리 민족은 푸른 벌판의 소산으로 풍요롭게 살게 될 것이다, 생명나무는 단수로 한 구루의 나무를 뜻하는 것이 아니라, 복수로 가로수처럼 서 있는 많은 나무를 뜻한다.

"고요한 아침의 나라 새 하늘 새 땅아"는 바로 한국교회가 우리나라와 전 세계를 새 하늘 새 땅, 즉 새 예루살렘의 대항현실로 변화되도록 일해야 할 선교적 사명과 사회적 책임이 있다는 것을 의미한다. 여기서 "새 하늘 새 땅"은 요한계시록 21:1-8에서 따온 것이다(참조, 벧후 3:13; 사 65:17; 사 66:22), 거룩한 성 새 예루살렘이 하늘에서부터 땅으로 내려온다(계 21:2). 그러므로 우리는 억압과 차별과 빈곤과 죽음이 지배하는 바빌론의 제국주의와 전쟁체제가 끝나고 정의, 평화, 평등, 그리고 생명이 지배하는 새 예루살렘이 도래할 것을 믿으면서 불의와 차별과 모순에 저항하면서 살아야만 한다. 우리는 새 예루살렘에 세워진 하나님의 장막 속에서 안전하게 살게 될 것이다. 새 예루살렘은 인종과 국적과 피부를 초월해서 모두가 평등하게 사는 다문화적 공동체이다. 하나님은 로마 제국이 자신의 백성이라고 주장하는 억눌린 사람들을 해방시켜서 하나님의 백성으로 삼으신다(계 21:3). "하나님은 친히 그들과 함께 계셔서 모든 눈물을 그 눈에서 닦아 주시니 다시는 사망이 없고 애통하는 것이나 곡하는 것이나 아픈 것이 다시 있지 아니하리니 처음 것들이 다 지나갔음이러라"(계 21:4). 새 예루살렘에서는 로마 제국의 지배 아래서 그들이 매일 경험하던 죽음, 슬픔, 통곡, 아픔이 더 이상 없다. 우리는 이제 모두 생명수 샘물을 마시면서 하나님의 아들과 딸로서 평등하게 살게 된다(계 21:7).

"길이 꺼지지 않는 인류의 횃불 되어 타거라"는 한국교회가 통일운동과 평화운동과 반전운동에 앞장서고, 우리 민족뿐만 아니라 세계 인류의 구원과 인간화를 위한 민주주의와 인권 운동과 세계선교의 소명을 감당하는 횃불이 되어야 한다는 것을 의미한다. 하나님은 언젠가는 반드시 전쟁체제를 소멸시키고 폭력의 역사를 단절시킬 것이다. 무고한 약자들을 억압하고 착취하고 희생시키는 바빌론의 제국주의 세력과 우리의 생명과 호흡을 파괴하는 전쟁체제를 반대하고 약자와 연대하면서 정의, 평화, 평등, 그리고 생명이 지배하는 새 예루살렘을 선취하기 위해서 대항실천을 하는 것이 성서적이고, 윤리적이고, 그리고 인간적인 삶이다.

## III. 결론

위에서 살펴본 것처럼 김재준 작사의 "어둔 밤 마음에 잠겨"(새찬송가 582장)는 그리스도인 소명과 교회의 사명을 고취하기 위해서 요한계시록을 바탕으로 지어진 노래이다. 이 찬송은 우리 사회와 세계의 변혁을 위한 그리스도인의 소명과 교회의 사명을 재확인하고 권력과 자본을 숭배하는 바빌론의 제국주의 세력이 지배하는 한반도와 세계의 현실을 지배로부터 자유로운 평등한 공동체를 상징하는 새 예루살렘의 대항현실로 변화시키는 일에 헌신하도록 부르시는 하나님께 순종할 것을 결단하도록 고무한다.

우리 민족의 가장 큰 슬픔은 한반도의 분단이다. 이산가족은 매일 눈물과 안타까움을 안고 살고 있다. 한반도의 통일을 가로막는 제일 큰 세력은 권력과 자본을 숭배하는 오늘의 바빌론인 강대국의 제국주의이다.[5] 교회는 사회와 세계를 변화시키는 평화의 누룩이 되어야 한다.

이 찬송은 인간의 생명과 호흡을 파괴하는 제국주의 전쟁체제의 소멸과 분단

---

5) 홍근수, 『기독교와 정치』 (서울: 도서출판 한울, 1988), 269.

된 한반도의 자주적 통일과 세계평화와 민주주의를 위해서 일하도록 우리에게 결단을 요구하는 노래이다. 이 찬송은 어둠에 방치된 희생자가 없도록 인권과 민주주의의 횃불을 밝히고 분단을 극복하고 한반도의 재통일을 성취하고 민족의 화해와 세계평화를 도모하는 것이 하나님이 우리에게 주신 사명이라는 것을 깨닫게 한다.

# 에필로그:
# 왜 우리는 요한계시록의 음성을 들어야 하는가?

요한계시록은 성서의 마지막 음성이다. 그러나 요한계시록의 음성은 우리가 침묵시켜서는 안 되고 반드시 듣고 선포해야할 긴급한 음성이다. 요한계시록에서 계시는 "폭로"와 "드러냄"을 의미한다. 계시는 하나님의 권세를 찬탈한 로마 황제의 권력을 폭로하고 하나님이 자신의 권력을 되찾아서 세계를 지배하신다는 것을 드러낸다. 계시의 빛은 로마의 폭력을 은폐하는 제국의 담론의 거짓을 비추어주고 하나님이 세계의 통치자라는 사실을 드러낸다. 요한계시록은 폭력의 역사와 고난의 역사의 끝남과 대안적 세계의 시작을 갈망하는 억눌린 약자들을 위해서 희망을 재건하고, 그들로 하여금 로마의 제국주의와 우상 숭배적 문화에 적응하거나 동화되지 않고 저항하도록 고무한다.

나는 이 책에서 내가 듣고 이해한 요한계시록의 음성을 말하려고 했다. 내가 이해한 요한계시록의 중요한 점들은 아래와 같다.

(1) 요한계시록은 미래에 발생할 사건들을 예언하는 책이 아니라, 지금 현재 카이로스에 짐승들과 대결하고 있는 그리스도인 공동체를 위로하고 격려하는 책이다. 요한계시록의 저자 요한은 성서를 읽고 거기서 그의 시대의 현실을 인식했다. 그는 히브리 성서와 유대 묵시문학 작품들 중에서 특히 에티오피아어 에녹서(=에녹1서)에 매우 박식하고 로마의 제국주의와 문화를 사회적 약자의 관점에서 분석하고 비판하는 행동하는 지식인이었다. 그러므로 그는 정치적 제재를 당하여 밧모 섬에 유배되었다. 그러나 그는 거기서 그의 계시의 책을 써서 본토에 있는 그리스도인들의 반제국적 저항과 투쟁을 강화시켜주었다. 그러므로 우리는 성서에서, 특히 요한계시록에서 우리 자신의 현실과 우리의 역사를 재발견하고 인식해야만 한다.

(2) 요한계시록은 약자와 희생자들의 관점을 보여준다. 요한계시록의 저자는 사회의 낮은 곳으로부터, 주변부로부터, 그리고 약자와 희생자들의 관점으로부터 현실을 인식하였다. 그는 로마 제국의 중심부인 수도 로마의 전경의 휘황찬란한 광채에 눈이 멀지 않았고, 이면에서 벌어지는 폭력을 경험하였고, 어둠 속에

방치된 약자들의 고난과 서러움을 인식하였다. 그러므로 그는 십자가 처형을 당한 예수를 도살당한 어린 양으로 표현했다. 그는 그리스도인들로 하여금 아래로부터 그리고 주변부로부터의 시각으로 약자들이 고난당하는 현실을 인식하는 것을 연습하도록 권고했다. 권리와 정의를 위한 요한계시록의 외침은 오직 "정의에 주리고 목마른 자"(마 5:6)에게만 들릴 수 있다.

(3) 요한계시록은 구원의 현재적 경험을 강조한다. 요한은 십자가라는 단어를 사용하지 않았지만 역사적 예수의 십자가 처형을 전제하고 그의 계시의 책을 썼다. 로마인들에 의해서 갈보리에서 십자가 처형을 당하기까지 약자들을 사랑한 예수의 과거의 구원행위로 인해서 그리스도인들이 지금 현재의 시간에 회개함으로써 죄의 용서를 받고 죄의 세력으로부터 해방되었으며 또한 나라와 제사장으로 변화된 구원을 경험을 하고 있다(계 1:5-6). 회개 없이 용서는 없다. 그들은 회개하고 예수를 그리스도로 고백한 주체였다. 이러한 구원의 현재적 경험이 천상의 예수의 미래적 다시 오심을 믿는 근거이다. 구원의 현재적 경험이 없는 사람은 예수의 미래적 재림을 믿지 않는다. 하나님은 예수 안에서 이미 오신 자이며 그리고 예수 안에서 장차 오실 자다. 요한계시록은 천상의 예수의 다시 오심의 목적이 폭력의 역사의 진행을 단절시키기 위한 것이라는 것을 분명하게 보여준다. 그런데 예수는 로마 제국의 압제 아래서 고난당하는 약자들과 연대해서 싸우고 그들과 함께 살기 위해서 미래적인 재림의 날 이전에, 카이로스인 지금 현재의 시간에 온다고 거듭해서 약속했다. 그러므로 우리는 예수의 미래적 재림을 믿을 뿐만 아니라 카이로스인 지금 현재의 시간에 교회 안에 그리고 이 사회와 세계 안에 임재하고 있는 예수와 함께 권리와 정의를 위해서 불의에 저항하고 비폭력적으로 싸워야만 한다.

(4) 요한계시록의 저자는 로마 제국의 억압의 구조를 용(악마와 사탄과 동일시되는 반신적이고 야수 같은 세력의 상징), 바다에서부터 올라온 짐승(=제국주의 세력) 그리고 땅에서부터 올라온 짐승(친로마적인 토착 권력자들)으로 분석하고, 이러한 억압의 구조을 인식할 수 있는 지혜를 가지고 비폭력적으로 부단히 저항할 것을 그리스도인 공동체에게 권고했다(계 13장). 요한계시록은 황제숭배만을 비판하는 것이 아니라, 로마의 불의한 경제 체제와 독점무역 체제에 대해서도 역시 비판한다. 열 뿔과 일곱 머리가 달린 무시무시한 짐승은 로마의 정치적 군사적 측면을 상징하는 메타포(metaphor)이고, 금잔을 들고 있는 음녀는 식민지의 약자들의 고혈을 빨아먹는 로마의 경제적 측면을 상징하는 메타포이다. 음녀가 짐승을 타고 있다는 것

(계 17:3)은 로마의 경제적 성취가 로마의 정치적 군사적 지원을 통한 것이라는 것을 의미한다. 그러나 로마는 조공을 받는 토착 왕들도 있었지만 자체적인 모순으로 인해서 파멸되었다. "네가 본 바 이 열 뿔과 짐승은 음녀를 미워하여 망하게 하고 벌거벗게 하고 그의 살을 먹고 불로 아주 사르리라"(계 17:16). 우리는 약자들을 희생시키는 사탄의 세력과 오늘의 제국주의 세력에 대항해서 싸우기 위해서 요한계시록을 읽고 오늘의 제국이 무엇이며 오늘의 짐승들이 무엇인지를 인식해야만 한다. 오늘날의 제국주의는 지구적 자본의 제국과 시장의 제국이라는 새로운 얼굴이며, 신자유주의적 세계화의 경제 구조이며, 우리의 사고와 문화와 정치를 지배하는 체제이다.

(5) 요한계시록은 역사는 하나뿐이지만 두 차원이 있다는 것을 보여준다. 땅은 역사의 가시적 경험적 차원을 상징하고, 하늘은 역사의 불가시적 심층적 차원을 상징한다, 땅에는 로마 황제의 보좌와 황제숭배가 있고, 하늘에는 하나님의 보좌와 천상의 예배가 있다. 요한계시록은 감추어진 하늘의 대항현실(counter-reality)을 드러내고, 로마의 제국주의 지배로 인한 땅의 살인적인 현실(reality)을 들추어내고 폭로한다. 로마 제국은 수많은 무고한 자들을 학살하고 그들을 망각에 빠트리고 역사에서 지워버렸다. 그러나 요한계시록은 죽은 자들이 모두 하늘에서 살아 있다는 사실을 보여준다. 순교자들은 천상의 제단아래 모여서 "어느 때까지?"라고 하나님에게 악인들에 대한 심판을 탄원하고 자신들을 희생시킨 폭력의 역사에 항의한다. 또한 하늘에 살아 있는 셀 수 없이 큰 죽은 자들의 무리(오클로스)가 하나님과 어린 양을 찬양하고 예배한다. 산 자들이 죽은 자들을 망각하는 것은 비성서적이고, 비윤리적이고, 비인간적이다. 이러한 천상의 현실에 대한 환상은 제국의 현실을 재규정하고 로마의 제국주의 지배를 합법화하는 제국의 담론을 비판하는 대항담론의 매개(medium)로서 기능한다. 그리스도인의 정체성은 불이익을 당하더라도 제국의 담론을 거부하고 이러한 대항담론의 수용을 통해서 확인된다.

(6) 요한계시록의 저자는 로마의 제국주의에 의해서 피 흘린 그리스도인 희생자들뿐만 아니라 교회의 울타리 밖에 있는 로마의 제국주의 모든 희생자들과 연대했다. 하나님은 그리스도인 순교자들의 피 때문만이 아니라, 로마의 폭력의 모든 희생자들의 피 때문에 바빌론을 심판했다. 이것은 우리가 기독교인들의 억울한 죽음뿐만 아니라 교회 울타리 밖에 있는 모든 약자들과 무고한 비기독교인들의 억울한 죽음도 역시 기억하고 그들에게 연대감을 가지고 살아야함을 깨닫게

한다. 한국은 다종교 사회이다. 예수는 "내가 곧 길이요 진리요 생명이니 나로 말미암지 않고는 아버지께로 올 자가 없느니라(요 14:6)고 말했다. 이것은 타종교와 비기독교인들을 향한 말이 아니라, 예수의 십자가 처형을 목전에 둔 제자들이 실망하여 예수를 버리고 뿔뿔이 떠나가는 것을 막기 위해서 예수가 그들에게 하신 단호한 말씀이었다.

(7) 요한은 한편으로는 짐승이 악마와 사탄과 동일시되는 용으로부터 권력을 부여받았다고 하고, 다른 한편으로는 그것이 하나님으로부터 허락된 것이라고 하는 모순적인 표현을 했다(계 13:2, 4-7). 그가 그러한 모순적인 말을 한 이유는 무엇인가? 하나님이 세계를 다스리는 주인이지만 현실에서는 로마 황제가 하나님의 권력을 찬탈하여 세계를 다스리고 있다. 이러한 상황에서 요한은 이 세계가 악마의 손아귀에 넘어간 것을 인정할 수도 없었고 또한 제국주의가 지배하는 불의한 현실을 신학적으로 정당화할 수도 없었다. 그러므로 그는 이러한 모순적인 표현을 해야만 했다. 그러나 이러한 그의 모순적인 말에는 불의한 현실에 대한 항의와 대안적 세계를 향한 희망이 깃들어 있다는 것을 이해하는 것이 중요하다.

(8) 요한계시록의 심판론은 우리가 반드시 들어야 할 중요한 메시지다. 요한계시록의 저자는 심판의 소식이 복음이라고 했다(계 14:6-7). 요한계시록에서 심판은 남에게 저지른 불의가 가해자에게 그대로 되돌아가고 피해자에게 권리와 정의가 회복되는 것을 의미한다. 그러므로 심판은 기쁜 소식, 곧 복음인 것이다. 하나님은 피해자들에게 악행을 저지른 로마를 구약시대의 바빌론과 동일시하고 심판했다. "그의(=바빌론의), 죄는 하늘에 사무쳤으며 하나님은 그의 불의한 일을 기억하신지라"(계 18:5). "하늘과 성도들과 사도들과 선지자들아, 그로 말미암아 즐거워하라 하나님이 너희를 위하여 그에게 심판을 행하셨음이라"(계 18:20). 요한계시록에서 심판은 보복적 심판이다. "그들이 성도들과 선지자들의 피를 흘렸으므로 그들에게 피를 마시게 하신 것이 합당하니이다"(계 16:6). 이것은 피해자에게 저지른 불의가 반드시 가해자 본인에게 그대로 고스란히 되돌아간다는 것을 의미하는 성서적 "카르마(karma)"이다. 하나님은 악인들이 저지른 불의를 보고 있고 또 그들의 악행을 기억하신다. 그러므로 땅에서 약자들에게 억울한 죽음들을 선고한 불의한 재판의 파일은 하늘의 재심 재판에서 다시 개봉되어 조사되고 마침내 무효가 된다. 하나님은 피학살자들의 시체를 밟고 지나간 학살자들과 권력자들이 최후의 승리자들이 될 수 없도록 하신다. 요한계시록은 하나님이 세상의 불의를 모두 보고 있다는 것과 하나님이 마지막 선고를 내리는 심판자라는

것을 보여준다.

(9) 요한계시록은 로마의 제국주의 지배를 정당화하는 제국의 담론을 전복시키는 대항담론을 성도들에게 소개하고 수용하도록 권고한다. 제국의 담론은 "제국, 승리, 평화, 신앙, 구원, 그리고 영원"이라는 여섯 가지 신화들에 기반을 두고 있었다. 이러한 제국의 신화들의 목적은 사람들로 하여금 로마 제국의 이익에 부합하는 방식으로 현실을 인식하도록 가르치는 데 있었으며, 이로써 로마 제국을 절대화하고 로마의 제국주의 지배를 합법화하는 데 있었다. 이러한 상황에서 소아시아의 약자들의 고난과 죽음과 빈곤과 비참은 보이지 않게 은폐되었다. 그러나 요한은 천상의 대항현실에 대한 환상들을 통해서 현실을 덮고 있는 제국의 담론을 전복시켰으며 신화들을 뒤집었으며, 그리스도인들로 하여금 천상의 관점으로부터 우상 숭배적인 현실을 직시하도록 했다. 도미티아누스는 자신을 "주님과 하나님"으로 호칭하도록 했으며, 황제예배에 참석하는 짐승의 숭배자들은 그를 "우리 주님과 하나님"(dominus et deus noster)이라고 부르면서 부복하여 그를 예배했다. 그러나 하늘에서 네 생물과 스물네 장로들은 창조주 하나님을 "우리 주 하나님"이라고 부르고, 짐승의 추종자들이 황제에게 돌렸던 "영광과 존귀와 권능"을 하나님에게 돌리는 것이 합당하다고 찬양한다. "합당한"으로 번역된 그리스어 "악시오스"(ἄξιος)는 저울의 눈금이 정확하게 맞는 것을 의미한다. 천상의 예배에 참석한 수많은 무리는 ."구원하심이 보좌에 앉으신 우리 하나님과 어린 양에게 있도다"(계 7:10)라고 찬송하고 모든 피조물이 "보좌에 앉으신 이와 어린 양에게 찬송과 존귀와 영광과 권능을 세세토록 돌릴지어다."라고 찬송한다. 하늘에 있는 승리자들은 하나님을 찬양하면서 "만국의 왕이시여 주의 길이 의롭고 참되시도다"라고 노래한다. 이것은 요한계시록의 반제국적 신학을 극명하게 보여준다.

(10) 요한계시록은 로마의 압제와 학살의 현실에도 불구하고 노래와 찬송과 예배로 가득한 책이다. 짐승의 숭배자들은 지상에서 로마 황제를 신으로 숭배하고 그에게 충성한다. 그러나 . 하늘에 살아 있는 순교자들과 죽은 증인들은 천상의 예배에서 새 노래를 부르고, 하나님과 그리스도의 권세를 축하한다. 그들은 생전에 로마의 황제예배 요구를 거부했고 로마 제국의 우상숭배적인 문화에 동화되지 않았던 사람들이다. 그런데 어떻게 해서 지상에 있는 십사만사천(144,000)은 하늘에 살아 있는 죽은 자들이 천상의 예배에서 부르는 노래를 듣고 배워서 부를 수 있는 감수성을 가졌는가? 그 이유는 십사만사천이 죽은 자들의 증언과 저항

과 투쟁에 대한 역사적 기억을 보존하고, 그들과 기억연대의 공동체를 형성하고 있기 때문이다. 십사만사천은 세례를 받은 모든 사람들 전체를 상징한다. 144,000은 아무런 행동 없이 폭력의 역사가 끝나기를 기다리는 탈역사적인 사람들이 아니다. 그들은 예수 안에서 오시는 하나님의 임재를 느끼면서 저항하고, 기도하고, 노래하고, 예배하면서 대안적 세계를 상징하는 새 예루살렘을 선취하면서 산다. 요한계시록에서 예배는 하나님과 어린 양 예수에게 충성을 나타내는 자리인 동시에 로마의 제국주의에 대한 저항을 착수하는 자리이다. 그러므로 요한계시록에서 예배는 정치적이다.

(11) 요한계시록은 성도의 기도가 하나님에게 상달된다는 것을 고난당하는 그리스도인들에게 확신시켜준다. 이십사 장로들이 들고 있는 금 대접에 담긴 향(계 5:8)과 제단 곁에 서있는 천사가 들고 있는 금향로에 담긴 향(계 8:3)은 모두 지상에서 고난당하는 성도들의 기도를 상징한다. 고난당하는 성도들의 기도는 금향로에 담겨서 향연과 함께 하나님에게 상달되었다. "천사가 향로를 가지고 제단의 불을 담아다가 땅에 쏟으매 우레와 음성과 번개와 지진이 나더라"(계 8:5)라는 것은 바빌론의 압제 아래서 불의에 항의하고 탄원하는 성도들의 기도를 들으신 하나님의 심판을 상징한다. 그러므로 우리는 하나님에게 부르짖는 기도가 허공 속으로 사라지거나 망각되지 않고, 금향로에 담겨서 하나님에게 상달되고 언젠가는 반드시 응답될 것이라는 것을 확신할 수 있다. 하나님의 보좌 앞에 서 있는 죽임을 당한 어린 양 예수와 고난당하는 지상의 그리스도인들 사이의 견고한 연결은 바로 기도를 통한 것이다.

(12) 요한계시록은 역사는 하나뿐이지만, 역사는 초월적 차원과 경험적 차원을 가지고 있다는 것을 가르쳐준다. 땅은 역사의 가시적, 경험적 차원을 가리키고, 하늘은 역사의 불가시적, 초월적 차원을 가리킨다. 죽은 자들은 모두 역사의 초월적 차원을 상징하는 하늘에 살아 있다. 그러므로 죽은 자들을 배제하는 사회는 비인간적이고, 비윤리적이고, 비성서적이다. 복음서의 저자들은 예수 주변에 있는 고난당한 무리(오클로스)에 관심을 가지만, 요한계시록의 저자는 하늘에서 부활하여 흰옷을 입고 천상의 예배에 참석하는 수많은 죽은 자들의 무리(오클로스)에 관심을 가진다(계 7:9; 19:1, 6). 이것은 그가 로마의 폭력에 의해서 죽임을 당한 자들과 죽은 성도들이 망각에 빠지지 않도록 그들을 위해 기억투쟁을 하고 있다는 것을 의미한다. 요한계시록은 1세기 말엽의 소아시아의 그리스도인들에게만이 아니라, 오늘의 한국 그리스도인들에게도 죽은 자들을 위한 기억투쟁을 요구

한다.

(13) 천년왕국 환상의 기능은 수많은 무고한 자들을 학살한 로마의 폭력에 대한 비판이고 로마가 역사에서 삭제시킨 피학살자들을 위한 기억투쟁이다. 천년왕국에 있는 그리스도는 역시 로마의 폭력의 희생자이다. 하늘에서 부활하여 천년왕국의 보좌에 앉아 있는 죽은 자들은 하나님이 여신 천상의 법정의 재심을 통해서 원한이 풀리고 권리와 정의가 회복된 자들이다. 지상에서 폭력의 역사가 끝나는 순간이 천년이 차서 하늘의 천년왕국이 끝나는 순간과 같다.

(14) 요한계시록의 저자는 새 예루살렘의 구조를 이스라엘 열두지파 민족 공동체로부터 규정했다. "그 성의 성곽에는 열두 기초석이 있고 그 위에는 어린 양의 열두 사도의 열두 이름이 있더라"(계 21:14). 그는 1세기에 예수를 그리스도로 믿는 한 유대인으로서 새 예루살렘을 그렇게 생각했다. 초기 교회는 유대인들과 이방인들로 구성되었지만, 오늘의 교회에 유대인들이 없다. 그는 그리스도인들을 로마 당국에 밀고하고 비방한 일부 유대인들을 "사탄의 회당"이라고 불렀다(계 2:9; 3:9). 하지만 그는 예수를 메시아로 믿지 않는 동족인 유대인들에 대해서 거의 말하지 않았다. 우리는 그 이유를 모른다. 다만 우리는 바울서신에서 그리스도교와 유대교의 관계와 유대인들의 구원에 대한 설명을 들을 수 있다.

"25 형제들아 너희가 스스로 지혜 있다 하면서 이 신비를 너희가 모르기를 내가 원하지 아니하노니 이 신비는 이방인의 충만한 수가 들어오기까지 이스라엘의 더러는 우둔하게 된 것이라 26 그리하여 온 이스라엘이 구원을 받으리라 기록된 바 구원자가 시온에서 오사 야곱에게서 경건하지 않은 것을 돌이키시겠고 27 내가 그들의 죄를 없이 할 때에 그들에게 이루어질 내 언약이 이것이라 함과 같으니라 28 복음으로 하면 그들이 너희로 말미암아 원수 된 자요 택하심으로 하면 조상들로 말미암아 사랑을 입은 자라 29 하나님의 은사와 부르심에는 후회하심이 없느니라" (롬 11:25-29).

바빌론에는 사람들에게 고통을 주는 차별이 있지만, 새 예루살렘에는 아무런 서열이나 차별이 없으며, 인종 차별이나 성차별이 없이 모두가 평등하다. 죽은 자들은 천년왕국이 끝난 후 하늘에부터 내려오는 새 예루살렘에서 산 자들과 재회하여 영원히 살 것이다. 그러므로 죽은 자들도 미래에 대한 희망이 있다. 우리는 새 예루살렘이 죽은 자들과 산 자들의 공동의 희망이며 공동의 미래라는 것을 확신할 수 있다. 그러나 악인들에게는 이러한 미래가 없다.

(15) 요한계시록은 기독교적 삶의 의미는 하나님이 주신 사명을 완수하는 데 있다는 것을 가르쳐준다. 두 증인들이 짐승으로부터 죽임을 당한 것은 그들이 1,260일간 증언하는 사명을 다 마친 후다. "그들이 그 증언을 마칠 때에 무저갱으로부터 올라오는 짐승이 그들과 더불어 전쟁을 일으켜 그들을 이기고 그들을 죽일 터인즉"(계 11:7). 이것은 두 증인들이 하나님이 맡겨주신 사명을 완수하는 데 최선을 다했다는 것을 의미한다. 두 증인들은 한 쌍의 남녀 증인들이며, 그들은 교회의 구성원들을 상징한다. 그들은 결코 자신들의 업적을 자랑하지 않았다. 만일 우리가 그리스도를 따르는 제자직에 충실하면서 우리의 사명을 다 마친 후에 죽는다면, 우리는 "지금 이후로 주 안에서 죽는 자들은 복이 있도다"(계 14:13a)라고 하는 하늘의 음성을 들을 수 있을 것이다. 성령은 "그러하다 그들이 수고를 그치고 쉬리니 이는 그들의 행한 일이 따름이라"라고 우리를 인정해주실 것이다(계 14:13b). 두 증인이 부활하여 하늘로 올라갔듯이(계 11:11-12) 우리 역시 영광스러운 부활에 참여할 것이다.

(16) 요한계시록은 폭력의 역사의 단절을 위해 그리고 인간의 이기심으로 황폐해진 지구의 치유를 위해 희망을 건설하는 책이다. 오늘날 요한계시록은 남아프리카, 라틴아메리카, 그리고 동남아시아의 그리스도인들이 선호하는 책으로 떠오르고 있다. 요한계시록은 인권의식뿐만 아니라, 생태의식과 환경의식을 갖게 하고, 인간과 자연이 함께 살기 위해 지구를 보존하도록 촉구한다. 요한계시록은 사회와 세계의 변화를 위해 일하도록 우리의 의식과 윤리적 선택을 고무한다. 요한계시록은 이 시대의 문화와 정치와 경제 체제를 분석하고, 지구를 황폐화시키는 오늘의 제국의 지배적 담론을 비판하고, 형제자매적인 평등 공동체의 건설을 위한 새로운 역사적이고 해방적인 담론을 창조하게 한다. 요한계시록은 오늘의 바빌론의 제국주의에 저항하고 자주적으로 분단된 한반도의 재통일을 성취하고 세계의 평화를 위해서 일할 수 있도록 우리에게 희망과 전망과 힘을 제공한다.

# 원출전

프롤로그:  요한계시록은 어떤 책인가?
          1. 요한계시록에 관한 인터뷰
          2. 요한계시록 해석의 키 워드
          (미출판)

## 제1부 유대 메시아론과 요한계시록의 그리스도론
제1장     유대묵시문학의 메시아론
          유대 묵시문학과 신약성서: 에녹과 예수
          「신약논단」 제19권 제2호(2012 여름), 353-394.
제2장     요한계시록의 반제국적 저항의 그리스도론
          (미출판)
제3장     반제국적 연대투쟁을 위한 예수 그리스도의 현재적 오심
          「신약논단」 제18권 제3호(2011 가을호), 889-923.

## 제2부 요한계시록의 교회론과 정치적 예배
제4장     제국의 미디어와 대항 미디어로서의 교회
          「신약논단」 제16권 제4호(2009 겨울호), 1223-1264.
제5장     요한계시록의 예전과 예배
          우상숭배에 대한 저항과 정치적 유토피아
          「신약논단」 제13권 제4호(2006 겨울호), 1223-1264.

## 제3부 로마의 제국주의에 대한 저항과 죽은 자들과의 기억연대
제6장     제국주의에 대한 저항과 기억의 문화
          "언제까지 우리의 흘린 피를
          신원하지 않으렵니까"(계 6:10)
          「신학사상」 135집(2006), 186-229.
제7장     대량학살의 기억과 반제국주의 운동
          "네 천사들은 사람 삼분의 일을
          죽이기로 예비된 자들이더라"(계 9:15)
          「신학사상」 143집(2008), 97-135.
제8장     죽은 자들과의 기억연대를 통한 폭력극복
          에티오피아어 에녹서와 요한계시록의 죽은 자들의 절규
          "Die Gewaltüberwindung durch Erinnerungssolidarität
          mit den Toten: Schrei der Toten im äthiopischen Henochbuch
          und in der Apokalypse des Johannes,"
          Korean Journal of Christian Studies (=「한국기독교신학논총」),
          Vol. 63(2009), 77-92.

# 참고문헌

## 1. 요한계시록 관련 국내 문헌

고먼, 마이클. 『요한계시록 바르게 읽기』. 새물결플러스, 2014.

권성수. 『요한계시록』. 서울: 도서출판 횃불, 1999.

길선주. "말세학." 길진경 편, 『영계 길선주 목사 유고 선집』 제1집. 서울: 대한기독교서회, 1968.

김재준. 『요한계시록』. 선교 70주년 기념 신약성서 주석 제16권. 서울: 대한기독교서회, 1969.

김철손. 『요한계시록』. 서울: 대한기독교서회, 1993.

_____. 『요한계시록 신학』. 서울: 대한기독교서회, 1989.

다비, 존 넬슨/ 이종수 옮김. 『요한계시록』. 서울: 형제들의 집, 2009.

로씽, 바바라/ 김명수·김진양 공역. 『미국의 중동정책과 묵시 종말론: 요한묵시록의 희망 이야기』. 부산: 경성대학교출판부, 2009.

박수암. 『요한계시록』. 서울: 대한기독교출판사, 1989.

배재욱. 『요한계시록에 나타난 생명』. 서울: 대한기독교서회, 2013.

보링, M. 유진/ 소기천 역. 『요한계시록』. 서울: 장로교출판사, 2011.

보컴, 리처드/ 이필찬 역. 『요한계시록 신학』. 서울: 한들출판사, 2000.

_____. /최흥진 역. 『예언의 절정 I』. 서울: 한들출판사, 2002

로제, 에두아르트/ 박두환·이영선 공역. 『요한계시록』. 천안: 한국신학연구소, 1997.

류장현. "세대주의 종말론에 대한 비판." 『말씀과 교회』 제30호(2001), 83-105.

마운스, 로버트/ 장규성 역. 『요한계시록』. 서울: 부흥과개혁사, 2019.

메츠거, 브루스 M./ 이정곤 역. 『예수 그리스도의 계시라: 요한계시록의 이해』. 서울: 기독교문화사, 1994.

벵스트, 클라우스/ 정지련 역. 『로마의 평화: 주장과 현실』. 서울: 한국신학연구소, 1994.

송영목. 『요한계시록은 어떤 책인가』. 서울: 쿰란출판사, 2007.

스테파노비취, 랑코/하홍팔 · 도현석 공역. 『예수 그리스도의 계시』. 로스앤젤레스: 미주 시조사, 2011.

신동욱. 『요한계시록주석』, 서울: KMC, 2010.

_____. "요한계시록은 임박한 종말을 말하고 있는가?," 『신약논단』 17권 제4호(2010), 1126-1130.

아우네, 데이비드 E./김철 역. 『요한계시록(중) 6-16』. 서울: 솔로몬, 2004.

오즈번, 그랜트/ 김귀탁 역. 『요한계시록』. 서울: 부흥과개혁사, 2012., 359.

엘륄, 쟈크/유상현 옮김. 『요한계시록 주석: 움직이는 건축물』. 서울: 한들출판사, 2000.

이 달. 『요한계시록』. 서울: 장로교출판사, 2008.

_____. "요한계시록에 나타난 복수의 수사학," 『신약논단』 8권 제2호(2001), 129-154.

이병학. 『요한계시록: 약자를 위한 예배와 저항의 책』. 서울: 새물결플러스, 2016.

_____. "출옥여성도 최덕지의 재건교회 설립과 여성주의 성서해석," 「한국여성신학」 제97호(2023 여름). 55-85.

_____. "요한계시록의 반제국적 저항의 그리스도론." 「한국신약학회 정기학술대회 자료집」(2023년 봄), 84-108.

_____. "김재준 작사의 '어둔 밤 마음에 잠겨'에 대한 새로운 이해. 「기장회보」 제630호 5·6월 (2022), 57-61.

_____. "목자로서 예수의 소명에 비추어 본 종교 다원주의 사회에서의 목양의 소명." 「성서마당」 129호(2019 봄), 24-38.

_____. "사마리아 여인의 주체선언." 「세계와 선교」 (2018). 제230호, 19-31.

_____. "미완성된 정의 투쟁문서로서의 신약성경: 사회사적-종말론적 해석," 박상진 편, 『한국교회와 장신신학의 정체성』. 서울: 장로회신학대학교 출판부, 2016, 117-141.

_____. "추모위령제와 항의로서의 예배." 「신학논단」 75집(2014), 168-207.

_____. "신약성서해석의 새로운 패러다임." 「세계와 선교」 219호(2014), 29-38.

_____. "폭력의 희생자들에 대한 기억과 정의 실천(계 6:9-11)." 「세계와 선교」 218호 (2014), 17-29.

_____. "전쟁체제의 극복과 평화를 위한 주체신학(계 16:13-16; 19:11-21)." 「세계와 선교」 214호 (2013), 17-32.

_____. "반제반전 투쟁과 평화기원으로서의 아마겟돈 전쟁: 요한계시록의 주체 윤리." 「신학논단」 69집(2012), 183-217.

_____. "유대묵시문학과 신약성서: 에녹과 예수." 「신약논단」 제19권 제2호(2012 여름), 353-394.

_____. "반제국적 대항담론으로서의 신화적 이야기들과 예배." 「신학사상」 155집(2011), 39-80.

_____. "반제국적 연대투쟁을 위한 예수의 현재적 오심." 「신약논단」 제18권 제3호(2011 가을호), 889-923.

_____. "정의투쟁 문서로서의 신약성경." 「성서마당」 99집(2011 가을), 25-40.

_____. "짐승의 수 육백육십육과 로마의 제국주의(계 13:15-18)." 「세계와 선교」 209호 (2011), 17-25.

_____. "죽음의 현실과 새 예루살렘의 대항현실." 「신약논단」 제17권 재4호(2010 겨울호), 1045-1082.

_____. "지구적 자본의 제국에서의 탈출: '내 백성아, 바빌론에서 나오라'(계 18:4)." 「신학사상」 151집(2010), 74-109.

_____. "봉인된 폭력의 역사와 죽은 자들의 절규." 한국기독자교수협의회 편, 『2009년 정기총회 및 제43회 학술대회 자료집』. 서울: 한국기독자교수협의회, 2009, 1-5.

_____. "제국의 미디어와 대항 미디어로서의 교회." 「신약논단」 제16권 제4호(2009 겨울호), 1223-1264.

_____. "반제국적 예언운동과 학살당한 자들의 부활(계 11:1-11:13)." 「신약논단」 제15권 제4호(2008 겨울호), 1083-1114.

_____. "가난한 사람들의 기아에 대한 인식과 나눔의 연대(요 6:1-15)." 「세계와 선교」 195호(2008), 20-29.

_____. "'네 천사들은 사람 삼분의 일을 죽이기로 예비된 자들이더라'(계 9:15): 대량학살의 기억과 반제국주의 운동." 「신학사상」 143집(2008), 97-135.

_____. 반제국주의 예언운동과 학살당한 자들의 부활. 「신약논단」 제15권 제4호(2008 겨울), 1083-1114.

_____. "요한계시록의 예전과 예배: 우상숭배에 대한 저항과 정치적 유토파아." 「신약논단」 제13권 제4호(2006 겨울호), 1015-1055.

_____. "언제까지 우리의 흘린 피를 시원하여 주지 않으렵니까(계 6:10): 제국주의에 대한 저항과 기억의 문화." 「신학사상」 135집(2006), 186-229.

_____. "가난한 사람들의 기아에 대한 인식과 나눔의 연대." 「세계와 선교」 195호(2006), 20-29.

_____. "1970년대 한국민주화운동을 위한 성서적 전거(III-1)." 「말씀과 교회」 38호(2005), 265-278.

_____. "1970년대 한국민주화운동을 위한 성서적 전거(III-2)." 「말씀과 교회」, 39호(2005), 274-305.

_____. "1970년대 한국민주화운동을 위한 성서적 전거(III-3)." 「말씀과 교회」 41호(2006), 224-236.

_____. "'당신은 두지 않는 것을 취하고...'(눅 19:21): 자본의 우상화와 가난한 자들의 죽음." 「신학사상」 125집 (2004), 213-254.

_____. "요한계시록의 종말론과 정치참여: 김재준의 해석과 실천," 「신학연구」 44집(2003), 69-104.

_____. "무죄한 자들의 억울한 죽음에 대한 위험한 기억(눅 13:1-9)." 「신학연구」 43집 2002), 81-105.

_____. "경영인의 회개와 경제정의(눅 16:1-13)." 「세계와 선교」 180호(2002), 49-57.

_____. "가난한 여자들의 억울한 죽음," 「살림」 3월호(2002년), 70-80.

_____. "경제인의 회개와 경제 정의(눅 16:1-13)." 「세계와 선교」 제180호(2002), 49-57.

_____. "'내 곡간을 더 크게 짓고'(눅 12:18): 시장의 우상화와 경제정의." 「말씀과 교회」 27집(2001), 113-135.

_____. "하나님의 나라와 가난한 여성들(마 21:28-32)." 「세계와 선교」 177호(2001), 33-42.

_____. "여성의 빈곤과 매춘(마 21:28-32)," 「한국여성신학」 제46호(2001 여름), 194-204.

_____. "탐욕의 우상숭배와 경제정의의 실천." 「세계와 선교」 제174호(2000), 18-22.

_____. "삽비라를 위한 해방의 가능성(행 5:1-11)." 「한국여성신학」 제40호(1999 가을), 8-16.

_____. "바울의 묵시문학적 종말론 연구: 고전 15장을 중심으로." 미간행 석사논문. 서울: 연세대학교 대학원, 1983.

이상근.『신약성서 주해 요한계시록』. 대구: 성등사, 1968.

이상웅, "평양 장로회신학교의 종말론 전통," 「한국개혁신학」 70호(2021), 218-264.

이 신, "전위 묵시문학 현상." 이은선·이경 엮음,『이신의 슐리얼리즘과 영의 신학』, 서울: 종로서적, 1992, 5-103.

이필찬.『신천지 요한계시록 무엇이 문제인가?』. 서울: 새물결플러스, 2015.

_____.『요한계시록 어떻게 읽을 것인가』. 서울: 성서유니온선교회, 2000.

임진수.『요한계시록: 설교와 해석을 위한 요한계시록』. 서울: 솔로몬, 2014.

장 빈.『계시인가, 혁명인가?: 요한계시록 강해』. 서울: 생명나무, 2011.

최갑종. "계시록 20장 1-6절의 해석과 천년왕국설." 「신약논단」 (2000), 213-250.

크라프트, 하인리히/ 안병무 역. 『요한묵시록』. 서울: 한국신학연구소, 1983.

크레이빌, J. 넬슨/ 박노식 역. 『요한계시록의 비전』. 서울: 기독교문서선교회, 2012.

쾨스트, 크레이크 R./ 최흥진 역. 『엥커바이블: 요한계시록 I, II』 서울: 기독교문서선교회, 2019

## 2. 일반 신학 국내 문헌

공덕귀 저/한국여신학자협의회 편, 『나, 그들과 함께 있었네』. 서울: 여성신문사, 1994.

길진경. 『영계 길선주』. 서울: 종로서적, 1980.

_____ 편. 『영계 길선주목사유고선집』. 서울: 대한기독교서회, 1968.

김경재. 『김재준 평전: 성육신 신앙과 대승적 기독교』. 서울: 삼인, 2002.

_____ "장공의 '우주적 사랑의 공동체'에 관하여." 장공 김재준 탄신 100주년 기념사업회 편, 『장공사상 연구논문집』. 오산: 한신대학교 출판부, 2001, 278-300.

김남식 외. 『진리에 목숨 걸고: 신사참배 반대운동과 재건교회』. 서울: 새한기획출판부, 2007.

김균진. 『종말론』. 서울: 민음사 1998.

김두석. "감나무 고목에 핀 무궁화: 출옥성도 김두석 선생 전기." 김승태 편, 『신사참배 거부항쟁자들의 증언: 어둠의 권세를 이긴 사람들』. 서울: 다산글방, 1993, 22-106.

김병희 편저. 『한경직 목사』. 서울: 규장문화사, 1982.

김린서. 『주기철 목사 순교사와 설교집』. 서울: 신앙생활사, 1958.

김명숙. 「최초의 여자 목사 최덕지의 신사참배 반대운동」. 영남신학대학교 신학대학원 석사논문, 2011.

김성건. "종말론 대두에 관한 사회학적 분석: 최근 한국에 등장한 시한부 종말론을 중심으로." 「신학사상」 제74집(1991), 744-765.

김승태. 『식민권력과 종교』. 서울: 한국기독교역사연구소, 2012.

_____ 『한국기독교의 역사적 반성』. 서울: 다산글방, 1994.

_____ 『신사참배 거부 항쟁자들의 증언: 어둠의 권세를 이긴 사람들』. 서울 : 다산글방, 1993.

_____ 엮음. 『한국기독교와 신사참배문제』. 서울: 한국기독교역사연구소, 1991.

_____ 엮음. 『일제강점기 종교정책사 자료집: 기독교편, 1910-1945』. 서울: 한국기독교역사연구소, 1996.

김양선. 『한국기독교해방10년사』. 서울: 대한예수교장로회 총회종교교육부, 1956.

_____ "신사참배 강요와 박해." 김승태 엮음, 『한국기독교와 신사참배문제』. 서울: 한국기독교역사연구소, 1992, 19-41.

김용복. 『한국 민중의 사회전기: 민중의 현실과 기독교 운동』. 서울: 한길사 1987.

김윤옥. "위안부 문제 책임자 처벌에 대한 여성신학적 고찰." 「신학사상」 제112집 (2001년 봄호), 26-45.

김정일. 『한국기독교 재건교회사 1 (1938-1955)』. 서울: 여울목, 2016.

_____ "해방 후 재건교회의 탄생 배경 연구: 출옥성도 김린희, 최덕지 행적을 중심으로," 「한국개혁신학」 46권(2015), 178-205.

김재준. 『落穗以後(낙수이후)』. 서울: 종로서관, 1954.

_____. 『장공 김재준의 범용기』. 제1-6권. 토론토: 독립신문사, 1981.〉

_____. "한국교회 윤리생활의 재고." 「신학논단」 제8집(1962년 10월), 11-12.

_____. "한국사에 나타난 신교 자유에의 투쟁," 「기독교사상」 3월호(1966년), 42-49.

_____. 백낙준, "한국 역사 속에서의 기독교," 「기독교사상」 6월호(1972년), 32-40.

_____. "기독교인의 정치참여." 장공 김재준 목사 탄신 100주년 기념사업회 편.『장공 김재준 논문 선집』. 오산 : 한신대학교 출판부, 2001, 384-394.

_____. "교회와 세상." 장공 김재준 목사 탄신 100주년 기념사업위원회 편.『장공 김재준 논문 선집』. 오산: 한신대학교출판부, 2001, 425-426.

_____. "한국교회의 기독교화," 『장공 김재준 논문 선집』, 152-158.

_____. "우주적 사랑의 공동체," 장공 김재준목사 기념사업회 편,『김재준전집』 제18권, 오산: 한신대학교 출판부, 1992, 528-532.

_____. "역사의 원점을 향하여," 『김재준전집』 제18권, 99-101.

_____. "신사에 참배하라다," 『김재준전집』, 제18권, 165-167.

_____. "일본 친구들에게," 『김재준전집』 제18권, 102-106.

_____. "백운산 가는 꿈의 집," 『김재준전집』 제18권, 128-136.

_____. "기독교 국가와 기독교," 『김재준전집』 제18권, 194-196.

_____. "학문의 세계," 『김재준전집』 제18권, 52-527.

_____. "범우주적 사랑의 공동체," 『김재준전집』 제16권, 348-353.

_____. "교회와 정치," 『김재준전집』 제16권, 217-226.

_____. "최근 30년 한국역사의 회고와 전망." 『김재준전집』 제16권, 104-118.

_____. "미군 진주와 미군정 수립." 『김재준전집』 제13권, 208-209.

_____. "예언자의 성격과 사명," 『김재준전집』 제12권, 458-465.

_____. "한국역사에서의 5·16." 『김재준전집』 제12권, 310-320

_____. "저항의 신학," 『김재준전집』 제11권, 167-169.

_____. "우상과 우상숭배," 『김재준전집』, 제11권, 88-92.

_____. "역사의 끝날과 신앙인," 『김재준전집』 제11권, 104-114.

_____. "해방의 광야 30년." 『김재준전집』 제11권, 177-191.

_____. "의의 봉화: 전태일님을 추도하며(눅 4:16-19)." 『김재준전집』 제9권. 329-339.

김혜수, "어머니, 나의 어머니," 최종규.『이 한 목숨 주를 위해: 최덕지 목사 전기』. 서울: 진서천, 1981, 228-238.

대한예수교장로회 재건총회 역사편찬위원회.『재건교회사: 순교신앙으로 세워진 교회의 역사』. 부산: 재건총회출판부, 2017.

로흐만, J. M./ 오영석 옮김. 『사도신경해설』. 서울: 대한기독교출판사, 1984.

리차드, 파블로 외/ 기춘 옮김.『죽음의 우상과 생명의 하느님』. 서울: 가톨릭출판사, 1993.

마샬, I. 하워드/ 배용덕 옮김. 『신약 기독론의 기원』. 서울: 기독교문서선교회, 1999.

머피, 프레더릭/ 유선명 옮김,『초기 유대교와 예수 운동』. 서울; 새물결플러스, 2020.

몰트만, 위르겐/ 김균진 옮김. 『오시는 하나님: 기독교적 종말론』. 서울: 대한기독교서회, 1997.

_____. / 조성로 옮김.『정치신학, 정치윤리 』(서울; 도서출판 심지, 1986),

_____. / 전경연 옮김. 『희망의 실험과 정치』. 복음주의총서 13. 서울: 종로서적, 1974.

민경배. 『한국기독교사』. 서울: 대한기독교출판사, 1972.

_____. 『순교자 주기철 목사』. 서울: 대한기독교출판사, 1985.

박경섭. 『돈암재건교회 성가집』. 서울: 돈암재건교회, 1949.

박봉랑. 『기독교의 비종교화: 본회퍼 연구』. 서울: 범문사, 1976.

박용규. 『한국장로교사상사』. 서울: 총신대학교출판부, 1992.

_____. "주기철목사의 신사참배 저항운동의 재평가." 「신학지남」 제83권 제2집(2016. 6), 107-170.

박형룡. 『교의신학 내세론』. 박형룡 박사 저작 전집 제7권. 서울: 한국기독교교육연구원, 1983.

방덕수. 『윤인구 박사 그 참다운 삶과 정신』. 서울: 제일인쇄, 1988.

산돌손양원기념사업회 엮음/ 김승태 번역, 『신사참배문제 자료집 III(재판기록편)』. 서울: 한국기독교역사연구소, 2014.

서남동. 『민중신학의 탐구』. 서울: 한길사, 1983.

손규태. "천년 왕국 운동들의 사회윤리적 해석." 김성재 편, 『밀레니엄과 종말론』. 서울: 한국신학연구소, 1999, 359-387.

손은실. "한국 최초 장로교 여목사 최덕지의 해방 직후 교회재건 운동에 나타난 교회론 연구: 도나투스파 교회론에 비추어." 「한국교회사학회지」 제48집(2017), 171-210.

송길섭. 『한국 신학사상사』. 서울: 대한기독교출판사, 1987.

송우혜. 『벽도 밀면 문이 된다』. 서울: 생각나눔, 2008.

심군식. 『세상 끝날까지: 한국교회의 증인 한상동 목사 생애』. 서울: 총회출판국, 1997.

안병무. 『한국 민족운동과 통일』. 서울: 한국신학연구소, 2001.

_____. 『역사와 해석』. 서울: 한길사, 1993.

_____. 『민중사건 속의 그리스도』. 서울: 한국신학연구소, 1990.

안이숙. 『죽으면 죽으리라』. 서울: 신망애사, 1968.

양미강. "그녀를 기억하라: 일본군 '위안부' 문제의 과거와 현재, 그리고 미래," 「신학사상」 제112집(2001년 봄호), 46-78.

_____. "한국 페미니스트 목회를 위한 제안," 「한국여성신학」 제40호(1999년 겨울호), 54-72.

염애나. "출옥성도 염애나 전도사의 증언," 김승태 편, 『신사참배 거부 항쟁자들의 증언: 어둠의 권세를 이긴 사람들』. 서울: 다산글방, 1993, 247-255.

유동식. "장공의 역사의식과 민족 목회." 장공 김재준 탄신 100주년 기념사업회 편, 『장공사상 연구논문집』. 오산: 한신대학교 출판부, 2001, 263-277.

윤정란. 『한국 기독교 여성운동의 역사』. 서울: 국학자료원, 2003.

_____. "일제강점기 최덕지의 민족운동: 신사참배 반대운동을 중심으로." 「총신대논총」 제26집(2006), 51-97.

이덕주. 『사랑의 순교자 주기철 목사 연구』. 서울: 한국기독교역사박물관, 2003.

이두옥. "대추 같은 꿈의 용사 염애나 목사." 대한예수교장로회재건총회 역사편찬위원회, 『역사의 증언 2』 (부산: 재건총회출판부, 2001), 253-290.

이만열. 『한국기독교와 민족통일운동』. 서울: 한국기독교역사연구소, 2001.

_____. 『한국기독교와 역사의식』. 지식산업사, 1981.

이상규.『다시 쓴 한국교회사』. 서울: 개혁주의출판사, 2016.

_____.『해방 전후 한국 장로교회의 역사와 신학』. 서울: 한국기독교역사연구소, 2015.

이우정.『한국기독교 여성 백년의 발자취』. 서울: 민중사, 1985.

이춘우, "나는 오늘도 선생님을 모시고 산다." 장공 김재준 목사 탄신 100주년 기념사업회 편. 『장공 이야기』. 오산: 한신대학교 출판부, 2001. 72-73.

이호우·김대영, "교회 재건운동과 재건교회 형성에 관한 연구,"「역사신학논총」 20호(2010), 235-267.

예레미아스, 요아킴/ 정충하 역.『신약신학』. 고양시: 크리스찬 다이제스트, 2009.

윙크, 월터/ 한성수 역.『사탄의 체제와 예수의 비폭력: 지배체제 속의 악령들에 대한 분별과 저항』. 서울: 한국기독교연구소, 2004.

양미강. "그녀를 기억하라: 일본군 '위안부' 문제의 과거와 현재, 그리고 미래."「신학사상」 제 112집(2001년 봄호), 46-78.

양현혜.『근대한일관계사 속의 기독교』. 서울: 이화여자대학교출판부, 2009.

장일조. "김재준의 범우주적 사랑의 공동체."「신학연구」 제42호(2001), 71-94.

전경연.『신약성서의 하나님·인간·언어』. 오산: 한신대학교 출판부, 1990.

_____.『고린도서신의 신학논제』. 서울: 대한기독교서회, 1988.

정성구.『한국교회 설교사』. 서울: 총신대학교 출판부, 1986.

조승제.『목회여화』. 서울: 향린사, 1965.

조윤희. "한국교회의 여성안수에 관한 역사적 고찰."「한국여성신학」 제19호(1994), 36-52.

조향록. "장공 추억 1."『십자가의 명상: 조향록 선집 제5권』. 서울: 선교문화사, 2009.

_____. "과거는 미래를 창조해가는 힘."「세계와 선교」 제184호(2003), 19-27.

_____. "초기 조선신학원 시대의 장공 선생님." 장공 김재준 목사 탄신 100주년 기념사업회 편, 『장공 이야기』. 오산: 한신대학교출판부, 2001. 102-103.

_____.『팔십자술』. 서울: 선교문화사, 2000.

주선애.『장로교여성사』. 서울: 대한예수교장로회 여전도회 전국연합회, 1978.

주재용.『한국 그리스도교 신학사』. 서울: 대한기독교서회. 1998.

_____ 편.『김재준의 생애와 사상』. 서울; 풍만출판사,1985.

최덕지 저 / 구은순 엮음.『모든 것 다 버리고: 女牧師의 옥중 간증 설교집』. 서울: 소망사, 1981.

최종규.『이 한 목숨 주를 위해: 최덕지 목사 전기』. 서울: 진서천, 1981.

_____ 저. / 송성안 편저.『한국 역사 속의 재건교회』. 창원: 도서출판 바오, 2016.

최훈, "신사참배와 한국재건교회의 역사적 연구,"「신학지남」 제159호(1972년 겨울호), 52-113.

카나바, 존 프란시스/ 오장균 역.『소비사회에서 그리스도 따르기』. 청주: 지평, 1998.

케제만, E./ 전경연 역.『예수는 자유를 의미한다』. 서울: 대한기독교출판사, 1982.

켈러, 캐서린/ 한성수 역.『묵시적 종말에 맞서서: 기후, 민주주의, 그리고 마지막 기회들』. 서울: 한국기독교연구소, 2021.

크로산, 존 도미닉/ 이종욱 옮김,『하나님과 제국』. 서울: 포이에마, 2010.

하태영, "한국교회 시한부 종말론," 출판위원회,『하나님나라, 그 해석과 실천: 황성규 박사 정년은퇴 기념 논문집』 (서울: 한국신학연구소, 2000), 521-532.

한경직.『건국과 기독교』. 서울: 기문사, 1949.

_____. 『한경직 목사 설교 전집』 제1권. 서울: 한경직목사기념사업회, 2009.

한신대학교 50년사편찬위원회 편. 『한신대학 50년사: 1940-1990』. 오산: 한신대학교 출판부, 1990.

한철하. "김재준의 성경관과 신정통주의 신학." 장공 김재준 탄신 100주년 기념사업위원회 편. 『장공사상 연구 논문집』. 오산: 한신대학교 출판부, 2001, 232-253.

함세웅. 『멍에와 십자가』. 서울: 빛두레, 1993.

호슬리, 리처드/ 정연복 역. 『제국의 그림자 속에서』. 고양: 한국기독교 연구소, 2013.

_____. / 김준우 옮김. 『예수와 제국: 하나님의 나라와 신세계 무질서』. 서울: 한국기독교연구소, 2004.

홍근수. 『기독교와 정치』. 서울: 도서출판 한울, 1988.

홍주민. 『디아코니아학 개론』. 오산: 디아커니아연구소, 2009.

허성수. 『나는 이편에 서리라: 고도(孤島) 강상은 목사 생애』. 서울: 도서출판 영문, 1996.

힌켈라메르트, 프란츠/ 김항섭 옮김. 『물신: 죽음의 이데올로기적 무기』. 서울: 다산글방, 1999.


## 3. 국내 일반문헌

간디, 릴라. 『포스트식민주의란 무엇인가』. 서울: 현실문학연구, 2000.

강성현. "지연된 정와와 대면하기: 보도연맹사건과 과거사청산," 「민주사회와 정책연구」 통권 8호 (2005 하반기),

강인철. 『한국개신교와 반공주의』. 서울: 중심, 2006.

강정구. 『분단과 전쟁의 한국현대사』. 서울: 역사비평사, 1996.

_____ 외. 『전환기 한미관계의 새판짜기』. 서울: 한울, 2005.

고부웅 편저. 『탈식민주의: 이론과 쟁점』. 서울: 문학과 지성사, 2003.

구자환, "유족 없는 유골, 외공리 민간인학살 발굴 현장," 「민중의 소리」 (2008년 8월 25일 자).

경산코발트광산유족회 엮음. 『잃어버린 기억』. 서울: 이른 아침, 2008.

경상대학교 사회과학연구원 편. 『제국주의와 한국사회』. 서울: 한울, 2002.

권귀숙. 『기억의 정치: 대량학살의 사회적 기억과 역사적 진실』. 서울; 문학과지성사, 2006.

_____. "제주 4·3사건과 사회적 기억," 「한국사회학」 35집 5호(2001), 199-231.

김기진. 『한국전쟁과 집단학살: 미국기밀문서의 최초 증언』. 서울: 푸른역사 , 2005.

_____. 『끝나지 않는 전쟁, 국민보도연맹: 부산, 경남지역』. 서울: 역사비평사, 2002.

김병조. 『한국독립운동사략(상)』. 상해: 대한민국임시정부 사료편찬위원회, 1920.

김동춘. 『이것은 기억과의 전쟁이다: 한국전쟁과 학살, 그 진실을 찾아서』. 서울: 사계절, 2013.

_____. 『전쟁과 사회: 우리에게 한국전쟁은 무엇이었나?』. 서울: 돌베개. 2006.

김득중. 『빨갱이의 탄생: 여순사건과 반공 국가의 형성』. 서울: 선인, 2009.

김성건, "종말론 대두에 관한 사회학적 분석 - 최근 한국에 등장한 시한부 종말론을 중심으로," 「신학사상」 제74집(1991), 744-765.

김성례. "국가폭력과 여성체험: 제주 4·3을 중심으로," 제주 4·3연구소 편, 『동아시아의 평화와 인권』. 서울: 역사비평사, 1999, 154-172.

김영택. 『한국전쟁과 함평양민사건』. 서울: 사회문화원, 2001.

김지하. 『오적: 김지하 담시 선집』. 서울: 솔, 1993.

김진수, 『좌광우도』. 서울: 실천문학사, 2018.

김귀옥 외. 『전쟁의 기억, 냉전의 구술』. 서울: 선인, 2008.

김상숙. 『10월 항쟁: 1946년 10월 대구, 봉인된 시간 속으로』. 파주: 돌베개, 2016.

_____. "농민항쟁의 측면에서 본 1946년 10월사건: 경북영천의 사례연구," 『기억과 전망』 통권 25호(2011년 겨울호), 114-183.

김삼웅. 『해방후 양민학살사』. 서울: 가람기획, 1996.

김양선. "신사참배 강요와 박해." 김승태 편. 『한국기독교와 신사참배문제』. 서울: 한국기독교 역사연구소, 1992.

김영범. "기억투쟁으로서의 4·3 문화운동 서설." 나간채, 정근식, 김창일 외, 『기억투쟁과 문화운동의 전개』. 서울: 역사비평사. 2004, 26-68.

_____. "기억에서 대항기억으로 흑은 역사적 진실의 회복." 『민주주의와 인권』 3집 2호 (2003), 67-107.

_____. "한국전쟁 전후의 민간인 학살, 어떻게 청산할 것인가?," 『기억과 전쟁』 제4권 (2003 가을), 100-117.

김원일. 『푸른 혼』. 서울: 이룸, 2005.

김인수. 『한국기독교회사』. 서울: 한국장로교출판사, 1994.

김주완 편저. 『1950년 마산의 참극: 한국전쟁 전후 민간인학살 마산유족회 자료집』. 마산: 한글미디어, 2009.

김주환 편. 『미국의 세계전략과 한국전쟁』. 서울: 청사, 1989.

김태광, "해방 후 최대의 양민참극: 보도연맹 사건," 『말』 (1988년 12월호).

김태우, "제노사이드의 단계적 메커니즘과 국민보도연맹사건: 대한민국 공산주의자들의 절멸과정에 관한 일고찰." 『동북아연구』 제30권 1호, 조선대학교 동북아연구소, 2015, 171-206.

김학준. 『한국전쟁』. 서울: 박영사, 1989.

김현아. 『전쟁과 영성: 한국전쟁과 베트남 전쟁 속의 여성, 기억, 재현』. 서울: 여름언덕, 2004.

나간채 외. 『기억투쟁과 문화운동의 전개』. 서울: 역사비평사, 2004.

네그리, 안토니오· 마이클 하트/ 윤수종 역. 『제국』. 서울: 이학사, 2001.

무어-길버트, 바트/ 이경원 역. 『탈식민주의! 저항에서 유희로』. 파주: 한길사, 2001.

문익환. 『걸어서라도 갈테야: 문익환 목사 북한방문기록』. 서울:실천문화사, 1990.

맥체스니, 로버트 W. 『부자 미디어 가난한 민주주의』. 서울: 한국언론재단, 2006.

박지향. 『제국주의: 신화와 현살』. 서울: 서울대학교 출판부, 2000.

방덕수. 『윤인구 박사 그 참다운 삶과 정신』. 서울: 제일인쇄, 1988.

백기완. 『젊은 날』. 서울: 민족통일, 1990.

_____. "김구의 사상과 행동의 재조명." 송건호 외, 『해방전후사의 인식』. 서울: 한길사, 1979, 289-290.

박찬승. 『마을로 간 한국전쟁』. 서울: 돌베개. 2010.

발렌티노, 벤자민/ 장원석·허호준 역. 『20세기의 대량학살과 제노사이드』. 제주: 제주대학교 출판부, 2006.

비르노, 빠올로/ 김상운 옮김. 『다중』. 서울: 갈무리, 2004.

브라운, A. J./류대영, 지철미 옮김. 『극동의 지배』. 서울: 한국기독교역사연구소, 2013.

사이드, 에드워드/ 김성곤 · 정종호 역. 『문화와 제국주의』. 서울: 창 , 1995.

서영선. 『한과 슬픔은 세월의 두께 만큼: 강화 민간인학살의 진실과 과거사법 투쟁사』. 서울: 작가들, 2007.

서중석. 『제주4·3민중항쟁에 관한 연구』 (서울: 전예원, 1999);

세계화 국제 포럼 편/이주영 옮김. 『더 나은 세계는 가능하다』. 서울: 필맥, 2005.

손석춘. 『한국공론장의 구조변동』. 서울: 커뮤니케이션북스, 2005.

손태희, "여순사건 참가계층의 제유형," 『지리산의 저항운동』, 227-255.

송건호 외. 『해방전후사의 인식』. 서울: 한길사, 1979.

스미스, 아담/ 김수행 옮김. 『국부론 (상)』. 서울: 비봉출 판사, 2003.

신경득. 『조선종군실화로 본 민간인 학살』. 서울: 살림터, 2002.

신기철. 『진실, 국가범죄를 말하다: 금정굴 사건으로 본 민간인 학살』. 서울: 도서출판 자리, 2011.

신용하. 『일제강점기 한국민족사(상)』. 서울: 서울대학교출판부, 2001.

신은회. 『우리, 다시 사랑할 수 없을까』. 서울: 통일뉴스, 2006.

심동수. 『열사는 말한다』. 부산: 도서출판 전망, 2005.

심지연. 『대구 10월 항쟁 연구』. 서울: 천계연구소, 1991.

아라리연구원 편, 『제주민중항쟁 I-2』. 서울; 소나무, 1988.

아스만, 알라이다/ 백설자 옮김. 『기억의 공간』. 대구: 경북대학교 출판부, 2003.

안정애, "4·3과 한국정부의 역할: 군부를 중심으로." 『4·3과 역사』 제2호(2002), 41-70.

역사문제연구회 외 편. 『제주 4·3연구』. 서울: 역사비평사 1999.

오연호. 『노근리 그 후: 주한미군 범죄 55년사』. 서울: 월간 『말』, 1999.

와타나베 노부오/ 김산덕 옮김, 『신사참배를 거부한 그리스도인: 조수옥 증언』. 서울: 엘맨출 판사, 2002.

양정심. 『제주4·3항쟁 연구: 저항과 아픔의 역사』. 서울: 선인, 2008.

양조훈. 『4·3 그 진실을 찾아서』. 서울: 선인, 2015.

유시춘, 『우리 강물이 되어, 1-2권 』. 서울; 경향신문사, 2005.

유철인 외. 『학살 기억 평화: 4·3의 기억을 넘어』. 제주: 제주 4·3 연구소 , 2003.

윤정란. 『한국전쟁과 기독교』. 서울: 한울, 2016.

이명직. "적용(赤龍)무엇인가." 「활천」 (1938년 9월호).

이병천·조현연 편, 『20세기 한국의 야만 1: 평화와 인권의 21세기를 위하여』. 서울: 도서출판 일빛, 2001.

이산하. "한라산." 「녹두서평 1」 (1987년 3월).

이영일, "지역운동과 여순사건." 「기억과 전망」 (2004 여름), 212-227.

이임하. 『전쟁 미망인: 한국현대사의 침묵을 깨다』. 서울: 책과 함께, 2010.

이해영. 『낯선 식민주의 한미 FTA 』. 서울: 메이데이, 2006.

이흥환 편, 『조선인민군 우편사서함 4640호: 1950년 받지 못한 편지들』. 서울: 삼인, 2012.

임철우. 『백년여관』. 서울: 한겨레신문사, 2004.

장, 아이리스/ 김은령 옮김. 『난징대학살』. 서울: 끌리오, 1999,

장상환, "미국에 의한 한국사회의 재편성." 경상대학교 사회과학연구원 편. 『제국주의와 한국 사회』. 서울: 한울, 2002.

장하준/ 이순희 옮김. 『나쁜 사마리아인들』. 서울: 도서출판 부키, 2007.

전병순, 『절망 뒤에 오는 것』. 서울: 국제문화사, 1963.

정구도. 『노근리는 살아있다』. 서울: 백산서당, 2003.

_____. 『노근리 사건의 진상과 교훈』. 서울: 두남출판, 2002.

정성진. "21세기의 자본주의와 제국주의," 경상대학교 사회과학연구원 편. 서울: 한울, 2002.

정은용. 『그대, 우리의 아픔을 아는가』. 서울: 다리, 1994.

정해구. 『10월인민항쟁연구』. 서울: 열음사, 1988.

정호기. "민주화운동의 기억투쟁과 기념," 김세균 편, 『저항, 연대, 기억의 정치: 한국 사회운동의 흐름과 저항』. 서울: 문학과학사, 2003.

정희상. 『이대로는 눈을 감을 수 없소』. 서울: 돌베개, 1990.

제민일보 4·3 취재반 편. 『4·3은 말한다 2』. 서울: 전예원, 1994.

제주4·3연구소 편. 『무덤에서 살아나온 4·3 '수형자'들』. 서울: 역사비평사, 2002.

제주4·3사건진상규명및희생자명예회복위원회. 『화해와 상생: 제주4·3위원회 백서』. 서울: 일흥인쇄주식회사, 2008.

조현연. "한국의 민주주의 투쟁과 역사적 희생: '분신투쟁,'"김세균 편. 『저항, 연대, 기억의 정치: 한국 사회운동의 흐름과 지형』. 서울: 문화과학사, 2003), 242-263.

_____. 『한국 현대정치의 악몽: 국가폭력』. 서울: 책세상, 2000.

조혜원 외. 『여기 사람이 있다』. 서울: 삶이보이는창, 2009.

조희연, "민주주의 이행과 과거청산." 조희연 편. 『국가폭력, 민주주의, 그리고 희생』. 서울: 함께 읽는책, 2002, 453-482.

주강현. 『제국의 바다, 식민의 바다』. 서울: 웅진, 2005.

주철희, 『동포의 학살을 거부한다: 1948년 여순항쟁의 역사』 (전주: 흐름출판사, 2017).

_____. "여순항쟁의 왜곡과 반공문화: '반란실정 문인조사반'을 중심으로," 「남도문화연구」 제 33호 (2017), 191-222.

_____. "빨치산 사령관 '이영희'의 삶과 투쟁," 국립순천대/국립경상대 인문한국(HK) 지리산 권문화연구단 편, 『지리산의 저항운동』『지리산의 저항운동』 (서울: 도서출판 선인, 2015), 307-336.

_____. "여순사건, 그들은 누구인가?," 국립순천대/국립경상대 인문한국(HK) 지리산권문화 연구단 편, 『지리산의 저항운동』 (서울: 도서출판 선인, 2015), 257-306.

최선웅, "14연대 반군의 종착지, 지리산." 『지리산의 저항운동』, 201-225.

최정기. "국가폭력과 죽음의 사회학적 의미: 함평지역에서의 집단학살을 중심으로." 호남신학 대학교 해석학연구소 편, 『죽음에 대한 사회적 폭력과 해석학』. 광주: 호남신학대학교 출판부, 2007, 29-32.

_____. "국가폭력과 대중들의 자생적 저항." 「기억과 전망」 (2002 창간호), 197-216.

촘스키, 노암/ 강주헌 역. 『그들에게 국민은 없다: 촘스키의 신자유주의 비판』. 서울: 모색, 1999.

최호근. 『제노사이드: 학살과 은폐의 역사』. 서울: 책세상, 2005.

타키투스/ 박광순 옮김. 『타키투스의 연대기』. 파주: 범우, 2005.

태해숙. 『탈식민주의 페미니즘』. 서울: 여이연, 2001.최근호. 『제노사이드: 학살과 은폐의 역사』. 서울: 책세상, 2005.

커밍스, 브루스. "한국의 해방과 미국정책." 일월서각 편집부 편. 『분단전후의 현대사』. 서울: 일월서각, 1983.

코튼, 데이비드 C./ 채혜원 역. 『기업이 세계를 지배할 때』. 서울: 세종서적, 1997.

하명실, 『제주도 하귀마을의 4·3 경험과 치유과정 연구』, 제주대학교 대학원 석사학위논문 (2017년)

하버마스, 위르겐/ 한승완 옮김. 『공론장의 구조변동: 부르주아 사회의 한 범주에 관한 연구』. 서울: 도서출판 나남, 2001.

한국역사연구회 편. 『제주4·3연구』. 서울: 역사비평사, 1999.

한국전쟁전후 민간인학살진상규명 범국민회의 편. 『계속되는 학살, 그 눈물 닦일 날은...: 한국전쟁전후 민간인학살 인권피해실태보고서』. 서울: 우인 미디어, 2006.

_____. 『한국전쟁전후 민간인학살 실태 보고서』. 서울: 한울, 2005.

한국정신대대책협의회 편. 『역사를 만드는 이야기: 일본군 위안부들의 경험가 기억』. 서울: 여성과 인권, 2004.

_____. 『기억으로 다시 쓰는 역사: 강제로 끌려간 조선인 군위안부들 4』. 서울: 풀빛, 2001.

_____. 『일본군 위안부 문제의 진상』. 서울: 역사비평사, 1997.

한신대학교 50년사편찬위원회 편. 『한신대학 50년사: 1940-1990』. 오산: 한신대학교 출판부, 1990.

한완상. 『예수 없는 예수교회』. 서울: 김영사, 2008.

한지희. "국민보도연맹의 결성과 성격." 숙명여자대학교 대학원 한국사학과 석사논문 (1995).

함옥금. "제주4·3의 초토화 작전과 대량학살에 관한 연구: 미국의 역할을 중심으로,, 제주대학교 석사논문 (2004).

허영선. 『제주 4·3을 묻는 너에게』. 파주: 도서출판 서해문집, 2014.

허호준. 『4·3, 미국에 묻다』. 서울: 선인, 2021.

현기영. "순이 삼촌." 「창작과 비평」 제13권 제3호(1978 가을).

홍영기. 『여순사건자료집 1』. 서울: 삼인, 2001.

홍진희. "관동대진재와 조선인 학살: 유언비어를 중심으로," 이병천 · 조현연 편, 『20세기 한국의 야만 1: 평화와 인권의 21세기를 위하여』. 서울: 도서출판 일빛, 2001, 111-133.

홉슨, J. A./ 신홍범 · 김종철 역. 『제국주의론』. 서울: 창작과 비평사, 1982.

황석영. 『손님』. 서울: 창작과 비평사, 2001.

힉스, 조지. 『위안부』. 서울: 창작과 비평사, 1995.


## 4. 장로교 총회 회의록

「조선예수교장로회총회 제27회(1938년) 회의록」.

「조선예수교장로회총회 제28회(1939년) 회의록」.

「조선예수교장로회총회 제29회(1940년) 회의록」.

「조선예수교장로회총회 제30회(1941년) 회의록」.

「조선예수교장로회총회 제31회(1942년) 회의록」.

## 5. 신문보도 자료

구자환, "유족 없는 유골…외공리 민간인학살 발굴 현장." 「민중의 소리」(2008. 8. 25).

박찬우, "'미군정, 제주4·3 초토화 작전 극찬' 증거 존재," 「오마이뉴스」(2020. 1. 20).

김규현, "대구 10월항쟁 민간인 희생 진실 빨리 밝혀야," 「한겨레신문」(2020.10. 6).

김남균, "친정 엄마가 찾으러 올 테니… 따로 묻어 주세요." 「충북인뉴스」(2017. 6.14).

김명혁. "주기철 목사의 순교 영성을 염원하며." 「뉴스파워」(2019. 4. 18).

성현석, "미누 씨 추방 한국정부, '다문화' 자격 없다," 「프레시안」(2009. 10. 26).

오문수, "20년 전의 시 '진혼'이 여순사건 추모곡이 된 사연," 「여수넷통뉴스」(2020.10. 17).

이병학. "요한계시록, 은폐된 국가폭력에 대항하는 기억 투쟁: 여순항쟁을 기억하는 그리스도
인의 윤리적 책무." 「뉴스앤조이」(2020. 10. 13).

좌동철, "아기 밴 여인까지 나무에 매달고…4월의 눈물," 「제주신보」(2018. 7. 29).

## 6. 요한계시록 및 일반 외국어 문헌

Assmann, Jan. *Das Kulturelle Gedächtnis, Schrift, Erinnerung und politischen Identität in früchen Hochkulturen,* 4. Auft. München; C.H. Beck, 2002.

Bauckham, Richard. *The Climax of Prophecy. Studies on the Book of Revelation,* Edinburgh, 1993.

_____. "The Economic Critique of Rome in Revelation 18." Loveday Alexander (ed.). *Images of Empire.* Sheffield: Sheffield Academic Press, 1991, 47-90.

Beale, Gregory K. *The Book of Revelation. A Commentary on the Greek Text.* Grand Rapids Michigan: William B. Eerdmans Publishing Company, 1999.

_____. *John's Use of the Old Testament in Revelation,* Sheffield; Sheffield Academic Press, 1998.

Bell, A. A. "The Date of John's Apocalypse. The Evidence of some Roman Historians Reconsidered." *NTS 25* (1978-79), 93-102.

Berger, Klaus. *Theologisegeschichte des Urchristentums. Theolgoie des Neuen Testaments.* Tübingen: Francke, 1995.

Berrigan, Daniel. *Daniel. Under Siege of the Divine.* Eugene, Oregon: Wipf & Stock, 2009.

_____. *The Nightmare of God.* Portland. Ore.: Sunburst Press, 1983.

_____. *Besides the Sea of Glass: The Song of the Lamb,* New York: Seabury, 1978.

Black, M. "The Messianism of the Parables of Enoch: Their Date and Contribution to Chrisatological Origins." James H. Charlesworth (ed.), *The Messiah: Developments in Earliest Judaism and Christianity* (Minneapolis: Fortress Press, 1992.

Blair, William N. *Gold in Korea.* Topeka, Kansas: H. M. Ives and Sons, Inc. 1946.

Blount, Brian K. *Revelation: A Commentary.* Louisville, KY, Westminster John Knox Press, 2009.

_____. *Can I Get a Witness? Reading Revelation through African American Culture,* Louisville, KY, Westminster John Knox Press, 2005.

_____. "The Witness of Active Resistance: The Ethics of Revelation in African American Perspective." in: David Rhoads (ed.), *From Every People and Nation: The Book of Revelation in Intercultural Perspective.* Minneapolis: Fortress Press, 2005, 28-46.

Boesak, Allen A. *Comfort and Protest: Reflections on the Apocalypse of John of Patmos.* Philadelphia: The Westminster Press, 1987.

Boschki, Reinhold. *Der Schrei: Gott und Mensch im Werke von Elie Wiesel.* Mainz: Mattias-Griinewald Verlag, 1994.

Boring, M. Eugene. *Revelation.* Louisville: John Knox Press, 1989.

Bousset, B. *Die Offenbarung Johannes.* 6. Aufl. Neudruck. Göttingen: Vandenhoeck & Ruprecht, 1966.

Boxall, Jan. *The Revelation of Saint John. Black' New Testament Commentary.* Peabady, MA: Hendrickson, 2006.

Bredin, Mark. *Jesus, Revolutionary of Peace: A Nonviolent Christology in the Book of Revelation.* Carlisle: Paternoster Press, 2003.

Caird, George. *A Commentary on the Book of St. John Divine.* New York: Harper & Row, 1966.

Carey, Creg. "Symptoms of Resistance in the Book of Revelation." in: David L. Barr(ed.), *The Reality of Apocalypse: Rhetoric and Politics in the Book of Revelation,* Leiden: Brill, 2006, 169-180.

Carrell, Peter R. *Jesus and the Angels: Angelology and Christology of the Apocalypse of John.* Cambridge: Cambridge University Press, 1997.

Charles, R. H. *A Critical and Exegetical Commentary on the Revelation of St. John. Vol. 2.* Edinburgh: T&T Clark LTD, 1920.

Charlesworth, James H. "Why are the Dead Sea Scrolls sensationally important for the Understanding Second Temple judaism?." *Journal of the Institute of Biblical Studies of Presbyterian College and Theological Seminary* 1 (2010), 7-18.

_____. "The Historical Jesus: Sources and a Sketch." James H. Charlesworth and Walter P. Weaver (ed.), *Jesus Two Thousand Years Later.* Harrisburg, Pa.: The Trinity Press International, 2000.

_____. (ed.). *Jesus and Dead Sea* Scrolls. New York, London, Toronto, Sydney, Auckland: Dubleday, 1993.

_____. "Jesus as 'Son' and the Righteous Teacher as 'Gardener.'" James H. Charlesworth (ed.), *Jesus and the Dead Sea Scrolls*. New York, London, Toronto, Sydney, Auckland: Doubleday, 1993.

_____. (ed.). *The Messiah: Development in Early Judaism and Christianity*. Minneapolis : Fortress Press, 1992.

_____. *Jesus within Judaism: New Light from Exciting Archaeological Discoveries*. Doran: Doubleday, 1988.

_____. (ed.). *The Old Testament Pseudepigrapha Vol. 1-II*. Garden City, New York: Doubleday & Company, 1983.

Clark, Allen D. *A History of the Church in Korea*. Seoul: The Christian Literature Society of Korea, 1971.

Coleman, Robert E. *Song of Heaven*. Old Tappen, New Jersey: Fleming H. Revel Company, 1980.

Collins, John J. *The Apocalyptic Imagination; An Introduction to Jewish Apocalyptic Literature*. Grand Rapids, Mich.: William B. Eerdmans, 1998.

Collins, Yarbro Adela. *Crisis and Catharsis: The Power of the Apocalypse*. Philadelphia: Westminster Press, 1984.

_____. *The Apocalypse*. Collegeville, Minnesota: The Litergical Press, 1979.

_____. *The Combat Myth in the Book of Revelation*. Missoula: Mont., Scholar Press, 1976.

_____. "The 'Son of Man' Tradition and the Book of Revelation," in: James H. Charlesworth (ed.), *The Messiah: Developments in Earliest Judaism and Christianity*. Minnepolis: Fortress Press, 1992.

_____. "The Women's History and the Book of Revelation," *SBL Seminar Paper* (1987), 80-91.

Court, John M. John, *Myth and History in the Book of Revelation*. Atlanta: John Knox Press, 1979.

Cumings, Bruce. *North Korea: Another Country*. New York, London: The New Press, 2003,

De Silva, David. *Seeing Things John's Way: The Rhetoric of the Book of Revelation*, Kentucky: Westminster John Knox Press, 2009.

Dietrich, Walter und Link, Christian. *Die Dunklen Seiten Gottes: Willkür und Gewalt*. Neukirchen-vluyn: Neukircher Verlag, 1996.

Duff, Paul. "The 'Synagogue of Satan': Crises Mongering and the Apocalypse of John." in:

David L. Barr (ed.). *The Reality of Apocalypse: Rhetoric and Politics in the Book of Revelation*, Atlanta: Society of Biblical Literature, 2006.

Ebach, Jürgen. "Apokalypse. Zum Ursprung einer Stimmung." *Einwurfe 2*. München: Chr. Kaiser Verlag, 1985, 5–61.

Ellis, H. Marc. *Toward a Jewish Theology of Liberation*. Maryknoll: Orbis Books, 1987.

Erdozain, Placido. *Archbishop Romero: Martyr of Salvador*. Maryknoll, N.Y.: Orbis Books, 1980.

Fernandez, Eleazar S. *Toward a Theology of Struggle*. Maryknoll, Orbis Books, 1994.

Fiorenza, Elisabeth Schüssler. *Revelation. Vision of a Just World*. Minneapolis: Fortress Press, 1991,

_____. "The Followers of the Lamb Visionary Rhetoric and Social Political Situation." in: Adela Yarbro Collins (ed.), *Semeia 36: Early Christian Apocalypticism: Genre and Social Setting* (1986).

_____. *The Book of Revelation: Justice and Judgment*. Philadelphia: Fortress Press, 1985.

_____. *Priester für Gott. Studien zum Herrschafts- und Priestermotiv in der Apokalypse*, NTA 7, Aschendorff, 1972.

Franzmann, H. *The Revelation to John: A Commentary*. St. Louis, Missouri: Concordia Publishing House, 1968.

Friesen, Steven J. *Imperial Cults and the Apocalypse of John*. Oxford: Oxford University Press, 2001.

Friesen, Steven J. "The Beast from the Land: Revelation 13:11–18 and Social Setting." in: David L. Barr (ed.), *Reading the Book of Revelation: A Resource for Students*. Leiden/Boston: Brill, 2003, 49–64.

Gager, John G. *Kingdom and Community: The Social World of Early Christianity*. Englewood Cliffs, New Jersey: Prentice-Hall, 1975.

Gnilka, Joachim. *Das Evangelium nach Markus* EKK II/2. Zurich/Köln/Neukirchen: Neukirchener Verlag, 1979.

Goppelt, Leonhard. *Theologie des Neuen Testaments. 3. Auflage*. Göttingen: Vandenhoeck & Ruprecht, 1991.

Gonzáles, Justo L. *For the Healing of the Nations: The Book of Revelation in an Age of Cultural Conflict*. Maryknoll, New York: Orbis Books, 1999.

Gourgues, Michel. "The Thousand-Year Reign(Rev. 20:1–6): Terrestrial or Celestial." *CBQ* 47/4 (1985), 679–681.

Halbwachs, Maurice *The Collective Memory*. New York; Haroer & Row, 1980.

Han, Chul Heum. "God's Peoples in the New Jerusalem: Revelation 21:3 Reconsidered." *KPJT,* Vol. 50 No. 4 (1918), 9-30.

Harrington, W. J. *Revelation.* Collegville, Minnesota: The Liturgical Press, 1993.

Hays, Richard B. "Faithful Witness, Alpha and Omega: The Identity of Jesus in the Apocalypse of John." in: Richard B Hays and Stefan Alkier (ed.), *Revelation and the Politics of Apocalyptic Interpretation,* Texas: Baylor University Press, 2012.

Heil, John P. "The Fifth Seal as a Key to the Book of Revelation," *Bublica vol. 74/2* (1993), 220-243.

Hellholm. David. "The Problem of Apocalyptic Genre and the Apocalypse of John." *Semeia* 34 (1986), 13-64.

Hoffmann, Matthias Reinhard. *The Destroyer and the Lamb: The Relationship between Angelomorphic and Lamb Christology in the Book of Revelation.* Tübingen: Mohr Siebeck, 2005.

Hoffmann, Paul. *Die Toten in Christus: Eine religionsgeschichtliche und exegetische Untersuchung zur pauliinischen. Eschatologie.* Münster: Aschendorff, 1966.

Holz, Traugott. *Die Offenbarung des Johannes.* Göttingen: Vandenhoeck & Ruprecht, 2008.

Holtz, Traugott *Die Christologie der Apokalypse des Johannes.* Berlin: Akademie Verlag, 1962.

Hooker, Morna D. *The Son of Man in Mark.* Montreal: McGill University Press, 1967.

Horn, F. W. "Die Sieben Donner: Erwägungen zu Off. 10," *SNTU 17*(1992), 215-229.

Horsley, Richard A. "Subverting Disciplines: The Possibilities and Limitation of Postcolonial Theory for the New Testament Studies."

Howard-Brooks, Wes and Gwyther, Anthony. *Unveiling Empire. Reading Revelation Then and Now.* Maryknoll, New York: Orbis Books, 1999.

Huber, Lynn. "Unveiling the Bride: Revelation 19, 1-8 and Roman Social Discourse." in: Amy-Jill Levine (ed.), *A Feminist Companion to the Apocalypse of John.* New York, London: T&T Clark International, 2009, 159-179.

Isaac, E. *1 (Ethiopic Apocalypse of) Enoch,* in: James H. Charlesworth (ed.). *The Old Testament Pseudephigrapha Vol. 1.* Garden City, New York: Doubleday & Company, Inc., 1983, 5-89.

Jackson, David R. *Enochic Judaism.* London, New York: T&T Clark International, 2004.

Janzen, E. P. "The Jesus of the Apocalypse Wears the Emperor's Clothes," in; *SBL Seminar Paper*(Attlanta, Georgia: Scholars Press, 1994), 637-661.

Johns, L. Loren, *The Lamb Christology of the Apocalypse of John.* Tübingen: Mohr

Siebeck, 2003.

Jordan, James B. *The Vindication of Jesus Christ: A Brief Reader's Guide to Revelation.* Monroe, LA: Athanasius Press, 2009.

Jones, B. W. The Emperor Domitian, New York: Routledge, 1992.

Kammenhausen, Erhart und Köberlin, Gehard (hg.), *Gewalt und Gewaltüberwindung: Stimme theologischen Dialogeiner.* Frankfurt am Main : Verlag Otto Lembeck, 2006.

Karrer, Martin und Labahn, Michael (hg.) *Die Johannesoffenbarung: Ihr Text und Ihre Auslegung.* Leipzig, Evangelische Verlagsanstalt, 2012.

Karrer, Martin, *Die Johannesoffenbarung als Brief. Studien zu ihrem literarischen, historischen und theologischen Ort,* FRLANT 140, Göttingen: Vandenhoeck & Ruprecht, 1986.

Kwak, Pui-Ran. *Postcolonial Imagnation & Feminist Theology.* Louisville; Westminster John Knox Press, 2005.

Kealy, Sean P. *The Apocalypse of John.* Wilmington: Delaware: Michael Glazier, 1985.

Keller, Chatherine. *Apocalypse Now and then: A Feminist Guide to the End of the World.* Boston: Beacon Press, 1996.

_____. God and Power: Counter-Apocalyptic Journeys. Minneapolis, Fortress Press, 2005.

Kiel, Micah D. *Apocalyptic Ecology: The Book of Revelation, the Earth, and the Future.* Collegeville, Minnesota: Liturgical Press, 2017.

Kim, Seung Nae. "The Work of Memory: Ritual Laments of the Dead and Korea's Cheju Massacre," in: Janice Boddy and Michael Lambek (ed.), *A Companion to the Anthropology of Religion.* Oxford: Wiley Blackwell, 2013.

Koester, Craig R. *Revelation: A New Translation with Introduction and Commentary. Anchor Yale Bible Commentaries.* New Haven: Yale University Press, 2015.

_____. *Revelation and the End of All Things,* Cambridge: William B. Eerdmans Publishing Company, 2001.

_____. "Roman Slave Trade and the Critique of Babylon in Revelation 18," *CBQ* 70 (2008).

Kooten, G. H. "The Year of the Four Emperors and the Revelation of John: Then pro-Neronian Otho and Vitellius, and the Images and Colossus of Nero in Rome." *JSTN 30* (2007), 205-248.

Korten, David C. *Corperations Rule the World.* West Hartford: Kumarian Press, 1995,

Kraybill, J. Nelson. *Apocalypse and Allegiance: Worship, Politics, and Devotion in the Book of Revelation.* Grand Rapids, Michigan: Brazos Press, 2010.

Kwak, Pui-Ran. *Postcolonial Imagnation & Feminist Theology*. Louisville; Westminster John Knox Press, 2005.

Ladd, George Eldon. *A Commentary on the Revelation of John*. Grand Rapids, Michigan: William E. Eerdmans Publishing Company, 1972.

Lee, Byung Hak. *Befreiungserfahrungen von der Schreckensherrschaft des Todes im ätiopischen Henochbuch: Der Vordergrund des Neuen Testaments*. Dissertation, Ruhr-Universität Bochum, 1998.

_____. *Befreiungserfahrungen von der Schreckensherrschaft des Todes im ätiopischen Henochbuch: Der Vordergrund des Neuen Testaments*. Waltrop: Hartmut Spenner, 2005.

_____. "Gebet der Opfer als Schrei und Erinnerung: Bibelarbeit zu Offenbarung 6, 9-11." in: Erhard Kamphausen und Gerhard Köberlin (hg.), *Gewalt und Gewaltüberwindung: Stationen eines theologischen Dialogs*. Frankfurt am Main: Verlag Otto Lemberg, 2006, 86-94.

_____. "Versöhnung mit den Getöteten durch Erinnerung : Eine Reflxion über die Massenermordungen vor und nach Korea-Krieg." *Theological Studies*. Vol. 53 (2008), 251-268.

_____. "Die Gewaltüberwindung durch Erinnerungssolidarität mit den Toten: Schrei der Toten im äthiopischen Henochbuch und in der Apokalypse des Johannes." in: *Korean Journal of Christian Studies, Vol. 63* (2009), 77-92.

Leithart, Peter J. *Revelation 1-11, International Theological Commentary*. London, Oxford, New York, New Delhi, Sydney: Bloomsbury, 2018.

Leithart, Peter J. *Revelation 12-22, International Theological Commentary*. London, Oxford, New York, New Delhi, Sydney: Bloomsbury, 2018.

Lemkin, Raphael. *Axis Rule in Occupied Europe: Laws of Occupation, Analysis of Government; Proposals for Redress*. Washington, D. C.: Carnegie Endowment for International Peace, 1944.

Levine, Amy-Jill (ed.). *A Feminist Companion to the Apocalypse of John*. New York: T&T Clark International, 2009.

Lichtenberger, Hermann. *Die Apokalypse*. Stuttgart: Verlag W. Kohlhammer, 2014.

_____. "Messianische Erwartungen und messianische Gestalten in der Zeit des Zweiten Tempels." Ekkehart Stegemann (hg.). *Messias-Vorstellungen bei Juden und Christen*. Stuttgart: Kohlhammer, 1993.

Lohmeyer, Ernst. *Die Offenbarung des Johannes*. Tübingen: Mohr Siebeck, 1926, reprinted, 1970.

Mallina, Bruce J. and Pilch, John J. *Social-Science Commentary on the Book of Revelation*. Minneapolis: Fortress Press, 2000.

717

Marshal, John W. "Gender and Empire: Sexualized Violence in John's Anti-Imperial Apocalypse," in: Amy-Jill Levine (ed.), *A Feminist Companion to the Apocalypse of John*. New York: T&T Clark International, 2009, 17-32.

Martin, Clarice J. "Polishing the Unclouded Minor: A Womanist Reading of Revelation 18:13." in: David Rhoads (ed.), *From Every People and Nation: The Book of Revelation in Intercultural Perspective*. Minneapolis: Fortress Press, 2005, 82-109.

Maier, Harry O. "Coming out of Babylon: A First-World Reading of Revelation among Immigrants." in: David Rhoads (ed.), *From Every People and Nation: The Book of Revelation in Intercultural Perspective*. Minneapolis: Fortress Press, 2005, 62-81.

Massyngberde, Ford J. *Revelation,* Garden City, New York: Doubleday & Company, 1975.

McDonough, Sean M. *YHWH at Patmos. Rev. 1:4 in its Hellenistic and Early Jewish Setting,* WUNT 107, Tübingen, 1997.

McNicol, J. Allen. *The Conversion of the Nations in Revelation*. London and New York: T&T Clark International, 2011.

Merrill, John. "The Cheju-do Rebellion," *The Journal of Korean Studies,* 2 (1980), 139-197.

Metz, Johann Baptist, *Glaube in Geschichte und Gesellschaft: Studien an einer praktischen Fundamentaltheoogie*. Mainz: Matthias-Grünewald-Verlag, 1984.

Michaels, J. Ramsey. *Interpreting the Book of John*. Grand Rapids: Baker Books, 1992.

Michaels, J. Ramsey. *Revelation*. Downers Grove: Inter Varsity Press, 1997.

Miranda, Jose Porfirio. *Marx and the Bible: A Critique of Philosophy of Oppression* Maryknoll: Orbos Books, 1973.

Moffett, Samuel H. *The Christians of Korea*. Washington, DC: Friendship Press, 1962.

Moltmann, Jürgen. *Das Kommen Gottes: Christliche Eschatologie*. Gütersloh: Chr. Kaiser-Guetersloher Verlaghaus, 1995.

Morales, Jon. *Christ, Shepherd of the Nations: The Nations as Narrative Character and Audience in John's Apocalypse. LNTS 577*. London, New York, New Delhi, Sydney: Bloomsbury T&T Clark, 2018.

Morris, Leon. *The Book of Revelation. An Introduction and Commentary*. Leicester, England: Inter-Varsity Press, Grand Rapids, Michigan: William B. Eerdmans Publishing Company, 1987.

Morton S. Russell. *One upon the Throne and the Lamb: A Tradition Historical-Theological Analysis of Revelation 4-5*. New York : Peter Lang, 2007.

Moule, C.E.F. *The Origin of Christology.* Cambridge, New York: Cambridge University Press, 1977.

Mounce, Robert H. *The Book of Revelation.* Grand Rapids, Michigan: William B. Eerdmans Publishing Company, 1977.

Mydans, Carl. *More than Meets the Eye.* New York: Harper & Brothers, 1959.

Müller, Ulrich B. *Die Offenbarung des Johannes.* Echter Verlag, 1984.

_____. "Literarische und formgeschichtliche Bestimmung der Apokalypse des Johannes als einem Zeugnis frühchristlicher Apokalyptik," in: D. Hellholm (ed), *Apocalypticism in the Mediterranean World and the Near East,* Tübingen, 1983, 599-619.

_____. *Prophetie und Predigt im Neuen Testament: Formgeschichtliche Untersuchung zur urchristlichen Prophtie.* Gütersloh: Gütersloher Verlagshaus Mohn, 1972.

Munck, J. *Petrus und Paulus in der Offenbarung Johannes.* Copenhagen: Rosenkilde, 1950.

Murphy, Frederick J. *Fallen is Babylon: The Revelation to John.* Harrisburg, Pennsylvania: Trinity Press International, 1998.

Newport, John P. *The Lion and the Lamb: A Commentary on the Book of Revelation for Today.* Nashville: Broadman and Holman Publishers, 1986.

Nickelburg, Georg W. *Immorality and Eternal Life in Intertestamental Judaism.* Cambridge, Mass.: Harvard University Press, 2006.

_____. *A Commentary on the Book of 1 Enoch, Chapters 1-30.* Minneapolis: Fortress Press, 2001.

_____. *Jewish Literature Between the Bible and Mishnah, A Historical and Literary Introduction.* Philadelphia: SCM Press, 1981.

Nogueira, Paulo Augusto de Souza. "Celestial Worship and Ecstatic-Visionary Experience." *JBTN 25/2* (2002), 165-184.

Okoye, James Chukwuma. "Power and Worship: Revelation in African Perspective." David Rhoads (ed.), *From Every People and Nation: The Book of Revelation in Intercultural Perspective.* Minneapolis: Fortress Press, 2005, 110-126.

Pagels, Elaine. *Revelations: Visions, Prophecy, & Politics in the Book of Revelation.* New York: Penguin Group, 2013.

Pattemore, Stephen. *The People of God in the Apocalypse. Discourse, Structure, and Exegesis.* Cambridge, United Kingdom: Cambridge University Press, 2004.

Philo. *Volume X, On the Embassy to Gaius,* trans. by F. H. Colson. Cambridge: Harvard University Press, 1962.

Pieh, Eleonore. *"Fight like David, run like Lincoln":* Die politischen Einwirkungen des *protestantischen Fundamentalismus in den USA.* Münster: Lit Verlag, 1998.

Pipin, Tina. *Death and Desire: The Rhetoric of Gender in the Apocalypse of John.* Louisville, Ky.: Westminster John Knox, 1992.

_____. "The Heroine and Whore: The Apocalypse of John in Feminist Perspective." in: David Rhoads (ed.), *From Every People and Nation: The Book of Revelation in Intercultural Perspective.* Minneapolis: Fortress Press, 2005, 127–145.

Poythress, Vern S. *The Returning King: A Guide to the Book of Revelation.* Pilipsburg, New Jersey: P&R Publishing Company, 2000.

Raja, A Maria Arul. *The Revelation to John. Dalit Bible Commentary New Testament Vol. 10.* New Delhi, India: Centere for Dalit and Subaltern Studies, 2009.

Richard, Pablo. aus dem Spanischen von Michael Laubble. *Apokalypse. Das Buch von Hoffnung und Widerstand. Ein Kommentar.* Luzern: Edition Exodus, 1996.

_____. *Apocalypse: A People's Commentary on the Book of Revelation.* Maryknoll, New York: Orbis Books, 1995.

_____. "Resistance, Hope, and Liberation in Central America," in: David Rhoads (ed.), *From Every People and Nation: The Book of Revelation in Intercultural Perspective* (Minneapolis: Fortress Press, 2005),146–164.

Rissi, Mathias. *Die Hure Babylon und die Verführung der Heiligen: Eine Studie zur Apokalypse des Johannes.* Stuttgart, Berlin, Köln: Verlag W. Kohlhammer, 1995.

Roloff, J. (tr. by John E. Alsup). *The Revelation of John: A Continental Commentary.* Minneapolis: Fortress Press, 1993.

Rhoads, David (ed.). *From Every People and Nation: The Book of Revelation in Intercultural Perspective.* Minneapolis: Fortress Press, 2005.

Rossing, Barbara. *The Choice Between Two Cities: Whore, Bride, Empire in the Apocalypse.* Harrisburg, PA: Trinity Press International, 1999.

_____. "For the Healing of the World: Reading Revelation Ecologically." David Rhoads (ed.), *From Every People and Nation: The Book of Revelation in Intercultural Perspective.* Minneapolis: Fortress Press, 2005, 165–182.

Rowland, Christopher. *The Open Heaven. A Study of Apocalypse in Judaism and Early Christianity.* New York: The Crossroad Publishing Company, 1982.

_____. *Revelation. Epworth Commentaries.* London: Etworth Press, 1993.

Ruiz, Jean-Pierre. "Taking a Stand on the Sand of the Seashore: A Postcolonial Exploration on Revelation 13." in: David L. Barr (ed.), *Reading the Book of*

*Revelation. A Resource for Students.* Leiden and Boston: Brill, 2004, 119–135.

Rummel, Rudolph. *Death by Government.* New Brunswick, N. J.: Transaction Publishers, 1994.

Rutt, Richard. *James Scarth Gale and His History of the Korean People.* Seoul: Royal Asiatic Society, Korea Branch, 1972.

Satake, Akira. *Die Offenbarung des Johannes.* Göttingen: Vandenhoeck & Ruprecht, 2008.

Schedtler, Justin Jeffcoat. *A Heavenly Chorus: The Dramatic Function of Revelation's Hymns.* Tübingen: Mohr Siebeck, 2014.

Schimanowski, Gottfried. *Die himmlische Liturgie in der Apokalypse des Johannes.* WUNT 2. Nr. 217, Tübingen: Mohr Siebeck, 2002.

_____. *Weistheit und Messias. Die judische Voraussetzungen der urchristlichen Präexistenzchristlotologie.* WUNT2. 154, Tübingen, 1985.

Schlater, Adolf. *Das Alte Testament in der johanneischen Apokalypse,* Gütersloh, 1912.

Schottroff, Luise. *Lydia's Impatient Sisters: A Feminist Social History of Early Christianity.* Louisville, Kentucky: Westminster John Konox Press, 1995.

_____. und Silvia Schroer, Marie-Theres Wacker, *Feministische Exegese.* Darmstadt: Wissenschafliche Buchgesellschaft, 1995.

_____. und Christine Schaumberger. *Schuld und Macht: Studien zu einer feministischen Befreiungstheologie.* München: Chr. Kaizer Verlag, 1988.

_____. und Wolfgang Stegemann. *Jesus von Nazareth – Hoffnung der Armen.* Stuttgart, Berlin, Köln: Kohlhammer Verlag, 1979.

Schungel-Straumann, Helen. *Denn bin ich und kein Mann: Gottesbilder im Ersten Testament feministisch betrachtet.* Mainz: Mathias-Grünewald-Verlag, 1998.

Segovia, Fernando F. (ed.), *Toward a New Heaven and a New Earth: Essays in Honour of Elizabeth Schüssler Fiorenza.* Maryknoll, New York: Orbis Books, 2003.

_____. *Decolonizing Biblical Studies* (Maryknoll, New York: Orbis Books, 2000.

Slater, Thomas B. *Christ and Community: A Socio-Historical Study of the Christology of Revelation. JSNTS 178.* Sheffield: Sheffield Academic Press, 1999,

_____. "Dating the Apocalypse to John." *Bib. 84* (2003), 252–258.

Söding, Thomas, "Gott und das Lamm, Theozentrik und Christologie in der Johannesapokalypse," in: K. Backhaus (ed.), *Theologie als Vision*, Stuttgart, 2001, 77–120.

Sorbino, ,Jon. *Romero Martyr for Liberation.* London: Catholic Institute for International Relations, 1982.

Sung, Jung Mo. "Der Gott des Lebens und die wirtschaftldichen Herausfolderungen für Lateinamerika," in: Raúl Fornet-Betancourt (hg.). *Verändert der Glaube die Welt?: Theologie und Ökonomie in Lateinamerika. Theologie der Dritten Welt 16* . Freiburg, Basel, Wien: Helder, 1991, 90-99.

Stark, Rodney. *The Rise of Christianity: A Sociologist Reconsiders History.* Princeton: Princeton University, 1996.

Stauffer, Ethelbert. *Christ and Caesar: Historical Sketches.* London: SCM, 1955.

Stevenson, Gregory. *Power and Place: Temple and Identity in the Book of Revelation.* Berlin/New York: Walter de Gruyter, 2001.

Stegemann, Ekkehard (hg.). *Messias-Vorstellungen bei Juden und Christen.* Stuttgsart: Verlag W. Kohlhammer, 1993.

Stegemann, E. W. und Stegemann, W. *Urchristliche Sozialgeschichte: Die Anfänge im Judentum und die Christusgemeinden in der mediterranen Welt.* Stuttgart, Berlin, Köln: Verlag W. Kohlmanner, 1995.

Stichele, Caroline Vander. "Re-membering the Whole: The Fate of Babylon According to Revelation 17:16." in: Amy-Jill Levine (ed.), *A Feminist Companion to the Apocalypse of John,* New York/ London: T&T Clark International, 2009, 106-20.

Strenstroem, Hanna. "They have not defiled themselves with women...: Christian Identity According to the Book of Revelation." in: Amy-Jill Levine (ed.), *A Feminist Composition to the Apocalypse of John.* New York and London: T&T Clark International 2009.

Stringfellow, William. *Conscience and Obedience: The Politics of Roman 13 and Revelation 13 in Light of the Second Coming.* Waco: Word Books, 1977.

_____. *An Ethics for Christians and Other Aliens in a Strange Land.* Waco. Tex.: Word Books, 1973.

Sugirtherajah, R. S. "A Post-colonial Exploration of Collusion and Construction in Biblical Interpretation," in: R. S. Sugirtherajah (ed.), *The Postcolonial Bible.* Sheffield: Sheffield Academic Press, 1998.

Swomley, John. *American Empire: The Political Ethics of Twentieth-Century Conflict.* New York: The Macmillan Company, 1971.

Talbert H. Charles. *The Apocalypse: A Reading of the Revelation of John.* Louisville, Kentucky: Westminster John Knox Press, 1994.

Tamez, Elsa. "Martyrs of Latin America." in: *Concilium; Rethinking Martyrdom, Vol. 1* (2003), 31-37.

Thompson, Leonard L. *The Book of Revelation: Apocalypse and Empire.* New York, Oxford: Oxford University Press, 1990.

_____. "A Sociological Analysis of Tribulation in the Apocalypse of John," *Semeia* 36 (1986), 147–174.

Tschuy, Théo. *Ethnic Conflict and Religion: Challenge to the Churches.* Geneva: WCC Publications, 1997.

Uhlig, Siegbert. *Das Äthiopische Henochbuch. JSHRZ. V 4.* Gütersloh, 1984.

Ulland, Harald. *Die Vision als Radikalisierung der Wirklichkeit in der Apokalypse des Johannes: Das Verhältnis der sieben Sendschreiben zu Apokalypse 12–13.* Tübingen und Basel: A. Francke Verlag, 1997.

Vallely, Paul *Bad Samarithans: First World Ethics and Third World Debt.* Maryknoll, New York: Orbis Books, 1990.

VanderKam, James C. "Biblical Interpretation in 1 Enoch and Jubilees." James H. Charlesworth and Crag A. Evans (ed.), *The Pseudephigrapha and Early Biblical Interpretation.* Sheffield: JSOT Press, 1993.

_____. "Righteous One, Messiah, Chosen One, and Sonof Man in 1 Enoch 37–71." James H. Charlesworth (ed.), *The Messiah: Developments in Earliest Judaism and Christianity.* Minneapolis: Fortress Press, 1992.

Van Henten, Jan Willem and Avemarie, Friedrich. *Martyrdom and Noble Death: Selected Text from Greco-Roman, Jewish and Christian Antiquity.* London and New York: Routledge, 2002.

Vielhauer, Philipp. *Geschichte der urchristlichen Literatur. Einleitung in das Neue Testament, die Apokryphen und die Apostolischen Väter.* Berlin & New York: Walter de Gruyter, 1975.

Wallis, Jim. *God's Politics: Why the Right Gets It Wrong and the Left Doesn't Get It.* Oxford: Lion Hudson, 2005.

Walls, Jerry L. (ed.). *The Oxford Handbook of Eschatology.* Oxford and New York: Oxford Univ. Press, 2008.

Weaver, J. Denny. *The Nonviolent Atonement.* Grand Rapids/Cambridge, William B. Eerdmann Publishing Company, 2001.

Weiß, Johannes, *Die Offenbarung des Johannes. Ein Beitrag zur Literatur- und Religionsgeschichte,* FRLANT 3, Göttingen, 1904.

Wengst, Klaus. "*Wie lange noch?": Schreien nach Recht und Gerechtigkeit – eine Deutung der Apokalypse des Johannes.* Stuttgart: Verlag W. Kohlhammer, 2009.

_____. *Dem Text trauen. Predigen.* Stuttgart: Verlag W. Kohlhammer, 2006.

_____. *Jesus zwischen Juden und Christen: Re-Visionen im Verhältnis der Kirche zu Israel*. Stuttgart: Verlag W. Kohlhammer, 1999.

_____. "Babylon the Great and the New Jerusalem: The Visionary View of Political Reality in the Revelation of John." in: Henning Graf Reventlow, Yair Hoffmann and Benjamin Uffenheimer (ed.). *Politics and Theopolitics in Bible and Postbiblical Literature*. JSOTS 171. Sheffield: JSOT Press, 1994, 189-202.

_____. *Ostern: Ein wirkliches Gleichnis, eine wahre Geschichte*. München: Chr. Kaiser, 1991.

_____. "Die Macht des Ohnmächtigen: Versuche über Kreuz und Auferstehung." *Einwürfe 5* (1988), 155-179.

_____. *Pax Romana. Anspruch und Wirklichkeit*, München: Chr. Kaiser, 1986.

Westhelle, Victor. "Revelation 13: Between the Colonial and the Postcolonial, a Reading from Brazil." in: David Rhoads (ed.), *From Every People and Nation: The Book of Revelation in Intercultural Perspective*. Minneapolis: Fortress Press, 2005, 83-99.

Wiesel, Elie. *Dimension of the Holocaust*. Evanston: Northwestern University Press, 1977.

_____. "Lebensstationen," *Kirche und Israel* (1/1987).

Wilckens, Ulrich. *Die Brief an die Romer*, 3. Teilband Rom 12-16. EKK VI/3. Zurich: Neukirchen-Vhryn Benziger Verlag und Neukirchener Verlag, 1982.

Winnington, Alan. *I saw the truth in Korea: Facts and Photographs that Will Shock Britain!* London: People's Press Printing Society, 1950.

Witulski, Thomas. *Die Johannesoffenbarung und Kaiser Hadrian. Studien zur Datierung der neutestmentlichen Apokalypse, FRLANT 221*. Göttingen: Vandenhoeck & Ruprecht, 2007.

Witulski, Thomas. "Der römische Kaiser Hadrian und die neuentestamentliche Johanesapokalypse." in: Jörg Frey, James A. Kelhoffer, Franz Töth (hg.), *Die Johannesapokalypse, Kontexte-Konzepte-Rezeption*. WUTN 287. Tübingen: Mohr Siebeck, 2012, 79-115.

Wright, Arthur W. *Mysterious Apocalypse: Interpreting the Book of Revelation*. Nashville: Abingdon Press, 1993.

Worth, Roland H. Jr. *The Seven Cities of the Apocalypse and Greco-Asian Culture*. Mahwah, New Jersey: Paulist Press, 1999.

724